GABLER
WIRTSCHAFTS
LEXIKON

GABLER
WIRTSCHAFTS
LEXIKON

12., vollständig neu bearbeitete
und erweiterte Auflage

A – B

GABLER

CIP-Kurztitelaufnahme der Deutschen Bibliothek

Gabler Wirtschafts-Lexikon. – Taschenbuch-Kassette
mit 6 Bd. – Wiesbaden: Gabler
   10. Aufl. u. d. T.: Gablers Wirtschafts-Lexikon
   ISBN 3-409-30384-7

Bd. 1. A – B – 12., vollst. neu bearb. u. erw. Aufl.,
ungekürzte Wiedergabe d. zweibd. Orig.-Ausg. – 1988
   ISBN 3-409-30324-3

Begründet und bis zur 10. Auflage herausgegeben
von Dr. Dr. h. c. Reinhold Sellien und Dr. Helmut Sellien

 1. Auflage 1956
 2. Auflage 1958
 3. Auflage 1959
 4. Auflage 1961
 5. Auflage 1962
 6. Auflage 1965
 7. Auflage 1967
 8. Auflage 1971
 9. Auflage 1975
10. Auflage 1979
11. Auflage 1983
12. Auflage 1988

Ungekürzte Wiedergabe der zweibändigen Originalausgabe

Der Gabler Verlag ist ein Unternehmen der Verlagsgruppe Bertelsmann

© Betriebswirtschaftlicher Verlag Dr. Th. Gabler GmbH, Wiesbaden 1988

Umschlaggestaltung: Schrimpf und Partner, Wiesbaden
Gesamtherstellung: Elsnerdruck, Berlin
Printed in Germany

1. Band · ISBN 3-409-30324-3
Taschenbuch-Kassette mit 6 Bänden · ISBN 3-409-30384-7

Vorwort zur 12. Auflage

Die 12. Auflage – ein Meilenstein in der Tradition eines bewährten Werkes. Deshalb hat die Lexikon-Redaktion sich bemüht, etwas Besonderes aus der 12. Auflage des GABLER WIRTSCHAFTS-LEXIKONs zu machen. Das Werk wurde von Grund auf neu bearbeitet, um seinen vielen Benutzern ein Lexikon in die Hand zu geben wie es sein soll: zuverlässig, informativ, umfassend, vielseitig, objektiv, prägnant, verständlich – kurz: ein Arbeitsmittel für jeden Tag.

Nach drei Jahrzehnten Aktualisierung war ein „Relaunch" des GABLER WIRTSCHAFTS-LEXIKONs fällig. Das Wirtschaftsleben und die Wirtschaftswissenschaften haben in dieser Zeit gewaltige Veränderungen durchgemacht: Als die erste Auflage konzipiert wurde, gab es noch keine EG und kein Marketing, keine Neue politische Ökonomie – und schon gar keine Umweltökonomik. Die Wirtschaftstheorie orientierte sich am ökonomischen Prinzip, Keynes war ganz neu und von Gutenbergs „Grundlagen" gerade die 1. Auflage erschienen. Der technische Fortschritt und mit ihm die starke Internationalisierung haben in drei Jahrzehnten eine neue Wirtschaftswelt geschaffen.

Das Know-how, das Autorenpotential und die Kapitalstärke eines bedeutenden Wirtschaftsfachverlages wie auch der Einsatz neuer Technologien haben GABLER in die Lage versetzt, ein ganz neues Wirtschafts-Lexikon zu schaffen und damit alles, was der in der Wirtschaft Tätige benötigt, auf neuestem Stand zu präsentieren. Ohne die bewährte breite Darstellung der klassischen Themenbereiche: Betriebswirtschaft, Volkswirtschaft, Steuern und Recht, zu vernachlässigen, bilden wichtige neue Arbeitsfelder und aktuelle Wissensgebiete Schwerpunkte in der Neuauflage. Hierzu einige Beispiele: Auslandsverschuldung, Bevölkerungsentwicklung, Betriebssoziologie, Bilanzrichtlinien-Gesetz, Bürokommunikation, Controlling, computergestützte Fertigungssysteme, Energiepolitik, Finanzinnovationen, Forschung & Entwicklung, Harmonisierung in der EG, Internationale Unternehmungskooperation, Insolvenzrechtsreform, Jahres- und Konzernabschlüsse, Joint Venture, Käuferverhalten, Krisenmanagement, Konjunktur- und Stabilitätspolitik, Künstliche Intelligenz, Logistik, Neue Politische Ökonomie, öffentliche Unternehmen, Organisationsentwicklung, Personalmanagement, PPS-Systeme, Property Rights-Theorie, Regional- und Strukturpolitik, Risk-Management, Software Engineering, Strategisches Management, Technologiemanagement, Theorie der Unternehmung, Umwelt- und Ressourcenpolitik, Unternehmenskultur, Unternehmensverfassung, Wirtschaftsförderung. Unter den Stichwörtern finden sich aber auch solche scheinbaren „Exoten" wie „Politik des individuellen Schornsteins", „Prisoner's Dilemma" „Räuber-Beute-Theorie".

Ein besonderes Kennzeichen des GABLER WIRTSCHAFTS-LEXIKONs ist es, daß die bei wirtschaftlichen Entscheidungen jeweils mitbestimmenden, ja oft ausschlaggebenden wirtschafts-, sozial- und steuerrechtlichen Vorschriften in die Einzelstichwörter integriert sind. Aus diesem Grunde liegt ein weiterer Schwerpunkt auf dem Gebiet Wirtschaftsrecht. Neue Gesetze bzw. Gesetzesneufassungen zu folgenden Themen waren u. a. zu berücksichtigen: Atomrecht, Baugesetzbuch, Beschäftigungsförderung, Bundesbeamte, Einheiten im Meßwesen, Gebrauchsmuster, Mikrozensus, Strafrecht, Urheberrecht, Wohngeld, Wohnungsbau. Auch die Notwendigkeit der Aktualisierung des Steuerrechts bei jeder Neuauflage ist conditio sine qua non: Sämtliche Stichwörter aller Steuerarten – Ertragsteuern, Verkehrsteuern, Abgabenordnung und Bewertungsgesetz, Verbrauchsteuern, Außensteuerrecht – wurden auf den neuesten Stand gebracht und die Neufassungen der Steuergesetze eingearbeitet. Nicht zuletzt bedurfte das ständigem Wandel unterworfene Sozialrecht mit seinen die Wirtschaft in vielfältigen Formen betreffenden Auswirkungen einer vollständigen Neukonzeption.

Die Tatsache, daß „die Wirtschaft" heute alle Bereiche des täglichen Lebens tangiert und fast jeden in seinem beruflichen oder privaten Interessenkreis täglich mit neuen Fragen und Terminologien konfrontiert, macht ein zuverlässiges, stofflich umfassendes Nachschlagewerk unentbehrlich. Das GABLER WIRTSCHAFTS-LEXIKON soll deshalb auch in der 12., der „besonderen" Neuauflage, kein Statussymbol im Bücherschrank sein, sondern eine stets griffbereite „Datenbank" wirtschaftlichen Wissens auf jedem Schreibtisch.

DIE GABLER LEXIKON-REDAKTION

Dr. Gisela Joswig-Kühl, Wiesbaden
Dipl.-Kauffrau Ute Arentzen, Wiesbaden
Landgerichtspräsident Karlhans Damerau, Marburg

Verzeichnis der mit Namen gezeichneten Stichwortartikel

Elektronische Datenverarbeitung	Ministerialrat Dr. Rudi Herbold, Frankfurt a. M.
Energiepolitik	Prof. Dr. Walter Schulz, Köln
Entscheidungstheorie	Prof. Dr. Dr. h.c. mult. Edmund Heinen, München
Europäische Verkehrspolitik	Prof. Dr. Johannes Frerich, Bonn
EWG	Regierungsdirektor Arthur Borkmann, Wiesbaden
Finanzausgleich	Prof. Dr. Karl-Heinrich Hansmeyer, Köln
	Dr. Manfred Kops, Köln
Finanzentscheidungen	Prof. Dr. Jochen Drukarczyk, Regensburg
Finanzpolitik	Prof. Dr. Karl-Heinrich Hansmeyer, Köln
Finanztheorie	Priv.-Doz. Dr. Heinz-Dieter Hessler, Köln
Forschung & Entwicklung	Prof. Dr. Werner Kern, Köln
Franc-Zone	Prof. Dr. Sabine M.-L. Urban, Strasbourg
Genossenschaft	Dr. Wilhelm Jäger, Münster
Grenzplankostenrechnung	Prof. Dr. Wolfgang Kilger, Saarbrücken
Grundrechnung	Prof. Dr. Paul Riebel, Frankfurt a. M.
Gutenberg	Prof. Dr. Dr. h.c. mult. Horst Albach, Bonn
Handel	Prof. Dr. Bartho Treis, Göttingen
Handlungstheorie	Prof. Dr. Dr. h.c. Helmut Koch, Münster
Heuristische Verfahren	Prof. Dr. Werner Dinkelbach, Saarbrücken
Industriebetriebslehre	Prof. Dr. Dietger Hahn, Gießen
Industrieunternehmung	Prof. Dr. Dietger Hahn, Gießen
Inflation	Prof. Dr. Udo Müller, Hannover
	Dr. Reinhard Kohler, Hannover
Insolvenzrechtsreform	Prof. Dr. Jochen Drukarczyk, Regensburg
Internationale Unternehmungen	Prof. Dr. Ehrenfried Pausenberger, Gießen
Investitionsgüter-Marketing	Prof. Dr. Dieter J. G. Schneider, Klagenfurt
Investitionsrechnung	Prof. Dr. Dr. h.c. Herbert Jacob, Hamburg

Unternehmensplanung	Prof. Dr. Günter Müller-Stewens, Duisburg
	Dipl.-Kfm. Dodo zu Knyphausen, München
Unternehmenspolitik	Prof. Dr. Günter Müller-Stewens, Duisburg
Unternehmensverfassung	Prof. Dr. Elmar Gerum, Hamburg
Unternehmungsbewertung	Prof. Dr. Wolfgang Ballwieser, Hannover
Unternehmungskrise	Prof. Dr. Ulrich Krystek, Worms
Unternehmungstypen	Prof. Dr. Werner W. Engelhardt, Köln
Unternehmungsziele	Prof. Dr. Dr. h.c. mult. Edmund Heinen, München
Verantwortungsorientiertes Rechnungswesen	Prof. Dr. Paul Riebel, Frankfurt a.M.
Verbraucherpolitik	Prof. Dr. Dr. habil. Ulli Arnold, Kassel
Verbrauchsbesteuerung	Priv.-Doz. Dr. Heinz-Dieter Hessler, Köln
Verkehrsbetriebslehre	Prof. Dr. Karl M. Brauer, Berlin
Verkehrsinfrastruktur	Prof. Dr. Johannes Frerich, Bonn
Verkehrswirtschaft	Prof. Dr. Johannes Frerich, Bonn
Verteilungstheorie	Dipl.-Volksw. Gisela Kubon-Gilke, Darmstadt
Volkswirtschaftstheorie	Prof. Dr. Karl Hauser, Frankfurt a.M.
Wachstumstheorie	Prof. Dr. Jürgen Kromphardt, Berlin
Werbung	Dr. Gundolf Meyer-Hentschel, Saarbrücken
Wertanalyse	Prof. Dr. Dietger Hahn, Gießen
Wettbewerbstheorie	Dr. Dieter Voggenreither, Köln
Wirtschaftsethik	Dr. Stefan Brantl, München
Wirtschaftsförderung (kommunale)	Priv.-Doz. Dr. Wolfram Elsner, Bielefeld
Wirtschaftsgeographie	Prof. Dr. Johannes Obst, Regensburg
Wirtschaftsgeschichte	Prof. Dr. Knut Borchardt, München
Wirtschaftspolitik	Prof. Dr. Manfred E. Streit, Mannheim
Wirtschaftspublizistik	Dipl.-Journalist Peter Engel, München
Wirtschafts- und Sozialkybernetik	Prof. Dr. Jörg Baetge, Münster
Wirtschaftswissenschaft	Prof. Dr. Dr. h.c. mult. Horst Albach, Bonn
Zentrenproduktion	Prof. Dr. Dietger Hahn, Gießen
Zukunftsforschung	Prof. Dr. Günter Müller-Stewens, Duisburg

Verzeichnis der Übersichten

Verzeichnis der Mitarbeiter

Prof. Dr. Dr. h. c. mult. Horst Albach, Bonn (*Gutenberg, Wirtschaftswissenschaften*)
Prof. Dr. Ralph G. Anderegg, Köln (*Agrarpolitik*)
Dipl.-Kfm. Gudrun Antoni, Stuttgart (*Postwesen*)
Dr. Manfred Antoni, Stuttgart (*Personalwesen, Arbeitswissenschaft*)
Dipl.-Kff. Ute Arentzen, Wiesbaden (*Joint Venture, Selektion von Auslandsmärkten*)
Prof. Dr. Dr. habil. Ulli Arnold, Kassel (*Beschaffung und Materialwirtschaft, Verbraucherpolitik*)
Prof. Dr. Jörg Baetge, Münster (*Wirtschafts- und Sozialkybernetik*)
Prof. Dr. Wolfgang Ballwieser, Hannover (*Unternehmungsbewertung*)
Dipl.-Volksw. Alexander Barthel, Marburg (*Wirtschaftsordnungen*)
Prof. Dr. Hermann Bartmann, Mainz (*Makroökonomik*)
Dipl.-Ökonom Klaus Baudisch, München
  (*Leitsätze für die Preisermittlung auf Grund von Selbstkosten*)
Dipl.-Volksw. Eckhard Bergmann, Köln (*Finanzwissenschaft*)
Dr. Dieter Beschorner, München (*Unternehmungstheorie*)
Prof. Dr. Knut Bleicher, St. Gallen (*Organisationstheorie, Unternehmenskultur*)
Prof. Dr. Knut Borchardt, München (*Wirtschaftsgeschichte*)
Regierungsdirektor Arthur Borkmann, Wiesbaden (*Internationale Organisationen*)
Dr. Stefan Brantl, München (*Wirtschaftsethik*)
Prof. Dr. Karl M. Brauer, Berlin (*Verkehrsbetriebslehre, Tourismus*)
Dipl.-Volksw. Ursula Bretschneider, Köln (*Finanzwissenschaft*)
Dipl.-Kfm. Thomas Michael Bretzger, Stuttgart-Hohenheim (*Wertpapiergeschäft*)
Dipl.-Ökonom Jörg Brüggemann, Köln (*Bewertungsgesetz, Vermögensteuer*)
Prof. Dr. Dietrich Budäus, Hamburg
  (*Öffentliche und nicht-kommerzielle Unternehmen*)
Dr. Peter Chamoni, Bochum (*Operations Research*)
Landgerichtspräsident Karlhans Damerau, Marburg
  (*Handels- und Gesellschaftsrecht*)
Deutsches Institut für Normung e. V., Berlin (*Normen*)
Prof. Dr. Werner Dinkelbach, Saarbrücken (*Heuristische Verfahren*)
Prof. Dr. Jochen Drukarczyk, Regensburg
  (*Finanzentscheidungen, Insolvenzrechtsreform*)
Dipl.-Betriebswirt Horst-Achim Ehrenbrecht, München/Worms
  (*Internationale wirtschaftliche Zusammenarbeit*)
Dipl.-Inf. Stefan Eicker, Dortmund (*Betriebsinformatik*)
Dipl.-Kfm. Elisabeth Einig, Köln (*Lohnsteuer*)
Dipl.-Betriebsw. Josef Ellenrieder, Ulm (*Büroorganisation und -kommunikation*)
Dipl.-Kfm. Eike Ellerbeck, Köln (*Umsatzsteuer, diverse Steuerarten*)
Prof. Dr. El-Shagi El-Shagi, Trier (*Internationale Wirtschaftsbeziehungen*)
Priv.-Doz. Dr. Wolfram Elsner, Bielefeld (*kommunale Wirtschaftsförderung*)
Wissenschaftlicher Oberrat Dr. Dieter Engel, Hamburg
  (*Buchhaltung und Bilanzierung*)
Dipl.-Journalist Peter Engel, München (*Public Relations, Wirtschaftspublizistik*)

Prof. Dr. Werner W. Engelhardt, Köln (*Unternehmungstypen*)
Prof. Dr. Dr. h. c. Ingeborg Esenwein-Rothe, Roth b. Nürnberg (*Demographie*)
Prof. Dr. Rudolf Federmann, Hamburg (*diverse Übersichten*)
Prof. Dr. Wolf F. Fischer-Winkelmann, München-Neubiberg (*Bilanzkritik*)
Prof. Dr. Johannes Frerich, Bonn (*Verkehrspolitik*)
Prof. Dr. Erich Frese, Köln (*Organisation*)
Dipl.-Volksw. Ulrich Freund, Köln (*Finanzwissenschaft*)
Dipl.-Volksw. Martin Frey, Bonn (*Verkehrsorganisation*)
Dipl.-Volksw. Jürgen Frick, Darmstadt
    (*Einkommens- und Verteilungstheorie/-politik*)
Prof. Dr. Jürgen Friedrichs, Hamburg (*Soziologie*)
Prof. Dr. Günter Gabisch, Göttingen (*Konjunkturpolitik und -theorie*)
Prof. Dr. Diether Gebert, Bayreuth (*Arbeits- und Organisationspsychologie*)
Dr. Günther Geist, Gauting (*Organschaft*)
Prof. Dr. Elmar Gerum, Hamburg (*Unternehmensverfassung*)
Wissenschaftlicher Oberrat Dr. Rolf Giese, Hamburg
    (*Buchhaltung und Bilanzierung*)
Prof. Dr. Horst Glaser, Bayreuth (*PPS-System-Programmkomplexe*)
Dipl.-Volksw. Peter Golz, Mannheim (*Wirtschaftspolitik*)
Dipl.-Hdl. Hanspeter Gondring, Erkenrath (*Wertpapiergeschäft*)
Prof. Dr. Werner Greb, Köln (*Alters- und Hinterbliebenenversorgung*)
Prof. Dr. Dr. h. c. mult. Erich Gutenberg, Köln (*Absatzpolitik*)
Dipl.-Ökonom Cuno Güttler, Stuttgart-Hohenheim (*Einlagen- und
    Auslandsgeschäft*)
Prof. Dr. Dietger Hahn, Gießen (*Industriebetriebslehre, Risk-Management*)
Prof. Dr. Karl-Heinrich Hansmeyer, Köln (*Finanzwissenschaft*)
Prof. Dr. Karl Hauser, Frankfurt a. M. (*Volkswirtschaftstheorie*)
Dr. Egbert Hayessen, Wiesbaden (*Ökonometrie*)
Dipl.-Kfm. Bernd Heidel, Trier (*Käuferverhalten*)
Prof. Dr. Dr. h. c. mult. Edmund Heinen, München
    (*Entscheidungstheorie, Unternehmungsziele*)
Ministerialrat Dr. Rudi Herbold, Frankfurt a. M.
    (*Elektronische Datenverarbeitung*)
Dipl.-Ing. Bodo Herold, Köln (*Sachversicherungen*)
Priv.-Doz. Dr. Heinz-Dieter Hessler, Köln (*Finanzwissenschaft*)
Dipl.-Volksw. Thomas Hobein, Köln (*Finanzwissenschaft*)
Studiendirektor Waldemar Hofmann, Erlangen (*Finanzmathematik*)
Prof. Dr. Dr. h. c. Herbert Jacob, Hamburg (*Investitionsrechnung*)
Dr. Hubert Jäger, Frankfurt a. M. (*Industriebetriebslehre*)
Akademischer Direktor Dr. Wilhelm Jäger, Münster (*Genossenschaftswesen*)
Dr. Klaus-Dieter John, Mainz (*Makroökonomik*)
Dipl.-Betriebsw. Johannes Jung, Köln (*Sachversicherung*)
Prof. Dr. Egbert Kahle, Lüneburg (*Produktions- und Kostentheorie*)
Dipl.-Volksw. Christian Kastrop, Köln (*Finanzwissenschaft*)
Dr. Thomas Kaulmann, München (*Unternehmungstheorie*)
Dipl.-Hdl. Andreas Keck, Oldenburg (*Berufs- und Wirtschaftspädagogik*)
Prof. Dr. Werner Kern, Köln (*Forschung & Entwicklung*)
Prof. Dr. Wolfgang Kilger, Saarbrücken
(*Grenzplankostenrechnung, Plankostenrechnung*)
Dr. Wolfgang Knoche, Nidda (*Recht*)
Dipl.-Kfm. Dodo zu Knyphausen, München (*Unternehmensplanung*)

Prof. Dr. Dr. h.c. Helmut Koch, Münster (*Handlungstheorie*)
Dr. Reinhard Kohler, Hannover (*Monetäre Theorie und Politik*)
Dipl.-Volksw. Manfred Kops, Köln (*Finanzwissenschaft*)
Dipl.-Kfm. Günter Kopsch, Wiesbaden (*Volkswirtschaftliche Gesamtrechnungen*)
Dipl.-Volksw. Lydia Kortenkamp, Köln (*Finanzwissenschaft*)
Prof. Dr. Manfred Kricke, Göttingen (*Ökonometrie*)
Prof. Dr. Jürgen Kromphardt, Berlin (*Wachstumspolitik und -theorie*)
StB Dr. Michael Kröner, Bad Homburg (*Abgabenordnung, Außensteuerrecht*)
Prof. Dr. Hans-Günter Krüsselberg, Marburg (*Sozialpolitik*)
Prof. Dr. Ulrich Krystek, Worms (*Krisenmanagement, Operative Frühaufklärung, Risk-Management, Unternehmungskrise*)
Dipl.-Volksw. Gisela Kubon-Gilke, Darmstadt (*Einkommens- und Verteilungstheorie/-politik*)
Prof. Dr. Karl Kurbel, Dortmund (*Betriebsinformatik*)
StB Dr. Hans Kurth, Köln (*Rentenbesteuerung*)
Kurt Lachmuth, Wiesbaden (*Amtliche Statistik*)
Dr. Enno Langfeldt, Kiel (*Konjunktur- und Wirtschaftsforschung*)
Dr. habil. Klaus Lankenau, Karlsruhe (*Soziologie*)
Dr. Klaus Laub, München (*Handwerkswesen*)
Dipl.-Geographin Jutta Lermer, Regensburg (*Wirtschaftsgeographie*)
Dr. Wilfried Leven (*Käuferverhalten*)
Dr. Gerhard Luttmer, Köln (*Sachversicherungen*)
Dipl.-Volksw. Heinrich Lützel, Wiesbaden (*Volkswirtschaftliche Gesamtrechnungen*)
Prof. Dr. Elmar Mayer, Köln (*Controlling-Führungskonzept*)
WP StB Dipl.-Kfm. Jochen Mergner, München (*Gläubigerschutz*)
Dr. Gundolf Meyer-Hentschel, Saarbrücken (*Werbung*)
Dr. Elke Michaelis, Hannover (*Treuhand- und Revisionswesen*)
Dipl.-Kfm. Birgit Mödder, Köln (*Einkommensteuer, Körperschaftsteuer*)
Prof. Dr. Adolf Moxter, Frankfurt a. M. (*Bilanzlehre, Bilanzrichtlinien-Gesetz*)
Prof. Dr. Udo Müller, Hannover (*Inflation*)
Prof. Dr. Lothar Müller-Hagedorn, Trier (*Käuferverhalten*)
Prof. Dr. Günter Müller-Stevens, Duisburg (*Strategisches Management, Unternehmensplanung, Unternehmenspolitik, Zukunftsforschung*)
Prof. Dr. Bernhard Nagel, Kassel (*Wettbewerbsrecht*)
Dr. Rupert Klaus Neuhaus, Marburg (*Sozialrecht, Sozialversicherung*)
Dipl.-Volksw. Renate Nink, Wiesbaden (*Internationale Organisationen*)
Prof. Dr. Johannes Obst, Regensburg (*Wirtschaftsgeographie*)
Dipl.-Geograph Dagobert Panse, Regensburg (*Wirtschaftsgeographie*)
Prof. Dr. Ehrenfried Pausenberger, Gießen (*Internationale Unternehmungen*)
Prof. Dr. Rüdiger Pethig, Oldenburg (*Umwelt- und Ressourcenökonomik*)
Physikalisch-Technische Bundesanstalt, Braunschweig (*Gesetzliche Einheiten*)
Prof. Dr. Arnold Picot, München (*Unternehmungstheorie*)
Prof. Dr. Dirk Piekenbrock, Heidelberg (*Stabilitätspolitik*)
Dipl.-Kfm. Michael Pietrzak, Stuttgart-Hohenheim (*Bankenautomation, Bankorganisation*)
Dipl.-Volksw. Helga Prommer, Mannheim (*Wirtschaftspolitik*)
Dr. Bernd Rabald, Köln (*Gewerbesteuer*)
Dr. Martin Raschen, Trier (*Internationale Wirtschaftsbeziehungen*)
Dr. Norbert Räth, Wiesbaden (*Volkswirtschaftliche Gesamtrechnungen*)
Dr. Utz-Peter Reich, Wiesbaden (*Volkswirtschaftliche Gesamtrechnungen*)

Prof. Dr. Paul Riebel, Frankfurt a. M. (*Deckungsbeitragsrechnung, Grundrechnung, Verantwortungsorientiertes Rechnungswesen*)

Dr. Hans-Ch. Riekhof, Hamburg (*Personalentwicklung*)

Prof. Dr. Gerd Rose, Köln (*Betriebswirtschaftliche Steuerlehre, Teilsteuerrechnung*)

Dipl.-Volksw. Werner Sauter, Ulm (*Kaufmännischer Sprachgebrauch*)

Dipl.-Volksw. Dieter Schäfer, Wiesbaden (*Volkswirtschaftliche Gesamtrechnungen*)

Prof. Dr. Bernhard Schäfers, Karlsruhe (*Soziologie*)

Prof. Dr. Eberhard Schaich, Tübingen (*Statistik*)

Prof. Dr. Günther Schanz, Göttingen (*Wissenschaftstheorie, Allgemeine Betriebswirtschaftslehre*)

Prof. Dr. Theo Scherer, Frankfurt a. M. (*Oligopoltheorie*)

Regierungsdirektor Gerd Schick, Kassel (*Arbeitsrecht*)

Dr. Wilhelm Schmeisser, Duisburg (*Technologiemanagement*)

Prof. Dr. Reinhard H. Schmidt, Trier (*Kapitalmarkttheorie*)

Dipl.-Kfm. Joachim Schmutz, Stuttgart-Hohenheim (*Bankbetriebslehre*)

Prof. Dr. Dieter J. G. Schneider, Klagenfurt (*Marketing*)

Dr. Karl Schoer, Wiesbaden (*Volkswirtschaftliche Gesamtrechnungen*)

Dipl.-Kfm. Markus Schramm, Gießen (*Industriebetriebslehre*)

Prof. Dr. Walter Schulz, Köln (*Energiepolitik*)

Prof. Dr. Winfried Schulz, Erlangen (*Kommunikation*)

Prof. Dr. Karl Schwarz, Wiesbaden (*Bevölkerungswissenschaft*)

Dipl.-Kfm. Bernhard Schwetzler, Regensburg (*Finanzierung und Investition*)

Dipl.-Kfm. Armin Schwinn, München-Neubiberg (*Buchhaltung und Bilanzierung*)

Prof. Dr. Hermann Simon, Erftstadt (*Preismanagement*)

Prof. Dr. Peter Stahlecker, Mainz (*Monetäre Theorie und Politik*)

Dr. Heinz Stark, Stuttgart (*Marketing*)

Dipl.-Geographin Gabriele Stein, Regensburg (*Wirtschaftsgeographie*)

Prof. Dr. Johann Heinrich von Stein, Berlin (*Bankbetriebslehre*)

Dipl.-Kfm. Bertram Steiner, München-Neubiberg (*Buchhaltung und Bilanzierung*)

Prof. Dr. Horst Steinmann, Nürnberg (*Unternehmensethik*)

Dr. Gunter Stephan, Heidelberg (*Mikroökonomik*)

Prof. Dr. Heinz Strebel, Oldenburg (*Betriebswirtschaftliche Umweltpolitik*)

Prof. Dr. Manfred E. Streit, Mannheim (*Wirtschaftspolitik*)

Prof. Dr. Jürgen Strobel, Köln (*Alters- und Hinterbliebenenversorgung*)

Dipl.-Kfm. Dipl.-Psych. Michael Thiess, Heidelberg (*Marktforschung*)

Dipl.-Hdl. Tade Tramm, Oldenburg (*Berufs- und Wirtschaftspädagogik*)

Prof. Dr. Bartho Treis, Göttingen (*Handelsbetriebslehre*)

Dr. Dirk Tröndle, Freiburg (*Werbung*)

Prof. Dr. Sabine M.-L. Urban, Strasbourg (*Franc-Zone*)

Dr. Norbert A. Vogel, Köln (*Sachversicherung*)

Dr. Dieter Voggenreither, Köln (*Wettbewerbstheorie*)

Dr. Gulf Wagenhals, Heidelberg (*Mikroökonomik*)

Prof. Dr. Erwin G. Walldorf, Worms (*Export, Zoll*)

Dr. Gerhard Wäscher, Stuttgart (*Operations Research*)

Prof. Dr. Jürgen Weber, Koblenz (*Internes Rechnungswesen*)

Dipl.-Volksw. Gerhard Wegner, Mannheim (*Wirtschaftspolitik*)

Dipl.-Volksw. Horst Wenzel, Mannheim (*Wirtschaftspolitik*)

Dr. Axel v. Werder, Köln (*Organisation*)

Dipl.-Kfm. Johann E. Wieland, Regensburg (*Finanzierung und Investition*)

Dr. Hermann Witte, Köln (*Verkehrsorganisation*)

Dipl.-Volksw. Peter Zimmermann, Tübingen (*Statistik*)

Verzeichnis der Abkürzungen

GmbHG	– Gesetz, betreffend die Gesellschaften mit beschränkter Haftung	ScheckG	– Scheckgesetz
		SchiffsG	– Schiffsgesetz
		SchwbG	– Schwerbehindertengesetz
GrEStG	– Grunderwerbsteuergesetz	SGB	– Sozialgesetzbuch
GRMG	– Geschäftsraummietengesetz	SGG	– Sozialgerichtsgesetz
GrStG	– Grundsteuergesetz	StabG	– Stabilitätsgesetz
GüKG	– Güterkraftverkehrsgesetz	StAnpG	– Steueranpassungsgesetz
GVG	– Gerichtsverfassungsgesetz	StBerG	– Steuerberatungsgesetz
GWB	– Gesetz gegen Wettbewerbsbeschränkungen (Kartellgesetz)	StGB	– Strafgesetzbuch
		StPO	– Strafprozeßordnung
HandwO	– Handwerksordnung	str.	– strittig
HGB	– Handelsgesetzbuch	StSäumG	– Steuersäumnisgesetz
HGrG	– Haushaltsgrundsätzegesetz	StVG	– Straßenverkehrsgesetz
h. M.	– herrschende Meinung	StVO	– Straßenverkehrsordnung
KapStDV	– Kapitalertragsteuer-Durchführungsverordnung	StVZO	– Straßenverkehrs-Zulassungs-Ordnung
KartellG	– Kartellgesetz (Gesetz gegen Wettbewerbsbeschränkungen)	TVG	– Tarifvertragsgesetz
		UMG	– Gesetz über den Verkehr mit unedlen Metallen
KO	– Konkursordnung		
KostO	– Kostenordnung	UmStG	– Umstellungsgesetz (Drittes Gesetz zur Neuordnung des Geldwesens)
KRG	– Kontrollratsgesetz		
KSchG	– Kündigungsschutzgesetz	UmwG	– Umwandlungsgesetz
KStDV	– Verordnung zur Durchführung des Körperschaftsteuergesetzes	UrhG	– Urheberrechtsgesetz
		UStDB	– Durchführungsbestimmungen zum Umsatzsteuergesetz
KStG	– Körperschaftsteuergesetz		
KUG	– Kunsturhebergesetz	UStG	– Umsatzsteuergesetz
KSVG	– Künstlersozialversicherungsgesetz	UWG	– Gesetz gegen den unlauteren Wettbewerb
KVStDV	– Kapitalverkehrsteuer-Durchführungsverordnung		
		VAG	– Versicherungsaufsichtsgesetz
KVStG	– Kapitalverkehrsteuergesetz	VerglO	– Vergleichsordnung
KWG	– Kreditwesengesetz	VerlG	– Verlagsgesetz
LAG	– Gesetz über den Lastenausgleich	VO	– Verordnung
LHO	– Landeshaushaltsordnung	VSF	– Vorschriftensammlung der Bundes-Finanzverwaltung nach Stoffgebieten gegliedert
LMG	– Lebensmittelgesetz		
LohnFG	– Lohnfortzahlungsgesetz		
LStDV	– Lohnsteuer-Durchführungsverordnung	VStDV	– Durchführungsverordnung zum Vermögensteuergesetz
LStR	– Lohnsteuer-Richtlinien	VStG	– Vermögensteuergesetz
LZB	– Landeszentralbank	VStR	– Vermögensteuer-Richtlinien
MitbestG	– Mitbestimmungsgesetz	VVG	– Versicherungsvertragsgesetz
MOG	– Marktordnungsgesetz	VwGO	– Verwaltungsgerichtsordnung
MoMitbestG	– Montan-Mitbestimmungsgesetz	VwVfG	– Verwaltungsverfahrensgesetz
MRG	– Militärregierungsgesetz	WährG	– Währungsgesetz (Erstes Gesetz zur Neuordnung des Geldwesens)
MSchG	– Mutterschutzgesetz		
OWiG	– Ordnungswidrigkeitengesetz	WBauG	– Wohnungsbaugesetz
PatG	– Patentgesetz	WBG	– Wertpapierbereinigungsgesetz
PBefG	– Personenbeförderungsgesetz	WeinG	– Weingesetz
PflVG	– Pflichtversicherungsgesetz	WG	– Wechselgesetz
PostG	– Postgesetz	WPO	– Wirtschaftsprüferordnung
PublG	– Publizitätsgesetz	WiStG	– Wirtschaftsstrafgesetz
RAnz	– Reichsanzeiger	WuSt	– Wirtschaft und Statistik
RFH	– Reichsfinanzhof	WZG	– Warenzeichengesetz
RGBl	– Reichsgesetzblatt	ZG	– Zollgesetz
RHO	– Reichshaushaltsordnung	ZinsVO	– Zinsverordnung
RStBl	– Reichsteuerblatt	ZPO	– Zivilprozeßordnung
RVO	– Reichsversicherungsordnung	ZVG	– Zwangsversteigerungsgesetz

Erläuterungen zur Benutzung
des WIRTSCHAFTS-LEXIKONs

1. Die zahlreichen Gebiete des WIRTSCHAFTS-LEXIKONs sind nach Art eines Konversations-Lexikons in rund 22 000 Stichwörter aufgegliedert. Unter einem aufgesuchten Stichwort ist die nur speziell diesen Begriff erläuternde, gründliche Erklärung zu finden, die dem Benutzer sofort erforderliches Wissen ohne mehrmaliges Nachschlagen vermittelt. Die zahlreichen, durch das Verweisungszeichen (→) gekennzeichneten Wörter erlauben es dem Leser, der sich umfassend unterrichten will, sich nicht nur über weitere, ihm wesentlich erscheinende Begriffe, sondern auch über die Hauptfragen an Hand größerer Abhandlungen ohne Zeitverlust zu orientieren.

2. Die alphabetische Reihenfolge ist – auch bei zusammengesetzten Stichwörtern – strikt eingehalten. So steht z. B. ,,wirtschaftliches Eigentum" vor ,,wirtschaftliche Verprobung".

3. Zusammengesetzte Begriffe, wie ,,beschränkte Steuerpflicht", ,,lineare Optimierung", ,,unechte Gemeinkosten", sind in der Regel unter dem Adjektiv alphabetisch eingeordnet. Wird das gesuchte Wort unter dem Adjektiv nicht gefunden, empfiehlt es sich, das Substantiv nachzuschlagen.

4. Die Umlaute ä, ö, ü wurden bei der Einordnung in das Abc wie die Grundlaute a, o, u behandelt, auch um den Zusammenhang mit verwandten Begriffen zu wahren. So findet man ,,Grundsatz der Wesentlichkeit" vor ,,Grundsätze ordnungsmäßiger Buchführung".

5. Substantive sind in der Regel im Singular aufgeführt.

6. Die häufigsten Abkürzungen, insbesondere von Gesetzen, sind im Abkürzungsverzeichnis enthalten. Allgemeingebräuchliche Textabkürzungen (wie d. h., usw., z. B.) sind in das Abkürzungsverzeichnis nicht aufgenommen. Im Wirtschaftsleben übliche Abkürzungen anderer Art (wie AfA, DIN, EG) sind im Lexikon selbst erläutert.

7. Die Literaturhinweise sind knapp gehalten und auf grundlegende Werke beschränkt. – Rechtsvorschriften wurden, soweit notwendig, angegeben. Dabei ist z. B. ,,§ 84 I 2 HGB" als § 84, Absatz I, Satz 2 HGB zu lesen; ,,BGBl I 1061" als Bundesgesetzblatt, Jahr des zitierten Gesetzes, Teil I, Seite 1061. – Zahlen und Daten wurden den jeweils zugänglichen amtlichen Unterlagen und anderen autoritativen Quellen entnommen.

A

Aachener Kontaktseminar für Technische Fach- und Führungskräfte, Sitz in Aachen. – *Aufgaben:* Fort- und Ausbildung von technischen Führungskräften, die über keine wirtschaftswissenschaftliche Ausbildung verfügen.

a. B., Abk. für →außergewöhnliche Belastungen.

Abänderungsklage, besondere Klage im →Zivilprozeß mit dem Zweck der Abänderung a) einer auf Verurteilung zukünftig wiederkehrenden Leistungen lautenden Entscheidung oder b) eines entsprechenden anderen →Vollstreckungstitels (§ 323 ZPO). Die Abänderung ist i. d. R. vom Zeitpunkt der Erhebung der A. abzuverlangen, wenn sich die für das Bestehen der Leistungspflicht bzw. die Höhe oder Dauer der Leistungen maßgebenden Verhältnisse oder Umstände wesentlich geändert haben, z. B. Anpassung von Schadenersatz- oder Unterhaltsrenten an wesentlich geänderte Preisverhältnisse. – Vgl. auch →vereinfachte Abänderung von Unterhaltsrenten.

Abänderungskündigung, →Änderungskündigung.

Abänderungsvertrag, Vertrag, der ein bestehendes →Schuldverhältnis abändert. Bedarf der Form des Schuldverhältnisses (z. B. →Bürgschaft). – *Anders:* →Schuldumwandlung.

Abandon, Aufgabe eines Rechts oder einer Sache mit der Absicht, dadurch von einer Verpflichtung (meistens zur Zahlung) entbunden zu sein.

I. Aktienrecht: 1. *Umwandlung der GmbH in eine AG:* Recht des Aktionärs, seine neue Aktie der Gesellschaft zur Verfügung zu stellen, wenn er gegen die →Umwandlung Widerspruch zur Niederschrift erklärt hat (§ 383 AktG). Die Aktie wird für Rechnung des Aktionärs durch Verkauf zum amtlichen Börsenpreis oder durch öffentliche Versteigerung verwertet. – 2. *Umwandlung der AG in eine GmbH:* Der widersprechende Aktionär kann verlangen, daß die Gesellschaft seinen Geschäftsanteil gegen angemessene →Barabfindung erwirbt (§ 375 AktG).

II. Bergrechtliche Gewerkschaft: Recht des Inhabers eines →Kuxes zur *Befreiung von der Zubuße-Pflicht.*

III. Transportversicherung: Berechtigung des Versicherers, nach dem Eintritt eines Versicherungsfalles sich durch Zahlung der Versicherungssumme von allen weiteren Verbindlichkeiten zu befreien. Er erwirbt keine Rechte an dem versicherten Gegenstand.

IV. Seeversicherung: Auch dem Versicherungsnehmer steht das Recht zum Abandonieren bei Verschollenheit des Schiffes, Verfügungen von Hoher Hand und Nehmung durch Seeräuber zu. Mit der A.-Erklärung gehen die Rechte an dem versicherten Gegenstand auf den Versicherer über, der Versicherungsnehmer erhält dafür die Versicherungssumme. – Nach Zugang der A.-Erklärung erlischt das Versicherungsverhältnis.

V. Schiffsrecht: Recht eines Mitreeders, der bei einem Beschluß überstimmt worden ist, sich durch Preisgabe seines Anteils von allen zur Ausführung des Beschlusses erforderlichen Einzahlungen zu befreien. Der Preisgebende scheidet als Mitreeder aus, seine Schiffspart wächst den übrigen Mitreedern verhältnismäßig an. Ein Entgelt erhält der Preisgebende nicht.

VI. Seefrachtrecht: Recht, sich durch Überlassung beschädigter und ausgelaufener Behälter von der Pflicht zur Frachtzahlung zu entbinden.

VII. Prämiengeschäft: Recht, gegen Zahlung der vereinbarten Prämie vom Bezugs- oder Lieferungsgeschäft zurücktreten zu können. – Vgl. auch →Prämiengeschäft.

Abbaufähigkeit von Kosten, Kennzeichen für die Dauer, die ein Unternehmen an bestimmte →Kosten gebunden ist. Kenntnis der A. v. K. wird für alle Entscheidungen benötigt, die eine Reduzierung der Beschäftigung bzw. der Kapazität (Desinvestitionen) beinhalten. Ihre Bestimmung setzt detaillierte Analysen der →Bindungsdauer der Kosten voraus, insbes. der →fixen Kosten (vgl. auch →Bereitschaftskosten). – Traditionellen Kostenrechnungssystemen ist der Ausweis der A. v. K. fremd; nur in den →Einzelkostenrechnung erfolgt eine Aufspaltung der Kosten in (zumindest) Monatseinzelkosten, Quartalseinzelkosten, Halbjahreseinzelkosten, Jahreseinzelkosten und in Einzelkosten mehrerer Jahre (z. B. Kosten einer Produktionsanlage).

Abbauland, Begriff des Steuerrechts. Die Bodenflächen, bei denen die Bodensubstanz selbst durch Abbau genutzt wird (z. B. Torfstiche, kleine Kiesgruben und Steinbrüche). A. wird im →Einheitswert des Betriebs der Land- und Forstwirtschaft berücksichtigt; er gehört i.d.R. zum →land- und forstwirtschaftlichen Vermögen. – Die *Bewertung* erfolgt gesondert mit dem Einzelertragswert (§ 43 BewG).

Abbauproduktion, Elementartyp der Produktion (→Produktionstypen), der sich aus dem Merkmal der Ortsgebundenheit der Produktionsfaktoren ergibt. Bei A. sind die Rohstoffe bestimmend für den Produktionsstandort. – *Beispiel:* Gewinnung von Kohle. – Vgl. auch →anlagengebundene Produktion, →Baustellenproduktion.

Abbaurecht, →grundstücksgleiches Recht zum Abbau von Mineralien durch Bergbau. – Vgl. auch →Bergwerkseigentum.

Abberufung. I. A. von Gesellschaftern einer OHG: Die Befugnis zur Geschäftsführung kann nur bei Vorliegen eines wichtigen Grundes auf Antrag der übrigen Gesellschafter durch das Gericht entzogen werden (§ 117 HGB); anders: Entziehung der Befugnis zur →Vertretung. Als wichtiger Grund gilt v.a. grobe Pflichtverletzung oder Unfähigkeit zur ordnungsmäßigen Geschäftsführung. – 1. Der *Antrag* muß in Form einer →Klage von *allen* übrigen Gesellschaftern gestellt werden. Soll nach dem Gesellschaftsvertrag ein Mehrheitsbeschluß entscheiden, kann der sich gleichwohl weigernde Gesellschafter auf Mitwirkung verklagt werden. Diese Klage kann zugleich mit der A.sklage erhoben werden. – 2. Das *Urteil* stellt mit Eintritt der Rechtskraft den betroffenen Gesellschafter einem von der Geschäftsführung ausgeschlossenen Gesellschafter gleich. Seine Vertretungsmacht wird durch das Urteil nicht berührt. – 3. Auch durch →*einstweilige Verfügung* kann einem Gesellschafter die Ausübung der Geschäftsführung vorläufig untersagt werden.

II. A. eines Abwicklers: Erfolgt nach →Auflösung der Gesellschaft durch einstimmigen Beschluß der Gesellschafter, evtl. unter Mitwirkung des Privatgläubigers oder Konkursverwalters bzw. Erben eines Gesellschafters. Bei wichtigem Grund (z. B. Beeinträchtigung der ordnungsmäßigen Abwicklung, Nachlässigkeit in der Durchführung) kann die A. auf Antrag nur eines der Obengenannten durch das Amtsgericht des Sitzes der Abwicklungsgesellschaft im Wege der freiwilligen Gerichtsbarkeit erfolgen (§ 147 HGB).

III. A. von Vorstandsmitgliedern oder des Vorstandsvorsitzenden einer AG: Widerruf der Bestellung zum Vorstandsmitglied oder der Ernennung zum Vorsitzenden des Vorstandes vor Ablauf der Amtszeit durch den →Aufsichtsrat. A. ist bei Vorliegen eines wichtigen Grundes möglich. Ein solcher Grund ist namentlich grobe Pflichtverletzung, Unfähigkeit zur ordnungsmäßigen Geschäftsführung oder Vertrauensentzug (Verweigerung der →Entlastung) durch die Hauptversammlung, ausgenommen Vertrauensentzug aus offenbar unsachlichen Gründen (§ 84 III AktG).

IV. A. von Aufsichtsratsmitgliedern einer AG: Widerruf der Bestellung zum Aufsichtsratsmitglied durch Mehrheitsbeschluß (mindestens drei Viertel der abgegebenen Stimmen) der Hauptversammlung. Die Satzung kann andere Mehrheit und weitere Erfordernisse bestimmen. Liegt in der Person ein wichtiger Grund vor, kann A. auf Antrag des Aufsichtsrats durch ein Gericht erfolgen; für Antragstellung ist einfache Mehrheit erforderlich oder im Falle eines aufgrund der Satzung entsandten Aufsichtsratsmitglieds durch Aktionäre, deren Anteile den zehnten Teil des Grundkapitals oder den Nennbetrag von 2 000 000 DM erreichen, möglich.

V. A. von Geschäftsführern einer GmbH: Widerruf der Bestellung ist jederzeit zulässig; im Gesellschaftsvertrag kann die A. vom Vorliegen eines wichtigen Grundes abhängig gemacht werden (§ 38 GmbHG).

Abbrucherlöse, *Schrotterlöse,* Erlöse, die bei der Veräußerung nicht mehr verwendbarer Vermögensgegenstände erzielt werden. A. sind je nach Zuordnung des verschrotteten Vermögensgegenstandes Umsatzerlöse, sonstige betriebliche Erträge oder außerordentliche Erträge (vgl. →Gewinn- und Verlustrechnung). Treten A. im Zusammenhang mit aktivierten →Abbruchkosten auf, wird Saldierung für zulässig angesehen.

Abbruchkosten. I. Handelsrecht: 1. Grundsätzlich sind A. *Aufwendungen* in der Periode ihres Anfalls, und zwar – je nach Zuordnung des abgebrochenen Vermögensgegenstandes – das Ergebnis der gewöhnlichen Geschäftstätigkeit oder das außerordentliche Ergebnis belastend (→Gewinn- und Verlustrechnung). In Anlehnung an das steuerliche Aktivierungsgebot wird es für zulässig angesehen, A. als nachträgliche →Anschaffungskosten beim Gebäudeerwerb mit Abbruchabsicht zu aktivieren (aber umstritten). Ggf. Saldierung mit →Abbrucherlösen. – 2. Für A. ist eine →Rückstellung zu bilden, wenn vertraglich die *Abbruchverpflichtung* für Gebäude auf fremdem Grund und Boden besteht.

II. Kostenrechnung: A. sind Kosten der Ausmusterung von Anlagen. Traditionell werden sie wie in der externen Rechnungslegung behandelt; die Einzelkostenrechnung weist sie wie die Kosten der Bereitstellung als →Einzelkosten des Nutzungszeitraums aus.

III. S t e u e r r e c h t : A. sind zu aktivieren, wenn das Gebäude mit Abbruchabsicht erworben wurde; diese wird vermutet, wenn mit dem Abbruch innerhalb von drei Jahren nach der Anschaffung begonnen wird. Die A. gehören zu den →Herstellungskosten des neuen Wirtschaftsgutes, wenn der Gebäudeabbruch in engem wirtschaftlichen Zusammenhang mit der Herstellung dieses Wirtschaftsgutes steht. Ansonsten gehören sie zu den →Anschaffungskosten des →Grund und Bodens.

Abbuchungsauftragsverfahren, →Lastschriftverfahren 2 a).

Abbuchungsverfahren, →Lastschriftverfahren 2 a).

ABC-Analyse, Verfahren zur Schwerpunktbildung durch Dreiteilung: A: wichtig, dringend; B: weniger wichtig; C: unwichtig, nebensächlich. – Wichtige *Anwendungsgebiete:* Materialwirtschaft (zur optimalen Differenzierung der Beschaffungs- und Bereitstellungsmaßnahmen), Organisationsanalyse, individuelles Zeitmanagement. – *Beispiel* (aus der Materialwirtschaft): Wichtiges Einteilungskriterium dabei Mengen-Wert-Verhältnis der Materialien. A-Teile: geringer mengenmäßiger Anteil, hoher Wertanteil; B-Teile: mittlerer mengenmäßiger Anteil, mittlerer Wertanteil; C-Teile: hoher mengenmäßiger Anteil, geringer Wertanteil. Die Aktivitäten im Bereich der Materialwirtschaft werden sich vornehmlich auf die A-Teile konzentrieren. Weitere mögliche Klassifikationsmerkmale: erwartete Preisänderungen, Auswirkungen auf die Produktion, erwarteter Wiederbeschaffungszeitraum.

ABC-Kurven, die im →Harvard-Barometer erfaßte Gruppierung von empirischen →Zeitreihen in die drei Klassen: A (4 Zeitreihen mit einem Index der Erwartungsbildung), B (5 Zeitreihen mit einem Index für die Produktivitätsentwicklung) und C (9 Zeitreihen mit einem Index der Finanzmarktsituation in New York City).

ABC-Regeln, Norm DIN 5007 *(Deutsche Einheits-ABC-Regeln),* zusammen mit DIN 5008 Regeln für Maschinenschreiben; Richtschnur in der Abfassung und einheitlichen Gestaltung maschinenschriftlicher Geschäftsbriefe.

abdecken. 1. *Allgemein:* Einen Kredit zurückzahlen oder eine Schuld bezahlen. – 2. Beim *Termingeschäft:* Das Gegengeschäft (→Deckungsgeschäft) abschließen.

ABE, Abk. für →Association Bancaire pour l'ECU.

Aberdepot, →Summenverwahrung.

Aberkennung von Rechten und Fähigkeiten, erfolgt bei Verurteilung zu mindestens einem Jahr Freiheitsstrafe wegen eines →Verbrechens auf die Dauer von fünf Jahren bzgl. Amtsfähigkeit und passivem Wahlrecht (§ 45 StGB).

ab Fabrik, →ab Werk.

Abfall. I. B e t r i e b s w i r t s c h a f t s l e h r e : 1. *Begriff:* Bei der Bearbeitung von Werkstoffen und beim Betrieb von Anlagen (Gips aus Rauchgasentschwefelungsanlagen) unvermeidbar anfallendes Material (Materialabfall), das keine oder nur begrenzte Verwertung finden kann. Zu unterscheiden sind feste, flüssige und gasförmige Abfallstoffe. A. ist nicht zu verwechseln mit →Altmaterial und Ausschuß (→Ausschuß I). – 2. *Verwertung:* a) In der *Industrie* Aufgabe der →Abfallwirtschaft. – *Beispiele:* Die bedeutenden Rohstoffe Ammoniak, Schwefel und Teer sind A. der Gaswerke und Kokereien. Zur Gewinnung von Zellulose und Holzschliff sowie zur Holzverzuckerung dienen die Holzabfallstoffe in der holzverarbeitenden Industrie. Verwertet werden auch die A. in den Bierbrauereien (Treber und Hefe), der Wollwäschereien (Lanolin) und der Zuckerfabriken (Melasse). Die bei der Roheisengewinnung in den Hochöfen anfallenden Schlacken können zu Steinen ausgegossen oder bei der Herstellung von Zement mit verarbeitet werden. Auch Lederreste werden verwertet. – b) Vermittlung durch →Abfallbörsen. – c) Einschaltung des →Aufkaufhandels.

II. K o s t e n r e c h n u n g : Verrechnung unterschiedlich je nach Wirtschaftszweigen: a) A. bleibt *unberücksichtigt,* sofern er wert- und mengenmäßig nicht sehr ins Gewicht fällt. Eventuelle Erlöse werden als →außerordentliche Erträge gebucht; damit ist eine Verfälschung der Erfolgsstruktur verbunden. – b) Sofern A. einen *besonderen Wert* haben: (1) Gutschrift anteilig für die betreffenden Kostenträger (als Kostenminderung); (2) falls die dabei notwendige Einzelerfassung zu schwierig oder zu unwirtschaftlich ist, Gutschrift auf dem Materialgemeinkostenkonto (→Materialgemeinkosten); (3) Gutschrift für die aus A. hergestellten Erzeugnisse, falls die A. im Betrieb weiterverarbeitet werden. Bewertung der erzielbaren Erlöse oft schwierig; i. d. R. nach dem →Veräußerungswert. – Vgl. auch →Kuppelprodukte III, →Altmaterial.

III. R e c h t : Nach der Abfallnachweis-VO (AbfNachwV) vom 2.6.1978 (BGBl I 668) können Besitzer solcher A., die nicht mit den in Haushaltungen anfallenden A. beseitigt werden, durch die zuständigen Behörden zur Einrichtung und Führung eines *Nachweisbuches* und zum Einhalten und Aufbewahren von *Belegen* verpflichtet werden. – Vgl. weiter auch die VO über das Einsammeln und Befördern von A. (BGBl I 1581) und über die Einfuhr von A. vom 29.7.1974 (BGBl I 1584). – Vgl. auch →Abfallentsorgung.

Abfallanalyse, Identifikation der Arten und Mengen von →Rückständen bzw. →Abfällen aus Produktions- und Konsumvorgängen (→Abfallmengenplanung) und der Ursachen ihres Entstehens.

Abfallbeseitigung, →Abfallentsorgung.

Abfallbörse, Einrichtung der Industrie- und Handelskammer (durch den Deutschen Industrie- und Handelstag organisiert) und des Verbandes der chemischen Industrie (VCI) zur Vermittlung von Angebot an und Nachfrage nach Produktionsrückständen bzw. -abfällen. Schwerpunkte: Kunststoffe, Chemikalien und Metalle; bei der A. des VCI: in der chemischen Industrie anfallende und verwendbare Rückstandsarten. Vermittlung von Textilien, Gummi, Glas, Leder weitgehend ohne A. – Neuerdings auch *Beratung* von Anbietern und Nachfragern durch die A. zur Vermittlungserleichterung.

Abfalldiffusion, Verteilung von →Abfällen in der natürlichen Umwelt. Zwei Vorgehensweisen: 1. *Verdünnungsstrategie:* Gleichmäßige Verteilung von Abfällen (und →Schadstoffen) in →Umweltmedien (durch →Emission und →Immission) innerhalb der höchstzulässigen Belastung; naturgesetzlich unterstützt, die →Entropie der diffundierten Stoffe wird erhöht. Ökologische Folgen sollen durch Emissionsbeschränkungen eingedämmt werden, da quantitativer und qualitativer Zusammenhang zwischen Emission und Immission nicht vollständig bekannt sind. – 2. *Konzentrationsstrategie:* Kompaktes räumlich zusammengefaßtes Ablagern bezüglich eines bestimmten Abfall- oder Schadstoffes (*Abfalldeponien*), wobei Emissionen nach außerhalb der Lagerstätte vermieden wird.

Abfallentsorgung, früher: *Abfallbeseitigung.* 1. *Formen:* a) *A. im engeren* (eigentlichen) *Sinn:* Transformation entstandener umweltschädlicher →Rückstände in ökologisch unschädliche oder im Vergleich zur Ausgangslage weniger schädliche Stoffe und Energiearten. – b) *A. im weiteren Sinn:* Abfallverwertung (→Recycling). – c) *A. im weitesten Sinn:* Abgabe des Abfalls an Umweltmedien bzw. Überlassung des Abfalls an natürliche Prozesse (→Abfalldiffusion). – Vgl. auch →Entsorgung. – 2. *Rechtliche Regelung:* Gesetz über die Vermeidung und Entsorgung von Abfällen (Abfallgesetz) vom 27.8.1986 (BGBl I 1410). Abfälle sind so zu entsorgen, daß das Wohl der Allgemeinheit nicht gefährdet wird. Sie dürfen nur in den dafür zugelassenen Anlagen oder Einrichtungen (A.sanlagen) behandelt, gelagert oder abgelagert werden. Entsor-

gungspflichtig sind die nach Landesrecht zuständigen Körperschaften (Gemeinden) oder von ihnen beauftragte Unternehmer. Errichtung oder Betrieb einer A.sanlage setzen ein Planfeststellungsverfahren voraus. Die Anlagen unterliegen behördlicher Überwachung. – Vgl. auch →Betriebsbeauftragter für Abfall. – *Unbefugte und umweltgefährdende A.* (→Umweltkriminalität) ist Straftat, die mit Freiheitsstrafe bis zu drei Jahren oder mit Geldstrafe geahndet wird (§ 326 StGB).

Abfallmengenplanung, *Rückstandsmengenplanung* (→Rückstand), technisch-naturwissenschaftliche und mathematisch-statistisch begründete Berechnungen der Differenz zwischen Materialinhalt von Erzeugnissen und dafür notwendigem Materialeinsatz. – 1. *Formgebung:* Differenz beim einzelnen Erzeugnis entspricht der Bearbeitungszugabe bzw. dem Verschnitt (→Verschnittproblem) bei Fertigen durch Trennen von Ausgangsmaterial bestimmter Abmessungen (Schneiden, Sägen, Stanzen usw.); bezüglich einer Produktart kommt der Materialinhalt des endgültigen →Ausschusses hinzu. – 2. *Stoffumwandlung* (chemische): Rückstands(Abfall-)mengen folgen aus stöchiometrischen Berechnungen; sie sind von anderer stofflicher Beschaffenheit als der Materialeinsatz. – Wesentliche *Grundlage* der A.: →Stoffbilanzen. – 3. *Rechnungswesen:* A. ist Teil der Einzelmaterialplanung in der →Plankostenrechnung. A. beruht auf exakten Abfallanalysen. Sie legt für jede Einzelmaterialart Abfallursachen und die entsprechenden, bei planmäßiger Durchführung der Produktion unvermeidbaren Abfallmengen pro Kostenträger fest. Die A. wird in einigen Branchen mit Verfahren des →Operations Research zu lösen versucht, z.B. Verschnittproblem.

Abfallverminderungsprämie, besondere und meist zusätzliche Form beim →Prämienlohn, die neben der →Ausschußverhütung eine Verminderung des Werkstoffabfalls erreichen will.

Abfallwirtschaft. 1. *Teilbereich der* →*Materialwirtschaft,* zuständig für die möglichst wirtschaftliche und gefahrlose Entsorgung von Produktionsrückständen, Abfallenergie und abgängigen/nicht mehr nutzbaren Vermögensgütern (→Abfall). In rohstoffnahen Wirtschaftsstufen hat A. große kostenwirtschaftliche Bedeutung (Entsorgungs- bzw. Rohstoffrückgewinnungskosten; →Kuppelprodukte). – 2. *Organisationsformen:* a) *Betriebsinternes* Recycling: Wieder- oder Weiterverarbeitung von Abfallstoffen im Betrieb, Nutzung von Restenergien/Wärmerückgewinnung; Wärme-Kraftkopplung bei betriebseigener Stromerzeugung). – b) *Betriebsexternes* Recycling: Abfallstoffe werden unentgeltlich oder gegen Entgelt anderen Betrieben zur weiteren Nutzung zugeführt (→Abfallbörse).

– 3. *Gesetzliche Vorschriften* erzwingen in manchen Fällen ganz bestimmte Entsorgungswege (z. B. Altölbeseitigung; Kernenergiebereich); engen zunehmend die Handlungsspielräume ein (→Abfallentsorgung; Klassifizierung der Abfallstoffe entsprechend ihrem Gefährlichkeitsgrad); bestimmen aufbau- und ablauforganisatorische Regelungen in den Betrieben (Registrierpflicht; Verantwortlichkeiten). – 4. *Umweltpolitischer Aspekt:* Entscheidungen und Maßnahmen zur Rückstands-(Abfall-)Vermeidung, -verwertung und -beseitigung sollen unter ökonomischen und ökologischen Gesichtspunkten (vgl. im einzelnen →Recycling). Ursprünglich betriebswirtschaftliche Rationalisierungsaufgabe, seit dem →Abfallwirtschaftsprogramm auch öffentliche Aufgabe im Interesse des Umweltschutzes. Nach BImSchG müssen die beim Betrieb genehmigungsbedürftiger Anlagen entstehenden Reststoffe (→Emissionen) nach Möglichkeit ordnungsgemäß und schadlos verwertet werden; laut Abfallgesetz 1986 sind Abfälle möglichst zu vermeiden, die Abfallverwertung hat Vorrang vor sonstiger →Entsorgung.

Abfallwirtschaftsdatenbank, →AWIDAT.

Abfallwirtschaftsprogramm, schriftliche Absichtserklärung der Bundesregierung (von 1975 mit 2. Fortschreibung 1977) zur künftigen öffentlichen →Abfallwirtschaft. – *Ziele:* Abfallreduktion, Steigerung der Abfallverwertung und schadlose Beseitigung von Abfällen auf der Grundlage des →Verursacherprinzips; Gesundheits- und Umweltschutz sowie Rohstoff- und Energieversorgung der Volkswirtschaft sollen unterstützt werden.

Abfertigungseinheit, *Bedienstation, Kanal, facility,* Betrachtungseinheit in einem →Wartesystem, die Attributänderungen an →Transaktionen vornimmt und i. d. R. einen Engpaß darstellt. – *Beispiele:* Kasse, Telefonzelle, Monteur.

Abfertigungsgebühr, im Deutschen Eisenbahn-Gütertarif der Teil der Fracht, der das Entgelt für die Leistungen auf dem Versand- oder Bestimmungsbahnhof vor und nach der eigentlichen Beförderung bildet. – Vgl. auch →Tarifsatz.

Abfindung, einmalige Geldentschädigung zur Abgeltung von Rechtsansprüchen; vgl. auch →Barabfindung, →Kapitalabfindung.

I. G e s e l l s c h a f t s r e c h t : A. bei Ausscheiden eines Gesellschafters aus einer Personengesellschaft. – 1. *Ermittlung des A.-Betrages:* Die A. entspricht dem Betrag, der dem Ausscheidenden bei einer →Auflösung im Zeitpunkt des Ausscheidens zu zahlen wäre. Der Betrag dieses →Auseinandersetzungsguthabens kann in einer festen Summe, ggf. unter Zubilligung von Raten bzw. in einer Rente entrichtet werden. Zur Feststellung des Wertes des Geschäftsvermögens wird eine →Abschichtungsbilanz aufgestellt. Sofern nichts Gegenteiliges vereinbart ist, sind →stille Rücklagen aufzulösen. Meist enthält der →Gesellschaftsvertrag Vorschriften über Kündigungsfristen, Bewertung und Fälligkeit der Auszahlungsraten. – 2. *Erfassung* der A. bei Ausscheiden eines Gesellschafters in der *Buchhaltung:* a) Wenn der Ausscheidende mehr erhält, als sein Kapitalkonto ausweist: Das Kapitalkonto ist durch Auflösung stiller Rücklagen (meist Erhöhung der Anlagewerte oder des Vorratsvermögens) auf den Stand der A. zu bringen *(Buchwertaufstockung).* Buchungen: ,,Anlage- oder Umlaufvermögen – Konten an Kapitalkonto" und bei Zahlung ,,Kapitalkonto an Bank oder Kasse". b) Wenn die A. dem Stand des Kapitalkontos entspricht: Ausgleich durch Buchung ,,Kapitalkonto an Kasse bzw. an Bank". c) Wenn die A. unter dem Betrag auf Kapitalkonto liegt: Durch Abschreibung der Anlagewerte muß das Kapitalkonto der A. angepaßt werden; Buchungen: ,,Abschreibungen an Kapitalkonto", bei Zahlung ,,Kapitalkonto an Bank oder Kasse". – 3. *Einkommensteuer:* a) Beim *Ausscheidenden* liegt eine Veräußerung eines Mitunternehmeranteils (§16 I Nr. 2 EStG). Dabei gilt die A. als Veräußerungspreis. Ihm ist das steuerliche Kapitalkonto im Zeitpunkt des Ausscheidens gegenüberzustellen. Entsteht ein →Veräußerungsgewinn, ist dieser, nach Abzug eines evtl. →Freibetrages, ermäßigt zu besteuern. Einer Veräußerungsverlust sind die Vorschriften über den →Verlustausgleich und →Verlustabzug anzuwenden. – b) Bei den *verbleibenden Gesellschaftern* ergeben sich nur dann steuerliche Konsequenzen, wenn die A. mehr oder weniger als das steuerliche Kapitalkonto des Ausscheidenden beträgt. Liegt die A. über dem Betrag des Kapitalkontos, haben sie die anteiligen stillen Reserven der Wirtschaftsgüter einschl. eines evtl. →Firmenwertes erworben. Der Mehrbetrag der A. ist, verteilt auf die einzelnen Wirtschaftsgüter, zu aktivieren. Entsprechend sind einem Minderbetrag die Buchwerte abzustocken bzw. die Passivposten aufzustocken. Sonderfall des →lästigen Gesellschafters (vgl. dort). – 4. *A. im Falle der Verschmelzung oder Umwandlung:* Vgl. →Verschmelzung VIII 3, →Umwandlung I 3.

II. A r b e i t s r e c h t : 1. Vom Arbeitgeber an den Arbeitnehmer zu zahlender Betrag in folgenden *Fällen:* a) *A. beim Kündigungsschutzprozeß:* (1) Ist die Kündigung des Arbeitgebers unwirksam, aber dem Arbeitnehmer die Fortsetzung des Arbeitsverhältnisses nicht zuzumuten, hat das Gericht auf Antrag des Arbeitnehmers das Arbeitsverhältnis (rechtsgestaltend) aufzulösen und den Arbeitgeber zu einer A. zu verurteilen (§§9 I 1, 13 I 3 KSchG); (2) A. i. d. R. bei Vergleich über Beendigung des Arbeitsverhältnisses

(→Prozeßvergleich). – b) *A. beim →Aufhebungsvertrag:* Aufhebung des Arbeitsverhältnisses zwischen Arbeitgeber und Arbeitnehmer ohne Kündigung, aber häufig Zahlung einer A. – c) *A. bei* Abweichung vom vereinbarten →*Interessenausgleich* oder beim nicht versuchten Interessenausgleich über Betriebsänderungen (§ 113 I, III BetrVG; Nachteilsausgleich). – d) *A. beim →Sozialplan* (§§ 112, 112 a BetrVG): Ausgleich oder Milderung wirtschaftlicher Nachteile, die den Arbeitnehmern infolge der geplanten Betriebsänderungen entstehen (§§ 112, 112 a BetrVG). – 2. *Höhe der A.:* In den Fällen a) (1) und c): Betrag bis zu zwölf Monatsverdiensten (§ 10 I KSchG), bis zu fünfzehn oder achtzehn Monatsverdiensten für Arbeitnehmer, die ein bestimmtes Lebensalter erreicht haben und lange Zeit im Betrieb tätig waren (§ 10 II KSchG). Im Fall d) vgl. →Sozialplan. – 3. Die A. nach §§ 9, 10 KSchG unterliegt nicht dem *Pfändungsschutz* für Arbeitsentgelt (→Lohnpfändung). – 4. Sie genießt im →*Konkurs* kein Vorrecht. – 5. Bei Nichteinhaltung der ordentlichen *Kündigungsfrist,* insbes. bei →außerordentlicher Kündigung, können in der gerichtlich zuzusprechenden A. Lohnteile enthalten sein, die nach § 117 AFG zum Ruhen des Arbeitslosengeldes führen. – 6. *Steuerrecht:* a) *Beim Arbeitnehmer:* A. wegen einer vom Arbeitgeber veranlaßten oder gerichtlich ausgesprochenen Auflösung des Dienstverhältnisses sind bis höchstens 24 000 DM einkommen- bzw. lohnsteuerfrei (§ 3 Nr. 9 EStG). Der Freibetrag erhöht sich je nach Alter und Anzahl der Dienstjahre. Steuerpflichtige oder den Freibetrag übersteigende A. können u. U. als →außerordentliche Einkünfte (§ 24 Nr. 1 a, 34 I EStG) dem ermäßigten Steuersatz unterliegen. Ansonsten kann eine Verteilung auf drei Jahre (§ 34 III EStG) in Betracht kommen. – b) *Beim Arbeitgeber:* A. stellen →*Betriebsausgaben* dar. – 7. *Sozialversicherung:* A. unterliegt nicht der Beitragspflicht zur Sozialversicherung.

III. S o z i a l v e r s i c h e r u n g s r e c h t und s o z i a l e s E n t s c h ä d i g u n g s r e c h t: 1. *Gesetzliche Rentenversicherung* (§ 1302 RVO, § 81 AVG, § 83 RKG): Die Bezieher einer →Witwenrente/Witwerrente werden im Fall der *Wiederverheiratung* mit einem bestimmten Jahresbetrag der Rente abgefunden. – a) Bis zum 31. 12. 1983 wurde generell als A. das Fünffache des Jahresbetrages der bis zur Wiederverheiratung bezogenen Rente gewährt. Nach der Übergangsregelung in Art. 2 § 27 ArVNG, Art. 2 § 26 AVNG i. d. F. des Haushaltsbegleitgesetzes 1984 v. 22.12.1983 (BGBl I 1532) gilt diese Regelung in Zukunft nur für Ehen, die vor dem 1.1.1984 geschlossen worden sind. – b) Seit 1.1.1984 wird bei Wiederverheiratung das Zweifache des Jahresbetrages der bis dahin bezogenen Rente

gewährt. Nach Art. 2 § 27 II ArVNG, Art. 2 § 26 II AnVNG gilt diese Regelung auch für Fälle, in denen die neue Ehe vor dem 1.1.1986 geschlossen worden ist. – c) Seit 1.1.1986 erhält eine Witwe/ein Witwer bei Wiederheirat als A. das Vierundzwanzigfache des Betrages, der als Witwen-/Witwerrente in den letzten zwölf Monaten vor dem Wegfall im Monatsdurchschnitt gezahlt worden ist. Fällt die Witwen-/Witwerrente vor Ablauf von zwölf Monaten nach dem Rentenbeginn wegen Wiederheirat weg, beträgt die A. grundsätzlich das Vierundzwanzigfache des Betrages, der in diesem Zeitraum im Monatsdurchschnitt gezahlt worden ist. Entsprechendes gilt für die →Geschiedenen-(Witwen-)-Renten. Der Witwen-/Witwerrentenanspruch kann wiederaufleben, wenn die neue Ehe z. B. durch Tod oder Scheidung aufgelöst wird, wobei bestimmte durch die Auflösung der neuen Ehe erworbene Ansprüche angerechnet werden können. – d) Ferner kennt die gesetzliche Rentenversicherung eine *Kapitalabfindung* aus Höherversicherungsbeiträgen dem Kapitalwert der sich aus den Höherversicherungsbeiträgen ergebenden Leistungen, wenn ein Anspruch auf Versicherten- und Hinterbliebenenrenten aus anderen Beiträgen nicht besteht (§ 1295 RVO, § 72 AVG); nur für Versicherungsfälle nach dem 31. 12. 1972 (Art. 2 § 26 a ArVNG, Art. 2 § 25 a AnVNG).

2. *Gesetzliche Unfallversicherung* (§§ 603 – 618 RVO): a) *Verletztenrenten* können unabhängig von der Rentenhöhe nach Abschluß der Heilbehandlung durch eine Gesamtvergütung in Höhe des voraussichtlichen Rentenaufwands abgefunden werden, wenn nur die Gewährung einer →vorläufigen Rente zu erwarten ist (§ 603 RVO). – b) Auf Antrag des Verletzten können auch Dauerrenten nach einer *Minderung der Erwerbsfähigkeit von weniger als 30%* mit einem dem Kapitalwert der Rente entsprechenden Betrag abgefunden werden (§ 604 RVO). – c) Dauerrenten aufgrund einer *Erwerbsminderung von mehr als 30%* können auf Antrag durch einen Geldbetrag abgefunden werden zum Erwerb oder zur wirtschaftlichen Stärkung eigenen Grundbesitzes oder grundstücksgleicher Rechte. Diese A. kann auch gewährt werden zum Erwerb eines Dauerwohnrechts, der Mitgliedschaft in einem gemeinnützig anerkannten Wohnungs- und Siedlungsunternehmen oder zur Finanzierung eines Bausparvertrags (§ 607 RVO). – d) Bei *Wiederheirat* erhält eine Witwe/ein Witwer als A. das Vierundzwanzigfache des Betrags, der als Witwenrente oder Witwerrente in den letzten zwölf Monaten vor dem Wegfall der Rente wegen Wiederheirat im Monatsdurchschnitt gezahlt worden ist. Fällt die Witwen- oder Witwerrente vor Ablauf von zwölf Monaten nach dem Rentenbeginn wegen Wiederheirat weg, beträgt die A. das Vierundzwanzigfache des Betrags, der in die-

sem Zeitraum im Monatsdurchschnitt gezahlt worden ist (§ 615 RVO). – e) Ein Verletzter oder ein Hinterbliebener, der seinen gewöhnlichen Aufenthalt im Inland aufgibt oder sich gewöhnlich *im Ausland* aufhält, kann vom Träger der Unfallversicherung mit einem dem Wert der ihm zustehenden Leistungen entsprechenden Kapital abgefunden werden, wenn er dem zustimmt (§ 616 RVO).

3. *Soziales Entschädigungsrecht* (z. B. Kriegsopferversorgung): a) A. der *Witwenrente* in Höhe des Fünffachen der monatlichen Grundrente (§ 44 Abs. 1 BVG). Wird die neue Ehe aufgelöst oder für nichtig erklärt, so lebt der Anspruch auf Witwenversorgung wieder auf (§ 44 Abs. 2 BVG). – b) *Beschädigten und Witwen,* die eine Rente erhalten, kann eine Kapital-A. zum Zweck des Erwerbs oder der wirtschaftlichen Stärkung eigenen Grundbesitzes und grundstücksgleicher Rechte (Wohnungseigentum) oder zur Finanzierung eines Bausparvertrags für solche Zwecke unter bestimmten Voraussetzungen gewährt werden (§ 72 ff. BVG); maximal in Höhe der für einen Zeitraum von zehn Jahren zustehenden Grundrente. Als A.ssumme wird das Neunfache des der Kapital-A. zugrunde liegenden Jahresbetrags gezahlt. Im übrigen bestehen zahlreiche Detail-Regelungen.

IV. A l t e r s - u n d H i n t e r b l i e b e n e n v e r s o r g u n g : Zu A. aus einer betrieblichen Versorgungsanwartschaft vgl. → Betriebsrentengesetz II 1.

V. V e r m ö g e n s t e u e r : Ansprüche auf bestimmte Kapital-A. werden beim → sonstigen Vermögen nicht erfaßt (§ 111 Nr. 8 BewG), nämlich Ansprüche, die anstelle von Rentenansprüchen treten, die aus Gründen gesetzlicher Unterhaltspflicht oder als Geldentschädigung für die Verletzung des Körpers oder der Gesundheit nach § 847 BGB (z. B. Schmerzensgeld) zu erbringen wären (§ 111 Nr. 7 BewG).

Abfindungsguthaben, Betrag in Höhe der dem ausscheidenden Gesellschafter im Zeitpunkt seines Ausscheidens zustehenden Abfindung. Das A. gibt dem Ausscheidenden einen schuldrechtlichen Anspruch auf Zahlung gegen die Gesellschaft bzw. die übrigen Gesellschafter. Entspricht dem → Auseinandersetzungsguthaben.

Abfindungsvertrag, → nichteheliches Kind 6.

Abfragesprache, *Datenbankabfragesprache, query language.* 1. Eine meist im *Dialogbetrieb benutzbare Sprache,* in der → Datenbankabfragen formuliert und/oder Berichte generiert werden können; sie wird dem Benutzer vom → Datenbankmanagementsystem zur Verfügung gestellt. I. d. R. sind A. für Endbenutzer ohne detaillierte Kenntnisse in Elektronischer Datenverarbeitung konzipiert. – 2. Eine → *Datenmanipulationssprache,* deren Notation

sich an der Umgangssprache orientiert, z. B. → SQL.

Abgaben. I. S t e u e r r e c h t / F i n a n z w i s s e n s c h a f t e n : 1. *Sammelbegriff:* a) Alle auf der → Finanzhoheit beruhenden → öffentlichen Einnahmen der Gebietskörperschaften und bestimmter Parafisci (→ Parafiskus). Im einzelnen → Steuern einschl. → Kirchensteuern, → Zölle und → Abschöpfungen, → Gebühren, → Beiträge und Sozialabgaben („Quasisteuern") an die Träger der gesetzlichen → Sozialversicherung. – b) Vom Abgabepflichtigen her definiert: Pflichtgemäße Geldleistungen aller Art an ein Gemeinwesen. – 2. Teilweise tragen einzelne Geldleistungen direkt die Bezeichnung *„Abgabe",* z. B. Ausgleichsabgabe des Lastenausgleichs, bergrechtliche Förderabgabe, Hypothekengewinnabgabe, Kreditgewinnabgabe, Vermögensabgabe und neuerdings Abwasserabgabe. Art. 106 I Nr. 7 GG und Art. 108 I GG haben den Begriff der „A. im Rahmen der Europäischen Gemeinschaften" 1969 neu aufgenommen; auch der EWG-Vertrag verwendet in Art. 12 ff. und 95 ff. für seine besonderen Regelungszwecke den Begriff der A. – 3. Der umfassende Charakter des A.-Begriffs kommt auch darin zum Ausdruck, daß das „Steuergrundgesetz" oder auch das „steuerrechtliche Mantelgesetz", das die wichtigsten allgemein geltenden Regelungen zusammenfaßt, als → *Abgabenordnung* bezeichnet wird. Sie gilt für alle A., wenngleich ihr tragender Begriff der der „Steuer" ist (§ 3 AO). – 4. Aus vielen Gründen wird die Ausgestaltung eines *neuen und umfassenden A.-Begriffs* angestrebt, der die unterschiedlichen A.arten auch aus dem Bau- und Planungsrecht (→ Planungswertausgleich), dem Arbeitsmarktrecht (Arbeitsmarktförderungs-A., Überstunden-A.), der Umweltpolitik (Atommüllbeseitigungs-Verursacher-A.) inkorporiert. – Vgl. auch → Sonderabgaben.

II. K o s t e n r e c h n u n g : A. sind wie → Steuern zu behandeln. Sie werden – da nur selten Produkten oder speziellen Unternehmensteilen zurechenbar – meist in einer Summe den Kosten des Verwaltungsbereichs (→ Verwaltungskosten) zugeordnet, in kleineren Betrieben auch mit den Steuern gemeinsam verrechnet. Wegen ihres stoßweisen Anfallens ist zeitliche Abgrenzung (→ Abgrenzung II 1) vorzunehmen.

Abgabenangelegenheiten, alle mit der Verwaltung der Abgaben oder sonst mit der Anwendung der abgabenrechtlichen Vorschriften durch die Finanzbehörden zusammenhängenden Angelegenheiten einschl. der Maßnahmen der Bundesfinanzbehörden zur Beachtung der Verbote und Beschränkungen im Warenverkehr über die Grenze. Den A. stehen die Angelegenheiten der Verwaltung der

Finanzmonopole gleich (§§ 347 II AO, 33 II FGO).

Abgabenordnung (AO) vom 16.3.1976 (BGBl I 613; ber. 1977 I 269) mit späteren Änderungen.

I. Grundsätzliches: Steuergrundgesetz, das durch die Zusammenfassung materieller und verfahrensrechtlicher Vorschriften, die für alle oder mehrere Steuergesetze gelten, die Einzelsteuergesetze entlasten soll. Integriert wurden u. a. das Steueranpassungsgesetz vom 16.10.1934 (RGBl I 925), das Gesetz über die Kosten der Zwangsvollstreckung nach der Reichsabgabenordnung vom 12.4.1961 (BGBl I 429), das Steuersäumnisgesetz vom 13.7.1961 (BGBl I 993) und die Gemeinnützigkeitsverordnung vom 24.12.1953 (BGBl I 1952); eine Angleichung an das allgemeine Verwaltungsverfahrensrecht wurde vorgenommen. Das Einführungsgesetz zur AO vom 14.12.1976 (BGBl I 3341) regelt den Übergang von der Reichsabgabenordnung zur AO und nimmt die erforderliche Anpassung anderer Gesetze an das neue Recht vor; der Einführungserlaß zur AO (BStBl I 1976) erläutert die AO einführend aus der Sicht der Finanzverwaltung.

II. Geltungsbereich: Die AO gilt für alle Steuern und Steuervergütungen, die durch Bundesrecht oder Recht der EG geregelt sind, soweit sie durch Bundes- oder Landesfinanzbehörden (Art. 108 GG) verwaltet werden (§ 1 I AO). Für die →Realsteuern gilt die AO eingeschränkt (§ 1 II AO), für →steuerliche Nebenleistungen sinngemäß (§ 1 III AO).

III. Inhalt: Entgegen ihrer Bezeichnung enthält die AO in ihren neun Teilen nicht nur das formelle Recht einer Verfahrensordnung, sondern auch einen allgemeinen Teil des materiellen Steuerrechts. Im einzelnen: 1. „Einleitende Vorschriften" (§§ 1–32 AO): Anwendungsbereich, steuerliche Begriffsbestimmungen, Zuständigkeit der Finanzbehörden und das →Steuergeheimnis. – 2. „Steuerschuldrecht" (§§ 33–77 AO): Vorschriften über die Steuerpflichtigen, die Ansprüche aus dem →Steuerschuldverhältnis, →steuerbegünstigte Zwecke und die →Haftung. – 3. „Allgemeine Verfahrensvorschriften" (§§ 78–133 AO): Verfahrensgrundsätze und Handeln der Finanzbehörden durch →Verwaltungsakte. – 4. „Durchführung der Besteuerung" (§§ 134–217 AO): Vorschriften über die Erfassung der Steuerpflichtigen, die Mitwirkungspflichten, das Festsetzungs- und Feststellungsverfahren, die →Außenprüfung, die →Steuerfahndung und die →Steueraufsicht. – 5. „Erhebungsverfahren" (§§ 218–248 AO): U. a. Vorschriften über die Verwirklichung, Fälligkeit und Verzinsung der Ansprüche aus dem Steuerschuldverhältnis sowie die →Säumniszuschläge. – 6. „Vollstreckung" (§§ 249–346 AO). – 7. „Außergerichtliche Rechtsbehelfsverfahren" (§§ 347–

368 AO). – 8. →Steuerstraftaten und →Steuerordnungswidrigkeiten sowie die entsprechenden Verfahrensvorschriften (§§ 369–412 AO). – 9. „Schlußvorschriften" (§§ 413–415 AO): insbes. die Einschränkung von Grundrechten.

Abgabenorientierung, Begriff der →Standorttheorie zur Kennzeichnung derjenigen Gewerbe und Industriebetriebe, die ihren Standort nach der Höhe der zu entrichtenden →Abgaben wählen.

Abgabenüberhebung, strafrechtlicher Tatbestand. Strafbar macht sich ein Amtsträger, z. B. Beamter, der Steuern, Gebühren oder andere Abgaben für eine öffentliche Kasse zu erheben hat und sie erhebt, obwohl er weiß, daß der Zahlende sie überhaupt nicht oder nur in geringerem Betrage schuldet, und das Erhobene ganz oder teilweise nicht zur Kasse bringt (Freiheitsstrafe nicht unter drei Monaten). Gleiche Strafe hat zu erwarten, wer bei amtlichen Ausgaben an Geld oder Naturalien dem Empfänger vorsätzlich und rechtswidrig Abzüge macht und die Ausgabe als vollständig geleistet in Rechnung stellt (§ 353 StGB).

Abgabesätze, Zinssätze, zu denen bestimmte Geldmarktpapiere von der Bundesbank im Rahmen der Offenmarktpolitik abgegeben werden. Eine Zusammenstellung der jeweiligen A. enthalten die →Monatsberichte der Deutschen Bundesbank. – *Gegensatz:* →Rücknahmesätze.

Abgang. 1. Mengenmäßige *Verminderung eines Vermögensgegenstandes,* z. B. Veräußerung einer Maschine. A. des Anlagevermögens sind wertmäßig in dem →Anlagegitter auszuweisen. – 2. *Gewichtsverlust einer Ware:* Vgl. →Schwund.

Abgangsfragebogen, standardisierter Fragebogen, den ein das Unternehmen verlassender →Arbeitnehmer ausfüllen soll. – *Ziel:* Aufdecken von Fluktuationsgründen (→Fluktuation) und Unzufriedenheitspotentialen (→Arbeitszufriedenheit), um ggf. personalpolitische Maßnahmen ergreifen zu können.

Abgangsfunktion, *zeitlich kumulierte A.,* Begriff aus der →Verlaufsstatistik. Die A. ordnet jedem Zeitpunkt t innerhalb eines Beobachtungsintervalls [t^I; t^{II}] die Anzahl der Elemente zu, die im Intervall von t^I bis t aus dem beobachteten Bestand abgegangen sind.

Abgangsinterview, Gespräch mit einem Mitarbeiter, der das Unternehmen verläßt oder versetzt wird, mit dem Ziel, Fluktuationsgründe (→Fluktuation), Unzufriedenheitspotentiale (→Arbeitszufriedenheit) u. ä. zur Unterstützung eines wirksamen →Personalmanagements zu erfahren.

Abgangsordnung, Begriff aus der →Verlaufsstatistik. Die A. konkretisiert numerisch, mit welcher Intensität ein vorhandener Bestand abgebaut wird. Sie gibt in Abhängigkeit von d

(→durchschnittliche Abweichung) die →Wahrscheinlichkeit dafür an, daß ein Element des Anfangsbestandes nach d Zeiteinheiten noch zum beobachteten Bestand gehört. Die A. und die →Verteilungsfunktion der →Verweildauer ergänzen sich zu 1. – *Beispiel:* Die Anzahl der Überlebenden in einer →Sterbetafel ist eine tabellarische Aufzeichnung einer speziellen A.

Abgas, gasförmige Rückstände von Produktion, Klärwerken, Gebäudeheizung, Verkehr usw. sowie durch solche Rückstände und Stäube verschmutzte Luft (→Umweltverschmutzung). Wesentliche Ursache für →Luftverunreinigung.

abgekürzte Lebensversicherung, →Lebensversicherung II 1.

Abgeld, →Disagio.

abgeleitete Bilanz, eine aus der →Handelsbilanz meist durch Veränderung der Bewertungsgrundsätze gewonnene Bilanz, die bestimmten Spezialanforderungen dienen soll. I. d. R. wird unter der a. B. die →Steuerbilanz verstanden. – Vgl. auch →Mehr- und Wenigerrechnung.

abgeleitete Firma, Fortführung eines Geschäftsbetriebes unter einer von dem Namen des Inhabers abweichenden Bezeichnung; nur in Sonderfällen gestattet, wie bei Erwerb eines Handelsgeschäftes mit →Firma oder bei Änderung des Namens des Inhabers (§§ 21, 22 HGB). Anmeldepflicht für die a. F. beim Handelsregister durch den neuen Inhaber (§ 31 HGB). – Vgl. auch →Firmenfortführung.

abgeleitete Kostenarten, →sekundäre Kostenarten.

abgeleitete Rechengrößen, →Rechengrößen, die nicht konkret in der beobachtbaren Wirklichkeit existieren. Sie werden direkt oder indirekt durch Umrechnungen und/oder begriffliche Modifikationen von als Ist-Größen meßbaren →originären Rechengrößen abgeleitet. Zu unterscheiden ist zwischen (1) sachlogisch eindeutigen rechnerischen Operationen (z. B. Aggregationen, Ermittlung von Deckungsbeiträgen nach dem Identitätsprinzip und Bildung statistischer Mittelwerte) und (2) Konstrukten (fiktive Rechengrößen). Letztere bleiben auch als Ist-Größen vom Begriff her subjektive Fiktionen, selbst wenn sie allgemeine Konventionen entsprechen (z. B. Aufwand, Ertrag, wertmäßige Kosten und Leistungen, soweit sie konkret von den Ausgaben bzw. Auszahlungen und Einnahmen bzw. Einzahlungen abweichen). – *Typische Beispiele:* Abschreibungen, Maschinenstundensätze, Selbstkosten, pro rata verrechnete Mieten bei mehrjährigen Verträgen.

abgeleitetes Einkommen, *Sekundäreinkommen.* 1. *Begriff:* Dasjenige →Einkommen, das

nicht wie die „primären" Einkommen durch produktive Beiträge zum →Sozialprodukt entsteht (produktiv im Sinn der Sozialproduktsberechnung sind auch die Bezieher von →Bodenrenten und →Kapitalprofiten). – 2. *Entstehung:* a) *Verringerung der primären Einkommen* (i. a. durch Besteuerung) und Überweisung der Beträge an diejenigen Personen, die keinen oder einen nur geringen Beitrag zum Sozialprodukt leisten können, deren Existenz aber trotzdem gesichert werden muß, z. B. Wohlfahrtsempfänger (→Transfereinkommen, →Transfers). Die betreffenden Beträge sind durchlaufende Posten im Budget; sie bedeuten eine Umverteilung des Einkommens, wodurch im allgemeinen die gesamtwirtschaftliche →Sparquote gesenkt, die gesamtwitschaftliche →Konsumquote (→Konsumfunktion) erhöht wird, weil Bezieher geringerer Einkommen gewöhnlich eine höhere durchschnittliche Konsumquote aufzuweisen haben als Bezieher hoher Einkommen. – b) *Ohne Mitwirkung des Staates,* z. B. beim „Studentenwechsel" (Überweisung von Geldbeträgen an Studenten aus den primären Einkommen der Eltern). – *Strittig* sind z. B. Altersrenten von Arbeitern, die als a. E., aber auch als Nachzahlungen auf früher verdienten primären Einkommen aufgefaßt werden können.

Abgeltung gemeinwirtschaftlicher Lasten.
1. *Begriff:* Finanzieller Ausgleich für Kosten →öffentlicher Unternehmen, die aus der vom Träger oder vom Gesetzgeber verlangten Übernahme gemeinwirtschaftlicher Aufgaben (→Gemeinwirtschaftlichkeit) resultieren. A. spielen v. a. als Ausgleich gemeinwirtschaftlicher Grundpflichten im öffentlichen Verkehrswesen (→Betriebspflicht, →Fahrplanpflicht, →Beförderungspflicht und →Tarifpflicht) eine besondere Rolle. – 2. *Probleme für die Ermittlung:* Ergeben sich aus den Schwierigkeiten der Erfassung, Abgrenzung und Zurechnung betriebswirtschaftlicher Kosten und gemeinwirtschaftlicher Leistungen. – 3. *Gesetzliche Regelungen:* In unterschiedlichen nationalen und internationalen Abgeltungsvorschriften. – 4. *Abgrenzung zur* →*Subvention:* Ergibt sich aus den Kosten-Leistungsbeziehungen.

Abgeordnetenhaus. 1. Bezeichnung der Volksvertretung in Berlin (West). – 2. Im Zwei-Kammer-System: Unterhaus.

Abgeordneter, Mitglied des →Bundestags (MdB), des Landtags (MdL) oder des Kreistags. – Die *A. des Bundestags* werden nach Art. 38 GG in allgemeiner, unmittelbarer, freier, gleicher und geheimer Wahl gewählt. Sie sind Vertreter des ganzen Volkes, an Aufträge und Weisungen nicht gebunden und nur ihrem Gewissen unterworfen. Zum A. des Bundestags kann gewählt werden (passives Wahlrecht), wer das 18. Lebensjahr vollendet hat. – Der A. erhält eine monatliche *Entschädigung* von 8729 DM (§ 11 AbgG); daneben als →Aufwandsentschädigung eine *Amtsausstattung*, die u. a. eine monatliche Kostenpauschale für Fahrten, Mehraufwendungen am Sitz des Bundestags und die Unterhaltung eines Büros von 5078 DM enthält, Übergangsgeld, Altersentschädigung, Sterbegeld und Hinterbliebenenversorgung. – Wahlrecht und -system sind geregelt im Bundeswahlgesetz vom 1.9.1975 (BGBl I 2325), Rechtsverhältnisse der A. des Bundestags im Abgeordnetengesetz (AbgG) vom 18.2.1977 (BGBl I 297) mit späteren Änderungen.

abgestimmte Verhaltensweisen, kartellrechtlich als Gegenstand einer vertraglichen Bindung verboten (§ 25 I GWB). Kartellverbot und Verbot kartellrechtlicher Austauschverträge (→Kartellgesetz VII und VIII) werden hierdurch abgesichert.

Abgrenzung. I. Doppelte Buchführung (→Rechnungsabgrenzung): Die beim Abschluß erforderliche Aussonderung der in der laufenden oder folgenden Rechnungsperiode angefallenen Ausgaben und Einnahmen, soweit sie anteilig (periodengerecht) der folgenden/vorangegangenen Periode zuzumessen sind (Zahlungen für Zinsen, Versicherungen, Mieten u.ä.).

1. *Aktive A.: Beispiele:* a) Am 1.10. lfd. Jahres wird für ein halbes Jahr Versicherungsprämie mit 600 DM vorausbezahlt. 300 DM sind abzugrenzen, weil sie die Zeit vom 31.12. des lfd. Jahres bis 31.3. des Folgejahres betreffen. Diese 300 DM sind als aktiver (transitorischer) Rechnungsabgrenzungsposten zu bilanzieren. *Buchungen:* (1) Versicherungsprämie 600 DM an flüssige Mittel 600 DM (Zahlung der Prämie im alten Jahr); (2) aktiver Rechnungsabgrenzungsposten 300 DM an Versicherungsprämie 300 DM (Abgrenzung am Ende des Geschäftsjahres); (3) Bilanzkonto 300 DM an aktiver Rechnungsabgrenzungsposten 300 DM; (4) Versicherungsprämie 300 DM an aktiver Rechnungsabgrenzungsposten 300 DM (Auflösung des Abgrenzungspostens zu Beginn des neuen Geschäftsjahres). – b) Die bilanzierende Unternehmung erhält am 28.2. des neuen Geschäftsjahres die Miete der letzten drei Monate in Höhe von 15000 DM für vermietete Büroräume per Banküberweisung. Der Teil der Mieteinnahmen, der dem alten Geschäftsjahr zuzurechnen ist (5000 DM), ist in der Schlußbilanz des alten Geschäftsjahres unter den →sonstigen Forderungen zu aktivieren. Ein Ansatz als Abgrenzungsposten ist nicht zulässig (→antizipative Posten der Rechnungsabgrenzung). *Buchungen:* (1) Sonstige Forderungen 5000 DM an Mieterträge 5000 DM (Abgrenzung am Ende des alten Geschäftsjahres); (2) Bilanzkonto 5000 DM an sonstige Forderungen 5000 DM; (3) Bank

15000 DM an sonstige Forderungen 5000 DM, an Mieterträge 10000 DM (Überweisung der Miete im neuen Geschäftsjahr).

2. *Passive A.: Beispiele:* a) Pachteinnahmen am 1.12. des lfd. Jahres für zwei Monate im voraus über 600 DM. Die gesamte Einnahme von 600 DM darf nicht in die Erfolgsrechnung des lfd. Jahres eingehen. 300 DM müssen abgegrenzt werden, weil sie den Januar der nächsten Geschäftsperiode betreffen. Diese 300 DM sind als passiver (transitorischer) Rechnungsabgrenzungsposten zu bilanzieren. *Buchungen:* (1) Flüssige Mittel 600 DM an Grundstückserträge 600 DM; (2) Grundstückserträge 300 DM an passiver Rechnungsabgrenzungsposten 300 DM (Abgrenzung am Ende des Geschäftsjahres); (3) passiver Rechnungsabgrenzungsposten 300 DM an Bilanzkonto 300 DM; (4) passiver Rechnungsabgrenzungsposten 300 DM an Grundstückserträge 300 DM (Auflösung des Abgrenzungspostens zu Beginn des neuen Geschäftsjahres). – b) Am 31.3. des Folgejahres sind Lizenzgebühren von 2000 DM für das verflossene Halbjahr fällig. Von der Leistung des Lizenzgebers hat das laufende Geschäftsjahr schon die Hälfte in Anspruch genommen. Bei den 1000 DM, die das letzte Vierteljahr des lfd. Geschäftsjahres betreffen, handelt es sich um ein antizipatives Passivum, das unter den →sonstigen Verbindlichkeiten auf der Passivseite der Bilanz ausgewiesen wird. *Buchungen:* (1) Lizenzgebühren 1000 DM an sonstige Verbindlichkeiten 1000 DM (Abgrenzung am Ende des alten Geschäftsjahres); (2) sonstige Verbindlichkeiten 1000 DM an Bilanzkonto 1000 DM; (3) sonstige Verbindlichkeiten 1000 DM, Lizenzgebühren 1000 DM an flüssige Mittel 2000 DM (Zahlung im neuen Geschäftsjahr).

II. Kostenrechnung: 1. *Zeitliche A.:* In der *traditionellen Kostenrechnung* für alle Erfolgsvariablen (insbes. erfolgswirksame →Ausgaben und →Einnahmen) erforderlich, die sich nicht nach dem →Verursachungsprinzip dem betrachteten Zeitabschnitt zurechnen lassen. Sie betrifft neben der Rechnungsabgrenzung im →Jahresabschluß auch die →kurzfristige Erfolgsrechnung. – Der Aufwand ist auf die Zeitabschnitte der Betriebsabrechnung gleichmäßig zu verteilen (z.B. für ein Vierteljahr vorausbezahlte Steuern sind mit einem Drittel des Betrages in die monatliche Abrechnung zu übernehmen, in die von der Jahresprämie für Versicherungen jeweils ein Zwölftel, stoßartig anfallende Urlaubslöhne in gleichen Raten des voraussichtlichen Jahresbetrages). Die einen Kostenvergleich störenden Elemente werden damit aus der Kostenrechnung ferngehalten. – *Technik der zeitlichen A.:* a) In *buchhalterischer Form* auf Aufwandsausgleichskonten der Kontenklasse 2 des →Gemeinschaftskontenrahmens industrieller Verbände (GKR); b) in *statistischer*

Form auf Aufwandsverteilungskarten bzw. im →Betriebsabrechnungsbogen durch Einfügen einer Abgrenzungsspalte. Bei genauer Betrachtung ist eine derartige zeitliche A. stets mit einer Schlüsselung von →Periodengemeinkosten verbunden (→Gemeinkostenschlüsselung). – Eine →entscheidungsorientierte Kostenrechnung unterläßt zeitliche A.

2. *Sachliche A.:* Zwischen Buchhaltung und Kostenrechnung erfolgt A. zur Absonderung der betrieblichen →Aufwendungen und →Erträge von den außerbetrieblichen oder neutralen. Im Falle, daß Kosten und Aufwendungen sich nicht decken, werden *unterschieden:* a) Kosten, die gleichzeitig Aufwendungen (aufwandsgleiche Kosten, als Kosten verrechneter →Zweckaufwand) bzw. kostengleiche Aufwendungen (→Grundkosten) sind; es ist zu unterscheiden, ob der Wertansatz der Aufwendungen auch in der Kostenrechnung gewählt wird oder ob bewertungsverschiedene →Anderskosten vorliegen. b) Aufwendungen, die keine Kosten sind (neutrale Aufwendungen und nicht als Kosten verrechnete Zeitaufwendungen). c) Kosten, die keine Aufwendungen sind (→Zusatzkosten). – Vgl. auch untenstehende Abb. – Die neutralen Aufwendungen sind gegenüber der Kostenrechnung, die Zusatzkosten gegenüber der Finanzbuchhaltung abzugrenzen; ebenso sind auch neutrale von betrieblichen Erträgen zu trennen und gegenseitig abzugrenzen. Die neutralen Aufwendungen und Erträge werden dabei in betriebsfremde und außerordentliche Aufwendungen und Erträge geschieden. Ein Teil der außerordentlichen Aufwendungen findet als Anderskosten (z. B. als kalkulatorische →Wagnisse) Eingang in die Kostenrechnung. – *Technik der sachlichen A.:* Neutrale Aufwendungen und Erträge werden in Kontenklasse 2 gebucht und nach Sammlung in einem →Abgrenzungssammelkonto der Klasse 9 über Gewinn- und Verlustkonto verrechnet. (Z. B. wird mit den effektiv gezahlten Zinsen das Konto 250 Zinsaufwendungen belastet, mit den in Klasse 4 verrechneten Zinsen das Konto 280 kalkulatorische Zinsen; beide Konten werden über Abgrenzungssammelkonto abgeschlossen). Den Zusatzkosten steht kein Aufwand gegenüber (z. B. kalkulatorischer Unternehmerlohn); neutralen Aufwendungen stehen keine Kosten gegenüber (z. B. Aufwendungen für Wohnhäuser). – Die sachliche A.

basiert auf dem traditionellen →wertmäßigen Kostenbegriff der Vollkostenrechnung. Eine →entscheidungsorientierte Kostenrechnung wird insbes. keinen Ansatz von Zusatzkosten vornehmen.

3. *Wertmäßige A.:* Ist erforderlich, wenn die Wertansätze für verbrauchte Güter und für Dienste differieren, z. B. bei Verrechnung des Materialeinkaufs zu →Tageswerten und Anwendung von Verrechnungspreisen für Materialverbrauch, Fertigungslöhne und Gemeinkosten. (Beispiel: Anwendung eines innerbetrieblichen Verrechnungspreises für selbsterzeugtes Gas und wertmäßige Abgrenzung gegenüber den entstandenen Kosten.) – *Technik der wertmäßigen A.:* Erfassung der durch die verschiedene Bewertung entstehenden Abweichungen auf dem →Preisdifferenzkonto (Kontenklasse 2), dessen Saldo auf Abgrenzungssammelkonto (Kontenklasse 9) übertragen wird.

III. E n t s c h e i d u n g s t h e o r i e : Aus Gründen der Übersichtlichkeit und Handhabung ist es notwendig, bei der betrieblichen Planung aus dem unternehmerischen →Entscheidungsfeld Teilfelder abzugrenzen (Zerlegung des Entscheidungsfeldes), wobei deren Interdependenzen zu den restlichen Teilplänen nicht vernachlässigt werden dürfen, z. B. durch den Ansatz geeigneter →Opportunitätskosten. A. in sachlicher und/oder zeitlicher Hinsicht.

Abgrenzungsbogen, →Abstimmungsbogen.

Abgrenzungskonten, Konten der Kontenklasse 2 des →Gemeinschaftskontenrahmens bzw. (Kontengruppen 90, 91) des →Industriekontenrahmens, die eine zeitliche und sachliche Aufspaltung des Unternehmungsergebnisses ermöglichen. – Vgl. auch →Abgrenzung.

Abgrenzungsposten, Beträge, die zur Durchführung sachlicher und zeitlicher →Abgrenzung vorübergehend auf →Abgrenzungskonten festgehalten werden.

Abgrenzungsposten für aktive latente Steuern, Korrekturposten für den in der →Gewinn- und Verlustrechnung ausgewiesenen Steueraufwand (§ 274 II HGB). Liegt das handelsrechtliche Ergebnis niedriger als das steuerliche Ergebnis und gleicht sich der daraus resultierende zu hohe Steueraufwand voraussichtlich in späteren Geschäftsjahren aus, so darf in Höhe der geschätzten zukünftigen

Abgrenzung (Kostenrechnung)

Betriebsfremder Aufwand	Außerordentlicher (periodenfremder) Aufwand	Betriebsbezogener, periodenbezogener Aufwand (Zweckaufwand)		
	z. B. kalkulatorische Wagnisse	z. B. kalkulatorische Abschreibungen	Grundkosten (z. B. Leasinggebühren)	Zusatzkosten (z. B. kalkulatorischer Unternehmerlohn)
	bewertungsverschiedene Anderskosten			

Steuerentlastung ein A.f.l.St. als →Bilanzierungshilfe auf der Aktivseite der Bilanz gebildet werden. Dieser Posten ist unter entsprechender Bezeichnung gesondert auszuweisen und im Anhang zu erläutern; er ist aufzulösen, sobald die Steuerentlastung eintritt oder mit ihr voraussichtlich nicht mehr zu rechnen ist. Wird das Aktivierungswahlrecht für den A.f.l.St. in Anspruch genommen, so ist die Ausschüttungssperre für Gewinne zu beachten. – Vgl. auch →Aufwendungen für die Ingangsetzung und Erweiterung des Geschäftsbetriebes.

Abgrenzungssammelkonto, Abschlußkonto der →Kontenklasse 9 des →Gemeinschaftskontenrahmens zur Zusammenfassung von Abgrenzungsposten der Klasse 2 (→Abgrenzung), soweit diese nicht wie bei der aktiven und passiven Rechnungsabgrenzung zu aktivieren oder zu passivieren sind, und die gesammelt als neutrales Ergebnis dem Gewinn- und Verlustkonto zuzuführen sind.

Abgrenzungsvertrag, →Demarkationsvertrag.

abhanden gekommene Sachen, →bewegliche Sachen, an denen der →unmittelbare Besitzer ohne seinen Willen oder ohne sein Zutun den →Besitz verloren hat (z.B. gestohlene oder verlorene Sachen). An a.g.S., ausgenommen an Geld oder →Inhaberpapieren, ist →gutgläubiger Erwerb des Eigentums *nicht* möglich (§ 935 BGB).

abhanden gekommene Wertpapiere (Inhaberpapiere, Schecks, Wechsel), werden zunächst gesperrt (→Sperren); durch Einleitung eines →Aufgebotsverfahrens beim zuständigen Amtsgericht wird dann die →Kraftloserklärung erwirkt. Bis diese erfolgt, ist der gutgläubige Erwerber geschützt (Inhaberpapiere: § 935 II BGB, Wechsel: Art. 16 II WG, Scheck: Art. 21 ScheckG); die Banken nicht, soweit der Verlust in den →Wertpapier-Mitteilungen bzw. im →Bundesanzeiger bekanntgemacht ist (§ 367 HGB). Eine abhanden gekommene Wechselprotesturkunde kann durch ein Zeugnis über die Protesterhebung ersetzt werden (Art. 90 II WG). – Für die *infolge des Zweiten Weltkrieges* a.g.W. könnten aufgrund des Wertpapierbereinigungsgesetzes die früheren Eigentumsrechte wiederhergestellt werden (→Wertpapierbereinigung).

Abhängige, zusammenfassende Bezeichnung der amtlichen Statistik für →Beamte, →Angestellte, →Arbeiter und →Auszubildende. – *Gegensatz:* →Selbständige. – Vgl. auch →Erwerbstätige.

abhängiges Unternehmen. 1. *Begriff:* Rechtlich selbständiges Unternehmen, auf das ein anderes (herrschendes) Unternehmen unmittelbar oder mittelbar einen beherrschenden Einfluß ausüben kann. Von einem in Mehrheitsbesitz (→Mehrheitsbeteiligung) stehenden Unternehmen wird vermutet, daß es von dem an ihm mit Mehrheit beteiligten Unternehmen abhängig ist (§ 17 AktG). Von einem a.U. wird vermutet, daß es mit dem herrschenden Unternehmen einen →Konzern bildet (§ 18 I AktG). – **2.** *Steuerliche Behandlung:* Vgl. →Organgesellschaft.

Abhängigkeit. 1. *Entwicklungstheorie:* Vgl. →Dependencia-Theorie III 1 a), IV 3 b). – **2.** *Kostenrechnung:* Vgl. →Disponierbarkeit.

Abhängigkeitsbericht, der nach § 312 AktG 1965 vom Vorstand einer abhängigen Konzerngesellschaft, wenn kein Beherrschungsvertrag besteht, in den ersten drei Monaten des Geschäftsjahres aufzustellende Bericht über die Beziehungen der Gesellschaft zu →verbundenden Unternehmen.

Abhörverbot, Verbot, das nichtöffentlich gesprochene Wort eines anderen auf einen →Tonträger aufzunehmen oder eine so hergestellte Aufnahme zu gebrauchen oder einem Dritten zugänglich zu machen oder das nicht zu seiner Kenntnis bestimmte nichtöffentlich gesprochene Wort eines anderen mit einem Abhörgerät abzuhören. – *Strafe:* Auf Antrag Freiheitsstrafe bis zu drei Jahren oder Geldstrafe (§ 201 StGB). Bei Amtsträgern oder für den öffentlichen Dienst besonders Verpflichteten ist die Strafandrohung bis zu fünf Jahren.

ABI, Abk. für →Aktion Bildungsinformation e.V.

ability-to-pay principle, finanzwissenschaftliche Bezeichnung im englischsprachigen Schrifttum für die Besteuerung nach der Zahlungsfähigkeit *(Zahlungsfähigkeitsprinzip),* die als Maßstab gilt für die Fähigkeit, Steuern zu tragen. Genauer konzipiert als das im deutschsprachigen Schrifttum verwendete →Leistungsfähigkeitsprinzip.

ab Kai, *ex quay,* Vertragsformel entsprechend den →Incoterms (-Klauseln). – **1.** *Pflichten des Verkäufers:* a) Lieferung der Waren gem. Kaufvertrag sowie vertragsgemäße Beschaffung der Belege hierüber; b) Einhaltung des vereinbarten Zeitpunkts; c) Beschaffung der Einfuhrbewilligung und Kostenübernahme für Einfuhrabgaben, Steuern sowie aller anderen Abgaben und Gebühren (vgl. auch 3 a)); d) Kai-Lieferung der Ware mit Sorgfaltspflicht für die übliche Behandlung und Verpackung, wobei ihre Beschaffenheit zu berücksichtigen ist; e) Kostentragung für die gem. a) erforderlichen Prüfungen (Qualitätsprüfung, Messen, Wiegen und/oder Zählen) sowie Beschaffung des Auslieferungsauftrags (→delivery order) und/oder aller anderen Dokumente auf seine Kosten, wenn sie der Käufer zur Übernahme der Ware und zu deren Abtransport vom Kai benötigt. – **2.** *Pflichten des Käufers:* a) Abnahme der ihm gemäß 1 a) zur Verfügung gestellten Ware und vertragsgemäße Entrichtung des Kaufpreises; b) Übernahme aller die Ware betreffenden Kosten und Gefahren vom gleichen Zeitpunkt an, in dem sie ihm zur Verfügung gestellt wird, vorausgesetzt, daß die für den Käufer bestimmte Ware abgesondert oder auf eine andere Art kenntlich gemacht worden ist. – 3. *Formen:* a) *Ab Kai – unverzollt* (ex quai duties on buyer's account): Die Einfuhrabgaben entfallen; Gefahren- und Kostenübergang ab Zurverfügungstellung am Kai des Bestimmungshafens vor der Verzollung. b) *Ab Kai – verzollt* (ex quai duties paid): Gefahren und Kostenübergang ab Zurverfügungstellung am Kai des Bestimmungshafens *nach* der Verzollung.

Abkömmlinge, *Deszendenten*, Begriff v. a. des Erbrechts für →eheliche Kinder, →nichteheliche Kinder und Kindeskinder (z. B. Enkel, Urenkel) sowie ihnen durch Legitimation oder →Annahme als Kind Gleichgestellte. – *Erbansprüche* vgl. →Erbfolge, →Erbersatzanspruch, →Pflichtteil.

Abladegeschäft, Handelsgeschäft eines Importeurs aus ausländischen Lieferfirmen; beim Außenhandel mit Industrieerzeugnissen nicht üblich. – 1. *A. i. w. S.* umfassen alle Warengeschäfte →Gebietsansässiger mit gebietsfremden Lieferanten (→Gebietsfremde) und Verbringung der Ware (Verfrachtung) vom ausländischen Abladeort in das Wirtschaftsgebiet des inländischen Käufers. – 2. *A. i. e. S.* bezieht sich nur auf die Abladung überseeischer Waren im inländischen Bestimmungshafen; der Verkäufer *(Ablader)* muß die Ware – meist unter Einschaltung eines →Verfrachters (Reederei, Spedition u. ä.) – an den (aus seiner Sicht) überseeischen Importeur verbringen; bedient sich häufig im Käuferland eines →cif-Agenten.

Abladeklauseln, Klauseln, die die Belastung mit Beförderungskosten, die Bestimmung des →Erfüllungsorts und der Erfüllungszeit betreffen, ausgedrückt durch im Handelsverkehr übliche Vertragsklauseln (→Handelsklauseln). – *Beispiele:* cif, fob, frei Waggon, frachtfrei Frankfurt, Abladung Sommer (Juni bis August).

Ablader, →Abladegeschäft.

Ablage, →Registratur.

ab Lagerhaus, →ab Werk.

Ablagevermerk, Kennzeichnung der Ablagereife eines Vorganges durch den Sachbearbeiter. Die →Registratur prüft die Richtigkeit der Ablageverfügung nicht.

Ablauf, →Prozedur.

Ablaufabschnitt, Begriff des Arbeitsstudiums. Beschreibung des →Arbeitsablaufs erfordert Zerlegung in A. – *Gliederung* nach der Größe: Makro-A. (Projekt, Projektstufe); Mikro-A. (→Vorgang, →Vorgangselement). Notwendig für →Arbeitsvorbereitung, →Arbeitsablaufstudie und →Arbeitszeitstu-

die. Zu ihrer Beschreibung dienen die →Ablaufarten.

Ablaufanalyse, →Arbeitsablaufstudie.

Ablaufarten, Bezeichnungen nach REFA für das Zusammenwirken von Mensch und Betriebsmittel mit dem Arbeitsgegenstand innerhalb bestimmter →Ablaufabschnitte. – *Bedeutung:* a) eindeutige Beschreibung von →Arbeitsabläufen; b) vielseitige Verwendung der Zeiten für Abschnitte bestimmter Ablaufarten (→Planzeit 2); c) Bildung von →Kennzahlen. – Nach REFA ergibt sich *auf die Betriebsmittel bezogene Analyse* der A.: (1) *Hauptnutzungszeit:* Einsatz des Betriebsmittels im Sinne seiner Zweckbestimmung; (2) *Nebennutzungszeit:* die zur Vorbereitung, zum Rüsten, Beschicken oder Entleeren des Betriebsmittels notwendige Zeit; (3) *im Einsatz:* Betriebsmittel steht dem Betrieb zur Ausführung von Arbeitsaufgaben zur Verfügung und ist durch Aufträge belegt. Die Analyse der A. ist zusammen mit →Arbeitszeitstudien und →Arbeitsablaufstudien Grundlage der →Ablaufplanung und →Arbeitsablaufplanung.

Ablaufbilanz, *Zinsänderungsbilanz*, bilanzmäßige Gegenüberstellung verzinslicher Aktiva und Passiva sowie bilanzunwirksamer Geschäfte (z. B. Zins-Swaps, Zinsterminkontrakte u. ä.) nach der Dauer ihrer Zinsbindung. Aufgrund von Zinsbindungsfristen bestehende Inkongruenzen sind aus der A. ablesbar und ermöglichen so eine Quantifizierung der Auswirkungen von Zinsänderungen auf die Ertragslage (→Zinsänderungsrisiko).

Ablaufdiagramm, →Programmablaufplan.

Ablauffolge, Begriff des Arbeitszeitstudiums für die Folge der zu messenden →Ablaufabschnitte in einer →Zeitaufnahme. Die REFA-Lehre unterscheidet verschiedene A. und hat spezielle Zeitaufnahmebogen für einzelne A. entwickelt.

Ablauforganisation. 1. *Begriff:* Der raumzeitliche Aspekt der →Organisation (vgl. dort III). Die organisationalen Elemente (Handlungsträger, Aufgaben, Sachmittel usw.) sind hinsichtlich des zeitlichen und des räumlichen Ablaufs so zu gestalten, daß alle Arbeitsgänge lückenlos aufeinander abgestimmt sind. – *Gegensatz:* →Aufbauorganisation. – 2. *Regelungen:* Generelle ablauforganisatorische Regelungen sind nur bei regelmäßig wiederholten Vorgängen möglich; bei seltenen oder einmaligen Vorgängen erfolgt meist eine Neufestlegung der Abläufe, etwa in der →Fertigungsorganisation bei Einzel- und Kleinserienfertigung. – 3. *Hilfsmittel:* Vgl. →Harmonogramm.

Ablaufplanung, →Produktionsprozeßplanung.

Ablaufplanungsdilemma, →Prozeßplanungsdilemma.

Ablaufprinzipien, Grundsätze zur räumlichen Anordnung und Verbindung mehrerer Arbeitsplätze: a) Werkbankfertigung, b) Fertigung nach dem Verrichtungsprinzip (Werkstattfertigung), c) Fertigung nach dem Flußprinzip: Reihenfertigung, Fließfertigung, d) automatische Fertigung, e) verfahrenstechnische Fließfertigung, f) Fertigung nach dem Platzprinzip, g) Fertigung nach dem Wanderprinzip, h) Förderarbeiten.

Ablaufshemmung, hindert beim Vorliegen eines im Gesetz bestimmten Umstandes (z. B. Stundung, Stillstand der Rechtspflege, ein Geschäftsunfähiger hat keinen gesetzlichen Vertreter) die Beendigung der Verjährungsfrist (→Verjährung). Ab Wegfall des Hindernisses wird Frist um sechs Monate hinausgeschoben; ist die Verjährungsfrist kürzer als sechs Monate, gilt die kürzere Frist.

Ablehnung. I. A. einer Leistung: Zulässig nach BGB: 1. I. a. gegenüber →Teilleistungen. – 2. Bei gegenseitigen Verträgen (z. B. Kaufvertrag) gegenüber dem im →Schuldnerverzug befindlichen Vertragspartner a) nach fruchtlosem Ablauf einer ihm mit Androhung der A. gesetzten angemessenen Nachfrist oder b) wenn die Erfüllung des Vertrages infolge des Verzugs für den anderen Teil kein Interesse hat (§ 326 BGB). – 3. I. d. R. bei Fristüberschreitung im →Fixgeschäft (§ 361 BGB, § 376 HGB). – Vgl. auch →Erfüllung.

II. A. des Richters: 1. Im Zivilprozeß: U. a. Gerichtsverfahren möglich wegen „Besorgnis der Befangenheit", d. h. wenn vom Standpunkt der Partei ein vernünftiger Grund vorliegt, der geeignet ist, Mißtrauen gegen seine Unparteilichkeit zu rechtfertigen (§ 42 ZPO). Das Ablehnungsgesuch muß unter Glaubhaftmachung des A. sgrundes vor weiterer Verhandlung zur Sache beim Prozeßgericht angebracht werden. – 2. Im Strafprozeß: Vgl. § 24 StPO. – 3. Der Richter ist kraft Gesetzes u. a. ausgeschlossen, wenn er selbst oder ein naher Angehöriger →Partei ist. – 4. Entsprechendes gilt für die A. eines →Sachverständigen.

III. A. der Leistungspflicht im Schadensfall (Versicherungsfall): Versicherungsnehmer kann gemäß § 12 VVG seinen Anspuch gegen den Versicherer nur innerhalb von sechs Monaten einklagen. Die Frist beginnt jedoch erst, nachdem der Versicherer dem Versicherungsnehmer gegenüber den erhobenen Anspruch unter Angabe der mit dem Ablauf der Frist verbundenen Rechtsfolge schriftlich abgelehnt hat.

Ablehnungsbereich, →kritische Region.

Ableitung. I. Wissenschaftstheorie: In der Wissenschaft die Gewinnung von Aussa-

gen mittels logischer Schlußregeln aus vorgegebenen Aussagen (→Deduktion). – Spezialform: Der logische bzw. mathematische Beweis.

II. Mathematik: Grundbegriff der Differentialrechnung. Definition der A. einer →Funktion $y = f(x)$ an Stelle x_0:

$$f'(x_0) = \lim_{x \to x_0} \frac{f(x) - f(x_0)}{x - x_0}.$$

A. bedeutet geometrisch die Steigung der Kurve der Funktion im Punkt x_0. A. wird auch als Differentialquotient bezeichnet.

Ablieferungsort, Bestimmungsort, Ort, an den bei →Schickschulden die Leistung des Schuldners zu übermitteln ist. – Anders: →Erfüllungsort.

Ablieferungszwang für Branntwein (i. S. des →Branntweinmonopols), die Ablieferungsberechtigung für vom Hersteller angemeldeten ablieferungsfähigen Branntwein und die Übernahme durch die Zollbeamten bzw. die Deutsche Edelbranntweinstelle Karlsruhe für Rechnung der →Bundesmonopolverwaltung für Branntwein. – Im Rahmen der jährlich festgestellten und veröffentlichten Grundpreise werden die Übernahmepreise mit den Herstellern vereinbart; diese richten sich a) nach der Produktionshöhe, b) nach Art des Branntweins und c) nach der erzeugenden Brennerei. – Preisbegünstigung für Branntwein, der in landwirtschaftlichen Brennereien und Obstbrennereien hergestellt wurde.

ablösende Betriebsvereinbarung, →Betriebsvereinbarung, →vertragliche Einheitsregelung.

Ablösungsanleihe, →Anleihe, ausgegeben an die Gläubiger in Höhe des Aufwertungsbetrages zur Entschädigung (Ablösung) für währungsentwertete Forderungen von öffentlichen Kreditnehmern. – Beispiel: Anleiheablösungsschuld des Deutschen Reiches als Aufwertung für öffentliche Papiermarkanleihen lt. Gesetz vom 16. 7. 1925 (1000 Papiermark = 25 RM) mit Tilgungsdauer von 20 bis 30 Jahren. – Die Ablösung der dem allgemeinen →Kriegsfolgengesetz unterliegenden Kapitalanlagen (Reichsanleihen, Anleihen der Deutschen Reichsbahn, der Deutschen Reichspost) erfolgt durch Eintragung der Ablösungsschuld als →Schuldbuchforderung, die grundsätzlich auf 10% des RM-Nennbetrages festzusetzen und mit 4% seit 1. 4. 1955 zu verzinsen ist.

Ablösungsfinanzierung, Maßnahmen der →Finanzierung, bei denen →Eigenkapital zur Rückzahlung („Ablösung") von →Fremdkapital beschafft wird. – Beispiel: Aktienemission (→Emission) zur Ablösung von Bankdarlehen.

Ablösungsrecht, Befugnis, die Schuld eines anderen zum Schutz eigener Rechte auch gegen den Willen des Schuldners zu tilgen. – Vgl. auch →Erfüllung 3.

ABM, Abk. für →Arbeitsbeschaffungsmaßnahmen.

Abmahnung. I. A r b e i t s r e c h t : Ausdruck der Mißbilligung wegen Verletzung arbeitsvertraglicher Pflichten durch den Arbeitgeber, verbunden mit dem Hinweis auf →Kündigung im Wiederholungsfall; Warnzweck. Geht i. d. R. einer außerordentlichen oder ordentlichen Kündigung voraus; bei Störungen im Vertrauensbereich entbehrlich. – Die A. unterliegt grundsätzlich nicht der *Mitbestimmung des Betriebsrats* (mitbestimmungsfreie A.); eine über die A. hinausgehende, Disziplincharakter tragende Sanktion, insbes. als „Buße", „Verwarnung" oder „Verweis" formalisierte Maßnahme (vgl. auch →Betriebsbuße), unterliegt der Mitbestimmung in →sozialen Angelegenheiten.

II. W e t t b e w e r b s r e c h t : Aufforderung, ein wettbewerbswidriges Verhalten zu unterlassen; vgl. →unlauterer Wettbewerb.

Abmarkung, →Nachbarrecht.

Abmeldung von Kraftfahrzeugen, Rückgabe des →Fahrzeugscheins und Entfernung des Dienststempels auf dem Kennzeichen durch die Zulassungsbehörde; beendet oder unterbricht die Steuerpflicht (§§ 6, 7 KraftStb). – *Mitteilung des Kfz-Haftpflichtversicherers* an die Zulassungsstelle erforderlich gemäß § 29 c StVZO, wenn die Versicherungsbestätigung über das Bestehen einer ausreichenden Haftpflichtversicherung (§ 29 b StVZO) ihre Geltung verloren hat. Die Zulassungsstelle hat unverzüglich den Kraftfahrzeugschein einzuziehen und das Kennzeichen zu entstempeln (§ 29 d StVZO). – Bei *A. für länger als ein Jahr* ist die Rückgabe des →Fahrzeugbriefes zwecks Unbrauchbarmachung erforderlich.

Abmusterung, Ausdruck des für Seeleute geltenden Arbeitsrechtes für Entlassung; A. findet bei Beendigung des Heuerverhältnisses vor einem Seemannsamt statt (§ 19 Seemannsgesetz vom 26. 7. 1957).

Abnahme, körperliche Hinnahme. 1. Beim →*Kaufvertrag* kann der Verkäufer i. d. R. auf A. der Ware (und Zahlung) klagen. – 2. Beim →*Werkvertrag* muß der Besteller das Werk abnehmen (§ 640 I BGB); hierbei bedeutet A. jedoch auch Anerkennung der vertragsmäßigen Herstellung. Mit der A. geht die Gefahr (→Gefahrübergang) auf den Besteller über (§ 644 BGB), die Vergütung wird fällig (§ 641 BGB). Keine →Mängelhaftung des Unternehmers für Mängel des Werks, die der Besteller bei der A. kennt, wenn sich dieser seine Rechte nicht ausdrücklich vorbehält (§ 640 II BGB). – Vgl. auch →Annahmeverzug.

Abnahmefrist im Bahnverkehr, dem Empfänger durch Tarif gesetzte Frist, innerhalb der er das Beförderungsgut nach Ankunft auf dem Bestimmungsbahnhof abnehmen muß, wenn er Lager- oder Wagenstandgeld vermeiden will. – *Beginn:* 1. Bei Reisegepäck: Ankunft auf dem Bestimmungsbahnhof. – 2. Bei Expreßgut und sonstigen Gütern: Zeitpunkt, zu dem die Anmeldung als bewirkt gilt, nämlich: a) bei Briefpost = vier Stunden, b) bei Telegramm = eine Stunde nach Aufgabe, c) bei Fernsprecher oder Bote = Zeitpunkt der Übermittlung oder Übergabe, d) bei Verzicht auf Benachrichtigung durch Absender oder Empfänger = mit Bereitstellung. – *Dauer:* bei Reisegepäck: 24 Stunden; bei Expreßgut: nach Ankunft auf Bestimmungsbahnhof; bei Gütern: nach bewirkter Anmeldung; bei Stückgut: nach bewirkter Benachrichtigung. – *Entladefristen* für Wagenladungen werden durch Aushang bei der Güterabfertigung geregelt. A. i. B. ruht an *Sonn- und Feiertagen* und für die Dauer der Zollbehandlung, wenn diese nicht vom Absender oder Empfänger schuldhaft verzögert ist; bei *Überschreitung* der A. i. B. sind auch Sonn- und Feiertage lageroder wagenstandgeldpflichtig.

Abnahmeprüfung, *Materialkontrolle,* Verfahren der Qualitätskontrolle (→Qualitätssicherung). Durch die A. wird überprüft, ob ein produziertes Los von Vor-, Zwischen- oder Endprodukten einem geforderten Qualitätsstandard, ausgedrückt durch einen Ausschußanteil, entspricht. Die A. kann als Eingangskontrolle, zwischen den Produktionsstufen und als Endkontrolle durchgeführt werden. Der →Stichprobenprüfplan ist das statistische Instrument der A.

Abnahmetest, →Testen 2 d).

abnehmende Skalenerträge, Begriff der Produktionstheorie. Die →Technologie einer Ein-Produkt-Unternehmung weist a. S. auf, wenn bei einer Ver-n-fachung aller Faktoreinsatzmengen die Ausbringungsmenge um weniger als das n-fache steigt (n > 0). Formal: Ist x ein Inputvektor und f eine →Produktionsfunktion, so gilt f(nx) < nf(x) für alle n > 1.

Abnehmerbefragung, Form der →Befragung, bei der die faktischen und/oder potentiellen Kunden (Verbraucher, industrielle Abnehmer, Handelsunternehmen) als →Informationsquelle dienen. – Vgl. auch →Panel.

Abnehmerpräferenz, →Förderung der Wirtschaft von Berlin (West) I.

Abnehmerpreise, Begriff der amtlichen Preisstatistik für Erfassung und Messung der durchschnittlichen Veränderung von Preisen für Güter und Leistungen. Preisschnitt beim Bezieher, um die Einstandspreise der Bezieher unverzerrt durch die von den Lieferanten eingeräumten unterschiedlichen Liefer- und Zahlunsbedingungen zu erfassen. Außer dem Nachweis einzelner Preisreihen für Verbraucherpreise für ausgewählte Waren und Leistungen werden folgende Indizes für A. berechnet: (1) Index der Einkaufspreise landwirtschaftlicher Betriebsmittel, (2) Preisindizes für Bauwerke.

abnutzbares Anlagevermögen. 1. *Begriff:* Vermögensgegenstände, die einer Unternehmung nicht zur Weiterveräußerung oder zur kurzfristigen Nutzung, sondern zur dauernden Nutzung dienen und die Wertminderungen durch Abnutzung unterworfen sind. Hierzu gehört das gesamte →Anlagevermögen mit Ausnahme des Grund und Bodens (im Regelfall) und der Finanzanlagen. In der *Handelsbilanz* wird die Abnutzung durch die →Abschreibungen berücksichtigt. – 2. *Wertansatz:* a) Nach *Einkommensteuerrecht* zu Anschaffungs- oder Herstellungskosten abzüglich →Absetzung für Abnutzung oder zum niedrigeren →Teilwert. – b) In *traditionellen Kostenrechnungssystemen* zu Anschaffungs- bzw. Herstellungskosten abzüglich darauf berechneter Abschreibungen oder zu →Wiederbeschaffungskosten abzüglich wiederbeschaffungswertbezogener Abschreibungen. – c) In der *Einzelkostenrechnung* zu Anschaffungs- bzw. Herstellungseinzelkosten für die gesamte Nutzungsdauer des abnutzbaren Anlagevermögens, kein Ansatz von Abschreibungen. – d) In der *Steuerbilanz:* Vgl. →Bewertung II 3 a).

Abnutzung. 1. A. i. S. des *wirtschaftlichen Werteverzehrs:* Vgl. →Abschreibung. – 2. *Steuerliche Berücksichtigung:* Führt zu →Absetzung für Abnutzung (AfA). – 3. *Versicherungswirtschaft:* A. wird insofern berücksichtigt, als i. d. R. (sofern nichts anderes vereinbart) der Zeitwert entschädigt wird durch Abzug „neu für alt".

Abnutzungseffekt, *Wear-out-Effekt,* lerntheoretische Hypothese (aufgrund empirischer Untersuchung von Grass und Wallace, 1969), daß die →Aufmerksamkeit bei wiederholter Konfrontation mit einem Fernsehspot (oder Werbung allgemein) bis zu einem Maximum (Sättigungspunkt) zunimmt, danach wieder bis zu einem Gleichgewichtsniveau absinkt. Abnehmende Aufmerksamkeit erklärt den Effekt sinkender Erinnerungsleistung bei oft wiederholter Werbung. – *Beurteilung:* Experimenteller Nachweis und theoretische Begründung sind umstritten und werden von einigen Wissenschaftlern ganz abgelehnt. Aufgrund vorliegender Lern- und Gedächtnistheorien ist bei zunehmender Zahl von Werbewiederholungen zwar mit geringeren Lernzuwächsen, nicht aber mit absolut abnehmender Erinnerung zu rechnen. – Vgl. auch →Werbewirkungsfunktion.

Abonnement, vertraglich gesichertes Anrecht auf Bezug gleichartiger Leistungen für eine bestimmte Zeit, z. B. Theater-, Zeitschriftenabonnement. Zumeist erworben durch Vorausbezahlung eines ermäßigten Preises, der durch Sicherung und Vergrößerung der Abnehmerschaft ermöglicht wird.

Abraum, taubes Gebirge, das die Lagerstätte von Erzen oder Mineralien überdeckt, die im Tagebau abgebaut werden sollen. – Die *Aufwendungen für die Beseitigung des A.* werden zunächst innerhalb der Posten des Anlagevermögens gesondert (wie Bergwerksschächte u. ä.) aktiviert und später durch Abschreibungen in die Herstellungskosten der geförderten Produkte übernommen. Der „notwendige Abraum", der zur kostenmäßigen Weiterverrechnung zu ermitteln ist, ergibt sich aus dem Anteil, der vom ursprünglichen Mengenverhältnis des Grundstofflagers zum Abraum auf die jeweilige Förderung entfällt.

Abrechnung. 1. *Allgemein:* Rechnerische *Ermittlung* und Rechenschaftslegung über die Ergebnisse eines durchgeführten Geschäfts oder einer Vermögensverwaltung. – 2. *Zahlungsverkehr:* Vgl. →Clearing. – 3. *Lohn- und Gehalts-A.:* Schriftlicher Beleg über den Betrag des verdienten Arbeitsentgelts und der einzelnen Arten der vorgenommenen Abzüge. Ein Anspruch auf A. besteht für gewerbliche Arbeitnehmer bei regelmäßiger Lohnzahlung in Betrieben mit regelmäßig 20 Arbeitnehmern und mehr (§ 134 II GewO), ein sog. Lohnbeleg; gewohnheitsrechtlich für alle Arbeitnehmer anerkannt. Der Arbeitnehmer kann die Erläuterung der Berechnung und Zusammensetzung seines Arbeitsentgelts verlangen (§ 82 II 1 BetrVG). – Vgl. auch →Arbeitsentgelt.

Abrechnungsstellen, Einrichtungen zur Erleichterung und Durchführung der Abrechnung im Zahlungsverkehr (→Abrechnungsverkehr). A. bestehen bei den →Landeszentralbanken. Bei Wechseln und Schecks steht die Einreichung bei der A. der Vorlegung (→Vorlegungsfrist) gleich (Art. 38 II WG, 31 I ScheckG sowie VO über A. im Wechsel- und Scheckverkehr vom 10. 11. 1953, BGBl I 1521).

Abrechnungsverband, in der Lebensversicherung Versicherungsteilbestand, in dem Verträge zusammengefaßt sind, die von ihrer Struktur her in gleicher Weise zum Überschuß beitragen. Die auf den einzelnen Vertrag entfallende Überschußbeteiligung (→Lebensversicherung V) hängt nur von der A.-Zuordnung ab. U. U. Unterteilung eines A. in *Gewinnverbände.*

Abrechnungsverfahren, Erhebungsverfahren der →Börsenumsatzsteuer für inländische Händler (§§ 24–26 KVStDV). In die Geschäftsbücher müssen alle abgeschlossenen und vermittelten →Anschaffungsgeschäfte (einschl. der steuerfreien) eingetragen werden. *Abschlagszahlungen*, sobald die zu entrichtende Steuer jeweils mehr als 100 DM beträgt. *Anmeldung* nach vorgeschriebenem Muster und *Abschlußzahlung* zum 15.1. eines jeden Jahres.

Abrechnungsverkehr. 1. *Begriff:* Im bargeldlosen Zahlungsverkehr der Ausgleich der sich im Geschäftsverkehr ergebenden gegenseitigen Forderungen der Banken eines Platzes durch Aufrechnung, wobei lediglich die sich ergebenden Spitzenbeträge (Salden) reguliert zu werden brauchen. Der A. erstreckt sich auf Überweisungen, Schecks, Wechsel, die bei einer Bank zahlbar auf sie gezogen sind, bzw. ihr gutgebracht werden. Volkswirtschaftlich bedeutet der A. Ersparnis an baren Zahlungsmitteln und Einschränkung des Geldumlaufs sowie Erhöhung der zeitlichen und organisatorischen Effizienz. – 2. *Träger:* →Abrechnungsstellen bei den Landeszentralbanken (LZB). – 3. *Verfahren:* Die A.-Papiere werden der LZB zur bestimmten Stunde von allen Beteiligten übergeben. Diese nimmt die Aufrechnung und Feststellung des Saldos für jede Bank vor. Die Beteiligten unterhalten für den Ausgleich der Salden ein Girokonto bei der LZB, über das die Salden verrechnet werden. – 4. *Internationaler* A.: Vgl. →Verrechnungsverkehr.

Abrollkosten, →Rollgeld.

Abruf. 1. →Handelsklausel in →Kaufverträgen, die den Käufer mangels Vereinbarung einer Frist zum A. binnen angemessener Frist verpflichtet. Ist „A. nach Bedarf" vereinbart, darf der Käufer sich nicht anderweitig eindecken; maßgebend ist der bisherige (bei dauernder Geschäftsverbindung) oder der bei Vertragsabschluß zu erwartende Bedarf. – 2. Teilmengen im →Rahmenliefervertrag.

Abrufmenge. 1. *Innerbetriebliche A.:* Materialmenge, die von den Fertigungsstellen zur Produktion aus den Materiallägern abgerufen wird. A. entstehen also nur im Falle der Vorratshaltung, nicht bei Einzelbeschaffung im Bedarfsfall von außen. Bemessungsgrundlagen für die Höhe der innerbetrieblichen A. ergeben sich aus der →Bedarfsmengenplanung. – 2. *A. bei Abrufverträgen mit Lieferanten:* Jene Materialmengen, die im Bedarfsfall im Rahmen solcher Verträge (→Sukzessivlieferungsvertrag) beim entsprechenden Lieferanten abgerufen werden (→Abruf). Vereinfachung gegenüber dem Verfahren ständig neuer Einzelbestellung, die ihren Niederschlag u.a. in einer Verringerung der bestellfixen Kosten (→Beschaffungskosten) findet.

Abrufrisiko, Gefahr der unerwarteten Inanspruchnahme von Kreditzusagen bzw. eines unerwarteten Abzugs von Einlagen bei Kreditinstituten.

Absatz, unterschiedlich verwendeter Begriff: 1. Die *Menge* der in einer Zeiteinheit veräußerten Güter von Gewinnungs-(Urproduktions-), Fabrikations-, Veredelungs- und Handelsunternehmen. – 2. Die Menge dieser Güter, multipliziert mit ihren Preisen. In diesem Falle ist der Begriff A. mit dem Begriff →*Umsatz* identisch. – 3. Die *Schlußphase* des innerbetrieblichen Umsatzprozesses, der aus den Kapitalbewegungen im Beschaffungs-, Produktions- und „Absatzbereich" besteht. – Vgl. auch →Absatzpolitik.

Absatz . . . , →Vertriebs . . . .

Absatzanalyse, Bereich der →Marktanalyse. Untersuchung der bestehenden und zu erwartenden Gegebenheiten auf dem Absatzmarkt, d.h. aller den betrieblichen Absatz berührenden einzel- und gesamtwirtschaftlichen Daten und ihrer voraussehbaren Änderungen. Bei kontinuierlicher Durchführung spricht man auch von *Absatzbeobachtung.* – Vgl. auch →Absatzmarktforschung, →Absatzplan, →Absatzpolitik.

Absatzbeobachtung, →Absatzanalyse.

Absatzbindung. I. H a n d e l : Form der →Vertriebsbindung. – *Beispiele:* (1) Ein Hersteller bindet seine Abnehmer im Handel, indem sie ihr Marktverhalten an seiner vorgegeben Marketingkonzeption für das Produkt ausrichten. Als Gegenleistung räumt er häufig Absatzexklusivität (→*Alleinvertrieb*) auf bestimmten regionalen Märkten (→Gebietsschutz) ein. (2) Ein Hersteller verpflichtet sich, nur bestimte Abnehmer (z.B. Fachhändler) zu beliefern. Werden die Abnehmer zusätzlich verpflichtet, keine Konkurrenzprodukte zu führen (*Ausschließlichkeitsbindung*), so liegt gleichzeitig eine →Bezugsbindung vor.

II. W e t t b e w e r b s r e c h t : A. sind grundsätzlich *zulässig*. Jedoch von dem Kartellbehörde zu *untersagen*, wenn eine für den Wettbewerb auf dem Markt erhebliche Zahl von Unternehmungen gleichartig gebunden wird und diese in ihrer Wettbewerbsfreiheit unbillig eingeschränkt werden oder wenn durch A. der Marktzutritt unbillig behindert wird oder wenn der Wettbewerb wesentlich beeinträchtigt wird (§18 GWB).

Absatzeinzelkosten. 1. *Begriff:* a) *I.w.S.:* →Kosten, die sich einzelnen absatzwirtschaftlichen Bezugsgrößen (z.B. Kunden, Absatzgebieten) direkt zurechnen lassen. b) *I.e.S.:* Kosten, die für einzelne Absatz-(Verkaufs-)-vorgänge direkt erfaßbar sind. – 2. *Traditionelle Kostenrechnungen* weisen nur sehr wenige Absatzkosten als Einzelkosten aus (→Sondereinzelkosten des Vertriebs). – *Gegensatz:* →Absatzgemeinkosten.

Absatzelastizität, Verhältnis der relativen Veränderung der abgesetzten Gütermenge

(→Absatz) zu der sie verursachenden relativen Änderung des Güterpreises (→Elastizität). Die A. wird wie die →Nachfrageelastizität auf der Preisabsatzfunktion, die für die Absatzplanung des Unternehmens relevant, ist, gemessen. In der Regel nimmt mit steigendem (sinkendem) Preis die abgesetzte Gütermenge ab (zu), daher ist die A. meist negativ. Ist die A. dem Werte nach größer (kleiner) als 1, ist also die relative Mengenänderung größer (kleiner) als die relative Preisänderung, so spricht man von *elastischem (unelastischem)* Absatz. Aus der →Amoroso-Robinson-Relation ergibt sich, daß der Grenzerlös bei einer A., die dem Wert nach größer (kleiner) als 1 ist, positiv (negativ) ist, so daß der Anbieter seinen gewinnmaximalen Punkt immer nur im Bereich elastischen Absatzes festsetzen kann. Der Grenzerlös ist in diesem Fall kleiner als der Preis. Ist die A. unendlich, so ist der Grenzerlös gleich dem Preis. Dieser Wert der A. ist für die Marktform der →vollkommenen Konkurrenz charakteristisch.

Absatzergebnis, Begriff der Plankostenrechnung für den Unterschied zwischen Standardselbstkosten (→Selbstkosten, →Standardkosten) und Reinerlös auf dem Absatzmarkt. Im A. werden durch gleichbleibende Standardselbstkosten diejenigen Ergebniseinflüsse isoliert, die von der Erlösseite herkommen.

Absatzerlös, →Erlös aus der Veräußerung bzw. Verwertung von Waren und Dienstleistungen.

Absatzerwartungen, maßgebende Plangröße bei der →Erzeugnisplanung und Aufstellung des →Produktionsprogramms. Erkundung des wahrscheinlichen zukünftigen Absatzvolumens durch →Marktbeobachtung. Beeinflussung der E. durch den Einsatz der →marketingpolitischen Instrumente. – Vgl. auch →Absatzplan.

Absatzförderungsfonds der deutschen Land-, Forst- und Ernährungswirtschaft, öffentlich-rechtliche Anstalt; Sitz in Bonn. Ihm obliegt gemäß Absatzfondsgesetz vom 26.6.1976 (BGBl I 3109) die Aufgabe, Absatz von Erzeugnissen der deutschen Land-, Forst- und Ernährungswirtschaft durch Erschließung und Pflege von Märkten im In- und Ausland zentral zu fördern. Finanzierung durch Bundeszuschüsse und Beiträge der genannten Wirtschaftszweige. Bedient sich zur Durchführung seiner Aufgaben der →Centralen Marketinggesellschaft der deutschen Agrarwirtschaft (CMA).

Absatzforschung. 1. *I.w.S.:* Synonym für →Marketingforschung. – 2. *I.e.S.:* Synonym für →Absatzmarktforschung.

Absatzfunktion,   →Handelsfunktionen, →Preis-Absatz-Funktion.

Absatzgemeinkosten. 1. *I.w.S.:* →Kosten, die sich einzelnen absatzwirtschaftlichen Bezugsgrößen nicht direkt zurechnen lassen. – 2. *I.e.S.:* Kosten, die nicht für einen einzelnen Absatz-(Verkaufs-)vorgang direkt erfaßbar sind (→Vertriebsgemeinkosten). – *Beispiele:* Werbekosten, Kosten der Verkaufsorganisation. – *Gegensatz:* →Absatzeinzelkosten.

Absatzgenossenschaften, →Einkaufsgenossenschaft, →Handwerkergenossenschaft, →landwirtschaftliche Waren- und Verwertungsgenossenschaften.

Absatzhelfer, rechtlich und wirtschaftlich selbständige Personen oder Institutionen im Distributionsprozeß ohne Übernahme voller Handelsfunktion, z.B. Spediteure, Lagerhalter, Reeder, Kommissionäre, Makler, Handelsvertreter, Reisende; auch Marktforschungsinstitute, Werbeagenturen, Banken, Sparkassen, Inkassogemeinschaften, Leasinggesellschaften, Factoringunternehmen. – Der Begriff ist zu einseitig, da A. ebenso bei der Warenbeschaffung eingeschaltet sind; dann als ,,Beschaffungshelfer‘‘, →Absatzmittler.

Absatzinstrumente, →marketingpolitische Instrumente, →Absatzpolitik II.

Absatzkalkulation, →Warenkalkulation 1.

Absatzkanal, *marketing channel, distribution channel,* Folge aller Stufen, die das Eigentum an einem Konsum- oder Investitionsgut durchläuft, um vom Hersteller auf den Verbraucher überzugehen. Die Wahl des A. (direkter/indirekter Absatz, →Absatzwegepolitik) bestimmt entscheidend den mengenmäßigen Absatz einer Ware. Denn mit der A.-Entscheidung werden Art, Zahl und räumliche Verteilung der in die →Distribution einzuschaltenden →Absatzmittler festgelegt, damit die Erhältlichkeit der Waren determiniert und Möglichkeiten zur Einflußnahme auf Plazierung, Preis und Verkaufsförderung eröffnet bzw. begrenzt. Durch vertragliche Ausgestaltung der A.-Entscheidung (z.B. →Vertragshändler) können die Einflußmöglichkeiten des Herstellers auf die Distribution erweitert werden. – Vgl. auch →Absatzkette, →Absatzwege.

Absatzkartell, *Verkaufskartell, Vertriebskartell,* vertraglicher Zusammenschluß von rechtlich und wirtschaftlich selbständigen Unternehmungen zur Absatzsicherung für bestimmte Erzeugnisse durch Aufteilung der Märkte, meist in räumlicher Abgrenzung. Vgl. →Quotenkartell.

Absatzkette, die Glieder eines →Absatzweges, die in ihrer Gesamtheit die Distributionsfunktionen übernehmen (→Distribution). *Unselbständige Glieder* sind Beschaffungs- und Absatzabteilungen der Produktionsunternehmungen (inkl. Reisender und Außenlager). *Selbständige Glieder* sind der kollektierende →Aufkaufhandel und die distribuierenden

Handelsbetriebe sowie →Absatzhelfer, in der →Handelsvermittlung Tätige und →Marktveranstaltungen. Konsumenten können selbständige Beschaffungsorganisationen gründen (→Konsumgenossenschaften) oder persönlich Distributionsaufgaben übernehmen (→Selbstbedienung). – Vgl. auch →Absatzmittler, →Absatzhelfer.

Absatzkommunikationspolitik, Instrument des →Handelsmarketing, unterteilt in Absatzwerbung, persönlicher Verkauf und Public Relations. Aufgrund des hohen Anteils der →Fremdbedienung war das *persönliche Verkaufsgespräch* lange Zeit das beherrschende Instrument der A. Die Werbung mit *unpersönlichen Kommunikationsmitteln* war weitgehend auf Schaufenstergestaltung, Anzeigenwerbung in Lokalzeitungen und Handzettel beschränkt. – Mit Ausweitung der →Selbstbedienung und Zunahme der →Konzentration und →Kooperation im Handel werden auch *breiter streuende Werbemittel* eingesetzt, insbes. die Werbung für →Handelsmarken sowie für die Unternehmung als Ganzes (*Institutionenwerbung*). A. in dieser Form ist von →Public Relations kaum abzugrenzen. Zugenommen hat zur Anregung von →Impulskäufen auch die POP-Werbung (point of purchase), oft gemeinsam mit Verkaufsförderungsmaßnahmen der Hersteller.

Absatzkosten, →Distributionskosten.

Absatzlager, →Versandlager.

Absatzleistung, als Leistungsprogramm die Gesamtheit aller →Marktleistungen, Güter und Dienste, die auf den Kunden übergehen bzw. ihm zugute kommen. – *Gestaltung der* A. ist Aufgabe der →Absatzpolitik bzw. →Marketingpolitik.

Absatzlogistik, →Marketinglogistik.

Absatzmarkt, Bezeichnung der Wirtschaftstheorie und -praxis für den der Produktion nachgelagerten Markt, auf dem die Produkte einer Firma verkauft (abgesetzt) werden. Gegenstück ist der vorgelagerte Markt, der →Beschaffungsmarkt. Der A. des Verkäufers (Anbieters) ist der Käufer (Nachfrager) Beschaffungsmarkt.

Absatzmarktforschung, Form der →Marktforschung für den Binnen- und den Auslandsmarkt. 1. *Begriff:* Planvolle und systematische Erforschung der Absatzmärkte. Der Begriff Marktforschung wird häufig synonym für A. gebraucht. – 2. *Phasen:* a) →Marktanalyse (vgl. auch →Bedarfsforschung, →Konkurrenzanalyse); b) →Marktbeobachtung; c) →Absatzstatistik, →Betriebsvergleich und sonstige Einrichtungen zur Überwachung der Preisabsatzfunktion. – 3. *Aufgaben:* a) Erforschung von Kaufmotiven; b) Kontrolle und Vorausschau der Absatzergebnisse in bezug auf den eigenen Wirtschaftszweig, die Markt-

struktur und -bewegung. – *Anders:* →Beschaffungsmarktforschung.

Absatzmengenplan, Teilplan der →Absatzplanung bzw. →Marketingplanung. Der A. gibt die Gesamtabsatzmengen aller Erzeugnisse pro Planungsperiode sowie deren zeitliche Verteilung an. – Vgl. auch →Absatzplan.

Absatzmethode, →Absatzorganisation und -methode 2, →Absatzpolitik II 1.

Absatzmittler. I. H a n d e l : Rechtlich und wirtschaftlich selbständige Absatzorgane, die als Elemente der →Absatzkette bzw. des →indirekten Vertriebs von Lieferanten Produkte kaufen und ohne wesentliche Be- oder Verarbeitung (→Manipulation) oder Einbau in andere Produkte an andere A. oder Endkäufer verkaufen, unter Einsatz ihrer markt-, d. h. absatz- und beschaffungspolitischen Instrumente, z. B. Unternehmungen des →Großhandels oder →Einzelhandels. Zur Unterstützung der A. sind →Absatzhelfer tätig. – Vgl. auch Formen des →Handels.

II. A u ß e n h a n d e l : Distributionsorgane, die aus der Sicht eines Herstellers auf den verschiedenen Stufen des Weges zum Endabnehmer ins Ausland eingesetzt werden (können). – *Hauptgruppen:* a) *merchant middlemen:* Wiederverkäufer (Eigenhändler), v. a. im Groß- und Einzelhandel sowie im Einfuhr-/Ausfuhrhandel; b) *agent middlemen:* Vertreter (→Ausfuhragent), Makler (→Ausfuhrmakler) und Kommissionäre (→Exportkommissionär); c) *facilitators:* Institutionen, die zur Realisierung der Distributionsaufgaben wesentliche Beiträge leisten, ohne daß sie middlemen-Funktionen übernehmen, z. B. Speditionen, Banken, Beratungsfirmen und -agenturen.

Absatzorganisation und -methode, Instrumente des →Handelsmarketing, die stark auf die Stellung der Unternehmung im →Absatzkanal und die gewählte Betriebsform (→Betriebsformen des Handels) bezogen sind. – 1. *Absatzorganisation:* Der Einsatz personeller (Reisende, Vertretern Gebietsverkaufsleiter, Bedienungspersonal) und institutioneller (Geschäfts- und Lagerräume, Raumausstattung, Kassenanordnung, Parkplätze) Einrichtungen für die Anbahnung und Abwicklung des Verkaufs. Für den Großhandel zusätzlich Entscheidung über die zu beliefernden Glieder der →Absatzkette. – 2. *Absatzmethode:* Die Alternativen der →Bedienungsformen im Groß- und Einzelhandel sowie neue Formen der Abteilungsbildung, z. B. →rack jobber im Großhandel oder →shop in the shop im Einzelhandel. – Vgl. auch →Vertriebsorganisation.

Absatzplan. 1. *Begriff:* Ausgangspunkt betrieblicher Planung, mit dem alle anderen Planungen verknüpft sind: Kapazitäts- und Investitionsplanung, Finanzplanung, Produktions- und Einkaufsplanung, Kosten-, Ertrags- und Gewinnplanung. A. entsteht aus einer Aufstellung der erwarteten bzw. beabsichtigten Waren- bzw. Dienstleistungsverkäufe innerhalb eines Zeitraums. Der A. wird mengen- und wertmäßig geführt und ist je nach Bedarf nach Absatzperioden, Absatzbezirken und Warengruppen unterteilt. – 2. *Arten:* a) *Langfristiger A.:* Maßgeblich für die Kapazitätsdimensionierung bei Betriebsgründung und -erweiterung, also Grundlage für den →Investitionsplan. Da die Verwirklichung dieses A. durch Marktschwankungen erheblich beeinträchtigt werden kann, sind seine Daten nur als Richtgrößen zu verwenden. – b) *Kurzfristiger A.:* Bestimmend für Umfang und zeitliche Verteilung der Produktion sowie für die kurzfristige →Finanzplanung.

Absatzplanung. I. M a r k e t i n g : 1. *Begriff:* Entscheidungen über in der Zukunft zu erzielende Absatzmengen und →Umsätze auf den jeweiligen Märkten und Teilmärkten der Unternehmung in den Planungszeiträumen. Der A. liegt der geplante Einsatz des →absatzpolitischen Instrumentariums und der →marketingpolitischen Instrumente sowie die Einschätzung des Konkurrenz- und Kundenverhaltens zugrunde. – 2. *Arten:* a) *Strategische A.:* In eher globaler Form; dient in Verbindung mit anderen Plänen, z.B. Forschungs- und Entwicklungs-, Investitions-, Finanzierungs-, Personalentwicklungsplanung, der Konzeption einer →strategischen Unternehmungsplanung. – b) *Operative A.:* In detaillierter Form. A. sollte stets auf den Daten der →Erlösrechnung basieren, die u.a. Informationen über →Erlösschmälerungen (z.B. Skonti, Boni) und →Erlösverbundenheiten liefert.

II. P l a n k o s t e n r e c h n u n g : Die vom Absatzmarkt her zu erwartende Beschäftigung als →Basisbeschäftigung.

Absatzpolitik. I. W e s e n : Unter A. versteht man alle diejenigen Maßnahmen von Unternehmen, die darauf gerichtet sind, möglichst günstige Voraussetzungen für den Verkauf der Erzeugnisse oder Waren zu schaffen. Diese Maßnahmen sind um so ergiebiger, je besser sie vorbereitet sind (*Absatzvorbereitung*). – Die A. umfaßt: 1. *Markterkundung:* Sie dient dazu, möglichst umfangreiche und zuverlässige Informationen über die gegenwärtige Lage auf den Absatzmärkten und ihre voraussichtliche Entwicklung zu gewinnen. Für diese Zwecke stehen einmal die mehr vorwissenschaftlichen Formen der Markterkundung zur Verfügung, also insbes. die Einholung von Informationen über Marktlage, über die Beurteilung der Erzeugnisse, Waren oder sonstigen Dienstleistungen und Bewertung von Waren durch die Käufer, durch Einholung von Auskünften bei den Käufern selbst oder bei

Vertretern oder anderen Personen, die Kontakt mit den Käufern haben. In der mehr wissenschaftlichen Form bedeutet Marrkterhebung systematisch und methodisch gesicherte Marktforschung. Je sorgfältiger der Absatz auf die geschilderte Weise vorbereitet wird, um so höher ist der voraussichtliche Effekt der Absatzanstrengungen des Unternehmens. – 2. *Absatzplanung:* Sie dient dazu, das Verkaufs- und Fertigungsprogramm auf eine bestimmte Zeitperiode (einen Monat, Vierteljahr usw.) festzulegen, um den Verkauf der Erzeugnisse und Fabrikate nach Möglichkeit gegen unvorhergesehene Ereignisse marktlicher Art abzusichern.

II. A b s a t z p o l i t i s c h e s I n s t r u m e n t a r i u m : Hierunter versteht man alle diejenigen Mittel und Einrichtungen, über die ein Unternehmen verfügt, um seine Erzeugnisse oder die von ihm gehandelten Waren abzusetzen. Das absatzpolitische Instrumentarium besteht dabei aus Absatzmethode, Produktgestaltung, Werbung und Preispolitik.

1. *Absatzmethode (Absatzorganisation, Absatztechnik):* Die Unternehmen haben die Möglichkeit, den Verkauf ihrer Erzeugnisse zentralisiert oder dezentralisiert durchzuführen. Im letzteren Falle sind die Unternehmen gezwungen, Verkaufsniederlassungen an den einzelnen Orten bzw. in den einzelnen Absatzbereichen zu unterhalten. Außerdem besteht die Möglichkeit, daß ein Unternehmen den Verkauf seiner Erzeugnisse aus dem Unternehmen ausgliedert und diese Aufgabe auf ein rechtlich selbständiges, jedoch wirtschaftlich unselbständiges Unternehmen überträgt. Die Entscheidung für das eine oder andere Vertriebssystem ist zugleich eine Entscheidung über die Absatzmethode, die ein Unternehmen für den Verkauf seiner Erzeugnisse oder Waren bevorzugt. – Für den Verkauf der Erzeugnisse oder Waren können verschiedene Formen gewählt werden: So kann der Verkauf mit betriebseigenen Verkaufsorganen (durch leitende Persönlichkeiten des Unternehmens oder mit Hilfe angestellter Reisender), unmittelbar aufgrund von Kundenbestellungen, durch Verkauf im eigenen Laden, oder aber mit Hilfe betriebsfremder Organe erfolgen; im letzen Fall schaltet das Unternehmen selbständige Kaufleute oder fremde Unternehmen in seinen Absatzprozeß ein. Die Wahl für die eine oder andere Absatzform ist zugleich auch immer eine Entscheidung für eine Absatzmethode; ebenso die Wahl des Absatzweges, d.h. ob von den Herstellern direkt an die Verbraucher auf dem direkten Wege oder über Wiederverkäufer auf dem indirekten Wege geliefert wird, sowie die Modalitäten der Kreditgewährung an die kaufenden Kunden.

2. *Produktgestaltung* (unter absatzpolitischen Aspekten) mit dem Ziel der Verbesserung der Absatzfähigkeit: a) Sie kann im Bereich der *Produktion* einmal darin bestehen,

daß gewisse Eigenschaften bereits produzierter Güter geändert oder von einem Gut mehrere Muster, Typen, Qualitäten und Dessins hergestellt werden oder daß das Verkaufsprogramm eines Unternehmens erweitert oder eingeengt wird. Dabei ist der technische Fortschritt derjenige Faktor, der es ermöglicht, die Produktdifferenzierung als absatzpolitisches Instrument zu verwenden. – b) Im Bereich des *Handels* tritt an die Stelle der eigentlichen Produktgestaltung die Gestaltung des zum Verkauf angebotenen Warensortiments. Ziel ist jedoch in allen Fällen die Steigerung des Absatzes. – In welcher Art und in welchem Umfang die Industrieunternehmen und Handelsbetriebe von der Möglichkeit der Produktvariation Gebrauch machen, ist wesentlich von dem auf dem Markt als effektive Nachfrage wirksam werdenden Bedarf abhängig. – Erwähnt sei noch, daß die Anbringung von *Warenzeichen* und eine bestimmte – gesetzlich geschützte – *Warenausstaitung* ebenfalls unter den Begriff der Produktgestaltung fällt.

3. *Werbung:* Neben der allgemeinen werbenden Wirkung, die bei jeder absatzpolitischen Maßnahme angestrebt wird, betreibt das Unternehmen noch eine ganz spezielle Werbung als direkte absatzpolitische Maßnahme. Von der Werbung als einem selbständigen absatzpolitischen Instrument sprechen wir immer dann, wenn von Werbemitteln Gebrauch gemacht wird, um bestimmte Absatzleistungen zu erzielen. In den marktwirtschaftlichen Systemen ist Sache der Unternehmen selbst, sich um die marktliche Verwertung ihrer Erzeugnisse oder Dienste zu bemühen. Hierzu bedienen sie sich des Einsatzes der Werbemittel. – Für weite Bereiche der modernen Wirtschaft ist es charakteristisch, daß der Kampf um den Marktanteil, d. h. um den Anteil an der Befriedigung der Gesamtnachfrage nach einem bestimmten Gut in einer Volkswirtschaft, immer mehr mit Mitteln der Werbung ausgetragen wird. Die Werbung kann aber auch von einer Gruppe von Unternehmen innerhalb eines bestimmten Wirtschaftszweiges oder aber von allen Unternehmen eines Wirtschaftszweiges gemeinsam vorgenommen werden. In diesen Fällen liegt eine *Gemeinschaftswerbung* vor; anders bei der *Sammelwerbung,* wo ebenfalls eine Gruppe von Unternehmen, die nicht dem gleichen Produktionszweig angehören, aber durch einen gemeinsamen Vorgang miteinander verbunden sind, zusammen Werbung treiben.

4. *Preispolitik:* Sie ist abhängig von der Kostensituation, der Marktsituation und der Konkurrenzsituation der Unternehmen. Die Verkaufspreise für die Erzeugnisse der Unternehmen bringen die Spannungen zwischen diesen drei Situationen zum Ausgleich. – Im einzelnen weisen die Industrie- und Geschäftszweige hinsichtlich der Preisstellung große

Unterschiede auf. *Die Preise der Betriebe der Produktionsgüterindustrie* sind im allgemeinen stark an die Kostenlage der Unternehmen gebunden und deshalb wenig elastisch. Die Preisbildung im Rahmen der *Markenartikelindustrie* kennzeichnet sich durch die Bindung, die diese Unternehmen ihren Abnehmern auferlegen (→Preisbindung zweiter Hand). Die Preispolitik dieser Unternehmen ist trotz ihrer Konsumnähe relativ unelastisch. Hiergegen werden v. a. von den Vertretern der freien Marktwirtschaft Bedenken erhoben. – Die Preisbildung auf den *Handelsstufen* wird dadurch gekennzeichnet, daß nur z. T. eine aktive Preispolitik möglich ist, namentlich für denjenigen Teil der Waren, der nicht preisgebunden ist.

III. K u n s t d e s V e r k a u f e n s : Besteht darin, von dem absatzpolitischen Instrumentarium so Gebrauch zu machen, daß jeder Geldbetrag, der in einem absatzpolitischen Instrument investiert wird, den gleichen Absatzeffekt erzielt.
Zur *heutigen Sichtweise* der A.: Vgl. →Marketing.

Literatur: Bidlingmaier, J., Marketing, Bd. 1, 10. Aufl., Hamburg 1983, Bd. 2, 9. Aufl., Hamburg 1982; Gutenberg, E., Grundlagen der Betriebswirtschaftslehre, Bd. 2, „Der Absatz", 17. Aufl., Berlin-Heidelberg-New York 1984; Meffert, H., Marketing, 7. Aufl., Wiesbaden 1986; Nieschlag/Dichtl/Hörschgen, Marketing, 14. Aufl., Berlin 1986; Schäfer, E./Knoblich, Grundlagen der Marktforschung, 5. Aufl., Stuttgart 1978.

Prof. Dr. Dr. h. c. mult. Erich Gutenberg

absatzpolitisches Instrumentarium, nach E. Gutenberg Zusammenfassung der vier Mittel, über die unter marktwirtschaftlichen Bedingungen arbeitende Unternehmen hinsichtlich ihres Absatzes verfügen können: Absatzmethode, Produktgestaltung, Werbung, Preispolitik. Vgl. im einzelnen →Absatzpolitik II.

Absatzpotential, der Anteil am →Marktpotential, den das Unternehmen für erreichbar hält. – Vgl. auch →Absatzvolumen, →Marktvolumen.

Absatzpreis- und -konditionenpolitik, Instrumente des →Handelsmarketing, seit der Aufhebung der →Preisbindung zweiter Hand erheblich an Bedeutung gewonnen haben. Ausdruck dieser Entwicklung sind rasches Vordringen preisaggressiver Betriebsformen sowie starke Zunahme von Sonderangeboten. – 1. *Absatzpreispolitik:* Kalkulation des Verkaufspreises für jeden einzelnen Artikel, Festlegung des Preisniveaus für das gesamte Sortiment (→Mischkalkulation), räumliche, quantitative und zeitliche Preisdifferenzierung (Rabatte, Zugaben, Mindermengenaufschläge bei →Kost-Plus-Systemen, Preisreduzierungen bei Sonder- und Lockvogelangeboten oder Saisonschlußverkäufen) sowie die Grundsätze der Darstellung von Preisen (Preisoptik), z. B. Einzel-, Regalpreisauszeichnung, Ausweis von (durchgestrichenen) Vergleichspreisen, Größe und Farbe der Preisschilder, Form- und Folge der Preisziffern (etwa bei gebrochenen Preisen), Einhaltung von Preis-schwellen. – 2. *Absatzkonditionenpolitik:* Fest-legung der Lieferungs- und Zahlungsbedin-gungen. Zeitpunkt und Rhythmus der Waren-zustellung ist v. a. für den →Zustellgroßhan-del ein Instrument mit hoher akquisitorischer Wirkung. Die Zahlungsbedingungen umfas-sen die Form der Zahlung (bar, Scheck, Kreditkarte, Rechnung und Überweisung, Bankeinzug, POS-Banking, Akkreditiv) und den Zeitpunkt der Fälligkeit von Zahlungen. Wegen der besonderen Bedeutung der Kredit-gewährung in manchen Handelsbranchen (z. B. im Landhandel, Produktionsverbin-dungshandel, Außenhandel) wird die Absatz-finanzierung oft als eigenständiges Instrument des Handelsmarketing angesehen.

Absatzprognose, empirisch gestützte Vorher-sage (→Prognose) des künftigen Absatzes bzw. Umsatzes eines bestimmten Produktes. Es gilt die Entwicklung des Markt- und Absatzpotentials (→Marktpotential), des Markt- und Absatzvolumens (→Marktvolu-men) und des →Marktanteils zu ermitteln.

Absatzprogramm, →Verkaufsprogramm.

Absatzquote, beim →Quotenkartell die den einzelnen Kartellmitgliedern zugeteilte Ver-kaufsmenge.

Absatzreichweite, →Einzugsgebiet.

Absatzsegment, →Marktsegment, →Markt-segmentierung, →Absatzsegmentrechnung.

Absatzsegmentrechnung, *Absatzsegment-analyse, Segmentrechnung, Vertriebskosten-rechnung.* 1. *Begriff:* Kostenrechnerische Zuordnung der →Absatzeinzelkosten und →Absatzgemeinkosten auf einzelne Absatz-segmente (z. B. Abnehmergruppen, Absatzge-biete, Produkte oder Produktgruppen, Absatzkanäle). Methode zum Vergleich der Erfolge der Absatzsegmente, um die bislang nur sehr undifferenziert erfaßten und ausge-wiesenen Absatzkosten transparenter zu machen sowie deren Abhängigkeit und damit Beeinflußbarkeit aufzuzeigen (→Erfolgsquel-lenanalyse). Eine der Grundlagen einer diffe-renzierten →Marketingpolitik bzw. →Absatz-politik. – *Grundlegende Voraussetzung* der A. ist eine differenzierte Zurechenbarkeit mög-lichst vieler Vertriebskosten und Erlöse zu den Absatzsegmenten. Die erforderliche Mehr-fachzuordnung von Absatzkosten (z. B. einer Ausgangsfracht zugleich zu dem ausgeliefer-ten Produkt, dem belieferten Kunden, dem entsprechenden Absatzmarkt und dem ange-sprochenen Vertriebsweg) läßt sich am besten im Rahmen einer →Einzelkostenrechnung realisieren. – 2. *Grundformen:* a) *A. auf Vollko-stenbasis:* Nettoerfolgsrechnung; Problem der Ermittlung von Schlüsselgrößen für die Ver-teilung der Gemeinkosten. b) *A. auf Teilko-stenbasis:* Meist als →Deckungsbeitragsrech-nung; Problem der aufgrund eines zu großen

Anteils der den Absatzsegmenten nicht direkt zurechenbaren Kosten verminderten Aussage-fähigkeit der Ergebnisse. – 3. *Weiterentwick-lung* zur *mehrstufigen bzw. mehrdimensionalen A.:* Mit Hilfe problemadäquater Bezugsgrö-ßenhierarchien können mehrstufige, durch Kombination unterschiedlicher ,,Sichten" mehrstufige bzw. -dimensionale A. vorgenom-men werden, z. B. Kombination der regiona-len Analyse mit einer Differenzierung nach Kundengruppen sowie nach Sortiments- und Auftragsgrößenstruktur (auf bestimmte Aktionen, Perioden oder Entwicklungen im Zeitablauf kann abgestellt werden).

Absatzstatistik, systematische, zahlenmäßige Erfassung der Markttätigkeit eines Unterneh-mens (→betriebswirtschaftliche Statistik). Ausgestaltung der A. hängt u. a. ab von Differenziertheit des Markting-, Planungs-, Steuerungs- und Kontrollsystems, Art der Marketingpolitk (z. B. differenzierte oder undifferenzierte Marktbearbeitung, direkter oder indirekter Vertrieb), Art der Produkte (z. B. Massenbedarfsgüter oder Sondermas-chinen) und Struktur des →Produktionspro-gramms. – *Erscheinungsformen:* Anfragen-, Angebots-, Auftragseingangs-, Umsatz-, Außen-dienst-, Reklamationsstatistiken u. a. m.; ge-gliedert nach Kriterien der Absatzsegmente (→Marktsegmentierung).

Absatzvolumen, Gesamtheit des in der Ermitt-lungsperiode getätigten Umsatzes oder Absat-zes (i. S. von Absatzmenge) einer Unterneh-mung bzw. eines Teilausschnitts ihres Absatz-programms (z. B. Produktgruppe). – Vgl. auch →Marktvolumen, →Marktpotential, →Absatz-potential.

Absatzweg, *Distributionsweg.* 1. *Begriff:* Weg einer Ware oder Dienstleistung über die Glie-der der →Absatzkette von der Erzeugung (Urproduktion, Zwischenproduktion, Kon-sumgüterproduktion) bis hin zur Verwendung bzw. zum Verbrauch (Weiterverarbeiter, Konsum), d. h. Art und Umfang des Einschal-tens von Absatzorganen (→Absatzmittler, →Absatzhelfer) bei der akquisitorischen und physischen →Distribution von Sach- und Dienstleistungen vom Hersteller zum Endver-braucher. – 2. *Marketingentscheidung:* Die Entscheidung über den A. wird im Rahmen des Marketinginstruments →Absatzwegepoli-tik getroffen. – a) *Struktur der A.* (vgl. →direkter Vertrieb, →indirekter Vertrieb) ist integraler Bestandteil der →Marketingkon-zeption und mit den anderen Instrumenten der Marktgestaltung abzustimmen. – b) *Gestal-tung der A.* (→Vertriebsorganisation) wird u. a. bestimmt von Art, Komplexität, Erklä-rungsbedürftigkeit und Wert der Produkte, Kundenstruktur, geographischer Verteilung der Kunden und Kundenverhalten, Konkur-renzintensität und Konkurrenzstrategien, Unternehmensgröße.

Absatzwegepolitik, Festlegung des →Absatzweges. 1. Entscheidung über die *Zahl der Glieder* einer →Absatzkette: Ein Hersteller liefert über den Groß- und Einzelhandel an die Konsumten (→indirekter Vertrieb); ein Hersteller liefert direkt an die Endverbraucher (→direkter Vertrieb,). – 2. Entscheidung über die *Kriterien*, unter denen ein Marktpartner beliefert wird (ubiquitärer, selektiver, segmentierender Absatz).

Absatzwirtschaft, →Marketing.

absatzwirtschaftliche Nebenleistungen, bezüglich →Pre-Sales-Service oder →After-Sales-Service eingesetzte Leistungen zur Verbesserung des →akquisitorischen Potentials, ergänzend zu den Hauptleistungen (→Verkaufsprogramm). – Vgl. auch →Absatzleistung.

Abschichtungsbilanz, Bilanz zur Feststellung der Vermögenslage einer Personengesellschaft beim →Ausscheiden eines Gesellschafters. *Stichtag* für die A. ist der Zeitpunkt des Ausscheidens, im Falle des →Ausschlusses durch →Ausschließungsklage der Tag der →Klageerhebung (§ 140 II HGB). Im Gegensatz zur jährlichen Bilanz ist die A. eine →*Vermögensbilanz* und entspricht insofern der →Abwicklungsbilanz. – Vgl. auch →Auseinandersetzungsguthaben.

Abschiebung, Entfernung eines →Ausländers ohne →Aufenthaltserlaubnis aus dem Bundesgebiet, wenn seine freiwillige Ausreise nicht gesichert oder aus Gründen der öffentlichen Sicherheit oder Ordnung eine Überwachung der Ausreise erforderlich ist; die A. wird schriftlich unter Fristsetzung angedroht (§ 13 AusländerG). Zur Vorbereitung der A. ist u. U. Verhaftung des Ausländers bis zu einem Jahr zulässig (§ 16 AusländerG). Ein Ausländer darf in einen Staat, in dem sein Leben oder seine Freiheit aus rassischen, religiösen oder sonstigen Gründen bedroht ist, grundsätzlich *nicht* abgeschoben werden.

ab Schiff, *ex ship* ... (Name des Schiffes und des Bestimmungshafens), Vertragsklausel nach den →Incoterms; Kosten- und Gefahrenübergang erfolgt ab Bord Seeschiff im Bestimmungs-/Löschhafen. – 1. Der *Verkäufer* ist verpflichtet: a) Dem Käufer die Ankunft des Schiffes zu melden und die Ware innerhalb der vertraglich vereinbarten Frist und in der üblichen Verpackung an Bord des Schiffes am geeigneten Löschungsort des Hafens zur Verfügung zu stellen; b) alle die Ware betreffenden Gefahren und Kosten bis zu dem für die Übernahme bestimmten Zeitpunkt zu tragen; c) die durch die Zurverfügungstellung der Ware für den Käufer bedingten Kosten des Prüfens (wie der Qualitätsprüfung, des Messens, Wiegens und Zählens) zu übernehmen; d) dem Käufer rechtzeitig das Konnossement oder den Auslieferungsauftrag (delivery order)

und/oder alle übrigen Dokumente zu beschaffen, die der Käufer zur Übernahme der Ware benötigt; e) dem Käufer auf sein Verlangen und seine Kosten das Ursprungszeugnis, die Konsulatsfaktura und alle anderen für die Einfuhr wichtigen Dokumente aus dem Verschiffungs- oder Ursprungsland zu besorgen. – 2. Der *Käufer* ist verpflichtet: a) Die an Bord zu seiner Verfügung stehende Ware bis zum vereinbarten Zeitpunkt abzunehmen, sie zu bezahlen, alle die Ware betreffenden Kosten und Gefahren vom Zeitpunkt der vereinbarten Abnahme an zu tragen, sofern die Ware in geeigneter Weise von gleichartigen Waren abgesondert oder auf eine andere Art kenntlich gemacht ist; b) auf geigene Kosten und Gefahr alle für das Löschen und Importieren der Waren notwendigen Papiere zu beschaffen und alle Zölle mit dem Löschen und Importieren der Waren verbundenen Gebühren zu bezahlen.

Abschlag. I. Abart der Auktion: Der Auktionator beginnt mit einem hohen Ausrufpreis, der solange allmählich herabgesetzt wird, bis ein Kauflustiger das Angebot annimmt. Es gibt hierbei keine Überbietungen. Üblich bei Fisch, Obst, Blumen und Gemüsen. I. a. erfolgt Preisanzeige mittels einer Uhr; jeder Teilnehmer kann durch Auslösung eines Kontakts den Preiszeiger zum Stillstand bringen und damit die Annahme der Ware zu diesem Preisstand anzeigen (Bieten auf Abstrich).

II. Effektenmarkt: 1. *Allgemein:* Die Spanne, um die ein Kurs unter dem Nominalbetrag oder der Parität gegenüber dem vorhergehenden Kurs zustande kommt (→Disagio). – 2. Bei *Börsenkursen* die Minderbewertung von Aktien nach Trennung des fälligen →Dividendenscheins oder nach Fortfall bzw. Ausübung eines →Bezugsrecht auf →junge Aktien.

III. Bewertungsgesetz: 1. →*Land- und forstwirtschaftliches Vermögen* (§ 41 BewG): a) Vom →*Vergleichswert* ist ein A. zu machen, soweit die tatsächlichen Verhältnisse bei einer Nutzung oder einem Nutzungsteil von den bei der Bewertung unterstellten regelmäßigen Verhältnissen der Gegend um mehr als 20% abweichen und wenn die Abweichung eine Änderung des Vergleichswerts um mehr als den fünften Teil, mindestens aber um 1000 DM oder um mehr als 10 000 DM bewirkt. – Durch die A. wird unter Berücksichtigung der besonderen Verhältnisse (Ertragsbedingungen) des Einzelfalls der Vergleichswert in den →Wirtschaftswert übergeleitet. – b) *Bemessungsgrundlage:* Die durch die Abweichung bedingte Minderung der Ertragsfähigkeit. - c) →*Stückländereien:* Kein A. für fehlende Betriebsmittel beim Eigentümer des Grund und Bodens möglich. – 2. →*Grundstücke,* →*Betriebsgrundstücke:* a) Beim →*Sachwert-*

verfahren kann zur Ermittlung des →Gebäudewerts ein A. für bauliche Mängel und Schäden berücksichtigt werden. Höhe je nach Bedeutung und Ausmaß der Schäden (§ 87 BewG). – b) Zur Bewertung des →*Erbbaurechts* wird ein A. vorgenommen, wenn sich der Erbauberechtigte bei Beendigung des Erbaurechts zum Abbruch des Gebäudes verpflichtet hat (§ 92 IV BewG). – c) Praktisch können auch alle *Ermäßigungen* bei der Wertbestimmung nach dem →Ertragswertverfahren oder Sachwertverfahren (§§ 82, 86 und 88 BewG) als A. aufgefaßt werden. – 3. →*Betriebsvermögen:* A. auf den Vervielfältiger zur Berechnung einer →Pensionsverpflichtung, wenn die Rentenzahlung erst nach Vollendung des 64. Lebensjahres einsetzt (§ 104 VI BewG). – 4. A. (z. T. pauschal) bei der Schätzung des gemeinsamen Werts →*nicht notierter Anteile an Kapitalgesellschaften* nach dem →Stuttgarter Verfahren (§ 11 II BewG) zur Berücksichtigung von subjektiven Bewertungsdifferenzen und unverhältnismäßig geringen Erträgen.

Abschlagsdividende, Abschlagszahlung auf den →Bilanzgewinn, Vorauszahlung auf die Jahresabschluß-Dividende. Auszahlung einer A. ist bei der AG während des Geschäftsjahres unzulässig. Nach Ablauf des Geschäftsjahres kann der →Vorstand, falls die →Satzung ihn hierzu ermächtigt, aufgrund eines vorläufigen Abschlusses eine A. bis zur Hälfte des vorjährigen Bilanzgewinns zahlen; die A. darf die Hälfte des →Jahresüberschusses abzüglich der zu bildenden →Gewinnrücklagen nicht übersteigen (§ 59 AktG).

Abschlagsverteilung. I. Handelsrecht: Bei der →Abwicklung einer Handelsgesellschaft eine vorläufige Verteilung des entbehrlich werdenden Geld- und Sachvermögens. A. erfolgt nach dem Verhältnis der Kapitalanteile auf die Gesellschafter. Entsprechend der A. vermindern sich die Kapitalanteile der Gesellschafter. – *Nicht zur A. geeignet* ist: a) was zur Sicherung der den Gesellschaftern in der Schlußverteilung zukommenden Beträge erforderlich ist oder b) was zur Deckung noch nicht fälliger oder streitiger Verbindlichkeiten benötigt wird.

II. Konkursrecht: Im Konkursverfahren vorgesehene Ausschüttung einer Quote aus der →Konkursmasse an die →Konkursgläubiger (§§ 149–160 KO) mit dem Zweck, die Gläubiger nicht bis Abschluß der Verwertung der Konkursmasse (→Schlußverteilung) warten zu lassen. A. ist zulässig nach Abhaltung des allgemeinen Prüfungstermins, sofern ausreichende Masse vorhanden ist. Erforderlich ist die Zustimmung des →Gläubigerausschusses (falls vorhanden), nicht des Konkursgerichts. – *Durchführung* der A. durch den →Konkursverwalter, der auch die Höhe der auszuschüttenden Quote bestimmt, jedoch

gibt es gegen ihn keinen erzwingbaren Anspruch auf A. Unterläßt der Konkursverwalter die A. pflichtwidrig, kann das Konkursgericht einschreiten (§ 83 KO). An die Gläubiger festgestellter bevorrechtigter Konkursforderungen (§ 61 KO) kann der Konkursverwalter nach dem Prüfungstermin mit Genehmigung des Konkursgerichts ohne formelles Verteilungsverfahren Zahlungen aus der Masse leisten (§ 170 KO).

Abschlagszahlung. 1. *Bürgerliches und Handelsrecht:* Vgl. →Teilzahlung. – 2. *A. auf den Bilanzgewinn:* Vgl. →Abschlagsdividende.

Abschließungseffekt, →Handelsablenkung.

Abschluß. I. Bürgerliches Recht/Handelsrecht: Zustandekommen eines →Vertrags (vgl. dort IV).

II. Handelsrecht: Bezeichnung für die nach § 242 HGB mindestens einmal jährlich erforderliche Abrechnung der Bücher und Konten mit dem Ziel der Ermittlung des →Geschäftserfolgs. – 1. *Voraussetzung:* →Inventur. – 2. *Vorgang* bei der →doppelten Buchführung: Die Salden der Aktivkonten werden in ein Sammelkonto (Schlußbilanzkonto) übernommen: Bilanzkonto an Aktivkonten. Die Passivkonten (zunächst ohne Eigenkapitalkonto) erscheinen im Haben des Bilanzkontos: Passiva an Bilanzkonto. Der im Bilanzkonto entstehende *Saldo* (Differenzbetrag) ist das Eigenkapital. Es entspricht dem Saldo des Eigenkapitalkontos nach Abschluß des Gewinn- und Verlustkontos und des Privatkontos: a) Die Aufwands- und Ertragskonten werden über das Gewinn- und Verlustkonto abgeschlossen, dessen *Saldo* (Gewinn oder Verlust) auf das Kapitalkonto übertragen wird: Ertragskonten an Gewinn- und Verlustkonto. Gewinn- und Verlustkonto an Aufwandskonten. Gewinn- und Verlustkonto an Eigenkapitalkonto (bei Verlust umgekehrt). – b) Einlagen und Entnahmen auf Privatkonto werden unmittelbar mit dem Kapitalkonto abgeschlossen: Eigenkapitalkonto an Privatkonto (Entnahmesaldo, Einlagensaldo umgekehrt). – c) Der A. wird durch eine →*Hauptabschlußübersicht* erleichtert, in dem in besonderen Spalten die Kontensummen und die Kontensalden (einschließlich Aufwendungen und Erträgen) nebeneinanderstehen. Sind die Spalten am Schluß aller Eintragungen nicht ausgeglichen, so sind im A. Fehler enthalten, die vor Eintragung der Buchungen ins →Hauptbuch geklärt werden müssen. – Vgl. auch →Jahresabschluß, →Bilanz, →Gewinn- und Verlustrechnung.

Abschlußagent, →Handelsvertreter, insbes. →Versicherungsvertreter, der nicht nur Verträge vermittelt, sondern auch abschließt (§ 84 HGB, § 164 I BGB).

Abschlußbilanz, →Jahresabschluß, →Bilanz.

Abschlußbogen, →Hauptabschlußübersicht.

Abschlußgeschäft, Form des →Fremdgeschäfts im Handel: Gegenüber den Lieferanten verpflichtet sich das →Einkaufskontor des Großhandels bzw. die Zentrale der →kooperativen Gruppe, innerhalb einer festgelegten Frist eine bestimmte Warenmenge abzunehmen. Beim A. ist das Aushandeln hoher →Mengenrabatte und sonstiger Konditionen möglich (→Zentralregulierungsgeschäft). Bleiben die Bestellungen der Mitglieder im Planungszeitraum unter der abgeschlossenen Menge, so übernimmt das Einkaufskontor oder die Zentrale der Restmenge auf eigene Rechnung.

Abschlußgliederungsprinzip, Aufbau des →Kontenrahmens nach den Gliederungsvorschriften der §266 HGB (Bilanz) bzw. §275 HGB (Gewinn- und Verlustrechnung). Nach dem A. ist der neue →Industriekontenrahmen aufgebaut: In den Kontenklassen 0–4 die auf das Bilanzkonto zu übertragenden Bestandskonten, in den Kontenklasen 5–7 die auf das Gewinn- und Verlustkonto zu überführenden Ertrags- und Aufwandskonten, Kontenklasse 8 für den Abschluß. – *Anders:* →Prozeßgliederungsprinzip.

Abschlußnormen, normative Bestimmungen im Tarifvertrag über den Abschluß von Arbeitsverträgen, z.B. Formvorschriften, Abschlußgebote als Wiedereinstellungsklauseln nach Arbeitskampf (§1 TVG). – Vgl. auch →Tarifvertrag.

Abschlußprovision, →Provision.

Abschlußprüfer. 1. *Begriff:* →Prüfer, die →Prüfungen von Jahresabschlüssen von Unternehmungen und Konzernen vornehmen. Die Prüfungen selbst werden von natürlichen Personen durchgeführt; als A. werden auch Prüfungmehrheiten beauftragt.

2. *Berufsqualifikation:* Abschlußprüfungen auf freiwilliger Basis können an beliebige A. vergeben werden. Bei *gesetzlich vorgeschriebenen Abschlußprüfungen* ist dagegen festgelegt, wer A. sein kann: Prinzipiell sind →Jahresabschlußprüfungen für Unternehmungen und →Konzernabschlußprüfungen →Wirtschaftsprüfern und →Wirtschaftsprüfungsgesellschaften vorbehalten (Vorbehaltsaufgaben); aufgrund von Sonderbestimmungen können bestimmte Organisationen, insbes. →Prüfungsverbände, Abschlußprüfungen vornehmen (v.a. bei Genossenschaften). →Vereidigte Buchprüfer und →Buchprüfungsgesellschaften können nach den Neuregelungen des BiRiLiG ebenfalls A. sein, jedoch nur für mittelgroße GmbHs, die in §267 II HGB näher spezifiziert sind (§319 I HGB).

3. *Bestellung und Abberufung des A. nach HGB:* Die Gesellschafter einer Unternehmung wählen den Prüfer des Jahresabschlusses, die

Gesellschafter des Mutterunternehmens den A. des Konzernabschlusses. Wird kein anderer Konzernabschlußprüfer bestellt, gilt der Jahresabschlußprüfer des Mutterunternehmens als bestellt. Gesetzliche Vertreter müssen den *Prüfungsauftrag* unverzüglich nach der Wahl erteilen. Gericht hat auf Antrag nach Anhörung der Beteiligten und des gewählten Prüfers einen anderen A. zu bestellen, wenn dies aus Gründen, die in der Person des gewählten Prüfers liegen, geboten erscheint; Kreis der möglichen Antragsteller nach §318 III HGB. *Kündigung* des Prüfungsauftrags von den A. nur aus wichtigem Grund und mit schriftlicher Begründung. – *Sonderregelungen:* a) *Versicherungsunternehmungen und Bausparkassen* (§58 VAG): A. werden vor Ablauf des Geschäftsjahres vom Aufsichtsrat bestimmt; b) *Kreditinstitute in der Rechtsform der Einzelfirma, OHG und KG* (§27 KWG): A. werden von den Geschäftsinhabern oder dem persönlich haftenden Gesellschafter bestellt.

4. *Ausschlußgründe:* Die gesetzlich beschriebenen Ausschlußgründe betreffen die *Unabhängigkeit des A.* Gegenüber den vor Inkrafttreten des BiRiLiG geltenden aktienrechtlichen Bestimmungen sieht §319 HGB eine detaillierte Regelung vor; sie beinhaltet zum großen Teil im Berufsrecht für Wirtschaftsprüfer vorgesehene Regelungen. Die Ausschlußgründe (§319 IV HGB). – a) *Arten von Ausschlußgründen:* (1) Direkte oder indirekte Verflechtung zwischen A. und zu prüfender Gesellschaft, (2) Mitwirkung des A. an den zu prüfenden Unterlagen, (3) finanzielle Abhängigkeit des A. von der zu prüfenden Gesellschaft. Die Ausschließungsgründe gelten sowohl für Einzelprüfer als auch für Prüfungsgesellschaften. – b) Einzelne *Ausschlußgründe für natürliche Personen* (Wirtschaftsprüfer, vereidigte Buchprüfer) nach §319 II HGB: Eine natürliche Person darf nicht A. sein, wenn sie oder eine Person, mit der sie ihren Beruf gemeinsam ausübt, (1) Anteile an der zu prüfenden Gesellschaft besitzt, (2) gesetzlicher Vertreter, Mitglied des Aufsichtsrats oder Arbeitnehmer der zu prüfenden Gesellschaft ist oder in den letzten drei Jahren war, (3) gesetzlicher Vertreter oder Mitglied des Aufsichtsrats einer juristischen Person, Gesellschafter einer Personengesellschaft oder Inhaber eines Unternehmens ist, soweit diese mit der zu prüfenden Gesellschaft verbunden sind oder mehr als 20% der Anteile besitzen, (4) Arbeitnehmer eines Unternehmens, das mit der zu prüfenden Gesellschaft verbunden ist bzw. mehr als 20% der Anteile besitzt oder der zu prüfenden Gesellschaft zu mehr als 20% beteiligt ist, (5) bei der Erstellung des Jahresabschlusses selbst mitgewirkt hat, (6) bestimmte Bindungen (gesetzlicher Vertreter, Arbeitnehmer, Mitglied des Aufsichtsrats,

Gesellschafter, Inhaber) an eine natürliche oder juristische Person, Personengesellschaft oder Einzelunternehmung hat, die bei der Erstellung des Jahresabschlusses selbst über die Prüfungstätigkeit hinaus mitgewirkt hat, (7) bei der Prüfung eine Person beschäftigt, die selbst nicht A. sein darf, (8) in den vergangenen fünf Jahren jeweils mehr als 50% der Gesamteinnahmen aus seiner beruflichen Tätigkeit aus der Prüfung und Beratung der zu prüfenden Gesellschaft und von Unternehmen, an denen die zu prüfende Gesellschaft mit mehr als 20% beteiligt ist, bezogen hat und dies auch im laufenden Geschäftsjahr zu erwarten ist. – c) Einzelne *Ausschlußgründe für Prüfungsgesellschaften* (Wirtschaftsprüfungsgesellschaften, Buchprüfungsgesellschaften): Eine Prüfungsgesellschaft darf nach § 319 III HGB nicht A. sein, wenn (1) sie Anteile an der zu prüfenden Gesellschaft besitzt oder mit dieser verbunden ist oder wenn ein mit ihr verbundenes Unternehmen an der zu prüfenden Gesellschaft mehr als 20% der Anteile besitzt oder mit ihr verbunden ist, (2) sie in Anwendung der relevanten Vorschriften zu den Ausschlußgründen für Einzelprüfer nicht A. sein darf, (3) ein Gesellschafter oder gesetzlicher Vertreter einer Wirtschaftsprüfungsgesellschaft oder Buchprüfungsgesellschaft als juristische Person 50% oder mehr der den Gesellschaftern zustehenden Stimmrechte besitzt, der nicht A. sein darf, oder ein Gesellschafter analog zu den Ausschlußgründen für Einzelprüfer (Gründe 1–4) nicht A. sein darf, (4) einer der gesetzlichen Vertreter oder Gesellschafter analog zu den Ausschlußgründen für Einzelprüfer (Gründe 5 und 6) nicht A. sein darf, (5) ein Aufsichtsratsmitglied analog zu den Ausschlußgründen für Einzelprüfer (Gründe 2 und 5) nicht A. sein darf.

Abschlußprüferrichtlinie, →Achte EG-Richtlinie.

Abschlußprüfung. I. →Pflichtprüfung des Jahresabschlusses und des Konzernabschlusses von Unternehmen bestimmter Rechtsformen, Größenmerkmale oder Branchen. Vgl. auch →Jahresabschlußprüfung.

1. *Regelungen des HGB:* a) A. *mittelgroßer und großer Kapitalgesellschaften* (vgl. →Größenklassen): Prüfung des Jahresabschlusses durch unabhängige →Abschlußprüfer (§§ 316–324 HGB). Der →Jahresabschluß kann ohne A. nicht festgestellt werden; ein trotzdem festgestellter Jahresabschluß ist nichtig. – (1) *Gegenstand* der A.: Jahresabschluß einschl. →Buchführung sowie →Lagebericht. Jahresabschluß und Buchführung sind daraufhin zu prüfen, ob sie dem Gesetz und dem Gesellschaftsvertrag bzw. der Satzung entsprechen. Beim Lagebericht hat der Prüfer zu ermitteln, ob der Bericht mit dem Jahresab-

schluß übereinstimmt und ob er keine falsche Vorstellung von der Lage der Gesellschaft erweckt. Grundsätzlich ist die A. eine vergangenheitsbezogene Ordnungsmäßigkeitsprüfung, also keine Prüfung der Zweckmäßigkeit vergangenen oder zukünftigen Handelns; in bezug auf die Prüfung des Lageberichts und andere Prüfungsinhalte (z.B. die Prüfungsfeststellungen gem. § 321 II HGB, vgl. unten (3)) geht die A. über eine reine vergangenheitsverhaftete Zustandsprüfung hinaus. – (2) Bei *Meinungsverschiedenheiten* zwischen der Gesellschaft und dem Abschlußprüfer über die Auslegung und Anwendung der Vorschriften über Jahresabschluß und →Lagebericht entscheidet auf Antrag der gesetzlichen Vertreter der Kapitalgesellschaft oder des Abschlußprüfers das für den Sitz der Kapitalgesellschaft zuständige Landgericht (§ 324 HGB). – (3) Der Abschlußprüfer hat einen schriftlichen →Prüfungsbericht zu erstatten, der die Ergebnisse der A. begründet und nachteilige Veränderungen der Lage der Gesellschaft erläuternd aufführt (§ 321 I HGB). Der Prüfer hat ggf. auch – nämlich bei entsprechenden Wahrnehmungen – zu berichten: über Tatsachen, die den Bestand der Gesellschaft gefährden oder ihre Entwicklung wesentlich beeinträchtigen können; über schwerwiegende Verstöße gegen Gesetz, Gesellschaftsvertrag oder Satzung (§ 321 II HGB). – (4) Sind nach dem Ergebnis der A. keine wesentlichen Einwendungen zu erheben, so hat er dies durch den →Bestätigungsvermerk festzustellen. Falls wesentliche Einwendungen zu erheben sind, hat der Abschlußprüfer den Bestätigungsvermerk einzuschränken oder zu versagen (§ 322 HGB). – (5) Abschlußprüfer und seine Gehilfen sind zur gewissenhaften, unparteiischen Prüfung und zur Verschwiegenheit verpflichtet. *Pflichtverletzungen* verpflichten zu →Schadenersatz; bei Fahrlässigkeit ist die Ersatzpflicht jedoch auf 500 000 DM für eine Prüfung beschränkt (§ 323 II HGB). – b) *Konzernabschlußprüfung:* Die Zielsetzung unterscheidet sich nicht von der des Einzelabschlusses, wohl aber bezüglich des Gegenstandes (vgl. §§ 316–324 HGB). Prüfungsgegenstand sind der →Konzernabschluß und der Konzernlagebericht. Die Berichtspflichten (vgl. §§ 321, 322 HGB) entsprechen denen des Einzelprüfers.

2. A. der *Genossenschaften:* Dient der Feststellung der wirtschaftlichen Verhältnisse und der Ordnungsmäßigkeit der Geschäftsführung; Prüfung in jedem zweiten Jahr, bei Genossenschaften mit Bilanzsumme von 2 000 000 DM und mehr mindestens jährlich (§§ 53 ff. GenG).

3. A. der *Kreditinstitute* in der Rechtsform der AG, KGaA oder GmbH: Richtet sich nach den Vorschriften des HGB, insbes. §§ 316–324, und für alle Kreditinstitute, unabhängig von ihrer Rechtsform, nach den §§ 27 ff. KWG. Danach darf sich die A. nicht darauf beschrän-

ken, ob der Jahresabschluß äußerlich sachgemäß aufgestellt ist (Formblätter!) und mit dem Bestandsverzeichnis und den Geschäftsbüchern übereinstimmt, sondern sie hat sich auf die Beachtung der Vorschriften über den Jahresabschluß zu *erstrecken*.

4. A. der *Versicherungsunternehmen und Bausparkassen* werden nach den §§ 57–60 und 64, 112 und 137 VAG durchgeführt.

5. A. der *gemeinnützigen Wohnungsunternehmen* richtet sich nach den §§ 14–28 des Gesetzes über die Gemeinnützigkeit im Wohnungswesen vom 29.2.1940 (RGBl I 438). Soweit darin nicht Abweichendes bestimmt ist, finden auf die Prüfung die Vorschriften des GenG, bei Genossenschaften unmittelbar, bei den anderen Wohnungsunternehmen sinngemäß Anwendung.

6. A. der *Wirtschaftsbetriebe der öffentlichen Hand* werden durch landesrechtliche Vorschriften geregelt (§ 263 HGB). Allgemeine Bestimmungen finden sich in der VO des Reichspräsidenten zur Sicherung von Wirtschaft und Finanzen v. 6.10.1931 (RGBl I 562) mit DVO vom 30.3.1933 (RGBl I 180). Besondere Vorschriften gelten für Eigenbetriebe der Gemeinden, öffentlich-rechtliche Kreditanstalten und Versicherungsanstalten.

7. A. der *Großunternehmen* im Sinne des Publizitätsgesetzes (vgl. →Publizität): Es gelten die Vorschriften über die A. von Kapitalgesellschaften sinngemäß, falls am Abschlußstichtag und für die zwei darauffolgenden Abschlußstichtage jeweils mindestens zwei der folgenden *drei Merkmale* zutreffen: a) Bilanzsumme der Jahresbilanz über 125 Mill. DM; b) Umsatzerlöse in zwölf Monaten vor dem Abschlußstichtag mehr als 250 Mill. DM; c) Beschäftigung von mehr als 5000 Arbeitnehmern innerhalb der letzten zwölf Monate. Auch für Großkonzerne im Sinne des Publizitätsgesetzes regelt dieses Gesetz die A. durch Verweis auf die entsprechenden handelsrechtlichen Vorschriften.

II. Abschluß der **Berufsausbildung**: Vgl. →Ausbildungsabschlußprüfung.

Abschlußtabelle,　　→Hauptabschlußübersicht.

Abschlußübersicht,　　→Hauptabschlußübersicht.

Abschlußvertreter, →Handelsvertreter, der Verträge, insbes. Kaufverträge, aufgrund besonderer Abschlußvollmacht im fremden Namen und für Rechnung seines Auftraggebers verbindlich abschließt. Diese Abschlußvollmacht (rechtlich eine →Handlungsvollmacht) verlangt eine feste Bindung an die vertretene Firma und setzt ein enges Vertrauensverhältnis zwischen A. und seiner Firma voraus. – Oft verfügen A. über ein →Auslieferungslager, aus dem die Kunden

unverzüglich beliefert werden können. – Nach dem *AGB-Gesetz* sind Bestimmungen in Allgemeinen Geschäftsbedingungen unwirksam, durch die der Verwender einem A., der den Vertrag für den anderen Vertragsteil abschließt, ohne hierauf gerichtete ausdrückliche und gesonderte Erklärung eine eigene Haftung oder Einstandspflicht oder im Falle vollmachtloser Vertretung eine über das Gesetz hinausgehende Haftung auferlegt. – *Anders:* →Vermittlungsvertreter.

Abschlußvollmacht, →Abschlußvertreter.

Abschlußvorschriften, Vorschriften des HGB über die Bücher von Kaufleuten. – 1. *Personengesellschaften und Einzelkaufleute:* A. sind geregelt durch die Vorschriften für alle Kaufleute in den §§ 238–263 HGB. – 2. *Kapitalgesellschaften:* Ergänzende A. (§§ 264 ff. HGB), die insbes. die →Bilanzgliederung, die Gliederung der →Gewinn- und Verlustrechnung, die Bewertung und die Berichtspflichten betreffen. – Vgl. auch →Grundsätze ordnungsmäßiger Buchführung, →ordnungsmäßige Bilanzierung.

Abschlußzahlung. I. Begriff: 1. Bei der *Einkommensteuer* (§ 36 IV EStG): Unterschiedsbetrag zwischen →Steuerschuld und Summe der für den Veranlagungszeitraum entrichteten →Vorauszahlungen und der durch Steuerabzug einbehaltenen Beträge. – 2. Für die Entrichtung der *Körperschaftsteuer* gelten die Vorschriften für die Einkommensteuer sinngemäß (§ 49 I KStG). – 3. Bei der *Gewerbesteuer* (§ 20 GewStG): Unterschiedsbetrag zwischen Steuerschuld und Summe der für den Erhebungszeitraum entrichteten Vorauszahlungen. – 4. Entsprechende Regelung bei der *Umsatzsteuer* (§ 18 UStG). – 5. Bei der *Vermögensteuer:* Unterschiedsbetrag zwischen Steuerschuld und den für den Veranlagungszeitraum entrichteten Vorauszahlungen (§ 22 VStG).

II. Entrichtung: 1. Soweit der Unterschiedsbetrag den im Veranlagungszeitraum bzw. Erhebungszeitraum fällig gewordenen, aber nicht geleisteten →Vorauszahlungen entspricht, *sofort.* – 2. Im übrigen *innerhalb eines Monats* nach Bekanntgabe des Steuerbescheids (§ 36 IV EStG, § 49 I KStG, § 20 II GewStG, § 22 VStG). – 3. Berechnet der Unternehmer die zu entrichtende *Umsatzsteuer* für das Kalenderjahr abweichend von der Summe der Vorauszahlungen, so ist dieser Unterschiedsbetrag einen Monat nach Eingang der Jahressteueranmeldung fällig. Wird die zu entrichtende Umsatzsteuer vom Finanzamt abweichend festgesetzt, so wird die A. einen Monat nach Bekanntgabe des Steuerbescheids fällig (§ 18 IV UStG).

Abschlußzeitpunkt. I. Buchführung: Stichtag, zu dem der →Abschluß der →Buchführung vorgenommen wird (→Bilanzstichtag).

II. Bewertungsgesetz: 1. Betriebe mit *kalenderjahrgleichem Geschäftsjahr* (Regelfall): Für den Bestand und die Bewertung zur Bestimmung des →Betriebsvermögens sind die Verhältnisse zu dem A. (31.12.) zugrunde zu legen. Der →Einheitswert vom A. gilt als solcher vom →Feststellungszeitpunkt (1.1.) (§ 106 II, IV BewG). – 2. Betriebe mit *kalenderjahrungleichem Geschäftsjahr:* Auf Antrag können für den Bestand und die Bewertung die Verhältnisse am Schluß des Geschäftsjahres, das dem Feststellungszeitpunkt vorangeht, herangezogen werden. Dabei müssen Veränderungen des Betriebsvermögens zwischen A. und Feststellungszeitpunkt unter bestimmten Voraussetzungen zum Ausgleich gebracht werden (§ 106 II und IV BewG, § 107 BewG). – 3. *Ausnahmen:* Für den Bestand und die Bewertung von →Betriebsgrundstücken und →Mineralgewinnungsrechten bleiben die Verhältnisse im Feststellungszeitpunkt maßgeblich; genauso für Beteiligungen an Personengesellschaften und für die Bewertung von Wertpapieren, Anteilen und Genußscheinen an Kapitalgesellschaften (§ 106 V BewG).

Abschlußzwang, →Kontrahierungszwang.

Abschnittsdeckungsverfahren, aufgrund der Rentenversicherungs-Neuregelungsgesetze vom 1.1.1957 angewandtes Verfahren zur Bemessung der Beitragssätze. Die Einnahmen im Deckungsabschnitt (10 Jahre) sollen alle Aufwendungen dieses Zeitraums decken; dieses Verfahren wurde auch als *modifiziertes Umlageverfahren* bezeichnet. 1969 wurde wieder das →Umlageverfahren, verbunden mit einer Schwankungsreserve, eingeführt.

Abschöpfung, *Ausfuhrabschöpfung,* Abgabe im Rahmen der EG-Agrarpolitik, geregelt durch Abschöpfungserhebungsgesetz (AbG) vom 25.7.1962 (BGBl I 453), Abschöpfungstarif-VO vom 26.11.1968, BGBl II 1043) und Gesetz zur Durchführung der gemeinsamen Marktorganisationen (Marktordnungsgesetz – MOG) vom 31.8.1972 (BGBl I 1617) mit späteren Änderungen. – 1. Bei der *Einfuhr* von Marktordnungswaren in die EG zum Ausgleich des Unterschieds zwischen den Preisen der Erzeugnisse auf dem Weltmarkt und in der EG, um die innergemeinschaftlichen (höheren) Preise auf dem Agrarmarkt zu halten und sie vor Schwankungen der Weltmarktpreise zu schützen. – 2. Bei der *Ausfuhr* für solche Agrarwaren, deren Weltmarktpreis über dem EG-Preisniveau liegt, um Untersorgung infolge attraktiver Exportverhältnisse zu verhindern. – 3. *Höhe der A.* wird von der EG-Kommission für eine bestimmte Gültigkeitsperiode festgesetzt. – Vgl. auch →Abschöpfungssätze, →Ausfuhrabgaben.

Abschöpfungspreispolitik, *skimming pricing,* zeitliche Preisdifferenzierung mit anfänglich hohen Preisen bei Einführung eines neuen Produktes und späteren niedrigeren Preisen (Beispiel: Elektronische Taschenrechner).

Abschöpfungssätze, *Abschöpfungstarif,* im Rahmen der →Abschöpfung anzuwendende Zolltarife (Anhang IV zu Teil I Deutscher Gebrauchszolltarif), mit „Ab" gekennzeichnet.

Abschöpfungstarif, →Abschöpfungssätze.

Abschreibung. I. Begriff: 1. *A.i.e.S.:* Betrag bzw. Methode zur Ermittlung des Betrages, der bei Gegenständen des →Anlagevermögens die im Laufe der Nutzungsdauer durch Nutzung eingetretenen *Wertminderungen* an den einzelnen Vermögensgegenständen erfassen soll und der dementsprechend in der Gewinn- und Verlustrechnung als *Aufwand* (bzw. in der Kostenrechnung als Kosten) angesetzt wird. Die Abschreibungsfähigkeit bezog sich im ursprünglichen Sinne nur auf *abnutzbare Gegenstände des Anlagevermögens,* die sowohl materieller wie immaterieller Art (z.B. Lizenzen, Patente, Konzessionen) sein können, wobei die aktivierten Anschaffungs- oder Herstellungskosten (nach deutschem Recht) entsprechend der *voraussichtlichen betrieblichen Nutzungsdauer* jedes Jahr um einen bestimmten Teilbetrag zur Erfassung des in der Rechnungsperiode an dem einzelnen Vermögensgegenstand eingetretenen Werteverzehr gekürzt werden.

2. *A.i.w.S.:* Von „A." wird heute auch dann gesprochen, wenn die unterschiedlichen vorgeschriebenen oder möglichen Verfahren zur Bewertung (einschl. Bewertungskorrekturen) von Vermögensgegenständen des Anlage- und Umlaufvermögens (vgl. §§ 253, 254 HGB) sowie von →Bilanzierungshilfen gemeint sind. Mit A.i.w.S. wird nicht nur der betrieblich bedingte Leistungsverzehr während einer Rechnungsperiode an einem Vermögensgegenstand des Anlagevermögens erfaßt, sondern auch die sich aus sonstigen Abwertungsgeboten und Abwertungswahlrechten ergebenden Wertminderungen.

II. Abschreibungsursachen (A.sgründe): 1. *Technische Ursachen* können in gewöhnlichem Verschleiß (Gebrauchs- oder Ruheverschleiß, Abbau) oder in außergewöhnlichem Verschleiß (Katastrophenverschleiß) liegen. – 2. Als *wirtschaftliche Ursachen* kommen in Frage Nachfrageverschiebungen und Fehlinvestitionen (in beiden Fällen ist der technisch noch vorhandene Leistungsvorrat für die Anlage wirtschaftlich nicht mehr voll verwertbar) sowie Ineffizienz (bedingt durch gesunkene Wiederbeschaffungskosten, technischen Fortschritt oder Umsatzrückgang der Anlage erstellten Leistungen infolge Modeänderungen). – 3. *Rechtliche Ursachen* können auf der Entwertung

Abschreibungsmethoden (Beispiel)

Jahr	Lineare A.		Digitale A.		Degressive A.	
	A.-Quote	Restwert	A.-Quote	Rest-wert	A.-Quote	Restwert
1	2.000	8.000	3.333	6.667	4.500	5.500
2	2.000	6.000	2.667	4.000	2.475	3.025
3	2.000	4.000	2.000	2.000	1.361	1.664
4	2.000	2.000	1.333	667	749	915
5	2.000	–	667	–	412	503

durch gesetzgeberische Maßnahmen, auf dem zeitlichen Ablauf von Verträgen (Miet-, Pacht-, Leasing-, Franchisevertrag) oder Schutzrechten (Konzessionen, Patente, Lizenzen, Musterschutz) beruhen.

III. Abschreibungsarten: 1. *Bilanzielle A.:* a) *Handelsrecht:* (1) *Planmäßige A.:* (a) *Kennzeichnung:* Planmäßige, d.h. im voraus festgelegte A. sind grundsätzlich für abnutzbare Anlagevermögensgegenstände festzulegen (ausnahmsweise Vereinfachungen: vgl. z.B. →geringwertige Wirtschaftsgüter, Festbewertung (→Festwert), →Gruppenbewertung; im weiteren Sinne sind auch die A. auf →Bilanzierungshilfen planmäßige A.). Es ist gem. §253 II HGB ein Abschreibungsplan zu erstellen, der die Anschaffungs- oder Herstellungskosten je Vermögensgegenstand – evtl. vermindert um einen Schrotterlös – als Bemessungsgrundlage der A., die voraussichtliche Nutzungsdauer (zugleich Verteilungszeitraum für die Anschaffungs- oder Herstellungskosten) und die Abschreibungsmethode (Verteilungsverfahren) bestimmt. Änderungen des Abschreibungsplans sind Ausnahmen vom Grundsatz der Bewertungsstetigkeit (§252 I HGB) und nur begründet zulässig (→Bewertung). – (b) *Abschreibungsmethoden:* Die Wahl der A.-Methoden muß handelsrechtlich den Grundsätzen →ordnungsmäßiger Bilanzierung entsprechen. Abschreibungsverlauf und Nutzungsverlauf dürfen nicht in offensichtlichem Widerspruch stehen. – 1) *Lineare A.* (A. mit konstanten Quoten, d.h. A.-Betrag pro Jahr): Die Anschaffungs- oder Herstellungskosten, vermindert um den geschätzten Schrottwert, werden durch die Anzahl der Jahre der geschätzten Nutzungsdauer dividiert. Die sich daraus ergebende A.-Quote bleibt konstant; der Buchwert des Anlagegutes fällt linear (z.B. Anschaffungskosten 7000 DM, Schrottwert 700 DM, Nutzungsdauer 9 Jahre: jährliche A.-Quote = 700 DM). – 2) *Degressive A.:* α) *Geometrisch degressive A. (Buchwertabschreibung):* Es wird mit einem konstanten Abschreibungssatz vom jeweiligen Restbuchwert abgeschrieben. Die A.-Quoten sind in den ersten Jahren höher als bei linearer A. und sinken in den letzten Jahren weit darunter (unendliche A.). β) *Arithmetisch-degressive A. (digitale A.):* Die A.-Quoten werden ermittelt, indem die noch verbleibende Rest-Nutzungsdauer durch die Summe der einzelnen Jahre der geschätzten Nutzungs-

dauer (ND) dividiert und dieser Quotient mit der Bemessungsgrundlage multipliziert wird (z.B. ND fünf Jahre, A. im zweiten Jahr: Rest-ND vier Jahre, Summe der einzelnen Jahre 5+4+3+2+1=15, A.-Quote=4/15 der Bemessungsgrundlage). A. auf den Restwert von Null bezeichnet man als *digitale A.* – Steuerlich ist die arithmetisch degressive A. seit 1.1.85 nicht mehr zulässig. – *Beispiel* (Anschaffungskosten 10000 DM, ND fünf Jahre): Vgl. obenstehende Tabelle. – 3) *Progressive A.* (Umkehrung der degressiven Methode): Es werden steigende A.sbeträge zugrunde gelegt. Sie ist nur in Ausnahmefällen möglich, z.B. wenn mit steigendem Umsatz und steigender Beanspruchung gerechnet wird (z.B. bei öffentlichen Versorgungsbetrieben), widerspricht aber i.d.R. dem Prinzip kaufmännischer Vorsicht und des Gläubigerschutzes. Als Zeitabschreibung steuerlich nicht mehr zulässig, als Leistungsabschreibung jedoch steuerlich möglich. – 4) *A. nach Maßgabe der Beanspruchung (Leistungsabschreibung):* Es wird nicht die Lebensdauer, sondern die voraussichtliche Leistung in Mengeneinheiten geschätzt (z.B. Anschaffungskosten 10000 DM, voraussichtliche Produktion 5000 Stück, A.-Satz je Stück 2, Jahresfertigung 1500, A-Quote 3000). Wird besonders in der →Kostenplanrechnung und →Plankostenrechnung verwendet. Sie berücksichtigt als A.-Ursache nur den technischen Verschleiß, setzt also ein Proportionalitätsverhältnis zwischen Abschreibung und Aggregatsleistung voraus. Um auch den anderen Ursachen Rechnung zu tragen, wird der A.ssatz aufgespalten in einen fixen (für ruhenden Verschleiß sowie technische und wirtschaftliche Überholung) und einen verbrauchsbedingten proportionalen Anteil (→gebrochene Abschreibung). – 5) *Kombinationsformen* sind in den genannten Grenzen (GoB-Entsprechung, realitätsnah) zulässig; in der Praxis ist die Kombination von geometrisch-degressiver und linearer A. verbreitet, da auch steuerlich zulässig (→degressive Abschreibung). – 6) *Andere A.-Methoden* (z.B. nach dem Rohgewinn) sind handelsrechtlich nicht zulässig. – 7) Der Grundsatz der Bewertungsstetigkeit der A. erlaubt einen *Methodenwechsel* nur in sachlich begründeten Fällen. – (c) *Abschreibungszeitpunkt:* Die steuerlichen Regelungen zum Abschreibungszeitpunkt (s.u.) gelten auch handelsrechtlich. – (2) *Außerplanmäßige A.:* Sie sind unter den Voraussetzungen des →Niederstwertprinzips bei allen Vermögensgegenständen möglich oder geboten. Handelsrechtlich können auch die steuerlich zulässigen A. vorgenommen werden, bei Kapitalgesellschaften nur bei Maßgeblichkeit (§§ 254, 279 II HGB, vgl. →Steuerbilanz). Fallen die Gründe für eine außerplanmäßige A. weg, so gilt für Nichtkapitalgesellschaften das Beibehaltungswahlrecht (Zuschreibungswahlrecht), für Kapitalgesellschaften das →Wertaufholungsgebot (→Bewertung I 2). b) *Steuerrecht:* Unter A. subsumiert das Steuerrecht sechs Unterarten: →Absetzung für Abnutzung (AfA) und →Absetzung für außergewöhnliche technische oder wirtschaftliche Abnutzung (AfaA), →Absetzung für Substanzverringerung (AfS), →erhöhte Absetzungen, Sofortabschreibung für →geringwertige Wirtschaftsgüter, →Sonderabschreibungen und →Teilwertabschreibungen. Im einzelnen vgl. dort.

2. *Kalkulatorische A.:* A.-Art der Kostenrechnung, wobei entsprechend dem Ziel der Substanzerhaltung des Unternehmens i. d. R. die Wiederbeschaffungskosten des Bewertungsstichtags als Bemessungsgrundlage dienen. Aufgrund steigender oder sinkender Wiederbeschaffungskosten stimmen die „Gesamtabschreibung" in der Bilanz und in der Kostenrechnung nicht überein. - Vgl. auch →kalkulatorische Abschreibung.

IV. B u c h u n g : 1. Grundsätzlich werden entsprechend dem Prinzip der Einzelbewertung →*Einzelabschreibungen* vorgenommen, jedoch sind in bestimmten Fällen auch Sammelabschreibungen (→Pauschalabschreibung) möglich.

2. Weitere Unterscheidung: a) *Direkte A.:* Die A. wird in der Buchhaltung durch direktes Absetzen bei den Anlagekonten vorgenommen (Buchungssatz: Abschreibungen an Anlagekonto). - b) *Indirekte A.:* Die A. wird auch auf einem Passivkonto →Wertberichtigungen (Erneuerungskonto) gesammelt (Buchungssatz: Abschreibungen an Wertberichtigungen auf Anlagen). Bei diesem Verfahren stimmen die Bilanzwerte auf dem Anlagekonto mit den Anschaffungs- oder Herstellungskosten überein. Aus der Gegenüberstellung von Anlagekonto und Wertberichtigungskonto lassen sich Rückschlüsse auf das technische Alter der maschinellen Anlagen des Betriebes ziehen. Seit dem Inkrafttreten des →*Bilanzrichtlinien-Gesetzes* ist für Kapitalgesellschaften nach den Gliederungsvorschriften der neuen HGB nur noch der *direkte* Ausweis von A. vorgesehen.

3. *Ausweis:* a) Bei Anwendung des →*Gesamtkostenverfahrens* in der →Gewinn- und Verlustrechnung einer Kapitalgesellschaft ist gem. § 275 II HGB ein differenzierter Ausweis vorgeschrieben: (1) Planmäßige und außerplanmäßige A. auf immaterielle Vermögensgegenstände des Anlagevermögens (→immaterielle Wirtschaftsgüter) und Sachanlagen

unter Position Nr. 7 a (§ 275 II HGB); (2) A. auf →Finanzanlagen und Wertpapiere des →Umlaufvermögens unter Position Nr. 12; (3) A. auf Umlaufvermögensgegenstände, soweit diese die üblichen A. überschreiten, unter Position Nr. 7 b; (4) die üblichen A. (Kriterien für die Unterscheidung der Üblichkeit von der Unüblichkeit von A. sind sowohl aus innerbetrieblichem Zeitvergleich als auch aus zwischenbetrieblichem Branchenvergleich zu gewinnen) sind je nach Sachbezug unter Bestandsminderungen (Position Nr. 2), Materialaufwand (Position Nr. 5 a) oder sonstige betriebliche Aufwendungen (Position Nr. 8) auszuweisen. - b) Bei Anwendung des →*Umsatzkostenverfahrens* werden die A. auf Finanzanlagen und Wertpapiere des Umlaufvermögens gesondert (Nr. 11, § 275 III HGB), die übrigen planmäßigen und außerplanmäßigen A. je nach Sachbezug unter Herstellungskosten (Nr. 2), Vertriebskosten (Nr. 4), allgemeine Verwaltungskosten (Nr. 5) oder unter sonstige betriebliche Aufwendungen (Nr. 7) ausgewiesen. - c) *Sonstige Vorschriften:* (1) Soweit es sich um *außerplanmäßige A.* handelt, sind diese im Rahmen von § 277 III HGB gesondert auszuweisen oder im Anhang anzugeben. - (2) A. sind Bestandteil des →*Anlagengitters.* - (3) Im *Anhang* sind die nach steuerrechtlichen Vorschriften im Anlage- und Umlaufvermögen vorgenommenen Abschreibungen anzugeben und zu begründen (§ 281 II HGB).

V. B e d e u t u n g : 1. *Bilanzpolitik:* A. mindern als Aufwand den in der Handelsbilanz und als „Betriebsausgabe" den in der Steuerbilanz ausgewiesenen Gewinn, der wiederum für Ausschüttungen und Steuerzahlungen, also Mittelabflüsse aus dem Unternehmen, i. d. R. maßgeblich ist. Allein durch die Wahl der A.-Methode, d. h. die Entscheidung über den „Abschreibungsverlauf" (Entwertungsverlauf), und die Schätzung der betrieblichen Nutzungsdauer läßt sich der auszuweisende Periodengewinn erheblich beeinflussen, womit für den Bilanzierenden ein beachtlicher Bewertungsspielraum eingeräumt wird. Diese Möglichkeiten der „Manipulation" hinsichtlich des Gewi˙ ˙ ˙usweises und damit der →Bilanzpolitik ˙ ˙ Sinne einer Publizitätspolitik (gewollte Außendarstellung der Lage des Unternehmens bzw. gezielte Beeinflussung der Adressaten des Jahresabschlusses) der Unternehmen werden durch die evtl. Inanspruchnahme der meist wirtschaftspolitisch motivierten Sonderabschreibungen noch verstärkt. Durch diesen legalen bilanzpolitischen Entscheidungsspielraum besitzt ein Unternehmen nicht nur die Möglichkeit, →stille Rücklagen (stille Reserven) zu bilden, sondern auch außenstehenden Dritten den Einblick in die Vermögens-, Finanz- bzw. Ertragslage zu erschweren bzw. die wirtschaftlichen Verhältnisse zu retuschieren. Liegt der verrechnete

A.sbetrag über dem tatsächlichen Werteverzehr, dann wird tendenziell ein Beitrag zur →substantiellen Kapitalerhaltung geleistet, da sowohl im Handels- wie auch im Steuerrecht das Nominalwertprinzip Anwendung findet und somit nicht (wie in der Kostenrechnung) die Wiederbeschaffungskosten, sondern die historischen Anschaffungs- oder Herstellungskosten die Bemessungsgrundlage bilden. 2. *Finanzierung:* Die über den Umsatzprozeß dem Unternehmen wieder zufließenden A. („verdiente A.") sind ein wesentlicher Bestandteil der Innenfinanzierung (→Cashflow) des Unternehmens.

3. *Weitere Auswirkungen:* Zinsgewinn aufgrund eines zinslosen „Steuerkredits", ggf. Steuerersparnis wegen Progression, Ausschüttungssperre, Kapazitätserweiterung (→Lohmann-Ruchti-Effekt).

Abschreibungsbetrag, *Abschreibungssumme,* im Rahmen der →Abschreibungen auf den →Abschreibungszeitraum zu verteilende Anschaffungs- oder Herstellungskosten bzw. Wiederbeschaffungskosten.

Abschreibungskonto, ein Konto der →Kontenklasse 6 IKR (2 GKR) zur Aufnahme der bilanzmäßigen oder buchhalterischen →Abschreibungen. Das Konto für →kalkulatorische Abschreibungen gehört den Kostenkonten (Klasse 9 IKR, 4 GKR) an.

Abschreibungsmethoden, →Abschreibung III.

Abschreibungsrichtsätze, →AfA-Tabellen.

Abschreibungssumme, →Abschreibungsbetrag.

Abschreibungsvergünstigungen, →Sonderabschreibungen.

Abschreibungswagnis, →Anlagenwagnis.

Abschreibungszeitraum, Zeitraum auf den der →Abschreibungsbetrag mittels →Abschreibungen verteilt wird. Der A. wird für die *externe Rechnungslegung* zumeist gemäß den steuerlichen AfA-Tabellen (→Absetzung für Abnutzung) festgelegt; in der *Kostenrechnung* wird i.d.R. die →betriebsgewöhnliche Nutzungsdauer des Anlagegegenstandes zugrunde gelegt.

Abschriften. 1. A. sind von *ausgehenden Geschäftsbriefen* nach Handelsrecht anzufertigen und – wie die eingehende Post – aufzubewahren (§ 238 II HGB; →Aufbewahrungspflicht). – 2. A. von *Eintragungen im →Handelsregister* kann jedermann fordern, ohne daß ein Interesse nachgewiesen werden muß; werden die Schriftstücke auf Bild oder Datenträger aufbewahrt, so kann eine A. nur von der Wiedergabe gefordert werden. Die A. ist zu beglaubigen, sofern nicht darauf verzichtet wird (§§ 8 a, 9 HGB). – 3. A. der *Eintragungen*

im →*Grundbuch* nebst zugehörigen Urkunden bei Darlegung berechtigten Interesses (§ 12 GBO).

Absehen von Strafe, nach § 60 StGB bei Verurteilung bis zu höchstens einem Jahr Freiheitsstrafe zulässige Entscheidung, wenn den Täter bereits selbst hohe Tatfolgen getroffen haben oder in bestimmten vom Gesetz vorgesehenen Fällen der →tätigen Reue, z. B. in machen Fällen des Hochverrates (§§ 83 a, 84 V, 85 III, 87 III StGB).

Absenderangabe im Postverkehr. 1. *Bestandteile:* Name; Straße, Hausnummer oder Postfach; Postleitzahl, Wohnort, Leitangaben (z. B. Nummer des Zustellpostamts). – 2. A. ist *vorgeschrieben* bei: Einschreiben, Wertsendungen, Postanweisungen, Kursbriefen, Nachnahme- und Paketsendungen; alle anderen Sendungen *sollen* mit einer A. versehen sein. – 3. Vorschriften über die Plazierung der A.: z. B. bei Briefsendungen links oben auf der Aufschriftseite oder auf der Rückseite. – 4. *Sinn* der A. ist v.a. die Möglichkeit der Rücksendung bei unzustellbaren Postsendungen.

Absentismus, →Fehlzeiten.

Absetzung für Abnutzung (AfA). I. Steuerrechtlicher Begriff: Die Verteilung von →Anschaffungskosten oder →Herstellungskosten abnutzbarer Anlagegüter auf die Jahre der →betriebsgewöhnlichen Nutzungsdauer. Im Rahmen der →Einkünfteermittlung kann der Steuerpflichtige die AfA als →Betriebsausgaben (§ 4 IV EStG) oder →Werbungskosten (§ 9 I Nr. 7 EStG) abziehen. *Keine* AfA für nicht der Abnutzung unterliegende Wirtschaftsgüter, wie Grund und Boden, Wertpapiere, Waren, Forderungen; bei diesen nur →Teilwertabschreibung.

II. Methoden: § 7 EStG schreibt keine bestimmte Methode vor. Es ergeben sich hiernach die folgenden Möglichkeiten (zur Erläuterung der einzelnen Methoden vgl. →Abschreibung III): 1. AfA in gleichen Jahresbeträgen (*lineare AfA*) bei allen Wirtschaftsgütern des →abnutzbaren Anlagevermögens, deren Verwendung oder Nutzung sich erfahrungsgemäß auf einen Zeitraum von mehr als einem Jahr erstreckt. – 2. AfA in fallenden Jahresbeträgen (*degressive AfA*) bei Wirtschaftsgütern des →beweglichen Anlagevermögens, und zwar geometrisch degressiv: der Hundertsatz darf höchstens das 3fache des Hundertsatzes bei linearer AfA betragen und 30% nicht übersteigen (§ 7 II 2 EStG). – 3. *Leistungs-AfA:* Absetzung bei beweglichen Wirtschaftsgütern des Anlagevermögens nach dem Umfang der auf das einzelne Jahr entfallenden Leistung, soweit dies wirtschaftlich gerechtfertigt ist und die Leistungsabgabe nachgewiesen wird (§ 7 I 4 EStG; →Mengenabschreibung). – 4. *Sonder-*

regelung für Gebäude und selbständige Gebäudeteile: a) *Lineare AfA* bis zur vollen Absetzung: (1) bei Gebäuden, die zu einem →Betriebsvermögen gehören, nicht Wohnzwecken dienen und für die der Antrag auf Baugenehmigung nach dem 31.3.1985 gestellt worden ist (= Wirtschaftsgebäude), jährlich 4% (§ 7 IV Nr. 1 EStG); (2) bei den übrigen Gebäuden: für die, die nach dem 31.12.1924 fertiggestellt worden sind, jährlich 2%, bei denen, die vor dem 1.1.1925 fertiggestellt worden sind, jährlich 2,5% der Anschaffungs- oder Herstellungskosten (§ 7 IV Nr. 2 EStG). Bei geringerer als 50- bzw. 40-jähriger Nutzungsdauer kann die der tatsächlichen Nutzungsdauer entsprechende AfA vorgenommen werden (§ 7 IV 2 EStG). – b) *Degressive* AfA nach § 7 V EStG ist nur mit den gesetzlich vorgeschriebenen Staffelsätzen zulässig. Sie kann anstelle der linearen AfA abgesetzt werden für im Inland belegene Gebäude, die vom Steuerpflichtigen hergestellt oder bis zum Ende des Jahres der Fertigstellung angeschafft worden sind. Im Anschaffungsfall ist eine degressive AfA nur möglich, wenn der Hersteller des Gebäudes weder eine solche AfA noch →erhöhte Absetzungen oder →Sonderabschreibungen in Anspruch genommen hat. Seit Veranlagungszeitraum 1985 gelten folgende Sätze zur Regelung in den vorherigen Fassungen des § 7 V EStG, die weiterhin Anwendung finden (vgl. Anlage 4 zu Abschn. 42 Abs. 6 EStR): (1) für Wirtschaftsgebäude in den ersten vier Jahren je 10%, in den darauffolgenden drei Jahren je 5% und in den folgenden 18 Jahren je 2,5%; (2) für die übrigen Gebäude in den ersten acht Jahren je 5%, in den folgenden sechs Jahren je 2,5% und in den darauffolgenden 36 Jahren je 1,25%. – 5. Ein *Wechsel* der Absatzmethode ist (1) bei Wirtschaftsgütern des abnutzbaren Anlagevermögens mit Ausnahme der Gebäude nur zulässig bei Übergang von degressiver zur linearen AfA, (2) bei Gebäuden grundsätzlich unzulässig.

III. Absetzungszeitpunkt: Die AfA beginnt mit der Anschaffung oder Herstellung des Wirtschaftsgutes. Sie ist im Jahr der Anschaffung/Herstellung grundsätzlich pro rata temporis vorzunehmen. Aus Vereinfachungsgründen kann bei abnutzbaren beweglichen Wirtschaftsgütern des Anlagevermögens wie folgt verfahren werden (Abschn. 43 VII EStR): Für die in der ersten Hälfte eines Wirtschaftsjahres angeschafften oder hergestellten Wirtschaftsgüter kann der gesamte, für die in der zweiten Hälfte des Wirtschaftsjahres angeschafften oder hergestellten Wirtschaftsgüter der hälftige AfA-Betrag abgesetzt werden. Die degressive AfA bei Gebäuden ist im Jahr der Fertigstellung mit dem vollen Jahresbetrag abzuziehen (Abschn. 42 V EStR). – Vgl. auch →Sonderabschreibungen.

Absetzung für außergewöhnliche technische oder wirtschaftliche Abnutzung (AfaA), steuerlich zulässig (§ 7 I 5 EStG), vorausgesetzt, das →Wirtschaftsgut ist in seiner Nutzungsfähigkeit beeinträchtigt. AfaA ergänzt die normale →Absetzung für Abnutzung.

Absetzung für Substanzverringerung (AfS), nach § 7 VI EStG für den Verbrauch der Substanz bei Bergbauunternehmen, Steinbrüchen u.ä. Betrieben anzusetzender Aufwandposten. Die Höhe der AfS richtet sich nach dem Verhältnis der Fördermengen im Kalender- oder Wirtschaftsjahr zu der gesamten geschätzten Abbaumenge. Die allgemeinen Vorschriften über die lineare Absetzung können wahlweise sinngemäß angewendet werden.

absoluter Betrag einer →reellen Zahl a, in Zeichen: |a|, definiert:

$$|a| = \begin{cases} a, & \text{falls } a \geqq 0 \\ -a, & \text{falls } a < 0 \end{cases},$$

z. B. $|7{,}5| = 7{,}5$; $|-7{,}5| = 7{,}5$.

absoluter Deckungsbeitrag, für ein bestimmtes Kalkulations- bzw. Bezugsobjekt gebildete Differenz zwischen direkt zurechenbaren Erlösen (→Einzelerlöse) und direkt zurechenbaren Kosten (→Einzelkosten). A.D. machen eine Aussage über die absolute Vorteilhaftigkeit des betreffenden Kalkulations- bzw. Bezugsobjekts. – *Beispiel:* Wird für einen Kundenauftrag ein positiver Deckungsbeitrag ermittelt, ist dieser prinzipiell anzunehmen, erhöht er den Erfolg des Unternehmens. – Konkurrieren Kalkulations- bzw. Bezugsobjekte um knappe Kapazitäten (welcher von mehreren Aufträgen ist anzunehmen?), muß mit *relativen Deckungsbeiträgen* (→engpaßbezogener Deckungsbeitrag) kalkuliert werden.

absolute Rechte, im Gegensatz zu den →Forderungsrechten (subjektive Rechte) nicht nur gegenüber dem Schuldner, sondern gegen jeden Dritten wirkende Rechte; z. B. →Urheberrechte, →Sachenrechte.

absolutes Glied, →lineare Restriktion.

Absolutismus, Regierungsform, bei der alle Staatsgewalt vom Herrscher ausgeht, der nach eigenem Willen und ohne Beschränkung durch andere Staatsorgane regiert. Besonders verbreitet im 17. und 18. Jahrhundert.

Absonderung, das Recht auf vorzugsweise Befriedigung eines Anspruchs aus einem Pfand- oder pfandähnlichen Recht an einem zur →Konkursmasse gehörenden Gegenstand (§§ 47–49 KO). Der Gegenstand sowie ein Überschuß verbleiben der Masse (im Gegensatz zur →Aussonderung).

I. Absonderungs-Berechtigte: 1. Wer im Falle der *Zwangsversteigerung* ein

Recht auf Befriedigung aus einem Grundstück hat (z. B. bei →Hypotheken, →Grundschulden). Die Rangfolge bestimmt sich nach §§ 10–14 ZVG. →Eigentümergrundschulden fallen in die Masse (§ 47 KO). – 2. *Bund, Länder* und *Gemeinden* an den zurückgehaltenen oder mit Beschlag belegten zoll- und steuerpflichtigen Sachen wegen öffentlicher →Abgaben (§ 49 Nr. 1 KO). – 3. Wer an sonstigen Gegenständen des →Gemeinschuldners ein vertragliches, gesetzliches oder →*Pfändungspfandrecht* besitzt (§ 49 Nr. 2 KO); aber: keine Geltendmachung des →Vermieterpfandrechts für ältere Rückstände als aus dem letzten Jahr vor →Konkurseröffnung. Bei →Sicherungsübereignung und →Sicherungsabtretung ist der Sicherungsnehmer nur absonderungsberechtigt. – 4. Derjenige, der ein →*Zurückbehaltungsrecht* wegen eines Ersatzanspruchs für Aufwendungen zum Nutzen einer Sache zusteht, soweit der Vorteil noch vorhanden ist (§ 49 Nr. 3 KO). – 5. Wer ein →*kaufmännisches Zurückbehaltungsrecht* hat (§ 49 Nr. 4 KO, §§ 369–371 HGB). – 6. *Reihenfolge* der Deckung: Kosten, Zinsen, zuletzt die Hauptforderung (§ 48 KO).

II. G e l t e n d m a c h u n g : 1. Das *A.-Recht:* a) Wird es bestritten, kann der Berechtigte gegen den →Konkursverwalter Feststellungsklage erheben (§ 4 II KO). Einen gegen den Gemeinschuldner anhängigen Prozeß können der Konkursverwalter und der Gläubiger wieder aufnehmen (§ 11 KO). – b) →Zwangsverwaltung und →Zwangsversteigerung der Grundstücke können durch den Konkursverwalter betrieben werden (§ 126 KO). – c) Ist bei beweglichen Gegenständen der Gläubiger berechtigt, sich aus dem Gegenstand zu befriedigen (häufiger Fall), kann ihm der →Konkursverwalter durch das Gericht eine Frist setzen lassen, innerhalb der er den Gegenstand zu verwerten hat. Nach Fristablauf ist der Konkursverwalter im Wege der Zwangsvollstreckung (d. h. durch den Gerichtsvollzieher) oder des Pfandverkaufs (§§ 1235–1240 BGB) zur Verwertung befugt. Dagegen kein Widerspruchsrecht des Gläubigers, aber Anspruch auf Erlös (§ 127 KO). – 2. Hat der A.-Berechtigte auch eine *persönliche Forderung* gegen den Gemeinschuldner, kann er sie in voller Höhe zur Konkurstabelle anmelden (§ 64 KO). Eine Feststellung „auf den Ausfall“ oder „in Höhe des Ausfalls“ bedeutet keine Einschränkung der Feststellung. Anteilmäßig befriedigt wird der Gläubiger dann für den Betrag, mit dem er bei der abgesonderten Befriedigung ausgefallen ist, oder bei Verzicht auf die A. (§ 64 KO).

III. T e i l n a h m e　a m　V e r g l e i c h s v e r f a h r e n und an Abstimmung über den Vergleich für absonderungsberechtigte Gläubiger ist, wenn und soweit sie auf ihr Sonderrecht verzichten, dabei ausgefallen sind oder mutmaßlich ausfallen werden (§ 27 VerglO). Auf

Antrag des Schuldners oder des Gläubigers hat das →Vergleichsgericht die Höhe des mutmaßlichen Ausfalls festzustellen (§ 97 VerglO). Dadurch entgeht der Schuldner der Gefahr, gegenüber dem A.-Berechtigten in Verzug zu geraten und wegen der →Wiederauflebensklausel der § 9 VerglO die Vorteile des Vergleichs zu verlieren.

Absorption, Gesamtheit der von Inländern für Konsum- und Investitionszwecke getätigten Ausgaben für inländische und ausländische Güter und Dienstleistungen. Die A. entspricht dem →*Volkseinkommen* nur dann, wenn der Saldo der →Leistungsbilanz i. w. S. Null beträgt. Liegt ein Import-(Export-)Überschuß vor, ist die A. größer (kleiner) als das Volkseinkommen.

absorption approach, →Absorptionstheorie

Absorptionstheorie, *absorption approach,* in der Außenwirtschaftstheorie die Untersuchung der Wirkung von gleichzeitig auftretenden Wechselkurs- und Volkseinkommensänderungen auf die →Zahlungsbilanz. Während beim →Wechselkursmechanismus lediglich auf die primäre Reaktion der →Leistungsbilanz auf eine durch Überschüsse oder Defizite induzierte Wechselkursveränderung abgestellt wird, berücksichtigt die A. darüber hinaus, daß die primäre Leistungsbilanzwirkung eine *Einkommenswirkung* zur Folge hat, die ihrerseits *Rückwirkungen* auf die Leistungsbilanz ergibt; z. B. bewirkt eine Einkommenssteigerung infolge einer abwertungsbedingten Leistungsbilanzaktivierung eine Erhöhung der Importe (*Sekundäreffekt,* vgl. auch →Einkommensmechanismus). Da Primär- und Sekundäreffekt gegenläufig sind, hängt die Gesamtwirkung von deren jeweiliger Stärke ab. Der Sekundäreffekt überwiegt, wenn die →marginale Absorptionsquote größer als 1 ist; eine letztlich *erfolgreiche Abwertung* liegt also nur bei einer marginalen Absorptionsquote unter 1 vor. Insofern rechtfertigt ein →Elastizitätsoptimismus nicht in gleicher Weise auch einen Abwertungsoptimismus.

Absprache,　→Spieltheorie,　→Prisoners' Dilemma.

Abstand, vom Mieter an Vermieter, ausziehenden Vormieter oder Dritten für Überlassung der Miträume geleistete Zahlung. – A.-Zahlungen für *Geschäftsräume* sind zu aktivieren und durch →Abschreibung auf die voraussichtliche Nutzungsdauer zu verteilen. – Vgl. auch →Baukostenzuschuß.

Abstempelung. I. A. v o n N o t e n : Verfahren zur vorläufigen Umstellung von umlaufenden Noten, um die umlaufsfähigen Banknoten zu kennzeichnen.

II. A. v o n　W e r t p a p i e r e n : Vgl. →Aktienabstempelung, →Umstempelung.

III. A. des amtlichen Kennzeichens eines Kfzs: Sichtbares Zeichen für die behördliche Freigabe der Kennzeichen bei der →Zulassung von Kraftfahrzeugen (Stempelplakette). Der zuständigen Behörde ist das Kfz zu diesem Zwecke vorzuführen. Vor der A. darf ein Fahrzeug nicht auf →öffentlichen Straßen und Wegen benutzt werden.

Absterbeordnung, eine nach der →Tafelmethode entwickelte statistische Berechnung der Sterblichkeit unter Berücksichtigung von Veränderungen der Ausgangsgesamtheit durch die unterschiedliche Verteilung der Sterbefälle auf die Altersjahrgänge. Das Sterbemaß wird auf die Überlebenden der jeweils vorhergehenden Altersgruppe angewendet; es errechnet sich nicht als Häufigkeitsziffer, sondern als Sterbewahrscheinlichkeit eines jeden Jahrgangs.

Abstimmung. I. Handelsrecht: Form der Willensbildung im Innenverhältnis der Gesellschafter von Personengesellschaften, insbes. der OHG: Beschlußfassung der zwei oder mehreren Gesellschafter (→Gesellschafterbeschluß) muß nach § 119 I HGB einstimmig erfolgen. Soll nach dem Gesellschaftsvertrag Stimmenmehrheit entscheiden, so wird diese im Zweifel, d. h. mangels anderer Vereinbarung, nach der Zahl der Gesellschafter, nicht nach dem Kapital- oder Gewinnanteil berechnet (§ 119 II HGB).

II. Konkurs- und Vergleichsverfahren: 1. A. in der →*Gläubigerversammlung:* Es nehmen die erschienenen oder vertretenen Gläubiger ohne Rücksicht auf Vorrechte teil. *Stimmberechtigt* sind die Gläubiger festgestellter →Konkursforderungen (§§ 94 ff. KO). Angemeldete, noch nicht geprüfte Forderungen sind vorläufig zum vollen Betrage stimmberechtigt; auf Widerspruch des →Konkursverwalters oder eines Gläubigers entscheidet das →Konkursgericht über die Höhe des Stimmrechts unanfechtbar, ebenso bei bestrittenen Forderungen. Die Beschlüsse werden mit *absoluter Stimmenmehrheit* (nach Forderungsbeträgen) gefaßt. – 2. A. über den →*Zwangsvergleich:* Erforderlich ist die Zustimmung der Mehrheit der im Termin anwesenden oder vertretenen nicht bevorrechtigten →Konkursgläubiger *(Kopfmehrheit).* Diese müssen mindestens über $^3/_4$ der Gesamtsumme aller stimmberechtigten Forderungen verfügen *(Summenmehrheit).* Schriftliche Zustimmung genügt nicht; ungleiche Behandlung nur mit Einwilligung aller zurückgesetzten Gläubiger zulässig (§§ 181, 182 KO). – 3. A. über den *Vergleichsvorschlag:* Zur Annahme erforderlich die Zustimmung der *Mehrheit* der anwesenden, unter Einrechnung der schriftlich zustimmenden →Vergleichsgläubiger. Die Gesamtsumme der zustimmenden Gläubiger muß, wenn die Quote von mindestens 50% geboten wird, $^3/_4$ der Forde-

rungen aller stimmberechtigten Gläubiger betragen, bei geringerer Quote $^4/_5$ (§ 74 VerglO). – Bei *bestrittenen* Forderungen entscheidet, wenn sich die Gläubigerversammlung nicht einigt, das →Vergleichsgericht. *Absonderungsberechtigte* sind in Höhe des mutmaßlichen Ausfalls stimmberechtigt. Bei *ungleicher* Behandlung Doppelabstimmung.

III. Buchführung: A., sog. *Kollationieren,* ist vorzunehmen, um in Geschäftsbüchern die Richtigkeit der Ein- und Übertragungen zu kontrollieren. Durch das Vergleichen des Beleges mit der Eintragung im Grundbuch sowie der Grundbucheintragung mit der im Haupt- und Hilfsbuch sollen Buchungsfehler vermieden oder aufgefunden werden. Bei →Durchschreibebuchführung und insbes. EDV-Buchführungen (→Buchführung VI 4) sind Übertragungsfehler zum großen Teil ausgeschaltet.

Abstimmungsbogen, *Abgrenzungsbogen,* Mittel zur zeitlichen und sachlichen Abgrenzung (→Abgrenzung II 1, 2) von Aufwendungen zwischen →Finanzbuchhaltung und →Betriebsbuchhaltung außerhalb der Buchführung in Form einer statistischen Nebenrechnung.

Abstimmungskollegialität, Abstimmungsmodus im Rahmen des →Kollegialprinzips. Die multipersonale organisatorische Einheit besteht aus gleichberechtigten Handlungsträgern, die sämtliche Entscheidungen nach dem →Mehrheitsprinzip gemeinsam treffen. – Vgl. auch →Kassationskollegialität, →Primatkollegialität.

Abstimmungsprüfung, Art der →Prüfung nach Art der Prüfungshandlung. Es werden Daten miteinander verglichen, die wegen systematischer Zusammenhänge zwingend übereinstimmen müssen, aber aus verschiedenen Unterlagen stammen. Die A. richtet sich auf die richtige und vollständige Erfassung von Daten.

Abstimmungsregeln, →Abstimmungsverfahren.

Abstimmungsverfahren, *Abstimmungsregeln,* Regelung der Stimmenverteilung und der Feststellung des Abstimmungssiegers bei kollektiven Entscheidungsprozessen. Stimmenverteilung heute i. a. nach der Regel: eine Person, eine Stimme; für die Entscheidung, welche der zur Wahl stehenden Alternativen die Abstimmung gewinnt, Vielzahl von Regeln: einfache Mehrheit, qualifizierte Mehrheit, absolute Mehrheit, Punktwahl, →Einstimmigkeitsregel.

Abstinenztheorie, von W. Nassau Senior vertretene →Zinstheorie, nach der der →Zins eine Belohnung für die Enthaltsamkeit der Kapitalisten vom sofortigen Verbrauch (reward for abstinence) ist. Die Abstinenz wird als notwendiger Produktionsfaktor zur Erzeugung des Kapitals aufgefaßt; der Zins muß hoch genug sein, um genügend Enthaltsamkeitsopfer sicherzustellen. Damit verbunden ist eine ethische Rechtfertigung des Zinses. – Von Lassalle kritisiert. – Im 19. Jh. in Großbritannien lange aufrechterhalten, verbunden mit dem Marginalprinzip: Das Grenzopfer entscheidet über die Höhe des Zinses. – *Ähnlich:* →Wartetheorie.

abstrakte Datenstruktur, *höhere Datenstruktur.* 1. *Begriff:* Im Software Engineering eine →Datenstruktur, die nicht vordefiniert (etwa in einer →Programmiersprache) zur Verfügung steht, sondern bei der Entwicklung eines Softwaresystems vom Programmierer noch spezifiziert (→Spezifikation) und implementiert (→Implementierung) werden muß. – 2. *Beispiele:* a) Häufig verwendete, einfache a. D.: →lineare Liste, →Stack und →Queue; b) auch a. D. beliebiger Komplexität möglich, z. B. ein Kapazitätsgebirge oder ein Terminnetzplan in einem →PPS-System. – 3. *Realisierung:* Bei Modularisierung nach dem Datenabstraktionsprinzip (→Datenabstraktion) wird eine a. D. in einem Modul implementiert. Zur Benutzung der a. D. werden →Zugriffsoperationen spezifiziert; diese bilden die →Modulschnittstelle. – 4. *Typ einer a. D.:* Vgl. →abstrakter Datentyp.

abstrakter Datentyp. 1. *Begriff:* Im Software Engineering der Typ einer →abstrakten Datenstruktur. Bei einem a. D. muß der Programmierer im Gegensatz zu den in einer Programmiersprache bereits vordefinierten →Datentypen die →Spezifikation und →Implementierung des Typs und der →Zugriffsoperationen selbst vornehmen. Von einem a. D. können dann, wie von einem anderen Datentyp auch, →Variable (hier: auch Objekte genannt) definiert werden. – 2. *Realisierung:* Bei Modularisierung nach dem Datenabstraktionsprinzip (→Datenabstraktion) wird ein a. D. in einem Modul implementiert. Zur Benutzung der a. D. werden *Zugriffsoperationen* spezifiziert; diese bilden zusammen mit dem *Namen* des a. D. die →*Modulschnittstelle.* – 3. *Voraussetzung:* Eine →Programmiersprache mit entsprechendem Modulkonzept; nur in neueren Sprachen gegeben (z. B. Ada, Modula-2).

abstraktes Schuldversprechen, einseitig verpflichtender Vertrag, durch den der Schuldner sich zu einer Leistung, die von ihrem *sachlichen* Rechtsgrunde abgelöst ist, verpflichtet. Im gewöhnlichen Verkehr ist →Schriftform vorgeschrieben; in einigen Fällen (z. B. Schenkungsversprechen) →öffentliche Beurkundung. Keine Schriftform ist notwendig: aufgrund eines Vergleichs, einer Feststellung (§ 782 BGB) und wenn a. Sch. von →Vollkaufmann gegeben (§ 350 HGB). – Die *wichtigste Form* der a. Sch. sind Wechsel- und Scheck-

verpflichtungen. Der Bezogene muß an den gutgläubigen Wechselinhaber auch dann zahlen, wenn z. B. das zugrunde liegende Warengeschäft nicht erfüllt wird. Das a. Sch. erleichtert dem Gläubiger die Beweisführung; der Anspruch des Gläubigers, der auf Geld (Wechsel, Scheck), vertretbare Sachen oder Wertpapiere gerichtet ist, kann im →Urkundenprozeß (§ 592 ZPO) verfolgt werden (vgl. auch →Wechselprozeß).

Abstraktion. I. Wissenschaftstheorie: In den Wissenschaften angewandtes Verfahren, bei dem die als unwesentlich betrachteten Eigenschaften eines Objekts, einer Relation usw. ausgesondert, die als wesentlich betrachteten damit besonders hervorgehoben werden. Wichtig als *generalisierende A.* im Rahmen der Theoriebildung bei der Suche nach allgemeinen →Gesetzmäßigkeiten, als *isolierende A.* im Zusammenhang mit der realwissenschaftlichen Modellbildung (→Modell). – *Spezielles Verfahren:* →Idealisierung.

II. Betriebsinformatik: Grundlegendes Prinzip im Software Engineering. A. erlaubt es, die relevanten Aspekte eines Sachverhalts zu extrahieren und die irrelevanten Details außer acht zu lassen. – *Beispiel:* Modulschnittstelle stellt eine A. des Modulinhalts dar. – *Verwendung:* a) bei der *Entwicklung eines Softwaresystems:* →Abstraktionsebenen zur Systemstrukturierung, →Datenabstraktion bei der Modularisierung; b) bei der *Programmentwicklung:* →schrittweise Verfeinerung nach dem Top-down-Prinzip.

Abstraktionsebenen. 1. *Begriff:* Als →Softwareentwurfsprinzip werden A. zur Strukturierung eines →Softwaresystems verwendet. Das Softwaresystem wird in logische Ebenen unterteilt; die →Module einer Ebene weisen jeweils den gleichen Abstraktionsgrad auf. →Abstraktion bedeutet hier „gedankliche Entfernung von der hardwaremäßigen Realisierung" eines Moduls. – 2. *Abstufungen:* a) *Module tieferer A.* haben Aufgaben, die „näher" an der →Hardware liegen (z. B. Dateizugriffe). b) *Module höherer A.* abstrahieren dagegen völlig von Fragen der computerinternen Realisierung; sie haben Aufgaben, die „näher" an der Aufgabenstellung liegen (z. B. Berechnung eines Produktionsprogramms) und *benutzen* zur Lösung die Module tieferer A.

Abszisse, die im ebenen →Koordinatensystem nach rechts anzutragende Strecke (waagerechte Achse) bzw. deren Maßzahl; in der Zeitreihenanalyse zur Zeit-Angabe verwendet.

Abtaster, →Abtastgerät.

Abtastgerät, *Abtaster,* →Eingabegerät zur Bildeingabe in einen Computer; erfaßt alle Informationen von einer Vorlage, indem es für jeden Bildpunkt den entsprechenden Helligkeits- oder Farbwert sowie die Lageinformationen in digitale (→digitale Darstellung) elektrische Signale umwandelt.

Abteilung, →organisatorischer Teilbereich.

Abteilungsbildung, →Segmentierung.

Abteilungskostenrechnung, Teilgebiet der →Kostenrechnung, das die Gesamtkosten des Unternehmens den einzelnen betrieblichen Abteilungen zuordnet. – *Zweck:* A. sollen deutlich machen, welche Stelle im Unternehmen welche Kosten disponiert hat und damit für welche Beträge verantwortlich ist; sie dienen primär der →Kostenkontrolle. – *Grundlage:* A. können sich im wesentlichen auf die →Kostenstellenrechnung stützen; allerdings müssen die →Produkteinzelkosten, die üblicherweise direkt der →Kostenträgerrechnung zugewiesen werden, auf die Kostenstellen verrechnet werden, in denen der Faktorverbrauch erfolgte.

Abteilungsleiter, →Handlungsträger, der der →Instanz an der Spitze einer Abteilung zugeordnet ist.

Abteilungsversammlung, Versammlung der Arbeitnehmer von organisatorisch oder räumlich abgegrenzten Betriebsstellen. Durch den Betriebsrat anzusetzende Veranstaltung, wenn dies für die Erörterung der besonderen Belange der Arbeitnehmner erforderlich ist (§ 42 II BetrVG). – Vgl. auch →Betriebsversammlung.

Abteilungszeichen, in der Geschäftskorrespondenz verwendete Kurzzeichen der einzelnen Betriebsabteilungen, durch deren Wiederholung auf dem Antwortbrief des Geschäftspartners die richtige Postverteilung gesichert wird. A. sind entweder auf den ausgehenden Schriftsachen aufgedruckt oder in den →Diktatzeichen enthalten.

abtrennbare Kosten, →Einzelkosten.

Abtretung, →Forderungsabtretung.

Abtretungsverbot, Durchbrechung der Abtretung von Forderungen an Dritte (§ 398 BGB). A. besteht, wenn Leistung an einen anderen nicht ohne Inhaltsveränderung erfolgen kann, wenn Abtretung durch Vereinbarung ausgeschlossen (§ 399 BGB) oder Forderung unpfändbar ist (§ 400 BGB). Unselbständige Nebenrechte sind nicht selbständig abtretbar. – *Folge:* Unwirksamkeit (§§ 134, 135 BGB). – Vgl. auch →Forderungsabtretung.

Abwägungsklausel, wettbewerbsrechtliche Klausel, die für betroffene Unternehmen die Möglichkeit zur Abwehr der Fusionskontrolle schafft. Vgl. →Kartellgesetz III.

Abwasser, durch häuslichen, gewerblichen oder sonstigen Gebrauch in seinen Eigenschaften verändertes (bei Trockenwetter), abfließendes Wasser *(Schmutzwasser)* sowie von Niederschlägen aus dem Bereich von bebauten oder befestigten Flächen abfließendes Wasser *(Niederschlagswasser)* (§ 2 I Abwasserabgabengesetz). Nicht im Gewässer oder A.anlagen eingeleitetes A. gilt als Abfall im Sinn des Abfallgesetzes. – *A.beseitigung* umfaßt Sammeln, Fortleiten, Behandeln, Einleiten, Versickern, Verregnen oder Verrieseln von A. sowie das Entwässern von Klärschlamm (§ 18 a I Wasserhaushaltsgesetz); „Beseitigung" im Sinn von Abgabe von A. an Umweltmedien bzw. an natürliche Prozesse. Das Wohl der Allgemeinheit darf nicht beeinträchtigt werden.

Abwasserabgabe, von den Ländern zu erhebende →Abgabe für das Einleiten von →Abwasser in ein Gewässer; gem. Gesetz über Abgaben für das Einleiten von Abwasser in Gewässer (Abwasserabgabengesetz – AbwAG) i. d. F. vom 5. 3. 1987 (BGBl I 880) zu entrichten nach dem →Verursacherprinzip durch den Einleiter (Abgabepflichter); erstmals 1981. – *Bemessungsgrundlage:* Anzahl der laut Einleitungsbescheid zulässigen Schadeinheiten im Abwasser. Die Umrechnung von Schadstoffmengen in Schadeinheiten ergibt sich aus einer Tabelle im Anhang des Abwasserabgabengesetzes. – Der Abgabesatz je Schadeinheit und Jahr wurde von 1981 bis 1986 stufenweise von 12 DM auf 40 DM angehoben. – Die A. hat in ihrer konkreten Ausgestaltung mit den theoretischen Ansätzen zu →Umweltabgaben nur wenig gemein.

Abwasserbeseitigung, →Entsorgung.

Abwehranspruch, Schutz gegen objektiv widerrechtliche *Eingriffe in geschützte Rechtsgüter* nach den Grundsätzen von § 1004 BGB. A. besteht in einer Unterlassungsklage, auch dann, wenn den Verletzer kein Verschulden trifft. – A. besteht außerdem: 1. Bei →*unbefugtem Firmengebrauch* (§ 37 HGB). Erforderlich ist, daß der Verletzte ein rechtliches Interesse darlegt. Es ist immer dann gegeben, wenn der Gebrauch der nach dem Firmenrecht unzulässigen →Firma den Verletzen in irgendeiner Weise materiell beeinträchtigt. Das alleinige ideelle Interesse an Einhaltung der Firmenvorschriften genügt nicht. (Abwehrklage [Unterlassungsklage] gemäß § 1004 BGB). Notfalls kann →Löschung der Firma verlangt werden. – 2. Bei *Verstoß* des →*Handlungsgehilfen* gegen die vereinbarte →*Wettbewerbsklausel* hat der Unternehmer A., wenn keine →Vertragsstrafe vereinbart war. (Klage aus § 1004 BGB oder auch →Einstweilige Verfügung). – 3. *Weitere Fälle,* die A. begründen: Verstöße gegen das Wettbewerbsrecht (→unlauterer Wettbewerb 3, →Kartellgesetz X), →Patentrecht, →Gebrauchsmusterrecht, →Warenzeichenrecht u. ä.

Abwehraussperrung, →Aussperrung.

Abwehrzeichen, →Defensivzeichen.

Abwehrzölle, tarifäre Belastung von Importen zum Schutz der inländischen Anbieter als Reaktion auf →Dumping ausländischer Konkurrenten und/oder auf Versuche eines anderen Landes, durch Zollerhebung die eigene Wohlfahrtsposition einseitig zu Lasten seiner Handelspartner zu verbessern. – Vgl. auch →Antidumpingzoll, →Optimalzoll, →Retorsionszoll.

Abweichungen. I. Statistik: Die absoluten, also ohne Vorzeichen betrachteten Differenzen zwischen den einzelnen Merkmalsbeträgen und geeigneten →Mittelwerten der →Gesamtheit. Diese A. kennzeichnen die →Streuung von Merkmalswerten und gehen in →Streuungsmaße ein.

II. Kostenrechnung: 1. *Charakterisierung:* Differenzen zwischen Ist- und Plan-Kostenwerten (Kosten-A.). A. werden zur Kontrolle unternehmerischer Entscheidungen ermittelt. Obwohl dies einen nicht unbeträchtlichen Aufwand erfordert, müssen A. ständig ermittelt werden und Abweichungsarten stets Gegenstand von Wirtschaftlichkeitsüberlegungen sein. – In der Plankostenrechnung werden A. bei der Ermittlung des Einflusses der →Kostenbestimmungsfaktoren zur Kontrolle der Wirtschaftlichkeit des Betriebsgebarung berechnet.

2. *Formen/Teilabweichungen:* a) *A. vor der Kostenartenrechnung:* (1) *Preis-A.:* Differenz zwischen den zu Istpreisen und den zu Verrechnungspreisen bewerteten Materialmengen. Erfassung beim Zugang oder Verbrauch der Materialien entweder in der Finanzbuchhaltung oder in der Betriebsbuchhaltung. – (2) *Lohnsatz-A.:* Differenz zwischen den zu Effektivlohnsätzen und Planverrechnungslohnsätzen bewerteten Arbeitszeiten. – b) *Einzelkosten-A.:* (1) *Einzelmaterial-Verbrauchs-A.:* Differenz zwischen Isteinzelmaterialkosten einer Kostenstelle und Planeinzelmaterialkosten. Zu ermitteln für jede Materialart. Ursachen: außerplanmäßige Produktgestaltung, außerplanmäßige Materialeigenschaften, Mischungsabweichungen und Schwankungen der innerbetrieblichen Wirtschaftlichkeit. – (2) *Arbeitszeit- oder Leistungs-A.:* Vgl. d) (5). – c) *A. in der Kostenstellenrechnung:* (1) *Beschäftigungs-A.:* Tritt nur in der →Vollplankostenrechnung auf. Differenz zwischen Sollgemeinkosten der Istbezugsgröße und den verrechneten Plangemeinkosten der Ist-Bezugsgröße. Die Beschäftigungsabweichungen sind die im Falle der Unterbeschäftigung zu wenig und im Falle der Überbeschäftigung zuviel auf die Kostenträger verrechneten fixen Kosten. Deshalb stellen sie keine echte Kostenabweichung, sondern nur die Verrechnungsdifferenz (Rechenfehler aufgrund der vorgenommenen Fixkostenproportionalisierung) zwischen Kostenstellenrechnung und -trägerko-

stenrechnung dar. Grenzplankostenrechnung weist keine Beschäftigungsabweichung aus (→Leerkostenanalyse). – (2) *Verbrauchs-A. (Mengen-A.):* Differenz zwischen Ist-Gemeinkosten und Soll-Gemeinkosten der Istbezugsgrößen, in jeder Kostenstelle kostenartenweise zu erfassen. In der Plankostenrechnung die Wirtschaftlichkeitsabweichung i. e. S. – d) *A. zwischen Kostenstellen und -trägern:* (1) *Verfahrens-A. (Arbeitsablauf-A.):* Differenz zwischen den Kosten eines Arbeitsganges des Istverfahrens und des Planverfahrens. Da den Kostenträgern stets die Plangemeinkosten angelastet werden, die dem geplanten, meist optimalen Verfahren entsprechen, entsteht zwangsläufig bei Verfahrenswechsel eine A. zwischen der Kostenstellen- und der Kostenträgerrechnung. Sie setzt sich zusammen aus: Kostensatzabweichung und Fertigungszeitabweichung. – (2) *Seriengrößen-A.:* A. infolge außerplanmäßiger Seriengröße, wenn in der Kostenstelle mit zwei Bezugsgrößen (Rüststunden, Fertigungsstunden) gerechnet wird. In der Plankalkulation wird der Kalkulation der Kostenträger eine Planrüstzeit-Relation (Verhältnis von Planrüststunden zur Planfertigungszeit) zugrunde gelegt. Den Kostenstellen werden jedoch die den effektiven Seriengrößen (Istrüstzeit-Relation) entsprechenden Plangemeinkosten gutgebracht. Die hierdurch entstehende A. zwischen den Kostenstellen und der Kostenträgerrechnung ist als Seriengrößen-A. bezeichnet und stellt nichts anderes dar als die mit dem Plangemeinkosten-Verrechnungssatz der Rüststunde bewertete, eingetretene Rüstzeit-A. Wird in der Kostenstelle nur eine Bezugsgröße (Fertigungszeit) verwendet, so schlägt die Seriengrößen-A. in der Verbrauchs-A. durch. – (3) *Verrechnungs-A.:* Werden in einer Kostenstelle während der Planungsperiode verfahrenstechnische und/oder kapazitätstechnische Änderungen vorgenommen, so werden sich die zu verrechnenden Plangemeinkosten-Verrechnungssätze unterscheiden, was zur Folge hätte, daß man auch die →Plankalkulation aller in dieser Kostenstelle bearbeiteten Kostenträger ändern müßte. Diese Korrektur wird wegen ihrer Unwirtschaftlichkeit meist erst in der nächsten Planperiode vorgenommen. Die so zwischen Kostenstellen- und Kostenträgerrechnung entstehenden Differenzbeträge bezeichnet man als Verrechnungs-A. – (4) *Intensitäts-A.:* Differenz zwischen Sollgemeinkostenvorgabe bei Ist-Intensität und Sollgemeinkostenvorgabe bei Plan-Intensität. – (5) *Arbeitszeit- oder Leistungs-A.:* Die mit dem Plan-Verrechnungssatz pro Stunde bewertete Differenz der Ist-Fertigungsstunden und der Planfertigungsstunden.

3. *A.-Verteilung:* Es ist anzustreben, jede A.-Art nach dem Verursachungsprinzip auf die Kostenträger zu verteilen. Bei manchen A. ist dies jedoch nicht möglich (z. B. Beschäftigungs-A.).

4. *Bedeutung:* Werden im System der Plankostenrechnung für jeden Kostenbestimmungsfaktor entsprechende Maßkosten geplant, so entsteht bei Durchführung der →Kostenkontrolle für jede Einflußgröße i. d. R. eine A. Nur wenn alle wesentlichen Kostenbestimmungsfaktoren vorher als A. isoliert wurden, bildet die zuletzt ermittelte „Verbrauchsabweichung" einen Maßstab für die innerbetriebliche Wirtschaftlichkeit.

Abweichungsanalyse, Aufspaltung der →Abweichungen nach ihren Ursachen, um die Verantwortlichkeit der Kostenstellenleiter für die aufgetretenen Abweichungen feststellen zu können.

Abwerbung, Anwerbung von Arbeitnehmern anderer Unternehmen. – *Rechtliche Beurteilung:* a) *Verfassungsrecht:* Grundsätzlich zulässig, weil im Hinblick auf Art. 12 GG niemand am Arbeitsplatzwechsel gehindert werden kann. – b) *Wettbewerbsrecht:* Unlauter und eventuell zu Schadenersatzansprüchen gegen den abwerbenden Unternehmer führend (§ 826 BGB, § 1 UWG), wenn der Arbeitnehmer zum →Vertragsbruch (z. B. Nichteinhaltung von Kündigungsfristen, Mißachtung des Wettbewerbsverbots, Geheimnisverrat) verleitet wird oder sonst sittenwidrige Mittel oder Verstöße gegen das Wettbewerbsrecht hinzutreten. – Vgl. auch →Ausspannen, →Arbeitsplatzwechsel, →head hunting.

ab Werk, *ex works, ab Fabrik, ex factory, ab Mühle, ab Pflanzung, ab Lagerhaus* usw., Vertragsformeln nach den →Incoterms (Klauseln). – 1. Der *Verkäufer* verpflichtet sich: a) dem Käufer die Ware zu der vertraglich vereinbarten Zeit an dem benannten Lieferungsort, z. B. im Werk, oder am für die Lieferung solcher Ware üblichen Ort, z. B. an der Verladerampe des Werkes, zur Verladung auf das vom Käufer zu beschaffende Beförderungsmittel zur Verfügung zu stellen; b) auf eigene Kosten für die notwendige Verpackung zu sorgen; c) dem Käufer den Zeitpunkt der Zurverfügungstellung der Ware rechtzeitig bekanntzugeben, die durch den Kauf bedingten Kosten des Prüfens (wie der Qualitätsprüfung, des Messens, Wiegens und Zählens) zu tragen; d) alle Kosten und Gefahren der Ware bis zu der für die Abholung vertraglich vereinbarten Zeit zu tragen; e) den Käufer auf dessen Verlangen, Gefahr und Kosten bei der Beschaffung irgendwelcher Dokumente, die in dem Liefer- und/oder Ursprungsland ausgestellt werden und die der Käufer zur Ausfuhr und/oder Einfuhr benötigt, zu unterstützen. – 2. Der *Käufer* verpflichtet sich: a) die (z. B. im Werk) zum vereinbarten Zeitpunkt zur Verfügung gestellte Ware abzunehmen, sie zu bezahlen; b) alle Kosten und Gefahren der Ware vom Zeitpunkt der vereinbarten Abnahme an zu tragen, sofern die Ware in geeigneter Weise von gleichartigen Waren

abgesondert oder auf eine andere Art kenntlich gemacht ist; c) alle Zollgebühren und alle Abgaben zu tragen, die aufgrund der Ausfuhr erhoben werden, sowie alle Kosten für die verlangten Dokumente einschl. der Kosten für die Ursprungszeugnisse, die Ausfuhrbewilligung und die Konsulatsgebühren zu bezahlen.

Abwertung. 1. *Senkung des Preises der einheimischen Währung* gegenüber ausländischen Währungseinheiten durch Änderung des →Wechselkurses. Zu unterscheiden ist zwischen *marktbedingter A.* in einem System →flexibler Wechselkurse und *administrativ herbeigeführter A.* in einem System →fester Wechselkurse. A. verteuert ceteris paribus die Importe und verbilligt die Exporte. – Vgl. auch →Wechselkursdeterminanten, →Beggar-my-neighbour-Politik. – 2. Als A. wird gelegentlich auch die *Sanierung der einheimischen Währungsverhältnisse* durch Herabsetzung des Nominalwertes aller Forderungen bezeichnet *(→ Währungsreform). – Gegensatz:* →Aufwertung. – Vgl. auch →Wechselkursmechanismus.

Abwesende, im Strafverfahren Beschuldigte, deren Aufenthalt unbekannt ist oder die sich im Ausland aufhalten und deren Gestellung vor Gericht nicht ausführbar oder nicht angemessen ist (§ 276 StPO). Hauptverhandlung gegen A. ist unzulässig, das Verfahren dient lediglich der →Beweissicherung und der Sicherung einer späteren Urteilsvollstreckung (§§ 285 ff. StPO; dort Vorschriften über Gestellungsmaßnahmen und Geleit für A.). – Ausnahmsweise kann in Abwesenheit des Angeklagten die Hauptverhandlung durchgeführt oder fortgesetzt werden, wenn sich dieser vorsätzlich und schuldhaft in einen seine Verhandlungsfähigkeit ausschließenden Zustand versetzt hat (§ 231 a StPO).

Abwesenheitspflegschaft, →Pflegschaft II 3.

Abwesenheitsprotest, *Platzprotest, Wandprotest,* →Wechselprotest, in dem festgestellt wird, daß der →Bezogene in Wohnung oder Geschäftslokal nicht anzutreffen war. – *Anders:* →Nachforschungsprotest.

Abwickler, *Liquidatoren.* I. Personengesellschaft: Die zur →Abwicklung einer aufgelösten Personengesellschaft bestellten Personen (§§ 146 ff. HGB). A. treten an die Stelle der Gesellschafter, da diese mit der Auflösung die Geschäftsführungs- und Vertretungsbefugnis verlieren.

1. *Stellung:* Der A. ist bis zur Beendigung der Abwicklung →*Kaufmann.* Zu unterscheiden sind „geborene", „gekorene" und „befohlene" A. – a) *Geborene A.:* Alle Gesellschafter, soweit nicht durch Beschluß der Gesellschafter oder bereits im Gesellschaftsvertrag einzelnen Gesellschaftern oder anderen Personen die Durchführung der Abwicklung übertragen

ist (§ 146 I 1 HGB); also nicht nur Gesellschafter, die bisher geschäftsführungs- oder vertretungsberechtigt waren. Ist ein Gesellschafter gestorben oder stirbt er nach Auflösung der Gesellschaft, so tritt an seine Stelle sein →Erbe bzw. die →Erbengemeinschaft. Ist über das Vermögen eines Gesellschafters der Konkurs eröffnet, so tritt der →Konkursverwalter an die Stelle des Gesellschafters. – b) *Gekorene A.:* Durch Gesellschaftsbeschluß oder -vertrag als A. bestimmte einzelne Gesellschafter oder andere Personen. – c) Durch das Gericht können bei →wichtigem Grund *befohlene A.* auf Antrag eines Beteiligten (Gesellschafter, deren Erben, Konkursverwalter oder Privatgläubiger eines Gesellschafters, der die Gesellschaft nach § 135 HGB gekündigt hat) bestellt werden (§ 146 II 1 HGB). Zuständig für die Ernennung ist das Amtsgericht am Sitz der Gesellschaft im Wege der freiwilligen Gerichtsbarkeit (§ 145 FGG). Zur Annahme des Amtes eines „befohlenen" A. ist – anders als „geborener" oder „gekorener" A. – niemand verpflichtet.

2. *Eintragung:* Die geborenen und gekorenen A. müssen von sämtlichen Gesellschaftern zur →Eintragung im Handelsregister angemeldet werden (§ 148 I S. 1 HGB), ebenso jede Änderung in der Person oder im Umfang der Vertretungsmacht. Eintragung der befohlenen A. erfolgt von Amts wegen, ebenso die aufgrund gerichtlicher Verfügungen eintretenden Änderungen.

3. *Firmenzeichnung:* Erfolgt durch Namensunterschrift neben der Firma, wobei diese als →Abwicklungsfirma kenntlich gemacht werden muß (§ 153 HGB). Firma nebst Namensunterschrift des A. ist zur Aufbewahrung bei Gericht zu zeichnen.

4. *Aufgaben:* Alle Geschäfte, die zur Abwicklung dienen, also Beendigung der laufenden Geschäfte, Einziehung der Forderungen, Versilberung des Vermögens, Befriedigung der Gläubiger und Verteilung des Restvermögens unter die Gesellschafter. Diese Abwicklungsgeschäfte sind →Handelsgeschäfte i. S. des § 343 HGB. – a) *Beendigung der laufenden Geschäfte:* Alle Maßnahmen im Rahmen einer geordneten Abwicklung. Das kann auch die einstweilige Fortführung der Geschäfte, sogar die Fortführung der Fabrikation zur Ausführung laufender Aufträge (auch Ankauf von Rohstoffen dazu) bedingen, da nur ein pfleglicher Abbau eine Schädigung der Gesellschaft und des Abwicklungszweckes verhindern kann. Werbende Maßnahmen müssen unterbleiben. – b) Zur *Einziehung der Forderungen* gehört auch die Geltendmachung sonstiger Ansprüche gegen Dritte, z. B. Herausgabe von Sachen, Abtretung von Rechten. Die Abwicklung hat auf bestehende Rechtsverhältnisse keinen Einfluß, so daß z. B. keine frühere →Fälligkeit eines Anspruchs eintritt. – c)

→*Versilberung des Vermögens* i. a. nur, soweit erforderlich. Nach Befriedigung der Gläubiger ist das verbleibende Vermögen der Gesellschaft von den A. nach dem Verhältnis der Kapitalanteile an die Gesellschafter zu verteilen (§ 155 I HGB). – d) Die *Befriedigung der Gläubiger* umfaßt auch die Gesellschafter, wenn sie Forderungen aus einem außerhalb des Gesellschaftsverhältnisses liegenden Rechtsgeschäft haben. – e) Zu den Geschäften der A. gehören alle diejenigen *nicht,* die in das Gesellschaftsverhältnis der Gesellschafter eingreifen, z. B. Änderung der Firma, Bestellung von Prokuristen; wohl aber Erteilung von Handlungsvollmachten.

5. *Vertretungsmacht:* Die gerichtliche und die außergerichtliche Vertretung der Gesellschaft (§ 149 S. 2 HGB). Alle A. (Gesamtabwickler) können nur *gemeinschaftlich* handeln. Durch Gesellschaftsvertrag oder Beschluß andere Regelungen möglich, die im Handelsregister einzutragen sind (§ 150 HGB). *Beschränkungen* der Befugnisse der A. sind im Außenverhältnis unwirksam (§ 151 HGB).

6. *Abberufung:* Unter bestimmten Voraussetzungen. Vgl. im einzelnen →Abberufung II.

7. *Tod eines A.:* An Stelle eines *geborenen* A. tritt sein Erbe. Bei *gekorenen* A. gilt dies nur, wenn sich aus den Umständen anderes nicht ergibt. Für gerichtlich *befohlene* A. kommt ein Übergang des Amtes nicht in Frage.

8. *Buchhaltung und Bilanzierung:* Bei Beginn und Beendigung der Abwicklung haben die A. eine →Abwicklungsbilanz zu erstellen; AGs, KGaAs und GmbHs haben, sofern sich die Abwicklung entsprechend lange hinzieht, laufende Abwicklungsjahresabschlüsse mit Lagebericht (§ 270 I AktG, § 71 I GmbHG) zu erstellen. – Ist während der Abwicklung von Personengesellschaften bereits Geld entbehrlich, so ist eine →*Abschlagsverteilung* vorzunehmen. Bei den genannten Kapitalgesellschaften sind Abschlagszahlungen unzulässig, vielmehr ist für die Verteilung des Restvermögens (= Vermögen nach Erfüllung der Verbindlichkeiten) ein Sperrjahr zu beachten (vgl. § 272 AktG, § 73 GmbHG). – Nach der →Verteilung des Restvermögens und Beendigung der Abwicklung müssen sämtliche A. das Erlöschen der Firma zur Eintragung in das *Handelsregister anmelden* und die Bücher und Papiere in Verwahrung geben (→Aufbewahrungspflicht).

II. Kapitalgesellschaft: Für die A. einer Kapitalgesellschaft gilt – mit den durch das Vorhandensein einer rechtsfähigen Kapitalgesellschaft und die unterschiedliche Kapitalbeteiligung bedingten Besonderheiten – Entsprechendes.

1. *AG und KGaA:* A. sind die Mitglieder des Vorstandes, falls nicht Satzung oder Haupt-

versammlung anders bestimmen (§ 265 AktG). Einzelheiten: §§ 266 ff. AktG.

2. *GmbH:* Mangel abweichender Bestimmung durch Gesellschaftsvertrag oder Beschluß der Gesellschafter sind die →Geschäftsführer zu „geborenen" A. berufen (§§ 66 ff. GmbHG).

III. Genossenschaft: Die aufgelöste →Genossenschaft wird durch den →Vorstand als A. vertreten; →Statut oder Beschluß der →Generalversammlung kann andere Regelung vorsehen (§§ 83 ff. GenG).

Abwicklung, *Liquidation.* I. Allgemeines: Die A. hat die Aufgabe, nach →Auflösung einer Handelsgesellschaft die persönlichen und vermögensrechtlichen Bindungen der Gesellschafter zu lösen, um so die →Vollbeendigung der Gesellschaft herbeizuführen. In rechtlicher Hinsicht setzt die A. einer Gesellschaft ihre Auflösung (rechtlicher Vorgang) voraus. In wirtschaftlicher Hinsicht bleibt die Gesellschaft zwar im wesentlichen bestehen, jedoch in Änderung ihres Gegenstandes nunmehr zum Zweck der A. Die Auflösung kann auf einem Gesellschafterbeschluß, Zeitablauf, in Personenhandelsgesellschaften auf den Tod eines vollhaftenden Gesellschafters, Konkurs der Gesellschaft oder Konkurs über das Vermögen eines Gesellschafters beruhen, soweit der Gesellschaftsvertrag nichts Abweichendes bestimmt. Denkbar ist auch eine A. des Geschäftes eines Einzelkaufmanns; hier werden aber nur die geschäftlichen Beziehungen zu Dritten abgewickelt; das Unternehmen als solches hört bereits vor der A. auf zu bestehen.

II. Personengesellschaften: 1. Die A. nach §§ 145 ff. HGB erfolgt lediglich *im Interesse der Gesellschafter.* Es bestehen keine Gläubigerschutzvorschriften; diese sind nicht erforderlich, weil der Gesellschafter einer Personengesellschaft – soweit nicht Kommanditist – den Gesellschaftsgläubigern persönlich und meist unbeschränkt haftet. Jeder Gesellschafter hat Anspruch auf Durchführung der A., den er notfalls im Wege der Klage gegen die Gesellschaft, gegen die →Abwickler oder auch gegen die Mitgesellschafter durchsetzen kann, wenn z. B. deren Zustimmung zur A. erforderlich ist. – 2. In *Ausnahmefällen unterbleibt* eine A.: a) wenn sie gegenstandslos ist; z. B. weil kein Aktivvermögen vorhanden ist; b) wenn über das Vermögen der Gesellschaft das →Konkursverfahren eröffnet ist. Ist nach Beendigung des Konkursverfahrens noch ungeteiltes Vermögen der Gesellschaft vorhanden, oder sind noch Rechtshandlungen namens der Gesellschaft vorzunehmen, so findet die weitere A. nach den handelsrechtlichen Vorschriften statt; c) durch Vereinbarung der Gesellschafter über eine andere Art der →Auseinandersetzung; diese kann nicht gänzlich wegfallen, wohl aber zeitlich hinausgeschoben werden, z. B. um einen günstigeren Preis für den Verkauf des Unternehmens zu

erzielen. – 3. Die A. *erfolgt außergerichtlich,* wobei die Gesellschaft mit ihrer vollen Firma unter Hinzusetzung eines die A. kennzeichnenden Firmenzusatzes (z. B. „in Liquidation", „i. L."; →Abwicklungsfirma) bestehen bleibt und lediglich ihr Zweck geändert wird. Wird das Geschäft mit der Firma noch vor Beendigung der A. veräußert, so muß die →Abwicklungsgesellschaft eine neue Firma annehmen, wenn dies für die Durchführung der A., insbes. für den Verkehr mit Dritten, erforderlich ist. Hierzu ist regelmäßig die Mitwirkung aller Gesellschafter notwendig. – 4. Die A. erfolgt nach § 146 HGB durch *alle Gesellschafter als Abwickler.* Durch Beschluß oder durch Gesellschaftsvertrag kann aber auch anderes bestimmt werden. – 5. Durch die A. werden *Verträge,* die zwischen der Gesellschaft und Dritten geschlossen wurden, grundsätzlich nicht berührt. A. kann aber →wichtiger Grund zur fristlosen Kündigung sein; es entscheidet der Einzelfall. – 6. *Beendigung der* A. erst, wenn die laufenden Geschäfte erledigt, die Forderungen eingezogen, sämtliches Vermögen in Geld umgesetzt, die Gläubiger befriedigt und das übrige Gesellschaftsvermögen unter die Gesellschafter verteilt oder aber kein verteilbares Vermögen mehr vorhanden ist. a) Nach Beendigung der A. ist das Erlöschen der Firma durch den Abwickler zum Handelsregister anzumelden. b) Die allgemeine →Aufbewahrungspflicht für Geschäftsbücher und -papiere der Gesellschaft ist gesetzlich auch für die Zeit nach der Vollbeendigung vorgeschrieben, obgleich Gesellschaftsorgane nicht mehr vorhanden sind. Sie kann einem Gesellschafter oder einem Dritten auferlegt werden, notfalls durch das Amtsgericht, in dessen Bezirk die Gesellschaft zuletzt ihren Sitz hatte. Jedem Gesellschafter und dessen Erben steht ein Recht auf Einsicht und Benutzung der Bücher und Papiere zu, ohne daß ein rechtliches Interesse dargetan werden muß. Die Berechtigten können sich auch Abschriften anfertigen.

III. Kapitalgesellschaften: 1. *AG oder KGaA:* A. findet *nach Auflösung* statt, wenn nicht Konkurs über das Vermögen der Gesellschaft eröffnet ist (§§ 264–274 AktG). – a) Die Abwickler haben die Gläubiger der Gesellschaft durch dreimalige Bekanntmachung in den →Gesellschaftsblättern aufzufordern, ihre Ansprüche anzumelden; weiter haben sie die laufenden Geschäfte zu beenden, die Forderungen einzuziehen, das übrige Vermögen in Geld umzusetzen und die Gläubiger zu befriedigen; um schwebende Geschäfte zu beenden, können sie auch neue eingehen. – b) *Bilanzierung:* Die Abwickler haben für den Beginn der A. eine Eröffnungsbilanz sowie für den Schluß eines jeden Jahres einen →Jahresabschluß und einen →Lagebericht aufzustellen. Die Vorschriften über den Jahresabschluß (§§ 242–256 HGB und §§ 264–289 HGB) sind entsprechend anzuwenden. Vermögensgegenstände des →Anlagevermögens sind jedoch wie →Umlaufvermögen zu bewerten, soweit ihre Veräußerung innerhalb eines übersehbaren Zeitraums beabsichtigt ist oder diese Vermögensgegenstände nicht mehr dem Geschäftsbetrieb dienen. Das Gericht kann von der Prüfung des Jahresabschlusses und des Lageberichts durch einen →Abschlußprüfer befreien, wenn die Verhältnisse der Gesellschaft so überschaubar sind, daß eine Prüfung im Interesse der Gläubiger und Aktionäre nicht geboten erscheint. – c) Nach Ablauf eines →Sperrjahres seit der letzten Aufforderung der Gläubiger kann das *Restvermögen* unter die Aktionäre, im allgemeinen nach dem Verhältnis des Nennwertes der Aktien, *verteilt* werden. – d) Der *Schluß* der A. ist auf Anmeldung der Abwickler im Handelsregister einzutragen; Die Gesellschaft ist zu löschen. – 2. *GmbH:* Für die A. der GmbH gelten entsprechende Vorschriften; das verbleibende Vermögen der Gesellschaft wird, falls der Gesellschaftsvertrag keine abweichende Regelung vorsieht, unter die Gesellschafter nach dem Verhältnis ihrer Geschäftsanteile verteilt (§§ 60–74 GmbHG).

IV. Genossenschaft: Der Überschuß wird, soweit nicht das →Statut die Verteilung überhaupt ausschließt oder anders regelt, bis zur Höhe und zum Gesamtbetrag der Geschäftsguthaben i.d.R. anteilig nach diesen, ein darüber hinausgehender Betrag nach Köpfen verteilt. Einzelheiten: §§ 78–93 GenG.

V. Steuerliche Folgen: 1. *Einkommen-/ Körperschaftsteuer:* a) *Einzelunternehmungen:* Es ist zu unterscheiden zwischen Betriebsabwicklung, d.h. allmählicher Veräußerung der zum Betrieb gehörenden Wirtschaftsgüter, und Betriebsaufgabe. In beiden Fällen unterliegen Veräußerungs- oder Entnahmeerfolge der →Einkommensteuer. Bei der Betriebsabwicklung ist der normale Steuersatz anzuwenden, bei der Betriebsaufgabe ein auf die Hälfte ermäßigter (Einzelheiten zur →Betriebsaufgabe, vgl. dort). – b) *Personengesellschaften:* Die Betriebsabwicklung unterliegt den normalen Besteuerungsregeln; die Liquidationszahlungen an die Gesellschafter sind →Entnahmen. Bei Betriebsaufgabe wird der Aufgabegewinn ermäßigt besteuert (vgl. oben a). – c) *Kapitalgesellschaften:* Abwicklungsgewinne (vgl. auch →Gewinnermittlung 3.) unterliegen auf *Gesellschaftsebene* der normalen Körperschaftsteuer. Die Auskehrung des Liquidations-Endvermögens macht die Herstellung der Ausschüttungsbelastung auf der Gesellschaftsebene erforderlich, soweit zur Speisung der Liquidationsraten →verwendbares Eigenkapital als verwendet gilt (Ausnahme EK 04). – Auf der *Gesellschaftsebene* ist hinsichtlich der einkommensteuerlichen Behandlung zu unterscheiden: (1) Hält der Gesellschafter seine

unwesentliche Beteiligung im →Privatvermögen, so werden die Liquidationsraten wie Gewinnausschüttungen behandelt (soweit nicht aus EK 04 oder übrigem EK). Sie gehören zu den Einkünften aus Kapitalvermögen (§ 20 I Nr. 2 EStG) einschl. der anrechenbaren Körperschaftsteuer (§ 20 I Nr. 3 EStG). (2) Hält der Gesellschafter eine →wesentliche Beteiligung, so gilt für die Liquidationsraten die gleiche Behandlung wie unter (1). Darüber hinaus ist die Liquidation wie eine Anteilsveräußerung zu behandeln (§ 17 IV EStG). Als Veräußerungspreis gelten die nicht als Gewinnausschüttung behandelten Liquidationsraten. (3) Befindet sich die Beteiligung in einem →Betriebsvermögen, so stellen die Liquidationsraten →Betriebseinnahmen dar. Der Buchwert der Beteiligung ist als →Betriebsausgabe zu behandeln. – 2. *Gewerbesteuer* (§ 4 I GewStDV): Steuerpflicht erlischt mit A.sbeendigung und Verteilung des Betriebsvermögens auf die Gesellschafter. A.sgewinne unterliegen bei Einzelunternehmen und Personengesellschaften nicht der →Gewerbesteuer; die Liquidationsgewinne bei Kapitalgesellschaften sind dagegen gewerbesteuerpflichtig. – 3. *Umsatzsteuer:* Die Veräußerung eines Unternehmens oder eines darin gesondert geführten Betriebes im ganzen sowie die Einzelveräußerung gebrauchter Einrichtungsgegenstände, Maschinen usw. unterliegen der →Umsatzsteuer. Die Befreiungstatbestände des § 4 UStG für einzelne Vermögensgegenstände sind zu beachten.

Abwicklungsbilanz, *Liquidationsbilanz.* I. Handelsrecht: 1. *Personengesellschaften* haben eine Abwicklungseröffnungsbilanz sowie eine Abwicklungsschlußbilanz aufzustellen (§§ 154, 161 HGB). – a) Die *Abwicklungseröffnungsbilanz* bildet die Grundlage für die Tätigkeit der →Abwickler und gleichzeitig den Ausgangspunkt für die nach Beendigung der →Abwicklung zu erstellende Rechnung. Sie entspricht der Eröffnungsbilanz. Die Vermögensteile werden jedoch nicht zu dem nach den Vorschriften über den Jahresabschluß (§§ 252, 253 I HGB, insbes. nach dem Anschaffungswert- und dem Realisationsprinzip) maßgebenden Wert angesetzt (Gläubigerschutz bei Unternehmensfortführung), sondern mit ihrem mutmaßlichen →Veräußerungswert (Gesichtspunkt der Liquidation). – b) Die *Abwicklungsschlußbilanz* (→Schlußbilanz) dient der Vermögensverteilung sowie der Rechnungslegung der Abwickler. Daher ist sie also auch zu erstellen, wenn kein zu verteilendes Vermögen mehr vorhanden ist. Ist noch verteilbares Vermögen vorhanden, so muß sie vor der Verteilung aufgestellt werden. – 2. Bei *Kapitalgesellschaften* haben die Abwickler für den Beginn der Abwicklung eine Bilanz (Eröffnungsbilanz) und einen die Eröffnungsbilanz erläuternden Bericht sowie für den Schluß eines jeden Jahres einen →Jahresabschluß und einen →Lagebericht aufzustellen. Für Eröffnungsbilanz und Abwicklungsjahresabschluß gelten die Vorschriften für den Jahresabschluß einer fortzuführenden Kapitalgesellschaft entsprechend; d.h. für die Bewertung gilt grundsätzlich das Anschaffungskostenprinzip (vgl. im einzelnen §270 AktG, §71 GmbHG).

II. S t e u e r r e c h t : Es besteht keine Pflicht zur Aufstellung einer speziellen A.

Abwicklungsfirma, Bezeichnung der auch bei Auflösung einer →Handelsgesellschaft bis zur völligen →Abwicklung fortbestehenden bisherigen →Firma, der jedoch ein die Abwicklung andeutender Zusatz, z.B. „in Liquidation" („i.L.") hinzugefügt werden muß (z.B. §153 HGB, §269 AktG, §68 GmbHG, §85 GenG).

Abwicklungsgesellschaft, nach →Auflösung einer Handelsgesellschaft entstehend. Die A. dient lediglich den Zwecken der →Abwicklung und hat jede werbende Tätigkeit zu unterlassen. Die Geschäftsführungs- und Vertretungsbefugnisse der A. stehen nur den →Abwicklern, nicht mehr den Gesellschaftern zu. Die A. führt die →Abwicklungsfirma. Sie kann im allgemeinen in eine Erwerbsgesellschaft zurückverwandelt werden.

Abwracken, im Verkehrswesen die endgültige Außerbetriebsetzung von Fahrzeugen durch Zerlegung in die materiellen Bestandteile bei technischer oder ökonomischer Überalterung sowie als staatlich geförderte Maßnahme der Kapazitätsreduzierung.

Abzahlungsgeschäfte. I. B e g r i f f : →Kaufverträge über →bewegliche Sachen: a) bei denen die Ware dem Käufer schon vor vollständiger Zahlung übergeben wird und der Kaufpreis in Teilzahlungen entrichtet werden soll; b) die die Lieferung mehrerer als zusammengehörend verkaufter Sachen in Teilleistungen zum Gegenstand haben und bei denen das Entgelt für die Gesamtheit der Sachen in Teilleistungen entrichtet werden soll; c) die regelmäßige Lieferung von Sachen gleicher Art oder die Verpflichtung zum wiederkehrenden Erwerb oder Bezug von Sachen zum Gegenstand haben.

II. R e c h t l i c h e G r u n d l a g e n : Ges. betr. die A. vom 16.5.1894 (RGBl 450) mit der Änderung vom 1.9.1969 (BGBl I 1541) und späteren Änderungen, insbes. vom 15.5.1974 (BGBl I 1169), das für die A. gilt, sofern nicht der Käufer als →Kaufmann im Handelsregister eingetragen ist. Danach gilt: 1. Hat der Verkäufer sich das Recht vorbehalten, wegen Nichterfüllung der dem Käufer obliegenden Pflichten von dem *Vertrage zurückzutreten,* so ist im Falle des Rücktritts jeder Teil verpflichtet, dem anderen Teil die empfangene Leistung (Ware, Kaufpreis) zurückzugeben. Eine

entgegenstehende Vereinbarung, insbes., daß der bereits gezahlte Kaufpreis verfallen sein soll, ist nichtig (§1). – 2. Die auf den Vertragsschluß gerichtete →Willenserklärung des Käufers bedarf der *schriftlichen Form.* Die Urkunde muß insbes. enthalten: →Barzahlungspreis, →Teilzahlungspreis, Betrag, Zahl und Fälligkeit der einzelnen Teilzahlungen sowie den effektiven Jahreszins. Dem Käufer ist eine Abschrift der Urkunde auszuhändigen. Fehlen diese Anforderungen, so kommt der Vertrag erst zustande, wenn die Sache dem Käufer übergeben wird, jedoch wird nur eine Verbindlichkeit in Höhe des Barzahlungspreises begründet, den der Käufer in Teilbeträgen zahlen kann (§1a). – 3. Die vertragliche Willenserklärung des Käufers wird erst dann voll wirksam, wenn der Käufer diese nicht binnen einer Frist von einer Woche gegenüber dem Verkäufer *schriftlich widerruft.* Zur Wahrung der Frist genügt die rechtzeitige Absendung des Widerrufs. Die Frist beginnt erst mit der Aushändigung der Vertragsurkunde (§§1a, d). – 4. Der Käufer hat darüber hinaus die infolge des Vertrages gemachten *Aufwendungen* (z.B. Finanzierungsspesen) zu ersetzen und für schuldhafte Beschädigung der Sache Ersatz zu leisten sowie eine Vergütung für die Überlassung des Gebrauchs zu entrichten, die im Streitfall vom Gericht nach freiem Ermessen festgesetzt wird. Eine entgegenstehende Vereinbarung, insbes. die vor Ausübung des Rücktrittsrechts erfolgte Festsetzung einer höheren Vergütung, ist nichtig (§2). – 5. Nimmt der Verkäufer aufgrund eines →Eigentumsvorbehalts die *Ware wieder an sich,* so gilt dies als Ausübung des Rücktrittsrechts (§5). Die Vorschrift greift auch dann ein, wenn der Verkäufer die Sache aufgrund der ausgeklagten Kaufpreisforderung im Wege der →Zwangsvollstreckung erwirbt. – 6. Eine unverhältnismäßig hohe vereinbarte *Vertragsstrafe* kann auf Antrag des Käufers durch Urteil angemessen herabgesetzt werden (§4 I). – 7. Eine →*Verfallklausel* kann rechtsgültig nur für den Fall vereinbart werden, daß der Käufer mit mindestens zwei aufeinanderfolgenden Teilzahlungen ganz oder teilweise und mindestens mit 1/10 des Kaufpreises im →Verzug ist (§4 II). – 8. Die Vorschriften des Ges. betr. die A. finden auch auf Verträge *Anwendung,* durch die die Zwecke eines A. in einer anderen Rechtsform z.B. durch zunächst mietweise Überlassung, erreicht werden sollen, unabhängig davon, ob dem Empfänger der Sache ein Recht auf späteren Erwerb des Eigentums eingeräumt ist oder nicht. – 9. Für *Klagen* aus A. ist das Gericht ausschließlich zuständig, in dessen Bezirk der Käufer zur Zeit der →Klageerhebung seinen →Wohnsitz, in Ermangelung dessen seinen gewöhnlichen Aufenthaltsort hat. Eine abweichende Vereinbarung ist zulässig für den Fall, daß der Käufer seinen Wohnsitz aus dem Geltungsbereich des Gesetzes verlegt oder sein Wohnsitz oder Aufenthalt zur Zeit der Klageerhebung nicht bekannt ist. – 10. *Lotterielose,* Inhaberpapiere mit Prämien, Bezugs- und Anteilscheine auf Lose dürfen gegen Teilzahlung nicht verkauft werden. – Vgl. auch →Kundenkredit, →Teilzahlungskredit, →Haustürgeschäfte.

III. B u c h u n g : Der Käufer wird auf einem Teilzahlungskonto, auch „Konto nichtfällige Forderungen", mit dem gesamten Kaufpreis belastet und auf einem Konto „Fällige Forderungen" für eine Anzahlung erkannt, auf das auch einzeln die jeweils fälligen Raten übertragen sowie geleistete Ratenzahlungen gebucht werden. Werden die Zahlungen abgebrochen, so wird die Restschuld auf Konto „Fällige Forderungen" übertragen und dieses Konto für die Rückgabe und einen geleisteten Schadenersatz erkannt. Der Differenzbetrag geht als Aufwand in die →Gewinn- und Verlustrechnung ein.

IV. U m s a t z s t e u e r l i c h e B e h a n d l u n g : Bei →*Sollversteuerung* (nach vereinbarten Entgelten) entsteht die volle Steuerschuld mit Ablauf des Voranmeldungszeitraums, in dem der Gegenstand geliefert (die Verfügungsmacht verschafft) worden ist. Bei →Istversteuerung (nach vereinnahmten Entgelten) wird der Liefrer jeweils mit den vereinbarten Kaufpreisraten steuerpflichtig. Betragen die einzelnen Raten jeweils mehr als 10 000 DM (ohne USt), so entsteht die Steuerschuld in jedem Fall bei Vereinnahmung des Ratenbetrages. Die mit dem A. verbundene Kreditgewährung wird neuerdings als steuerfreie Leistung (§ 4 Nr. 8 UStG) gewertet, nicht mehr als die Steuerpflicht der Lieferung teilende Nebenleistung.

Abzahlungshypothek, *Ratenhypothek,* →Hypothek, bei der die Tilgungsbeträge gleichbleibend sind, so daß die jährlichen Leistungen des Schuldners infolge der sinkenden Zinsbeträge progressiv abnehmen. – Vgl. auch →Tilgungshypothek.

Abzahlungswechsel, →Ratenwechsel 2.

Abzinsung, *Diskontierung,* Begriff der →Zinseszinsrechung: Ermittlung des Anfangskapitals für ein gegebenes Endkapital bzw. Bestimmung des Bar- oder Gegenwartwertes zukünftiger Zahlungen durch Multiplikation mit dem zugehörigen →Abzinsungsfaktor. – *Gegensatz:* →Aufzinsung.

Abzinsungsfaktor, *Diskontierungsfaktor,* Begriff der →Zinseszinsrechnung. Durch Multiplikation des Zeitwertes mit dem A. wird der →Barwert errechnet. Definition des A.:

$$\dfrac{1}{\left(1 + \dfrac{p}{100}\right)^{n}}$$

mit p = Kalkulationszinsfuß, n = Laufzeit in Jahren. – *Gegensatz:* →Aufzinsungsfaktor. –

Die Auf- und Abzinsungsfaktoren sind in Tabellen zusammengestellt.

Abzinsungspapiere, *unverzinsliche Wertpapiere,* zinslose Wertpapiere, die mit einem Abschlag vom Kreditgeber angekauft und am Ende der Laufzeit vom Kreditnehmer mit ihrem Nennwert zurückgezahlt werden. – *Beispiel:* Für eine Schuldverschreibung im Nennwert von 10 000 DM mit einjähriger Laufzeit zahlt dem Kreditnehmer (8% Kapitalmarktzins) 9200 DM; bei Rückzahlung werden 10 000 DM fällig.

Abzüge. I. P r e i s e : Minderung der in der Faktura (Rechnung) ausgewiesenen und buchhalterisch belasteten Preise, z. B. Kunden- →Skonto, →Rabatt, Nachlaß u. ä. sowie Warenrücksendungen. *Zu buchen* auf besonderen Konten der Gewinn- und Verlustrechnung oder auf den Warenein- oder -verkaufskonten. *Warenrücksendungen* an Lieferer kommen ins Wareneinkaufskonto Haben, die der Kunden auf Warenverkaufskonto Soll.

II. A r b e i t s l o h n : Vgl. →Lohnabzüge.

Abzugsfähigkeit von Steuern, steuerrechtlicher und -technischer Begriff für die Möglichkeit, gezahlte Steuerbeträge bei der Ermittlung der →Bemessungsgrundlage einer anderen oder derselben Steuer abzuziehen. – *Beispiele:* Der Gewerbesteuer ist als eine den Gewinn schmälernde „Kostensteuer" bei der Einkommen- bzw. Körperschaftsteuer abzugsfähig; die Gewerbeertragsteuer ist bezüglich ihrer eigenen Bemessungsgrundlage abzugsfähig. – *Anders:* →Abzugsteuer.

Abzugsfranchise, →Franchise II.

Abzugskapital, bei der Ermittlung des →betriebsnotwendigen Kapitals abzusetzende, dem Unternehmen scheinbar zinslos zur Verfügung gestellte Kapitalanteile. Das A. wird zur Ermittlung der kalkulatorischen →Zinsen ermittelt. Sein Ansatz erweist sich entscheidungstheoretisch aber als sehr problematisch.

Abzugsmethode, Begriff des Außensteuerrechts für eine Methode zur Vermeidung der →Doppelbesteuerung, wonach der →Wohnsitzstaat die Doppelbesteuerung dadurch mildert, daß er die auf die →ausländischen Einkünfte und Vermögensteile im Ausland gezahlten Steuern zum Abzug von der inländischen Steuerbemessungsgrundlage zuläßt. Vgl. im einzelnen →Methoden zur Vermeidung der Doppelbesteuerung.

Abzugssteuern. 1. Steuerrechtlicher und -technischer *Begriff* zur Kennzeichnung solcher Steuern, die die auszahlende Stelle eines Ertrags oder einer Einkunftsart anstelle des steuerpflichtigen Empfängers für diesen an den Fiskus abführt. Da der Abzug zumeist an der Ertrags- bzw. Einkunftsquelle erfolgt, wird synonym von *Quellensteuern* gesprochen. –

2. *Ausgestaltung:* a) A. mit höherem Steuersatz sind meist als *anrechenbare Steuern* ausgestaltet (→Anrechenbarkeit von Steuern), z. B. Kapitalertragsteuer, körperschaftliche Ausschüttungsteuer und Lohnsteuer (Vorauszahlungen auf die Einkommensteuerschuld). – b) A., bei denen der Steueranspruch mit der Abführung der A. *endgültig abgegolten* ist, z. B. bei Zinserträgen aus bestimmten Wertpapieren, bei Einkünften von →beschränkt steuerpflichtigen Künstlern, Berufssportlern, Schriftstellern, Journalisten usw. sowie bei Einkünften aus bestimmten Nutzungsvergütungen beschränkt Steuerpflichtiger. – 3. *Erhebung:* →Steuerabzug unter Anwendung des →Quellenabzugsverfahrens. – 4. *Vorteil der A.:* Relativ einfache Erhebung (feststehende Steuersätze, zumeist 25% oder 30%) und Sicherheit des Aufkommens; aus steuerpsychologischer Sicht geringe Merklichkeit und niedriger Steuerwiderstand (→Steuerillusion). *Nachteil:* Persönliche Verhältnisse des Steuerschuldners können exakt erst im nachträglichen Ausgleichsverfahren (→Lohnsteuer-Jahresausgleich, →Veranlagung I) berücksichtigt werden. – 5. A. auf Kapitalerträge ab 1989 (Höhe: 10%).

Abzugsverfahren, Begriff des Umsatzsteuerrechts. Nach §§ 51–58 UStDV hat der Empfänger einer Werklieferung oder einer sonstigen Leistung (→Lieferungen und sonstige Leistungen), die von einem nicht im →Erhebungsgebiet ansässigen →Unternehmer oder juristischen Person des öffentlichen Rechts ausgeführt wird, die zu zahlende Umsatzsteuer von seiner Gegenleistung einzubehalten, anzumelden und an sein Finanzamt abzuführen. Er hat besondere Aufzeichnungspflichten und haftet für die abzuführende Steuer. A. kann vermieden werden, wenn Voraussetzungen der →Nullregelung erfüllt sind.

ACA, Abk. für →Arbeitsgemeinschaft Christlicher Arbeitnehmer-Organisationen in der Bundesrepublik Deutschland.

accepting houses, →merchant banks.

Accountant, *Chartered Accountant,* Berufsbezeichnung für →Wirtschaftsprüfer in Großbritannien und Irland.

Account Manager, →Werbeberufe I 1.

Account Service, →Werbeberufe I 1.

Account Supervisor, →Werbeberufe I 1.

Accrual Prinzip, finanzwissenschaftlicher Begriff. – 1. *Finanzpolitik:* Der Zeitraum zwischen Steuerfälligkeit und -zahlung soll verkürzt werden, um die Wirkungsweise des konjunkturpolitischen Instrumentariums zu verbessern. Ist der zeitliche Abstand zwischen beiden zu groß, könnten z. B. Steuererhöhungen, die zur Dämpfung der Konjunktur vorgenommen werden, erst in der Phase des konjunkturellen Abschwungs wirksam werden, wodurch der gegenteilige konjunkturpolitische Effekt erzielt würde (vgl. →lag). – 2. *Öffentliche Haushaltsrechnung:* Verbuchungsmethode, bei der eine laufende Verbuchung der jeweiligen Einnahme- und Ausgabepositionen und ein zusammengefaßter Ausweis erfolgt. In der Bundesrep. D. sind – von einigen Ausnahmen abgesehen – Einnahmen und Ausgaben unsaldiert nach dem Bruttoprinzip zu buchen (→Haushaltsgrundsätze).

Achte EG-Richtlinie, *Abschlußprüferrichtlinie,* gesellschaftsrechtliche →EG-Richtlinie vom 10. 4. 1984 zur →Harmonisierung der Zulassungsvoraussetzungen für →Abschlußprüfer in den Mitgliedstaaten der EG. Durch das →Bilanzrichtlinien-Gesetz mit den Vorschriften über die Zulassung als Prüfer bei Pflichtprüfungen von Jahresabschlüssen (→Jahresabschlußprüfung) in deutsches Recht umgesetzt und im 3. Buch des HGB sowie der Wirtschaftsprüferordnung gesetzlich kodifiziert.

ACI, Abk. für →Association Cambiste Internationale.

ACM, Association for Computing Machinery, internationale Vereinigung von Computerfachleuten (→Computer, →elektronische Datenverarbeitung, →Informatik) aus Praxis, Forschung und Lehre; in der Bundesrep. D. vertreten durch das German Chapter of the ACM. Herausgeber renommierter Fachzeitschriften (bekannteste: Communications of the ACM), Veranstalter von Fachtagungen auf allen Gebieten der Informatik.

à condition, im kaufmännischen Sprachgebrauch: Rückgabevorbehalt für bedingt übernommene Ware.

a conto, →Teilzahlung (Abschlagzahlung) auf fällige Schuld.

acre, angelsächsische Flächeneinheit. 1 acre = 4840 →square yards = 4046,86 m².

actio libera in causa, Begriff des Strafrechts. Die im Zustand der freiwillig und bewußt herbeigeführten vorübergehenden Zurechnungsunfähigkeit begangene, vorsätzliche oder fahrlässige Handlung wird dem Täter doch als strafbar zugerechnet.

action lag, →lag II 2 b) (3).

actio pro socio, Begriff des Gesellschaftsrechts. Mit der a. p. s. kann ein einzelner Gesellschafter bei der BGB-Gesellschaft, OHG oder KG das allen Gesellschaftern gegen einen einzelnen Gesellschafter zustehende Recht im eigenen Namen auch durch Klage geltend machen. Er kann aber nur Leistung an die Gesellschafter verlangen.

activation research, *Kaufentschlußanalyse,* in den USA entwickeltes Verfahren zur Messung des Aktionserfolges der Werbung (→Werbeerfolgskontrolle). Die Käufer einer Ware werden unmittelbar nach dem Kauf über die näheren Umstände befragt, die zum Kauf führten. Oftmals war der Anlaß der Kontakt mit einem bestimmten Werbemittel. A. r. versagt bei werblichen Beeinflussungen, die unterbewußt gewirkt haben.

ACU, Abk. für →Arbeitsgemeinschaft Christlicher Unternehmer e. V.

Ada. 1. *Begriff:* Prozedurale →Programmiersprache. Auf Initiative des amerikanischen Verteidigungsministeriums, das alle Rechte an A. besitzt, von 1975 bis 1983 in einem öffentlichen Ausschreibungsverfahren von CII Honeywell Bull in Frankreich entwickelt; benannt nach Lady Augusta Ada Byron (1815–42), die als erste Programmiererin der Welt gilt. – 2. A. baut auf *Konzepten von* →*Pascal* auf, die verallgemeinert und um Sprachelemente zur Entwicklung großer →Softwaresysteme erweitert wurden. – 3. *Besondere Merkmale:* Ausgeprägte Hilfsmittel für →Modularisierung, →Parallelverarbeitung und →Prozeßsteuerung. – 4. *Einsatzgebiete:* A. ist universell einsetzbar; besondere Schwerpunkte im militärischen Bereich und in der industriellen Fertigung. – 5. *Standardisierung:* 1983 als Standard von →ANSI und →ISO verabschiedet. Sprachdialekte sind verboten.

ADABAS, *Adaptiertes Datenbanksystem,* Ende der 60er Jahre von der Firma Software AG, Darmstadt, entwickeltes →Datenbanksystem mit eigenen →Abfragesprachen (bekannt ist v. a. *Natural*) und eigenem →TP-Monitor, jedoch auch mit Schnittstellen zu →Cobol, →Pl/1, →Fortran und →Assembler. A. besitzt ein eigenes →data dictionary und ist unter den meisten gängigen TP-Monitoren ablauffähig. A. gilt als das verbreitetste Datenbanksystem, das i. w. S. zu den relationalen Systemen (→Relationenmodell) gerechnet werden kann.

Adaptiertes Datenbanksystem, →ADABAS.

adaptive control, Anpassung dynamischer Systeme mit Hilfe von Instrumenten, die einen gewünschten Zustand des Systems dadurch herbeizuführen trachten, daß bei Störungen des Systems zielkonforme Reaktionen ausgelöst werden (Baetge). Den höchsten Grad der Anpassungsfähigkeit erreichen solche Systeme, die bei wesentlichen Änderungen der Umwelt ihre Systemelemente zu ändern vermögen. – *Anwendung* z. B. in der Produktion zur fortlaufenden Optimierung des Herstellungsprozesses. – Vgl. auch →Anpassung.

adaptive Entscheidung, →programmierbare Entscheidung 2 b).

adäquate Verursachung, Ursachenzusammenhang im Sinne des Zivilrechts. Es genügt nicht (wie im Strafrecht), daß eine Ursache

zum Erfolg gesetzt ist, die nicht hinweggedacht werden kann, ohne daß der Erfolg entfiele, vielmehr muß die Ursache auch dem Erfolg adäquat (entsprechend) sein. – A. V. ist z. B. im Sinne des *Straßenverkehrsgesetzes* gegeben, wenn die Handlung bzw. Unterlassung allgemein und nach regelmäßigem Lauf der Dinge den eingetretenen Erfolg herbeizuführen geeignet war, während ohne den Betriebsvorgang kein Unfall eingetreten wäre. Voraussetzung einer Haftpflicht ist, daß zwischen dem Betrieb des Fahrzeugs und dem Schaden eine a. V. besteht, wobei der Schaden nicht unmittelbare Folge eines fehlerhaften Verhaltens zu sein braucht.

Adäquation, Bezeichnung für einen fundamentalen Problemkreis statistischer Tätigkeit, insbes. von den Frankfurter Statistikern Flaskämper, Hartwig, Blind und Grohmann bearbeitet. Im ursprünglichen Sinn ist A. die bestmögliche Übertragung idealtypischer sozialwissenschaftlicher Begriffe in statistische Gattungsbegriffe für Zwecke empirischer Untersuchungen. A. umfaßt v. a. die Probleme der korrekten Abgrenzung der →Grundgesamtheit, der Auswahl der für das Untersuchungsziel geeigneten statistischen →Merkmale, der Festlegung der Skalierung (→Skala) dieser →Variablen und eine Vielzahl von Einzelproblemen, wie etwa die Gestaltung von Fragebögen und von Interviews.

Adding up-Theorem, →Eulersches Theorem.

Addition, einfachste Grundrechenart; bei →natürlichen Zahlen durch Weiterzählen definiert. – *Beispiel:* $6 + 3 = 9$. – *Gegensatz:* →Subtraktion.

Additionssätze der Wahrscheinlichkeit, Beziehungen zwischen Wahrscheinlichkeiten zufälliger Ereignisse, die in der Inferenzstatistik eine grundsätzliche Bedeutung haben: 1. Sind zwei zufällige Ereignisse A und B unvereinbar, gilt also $A \cap B = \emptyset$, so ist W $(A \cup B)$ = W(A) + W(B). Die Wahrscheinlichkeit dafür, daß entweder A oder B (oder beide) auftreten, ist also gleich der Summe der beiden Einzelwahrscheinlichkeiten. – 2. Wird nicht vorausgesetzt, daß A und B unvereinbar sind, so gilt W $(A \cup B)$ = W(A) + W(B) − W $(A \cap B)$. Hier ist also die Wahrscheinlichkeit dafür zu subtrahieren, daß sowohl A als auch B eintritt (Verallgemeinerung des unter 1. genannten Additionssatzes). Entsprechende Sätze gelten, wenn mehr als zwei zufällige Ereignisse betrachtet werden. Der Additionssatz für unvereinbare zufällige Ereignisse ist Bestandteil des Axiomensystems, das der →Wahrscheinlichkeitsrechnung zugrunde liegt.

additive Grenzkosten, nach A. C. Pigou →Grenzkosten, die durch Vergrößerung der Betriebsanlagen entstehen, während die übliche Grenzkostenuntersuchung meist unter der Annahme konstanter Betriebsgröße erfolgt.

additive Subtraktion, eine Rechenart, bei der mehrfach erforderliche Subtraktionen zu einer einzigen zusammengefaßt werden. – *Beispiel:* 100 − 3 − 15 − 17 = 100 − (3 + 15 + 17) = 100 − 35 = 65.

Additivitätshypothese. 1. *Charakterisierung:* In den →Systemen vorbestimmter Zeiten die Methode, aus Einzelelementen die Vorgabezeit synthetisch, ähnlich wie im Baukastensystem, zusammenzusetzen. Bei der →Bewegungsstudie durch Aufspaltung des Gesamtarbeitsprozesses in kleine Bewegungsstufen; im →Leveling-System durch Addition der Leistungskomponenten. – 2. *Bedeutung/Beurteilung:* Die Additivitätsprämisse wird stark in Frage gestellt. Sie dient jedoch dazu, aus Tabellen, die Einzelbewegungszeiten enthalten, die Gesamtzeit zusammenzusetzen. Von der Richtigkeit der A. hängt mithin der theoretische und praktische Wert der Systeme vorbestimmter Zeiten ab.

Additivitätsprinzip (der Marktwerte), Prinzip, das besagt, daß auf einem →vollkommenen Markt (Kapitalmarkt) der Marktwert eines Unternehmens unabhängig davon ist, in welcher Zusammensetzung von Teilströmen das Unternehmen den Gesamtzahlungsstrom dem Markt anbietet. Der Marktwert des Unternehmens ist immer eine lineare Verknüpfung der Marktwerte der Teilströme.

Adhäsionsverfahren, wenig gebräuchliches strafprozeßrechtliches Entschädigungsverfahren. Gibt insbes. dem →Verletzten eines Verkehrsunfalls die Möglichkeit, seinen vermögensrechtlichen Anspruch auf →Schmerzensgeld, auf Herausgabe und auf Schadenersatz im Strafverfahren geltend zu machen und durch den Strafrichter festsetzen zu lassen, außer bei Jugendlichen und Heranwachsenden. Das Strafgericht kann aber von einer Entscheidung absehen, wenn sich der Antrag im Strafverfahren nicht eignet, insbes. dann, wenn seine Prüfung das Verfahren durch umfangreiche Beweiserhebungen verzögern würde (§§ 403 ff. StPO).

Ad-hoc-Kooperation, *Projektkooperation, contractual joint venture,* Formen vorübergehender Zusammenarbeit (→Kooperation), die bevorzugt von Unternehmen der Investitionsgüterindustrie (v.a. Großanlagen) genutzt werden. A.-h.-K. enden mit dem Erreichen des vorgegebenen Projektziels; festere oder dauerhafte Organisationsstrukturen bilden sich kaum. – *Organisationsformen der* A.-h.-K.: a) *Konsortium:* Jeder Partner trägt für seinen Beitrag zum Gesamtprojekt die Verantwortung. b) *Arbeitsgemeinschaft:* Die einzelne Partnerfirma ist für die Realisation des Gesamtprojektes verantwortlich. c) *Projektgemeinschaft:* Das Unternehmen mit der größten

Erfahrung ist Hauptauftragnehmer und Systemführer, während den anderen Partnern die Rolle des Unterauftragnehmers bzw. Subunternehmers oder des Zulieferanten zukommt. d) *Zusammenarbeit mit* einer vom Auftraggeber eingesetzten *Institution* (Consulting Engineering-Büro, GTZ, DEG, Exporthandels-Unternehmen usw.) insbes. bei Projekten in Entwicklungsländern. – Vgl. auch →Exportgemeinschaft.

adjustable peg, →fester Wechselkurs.

ADM, Abk. für →Arbeitskreis Deutscher Marktforschungsinstitute e. V.

AD-ME-SIM, Abk. für Advertising-Media-Simulation; vgl. →Mediaselektionsmodelle IV 2 b) (1).

administration lag, →lag II 2 b).

Administrationssystem, →computergestütztes Administrationssystem.

administrative Handelshemmnisse, →Handelshemmnisse.

administrative Kontrollfunktion, Teilfunktion des Haushaltsplans (→Haushaltsfunktionen). Der Haushaltsplan stellt die gesetzliche Bewirtschaftungsgrundlage der Verwaltung dar, bindet deren Handeln und erlaubt somit der Regierung und dem Parlament eine Kontrolle des Verwaltungsapparats.

administrativer Protektionismus, →Verwaltungsprotektionismus.

administrative Wertanalyse, →Gemeinkostenwertanalyse.

administrierte Preise, in der →Wettbewerbstheorie die vorwiegend von Großunternehmen gesetzten Preise, die nicht nach den Regeln des Marktmechanismus (Preissenkung bei Absatzeinbußen), sondern entsprechend der Machtposition der Unternehmen gebildet werden. A. P. können daher auch bei konjunkturell bedingten Nachfrageeinschränkungen weiterhin steigen, z. B. staatlich a.P. (wie Wasser-, Strom-, Gaspreise).

Adoption. I. Marketing: Begriff für die Annahme einer →Innvoation (z. B. ein neues Produkt) durch einen Käufer. Den Kaufentscheidungsprozeß bei neuen Produkten versucht man über *Adoptionsmodelle* zu erfassen; die zeitliche Abfolge verschiedener *Adopterkategorien* (Innovatoren, Frühadopter, Frühe Mehrheit, Späte Mehrheit, Nachzügler) ist Gegenstand der Diffusionsforschung (→Diffusion).

II. Bürgerliches Recht: Bezeichnung für die →Annahme als Kind.

Adoptionsdekret, Ausspruch des →Vormundschaftsgerichts, durch den die →Annahme als Kind begründet wird (§ 1752 BGB).

Adoptionsvermittlung, Zusammenführen von Kindern unter 18 Jahren und Personen, die ein Kind annehmen wollen, mit dem Ziel der →Annahme als Kind. Geregelt im Adoptionsvermittlungsgesetz (AdVermiG) vom 2.7.1976 (BGBl I 1762); grundsätzliche Aufgabe des →Jugendamtes und des →Landesjugendamtes. – *Zuwiderhandlungen* sind →Ordnungswidrigkeiten. – Vgl. auch →Adoptionsvermittlungsstelle.

Adoptionsvermittlungsstelle, eine nach dem Adoptionsvermittlungsgesetz vom 2.7.1976 (BGBl I 1762) beim →Jugendamt und →Landesjugendamt eingerichtete Stelle für die →Adoptionsvermittlung. Jugendämter benachbarter Gemeinden oder Kreise können eine gemeinsame A. errichten. Adoptionsvermittlung auch durch die örtlichen und zentralen Stellen des Diakonischen Werks, des Deutschen Caritasverbandes, der Arbeiterwohlfahrt und der diesen Verbänden angeschlossenen Fachverbände sowie sonstiger Organisationen, wenn die Stellen von der nach Landesrecht zuständigen Behörde als A. anerkannt worden sind.

Adoptivkinder, durch Adoption (→Annahme als Kind) angenommene Kinder. A. sind →Angehörige im Sinne der Steuergesetze (§ 10 StAnpG; §§ 32, 39 EStG; § 8 LStDV; § 5 VStG; § 16 ErbStG).

Ad-rem-Verfahren, *advertising-registration-measurement,* Methode der Werbemittelanalyse, bei der die Testpersonen eine Mappe mit Anzeigen durchsehen, von denen der größte Teil Kontrollanzeigen sind. Danach müssen Kärtchen mit Produktmarken nach „gesehen", „weiß nicht" und „nicht gesehen" sortiert werden. – Vgl. auch →Foldertest.

Adreßänderung, →Adressenrechnung.

Adressat. I. A l l g e m e i n : Empfänger.

II. B e i m   g e z o g e n e n   W e c h s e l : Der →Bezogene; Art. 1 Nr. 3 WG schreibt die Angabe des A. im Wechseltext zwingend vor.

III. W e r b u n g : Vgl. →Zielgruppe.

Adresse. I. A l l g e m e i n : Vgl. →Anschrift.

II. B ö r s e : Bezeichnung für Geldnehmer. Entsprechend ihrer Kreditfähigkeit unterscheidet man „erste A." und „zweite A.". „Erste A." am Börsengeldmarkt sind große Banken, die kurzfristig Leihgeld zu bevorzugten Sätzen erhalten. Die Bankleitung stellt die regelmäßigen Geldnehmer für die Gelddisposition in der *Adressenliste* zusammen, in der Angaben über Höhe der Kreditkontingente, etwaige Sicherheitsleistungen, Höhe der Sätze u. a. enthält. – Vgl. auch →Bonität.

III. E l e k t r o n i s c h e   D a t e n v e r a r b e i t u n g / B e t r i e b s i n f o r m a t i k : Numerische, u. U. auch alphanumerische Kennzeichnung eines Speicherplatzes im → Arbeitsspeicher eines Computers. Mit Hilfe einer A. kann der Inhalt eines bestimmten Speicherplatzes gefunden bzw. können Daten auf einem bestimmten Speicherplatz abgelegt werden. A. werden für die Speicherung sowohl von →Maschinenbefehlen selbst als auch der in diesen verwendeten Operanden benötigt. Sie sind deshalb auch Bestandteil der meisten Maschinenbefehle. – Vgl. auch →Adressenrechnung.

Adressenrechnung, *Adreßrechnung, Adreßänderung, Adreßmodifikation,* in der elektronischen Datenverarbeitung Verfahren der Adressenmodifikation (Änderung einer →Adresse in einem →Programm), bei dem eine vorhandene Adresse i. d. R. durch Hinzuzählen oder Abziehen einer vorgegebenen gespeicherten Zahl verändert wird. Die A. dient der maschinellen Anpassung eines Programms an Ablaufvorgänge. Sie kann vorprogrammiert oder vom Programm oder bei Vorliegen einer vorgegebenen Bedingung von der elektronischen Datenverarbeitungsanlage selbst (Programm fest gespeichert) ausgelöst werden.

Adressenverlag, *Adressenvermittler,* Unternehmen, das als Dienstleistung die systematische Zusammenstellung von Adressen (vorwiegend für →Direktwerbung) liefert. Als Systematisierungskriterien dienen Branchen, Berufsgruppen, Regionen u. a. – A. unterliegen *besonderen Vorschriften des Bundesdatenschutzgesetzes* (§§ 11, 12, 24, 26 und 31 BDSG); vgl. →Datenschutz.

Adressenvermittler, →Adressenverlag.

Adressieranlage, Einrichtung zur automatischen Bereitstellung und Einfügung von Adressen in Adressier- oder Textsystemen. – *Arten:* a) *Adressiersysteme:* Schriftträger sind Metallplatten oder beschriftete Schablonen, auf denen die Adressen eingeprägt sind. b) *Textsysteme:* A. für die Ein- und Ausgabe von Adressen für die Textverarbeitung, wie Zusammenstellung und Redigieren von Adressen (→Textsystem).

Adressierung, in der elektronischen Datenverarbeitung Zuordnung von Speicherplatzadressen (→Speicher, →Adresse) zu →Maschinenbefehlen, Programmkomplexen oder →Daten. – Vgl. auch →Adressenrechnung, →Programmierung.

Adreßmodifikation, →Adressenrechnung.

Adreßraum. Menge der von einem →Zentralprozessor ansprechbaren Adressen (→Adresse III); entspricht der Größe des →Arbeitsspeichers, wenn kein →virtueller Speicher realisiert ist.

Adreßrechnung, →Adressenrechnung.

ADS, Abk. für →Allgemeine Deutsche Seeversicherungsbedingungen.

ADSp, Abk. für →Allgemeine Deutsche Spediteurbedingungen.

ADV. 1. Abk. für automatisierte oder automatische Datenverarbeitung (→elektronische Datenverarbeitung). – 2. Abk. für →Arbeitsgemeinschaft Deutscher Verkehrsflughäfen.

Advertising-Media-Simulation (AD-ME-SIM), →Mediaselektionsmodelle IV 1 b) (1).

advertising-registration-measurement, →Ad-rem-Verfahren.

Aerogramm, Luftpostleichtbrief; nur ins Ausland versendbar.

AESt, Abk. für →Allgemeiner Europäischer Stückguttarif.

AEU, Abk. für →Arbeitskreis Evangelischer Unternehmer in der Bundesrepublik Deutschland.

AEV, Abk. für →Verband der Arbeiter-Ersatzkassen e. V.

a. f., Abk. für lat. anni futuri = künftigen Jahres.

AfA, Abk. für →Absetzung für Abnutzung.

AfaA, Abk. für →Absetzung für außergewöhnliche technische oder wirtschaftliche Abnutzung.

AfA-Tabellen, (nicht gesetzesamtliche) Bezeichnung für die von der Finanzverwaltung herausgegebenen Tabellen über die →betriebsgewöhnliche Nutzungsdauer der beweglichen Wirtschaftsgüter des Anlagevermögens zur Bemessung der →Absetzung für Abnutzung (AfA). Die A.-T. sind nach Wirtschaftszweigen gegliedert und enthalten die nach den Erfahrungen der steuerlichen →Außenprüfung ermittelten durchschnittlichen Nutzungsdauern. Die A.-T. sind nicht verbindlich; i. d. R. wird die gewählte Nutzungsdauer jedoch anerkannt, wenn sie die in den A.-T. angegebene nicht unterschreitet.

AfDB, African Development Bank, →Afrikanische Entwicklungsbank.

Affidavit. 1. *Allgemein:* Eidesstattliche Versicherung zur Glaubhaftmachung eines Rechts. – 2. *Wertpapiergeschäft:* Synonym für →Lieferbarkeitsbescheinigung.

Affinität, Verwandtschaft, Zusammengehörigkeit. A. als Begriff der →Psychologie ist weniger als Kausalität und mehr als Korrelation.

Afghanistan, Staat im NO Vorderasiens zwischen Iran, Pakistan und der UdSSR. – *Fläche:* 652600 km². – *Einwohner* (E): (1983) 16,5 Mill. (25 E/km²). – *Hauptstadt:* Kabul (Agglomeration 1 Mill. E); weitere Großstädte: Kandahár (250000 E), Herát (161000 E), Kundus (111000 E).

Staats- und Regierungsform: Bis 1973 Monarchie, 1973–78 Republik, seitdem Demokratische Volksrepublik. 1979 Invasion durch die UdSSR; anhaltende Kämpfe zwischen Partisanen und sowjetischen Truppen. Gliederung in 25 Verwaltungsbezirke (Wilayate). – *Amtssprachen:* Patschu und Dari (Neupersisch).

Wirtschaft: A. gehört zu den am wenigsten entwickelten Ländern. 80% der Erwerbstätigen sind in der Landwirtschaft beschäftigt, nur 6% in Industrie und Handwerk. A. besitzt zahlreiche Bodenschätze, z. B. Steinkohle, Eisen, Chrom, Kupfer, Blei, Zinn, Salz, Schwefel, Bauxit, die noch wenig erschlossen sind. – *BSP:* (1981, geschätzt) 3500 Mill. US-$ (221 US-$ je E). – *Öffentliche Auslandsverschuldung* (1982): 58% des BSP. – *Inflationsrate:* durchschnittlich 11,9%. – *Export:* (1985) 566 Mill. US-$, v. a. Wolle, Baumwolle, Teppiche, Häute, Trockenfrüchte. – *Import:* (1985) 999 Mill. US-$, v. a. Maschinen, Erdöl und Erdölprodukte, Zucker, Tee. – *Handelspartner:* UdSSR, Indien, Japan, USA.

Verkehr: Weder *Eisenbahn* noch *Häfen;* gut ausgebautes *Fernstraßennetz; internationale Flughäfen* in Kabul und Kandahár.

Mitgliedschaften: UNO, UNDTAD u. a.

Währung: 1 Afghani (Af) = 100 Puls.

à forfait, →ohne Rückgriff.

African Development Bank (AfDB), →Afrikanische Entwicklungsbank.

Afrikanische Entwicklungsbank, *African Development Bank (AfDB), Banque Africaine de Développement,* 1963 gegründetes und seit 1966 arbeitendes internationales Finanzierungsinstitut für Afrika; Sitz in Abidjan (Elfenbeinküste). – *Ziel:* Förderung der wirtschaftlichen Entwicklung und des sozialen Fortschritts ihrer regionalen Mitgliederstaaten als Einzelstaaten und ihrer Gesamtheit. Gefördert werden Projekte öffentlicher und privater Investoren. – *Mitgliedschaft:* Zunächst nur unabhängige, afrikanische Länder; seit 1982 auch für nichtregionale Länder möglich. Ende 1986 hatte die AfDB 50 regionale und 25 nichtregionale Mitgliedsländer. Die Bundesrep. D. ist seit 1983 Mitglied. – Der Beitritt auch zahlungskräftiger Industrieländer hat den Ruf der Bank an den internationalen Kapitalmärkten verbessert und die Aufnahme von Fremdmitteln erleichtert. – *Mittel:* Neben eigenen Mitteln werden auch Gelder aus verschiedenen Sonderfonds (Nigeria Trust Fund, Afrikanischer Entwicklungsfonds, Arab Oil Fund) vergeben, ergänzt durch Kofinanzierungen mit anderen nationalen und internationalen Entwicklungsbanken. Zudem Gewährung technischer Hilfe bei der

Durchführung von Projekten. – Vgl. auch →Entwicklungsbanken.

AfS, Abk. für →Absetzung für Substanzverringerung.

After-Sales-Services, technische und kommerzielle Dienstleistungen nach dem Kauf (→Kundendienst), z.B. Schulung des Bedienungspersonals, Wartungs- und Reparaturdienste, Managementleistungen. Von großer Bedeutung für die Angebotsdifferenzierung (→Qualitätswettbewerb) und Schaffung eines →akquisitorischen Potentials bei komplexen und erklärungsbedürftigen Produkten und Produktverbunden, insbes. des Investitionsgüterbereichs. – *Gegensatz:* →Pre-Sales-Services.

AG. 1. Abk. für →Aktiengesellschaft. – 2. Abk. für →Amtsgericht.

AGB, Abk. für →Allgemeine Geschäftsbedingungen. – Vgl. auch →AGB-Gesetz.

AGB-Gesetz, Gesetz zur Regelung des Rechts der →Allgemeinen Geschäftsbedingungen vom 9.12.1976 (BGBl I 3317). *Gilt nicht* bei Verträgen aus dem Gebiet des Arbeits-, Erb-, Familien- und Gesellschaftsrechts und *nur beschränkt* bei bestimmten Arten von Verträgen oder AGB, wie z.B. VOB, bei einem Bauspar-, Versicherungs-, Energieversorgungs-, Personenbeförderungs-, Lotterie- oder Ausspielvertrag (§ 23). – **I. Rechtsbegriff:** Nach dem AGB-G. sind Allgemeine Geschäftsbedingungen *alle* für eine Vielzahl von Verträgen *vorformulierte Vertragsbedingungen,* die eine Vertragspartei (→Verwender) der anderen Vertragspartei bei Vertragsabschluß (→Vertrag IV) stellt und die nicht zwischen den Vertragsparteien im einzelnen ausgehandelt sind. Unerheblich ist, ob die Bedingungen einen äußerlich gesonderten Vertragsbestandteil bilden oder in den schriftlichen Vertrag selbst aufgenommen werden, welchen Umfang sie haben, in welcher Schriftart sie verfaßt sind und welche Form der Vertrag hat (§ 1). – **II. Vertragsinhalt:** Bestandteil eines Vertrages werden AGB nur dann, wenn der Verwender bei Vertragsabschluß die andere Vertragspartei ausdrücklich oder, wenn ein ausdrücklicher Hinweis wegen der Art des Vertragsabschlusses nur unter unverhältnismäßigen Schwierigkeiten möglich ist, durch deutlich sichtbaren Aushang am Ort des Vertragsabschlusses auf sie hinweist und der anderen Vertragspartei die Möglichkeit verschafft, in zumutbarer Weise von ihrem Inhalt Kenntnis zu nehmen, und wenn die andere Vertragspartei mit ihrer Geltung einverstanden ist *(Textübermittlungsobliegenheit).* Für eine bestimmte Art von Rechtsgeschäften können die Vertragsparteien die Geltung bestimmter AGB auch im voraus vereinbaren (§ 2). – Diese Regelung gilt nicht gegenüber

einem →Kaufmann, wenn der Vertrag zum Betriebe seines →Handelsgewerbes gehört oder gegenüber einer →juristischen Person des öffentlichen Rechts oder einem öffentlichrechtlichen Sondervermögen. Zwischen *Kaufleuten* werden AGB Vertragsbestandteil, wenn der Vertragsgegner wußte oder wissen mußte, daß der Verwender dem Vertrag seine AGB zugrunde legen will.

III. Auslegung: Zweifel gehen bei der →Auslegung von AGB nach Anwendung der üblichen →Auslegungsregeln zu Lasten des Verwenders *(Unklarheitenregel),* jedoch haben individuelle Vertragsabreden Vorrang (§§ 4, 5). *Mündliche Vereinbarungen,* auch wenn in den AGB die →Schriftform vorgesehen ist, sind bindend und unterliegen keiner Inhaltskontrolle. Sie gehen der Regelung in den AGB vor. Die →Beweislast hat derjenige, der sich auf die mündliche Vereinbarung beruft.

IV. Inhaltskontrolle: 1. *Ungewöhnlichkeits-Kontrolle:* Vertragsbestandteil werden Bestimmungen in AGB dann nicht, wenn sie nach den Umständen, insbes. nach dem äußeren Erscheinungsbild des Vertrages, so ungewöhnlich oder unüblich sind, daß der Vertragspartner des Verwenders mit ihnen nicht zu rechnen braucht (überraschende Klausel, § 3). – 2. *Unangemessenheitskontrolle:* Bestimmungen in AGB sind unwirksam, wenn sie den Vertragspartner des Verwenders entgegen den Geboten von Treu und Glauben unangemessen benachteiligen, was im Zweifel dann anzunehmen ist, wenn eine Bestimmung a) mit wesentlichen Grundgedanken der gesetzlichen Regelung, von der abgewichen wird, nicht zu vereinbaren ist, oder b) wesentliche Rechte oder Pflichten, die sich aus der Natur des Vertrages ergeben, so einschränkt, daß die Erreichung des Vertragszwecks gefährdet ist (§ 9). Leistungsbeschreibung und Entgeltsregelung stellen keine AGB im Sinne des Gesetzes dar (§ 8).

V. Klauselverbote: In den §§ 10, 11 enthält das AGB-G. Klauselverbote mit und ohne Wertungsmöglichkeit, die unwirksam sind, so über Annahme- und Leistungsfrist, Nachfrist, Rücktritts- und Änderungsvorbehalt, fingierte Erklärungen, Fiktion des Zugangs, Abwicklung von Verträgen, Rechtswahl, →kurzfristige Preiserhöhungen →Leistungsverweigerungsrecht, Aufrechnungsverbot (→Aufrechnung), →Mahnung, Fristsetzung (→Nachfrist), →Pauschalierung von Schadensersatzansprüchen, →Vertragsstrafe, Haftung bei grobem Verschulden (→Haftungsausschluß), (Teil-) →Verzug, (Teil-) →Unmöglichkeit, →Gewährleistung (Ausschluß und Verweisung auf Dritte, Beschränkung auf Nachbesserung (→Nachbesserungspflicht), Aufwendungen bei Nachbesserung, Vorenthalten der Mängelanzeige und

Verkürzung von Gewährleistungsfristen), Haftung für zugesicherte Eigenschaften, Laufzeit bei →Dauerschuldverhältnissen, Wechsel des Vertragspartners, Haftung des →Abschlußvertreters, →Beweislast und Form von Anzeigen und Erklärungen. – Diese Regelung gilt nicht zwischen Kaufleuten oder gegenüber einer juristischen Person des öffentlichen Rechts oder einem öffentlichrechtlichen Sondervermögen, es sei denn die Klausel stellt eine unangemessene Benachteiligung dar, wobei auf die im Handelsverkehr geltenden Gewohnheiten und Gebräuche angemessen Rücksicht zu nehmen ist.

VI. Rechtsfolgen: Sind AGB ganz oder teilweise nicht Vertragsbestandteil geworden oder unwirksam, so bleibt grundsätzlich der Vertrag im übrigen wirksam. An die Stelle der nicht einbezogenen oder unwirksamen Klauseln treten die einschlägigen Normen des dispositiven Rechts. Ausnahmsweise ist der gesamte Vertrag unwirksam, wenn das Festhalten an ihm auch unter Berücksichtigung des eingetretenen dispositiven Rechts eine unzumutbare Härte für eine Vertragspartei darstellen würde (§ 6).

VII. Verfahren: 1. *Unterlassungs- und Widerrufsanspruch:* Rechtsfähige Verbände, zu deren satzungsgemäßen Aufgaben es gehört, die Interessen der Verbraucher durch die Aufklärung und Beratung wahrzunehmen, wenn sie in diesem Aufgabenbereich tätige Verbände oder minstens 75 natürliche Personen als Mitglieder haben, rechtsfähige Verbände zur Förderung gewerblicher Interessen, die →Industrie- und Handelskammern oder die →Handwerkskammern können Verwender von unwirksamen AGB, die gegenüber Nichtkaufleuten benutzt werden, auf Unterlassung (bei Verwendung) oder auf Widerruf (bei Empfehlung) in Anspruch nehmen (§ 13). – 2. *Zuständigkeit:* Für Unterlassungs- oder Widerrufsklagen ist ausschließlich das →Landgericht zuständig, in dessen Bezirk der Beklagte seine gewerbliche Niederlassung oder in Ermangelung einer solchen seinen Wohnsitz hat. Das Verfahren richtet sich nach den im →Zivilprozeß geltenden Vorschriften. Der →Streitwert darf nicht über 500 000 DM angenommen werden. Das Gericht hat zuständige Behörden zu hören. Der Klageantrag muß auch den Wortlaut der beanstandeten Bestimmungen in den AGB und die Bezeichnung der Art der Rechtsgeschäfte, für die die Bestimmungen beanstandet werden, enthalten. Entsprechendes gilt für die Urteilsformel. Dem obsiegenden Kläger kann auf Antrag die Befugnis zugesprochen werden, die Urteilsformel mit der Bezeichnung des verurteilten Verwenders oder Empfehlers auf Kosten des Beklagten im →Bundesanzeiger, im übrigen auf eigene Kosten, bekanntzumachen. Im Wege der →Vollstreckungsgegenklage kann der verurteilte Verwender oder Empfehler

geltend machen, daß nachträglich eine Entscheidung des →Bundesgerichtshofes ergangen ist, die die Verwendung der für unwirksam angesehenen Bestimmung nicht untersagt hat (§§ 14 ff.). – 3. *Urteilswirkungen:* Das die Unwirksamkeit von AGB aussprechende Urteil begründet bei einer Zuwiderhandlung nur im Verhältnis der Prozeßparteien Rechtsfolgen. Der Verband kann den Verwender oder den Empfehler nach § 890 ZPO (→Ordnungsgeld bis 500 000 DM) zur Befolgung des Verbots anhalten. Bei einem Verfahren zwischen Verwender oder Empfehler einerseits und Kunden andererseits wird das Urteil nicht von Amts wegen beachtet, sondern nur, wenn sich der Kunde darauf beruft (*Einrede*, § 21). – 4. *Register:* Über sämtliche AGB-Verfahren, gleichgültig, ob sie mit einer Verurteilung oder einer Klageabweisung enden, wird vom →Bundeskartellamt ein Register geführt. Eintragungen sind nach 20 Jahren zu löschen. Jedermann ist auf Antrag Auskunft über eine bestehende Eintragung zu erteilen.

Agency-Problem, Problem, daß die Unternehmensleitungen von →Aktiengesellschaften nicht im Sinn der Aktionäre handeln. Letztere wollen eine Finanz- und Investitionspolitik, die den Marktwert ihrer Aktien und damit den Marktwert des →Eigenkapitals steigert (Anteilswertmaximierung). Zur Kontrolle der Unternehmensleitungen wenden die Aktionäre *agency costs* auf.

Agenda, in der →künstlichen Intelligenz eine Liste der noch zu bearbeitenden Aufgaben, Inferenzschritte oder Alternativen eines →Expertensystems; i. d. R. nach bestimmten Kriterien geordnet.

Agent, →Handelsvertreter.

agent provocateur, jemand, der einen anderen zur Begehung einer →Straftat provoziert. Geschieht dies z. B. zu Überführungszwecken und läßt a. p. es nur zum →Versuch kommen, entfällt eine Strafbarkeit.

Agentursystem. 1. *Begriff:* Form des vertikalen Vertriebs (→Vertriebsbindung), kombiniert aus Elementen des →Vertragshändlers und des →Handelsvertreters. Einzelhändler bieten vom Hersteller in Kommission gelieferte Waren in fremdem Namen und auf fremde Rechnung den Letztverbrauchern an, sind zum Inkasso berechtigt und führen den Kaufpreis abzüglich einer Provision an den Hersteller ab. Der Hersteller legt die Preise der von ihm gelieferten Ware fest (Aufrechterhaltung einheitlicher Preise). Agenten sind daher meist nicht berechtigt, Zahlungsziele, Skonti, Rabatte und sonstige gleichartige Vorteile zu gewähren. Werden beim Neuwagenverkauf Gebrauchtwagen „in Zahlung" genommen, so müssen diese auf eigene Rechnung übernommen werden. – 2. *Pflichten des Agenten:* Der jeweils zugedachte Markt ist selbständig zu erschließen, nur die Produkte des Herstellers sind anzubieten (z. B. bei Automobilen) bzw. nur ein begrenztes Zusatzsortiment (z. B. Tankstellenverträge) oder ein breites Fachhandelsortiment können geführt werden (z. B. Telefunken-Partner-Verträge). Eine Verpflichtung zur Lagerhaltung in bestimmtem Umfang besteht. – Als *Gegenleistung* bietet der Hersteller die Teilhabe des Agenten an den von ihm für seine Produkte geschaffenen Good will. (→Franchise). – 3. *Wettbewerbsrechtliche Beurteilung:* A. werden wettbewerbsrechtlich nach §§ 15, 18, 1 oder 26 II GWB zum bestimmenden Ausgestaltung – als zulässig angesehen. Strittig ist v. a. die eventuelle Umgehung des Verbots der →Preisbindung zweiter Hand.

Agenturvertrag, →Handelsvertreter II.

AGF, Abk. für →Arbeitsgemeinschaft der Großforschungseinrichtungen e. V.

Agglomeration. I. S t a n d o r t t h e o r i e : Die Tendenz zur Zusammenballung von Betrieben an wenigen Standorten in Abweichung vom Transportkostenminimalpunkt des einzelnen Wirtschaftszweiges und des einzelnen Betriebes. Die A. wird zurückgeführt auf die Fühlungsvorteile mit Konsumenten und/oder Lieferanten, die eine Kostenersparnis hervorrufen.

II. H a n d e l : Die räumliche Zusammenballung mehrerer Handelsunternehmen. Durch A. soll die Attraktivität eines regionalen Bereichs, z. B. einer Fußgängerzone, erhöht und damit durch Vergrößerung des →Einzugsgebiets das Absatzpotential gesteigert werden. Möglich sind branchengleiche und branchenungleiche A.; letztere z. B. im →Einkaufszentrum.

Agglomerationsformel, entwickelt von Alfred Weber im Rahmen seiner →Standorttheorie zur Kennzeichnung der funktionalen Zusammenhänge zwischen Ersparnis und →Agglomeration bei Ballung einer Produktion an einem Ort. Danach wächst die Anziehungskraft eines Agglomerationszentrums mit zunehmender Produktionsdichte und fällt mit wachsendem Frachtkostenniveau und Standortgewicht (→Materialindex).

Agglomerationsziffer, statistische Bezugszahl zur Kennzeichnung der Zusammenballung von Menschen in einzelnen, eng begrenzten Wohngebieten eines Landes. A. ist zu berechnen aus der →Bevölkerungsdichte des Teilgebiets (z. B. in Städten mit über 100000 Einwohnern) in v. H. der Dichteziffer des ganzen Landes.

aggregate investment approach, theoretische Erklärung der zeitlichen Lastverschiebung durch die öffentliche Verschuldung (→Last der Staatsverschuldung), vertreten von Musgrave, Modigliani und Vickrey.

Durch staatliche Schuldaufnahme verursachte Effekte des →Crowding Out insbes. im Bereich der privaten Investitionen. Die nächste Generation erbt dadurch einen geringeren →Kapitalstock als ohne Verschuldung; sie muß ein geringeres Wachstum des →Sozialprodukts hinnehmen. Eine generative Lastverschiebung wäre demnach möglich, wenn die privaten Investitionen produktiver wären oder eher den zukünftigen Präferenzen entsprechen würden als die öffentlichen. – *Gegensatz:* →new orthodoxy approach. – Vgl. auch →Pay-as-you-use-Prinzip.

Aggregation. I. W i r t s c h a f t s t h e o r i e : Zusammenfassung mehrerer Einzelgrößen hinsichtlich eines gleichartigen Merkmals, um Zusammenhänge zu gewinnen, z. B. Zusammenfassung der Nachfrage der einzelnen Haushalte zur Gesamtnachfrage des betreffenden Marktes. – Die Höhe des A.sniveaus wird durch die jeweilige Fragestellung bestimmt. Zur Ableitung makroökonomischer Gesetze aus mikroökonomischen stehen vgl. III. – Auf der höchsten A.sstufe stehen die *Größen der* →*Markoökonomik,* z. B. die gesamte Güternachfrage einer Volkswirtschaft.

II. S t a t i s t i k : Übergang von enger definierten zu umfassender definierten →Variablen *(Variablenaggregation)* oder Übergang von Kenngrößen für enger abgegrenzte (Teil-) →Gesamtheiten zu Kenngrößen, die sich auf umfassende Gesamtheiten beziehen *(Sektorenaggregation).* – *Beispiele* für Variablenaggregation: der Übergang von einzelnen Einkommensarten zum Gesamteinkommen oder der Übergang von Vierteljahreswerten zu Jahreswerten (zeitliche A.); für Sektorenaggregation: Übergang von den Durchschnittseinkommen in den Bundesländern zum Durchschnittseinkommen in der Bundesrep. D. oder Ermittlung des →Preisindex der Lebenshaltung aus den verschiedenen Preisindizes der Gütergruppen, die in die Lebenshaltung eingehen. Die A. von Durchschnitten und Anteilswerten erfolgt i. d. R. durch Errechnung eines geeignet gewogenen arithmetischen Mittels.

III. Ö k o n o m e t r i e : Zur →Schätzung makroökonomischer Relationen wird das Durchschnittsverhalten von Gruppen von Wirtschaftssubjekten zugrunde gelegt. Das setzt eine Zusammenfassung mikroökonomischer Sachverhalte über Haushalte und Unternehmen voraus. – Eine konsistente A. als logisch-deduktive Ableitung des Makrosystems aus dem Mikrosystem ist nur unter *außerordentlich speziellen Bedingungen* möglich: In →Spezifikationen ökonometrischer Modelle wird zumeist die Analogielösung des Aggregationsproblems verwendet: Die makroökonomischen Relationen werden aus dem Analogon der mikroökonomischen Relationen gewonnen. – *Beispiel:* Ist die mikroökonomische Verhaltensrelation $y_i = f_i(x_i)$, wird die makroökonomische durch $y = f(x)$ spezifiziert, wobei $y = \Sigma_i(y_i)$, $x = \Sigma_i(x_i)$; diese A. wäre nur dann korrekt, wenn alle Wirtschaftssubjekte die gleiche Verhaltensneigung $f_i = f$ hätten.

aggregierte Angebotskurve, *Gesamtangebotskurve,* Begriff der Makroökonomik. Die a. A. beschreibt den Zusammenhang zwischen Preisniveau und aggregiertem Angebot der Unternehmen. Die *Lage der a. A.* in einem Preis-Mengen-Diagramm wird insbes. durch die Faktorpreise bestimmt, sie spiegelt also die Bedingungen der Faktormärkte wieder. Analytisch läßt sich die a. A. über die →Grenzproduktivitätstheorie oder eine →Aufschlagspreisbildung ableiten. – *Verlauf:* Im Normalfall hat die a. A. einen steigenden Verlauf. Nach →klassischer Lehre wurde das Gesamtangebot unabhängig vom Preisniveau allein durch reale Faktoren bestimmt, die a. A. verlief mithin senkrecht. Im einfachen →IS-LM-Modell der →Keynesschen Lehre paßt sich das Angebot an die Gesamtnachfrage an, die a. A. ist eine Waagerechte. Der Schnittpunkt von aggregierter Nachfragekurve und a. A. bestimmt das gesamtwirtschaftliche Preis- und Mengengleichgewicht.

aggregierte Einzelkosten (-ausgaben, -einnahmen, -erlöse, -verbräuche), von Riebel geprägter Begriff. A. E. entstehen, wenn die →originären Einzelkosten (-ausgaben, -einnahmen, -erlöse, -verbräuche) eines übergeordneten →Bezugsobjekts mit denen untergeordneter zusammengefaßt ausgewiesen werden, z. B. Arbeitsplatz-Einzelkosten in den Kostenstellen-Einzelkosten. – *Gegensatz:* →originäre Einzelkosten (-ausgaben, -einnahmen, -erlöse, -verbrauch).

aggregierte Nachfragekurve, *Gesamtnachfragekurve,* Begriff der Makroökonomik. Die a. N. beschreibt den Zusammenhang zwischen Gesamtnachfrage und Preisniveau. Sie läßt sich analytisch z. B. auf dem →IS-LM-Modell ableiten und gibt dann alle Kombinationen von Preisniveau und Output wieder, bei denen simultane Gleichgewicht auf Güter- und Geldmarkt herrscht. – *Verlauf:* Im Normalfall zeigt die a. N. einen fallenden Verlauf. Der Schnittpunkt von a. N. und aggregierter Angebotskurve bestimmt das gesamtwirtschaftliche Preis- und Mengengleichgewicht.

AgH, Abk. für →Arbeitsgemeinschaft Hauswirtschaft e.V.

Agio, *Aufgeld.* 1. *Begriff:* Betrag, um den der Preis oder →Kurs den →Nennwert eines Wertpapiers oder die →Parität einer Geldsorte übersteigt (genauer: *Emissionsagio*). Das A. wird meist in Prozent des Nennwertes ausgedrückt. – *Gegensatz:* →Disagio. – 2. *Verbuchung:* Der durch die Überpari-Emission von Aktien und Wandelschuldverschreibungen (→Pari-Emission) erzielte A.gewinn

ist nach dem BiRiLiG (§ 272 II 1 und 2 HGB) in die Kapitalrücklage einzustellen (Emissionskosten dürfen nicht abgesetzt werden). – *Beispiele:* (1) Aktie mit Nennwert 1000 DM wird zum Kurs von 110 ausgegeben; Agio = 10% des Nennwertes = 100 DM. Buchung: Kasse (oder Bank) 1100 an gezeichnetes Kapital 1.000, Kapitalrücklage 100. (2) Tilgungspflicht einer Unternehmung für die von ihr ausgegebenen Obligationen (Nennwert 600000 DM) vertragsgemäß zum Kurs 102; Agio = 12000 DM; Schulden sind mit dem vollen Rückzahlungsbetrag zu passivieren. Buchung: Kasse (oder Bank) 600000, aktiver Rechnungsabgrenzungsposten (Aktivierungswahlrecht, § 250 III HGB) 12000, an Obligationenkonto 612000. – 3. *Steuerliche Behandlung:* Die durch das A. erzielte Vermögensmehrung vollzieht sich auf gesellschaftlicher Grundlage und ist daher nicht körperschaftsteuerpflichtig, unterliegt jedoch als Entgelt für Ersterwerb der →Gesellschaftsteuer.

Agiopapiere, festverzinsliche Papiere, die mit einem →Agio rückzahlbar sind.

Agiotage, Ausnutzung von Kursschwankungen an der Börse durch rein spekulative Geschäfte (→Spekulation), oft mit unsoliden Mitteln.

Agiotheorie, →Zinstheorie von Eugen von Böhm-Bawerk. Sparen (S) und damit Konsumverzicht heute erfolgt nur, wenn dadurch der künftig zusätzlich mögliche Konsum größer ist als der heute unterlassene (Mindereinschätzung künftiger Bedürfnisse, das bedeutet, eine Gütereinheit morgen wird geringer bewertet als eine Einheit heute). Dieser prozentuale Aufschlag *(Agio)* ist der Zins i, das Entgelt des Sparens- bzw. *Kapitalangebots.* S. steigt mit i. Die Verwendung von Gütern als Investitionsgüter zu Güterproduktion statt direkt zum Konsum („Umwegproduktion") erhöht die Arbeitsproduktivität sowie den zukünftigen Output um mehr als den Gütereinsatz. Sie führt über eine entsprechende Kapitalnachfrage zu einer positiven Verzinsung des eingesetzten Kapitals, die im Kapitalmarktgleichgewicht dem Sparzins entspricht.

AGNB-Versicherung, Pflichtversicherung des Güternahverkehrsunternehmers nach den Allgemeinen Beförderungsbedingungen für den gewerblichen Güternahverkehr (AGNB) für alle Schäden, für die er nach den AGBN haftet.

AGP, Abk. für →Arbeitsgemeinschaft zur Förderung der Partnerschaft in der Wirtschaft e. V.

AGPLAN, Gesellschaft für Planung e. V., Sitz in Frankfurt a. M. – *Aufgaben:* Förderung der Unternehmensplanung und -steuerung als Führungsaufgaben, bezogen auf alle hierfür aufgeschlossenen Unternehmen der unterschiedlichen Wirtschaftszweige, Branchen und Größen; Gründung und Betreuung von Erfahrungs-Austausch-Gruppen; Plankostenrechnungs-Seminare.

Agrarberichterstattung, amtliche Statistik, gem. Gesetz über die Agrarberichterstattung i. d. F. vom 1. 7. 1980 (BGBl I 822) seit 1975 in jedem zweiten Jahr, seit 1979 abwechselnd total und repräsentativ, durchgeführt. Bei dieser Statistik werden Angaben von Betrieben verwendet mit einer land-, forst- oder fischwirtschaftlich genutzten Fläche von jeweils mindestens 1 Hektar oder mit einer landwirtschaftlich genutzten Fläche von 1 Hektar einschl. der Betriebe ohne landwirtschaftlich genutzte Fläche, deren natürliche Erzeugungseinheiten mindestens dem durchschnittlichen Wert einer jährlichen landwirtschaftlichen Markterzeugung von 1 Hektar landwirtschaftlich genutzter Fläche im gesetzlichen Geltungsbereich entsprechen. – *Programme der A.*: (1) *Grundprogramm* mit Angaben aus der Bodennutzungshaupterhebung (→Bodennutzungserhebung), der →Viehzählung und der Arbeitskräfteerhebung in der Landwirtschaft; (2) *Ergänzungsprogramm* mit Merkmalen zur Kennzeichnung, zur Rechtsstellung und zu sozialökonomischen Verhältnissen der Betriebe, Buchführung, Besitzverhältnisse und Pachtpreise, Erwerbs- und Unterhaltsquellen; (3) *Zusatzprogramm* v. a. zur Erfüllung kurzfristiger nationaler und/oder supranationaler Anforderungen.

Agrardichte, Verhältnis von landwirtschaftlicher Bevölkerung zu landwirtschaftlicher Nutzfläche eines Untersuchungsgebietes. – Vgl. auch →Bevölkerungsdichte.

Agrarkonjunkturen, zyklische Schwankungen auf den Märkten für Agrarprodukte (→Konjunkturtheorien). Konjunkturelle Bewegungen auf dem Agrarmarkt zeigen gegenüber Schwankungen auf anderen Märkten beachtliche *Sondermerkmale:* Die Produktionsdauer ist relativ lang (jährlicher Ernterhythmus), so daß eine Anpassung an konjunkturelle Veränderungen nur mit großer zeitlicher Verzögerung möglich ist. Das Produktionsergebnis ist von der Witterung abhängig. Die Nachfrage nach Agrarprodukten ist sehr unelastisch und nimmt bei steigendem Einkommen im Vergleich zu anderen Konsumgütern nur unterproportional zu; in wirtschaftlichen Aufschwungphasen bleibt die Einkommensentwicklung in der Landwirtschaft daher hinter der gesamtwirtschaftlichen Einkommensentwicklung zurück, während in konjunkturellen Abschwungphasen die Einkommenseinbußen relativ geringer sind; mengenmäßige Schwankungen der Produktion im Agrarsektor führen dagegen zu starken Preisausschlägen. Übersteigt das Produktionsergebnis den durchschnittlichen Ernteertrag, kann das

erhöhte Angebot nur bei stark reduzierten Preisen abgesetzt werden; ergeben sich unterdurchschnittliche Ernteerträge, sind starke Preiserhöhungen möglich. – Die *Aufgaben der* →*Agrarpolitik* erstrecken sich daher neben der Sicherung des Einkommens der in der Landwirtschaft Tätigen auf die Vermeidung solcher Mengenkonjunkturen; vgl. →EWG I 2.

Agrarkrisen, →Agrarkonjunkturen mit ausgeprägtem Nachfrage- oder Angebotsüberhang.

Agrarmarktpolitik, →Agrarpolitik IV 3.

Agrarpolitik, *Landwirtschaftspolitik.* I. B e g r i f f u n d S y s t e m a t i k : 1. Die *praktische A.* umfaßt alle Maßnahmen zur Beeinflussung von Ordnung, Strukturen und Prozessen in der →Landwirtschaft. Die *wissenschaftliche A.* beschäftigt sich mit den Zielen, Instrumenten und Wirkungsweisen. – *Hauptträger der A.* sind der Bund, die Länder und die EG. Die Gemeinden können durch Gestaltung der Infrastruktur ebenfalls Einfluß nehmen. – *Internationale A.* gründet in den zunehmenden Aktivitäten internationaler Organisationen, auch wenn ihre Beschlüsse oft nur empfehlenden Charakter haben. Vgl. →EG, →FAO, →GATT, →UNCTAD, →IBRD. Auch landwirtschaftliche Verbände üben starken Einfluß aus. Genossenschaften oder Erzeugerverbände können Aufgaben bei der Gestaltung und Durchführung der A. erhalten. – 2. *Staatliche A.* ist als Teil der Wirtschafts- und Sozialpolitik *Sektorpolitik,* wie die Landwirtschaft ein Ausschnitt aus dem Lebensbereich Wirtschaft ist. Die Interdependenzen erfordern die Abstimmung von A. und allgemeiner Wirtschaftspolitik.

II. P r o b l e m e : Die Probleme der A. unterliegen sachlich und prioritätsmäßig sehr starken Akzentverschiebungen. Während viele Industrieländer (z. B. die Mitgliedsländer der EG und die USA) gewaltige *Agrarüberschüsse* aufweisen, leidet ein Großteil der Entwicklungsländer und v. a. der afrikanische Äquatorialgürtel unter chronischer *Lebensmittelknappheit,* weil das Entstehungs-, Verteilungs- und Verwendungsproblem ungelöst ist. Die Landwirtschaft in den Industrieländern hat dagegen neben den überschußbedingten Strukturproblemen auch tiefgreifende *Umweltprobleme,* z. B. Bodenerosion, zunehmende Vergiftung von Böden und Gewässern durch den landwirtschaftlichen Einsatz von Chemikalien, Waldsterben und Belastung der Böden durch den „sauren" Regen sowie anhaltender Zerfall der Landwirtschaft im Alpenraum und anderen benachteiligten Gebieten.

III. Z i e l e : 1. *Hauptziele* der A. des Bundesministeriums für Ernährung, Landwirtschaft und Forsten sind: a) Verbesserung der Lebensverhältnisse im ländlichen Raum sowie gleichrangige Teilnahme der in der Landwirtschaft, Forstwirtschaft und Fischerei Tätigen an der allgemeinen Einkommens- und Wohlstandsentwicklung; b) Versorgung der Bevölkerung und der Wirtschaft mit qualitativ hochwertigen Produkten der Agrar- und Ernährungswirtschaft zu angemessenen Preisen sowie Verbraucherschutz im Ernährungsbereich; c) Leistung eines Beitrags zur Lösung der Weltagrar- und -ernährungsprobleme, zur Verbesserung der agrarischen Außenwirtschaftsbeziehungen und des Innerdeutschen Handels; d) Schutz, Pflege und Entwicklung (Sicherung) von Natur und Landschaft einschl. der natürlichen Produktionsgrundlagen sowie Verbesserung des Tierschutzes.

2. *Besondere Anliegen* der Bundesregierung sind: Schutz und Sicherung der bäuerlichen Familienbetriebe, soziale Sicherung, Schaffung eines größeren preispolitischen Spielraums zur Erhöhung der Flexibilität der Märkte für landwirtschaftliche Produkte, Sicherung der landwirtschaftlichen Erwerbstätigkeit in den von der Natur benachteiligten Gebieten, Ausrichtung der Agrarpolitik auf die bodenabhängig wirtschaftenden Betriebe, Biotopschutz und Dorferneuerung.

IV. Bereiche: 1. *Agrarverfassungspolitik:* Sie setzt die rechtlichen Rahmenbedingungen z. B. für Grundeigentum, Pacht, Vererbung des Grundbesitzes, Grundstücksverkehr (→Grundstücksverkehrsgesetz), Arbeitsverfassung und landwirtschaftliche Institutionen wie die →Genossenschaften. Sie ist nach C. v. Dietze „eingestellt auf eine Agrarverfassung, die hauptsächlich durch selbstbewirtschaftende, zu Verkäufen wenig geeignete Grundeigentümer charakterisiert ist ...". Dabei wirkt die Pacht „... als bewegliches, ergänzendes Element". – a) Bei der *Vererbung* (sinngemäß beim Übergang zu Lebzeiten) wird grundsätzlich zwischen →Realteilung und geschlossener Vererbung (an *einen* Hoferben) unterschieden. Nach der Höfeordnung von 1947 fallen „Höfe" im Erbgang (oder bereits zu Lebzeiten des Grundeigentümers) zwingend einem einzigen Nachfolger zu (i. d. R. einem direkten Nachkommen). Dabei sind *„Höfe"* alle im Alleineigentum einer natürlichen Person oder im Eigentum von Ehegatten stehenden land- und forstwirtschaftlichen Besitzungen mit einem Wirtschaftswert ab 20000 DM; diese Höfe sind von Amts wegen im Grundbuch vermerkt. Bei kleineren Betrieben (Wirtschaftswert 10000–20000 DM) kann der Eintrag auf Antrag des Eigentümers erfolgen. Die Abfindung der weichenden Erben liegt weit unter dem Verkehrswert. Damit soll die Erhaltung wirtschaftlich leistungsfähiger Betriebe bei möglichst großer Verfügungsfreiheit des Grundeigentümers erreicht werden. – b) Seit 1. 7. 1988 wird die *landwirtschaftliche Pacht*

in einem Untertitel „Landpacht" des BGB (§§ 585–597) geregelt. Diese Bestimmungen sind lediglich dispositiver Natur. Mit dem Landpachtverkehrsgesetz (LPachtVG; Gesetz über die Anzeige und Beanstandung von Landpachtverträgen) soll strukturpolitisch unerwünschten Entwicklungen auf dem Pachtmarkt entgegenwirkt werden (Anzeigepflicht bei Landpachtverträgen, Beanstandungsgründe bei „ungesunder" Anhäufung land- und forstwirtschaftlicher Nutzfläche, unwirtschaftlicher Aufteilung von Grundstükken und „unangemessenem" Pachtzins). Die Länder können das LPachtVG gezielt anwenden.

2. *Agrarstrukturpolitik:* Sie dient der Verbesserung der Produktionsgrundlagen und damit indirekt auch der Erhöhung der landwirtschaftlichen Einkommen. – a) Grundlage der EG-Agrarstrukturpolitik ist die 1985 erlassene und bis Ende 1994 befristete Verordnung (EWG) Nr. 797/85 des Rates zur Verbesserung der Effizienz der Agrarstrukturpolitik *(Effizienz-Verordnung).* Wesentlich ist der Verzicht auf die Förderschwelle durch Wegfall des vergleichbaren außerlandwirtschaftlichen Arbeitseinkommens als Förderkriterium. Grundlage der betrieblichen Förderung ist der *Betriebsverbesserungsplan.* Die *Propenitätsklausel* besagt, daß Beihilfen auf landwirtschaftliche Betriebe konzentriert werden, die sie am dringendsten benötigen. Wesensmerkmal der Effizienz-Verordnung ist zudem die enge Verknüpfung zwischen Struktur- und Marktpolitik durch *Förderungsverbote* oder *Beschränkungen von Kapazitätserweiterungen* bei Produkten ohne „normale Absatzmöglichkeiten auf den Märkten", z. B. bei der Haltung von Milchvieh und Mastschweinen. Verbessert wurden die *Förderung* in Berggebieten und in bestimmten benachteiligten Gebieten, zudem Maßnahmen zum Umweltschutz. Im Juni 1985 wurde außerdem eine *Rahmenordnung zur Einführung der Integrierten Mittelmeerprogramme* (IMP) erlassen, u. a. zur Verbesserung der Landwirtschaft in Griechenland und in bestimmten Gebieten Italiens und Frankreichs. – b) Im Mittelpunkt der *überbetrieblichen Agrarstrukturpolitik* steht die →Flurbereinigung (→Bodenpolitik, →Melioration), die für die Landwirtschaft eine Verbesserung der →Ertragsfähigkeit des Bodens durch die Güterzusammenlegung (d. h. Arrondierung der Betriebsflächen), des Wasser- und Wegebaus sowie des Küstenschutzes bringt. Zunehmende Bedeutung hat die Dorferneuerung. Einzelbetrieblich haben Agrarkreditprogramm (auch für die Nebenerwerbslandwirtschaft), Eingliederung der aus der Landwirtschaft stammenden Spätaussiedler sowie Förderung der Landwirtschaft in benachteiligten Gebieten Vorrang, daneben Maßnahmen gegen die zunehmende Konzentration der Tierhaltung.

3. *Agrarmarktpolitik:* Sie wird fast ausschließlich von der EG (vgl. →EG I 2) getragen. Mit über 20 Mrd. ECU (1986) stellt sie die Hauptlast des gesamten EG-Haushalts dar. Für die meisten Agrarprodukte bestehen gemeinsame EG-Agrarmarktordnungen, die sich durch Kombination einer Vielzahl möglicher binnen- und außenwirtschaftlicher Interventionsinstrumente zur Stabilisierung von Preisen und Mengen auszeichnen. Dabei werden – je nach einzelnen Erzeugnissen – Markt-, Richt-, Grund-, Referenz-, Interventions-, Schwellen- und Exportpreise sowie Exporterstattungen, Importpreise und Importabschöpfungen festgelegt (→Agrarpreise, →EWG). Durch die stark steigenden Produktionsüberschüsse und EG-Agrarmarktausgaben wurde ein umfassendes Programm zur Neuorientierung der gemeinsamen Politik notwendig, das u. a. Einfrierung und z. T. sogar Senkung von Agrarpreisen, Beschränkung der Garantiemengen (d. h. Produktionsquoten) z. B. bei Milch, Getreide, Zucker und Ölsaaten sowie Herauskaufaktionen und Erzeugerabgaben bei Milch vorsieht (→Produktionslenkung in der Landwirtschaft). Das Schwergewicht der Neuorientierung liegt somit bei einer zurückhaltenden Preispolitik und Mengenrestriktionen. Zusätzlich zur EG-Agrarmarktpolitik beteiligt sich der *Bund* an den Maßnahmen zum Verbraucherschutz, an den Kosten für die Vorratshaltung, an gewissen Marktordnungsausgaben für Milch (die von der EG nicht übernommen werden) sowie an Start- und Investitionsbeihilfen für anerkannte Erzeugergemeinschaften.

4. *Agrarsozialpolitik:* Nach dem zweiten Weltkrieg wurde ein geschlossenes System der sozialen Sicherung für die selbständigen Landwirte und ihre Familienangehörigen zum Schutz bei Krankheit, Unfall, Invalidität und Tod geschaffen. Der Bund beteiligt sich finanziell in steigendem Maße. Durch gestaffelte Beiträge sucht er vor allem die kleinen und mittleren Betriebe zu entlasten, die unter dem großen Strukturwandel und dem Einkommensrückstand leiden. An erster Stelle steht die →Altershilfe für Landwirte, gefolgt von der Krankenkasse, der landwirtschaftlichen Unfallkasse und den Landabgaberenten.

5. *Weitere Bereiche: Raumordnungs-, Regional-* und *Umweltpolitik.* Im Vordergrund weiterer einkommensrelevanter Maßnahmen steht der *umsatzsteuerliche Einkommensausgleich* als Ausgleich der aufwertungsbedingten Einkommenseinbußen der Landwirte. Im Bereich der Umweltpolitik wurde eine Reihe von Maßnahmen zur *Verminderung* der für die Forst- und Landwirtschaft *schädlichen Immissionen* im Heizungs-, Industrie- und Kraftfahrzeugbereich erlassen. Einen hohen Stellenwert nehmen auch die landwirtschaftliche *Beratung* sowie *Schulung* von jährlich über

50 000 Auszubildenden und über 3500 Meisterprüfungen ein.

Literatur: Agrar- und ernährungspolitische Berichte der Bundesregierung (Agrarberichte), jährlich seit 1971, davor seit 1956 Grüne Berichte. FAO, The State of Food and Agriculture, jährlich Rom. – Arnold, H., Ökologische Herausforderung der Agrarpolitik, Hohenheim 1981; von Dietze, C., Agrarpolitik, 3. Auflage, Göttingen 1967; Priebe, H., Die subventionierte Unvernunft, Berlin 1985; Rodemer, H., Die EG-Agrarpolitik, Tübingen 1980; Seebohm, E., Nationalstaatliche Landwirtschaftsförderung und Europäische Agrarpolitik, Hannover 1981. – Zeitschriften: Berichte über Landwirtschaft, Agrarwirtschaft, Zeitschrift für Ausländische Landwirtschaft, Deutsche Bauernkorrespondenz.

Prof. Dr. Ralph Anderegg

Agrarpreise. I. B e g r i f f : Innerhalb der EG angeglichene Preise, wichtiger Bestandteil der landwirtschaftlichen Marktordnung. *Ziel:* Steuerung der Produktion und ihre Anpassung an den Bedarf. Marktordnungen enthalten verschiedene *Preisbegriffe:* 1. *Richtpreis:* Ausgangspreis für Interventions-, Schwellen- und Orientierungspreis; kann unter Berücksichtigung der Entfernungen bestimmter Produktionsgebiete von Verbraucherzentren unterschiedlich festgelegt werden. Kein Festpreis, sondern „Soll-Marktpreis". – 2. *Interventionspreis, Ankaufspreis:* Preis, zu dem die →Marktordnungsstellen die ihnen angebotenen Erzeugnisse kaufen müssen, sobald der tatsächliche Preis (Marktpreis) um einen bestimmten Prozentsatz unter den Richt- oder Orientierungspreis sinkt. Preisgarantie für den Erzeuger. – 3. *Grundpreis:* Grundlage für Interventionspreis bei Schlachtvieh und Ankaufspreis bei Obst und Gemüse.

II. M i n d e s t e i n f u h r p r e i s e : Diese dienen der Berechnung der Abschöpfungen oder zusätzlichen Schutzmaßnahmen (Zusatzabschöpfungen und →Ausgleichsabgaben): 1. *Schwellenpreis:* Grundlage der Berechnung der Abschöpfungen für eingeführte Waren der Marktordnungen für Getreide, Reis, Zucker, Milch und Milcherzeugnisse sowie Fette (Olivenöl). Wird so festgesetzt, daß der Abgabepreis für die Importware aus Drittländern das Richtpreisniveau der Gemeinschaft nicht unterschreitet. Die Differenz zwischen dem Angebotspreis an der Grenze und dem Schwellenpreis wird als →Abschöpfung erhoben. – 2. *Orientierungspreis:* Festgelegter Durchschnittspreis für Schlachtrinder; dient der Berechnung des Schwellenpreises und damit der Abschöpfung. – 3. *Einschleusungspreis:* Ein kalkulierter Weltmarktmindestpreis, zu dem die Schweinefleisch, Eier und Geflügelfleisch an der EG-Grenze angeboten werden müssen; dient zur Berechnung der Zusatzabschöpfung, wenn der Einfuhrpreis unter dem Einschleusungspreis liegt. – 4. *Referenzpreis:* Für bestimmte inländische Erzeugnisse aufgrund von Durchschnittspreisen errechnet und festgesetzt. Bei Obst und Gemüse als Berechnungsgrundlage für zusätzlich zu erhebende Ausgleichsabgaben, sofern der Einfuhrpreis unter dem Referenzpreis liegt; ferner

u. U. für Wein und Fische. – Vgl. →EWG I 2 b) (3).

Agrarsozialpolitik →Agrarpolitik IV 4.

Agrarstaat, Land, in dem der überwiegende Teil der Erwerbstätigen in der Landwirtschaft tätig ist. – *Gegensatz:* →Industriestaat.

Agrarstatistik, →Landwirtschaftsstatistik.

Agrarstrukturpolitik, →Agrarpolitik IV 2.

Agrarverfassungspolitik, →Agrarpolitik IV. 1.

AGU, Abk. für →Arbeitsgemeinschaft für Umweltfragen.

AG & Co., Abk. für →Aktiengesellschaft & Co.

AGV, Abk. für →Abeitsgemeinschaft der Verbraucher e. V.

Ägypten, Republik in NO-Afrika auf der vorderasiatischen Halbinsel Sinai. – *Fläche:* 1 001 488 km² (davon 3,5% nutzbar). – *Einwohner* (E): (1986) 49 Mill. (49 E/km²); 99% der E leben im Niltal bzw. -delta, einem der dichtest besiedelten Gebiete der Erde; jährlicher Bevölkerungszuwachs: 2,6%. – *Hauptstadt:* Kairo (Agglomeration 10 Mill. E); weitere Großstädte: Alexandria (2,8 Mill. E), Gizeh (1,3 Mill. E), Port Said (270 000 E), Suez (220 000 E), Assuan (215 000 E).

Staats- und Regierungsform: Seit 1971 ist die „Ständige Verfassung" in Kraft, der Präsident wird vom Volk gewählt, 1979 Unterzeichnung des Friedensvertrags zwischen Ä. und Israel. Ä. besteht aus 26 Gouvernoraten, die sich in Kreise (Marazat) und Bezirke (Mahija) untergliedern. – *Amtssprache:* Arabisch.

Wirtschaft: *Landwirtschaft:* Anteil der landwirtschaftlichen Nutzfläche an der Gesamtfläche 4%, sonst (Lybische und Arabische) Wüste; Sümpfe und Seen im Nildelta. Bewässerungsanbau; Kulturland am Nil und im Nildelta intensivst genutztes landwirtschaftliches Gebiet der Erde (2–3 Ernten pro Jahr). Der Nasserstausee (mit 5500 km² größter künstlicher Stausee der Erde) ermöglichte, die Anbaufläche um 30% zu erweitern. Hauptanbauprodukte sind Weizen, Mais, Reis, Zukkerrohr und Baumwolle. Bedeutende Oasen: Fajum, Charga, Siw. 50% der Erwerbspersonen in der Landwirtschaft (Anteil am BIP 20%). – *Bergbau und Industrie.* Wichtigste Bodenschätze: Erdöl (am Roten Meer), Phosphate, Eisenerz, Salz, Granite. 40% der Industrieprodukte werden von der Lebensmittel- und Textilindustrie erstellt. *Industriestandorte:* Kairo, Alexandria und Assuan. – *Fremdenverkehr:* (1979) 1,1 Mill. eingereiste Ausländer, in den letzten Jahren deutlicher Aufschwung des Tourismus. – *BSP:* (1985, geschätzt) 32 220

Mill. US-\$ (680 US-\$ je E). – *Inflationsrate:* Durchschnittlich 11,9%. – *Öffentliche Auslandsverschuldung* (1983): 49% des BSP. – *Export:* (1985) 3714 Mill. US-\$, v. a. Baumwolle, Textilien, Reis, Zwiebeln, Erdöl, Mineralölprodukte, Zement. – *Import:* (1985) 9962 Mill. US-\$, v. a. Weizen, Industriegüter. – *Handelspartner:* USA, Italien, Bundesrep. D., UdSSR.

Verkehr: Länge des (staatlichen) *Eisenbahnnetzes* 4446 km; 40% des Personenverkehrs und 38% des Güterverkehrs werden von der Eisenbahn bewältigt. Gut ausgebautes *Straßennetz* von ca. 90 000 km längs des Nils und der Mittelmeerküste. *Hauptseehafen* ist Alexandria (18,3 Mill. t Umschlag). *Binnenschiffahrt* auf dem Nil (hauptsächlich Massengüter). Der (verstaatlichte) *Suezkanal* (173 km) verbindet den Mittelmeerhafen Port Said mit dem Roten Meer. Staatliche *Fluggesellschaft:* MISRAIR. Kairo wichtigster *Zwischenlandeplatz* für Fluglinien nach Süd- und Ostafrika, Europa, Südostasien und in den Fernen Osten.

Mitgliedschaften: UNO, CCC, OAU, OIC, UNCTAD u. a.

Währung: 1 Ägyptisches Pfund (ägypt £) = 100 Piaster (PT) = 1000 Milliemes.

AHK, Abk. für →Auslandshandelskammern.

AID-Analyse (AID = automatic interaction detector), *Kontrastgruppenanalyse, Baumanalyse,* Verfahren der statistischen Datenanalyse, von J. A. Sonquist und J. M. Morgan entwickelt. Suchverfahren, um die Struktur der Beziehungen zwischen den Variablen aufzudecken. Gesucht wird jeweils die unabhängige (nicht metrische) Variable, die die „beste" Aufteilung der Elemente (Personen) in Bezug auf eine abhängige Variable in zwei Segmente ermöglicht. Dieser Teilungsprozeß in jeweils zwei Gruppen wird solange fortgesetzt, bis eine Stopregel den weiteren Teilungsvorgang beendet. – Es entsteht ein →Dendrogramm. – *Nachteile:* Größe des benötigten →Stichprobe (größer als 1000), Vernachlässigung der Interkorrelation der unabhängigen Variablen. – *Bedeutung:* In der →Marktforschung, u. a. zur →Marktsegmentierung verbreitet.

AIDA-Regel, bekanntestes Werbewirkungsmodell (→Werbewirkung III). – 1. *Charakterisierung:* Der Umworbene durchläuft verschiedene Stufen (Stufenmodell), die Teilziele für eine Verhaltensbeeinflussung angeben: Aufmerksamkeit (attention) / Interesse (interest) / Wunsch (desire) / Aktion (action). Das heißt: Werbung muß zunächst →Aufmerksamkeit auslösen. Hat der Konsument die Werbebotschaft aufgenommen (→Informationsaufnahme), so soll diese ihn motivieren, d. h. Interesse hervorrufen (→Motivation). Auf der nächsten Stufe soll der Umworbene den Wunsch verspüren, das Produkt, die Leistung zu kaufen. Dieser Wunsch (Kaufabsicht) muß gespeichert werden (→Informationsspeicherung) und später in der Kaufsituation zum Kauf führen. – 2. *Modifikation:* Die häufig vertretene Auffassung, daß ein Kauf nur nach Ablauf aller Stufen erfolgen kann, muß nach neueren Erkenntnissen modifiziert werden: Man geht heute von einer abgeschwächten Hypothese aus, daß die Wirkungsfolge lediglich auf die Bedeutung der einzelnen Teilwirkungen hinweist; je weniger Stufen zwischen einer erreichten Teilwirkung und dem Kauf liegen, desto näher ist man dem Werbeerfolg gekommen *(Distanzhypothese)*.

aid by trade, →Handelshilfe.

AIESEC, internationale Vereinigung der Studenten der Wirtschaftswissenschaften, gegründet 1949, in 61 Ländern der Erde mehr als 20 000 aktive Mitglieder. AIESEC bietet Studenten neben Seminaren zur Weiterbildung und berufsnahen Kommunikation Kontaktgespräche mit führenden Entscheidungsträgern der Wirtschaft, auch Praktikantenstellen im Ausland an.

AIF, Abk. für →Arbeitsgemeinschaft Industrieller Forschungsvereinigungen e. V.

Air Shuttle, →Pendelverkehr.

AISAM, Association Internationale des Sociétés d'Assurance Mutuelle, *International Association of Mutual Insurance Companies, Internationale Vereinigung der Versicherungsgesellschaften auf Gegenseitigkeit,* internationaler Zusammenschluß von Versicherungsvereinen auf Gegenseitigkeit aus 25 Ländern, gegründet 1963, Sitz: Amsterdam. Die AISAM hat beratenden Status beim Wirtschafts- und Sozialrat der Vereinten Nationen (→ECOSOC) sowie bei der Welthandels- und Entwicklungskonferenz der Vereinten Nationen in Genf (→UNCTAD). – *Veröffentlichungen:* Mutualité (zweimal jährlich); AISAM Dictionary, 1982.

a jour, auf dem laufenden. In der Buchführung gebräuchlicher Ausdruck für die tägliche Verbuchung aller anfallenden Geschäftsvorfälle; besonders wichtig z. B. für die →Tagesbilanz und das →Kontokorrent von Banken.

AKA, Abk. für →Ausfuhrkredit-Gesellschaft mbH.

Akademie, →Berufsakademie.

Akademie für Führungskräfte der Wirtschaft e. V., Sitz in Bad Harzburg. – *Aufgabe:* Fort- und Weiterbildung von Fach- und Führungskräften sowie Betriebs- und Personalräten aus Wirtschaft und Verwaltung, v. a. Vermittlung von Führungswissen im Rahmen von Seminaren.

Akademie für Unternehmensführung im Handwerk (AfU), berufsbegleitende branchenübergreifende Fortbildungseinrichtung an fast allen →Handwerkskammern des Bundesgebiets (seit 1975). – *Abschluß:* Betriebswirt des Handwerks (B. d. H.) – *Zulassungsvoraus-*

setzung: Nachweis einer →Meisterprüfung oder entsprechender kaufmännischer Kenntnisse. – *Studiendauer/-fächer:* 480 Std. (Lehrfächer: 81 Std. Volkswirtschaft, 198 Std. Betriebswirtschaft, 117 Std. Recht, 84 Std. Mitarbeiterführung), wobei die Studierenden zwischen Voll- und Teilzeitkursen (Samstagsbzw. Abendkurse) wählen können. Darüber hinaus werden eine Vielzahl von speziellen Fortbildungsmaßnahmen mit unterschiedlichem zeitlichen Umfang aus den Fachbereichen Betriebswirtschaft und Recht, Technologie sowie Gestaltung und Restaurierung angeboten mit dem Ziel, aktuelle Kenntnisse und Fertigkeiten zu vermitteln, um den durch die wachsenden Betriebsgrößen, den starken Konkurrenzdruck sowie sich wandelnde Märkte gestiegenen Anforderungen an die Führungskräfte im Handwerk Rechnung zu tragen.

Akademien der Wissenschaften, →Konferenz der Akademien der Wissenschaften in der Bundesrepublik Deutschland.

AKB, Abk. für →Allgemeine Bedingungen für die Kraftverkehrsversicherung.

AKI, Abk. für →Arbeitsgemeinschaft Keramische Industrie e. V.

Akkord, Herbeiführung eines zumeist vertraglich festgelegten Übereinkommens über den gütlichen Ausgleich zwischen gegensätzlichen Interessen. – *Arten:* 1. A. zwischen Schuldner und Gläubiger: Vgl. →Vergleich. – 2. A. zwischen Arbeitgeber und Arbeitnehmer (bzw. zwischen ihrer Interessenvertretungen): Vgl. →Tarifvertrag. – 3. A. zwischen Leistungsentgelt des einzelnen und der individuellen Leistungsmenge: Vgl. →Akkordlohn.

Akkordarbeit, Erwerbstätigkeit, die nach der geleisteten Arbeitsmenge entlohnt wird. – Vgl. im einzelnen →Akkordlohn.

Akkordbrecher, Arbeitnehmer, der im →Akkordlohn bezahlt wird, mit seiner Arbeitsleistung aber immer beträchtlich über der →Normalleistung liegt. A. werden meist sozial geächtet, weil ihre Leistung häufig Grund für Neufestsetzung der →Vorgabezeiten ist (→Akkordschere). – *Gegensatz:* →Akkordbremser.

Akkordbremser, Arbeitnehmer, der im →Akkordlohn bezahlt wird, dessen tatsächliche →Arbeitsleistung aber immer beträchtlich unter der →Normalleistung liegt. – *Gegensatz:* →Akkordbrecher.

Akkordfähigkeit, Bezeichnung für die Eigenschaften, die eine Arbeit aufweisen muß, damit sie im →Akkordlohn vergütet werden kann. – *Voraussetzungen:* Der Arbeitsablauf muß in einem im voraus bekannten oder bestimmbaren Weise wiederholbar und damit auch zeitlich meßbar sein. Die Arbeitsergebnisse müssen mengenmäßig erfaßbar sein. Der Arbeitsplatz muß zweckentsprechend gestaltet sein und die der Vorgabezeitermittlung vorhandenen Arbeitsbedingungen müssen während der Akkordarbeit tatsächlich bestehenbleiben. – *Nicht akkordfähig* sind Arbeiten, deren Ablauf und Verfahren prozeßbedingt wechseln (Färbeprozesse, Montieren großer Projekte), Reparaturarbeiten, hochgradige Qualitätsarbeit, Kontrollarbeit, gefährliche Arbeiten, Arbeiten dispositiver Art.

Akkord-Gruppe, →Gruppenarbeitsverhältnisse 2.

Akkordlohn. I. Charakterisierung: Form des →Leistungslohns, bei der im Gegensatz zum →Zeitlohn jede Leistungseinheit unabhängig von der dafür benötigten Arbeitszeit vergütet wird. A. richtet sich nicht nach der Dauer der Arbeitszeit, sondern nach dem Mengenergebnis der Arbeit. – Der für →*Normalleistung* gezahlte A. wird als →Akkordrichtsatz bezeichnet und setzt sich zusammen aus: (1) dem garantierten (tariflichen) Mindestlohn, der dem Mindestlohn bei Zeitlohn entspricht, und (2) dem →Akkordzuschlag. Bei Überschreiten der Normalleistung nimmt der A. proportional zu, bei Unterschreiten wird der tarifliche Grundlohn bezahlt. A. in der beschriebenen Form wird als *Proportionalakkord* bezeichnet (vgl. auch →degressiver Akkord, →progressiver Akkord).

II. Formen: 1. Nach der *Bezugsgröße:* →Stückgeldakkord und →Stückzeitakkord. – 2. Nach *Beschäftigtenzahl:* →Einzelakkord und →Gruppenakkord. – 3. *Sonderformen:* Formen, bei denen eine andere als die übliche proportionale Abhängigkeit zwischen Lohn und Leistung besteht. Ob diese Sonderformen des Leistungslohns zu den Akkord- oder Prämienlöhnen zu zählen sind, ist umstritten, im Einzelfall wird die →Akkordfähigkeit der betreffenden Arbeit über die Zuordnung entscheiden. – Wesentliche Gruppen: →Differentiallohnsystem, →Mischakkord, →Akkordlohnkombination, →progressiver Akkord, →degressiver Akkord, →Halsey-Lohn.

III. Arbeitsrecht: Besteht keine tarifliche Regelung, unterliegt die Festsetzung der Akkordsätze einschl. der Geldfaktoren dem erzwingbaren Mitbestimmungsrecht des Betriebsrats in sozialen Angelegenheiten (§ 87 I Nr. 11 BetrVG). Ansatzpunkt für dieses Mitbestimmungsrecht ist der Zeitfaktor. Die

Ermittlung der Vorgabezeit soll dem Mitbestimmungsrecht des Betriebsrats unterliegen, um zu gewährleisten, daß der Arbeitnehmer bei einer das normale Maß übersteigenden Leistung auch ein über dem Normallohn liegendes →Arbeitsentgelt erhält. Wo eine tarifliche Festlegung des Akkordrichtsatzes fehlt, bedeutet die Erstreckung des Mitbestimmungsrechts auf den Geldfaktor nach der Rechtsprechung des BAG, daß in einem Leistungslohnsystem (→Leistungslohn) auch die Bestimmung der Lohnhöhe für die Bezugs- oder Ausgangsleistung und damit der Preis für die Arbeit im Leistungslohn überhaupt mitbestimmungspflichtig ist.

IV. Beurteilung (unter der Voraussetzung der →Akkordfähigkeit und der →Akkordreife der Arbeit): 1. *Vorteile:* A. entspricht dem Leistungsprinzip und dem Prinzip der Lohngerechtigkeit (→Äquivalenzprinzip). Anreiz zur Mehrleistung und Steigerung der Arbeitsintensität; die Folgen langsamer Arbeit sind hinsichtlich der Lohnkosten ohne Bedeutung (Einschränkung durch Mindestlohngarantie); Erleichterung der Kalkulation, da Lohnkosten je Stück unveränderlich sind bei schwankenden Leistungsgraden. – 2. *Nachteile:* Qualitätsrisiko für hochwertige Erzeugnisse; Zurückhaltung von Verbesserungsvorschlägen zur Vermeidung der →Akkordschere; Materialverschleiß. Störung des →Betriebsklimas, falls es Abteilungen gibt, bei denen mit Rücksicht auf Ungleichheiten des Materials, des Fertigungsprogramms u.ä. oder wegen überhöhter Verfahrenskosten die Einführung von A. nicht möglich ist, oder wo technische Schwierigkeiten im Fabrikationsprozeß zu Lasten des Arbeiters gehen würden. Wird den Anforderungen nicht gerecht, die durch den Einsatz moderner Informations- und Kommunikationstechniken (→Betriebsinformatik) entstehen.

Akkordlohnkombination, Sonderform des →Akkordlohns, bei dem sich die Stundenlohnkurve in Abhängigkeit vom Leistungsgrad aus proportionalen, unter- oder überproportionalen Teilen zusammensetzt. – *Möglichkeiten* und jeweilige *Beurteilung:* Vgl. nachstehende Tabelle. – Auch das Differentiallohnsystem ist eine A.

Akkordlohnkombination

Verlauf der Stundenlohnkurve		Beurteilung
Leistungsgrad < 100%	Leistungsgrad > 100%	
proportional	unterproportional	ungünstig wirkt leistungshemmend
unterproportional	proportional	mindert das Verdienstrisiko
überproportional	proportional	starker Leistungsanreiz, der einer Buße für Minderleistungen gleichkommt
überproportional	unterproportional	untauglich, da krasse Lohnungerechtigkeit

Akkordreife, Bezeichnung eines Arbeitsablaufes, der die →Akkordfähigkeit besitzt und (1) eine Störungen bereinigt ist, die die kontinuierliche Wiederholung des Arbeitsablaufes beeinträchtigen könnten, sowie (2) durch den →Leistungsgrad des Arbeitenden auch effektiv beeinflußt werden kann.

Akkordrichtsatz, beim →Akkordlohn der Betrag, der bei normaler Leistung bei →Akkordarbeit in der Zeiteinheit verdient werden soll. I. d. R. liegt der A. über dem für eine entsprechende Zeiteinheit geltenden tariflichen Zeitlohnsatz, zum Ausgleich des mit Akkordvertrag bestätigten Willens zur Mehrleistung und als Entgelt für die bei Akkordarbeit erfahrungsgemäß ergiebigere Leistung.

Akkordschere, ein um die Jahrhundertwende geprägter Ausdruck für eine permanente Verringerung der →Vorgabezeiten im →Akkordlohn, so daß die individuelle Leistung gesteigert werden muß, um die →Normalleistung zu bringen. A. geht meist auf eine längerfristige, dauerhaft über der Normalleistung liegende Arbeitsleistung der Arbeitnehmer zurück (→Akkordbrecher).

Akkordzettel, Grundlage für die Lohnermittlung bei vereinbartem →Akkordlohn. A. sind den im Akkord arbeitenden Arbeitnehmern vor Beginn der Arbeit auszuhändigen. A. enthalten als wesentliches Bestandteile: Lohngruppe, Art der Arbeit, Stückzahl, Stückzeit bzw. Stückpreis. – Der A. gilt *rechtlich* als Urkunde über einen Zusatzvertrag zum →Arbeitsvertrag.

Akkordzuschlag, Betrag, um den der →Akkordrichtsatz den einer entsprechenden Leistung zukommenden Zeitlohn übersteigt.

akkreditieren, jemandem einen Kredit einräumen bzw. bei einem Dritten verschaffen, ihm ein →Akkreditiv stellen.

Akkreditiv. I. B e g r i f f : Abstraktes Zahlungsversprechen eines Kreditinstitutes, bis zu einem bestimmten Betrage (ganz/teilweise/in Teilbeträgen) und unter Vorliegen bestimmter Voraussetzungen an den im A. genannten Begünstigten für Rechnung eines Dritten Zahlung zu leisten, einen →Wechsel zu diskontieren. Seinen Niederschlag findet das Zahlungsversprechen in einem A.-Schreiben, das dem Begünstigten direkt oder über eine Korrespondenzbank zugesandt wird. – *Beteiligte:* Auftraggeber (Akkreditivsteller) = Importeur; Akkreditivbank = Bank des Importeurs; Begünstigter = Exporteur bzw. Bank des Exporteurs.

II. F o r m e n : 1. Nach der *Art der Bedingungen,* unter denen die Zahlung der Bank an den Begünstigten geleistet wird: a) *Barakkreditiv:* Die Auszahlung des Geldbetrags erfolgt i. d. R. ohne besondere Gegenleistung des

Begünstigten (wie z. B. beim Kreditbrief). – b) *Dokumentenakkreditiv (Warenakkreditiv):* Die Auszahlung des Geldbetrags erfolgt nur gegen Vorlage bestimmter Dokumente (u. a. →Traditionspapiere, →Frachtbriefe, →Versicherungsscheine, →Konossemente). – 1951 erließ die Internationale Handelskammer „*Einheitliche Richtlinien und Gebräuche für Dokumentenakkreditive":* Ohne Benachrichtigung des Begünstigten können widerrufliche Dokumentenakkreditive jederzeit vom Akkreditivsteller oder von der Akkreditivbank abgeändert oder annulliert werden; bei unwiderruflichen Dokumentenakkreditiv nur mit Wissen und Einwilligung aller beteiligten Parteien möglich; beim bestätigten Dokumentenakkreditiv erhält der Exporteur von seiner Bank ein unwiderrufliches Zahlungsversprechen (er erhält den Gegenwert unabhängig vom Zahlungseingang). – 2. *Sonderformen:* a) →revolvierendes Akkreditiv; b) →Vorschußakkreditiv; c) →Gegenakkreditiv; d) →Akzeptakkreditiv; e) →Auszahlungskredit (deferred payment credit); f) →commercial letter of credit; g) →letter of authority h) →Postlaufakkreditiv; i) →Zirkularkreditbrief.

Akkreditivbank, *Eröffnungsbank,* Bank, die ein Dokumentenakkreditiv (→Akkreditiv) eröffnet, i. d. R. die Bank des Käufers (Importeur).

Akkumulation, Begriff der →klassischen Lehre (Klassik) und →Marxismus für Erweiterungsinvestitionen. Letzterer zufolge sind die Unternehmer im Konkurrenzkampf zu einer möglichst hohen A. der Gewinne gezwungen, verbunden mit der Einführung des jeweils höchsten technologischen Standards; dies führe zum →*tendenziellen Fall der Profitrate,* der wiederum eine verstärkte A. und damit eine zunehmende →*Konzentration* und →*Zentralisation des Kapitals.* Daneben beruht der marxistische →Krisentheorie u. a. auf der Annahme, daß die kaufkräftige Nachfrage der Arbeiter durch →Ausbeutung hinter der durch die fortgesetzte A. ständig steigenden Produktion zurückbleiben muß.

Akquisition. I. S t r a t e g i s c h e s M a n a g e m e n t : Der Kauf eines Unternehmens bzw. dessen Teilerwerb, um in den Besitz seiner Leistungselemente zu kommen und/oder um dessen Ressourceneinsatz bestimmen und kontrollieren zu können (→mergers & acquisitions). In der amerikanischen Managementliteratur impliziert der Begriff A., daß das Management des zu akquirierenden Unternehmens an einem Verkauf des Unternehmens grundsätzlich interessiert ist. – *Gegensatz:* →Takeover. – *A. als Strategie:* Im Sinn der →strategischen Suchfeldanalyse kann das Suchen nach A.skandidaten auch als →Strategie zum „Kauf" einer anderen (erwünschten) Strategie verstanden werden. Im Fall nur

Suche nach neuen Geschäften ist A. z. B. eine mögliche →Markteintrittsstrategie, die i. a. gegenüber der unternehmensinternen Entwicklung abzuwägen ist.

II. **Vertrieb**: Gewinnung von Kunden, Aufträgen oder auch z. B. Ladungen für Transportfahrzeuge, insbes. aufgrund kundenindividueller Angebote und Beratungen durch Außendienstmitarbeiter (Akquisiteure).

III. **Kommunale A.**: Vgl. →Wirtschaftsförderung II, →Gewerbebestandspflege, →Standortmarketing.

Akquisitionsmodul, →Wissenserwerbskomponente.

akquisitorisches Potential, durch E. Gutenberg im Rahmen der Begründung des monopolistischen Bereichs der polypolistischen Preis-Absatz-Kurve bei unvollkommenem Polypol (→Marktformen) geprägter Begriff für die Gesamtheit der bei potentiellen Käufern präferenzschaffenden Tatbestände eines Unternehmens. „Mit der Qualität der Waren, die angeboten werden, dem Ansehen des Unternehmens, seinem Kundendienst, seinen Lieferungs- und Zahlungsbedingungen und gegebenenfalls auch mit seinem Standort verschmelzen alle diese, oft rational gar nicht faßbaren Umstände zu einer Einheit, die das ‚akquisitorische Potential‘ eines Unternehmens genannt sei." (Gutenberg, E., Grundlagen der Betriebswirtschaftslehre, Bd. 2: Der Absatz, 16. Auflage, Berlin–Heidelberg–New York 1979).

Akten, zu einem bestimmten Geschäftsvorgang oder Verwaltungsakt, Prozeß usw. gesammelte Schriftstücke.

Akteneinsicht, Bezeichnung eines Anspruchs von Parteien im Rechtsleben auf Einblick in die von Amtsstellen geführten Akten.

I. **Zivilprozeß**: Rechtsanspruch auf A. entsteht für →Parteien, für dritte Personen nur bei →Glaubhaftmachung eines bes. rechtlichen Interesses: Parteien können i. d. R. auch Abschriften usw. verlangen (§ 299 ZPO). – Ebenso hinsichtlich der Akten des →Gerichtsvollziehers im *Vollstreckungsverfahren* für die von der Zwangsvollstreckung betroffenen Personen (§ 760 ZPO).

II. **Freiwillige Gerichtsbarkeit**: A. bei Glaubhaftmachung eines →berechtigten Interesses (§ 34 FGG), soweit nicht Sonderregelung, z. B. für →Grundbuch und →Handelsregister.

III. **Strafprozeß**: Anspruch auf A. haben u. a.: →Verteidiger (§ 147 StPO); bei →Privatklage oder →Nebenklage: →Rechtsanwälte (§§ 385, 397 StPO).

IV. **Verwaltungsverfahren**: Den Beteiligten ist A. zu gewähren, soweit deren Kenntnis zur Geltendmachung oder Verteidigung ihrer rechtlichen Interessen erforderlich ist (§ 29 VwVfG).

V. **Verwaltungsstreitverfahren**: A. ist zulässig; auch beigezogene Akten einer Behörde können eingesehen werden, die Behörde darf die Vorlage von Urkunden und Akten nur in Ausnahmefällen verweigern (§§ 99, 100 VwGO).

VI. **Finanzgerichtsbarkeit**: Die Beteiligten können die Gerichtsakten einsehen, ebenso die dem Gericht vorgelegten Akten, und sich durch die Geschäftsstelle auf ihre Kosten Ausfertigungen, Auszüge und Abschriften erteilen lassen (§ 78 FGO). – Kein Recht auf A. beim *Finanzamt,* jedoch kann A. gestattet werden.

Aktennotiz, schriftliche Aufzeichnung über mündliche Verhandlungen und Vereinbarungen über strittigen oder bis dahin ungeklärten Sachverhalt mit Angabe der Beteiligten und eventuell deren Unterschrift.

Aktentaschen-Computer, →Hand-held-Computer.

Aktenvernichter, Geräte zur Vernichtung größerer Papiermengen (Akten) im Betrieb. Das Papier wird in Streifen von weniger als 1 mm zerschnitten. Verwendung der anfallenden Papierwolle zu Verpackungszwecken. – Vgl. auch →Altverwertung.

Aktenzeichen, Zeichen, i. d. R. bestehend aus a) Buchstaben und Ziffern des Aktenplans (evtl. römischen Ziffern oder Symbolen) sowie b) einer laufenden Briefbuchnummer; dient zur Kennzeichnung des Bearbeiters und/oder der Schreibkraft. – *Organisationsmittel* (1) für die innerbetriebliche Leistungskontrolle von Sachbearbeitern und Schreibkräften; (2) für die Portokontrolle; (3) für die Ordnung von Posteingang und Postausgang; (4) auch als Ablagevermerk in der Registratur.

Aktie. I. **Begriff**: →Wertpapier, das die vom Aktionär durch Übernahme eines Anteils am →Grundkapital erworbenen Rechte an einer →Aktiengesellschaft oder einer →Kommanditgesellschaft auf Aktien verbrieft (§ 1 II AktG).

II. **Rechtsnatur**: 1. *Rechtsgrundlagen*: Aktiengesetz (AktG) vom 6. 9. 1965 (BGBl I 1089) mit späteren Änderungen und Einführungsgesetz zum Aktiengesetz vom 6. 9. 1965 (EAktG). – 2. Das *Grundkapital* der Aktiengesellschaft und der Kommanditgesellschaft auf Aktien ist in A. zerlegt. Die A. lauten auf einen festen Nennbetrag (§ 6 AktG, sog. Nennwert-A.). Der Mindestnennbetrag ist 50 DM (§ 8 I 1 AktG); höhere Nennbeträge müssen auf volle 100 DM lauten (§ 8 II AktG). Die Nennbeträge der A. und deren Zahl bestimmt die →Satzung der AG. Die A. einer AG können verschiedene Nennwerte haben. A. sind unteilbar (§ 8 III AktG). – 3. *Ausgabe* von A. (Emission) mit →Disagio verboten, mit →Agio zulässig (§ 9 AktG). – 4. Die *A.-Urkunde*, die durch besonderes Papier (Wasserzeichen) ud besonderen Druck gegen Fälschung gesichert ist, muß enthalten: Nennbetrag, Name des Ausstellers (AG) und, falls Namens-A., Name des Berechtigten; sie ist vom →Vorstand zu unterzeichnen (Faksimile statthaft). Zwecks Erhebung der Dividende sind sämtliche A. mit →Dividendenscheinen und →Erneuerungsschein ausgestattet, sog. →Bogen, die zusammen mit der Aktienurkunde (Mantel) erst das Gesellschaftsrecht verbriefen. – 5. Der *Markt* der A. ist die →Börse, ihr *Preis* der →Kurs, der mit dem →Nennwert i. d. R. nicht übereinstimmt. – 6. *Rechte:* Jede A. gibt Anspruch auf Anteile am Gewinn nach dem Verhältnis der A.-Nennbeträge (→Dividende) und am Liquidationserlös. Abschlagszahlungen an →Aktionäre nach Ablauf des Geschäftsjahres möglich (§ 59 AktG). Zinsen dürfen den Aktionären weder zugesagt noch gezahlt werden. A. gewährt grundsätzlich →Stimmrecht (Ausnahmen möglich bei Vorzugs-A.: §§ 139 f. AktG) in der →Hauptversammlung. →Mehrstimmrechte grundsätzlich unzulässig, jedoch Ausnahmen gestattet (§ 12 II AktG). Nach früherem Recht gewährte Mehrstimmrechte bleiben aufrechterhalten; indes Beseitigung oder Beschränkung möglich (§ 5 EGAktG).

III. A r t e n : 1. Nach der *Rechtsform:* a) →*Inhaberaktie:* auf den Inhaber lautende A.; b) →*Namensaktie:* auf den Namen lautende A. Nicht voll eingezahlte A. müssen auf den Namen lauten (§ 10 AktG). Umwandlung von Inhaberaktien in Namensaktien und umgekehrt auf Verlangen möglich, wenn in der Satzung vorgesehen. – Sonderform: →vinkulierte Aktie. – 2. Nach dem *Umfang der durch die A. gewährten Rechte:* a) →*Stammaktie:* A. mit grundsätzlich gleichen Rechten; – b) →*Vorzugsaktie:* A. mit Vorrechten. – 3. Nach der *Art der Beteiligung* am Grundkapital der AG: a) →*Nennwertaktie:* auf eine feste Summe (→Nennwert) lautende A.; b) →*Quotenaktie:* auf einen (prozentualen) Bruchteil des Grundkapitals lautende A. (ähnlich →Kuxe).

IV. E i n z i e h u n g v o n A . : A. können zwangsweise oder nach Erwerb durch die AG eingezogen werden (§§ 237 ff. AktG). – 1. *Zwangseinziehung:* Voraussetzungen: a) Anordnung in der ursprünglichen Satzung oder einer Satzungsänderung vor Übernahme oder Zeichnung der A.; b) Beachtung der Vorschriften über die ordentliche →Kapitalherabsetzung (§§ 222 ff. AktG); c) Entscheidung des Vorstands über Einziehung (anstelle des Hauptversammlungsbeschlusses nach § 222 AktG). – 2. *Einziehung nach Erwerb durch AG:* Voraussetzungen: a) Beachtung der Vorschriften über die ordentliche Kapitalherabsetzung (§§ 222 ff. AktG) oder wenn A., auf

die Nennbetrag oder höherer Ausgabebetrag voll eingezahlt, der AG unentgeltlich zur Verfügung gestellt werden oder zu Lasten des Bilanzgewinns oder einer freien Rücklage eingezogen werden. b) Beschluß der Hauptversammlung (einfache Mehrheit genügt, falls Satzung nichts anderes bestimmt). – 3. *Folgen der Einziehung:* a) Die in der A. verkörperten Rechte gehen unter; b) Herabsetzung des Grundkapitals um den Gesamtnennbetrag der eingezogenen A.; c) ggf. Zahlung eines Entgelts an betroffene Aktionäre; d) ggf. Einstellung eines Betrags in Höhe des Gesamtnennbetrags der eingezogenen A. in die →gesetzliche Rücklage; e) Anmeldung der durchgeführten Kapitalherabsetzung zur Eintragung ins →Handelsregister; f) Ausweis in der →Gewinn- und Verlustrechnung; g) Erläuterung im →Geschäftsbericht.

V. S o n s t i g e s : 1. Rechte aus der A. gehen durch →*Kaduzierung* auf den Erwerber über. – 2. Die Rechte aus der A. bleiben bei →*Kraftloserklärung* einer abhanden gekommenen A. (→abhanden gekommene Wertpapiere) bestehen. Der Berechtigte kann sich nach Erlangung des Ausschlußurteils eine →Ersatzaktie ausstellen lassen. – 3. Unter bestimmten Voraussetzungen kann *beschädigte* oder verunstaltete A. durch neue *Urkunde* ersetzt werden. – 4. Steht A. *mehreren Berechtigten* zu, so können Rechte daraus nur durch einen gemeinschaftlichen Vertreter ausgeübt werden. Berechtigte haften für Leistungen auf A. gesamtschuldnerisch. Willenserklärungen der AG sind gegenüber gemeinschaftlichem Vertreter, ggfs. gegenüber einem Berechtigten abzugeben. – 5. Vgl. ergänzend: →Emission, →Sanierung, →verbotene Aktienausgabe.

VI. S t e u e r r e c h t : 1. *Bewertungsgesetz:* a) A. sind für Steuerzwecke mit dem →*Kurswert* (= der niedrigste am Stichtag [vgl. d)], ggfs. davor im amtlichen Handel notierte Kurs) anzusetzen (§ 11 I BewG). Abweichend notierte Kurse von Stamm- und Vorzugs-A. einer Gesellschaft sind auch steuerlich maßgebend. Zur Vereinfachung werden die maßgebenden Kurse, von A., die an einer deutschen Börse zum amtlichen Handel zugelassen sind für die Feststellung des →Einheitswerts und für die Vermögensteuer vom Bundesminister der Finanzen zusammengestellt und veröffentlicht (§ 113 BewG). – b) Der *gemeine Wert nichtnotierter A.* wird aus Verkäufen abgeleitet oder nach dem →Stuttgarter Verfahren ermittelt (§ 11 II BewG). – c) *A. von Gesellschaften mit Sitz in der DDR* können grundsätzlich mit Null DM bewertet werden. Für *Anteile an ausländischen Kapitalgesellschaften,* die nicht an einer deutschen Börse zum amtlichen Handel zugelassen sind, kann der gemeine Wert aus Kursen des Emissionslandes abgeleitet werden. – d) *Stichtag:* Jeweils der 31. 12. des Jahres, das dem für die Haupt-,

Neu- oder Nachveranlagung zur →Vermögensteuer maßgebenden Zeitpunkt vorangeht (§ 112 BewG). – 2. *Einkommensteuer:* a) Zur Bestimmung des an die Aktionäre ausgeschütteten *Gewinnanteils* (Dividende) vgl. →Aktiengesellschaft III 2. – b) Ein bei der *Veräußerung* der A. erzielter Gewinn unterliegt bei im Privatvermögen gehaltenen A. nur der Besteuerung, wenn es sich um ein →Spekulationsgeschäft oder um eine Veräußerung einer →wesentlichen Beteiligung bzw. eines →einbringungsgeborenen Anteils handelt. Vgl. →Veräußerungsgewinne.

Aktienabstempelung, Änderung des →Nennwertes einer Aktie durch Abstempelung zur Vermeidung des Neudrucks auf maschinellem Wege oder durch Handstempel: a) bei →Kapitalherabsetzung zur →Sanierung; b) bei →Verschmelzungen (Fusionen) bisweilen zur Überschreibung auf die übernehmende Gesellschaft, vgl. auch →Umstempelung; c) bei Währungsumstempelungen, z. B. Währungsreform von 1948.

Aktienanalyse. 1. *Begriff:* methodische Erfassung aktueller und historischer Daten der durch die Aktien repräsentierten Unternehmung sowie der Entwicklungstendenz des Marktes. Grundlage bilden die in die marktmäßige Bewertung (Aktienkurs) einfließenden Faktoren, insbes.: a) Selektions-(Aktienauswahl-)problem, b) Timingproblem (Kauf-/ Verkaufszeitpunkt) und in neueren Ansätzen zur A. c) Problem der Portfolio-Zusammensetzung (→Portfolio). – 2. *Formen:* a) →technische Aktienanalyse und b) →fundamentale Aktienanalyse.

Aktienausgabe, →Emission, →verbotene Aktienausgabe, →Freiaktien, →Gratisaktien.

Aktienaustausch, zwischen AGs meist beim Abschluß von →Interessengemeinschaften zwecks festeren Zusammenschlusses stattfindender Vorgang. A. macht meist entsprechende →Kapitalerhöhung zur Bereitstellung der nötigen Aktienbeträge erforderlich. Gehören jedem Unternehmen mehr als 25% des anderen Unternehmens, so unterliegen sie als „wechselseitig beteiligte Unternehmen" den gesetzlichen Bestimmungen für „verbundene Unternehmen" (§§ 291–338 AktG).

Aktienbank, →Bank in der Rechtsform einer →Aktiengesellschaft. Erstmals 1848 (nicht ausreichende Kreditkraft der Bankiers zur Finanzierung großer Industrie- und Eisenbahnprojekte) nach dem Vorbild des Crédit Mobilier gegründet; es folgten u. a. 1870 Deutsche Bank und Commerzbank, 1872 Dresdner Bank. Auch heute noch liegt der Schwerpunkt des Bankgeschäfts bei A.

Aktienbezugsrecht, →Bezugsrecht. *Anleihen* mit A.: →Optionsanleihe.

Aktienbuch, das bei einer AG zu führende Buch, in das etwa ausgegebene →Namensaktien und →Zwischenscheine mit genauer Bezeichnung des Inhabers einzutragen sind (§ 67 AktG) sowie ferner jede Übertragung der Aktie, Kaduzierung, Umwandlung in Inhaberaktie und Aktienzusammenlegung. Nur der im A. Eingetragene gilt im Verhältnis zu der AG als Aktionär (§ 68 AktG).

Aktieneinziehung, mit entsprechender Herabsetzung des →Grundkapitals verbundener Vorgang (§§ 237–239 AktG). Im einzelnen vgl. →Aktie IV.

Aktiengesellschaft (AG). I. C h a r a k t e r i s i e r u n g : Prototyp der →kapitalistischen Unternehmensverfassung; alle Entscheidungsmacht leitet sich vom Kapitaleigentum ab und wird so legitimiert. Die große A. unterliegt allerdings der →Mitbestimmung der Arbeitnehmer auf Unternehmensebene nach dem →Montan-Mitbestimmungsgesetz, →Mitbestimmungsgesetz, →Betriebsverfassungsgesetz 1952. – *Europäische AG:* Vgl. →internationale Unternehmensverfassung II.

II. R e c h t s n a t u r / U n t e r n e h m e n s v e r f a s s u n g : 1. *Rechtsstellung:* Die AG ist eine →Handelsgesellschaft mit eigener Rechtspersönlichkeit (→juristische Person); für die Verbindlichkeiten der AG haftet den Gläubigern nur das Gesellschaftsvermögen (§ 1 AktG). Die Gesellschafter (→Aktionäre) sind i. d. R. mit →Einlagen am →Aktienkapital beteiligt. Die AG ist eine unpersönliche Unternehmungsform (frz. Société Anonyme), eine →Kapitalgesellschaft. Das Grundkapital der AG wird meist von einer größeren Zahl von Kapitalgebern aufgebracht. Der Vorteil für den Aktionär liegt darin, daß er jederzeit die Aktie mit Hilfe der Banken an der Börse verkaufen kann. Die Banken spielen bei der →Gründung einer AG und der Aktienausgabe eine große Rolle. – 2. *Rechtsgrundlage:* →Aktiengesetz (AktG) vom 6. 9. 1965 (BGBl I 1089) mit späteren Änderungen, davor Ges. über AG und KGaA vom 30. 1. 1937 (bis dahin HGB §§ 178 bis 334). – 3. *Gründung:* Für →Gründer, →Gründung und →Gründungsprüfung gibt das AktG eingehende Sondervorschriften. Die Einzahlung des Aktionärs muß mindestens 25% des Nennwerts der Aktie und bei Ausgabe der Aktien für einen höheren als den Nennbetrag auch den Mehrbetrag umfassen. Sacheinlagen sind vollständig zu leisten (vgl. auch →Kaduzierung). In bestimmten Fällen können die Aktionäre durch die →Satzung zu regelmäßigen, nicht in Geld bestehenden Leistungen (meist gegen Vergütung) verpflichtet werden, z. B. zu Rübenlieferungen bei Zuckerfabriken (→Nebenleistungsaktiengesellschaft). Bei solchen Nebenleistungen müssen die Aktien →vinkuliert sein. – 4. *Die Satzung* (Statut, Gesellschaftsvertrag) muß enthalten:

→Firma, →Sitz, Gegenstand des Unternehmens, Grundkapital, →Nennwert der Aktien, Art der Zusammensetzung des Vorstandes, Form für die Bekanntmachungen der AG. – 5. Die →*Firma* ist i.d.R. dem Gegenstand des Unternehmens zu entnehmen und muß den Zusatz „AG" enthalten. – 6. *Organe:* →Hauptversammlung (HV), →Aufsichtsrat (AR) und →Vorstand (Direktion); vgl. Übersicht Sp. 127/128. – 7. *Rechnungslegung:* Über jedes Geschäftsjahr ist die →Jahresbilanz mit →Gewinn- und Verlustrechnung und Anhang (=Jahresabschluß) und der →Lagebericht vom Vorstand aufzustellen, im Regelfall (→Abschlußprüfung) von →Abschlußprüfern zu prüfen, nach Feststellung (vgl. § 172 AktG) i.d.R. zu veröffentlichen (→Publizität) und der Hauptversammlung (HV) vorzulegen. Über die Verwendung des →Bilanzgewinns beschließt die HV. Zu Besonderheiten der Rechnungslegung vgl. →Unterbilanz, →Überschuldungsbilanz, →Gründungsbilanz, →Abwicklungsbilanz. – 8. *Auflösung der AG* kann erfolgen: a) durch Ablauf der in der Satzung vorgesehenen Zeit (selten), b) durch Beschluß der HV mit Drei-Viertel-Mehrheit des vertretenen Grundkapitals, c) durch Eröffnung des →Konkurses. Sie hat die →Abwicklung (Liquidation) zur Folge.

III. B e s t e u e r u n g : 1. *Körperschaftsteuer:* Das steuerpflichtige Einkommen der AG unterliegt der →Körperschaftsteuer. – 2. *Einkommensteuer:* Der an den einzelnen Aktionär ausgeschüttete Gewinn (→Dividende) zuzüglich des Körperschaftsteuer-Anrechnungsanspruchs (9/16 der →Bardividende) ist bei diesem in voller Höhe als Einnahme aus Kapitalvermögen einkommensteuerpflichtig (→Einkünfte II); die von der AG einbehaltene →Kapitalertragsteuer und Körperschaftsteuer werden auf die →Einkommensteuer angerechnet (→Anrechnung von Steuern, →körperschaftsteuerliches Anrechnungsverfahren). – 3. *Vermögensteuer:* Das →Gesamtvermögen einer AG unterliegt der →Vermögensteuer (§ 4 VStG). Dabei bilden alle der AG zuzuordnenden Wirtschaftsgüter einen gewerblichen Betrieb i.S. des § 97 I BewG. Das →Betriebsvermögen der AG wird in einem →Einheitswert durch die Summe der einzelnen bewerteten Wirtschaftsgüter abzüglich der Betriebsschulden erfaßt (§ 98 a BewG). – 4. *Gewerbesteuer:* Die Tätigkeit der AG gilt stets als Gewerbebetrieb und unterliegt der →Gewerbesteuer (§ 2 II GewStG).

Aktiengesellschaft & Co. (AG & Co.), selten vorkommende Unternehmensform, bei der eine →Aktiengesellschaft als Komplementär an einer →Kommanditgesellschaft oder an einer →offenen Handelsgesellschaft beteiligt ist.

Aktiengesetz (AktG), Gesetz vom 6.9.1965 (BGBl I 1089), ergänzt durch das Einfüh-

rungsgesetz zum Aktiengesetz (EGAktG) vom 6.9.1965 (BGBl I 1185) mit späteren Änderungen.

I n h a l t : 1. →Gründung; 2. Rechtsverhältnisse und →Auflösung der →Aktiengesellschaft und →Kommanditgesellschaft auf Aktien; 3. →verbundene Unternehmen; 4. →Verschmelzung, Vermögensübertragung u.a. →Umwandlung der AG in eine GmbH und umgekehrt; 5. Straf- und Bußgeldvorschriften für die Organträger und andere Personen (§§ 399 ff.) bei a) falschen Angaben bestimmter Art; b) unrichtiger Darstellung der Vermögenslage; c) verschuldet nicht rechtzeitigem Konkursantrag oder Antrag auf Eröffnung des Vergleichsverfahrens; d) Fälschung oder Verfälschung von Hinterlegungsbescheinigungen, Sonderfall der →Urkundenfälschung; e) →Stimmenverkauf; f) →Stimmrechtsmißbrauch in der Hauptversammlung; g) unrichtiger Wiedergabe des Jahresabschlusses; h) Verletzung der Berichtspflicht der Prüfer und ihrer Gehilfen oder Verletzung der Verschwiegenheitspflicht.

Aktienindex, gewogene Meßzahl für die Entwicklung des Kursdurchschnitts maßgeblicher Aktiengesellschaften. – 1. *Internationale A.:* →Dow-Jones Index (New York), bekanntester internationaler A.; acht Financial-Times-Indizes (London); INSEE-Index (Paris); RCI-Index (Mailand) und weitere. – 2. *A. in der Bundesrep. D.:* U.a. FAZ-A., Commerzbank-Index, West-LB-A. sowie der vom Statistischen Bundesamt ermittelte A. – 3. Vom *Statistischen Bundesamt ermittelte A.:* Der Berechnung liegt eine Auswahl von Gesellschaften zugrunde, die mindestens 90% des Nominalwertes der börsennotierten Stammaktien insgesamt und in den Wirtschaftsbereichen (Gliederung nach der →Wirtschaftszweigsystematik, Ausgabe 1979) repräsentieren (Ende 1980 295 Gesellschaften mit 95%). Durch ein Auswahlverfahren zum Jahresende werden die einbezogenen Gesellschaften jeweils der neuesten Börsenstruktur angeglichen. Die Berechnung erfolgt börsentäglich auf der Basis 30.12.1980 = 100. Veröffentlichung in der Fachserie 9 Reihe 2.

Aktienindextermingeschäft, →financial futures.

Index der Aktienkurse

Jahresende	Alle Wirtschaftsgruppen	Industrie
1950	9,8	10,5
1951	14,3	15,5
1952	18,1	19,8
1955	36,3	39,4
1960	110,7	117,2
1965	87,0	90,8
1970	96,2	99,6
1975	94,4	95,0
1980	101,9	102,4
1985	209,2	193,1
1986	295,7	258,6

Übersicht: Aktiengesellschaft – Organe

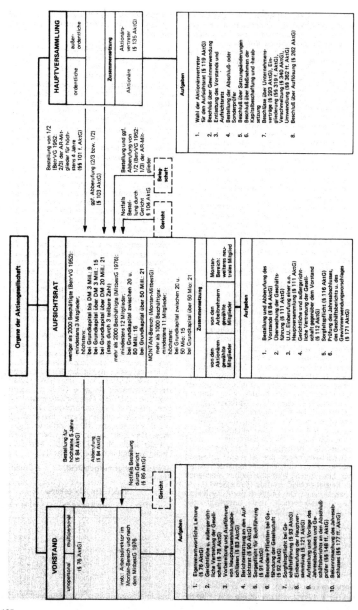

Organe der Aktiengesellschaft

VORSTAND

unipersonal / multipersonal

(§ 76 AktG)

Bestellung für höchstens 5 Jahre (§ 84 AktG)

Abberufung (§ 84 AktG)

Notfalls Bestellung durch Gericht (§ 85 AktG)

insb.: Arbeitsdirektor im Montan-Bereich und nach dem MitbestG 1976

Aufgaben

1. Eigenverantwortliche Leitung (§ 76 AktG)
2. Gerichtliche u. außergerichtliche Vertretung der Gesellschaft (§ 78 AktG)
3. Vorbereitung und Ausführung von Hauptversammlungsbeschlüssen (§ 83 AktG)
4. Berichterstattung an den Aufsichtsrat (§ 90 AktG)
5. Sorgepflicht für Buchführung (§ 91 AktG)
6. Besondere Pflichten bei Gefährdung der Gesellschaft (§ 92 AktG)
7. Sorgfaltspflicht (§ 93 AktG)
8. U.U. Einberufung einer a.o. Hauptversammlung (§ 121 AktG)
9. Aufstellung und Vorlage des Jahresabschlusses und Geschäftsberichts an den Abschlußprüfer (§§ 148 ff. AktG)
10. Bekanntmachung des Jahresabschlusses (§§ 177 ff. AktG)

AUFSICHTSRAT

weniger als 2000 Beschäftigte (BetrVG 1952): mindestens 3 Mitglieder, höchstens:
- bei Grundkapital bis DM 3 Mill.: 9
- bei Grundkapital über DM 3 Mill.: 15
- bei Grundkapital über DM 20 Mill.: 21
(stets durch 3 teilbare Zahl)

mehr als 2000 Beschäftigte (MitbestG 1976):
mindestens 12 Mitglieder;
- bei Grundkapital zwischen 20 u. 50 Mill.: 16
- bei Grundkapital über 50 Mill.: 21

MONTAN-Bereich (Montan-MitbestG):
mindestens 11 Mitglieder;
höchstens:
- bei Grundkapital zwischen 20 u. 50 Mio.: 15
- bei Grundkapital über 50 Mio: 21

Zusammensetzung

von den Aktionären gewählte Mitglieder	von den Arbeitnehmern gewählte Mitglieder	Montan-Bereich: weiteres neutrales Mitglied

Aufgaben

1. Bestellung und Abberufung des Vorstands (§ 84 AktG)
2. Überwachung der Geschäftsführung (§ 111 AktG)
3. U.U. Einberufung einer a.o. Hauptversammlung (§ 111 AktG)
4. Gerichtliche und außergerichtliche Vertretung der Gesellschaft gegenüber dem Vorstand (§ 112 AktG)
5. Sorgfaltspflicht (§ 116 AktG)
6. Prüfung des Jahresabschlusses, des Geschäftsberichts u. des Gewinnverwendungsvorschlages (§ 171 AktG)

Bestellung von 1/2 (BetrVG 1952: 2/3) der AR-Mitglieder für höchstens 4 Jahre (§§ 101 f. AktG)

ggf. Abberufung (2/3 bzw. 1/2) (§ 103 AktG)

Bestellung und ggf. Abberufung von 1/2 (BetrVG 1952: 1/3) der AR-Mitglieder

Notfalls Bestellung durch Gericht § 104 AktG

Gericht

Belegschaft

HAUPTVERSAMMLUNG

ordentliche / außerordentliche

(§ 135 AktG)

Zusammensetzung

Aktionäre	Aktionärsvertreter (§ 135 AktG)

Aufgaben

1. Wahl der Aktionärsvertreter für den Aufsichtsrat (§ 119 AktG)
2. Beschluß über Gewinnverwendung (§ 119 AktG)
3. Entlastung des Vorstands und Aufsichtsrats
4. Bestellung der Abschluß- oder Sonderprüfer
5. Beschluß über Satzungsänderungen
6. Beschluß über Maßnahmen der Kapitalbeschaffung und -herabsetzung
7. Beschlüsse über Unternehmensverträge (§ 293 AktG), Eingliederung (§§ 319 f. AktG), Verschmelzung (§ 340 AktG), Umwandlung (§ 362 f. AktG)
8. Beschluß über Auflösung (§ 262 AktG)

Aktienkapital, das in Anteile (Aktien) zerlegte →Grundkapital einer Aktiengesellschaft. Höhe nach § 7 AktG mindestens 100 000 DM.

Aktienkurs, →Aktienindex, →Kurs.

Aktienkurstheorie, Theoretischer Ansatz, der besagt, daß der Kurs einer Aktie der Gegenwartswert der Anleihe zukünftiger Vorteile ist, die sich aus dem Besitz der Aktie ergeben; er ist ein →Ertragswert. Die zukünftigen Vorteile umfassen alle zukünftigen →Dividenden einschl. einer möglichen Liquidationsdividende. – Vgl. auch →Effizienz des Kapitalmarktes.

Aktienmarkt, der gesamte, den Handel in →Aktien betreffende Börsenverkehr, vielfach auch nur der Markt der amtlich notierten Aktien. Der A. bildet mit dem →Rentenmarkt den Wertpapiermarkt. Auf dem deutschen A. werden Aktien von rund 400 deutschen Aktiengesellschaften amtlich oder im geregelten →Freiverkehr gehandelt und notiert sowie Aktien ausländischer Aktiengesellschaften.

Aktienoption, das Recht, für →Wandelschuldverschreibungen im Umtausch gegen die Schuldverschreibungsurkunde →Aktien in einem bestimmten Verhältnis und zu einem festgesetzten Kurs zu beziehen.

Aktienpaket. 1. *Begriff:* Größerer Nominalbetrag von →Aktien derselben Gesellschaft, der sich in einer Hand befindet und dem Besitzer Einfluß auf die Gesellschaft sichert. Der Besitz von 5% des Kapitals genügt, um die Einberufung einer Hauptversammlung zu erzwingen. Mit 25% kann die Beschlußfassung verhindert werden in den Fällen, in denen eine Drei-Viertel-Mehrheit erforderlich ist. Der Besitz von 75% sichert die völlige Beherrschung. Indessen kann in der Praxis meist mit wesentlich geringerem A. ein absolut entscheidender Einfluß ausgeübt werden, oft mit 30% und weniger. – 2. *Bewertung* gem. BewG: Vgl. →Paketzuschlag.

Aktienrecht. I. Deutsches A.: 1. Hervorgegangen aus den staatlichen Konzessionen und gewissen Hoheitsrechten der Handelskompanien des 17. Jahrhunderts. Im 18. Jahrhundert weitergebildet im Bank- und Versicherungsgewerbe, im 19. Jahrhundert Recht einer typischen Gesellschaftsform der privatrechtlich-kapitalistischen Großunternehmung. – 2. Erste einzelstaatliche Regelungen gelöst durch das *Allgemeine Deutsche Handelsgesetzbuch* (1861). Novelle 1870: Beseitigung der letzten öffentlich-rechtlichen Elemente; Einführung eines Normativsystems mit der Verpflichtung zur Einhaltung gewisser gesetzlicher Mindestforderungen, die laufend verschärft wurden. – 3. Im *Handelsgesetzbuch* (1897) wurden die Bestimmungen der Novelle von 1884 übernommen,

die sich in der Weltwirtschaftskrise als nicht ausreichend erwiesen. – 4. *Novelle von 1931:* Verschärfung durch erweiterte Publizitätspflichten und Abschlußprüfungspflicht. – 5. *Aktiengesetz* von 1937 (außerhalb des HGB) verstärkte die Stellung des Vorstands, der geschäftsführendes Organ und gesetzlicher Vertreter der AG ist. Keine Personalunion von Vorstandsmitgliedern und Aufsichtsratsmitgliedern. Eingehende Vorschriften über Termin, Feststellung, Gliederung, Prüfung und Genehmigung des Jahresabschlusses. – 6. *Herabsetzung* des Mindest-Grundkapitals von 500 000 RM auf 100 000 DM nach DMBilanzG vom 21. 8. 1949. – 7. *Neuordnung 1965* durch die Große →Aktienrechtsreform (dort II 2). – 8. *Durch Richtlinien der EWG* zur Koordinierung des Gesellschaftsrechts vom 15. 8. 1969 (BGBl I 1146) und vom 13. 12. 1978 (BGBl I 1959) Verpflichtung zur Offenlegung der Vertretungsbefugnisse eingeführt und Anforderungen bezüglich der Angaben in den →Geschäftsbriefen verschärft.

II. Internationales A.: 1. In *Österreich* wurde das 1938 eingeführte deutsche AktG von 1937 von 1945 beibehalten. – 2. In der *Schweiz* gilt das revidierte Obligationenrecht von 1936, das ein Mindestkapital von 50 000 sfrs erfordert. Verwaltungsrat hat die Unternehmerfunktion. Generalsammlung als oberstes Organ der AG. – 3. In *Frankreich* regelt sich das Recht der *Société Anonyme* nach dem Gesetz von 1867 (mit einigen Änderungen). Wie in der Schweiz ist die Generalversammlung oberstes Gesellschaftsorgan. – 4. In *England* gilt die companies act von 1948, die für die Company limited by shares an Stelle von Vorstand und Aufsichtsrat einen Board of Directors vorschreibt. – 5. In den *USA* sind die Verhältnisse den englischen ähnlich. Die stock-companies unterliegen Bundesrecht. Hervorzuheben ist die geringe Publizitätspflicht und die Häufigkeit von Quotenaktien.

Aktienrechtsreform, *Aktienreform,* Umbildung und Verbesserung des Aktienrechts.

I. A. nach den Inflationsjahren: Erforderlich, weil sich infolge der massenhaften Ausgabe von →Schutzaktien und →Vorratsaktien besondere Mißstände bemerkbar machten. – 1. Die *Forderungen* einer A. erstreckten sich v. a. auf Beseitigung dieser Aktienkategorien, insbes. der →Mehrstimmrechtsaktien, sodann auf einen verstärkten Schutz gegen Bezugsrechtsentziehung, auf Beseitigung des Bankenstimmrechts der Depotaktien, auf eine größere →Publizität u. a. – 2. *Durchführung:* a) Die Notverordnungen von 1931 brachten gewisse Änderungen, insbes. Vorschriften über →Jahresabschluß und dessen →Pflichtprüfung durch →Wirtschaftsprüfer. – b) Das →Aktiengesetz vom 30. 1. 1937 enthielt eine weitgehende Neuregelung, doch wurden die Rechte der Aktionäre durch verstärkte Stellung des →Vorstands z. T. stark geschmälert.

II. N e u e A., angestrebt im Sinne einer Wiederherstellung der Einschränkung der Aktionärsrechte und der unkontrollierbaren Bildung →stiller Rücklagen (Selbstfinanzierung). – 1. Sog. *Kleine A.* (Gesetz über die Kapitalerhöhung aus Gesellschaftsmitteln und über die Gewinn- und Verlustrechnung vom 23.12.1959, BGBl I 789): a) Ließ die →Kapitalerhöhung aus Gesellschaftsmitteln durch Umwandlung von offenen →Rücklagen in Nennkapital zu (steuerfrei gem. Gesetz über steuerliche Maßnahmen bei der Erhöhung des Nennkapitals aus Gesellschaftsmitteln vom 30.12.1959, BGBl I 834, →Freiaktien). – b) Ermöglichte den Erwerb →eigener Aktien zur Ausgabe an die Belegschaft, →Belegschaftsaktien. – c) Änderte die Gliederung der →Gewinn- und Verlustrechnung. – 2. Sog. *Große* A., die ihren Niederschlag 1965 in einer Neufassung des Aktiengesetzes gefunden hat. *Ziele:* a) Beseitigung der →Mehrstimmrechte; b) →Mitteilungspflicht für mehr als 25%ige Beteiligungen an Kapitalgesellschaften; c) →Minderheitsrechte auch für eine Minderheit von 1 bzw. 2 Mill. DM; d) Feststellung des →Jahresabschlusses durch →Vorstand und →Aufsichtsrat, aber Beschränkung in der Bildung von →Rücklagen, namentlich von stillen Rücklagen, Entscheidung der →Hauptversammlung über →Gewinnverwendung; e) neue →Bilanzgliederung; f) →Gewinn- und Verlustrechnung in Staffelform; g) Erweiterung des →Auskunftsrechts; h) strengere Vorschriften für das →Depotstimmrecht; i) Neuordnung des →Konzernrechts, Regelung der Beherrschungs- und Gewinnabführungsverträge, Sicherung der Gläubiger und der außenstehenden Aktionäre; j) Sondervorschriften über Eingliederung von Gesellschaften; k) Stimmrechtsbeschränkung bei →wechselseitig beteiligten Unternehmen; l) Erschwerung der →Umwandlung der AG in GmbH.

Aktienrendite. 1. *Zinsfuß,* bei dem der auf den Planungszeitpunkt bezogene →Kapitalwert der mit der Aktienanlage verbundenen Zahlungen gleich Null ist (→interner Zinsfuß der Aktienanlage). Wurde die Aktie zum Preis P_0 erworben, eine Dividende D_1 im nächsten Jahre bezahlt und die Aktie nach einem Jahr zu P_1 verkauft, so beträgt die realisierte A.: $(P_1 + D_1)/P_0$. – 2. In der *Praxis* auch berechnet als Verhältnis aus letztgezahlter Dividende und durchschnittlichem Börsenkurs während eines Jahres (vgl. nebenstehende Tabelle). Die so berechnete A. stellt keinen effektiven Ertrag dar. – Vgl. auch →Kurs-Gewinn-Verhältnis. – Für *Anleihen:* Vgl. →Effektivverzinsung.

Aktiensplit, Vergrößerung der Anzahl der Aktien bei unverändertem Grundkapital. Die-

Kurs, Dividende und Rendite der börsennotierten Aktien

Bundesgebiet ohne Berlin (West)

Jahresende	Durchschnittswerte		
	Kurs	Dividende	Rendite
	DM/100 DM-Stück		%
1953	112	2,97	2,65
1954	181	4,80	2,65
1955	203	6,31	3,10
1956	181	7,54	4,16
1957	186	8,64	4,64
1958	282	9,28	3,29
1959	486	10,63	2,19
1960	602	11,79	1,96
1961	529	13,17	2,49
1962	397	13,65	3,44
1963	425	13,24	3,11
1964	430	13,47	3,13
1965	338	13,44	3,98
1966	279	13,25	4,75
1967	374	13,00	3,48
1968	418	12,55	3,00
1969	480	13,77	2,87
1970	359	15,74	4,39
1971	385	15,32	3,98
1972	425	13,08	3,08
1973	349	12,98	3,72
1974	315	13,73	4,36
1975	389	13,67	3,52
1976	353	12,77	3,62
1977	376	15,28	4,06
1978	407	19,07	4,69
1979	356	19,38	5,44
1980	356	21,41	6,01
1981	346	20,16	5,83
1982	388	18,99	4,89
1983	525	17,56	3,34
1984	557	20,11	3,61
1985	931	22,97	2,47
1986	946	25,92	2,74

ses Vorgehen wurde von zahlreichen AGs gewählt, um ihre Aktien in die heute übliche Form der 50-DM-Nominalwerte zu überführen. – Vgl. auch →Denomination.

Aktienumstempelung, →Umstempelung.

Aktienumtausch, Finanzierungsform bei →Fusionen: Die Aktien der zu übernehmenden Gesellschaft werden gegen solche der übernehmenden ausgetauscht.

Aktienzeichnung, →Zeichnen.

Aktienzinsen, eine feste Verzinsung der →Aktien. Versprechen von A. ist nach § 57 AktG verboten. Vor dem Inkrafttreten des HGB waren A. in Deutschland vielfach üblich; z. T. heute noch im Ausland.

Aktienzusammenlegung, zulässige Maßnahme bei →Kapitalherabsetzung, insbes. zwecks →Sanierung einer AG. – Vgl. auch →Aktienabstempelung.

Aktion. I. E n t s c h e i d u n g s t h e o r i e : Auch *Alternative,* Maßnahme, die ein →Entscheidungsträger zur Problemlösung ergreifen kann. A. kann aus einem Maßnahmenbündel oder einer Einzelmaßnahme bestehen. Formale Voraussetzung für eine optimale Lösung des Entscheidungsproblems ist die Definition der A. in der Weise, daß jede von ihnen den vorhandenen Mittelvorrat voll ausschöpft und daß die A. sich gegenseitig (streng) ausschließen. Vgl. auch →Aktionsfeld, →Aktionsraum. – Im Falle →mehrstufiger Entscheidungen stellt sich die A. als Kette aufeinanderfolgender Maßnahmen (→Strategie) dar. – Vgl. auch →Markov-Prozeß, →flexible Planung.

II. Handel: →Sonderangebot mit ggf. zusätzlichen Kaufimpulsen, →Zweitplazierung, Medienwerbung, Handzettelwerbung, Propagandisteneinsatz.

Aktionär, der Inhaber von →Aktien einer AG. Bei →Inhaberaktien legitimiert der bloße Besitz der Aktienurkunde den Inhaber als A.; auf der →Namensaktie ist der A. namentlich bezeichnet, er ist außerdem im →Aktienbuch einzutragen. – 1. *Rechte:* Der A. hat Anspruch auf Anteil am Reingewinn (auf →Dividende) sowie bei Auflösung der AG am Liquidationserlös. Er hat →Stimmrecht und →Auskunftsrecht in der Hauptversammlung, ferner zum Schutze seiner Interessen besondere Rechte, wie das der →Anfechtung von Beschlüssen der Hauptversammlung sowie u. U. →Minderheitsrecht, mit deren Hilfe er auch die Einberufung einer →außerordentlichen Hauptversammlung erzwingen kann. Bei Ausgabe neuer Aktien oder von →Wandelschuldverschreibungen hat der A. i. a. ein →Bezugsrecht. – 2. *Pflichten:* Der A. ist zu Zahlungen gegenüber der AG nur bis zur Vollzahlung des →Nennwertes bzw. des satzungsmäßigen höheren Ausgabebetrags der Aktie oder zu den in der Satzung bestimmten →Sacheinlagen verpflichtet. Für Gesellschaftsschulden haftet er persönlich nur, wenn ihm →Einlagen zurückgewährt wurden. – In besonderen Fällen können dem A. auch →Nebenverpflichtungen obliegen und →Sonderrechte zustehen.

Aktionärsvereinigungen, Vereinigungen von →Aktionären zur Interessenwahrung insbes. durch Ausübung des →Stimmrechts in der Hauptversammlung der AG. – Vgl. auch →Depotstimmrecht VI.

Aktion Bildungsinformation e. V. (ABI), Sitz in Stuttgart. Gemeinnützig arbeitende Verbraucherschutzeinrichtung in Bildungsfragen. – *Aufgaben:* Marktbeobachtung; Vorgehen gegen unzulässige Vertragsbedingungen und Verstöße gegen das Wettbewerbsrecht im Bildungswesen; Information- und Beratung in Bildungsfragen; Publikation von Broschüren im Bildungsbereich.

Aktionsbudget, →Budget II 1 b).

Aktionserwartungen, die von der Unternehmensleitung auf ihre Maßnahmen zu erwartenden Reaktionen (z. B. die der Konkurrenz und des Markts), von denen der Erfolg der eigenen Maßnahmen wesentlich abhängig ist und die bei eigenen Planungen zu berücksichtigen sind. – Vgl. auch →Umweltzustand.

Aktionsfeld, Gesamtheit der von einem →Entscheidungsträger in einer bestimmten Entscheidungssituation in Betracht gezogenen Handlungsmöglichkeiten (→Aktion), z. B. Handlungsfeld einer Unternehmung bzw. Organisationseinheit. Das A. gibt in sachlicher und zeitlicher Hinsicht die Grenzen an für gegenwärtige oder zukünftige Aktivitäten. – Das *A. der Unternehmung* ist gekennzeichnet durch die Erfordernisse des Leistungsumsetzungsprozesses; wird repräsentiert durch die Teilmärkte, aus denen die Unternehmung Leistungen bezieht und an die sie Leistungen abgibt. – Vgl. auch →Aktionsraum.

Aktionsforschung, spezielles sozialwissenschaftlich-methodisches Vorgehen. A. sieht eine enge Kooperation zwischen Wissenschaft und Praxis bei der Entwicklung des Forschungsansatzes, der Durchführung der Untersuchung und der Ergebnisauswertung vor. – *Haupteinsatzgebiet:* Prozesse der →Organisationsentwicklung.

Aktionsgemeinschaft für Energiesicherung und Kerntechnik EV (AEK), Vereinigung von 30 Bürgerinitiativen und 12 Jugendinitiativen; Sitz in Offenbach. – *Aufgaben:* Aufklärung der Bevölkerung über Energieprobleme, Sicherstellung der Energieversorgung durch Einsatz von Kernenergie, Umweltschutz.

aktionsorientierte Datenverarbeitung, in der →betrieblichen Datenverarbeitung eine Verarbeitungsform, bei der die einzelnen Schritte eines Vorgangs als →Transaktionen vom →Benutzer im →Dialogbetrieb durchgeführt werden; häufig in Verbindung mit einem →Triggerkonzept. – Vgl. auch →Vorgangsketten, →Funktionsintegration.

Aktionsparameter, vom →Entscheidungsträger im Rahmen der Entscheidung direkt beeinflußbare Größe. Teilkomponente einer →Aktion, die erst dann vollständig definiert ist, wenn allen zugehörigen A. bestimmte Ausprägungen bzw. Werte zugeordnet sind (z. B. Absatzpreis für einen Unternehmer, Diskontsatz für die Deutsche Bundesbank). A. müssen sich nicht gegenseitig ausschließen. – Vgl. auch →Erwartungsparameter, →Zustandsparameter.

Aktionsraum, beeinflußbarer Teil eines →Entscheidungsfeldes. – Vgl. auch →Aktionsfeld.

Aktiva, Summe der Vermögensteile, Rechnungsabgrenzungsposten und Bilanzierungshilfen eines Unternehmens, die auf der linken Seite der →Bilanz aufgeführt werden. – *Gegensatz:* →Passiva.

Aktiv-Antizipation, aktive →Abgrenzung, Einnahmen nach dem Bilanzstichtag, die dem alten Jahr zuzurechnen sind. Werden nicht als Rechnungsabgrenzungsposten, sondern als →sonstige Forderungen ausgewiesen.

aktiver Finanzausgleich, Unterform des →Finanzausgleichs (vgl. dort), der die Aufgabenverteilung zwischen öffentlichen Aufgabenträgern regelt. Zu unterscheiden: a) *originärer a. F.* (→originärer Finanzausgleich); b) *ergänzender a. F.* (→ergänzender Finanzausgleich). – *Gegensatz:* →passiver Finanzausgleich.

aktive Tätigkeit. 1. *Begriff:* Im →Außensteuerrecht übliche Bezeichnung für bestimmte Tätigkeiten →ausländischer Tochtergesellschaften und →ausländischer Betriebsstätten. – 2. *Bedeutung:* Im deutschen Außensteuerrecht macht der Gesetzgeber die Anwendung von unilateralen Maßnahmen zur Vermeidung der Doppelbesteuerung, zu ihrer Abmilderung oder zur Begünstigung von Auslandsinvestitionen davon abhängig, ob die ausländische Tochtergesellschaft bzw. Betriebsstätte eine a. T. ausübt bzw. ihre Bruttoerträge aus solchen Tätigkeiten bezieht. Z. B. sezten die indirekte Anrechnung nach § 26 II und III KStG, die Berücksichtigung von Auslandsverlusten bei Anwendung von § 2a EStG, die Übertragung von Veräußerungsgewinnen aus Kapitalbeteiligungen nach § 6b EStG, die Freistellung nach § 9 Nr. 7 und § 12 III Nr. 4 GewStG oder die →Pauschalierungsmethode eine a. T. voraus; ebenso die Vergünstigen des Entwicklungsländer-Steuergesetzes (→Kapitalanlagen in Entwicklungsländern) oder die meisten Vergünstigungen des →Auslandsinvestitionsgesetzes. Weiterhin verzichtet der Gesetzgeber auf die Hinzurechnungsbesteuerung bei →Zwischengesellschaften nur, wenn eine a. T. vorliegt. – 3. *Abgrenzung:* Abgrenzung von a. T. und *passiver Tätigkeit* in den einzelnen Vorschriften nicht einheitlich. Engste und durch Übernahme in andere Gesetze und z. T. sogar in →Doppelsteuerungsabkommen am weitesten verbreitete Abgrenzung in § 8 I AStG: Danach gehören *uneingeschränkt* zu den a. T. die Land- und Forstwirtschaft, die Herstellung, Bearbeitung, Verarbeitung oder Montage von Sachen, die Erzeugung von Energie und das Aufsuchen und die Gewinnung von Bodenschätzen sowie der Betrieb von Kreditinstituten oder Versicherungsunternehmen, die für ihre Geschäfte einen in kaufmännischer Weise eingerichteten Betrieb unterhalten. Dagegen gehören nur unter *erheblichen Einschränkungen* zu den a. T. die Betätigung im Handel, die Erbringung von Dienstleistungen, die Vermietung und Verpachtung sowie die Aufnahme und darlehensweise Vergabe von Kapital. Alle anderen denkbaren Tätigkeiten sind den →passiven Tätigkeiten zuzuordnen.

Aktivfinanzierung, →Finanzierung eines anderen Betriebes, wobei unter dem Begriff Finanzierung alle betrieblichen Kapitaldispositionen subsumiert werden (Finanzierung im weitesten Sinne). – *Gegensatz:* →Passivfinanzierung.

Aktivgeschäfte, Bezeichnung der Gesamtheit aller Bankgeschäfte, die der Mittelverwendung der Kreditinstitute dienen und ihren Niederschlag auf der Aktivseite der Bankbilanz finden. – Hierzu zählen insbes.: 1. *Kurzfristige A.:* Diskont- und Akzeptkredit (Wechselkredit), Lombardkredit (Kreditgewährung gegen Verpfändung von Wertpapieren oder Waren), Kontokorrentkredit, Avalkredit und Rembourskredit. – 2. *Langfristige A.:* Hypothekarkredit (der Realkreditinstitute und Sparkassen), Kommunaldarlehen, sonstige langfristige Darlehen (meist von Spezialinstituten gewährt). – *Gegensatz:* →Passivgeschäfte.

aktivierte Eigenleistungen, →innerbetriebliche Leistungen, die nicht in der Periode ihrer Erstellung verbraucht werden, sondern mehrere Perioden genutzt werden können. A. E. werden zu →Herstellungskosten aktiviert und über den Zeitraum ihrer Nutzung abgeschrieben (→Abschreibungen). – Vgl. auch →Anlagenleistungen.

Aktivierung, I. P s y c h o l o g i e : 1. *Arbeitspsychologie:* Innere Erregung des Menschen, verantwortlich für seine jeweilige Leistungsfähigkeit. Hohe A. löst Zunahme der Leistungsbereitschaft aus, befähigt zu einer schnelleren →Informationsaufnahme und →Informationsverarbeitung bei erhöhter Lernfähigkeit. – 2. *Werbepsychologie:* Stark aktivierende Reize (z. B. Anzeigen) werden schneller erkannt und länger erinnert. Anwendung dieses Zusammenhangs in der Werbung durch Koppelung der Werbebotschaft mit stark aktivierenden Reizen; dadurch Erhöhung der →Werbewirkung (insbes. Erinnerung). Meßverfahren: →Hautwiderstandsmessung. – Vgl. auch →emotionale Konditionierung, →Emotion, →Motivation.

II. B i l a n z i e r u n g : Buchhalterisches Verfahren zur Erfassung von Vermögenswerten, Rechnungsabgrenzungsposten (→Rechnungsabgrenzung) und →Bilanzierungshilfen in der Bilanz.

Aktivierungsforschung, Richtung der Verhaltenswissenschaften bzw. der Psychobiologie, die sich mit der Messung zentralnervöser Erregungsvorgänge des Menschen befaßt. Die Verfahren der Aktivierungsforschung (z. B. →Blickregistrierung, →Hautwiderstandsmessung) werden auch in der →Marktforschung eingesetzt.

Aktivierungspflicht, Gebot, grundsätzlich (d. h. mit Ausnahmen) alle Vermögensgegenstände, Rechnungsabgrenzungsposten (→Rechnungsabgrenzung) und →Bilanzierungshilfen am Bilanzstichtag auf der Aktivseite der Bilanz auszuweisen (§ 246 HGB). Für bestimmte Rechungsabgrenzungsposten und die Bilanzierungshilfen besteht ein →Aktivierungswahlrecht. Entsprechend für die Passiva: Grundsätzlich →Passivierungspflicht. Die Aktivierung hat in der Handels- und Steuerbilanz zur Folge, daß sich das Ergebnis erhöht, weil Ausgaben des Geschäftsjahres nicht als →Aufwendungen bzw. →Betriebsausgaben gebucht werden.

Aktivierungswahlrecht, im Gegensatz zur grundsätzlich bestehenden →Aktivierungspflicht das Wahlrecht, bestimmte Rechnungsabgrenzungsposten und →Bilanzierungshilfen zu aktivieren. – *A. im Handelsrecht:* →Disagio, →Agio, →Aufwendungen für die Ingangsetzung und Erweiterung des Geschäftsbetriebs, →Verschmelzungsmehrwert, derivativer →Firmenwert, →Abgrenzungsposten für aktive latente Steuern, als Aufwand berücksichtigte Zölle und Verbrauchsteuern für Vorräte (§ 250 HGB), als Aufwand berücksichtigte Umsatzsteuer auf Anzahlungen (§ 250 HGB). – Die *unterlassene Aktivierung* bewirkt eine Ergebnisminderung im laufenden Geschäftsjahr.

aktivistische Wirtschaftspolitik, eine →Wirtschaftspolitik, die auf den gegenwärtigen oder erwarteten Zustand der Wirtschaft reagiert bzw. Einfluß nehmen will. Beispiele für a. W. sind expansive oder kontraktive Geld- und Fiskalpolitik. Während Vertreter der →Keynesschen Lehre und des →Postkeynesianismus a. W. prinzipiell für notwendig halten und daher befürworten, lehnen Vertreter des →Monetarismus und der →neuen klassischen Makroökonomik a. W. ab.

Aktivität, *Produktionspunkt,* Begriff der Produktionstheorie für eine Kombination von Faktoreinsatzmengen (Inputs), die zu einer Ausbringung (Output) führt.

Aktivitätsanalyse, auf T. C. Koopmans zurückgehender Ansatz der Produktionstheorie, der als Modellvariable die →Aktivitäten des Produktionsbereichs (oder auch anderer betrieblicher Teilbereiche) auffaßt. Durch die A. wude die Konzeption linearer Modelle (→lineare Optimierung) in die Wirtschaftstheorie eingeführt; sie ist aber grundsätzlich auch für nichtlineare Problemstellungen offen.

Aktivitätsmengen, *Technologiemengen* (→Technologie), Menge aller technisch durchführbaren →Produktionsprozesse (→Input-Output-Analyse), die die physischen, energetischen und technischen Gesetzmäßigkeiten der Produktion in ihren algebraischen und mengentheoretischen Eigenschaften erfaßt.

Aktivkredit, Begriff der Finanzierungslehre für den Kredit, den die Unternehmung anderen gewährt.

Aktivlegitimation, ältere Bezeichnung für die Sachbefugnis des Klägers, inbes. im Zivilprozeß, der dann „aktivlegitimiert" ist, wenn er – sei es als Rechtsinhaber, sei es in anderer Weise (z. B. als →Konkursverwalter, →Testamentsvollstrecker) – befugt ist, das streitige

Recht geltend zu machen. *Beispiel:* Befugnis, im Prozeß als Kläger aufzutreten, gegen ergangene Bescheide oder Verfügungen der Verwaltung ein Rechtsmittel einzulegen. – Heute wird mit A. i. a. nur noch das Zustehen des geltend gemachten Rechts, die Rechtszuständigkeit, bezeichnet und vom →Prozeßführungsrecht unterschieden.

Aktivposten, die einzelnen Posten auf der linken Seite der →Bilanz; vgl. auch →Aktiva.

Aktivprozesse, Bezeichnung für Rechtsstreitigkeiten, in denen Ansprüche einer Person oder Vermögensmasse gegen andere geltend gemacht werden. – *Gegensatz:* →Passivprozesse.

Aktivtausch, Begriff der Buchhaltung und Bilanzierung: Die Abnahme eines →Aktivpostens um einen bestimmten Betrag und die gleichzeitige Zunahme eines anderen Aktivpostens um den gleichen Betrag. A. läßt Bilanzsumme und Ergebnis unverändert.

Aktivwechsel, die auf der Aktivseite der →Bilanz gebuchten, eine Geldforderung darstellenden Wechsel („Rimessen"). Durch Weitergabe der A. entsteht eine Eventualverbindlichkeit (→Eventualforderungen und -verbindlichkeiten). – *Gegensatz:* →Passivwechsel (Schuldwechsel).

Aktivzinsen, →Zinssatz für die von der Bank im →Aktivgeschäft gegebenen Kredite. Werden im Sprachgebrauch der Banken entsprechend der buchhalterischen Betrachtung als *Sollzinsen* bezeichnet. – *Gegensatz:* →Passivzinsen (Habenzinsen).

aktualgenetisches Verfahren, →psychologisches Testverfahren zur Messung der Wahrnehmung von Vorlagen (z. B. Worte, Geräusche, Musik, Bilder, Gegenstände); gehört zu den →apparativen Verfahren. Die Vorlagen werden den Testpersonen nur für eine minimale Zeit dargeboten, so daß die →Wahrnehmung erschwert ist. Die bei den Testpersonen in bestimmten Phasen entstehende Vorstellung (Aktualgenese) von der Gestalt der Vorlage wird für die einzelnen Phasen der Vorlagedarbietung verbal wiedergegeben und protokolliert. Zur Erschwerung der Wahrnehmung dienen verschiedene Apparaturen wie z. B. →Tachistoskop und →Perimeter. Die gewonnenen Informationen werden zur Gestaltung von Vorlagen benutzt.

Aktualisierungseffekt, *Präsenzeffekt,* innerer Störeffekt bei einer Fragebogenbefragung (→Befragung). Die Beantwortung einiger Fragen eines →Fragebogens wird durch vorangegangene Fragen beeinflußt, da die vorangegangenen Fragen bestimmte Vorstellungen und Denkraster aktualisieren und damit den Antwortspielraum für nachfolgende Fragen einengen. Durch entsprechenden Fragebogenaufbau läßt sich der A. weitgehend vermeiden.

Aktualparameter, *aktueller Parameter,* →Parameter (vgl. dort 3), der beim Aufruf eines →Unterprogramms im aufrufenden Programm für einen Wert steht, der vom Unterprogramm an das aufrufende Programm oder in umgekehrter Richtung übergeben wird. – *Gegensatz:* →Formalparameter.

aktueller Parameter, →Aktualparameter.

Akumeter, →Audiometer.

Akustiker, Begriff der Psychologie, auch akustischer →Vorstellungstyp genannt.

Akustikkoppler, Einrichtung zur Übertragung von →Daten über das Fernsprechnetz; kann statt eines →Modems eingesetzt werden. Der Hörer eines Telefons wird mit den Muscheln in entsprechend geformte Muffen des A. gelegt, worauf die Verbindung zum Übertragungsweg mittels akustischer Schwingungen hergestellt werden kann.

AKV, Abk. für →Allgemeine Kreditvereinbarungen.

Akzelerationskoeffizient, →Akzelerator.

Akzelerationsprinzip, Investitionshypothese der →Makroökonomik; von Aftalion und J. M. Clark aufgestellt, von Samuelson, Harrod und Hicks verfeinert. Das A. postuliert eine lineare Relation zwischen den induzierten Nettoinvestitionen (→induzierte Größen) und den Veränderungen der Nachfrage (→Volkseinkommen): a) Bei diskreter Zeit: $I_t = \alpha$. $(Y_{t-1} - Y_{t-2})$ mit I = induzierte Nettoinvestition der Periode t, α = Akzelerationskoeffizient (→Akzelerator), Y_{t-1} = Volkseinkommen der Periode t−1 und Y_{t-2} Volkseinkommen der Periode t−2.

b) Bei stetiger Zeit: $I(t) = \alpha$ (dY/dt). Das A. weist in dieser Formulierung einen einperiodischen Lag (→Lundberg-Lag) auf. Andere z. B. auch mehrperiodische Verzögerungen (distributed lags) sind ebenfalls verwendet worden. Die Größe v ist im Gegensatz zum →Kapitalkoeffizienten, der eine technische Relation ist, als konstanter Verhaltensparameter zu interpretieren, bei der auch der Auslastungsgrad der vorhandenen Kapazitäten Berücksichtigung findet. Trotz Nachfrageanstieg kann eine Nettoinvestition unterbleiben $(I_t = 0)$, wenn die vorhandenen Kapazitäten noch zur Erfüllung der Zusatznachfrage ausreichen. v gibt an, in welchem Verhältnis die Unternehmer den Kapitalstock zu einer Erhöhung (Verringerung) des Volkseinkommens zu erhöhen (verringern) wünschen. In Kombination mit dem →Multiplikator wird das A. zur *Erklärung konjunktureller Schwankungen* herangezogen. – *Empirisch* konnte das A. nicht bestätigt werden, lediglich die Vorratsinvestitionen weisen einen konstanten Akzelerator auf. In neuerer Zeit wird das A. daher durch

das →Kapitalstockanpassungsprinzip modifiziert.

Akzelerator, *Akzelerationskoeffizient,* Größe, die das Ausmaß des →Akzelerationsprinzips besonders in der Investitionsfunktion ausdrückt. Der A. ist z. B. der Koeffizient α in der Investitionsfunktion $I_t = \alpha (Y_{t-1} - Y_{t-2})$ oder $I(t) = \alpha$ (dY/dt); vgl. im einzelnen →Akzelerationsprinzip.

Akzept. 1. *Annahme einer →Anweisung* durch den zur Leistung an einen Dritten (Anweisungsempfänger) Angewiesenen. Sie bedarf der Schriftform (§ 784 BGB). – 2. *Annahme eines →gezogenen Wechsels* (Tratte) durch den →Bezogenen (Akzeptanten): a) Erst durch das A. wird der Bezogene zur Wechselzahlung verpflichtet. Jeder Wechselinhaber kann den Wechsel bis zum Verfall dem Bezogenen an dessen Wohnort zur Annahme vorlegen (Art. 21 WG). – b) Wird das A. verweigert und dies im *Protest mangels Annahme* beurkundet, so ist der Wechselinhaber zum sofortigen *Rückgriff mangels Annahme* gegenüber Aussteller und Indossanten berechtigt. Die Vorlage zur Annahme steht im Belieben des Wechselinhabers, ihre Unterlassung hat keine Rechtsnachteile zur Folge. Jedoch besteht *Vorlegungspflicht* bei den →Nachsichtwechseln. – c) Ferner ist ein →Vorlegungsgebot durch Vermerk seitens des Ausstellers oder eines Indossanten möglich (Art. 22 WG), um zu bewirken, daß der Bezogene den Wechsel vor Verfall vorgelegt erhält und für die rechtzeitige Einlösung Vorsorge treffen kann. Das Vorlegungsverbot eines Indossanten bewirkt, falls die Vorlegung binnen der vermerkten Frist nicht erfolgt, nur für ihn selbst Befreiung von der Haftung (Art. 53 III WG). Andererseits kann jeder Rückgriffsverpflichtete durch eine Klausel seine Haftung für die Annahme ausschließen. Ferner kann der Aussteller in bestimmten Fällen (Art. 22 II WG) die Vorlegung zur Annahme untersagen; trotzdem kann Vorlegung erfolgen, nicht aber Protest und Rückgriff mangels Annahme. Das Vorlegungsverbot kann befristet sein; bei Domizil-, Zahlstellen- und Nachsichtwechseln ist nur befristet. Vorlegungsverbot zulässig. – d) Die Annahme braucht nicht sofort bei Vorlegung zu erfolgen, der Bezogene kann nochmalige Vorlegung am nächsten Tage verlangen (*Bedenkzeit,* Art. 24 WG). Das A. erfolgt auf der Vorderseite des Wechsels (links quer) durch Unterschrift des Bezogenen mit oder ohne das Wort „angenommen". Bei Nachsichtwechseln oder im Falle eines befristeten Annahmegebots ist der Tag der Annahme oder auf Wunsch des Wechselinhabers der Tag der Vorlegung beizufügen (Art. 25 WG). Das A. kann von dem Bezogenen auf einen Teil der Wechselsumme beschränkt werden (*Teilakzept*). Wenn das A. irgendeine andere Abweichung von den Bestimmungen des Wechsels enthält, gilt die Annahme als verweigert (Art. 26 WG). Die im Wechsel enthaltene Angabe des Zahlungsortes kann der Bezogene durch Hinzufügung einer Zahlstelle ergänzen. Streichung des A. durch den Bezogenen vor der Rückgabe des Wechsels gilt als Verweigerung der Annahme. →*Blanko-Akzept* ist zulässig. – 3. Als A. wird auch ein (akzeptierter) *gezogener Wechsel* bezeichnet.

Akzeptakkreditiv, Sonderform des →Akkreditivs, die gegen Akzeptierung einer Nachsichttratte erfolgt.

Akzeptant, *Annehmer,* Bezogener eines gezogenen Wechsels, der durch die Annahme (→Akzept) zum Hauptschuldner wird.

Akzeptanz. 1. *Allgemein:* Bereitschaft, einen Sachverhalt billigend hinzunehmen. – Oft auf *Neuerungen* irgendeiner Art bezogen, v. a. auf neue technologische Entwicklungen. – 2. Im →*Sofware Engineering:* Bereitschaft der →Endbenutzer, ein →Softwareprodukt anzunehmen und für die eigene Tätigkeit einzusetzen. – Wichtige *Einflußfaktoren:* →Benutzerfreundlichkeit, →Software-Ergonomie.

Akzeptanztest. 1. *Marktforschung:* Methode des →Produkttests, die darüber Aufschluß geben soll, ob und ggf. in welchem Ausmaß bei Testpersonen eine rein qualitätsdeterminierte bzw. eine preis-qualitätsdeterminierte, aktuelle oder potentielle Kauf- bzw. Ge- oder Verbrauchsabsicht besteht. – 2. *Datenverarbeitung:* Vgl. →Testen 2 d).

Akzeptaustausch, *Akzepttausch.* 1. *Wechselseitiger Tausch von Akzepten zwischen Banken,* um nach Möglichkeit das Vorhandensein eigener Akzepte (Ziehungen der Kunden auf ihre Bank) im Wechselportefeuille zu vermeiden und um eine Rediskontierungsmöglichkeit zu haben. Die bezogene Bank diskontiert selbst das Akzept, läßt es aber vorher von dem ausstellenden Kunden in blanco girieren, so daß sie es ohne weiteres der anderen Bank weitergeben kann. Vgl. →Akzeptkredit. – 2. *Austausch von Gefälligkeitsakzepten oder* →*Reitwechseln.*

Akzeptebuch, ein Neben- oder Hilfsbuch der doppelten Buchführung, in dem die Schuldwechsel nach ihren wesentlichen Merkmalen eingetragen werden.

Akzeptkredit, *Diskontkredit, Wechselkredit.* 1. *Begriff:* Kredit, den eine Bank gewährt, indem sie innerhalb einer festgelegten Kreditgrenze (→Wechselobligo) vom Kreditnehmer ausgestellte →Wechsel akzeptiert (→Bankakzept). Durch die Akzeptierung stellt die Bank die eigene Kreditwürdigkeit zur Verfügung (→Kreditleihe). – 2. Die *Verwendung des A.* durch den Kreditnehmer erfolgt: a) im Weg der Diskontierung durch die Akzeptbank, womit eine zusätzliche Barkreditgewährung (Diskontkredit) verbunden ist; b) seltener

durch direkte Schuldtilgung, indem der Wechsel dem Gläubiger weitergegeben wird. – 3. *A. im Bankbetrieb:* Der A. schließt für die Bank in sich ein: a) *Aktivgeschäft:* Der Kunde erscheint als Schuldner unter den Debitoren; b) *Passivgeschäft:* Sobald das Akzept in Umlauf gelangt, haftet die Bank wechselmäßig als Hauptschuldner. Der Akzeptbetrag ist auf der Passivseite der Bilanz unter →eigene Akzepte und Solawechsel im Umlauf einzusetzen. – 4. *Bedeutung des A.:* Die Vorteile für den Kreditnehmer ergeben sich aus den im Vergleich zum Kontokorrent- oder Diskontkredit niedrigeren Kosten (Akzeptprovision; bei anschließender Diskontierung zusätzlich Wechselsteuer und Diskont). Außerdem braucht der Kreditnehmer i. a. keine Sicherheiten zu stellen. – Für das akzeptierende Kreditinstitut ist das →Kreditrisiko gering, da die Bonität eines Akzeptkreditnehmers relativ hoch ist. – 5. *Sonderformen des A.:* a) Beim Handelsgeschäft im eigentlichen Sinn akzeptiert die Bank einen Wechsel (Laufzeit meist drei Monate) des Käufers zugunsten des Verkäufers; b) Valutaakzepte (Akzepte einer ausländischen Bank in fremder Währung) dienen beim →Remboursgeschäft zur Finanzierung des Außenhandels.

Akzeptlinie, das Kontingent bzw. die Höhe des →Akzeptkredits, den eine ausländische Bank der einheimischen für Ziehungen ihrer Kunden einräumt.

Akzepttausch, →Akzeptaustausch.

Akzeptverbindlichkeiten, Verpflichtungen aus der Annahme gezogener Wechsel. Bei *Banken* besondere Bilanzposition: „Eigene Akzepte und Solawechsel im Umlauf".

akzessorische Sicherheiten, unbedingt und dauernd mit dem Bestand einer Forderung verbundene Kreditsicherheiten (→Sicherheit). A. S. haben demnach ein unselbständiges Nebenrecht zum Gegenstand, das nur in Verbindung mit der zugrundeliegenden Forderung gilt. Zu den a. S. zählen: →Bürgschaft, →Pfandrecht und →Hypothek. – *Gegensatz:* nichtakzessorische Sicherheiten.

Akzessorität, Abhängigkeit eines *Nebenrechts* vom Bestand eines anderen zugrunde liegenden *Hauptrechts,* z. B. Abhängigkeit der →Hypothek, des →Pfandrechts und der Verpflichtung aus →Bürgschaft von der zu sichernden Forderung.

ALADI, Latin American Integration Association, *Lateinamerikanische Integrationsassoziation (LAIA),* im März 1981 in Kraft getretene Nachfolgeorganisation der →LAFTA (vgl. auch dort). Schwerpunkt der Zielsetzungen bildet ein System bilateraler Präferenzabkommen ohne festen Zeitplan für einen gemeinsamen Markt. Die ALADI umfaßt drei Ländergruppen: industriell entwickelte Länder (Argentinien, Brasilien, Mexiko), Länder mit mittlerem Entwicklungsstand (Chile, Kolumbien, Peru, Uruguay und Venezuela), wenig entwickelte Länder (Bolivien, Ecuador, Paraguay). – *Ende 1983* wurde der Übergang von der LAFTA zur ALADI durch Neuaushandlung von ca. 22 000 Zollpräferenzen zwischen den Mitgliedstaaten vollendet. Gewisse LAFTA-Instrumente sind durch die ALADI übernommen worden (gegenseitiges Abkommen über Zahlung und Kredite, 1965; multilaterales Kreditabkommen zur Überwindung vorübergehender Liquiditätsengpässe, 1969). – *Neues Charakteristikum* der ALADI ist die Offenheit für multilaterale Verbindungen oder Abkommen mit lateinamerikanischen Nichtmitgliedstaaten oder Organisationen sowie mit anderen Entwicklungsländern oder Wirtschaftsorganisationen außerhalb des südamerikanischen Kontinents. – Daneben besteht die Lateinamerikanische Wirtschaftsorganisation (→SELA). – *Veröffentlichungen:* Lista Consolidada de Concesiones; Guides sowie statistische Veröffentlichungen.

ALALC, →LAFTA.

ALB, Abk. für →Allgemeine Lagerbedingungen des deutschen Möbeltransportes.

Albanien, Sozialistische Volksrepublik in SO-Europa, auf der Balkanhalbinsel. – *Fläche:* 28 748 km². – *Einwohner (E):* (1986) 3,0 Mill. (105 E/km²). – *Hauptstadt:* Tirana (210 000 E); weitere Großstädte: Durresi (72 000 E), Shkodra (70 000 E), Elbasani (68 000 E). – A. ist in 26 *Verwaltungsbezirke (rrethe)* untergliedert. – *Amtssprache:* Albanisch.

Wirtschaft: *Landwirtschaft:* Wegen bergiger Landschaft begrenzte Anbauflächen, aber sonst gute natürliche Bedingungen. 55% der Nutzfläche werden bewässert. Hauptanbaukulturen sind Weizen, Mais, Hafer, Tabak, Südfrüchte, Oliven. Viehwirtschaft: Rinder- und Schweinezucht, Schaf- und Ziegenhaltung. Fischfang wird in den Binnenseen und Küstengewässern (Adriatisches Meer) betrieben. 34,1% des Nationaleinkommens werden in der Landwirtschaft erwirtschaftet. – *Industrie:* Erst in jüngster Zeit Förderung der reichlich vorhandenen Bodenschätze wie Erdöl, Eisen-, Kupfererze. Fortschreitende Industrialisierung im Rahmen von Mehrjahresplänen. Die Industrie hat einen Anteil von 43,3% am Nationaleinkommen, das Bauwesen von 7,8%. – *BSP:* (1982) 1550 Mill. US-$ (535 US-$ je E). – *Export:* (1976) 200 Mill. US-$, v. a. Erze, Erdölprodukte, Tabak, Obst. – *Import:* (1976) 250 Mill. US-$, v. a. Maschinen, Anlagen, chemische Erzeugnisse, Industriewaren. – *Handelspartner:* RGW-Länder (außer UdSSR), Italien, Bundesrep. D., Frankreich, Griechenland.

Verkehr: Hauptverkehrsträger ist der *Kraftverkehr,* obwohl der Umfang des Eisenbahntransports zunimmt (ca. 45% des Transportvolumens). Länge des *Eisenbahnnetzes* ca. 400 km. – *Wichtigste Hafenstädte:* Durresi und Vlora. 1983 wurde eine Fährverbindung zwischen Durresi und Triest (Italien) in Betrieb genommen. – *Flughafen* in Rinasi bei Tirana.

Mitgliedschaften: UNO, BIZ, ECE, UNCTAD u. a.; aus dem Warschauer Pakt 1968 ausgetreten.

Währung: 1 Lek = 100 Qindarka.

Alexander von Humboldt-Preis, →Alexander von Humboldt-Stiftung.

Alexander von Humboldt-Stiftung, Sitz in Bonn. – *Aufgaben:* Vergabe von rd. 480 Stipendien pro Jahr an ausländische hochqualifizierte Wissenschaftler, die einen Doktorgrad oder einen entsprechenden Abschluß erlangt haben; Förderung der Zusammenarbeit zwischen deutschen und amerikanischen naturwissenschaftlichen Forschungsinstituten; bilaterales Programm mit Frankreich. – *Alexander von Humboldt-Preise:* Seit 1980 Forschungspreis an herausragende ausländische Gelehrte der Geisteswissenschaften (bis zu zehn Preisträger pro Jahr); seit 1982 an französische Gelehrte (mindestens drei Preisträger).

Alfried Krupp von Bohlen und Halbach-Stiftung, Sitz in Essen. – *Aufgabe:* Förderung der Wissenschaft in Forschung und Lehre einschl. des wissenschaftlichen Nachwuchses, des Bildungswesens, des Gesundheitswesen, des Sports, der Literatur, der Musik und der Kunst.

Algerien, Demokratische Volksrepublik in NW-Afrika, zwischen Marokko im W und Lybien und Tunesien im O. – *Fläche:* 2,38 Mill. km². – *Einwohner (E):* (1986) 22,6 Mill. (9,5 E/km²). 45% der Bevölkerung leben in Städten. Jährlicher Bevölkerungszuwachs: 3,1%. – *Hauptstadt:* Algier (Agglomeration 2,1 Mill. E); weitere Großstädte: Oran (675 000 E), Constantine (520 000 E), Blida (470 000 E). – A. ist in 48 Bezirke (Wilayate) und 1540 Gemeinden gegliedert. – *Amtssprache:* Arabisch.

Wirtschaft: *Landwirtschaft:* Günstige Bedingungen lediglich entlang des 1200 km langen Küstenstreifens auf 200 km Breite (entspricht ca. 4% des Gesamtterritoriums), sonst unfruchtbares Wüsten- bzw. Steppenland. Hauptanbauprodukte sind Weizen, Gerste, Hafer (ca. 3,8 Mill. ha), Wein (196 000 ha) und Obst (440 000 ha). Zunehmende Bedeutung gewinnt die Fischwirtschaft. In der Landwirtschaft sind 25% der Erwerbstätigen beschäftigt; Anteil am BIP 6%. – *Industrie:* In Zusammenarbeit mit SONATRACH (Société Nationale de Transport et Commercialisation des Hydrocarbures) wird die gesamte Förderung, der Transport innerhalb des Landes sowie der Vertrieb von Erdgas und Erdöl bewerkstelligt. Das Erdöl wird mit vier Pipelines zwischen 600 km und 800 km Länge (Jahreskapazität von ca. 80 Mill. t) an das Mittelmeer befördert. Eine dynamische Entwicklung ist für den gesamten Bereich der Schwer- bzw. Grundstoffindustrie charakteristisch. – *BSP:* (1985, geschätzt) 55 230 Mill. US-$ (2530 US-$ je E). – *Öffentliche Auslandsverschuldung:* (1984) 24% des BSP. – *Inflationsrate:* durchschnittlich 12,8%. – *Export:* (1984) 11 861 Mill. US-$ (seit 1980 positive Außenhandelsbilanz); Ausfuhr von Erdöl und Erdgas erbringen etwa 97% der Exporterlöse. – *Import:* (1984) 10 286 Mill. US-$, v. a. Rohstoffe und Halbfertigfabrikate, Maschinen, Nahrungsmittel, Transportmittel, Konsumgüter. – *Handelspartner:* EG (insbes. Frankreich, Bundesrep. D.), Italien, Niederlande), USA, Japan, UdSSR, Marokko.

Verkehr: Das *Eisenbahnnetz* besteht aus Ost-West-Verbindungen längs der Küste und drei Hauptstichbahnen ins Landesinnere zum Transport der Rohstoffe aus den südlicheren Gebieten zu den Häfen. – Ausgedehntes und gut ausgebautes *Straßennetz* von über 50 000 km Länge (Transsaharapiste). – *Wichtigste Hafenstädte:* Algier, Oran, Annaba, Skikda, Bougie. A. verfügt über eine eigene *Handelsflotte* von 77 Schiffen über 300 BRT. – Algier ist ein wichtiger *Zwischenlandeplatz* im Luftverkehr nach Oberguinea und Südafrika; weitere *wichtige Flughäfen:* Oran, Annaba, Constantine. Nationale *Fluggesellschaft* Air Algérie. – *Erdölleitungen:* Hassi-Messaoud – Bejaia, Hassi-Messaoud – Arzew, Mesdar – Skikda und Edjele – La Skirra in Tunesien. 1983 wurde eine *Erdgaspipeline* nach Sizilien in Betrieb genommen.

Mitgliedschaften: UNO, CCC, OAPEC, OAU, OIC, OPEC, Arabische Liga u. a.

Währung: 1 Algerischer Dinar (DA) = 100 Centimes (CT).

Algol, *algorithmic language.* 1. *Begriff:* Für mathematisch-naturwissenschaftliche Anwendungen konzipierte und in mehreren Versionen seit Ende der 50er Jahre entwickelte →Programmiersprache. – 2. *Entstehung/Versionen:* a) Der in einem ersten Report 1958 von der A.-Entwicklungsgruppe veröffentlichte Sprachumfang wird als *Algol58* bezeichnet. – b) 1960 wurde als erweiterte und überarbeitete Sprachversion *Algol60* in einem Report veröffentlicht. Für die Darstellung der Syntax der Sprache hatten Mitglieder dieser Gruppe, vor allem J. Backus, die →Backus-Naur-Form entwickelt. – c) Die Weiterentwicklung von A. wurde danach von einer Arbeitsgruppe der →IFIP betrieben, die als neue Sprache *Algol68* entwickelte und 1968 veröffentlichte. – d) Parallel dazu entwickelte N. Wirth die Version *AlgolW,* die als Vorläufer von →Pas-

cal einzustufen ist. – 3. *Standardisierung:* Algol60 ist auf nationaler Ebene in der Bundesrep. D. (DIN 66026) und in Japan sowie international von der →ISO (ISO-Norm 1538) genormt. – 4. *Verbreitung/Bedeutung:* a) In der *Praxis,* v. a. in der →betrieblichen Datenverarbeitung, hat keine der Algol-Sprachen größere Verbreitung gefunden. Das gravierendste Hindernis ist die mangelnde Unterstützung der Dateneingabe und -ausgabe (→Daten). – b) Erhebliche Bedeutung hatte Algol60 dagegen für *Forschung und Lehre:* die Sprache bildet die Basis einer ganzen Sprachfamilie. – Inzwischen ist A. weitgehend durch →Pascal *abgelöst.* – 5. *Sprachstruktur:* Algol60 wurde wesentlich durch theoretische Erkenntnisse der →Informatik beeinflußt. Sie gilt als klassische *prozedurale* Sprache. Wichtige neue Konzepte waren u. a. die Blockstruktur und lokale →Prozeduren.

Algorithmentheorie, →Informatik II 2d).

algorithmic language, →Algol.

Algorithmus. 1. *Allgemein:* a) Eindeutige und lückenlose, meist schematische Anleitung zur Behandlung eines genau definierten Typs von mathematischer Fragestellung, die sämtliche Fälle, die auftreten können, berücksichtigt. – b) Verfahren zur Problemlösung in einer Abfolge von Schritten. – Vgl. auch →effektiver Algorithmus, →iterativer Algorithmus, →kombinatorischer Algorithmus. – 2. *Elektronische Datenverarbeitung:* a) *Begriff:* Eine endliche, vollständige und eindeutige Vorschrift zur Lösung einer bestimmten Klasse von Problemen in einer Folge von Schritten, die in endlicher Zeit ausgeführt werden können; vgl. →Programmentwicklung. – b) *Formen:* (1) *Grob-A.:* A., bei dem nur grobe Schritte, meist verbal in natürlicher Sprache (deutsch o. a.) ausgedrückt, formuliert sind; (2) *Fein-A.:* A., bei dem alle Schritte soweit detailliert sind, daß sie unmittelbar codiert (→Codierung) werden können.

Alimente, Aufwendungen für Lebensunterhalt →nichtehelicher Kinder.

Aliud-Lieferung, *Falschlieferung,* z. B. beim →Kaufvertrag Lieferung von Roggen statt Weizen; A.-L. gilt i. a. nicht als →Erfüllung. Beim →*Handelskauf* besteht aber auch für die Falschlieferung →Rügepflicht zur Erhaltung der Ansprüche des Käufers aus der →Sachmängelhaftung, sofern nicht die gelieferte Ware von der Bestellung so erheblich abweicht, daß der Verkäufer die Genehmigung als ausgeschlossen betrachten mußte (§ 378 HGB).

Alkoholblutprobe, Nachweis für den Einfluß von Alkohol auf einen Menschen; vgl. →Blutalkoholgehalt. A. kann gemäß § 81 a StPO im Strafverfahren, zu dem auch das polizeiliche Ermittlungsverfahren gehört, ohne Einwilligung des zu Untersuchenden vorgenommen werden, wenn kein Nachteil für seine Gesundheit zu befürchten ist (Bluter). Blutentnahme ist statthaft bei allen Personen, die irgendwie an einem Verkehrsunfall beteiligt sind (auch Mitfahrer, Verletzte, wichtige Zeugen). Sie erfolgt nur durch Arzt; Untersuchung durch gerichtlich-medizinische Institute oder chemische Untersuchungsanstalten. Gerichtliche Beweiskraft ist anerkannt. – Vgl. auch →Trunkenheit im Verkehr.

Alkoholgenuß, wirkt durch den Eintritt des Alkohols in die Blutbahn auf das zentrale Nervensystem eines Menschen und beeinflußt dessen körperliche und geistige Fähigkeiten. A. setzt das Reaktionsvermögen herab und ist für den *Führer eines Kraftfahrzeuges* dann strafbar, wenn er infolge des A. nicht mehr in der Lage ist, ein Fahrzeug sicher zu führen (→Alkoholblutprobe). Auch geringe Mengen Alkohol können nachteilige Wirkungen haben. A. ist auch für die Frage der zivilrechtlichen →Haftung eines Fahrers von Bedeutung und geht zu seinen Lasten. – Vgl. auch →Blutalkoholgehalt, →Trunkenheit im Verkehr.

Alkoholverbot im Betrieb, →Ordnung des Betriebs, →Trunkenheit am Arbeitsplatz.

alla rinfusa →Handelsklausel, die bestimmt, daß Ware in unverpacktem losem Zustand zu verladen ist. Wird v.a. bei Getreide, Holz, Kohle und Flüssigkeiten angewandt.

Allaussage, *Allsatz, universeller Satz,* Aussage über einem Erfahrungsbereich gemeinsame Eigenschaften oder Beziehungen; sprachliche Form, in der wissenschaftliche →Gesetzesaussagen abgefaßt werden. – *Gegensatz:* →Existenzaussage.

Alleinsteuer, *einzige Steuer, Einsteuer.* 1. Historisch immer wieder (ab dem 16. Jh.) erhobenes, angeblich rationales *Steuerideal* gegenüber jedem Vielsteuer-System (→pluralistisches Steuersystem). A. ließe die tatsächliche Verteilung der Steuerlast erkennen und erforderte geringstmögliche Erhebungskosten. Sie müßte in hochindustrialisierten Staaten Einkommen- oder Verbrauchsteuer sein; unter rationalem Aspekt entspricht den heutigen Verhältnissen eher ein in Grenzen gehaltener Steuerpluralismus. – 2. *Praktisch* unüberwindbare Schwierigkeiten für A.: a) der Ergiebigkeit halber müßten bislang unbesteuerte Einkommen (→steuerfreies Existenzminimum) herangezogen werden, wobei der Steuerdruck unvergleichlich fühlbarer würde als bei einer zusätzlichen Existenz →indirekter Steuern; b) die Steuermoral würde wegen des notwendigerweise sehr hohen Steuersatzes überfordert, es würde zu exzessiven Steuervermeidungen (Arbeitseinschränkung), Steuerhinterziehungen und zu ständigem Einnahmerückgang kommen; c) der föderative Staat kann auf eigene Einnahmequellen jeweils für

Bund, Länder und Gemeinden nicht verzichten (→Finanzausgleich), – Vgl. auch →monistisches Steuersystem.

Alleinvertreter, *Eigenhändler.* I. B i n n e n h a n d e l : A. kauft und wiederverkauft Ware für eigene Rechnung und im eigenen Namen. Seine Tätigkeit ist auf Erzielung von Zwischengewinnen gerichtet. Durch einen sog. Ausschließlichkeitsvertrag (→Ausschließlichkeitsbindung) wird dem A. der Alleinhandel (Monopol) für die Erzeugnisse eines industriellen oder sonstigen Unternehmens für einen bestimmten Bezirk oder Zeitraum übertragen. Ein A. ist nicht →Handelsvertreter. Während der Dauer des A.-Vertrages müssen dem A. alle Aufträge oder Anfragen aus dem ihm übertragenen Vertreterbezirk zugeleitet werden, für den er Kundenschutz genießt; vgl. →Bezirksvertreter.

II. A u ß e n h a n d e l : Der A. kann seinen Sitz im Land des Herstellers oder im Ausland (→Auslandsvertretung) haben und seine Geschäfte auf Kommissionsbasis oder auf eigene Rechnung durchführen. Im letzteren Falle ist er nach deutschem Recht nicht Vertreter, sondern selbständiger →Einfuhrhändler.

Alleinvertretung, *Einzelvertretung,* Vertretung durch eine Einzelperson (→Alleinvertreter). – *Gegensatz:* →Gesamtvertretung.

Alleinvertretungsvertrag, spezifischer Handelsvertretervertrag zwischen Hersteller und →Handelsvertreter. Dem Handelsvertreter wird durch den A. das alleinige Vertretungsrecht in einem festgelegten Gebiet eingeräumt.

Alleinvertrieb, *Exklusivvertrieb,* Vertrieb des Absatzprogramms eines Herstellers oder eines bestimmten Teils dieses Programms in einem festgelegten Gebiet ausnahmslos über einen Abnehmer (Hersteller oder Händler), der sich verpflichtet, die Ware nur vom betreffenden Hersteller zu beziehen und nur an bestimmte Kunden in diesem Gebiet zu vertreiben. – Vgl. auch →Absatzbindung.

„Alle Rechte vorbehalten", Klausel bei Vertragsabwicklung mit dem Ziel, trotz Eingehens auf ein Rechtsverhältnis (Annahme der Ware, Zahlung usw.) keinen Verzicht auf Einwendungen (Mängelrüge usw.) auszusprechen.

allerg, Wirtschaft, in der ein einzelner ein Einkommen beziehen kann, das auf die Arbeitsleistung eines anderen zurückgeht; von Preiser geprägter Begriff. Die allerge Wirtschaft setzt eine Monopol- oder Quasi-Monopolstellung der Besitzer produzierter Produktionsmittel voraus. – *Gegensatz:* →auterg.

„aller Orten zahlbar", Vermerk auf →Wechseln, der, da Art. 1 Nr. 5 WG Angabe des Zahlungsortes zwingend vorschreibt, nur hinsichtlich der gerichtlichen Zuständigkeit für die Wechsellage Bedeutung hat, die dann bei jedem beliebigen Gericht erhoben werden kann.

allgemeine Arbeitsbedingungen, →vertragliche Einheitsregelung.

Allgemeine Bedingungen für die Elektrizitätsversorgung, eine nach dem →Energiewirtschaftsgesetz (vgl. auch →AGB-Gesetz) vom BMWi mit Zustimmung des Bundesrates erlassene VO vom 21. 6. 1979 (BGBl I 684) für den Anschluß und die Versorgung mit Elektrizität in Niederspannung.

Allgemeine Bedingungen für die Gasversorgung, eine nach dem →Energiewirtschaftsgesetz (vgl. auch →AGB-Gesetz) vom BMWi mit Zustimmung des Bundesrates erlassene VO vom 21. 6. 1979 (BGBl I 676) für den Anschluß und die Versorgung mit Gas.

Allgemeine Bedingungen für die Kraftfahrtversicherung (AKB), Versicherungsbedingungen für die →Kraftverkehrsversicherung.

Allgemeine Bedingungen für die Versorgung mit Fernwärme, eine nach dem →AGB-Gesetz vom BMWi mit Zustimmung des Bundesrates erlassene VO vom 20. 6. 1980 (BGBl I 742) für den Anschluß an die Fernwärmeversorgung und für die Versorgung mit Fernwärme.

Allgemeine Bedingungen für die Versorgung mit Wasser, eine nach dem →AGB-Gesetz vom BMWi mit Zustimmung des Bundesrates erlassen VO vom 20. 6. 1980 (BGBl I 750) für den Anschluß an die öffentliche Wasserversorgung und für die öffentliche Versorgung mit Wasser.

Allgemeine Bedingungen für Rollfuhrunternehmer (ARB), →Rollfuhrvertrag.

allgemeine Bemessungsgrundlage, →Rentenbemessungsgrundlage 1.

allgemeine Betriebskosten, allgemeine Kosten, sonstige Kosten, ungenaue Bezeichnung in der Praxis für Kosten, die innerhalb der Kostenartenrechnung nicht besonders hervorgehoben werden und den Restposten nicht näher spezifizierter Kosten bilden.

Allgemeine Betriebswirtschaftslehre, Bezeichnung für jenen Teil der →Betriebswirtschaftslehre, der sich mit übergreifenden Aspekten des Wirtschaftens befaßt, insbes. den betrieblichen Grundfunktionen →Beschaffung, →Produktion, →Absatz sowie →Investition und →Finanzierung; i. d. R. auch das betriebliche →Rechnungswesen. Die Abgrenzung zu den →speziellen Betriebswirtschaftslehren ist unscharf.

Allgemeine Deutsche Seeversicherungsbedingungen (ADS), für die →Seeversicherung maßgebende Versicherungsbedingungen; 1919

geschaffen. Für Warentransporte werden zusätzlich die Besonderen Bestimmungen für die Güterversicherung (ADS Güterversicherung 1973 i. d. F. 1984) zwischen Versicherungsnehmer und Versicherer vereinbart. Sie ersetzen sogar die §§ 80–99 der ADS von 1919, weil dieser Teil den Versicherungsschutz nicht mehr zeitgemäß regelt. Für Seekasko-Versicherungen werden ergänzend die DTV-Kaskoklauseln 1978 und die DTV-Klauseln für Nebeninteressen vereinbart (→Transportversicherung). – Vgl. auch →Strandungsfalldeckung, →Volle Deckung.

Allgemeine Deutsche Spediteurbedingungen (ADSp), Geschäftsbedingungen für das Speditionsgeschäft in Ergänzung bzw. Zusammenhang mit dem Speditionsrecht des HGB und dem Fracht- und Lagerrecht. Insbes. werden Haftung und Entschädigungsumfang bei Schadensfällen geregelt. – Für den *Möbeltransport* gelten die Beförderungsbedingungen für den Umzugsverkehr und die Allgemeinen Lagerbedingungen des deutschen Möbeltransports.

Allgemeine Geschäftsbedingungen (AGB), Bedingungen, die ein gewerbliches oder Handelsunternehmen allen von ihm abgeschlossenen Verträgen oder allen Geschäften einer bestimmten Art (z. B. allen Kaufverträgen über die in dem Unternehmen hergestellten Waren) zugrunde zu legen pflegt.

I. A l l g e m e i n e s : Die Zulässigkeit von AGB ergibt sich aus dem Grundsatz der →Vertragsfreiheit. Maßgeblichkeit der AGB im Einzelfall nur, wenn sie Bestandteil eines Vertrages, d. h., wenn dem Geschäftspartner die AGB vor Abschluß des Vertrages bekanntgegeben worden sind. *Nicht genügend* ist Mitteilung durch Aufdruck auf Rechnungen oder in allgemeinen Mitteilungen im →Bestätigungsschreiben, wenn in den vorausgegangenen mündlichen Vertragsverhandlungen auf die AGB nicht Bezug genommen war. *Ausreichend* ist dagegen Bezugnahme auf die AGB bei Auftragsbestätigung, wenn der Besteller nicht widerspricht. – Besondere Mitteilung der AGB ist *nicht erforderlich* bei Unternehmen, die bekanntermaßen Verträge nur auf Grund ihrer AGB abschließen, wie z. B. Banken, Versicherungen. – Umfassende Regelung des *Rechts der AGB* im →AGB-Gesetz (vgl. dort).

II. I n h a l t : Kann alles sein, was auch Inhalt eines Vertrages sein kann. *Typische Bestandteile:* Abreden über →Sachmängelhaftung, →Eigentumsvorbehalt, →Erfüllungsort, →Gerichtsstand. AGB sind *nichtig,* wenn sie die wirtschaftliche Bewegungsfreiheit des Geschäftspartner unangemessen beschränken (→Knebelungsvertrag) oder wenn sie unter Ausnutzung einer wirtschaftlichen Machtstellung dem Partner ungünstige Bedingungen (z. B. durch →Freizeichnungsklauseln) aufdiktieren.

III. Auslegung bei zweifelhafter Bedeutung: I. a. so, wie es für das Unternehmen, das die betr. AGB aufgestellt hat, ungünstiger ist. Dies gilt jedoch für die AGB der Versicherungen nicht uneingeschränkt.

allgemeine Geschäfts,,un"kosten, ungenaue Bezeichnung für Verwaltungsgemeinkosten (→Verwaltungskosten).

allgemeine Gleichgewichtstheorie. 1. *Disziplin der modernen Wirtschaftstheorie,* die sich befaßt mit Eigenschaften von →Gleichgewichten (wie z. B. Existenz, Berechenbarkeit, →Stabilität) und insbes. wohlfahrtstheoretischen Implikationen (→Wohlfahrtstheorie sowie →Effizienz und →Pareto-Effizienz) in denzentralisierten Organisationsformen eines Wirtschaftssystems. – *Ziel der a. G.* ist die Untersuchung, ob und unter welchen Voraussetzungen die Handlungen aller Wirtschaftssubjekte miteinander abgestimmt werden können, so daß ein gesamtwirtschaftliches Gleichgewicht erreicht wird, sowie die Analyse, unter welchen Bedingungen ein Gleichgewicht Pareto-effizient ist bzw. wie Pareto-Effizienz hergestellt werden kann. – *Der Vorteil der a. G.* gegenüber anderen Ansätzen besteht in der logisch konsistenten Erfassung der ökonomischen Interaktion aller Konsumenten und Produzenten auf mikroökonomischer Basis. – **2.** *Historische Bezeichnung* für die Preistheorien der Lausanner Schule (→Grenznutzenschule 2 b) zur Bestimmung der Höhe der →Gleichgewichtspreise und →Gleichgewichtsmengen in einer →Marktwirtschaft.

allgemeine Grundsätze der Kostenrechnung, →Kostenrechnungsgrundsätze.

Allgemeine Gütergemeinschaft, →eheliches Güterrecht.

allgemeine Hilfskostenstellen, Begriff der Kostenrechnung für Bereiche, die durch die Produktion →innerbetrieblicher Leistungen dem Gesamtbetrieb dienen (→Hilfskostenstellen), z. B. Gebäude, Heizung, Wohlfahrtseinrichtungen. Sie sammeln Kosten, mit denen die nachfolgenden Kostenstellen je nach Leistungsempfang zu belasten sind. Von ihnen sind Hilfskostenstellen zu unterscheiden, deren Leistungen nur für einzelne Unternehmensbereiche erbracht werden (z. B. →Fertigungshilfskostenstellen). – Die Kosten der a. H. werden im →Betriebsabrechnungsbogen auf die empfangenen Kostenstellen nach verschiedenen Verfahren der →innerbetrieblichen Leistungsverrechnung umgelegt.

allgemeine Kosten, →allgemeine Betriebskosten.

Allgemeine Kreditvereinbarungen (AKV), *general arrangements to Borrow (GAB),* 1962 zwischen dem →IMF und den im →Zehner-Klub vertretenen Ländern geschlossenes Abkommen, nach dem sich diese bereit erklär-

ten, dem IMF bei Bedarf Kredite in ihren Währungen zur Verfügung zu stellen für den Fall, daß sich die normalen, aus den Subskriptionsbeiträgen stammenden Devisenbestände des IMF bei größeren Währungskrisen als zu gering erweisen. Weiterer AKV-Teilnehmer wurde die Schweiz; mit Saudi-Arabien im Dezember 1983 eine assoziierte Kreditvereinbarung über 1,5 Mrd. Sonderziehungsrechte. – Hinsichtlich der Mittelvergabe wurde den Zehnerklub-Mitgliedern ein weitgehendes *Mitspracherecht* eingeräumt, die dadurch erheblichen Einfluß auf die Politik des IMF nehmen konnten. – Die AKV wurden mehrfach verlängert und das Kreditvolumen erhöht. Nach der letzten Änderung vom Dezember 1983 (gültig bis Ende 1988) beträgt das zur Verfügung stehende Kreditvolumen 17 Mrd. →Sonderziehungsrechte (Anteil der Bundesrep. D. 2,38 Mrd.). Seit November 1983 stehen keine Kredite mehr aus.

Allgemeine Lagerbedingungen des deutschen Möbeltransports (ALB), Lagerbedingungen in Ergänzung und Zusammenwirken mit dem Lagerrecht. Die ALB sind auf der Rückseite des Lagerscheins abgedruckt und gelten somit regelmäßig als vereinbart.

allgemeine Lohnsteuertabelle, →Lohnsteuertabelle für Arbeitnehmer, die in der gesetzlichen Rentenversicherung versicherungspflichtig sind. – *Gegensatz:* →besondere Lohnsteuertabelle.

Allgemeine Ortskrankenkassen (AOK), →Ortskrankenkassen.

Allgemeiner Europäischer Stückguttarif (AEST), am 1. 5. 1956 in Kraft getretener, verbindlicher Tarif für den Stückgutverkehr zwischen der Bundesrep. D. und Frankreich, der Bundesrep. D. und Belgien, Frankreich und Großbritannien, Frankreich und Belgien. Eilgut und Wegevorschriften zugelassen (Frachtzuschlag 50%).

Allgemeines Landrecht (für die Preußischen Staaten von 1794 – ALR), *Preußisches A. L.,* Versuch einer umfassenden Kodifikation des seinerzeit geltenden preußischen Rechts.

Allgemeine Systematik der Wirtschaftszweige in den Europäischen Gemeinschaften, *Nomenclature générale des activités économiques dans les Communautés européennes (NACE),* Basis für die Gliederung der Wirtschaftszweige (nach wirtschaftlichen Institutionen) in den Statistiken für Zwecke der EG, seit 1970 in allen EG-Staaten als Berichterstattungssystematik einheitlich angewendet. Die NACE dient in abgewandelter Form gleichzeitig als Systematik der Produktionsbereiche im Europäischen System Volkswirtschaftlicher Gesamtrechnung für die Aufstellung von Input-Output-Tabellen (NACE/CLIO). Gliederung nach dem Dezimalsystem auf fünf Ebenen (Fünfsteller); auf der untersten Ebene ca. 770 Positionen (Wirtschaftszweige). Mit der von den UN entwickelten Internationalen Systematik der Wirtschaftszweige (→International Standard Industrial Classification of all Economic Activities) in gehobenen Zügen vergleichbar. – *Revision* der NACE ist in Vorbereitung. Die revidierte NACE soll in das angestrebte →Integrierte System der Internationalen Wirtschaftszweig- und Gütersystematiken einbezogen werden und somit weitgehend mit der Internationalen Systematik der Wirtschaftszweige der UN und den Internationalen Gütersystematiken (→Internationale Waren- und Güterverzeichnisse) vergleichbar sein. Mit der Einführung der neuen NACE in die Gemeinschaftsstatistiken ist 1989/90 zu rechnen. Unter dem Aspekt der gemeinschaftlichen Zielsetzungen zur Vollendung des EG-Binnenmarktes bis 1992 und den sich daraus ergebenden neuen Datenanforderungen für Zwecke der Gemeinschaftspolitiken sind seitens der EG-Kommission Bestrebungen im Gange, die neue NACE auf der Basis einer EG-Rechtsgrundlage als verbindliche Erhebungssystematik in die nationalen Statistiken der Mitgliedsstaaten einzuführen.

Allgemeines Zoll- und Handelsabkommen, →GATT.

allgemeine „Un"kosten, früher üblicher, im modernen Rechnungswesen unzweckmäßiger Ausdruck für →Gemeinkosten.

Allgemeine Versicherungsbedingungen (AVB), von den Verbänden der Versicherer oder auch von einzelnen Versicherern formuliert; typisierter Vertragsinhalt von Versicherungsverträgen. AVB sind Allgemeine Geschäftsbedingungen und unterliegen der Kontrolle nach dem →AGB-Gesetz. In den aufsichtspflichtigen Versicherungszweigen (wichtigste Ausnahme: →Transportversicherung) als Bestandteil der Geschäftsplanes genehmigungspflichtig durch →Bundesaufsichtsamt für das Versicherungswesen. Da die AVB dazu bestimmt sind, in eine Vielzahl gleichliegender Versicherungsverträge als Bestandteil aufgenommen zu werden, sind auch →Zusatzbedingungen, →besondere Versicherungsbedingungen und →Klauseln.

Allgemeinheit, →Universalität.

Allgemeinstellen, auf öffentlichem Grund befindliche Säulen und Tafeln für den Plakatanschlag, die gleichzeitig von mehreren Werbetreibenden benutzt werden können. A. werden von (örtlichen) privaten Institutionen auf gepachtetem Grund errichtet und verwaltet; →Außenwerbung. – *Gegensatz:* →Ganzstellen.

Allgemeinverbindlichkeitserklärung von Tarifverträgen, Begriff des Arbeitsrechts. Akt der Verwaltungsbehörde (Bundesminister für Arbeit und Sozialordnung bzw. Arbeitsministerien der Länder) zur Ausdehnung des Geltungsbereichs eines Tarifvertrages (→Tarifvertrag) auf sog. Außenseiter, nicht tarifgebundene Arbeitgeber und Arbeitnehmer, (§ 5 IV TVG).

I. V o r a u s s e t z u n g e n : 1. Beschäftigung von mindestens 50% der unter den Geltungsbereich des Tarifvertrages fallenden Arbeitnehmer durch die tarifgebundenen Arbeitgeber; 2. öffentliches Interesse (z. B. Interesse der Tarifbeteiligten am Schutz vor Schmutzkonkurrenz und Lohndrückerei). – Von diesen kann abgesehen werden, wenn die A. zur Behebung eines sozialen Notstandes erforderlich erscheint, z. B. bei Arbeitsbedingungen, die eine unsoziale Ausbeutung der Arbeitnehmer darstellen.

II. V e r f a h r e n : Die A. erfolgt durch den Bundesminister für Arbeit oder gem. § 5 VI TVG in Einzelfällen durch die Landesarbeitsminister auf Antrag einer Tarifvertragspartei im Einvernehmen mit dem Tarifausschuß. Nach Bekanntgabe des Antrags im Bundesanzeiger ist den betroffenen Arbeitgebern und -nehmern, den interessierten Gewerkschaften und Arbeitgeberverbänden sowie den obersten Arbeitsbehörden der Länder Gelegenheit zur schriftlichen Stellungnahme zu geben (§ 5 II IVG; DVO vom 26.2.1970, BGBl I 193). Die Entscheidung ist im Bundesanzeiger bekanntzugeben und in das →Tarifregister einzutragen. – Bei Vorliegen besonderer Umstände haben die Arbeitsgerichte die Wirksamkeit der A. als Vorfrage zu überprüfen.

III. A u f h e b u n g : Ist im Einvernehmen mit dem Tarifausschuß möglich, wenn im öffentlichen Interesse geboten (§ 5 V TVG). Sie ist öffentlich bekanntzumachen.

IV. R e c h t s n a t u r : Umstritten, ob →Verwaltungsakt, →Rechtsverordnung oder Doppelnatur. Den Außenseitern gegenüber ist die A. unselbständiger Rechtssetzungsakt; im Verhältnis zu den Tarifvertragsparteien Verwaltungsakt.

Allgemeinverfügung, Begriff des Verwaltungsverfahrens; vgl. →Verwaltungsakt.

Allgemeinwissen, →commonsense reasoning.

alliierte Fahrzeuge. 1. Kraftfahrzeuge der alliierten *Streitkräfte,* die von ihren Mitgliedern oder Bediensteten oder von ihnen beschäftigten Personen bei der Erfüllung ihrer dienstlichen Verpflichtungen benutzt werden. Durch diese Fahrzeuge verursachte Schäden werden nach Maßgabe des deutschen Rechts als →*Stationierungsschäden* (→Besatzungsschäden) von der Bundesrepublik reguliert. Antrag bei der zuständigen deutschen Stelle binnen 90 Tagen seit Eintritt des Schadens erforderlich. – 2. Durch *andere A.F.* und Fahrzeugführer verursachte Schäden unterliegen in vollem Umfang den Bestimmungen des deutschen Rechts; Ansprüche sind ggf. vor den ordentlichen Gerichten gegen Kraftfahrzeughalter oder -führer geltend zu machen. – Vgl. auch →Kraftfahrzeughaftung.

alliiertes Devisenrecht, →Innerdeutscher Handel.

Allmenderessourcen, *common property ressources,* →natürliche Ressourcen im Gemeineigentum (Allmende = Gemeineigentum), d. h. gemeinschaftlich von einer Gruppe oder von jedermann nutzbar. Die →Nutzungsrechte an natürlichen Ressourcen können beschränkt sein; im Falle der Gruppennutzung kann es gruppeninterne Regulierungen der Nutzungsrechte der einzelnen Gruppenmitglieder geben.

Allokation. I. Wirtschaftstheorie: Verteilung der Güter; insbes. auch der Produktionsfaktoren in einer Volkswirtschaft. Optimale A. der Ressourcen bedeutet die optimale Verteilung von Produktionsfaktoren auf alternative Verwendungszwecke. – Vgl. auch →Allokationspolitik, →Wohlfahrtstheorie, →allgemeine Gleichgewichtstheorie.

II. Statistik: Die Zuordnung von Teil-Stichprobenumfängen zu den →Schichten beim →geschichteten Zufallsstichprobenverfahren.

**Allokationsfunktion des Preises, Begriff der →Preistheorie. Die Verteilung der Produktionsfaktoren auf die einzelnen Branchen einer Volkswirtschaft hängt i. d. R. von der Höhe der Faktorpreise ab, die von den Branchen gezahlt werden. Eine Branche kann einen um so höheren Faktorpreis zahlen, je höher ihre Produktivität (Rentabilität) ist. Bei freier Güter- und Faktorpreisbildung ist daher gewährleistet, daß die Produktionsfaktoren in den produktivsten Verwendungen eingesetzt werden. Vorausgesetzt wird dabei allerdings, daß keine →Mobilitätshemmnisse für die Produktionsfaktoren bestehen.

Allokationspolitik, →Wirtschaftspolitik, die auf eine möglichst verschwendungsarme Aufteilung der Ressourcen zielt. A. beinhaltet: a) Beseitigung von Funktionsstörungen der marktmäßigen →Koordination durch Abbau der einer freien Güter- und Faktorpreisbildung entgegenstehenden Hemmnisse; b) Bereitstellung nicht marktfähiger →öffentlicher Güter; c) Beseitigung aufgrund →externer Effekte entstandener Verzerrungen der Produktions- und Konsumstruktur. Ziele der A. werden insbes. in der Finanz-, Wettbewerbs-, Infrastruktur- und Umweltpolitik verfolgt.

Allokationstheorie, →Wohlfahrtstheorie, →allgemeine Gleichgewichtstheorie.

Allonge, an einen →Wechsel angeklebtes Blatt zur Anbringung weiterer →Indossa-

mente, falls auf der Rückseite des Wechsels kein Platz mehr ist. Die A. muß mit dem Wechsel fest verbunden sein und bei rediskontfähigen Wechseln die Angaben über Betrag, Fälligkeit, Zahlungsort, Namen und Wohnort des Bezogenen, Aussteller und Ausstellungsdatum wiederholen. Man verwendet zweckmäßig das für Wechsel geschaffene Einheitsformular. Die Verbindungsstelle soll mit Firmenstempel oder, falls der →Protest auf eine A. gesetzt wird, mit Dienstsiegel versehen sein.

Allphasenumsatzsteuer, Umsatzsteuersystem, bei dem auf allen Phasen der Leistungskette Umsatzsteuer erhoben wird. Nur A. gewährleistet der volle umsatzsteuerliche Erfassung des Endverbrauchs. →Bruttoumsatzsteuer und →Nettoumsatzsteuer entsprechen dem A.system. – *Gegensätze:* →Mehrphasenumsatzsteuer, →Einphasenumsatzsteuer. – Vgl. auch →Umsatzbesteuerung III 1.

All-risk-Versicherung, *Vielgefahrenversicherung, Versicherung gegen unbenannte Gefahren,* Versicherungsschutz für versicherte Sachen, die durch eine nicht ausdrücklich ausgeschlossene Gefahr zerstört oder beschädigt werden oder abhandenkommen. – In der Bundesrep. D. aufsichtsrechtlich nicht genehmigt und auch unüblich, da sie nicht auf den individuellen Bedarf des Versicherungsnehmers ausgerichtet ist.

Allsatz, →Allaussage.

Alpha-Fehler, *Fehler erster Art,* möglicher →Entscheidungsfehler bei →statistischen Testverfahren. Ein A.-F. liegt vor, wenn eine Hypothese abgelehnt wird, obwohl sie wahr ist. Bei →zweiseitigen (→einseitigen) Fragestellungen ist die (maximale) Wahrscheinlichkeit, einen A.-F. zu begehen, das vorgegebene →Signifikanzniveau α.

alphanumerische Daten, →Daten, die mit Buchstaben und Ziffern dargestellt werden. Beide wirken zusammen, um eine →Information für den Lesenden und/oder eine Maschine verständlich auszudrücken. – *Gegensatz:* →numerische Daten.

Als-ob-Kosten, von E. Schneider geprägter Begriff für Zinsen in der Kostenrechnung. Kosten sind nach Schneiders Definition nur Realgüterverbrauch, so daß es sich bei Behandlung der Zinsen des Eigen- und Fremdkapitals als Bestandteil der Kosten in Wirklichkeit um eine Normgröße für den durch Verwendung des Kapitals zu erzielenden Erfolg handele.

Als-ob-Tarife, →Ausnahmetarife im Bahnverkehr, die Frachten gewähren, „als ob" ein Kanal vorhanden oder als ob eine andere angestrebte Situation gegeben wäre, die günstige Fracht- oder Gestehungskosten garantieren würde.

Altanlagen, Begriff der Großfeuerungsanlagen-Verordnung. A. sind →Anlagen im Sinne des BImSchG, die zum Zeitpunkt des Inkrafttretens dieser Verordnung (1. 7. 1983) bestanden haben oder genehmigt waren. Die Emissionsgrenzen für A. liegen erheblich über denen für Neuanlagen.

Altenheim, *Altenwohnheim, Pflegeheim,* Einrichtung, die alte und pflegebedürftige oder behinderte volljährige Personen nicht nur vorübergehend aufnimmt und betreut. Nach dem Heimgesetz vom 7. 8. 1974 (BGBl I 1873) bedarf die Betreibung eines A. durch einen privaten Träger der *Erlaubnis.* Ab 6 Personen ist ein →Heimbeirat zu bilden. Verstöße werden als →Ordnungswidrigkeit mit Geldbußen bis 10 000 DM geahndet. – *Rechtliche Bestimmungen* in: VO über die Mitwirkung der Bewohner von Altenheimen, Altenwohnheimen und Pflegeheimen für Volljährige in Angelegenheiten des Heimbetriebes (Heim-MitwirkungsVO) vom 19. 7. 1976 (BGBl I 1819), VO über bauliche Mindestanforderungen für Altenheime, Altenwohnheime und Pflegeheime für Volljährige (HeimMindBauV) vom 27. 1. 1978 (BGBl I 189) und VO über die Pflichten der Träger von Altenheimen, Altenwohnheimen, Pflegeheimen für Volljährige im Falle der Entgegennahme von Leistungen zum Zwecke der Unterbringung eines Bewohners oder Bewerbers (HeimsicherungsV) vom 24. 4. 1978 (BGBl I 553).

Altenheim-Freibetrag, Begriff des Einkommensteuerrechts (§ 33a III EStG) für einen →Freibetrag von 1200 DM für Personen (Steuerpflichtiger oder nicht dauernd getrennt lebender Ehegatte), die in einem Heim oder dauernd zur Pflege untergebracht sind. Erforderlich ist, daß die Voraussetzungen für die Gewährung eines Freibetrages wegen Beschäftigung einer Hausgehilfin oder →Haushaltshilfe erfüllt werden und in den Aufwendungen für die Unterbringung Kosten für solche Dienstleistungen enthalten sind, die mit denen einer Hausgehilfin oder Haushaltshilfe vergleichbar sind. Bei Zusammenveranlagung von Ehegatten kann der Freibetrag insgesamt nur einmal abgezogen werden.

Altenhilfe, Leistung im Rahmen der →Sozialhilfe an alte Menschen, um durch das Alter entstehende Schwierigkeiten zu verhüten, zu überwinden oder zu mildern und ihnen die Möglichkeit zu erhalten, am Leben in der Gemeinschaft teilzunehmen (§ 75 I BSHG). – *Maßnahmen:* Hilfe zu angestrebter Tätigkeit, bei Beschaffung geeigneter Wohnung, Aufnahme in einem Heim, zur Inanspruchnahme altersgerechter Dienste, zum Besuch geselliger oder kultureller Veranstaltungen und um die Verbindung mit nahestehenden Personen aufrechtzuerhalten u. a. Soweit persönliche Hilfe

erforderlich ist, soll die A. ohne Rücksicht auf eigenes Vermögen oder Einkommen gewährt werden (§ 75 IV BSHG).

Altenhilfepolitik, Bereich der staatlichen →Sozialpolitik. – 1. A. *umfaßt* Maßnahmen zur Sicherung der wirtschaftlichen Lebensgrundlage, zur Erhaltung bzw. Begründung einer selbständigen und unabhängigen Lebensführung, zur Integration und Hilfe bzw. Betreuung bei Eintritt von körperlicher und geistiger Hinfälligkeit der älteren Generation. – 2. *Neuausrichtung:* Die Erhöhung der durchschnittlichen Lebensdauer und der Sachverhalt, daß heute der Mehrheit älterer Menschen – finanziell unabhängig, vital und kompetent – in eigenen Haushalten lebt, geben dem Problem einer Politik für ältere Menschen quantitativ und qualitativ ein neuartiges Gewicht. Bezüglich des Nebeneinanderlebens von drei handlungsbereiten und handlungsfähigen Generationen müssen neue Solidaritäts- und Sicherungsmuster in der Sozialpolitik entwickelt werden. So ist z. B die Neuordnung der Leistungstatbestände im Bereich der Pflege, die Familien für die „dritte Generation" erbringen, ein Erfordernis.

Altenteil, *Ausgedinge, Leibgedinge.* I. B e g r i f f : Eine insbes. bei bäuerlichen Gutsüberlassungen übliche, meist vertragliche Vereinbarung, durch die der bisherige Eigentümer dem Übernehmer Herrschaft und Eigentum an dem landwirtschaftlichen Betrieb überträgt und sich zugleich zur Sicherung des Lebensunterhalts fortdauernde Leistungen aus dem Grundstück (insbes. Naturalien), eine Wohnung auf dem Hof, Dienstleistungen und/oder laufende Geldleistungen zusichern läßt. A.-Verträge haben obligatorische Bedeutung, verpflichten aber Übernehmer zur Verschaffung eines dinglichen Rechts: →Reallast (soweit Leistungen aus dem Grundstück zu erbringen sind), →beschränkt persönliche Dienstbarkeit (soweit eine Wohnung zu gewähren ist).

II. S t e u e r r e c h t : 1. *Einkommensteuer:* a) Beim *Verpflichteten* sind A.-Leistungen als →Sonderausgaben (§ 10 I Nr. 1a EStG) abzugsfähig, und zwar die Naturalleistungen als dauernde Lasten, die regelmäßig wiederkehrenden, fest begrenzten, gleichmäßigen und erheblichen (nicht: Taschengeld) Geldleistungen als →Leibrenten. – b) *Der Berechtigte* hat die A.-Leistungen als →sonstige Einkünfte (→Einkünfte VII) zu versteuern. – 2. *Vermögensteuer:* Bei der Ermittlung des →Gesamtvermögens sind A.-Lasten mit ihrem Kapitalwert abzugsfähig (§ 118 I Nr. 1 BewG). Der Jahreswert der Lasten setzt sich zusammen aus dem mit den Mittelpreisen des Verbrauchsorts bewerteten und tatsächlich erbrachten Sach- und Naturalleistungen sowie den Geldleistungen. Für die nicht in Geld bestehenden Leistungen sind (je nach Bundesland unterschiedlich) gestaffelte Pauschalsätze festgelegt.

Alter, rechtliche Bedeutung: Vgl. →Altersgrenze, →Lebensalter.

ältere Angestellte, Begriff des Arbeitsrechts, insbes. des Kündigungsschutzes für langjährige Angestellte mit verlängerten Kündigungsfristen. Ein Arbeitgeber mit i. d. R. mehr als zwei Angestellten darf einem Angestellten, den er bzw. seine Rechtsvorgänger mindestens fünf Jahre beschäftigt haben, nur mit folgenden *Mindestfristen* zum Quartalsschluß kündigen (Gesetz über die Fristen für die Kündigung von Angestellten vom 9. 7. 1926, RGBl I 399; geändert am 26. 4. 1985, BGBl I 710): (1) drei Monate bei einer Beschäftigungsdauer von mindestens fünf Jahren; (2) vier Monate bei mindestens acht Jahren; (3) fünf Monate bei mindestens zehn Jahren; (4) sechs Monate bei mindestens zwölf Jahren. Dienstjahre vor der Vollendung des 25. Lebenjahres bleiben unberücksichtigt. – Kündigungsschutz genießen alle nach §1 AVG versicherungspflichtigen Angestellten. – →Außerordentliche Kündigung bleibt unberührt. – *Kündigung durch den Angestellten selbst:* Es gelten die gesetzlichen oder vertraglichen Fristen (→Kündigung).

ältere Arbeiter, Arbeiter mit einer Beschäftigungsdauer von mindestens fünf Jahren in demselben Betrieb oder Unternehmen. Es gelten *verlängerte Kündigungsfristen* (§ 622 I 2 BGB): (1) ein Monat zum Monatsende ab fünf Jahren; (2) zwei Monate zum Monatsende ab zehn Jahren; (3) drei Monate zum Quartalsende ab zwanzig Jahren. Kürzere Kündigungsfristen können einzelvertraglich grundsätzlich nicht vereinbart werden. – Bei der Berechnung der Beschäftigungsdauer sind im Gegensatz zur Berechnung im Falle →älterer Angestellter erst Zeiten nach Vollendung des 35. Lebensjahres zu berücksichtigen. Dies ist wegen Verstoßes gegen den Gleichheitssatz des Art. 3 GG mit dem Grundgesetz unvereinbar (Urteil des Bundesverfassungsgerichts vom 16. 11. 1982; BGBl I 1983, 81); eine entsprechende Neuregelung seitens des Gesetzgebers ist erforderlich.

ältere Generation, →Altenhilfepolitik.

alternativ bedingte Gemeinkosten (-ausgaben, -erlöse, -einnahmen, -verbräuche). 1. *Begriff:* Auch dann in voller Höhe anfallende Kosten (Ausgaben, Einnahmen, Erlöse, Verbräuche), wenn bei simultaner oder wechselnder Produktion ein oder mehrere Produkte (Potentiale) nicht entstünden, solange nur irgendeines der Produkte erstellt wird. – *Gegensatz:* →kumulative Gemeinkosten (-ausgaben, -einnahmen, -erlöse). – 2. *Beispiele:* (1) Ein Treibstoffverbrauch bei Bewegung eines Fahrzeugs „an sich", das gleichzeitig auf einer bestimmten Strecke meh-

rere Sendungen geladen hat; (2) Bereitschaftskosten von Nutzungspotentialen (Kapazitäten), die zur gleichzeitigen oder wechselndsukzessiven Nutzung durch unterschiedliche Produkte vorgehalten werden. – 3. *Zurechnung:* Werden die Entscheidungssequenzen berücksichtigt, ist i. d. R. eine differenziertere Zurechnung nach dem →Identitätsprinzip möglich.

alternativ bewirtschaftete landwirtschaftliche Betriebe, Betriebe mit naturnahen Produktionsmethoden (z. B. biologische oder biologisch-dynamische Methode). 1985 rund 1500 Betriebe mit einer landwirtschaftlichen Fläche von rund 27 700 ha (rd. 0,2 v. H.). Die statistisch erfaßten Testführungsbetriebe zeigen sehr niedrige Aufwendungen für Düngeund Pflanzenschutzmittel, geringe Flächenerträge und relativ hohe Verkaufspreise, v. a. bei den pflanzlichen Produkten. Sie wirtschaften i. d. R. vielseitiger als konventionelle Betriebe. Bedeutend ist Anbau von Roggen, Hülsenfrüchten, Klee und vielseitige Tierhaltung (vor allem Schafe, Geflügel). Die Arbeitsintensität ist u. a. infolge der sehr schonenden Bodenbearbeitung wesentlich größer als bei konventionellen Betrieben. Die durchschnittlichen Einkommen sind eher etwas niedriger.

Alternative, →Aktion.

Alternative Ökonomie, Sammelbezeichnung für wirtschaftliche Grundsätze zur Umsetzung einer Alternative zur privatkapitalistischen Wirtschaft und zum real existierenden Sozialismus. – Autonome statt weisungsgebundene (→Koordination) *Handlungsweise der Produktionseinheiten* mit folgenden Grundsätzen: Verzicht auf Privateigentum an Produktionsmitteln sowie auf Profitstreben, Ausrichtung der Produktion auf sinnvoll beurteilte Produkte und Dienste; umweltschonende und naturnahe Produktion; Bevorzugung einfacher statt aufwendiger Produktionstechnik; weitgehende Mitwirkungsrechte aller Organisationsmitglieder und Entscheidung nach Konsensfindung; Zurückdrängung der innerorganisationalen Arbeitsteilung; Produktion für überschaubare Märkte statt Fernabsatzorientierung. – Vorherrschende *Organisationsformen* sind kleinere Kooperativen und Genossenschaften. Bei praktischen Experimenten dominieren nicht erwerbswirtschaftlich orientierte Zweige des Dienstleistungsbereichs (Selbsthilfegruppen, Kommunikationszentren, Mieterinitiativen, Frauenprojekte u. a.); Handwerkskollektive und alternative Formen der Landwirtschaft zahlenmäßig noch von geringer Bedeutung.

alternative Produktion, *Alternativproduktion,* Produktion im Mehrproduktbetrieb, bei der durch vermehrte Herstellung des einen Produkts die Erzeugungsbedingungen für das oder die anderen Produkte verschlechtert oder eingeengt werden, d. h. die Erzeugnisse beeinflussen sich gegenseitig, indem sie um knappe Kapazitäten konkurrieren. Hierbei kann ein Teil der Erzeugnismengen *nicht* in das Produktionsprogramm aufgenommen bzw. *nicht* mit Hilfe der kostengünstigsten Verfahren oder Produktionsbedingungen hergestellt werden.

Alternativkosten, →Opportunitätskosten.

Alternativplan, →Eventualplan.

Alternativplanung, →Eventualplanung.

Alternativproduktion, →alternative Produktion.

Alternativrechnung, →postoptimale Rechnung.

Alternativsanierung, →Sanierung IV. 1.

Alternativtechnologien, →Backstop-Technologien.

Altersangabe eines Unternehmens, Gegenstand des Rechtsschutzes bei Anwendung im Wettbewerb als Gewähr für Erfahrung und Leistungsfähigkeit. Als zulässig gilt die Angabe des Gründungsjahres, wenn die wirtschaftliche Fortdauer des Unternehmens seit dem behaupteten Zeitpunkt gegeben ist. – *Unrichtige* A. ist als →irreführende Werbung verboten (§§ 3, 4 UWG).

Altersaufbau, tabellarische bzw. graphische Darstellung der Ergebnisse der →Bevölkerungsstatistik im Hinblick auf die Altersstruktur eines Volkes. Besetzung einzelner →Altersgruppen (in 1- oder 5jährigem Abstand), getrennt nach Geschlecht.

I. D a r s t e l l u n g : Diagramm mit liegend aufeinander geschichteten Säulen. *Grundformen* (nach Burgdörfer): Pyramide, Glocke und Urne, vgl. Abb. Sp. 162. Die Entwicklung des westdeutschen A. unter dem Einfluß der beiden Weltkriege ergab das anomale Bild der „Wettertanne"; vgl. Abb. Sp. 165.

II. B e d e u t u n g : 1. Ergebnisse der *natürlichen Bevölkerungsbewegung* werden dargestellt: a) Geburtenhäufigkeit und Sterblichkeit der einzelnen Jahrgänge im Verhältnis zu den vorangehenden bzw. nachfolgenden, b) die Geschlechterproportionen nach Altersklassen und -gruppen; beim A. von Belegschaften oder einzelnen Siedlungseinheiten, z. B. Frauenüberschuß oder Überalterung. – 2. Ergebnisse der *mechanischen Bevölkerungsbewegung* werden dargestellt: a) durch →Wanderung, b) durch Gebietsveränderung, c) durch Menschenverluste in Kriegen oder Naturkatastrophen. Beim A. von Belegschaft entspr. große Entlassungen oder Neueinstellungen nach Alter und Geschlecht.

III. A. i n d e r B u n d e s r e p . D . : Vgl. Übersicht Sp. 163/164.

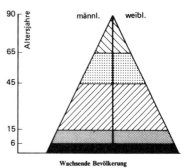

Wachsende Bevölkerung

1. „Pyramide". Zuwachs jüngerer Jahrgänge verbreitert die Pyramide nach unten; der Absterbeordnung entsprechend verjüngen sich die Blöcke nach der Spitze zu

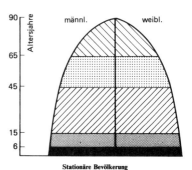

Stationäre Bevölkerung

2. „Glocke". Bei gleichbleibender Vermehrungsrate bewirkt die natürliche Absterbeordnung eine Schmälerung der oberen Blöcke

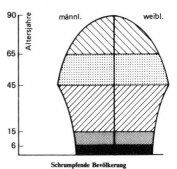

Schrumpfende Bevölkerung

3. „Urne". Jeder Jahrgang Neugeborener ist kleiner als der vorhergehende, so daß sich trotz der natürlichen Sterblichkeit die Blöcke nach oben verbreitern

Übersicht: Altersaufbau der Wohnbevölkerung am 31. 12. 1986

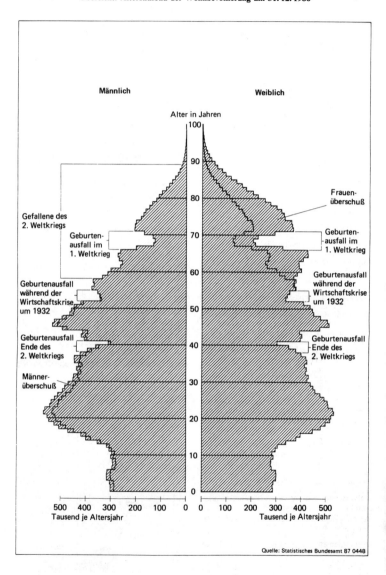

Männlich

Weiblich

Alter in Jahren

Gefallene des
2. Weltkriegs

Geburten-
ausfall im
1. Weltkrieg

Frauen-
überschuß

Geburten-
ausfall im
1. Weltkrieg

Geburtenausfall
während der
Wirtschaftskrise
um 1932

Geburtenausfall
während der
Wirtschaftskrise
um 1932

Geburtenausfall
Ende des
2. Weltkriegs

Geburtenausfall
Ende des
2. Weltkriegs

Männer-
überschuß

500 400 300 200 100   0   0   100 200 300 400 500
Tausend je Altersjahr   Tausend je Altersjahr

Quelle: Statistisches Bundesamt 87 0448

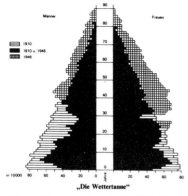

„Die Wettertanne"

Altersentlastungsbetrag. 1. *Begriff* des Einkommen- und Lohnsteuerrechts für einen →Freibetrag, der allen Steuerpflichtigen gewährt wird, die vor Beginn des maßgebenden Kalenderjahres das 64. Lebensjahr vollendet hatten (§ 24 a EStG). – **2.** *Höhe:* 40% des →Arbeitslohnes zuzüglich der positiven Summe der übrigen →Einkünfte, maximal jedoch 3000 DM im Kalenderjahr. Bei der Bemessung des A. bleiben Versorgungsbezüge (§ 19 II EStG), Einkünfte aus Leibrenten (§ 22 Nr. 1 a EStG) und Einküfte im Sinn des § 22 Nr. 4, 4 EStG außer Betracht. – **3.** *Verfahren der Berücksichtigung:* Bei der Veranlagung zur Einkommensteuer ist der A. zur Ermittlung des →Gesamtbetrages der Einkünfte von der Summe der Einkünfte abzuziehen. Im Lohnsteuerverfahren ist der A. ohne Eintragung auf der Lohnsteuerkarte bei jedem Arbeitnehmer zu berücksichtigen, der die Altersvoraussetzung erfüllt. – Vgl. auch →Altersfreibetrag.

Altersfreibetrag. 1. *Einkommensteuer:* Vom →Einkommen abzuziehender Betrag für Steuerpflichtige, die vor Beginn des Kalenderjahres das 64. Lebensjahr vollendet hatten (§ 32 VIII EStG). – *Höhe:* 720 DM, für zusammenveranlagte, berechtigte Ehegatten 1440 DM. Für Arbeitnehmer Eintragung des A. auf der →Lohnsteuerkarte. – **2.** *Vermögensteuer:* Vgl. →Freibetrage III 4.

Altersgeld, Sozialversicherungsleistung im Rahmen der →Altershilfe für Landwirte.

Altersgliederung, →Bevölkerungsentwicklung I.

Altersgrenze. I. A l l g e m e i n : Vgl. →Lebensalter.

II. B e a m t e n r e c h t : Lebensalter, in dem Beamte auf Lebenzeit kraft Gesetzes in den Ruhestand treten (§ 41 Bundesbeamtengesetz i. d. F. vom 3. 1. 1977, BGBl I 1) und →Altersruhegeld beziehen. (Davon abgeleitet die

Beurteilung der Leistungfähigkeit in anderen Dienst- und Angestelltenverhältnissen.) Als A. gilt i. d. R. das 65. Lebensjahr.

III. S t r a ß e n v e r k e h r s r e c h t : **1.** Für die Führung eines *Kraftfahrzeuges* nach § 7 Straßenverkehrs-Zulassungs-Ordnung: a) Vor Vollendung des 15. Lebensjahres darf überhaupt kein Kfz (auch kein Fahrrad mit Hilfsmotor bis 50 ccm) geführt werden. – b) Vor Vollendung des 16. Lebensjahres dürfen →Minderjährige Kfz der Klassen 1 b, 4 und 5 (→Leichtkrafträder, →Kleinkrafträder, →Fahrräder mit Hilfsmotor) nicht führen. Bei Verletzung der gesetzlichen Aufsichtspflicht haftet der gesetzliche Vertreter für Schäden mit. – Ausnahmen der Fahrerlaubniserteilung nur mit Zustimmung des gesetzlichen Vertreters durch die Verwaltungsbehörde bei besonderer charakterlicher Reife des Jugendlichen. – c) Nach Vollendung des 18. Lebensjahres Führung von Kfz-Klasse 1 a und 3 zulässig. – d) Nach Vollendung des 20. Lebensjahres und zweijährigem Besitz einer Fahrerlaubnis der Klasse 1 a Führung von Kfz-Klasse 1 zulässig. – e) Nach Vollendung des 21. Lebensjahres Führung von Kfz-Klasse 2. – **2.** Zulassung für *Omnibusfahrer* nach § 15 e StVZO vollendung des 21. Lebensjahres. – **3.** Für *Fahrlehrer* nach Vollendung des 25. Lebenjahres. – **4.** Für →Radfahrer und Führer von *Pferdefuhrwerken* keine Altersgrenzen. – Vgl. auch →Fahrerlaubnis.

Altersgrenze,, →flexible Altersgrenze, →Altersruhegeld, →Betriebsrentengesetz II 6.

Altersgruppen, Bezeichnung für die Untergliederung einer durch Voll- (→Volkszählung) oder Teilerhebung (→Mikrozensus) erfaßten oder aufgrund einer →Fortschreibung ausgezählten Gesamtbevölkerung nach ihren Geburtsjahrgängen.

I. Z u s a m m e n f a s s u n g nach G e b u r t s j a h r : **1.** *Einzelne Jahrgänge,* jeweils mit vollendetem Altersjahr (im 1. Lebensjahr stehende = nulljährig, im 2. Jahr stehende = einjährig usw.). – **2.** *Statistische Anstoßgruppen* in 3-, 5- oder 10jährigem Abstand. Die graphische Darstellung (auf der Ordinate werden die A., auf der Abszisse die Häufigkeiten abgetragen) dieser Gruppierung führt bei dynamischem Altersaufbau zur Bevölkerungspyramide: bei nachlassender Geburtenhäufigkeit zur Glocke, bei →Überalterung zum Kelch, zur Urne oder zur Wettertanne. – Vgl. auch →Altersaufbau.

II. Z u s a m m e n f a s s u n g nach Z w e c k g r u p p e n : **1.** *Produktivitätsklassen:* (1) Vorschulpflichtig: unter 6; (2) Schulpflichtig: 6 bis unter 14 bzw. 15 Jahre nach Einführung des 9. Schuljahrs; (3) Berufsausbildung: 15 bis unter 18 und 18 bis unter 21 Jahre; (4) Erwerbsfähige in 5- oder 10jährigen Altersgruppen

Altersgruppen

Entwicklung der Altersgruppen im Deutschen Reich bzw. in der Bundesrep. D (in 1000)	Reichsgebiet				Bundesgebiet				
	1.12. 1871	1.1. 1911	16.6. 1925	17.5. 1939	13.9. 1950	6.6. 1961	27.5. 1970	31.12. 1985	31.12. 1986
Unter 14 Jahren	13 265	20 873	14 839	17 029	11 001	11 461	12 766	9 126	8 327
14 bis unter 65 Jahre	25 659	40 881	43 590	55 407	34 599	37 887	39 480	42 767	43 541
65 Jahre und darüber	2 104	3 239	3 982	6 940	5 198	6 792	8 405	9 127	9 273
Insgesamt	41 028	64 993	62 411	79 375	50 798	56 140	60 651	61 020	61 140

zwischen 15 und 65 Jahren; (5) Unterhaltsberechtigte und -bedürftige: über 65 Jahre. – 2. Männer im *wehrpflichtigen Alter:* 18. bis 48. Lebensjahr, evtl. auch 49.–59. – 3. Unverheiratete im *heiratsfähigen Alter:* 15.–49. Lebensjahr. – 4. Frauen im gebärfähigen Alter: 15.–49. Lebensjahr. – Für die Bundesrep. D. bzw. Deutsches Reich vgl. im einzelnen Tabelle.

Altershilfe für Landwirte. 1. *Rechtsgrundlage:* 1957 durch Gesetz über A. f. L. (GAL), Neufassung v. 14. 9. 1965 (BGBl I 1448), zuletzt geändert durch RAG 1986 v. 13. 5. 1986 (BGBl I 697), eingeführte Altershilfe für landwirtschaftliche Unternehmer sowie deren Witwen (Witwer) und mitarbeitende Familienangehörige. Es gilt das Sozialversicherungsprinzip mit Beitragspflicht.

2. *Leistungen:* a) *Altersgeld* erhält der landwirtschaftliche Unternehmer, der das Unternehmen abgibt, das 65. Lebensjahr vollendet und bis zur Vollendung des 60. Lebensjahres für mindestens 160 Kalendermonate Beiträge an die landwirtschaftliche Alterskasse gezahlt hat (§ 2 I GAL). Ein mitarbeitender Familienangehöriger erhält Altersgeld, wenn er das 65. Lebensjahr vollendet hat, die Zeit vom Kalendermonat des Beginns der Beitragspflicht als mitarbeitender Familienangehöriger bis zur Vollendung des 65. Lebensjahres mindestens zur Hälfte, jedoch nicht unter 180 Kalendermonaten mit Beiträgen belegt hat oder während der 25 Jahre, die der Vollendung des 65. Lebensjahres vorausgegangen sind, mindestens 180 Monate mit Beiträgen belegt hat und selbst nicht landwirtschaftlicher Unternehmer ist. Das Altersgeld beträgt seit 1. 7. 1986 für die verheirateten Berechtigten 551,10 DM, für die unverheirateten Berechtigten 367,60 DM. – b) *Vorzeitiges Altersgeld* erhält ein landwirtschaftlicher Unternehmer, wenn er erwerbsfähig i. S. der gesetzlichen Rentenversicherung ist, mindestens bis zur Vollendung des 60. Lebensjahres oder bis zum Eintritt der Erwerbsunfähigkeit mit Ausnahme der Zeiten des Bezugs eines vorzeitigen Altersgeldes oder eines Hinterbliebenengeldes und für mindestens 60 Kalendermonate Beiträge als landwirtschaftlicher Unternehmer gezahlt hat und das Unternehmen unter verschiedenen besonderen Voraussetzungen abgegeben hat. Ein mitarbeitender Familienangehöriger erhält vorzeitiges Altersgeld, wenn er erwerbsunfähig im Sinn der gesetzlichen Rentenversicherung ist, die Zeit vom Kalendermonat des Beginns der Beitragspflicht bis zum Kalendermonat, in dem die Erwerbsunfähigkeit eingetreten ist, mindestens zur Hälfte, jedoch nicht unter 60 Kalendermonaten mit Beiträgen belegt hat oder während der zehn Jahre, die dem Eintritt der Erwerbsunfähigkeit vorausgegangen sind, mindestens 60 Kalendermonate mit Beiträgen belegt hat und selbst nicht landwirtschaftlicher Unternehmer ist. Die Höhe des vorzeitigen Altersgeldes entspricht der Höhe des Altersgeldes. – c) *Leistungen an Hinterbliebene:* Witwen und Witwer erhalten Altersgeld, wenn das Unternehmen abgegeben wurde und sie selbst nicht landwirtschaftliche Unternehmer sind und wenn der verstorbene Ehegatte Anspruch auf Altersgeld hatte und die Ehe vor Vollendung seines 65. Lebensjahres geschlossen war oder die Witwe das 60. Lebensjahr oder der Witwer das 65. Lebensjahr vollendet hat. Sie erhalten unter diesen Voraussetzungen auch dann vorzeitiges Altersgeld, wenn sie erwerbsunfähig im Sinn von § 1247 RVO (→Erwerbsfähigkeit) sind (§ 3 GAL). Entsprechend diesen Regelungen erhalten auch Witwen und Witwer mitarbeitender Familienangehöriger Altersgeld. Der frühere Ehegatte eines landwirtschaftlichen Unternehmers erhält nach den gleichen Grundsätzen Altersgeld, wenn die Ehe vor dem 1. 7. 1977 geschieden, für nichtig erklärt oder aufgehoben ist und in die Ehezeit die Beitragszahlungen an die landwirtschaftliche Alterskasse fallen (§ 3 V GAL). – d) *Hinterbliebenengeld* erhalten Witwen und Witwer landwirtschaftlicher Unternehmer, wenn (1) das Unternehmen abgegeben wurde, (2) sie selbst nicht landwirtschaftliche Unternehmer sind, (3) der hinterbliebene Ehegatte den Unterhalt seiner Familie nicht überwiegend bestritten hatte, (4) sie das 45. Lebensjahr vollendet oder im Haushalt der Witwe oder des Witwers mindestens ein waisengeldberechtigtes Kind oder Pflegekind lebt, das das 16. Lebensjahr noch nicht vollendet hat oder das infolge körperlicher oder geistiger Gebrechen außer Stande ist, sich selbst zu unterhalten, (5) das Arbeitsentgelt oder das Arbeitseinkommen der Witwe oder des Witwers durchschnittlich im Monat einen bestimmten Betrag nicht überschreitet und (6) der verstorbene Unternehmer mindestens bis zur Vollendung des 60. Lebens-

jahres oder bis zu seinem Tod, mit Ausnahme der Zeiten des Bezugs eines vorzeitigen Altersgeldes, und für mindestens 60 Kalendermonate Beiträge als landwirtschaftlicher Unternehmer entrichtet hat. Unter diesen Bedingungen erhalten entsprechend Witwen und Witwer mitarbeitender Familienangehöriger Hinterbliebenengeld. – Unter bestimmten Voraussetzungen erhalten Witwen und Witwer *Übergangshilfe*, wenn sie das Unternehmen des Verstorbenen als beitragspflichtige Unternehmer fortführen (§ 9 a GAL). – *Waisengeld* erhalten nach dem Tod eines landwirtschaftlichen Unternehmers seine Kinder sowie Pflegekinder, Enkel und Geschwister, die er in seinen Haushalt aufgenommen oder überwiegend unterhalten hat, wenn Beiträge in einem bestimmten Mindestumfang entrichtet sind. Dies gilt auch für Kinder eines verstorbenen mitarbeitenden Familienangehörigen. – e) *Landabgaberente* erhält unter bestimmten weiteren Voraussetzungen der Versicherte, wenn er bis zum 31. 12. 1983 seinen Anwesen zum Zweck der Strukturverbesserung abgegeben und das 60. Lebensjahr vollendet hat oder →Berufsunfähigkeit im Sinn von § 1246 Abs. 2 RVO vorliegt. Während der fünf Jahre vor der Landabgabe muß er überwiegend hauptberuflicher landwirtschaftlicher Unternehmer gewesen sein (§ 41 GAL). Die Landabgaberente beträgt für den verheirateten Berechtigten monatlich 175 DM, für den unverheirateten Berechtigten monatlich 115 DM mehr als das Altersgeld. Witwen und Witwer landwirtschaftlicher Unternehmer erhalten Landabgaberente, wenn sie selbst nicht landwirtschaftlicher Unternehmer sind und der verstorbene Ehegatte Anspruch auf Landabgaberente hatte. – f) *Leistungen zur Rehabilitation* können von der landwirtschaftlichen Alterskasse erbracht werden, wenn die Erwerbsfähigkeit eines Beitragspflichtigen wegen Krankheit oder körperlicher, geistiger oder seelischer Behinderung erheblich gefährdet oder gemindert ist und sie durch diese Leistungen wesentlich gebessert oder wiederhergestellt oder behoben -bzw. Erwerbsunfähigkeit abgewendet werden kann. – g) *Anpassung der Leistungen* im gleichen Maß wie die der gesetzlichen Rentenversicherung alljährlich an die allgemeine Einkommensentwicklung. Renten aus der gesetzlichen Rentenversicherung, gesetzlichen Unfallversicherung oder aus einer Beamtenversorgung werden in bestimmtem Umfang beim Bezug von Altersgeldern und Landabgaberenten angerechnet.

3. *Träger der A.f.L.:* Landwirtschaftliche Alterskasse als Körperschaft des öffentlichen Rechts mit dem Recht der Selbstverwaltung und staatlicher Aufsicht, errichtet bei jeder landwirtschaftlichen →Berufsgenossenschaft. Mitglied sind alle landwirtschaftlichen Unternehmer ohne Rücksicht auf die Höhe des Einkommens und die Größe ihres Unternehmens. Die Finanzierung der A. f. L. beruht auf Beiträgen und Bundeszuschüssen.

4. *Beitragspflicht: Beitragspflichtig* sind alle landwirtschaftlichen Unternehmer, deren Unternehmen im Bereich der Alterkasse ihren Sitz haben (§ 14 GAL). § 1 GAL bestimmt, wer landwirtschaftlicher Unternehmer im Sinn dieses Gesetzes ist. – Auf Antrag werden landwirtschaftliche Unternehmer von der Beitragspflicht *befreit*, wenn sie vor Antragstellung mindestens 60 Kalendermonate versicherungspflichtig in der gesetzlichen Rentenversicherung waren und zur Zeit der Antragstellung versicherungspflichtig beschäftigt sind oder als selbständige Handwerker in der Handwerksrolle eingetragen sind oder beamtenrechtliche Versorgungen zu erwarten haben bzw. sie nach Vollendung des 50. Lebensjahres erstmalig die Voraussetzungen für die Beitragspflicht erfüllen und ihnen zu diesem Zeitpunkt eine Rente aus den gesetzlichen Rentenversicherungen zusteht oder ihnen eine Anwartschaft auf lebenslängliche Versorgung nach beamtenrechtlichen Vorschriften gewährleistet ist. Es besteht die Möglichkeit der freiwilligen Weiterversicherung bei Wegfall der Voraussetzungen der Versicherungspflicht.

5. *Öffentlich-rechtliche Streitigkeiten* in Angelegenheiten der A. f. L. sind Angelegenheiten der Sozialversicherung (Unfallversicherung). Der Rechtsweg ist zu den Gerichten der Sozialgerichtsbarkeit eröffnet (§ 51 SGG).

Alterspension, →Zukunftssicherung des Arbeitnehmers.

Altersprofil, auf dem Modell des →Lebenszyklus eines Produktes aufbauendes Verfahren zur Altersbestimmung eines Produktionsprogramms. Graphische Konstruktion von Produkt-, Alterspyramiden durch Gegenüberstellung der Umsatz- bzw. Gewinnbeiträge in Abhängigkeit von der Lebensdauer der einzelnen Produkte.

Altersruhegeld, laufende Leistung im Rahmen der gesetzlichen →Rentenversicherung zur Sicherung des Alters. – 1. *Voraussetzungen:* A. wird unabhängig vom Gesundheitszustand bei Erreichen eines bestimmten Alters auf Antrag gewährt. – a) A. wird *allgemein* an Versicherte gezahlt, die das 65. Lebensjahr vollendet haben, wenn die →Wartezeit von 60 Monaten (bis zum 31. 12. 1983: 180 Monate) erfüllt ist (§ 1248 V RVO, § 25 V AVG). – b) *Vorgezogenes* A. erhalten nach Vollendung des 60. Lebensjahres Versicherte, die innerhalb der letzten 1½ Jahre mindestens 52 Wochen arbeitslos waren und weiter arbeitslos sind, wenn eine Versicherungszeit von mindestens 180 Monaten zurückgelegt ist. Außerdem muß der Versicherte in den letzten zehn Jahren mindestens acht Jahre eine rentenversicherungspflichtige Beschäftigung oder Tätigkeit ausgeübt haben, wobei Ersatz-, Ausfall- und Rentenbezugszeiten jedoch nicht mitgezählt werden (§ 1248 II RVO, § 25 II AVG). – c) *Weibliche Versicherte* erhalten vorgezogenes A. nach Vollendung des 60. Lebensjahres, wenn die →Wartezeit von 180 Kalendermonaten erfüllt ist und in den letzten zwanzig Jahren überwiegend (mindestens zehn Jahre und einen Monat) eine rentenversicherungspflichtige Beschäftigung oder Tätigkeit ausgeübt wurde (§ 1248 III RVO, § 25 III AVG). – d) Versicherte, die das 63. Lebensjahr vollendet haben, erhalten auf Antrag *flexibles A.*, wenn die besondere Wartezeit von 35 anrechnungsfähigen Versicherungsjahren, in denen mindestens eine Versicherungszeit von 180 Kalendermonaten zurückgelegt ist, erfüllt ist (§ 1248 I RVO, § 25 I AVG). – e) Unter den gleichen versicherungsrechtlichen Voraussetzungen wie d) erhält der Versicherte nach Vollendung des 60. Lebensjahres A., der zu diesem Zeitpunkt anerkannter *Schwerbehinderter* oder berufsunfähig (→Berufsunfähigkeit) oder erwerbsunfähig (→Erwerbsunfähigkeit) ist (§ 1248 I RVO, § 25 I AVG). – 2. *Höhe:* Das A. beträgt unabhängig vom Zeitpunkt der Inanspruchnahme einheitlich für jedes anrechnungsfähige Versicherungsjahr 1,5% der für den Versicherten maßgebenden →Rentenbemessungsgrundlage (§ 1254 I RVO, § 31 I AVG); es erhöht sich um die Steigerungsbeträge für entrichtete Beiträge der Höherversicherung und ggf. um den →Kinderzuschuß. Der Versicherte, der den Beginn des A. in der Zeit zwischen Vollendung des 65. und 67. Lebensjahrs hinausschiebt, erhält für jeden hinausgeschobenen Monat einen Zuschlag. – 3. *Verdienstgrenzen:* Nach Vollendung des 65. Lebensjahres sind Einnahmen aus Erwerbstätigkeit ohne Einfluß auf das A. Bezieher von flexiblem A. dürfen nach Vollendung des 63. Lebensjahrs Entgelt oder Arbeitseinkommen von durchschnittlich im Monat höchstens 1000 DM beziehen. Bezieher von vorgezogenem A. wegen Arbeitslosigkeit (vgl. 1 b) und weibliche Versicherte mit vorgezogenem A. (vgl. 1 c) dürfen bis zum 65. Lebensjahr daneben nur aushilfsweise (höchstens zwei Monate oder 50 Arbeitstage im Jahr) seit dem Beginn des A. oder aber zwar laufend oder in regelmäßiger Wiederkehr höchstens die Hälfte eines Siebtels der monatlichen Bezugsgröße (1986: 425 DM) erwerbstätig sein. Dies gilt auch für Bezieher von A. wegen Schwerbehinderung, Berufs- oder Erwerbsunfähigkeit (vgl. 1 e) bis zur Vollendung des 62. Lebensjahrs. Erfüllen die Bezieher von vorgezogenem A. (§ 1248 II und III RVO, § 25 II und III AVG) die Voraussetzungen für das flexible A., beträgt die Entgeltgrenze monatlich 1000 DM. – 4. *Steuerliche Behandlung:* Vgl. →Rentenbesteuerung II 8.

Alters- und Hinterbliebenenversorgung. I. B e g r i f f : Maßnahmen zur Bereitstellung und Sicherung der erforderlichen Mittel (Kapital oder Renten) für den Ruhestand nach Erreichen der Altersgrenze oder bei Invalidität und für die Hinerbliebenen im Todesfall. Genauer wäre die Bezeichnung Alters-, Invaliditäts- und Hinterbliebenenversorgung.

II. S y s t e m i n d e r B u n d e s r e p . D . : Geprägt vom „Drei-Säulen-Konzept", einem mehrstufigen Versorgungssystem, das v. a. durch eine kollektive Basisversorgung, die betriebliche Altersversorgung und die ergänzende individuelle Vorsorge getragen wird.

1. *Kollektive Basisversorgung:* Versorgung kraft Gesetzes. Dem dienen neben der →Beamtenversorgung (ohne Beiträge der Anwärter) und mehrerer →Zusatzversorgungskassen insbes. verschiedene Zwangsversicherungseinrichtungen (grundsätzlich mit Beiträgen der Anwärter). – a) Die bedeutendste ist die *gesetzliche Rentenversicherung.* Schätzungsweise 90% der Alten, Invaliden und Waisen bestreiten ihren Lebensunterhalt zu einem großen Teil aus deren Leistungen, und ca. 80% der erwerbstätigen Bevölkerung sind in der gesetzlichen Rentenversicherung pflichtversichert. Selbständige werden nur in geringem Umfang durch die Versicherungspflicht in der gesetzlichen Rentenversicherung erfaßt, so z. B. durch die Altersversorgung des Handwerkers. Ferner bestehen für Selbständige mehrerer Berufsgruppen spezielle Zwangsversicherungseinrichtungen, wie die Altershilfe für Landwirte und die verschiedenen Träger der Alterssicherung freier Berufe (z. B. Rechtsanwälte, Architekten, Journalisten, Ärzte usw.). – b) Das *Vorsorgeangebot* ist entsprechend des kollektiven Auftrags *uniform.* Art der Versorgung (grundsätzlich nur Renten), Kreis der Anspruchsberechtigten, Versorgungsfall und Höhe der Leistung bestimmen Gesetz oder Satzung. Anpassung an individuelle Bedürfnisse ist nicht oder nur in ganz bescheidenem Rahmen möglich. – c) *Bedarf für Ergänzung* der Basisversorgung besteht: (1) in der Art: Elternversorgung, Kapital neben Rente, Erziehungsrenten, Ruhegeld vor der gesetzlichen Altersgrenze usw. und (2) in der Höhe: Gesetzliche Rentenversicherung läßt oft eine Versorgungslücke. Nach erfülltem Arbeitsleben liegt das Altersruhegeld in der Angestellten- und Arbeiterrentenversicherung nur bei rund 45% der letzten Bruttobezüge. Der Rentensatz ist sogar noch niedriger, wenn das Bruttoarbeitsentgelt über der →Beitragsbemessungsgrenze lag, oder wenn viele Jahre vor dem Erreichen der Altersgrenze →Berufsunfähigkeit oder →Erwerbsunfähigkeit eintritt. Die Versorgungslücke ist außerdem groß für die Hinterbliebenen, wenn der Versicherte im Todesfall nur wenig anrechnungsfähige Versicherungsjahre nachweisen kann. – Vgl. auch →Altershilfe für Landwirte, →Altersruhegeld, →Angestelltenversicherung, →Arbei-

terrentenversicherung, →Handwerkerversicherung, →Knappschaftsruhegeld.

2. *Betriebliche Altersversorgung:* Maßnahmen der Arbeitergeber zu Gunsten seiner Arbeitnehmer und/oder deren Hinterbliebenen, die über die gesetzlichen Verpflichtungen hinausgehen. – Vgl. →betriebliche Altersversorgung.

3. *Individuelle Vorsorge:* Jede Art der Vermögensbildung und auch die freiwillige Versicherung in der gesetzlichen Rentenversicherung. Eine Hinterbliebenenversicherung und eine Vorsorge für den Fall der Invalidität wird allerdings damit noch nicht erzielt. Erst mit flankierenden Risiko- und Berufsunfähigkeitsversicherungen erhält man den umfassenden Schutz. Lediglich das Versicherungssparen beinhaltet Sparen und Sicherheit in einem Vertrag, und zwar gilt das nur für die Lebensversicherung. Die freiwillige Versicherung in der gesetzlichen Rentenversicherung bietet den umfassenden Schutz nicht vom Anfang an, da hier die Höhe der Leistung von der Zahl der Beiträge abhängig ist; sie funktioniert nach dem Prinzip von Einmalprämien. Auch beim Entsparen nach dem Versorgungsfall garantiert nur eine Leibrentenversicherung den Kapitalverzehr ohne Risiko der „leeren Kasse". – Vgl. auch →Lebensversicherung.

4. *Lücken* im System der A.- u. H. werden im Rahmen der Subsidiarität durch die →Sozialhilfe und die →Wohlfahrtspflege geschlossen (→Subsidiaritätsprinzip).

III. F ö r d e r u n g : Die mehrstufige A.- u. H. ist von allen bisherigen Bundesregierungen ausdrücklich anerkannt und gefördert worden. Zu den *speziellen Förderungsmaßnahmen* gehören: Ausbau und Sicherung der gesetzlichen Rentenversicherung, Schaffung berufsständischer Versorgungseinrichtungen, Steuerfreiheit der Arbeitgeberanteile zur gesetzlichen Rentenversicherung, Steuerbefreiung sozialer Versorgungskassen, steuerliche Anreize bzw. Sparzulagen des Vermögensbildungs- und des Betriebsrentengesetzes, Begünstigung der Vorsorgeaufwendungen sowie der Zukunftssicherungsfreibetrag. Weitere Freibeträge und Steuerbefreiungen vgl. auch §§ 110 und 111 BewG und § 17 ErbStG. – Vgl. auch →Rentenbesteuerung.

Ältestenrat, Gremium des →Bundestags, bestehend aus dem Bundestagspräsidenten, seinen Stellvertretern und 23 von den Bundestagsfraktionen zu benennenden Mitgliedern. – *Aufgaben:* Unterstützung des Präsidenten bei der Führung der Geschäfte, insbes. Verständigung zwischen den →Fraktionen über die Besetzung der Stellen der Ausschußvorsitzenden und den Arbeitsplan des Bundestags sowie die Tagesordnung (§ 6 der Geschäftsordnung des Deutschen Bundestags).

Altlasten. 1. *Begriff:* Lt. Bodenschutzkonzeption der Bundesregierung Umweltbelastungen in oder durch: Verlassene oder stillgelegte Ablagerungsplätze mit kommunalen oder gewerblichen Abfällen; wilde Ablagerungen; Aufhaldungen und Verfüllungen mit umweltgefährdenden Produktionsrückständen, auch in Verbindung mit Bergematerial und Bauschutt; ehemalige Industrie- und Gewerbestandorte und deren unmittelbare Umgebung; defekte Leitungen und undichte Kanäle; abgelagerte Kampfstoffe; unsachgemäße Lagerung wassergefährdender Stoffe und andere Bodenkontaminationen; Rückstände von Pflanzenschutzmitteln aus der Landwirtschaft. – 2. A. wurden zunächst im Rahmen der →*Umweltpolitik* in der Bundesrep. D. vernachlässigt; sichtbare und laufend hinzukommende Umweltbelastungen standen im Vordergrund. – Vgl. auch →Gemeinlastprinzip.

Altmaterial, zur Be- und Verarbeitung im eigenen Betrieb nicht mehr geeigneter und deshalb zur Veräußerung bestimmter Abfall. Durch den Verkauf von A. erzielte Erlöse werden in der Klasse 5 des I K R als Umsatzerlöse erfaßt, soweit sie zur gewöhnlichen Geschäftstätigkeit gehören.

Altmaterialwert, *Schrottwert, Abbruchwert,* der am Ende der →Nutzungsdauer von einem Anlagegegenstand verbleibende →Restwert. Der A. *ergibt sich* aus der Verwertungsmöglichkeit des Gegenstandes unter Berücksichtigung der Kosten für Abbruch, Abtransport usw. A. ist *nicht identisch* mit dem →Buchwert der Finanzbuchhaltung.

Altölbeseitigung. 1. *Begriff:* Vernichtung von gebrauchten Mineralölen, gebrauchten flüssigen Mineralölprodukten und mineralölhaltigen Rückständen aus Lager-, Betriebs- und Transportbehältern durch gewässer- und bodenunschädliche Beseitigung unter Ausschluß von Luftverunreinigung zum Schutze der Allgemeinheit und Nachbarschaft. – 2. Durch *Altölgesetz* i.d.F. vom 11.12.1979 (BGBl I 2113) und DuchführungsVO i.d.F. vom 28.5.1982 (BGBl I 653) und vom 2.12.1971 (BGBl I 1939) wurde für Unternehmen, bei denen Altöl von mindestens 500 kg jährlich anfällt, eine *Nachweispflicht* über den Verbleib begründet und ein Rückstellungsfonds geschaffen, der dem Unternehmen Zuschüsse gewährt, die Altöle von anderen zur Beseitigung übernehmen. Diese Regelung gilt nur noch bis zum 31.12.1989. Danach findet die A. nach dem Abfallgesetz eine Regelung. – 3. Die Mittel des Rückstellungsfonds werden durch eine *Ausgleichsabgabe* aufgebracht, die der Schmieröle (Nr. 27.10-C-III des Zolltarifs); Gasöle (Nr. 27.10-C-I des Zolltarifs), soweit sie wie Schmieröle verwendet werden, und Schmiermittel mit ihrem Schwerölanteil unterliegen. Abgabe beträgt

20,00 DM je 100 kg und wird mit der →Mineralölsteuer fällig. – 4. *Ausnahmen* bestehen für die See- und Binnenschiffahrt, Deutsche Bundesbahn, Deutsche Bundespost und hoheitlichen Zwecken dienenden Einrichtungen des Bundes. – 5. *Verletzungen* der Nachweis- und Auskunftspflichten werden als →Ordnungswidrigkeit mit Geldbuße geahndet.

Altsparergesetz, Gesetz i.d.F. vom 1.4.1959 (BGBl I 170), brachte für die vom 1.1.1940 bis zur →Währungsreform durchgehaltenen Sparanlagen eine erhöhte Umstellung auf insgesamt 20%. Zu den Altsparanlagen gehören auch Bausparguthaben, Pfandbriefe u.a. Der Anspruch auf die erhöhte Entschädigungsgutschrift richtet sich grundsätzlich gegen den →Ausgleichsfonds und wird ab 1.1.1953 mit 4% verzinst.

Altstoff, stofflicher →Rückstand aus ausgemusterten Gebrauchsgütern und Verpackungen von Ge- und Verbrauchsgütern (→Sekundärstoff).

Altverwertung, Vernichtung des aus der Registratur ausgeschiedenen oder des nicht in die Registratur gegebenen Schriftguts. A. muß so geschehen, daß Mißbräuche ausgeschlossen sind.

Altwarenhandel, *Gebrauchtwarenhandel,* An- und Verkauf von Konsum- und Produktionswaren, die schon von einem oder mehreren Verwendern genutzt wurden, aber noch einen Gebrauchswert besitzen. Ursprüngliche Form: →Trödelhandel, heute: →Secondhandshop für Kleider, Altmöbelgeschäfte, Antiquitätenhandel, Buchantiquariate, Handel mit Gebrauchtwagen, gebrauchten Schreibmaschinen oder Computer u.a. – Vgl. auch →Aufkaufhandel.

ALU, Abk. für arithmetical logical unit (→Rechenwerk).

Amateurfunk, Errichtung, Betrieb und Benutzung von Amateurfunkstellen bedürfen nach dem Gesetz über den Amateurfunk vom 14.3.1949 (WiGBl 20) der Genehmigung durch den Bundesminister für das Post- und Fernmeldewesen. Vgl. DVO vom 13.3.1967 (BGBl I 284) mit späteren Änderungen.

Ambiguitätstoleranz, in der Kreativitätslehre die Fähigkeit, in einer problematischen und unübersichtlichen Situation zu existieren und unermüdlich an deren Bewältigung zu arbeiten (Matussek, München).

Ambivalenz, *Doppelwertigkeit, Doppelgerichtetheit,* in die Psychologie durch Bleuler eingeführter Begriff für gegensätzliche Wertung der Objektwerte. – *Beispiel:* Man fürchtet sich vor

einer neuen beruflichen Stellung und wünscht sie zugleich herbei.

ambulanter Handel, →Betriebsform des Handels, bei der der Verkauf nicht an festen Standorten, z.T. auch ohne offene Verkaufsstellen erfolgt. – *Gegensatz:* stationärer Handel. – *Formen:* →Hausierhandel, →Höker-handel, →Markthandel (Meßhandel) einschließlich →Straßenhandel, →Wandergewerbe, →Wochenmärkte. Oft als →fliegende Händler bezeichnet. A.H. ist auch bei manchen Formen des kollektierenden Großhandels möglich (→Aufkaufhandel). – *Rechtlich:* Vgl. →Reisegewerbe.

American Bankers Association (ABA), 1875 gegründete Vereinigung amerikanischer Banken, der fast alle Banken der USA angehören; Sitz in New York. – *Zweck:* Fortbildung des Nachwuchses, Beratung und Ausarbeitung von Vorschlägen auf dem Gebiet der einschlägigen Gesetzgebung und der Angestelltenfragen, Entwicklung neuer Methoden zur Verbesserung des Verkehrs mit dem Publikum u.a.

American Federation of Labor (AFL), größter amerikanischer Gewerkschaftsverband. Die AFL wurde 1886 in Columbus (Ohio) *gegründet,* als Abwehrmaßnahme der Bäcker, Steinmetzen, Schneider, Tischler usw. gegen die linksradikalen Knights of Labor, die keine exclusive jurisdiction (Berufsgruppenunterscheidung) kannten, zur Rettung des Handwerksprinzips. Berufsgruppenweise *Organisation* der Arbeiter; dadurch überwiegend Facharbeitergewerkschaften ("Aristocrats of Labor"). Das exklusive Organisationsprinzip der AFL konnte der immer größer werdenden Zahl ungelernter Arbeiter nicht gerecht werden; daher entstand nach dem Ersten Weltkrieg als *Gegenorganisation* der →Congress of Industrial Organizations (CIO). Die AFL praktizierte eine sichere, unpolitische Gewerkschaftstätigkeit und versuchte, ihre Forderungen möglichst ohne Generalstreik durchzusetzen. Der Einfluß der AFL auf Präsident und Parlament war groß. 1955 Zusammenschluß mit der CIO.

amerikanische Buchführung, Übertragungsbuchführung, Sonderform der doppelten →Buchführung. Im Mittelpunkt steht das *amerikanische Journal,* das die Hauptbuchkonten tabellenartig erfaßt, daher auch *Tabellenbuchführung* oder *Tabellenjournal* (vgl. Abbildung Sp. 177/178). – Daneben Kontokorrentbücher erforderlich sowie monatliche Übertragung ins →Hauptbuch. – *Vorteile* des amerikanischen Systems: Übersichtlichkeit, Verkürzung der Schreibarbeit durch Fortfall des Buchungssatzes und Kontrolle durch Addition jeder Buchseite. – *Nachteile:* beschränkte Kontenzahl, die auch durch Verwendung von zwei- und dreifachen Überschriften in verschiedener Farbe über einem

amerikanische Buchführung (amerikanisches Journal)

Datum	Text	Beleg	Umsatzsteuerpflichtiger Betrag	Betrag	Kassa-Konto S | H	Wareneink.-Konto S | H	Debitoren-Konto S | H	Warenverk.-Konto S | H	usw.

Kontoraum nur geringfügig behoben werden kann, und die Papierverschwendung. – Die a. B. ist nur für Geschäfte kleineren Umfanges *geeignet*.

American National Standards Institute, →ANSI.

American Standard Code of Information Interchange, →ASCII(-Code).

amerikanisches Journal, →amerikanische Buchführung.

Amnestie, allgemeiner, für eine unbestimmte Vielzahl von Fällen i. d. R. gesetzlich gewährter Erlaß von →Strafen. – *Anders:* →Begnadigung.

AMÖ, Abk. für →Arbeitsgemeinschaft Möbeltransport Bundesverband e. V.

Amoroso-Robinson-Relation, mathematische Darstellung des Zusammenhanges zwischen Grenzausgabe und direkter Preiselastizität (d. h. der direkten Änderung der mengenmäßigen Nachfrage nach einem Gut, dessen Preis um einen [unendlich] kleinen Betrag variiert wird): Wächst die Nachfragemenge für dieses Gut um einen bestimmten Prozentsatz und vermindert sich der Preis entsprechend um einen bestimmten Prozentsatz, so nimmt die monetäre Nachfrage (die Ausgabe der Abnehmer) um den Prozentsatz der Nachfrageerhöhung zu und um den Prozentsatz der Preissenkung ab. Bezeichnet man die unendlich kleine (infinitesimale) Erhöhung der Nachfrage mit dx, die entsprechende unendlich kleine (infinitesimale) Preissenkung mit dp und die Grenzausgabe (Ausgabenänderung) mit dA, so ist

$$dA = p \cdot \frac{dx}{x} + p \cdot x \cdot \frac{dp}{p}, \text{ also: } dA = p \cdot dx + x \cdot dp$$

Für die Grenzausgabe (Ausgabenänderung) ergibt sich:

$$\frac{dA}{dx} = p + x \frac{dp}{dx}$$

$$\frac{dA}{dx} = p \cdot \left(1 + \frac{x \cdot dp}{p \cdot dx}\right), \text{ also: } \frac{dA}{dx} = p \left(1 - \frac{1}{-\frac{p \cdot dx}{x \cdot dp}}\right)$$

Nun ist aber der Ausdruck

$$\eta = -\frac{dx}{x} : \frac{dp}{p} = -\frac{p}{x} \cdot \frac{dx}{dp}$$

nichts anderes als die direkte Preiselastizität η.

Das Minuszeichen in dem Ausdruck

$$-\frac{p}{x} \cdot \frac{dx}{dp}$$

soll verhindern, daß die Preiselastizität negative Kennziffern aufweist. Die obige Gleichung kann daher in folgender Form geschrieben werden:

$$\frac{dA}{dx} = p \left(1 - \frac{1}{\eta}\right)$$

In der Literatur wird bisweilen die direkte Preiselastizität auch definiert:

$$\varepsilon = \frac{p}{x} \cdot \frac{dx}{dp}$$

Dann lautet die Amoroso-Robinson-Relation:

$$\frac{dA}{dx} = p \left(1 + \frac{1}{\varepsilon}\right)$$

Amortisation. 1. →*Tilgung einer Schuld.* – **2.** *Rückfluß der Investitionsbeträge* unter dem Gesichtspunkt a) der Finanzierung (→Finanzplan, →Liquidität) b) der Wirtschaftlichkeitsrechnung (→Amortisationsdauer, →Amortisationsrechnung).

Amortisationsanleihe, →Tilgungsanleihe.

Amortisationsdauer, →payback period.

Amortisationsfonds, →Tilgungsfonds.

Amortisationshypothek, →Tilgungshypothek.

Amortisationsrechnung. 1. *Begriff:* Verfahren der Praxis zur Beurteilung von →Investitionsobjekten bei Unsicherheit. Vorteilhaftigkeitskriterium ist die Dauer der Amortisation des investierten Kapitals (Amortisationsdauer; →payback period). – **2.** *Verfahren:* a) *Statische A.* ermittelt den Zeitraum t*, in dem die Summe der geplanten Nettoeinzahlungen (b_t) den Anschaffungsbetrag (A_0) mindestens erreicht:

$$A_0 \leqq \sum_{t=1}^{t^*} b_t.$$

b) *Dynamische A.* ermittelt den Zeitraum t*, in dem die Summe der geplanten Nettoeinzahlungen (b_t) zuzüglich einer bestimmten Verzinsung (q) den Anschaffungsbetrag (A_0) mindestens erreicht:

$$A_0 \leqq \sum_{t=1}^{t^*} b_t q^{-t}.$$

3. *Beurteilung:* Die A. ist lediglich als grober Maßstab zur Beurteilung des →Investitionsrisikos geeignet. Sie ist hingegen kein geeigneter Maßstab für die Beurteilung der →Verzinsung des eingesetzten Kapitals, da sie die Restlebensdauer nach Ablauf der Amortisationsdauer außer acht läßt.

Ampere (A), Einheit der elektrischen Stromstärke (→gesetzliche Einheiten, Tabelle 1). A. ist die Stärke eines konstanten elektrischen Stromes, der, durch zwei parallele, geradlinige, unendlich lange und im Vakuum im Abstand von 1 Meter voneinander angeordnete Leitern von vernachlässigbar kleinem, kreisförmigem Querschnitt fließend, zwischen diesen Leitern je 1 Meter Leiterlänge die Kraft $2 \cdot 10^{-7}$ Newton hervorrufen würde.

Amplitude, Abstand zwischen den oberen bzw. unteren Wendepunkten einer schwingenden Zeitreihe und einem Mittelwert während eines →Konjukturzyklus (→Konjunkturschwankungen).

AMR, Anweisung der Deutschen Bundesbank über →Mindestreserven, erlassen gem. §16 des Gesetzes über die Deutsche Bundesbank; veröffentlicht u. a. im Geschäftsbericht der Deutschen Bundesbank.

Amsterdamer Börse, gegründet 1611, älteste Wertpapierbörse der Welt. – *Oberste Börsenbehörde:* „Vereeniging voor den Effectenhandel", eine privatrechtliche Vereinigung unter Aufsicht des Finanzministers. Der Börsenbesuch ist nur Mitgliedern gestattet (Mitglieder: Banken, Makler und „Hoeklieden"). Die Mitglieder wählen aus ihrer Mitte den Vorstand, dem die Handhabung der Ordnung, die Festsetzung der Geschäftsbedingungen und die Kursfeststellung sowie die Veröffentlichung des Kurszettels (Prijscourant) obliegt. Hoeklieden sind in ihrer Rolle als selbstständige Vermittler etwa dem deutschen Kursmakler vergleichbar. – Der *Aktienhandel* an der A. B. findet im amtlichen Handel, auf dem seit 1982 eingerichteten Parallelmarkt, der in erster Linie mittleren Unternehmen den Gang an die Börse vereinfachen soll, und im außenbörslichen, nicht amtlichen Handel statt. Es werden in Amsterdam mehr US-Aktien notiert als an jeder anderen Börse außerhalb der USA. Offiziell werden an der A. B. 2077 Wertpapiere notiert, davon 70% in in- und ausländischen Renten und 30% in in- und ausländischen Aktien. Ein Großteil der inländischen Aktien haben die Form von Inhaberzertifikaten, die ausländischen Aktien allgemein die Form von Namenszertifikaten. Die Marktkapitalisierung der Aktien an der A. B. betrug 1985 hfl 164,5 Mrd. Alle Aktien und ein Teil der Renten werden fortlaufend notiert. Neben der A. B. ist in Amsterdam auch der Sitz der „Europese Optiebeurs", der größten Europäischen Optionsbörse.

Amt für Ausbildungsförderung, Behörde für die zur Durchführung des Bundesausbildungsförderungsgesetzes erforderlichen Aufgaben, u. a. Beratung der Auszubildenden und ihrer Eltern über die individuelle Förderung der Ausbildung gemäß ZuständigkeitsVO vom 27. 10. 1971 (BGBl I 1699). – Vgl. auch →Ausbildungsförderung.

Amt für technische Hilfeleistung, →TAB.

amtliche Druckwerke der Post, zusammengefaßt im „Verzeichnis Amtliche Druckwerke der Deutschen Bundespost". Insbes.: Amtsblatt des Bundesministers für das Post- und Fernmeldewesen; Amtliches Telefax- und Telebrief-Verzeichnis; Amtliches Verzeichnis der Datexteilnehmer; Amtliches Verzeichnis der Bildschirmtextteilnehmer; Amtliches Telex- und Teletexverzeichnis; AVON-Amtliches Verzeichnis der Ortsnetzkennzahlen; Briefpostbuch, Fernmeldeordnung; Gebührentafel für Postpakete nach dem Ausland; Verzeichnis der Postleitzahlen; Omnibus-Kursbuch; Orstverzeichnis Post; Paketpostbuch; Paketzonentabelle; Straßenverzeichnis Post; Postbuch (Ratgeber für die Benutzung der Postdienste); Postgebührenheft, Postkursbuch I (Postbeförderung auf Eisenbahnen) und II (Postbeförderung auf Straßen); Postordnung und Postgebührenordnung, Postzeitungsliste; Rufzeichenliste der Amateurfunkstellen der Bundesrep. D.; Anleitung zur Benutzung eines Postgirokontos und Anleitung für Postsparer; Taschenfahrpläne; Telefonbücher; Verzeichnis der deutschen Telegrafenstellen; Verzeichnis der Postgirokonten von Kreditinstituten.

amtlicher Handel, Handel mit zur amtlichen Notierung zugelassenen Wertpapieren; Teilmarkt der Effektenbörse. Vgl. im einzelnen →Börse III 4c (1).

amtliche Statistik, Gesamtheit der von Behörden der allgemeinen Staatsverwaltung (Bund, Länder, Gemeinden) oder von speziellen staatlichen Behörden für staatliche Zwecke und für den Bedarf der Wirtschaft und Wissenschaft zusammengestellten Statistiken, die als „ausgelöst" bezeichnet werden, soweit sie von speziellen statistischen Fachbehörden betrieben werden.

I. T r ä g e r gem. Gesetz über die Statistik für Bundeszwecke (Bundesstatistikgesetz – BStatG) vom 22. 1. 1987 (BGBl I 462):

1. *Zentral:* →*Statistisches Bundesamt* (StBA) in Wiesbaden, Aufgaben: methodische und technische Vorbereitung, in bestimmten Fällen auch Erhebung und Aufbereitung von Statistiken für Bundeszwecke; Zusammenstellung, Veröffentlichung und Darstellung der Ergebnisse für den Bund sowie für allgemeine Zwecke; Auslandsstatistik; Aufstellung von →Volkswirtschaftlichen Gesamtrechnungen usw.

2. *Dezentral:* a) *Statistische Landesämter;* Aufgaben: i. d. R. Durchführung der zentral vorbereiteten Bundesstatistiken, Aufbereitung

und Veröffentlichung der Statistiken auf Landesebene, Statistiken für Zwecke der Ländern; b) *kommunalstatistische Ämter und Dienststellen;* Aufgaben: Mitwirkung an Bundes- und Landesstatistiken, Erhebungen für Zwecke der kommunalen Selbstverwaltung (Städtestatistik).

3. Neben dieser „ausgelösten" Statistik der Statistischen Ämter steht die *„Ressortstatistik"* solcher Behörden, bei denen die Statistik nicht aus dem Bereich der fachlichen Verwaltung herausgelöst ist, u. a. bei Bundesministerien, Bundesbahn, Bundespost, Bundesbank, Bundesanstalt für Arbeit, Kraftfahrt-Bundesamt.

II. D u r c h f ü h r u n g der „ausgelösten" Statistiken erfolgt auf Grund von Gesetzen, unter gewissen Vorausetzungen auch durch Rechtsverordnungen nach a) methodisch-technischer Vorbereitung durch StBA, b) Beratung des Erhebungs- und Aufbereitungsplanes durch Fachausschüsse des →Statistischen Beirats, c) Entwurf der Rechtsgrundlage durch zuständiges Bundesministerium und StBA, d) Begutachtung der Notwendigkeit einer neuen Erhebung durch „Abteilungsleiterausschuß Statistik" der Bundesregierung und Interministeriellen Ausschuß für Koordinierung und Rationalisierung der Statistik, e) Erlaß der Rechtsgrundlage, f) Bereitstellung der Mittel durch Finanzministerien.

III. A u f g a b e n b e r e i c h d e r a. St.: 1. *Bevölkerungs- und Erwerbstätigkeitsstatistik:* a) *Bevölkerungsbewegung und -struktur, Haushalts- und Familienstruktur:* (1) Statistik der →natürlichen Bevölkerungsbewegung (Geburten, Sterbefälle, Eheschließungen und -scheidungen). – (2) Statistik der →Wanderungen. – (3) Statistik des Bevölkerungsstandes (→Volkszählung), der →Fortschreibung des Bevölkerungsstandes. – (4) Ausländerstatistik. – (5) Berechnung von Geburten-, Heirats- und →Sterbetafeln, Bevölkerungsmodellrechnungen (Vorausschätzungen). – (6) →Mikrozensus. – b) *Einnahmen und Ausgaben der privaten Haushalte:* →Wirtschaftsrechnungen, →Einkommens- und Verbrauchsstichprobe. – c) *Wohnverhältnisse:* Wohnungszählung (→Volkszählung), Wohnungsstichprobe (→Wohnungsstatistik). – d) *Beteiligung am Erwerbsleben:* Volkszählung, Mikrozensus, →Arbeitsmarktstatistik, →Beschäftigtenstatistik, Entgeltstatistik usw.

2. *Wirtschaftsstatistiken:* a) *Umfassender Erhebungsbereich:* Arbeitsstättenzählung (ohne Landwirtschaft), →Umsatzsteuerstatistik, Einheitswertstatistik, →Bilanzstatistik, →Konzernstrukturstatistiken in einer Reihe von Wirtschaftsbereichen, Statistiken der →Zahlungsschwierigkeiten. – b) →*Landwirtschaftsstatistik* (Landwirtschaftszählung, →Agrarberichterstattung, →Bodennutzungserhebung und Ernteberichterstattung, →Vieh-

zählung usw.) sowie Forst- und Fischereistatistik. – c) *Statistiken im Produzierenden Gewerbe,* d. h. in den Wirtschaftsbereichen Energie- und Wasserversorgung, Bergbau und Verarbeitendes Gewerbe (Industriestatistik) sowie →Baugewerbe. (Vgl. auch →Produktionsstatistik, →Produktionsindex.) – d) *Statistiken im Binnenhandel und Gastgewerbe,* →Reiseverkehrsstatistiken. (Vgl. auch →Handelszensus). – e) →*Verkehrsstatistik* (Verkehrsmittel, -leistungen, wirtschaftliche Aktivität der Unternehmen). – f) *Statistiken im Kredit- und Versicherungsgewerbe* (vgl. auch →Kreditstatistik). – g) →*Außenhandelsstatistik.* – h) →*Preisstatistik* (→Preisindex, →Preisindex für die Lebenshaltung. – i) →*Lohnstatistik.* – k) →*Umweltstatistik* (Wasserversorgung und Abwasserbeseitigung, Abfallbeseitigung usw.).

3. *Statistiken des öffentlichen Bereichs:* a) *Finanz- und Steuerstatistik* (einschl. Statistik des Personals des öffentlichen Dienstes); vgl. →*Finanzstatistik.* – b) *Rechtspflegestatistiken* (u. a. Strafverfolgungs- und Vollzugsstatistik). – c) *Statistiken des Bildungswesens* (Schul- und Hochschulstatistiken, Berufsbildungsstatistik usw.). – d) *Gesundheitswesen* (Berufe, Krankenhäuser usw.). – e) *Statistiken der öffentlichen Sozialleistungen* (Sozialhilfe, Jugendhilfe usw.).

4. *Gesamtdarstellungen:* →Volkswirtschaftliche Gesamtrechnungen mit Input-Output-Tabellen und sonstigen Gesamtsystemen statistischer Daten, Finanzierungskonten und Zahlungsbilanz der Deutschen Bundesbank, Sozialkonten der Europäischen Gemeinschaften usw.

IV. V e r ö f f e n t l i c h u n g e n : *Statistisches Bundesamt:* Das Arbeitsgebiet der Bundesstatistik, Verlag W. Kohlhammer, Stuttgart und Mainz (letzte Ausgabe 1981); Veröffentlichungsverzeichnis (jährlich). – *Statistische Landesämter:* Gesamtverzeichnis Statistische Berichte (unregelmäßig, letzte Ausgabe 1984), zusammengestellt vom Landesamt für Datenverarbeitung und Statistik Nordrhein-Westfalen, Düsseldorf. – *Deutscher Städtetag:* Statistisches Jahrbuch Deutscher Gemeinden.

amtliches Telex- und Teletexverzeichnis, →amtliches Druckwerk der Post, enthält die Eintragung aller Teilnehmer unter der Bezeichnung des Ortsnetzes nach der Buchstabenfolge des Namens sowie die Verzeichnis der Telex- und Teletexkennung.

amtliche Telefonbücher, →amtliche Druckwerke der Post, die Rufnummern der Teilnehmer in den einzelnen Ortsnetzbereichen enthalten. Zu den a. T. sind auch *Branchen-Fernsprechbücher* erhältlich. Beiheft zum a. T. ist das *Verzeichnis der Ortsnetz-Kennzahlen* für den Selbstwählferndienst mit Angaben über Zeiteinheiten in Sekunden (→AVON).

amtliche Werke, →Urheber II 3.

amtlich nicht notierte Werte, →nichtnotierte Werte.

Amtsanmaßung, unbefugte Ausübung eines →öffentlichen Amtes. Handlungen, die jemand vornimmt, der sich eigenmächtig die Verwaltung eines Amtes angemaßt hat, sind verwaltungsrechtlich unwirksam und gemäß §132 StGB strafbar. – *Strafe:* Freiheitsstrafe bis zu zwei Jahren oder Geldstrafe.

Amtsberichtigung, Berichtigung insbes. von Listen, Registern, Urkunden →öffentlichen Glaubens. Im *Grundbuchverfahren* ist A. trotz des →Antragsgrundsatzes zulässig und erforderlich, da wegen des öffentlichen Glaubens des →Grundbuchs der Buchstand mit der wahren Rechtslage übereinstimmen muß und Antrag auf Berichtigung falscher oder unterbliebener Eintragungen oft nicht gestellt wird. – *Möglichkeiten:* 1. →*Grundbuchberichtigungszwang.* Wenn das Grundbuch z. B. durch Erbgang unrichtig geworden ist und alsbaldige Berichtigung angezeigt erscheint, weil Unsicherheit im Rechtsverkehr droht, kann das →Grundbuchamt den Eigentümer anhalten, Urkunden beizubringen, damit das Grundbuch wieder auf neuesten Stand gebracht wird. – 2. →*Amtswiderspruch* und →*Amtslöschung.* – Vgl. auch →offenbare Unrichtigkeiten.

Amtsbetrieb, von Amts wegen betriebenes Verfahren, bei dem die Beteiligten auf Fortgang, Beweiserhebung usw. keinen bestimmenden Einfluß nehmen können, z. B. vorwiegend im Verfahren vor →Verwaltungsgerichten.

Amtsgericht, unterste Stufe der Gerichtsorganisation. Das A. entscheidet in Zivilsachen durch Einzelrichter. – 1. *Sachliche Zuständigkeit:* a) Vermögensrechtliche Ansprüche: (1) wenn der →Streitwert 5000 DM nicht übersteigt; (2) ohne Rücksicht auf den Streitwert (§§23, 23a GVG) u. a. für alle Mietstreitigkeiten (z. B. Überlassung, Benutzung, Räumung, Ausübung des →Vermieterpfandrechts), Streitigkeiten zwischen Reisenden und Wirten, Fuhrleuten usw., Streitigkeiten wegen Viehmängeln und Wildschaden, Ansprüche, die mit der Überlassung eines Grundstücks zusammenhängen, das Aufgebotsverfahren sowie für alle Streitigkeiten in Familien- und Kindschaftssachen und über die gesetzliche Unterhaltspflicht. – b) Mahn-, Aufgebots- und Entmündigungsverfahren. – c) Das A. ist u. a. Konkurs-, Vergleichs-, Vollstreckungs-, Register-, Vormundschafts- und Schiffahrtsgericht sowie Grundbuchamt. –2. Beim A. können sich die Parteien selbst *vertreten* (kein →Anwaltszwang) mit Ausnahme in Ehesachen und den Familienrechten (§78 ZPO). – 3. *Gegen Urteile* des A. ist →Berufung an das →Landgericht gegeben, gegen die Instanz

abschließende Beschlüsse grundsätzlich einfache oder →sofortige Beschwerde. In Familien- und Kindschaftssachen geht die Berufung an das →Oberlandesgericht. – Vgl. auch →Rechtsmittel.

Amtshaftung, besondere Haftung des Staates oder anderer öffentlicher Körperschaften für ihre Bediensteten. – 1. Für alle →*Amtspflichtverletzungen,* die in Ausübung eines öffentlichen Amtes (d. h. der dem Träger des Amtes anvertrauten öffentlichen Gewalt) erfolgen, haftet *anstelle* des Bediensteten die Körperschaft, in deren Dienst der Betreffende steht (z. B. Bund, Land, Gemeinde usw.). Die Haftung des Staates greift nur ein, wenn und soweit ein Beamter gemäß §839 BGB wegen Amtspflichtverletzung haften würde (Art. 34 GG i. V. m. §839 BGB). – Bei →Vorsatz oder →grober Fahrlässigkeit besteht Rückgriffsrecht der Behörde gegen den Bediensteten. – 2. Für →unerlaubte Handlungen auf privatrechtlichem Gebiet kann eine Haftung der Körperschaft *neben* dem Bediensteten je nach seiner Stellung aus §§31, 89 BGB für verfassungsmäßige Vertreter oder §831 BGB für →Verrichtungsgehilfen in Frage kommen.

Amtshilfe, gegenseitige Beistandsleistung aller Behörden des Bundes und der Länder nach Art. 35 GG z. B. durch Auskunfterteilung, Übersendung von Akten usw. Besonders geregelt ist die Hilfe bei Naturkatastrophen und schweren Unglücksfällen durch Polizei, Bundesgrenzschutz und Streitkräfte (Art. 35 Abs. 2,3 GG). – Im Bereich der Gerichte als →Rechtshilfe bezeichnet.

Amtslöschung, Löschung einer Eintragung von Amts wegen. – 1. Im →*Grundbuch:* Grundsätzlich *unzulässig.* →Löschung entsprechend Eintragung nur auf Antrag. Auch bei unrichtigen Eintragungen keine A., sondern →Widerspruch oder →Amtswiderspruch. – *Ausnahmen:* a) Bei unzulässiger Eintragung, die für niemand Rechte begründen kann, erfolgt A. (§53 I 2 GBO). A. ist ferner zulässig und denkbar bei überalteten Eintragungen, etwa Weidegerechtigkeit auf einem früher ländlichen Grundstück, das inzwischen Siedlungsgelände und bebaut ist (§84 GBO). – 2. Im →*Handelsregister:* Vgl. →Löschung.

Amtspflegschaft, Pflegschaft des →Jugendamtes für ein →nichteheliches Kind, um mit der Geburt kraft Gesetzes eintritt (§1706 BGB, §40 JWG).

Amtspflicht, Begriff u. a. der →Abgabenordnung für die *Pflicht des Finanzamtes,* die steuerpflichtigen Fälle zu erforschen und von Amts wegen die tatsächlichen und rechtlichen Verhältnisse zu ermitteln, die für die Steuerpflicht und die Bemessung der Steuer wesentlich sind (§88 AO). Das Finanzamt hat Angaben der Steuerpflichtigen auch zu deren Gunsten zu prüfen (§199 AO). Bei Schädigung durch *schuldhafte Verletzung* der Amtspflicht Schadenersatz nach § 839 BGB und Art. 34 GG. – Vgl. auch →Amtspflichtverletzung.

Amtspflichtverletzung. 1. *Begriff:* Die Verletzung der einem Beamten obliegenden Amtspflichten. Die A. hat nicht nur innerdienstliche Folgen, sondern auch zivilrechtliche Bedeutung. – 2. Im Rahmen einer →*unerlaubten Handlung* (§ 839 BGB) verpflichtet die Verletzung einer dem Handelnden obliegenden Amtspflicht, die auch unmittelbar dem Interesse des Dritten dienen muß, zu →Schadenersatz; Berechnung nach allg. Grundsätzen. – 3. *Ausschluß* der Haftung: a) bei bloßer Fahrlässigkeit des Beamten, wenn der Verletzte auf andere Weise (z. B. aus einer Unfallversicherung oder von mithaftenden Dritten) Ersatz verlangen kann; b) wenn der Verletzte es schuldhaft unterlassen hat, den Schaden durch Gebrauch eines Rechtsmittels abzuwenden; c) i. a. bei Urteilen in einer Rechtssache. – 4. Ist die A. in Ausübung eines öffentlichen Amtes (im Ggs. zu privatrechtlicher Tätigkeit) begangen, haftet anstelle des Beamten die öffentliche Körperschaft, sog. →Amtshaftung.

Amtsplatz, Begriff des Zollrechts für die Räume und Flächen, die für die zollamtliche Tätigkeit bestimmt sind (§ 12 AZO). Die eingeführten Waren sind der zuständigen Zollstelle am A. zu gestellen.

Amtsträger, Begriff des Strafrechts. Umfaßt →Beamte, →Richter und in einem öffentlich-rechtlichen Amtsverhältnis stehende oder mit Aufgaben der öffentlichen Verwaltung betraute Personen (§ 11 I Ziff. 2 StGB).

Amtsverschwiegenheit, Verpflichtung von Beamten und Angestellten im öffentlichen Dienst zur Geheimhaltung aller Angelegenheiten, die ihnen bei der Amtsausübung oder auch außerhalb der Amtstätigkeit bekanntgeworden sind und die durch Gesetz, dienstliche Anordnung oder der Natur nach Dritten nicht preisgegeben werden dürfen. – Vgl. auch →Schweigepflicht.

Amtswiderspruch, ein vom →Grundbuchamt nach § 53 GBO von Amts wegen in das →Grundbuch eingetragener Widerspruch, wenn sich herausstellt, daß das Grundbuch durch eine *fehlerhafte Eintragung* unrichtig geworden ist. Der A. bezweckt wie der →Widerspruch die Verhinderung eines →gutgläubigen Erwerbs. – Unterschied: Während der Widerspruch i. d. R. zur Sicherung eines →Grundbuchberichtigungsanspruchs eingetragen wird, erfolgt Eintragung eines A., wenn ein Fehler des Grundbuchamtes vorliegt.

analoge Darstellung, Darstellungsweise, bei der Daten durch kontinuierliche Funktionen repräsentiert werden, d. h. durch physikalische Größen, die sich entsprechend dem abzubil-

denden Sachverhalten stufenlos ändern. – *Anders:* →digitale Darstellung.

Analogie. I. W i s s e n s c h a f t s t h e o r i e : Übereinstimmung von Objekten bezüglich bestimmter Merkmale; zu unterscheiden sind verschiedene Grade der A., im Grenzfall Übergang zur Identität. – *Isomorphie:* Sehr weitgehende Ähnlichkeit hinsichtlich der Struktur von Objekten. – *Funktionsanalogie:* Übereinstimmung unterschiedlicher Objekte oder Systeme hinsichtlich der von ihnen zu erfüllenden Funktionen. – In der Wissenschaft gelten *Analogieschlüsse* als wichtiges Mittel der Erkenntnisgewinnung (→Heuristik).

II. J u r i s t i s c h e r S p r a c h g e b r a u c h : Die sinngemäße Anwendung eines Rechtssatzes auf einen im Gesetz nicht genannten Tatbestand.

Analogrechner, *Analogcomputer,* insbes. in der →Prozeßsteuerung eingesetzter Rechner (→Prozeßrechner). Die Daten werden in ,,zählenden" Bauteilen dargestellt, sonder als (analoge) physikalische Größen (z. B. Ströme, Spannungen). Analoge Informationen können mit Hilfe von z. B. →Modems in digitale Daten umgesetzt werden. – *Gegensatz:* →Digitalrechner. – Vgl. auch →Hybridrechner.

analytische Arbeitsbewertung, →Arbeitsbewertung II 1.

analytische Methode, →Psychotherapie.

analytische Produktion, Elementartyp der Produktion (→Produktionstypen), der sich aus dem Merkmal der prozeßbedingten Stoffveränderung ergibt. Unter a. P. versteht man eine stoffzerlegende Produktion, bei der ein Einsatzstoff in mehrere Güterarten aufgespalten wird. – *Beispiel:* Chemisch-physikalische Stoffzerlegung in der Raffinerie. – Vgl. auch →synthetische Produktion, →analytisch-synthetische Produktion, →stoffneutrale Produktion.

analytische Psychologie, →Tiefenpsychologie.

analytische Statistik, →Inferenzstatistik.

analytisch-synthetische Produktion, Elementartyp der Produktion (→Produktionstypen), der sich aus dem Merkmal der prozeßbedingten Stoffveränderung ergibt. Bei der a.-s. P. entstehen aus mehreren Einsatzstoffen verschiedene andersartige Güter (→Kuppelprodukte). – *Beispiel:* Roheisenproduktion im Hochofen. – Vgl. auch →analytische Produktion, →synthetische Produktion, →stoffneutrale Produktion.

Anamnese, Vorgeschichte von Krankheiten. – *Sozialpsychologie:* Vgl. →Psychodiagnostik.

Anatozismus, Verzinsung aufgelaufener Zinsen. A. aufgrund einer im voraus getroffenen

Vereinbarung ist durch § 248 BGB verboten. – *Ausnahmen* sind für Kreditinstitute gemäß § 248 II BGB und § 355 HGB für den →Kontokorrentvertrag vorgesehen.

Anbauflächenerhebung, amtliche, jährlich durchgeführte Ermittlung über die Verwendung der landwirtschaftlich genutzten Fläche; im Bundesgebiet als *Bodennutzungshaupterhebung* (→Bodennutzungserhebung) durchgeführt. Auf den ermittelten Zahlen beruht a) die Schätzung der landwirtschaftlichen Produktionsergebnisse (→Ernteberichterstattung), b) die Ermittlung von →Auswahlsätzen bzw. die Aufstellung von Stichprobenplänen in der →Landwirtschaftsstatistik.

Anbauten, als Ergänzung bzw. Erweiterung eines an sich vollständigen Gebäudes erstellte Bauten. Die hierfür erwachsenen Baukosten werden im Rechnungswesen auf einem besonders einzurichtenden Neubaukonto gesammelt. Nach Fertigstellung der Bauten werden sie auf die in Betracht kommenden →Anlagekonten verteilt und über die Nutzungsdauer der Gebäude hinweg abgeschrieben (→Abschreibungen). – Vgl. auch →Gebäudekosten, →Gebäudeabschreibungen.

Anbauverfahren, →innerbetriebliche Leistungsverrechnung II 4.

Andenpakt, *Andengruppe,* Zusammenschluß von Bolivien, Ecuador, Kolumbien, Peru und Venezuela, die gleichzeitig der →LAFTA angehören (Chile war bis 1976 Mitglied). – *Gründung* 1968 innerhalb der ALADI, Abkommen von Cartagena 1969 („Andenpakt") 1979 erneuert. – *Sitze:* Lima, Quito (Gericht), Caracas. – *Ziel:* Liberalisierung des Handels und weitgehende Harmonisierung der Wirtschaftspolitik. Gemeinsame Entwicklungsgesellschaft *Corporación Andina de Fomento (CAF)* in Caracas.

Anderdepot, Effekten, die der Bank von Rechtsanwälten, Notaren, Wirtschaftsprüfern und Treuhandelsgesellschaften für ihre Klienten eingeliefert werden; im Verkehr zwischen Banken entspricht dem A. das „Depot B", das Wertpapiere oder Sammeldepotanteile umfaßt, die der Bankier einem Drittpfandrecht nicht unterwerfen will (→Drittverwahrung). Das A. haftet dem Zentralbankier nur für Depotgebühren und dergleichen, nicht für Verbindlichkeiten aus dem sonstigen Geschäftsverkehr.

Anderkonto, *Treuhandkonto,* bei Kreditinstituten vom →Treuhänder geführtes Konto zur Zahlungsabwicklung, das Geldmittel des →Treugebers betrifft und gesondert gekennzeichnet ist.

Anderskosten, von Kosiol geprägter Begriff für →Kosten, die sich zwar unmittelbar aus →Aufwendungen ableiten, jedoch in der Höhe „anders" als der betreffende Aufwand erfaßt

werden. A. sind „bewertungsverschiedene" oder „aufwandsungleiche" Kosten, z. B. Ersatz der Bilanzabschreibungen durch kalkulatorische Abschreibungen und Ersatz der Fremdkapitalzinsen durch kalkulatorische Zinsen. – Vgl. auch →kalkulatorische Kosten, →Abgrenzung.

Anderson, James, 1739–1808, schottischer Landwirt und Nationalökonom. Entwickelte insbes. das Prinzip der →Differentialrente für die landwirtschaftliche Grundrente; gilt somit zusammen mit West als wichtigster Vorläufer Ricardos bezüglich der Grundrententheorie (→Differentialrente). – *Hauptwerke:* „Essays relating to Agriculture and Rural Affairs" (1775); „Observations on the Means of Exciting a Spirit of National Industry" (1777).

Änderungskündigung, *Abänderungskündigung,* Kündigung eines Vertrags, verbunden mit dem Angebot auf Abschluß eines neuen Vertrags. I. d. R. ist die neue Regelung für den Gekündigten ungünstiger als die alte. – *Möglichkeiten für den Arbeitnehmer gemäß Arbeitsrecht* (§§ 2, 8 KSchG): 1. *Nichtannahme der Änderungsofferte durch den Arbeitnehmer:* Der Arbeitnehmer scheidet mit Ablauf der Kündigungsfrist aus, wenn er nicht gegen die Kündigung ein obsiegendes Urteil erstreitet. Obsiegendes Urteil führt zum Fortbestehen des alten Vertragszustandes. – 2. *Annahme der Änderungsofferte durch den Arbeitnehmer:* Nach Ablauf der Kündigungsfrist gelten die neuen Vertragsbestimmungen. Spricht er innerhalb von drei Wochen den *Vorbehalt* aus, daß er trotz Annahme Kündigungsschutzklage gegen die Verschlechterung seiner Arbeitsbedingungen verfolgen werde, besteht das Arbeitsverhältnis entsprechend dem Ausgang der Klage zu alten oder neuen Bedingungen fort; das Risiko des Arbeitsplatzverlustes besteht im Falle eines Prozeßverlustes nicht. – *Grundsätzlich unzulässig* ist die Ä. lediglich bezüglich einzelner Arbeitsbedingungen, z. B. des Lohnes. Wesentliche Vertragsbestandteile, z. B. Beschäftigungsort, Arbeitsentgelt, können auch per →Direktionsrecht nicht ohne Ä. zum Nachteil des Arbeitnehmers verändert werden. – Ä. ist normalerweise eine →ordentliche Kündigung und unterliegt daher dem Kündigungsschutzgesetz (→Kündigung).

Änderungsrechnung, →Net-change-Prinzip.

andienen. I. *Börsenwesen:* 1. *Warenbörsen:* Bereitstellung der Ware bzw. Erklärung der Lieferbereitschaft. – 2. *Warentermingeschäft:* Übergabe des die Bereitstellung der Waren bestätigenden Scheines.

II. *Versicherungswesen:* Einen Anspruch geltend machen, etwa einen Schadenersatzanspruch seitens des Seeversicherungsnehmers.

Andler-Formel, *Wurzelformel,* Formel zur Berechnung der →optimalen Losgröße x_0

bzw. →optimalen Bestellmenge m_0 nach dem klassischen Bestellmengenmodell.

$$x_0 = \frac{200 \cdot A \cdot K_{fp}}{k_p \cdot p}$$

(mit A = Jahresabsatz, K_{fp} = losgrößenfixe Kosten, k = variable Stückkosten, p = Zins- und Lagerkostensatz)

$$m_0 = \frac{200 \cdot V \cdot K_{fb}}{k_b \cdot p}$$

(mit V = Jahresverbrauch, K_{fb} = bestellfixe Kosten, K_b = variable Bestellkosten, p = Zins- und Lagerkostensatz)
Optimalität wird allerdings kaum erreicht, da die Prämissen i. d. R. nicht erfüllt sind.

Andorra, Fürstentum in den Ostpyrenäen zwischen Frankreich und Spanien. – *Fläche:* 453 km². – *Einwohner* (E): (1987) 45 000 (99 E/km²; nur ca. 8000 Andorraner, Rest zumeist spanische und französische Staatsbürger). – *Hauptstadt:* Andorra la Vella (14 783 E); weiter Unterteilung in 6 Gemeinden.
Staats- und Regierungsform: A. steht unter gemeinsamer Verwaltung von Frankreich und dem spanischen Bischof von Seo de Urgel; Zollunion mit Frankreich, Postunion mit Spanien. – *Amtssprachen:* Französisch und Spanisch.
Wirtschaft: Hauptausfuhrprodukt ist Wolle, der Ackerbau ist auf Eigenbedarf ausgerichtet. Importiert werden Industrieerzeugnisse und Lebensmittel. – *Handelspartner:* Großbritannien, Frankreich und Spanien. – *Fremdenverkehr:* In den letzten Jahren deutlicher Aufschwung (1984: 13 Mill. Touristen).
Mitgliedschaften: Außer IOC (International Olympic Committee) keine. A. wird von der UNO völkerrechtlich nicht anerkannt.
Währung: 1 Französischer Franc (FF) = 100 Centimes, 1 Peseta (Pta) = 100 Céntimos.

Andragogik, berufliche Fort- und Weiterbildung von Führungskräften. Neben Hochschulen, Berufsverbänden, Unternehmensberatungen sowie sonstigen Seminaranbietern sind es v. a. die Unternehmungen selbst, die im Rahmen ihrer →Personalentwicklung Seminare, Vortragsveranstaltungen und Trainings für ihre Führungskräfte veranstalten.

Aneignung, Art des Eigentumserwerbs, i. d. R. nur bei →herrenlosen Sachen möglich. – 1. Das →Eigentum an herrenlosen *beweglichen Sachen* erwirbt jeder, der sie in seinen Eigenbesitz nimmt (§ 958 I BGB). Er darf aber dabei nicht andere Aneignungsrechte (z. B. das Jagdrecht) verletzen (§ 958 II BGB). – 2. Bei *Grundstücken* steht das Aneignungsrecht dagegen dem →Fiskus und öffentlich-rechtlichen Körperschaften zu; Eigentumserwerb durch Eintragung in das →Grundbuch (§ 928 II BGB, Art. 129 EGBGB).

Anemometer, Gerät zur Messung der Luftgeschwindigkeit. Klimafaktoren (u. a. Effektiv-Temperatur) kommt bei der Leistungsabgabe des Menschen über die Zeit eine erhebliche Bedeutung zu; daher sind diesen Faktoren bei der arbeitsphysiologischen Gestaltung der Arbeitsplätze (→Arbeitsgestaltung) besondere Beachtung zu schenken.

Anerbenrecht, ein in vielen Teilen Deutschlands zur Verhinderung der Aufteilung von Bauernhöfen und sonstigem landwirtschaftlichen Grundbesitz seit Jahrhunderten bestehendes, länderweise unterschiedliches Recht, nach dem i. d. R. der Landbesitz im Erbfall auf *ein* Kind (ältester, jüngster Sohn) übergeht. Abfindung der Miterben durch Auszahlung oder durch hypothekarische Sicherstellung des Anteils am kapitalisierten →Ertragswert. – Vgl. auch →Höferecht.

an Erfüllungs Statt, Übernahme einer neuen Verbindlichkeit durch den Schuldner zum Zwecke der Befriedigung eines alten Gläubigers (z. B. Hergabe eines →Wechsels oder →Schecks), wenn die alte Verbindlichkeit infolge der Begründung der neuen erlischt (anders: →erfüllungshalber). Im Zweifel ist nicht anzunehmen, daß eine Verbindlichkeit a. E. St. übernommen wird (§ 364 BGB). – Bei einer →*Forderungsabtretung* a. E. St. geht die Forderung des →*Zessionars* gegen den →Zedenten bereits mit der Abtretung unter. Der Zessionar kann seinen ursprünglichen Anspruch gegen den Zedenten auch dann nicht mehr geltend machen, wenn die abgetretene Forderung sich als uneinbringlich erweist. Vgl. →Leistung an Erfüllungs Statt. – Die Hingabe von *Wertpapieren* a. E. St. ist Übereignung und unterliegt der →*Börsenumsatzsteuer.* Das Entgelt besteht darin, daß der Gläubiger der ursprünglichen Forderung diese aufgibt.

Anergie, im thermodynamischen System nicht mehr verfügbare Energie (Energieverlust). – *Gegensatz:* →Exergie.

anerkannte Ausbildungsberufe, →Ausbildungsberufe.

Anerkenntnis. 1. *Tatsächliches Verhalten,* aus dem das Bewußtsein von dem Bestehen des Anspruchs unzweideutig ergibt, z. B. Abschlagszahlung, Stundungsgesuch, Bestätigung des Anspruchs dem Grunde nach. Inbes. bei Verkehrsunfällen darf der →Versicherungsnehmer nicht ohne ganz zwingenden Grund anerkennen, sonst kann er den Versicherungsschutz verlieren. – 2. Eine →*Willenserklärung;* materielle Bedeutung hat das →Schuldanerkenntnis. – 3. Das A. führt zur →Unterbrechung der →*Verjährung* (§ 208 BGB). – 4. Im →*Zivilprozeß* führt A. zum sog. →Anerkenntnisurteil.

Anerkenntnisurteil, Urteil, das auf Antrag des Klägers ergeht ohne sachliche Prüfung des

Anspruchs, wenn und soweit der Beklagte in der mündlichen Verhandlung oder einem →schriftlichen Vorverfahren den geltend gemachten Anspruch anerkennt (§ 307 ZPO). Das prozessuale Anerkenntnis unterliegt i.d.R. weder dem Widerruf noch der →Anfechtung. Wenn der Beklagte keine Veranlassung zur →Klageerhebung gegeben hat und sofort anerkennt, muß der Kläger die *Kosten* des Prozesses tragen (§ 93 ZPO).

Anerkennungsbedürfnis, →Wertschätzungsbedürfnis.

Anfang-Anfang-Beziehung, →Anfangsfolge.

Anfang-Ende-Beziehung, →Sprungfolge.

Anfangsbedingungen, →Anwendungsbedingungen.

Anfangsbilanz, →Eröffnungsbilanz.

Anfangsfolge, *Anfang-Anfang-Beziehung,* Begriff der Netzplantechnik. Spezielle Ablaufbeziehung zwischen zwei →Vorgängen, wobei in bezug auf beide Vorgänge jeweils deren Beginn als Bezugspunkt dient. – Vgl. auch →Netzplantechnik III 2.

Anfangskurs, der erste Kurs während einer Börsenversammlung für ein fortlaufend notiertes Wertpapier am →variablen Markt. – Vgl. auch →Kursfeststellung.

Anfechtung, Mittel, die Nichtigkeit eines mit gewissen Mängeln behafteten Geschäfts herbeizuführen.

I. A. von Willenserklärungen (nach §§ 119 ff. BGB): 1. Insbes. kann ein *Vertrag* wegen →Irrtums, →Drohung oder →arglistiger Täuschung angefochten werden. Die A. *erfolgt* i.d.R. durch formfreie Erklärung gegenüber dem anderen Teil (§ 143 BGB). Wenn ein Anfechtungsgrund vorliegt, wird das angefochtene Geschäft *rückwirkend vernichtet* (§ 142 BGB). Das Anfechtungsrecht geht durch →Bestätigung des Geschäfts *verloren* (§ 144 BGB). – 2. Für Willenserklärungen in einem *Testament* gelten weitergehende Anfechtungsmöglichkeiten. Für die A. durch den bei Aufhebung der letztwilligen Verfügung unmittelbar Begünstigten (Anfechtungsberechtigter) reicht jeder →*Irrtum im Motiv* des Erblassers bei der Errichtung der letztwilligen Verfügung aus (§§ 2078 ff. BGB).

II. Einzelfälle: 1. Die A. des →*Arbeitsvertrages* hat nach der Rechtsprechung die Wirkung einer →außerordentlichen Kündigung; er wird nicht rückwirkend vernichtet. – *Unterschiede zur Kündigung:* (1) Gründe, die zur A. berechtigen; (2) Ausschlußfristen (§§ 121, 124 BGB), an die A. gebunden ist; (3) nicht durch Schutzvorschriften zugunsten des Arbeitnehmers beschränkt. – 2. Die *Anmeldung zum Handelsregister* unterliegt nicht der A. Solange eine Eintragung noch nicht erfolgt

ist, kann sie von dem Anmelder zurückgenommen oder widerrufen werden. – 3. Das durch *Bestechung* (→Schmiergeld) eines Handlungsgehilfen zustande gekommene Rechtsgeschäft ist für den Unternehmer, in dessen Betrieb der Handlungsgehilfe tätig ist, anfechtbar, wenn dieser von dem Angebot eines Schmiergeldes keine Mitteilung gemacht hat. – 4. Der *Gesellschaftsvertrag* unterliegt wie jeder andere Vertrag an sich der A. Sie ist aber bei der in Vollzug gesetzten Gesellschaft weitgehend ausgeschlossen oder in ihren Wirkungen eingechränkt. Auch Stimmabgaben bei Beschlußfassung, Feststellung der Jahresbilanz und andere innerhalb des Gesellschaftsverhältnisses abgegebene Erklärungen können u.U. angefochten werden. – 5. A. eines →*Versicherungsvertrags* vgl. dort. – 6. Beschlüsse der *Hauptversammlung* der AG können binnen eines Monats seit Beschlußfassung durch Klage bei dem Landgericht des Sitzes der Gesellschaft angefochten werden (§ 246 AktG). Anfechtungs*berechtigt* sind u.a. der in der Hauptversammlung erschienene Aktionär, der gegen den Schluß Widerspruch zur Niederschrift erklärt hat, und der zu Unrecht nicht zugelassene bzw. nicht rechtzeitig berufene Aktionär (§ 245 AktG). Die Klage kann darauf *gestützt* werden, a) daß der angefochtene Beschluß auf einer Verletzung des Gesetzes oder der Satzung beruht, z.B. auch auf Stimmrechtsausübung zwecks Erlangung von Sondervorteilen (§ 243 AktG); b) wenn weniger als 4% Dividende gezahlt werden, auch dann, wenn die Hauptversammlung aus dem Bilanzgewinn Beträge in Rücklage stellt, die nicht nach Gesetz oder Satzung von der Verteilung unter die Aktionäre ausgeschlossen sind, obwohl die Einstellung bei vernünftiger kaufmännischer Beurteilung nicht notwendig ist, um die Lebens- und Widerstandsfähigkeit der AG für einen hinsichtlich der wirtschaftlichen und finanziellen Notwendigkeit übersehbaren Zeitraum zu sichern; dabei müssen die Anteile der klagenden Aktionäre 5% des →Grundkapitals oder den Nennbetrag von 1 Mill. DM erreichen (§ 254 AktG). – Den →*Streitwert* bestimmt das Gericht unter Berücksichtigung der Umstände, insbes. der Bedeutung der Sache für die Parteien, nach billigem Ermessen. Macht eine Partei glaubhaft, daß die Belastung mit den Prozeßkosten nach diesem Streitwert ihre wirtschaftliche Lage erheblich gefährden würde, kann das Gericht anordnen, daß die Verpflichtung dieser Partei zur Zahlung der →Prozeßkosten sich nach einem ihrer Wirtschaftslage angepaßten Teil des Streitwertes bemißt, sog. gespaltener Streitwert. – 7. A. einer *Betriebsratswahl:* Vgl. →Betriebsrat IV.

Anfechtung außerhalb des Konkurses, Gegenbegriff zu →Konkursanfechtung. – 1. *Gesetzliche Regelung:* Gesetz betreffend Anfechtung von Rechtshandlungen eines

Schuldners außerhalb des Konkurses vom 20. 5. 1898 (Anfechtungsgesetz). – 2. *Zweck:* Schutz des einzelnen Gläubigers, wenn der Schuldner ihm die Befriedigung dadurch unmöglich gemacht hat, daß er sein Vermögen verschoben oder verschenkt hat; eine Ergänzung der Vollstreckungsmöglichkeit. – 3. *Anfechtungsberechtigt* ist, wer für eine fällige Forderung einen vollstreckbaren Schuldtitel hat und im Wege der →Zwangsvollstreckung gegen den Schuldner nicht befriedigt wurde, oder wenn anzunehmen ist, daß sie zu einer Befriedigung nicht führen wird (§2). – 4. *Anfechtbar* sind an Gläubiger benachteiligende Rechtshandlungen des Schuldners, wenn sie in der dem Gegner bekannten Absicht der Gläubigerbenachteiligung vorgenommen sind, sowie b) unentgeltliche Verfügungen innerhalb des letzten Jahres. Während die →Beweislast für das Vorliegen der Voraussetzungen grundsätzlich Sache des Anfechtenden ist, kehrt sich die Beweislast um, wenn c) ein den Gläubiger benachteiligender im letzten Jahr mit nahen Angehörigen geschlossener Vertrag oder d) eine an den Ehegatten innerhalb der letzten zwei Jahre erfolgte Schenkung angefochten wird (§3). – 5. *Anfechtungsgegner* ist der Erwerber des Verschobenen oder verschenkten Gegenstandes (oder dessen Gesamtrechtsnachfolger). Bei Weiterveräußerung haftet der weitere Erwerber nur, wenn ihm der Anfechtungsgrund bekannt war oder ihm das Erlangte unentgeltlich zugewandt wurde (§11). Der Anfechtungsgegner ist nicht verpflichtet, den Gegenstand dem Gläubiger herauszugeben, sondern nur, die Zwangsvollstreckung so zu dulden, als gehöre der Gegenstand noch zum Vermögen des Schuldners (§7). Ist die Sache nicht mehr vorhanden, schuldet er Wertersatz. Der gutgläubige Empfänger einer unentgeltlichen Leistung haftet nur, soweit er ungerechtfertigt bereichert ist.

Anfechtungsklage. I. V e r w a l t u n g s g e - r i c h t s b a r k e i t : Auf Aufhebung eines →Verwaltungsaktes (§42 VwGO) gerichtete Klage. – 1. Soweit gesetzlich nichts anderes bestimmt ist, ist sie nur *zulässig*, wenn der Kläger geltend macht, durch den Verwaltungsakt in seinen Rechten verletzt zu sein. Das ist der ·Fall, wenn seine subjektiven privaten oder öffentlichen Rechte durch den Verwaltungsakt beeinträchtigt werden. Verstoß gegen →Reflexrechte oder die Rechtswidrigkeit von allg. Verwaltungsvorschriften oder behördeninternen Weisungen reicht nicht aus. Soweit die →Behörde ermächtigt ist, nach ihrem →Ermessen zu handeln, kann die Klage auch darauf gestützt werden, daß der Verwaltungsakt rechtswidrig ist, weil die gesetzlichen Grenzen des Ermessens überschritten sind (→Ermessensüberschreitung) oder von dem Ermessen in einer dem Zweck der Ermächtigung nicht entsprechenden Weise Gebrauch gemacht ist (→Ermessensmißbrauch). –

2. Besondere Form der A. ist die sog. *Untätig- keitsklage* oder *Vornahmeklage* (→Verpflichtungsklage), die erhoben werden kann, wenn ein beantragter Verwaltungsakt nicht erlassen wird, auf den der Anragsteller ein Recht zu haben behauptet, oder wenn ein Antrag auf Vornahme eines Verwaltungsakts in angemessener Frist sachlich nicht beschieden worden ist. – 3. Ähnliche Regelung der A. im →*Sozialgerichtsgesetz.*

II. F i n a n z g e r i c h t s b a r k e i t : A. ist ebenfalls vorgesehen (§§40ff. FGO). Sie ist gerichtet auf die Aufhebung eines Verwaltungsaktes, ausnahmsweise auch auf dessen Abänderung (§100 II FGO). – 1. Die A. ist nur *zulässig*, wenn der Kläger geltend macht, durch den Verwaltungsakt in seinen Rechten verletzt zu sein. Das kann bei einem einheitlichen Feststellungsbescheid über Einkünfte aus Gewerbebetrieb, über den Einheitswert eines gewerblichen Betriebs oder über wirtschaftliche Untereinheiten von gewerblichen Betrieben auch jeder Gesellschafter oder Gemeinschafter sein, der durch die Feststellung berührt wird (§48 FGO). Im Falle der Nachfolge während des Laufs eines Rechtsbehelfs oder einer Rechtsmittelfrist ist auch der Nachfolger klageberechtigt (§49 FGO). – 2. Die A. ist ausnahmsweise *eingeschränkt:* a) Wird ein Verwaltungsakt, der dem →Einspruch nach §229 AO unterlag und unanfechtbar geworden ist, durch einen Verwaltungsakt geändert, so kann dieser spätere Verwaltungsakt nur insoweit angefochten werden, als die Änderung reicht (§42 I FGO); b) Entscheidungen in einem →Feststellungsbescheid oder einem →Steuermeßbescheid können nur durch Anfechtung dieser Bescheide, nicht auch durch Anfechtung des Steuerbescheides angefochten werden, dessen Grundlage sie sind (§42 II FGO); c) Feststellungsbescheide, die auf einem anderen Feststellungsbescheid beruhen, können nicht mit der Begründung angefochten werden, der andere Feststellungsbescheid sei unrichtig (§42 III FGO); d) →Zerlegungsbescheide und Zuteilungsbescheide können nicht mit der Begründung angefochten werden, daß der zerlegte oder zugeteilte Steuerbetrag oder Steuermeßbetrag unrichtig festgesetzt worden sei (§42 IV FGO). – 3. *Gegenstand* der A. ist der angefochtene Verwaltungsakt, nach Durchführung des Vorverfahrens in der Gestalt, die er durch die Entscheidung über den außergerichtlichen Rechtsbehelf gefunden hat (§44 II FGO). – 4. *Frist:* Die A. ist binnen einem Monat zu erheben (§47 FGO).

anfixen, Betreiben einer Baissespekulation, (→Spekulation). – Vgl. auch →fixen.

Anforderungsanalyse, →Arbeitsanalyse.

Anforderungsarten, →Anforderungsmerkmale.

Anforderungsdefinition. 1. *Begriff* aus dem Software Engineering: Phase im →software life cycle, die unmittelbar der →Problemanalyse folgt. Die Aktivitäten in dieser Phase werden auch als →requirements engineering bezeichnet. – 2. *Aufgabe:* Ermitteln der detaillierten Anforderungen an das →Softwareprodukt (u.a. Funktionsumfang, →Benutzerschnittstelle, Datenmaterial) auf der Grundlage des Rahmenvorschlags aus der Problemanalysephase. – 3. *Ergebnis:* ein oder mehrere Dokumente, in denen die Anforderungen schriftlich fixiert werden (Pflichtenheft); u.a. Vertragsgrundlage bei externem Auftraggeber. Das Anforderungsdokument wird auch als A. bezeichnet.

Anforderungsmerkmale, *Anforderungsarten.* 1. *Begriff* aus dem Gebiet der →Arbeitsbewertung: Die Anforderungen, die eine Tätigkeit an den Ausführenden stellt und anhand deren die →Arbeitsschwierigkeit im Rahmen der Arbeitsbewertung durch Rangbewertung oder Punktwertung in eine Größenordnung einbezogen wird, werden nach bestimmten Gesichtspunkten analysiert. Die Gewichtung eines A. gegenüber einem anderen ist problematisch und nur empirisch für eine bestimmte Branche oder einen bestimmten Betrieb zu vereinbaren. – 2. *Gliederung:* Die Anzahl der A. differiert in den bisher entwickelten Verfahren der analytischen Arbeitsbewertung zwischen 3 und 32. Bislang ist in der Bundesrep. D. überwiegend die Gliederung der A. gemäß den Vorschlägen der Bewertungstafel des →Genfer Schemas und der →REFA-Anforderungstafel in Gebrauch: a) Fachkenntnisse, b) Geschicklichkeit, c) körperliche Beanspruchung, d) geistige Beanspruchung, e) Verantwortung, f) →Umgebungseinflüsse. Die Anzahl der A. ist von relativ untergeordneter Bedeutung; sie hängt primär vom verfolgten Zweck ab. Es kommt nicht darauf an, die möglichen A. vollzählig aufzuführen, sondern die ausreichenden A. zu finden, um Abhängigkeiten und Unterschiede des Arbeitswertes, die zur Erstellung einer Rangreihe der betrieblichen Tätigkeiten berücksichtigt werden sollen, in vertretbarer und sachgemäßer Weise darstellen zu können.

Anfragen, ein parlamentarisches Recht. Zum Beispiel können die Mitglieder des →Bundestags A. an die →Bundesregierung richten. – 1. *Große* A. oder „Interpellationen" müssen von mindestens 5% der Abgeordneten unterzeichnet sein. Sie werden i.d.R. im Plenum des Bundestags beraten. – 2. *Kleine* A. können von einer Anzahl von Abgeordneten eingebracht werden, die der Stärke einer →Fraktion entspricht. Sie werden von der Bundesregierung schriftlich beantwortet. – 3. *Mündliche* A. kann jeder Abgeordnete in der monatlich einmal stattfindenden sog. Fragestunde an die Bundesregierung richten. – 4. Einzelheiten

regelt die *Geschäftsordnung* des Deutschen Bundestags.

Anfragenkontrolltest, Verfahren der →Werbeerfolgskontrolle. In Verbindung mit dem Werbeappel wird die Bitte um Anforderung von Prospektmaterial, Warenproben usw. ausgesprochen. Nicht die Werbeerfüller, sondern die Interessenten werden erfaßt. Als Wirkungsmaßstab für den *Interessenzweckerfolg* gilt der Quotient aus der Zahl der an dem Werbeobjekt interessierten Personen und der Zahl der Werbegemeinten. – *Ähnlich:* →BuBaw-Verfahren, →Coupon-Test.

Anfragenselektion, Entscheidungsproblem im Rahmen des →Investitionsgüter-Marketing, insbes. bei Sondermaschinen, Anlagen und Systemen. Da die Angebotserstellung aufgrund einer Anfrage mit erheblichen Kosten verbunden ist und die Auftragserteilung schwerwiegende Auswirkungen auf Ertragslage und Risikosituation der Unternehmung hat, ist A. hinsichtlich verschiedener Kriterien ein wichtiges Steuerungsinstrument der Angebotspolitik. – *Hilfsmittel* der A.: Checklisten, Punktbewertungsverfahren (→Scoring-Modelle) und Kennziffern (erwarteter Auftragserfolg/geschätzte Angebotskosten).

Anfragenstatistik, →Absatzstatistik.

Anfuhr-(Abfuhr-) Klausel, Einschränkung für die Anwendung von →Ausnahmetarifen im Bahnverkehr, wenn diese eingeführt werden, um einen oder mehrere Erzeugungs- oder Verwendungsorte zu begünstigen. Die *Anfuhr-Klausel* verbietet Anwendung der Ausnahmetarife, wenn das Gut in den bestimmten Verkehrsbereich mit Eisenbahn, Schiff oder Straßenverkehrsmitteln eingebracht worden ist; die *Abfuhr-Klausel,* wenn das Gut aus dem Verkehrsbereich verbracht werden soll. Damit ist gesichert, daß das tarifbegünstigte Gut im Verkehrsbereich entweder aufkommt oder verbleibt.

Anführung, →Zitat.

Angebot. I. Wirtschaftstheorie: Menge an Gütern i.w.S., die zum Verkauf oder Tausch angeboten wird. Als wichtigste Determinante des A. wird der Preis angesehen. Erfaßt wird das Angebotsverhalten durch →*Angebotsfunktionen.*

II. Rechtlich: A. zum Vertragsschluß: Vgl. →Vertrag IV, →Offerte.

angebotsbeschränktes　　　Gleichgewicht, Begriff der Makroökonomik. Ist die gesamtwirtschaftliche Güternachfrage groß genug, um die gewinnmaximale Produktion der Unternehmen aufzunehmen, ergibt sich die Höhe des →Sozialprodukts aus dem Angebot der Unternehmen. – *Gegensatz:* →nachfragebeschränktes Gleichgewicht. – Vgl. auch →Verteilungstheorie.

Angebotseinholung, Teilaufgabe des →Einkaufs der Unternehmen. A. ist erforderlich, wenn Bezugsquellennachweis und Lieferantenkartei nicht ausreichen oder zu schnell veralten, um die bei der Einkaufsabteilung vorliegenden Bedarfsmeldungen der Betriebsabteilungen zu bearbeiten, oder wenn Materialien erstmalig zu beschaffen sind. Zweckmäßig für die Ermittlung der günstigsten Beschaffungsquelle ist der Vergleich von mehreren Angeboten qualifizierter Lieferantenfirmen; zuweilen auch submissionsähnliche Rundfragen bei mehreren Lieferanten. – Bei Beschaffung der *öffentlichen Hand* ist das Verfahren der A. durch →Verdingungsordnungen zwingend geregelt.

Angebotselastizität. I. Wirtschafts-theorie: Verhältnis der relativen Änderung der angebotenen Gütermenge zu der sie verursachenden relativen Preisänderung (→Preiselastizität). Bei normaler Reaktion des →Angebots ist die A. positiv; ist sie größer (kleiner) als 1, so spricht man von *elastischem (unelastischem)* Angebot, ist sie = 0, so ist das Angebot *starr.* – Vgl. auch →Elastizität.

II. Betriebswirtschaftlich: Die Fähigkeit eines Betriebes, sein Produktionsprogramm bzw. sein Angebot den Veränderungen des Marktes (Nachfrageänderungen, Modeeinflüsse) anzupassen: a) *angebotsstarr* sind Betriebe mit hohen →fixen Kosten, b) *angebotselastisch* sind Betriebe mit überwiegend →variablen Kosten.

Angebotsfunktion, funktionale Beziehung zwischen optimaler Ausbringungsmenge und den Güter- und Faktorpreisen. Normalerweise hat der Graph einer A. in einem Preis-Mengen-Diagramm eine negative Steigung; Ausnahmen sind jedoch denkbar, z. B. bei sehr niedrigen Löhnen auf dem Arbeitsmarkt, weil die Arbeiter bei sinkenden Lohnsätzen gezwungen sind, mehr Arbeit anzubieten, um ihr Existenzminimum zu sichern. – *Ausprägungen:* a) *mikroökonomische und makroökonomische Angebotsfunktionen:* erstere werden für einzelne Anbieter und einzelne Güter ermittelt, letztere für volkswirtschaftliche Aggregate; b) *Funktionen nach den Güterarten,* auf die sich das A. bezieht (z. B. Geldangebotsfunktion); c) *monetäre und reale Angebotsfunktionen,* je nachdem ob das A. in Geld- oder Gütereinheiten ausgedrückt wird; d) *geplante und effektive Angebotsfunktionen.*

angebotsinduzierte Inflation, →Inflation IV 2 b).

Angebotsinflation, →Inflation IV 2 b).

Angebotskalkulation, →Auswertungsrechnung der Kostenrechnung, die die Verkaufspreise für anstehende Verkaufsaufträge bestimmen bzw. Anhaltspunkte für die Festle-

gung der Verkaufspreise liefern soll (z. B. Bestimmung von Preisuntergrenzen). – A. im Falle *öffentlicher Aufträge:* →Leitsätze für die Preisermittlung auf Grund von Selbstkosten (LSP). – Vgl. auch →Vorkalkulation.

Angebotsökonomik. I. Begriff und Einordnung: Die A. betont die Bedeutung der *Angebotsseite;* damit deutliche Gegenposition zur Betonung der Nachfrageseite in der →Keynesschen Lehre (vgl. auch →keynesianische Positionen). Die Relevanz der Angebotsseite wurde allerdings auch von Keynes gesehen und ging in extremen Spielarten des Keynesianismus verloren. – 2. Unter A. *i. e. S.* versteht man die ökonomische Lehre, die ausschließlich die Angebotsseite setzt und die Nachfrageseite vernachlässigt. Wichtigste Vertreter einer solchen A. sind A. Laffer und G. Gilder. Die A. hatte großen Einfluß auf die Wirtschaftspolitik in den ersten Jahren der Reagan-Administration (Reaganomics).

II. Kernpunkte: 1. *Steuersatzsenkungen* (insbes. bei leistungsabhängigen Steuern): Begründung: Steuersenkungen schaffen starke Leistungsanreize, die zu einem höheren volkswirtschaftlichen Wachstum führen, das so stark sei, daß das Steueraufkommen trotz rückläufiger Steuersätze zunehme (vgl. →Laffer-Kurve). – 2. *Reduzierung der Staatsausgaben,* um den Staat zurückzudrängen den Privaten und dem Marktkräften wieder mehr Spielraum zu verschaffen. Begründung: Der Staat dürfe nur in ganz eng begrenzten Ausnahmebereichen aktiv werden. Nicht nur Steuern, sondern auch Staatsausgaben wirken leistungshemmend und demotivierend. So werde etwa durch Maßnahmen der sozialen Sicherung (Arbeitslosenunterstützung, Sozialhilfe, ,,foodstamps") die Arbeitslosigkeit künstlich auf einem höheren Niveau gehalten, weil die Bereitschaft, niedrigere Reallöhne zu akzeptieren, eingeschränkt sei. – 3. *Budgetausgleich* auf niedrigem Niveau. Begründung: Staatliche Kreditaufnahme verdränge in genau gleichem Umfang private Kreditnachfrage vom Kapitalmarkt. – 4. *Deregulierung/Entregulierung:* Durch Abbau der ,,Belastung der Angebotsseite" sollen die Marktkräfte entfesselt werden. Deregulierung bezieht sich v. a. auf Sozial-, Umverteilungs-, Umweltschutz- und Wettbewerbspolitik, z. B. Aufhebung von Lohn-Preis-Richtlinien, Umweltauflagen, Sicherheitsbestimmungen usw. Begründung: Staatliche Interventionen in den genannten Bereichen stellten Marktunvollkommenheiten dar, die den dezentralen Koordinations- und Allokationsmechanismen störten. Die verschiedenen Formen der Sozialversicherung behinderten die privaten Anreize zum Sparen und Arbeiten sowie zur Eigenvorsorge. Analoge Hemmnisse ergäben sich durch staatliche Eingriffe in den übrigen Bereichen.

III. Konsequenzen: Aufgrund der beschriebenen Maßnahmen ergeben sich nach Ansicht der A. zunächst Gewinnerhöhungen, die zu größerer Produktivität und höherem Wachstum, schließlich aber auch zu steigenden Löhnen führen. Eine ungleichmäßigere Einkommensverteilung wird als Voraussetzung eines höheren Gesamtwohlstands angesehen. Der durch die Angebotspolitik ausgelöste Wachstumsschub löst nach dieser Auffassung auch das Inflationsproblem, weil es vorübergehend zu einem Überschußangebot und damit zu einem Druck auf die Preise kommt.

IV. Kritik: 1. Die Auffassung, daß sich durch eine *Steuersatzsenkung* eine Erhöhung des Steueraufkommens erreichen läßt, muß für die derzeit geltenden Steuersysteme als widerlegt angesehen werden. – 2. Die Hypothese, daß der durch die staatlichen *Ausgabenkürzungen* verursachte Nachfrageausfall durch eine Erhöhung der privaten Nachfrage kompensiert wird, ist empirisch unbelegt. – 3. Die Hypothese eines *vollständigen Verdrängungseffekts* ist empirisch ebenfalls unbestätigt. – 4. Bei den Vorschlägen zur *Deregulierung* werden einseitig die (unbestreitbar vorhandenen) negativen Wirkungen von Interventionen überbetont. Die ökonomischen und gesellschaftlichen Vorteile, wie ökonomische und soziale Stabilität, Verminderung der Unsicherheit, Verteilungsgerechtigkeit, Umweltschutz, bleiben dagegen unberücksichtigt.

angebotsorientierte Wirtschaftspolitik. 1. *Begriff:* Versuch einer Neuorientierung der Wirtschaftspolitik als Alternative zur keynesianischen makroökonomischen Nachfragesteuerung (→Angebotsökonomik, →Keynessche Lehre, →Globalsteuerung). – 2. *Ziele:* Primär Wachstumssteigerung nach vorausgehender Produktivitätszunahme; sekundär Verteilungsziele. – 3. *Begründung:* Vermeidung der aus monetaristischer Sicht gravierenden, im folgenden genannten Mängel keynesianischer Fiskalpolitik: (1) ungeeignetes Mittel zur Bekämpfung stagflationärer Situationen; (2) Verdrängung des privaten Sektors infolge von Zinssteigerungen; (3) weitgehende Anpassungs- und Innovationsschwäche aufgrund zunehmender Inflexibilität der Preise, die infolge vermehrter staatlicher Eingriffe in den Privatsektor als Wachstumsbremse gilt. – 4. *Reaganomics* (nach dem amerikanischen Präsidenten R. Reagan), Schlagwort für a. W. Durch Reagan bei seiner Regierungsübernahme festgelegte *Merkmale:* a) drastische Steuersenkung durch Korrektur der Einkommenssteuersätze mit dem Effekt einer Stimulierung der Investitionen bei gleichzeitiger Steigerung des privaten Konsums; b) deutliche Verringerung der Staatsausgaben zur Erleichterung der Steuersenkung, zum Abbau des Budgetdefizits und zur Senkung des überhöht angesehen investitionsfeindlichen Zinsniveaus; c) antiinflationäre Geldpolitik zur Zinssenkung und Investitionsförderung; d) Verminderung staatlicher Kontrolle privater Aktivitäten (→Deregulierung, →Regulierung) zur Intensivierung des privaten Wettbewerbs und damit positiven Beeinflussung des Investitionsklimas – wird in den USA als „supply side economics" bezeichnet.

Angebotsplanung, gedankliche Vorwegnahme einer angestrebten zukünftigen Leistungserstellung, die von einem potentiellen Auftraggeber in einer Anfrage zu bestimmten Bedingungen gewünscht wird.

Angebotsproduktion, *Marktproduktion,* Produktion, bei der Erzeugnisse vor Auftragserteilung durch den Kunden geplant, konzipiert und meist auch produziert (→Vorratsproduktion) werden. Der Produktaufbau wird ohne unmittelbare Mitwirkung potentieller Nachfrager aufgrund von Marktanalysen und Bedarfsprognosen für bestimmte Angebotsperioden (Programm- und Kollektionslaufzeiten) im voraus detailliert geplant. Das Risiko der Produktgestaltung trägt ausschließlich der Anbieter. – *Typische Beispiele:* Elektroindustrie, Textilfabriken, chemische Industrie und Fahrzeugbau. – In vielen Fällen *Kombination von Angebots- und Auftragsproduktion* (z. B. stellt die Automobilindustrie Fahrzeuge her, deren Modelle im voraus geplant werden, deren Endausstattungen aber weitgehend käuferabhängig sind).

Angebotsschock, eine gesamtwirtschaftliche Störung, deren erste Auswirkung eine Aufwärtsverschiebung der →aggregierten Angebotskurve ist; Beispiel: Erdölpreiserhöhungen 1973/74. Unmittelbare Folgen sind Erhöhung des Preisniveaus und Rückgang des Outputs.

Angebots- und Kalkulationsschematakartell, →Kartell zur Vereinheitlichung der Leistungsbeschreibung und Preisaufgliederung bei Ausschreibungen. Nach § 5 IV GWB als Anmeldekartell vom Kartellverbot ausgenommen (→Kartellgesetz VII 3a).

Angehörige. I. Rechtssprache, besonders auch *Strafrecht:* Verwandte und Verschwägerte auf- und absteigender Linie, Adoptiv- und Pflegeeltern und -kinder, Ehegatten, deren Geschwister und deren Ehegatten sowie die Verlobten (Legaldefinition § 11 I StGB). Im übrigen ist nach Sinn und Zweck der rechtlichen Regelung der Begriff des A. unterschiedlich ausgestaltet.

II. Steuerrecht: Der Verlobte, der Ehegatte; Verwandte in gerader Linie und 2. und 3. Grades in der Seitenlinie, Verschwägerte in gerader Linie und 2. Grades in der Seitenlinie; →Adoptivkinder, →Pflegeeltern und -kinder (§ 15 I AO).

III. Amtliche Statistik: Kinder, Greise, Kranke und sonstige Personen, die weder als →Erwerbspersonen selbständig oder mithelfend berufstätig sind, noch als selbständige →Berufslose Einkommen beziehen, d. h. diejenigen Teile der Bevölkerung, die gegenüber den anderen Gruppen (Einkommensträgern) Unterhaltsanspruch haben und von ihnen im Rahmen der Familie oder Haushaltsgemeinschaft Kost, Logis und sonstige Betreuung (Pflege, Erziehung, Ausbildung usw.) empfangen. Die Zahl der A. ist mitbestimmend für die statistisch definierten Familien- und Haushaltstypen (→Haushaltstyp).

Angeklagter, jemand, gegen den ein Hauptverfahren (→Strafprozeß I 2) eröffnet worden ist. – *Anders:* →Angeschuldigter.

Angeld, →Draufgabe.

angelernter Arbeiter, im Unterschied zum gelernten Arbeiter (→Facharbeiter) Arbeitnehmer mit begrenzter Ausbildung und Spezialkenntnissen und -fertigkeiten. Tarifrechtlich übt a. A. im Gegensatz zum →ungelernten Arbeiter eine anerkannte und eingruppierte Tätigkeit aus, die eine Sonderausbildung verlangt. – Vgl. auch →Anlernverhältnis, →Anlernling.

Angemessenheitsprinzip der Gewinnerzielung, Grundsatz der Gewinnbeschränkung. – 1. *Mittelalterliche Sozialordnung:* Nur ein solcher betrieblicher Überschuß wird als angemessen eingeräumt, der einem standesgemäßen Lebensunterhalt des einzelnen Gewerbetreibenden entspricht. – 2. *Marktwirtschaft:* a) A. tritt als Leitmaxime betrieblicher Tätigkeit nur in gewissen Betrieben auf, die einen öffentlichen Bedarf zu decken haben und von der öffentlichen Hand betrieben werden (→öffentliche Unternehmen). Beherrschend ist das erwerbswirtschaftliche System. – b) Bei *Investitionen* bedeutet das A., daß das eingesetzte Kapital zurückgewonnen und eine angemessene aber nicht maximal mögliche Verzinsung erreicht werden soll. – Die Verfolgung des A. wird u. a. als ein typisches Merkmal des mittelständischen Unternehmers angesehen.

Angeschuldigter, jemand, gegen den eine Anklage (→Strafprozeß I 1) erhoben worden ist (§ 157 StPO). – *Anders:* →Angeklagter.

Angestelltenerfindung, →Arbeitnehmererfindung, →betriebliches Vorschlagswesen.

Angestelltenkündigungsschutzgesetz (AngKSchG), →ältere Angestellte.

Angestelltenrentenversicherung, →Angestelltenversicherung.

Angestelltentarif, →Bundes-Angestellten-Tarifvertrag.

Angestelltentarifvertrag, →Bundes-Angestellten-Tarifvertrag.

Angestelltenversicherung, *Angestelltenrentenversicherung,* Zweig der deutschen →Sozialversicherung; umfaßt die *Rentenversi-*

cherung der Angestellten (mit Ausnahme der im Bergbau Beschäftigten).

I. R e c h t s g r u n d l a g e n: Die A. wurde 1911 auf Vorstellungen der Angestelltenvertretungen hin geschaffen, um deren Angehörigen eine über die Invalidenversicherung (Rentenversicherung) hinausgehende und den besonderen Bedürfnissen der Angestelltenschaft Rechnung tragende Existenzsicherung für Zeiten der Berufsunfähigkeit und des Alters zu gewährleisten. *Gesetzliche Grundlage:* Das am 1.1.1913 in Kraft getretene Versicherungsgesetz für Angestellte vom 20.12.1911 (seit Neufassung vom 28.5.1924 Angestelltenversicherungsgesetz – AVG – genannt) i.d.F. der späteren Änderungen, insbes. i.d.F. des Gesetzes zur Neuregelung des Rechts der Rentenversicherung der Angestellten (*Angestelltenversicherungs-Neuregelungsgesetz,* AnVNG) vom 23.2.1957 (BGBl I 88) mit Wirkung vom 1.1.1957 und späteren Änderungen und Ergänzungen.

II. G e l t u n g s b e r e i c h: 1. *Versicherungspflicht:* Die A. beruht (entspr. der Sozialversicherung) auf dem Prinzip des *Versicherungszwangs* (Zwangsversicherung). Pflichtmitglieder: a) alle Personen, die als Angestellte gegen →Entgelt oder die als Auszubildende oder sonst zu ihrer Ausbildung für den Beruf eines Angestellten beschäftigt sind; die für die Versicherungspflicht zur A. geltende Jahresarbeitsverdienstgrenze (§ 5 AVG) wurde mit Wirkung vom 1.1.1968 aufgehoben; wer als →Angestellter zu gelten hat, bestimmt das Gesetz (§§ 165a, b RVO, § 3 AVG, Berufsgruppenkatalog), die allgemeine Verkehrsanschauung, die Art der Tätigkeit oder der Wille der Beteiligten; b) Selbständige bestimmter, im Gesetz genannter Gruppen, z. B. Künstler und Artisten nach Maßgabe des Künstlersozialversicherungsgesetzes, Hebammen, Wochenpflegerinnen, Lehrer, ohne Rücksicht auf deren Jahreseinkommen; c) Mitglieder geistlicher Genossenschaften, Diakonissen, Rote-Kreuz-Schwestern und Angehörige ähnlicher Gemeinschaften beim Vorliegen bestimmter Voraussetzungen; d) Wehrpflichtige und Zivildienstleistende, die im Zeitpunkt der Einberufung zur A. pflichtversichert waren (§ 2 AVG). – 2. *Freiwillige Versicherung:* Vgl. →freiwillige Versicherung II. – 3. *Nicht versicherungspflichtig:* Personen in →geringfügiger Beschäftigung, Werkstudenten und Beschäftigte, denen ein Versorgungsanspruch zusteht (z. B. Beamte) u.a. – 4. *Befreiung von der Versicherungspflicht:* Für eine kleine Gruppe von Beschäftigten auf Antrag des Versicherten oder des Arbeitgebers, wenn die im Gesetz bestimmten Voraussetzungen gegeben sind.

III. L e i s t u n g e n: Renten, medizinische, berufsfördernde und ergänzende Leistungen zur Rehabilitation, Witwen- und Witwerrentenabfindungen, Beitragserstattungen,

Zuschüsse zu den Aufwendungen für die Krankenversicherung (Rentnerkrankenversicherung). – 1. *Leistungsvoraussetzungen:* a) Eintritt des →Versicherungsfalls; b) Zurücklegung einer bestimmten Beitragszeit (→Wartezeit); c) (i. d. R.) Antragstellung. – 2. *Leistungsarten:* a) *Renten:* (1) Renten bei →Berufsunfähigkeit oder →Erwerbsunfähigkeit (§§ 23, 24 AVG). (2) →Altersruhegeld (§ 25 AVG). (3) Hinterbliebenenrenten (→Witwenrenten, →Witwerrenten, →Waisenrenten) bei Tod oder Verschollenheit des Versicherten an die Ehegatten und an die Kinder (i. d. R. bis zur Vollendung des 18. Lebensjahrs, beim Vorliegen bestimmter Voraussetzungen bis zur Vollendung des 25. Lebensjahrs, §§ 40 ff. AVG). Rente an den früheren Ehegatten, wenn die Ehe vor dem 1. 7. 1977 geschieden, für nichtig erklärt oder aufgehoben ist (§ 42 AVG); →Erziehungsrenten an den unverheirateten früheren Ehegatten, dessen Ehe nach dem 1. 7. 1977 geschieden, für nichtig erklärt oder aufgehoben ist (§ 43 AVG). – b) *Beitragserstattung:* Wenn die Versicherungspflicht in allen Zweigen der gesetzlichen Rentenversicherung entfällt, ohne daß das Recht zur →freiwilligen Versicherung besteht; wenn seit dem Wegfall der Versicherungspflicht zwei Jahre verstrichen sind und inzwischen nicht erneut eine versicherungspflichtige Beschäftigung oder Tätigkeit ausgeübt worden ist. Diese Regelung gilt entsprechend für die Witwe und den Witwer, wenn der Anspruch auf Hinterbliebenenrente wegen nicht erfüllter Wartezeit nicht gegeben ist (§ 82 AVG). Die Beitragserstattung bei Eheschließung ist seit 1. 1. 1968 weggefallen. – c) *Medizinische, berufsfördernde* und *ergänzende Leistungen* zur Rehabilitation, Erhaltung, Besserung und Wiederherstellung der Erwerbsfähigkeit (§§ 13 ff. AVG): Insbes. die Gewährung von Heilverfahren, Hilfen zur Erhaltung oder Erlangung eines Arbeitsplatzes, Fortbildungs- und Umschulungsmaßnahmen.

IV. B e i t r ä g e : 1. *Höhe:* a) Von den versicherungspflichtigen *Arbeitnehmern* in Höhe von 18,7% (1987) des →Arbeitsentgelts bis zur jeweils geltenden →Beitragsbemessungsgrenze; sie werden i. a. je zur Hälfte vom Arbeitgeber und Arbeitnehmer getragen und zusammen mit den Beiträgen zur Kranken- und Arbeitslosenversicherung an die zuständige Krankenkasse abgeführt (→Lohnabzugsverfahren). – b) Von den versicherungspflichtigen *Selbständigen* je nach der Höhe des Einkommens im Wege des Abbuchungsverfahren (§ 127 AVG, § 114 AVG). – c) Von den *freiwillig Versicherten* (→freiwillige Versicherung) durch bargeldlose Überweisung oder Kontenabbuchungsverfahren; Beitragshöhe und Anzahl der Monate steht dem freiwillig Versicherten frei (§ 115 AVG). – 2. Der *Nachweis* des Versicherungsverhältnisses wird mit

Hilfe von →Versicherungsnachweisheften oder der Bestätigung der Versicherungsträger über die geleisteten Beiträge geführt.

V. V e r s i c h e r u n g s t r ä g e r : Seit 1954 Bundesversicherungsanstalt für Angestellte, Berlin (West), als Rechtsnachfolgerin der für das Reichsgebiet zuständigen Reichsversicherungsanstalt; ferner die Bundesknappschaft.

Angestelltenversicherungsgesetz (AVG), Rechtsgrundlage der →Angestelltenversicherung.

Angestellter. I. R e c h t s s t e l l u n g : 1. *Arbeitsrecht:* Begriffsbestimmung nach eindeutigen Kriterien nicht möglich. Zum Unterschied vom Arbeiter ist der A. ein Arbeitnehmer, der überwiegend geistige Aufgaben zu erfüllen hat; in zahlreichen Berufen und Tätigkeiten Zurechnung zweifelhaft. Maßgeblich ist die Verkehrsanschauung, die durch die Praxis des Sozialversicherungsrechts beeinflußt ist. Deshalb ist in arbeitsrechtlichen Gesetzen (z. B. § 6 BetrVG) auf beispielhafte Aufzählung in § 3 AVG verwiesen; danach sind A. insbes.: leitende A., Betriebsbeamte, Werkmeister und andere A. in einer ähnlich gehobenen oder höheren Stellung; Büroa., die nicht ausschließlich mit Botengängen, Reinigung, Aufräumung oder ähnlichen Arbeiten beschäftigt werden, einschließlich Werkstattschreiber; →Handlungsgehilfen und andere A. für kaufmännische Dienste, auch wenn der Gegenstand des Unternehmens kein Handelsgewerbe ist; Gehilfen in Apotheken; Bühnenmitglieder und Musiker ohne Rücksicht auf den Kunstwert ihrer Leistungen; A. in Berufen der Erziehung, des Unterrichts, der Fürsorge, der Kranken- und Wohlfahrtspflege; aus dem Schiffsbesatzung deutscher Seefahrzeuge und aus der Besatzung von Fahrzeugen der Binnenschiffahrt Schiffsführer, Offiziere des Decks- und Maschinendienstes, Verwalter und Verwaltungsassistenten sowie die in einer ähnlich gehobenen oder höheren Stellung befindlichen A. ohne Rücksicht auf ihre Vorbildung. – Im modernen Arbeitsrecht werden *einheitliche Vorschriften* für beide Gruppen angestrebt; die *Unterscheidung* besteht im wesentlichen: (1) bei Betriebsratswahlen und Zusammensetzung des Betriebsrats; (2) für →Tarifverträge; (3) für Sozialversicherung; (4) für Kündigungsfristen (→Kündigungsschutz), vgl. auch →ältere Angestellte. Weitgehende Angleichung der Rechtsstellung von A. und Arbeitern im Krankheitsfall (→Krankheit). Lohnfortzahlungsgesetz vom 27. 7. 1969 (BGBl 946).

2. *Steuerrecht:* Nach § 111 AO haftet der Geschäftsherr, wenn A. Steuerdelikte für ihn begehen; ein Beweis des Nichtverschuldens ist nach § 416 AO möglich.

3. *Wettbewerbsrecht:* Die Haftung für unlautere Wettbewerbshandlungen von A. trifft i. a.

auch den Inhaber des Betriebes ohne Möglichkeit eines Entlastungsbeweises. Vgl. →Haftung V.

4. *Handelsrechtlich:* Vgl. →Handlungsgehilfe.

II. A m t l i c h e   S t a t i s t i k : Gruppe bei der Gliederung der Erwerbstätigen: Alle nichtbeamteten Gehaltsempfänger. Für die Zuordnung ist grundsätzlich die Stellung im Betrieb und nicht die Mitgliedschaft in der Rentenversicherung für A. entscheidend. *Leitende A.* gelten als A., sofern sie nicht Miteigentümer sind. Zu den A. zählen auch die *Auszubildenden* in anerkannten kaufmännischen und technischen Ausbildungsberufen. – Bei den *Gehaltsstatistiken* wird dagegen von der Mitgliedschaft in der Rentenversicherung für A. ausgegangen. Ebenso werden in der →*Beschäftigtenstatistik* Daten über versicherungspflichtige Angestellte nachgewiesen.

Angewandte Informatik, →Informatik II 4.

AngKSchG, Abk. für Angestelltenkündigungs-Schutzgesetz; vgl. →ältere Angestellte.

Anglemeter, technisches Hilfsmittel bei den →apparativen Verfahren. Eine steuerbare Drehscheibe, durch die der Testperson die relevante Seite eines Objektes langsam zugewandt wird.

Angliederungsfinanzierung, Maßnahmen der →Kapitalbeschaffung zu dem Zweck, sich an einer anderen Unternehmung zu beteiligen oder sie aufzukaufen. Gründe für Angliederung können sein: Konkurrenzausschaltung, Erweiterung der Produktionsbasis, Rationalisierung des Fertigungsprogrammes.

Angola, im SW Zentralafrikas zwischen Zaire, Sambia und Namibia gelegene Volksrepublik; seit November 1975 unabhängig. – *Fläche:* 1,247 Mill. km². – *Einwohner (E):* (1986) 8,75 Mill. (7,0 E/km²); jährliches Bevölkerungswachstum: 2,6%. – *Hauptstadt:* Luanda (Agglomeration 1,2 Mill. E); weitere Großstädte: Huambo (62 000 E), Lobito (59 528 E), Benguela (41 000 E). – A. ist *administrativ* in 18 Provinzen gegliedert. – *Amtssprache:* Portugiesisch.

W i r t s c h a f t : *Landwirtschaft:* Natürliche Gegebenheiten bieten günstige Bedingungen, es wird jedoch nur ein geringer Teil, zumeist von Kleinbauern, bewirtschaftet. Hauptanbaukulturen sind Kaffee, Sisal, Mais, Hirse, Baumwolle, Kakao. Extensive Viehhaltung im S und SO. Tropische Hölzer werden in Cabinda und um Luena gewonnen (1983: 18 650 m³). Fischreiche Küstengewässer (Fang 1983: ca. 160 000 t). Zentrum der Fischindustrie ist Namibe. Der Anteil der in der Landwirtschaft bechäftigten beträgt 59%, der Anteil am BSP 30% (1981). – *Bodenschätze:* Erdöl, Diamanten, Phosphate, Kupfer, Gold, Uran. – *Industrie:* Exportorientierte Industrien. – *BSP:* (1982, geschätzt) 7180 Mill. US-

$ (990 US-$ je E). – *Öffentliche Auslandsverschuldung:* (1982) ca. 40% des BSP. – *Export:* (1984) 2029 Mill. US-$, v. a. Erdöl, Diamanten, Kaffee, Mais. – *Import:* (1984) 636 Mill. US-$, v. a. Maschinen, Anlagen, industrielle Fertigwaren, Konsumgüter. – *Handelspartner:* USA, EG, Brasilien, Schweden, Japan, Kuba, UdSSR, DDR.

V e r k e h r : Es existieren vier *Eisenbahnlinien.* Die bedeutendste, die Benguelabahn, ist Teil der transkontinentalen Eisenbahnverbindung. – Die Länge des *Straßennetzes* beträgt 73 000 km, davon sind 7700 km asphaltiert. – Die wichtigsten *Häfen* sind Luanda, Lobito und Namibe; Rohöl wird in Cabinda und Soyo an der Kongomündung verschifft. – A. ist von Luanda über Kinshasa in Zaire an den Weltluftverkehr durch die staatliche *Fluggesellschaft* TAAG angeschlossen.

M i t g l i e d s c h a f t e n : UNO, AKP, UNCTAD u. a.

W ä h r u n g : 1 Kwanza (Kz) = 100 Lwei (Lw).

Angriffsaussperrung, →Aussperrung.

Angst, →coping, →Selbstsicherheittraining, →Insuffizienz.

Angstklausel, Zusatz „ohne Obligo", „ohne Gewähr", „ohne Haftung" oder dgl. auf einem →Wechsel, wodurch sich der Indossant (nicht der Aussteller) von der wechselmäßigen Haftung seinen Nachmännern gegenüber befreien kann (Art. 15 II WG), kommt in der Praxis selten vor. Der Aussteller kann durch den Vermerk „ohne Obligo für die Annahme" die Haftung für die Annahme ausschließen (Art. 9 WG).

Anguilla, mit Großbritannien assoziierter Inselstaat im Karibischen Meer, östlich von Puerto Rico; nördlichste der Leeward-Inseln der Kleinen Antillen. – *Fläche:* 91 km². – *Einwohner* (E): (1984) 7000 (79 E/km²); etwa 60% sind Afroamerikaner, 30% Mulatten, der Rest europäischer oder asiatischer Abstammung. – *Hauptstadt:* The Valley (1800 E = 27.7% der Gesamt-E). – *Amtssprache:* Englisch. – 1979 innere Autonomie, seit 19. 12. 1980 eigenständige britische Kolonie.

W i r t s c h a f t : Landwirtschaft unbedeutend; Hauptbauprodukt: Zuckerrohr. Fischfang wird für den Export ausgebaut. Ferner Meersalzgewinnung und Bootsbau. Abbau von Phosphaten. – Auf A. haben vier Banken eine Niederlassung. – *Fremdenverkehr:* (1980) ca. 3500 Touristen. – *BSP:* (1980) 10 Mill. US-$ (1539 US-$ je E). – *Export:* (1980) 595 000 US-$, v. a. Phosphate, Vieh, Fische. – *Import:* (1980) ca. 3 Mill. US-$. – *Handelspartner:* Großbritannien, CARICOM-Staaten.

V e r k e h r : 88 km feste Straßen, ein Flugplatz und ein Tiefseehafen.

W ä h r u n g : 1 Ostkaribischer Dollar (EC$)
= 100 Cents.

Anhaltspunkte für die ärztliche Gutachtertätigkeit im sozialen Entschädigungsrecht und Schwerbehindertenrecht, vom Bundesminister für Arbeit und Soziales 1983 neu herausgegeben. Die A. f. d. ä. G. enthalten Hinweise u. a. für die Bewertung der →Minderung der Erwerbsfähigkeit (MdE) im sozialen Entschädigungsrecht (→Kriegsopferversorgung, Soldatenversorgung usw.) und für die Bewertung des →Grades der Behinderung nach dem →Schwerbehindertenrecht. Die A. f. d. ä. G. sind nicht unmittelbar verbindlich, werden aber in der Praxis den Entscheidungen der Versorgungsverwaltung und den Sozialgerichte zugrunde gelegt.

Anhang, Bestandteil des →Jahresabschlusses bei Kapitalgesellschaften. Der A. enthält Erklärungen und Ergänzungen zu einzelnen Positionen der →Bilanz und der →Gewinn- und Verlustrechnung. – 1. *Aufstellungspflicht:* Bei →Kapitalgesellschaften bilden Bilanz, Gewinn- und Verlustrechnung und A. den Jahresabschluß, der zusammen mit dem →Lagebericht von den gesetzlichen Vertretern in den ersten drei Monaten des Geschäftsjahres für das vergangene Geschäftsjahr aufzustellen ist. Für kleine Kapitalgesellschaften (→Größenklassen) Frist sechs Monate, wenn dies einem ordnungsmäßigen Geschäftsgang entspricht. – 2. *Inhalt:* Geregelt in allgemeinen Vorschriften über den Jahresabschluß von Kapitalgesellschaften (§§ 264, 265 HGB), den Vorschriften zu einzelnen Posten der Bilanz (§§ 268, 281 HGB), den Vorschriften zu einzelnen Posten der Gewinn- und Verlustrechnung (§ 277 HGB) sowie in den §§ 284–288 HGB; für Kreditinstitute i. V. mit §§ 215a II, 26a II KWG. U. a.: allgemeine Erläuterungen zum Einblick in die Vermögens-, Finanz- und Ertragslage sowie zur Vergleichbarkeit der Jahresabschlüsse, Angabe der in der Bilanz und der Gewinn- und Verlustrechnung angewandten Bilanzierungs- und Bewertungsmethoden; Einzelangaben wie den Gesamtbetrag der Verbindlichkeiten mit einer Restlaufzeit von mehr als fünf Jahren; Erläuterung von Rückstellungen, die in der Bilanz unter dem Posten „sonstige Rückstellungen" nicht gesondert ausgewiesen werden, wenn sie einen nicht unerheblichen Umfang haben, Zusammensetzung und Gesamtbezüge des Geschäftsführungsorgans und eines Aufsichtsrates. – 3. *Prüfung:* Der A. von mittelgroßen und großen Kapitalgesellschaften ist durch →Abschlußprüfer zu prüfen (→Abschlußprüfung). – 4. →*Offenlegung: Kleine* und *mittelgroße* Kapitalgesellschaften haben den A. zum Handelsregister des Sitzes der Kapitalgesellschaft einzureichen, bei kleinen Kapitalgesellschaften auch ohne Angaben zur Gewinn- und Verlustrechnung. Sie haben unverzüglich im Bundesanzeiger bekanntzu-

machen, bei welchem Handelsregister und unter welcher Nummer der A. eingereicht wurde. – *Große* Kapitalgesellschaften haben den A. zunächst im Bundesanzeiger bekanntzumachen und anschließend zum Handelsregister einzureichen.

Anhängekalkulation, zuweilen angewandte Sonderform der →Kalkulation. Bei Datenveränderungewn, insbes. bei Beschaffungspreis- und Mengenschwankungen aufgrund von Verfahrensänderungen, werden die bestehenden Kalkulationen (v. a. die Zuschlagsgrundlagen) unverändert gelassen, sofern sich nur die →Einzelkosten, nicht aber die →Gemeinkosten verändert haben. Die Einflüsse der Datenänderungen werden an das bestehende Kalkulationsergebnis „angehängt".

Anhänger, hinter Kraftfahrzeugen mitgeführte Fahrzeuge, auch Wohnwagen u. ä. Zulässig ist nur das Mitführen *eines* A. Der A. darf grundsätzlich auf öffentlichen Straßen nur in Betrieb gesetzt werden, wenn er durch Zuteilung eines amtlichen →Kennzeichens und durch Erteilung einer →Betriebserlaubnis zum Verkehr zugelassen ist. *Ausnahmen:* § 18 II StVZO. – A. unterliegen grundsätzlich der Versicherungspflicht in der →Kraftverkehrsversicherung.

Anhörung des Betriebsrats. 1. *Anhörungspflicht* besteht nach § 102 BetrVG vor jeder Kündigung (ordentliche, außerordentliche oder Änderungskündigung). An die Stelle des Betriebsrats kann ein →Betriebsausschuß (§§ 27, 28 BetrVG) treten. Versäumt der Arbeitgeber die Anhörungspflicht, ist die Kündigung unwirksam. – 2. Eine A. d. B. ist *wirksam,* wenn sie vor Ausspruch der Kündigung erfolgt und der Arbeitgeber mindestens die betroffene Person, die Art der Kündigung, Kündigungstermin und -gründe angibt. Die Regelung gilt nicht für leitende Angestellte; ihre Entlassung ist dem Betriebsrat nur rechtzeitig mitzuteilen (§ 105 BetrVG). – 3. Der Betriebsrat hat eine *Überlegungsfrist:* bei ordentlicher Kündigung eine Woche, bei außerordentlicher Kündigung drei Tage. – 4. Der *Widerspruch* des Betriebsrats hindert den Arbeitgeber nicht an der Kündigung. – *Vorteile* des Widerspruchs aus den in § 102 III BetrVG genannten Gründen für den Arbeitnehmer bei ordentlicher Kündigung: (1) eventuell zusätzliche Gründe für die Unwirksamkeit der Kündigung (§ 1 II 2 KSchG) im Rahmen eines Kündigungsschutzprozesses; (2) Beschäftigungspflicht für die Dauer des laufenden Kündigungsschutzprozesses (§ 102 V BetrVG). Zur Frage, ob der Arbeitnehmer während des Kündigungsschutzprozesses auch weiterzubeschäftigen ist, wenn die Voraussetzungen des § 102 V BetrVG nicht gegeben sind: Vgl. →Beschäftigungspflicht.

animal spirits, *Lebensgeister,* von Keynes für manche Phasen der Erwartungshaltung von Investoren benutzter Begriff. Da in vielen Fällen die Basis für die Bildung von Investitionserwartungen äußerst schmal ist, sind nach Keynes Investitionsausgaben besonders anfällig für ökonomisch nicht begründbare massenpsychologische Phänomene wie Wellen von Optimismus und Pessimismus.

Ankaufspreise, →Agrarpreise I.

Ankaufsrecht, gesetzlich nicht geregelter, mehrdeutiger Begriff; Bedeutung durch →Auslegung zu ermitteln: 1. Einseitiges Angebot eines →Kaufvertrages mit befristeter Bindung; 2. →Vorvertrag mit Recht auf Vertragsangebot bestimmten Inhalts; 3. Kaufvertrag unter der aufschiebenden →Bedingung, daß der Berechtigte später von seinem Recht Gebrauch macht. – Die Einräumung von A. im →Grundstücksverkehr bedarf →öffentlicher Beurkundung.

Anklage, →Strafprozeß II 1.

Anklageerzwingungsverfahren, →Klageerzwingungsverfahren.

Ankündigungseffekt, *announcement effect,* Beschreibung des Phänomens, daß das Verhalten der Wirtschaftssubjekte nicht nur durch wirtschaftspolitische Maßnahmen, sondern schon durch deren Ankündigung beeinflußt wird. Eine Ankündigung kann die angestrebte Wirkung verstärken (z. B. Kurssteigerungen der Aktien nach Ankündigung einer Dividendenerhöhung) oder eine konträre Wirkung haben (z. B. Kapitalflucht nach Ankündigung von Kapitalverkehrskontrollen).

Ankunftsvertrag, Form der →Einpunktklausel, nach der bei ab Schiff (ex ship/EXS) und ab Kai (ex quai/E & Q) der ausländische bzw. überseeische Lieferant (→Ablader) die Gefahren und Kosten bis zum Bestimmungshafen zu tragen hat.

Anlagegitter, Begriff für den nach neuem Recht (→Bilanzrichtlinien-Gesetz) erstellten →Anlagenspiegel (§ 268 II HGB). – 1. *Methode:* Ausgehend von den gesamten →Anschaffungskosten oder Herstellungskosten sind Zugänge, Abgänge, Umbuchungen und Zuschreibungen des Geschäftsjahres sowie kumulierte Abschreibungen (Abschreibungen aus Vorjahren und des Geschäftsjahres) in ihrer gesamten Höhe aufzuführen. Abschreibungen des Geschäftsjahres sind entweder in der Bilanz bei dem betreffenden Posten zu vermerken oder im Anhang in einer der Gliederung des Anlagevermögens entsprechenden Aufgliederung anzugeben. Damit

wird die in angelsächsischen Ländern übliche sog. *direkte Bruttomethode* vorgeschrieben: Die erste Spalte des A. enthält während der gesamten Nutzungsdauer die historischen Anschaffungs- oder Herstellungskosten, die erst beim mengenmäßigen Ausscheiden aus dem A. herausgenommen werden. Die kumulierten Abschreibungen werden *aktivisch* abgesetzt und die Zuschreibungen wieder hinzugerechnet, somit gehen in die Endspalte Nettowerte ein. Reihenfolge der Spalten im A. ist nicht vorgeschrieben. – 2. Die *Erstellung* des A. ist für alle Kapitalgesellschaften verbindlich und bezieht sich auf die einzelnen Posten des Anlagevermögens und den Posten →Aufwendungen für Ingangsetzung und Erweiterung des Geschäftsbetriebs, sofern ein Aktivposten angesetzt wurde. – *Beispiel* eines A. nach § 268 II HGB: Vgl. untenstehende Abb.

Anlagekapital, im Sprachgebrauch der Wirtschaft Bezeichnung für →Anlagevermögen.

Anlagekonten, in der Buchführung zusammenfassende Bezeichnung für Konten der Kontenklassen 0 und 1 „Immaterielle Vermögensgegenstände und Sachanlagen" bzw. „Finanzanlagen" des IKR. A. umfassen z. B. Konzessionen „unbebaute Grundstücke", „bebaute Grundstücke", „Betriebsgebäude", „Fuhrpark", Beteiligungen.

Anlagekredit, *Investitionskredit,* langfristiges →Fremdkapital, das der Finanzierung von Produktionsanlagen dient.

Anlagen. I. Erfolgs- und Kostenrechnung: 1. *Begriff:* Vermögensgegenstände, die dem Unternehmen langfristig zu dienen bestimmt sind (§ 246 HGB). – 2. *Betriebsnotwendige A.:* Alle Vermögensteile, die einer Unternehmung nicht zur Weiterveräußerung, sondern zur dauernden Nutzung im Rahmen des Betriebszwecks dienen. Abschreibungen auf betriebsnotwendige A. sind →Anderskosten oder →Grundkosten. – *Nicht als betriebsnotwendig* gelten bei gewerblichen Unternehmen i. a. Wohnsiedlungen für Betriebsangehörige, landwirtschaftlich genutzte Grundstücke, stillgelegte Anlagen (mit Ausnahme der Reservenanlagen), Finanzanlagen (z. B. Bestände an Aktien fremder Unternehmungen) usw., wenn sie das betrieblich erforderliche Ausmaß übersteigen. Abschreibungen auf nicht betriebsnotwendige Anlagen gehen als →betriebsfremder Aufwand nicht in die Kostenrechnung ein. – 3. *Verbrauchbare A.:* a) *Technisch (körperlich) abnutzbare A.:* Maschinen, Werkzeuge, Vorrichtungen usw.; b) *wirt-*

Anlagegitter

Anschaffungs- bzw. Herstellungskosten (historisch)	Zu-gänge	Ab-gänge	Umbu-chungen	Abschrei-bungen (kumuliert	Zu-schrei-bungen	Stand am 31. 12.	Buchwert am 31. 12. Vorjahr
+	./.	+ ./.	./.	+			

schaftlich verzehrbare A.: Patente, Konzessionen, Urheberrechte, die durch Rechts- oder Fristablauf entwertet werden, auch Verbrauch durch Veralterung infolge von Rationalisierung neuauftretenden Erfindungen, Bedarf- und Absatzverschiebungen und Modewechsel; c) *technisch und wirtschaftlich verbrauchbare A.*: Anlagen in Bergwerksbetrieben, die mit dem Versiegen der Fördersubstanz wertlos werden, A., die starkem technologischem Fortschritt unterliegen usw. – 4. In der in- und externen *Erfolgsrechnung* wird der Werteverzehr an A. durch →Abschreibungen berücksichtigt; in modernen Formen →*entscheidungsorientierter Kostenrechnung* als →Einzelkosten mehrerer Perioden. Bei Ausfall vor Ablauf der geschätzten Nutzungsdauer geht der Restwert nicht in die Kostenrechnung ein; bei Überschreitung werden in der Praxis Abschreibungen nach der neu zu schätzenden Lebensdauer kalkulatorisch weiter verrechnet. Daneben sind noch weitere Bestandteile in die →Anlagenkosten einzubeziehen. – 5. Bei der buchhalterischen Gewinnermittlung und in der Kostenrechnung wird der Werteverzehr an Anlagen durch →Abschreibung berücksichtigt.

II. Immissionsschutz: Einer behördlichen Genehmigung bedürfen A. i. S. des →Immissionsschutzes; das sind Betriebsstätten und sonstige ortsfeste Einrichtungen, Maschinen, Geräte und sonstige ortsveränderliche technische Einrichtungen (ohne z. B. Kraftfahrzeuge), Grundstücke, auf denen Stoffe gelagert oder abgelagert oder Arbeiten durchgeführt werden, die →Immissionen verursachen können (ausgenommen öffentliche Verkehrswege). Einzelheiten in der VO über genehmigungsbedürftige A., vom 14. 2. 1975 (BGBl I 499). Gegenüber behördlich genehmigten A. können Ansprüche aus →Nachbarrecht nicht auf Einstellung des Betriebes gerichtet werden, sondern nur auf Vorkehrungen, die benachteiligenden Wirkungen ausschließen. Sind solche Vorkehrungen nach dem Stand der Technik nicht durchführbar oder wirtschaftlich nicht vertretbar, so kann Schadensersatz verlangt werden (§ 14 BImSchG). – Für sog. *überwachungspflichtige* A., z. B. Dampfkessel, Aufzüge usw. finden sich in der *Gewerbeordnung* ähnliche Regelungen (§§ 24 ff. GewO). – Vgl. auch →Umweltkriminalität.

Anlagenbuchhaltung, Teilgebiet der →Anlagenrechnung, das für Zwecke des →externen Rechnungswesens art-, mengen- und wertmäßig Bestand und Bewegungen des →Anlagevermögens erfaßt. – 1. *Finanzbuchhaltung:* Zusammenfassung der besonders bei Industriebetrieben meist großen Zahl von →Anlagen auf wenigen Konten. – *Aufgaben:* Erfassung der handels- und steuerrechtlichen Anschaffungs- bzw. Herstellungskosten, →Abschreibungen, Zuschreibungen und

Restwerte für die einzelnen Anlagen. Aufstellung des →Anlagenspiegels. – 2. *Kostenrechnung:* Nach besonderen Vorschriften sowie den LSP sind gesonderte Anlagenaufzeichnungen vorgeschrieben. Mit Hilfe der →Anlagenkartei werden die materiellen Anlagengegenstände von immateriellen Werten getrennt sowie die bilanzmäßigen Aktivierungen von →Großreparaturen aufgegliedert und einzeln erfaßt. Gewisse Erleichterungen bestehen für geringwertige Anlagegüter, zu denen Werkzeuge und Vorrichtungen zählen können; eine Zusammenfassung nach Gruppen ist zulässig. – *Aufgaben:* Errechnung der kalkulatorischen Abschreibungen und kalkulatorischen Restwerte sowie Schaffung von Unterlagen für die Ermittlung des →betriebsnotwendigen Vermögens, der →kalkulatorischen Zinsen und für die Aufteilung des Anlagevermögens auf besondere Abrechnungsbereiche. – 3. *Hilfsaufgaben:* Aus organisatorischen und verwaltungstechnischen Gründen zugleich Führung der Anlagenkarten über technische Kontrollen, Reparaturen, Veränderungen, Standortwechsel usw. – 4. *Moderne A.:* Vgl. →computergestützte Anlagenbuchhaltung.

Anlagendeckung, →Kennzahl über den Einsatz des vorhandenen Kapitals:

$$\frac{\text{Eigenkapital} \times 100}{\text{Anlagevermögen}}$$

Nach der →goldenen Bilanzregel soll das →Eigenkapital das →Anlagevermögen decken, die A. also über 100% liegen.

Anlagenerneuerung, →Ersatzinvestition.

Anlagenfinanzierung, Finanzierung, bei der die →Kapitalbeschaffung der Erneuerung oder Erweiterung von Betriebsanlagen dient. A. kann *erfolgen:* a) im Weg der →Eigenfinanzierung: (1) durch die im Preis für die verkauften Produkte enthaltenen →Abschreibungen auf die bereits vorhandenen Anlagen, (2) durch Beschaffung von zusätzlichem Eigenkapital (→Kapitalerhöhung), (3) durch →Selbstfinanzierung, etwa Bau von Produktionsanlagen zu Lasten des Gewinnes; b) im Weg der →Fremdfinanzierung: durch Anlagekredit. – Vgl. auch →Anlagenwirtschaft IV.

anlagengebundene Produktion, Elementartyp der Produktion (→Produktionstypen), der sich aus dem Merkmal der Ortsgebundenheit der Produktionsfaktoren ergibt. Bei der a. P. sind die Arbeitssysteme an den betrieblichen Standort gebunden, dessen Strukturierung durch die →Layout-Planung von besonderer Bedeutung ist. – *Beispiele:* Schmiedewerkstatt und Dreherei. – Vgl. auch →Abbauproduktion, →Baustellenproduktion.

Anlagengeschäft. I. Industriebetriebslehre: Spezielle Erscheinungsform der →Einzelproduktion. Die Produkte als Sachziele im A. sind Anlagensysteme, bei denen es sich um Anlagen-Dienstleistungsbündel zur Befriedigung eines komplexen Bedarfs handelt. Diese Großanlagen werden von einem oder mehreren Anbietern in einem geschlossenem Angebot erstellt. Beispiele für solche Großanlagen sind Kohle- und Atomkraftwerke, Chemieanlagen, Hüttenwerke, Flughäfen oder Müllverbrennungsanlagen.

II. Marketing: →Investitionsgüter-Marketing für komplexe Anlagen, die durch Verkettung einzelner Maschinen oder Aggregate zu einer integrierten Gesamtanlage entstehen (z. B. komplette Fertigungsstraßen). Das klassische A. unterscheidet sich vom →Produktgeschäft primär durch das zusätzliche Angebot an Engineering-Leistungen für die kundenspezifische Gesamtanlage. Die Nachfrager verlangen jedoch immer mehr zusätzliche, auf die Gesamtanlage bezogene Dienstleistungen (z. B. →Feasibility-Studien, Finanzierung, Beratung, Schulung, Management-Leistungen u. a.), wodurch das A. immer mehr zum →Systemgeschäft wird.

anlagenintensiv, Kennzeichnung für die Bedeutung des Produktionsfaktors →Anlagen in einem Unternehmen bzw. Industriezweig. A. spiegelt sich in der Bilanz in einem hohen Anteil des →Sachanlagevermögens wider, z. B. bei Zement-, Hütten-, Stahl- und Energiebetrieben. A. führt zu hohen →fixen Kosten und damit zu Inflexibilität; eine kapazitätsbewußte →Unternehmenspolitik und eine laufende Kontrolle der Kapazitätsausnutzung sind deshalb notwendig. – *Anders:* →arbeitsintensiv, →lohnintensiv, →kapitalintensiv, →materialintensiv.

Anlagenkartei. 1. *Teil der Anlagenrechnung* zur Ergänzung des Anlagennachweises in den Konten der Buchhaltung durch Eintragung der für die einzelnen →Anlagen maßgeblichen technischen und wirtschaftlichen Merkmale und zur Ermittlung der Abschreibungswerte. Zu unterscheiden: Maschinenleistungs- und -kostenkarten, Grundstücks- und Gebäudekarten u. a. Besonders geeignet die vom RKW ausgearbeiteten Vordrucke (vgl. Abb. Sp. 215–218) – *Vermerk* folgender wirtschaftlicher Daten, sofern →Handelsbilanz und →Steuerbilanz getrennt geführt werden: (1) steuerliche Abschreibungen und Werte, (2) kalkulatorische Abschreibungssätze, Abschreibungsbeträge und Restwerte. –2. *Bedeutung:* A. ersetzt bei sachgemäßer Führung das fortlaufende Bestandsverzeichnis, bei dessen Vorhandensein die jährliche körperliche Bestandsaufnahme des beweglichen Anlagevermögens für steuerliche Zwecke unterbleiben kann. – 3. *Mindesterfordernisse* an den Inhalt der A.: Zugangstag, Höhe der Anschaffungs- oder Herstellungskosten und des Bilanzwertes, Abgangstag. - Vgl. auch →AWF-Maschinenkarten.

Anlagenkosten, *Maschinenkosten.* 1. *Begriff:* Alle →Kosten, die für die Projektierung, Auswahl, Bereitstellung, Aufstellung, Nutzung, Bereithaltung, Verbesserung und Ausmusterung von →Anlagen anfallen. – 2. *Bestandteile:* Betragsmäßig dominieren innerhalb der A. die →Anschaffungskosten bzw. →Herstellungskosten, die in der traditionellen Kostenrechnung als →Abschreibungen berücksichtigt werden. Weitere wichtige A.arten sind →kalkulatorische Zinsen, →Gewerbekapitalsteuer und →Instandhaltungskosten (zur kostenrechnerischen Erfassung und Verrechnung, vgl. dort). – 3. *Bedeutung:* Aufgrund der steigenden Automatisierung nimmt der Anteil der A. an den Gesamtkosten in den meisten Industriezweigen massiv zu. Die Realisierung von modernen Fertigungskonzepten wie →CAM und →CIM wird diese Entwicklung noch beschleunigen.

Anlagenleistungen, *Innenleistungen,* vom Betrieb selbst hergestellte, nicht zum Verkauf bestimmte, in das eigene →Anlagevermögen eingehende Gegenstände, wie Maschinen, Gebäude u. ä. In der Bilanz aktiviert zu →Herstellungskosten. – Vgl. auch →aktivierte Eigenleistungen.

Anlagenprüfung, bei jedem prüfungspflichtigen →Jahresabschluß (→Abschlußprüfung) erforderliche Prüfung des buchmäßig angewiesenen Vermögens, das dem Geschäftsbetrieb der Unternehmung auf Dauer dienen soll (→Anlagevermögen). *Zu prüfen* ist die Einhaltung der Vorschriften bezüglich: 1. der körperlichen Bestandsaufnahme (→Inventur); 2. der →Aktivierungspflicht, der →Aktivierungswahlrecht; 3. der →Bewertung; 4. der Erläuterungspflichten im →Anhang; 5. der Berichtspflichten des →Abschlußprüfers im →Prüfungsbericht.

Anlagenrechnung. 1. *Begriff:* Teilgebiet des →internen Rechnungswesens, das Bestand und Veränderungen des Produktionsfaktors →Anlagen im Unternehmen art-, mengen- und wertmäßig erfaßt. – 2. *Aufgabe:* Die A. soll der Unternehmensleitung all jene Informationen bereitstellen, die diese für anlagenbezogene Entscheidungen benötigt. Hierzu zählen u. a. Auswahl zwischen unterschiedlichen Anlagen, Festlegung der Instandhaltungsstrategie und -politik (schadensbedingte oder vorbeugende Instandhaltung), Bestimmung des optimalen Ersatzzeitpunkts. – 3. *Teilgebiete:* a) *Wertrechnungen:* Die A. muß sämtliche Stationen im Rahmen des Lebenszyklus von Anlagen gesondert erfassen. Damit lassen sich Rechnungen unterscheiden, die die Projektierungskosten (z. B. Kosten der Anlagenkonstruktion), Bereitstellungskosten (insbes. →Anschaffungskosten oder →Herstellungskosten), Bereithaltungskosten (z. B. Gewerbekapitalsteuerbeträge), Nutzungskosten (z. B. Kosten laufzeitabhängiger Wartun-

Übersicht: Anlagenkartei

1	2	3	4	5	6	7	8	9	10	11	12	13	14	15	16	17	18	19	20	21	22	23	24	25	26	27	28	29	30	31

Maschinen-Kostenkarte

Bezeichnung der Maschine

Hersteller

Lieferer

| Liefertag | Baujahr | Inv.-Nr. |
| Gewähr bis | in Betrieb seit | |

Bestell-Nr.	Kostenstellen-Nr.	Masch.-Kto.-Gruppe
Tag der Rechnung		
Rechnungs-Nr.		
Konto-Nr.		

Kennzeichen der Maschine

Baumuster (Typ, Modell)   ; Fabrik-Nr.

(Hauptabmessungen, Sondereinrichtungen, Zubehör, normale Ausbringung u.a.m.)

Instandsetzungen und Änderungen je Jahr

Jahr	Art	Auftr.-Nr.	Kosten	Aktiviert

Antriebsart: Gruppen-Antrieb; Motor-Inv.-Nr.

Leistungsanteil   PS.   kW.-Drehz.   U/min

Einzel-Antrieb

| Mot.-Inv.-Nr. | Spannung | Stromart | Drehzahl | Leistung in kW | | |
				Nenn-	Spitzen-	mittlere
	V					

| Gesamtflächenbedarf   m² | Gewicht netto   kg |

Zeichnungs-Nr.

Für sämtliche Eintragungen dient die Ergänzungskarte AWF 3044

Übersicht: Anlagenkartei

Anschaffungskosten

Masch. (o. Bezugskosten)	DM
Zubehör (o. Bezugskosten)	DM
Sondereinrichtg. (o. Bezugskosten)	DM
Fundament u. Aufstellung	DM
Bezugskosten	DM
Anschaffungskosten	DM

Bewertungen

Wert	Tag	DM
Eröffnungsbilanz		
Neuwert		
Höchstwert		
Feuerversicherung		

Ausgestellt: Tag — Name

Betriebsgewöhnl. Nutzungsdauer	Jahre
Tatsächliche Nutzungsdauer	Jahre
Rest- od. Mehrnutzungsdauer	Jahre
Verkauf: Tag — Erlös	DM
Versicherung — Police Nr.	
Feuerversich.	
Maschinenvers.	
Positions-Nr.	

Abschreibungen

Jahr	Buchmäßige; Konto-Nr.			Buchwert		Kalkulatorische			Restwert		Kosten-stellen	Lauf-zeit im Jahr	Anteilige Gemeinkosten im Jahr *)		Masch.-Stundensatz *)	
	Satz	Betrag				Satz	Betrag				Nr.	Std.				
19	%	DM	Pf.	DM	Pf.	%	DM	Pf.	DM	Pf.			DM	Pf.	DM	Pf.

gen), →Anlagenverbesserungskosten und Ausmusterungskosten (z. B. →Abbruchkosten) abbilden. – b) *Mengen- und Zeitrechnungen:* Es werden technische Daten (z. B. elektrische Anschlußwerte) und die mengenmäßigzeitliche Inanspruchnahme der Anlagen (→AWF-Maschinenkarten, →Grundrechnung der Potentiale) erfaßt.

Anlagenspiegel. 1. *Nach altem Aktienrecht:* Darstellung der Entwicklung der einzelnen Posten des →Anlagevermögens nach wahlweise zwei Methoden: a) Bei der *direkten Nettomethode* (§ 152 I S. 2 altes AktG) erfolgte der Ausweis der Wertkorrekturen direkt über die Aktivseite der Bilanz. Ausgehend vom Restbuchwert des Vorjahres wurde unter Berücksichtigung der auf das Geschäftsjahr entfallenden Abgänge, Zugänge, Abschreibungen, Zuschreibungen und Umbuchungen der neue Restbuchwert ermittelt. – b) Bei der *indirekten Bruttomethode* (§ 152 VI S. 2 altes AktG) wurde das Anlagevermögen auf der Aktivseite der Bilanz zu ursprünglichen Anschaffungs- oder Herstellungskosten ausgewiesen. Abschreibungen wurden in kumulierter Form unter dem Posten „Wertberichtigungen zum Anlagevermögen" auf der Passivseite der Bilanz in einer der Gliederung des Anlagevermögens entsprechenden Form ausgewiesen. Die Restbuchwerte ließen sich aus der Gegenüberstellung der Anschaffungs- oder Herstellungskosten zu den Wertberichtigungen ableiten. – **2.** *Nach neuem Recht* (→Bilanzrichtlinien-Gesetz): Die direkte Nettomethode sowie die indirekte Bruttomethode sind bei Kapitalgesellschaften nicht mehr erlaubt. Um die veränderte Konzeption auch in der Bezeichnung zum Ausdruck zu bringen, wird in der Literatur überwiegend der Begriff →Anlagegitter anstelle des Begriffs A. verwandt.

Anlagenstatistik, Teilgebiet der →Betriebsstatistik, basiert häufig auf der →Anlagenkartei und Maschinenkarten (→AWF-Maschinenkarten). A. soll die *wert- und mengenmäßige Zusammensetzung* der betriebswirtschaftlichen Sachausstattung überwachen.

Anlagenverbesserungskosten, Bestandteil der →Anlagenkosten, die für Maßnahmen anfallen, die die Leistungsfähigkeit einer Anlage verbessern, z. B. Kosten zur Erhöhung der Produktionsgeschwindigkeit, Reduzierung des →Ausschusses, Verbesserung der Produktionstoleranzen.

Anlagenwagnis, Risiko, das sich für ein Unternehmen daraus ergibt, daß Teile des →Anlagevermögens aus technischen oder wirtschaftlichen Gründen vorzeitig veralten oder aus sonstigen Gründen (z. B. Brand) aus dem Produktionsprozeß ausscheiden können. – In der *Kostenrechnung,* soweit nicht durch Fremdversicherung abgedeckt, im Rahmen der kalkulatorischen →Wagnisse zu verrech-

nen. Das spezielle Risiko von Fehlschätzungen der Nutzungsdauer von Anlagegegenständen *(Abschreibungswagnis)* wird häufig auf einem gesonderten →Anlagewagniskonto erfaßt.

Anlagenwagniskonto, *Abschreibungswagniskonto,* neutrales Erfolgskonto, das Abschreibungskorrekturen (→Abschreibungen) auf Grund von Fehlschätzungen der Nutzungsdauer von Anlagegegenständen (Abschreibungswagnis, vgl. →Anlagenwagnis) aufnimmt.

Anlagenwirtschaft, der Teil der betrieblichen Tätigkeit, der sich mit der Aufgabe der Bestands- und Werterhaltung von Anlagen, deren Leistungsbereitschaft und -fähigkeit befaßt.

I. Arbeitsgebiete: 1. Planung und Neubau von Gebäuden, – 2. Planung und Einrichtung des Maschinenparks (→Gebäudelayoutplanung). – 3. Verwaltung, Erhaltung, Erneuerung und Erweiterung des Anlagenbestandes. Organisatorisch gehören neben den Instandhaltungswerkstätten auch Energie- und Verkehrsbetriebe des Unternehmens zur A. In großen Betrieben wird eine zusammenfassende Hauptabteilung mit der A. beauftragt.

II. Gliederung: Hauptabteilung zweckmäßig zu gliedern nach dem →Objektprinzip in *Bauabteilung* (Gebäude) und *Maschinenabteilung* (Maschinen), u. U. ergänzt durch eine koordinierende Abteilung für *Anlagenplanung und Neubauüberwachung.* Die Bauabteilung gliedert sich weiter in Bauplanung, -führung und -betriebe; die Maschinenabteilung umfaßt Maschinenplanung, -betriebsbüro, Instandsetzungswerkstatt, Energiebetriebe, Verkehrsbetriebe. Funktionen der A. sind nur in Zusammenarbeit mit der Fertigungsleitung zu erfüllen, deren Erfordernissen die Anlagenbewirtschaftung entsprechen muß.

III. Arten: 1. *Intensive A.:* Durch laufende erhebliche Aufwendungen für Instandhaltung und Instandsetzung soll die Lebensdauer der Anlagen verlängert werden. Zweckmäßig bei langsamem technischen Fortschritt, der vorzeitiges Veralten der Anlagen unwahrscheinlich macht. – 2. *Extensive A.:* Instandhaltung und Instandsetzung werden vernachlässigt, die Lebensdauer so nicht verlängert; zweckmäßig bei erwartetem schnellem Veralten. Extensive A. bedeutet häufigere →Ersatzinvestition.

IV. Finanzierung der Anlagen: Kann aus eigenen und fremden Mitteln erfolgen. Bei →*Eigenfinanzierung* können die Abschreibungsgegenwerte, die der Unternehmung jährlich zufließen, zur Finanzierung weiterer Anlagen Verwendung finden; dadurch Ausweitung der Kapazität (→Lohmann-Ruchti-Effekt), also Absatzsteigerung erforderlich, anderenfalls Kapitalfehlleitung. Bei Finanzierung der Anlagen durch langfristiges →*Fremdkapital* werden die zufließenden Abschreibungsgegenwerte i. d. R. zur Amortisation Verwendung finden. Wenn eine alte Anlage durch eine neue ersetzt werden muß und die Abschreibungsgegenwerte für die alte Anlage aber nicht auf Bankkonto angesammelt wurden, sondern zur Finanzierung neuer Anlagen oder zur Tilgung verwendet wurden, so sind folgende Finanzierungsmöglichkeiten gegeben: Erhöhung des Eigenkapitals, Zurückhaltung von Gewinnen (→*Selbstfinanzierung*) oder Aufnahme von langfristigem Fremdkapital. In der Praxis überschneiden sich diese Finanzierungsmöglichkeiten oft, insbes. werden auch Abschreibungsgegenwerte von den Vermögenswerten, die aus der Verwendung der Abschreibungsgegenwerte der alten Anlage entstanden sind, zur Finanzierung herangezogen.

Anlagevermögen. I. B e t r i e b s w i r t - s c h a f t l i c h : Teile des Vermögens einer Unternehmung, die nicht zur Veräußerung bestimmt sind (irrige Bezeichnung: *Anlagekapital*). Die Erhaltung, Reparatur und Ersatzbeschaffung von Gegenständen des A. ist Aufgabe der →*Anlagenwirtschaft*. – Der Anteil des A. an der Bilanzsumme ist i. d. R. in der Industrie erheblich höher als im Handel. – Das A. *dient* dem Betriebszweck. – *Finanzierung des A.* sollte mit langfristig dem Betrieb zur Verfügung stehenden Kapitalien erfolgen (→*Eigenkapital* oder langfristiges →*Fremdkapital*). Werden kurzfristige Kredite zur Zwischenfinanzierung des A. herangezogen, ist auf Dauer eine →*Konsolidierung* anzustreben.

II. B i l a n z r e c h t : Nach § 247 II HGB nur die Gegenstände, die bestimmt sind, dauernd dem Geschäftsbetrieb zu dienen. – *Gegensatz:* →*Umlaufvermögen*. – *Zusammensetzung:* (1) Immaterielle Vermögensgegenstände: z. B. Konzessionen, →*Firmenwert*, geleistete Anzahlungen; (2) Sachanlagen: z. B. Grundstücke um Bauten, technische Anlagen und Maschinen, Betriebs- und Geschäftsausstattung; (3) Finanzanlagen: z. B. →*Beteiligungen*, Wertpapiere des A. – Das A. wird im Betrieb genutzt und z. T. verbraucht (→*Abschreibung* und/oder Wertberichtigung).

III. S t e u e r r e c h t : 1. *Steuerbilanz:* Hinsichtlich der Bewertung ist zu unterscheiden zwischen →*abnutzbarem Anlagevermögen* und nicht abnutzbarem A. (Einzelheiten vgl. →*Bewertung II 3*). – 2. *Bewertungsgesetz:* Das A. ist bei der Ermittlung des Betriebsvermögens für das →*Betriebsvermögen* i. d. R. mit dem →*Teilwert* anzusetzen (§ 109 I BewG). *Ausnahmen:* a) →*Betriebsgrundstücke*, Anteile an →*Personengesellschaften* und →*Mineralgewinnungsrechte* mit dem →*Einheitswert* (§ 109

II BewG); →*Wertpapiere*, Anteile und →*Genußscheine* an Kapitalgesellschaften mit den nach § 11 BewG ermittelten Werten (§ 109 III BewG); c) →*Kapitalforderungen* im A. und der Geschäfts- oder Firmenwert mit dem für die Ertragsteuer ermittelten Wert (§ 109 IV BewG).

Anlastung, zweckgerichtete Verteilung (Aufteilung, Zuteilung) von →*Gemeinausgaben* oder →*Gemeinkosten* nach unternehmenspolitischen Gesichtspunkten, die nicht wie in der Vollkostenrechnung nach einheitlichen Schlüsseln „anteilig" zu erfolgen braucht (→*Gemeinkostenschlüsselung*). Es ist zwischen mehreren plausiblen, aber logisch nicht zwingenden Verteilungsmöglichkeiten zu wählen, die zu unterschiedlichen Ergebnissen führen. – *Prinzipien:* Vgl. →*Kostenzuordnungsprinzipien.* – *Gegensatz:* →*Zurechnung.*

Anlastungsprinzipien, →*Kostenzuordnungsprinzipien.*

Anlaufkosten. 1. *Begriff:* Kosten, die entstehen: a) nach Errichtung eines Betriebes durch Anlernen und Eingewöhnen der Belegschaft, Einrichten der Maschinen auf ein bestimmtes Fertigungsprogramm, Erschließung von Bezugsquellen und Absatzmärkten usw. (→*Lernkurven*); b) nach längerem Stillstand des Betriebes; c) im Falle der Ausweitung des Fertigungsprogramms auf bisher nicht hergestellte Erzeugnisse. A. sind, wenn sie größeren Umfang annehmen, zu erfassen und auf mehrere Rechnungsabschnitte, denen die Aufwendungen zugute kommen, zu verteilen: – 2. *Bilanzierung:* Die unter a) angenommenen A. sind aktivierungsfähig (→*Bilanzierungshilfe*), gesondert vor dem Anlagevermögen auszuweisen und in jedem folgenden Geschäftsjahr mit mindestens ¼ abzuschreiben, Ausschüttungssperre (§§ 269, 282 HGB: →*Aufwendungen für die Ingangsetzung und Erweiterung des Geschäftsbetriebs*); *anders:* →*Gründungskosten*. – 3. In der *Steuerbilanz* sind M. nach h. M. nicht aktivierungsfähig.

anlehnende Werbung, Begriff des Wettbewerbsrechts. Hervorhebung gemeinsamer Eigenschaften der eigenen und fremden Ware zur →*Ausbeutung* des guten Rufs des Mitbewerbers und seiner Waren (→*unlauterer Wettbewerb*); Form der →*bezugnehmenden Werbung*. – *Anders:* →*vergleichende Werbung*.

Anleihe, *Schuldverschreibung, Obligation, straight bond.*

I. B e g r i f f : Sammelbezeichnung für Effekten mit fester Verzinsung (international neue Anleiheform mit Zinsanpassungen, d. h. variabler Verzinsung: →*floating rate note*) und der Verbriefung von Gläubigerrechten. Begebung i. d. R. zur langfristigen Schuldaufnahme in größerem Umfang am in- und ausländischen Kapitalmarkt. – *Rechtsgrundlage:* §§ 793–

808 a BGB; die Emission von A. bedarf staatlicher Genehmigung.

II. A r t e n : 1. Nach der *Art der Rückzahlung:* →Ratenanleihe, →Annuitätenanleihe, →Auslosungsanleihe, →Ablösungsanleihe; vgl. auch →Bull & Bear-Anleihe, →indexed bond. – 2. Nach dem *Emittenten:* a) A. der öffentlichen Hand: Bundes-, Länder-, Kommunal-, Bundesbahn- und Bundespostanleihen, →Bundesobligationen, →Bundesschatzbriefe und →Kassenobligationen. b) A. der Kreditinstitute: →Pfandbriefe, →Kommunalobligationen und →Bankschuldverschreibungen. c) A. der gewerblichen Wirtschaft: →Industrieobligationen. – 3. A. mit Sonderrechten: →Gewinnschuldverschreibung (Gewinnbeteiligung meist neben Verzinsung), →Wandelschuldverschreibung (Umtausch- oder Bezugsrecht auf Aktien des Emittenten), →Optionsanleihe (Option auf Aktienkauf), →deep discount bond (feste Nominalverzinsung, die unter dem Kapitalmarktzins zum Emissionszeitpunkt liegt), →extendable bond (Recht auf Laufzeitverlängerung) und →retractable bond (Recht auf Laufzeitverkürzung). – 4. Nach der *Art der Übertragung:* →Inhaberpapiere (→Inhaberschuldverschreibung), →Rektapapiere und →Orderpapiere. – Vgl. auch →Auslandsanleihe, →ECU-Anleihe, →Samurai bond, →Doppelwährungsanleihe, →junk bond.

III. A u s s t a t t u n g : 1. *Verzinsung:* Grundsätzlich mit festem Zinsfuß; Zinszahlungen jährlich oder halbjährlich. Durch →Konversion können über dem →Marktzins verzinste A. in niedriger verzinsliche umgewandelt werden. Wesentlich für den Placierungserfolg einer A. ist nicht die Nominal-, sondern die →Effektivverzinsung. – 2. *Laufzeit:* I. a. länger als 6 Jahre, in Hochzinsperioden auch darunter. Seitens der Gläubiger sind A. unkündbar; der Schuldner behalten sich i. d. R. das Recht auf Kündigung vor (meist nach Ablauf einer Sperrfrist). Grundsätzlich kann zwischen (in der Bundesrep. D. nicht vorkommenden) →Rentenanleihen ohne Tilgungszwang und Tilgungsanleihen unterschieden werden. Bei Tilgungsanleihen erfolgt entweder Gesamtrückzahlung am Ende der Laufzeit oder (häufiger) Rückzahlung in Teilabschnitten für einzelne A.-serien meist nach festem Plan oder durch Auslosung. Tilgung kann auch durch freihändigen Rückkauf erfolgen. – 3. *Emissions- und Rückzahlungskurs:* In der Bundesrep. D. werden A. meist mit →Disagio emittiert. Über-pari-Emissionen sind unzulässig. Rückzahlung erfolgt i. d. R. zum Nennwert, selten über pari. – 4. *Stückelung:* Mindestnennbeträge meist 100 DM, bevorzugte Mittelgröße 1000 DM; Stücke sind i. d. R. mit →Zinsscheinen und →Erneuerungsschein ausgestattet. Heute werden vielfach nur →Sammelurkunde ausgestellt und effektive Stücke nicht mehr ausgeliefert. – 5. *Besiche-*

rung: Das Bundesministerium für Wirtschaft macht die Emissionsgenehmigung von einer angemessenen Besicherung abhängig, v. a. (erstrangige) Grundpfandrechte, oft auch →Negativklausel, seltener öffentliche Bürgschaften. Die Qualität der Besicherung entscheidet letztlich über die Deckungsstockfähigkeit der A. und damit über die Placierungserfolg.

IV. E m i s s i o n : Die Abstimmung geplanter Emissionen mit der Aufnahmebereitschaft des Kapitalmarktes erfolgt durch den →Zentralen Kapitalmarktausschuß. Die Emission erfolgt: a) *Direkt* in Form der *Subskription:* Staat oder sonstige Anleihebedürftige wenden sich unmittelbar an das Publikum; Banken sind lediglich Zeichnungsstellen, um größtmögliche Verbreitung, im Falle des öffentlichen Kredits weitgehende „Demokratisierung" zu erreichen. b) *Indirekt* mit *Negotiation:* Übernahme der A. durch ein Bankenkonsortium, das nach breiter Propagierung die Papiere im Publikum placiert. Risiko für die Banken wird durch Gewinnchance in der Differenz zwischen Übernahme- und Emissionskurs ausgeglichen.

V. E m i t t e n t e n : 1. *Öffentliche Hand* (öffentliche A.): Gebietskörperschaften, Bahn, Post und andere Sondervermögen des Bundes. Umfang Ende 1985: 272,3 Mrd. DM einschl. Bundesschatzbriefe, die die Bundesbank ihre Angaben nicht aufschlüsselt. Öffentliche A. sind deckungsstockfähig und mündelsicher (§ 1807 BGB, § 54a VAG). Vgl. auch →öffentliche Kreditaufnahme. – 2. *Kreditinstitute:* Realkreditinstitute, Spezialkreditinstitute und Girozentralen, Umfang Ende 1985: 181,8 Mrd. DM.

Anleiheablösungsschuld, →Ablösungsanleihen.

Anleihegeschäft, Übernahme und Unterbringung von →Anleihen durch eine Bank oder durch ein →Konsortium: a) durch feste Übernahme, wobei die sog. →Placierung Sache der Banken ist; b) durch kommissionsweisen Verkauf; c) durch Vermittlung von Zeichnungen (→Zeichnen).

Anleiherechnung,　　　　　　　→Tilgungsrechnung, →Kursrechnung.

Anleiheschein, Stück einer →Anleihe.

Anleihetreuhänderschaft, vertragliche Wahrnehmung der Interessen der Gläubiger einer →Anleihe in allen schuldrechtlichen Beziehungen durch die Bank, i. a. die Emissionsbank. Besonders in England und USA.

Anlernling, →Auszubildender, der in einem anerkannten Anlernberuf aufgrund eines Ausbildungsvertrages zum Zwecke der Berufsausbildung bzw. Umschulung ausgebildet wird. Die Ausbildung erfolgt nicht im Rahmen eines Ausbildungsberufs (allseitige Ausbildung z. B.

in einem bestimmten Fach als Facharbeiter), sondern im →Anlernverhältnis als Spezialist (spezielle Kenntnisse und Fähigkeiten, z. B. Bürogehilfin, Schleifer, Fräser u. ä.). – *Ausbildungsvertrag* und Richtlinien sowie Berufsbilder sind nach den Normvorschriften der Industrie- und Handelskammern vereinheitlicht. – *Arbeitsentgelt* nach tariflichen Richtsätzen oder Vereinbarung; meist höhere Sätze als für Auszubildende. Nach Abschluß des Anlernverhältnisses jedoch Sätze, die unter den des Gehilfen oder Facharbeiters liegen. – *Sonderregelung* für A., die im Rahmen einer Umschulung im vorgerückten Lebensalter sich einer Spezialausbildung unterziehen. – Vgl. auch →Einarbeitungszuschuß; →angelernte Arbeiter.

Anlernverhältnis, Rechtsverhältnis zum Zwecke einer Spezialausbildung auf einem engeren Fachgebiet. Unterscheidet sich vom →Berufsausbildungsverhältnis durch einen begrenzten Ausbildungszweck. Nach Inkrafttreten des Berufsbildungsgesetzes gelten auch für →Anlernlinge (vgl. im einzelnen dort) mit Einschränkungen dessen Vorschriften (§ 19 BBiG; vgl. auch →Volontär, →Praktikant). Unterscheidung zwischen →Auszubildenden und Anlernling bleibt vorläufig bestehen, da bis zum Erlaß neuer Vorschriften die Berufsbildungspläne, Prüfungsanforderungen und Prüfungsordnungen für die anerkannten Anlernberufe anzuwenden sind (§ 108 BBiG); diese werden zunehmend durch neue Vorschriften ersetzt.

Anlernzuschuß, jetzt: →Einarbeitungszuschuß.

Anlieger, Eigentümer oder Verfügungsberechtigter eines →Grundstücks bzw. eines Gebäudes, das an eine öffentliche Straße oder an einen Wasserlauf grenzt.

Anliegerbeiträge, jetzt: →Erschließungsbeiträge.

Anlocken von Kunden, Begriff des Wettbewerbsrechts. Kunden werden durch unlautere Methoden in einen Laden gelockt mit dem Ziel, ihnen weitere als die angepriesenen Waren (→Lockvogelangebot) zu verkaufen (→unlauterer Wettbewerb).

Anmeldekartell, →Kartellgesetz VII 3 a).

Anmeldung. I. Öffentliche Register: 1. *Handelsregister:* U. a. im *HGB* mehrfach ausdrücklich vorgeschrieben (z. B. →Firma, →Prokura usw.). – a) *Form der A.* ist zur Sicherstellung, daß die abgegebenen Erklärungen auch von dem Berechtigten herrühren, an bestimmte Vorschriften gebunden. Nach § 12 HGB sind die Erklärungen und Zeichnungen in öffentlich beglaubigter Form einzureichen. Erfolgt die A. durch einen Stellvertreter, so ist eine Vollmacht in der gleichen Form zu erteilen. Der →gesetzliche Vertreter kann

ohne besondere Vollmacht kraft der ihm vom Gesetz verliehenen Vertretungsmacht die A. für den Vertreter vornehmen. *Was* anmeldepflichtig ist, schreibt das HGB genau vor; ebenso *wer* anmeldepflichtig ist (vgl. z. B. §§ 25 II, 29, 31, 53, 108, 125 IV, 143, 148 HGB). – b) *Anmeldezwang:* Die A. kann vom Registergericht durch Zwangsgeld erzwungen werden (§ 14 HGB, §§ 132 ff. FGG). Das Zwangsgeld wird unter Fristsetzung zur Erledigung der A. angedroht. Beschwerde gegen eine solche Verfügung ist nicht zulässig; möglich ist nur *Einspruch,* der aber rechtzeitig erfolgen muß. Gegen den Beschluß, der das Zwangsgeld festsetzt oder den Einspruch verwirft, ist →sofortige Beschwerde möglich. – c) *Ersatz der A.* eines Beteiligten ist möglich durch Vorlage der vollstreckbaren Entscheidung eines Gerichts, die die Pflicht zur A. feststellt (§ 16 I HGB). – 2. *Andere Register:* →Genossenschaftsregister, →Grundbuch, →Güterrechtsregister, →Schiffsregister, →Vereinsregister, →Kabelbuch.

II. im Konkurs und Vergleich: 1. *Konkursverfahren* (§§ 138–142 KO): Die →Konkursforderungen sind beim →Konkursverfahren (empfehlenswerte Beifügung eines Doppels für den →Konkursverwalter) anzumelden. Nur vom *Gläubiger* (oder seinem Vertreter) angemeldete Forderungen werden in die →Konkurstabelle aufgenommen. Aufstellungen des Schuldners werden nicht berücksichtigt. *Anzugeben* sind Betrag, Grund der Forderung und beanspruchtes Vorrecht. Das Konkursgericht bestimmt im Eröffnungsbeschluß eine *Anmeldefrist,* die aber keine →Ausschlußfrist ist. Für die Nachzügler ist ein besonderer Prüfungstermin auf deren Kosten anzuberaumen (§ 142 KO). *Versäumt* der Gläubiger die rechtzeitige Anmeldung, verliert er seine Rechte nicht und kann nach Aufhebung des Konkurses Befriedigung suchen, jedoch keine Berücksichtigung bei Verteilung.

2. *Vergleichsverfahren* (§ 67 VerglO): Im Gegensatz zum Konkurs *kein Anmeldezwang.* Das →Vergleichsgericht hat das vom Schuldner vorgelegte →Gläubigerverzeichnis zu berücksichtigen und die darin angeführten Gläubiger in die →Stimmliste aufzunehmen. Besondere Anmeldung durch die Gläubiger (spätestens bis zum Beginn der Abstimmung über den Vergleichsvorschlag) möglich und aus Sicherheitsgründen zu empfehlen.

III. Straßenverkehrsrecht: Vgl. →Zulassung von Kraftfahrzeugen.

IV. Steuerrecht (gemäß AO): Vgl. →Meldepflicht, →Anzeigepflicht, →Betriebseröffnung.

V. Gewerbeordnung: Vgl. →Gewerbeanmeldung, →Gewerbeerlaubnis.

Anmusterung, Verhandlung vor dem Seemannsamt. Erforderlich, wenn ein Besatzungsmitglied oder eine sonstige Person den Dienst an Bord eines Seeschiffes antritt. Die Verhandlung wird in einer sog. Musterrolle protokolliert, die der Schiffer erhält; Eintragung der A. im *Seefahrtsbuch* des Schiffsmannes, das vor Abschluß des Heuervertrages vom Seemannsamt ausgestellt werden muß. Einzelheiten im Seemannsgesetz vom 26.7.1957 (BGBl II 713) mit späteren Änderungen.

Anmutung, erster spontaner und unreflektierter Eindruck, den ein Reiz hinterläßt. Nach aktualgenetischen Erkenntnissen bestimmt die A. als erster Wahrnehmungsschritt die vorherrschende emotionale Prädisposition gegenüber dem dargebotenen Reiz, bildet daher eine erste, gefühlsmäßige Interpretation (vgl. auch →Wahrnehmung). – Eine *positive A.* ist als Indikator für Antriebswirkung und Kommunikationserfolg geeignet, da mit zunehmend positiver A. die Bereitschaft zur weiteren Auseinandersetzung mit dem Reiz wächst; eine *neutrale A.* kennzeichnet mangelnde psychische →Aktivierung oder Verunsicherung durch konfliktäre Wahrnehmungsreize. – *Meßverfahren:* aktualgenetische Verfahren (→Tachistoskop); Ziel ist die →Werbeerfolgsprognose, bei der die für bestimmte Werbeziele erwünschte A. mit der tatsächlich realisierten verglichen wird.

Annahme. I. A. der Erbschaft: Formfreie, ausdrückliche oder aus den Umständen zu entnehmende Erklärung, die →Erbschaft behalten zu wollen (z. B. durch Antrag auf Erteilung des →Erbscheins, Veräußerung von Erbschaftsgegenständen usw.). Die A. setzt →Geschäftsfähigkeit voraus und kann nicht unter →Bedingung oder Zeitbestimmung erfolgen; sie enthält Verzicht auf Recht der →Ausschlagung (§ 1943 BGB).

II. A. eines Vertragsangebots: Vgl. →Vertrag IV.

III. A. eines Wechsels: Vgl. →Akzept.

Annahme als Kind, *Adoption.* **1. Begründung:** Nicht, wie früher, durch Vertrag zwischen Annehmer und Anzunehmendem, sondern durch Ausspruch des →Vormundschaftsgerichts (→*Adoptionsdekret,* § 1752 BGB). Nach Stellung eines notariell beurkundeten Annahmeantrages des Adoptionsbewerbers holt das Vormundschaftsgericht eine gutachtliche Äußerung der →Adoptionsvermittlungsstelle über die Eignung des Annehmenden ein. Sind die gesetzlichen Voraussetzungen festgestellt, so wird die Annahme durch richterlichen Beschluß ausgesprochen. Der unanfechtbare und unveränderbare Beschluß wird mit Zustellung an den Annehmenden wirksam. – Vgl. auch →Adoptionsvermittlung und →Inkognito-Adoption.

2. *Voraussetzungen:* a) Zulässig ist die A. a) eines →*Minderjährigen,* wenn sie dem Wohl des Kindes dient und zu erwarten steht, daß zwischen dem Annehmenden und dem Kind ein Eltern-Kind-Verhältnis entsteht (§ 1741 BGB), b) eines *Volljährigen,* wenn darüber hinaus die A. sittlich gerechtfertigt ist (§ 1767 BGB) und wenn der Annehmende das 25. Lebensjahr vollendet hat (§ 1743 BGB). Ein Ehepaar kann ein Kind gemeinschaftlich oder jeder Ehegatte allein annehmen. Bei gemeinschaftlicher Annahme muß ein Ehegatte das 25. Lebensjahr und der andere Ehegatte das 21. Lebensjahr vollendet haben. – **b)** Die A. soll bei Minderjährigen i. d. R. erst ausgesprochen werden, wenn der Annehmende das Kind eine angemessene Zeit in *Pflege* gehabt hat (§ 1744 BGB). – **c)** bei Minderjährigen →*ehelichen Kindern* ist die Einwilligung der Eltern, bei →*nichtehelichen Kindern* der der Mutter erforderlich; die Einwilligung kann erst erteilt werden, wenn das Kind acht Wochen alt ist (§ 1747 BGB). Ist das Kind 14 Jahre alt, kann es mit Zustimmung seines gesetzlichen Vertreters die Einwilligung nur selbst erteilen (§ 1746 BGB). Die Einwilligung eines Elternteils kann bei gröblicher Pflichtverletzung und Gleichgültigkeit gegenüber dem Kinde, sowie bei schweren geistigen Gebrechen eines Elternteils durch das →Vormundschaftsgericht auf Antrag des Kindes ersetzt werden, wenn das Unterbleiben der A. dem Kinde zu unverhältnismäßigem Nachteil gereichen würde (§ 1748 BGB). – **d)** Der Annehmende, der sein nichteheliches Kind oder ein Kind seines Ehegatten annehmen will, muß das *21. Lebensjahr* vollendet haben (§ 1743 BGB). – **e)** Will ein *Verheirateter* ein Kind allein annehmen, bedarf er der Einwilligung seines Ehegatten, die auf Antrag des Annehmenden durch das Vormundschaftgericht ersetzt werden kann (§ 1749 BGB). – **f)** Solange das Annahmeverhältnis besteht, kann bei Lebzeiten eines Annehmenden ein angenommenes Kind nur von dessen Ehegatten angenommen werden (§ 1742 BGB). – **g)** Die *Einwilligungserklärung* bedarf der notariellen Beurkundung und wird in dem Zeitpunkt wirksam, in dem sie dem Vormundschaftsgericht zugeht (§ 1750 BGB). – **h)** Eine A. darf nicht ausgesprochen werden, wenn ihr überwiegende Interessen der Kinder des Annehmenden oder der Anzunehmenden entgegenstehen oder wenn zu befürchten ist, daß Interessen der Anzunehmenden durch Kinder des Annehmenden gefährdet werden, wobei vermögensrechtliche Interessen nicht ausschlaggebend sein sollen (§ 1745 BGB).

3. *Wirkungen:* a) Durch A. erlangt der Angenommene die *rechtliche Stellung* eines ehelichen oder – bei Ehegatten – eines gemeinschaftlichen ehelichen Kindes (§ 1754 BGB). Er erhält den →Familiennamen des Annehmenden; auf Antrag des Annehmenden mit Einwilligung des Kindes kann dieses den bisherigen Familiennamen hinzufügen (§ 1757 BGB). – b) *Das Verwandtschaftsverhältnis* des Minderjährigen und seiner Abkömmlinge zu den bisherigen Verwandten und die sich aus ihm ergebenden Rechte und Pflichten erlöschen mit der A. Von leiblicher Verwandtschaft abgeleitete Schadensersatz- und Rentenansprüche bleiben erhalten (§ 1755 BGB). Nicht gelöst wird die Beziehung zur leiblichen Familie, wenn ein Ehegatte das eheliche Kind des anderen Ehegatten annimmt, dessen Ehe durch Tod aufgelöst wurde (§ 1756 II BGB). – c) Die A. erstreckt sich sowohl auf *Abkömmlinge* des Angenommenen als auch auf die *Verwandten* des Annehmenden. Es wird bei angenommenen Minderjährigen ein umfassendes gesetzliches Verwandtschaftsverhältnis, einschließlich eines Erbrechtes, hergestellt *(Volladoption)*. – d) Bei A. eines *Volljährigen* erstrecken sich die Wirkungen der A. grundsätzlich auf Annehmenden und Angenommenen mit einem gegenseitigen Erbrecht, jedoch kann auf Antrag das Vormundschaftsgericht eine Volladoption anordnen, wenn minderjährige Geschwister des Anzunehmenden vorher oder gleichzeitig angenommen werden oder es sich um ein nichteheliches Kind des Annehmenden oder seines Ehegatten handelt (§§ 1770, 1772 BGB). – e) Ohne Zustimmung des Annehmenden und des Kindes dürfen Tatsachen, die geeignet sind, die A. und ihre Umstände aufzudecken, nicht offenbart oder ausgeforscht werden (*Offenbarungs- und Ausforschungsverbot*, § 1758 BGB).

4. *Aufhebung:* Unter gewissen Voraussetzungen zulässig (§§ 1759 ff., 1771 BGB); sie hat zur Folge, daß alle zwischen den Beteiligten begründeten rechtlichen Verhältnisse für die Zukunft erloschen sind. Bei einem berechtigten Interesse kann von der mit dem Familienwechsel verbundenen Namensänderung abgesehen werden.

Annahmekartenverfahren, in einigen Bundesländern eingeführte Methode, um das Blockieren von Schul- und Ausbildungsplätzen infolge Mehrfachbelegung zu verhindern. Jeder Schüler oder Jugendliche erhält eine Annahmekarte, die unterschrieben dem Ausbildungsbetrieb oder der weiterführenden Schule zuzuleiten ist, wenn er sich endgültig für einen zugesagten Ausbildungs- oder Schulplatz entschieden hat.

Annahmepflicht, Pflicht zur Annahme des Versicherungsantrags durch die Versicherer bei bestimmten →Risiken, z. B. bei bestimmten →Haftpflichtversicherungen und als Äquivalent für das Monopol bestimmter öffentlich-rechtlicher Feuerversicherungsanstalten.

Annahmestelle, →Zweigstellen im Kreditwesen.

Annahmestichproben, →Stichprobenprüfung.

Annahmeverzug. I. **Bürgerliches Recht:** Der Gläubiger gerät in A., wenn er die ihm vom Schuldner angebotene Leistung nicht annimmt (§ 293 BGB) oder wenn er bei einer Leistung →Zug-um-Zug zwar zur Annahme der Leistung bereit ist, die Gegenleistung aber nicht anbietet (§ 298 BGB). – *Voraussetzung* ist i. a. tatsächliches Angebot (§ 294 BGB); wörtliches Angebot genügt nur, wenn der Gläubiger erklärt hat, daß er die Leistung nicht annehmen werde oder zu der Leistung vornehmen (z. B. eine Sache abholen) muß (§ 295 BGB). Kein Angebot ist nötig, wenn für eine vom Gläubiger vorzunehmende Handlung eine Zeit nach dem Kalender bestimmt ist (§ 296 BGB). – *Folgen:* 1. Pflicht zur Verzinsung hört auf, auch wenn Zinsen vertraglich vereinbart waren (§ 301 BGB). – 2. Wird die Leistung nach Eintritt des A. unmöglich (Unmöglichkeit; →gegenseitige Verträge II 2), so ist der Schuldner nur dann schadenersatzpflichtig, wenn er die Unmöglichkeit durch →Vorsatz oder →grobe Fahrlässigkeit verursacht hat (§ 300 BGB). – 3. Geld, →Wertpapiere und →Kostbarkeiten kann der Schuldner hinterlegen (§ 372 BGB, →Hinterlegung).

II. **Arbeitsrecht:** 1. *Begriff:* Nichtannahme der ordnungsgemäß angebotenen Arbeitsleistung des Arbeitnehmers durch den Arbeitgeber (§§ 293, 194 BGB), d. h. der Arbeitgeber beschäftigt nicht den Arbeitnehmer. Auf ein Verschulden des Arbeitgebers als Gläubiger der Arbeitsleistung kommt es nicht an. Ordnungsgemäß ist das Angebot der Arbeitsleistung nur, wenn ein tatsächliches Angebot erfolgt (§ 294 BGB). Ein wörtliches Angebot genügt aber, wenn der Arbeitgeber erklärt hat, daß er die Leistung nicht annehmen werde, oder, wenn er eine erforderliche Mitwirkungshandlung nicht vornimmt (§ 295 BGB). – Der A. tritt auch ein, wenn dem Arbeitnehmer seinerseits die Erbringung der Arbeitsleistung unmöglich ist (§ 297 BGB). – 2. *Folge des A.:* Der Arbeitnehmer wird von der Verpflichtung zur Arbeit frei (§ 615 BGB). Er braucht nicht die infolge des A. ausgefallene Arbeitszeit nachzuholen. – 3. Der Arbeitnehmer behält entgegen dem Grundsatz des § 323 BGB seinen *Lohnanspruch*, ohne zur Nachleistung verpflichtet zu sein, soweit die Arbeitsleistung infolge des A. unterbleibt (§ 615 I BGB). Anzurechnen ist, was er infolge des Unterbleibens der Arbeitsleistung aufgrund anderweitiger Dienste erwirbt oder zu erwerben böswillig unterläßt (§ 615 II BGB). Böswillig handelt, wer untätig geblieben ist oder die Aufnahme einer Arbeit verhindert hat, obwohl die Möglichkeit zum Tätigwerden bestand und die Tätigkeit zumutbar war. Über den anderweitigen Verdienst ist der Arbeitnehmer auskunftspflichtig.

Annehmlichkeit, Begriff des Lohnsteuerrechts für eine Aufwendung, die der Arbeitgeber im Rahmen seiner Fürsorgepflicht oder im betrieblichen Interesse für den Arbeitnehmer erbringt, und die nach der Verkehrsauffassung nicht als Entlohnung angesehen wird. Zu den A. gehören insbes. die Leistungen zur Verbesserung der Arbeitsbedingungen, z. B. die Gestellung von Berufskleidung, Duschräumen und Betriebskindergärten. A. gehören nicht zum steuerpflichtigen Arbeitslohn. Der Bundesfinanzhof hat die Steuerfreiheit von A. angezweifelt, so daß die Bundesregierung die A. einer kritischen Untersuchung unterziehen will, um sie ggf. in der nächsten Legislaturperiode auf eine eindeutige Rechtsgrundlage zu stellen. Vgl. auch →Aufmerksamkeit II 1. – *Umsatzsteuerrechtliche Behandlung:* Vgl. →Aufmerksamkeit II 2.

announcement effect, →Ankündigungseffekt.

Annuität. 1. Bei der →Tilgung einer Kapitalschuld (K) die regelmäßige Jahreszahlung, die Zins- und Tilgungsquote umfaßt. – a) *Feste A.:* Jährliche Zahlung eines gleich großen Betrages (übliche Form); da sich die Schuldsumme durch die Tilgung ständig verringert, wird die Zinsquote entsprechend kleiner, die Tilgungsquote größer. *Formel* für die feste A. (A):

$$A = \frac{Kq^n(q-1)}{q^n - 1} \quad \text{mit} \quad q = 1 + \frac{p}{100} =$$

Zinsfaktor, n = Tilgungszeitraum

b) *Fallende A.:* Jährlich gleichbleibende Tilgungsquote; da die Zinsquote jährlich kleiner wird, fällt auch die A. entsprechend (längere Tilgungszeit als bei a). – c) *Steigende A.:* Tilgungsquote wächst noch stärker als bei a). – 2. In der *Investitionsrechnung:* Vgl. →Annuitätsmethode.

Annuitätenanleihe, →Anleihe, die durch gleichbleibende →Annuitäten getilgt und verzinst wird. – *Anders:* →Ratenanleihe.

Annuitätenhypothek, →Tilgungshypothek.

Annuitätsfaktor, →Wiedergewinnungsfaktor.

Annuitätsmethode, Methode der →Investitionsrechnung, bei der die durchschnittliche Differenz von Ein- und Auszahlungen pro Periode unter Berücksichtigung des Kalkulationszinsfußes berechnet wird. Die Annuität wird ermittelt durch: Barwert der Nettoeinzahlungen · Annuitätsfaktor. Die A. entspricht weitgehend der in der Praxis üblichen Denkweise des →Kapitaldienstes.

annullieren, für ungültig bzw. nichtig erklären.

anonyme Sparkonten, *anonymes Sparen,* Sparkonten, die lediglich eine Nummer tragen und für die Sparbücher ausgestellt werden, ohne daß der Name des Kontoinhabers dem Kreditinstitut bekannt ist (→Nummernkonten). In der Bundesrep. D. unzulässig (§ 163 II AO); in vielen westeuropäischen Ländern eingeführt.

anonymes Sparen, →anonyme Sparkonten.

anonymes Werk, Begriff des →Urheberrechts für ein ohne Verfassernamen erschienenes Werk. Herausgeber oder, falls nicht angegeben, Verleger gilt als Urheberrechtsberechter (§ 10 UrhRG). Schutzfrist vgl. →Pseudonym.

an Order, →Orderklausel.

Anordnung. I. Organisationslehre: Vgl. →Weisung.

II. Öffentliches Recht: Im Gegensatz zur →Verordnung i. d. R. ein →Verwaltungsakt für den Einzelfall.

III. Zwangsversteigerung: Bei der Zwangsversteigerung eines Grundstücks wird A. ausgelöst durch *Antrag* des →betreibenden Gläubigers beim Amtsgericht als Vollstreckungsgericht (→Anordnungsbeschluß). Vor Anordnung der Vollstreckungsmaßnahme ist Prüfung der *Vollstreckungsvoraussetzungen* (→Vollstreckungstitel, →Vollstreckungsklausel, →Zustellung) erforderlich. Daneben *besondere Voraussetzung:* Antrag (§ 15 ZBG), Vorlage der für Beginn der →Zwangsvollstreckung erforderlichen Urkunden und Bezeichung von Grundstück, Eigentümer, Anspruch und Titel (§ 16 ZVG).

Anordnungsbefugnis, →Weisungsbefugnis.

Anordnungsbeschluß, dem Antrag des Gläubigers stattgebender Beschluß des →Vollstreckungsgerichts betr. die →Zwangsversteigerung eines Grundstücks. Die A. *ergeht* ohne mündliche Verhandlung, wird an Gläubiger und Schuldner *zugestellt* sowie dem →Grundbuchamt zur Eintragung des →Versteigerungsvermerks mitgeteilt. *Anfechtbar* mit →Erinnerung nach § 766 ZPO, wenn Schuldner nicht gehört worden ist; andernfalls →sofortige Beschwerde nach § 95 ZVG, § 793 ZPO. A. gilt zugunsten des →betreibenden Gläubigers als →*Beschlagnahme* des Grundstücks (§ 20 I ZVG).

Anordnungsplanung, →innerbetriebliche Standortplanung.

Anpassung, wirtschaftlich bedingte kurz-, mittel- oder langfristige Umstellung eines Betriebes, einer Betriebsabteilung usw. – *Grundtypen von betrieblichen Anpassungsprozessen:* 1. *Zeitliche A.:* Erhöhung oder Verminderung der Ausbringung bei konstanter Kapazität und Betriebsbereitschaft und bei konstanten Leistungsgraden durch alleinige Veränderung der Arbeitszeiten (Kurzarbeit, Überstunden, zusätzliche Schichten an Sonn- und Feiertagen, Nachtschichten u. ä.). Veränderung der →variablen Kosten. – 2. *Intensi-*

tätsmäßige A.: Erhöhung oder Verminderung der Ausbringung bei konstanter Kapazität und Betriebsbereitschaft und bei unveränderter Arbeitszeit durch alleinige Veränderung der →Intensität (insbes. bei Aggregaten, Erhöhung oder Verminderung der Tourenzahl u. ä.). Veränderung der →variablen Kosten. – 3. *Quantitative A.*: Erhöhung oder Verminderung der Ausbringung bei unveränderter Arbeitszeit und konstanten Intensitäten durch Variation der Anzahl der in einem Betrtieb eingesetzten, begrenzt teilbaren Produktionsfaktoreinheiten (Kauf neuer Maschinen, Entlassen von Angestellten u. ä.). Veränderung der →fixen Kosten bzw. →intervallfixen Kosten. Vgl. auch →Betriebsgrößenvariation. – 4. *Selektive A. (qualitative A.)*: Bei veränderter Beschäftigung werden zuerst die kostenungünstigen Aggregate stillgelegt bzw. zuerst die kostengünstigsten wieder in Betrieb genommen. Die qualitative Zusammensetzung der eingesetzten Faktoreinheiten wird verändert. – 5. *Zeitlich-intensitätsmäßige A.* (Kombination der zeitlichen und intensitätsmäßigen A.): Bis zur Auslastung der kostenoptimalen →Kapazität paßt man bis zur optimaler Intensität zeitlich an. Für darüberliegende Beschäftigungen werden die Intensitätsgrade erhöht. – Vgl. auch →adaptiv control.

Anpassungsfortbildung, Aktualisierung der individuellen beruflichen Leistungspotentiale durch Erweiterung und Anpassung der Fertigkeiten und Kenntnisse an technische und wirtschaftliche Entwicklungen. Betrieblich oder überbetrieblich A.-Veranstaltungen. – Vgl. auch →berufliche Fortbildung.

Anpassungsinvestition, liegt vor, wenn durch eine →Investition eine Anpassung an veränderte Zustandsgrößen herbeigeführt werden soll. – Vgl. auch →Rationalisierungsinvestition.

Anpassungsprüfung, →Betriebsrentengesetz II 4.

Anrechenbarkeit von Steuern, steuerrechtlicher und -technischer Begriff für die Möglichkeit, gezahlte Steuerbeträge von der →Steuerschuld bei anderen Steuern abzuziehen. – *Beispiele:* Kapitalertragsteuer auf Einkommensteuer (die Kapitalertragsteuer gilt als vorweg gezahlte Einkommensteuer); Ausschüttungsteuer bei der Einkommensteuer (die Ausschüttungsteuer auf die Gewinne der Anteilseigner einer Kapitalgesellschaft gilt als vorweg gezahlte Einkommensteuer der Anteilseigner; →körperschaftsteuerliches Anrechnungsverfahren). – *Anders:* →Abzugsteuer.

Anrechnungsanspruch. 1. *Begriff* des →körperschaftsteuerlichen Anrechnungsverfahrens bei der Körperschaftsteuerbelastung, die bei Ausschüttungen der Körperschaft an ihre Anteilseigner entfällt. Diese Körperschaft-

steuerbelastung kann auf die Steuerschuld der Anteilseigner angerechnet werden und ist gleichzeitig Einnahmenbestandteil beim Anteilseigner (→Einkünfte II 3). – 2. *Höhe:* Der A. beträgt $^9/_{16}$ der Bardividende.

Anrechnungsbegrenzungen, bei der Festsetzung der Leistungen der betrieblichen Altersversorgung: Vgl. →Betriebsrentengesetz II 3.

Anrechnungsklausel, →Verrechnungsklausel.

Anrechnungsmethode, Begriff des →Außensteuerrechts für eine Methode zur Vermeidung der →Doppelbesteuerung, wonach der →Wohnsitzstaat die Doppelbesteuerung dadurch vermeidet oder zumindest mildert, daß er die auf die →ausländischen Einkünfte oder Vermögensteile im Ausland gezahlten Steuern unter bestimmten Einschränkungen und Begrenzungen auf die entsprechenden inländischen Steuern anrechnet. Vgl. im einzelnen →Methoden zur Vermeidung der Doppelbesteuerung.

Anrechnungsverfahren, →körperschaftsteuerliches Anrechnungsverfahren.

Anrechnungsverordnung, →Berufsgrundbildungsjahr-Anrechnungs-Verordnung.

Anrechtschein, →Zwischenschein.

Anregungsinformation, →stimulierende Information.

Anregungsphase, erste Entscheidungsphase (→Entscheidungsphasen 2 a) (1)); beinhaltet Erkennen und Abgrenzen des Problems. – *Ablauf:* Die A. beginnt mit der Kenntnisnahme von Anregungs- oder stimulierenden Signalen, die einen Impulscharakter haben (→stimulierende Information). Häufig signalisieren sie ein Abweichen der Realität von den Zielvorstellungen. Dadurch wird die Gewinnung zusätzlicher Informationen veranlaßt, die der anschließenden Ursachenanalyse zu einer Klärung und Präzisierung der offenen Fragen beitragen. Die A. ist abgeschlossen, wenn nach der so erfolgten Problemformulierung geklärt ist, ob eine Entscheidung zu treffen ist.

Anreißen, Sammelbegriff für Formen der Werbung, die zu einer übermäßigen Belästigung des Publikums führen, z. B. Ansprechen von Passanten, →Telefonverkauf, →Telexwerbung, Zusendung unbestellter Waren. Gilt als →unlauterer Wettbewerb.

Anreiz, I. A r b e i t s - u n d O r g a n i s a t i o n s p s y c h o l o g i e : 1. *Begriff:* Situative Bedingung, das aufgrund einer gegebenen Bedürfnisstruktur bzw. inhaltlichen →Arbeitsmotivation Aufforderungscharakter (Valenz) für die Person aufweist. – 2. *Unterscheidungen:* a) Positive oder negative A.; b) primäre oder sekundäre A.; c) eigentliche oder nichteigentliche A.; d) materielle oder immaterielle A.; e) spezielle oder allgemeine A.; f) teilnahmemotivierende oder leistungsmotivierende A. – 3. A., die im Tätigkeitsvollzug selbst liegen, verbinden sich mit *intrinsischer* →*Motivation*. A., die schwerpunktmäßig im Arbeitsumfeld (Kollegen) oder in den Folgen des Tätigkeitsvollzugs liegen (monetäre A.), verbinden sich mit *extrinsischer Motivation*. Diese Unterscheidung lehnt sich u.a. an die →Zweifaktorentheorie von Herzberg an.

II. Wirtschafts-/Finanzpolitik: Vgl. →incentives, →disincentives.

Anreiz-Beitrags-Theorie, Begriff der Organisationstheorie. – 1. *Grundlagen:* Die A. wird als Theorie des organisatorischen Gleichgewichts interpretiert. Es geht im Kern um die Formulierung der Bedingungen für die Existenzerhaltung einer →Unternehmung (allgemeiner: einer →Organisation). Die Existenz ist gesichert, wenn es gleingt, eine ausgeglichene Beziehung zwischen *Anreizen* (inducements) und *Beiträgen* (contributions) herzustellen. – 2. *Annahmen:* a) Organisationen werden als Koalitionen verstanden. Wesentliche Koalitionsteilnehmer (Partizipanten) sind die Mitarbeiter, Kapitalgeber, Lieferanten, Kunden. – b) Organisationen haben keine originären Ziele; die Organisationsziele lassen sich auf Ziele von Partizipanten zurückführen. Diese benutzen gleichsam eine Organisation, um ihre individuellen Ziele zu realisieren (sog. Instrumentalthese). – c) Die Partizipanten erbringen jeweils spezifische *Beiträge* für ihre Organisation (z. B. Arbeitsleistung der Mitarbeiter, Kapitalüberlassung der Investoren). Die Organisation erhält diese Beiträge allerdings nur, wenn sie dafür angemessene *Anreize* bieten kann (z. B. Arbeitslohn, Zinsen). – d) Es besteht eine generelle Bereitschaft, auftretende Konflikte zu lösen, Konfliktpotential zu reduzieren (Harmoniefiktion). – 3. *Kernsätze:* Die A. wird i.a. durch folgende fünf zentrale Kernsätze beschrieben: a) Eine Organisation ist durch ein System sich wechselseitig beeinflussender sozialer Beziehungen gekennzeichnet. – b) Die Partizipanten (einzelne Personen, Gruppen) erhalten von der Organisation Anreize dafür, daß sie brauchbare Beiträge erbringen. – c) Ein Partizipant bleibt solange Mitglied der Organisation, wie die gewährten Anreize genau so groß oder größer sind als die abverlangten Beiträge. Maßstab für die Bewertung sind die subjektiven Wertvorstellungen und die sonstigen aktuellen Handlungsalternativen. – d) Die erbrachten Beiträge sind die Quelle, aus der die Anreize entnommen werden. – e) Die Existenz einer Organisation ist so lange gesichert, als Beiträge vorhanden sind, um zufriedenstellende Anreize gewähren zu können und somit die Partizipanten zu weiteren Beitragsleistungen zu veranlassen.

Anreizsystem, Verfahren, um den Arbeitnehmer zur Leistungssteigerung, Erhöhung des Kosten- und Qualitätsbewußtseins u.ä. zu veranlassen. Anreizwirkungen können erzielt werden durch →Erfolgsbeteiligung, →imaterielle Mitarbeiterbeteiligung, →Zulagen und sonstige →Prämien, Avisierung von Aufstiegsmöglichkeiten usw. – *Wirkung* dieser A. kommt zustande, weil Bedürfnisse oder Motive (→Motivationsstrukturen) angesprochen werden. – *Beurteilung:* Praktizierung von A. ist sowohl bei Arbeitgebern als auch bei Gewerkschaften z.T. umstritten.

Anrufbeantworter, privates Telefon-Zusatzgerät, mit dem dem Anrufer eine Nachricht übermittelt werden kann. Manche Geräte zeichnen auch dessen Mitteilung auf.

Anrufungsauskunft, →Lohnsteuerauskunft.

Anrufweiterschaltung, Gerät zur dezentralen Anrufweiterschaltung (GEDAN). Schaltet einen Anruf automatisch zum Anschluß B weiter, wenn der Teilnehmer unter Anschluß A nicht erreichbar ist; v.a. geeignet für Zweigbüros, Filialen.

Anschaffung, jedes auf Erwerb von →Eigentum an →beweglichen Sachen (→Waren) und an →Wertpapieren gerichtete entgeltliche Rechtsgeschäft. Die Art des entgeltlichen Erwerbes ist unwichtig, also Kauf, Tausch, Werklieferung (auch bei →Eigentumsvorbehalt). *Keine* A. sind Erwerb durch Schenkung, Erbschaft oder Urproduktion (Landwirtschaft, Bergbau) oder →Aneignung. A. und →Weiterveräußerung bilden das handelsrechtliche →Umsatzgeschäft.

Anschaffungsdarlehen, ein mittelfristiger →Teilzahlungskredit von 2000 bis 25 000 DM und einer Laufzeit von 24 bis 60 Monaten mit regelmäßiger Tilgung, die von den Kreditbanken und Sparkassen gewährt wird. Er ergänzt den persönlichen →Kleinkredit und wird vorwiegend an Konsumenten, doch auch an Kleinbetriebe gewährt. Die Kreditprogramme der einzelnen Bankgruppen weichen hinsichtlich Höchstgrenze und Laufzeit der A. geringfügig voneinander ab.

Anschaffungsgeschäfte, steuerlicher Begriff. Entgeltliche Verträge, die auf den Erwerb des Eigentums an Wertpapieren gerichtet sind (§ 18 KVStG). Der Abschluß von A. unterliegt regelmäßig der →Börsenumsatzsteuer (§ 17 KVStG).

Anschaffungskosten, Begriff der internen und externen Rechnungslegung. – 1. *Definition:* Aufwendungen, die geleistet werden, um einen Vermögensgegenstand zu erwerben und ihn in einen betriebsbereiten Zustand zu versetzen, soweit sie dem Vermögensgegenstand einzeln zugeordnet werden können (§ 255 I HGB). – 2. *Bestandteile:* →Anschaffungspreis eines Wirtschaftsgutes zuzüglich Anschaffungsnebenkosten (z. B. Maklergebühr, Provisionen, Eingangsfristen einschl. Speditionskosten, Rollgeld, Zoll, Transportkosten, bei Maschinen auch Kosten des Einbaus und der Montage, bei Grundstücken zusätzlich Vermessungs-, Notariats- und Gerichtskosten, auch Grunderwerbssteuer). Die A. mindern sich um Skonti, Rabatte, Preisnachlässe, Zahlungsabzüge (für Subventionen und Zuschüsse der öffentlichen Hand besteht ein Wahlrecht). Beispiele für *nachträgliche A.* (§255 HGB): Erschließungsbeträge für Erstanlage einer Straße oder Erstanschluß an Kanalisation, →Abbruchkosten. – 3. A. sind *Grundlage* und Obergrenze für die Bewertung in der →Handelsbilanz (§253 I, II HGB) und der →Steuerbilanz (§6 EStG). Bei abnutzbaren Wirtschaftsgütern des →Anlagevermögens sind A. Ausgangspunkt und Grundlage zur Bemessung der →Abschreibungen. Werden die A. um planmäßige Abschreibungen gemindert, so spricht man von *fortgeführten A.* bzw. *Anschaffungswerten.*

Anschaffungsnebenkosten, Teil der →Anschaffungskosten. A. umfassen: *Erwerbsnebenkosten:* Provisionen, Verkehrssteuern, Notariatskosten; *Bezugsnebenkosten:* Zölle, Transportversicherung, Verpackung, Frachten; *Nebenkosten der Inbetriebnahme:* Fundamentierungskosten, Montagekosten u. a.

Anschaffungspreis, Bestandteil der →Anschaffungskosten; der A. entspricht regelmäßig dem Kaufpreis minus abzugsfähiger Vorsteuer (§15 UStG).

Anschaffungswert, Summe der zum Erwerb eines Wirtschaftsgutes erforderlichen bzw. aufgewendeten →Anschaffungskosten. – Bilanzielle Bewertungsgrundlage: →Anschaffungswertprinzip.

Anschaffungswertprinzip, Bewertungsprinzip des Bilanzrechts. Das A. besagt, daß die →Anschaffungskosten eines Wirtschaftsgutes bzw. bei abnutzbaren Anlagegütern die fortgeführten Anschaffungskosten als Bewertungsobergrenze anzusehen sind.

Anschlag, gebräuchliche Bezeichnung für das auf der Tastatur angeschlagene Einzelzeichen. Eine quantitative Erhebung durchgeführter Anschläge pro Zeiteinheit wird oft als Grundlage zur Leistungsbestimmung und zur Kapazitätsberechnung verwendet.

anschlagender Drucker, →Impact-Drucker.

Anschlußabsatz, →Gemeinschaftsvertrieb b).

Anschlußexport, im Rahmen einer →Exportgemeinschaft, Nutzung der Exportorganisation der Partnerfirma(en) durch andere Mitglieder. – Im Gegensatz zum Zukauf zwecks Sortimentsergänzung durch ein Herstellerunternehmen (Industriehandel) besteht zwischen der Leit- und der einzelnen Anschlußfirma i. d. R. ein langfristiger Geschäftsbesorgungsvertrag (Alleinvertragsverhältnis).

Anschlußgeräte, →Peripheriegeräte.

Anschlußkonkurs, →Konkursverfahren, das sich an ein gescheitertes →Vergleichsverfahren anschließt, sofern ausreichende Masse vorhanden ist. – 1. *Abwicklung* des A. nach der Konkursordnung mit einigen Besonderheiten (§§102–107 VerglO), wonach verschiedene Rechtswirkungen des vorangegangenen Vergleichsverfahrens bestehen bleiben. – 2. *Eröffnungsgründe:* a) Ablehnung der Eröffnung des Vergleichsverfahrens (§19 VerglO); b) Versagung der →Bestätigung des Vergleichs (§80 VerglO); c) Einstellung des Vergleichsverfahrens, z. B. bei Rücknahme des →Vergleichsantrages nach Eröffnung, Verweigerung der Leistung des Auskunftseides (§§100, 101 VerglO), →eidesstattliche Versicherung; d) Nichterfüllung des Vergleichs, wenn die Rückstände nicht geringfügig sind (§96 V, VII VerglO). – 3. Die →*Vergleichsgläubiger* müssen ihre Forderungen im Konkurs neu *anmelden.*

Anschlußkunde, Mitglied einer →freiwilligen Kette auf der Einzelhandelsstufe.

Anschlußpfändung, nochmalige →Pfändung einer schon gepfändeten Sache (§§826, 827 ZPO). Die A. verschafft dem Gläubiger ein Pfandrecht mit *Rang* nach dem schon bestehenden. Sie ist ohne Rücksicht auf einen aus der Verwertung zu erwartenden Überschuß vorzunehmen. Genügend ist Aufnahme eines Pfändungsprotokolls. – →Verwertung der Sache durch den →Gerichtsvollzieher, der zuerst gepfändet hat, für alle beteiligten Gläubiger. – Bei *Streit* über die Rangfolge der Pfändung oder über die Art der Auszahlung des Erlöses →Hinterlegung des Erlöses und Verteilungsverfahren des Vollstreckungsrichters.

Anschluß- und Benutzerzwang. 1. *Begriff:* Verpflichtung zur Inanspruchnahme der Leistungen insbes. gemeindlicher öffentlicher Unternehmen. Der A. u. B. zielt auf die tatsächliche Inanspruchnahme der angebotenen Leistung ab und untersagt die Benutzung anderer, dem selben Zweck dienender Alternativen. – 2. *Voraussetzung* ist ein dringendes →öffentliches Interesse (z. B. Trinkwasserversorgung, Kanalisation, Abwasserbeseitigung, Abfallbeseitigung). – 3. *Anordnung eines A. u. B.:* Grundlage für die Anordnung auf Gemeindeebene sind die Gemeindeordnungen der einzelnen Bundesländer. A. ist durch Satzung einzuführen und kann auf Teilgebiete der Gemeinde und/oder auf einzelne Personengruppen oder Grundstücke beschränkt werden.

Anschlußspeicher, *Externspeicher,* →Speicher, der der →Zentraleinheit eines Datenverarbeitungs- oder Textsystems extern angeschlossen ist. Seine Aufgabe besteht in der permanenten Bereitstellung von Daten und Programmen. – *Beispiele:* Laufwerke und Einheiten für Magnetbänder, Magnetbandkassetten, Magnetplatten, Disketten. – *Gegensatz:* →Arbeitsspeicher.

Anschluß- und Versorgungspflicht. 1. *Begriff:* eine sich aus dem →Konzessionsvertrag ergebende Verpflichtung eines →Versorgungsbetriebs, jedermann an das Versorgungsnetz anzuschließen und zu versorgen. Die Verpflichtung bedeutet, im Versorgungsgebiet ein leistungsfähiges Versorgungsnetz zu errichten und zu unterhalten. – 2. A. steht ein *einklagbarer Anspruch* jedes potentiellen Abnehmers im Versorgungsgebiet gegenüber. – 3. Die *Regelung der A.* erfolgt in Verordnungen für Elektrizität, Gas, Fernwärme und Wasser weitgehend einheitlich.

Anschrift, außen auf Post- und Bahnsendungen anzubringende Kennzeichnung: Name des Empfängers, Zustell- oder Abholangabe (Straße und Hausnummer oder Postfach, postlagernd oder Paketausgabe), →Postleitzahl und Bestimmungsort, bei Auslandssendungen Bestimmungsland; ggf. nächste Bahnstation. – Vgl. auch →Postabholung.

ANSI, *American National Standards Institute,* Sitz in New York City, nationale Standardisierungsorganisation der USA; Nachfolgerin des ASA (American Standards Association). Bekannt u. a. durch Standardisierung von →Programmiersprachen; die meisten auch international akzeptierten Programmiersprachenstandards sind ANSI-Standards oder ISO-Standards (→ISO), die vom ANSI übernommen wurden, z. B. für →Ada, →Fortran, →Cobol.

Anschwärzung, →üble Nachrede 2.

Ansichtssendung, eine bestellte oder unbestellte Warensendung zur Besichtigung, Auswahl und Abnahme. – 1. *Bestellte* A. (→Kauf auf Probe) sind vom Empfänger sorgfältig aufzubewahren und zurückzuschicken, soweit er sie nicht behalten will. – 2. *Unbestellte* A. braucht der Empfänger nicht zurückzusenden. Er ist nur verpflichtet, Beschädigung zu unterlassen, wobei er nur für →Vorsatz und →grobe Fahrlässigkeit haftet. Dagegen sind im kaufmännischen Geschäftsverkehr bei dauernder Geschäftsverbindung unbestellte A. i. d. R. wie bestellte zu behandeln (vgl. § 362 II HGB). Bei unbestellter A. kommen Kaufvertrag und Eigentumserwerb durch Bestätigung des Annahmewillens, i. a. durch →konkludente Handlung zustande. Bei →Eigentumsvorbehalt in Begleitschreiben oder der Ware beiliegender Rechnung wird das Eigentum erst durch Zahlung erworben.

Ansiedlung, →Standortmarketing.

Ansiedlungspotential, →Standortwahl, →Standortmarketing.

Ansiedlungswerbung, →Standortmarketing.

Anspannungsgrad der Plankosten, Begriff der Plankostenrechnung. Der Grad der Anstregung, mit dem es möglich sein soll, die vorgegebenen Kosten nicht zu überschreiten.

Anspannungskoeffizient, Bilanzkennzahl zur Analyse der Kapitalstruktur von Unternehmungen. Quotient aus Fremdkapital mal 100, dividiert durch Gesamtkapital.

Anspruch, i. S. des BGB „das Recht, von einem anderen ein Tun oder ein Unterlassen zu verlangen" (§ 194 BGB). A. unterliegen der →Verjährung.

Anspruchsanpassung, in der Psychologie die erfahrungsbedingte Änderung des →Anspruchsniveaus, d. h. ein bei einem Auseinanderfallen des Niveaus der realisierten Zielerreichung und dem selbst gesetzten Anspruchsniveau hinsichtlich der Zielerreichung notwendig werdender Entscheidungsprozeß von Individuen oder Gruppen. Dabei wird das Anspruchsniveau gesenkt oder der Prozeß der Zielerreichung mit einer intensiven Suche nach neuen Lösungswegen fortgesetzt.

Anspruchshäufung, mehrere, auch voneinander unabhängige →Ansprüche gegen denselben Beklagten. Die Ansprüche können in *einer* →*Klage* geltend gemacht werden, soweit für alle derselbe →Gerichtsstand gegeben und die gleiche Prozeßart zulässig ist (§ 260 ZPO); z. B. Ansprüche aus einem Kauf- und einem Darlehensvertrag. – Dabei kann ein Anspruch auch als sog. *Hilfsanspruch* geltend gemacht werden, über den nur entschieden wird, wenn sich der in erster Linie geltend gemachte sog. Hauptanspruch als nicht begründet erweist. – Vgl. auch →Hilfsantrag.

Anspruchsinflation, →Inflation IV 2 b).

Anspruchsniveau. 1. *Entscheidungstheorie:* Begriff zur Charakterisierung der →Zielfunktion. A. liegt vor, wenn der Zielsetzende nicht nach Extremwerten der Zielvariablen (→endogene Variable) strebt, sondern Werte vorgibt, die von ihm als befriedigend und damit als sein Ziel erfüllend angesehen werden. – 2. *Anspruchsanpassungstheorie:* Aussagen und Erklärungen werden bei Differenzen zwischen Anspruchsniveau und Zielrealisation gemacht; Überschreiten des A. führt zum „organizational slack", Unterschreiten des A. zu „organizational pressure".

Anstalt. I. Institution des öffentlichen Rechts: Zusammenfassung von Verwaltungsvermögen und Verwaltungsbediensteten zum Zwecke der Wahrnehmung bestimmter öffentlicher Aufgaben außerhalb der unmittelbaren Staatsverwaltung, z. B. Bibliotheken, Schulen usw. – 1. Im Gegensatz zur →Körperschaft hat die A. *keine Mitglieder.* – 2. Die Voraussetzung für die Benutzung der A. sowie das Rechtsverhältnis zwischen der A. und ihren Benutzern richten sich nach der *Anstaltsordnung* oder Satzung, die meistens der Bestätigung durch die zuständige Aufsichtsbehörde bedarf. – 3. Zu unterscheiden zwischen *rechtsfähigen* und *nichtrechtsfähigen* A. des öffentlichen Rechts. Die nichtrechtsfähigen A. sind unmittelbarer Bestandteil des Staates, der selbst Träger der Rechte und Pflichten der A. bleibt; aus Gründen der verwaltungstechnischen Vereinfachung hat der Gesetzgeber manchmal vorgesehen, daß sie im Rechtsverkehr wie rechtsfähige Personen unter ihrem Anstaltsnamen handeln dürfen. – 4. Zur Errichtung bundesunmittelbarer A. des öffentlichen Rechts ist nach Art. 87 III GG ein Bundesgesetz erforderlich.

II. Bezeichnung für g e w e r b l i c h e U n t e r - n e h m e n : Nach *Wettbewerbsrecht* ist die Benutzung der Bezeichnung durch gewerbliche Unternehmen eine →irreführende Angabe und damit →unlauterer Wettbewerb, wenn auf den gewerblichen Charakter nicht hingewiesen wird.

III. S t e u e r p f l i c h t : A. gilt als Unterart der nicht rechtsfähigen →Zweckvermögen und ist körperschaftsteuerlich wie diese zu behandeln (§ 1 I Nr. 5 KStG).

IV. A m t l i c h e S t a t i s t i k : →Haushalte, die eine größere Zahl von Personen zu einer Wohn- und Wirtschaftsgemeinschaft zusammenschließen, ohne daß diese den Anspruch auf eine Lebensgemeinschaft hätten, wie z. B. die Vollhaushaltungen.

Anstaltspflege. 1. Leistung der gesetzlichen →Unfallversicherung (§ 558 RVO) und der →Kriegsopferversorgung (§ 35 BVG) für hilflose bzw. dauernd pflegebedürftige Verletzte bzw. Beschädigte. Die A. umfaßt Unterhalt und Pflege in einer geeigneten Anstalt. – 2. Maßnahme zur Hilfe Behinderter im Rahmen der →*Sozialhilfe* (§ 43 BSHG).

Anstellung von Beamten, geschieht durch zweiseitigen Verwaltungsakt (Zustimmung des zu Ernennenden ist erforderlich), der das öffentlich-rechtliche Dienst- und Treueverhältnis zwischen Staat oder Körperschaft des öffentlichen Rechts und Beamten begründet. Form: Aushändigung einer Ernennungsurkunde (§ 6 Bundesbeamtengesetz).

Anstiftung, vorsätzliche Bestimmung eines anderen (des Haupttäters) zur Begehung einer vorsätzlichen und rechtswidrigen Tat (§ 26 StGB). Die Strafe bei A. wird dem Strafrahmen des Haupttäters entnommen.

Anstoßtarif, →Kurventarif 1.

Antarktis, Südpolargebiet. – *Fläche:* ohne vorgelagerte Inseln 13,2 Mill. km², mit Inseln 14,1 Mill. km². – *Einwohner:* mit Ausnahme von Forschungs- und Walfangstationen unbewohnt.

T e r r i t o r i a l e A n s p r ü c h e erheben: Argentinien, Chile, Australien, Frankreich, Großbritannien, Norwegen und Neuseeland, wogegen die USA, Japan und die UdSSR keine Ansprüche geltend machen. Der Rechtsstatus wird durch den *Antarktisvertrag* von 1959 bestimmt. Dieser Vertrag, dem 32 Staaten (Stand April 1985) angehören, legt fest, daß alle Landgebiete und Eisbänke südlich des 60. Breitengrades ausschließlich für friedliche Zwecke der Forschung benutzt werden dürfen.

W i r t s c h a f t l i c h e B e d e u t u n g : *Fischfang* (bes. Walfang, durch Vereinbarungen in den letzten Jahren stark eingeschränkt). – *Bodenschätze:* Kohle, Uranerz, Eisenerz, Diamanten, Erdöl. Der Abbau ist wegen ganzjähriger Temperaturen unter 0 °C z. Z. noch nicht rentabel.

Anteil, →Beteiligung an Ergebnis und Vermögen einer →Personengesellschaft oder →Kapitalgesellschaft.

Anteilpapiere, verbriefte Mitgliedsrechte an einer Gesellschaft in Form von →Aktien, →Genußscheinen, →Kuxen und →Bohranteilen.

Anteilscheine. 1. *Begriff:* →Wertpapiere, die die Ansprüche des Anteilinhabers gegenüber der *Kapitalanlagegesellschaft* verbriefen. A. können als →Inhaberpapiere ausgegeben werden oder auf Namen lauten; im letzten Fall gilt entsprechendes wie für →Namensaktien. Mit Übertragung des A. geht der Anteil des Veräußerers an den zum Sondervermögen der Kapitalanlagegesellschaft gehörenden Gegenständen auf den Erwerber über (→Traditionspapiere). – 2. Der *Wert* des im A. verbrieften Anteils ergibt sich aus der Teilung des Wertes des Sondervermögens durch die Zahl der Anteile; befinden sich eigene A. im Sondervermögen, so wird für sie bei der Ermittlung des Wertes des Sondervermögens kein Wert angesetzt und die Anteile, über welche die A. ausgestellt sind, werden bei der Zahl der Anteile nicht mitgerechnet. Der Wert eines Sondervermögens ist aufgrund der jeweiligen Kurswerte der zu ihm gehörenden Wertpapiere und Bezugsrechte zuzüglich des Wertes der außerdem zu ihm gehörenden Geldbeträge, Forderungen und sonstigen Rechte von der Depotbank zu ermitteln. – 3. Der *Ausgabepreis* für einen A. muß dem Wert des Anteils am Sondervermögen zuzüglich des in den Vertragsbedingungen festzusetzenden Aufschlags entsprechen. – 4. Kreditinstitute müssen bei dem Verkauf von A. spätestens mit der Abrechnung dem Kunden ein *Merkblatt* aushändigen, in dem für die Berechnung des Ausgabepreises und die vorgesehene Berechnung des Rücknahmepreises erläutert werden. – 5. Gibt die Kapitalanlagegesellschaft oder die Depotbank den Ausgabepreis bekannt, so ist sie verpflichtet, auch den Preis bekanntzugeben, der bei der *Rücknahme* von jeweils höchstens 100 Anteilen berechnet worden ist. – 6. Vgl. →*Zwischenschein.*

Anteilseigner, Begriff im →Mitbestimmungsgesetz für Aktionäre, Gesellschafter bzw. Genossen. – Vgl. auch →kapitalistische Unternehmensverfassung.

Anteilseignerrisiko, →Ausfallrisiko.

Anteilswert, Dezimalzahl bzw. Prozentzahl, die den Anteil einer Sorte von Elementen (→Dichotomisierung) in einer →Gesamtheit angibt.

Anteilzoll, bei der Ausfuhr von solchen Waren erhoben, die in einem EG-Mitgliedstaat aus nicht präferenzberechtigten drittländischen Vorprodukten in einem zollfreien aktiven →Veredelungsverkehr hergestellt und für ein Land bestimmt sind, das auf Erzeugnisse der Gemeinschaft einen niedrigeren →Binnenzoll oder →Präferenzzoll anwendet. Auch bei umgekehrter Warenbewegung erforderlich. – *Berechnung des A.:* Vomhundertsatz des Zollsatzes, der unveredelten drittländischen Waren sowie des für diese Waren vorgesehenen Zollsatzes Drittländer (Spalte 8 des DGebrZT). Der Vomhundertsatz erhöht sich – entsprechend der im Bestimmungsland gewährten Zollpräferenz – von 0 bis 100. – *A.-Schuldner* ist der Veredeler. – Für Agrarwaren gelten *Sonderregeln.*

Antezedensbedingungen, →Anwendungsbedingungen.

Anti-Deflationspolitik, →Deflation IV.

Antidumpingzoll, →Zoll, dessen Einführung mit der Notwendigkeit der Abwehr ausländischen →Dumpings begründet wird. Zur Vermeidung des Mißbrauchs des A.argumentes sind im →GATT strenge Bedingungen für die Einführung eines A. festgelegt, v. a. der Nachweis einer erheblichen Schädigung inländischer Produzenten. Unter den GATT-Bedingungen könnte ein A. volkswirtschaftlich sinnvoll sein, weil ohne A. die Gefahr besteht, daß die ausländischen Anbieter die inländischen Konkurrenten mit niedrigen Preisen aus dem Markt drängen und anschließend die Preise heraufsetzen; die abgebaute inländische Industrie würde dann u. U. mit hohen Kosten wieder aufgebaut werden. Die Wirksamkeit der Erhebung eines A. ist umstritten. – In Fällen der Abwehr eines →Sozial-Dumpings oder eines →Valutadumpings handelt es sich *nicht* um A. i. S. d. GATT, da in beiden Fällen das für den Dumpingbegriff des GATT konstitutive Merkmal der räumlichen Preisdifferenzierung fehlt. – Vgl. auch →Ausgleichszoll.

Antigleichgewichtstheorie. I. T h e o r i e v o n J. K o r n a i: Alternativtheorie zum Gleichgewichtsparadigma (→allgemeine Gleichgewichtstheorie). Die wirtschaftliche Entwicklung ist ein sich ständig ändernder

Prozeß, in dem Staat, Verbände, Produzenten und Haushalte auf Informationen reagieren und schließlich unter Berücksichtigung der internen Verhältnisse (eigene Interessen, soziale Bindungen u. a.) mit Entscheidungen in die Realsphäre (Produktion und Konsum) eingreifen und damit neue Entwicklungen anstoßen. Das Wirtschaftsgeschehen wird als ein in historischer Zeit ablaufendes System gesehen. – Kornai unterscheidet zwischen Real- und Steuerungsphäre (Informationsverarbeitung, Entscheidungsvorbereitung und Entscheidungen). – Er berücksichtigt den Einfluß von Organisationen, Interdependenzen und internen Konflikten auf die Entscheidungsprozesse. – Weitgehend decken sich diese Überlegungen mit denen des →Postkeynesianismus. (J. Kornai, Anti-Equilibrium. On Economic Systems Theory and the Tasks of Research, Amsterdam und London 1971).

II. S a m m e l b e z e i c h n u n g für im Gegensatz zur →Gleichgewichtstheorie stehende Ansätze: 1. *Spieltheorie:* von J. v. Neumann und O. Morgenstern (Theorie of Games and Economic Behavior, Princeton 1944) begründet. Komplexe und konfliktgeladene Entscheidungssituationen (die Annahme der einfachen Determinierbarkeit der Wirtschaft ist kaum aufrechtzuerhalten) können behandelt werden. Vgl. näher →Spieltheorie. – 2. *Verhaltenstheoretische Alternativen,* die die üblicherweise unterstellte Maximierungshypothese (→Präferenzmaximierung bzw. →Gewinnmaximierung; vgl. auch →Homo oeconomicus) wird in bestimmten Situationen und/oder für bestimmte Problemstellungen ersetzt, z. B. Konzept des satisfying behavior (H. Simon), Theorie der X-Effizienz (H. Leibenstein), Theorie des Anspruchsniveaus (G. Katona); die Gleichgewichtstheorie erscheint allenfalls als Sonderfall. – 3. *Konflikttheorien:* Ökonomische und gesellschaftliche Dauerkonflikte und daraus abzuleitende Verhaltensweisen von Gruppen, Organisationen und Institutionen sind Zentralpunkt der Analyse; die traditionelle Gleichgewichtsformel im Sinne umfassender Planerfüllung wird als irrelevant angesehen. Ruhezustände (z. B. aufgrund vorübergehender Kompromisse) sind zwar möglich, aber nicht als Gleichgewichte im traditionellen Sinn zu bezeichnen, da sie endogen bereits wieder den Keim für neue Konflikte und damit Bewegung in sich tragen. Konflikttheorien erleichtern die Einbeziehung realistischer Phänomene wie z. B. Irreversibilitäten, Verhaltensweisen außerhalb der Maximierungshypothese, Existenz von Gruppen, Organisationen und Institutionen, Unsicherheit, Oligopolsituationen und gesellschaftliche Dauerkonflikte und Interessengegensätze.

Antigua und Barbuda, Inselstaat im Karibischen Meer; gehört zu den Gruppe der Leeward-Inseln. – *Fläche:* 443 km², davon die Inseln Antigua 280 km², Barbuda 160 km²,

Redonda 2,5 km². – *Einwohner* (E): (1985) 80 000; 92% Schwarze, 3,5% Mulatten, 1,3% Weiße; jährliches Bevölkerungswachstum: (1983) 1,3%. – *Hauptstadt:* Saint John's auf Antigua (35 000 E; an anderer Stelle: 24 400 E); weitere wichtige Stadt: Cordrington auf Barbuda. – *Amtssprache:* Englisch. – 1967 erhielten A. u. B. den Status eines mit Großbritannien assoziierten Staates, am 1. 11. 1981 unabhängig im Rahmen des Commonwealth.

W i r t s c h a f t : Nur ca. 18% der Fläche sind landwirtschaftlich genutzt. Zucker, Melasse und Rum machen 90% des landwirtschaftlichen Exportwertes aus. Für den Eigenbedarf werden Reis, Mais, Kartoffeln und Citrusfrüchte angebaut. Verarbeitende Industrie und eine Erdölraffinerie. Die Haupteinnahmequelle des Landes ist der Tourismus (ca. 60% der Devisen bzw. ca. 170 000 Touristen jährlich). – Auf A. u. B. gibt es 7 Bankniederlassungen. – *BSP:* (1985, geschätzt) 160 Mill. US-$ (2030 US-$ je E). – *Export:* (1983) 7,7 Mill. US-$, v. a. landwirtschaftliche Produkte. – *Import:* (1983) 41,2 Mill. US-$, v. a. Industriegüter. – *Handelspartner:* Kanada, USA, Großbritannien, CARICOM-Staaten.

V e r k e h r : Auf Antigua gibt es ca. 100 km befestigte *Straßen* und 8500 Motorfahrzeuge (1983). Einziger *Tiefseehafen* ist St. John's. Für den Tourismus wichtiger internationaler *Flugplatz* in Coolidge, südöstlich von St. John's.

M i t g l i e d s c h a f t e n : UNO, AKP, CARICOM, ECLAC, OAS, UNCTAD, u. a.; Commonwealth.

W ä h r u n g : 1 Ostkaribischer Dollar (EC$) = 100 Cents.

Anti-Inflations-Politik, →Inflation V.

Antikonzentrationspolitik, →Konzentration VI.

Antitrust-Bewegung, Bewegung, die sich gegen Machtkonzentration in der Wirtschaft richtet. – 1. *Vereinigte Staaten von Amerika:* Ursprung der A. 1873 mit dem Verbot der offenen Monopolbildung zum Schutze der Verbraucher. Eisenbahnen und Ölleitungen seit 1887 unter Kontrolle der Interstate Commerce Commission. (Gas, Wasser, Kraftwerke, Straßenbahnen unterliegen Sonderbestimmungen, stehen aber bezüglich Gewinnbildung unter Kontrolle.) – 1890 wurde mit der →Sherman Act erstes Antitrust-Gesetz erlassen; 1914 durch →Clayton Act and →Federal Trade Commission Act ergänzt. – 2. *Europa:* Schwächer als in den USA. In Deutschland 1923 Verordnung über den Mißbrauch wirtschaftlicher Machtstellung (Kartellgesetz), betraf Kartelle der Industrie und des Handels. Die nach 1945 erlassenen Alliierten Gesetze (Potsdamer Abkommen, US-MilRegGes. Nr. 56) zur →Dekartellierung

und →Entflechtung deutscher Konzerne und Kartelle wurden als Auswirkung einer A.-B. ausgegeben; richteten sich vielfach jedoch gegen Großunternehmungen ohne Prüfung ihres monopolistischen Charakters. – Vgl. auch →Kartellgesetz II.

Antitrust-Gesetzgebung, Sammelbegriff für die amerikanischen Normen zum Kartellrecht: →Sherman Act, →Clayton Act, →Federal Trade Commission Act, →Merger Guidelines.

Antizipation, Vorwegnahme eines erst später zu erwartenden Ereignisses. – 1. An der *Börse:* Als Zeitgeschäft; vgl. →Termingeschäfte. – 2. Im *Handelsverkehr:* Zahlung vor dem Fälligkeitstermin; hat z. T. Zinsvergütung oder →Diskont zur Folge. – 3. Bezüglich →*Bilanz:* Rechnerische Vorwegnahme einer erst später fälligen Zahlung als „sonstige Forderungen" bzw. „sonstige Verbindlichkeiten" (→antizipative Posten der Rechnungsabgrenzung).

antizipative Posten der Rechnungsabgrenzung, früher Bezeichnung für Bilanzpositionen zur rechnungsmäßig richtigen Abrechnung von →Aufwendungen (antizipative Passiva) und →Erträgen (antizipative Aktiva) des abgeschlossenen Wirtschaftsjahres, die erst nach dem Bilanzstichtag zu Ausgaben bzw. Einnahmen führen. Nach § 250 HGB sind diese Posten nicht als Rechnungsabgrenzungsposten auszuweisen, sondern sowohl in der →Handelsbilanz als auch in der →Steuerbilanz unter den Positionen „sonstige Forderungen" als „sonstige Vermögensgegenstände" bzw. „sonstige Verbindlichkeiten" zu bilanzieren, sofern sich aus den zugrunde liegenden Geschäftsvorfällen bereits Forderungen bzw. Verbindlichkeiten (ggf. auch →Rückstellungen) ergeben haben.

antizyklische Finanzpolitik, →fiscal policy, →antizyklische Wirtschaftspolitik.

antizyklische Wirtschaftspolitik, eine von der keynesianischen Wirtschaftstheorie (→Keynessche Lehre) beeinflußte Wirtschafts- bzw. Konjunkturpolitik mit der Zwecksetzung, die konjunkturellen Schwankungen einer Volkswirtschaft durch geeignete Maßnahmen zu dämpfen bzw. ganz auszuschalten. – *Gegensatz:* →prozyklische Wirtschaftspolitik. – 1. A. W. *bedeutet* die Beeinflussung der (von Keynes als entscheidend angesehenen Größe) gesamtwirtschaftlichen Nachfrage: a) Im *Konjunkturabschwung* Gegensteuerung durch geeignete staatliche Maßnahmen, z. B. Stimulierung der privaten Nachfrage (Konsum und Investition) und direkte Nachfrageimpulse durch den Staatssektor (Käufe von Gütern und Dienstleistungen) finanziert durch Schuldenaufnahme (→deficit spending). – b) Im *Boom* analog Reduzierung der gesamtwirtschaftlichen Nachfrage (→Konjunkturausgleichsrücklage,

→Überschußpolitik). – 2. *Instrumente: a)* Geld- und Finanzpolitik: Monetäre Einflußgrößen sind z. B. Diskont-, Offenmarkt-, Mindestreservenpolitik. – b) Fiskalpolitik, z. B. Steuersatzvariationen, Verschuldung, Konjunkturprogramme/Ausgabenprogramme, Konjunkturausgleichsrücklagen. Der Einsatz der geldpolitischen Instrumente (→monetäre Theorie und Politik) kann von der Bundesregierung nicht bestimmt werden; hier ist die autonome Deutsche Bundesbank federführend.

Antrag. I. Versicherung: Vgl. →Versicherungsantrag.

II. Zivilprozeß: Aufforderung an das Gericht oder ein Gerichtsorgan, eine inhaltlich bestimmte Entscheidung zu erlassen (z. B. den Beklagten zu verurteilen, an den Kläger 100 DM nebst 4% Zinsen seit dem... zu zahlen) oder einen von dem Gegner gestellten A. zurückzuweisen. Das Gericht muß auch über unbegründete Anträge entscheiden, darf den Parteien aber nicht mehr zusprechen, als beantragt. – Vgl. auch →Hilfsantrag.

Antragsgrundsatz, Begriff des Grundstücksrechts: Eintragungen im →Grundbuch erfolgen i. d. R. *nur* auf Antrag (§ 13 GBO).

Antwortschein, →internationaler Antwortschein.

Antwortzeit, bei einem →Dialogsystem die Zeit, die ein Endbenutzer nach Eingabe von Daten bzw. eines Kommandos auf Erledigung des Arbeitsschritts oder auf eine andere Reaktion des Systems warten muß. Kurze A. sind eine wichtige Voraussetzung für →Benutzerfreundlichkeit.

Anwachsung. 1. Im *Gesellschaftsrecht* (nach HGB und BGB): Der Anteil des →ausgeschiedenen Gesellschafters am →Gesellschaftsvermögen wächst den übrigen Gesellschaftern zu (§ 738 BGB). Die Mitberechtigung an der →Gemeinschaft zur gesamten Hand steht nur noch diesen zu. Ein besonderer Übertragungsakt ist nicht erforderlich. – 2. Im *Erbrecht* (nach §§ 2094 f., 2158 f. BGB): Erhöhung des Erbteils eines oder mehrerer Erben durch Wegfall eines →Miterben. Wenn bei gewillkürter →Erbfolge die gesetzlichen →Erben ausgeschlossen sind, wächst mit Wegfall eines Erben sein →Erbteil i. d. R. den übrigen Erben nach dem Verhältnis ihrer Erbteile zu.

Anwaltszwang, Notwendigkeit für die an einem gerichtlichen Verfahren, insbes. als Kläger oder Beklagte Beteiligten, sich durch einen →Rechtsanwalt als →Prozeßbevollmächtigten vertreten zu lassen. In Verfahren mit A. kann nur der Rechtsanwalt wirksam Prozeßhandlungen vornehmen, z. B. Klage erheben, Rechtsmittel einlegen oder Anträge stellen. – A. *besteht:* 1. Im *Zivilprozeß* (§ 78 ZPO) vor dem →Familiengericht, dem

→Landgericht und den höheren Gerichten, und zwar müssen sich die →Parteien durch einen bei dem betreffenden Gericht zugelassenen Rechtsanwalt vertreten lassen. – *Ausnahme* nur, wenn Prozeßhandlungen zu Protokoll des Urkundsbeamten der Geschäftsstelle vorgenommen werden können, z. B. bei →Arrest und →Einstweiliger Verfügung, solange keine mündliche Verhandlung erforderlich wird, bei →Erinnerung, im Verfahren zur Bewilligung von →Prozeßkostenhilfe bisweilen bei der →Beschwerde. – 2. Im *Strafprozeß* im Anklageerzwingungsverfahren (§ 172 StPO). – Dem A. ähnlich ist die *notwendige Verteidigung,* wenn gegen einen Angeklagten nur verhandelt werden darf, wenn er einen →Verteidiger hat. Sie liegt vor bei allen Hauptverhandlungen vor Schwurgericht, →Oberlandesgericht oder →Bundesgerichtshof, bei besonders schweren Taten oder schwieriger Sachverhaltsermittlung (§ 140 StPO). – 3. In der →freiwilligen Gerichtsbarkeit bei schriftlicher Einlegung einer weiteren Beschwerde (§ 29 FGG). – 4. In *Kartellsachen* im Beschwerdeverfahren (§§ 65, 67 GWB). – 5. Im *arbeitsgerichtlichen Verfahren* von den höheren Gerichten: →Arbeitsgerichtsbarkeit III. – 6. In der →Verwaltungsgerichtsbarkeit vor dem →Bundesverwaltungsgericht (§ 67 VwGO). – 7. In der mündlichen Verhandlung vor dem *→Bundesverfassungsgericht* (§ 22 BVerfGG). – 8. In der *Sozialgerichtsbarkeit* besteht vor dem →Bundessozialgericht Vertretungszwang (§ 166 SGG) durch Rechtsanwälte, gewisse Gruppen von Arbeitnehmer- oder Arbeitgebervertretern.

Anwartschaft, auf Gesetz beruhende Aussicht auf Versicherungsleistungen.

I. Gesetzliche Rentenversicherung: Zur Gewährung von Versicherungsleistungen bis 31. 12. 1956 war die Erhaltung der A. durch Entrichtung von mindestens 26 Wochen- oder sechs Monatsbeiträgen für jedes Kalenderjahr erforderlich. Durch die Neuregelungsgesetze sind die Bestimmungen der A. seit 1. 1. 1957 weggefallen. – 1. Für →Altersruhegeld jetzt nur noch Erfüllung der →Wartezeit erforderlich. – 2. Für Rente wegen →Berufsunfähigkeit und →Erwerbsunfähigkeit reicht seit 1. 1. 1984 die Erfüllung der Wartezeit allein nicht aus. Der Versicherte muß zuletzt vor Eintritt des Versicherungsfalls eine versicherungspflichtige Beschäftigung oder Tätigkeit ausgeübt haben, al. h. von den letzten 60 Kalendermonaten vor Eintritt der Berufsunfähigkeit bzw. Erwerbsunfähigkeit müssen mindestens 36 Monate mit Beiträgen für eine versicherungspflichtige Beschäftigung oder Tätigkeit belegt oder der Berufs- bzw. Erwerbsunfähigkeit aufgrund eines Ereignisses eingetreten sein, wonach nach § 1252 RVO, § 30 AVG die Wartezeit als erfüllt gilt. Bei der Ermittlung der 60 Kalendermonate bleiben bestimmte Zeiten wie

Ersatzzeiten, Ausfallzeiten, Rentenbezugszeiten, Zeiten der Erziehung eines Kindes (längstens bis zum vollendeten 5. Lebensjahr des Kindes), Zeiten der Arbeitsunfähigkeit, der Schwangerschaft, des Wochenbetts und der Arbeitslosigkeit unter bestimmten Voraussetzungen außer Betracht. – *Freiwillig Versicherte* haben seit 1.1.1984 nur dann Anspruch auf Rente wegen Berufs- bzw. Erwerbsunfähigkeit, wenn vor diesem Zeitpunkt bereits eine Versicherungszeit von 60 Kalendermonaten zurückgelegt war und die Zeiten vom 1.1.1984 bis zum Ende des Kalenderjahres vor Eintritt des Versicherungsfalls mit Beiträgen oder den o.g. Zeiten belegt sind. Für Versicherungsfälle in der Zeit vom 1.1.1984 bis 30.6.1984 und 1.7.1984 bis 31.12.1984 gelten besondere Übergangsvorschriften (Art. 2 § 6 ArVNG, Art. 2 § 7b AnVNG i.d.F. des Haushaltsbegleitgesetzes 1984 v. 22.12.1983, BGBl I 1532).

II. A r b e i t s l o s e n v e r s i c h e r u n g : A. abgestellt auf die Zurücklegung einer bestimmten, die Beitragspflicht begründenden Beschäftigungszeit vor Eintritt des Versicherungsfalls. Die A. hat erfüllt, wer in den letzten drei Jahren vor der Arbeitslosenmeldung 360 Tage in beitragspflichtiger Beschäftigung gestanden hat (§ 104 I AFG) und dessen Anspruchsdauer auf → Arbeitslosengeld noch nicht erschöpft ist. Den Zeiten einer der Beitragspflicht begründenden Beschäftigung stehen bestimmte Ersatzzeiten gleich (§ 107 AFG). Vgl. VO zur Anwartschaftszeit in der Arbeitslosenversicherung vom 29.1.1982 (BGBl I 112).

III. B e t r i e b l i c h e R u h e g e l d v e r p f l i c h t u n g : Vgl. → Pensionsanwartschaft, → Betriebsrentengesetz II.

Anwartschaftsdeckungsverfahren. I. L e b e n s v e r s i c h e r u n g : Finanzierungsverfahren zur Deckung von Verbindlichkeiten aus Versicherungswagnissen der → Lebensversicherung. Die Finanzierung erfolgt bereits im Zeitraum der Anwartschaft unter Festlegung eines gleichbleibenden Beitrags. Dem → Barwert aller künftigen Ausgaben (Versicherungsleistungen) muß der Barwert aller künftigen Einnahmen (Beiträge) entsprechen. Mittelaufbringung im A. unterschiedlich bei geschlossenem Bestand oder bei zu erwartenden Neuzugängen (Zugänge an Versicherten haben die Mehrbelastung mitzutragen, die durch ein höheres Durchschnittsalter des Anfangsbestandes verursacht wird; Lastverschiebung auf die künftige Generation).

II. Finanzierungsform der b e t r i e b l i c h e n P e n s i o n s z u s a g e : Vgl. → betriebliche Ruhegeldverpflichtung II 3.

III. S o z i a l v e r s i c h e r u n g : Das Deckungsverfahren entspricht nicht dem A., da es nicht auf der Grundlage einer Barwertberechnung aufgebaut ist. Gegenübergestellt werden die Einnahmen und Ausgaben in ihrer Nominalhöhe, für vorgegebene Deckungsabschnitte sollen die Einnahmen zur Deckung der Ausgaben und zur Bildung eines Reservefonds ausreichen.

Anwartschaftsrecht, → Eigentumsvorbehalt.

Anweisung. 1. *Begriff:* Im Sinne des BGB eine einseitige schriftliche → Willenserklärung, durch die der Anweisende den Angewiesenen ermächtigt, einem Dritten (Anweisungsempfänger) Geld, Wertpapiere oder andere → vertretbare Sachen auf Rechnung des Anweisenden zu leisten, und zugleich den Dritten ermächtigt, die Leistung im eigenen Namen zu erheben (§§ 783 ff. BGB). Die A. *geschieht* durch Aushändigung der Anweisungsurkunde an den Anweisungsempfänger. Der Angewiesene ist dem Anweisungempfänger gegenüber nur dann *zur Leistung verpflichtet,* wenn er durch Vermerk auf der Anweisungsurkunde die Annahme der A. erklärt hat (§ 784 BGB), und nur gegen Aushändigung der Anweisungsurkunde (785 BGB). Will der Anweisende mit der A. gegenüber dem Anweisungsempfänger eine *Schuld* erfüllen, so wird er nicht schon durch die Aushändigung der A., sondern erst durch die Leistung des Angewiesenen von seiner Schuld befreit (§ 788 BGB). – 2. *Sonderformen der A.:* gezogener Wechsel, Scheck, Postscheck, Orderlagerschein, für die jedoch nicht die §§ 783 ff. BGB, sondern Sondergesetze maßgebend sind. Besondere Vorschriften gelten für die → kaufmännische Anweisung, die auf einen *Kaufmann* über die Leistung von Geld, Wertpapieren oder anderen vertretbaren Sachen ausgestellt ist (§ 363 HGB). – 3. *Keine* A. i.S. des BGB: Postanweisung, Überweisung an eine Bank, Effektenscheck der Landeszentralbanken. *Echte* A. dagegen der → Kreditbrief der Banken.

Anwenderprogramm, → Anwendungsprogramm.

Anwendung, *Applikation,* in der Betriebsinformatik weitgefaßter Oberbegriff für Problemlösungen mit Hilfe der → elektronischen Datenverarbeitung; der Begriff wird i.S. von „Anwendung der EDV" für spezielle betriebliche Probleme, insbes. für Probleme der Fachabteilungen verwendet.

Anwendungsbacklog, Begriff aus dem → EDV-Audit. Der A. beschreibt bei der Beurteilung des Status computergestützter (→ Computersystem) → Anwendungen die Differenz zwischen dem vorhandenen Bedarf und den tatsächlich realisierten Anwendungen. – Aus *qualitativer Sicht* werden fehlende, überalterte und zu ergänzende Anwendungen festgestellt; unter *zeitlichem Aspekt* werden zum Abbau des A. die → Mannjahre für Eigenentwicklung, unter dem *monetären Aspekt* die → Software bzw. bei Fremdbezug die Beschaffungs- oder Mietpreise für geeignete →Softwareprodukte betrachtet.

Anwendungsbedingungen, gelegentlich auch: *Anfangs-, Rand-* oder *Antezedensbedingungen,* neben →Gesetzesaussagen Bestandteil wissenschaftlicher →Erklärungen. Es handelt sich um eine nähere Beschreibung der Umstände, unter denen sich das zu erklärende Geschehen vollzieht (→Existenzaussage).

Anwendungsprogramm, *Anwenderprogramm,* →Programm, das eine Aufgabe aus einem Anwendungsgebiet der EDV (z. B. Lagerbestandsführung, Flugreservierung, Matrizeninversion) zu lösen hat. – A. können vom Anwender selbst erstellt oder von Softwareherstellern (→Softwarehaus) bezogen werden. – *Gegensatz:* →Systemprogramm. – Vgl. auch →Anwendungssoftware.

Anwendungsprogrammierer. 1. *Begriff:* Berufsbild in der →betrieblichen Datenverarbeitung; der A. entwickelt (oder ändert, vgl. auch →Wartungsprogrammierer) Programme für Anwendungsprobleme (→Anwendungsprogramm) nach Vorgaben, die von einem →Systemanalytiker im Rahmen der →Systemanalyse erarbeitet wurden. – 2. *Aufgaben:* →Programmentwicklung (je nach Vorgaben manchmal nur →Codierung; vgl. auch →Programmierung), →Testen, →Dokumentation; ferner Programmoptimierung (z. B. in Hinblick auf →Antwortzeit, →Performance) und Zusammenarbeit mit den →Systemprogrammierern. – 3. *Anforderungen:* Sehr gute Kenntnisse einer oder mehrerer →Programmiersprachen sowie des →Betriebssystems und gewisse Kenntnisse der →Hardware des vorliegenden →Computersystems; z. T. wird ein Fachhochschulstudium verlangt.

Anwendungssoftware, →Software, die auf die Nutzung in *einem der Anwendungsgebiete* der Elektronischen Datenverarbeitung hin konzipiert ist. – Vgl. auch →Anwendungsprogramm.

Anwendungsstau, Begriff der →betrieblichen Datenverarbeitung für den in vielen Unternehmen anzutreffenden Sachverhalt, daß mehr →Anwendungen realisiert werden sollen, als personelle, teils auch maschinelle Ressourcen verfügbar sind. – Vgl. auch →Anwendungsbacklog.

Anwendungssystem, →Softwaresystem, das Aufgaben aus einem Anwendungsgebiet der elektronischen Datenverarbeitung zu lösen hat; vgl. auch →Anwendungsprogramm. – In der →betrieblichen Datenverarbeitung manchmal Oberbegriff für →computergestützte Administrationssysteme, →computergestützte Dispositionssysteme, Informationssysteme (→Führungsinformationssystem) und Planungssysteme.

Anwerbestop, Verbot durch Anwerbung durch andere Personen und Einrichtungen als die →Bundesanstalt für Arbeit, also auch durch Arbeitgeber. *Im Ausland* nur mit vorheriger Zustimmung der BfA zulässig, sofern nicht ein allgemeiner besonderer Auftrag nach § 23 AFG erteilt wurde. Seit 1973 besteht ein A. für Arbeitnehmer aus Nicht-EG-Staaten.

Anzahlung, Vorauszahlung des Auftraggebers an seinen Lieferanten; Form des Handelskredits (vgl. auch →Teilzahlung). – 1. *Bilanzierung:* a) *geleistete* A.: Getrennt nach Anlage- und Umlaufvermögen auszuweisen; b) Anzahlungen von Kunden (*empfangene* A.): Gesonderter Ausweis unter den Verbindlichkeiten als erhaltene Anzahlungen auf Bestellungen. – 2. *Umsatzsteuer:* A. können zur →Istversteuerung oder zur Mindestistbesteuerung (→Sollversteuerung) führen.

Anzahlungsaval, durch ein Kreditinstitut im Auftrag eines Lieferanten gestelltes →Aval, bei dem sich das Kreditinstitut gegenüber einem Besteller zur Rückzahlung einer An- oder Vorauszahlung an den Lieferanten zur Vorfinanzierung von Lieferungs- oder Leistungsverträgen verpflichtet.

Anzahlungsgarantie, *advance payment guarantee,* Verpflichtungserklärung von seiten des Empfängers einer Anzahlung, diesen Betrag zurückzuzahlen, falls die vom →Kaufvertrag zur Lieferung vorgesehene Ware von ihm nicht geliefert wird. – Im *Auslandsgeschäft* wird die A. durch eine Bank mit selbstschuldnerischer Bürgschaft geleistet, wenn es der ausländische Besteller fordert; Form der →Bankgarantie.

an Zahlungs Statt, →an Erfüllungs Statt.

Anzeige, werbliche Mitteilung in Printmedien (→Printwerbung); ein →Werbemittel. – 1. *Aufmerksamkeitswirkung* (→Aufmerksamkeit) entsteht durch textliche und bildliche Elemente, die an das jeweilige Trägermedium hinsichtlich redaktionellem Umfeld und Anzeigengesamtheit anzupassen sind. Erhöhung der →Werbewirkung durch Anwendung gestalterischer und sozialtechnischer (→Sozialtechnik) Maßnahmen. – 2. *Arten:* (1) nach *Werbeträgern:* Zeitungen, Zeitschriften, Fachblätter usw.; (2) nach *Art der Gestaltung:* Bild-, Text-, Couponanzeige sowie Kombinationen aus diesen; (3) nach *Ort der Schaltung:* im Anzeigenteil oder Textteil; (4) nach *Berechnungsmodus:* nach Seiten, nach Zeilen oder nach Buchstaben; (5) nach dem *Werbezweck:* unmittelbares oder mittelbares Angebot; (6) nach sonstigen Gesichtspunkten: z. B. Druckart und Werbegegenstand. – 3. *Elemente:* a) bei *Textanzeigen* zumeist →Headline (→Blickfang), →Fließtext; →Baseline und Firmen- bzw. Markenzeichen (→Logo, →Marke); b) bei *Bildanzeigen* Bilder, zumeist Fotografien und kürzerer Fließtext, der wie

Headline ganz fehlen kann. – 4. *Wirkungsmessung* durch Methoden der Marktforschung wie →Pretest und →Posttest, z. B. durch →Tachistoskop und →Blickregistrierung. – Vgl. auch →Anzeigenblätter.

Anzeigenblätter, periodische Druckschriften, deren Aufgabe hauptsächlich in der Verbreitung von →Anzeigen besteht. Der redaktionelle Teil fehlt oder ist nebensächlich (durchschnittlich ⅔ Anzeigen). Zielgruppe sind Haushalte. Die Nutzung erfolgt meist zufällig, unregelmäßig und flüchtig. – *Wesentliche Merkmale:* a) kostenlose Verteilung; b) Finanzierung ausschließlich durch Werbung; c) lokale/regionale Verbreitung; d) Verteilung durch Boten; e) Erscheinungsweise meist wöchentlich; f) (wenn vorhanden) im redaktionellen Teil vorwiegend lokale/regionale Ereignisse. – *Bedeutung in der Bundesrep. D.:* Ca. 770 A. mit einer Gesamtauflage von ca. 36,8 Mill. je Erscheinungsdatum (Ende 1985).

Anzeigentest, Methode der Werbemittelanalyse durch die die Anmutungsqualität, die Aufmerksamkeitswirkung (→Aufmerksamkeit I 2) und die Kommunikationsleistung einschließlich Einstellungs- und Verhaltensbeeinflussung einer Anzeige geprüft werden. – Vgl. auch →Blickregistrierung, →Tachistoskop.

Anzeigen-Wirkungs-Test, →Folder-Test.

Anzeigepflicht. I. H a n d e l s r e c h t : Die häufig erforderliche Melde- oder Rügepflicht, mit deren Unterlassen Rechtsnachteile verbunden sind. Besonders wichtig ist die A. von Mängeln der Waren beim →Handelskauf.

II. S t e u e r r e c h t : Die Verpflichtung der Finanzbehörde, bestimmte für die Besteuerung erhebliche Sachverhalte mitzuteilen. Eine A. ist u. a. vorgesehen: a) zur Erfassung von Körperschaften, Vereinigungen und Vermögensmassen (§ 137 AO); b) bei Eröffnung eines Betriebs oder einer Betriebstätte (§ 138 AO); c) bei der Gewinnung oder Herstellung verbrauchsteuerpflichtiger Waren (§ 139 AO); d) bei unrichtiger oder unvollständiger →Steuererklärung und falsch vermerkten Steuerzeichen (§ 153 AO); e) für Arbeitnehmer bei Abweichung bestimmter auf der Lohnsteuerkarte eingetragener steuerlicher Merkmale von Verhältnissen zu Beginn bzw. im Laufe des Kalenderjahres zugunsten des Arbeitnehmers (§§ 39 IV 1, Va 1, 39a V EStG); f) für Arbeitgeber, soweit der Arbeitgeber die vom Arbeitnehmer geschuldete Lohnsteuer nicht durch Zurückbehaltung von anderen Bezügen des Arbeitnehmers aufbringen kann und der Arbeitnehmer den Arbeitgeber den entsprechenden Betrag nicht zur Verfügung stellt (§ 38 IV 2 EStG) oder der Arbeitgeber von seiner Berechtigung zur nachträglichen Einbehaltung von Lohnsteuer keinen Gebrauch macht bzw. machen kann (§ 41 c IV EStG); g) für

Gerichte, Behörden, Beamte und Notare (§ 34 ErbStG, § 18 GrEStG, §§ 2, 8, 9, 38 KVStDV), für bestimmte, an einen erbschaftsteuerpflichtigen Erwerb oder an einen unter das Grunderwerb- bzw. Kapitalverkehrsteuergesetz fallenden Vorgang beteiligte Personen (§ 30 ErbStG, § 19 GrEStG, § 4 KVStDV) sowie für Vermögensverwahrer, Vermögensverwalter und Versicherungsunternehmen (§ 33 ErbStG).

III. V e r s i c h e r u n g s w e s e n : Vgl. →Versicherungsvertrag IV.

IV. G e w e r b e r e c h t : Vgl. →Gewerbeanmeldung.

V. V e r w a l t u n g s r e c h t : Gerichte und Behörden von Bund, Ländern und kommunalen Trägern der öffentlichen Verwaltung haben Tatsachen, die sie dienstlich erfahren und die den Verdacht eines →*Subventionsbetruges* begründen, den Strafverfolgungsbehörden mitzuteilen (§ 6 Subventionsgesetz vom 29. 7. 1976, BGBl I 2037).

VI. K a r t e l l r e c h t : Zu A. von Unternehmenszusammenschlüssen vgl. →Kartellgesetz III 2 a).

A/O, Abkürzung für April/Oktober. Im Bankwesen: Zinstermin bei →Anleihen 1. 4. und 1. 10.

AOEWL, Abk. für →Arbeitsorientierte Einzelwirtschaftslehre.

AOK, Abk. für Allgemeine Ortskrankenkasse (→Ortskrankenkassen 2).

AOK-Bundesverband, Körperschaft des öffentlichen Rechts; Sitz in Bonn. – *Aufgaben:* Sicherung eines umfassenden Krankenversicherungsschutzes; verantwortungsbewußte Vertragspolitik mit den Partnern des Gesundheitswesens; Stärkung des Gesundheitsbewußtseins durch Vorsorgeangebote; Interessenvertretung der AOK-Gemeinschaft; marktgerechte und zielgruppenspezifische Beratung, Koordination und Service der AOK-Gemeinschaft.

APL, *a programming language.* 1. *Begriff:* Anfang der 60er Jahre von K. E. Iverson bei IBM entwickelte →Programmiersprache. – 2. *Sprachstruktur:* Äußerst kompakte, unkonventionelle Schreibweise, die auf einem eigenen Zeichensatz basiert (für die →Programmierung wird eine spezielle →Tastatur benötigt); enthält viele mathematische Konzepte. – 3. *Ausrichtung:* A. ist auf einen mit mathematischen Notationen vertrauten Benutzer zugeschnitten; sie wird für die Programmierung technischer und kommerzieller Aufgabenstellungen, besonders auch für Planungszwecke verwendet.

Apostille, vereinfachte Form der Legalisation einer Urkunde zwecks Verwendung im Ausland, wobei die Echtheit der Unterschrift durch eine inländische Behörde bestätigt wird.

Apotheken. 1. *Begriff:* Früher an →Konzession oder Privileg gebundene Herstellungs- oder Verkaufsstätten für Heilmittel, insbes. für →Arzneimittel. – 2. Nach dem Gesetz über das Apothekenwesen i.d.F. vom 15.10.1980 (BGBl I 1993) bedarf der Betrieb von A. der *Erlaubnis* der zuständigen Behörde, die auf Antrag bei Erfüllung bestimmter Voraussetzungen, insbes. Sachkunde und Zuverlässigkeit, zu erteilen ist; die Erlaubnis gilt nur für den Apotheker, dem sie erteilt ist, und für die in der Erlaubnisurkunde bezeichneten Räume. Eine A. darf erst eröffnet werden, nachdem die zuständige Behörde bescheinigt hat, daß die Apotheke den gesetzlichen Anforderungen entspricht (Abnahme). – Einzelheiten enthalten die *Bundes-Apothekenordnung* vom 5.6.1968 (BGBl I 601) mit späteren Änderungen und die *Apothekenbetriebsordnung* vom 9.2.1987 (BGBl I 547).

apparative Verfahren, Teilbereich der →psychologischen Testverfahren. A.V. sind v.a. die →aktualgenetischen Verfahren und die Verfahren zur Prüfung der Gestaltfestigkeit von Vorlagen (Firmennamen, Warenzeichen, Produktgestaltung usw.), unter Einsatz von Apparaturen zur Erschwerung der Wahrnehmung durch die Testperson (→Tachistoskop, →Perimeter, →Anglemeter usw) Die aus den Tests gewonnenen Informationen werden bei der Gestaltung z.B. von Anzeigen und Verpackungen eingesetzt.

Applikation, →Anwendung.

applikative Programmiersprache, →Programmiersprache II 2 b).

Appraisal, in der Personalführung in Großbetrieben periodische Leistungsbeurteilung leitender Mitarbeiter nach formellen →Appraisal-Programmen, um festzustellen, wieweit die festgesetzten Leistungsziele erreicht sind und wie etwaige Leistungsmängel behoben werden können. – Vgl. auch →Zielsetzungs- und Beratungsgespräch, →Mitarbeiterbeurteilung, →Potentialbeurteilung.

Appraisal-Programme, Programme zur Leistungsbeurteilung von Führungskräften. – *Formen:* 1. *Leistungsappraisal:* Vgl. →Appraisal. – 2. *Aufstiegsappraisal:* Beurteilung von Aufstiegs- bzw. Beförderungswürdigkeit einer Führungskraft. – 3. *Potentialappraisal:* Eng verbunden mit Aufstiegsappraisal, soll über die (langfristige) Zukunftsentwicklung aufgrund der in der Person des Managers vorhandenen Möglichkeiten Klarheit verschaffen. – 4. *Gehaltsappraisal:* Soll über die Rechtfertigung von Gehaltsanhebung urteilen. – 5. *Entlassungsappraisal:* Überprüft, ob geplante Entlassung eines Managers objektiv gerechtfertigt ist. – Vgl. auch →Mitarbeiterbeurteilung, →Peronalentwicklung.

Approbation, Bestallung als Voraussetzung für die Ausübung bestimmter Tätigkeiten, z.B. für Ärzte (Bundesärzteordnung i.d.F. vom 14.10.1977; BGBl I 1885), Tierärzte (Bundes-Tierärzteordnung i.d.F. vom 20.11.1981 (BGBl I 1193) oder Apotheker (Bundes-Apothekerordnung vom 5.6.1968, BGBl I 601).

Appropriation, *Appropriationsklausel,* Bindung der Regierung, für einen bestimmten Zweck nicht mehr als die vom Parlament im →Haushaltsplan dafür bewilligte Summe auszugeben. A. schließt Willkür in der öffentlichen Finanzgebarung aus. – Durch das Stabilitäts- und Wachstumsgesetz kann die Bundesregierung aufgrund von Rechtsverordnungen die A.-Klausel umgehen. – Vgl. auch →Virement.

Approximation, in der Statistik das Vorgehen, an Stelle der korrekten →Verteilung einer Zufallsvariablen eine einfacher handhabbare Verteilung zu verwenden, die den vorgegebenen Sachverhalt nur näherungsweise trifft. Z.B. kann durch die →Normalverteilung eine Reihe anderer Verteilungen unter gewissen Voraussetzungen approximiert werden. Die theoretische Berechtigung für A. liefern →Genzwertsätze. Bei der A. einer diskreten durch eine stetige Verteilung ist die →Stetigkeitskorrektur durchzuführen.

Äquatorialguinea, kleines Tropenland an der W-Küste Zentralafrikas, am Golf von Guinea (Golf von Biafra). – *Fläche:* 28051 km², davon entfallen 26017 km² auf das Festland und 2034 km² auf verschiedene vulkanische Inseln, deren größte Bioko (2017 km²) ist. – *Einwohner* (E): (1985) 392000 (14,0 E/km²; auf dem Festland [1984] 11,3 E/km², auf der Insel Bioko 51,6 E/km2). – *Hauptstadt:* Malabo (Santa Isabel) an der N-Küste der Insel Bioko (1983: ca. 40000 E); eine weitere wichtige Stadt ist Bata.

Staats- und Regierungsform: Von 1843 bis 1968 spanische Kolonie, seit 1968 präsidiale Republik, Verfassung vom August 1982; Staatsrat (11 Mitglieder) und Nationalversammlung (mit 41 gewählten Abgeordneten), politische Parteien sind nicht zugelassen; verwaltungsmäßig gegliedert in die Festlandsprovinz Mbini (Rio Muni) und die Provinz Bioko (Fernando Póo). – *Amtssprache:* Spanisch.

Wirtschaft: Das 1968–79 herrschende Macias-Nguema-Regime warf Ä. in seiner wirtschaftlichen Entwicklung weit zurück. Nach dem Sturz der Regierung Nguema wurden zur Reaktivierung der Wirtschaft große Anstrengungen unternommen, u.a. Erlaß eines liberalisierten Investitionsgesetzes zur Förderung ausländischer Kapitalanlagen. Ä. zählt zu den Entwicklungsländern. – *Landwirtschaft:* Schwerpunkte der landwirtschaftlichen Produktion sind der Küstenstreifen der N-Hälfte der Insel Bioko, auf dem Festland das Küstengebiet und kleinere Gebiete im Landesinnern. Die Deckung des Eigenbedarfs erfolgt vorwiegend durch Subsitenzwirtschaft. Anbauprodukte, die v. a. der Selbstversorgung dienen, sind Maniok, Süßkartoffeln, Erdnüsse, Palmkerne, Mais, Gemüse und Sisal. Erzeugnisse der exportorientierten Plantagenwirtschaft sind qualitativ hochwertige Kakaobohnen (1984: 10 000 t) und Kaffee (1984: 7000 t). – Wenig entwickelte Viehzucht; geplant ist der Bau einer Geflügelfarm. – *Forstwirtschaft:* Ca. 60% der Gesamtfläche sind mit Wald bestanden. Tropische Edelhölzer für den Export werden vorwiegend auf dem Festland gewonnen. Holzeinschlag: (1984) 548 000 m³. – Das *Fischereiwesen* befindet sich im Aufbau (Fangmenge 1983: 2500 t). – *Bergbau und Industrie:* Geringe Vorkommen von Titan. Abgebaut werden bisher ein kleineres Goldvorkommen sowie Kalkstein und Lehm. Große Bedeutung wird der Erschließung der Erdöl- und Erdgasvorkommen beigemessen. Die Industrie steht am Beginn ihrer Entwicklung. Betriebe kleinindustrieller oder handwerklicher Art verarbeiten hauptsächlich land- und forstwirtschaftliche Produkte (Kakao, Holz, Kaffee, Getreide, Pflanzenfasern, Fisch und Milch). Die Industrialisierung wird u. a. durch die ungenügende Stromversorgung behindert. 1988 soll das im Bau befindliche Wasserkraftwerk am Riaba-Fluß in Betrieb genommen werden. – *BSP:* (1982) 131 Mill. US-$ (162 US-$ je E). – *Export:* (1984) 33,54 Mill. US.$, v. a. Kakao, Holz, Kaffee. – *Import:* (1984) 35,05 Mill. US-$, v. a. Erdöl und -erzeugnisse, Nahrungsmittel, bearbeitete Waren, Maschinen und Fahrzeuge. – *Wichtigste Handelspartner:* EG-Länder.

V e r k e h r : Das *Straßennetz* der Insel Bioko umfaßt 178 km, das des Festlandes 1500 km und ist somit relativ dicht. Z. T. sind die Straßen befestigt. – Keine *Eisenbahn* für den öffentlichen Verkehr, lediglich eine Werkbahn für den Holztransport. – Die *Handelsflotte* zählt zwei Schiffe über 100 BRT. Wichtigster *Hafen* ist Malabo; der größte Hafen des Festlandes ist Bata. – Zwei internationale *Flughäfen:* Malabo und Bata; Bata soll ausgebaut werden. Die nationale Fluggesellschaft wurde als Zweig der Fluggesellschaft „Iberia" gegründet.

M i t g l i e d s c h a f t e n : UNO, AKP, OAU, UNCTAD u. a.

W ä h r u n g : 1 CFA-Franc = 100 Centimes (c).

äquivalentes Gleichungssystem, →äquivalentes Restriktionssystem.

äquivalentes Restriktionssystem, zwei Restriktionssysteme (insbes. auch zwei Glei-

chungssysteme), deren →Lösungsmengen identisch sind.

äquivalente Verursachung, Bezeichnung dafür, daß alle den Erfolg bedingenden Handlungen (Handlungen, die nicht hinweggedacht werden können, ohne daß der Erfolg entfiele) gleichwert sind *(Äquivalenztheorie);* es gibt keine überwiegenden Bedingungen oder Ursachenelemente.

Äquivalenzkoeffizient, Kennzahl für die aktuelle →ökologische Knappheit eines Umweltgutes (→natürliche Ressourcen, Umweltmedium), das durch Input oder Output von Produktion oder Konsum beansprucht wird. – 1. Der Ä. ist eine monoton wachsende *Funktion* der ökologischen Knappheit: Sein Wert ist bei Ratenknappheit um so größer, je mehr sich die tatsächliche Verbrauchsmenge eines Umweltguts bzw. die tatsächliche Immissionsmenge in ein Umweltgut der maximal zulässigen Verbrauchs- bzw. Immissionsmenge nähert. Bei Kumulativknappheit ist der Ä. um so größer, je mehr sich die Erschöpfung der Reserven nähert; er geht gegen unendlich. – 2. *Maßeinheit* (Dimension): Ökologische Recheneinheiten pro physikalischer Verbrauchsgröße (bei Beanspruchung durch Input von Produktion/Konsum) bzw. pro Emissionsgröße (bei Beanspruchung durch Output von Produktion/Konsum). – 3. *Anwendung:* Bei Kenntnis der ökologischen Wirkungen einer umweltbeeinflussenden Maßnahme kann mit Hilfe der Ä. die aufgrund zusätzlicher Umweltverzehrs anzulastende bzw. aufgrund umweltschonender Effekte gutzuschreibende Anzahl an ökologischen Recheneinheiten berechnet werden; der Saldo ergibt den *ökologischen Grenzschaden* bzw. *Grenznutzen* einer umweltbeeinflussenden Maßnahme, ein mögliches Beurteilungskriterium. – Grundlage der →ökologischen Buchhaltung.

Äquivalenzprinzip, Gedanke der Gleichheit von Leistung und Gegenleistung.

I. B e s t e u e r u n g : →Besteuerungsprinzip, nach dem sich Leistung des Steuerzahlers und Gegenleistung des Staates entsprechen sollen; auch *benefit principle* genannt. Für den Nutzen, den die Bürger aus öffentlichen Gütern und Diensten ziehen, sollen sie ein marktpreisähnliches Entgelt zahlen. – *Beurteilung:* Nach heutiger Meinung ist das A. unbrauchbar, da der Nutzen i. d. R. nicht praktikabel meßbar und individuell zurechenbar ist. – Vgl. auch →Äquivalenztheorie. – *Gegensatz:* →Leistungsfähigkeitsprinzip.

II. I n d i v i d u a l v e r s i c h e r u n g : Grundsatz, nach dem jeder →Versicherte im Rahmen der →Gefahrengemeinschaft weitgehend entsprechend seinem speziellen Risiko, ausgedrückt in möglichst gerechter →Prämie, zur Versicherungsunternehmung beiträgt. – Bedeutet in der Prämienkalkulation, daß der

versicherungstechnische →Barwert der Netto-
prämien dem Barwert der Versicherungsleistungen entsprechen muß.

III. Sozialversicherung: In der →Ren-
tenversicherung der Arbeiter und Angestellten
gilt das Ä., eingeführt durch den Faktor „p"
der →Rentenformel; das ist der Prozentsatz
der persönlichen Bemessungsgrundlage, die
die Kopplung von Leistung und Gegenleistung (Beitragszahlung und Rentenhöhe) ausdrückt. – *Beurteilung:* Angesichts der Notwendigkeit, auch bei niedrigen Einkommen zu
einer ausreichenden Rente zu kommen, wird
dieser Tatbestand gelegentlich dahingehend
kritisiert, daß eine gewisse Umverteilung von
den hohen zu den sehr niedrigen Renten
möglich sein müßte.

IV. Lohn und Leistung: Grundsatz des
leistungsgerechten Lohns (Lohngerechtigkeit). Bezieht sich nicht auf eine Festlegung
der absoluten Lohnsumme, sondern fordert,
daß die relative Lohnhöhe, also die Verhältnisse der einzelnen betrieblichen Löhne
zueinander, den jeweiligen Leistungen entsprechen. Das Ä. beinhaltet: a) Forderung
nach *Äquivalenz von Lohn und Anforderungs-
grad* (Arbeitsschwierigkeit), errechenbar
durch eine geeignete Lohnsatzdifferenzierung:
Mit Hilfe der →Arbeitsbewertung sind die
Anforderungsgrade der einzelnen Arbeitstätigkeiten als Grundlage für die arbeitsplatz-
weise Differenzierung der Lohnsätze auf der
Basis der →Normalleistung zu bestimmen. b)
Äquivalenz von Lohn und Leistungsgrad (persönliche Leistung), erreichbar durch die Wahl
einer geeigneten →Lohnform: Durch die Differenzierung des Lohns für einzelne Arbeitstätigkeiten nach dem persönlichen Arbeitsergebnis im Vergleich zur Normalleistung.

V. Zollrecht: Grundsatz, daß Waren von
verschiedenem Status (z. B. Zollgut und
Waren des freien Verkehrs) nach Menge und
Beschaffenheit einander entsprechen müssen.
Im →Veredelungsverkehr von Bedeutung: Im
aktiven Veredelungsverkehr können an die
Stelle von ausländischen Waren, die zu Ver-
edelungszwecken eingeführt worden sind,
gleichartige inländische Erzeugnisse treten,
vorausgesetzt, die Waren beider Kategorien
haben übereinstimmende Merkmale.

Äquivalenztheorie, *Interessentheorie,*
→Steuerrechtfertigungslehre, theoretische
Rechtfertigung der Besteuerung als eine ver-
tragsmäßige Gegenleistung des einzelnen für
den Nutzen, den ihm der Staat gewährt. Die
Höhe der Steuer soll vom Umfang der vom
Staat erbrachten Leistungen abhängen
(→Äquivalenzprinzip). – *Vertreter:* Locke,
Montesquieu, Schlözer u. a.

Äquivalenzziffer, in der Äquivalenzziffernrechnung (→Divisionskalkulation II 3) (vgl.
dort III) und in der Kalkulation von →Kup-

pelprodukten (vgl. dort III) angewandte
Gewichtungsziffer, mit deren Hilfe verschiedenartige Leistungen auf eine gleichnamige
Leistung umgerechnet werden, um damit eine
einheitliche Bezugsbasis zur Verrechnung von
Kosten zu gewinnen. – *Beispiel:* Eine Leistung
(oft →Richtsorte genannt) wird gleich 1
gesetzt, die übrigen Sorten erhalten eine proportional der Relation der jeweiligen Sollzei-
ten verlaufende Ä. Der sich bei Division der
→Plankosten durch die gewichtete Leistungsmenge ergebende →Standardkostensatz läßt
sich durch Multiplikation mit der jeweiligen
Ä. für andere Sorten errechnen. – Entsprechend erfolgt die Umrechnung der aus verschiedenen Leistungssorten zusammengesetzten Istleistung einer →Kostenstelle auf eine
gleichnamige Leistungsmenge, zur Ermittlung
von deren →Beschäftigungsgrad. – *Bedeutung:* Ä. streben eine Vereinfachung der
Kostenerfassung und -verrechnung an, wollen
jedoch trotzdem eine verursachungsgerechte
Abbildung erreichen. Ausnahme: Verwendung von Ä. im Rahmen der Kuppelprodukt-
kalkulation.

Äquivalenzziffernrechnung, →Divisions-
kalkulation I 3.

AR, Abk. für →Aufsichtsrat.

Ar (a), Flächenmaß (→gesetzliche Einheiten,
Tabelle 1). 1 a = 100 m².

Arabische Liga, *League of Arab States
(LAS),* aus der panarabischen Bewegung
entstandener Konsultativ- und Nichtangriffs-
pakt. – *Gründung:* 22. 3. 1945 durch sieben
arabische Staaten. – *Mitglieder:* Alle arabischen Staaten außer Ägypten (1979 ausgeschlossen); Sitz: Tunis. – *Ziele:* Engere wirtschaftliche, militärische, politische und kulturelle Zusammenarbeit sowie Wahrung der
arabischen Interessen. Da Beschlüsse nur für
die Staaten bindend sind, die diesen Beschlüssen zugestimmt haben, bleiben viele Verhand-
lungsergebnisse wirkungslos. *Fernziel:* Bildung *eines* arabischen Staates. – Es bestehen
Spannungen innerhalb der A. L. zwischen den
konservativen und den fortschrittlichen Mitgliedstaaten.

**ARB, Allgemeine Bedingungen für Roll-
fuhrunternehmer,** →Rollfuhrvertrag.

Arbeit. I. Begriff/Begriffsentwick-
lung: Zielgerichtete, soziale, planmäßige und
bewußte, körperliche und geistige, typisch
menschliche Tätigkeit. Ursprünglich war A.
der Prozeß der Auseinandersetzung des Menschen mit der Natur zur unmittelbaren Existenzsicherung; wurde mit zunehmender
sozialer Differenzierung und →Arbeitsteilung
und der Herausbildung einer Tauschwirt-
schaft und →Geldwirtschaft mittelbar. – In
der Antike und im Mittelalter waren die
Begriffsinhalte von A. negativ und abwertend:

A. galt als unwürdige Tätigkeit, deren sprachliche Synonyme Mühsal, Plage, Last und Not waren; sie wurde dadurch auch zur Angelegenheit der unteren sozialen Schichten. Erst durch die *christliche Religion* erhielt A. eine positive Bestimmung; insbes. in der *protestantischen Ethik* ist A. identisch mit Pflichterfüllung und gottgefälligem Tun, und in einer asketischen, durch A. geprägten Lebensweise wird bereits im Diesseits die Vorbestimmtheit für die ewige Seligkeit sichtbar. Die hohe Bewertung von A. hat sich in den sich früh industrialisierenden westlichen Gesellschaften durchgesetzt; *Max Weber* (1864–1920) sah in der protestantischen Ethik die Voraussetzungen für den kapitalistischen Industrialisierungsprozeß. Auch gegenwärtig unterliegt A., auch →Arbeitseinkommen und der sich darin dokumentierende Erfolg, einer positiven sozialen Bewertung.

II. V o l k s w i r t s c h a f t s t h e o r i e : →Produktionsfaktor neben →Boden und →Kapital. A. ist wie Boden ein originärer bzw. ursprünglicher Produktionsfaktor. – Problematisch ist es, daß die Untrennbarkeit von Mensch und Arbeitskraft unberücksichtigt bleibt; deshalb wird A. als eigentlicher Produktionsfaktor, Boden und Realkapital als Produktionsmittel bezeichnet (Preiser). Vgl. auch →Wertlehre. – Da Person des Arbeitenden und Abgabe von Arbeitsleistungen nicht trennbar sind, stellt eine zunehmende →*Arbeitsteilung* (Spezialisierung) eine Einschränkung der Selbstbestimmung und Selbstentfaltung bis hin zur völligen Fremdbestimmung des Arbeitnehmers dar; kann u. U. Ursache sozialer Spannungen sein. Dem entgegenzuwirken, ist Zweck der Betriebsverfassungs- und Mitbestimmungsgesetze.

III. A r b e i t s w i s s e n s c h a f t / I n d u - s t r i e b e t r i e b s l e h r e : Ursprünglich wurde A. nur als Ausdruck der ökonomisch relevanten Kostengütermenge A. betrachtet. Die Definition hatte auszugehen von den ökonomischen Wirkungen der A., die auf Nutzung der Arbeitskraft in der Zeit beruht: Arbeit = Arbeitskraft × Arbeitszeit. – Arbeitskraft und Arbeitszeit sind jedoch keine ökonomischen Begriffe oder Tatbestände, sondern haben in Physik, Physiologie, Soziologie, Psychologie usw. ihre Wurzeln. Aus diesem Grund wird heute A. wesentlich umfassender als ein Potential des Menschen zur Existenzsicherung verstanden, das soziologische, psychologische, physiologische sowie ökonomische, produktive Dimensionen besitzt.

IV. S o z i o l o g i e : A. wird im Zusammenhang mit den historisch-gesellschaftlichen Bedingungen problematisiert. A. ist ein Prozeß, in dem Menschen soziale Beziehungen eingehen, die zum gesamten Lebenszusammenhang von zentraler Bedeutung sind. – Die *Formen der A.* bestimmen die Art der sozialen Beziehungen auch über den A.sprozeß hinaus und sind Ausdruck des Entwicklungsstandes von Gesellschaften, ihrer sozialen Strukturen, Organisations- und Kooperationsformen und Herrschaftsordnungen; demzufolge stehen sozialer Wandel und die Veränderung von A.sformen und A.sinhalten in enger Beziehung. A. und Gesellschaft sind seit der Industrialisierung einem dynamischen Wandel ausgesetzt, der vorwiegend durch die Entwicklung der Technik determiniert ist, die die A. umittelbar betrifft und zu Strukturumwandlungen in Wirtschaft und Gesellschaft führt. Technik und Arbeitsteilung kennzeichnen industrielle A., und technische Entwicklungen verändern diese permanent, z. B. gegenwärtig Automatisierung von Produktionsprozessen und zunehmender Einsatz der Mikroelektronik. – Ein wesentlicher Aspekt für die Zukunft der A. ist die *zunehmende Freizeit*, durch die die zentrale Stellung der A. im menschlichen Lebenszusammenhang und die Bedeutung der A. für die sozialen Beziehungen berührt wird. Auch ist zu vermuten, daß mit dem Bedeutungsverlust von A. auf individueller und sozialer Ebene ein Wandel in der Bewertung von A. einhergeht. – Vgl. auch →Arbeitsentfremdung, →Arbeitszufriedenheit.

Arbeit auf Abruf, *kapazitätsorientierte variable Arbeitszeit,* Vereinbarung zwischen Arbeitgeber und -nehmer, daß der Arbeitnehmer seine Arbeitsleistung entsprechend dem Arbeitsanfall erbringt. – *Gesetzliche Regelung:* Art. 1 § 4 BeschFG. – *Inhalt:* 1. Die *Dauer der Arbeitszeit* ist vertraglich zu regeln; sie kann nicht der Weisung des Arbeitgebers (→Direktionsrecht) überlassen werden. Ist eine bestimmte Dauer der Arbeitszeit nicht festgelegt, gilt eine wöchentliche Arbeitszeit von zehn Stunden als vereinbart. – 2. Es kann vereinbart werden, daß die *Lage der Arbeitszeit* am Tag (oder Woche oder Monat) nach Bedarf angesetzt wird, allerdings mit viertägiger Ankündigungsfrist. Ist die tägliche Dauer der Arbeitszeit nicht vereinbart, ist der Arbeitgeber verpflichtet, den Arbeitnehmer jeweils für mindestens drei aufeinanderfolgende Stunden zur Arbeitsleistung in Anspruch zu nehmen.

Arbeiter. I. A r b e i t s r e c h t : 1. *Begriff:* →Arbeitnehmer, der nicht die Merkmale des Begriffs des →Angestellten erfüllt. Eine Unterscheidung nach begrifflich eindeutigen Merkmalen ist kaum möglich; ursprüngliche Unterscheidung nach dem Gesichtspunkt, daß Angestellte geistige, A. manuelle Arbeit verrichten, heute nicht aufrechtzuerhalten (Facharbeitertätigkeit mit hohen geistigen Anforderungen verbunden). Maßgebend für die Einordnung ist die Verkehrsanschauung: Büroarbeit, kaufmännische Tätigkeit (auch einfacher Art) sowie Verkaufstätigkeit im Warenhaus begründen Angestellteneigenschaft; Kellner und Straßenbahnschaffner sind

Arbeiter. Bei gemischter Tätigkeit ist entscheidend, welche Tätigkeitsart der Arbeitsleistung das Gepräge gibt. – *Auszubildende* sind entsprechend der Gruppe des Ausbildungsberufes zuzurechnen. – Die Einstufung des Arbeitnehmers als Angestellter oder als A. richtet sich nach der tatsächlich ausgeübten Tätigkeit. – 2. *Einteilung:* →gelernte Arbeiter, →angelernte Arbeiter und →ungelernte Arbeiter; wichtig für Entlohnung. – Vgl. auch →Facharbeiter. – 3. *Sonderbestimmungen* für gewerbliche A. (→gewerbliche Arbeitnehmer) in der Gewerbeordnung (vgl. dort VII). – 4. Verlängerte →*Kündigungsfristen* für →*ältere* Arbeiter. – 5. *Rentenversicherung:* Vgl. →Arbeiterrentenversicherung.

II. Amtliche Statistik: Alle Lohnempfänger, unabhängig von der Lohnzahlungs- und Lohnabrechnungsperiode und der Qualifikation, ferner Heimarbeiter und Hausgehilfinnen, einschl. Auszubildende in anerkannten gewerblichen Ausbildungsberufen. – Bei den →*Lohnstatistiken* wird von der Versicherungspflicht in der Arbeiterrentenversicherung ausgegangen. Die weitere systematische Unterteilung dieser Gruppe von Erwerbstätigen erfolgt in *einzelnen Teilen der Wirtschaftsstatistik* in unterschiedlicher Breite und Tiefe. – Vgl. im einzelnen →Volkszählung, →Mikrozensus, →Arbeitsmarktstatistik, →Beschäftigtenstatistik, Monatsbericht im →Produzierenden Gewerbe, →Handwerkszählung, →Landwirtschaftsstatistik.

Arbeiterbewegung. I. Begriff: Gemeinsame organisierte Willensbestrebung der Lohnarbeiter zur Durchsetzung ihrer Interessen und Forderungen; eine Folge der zu Beginn des 19. Jh. einsetzenden →Industrialisierung, mit der an die Stelle des alten Zunftrechts die →Gewerbefreiheit trat, das frühere Herrschafts- und Dienstverhältnis in ein reines Vertragsverhältnis umwandelte und die rechtliche Freiheit und Selbständigkeit des gewerblichen Lohnarbeiters anerkannte.

II. Entstehung: Die moderne Fabrikindustrie mit →Maschinisierung und weitgehender →Arbeitsteilung schuf eine neue, mit der Ausdehnung des Großbetriebes zunehmende →*Arbeiterklasse* und führte zu einer vollständigen Umgestaltung der wirtschaftlichen und sozialen Lage des Arbeiters. Das Streben nach Ausdehnung des Marktes und damit nach niedrigsten Preisen hatte Drückung der Arbeitslöhne und in immer steigendem Maße Heranziehung der billigsten Arbeitskräfte (Frauen und Kinder) zur Folge. So entstand schließlich das *Proletariat* als 4. *Stand,* der sich mit zunehmendem Klassenbewußtsein fortschreitend in Gegensatz zu der politischen und gesellschaftlichen Ordnung stellte. Die A. des 19. Jh. war zunächst eine rein soziale Bewegung mit dem Ziel der Verbesserung der sozialen Verhältnisse der Lohnarbeiter. Die *Sozialge-*

setzgebung des ausgehenden 19. und beginnenden 20. Jh. hatte zwar die Lage der Arbeiterschaft in wesentlichen Punkten verbessert, aber nicht zur Befriedigung des sozialen Lebens geführt. Die scharfen Gegensätze zwischen Unternehmern und Arbeiterklasse blieben bestehen. Nach der Lehre des →*Marxismus* sahen große Teile der Arbeiterschaft im Staat eine Einrichtung der herrschenden Klasse zur Unterdrückung des Klassengegners, also der Arbeiter oder des →Proletariats.

III. Jüngere Entwicklung: Unter radikalen Führern war Ziel der A. nicht mehr die Verbesserung der sozialen Lage der Arbeiterschaft, sondern allgemein das Ende des →Kapitalismus mit Mitteln des →Klassenkampfes (Diktatur des Proletariats). Der Wunsch nach organisierter Zusammenfassung großer Arbeitermassen führte nach schrittweiser Aufhebung der Koalitionsverbote zur Bildung von →*Gewerkschaften,* deren Aufgabe die Vertretung der wirtschaftlichen und politischen Arbeiterinteressen war und die nach dem Ersten Weltkrieg zu machtvoller Bedeutung gelangten. Die Gewerkschaftsbewegung war indessen nicht einheitlich, sondern wies *verschiedene Einstellungen* zum Gedanken *des Klassenkampfes* auf. Dieser wurde von den christlichen und liberalen (Hirsch-Dunckerschen) Gewerkschaften abgelehnt, dagegen zunächst von den freien (und stärksten) Gewerkschaften mit dem Ziel des wirtschaftlichen Sozialismus stark vertreten. Mit Beginn des 20. Jh. setzte sich fortschreitend auch in den freien Gewerkschaften der westlichen Länder die Anerkennung der politischen Demokratie aus der erstrebenswerten Staatsform durch. Dagegen gelangte in Rußland nach dem Ende des Ersten Weltkrieges die alte revolutionäre Richtung in der Form des →Bolschewismus zum Sieg. – *Seit 1945* manifestiert sich die deutsche Arbeiterbewegung überwiegend in den →Gewerkschaften als verfassungsmäßig anerkannten →Sozialpartnern.

Arbeiterkammern, *Arbeitnehmerkammern,* als Gegengewicht zu den Handwerks-, Landwirtschafts- sowie Industrie- und Handelskammern gedachte öffentlich-rechtliche Selbstverwaltungskörperschaften mit Pflichtmitgliedschaft und Pflichtbeitrag. A. haben das Ziel, die Interessen der Arbeitnehmer in wirtschaftlicher, sozialer und kultureller Hinsicht wahrzunehmen und zu fördern. Erstattung von Gutachten und Berichten für Behörden und Gerichte; Maßnahmen zur Förderung der Berufsausbildung. In der Bundesrep. D. nur in Bremen und im Saarland. A. auch in Österreich und Luxemburg.

Arbeiterklasse, Begriff des wissenschaftlichen →Sozialismus. Die A. umfaßt danach als eine der beiden Hauptklassen der kapitalistischen Gesellschaft die nicht im Besitz von Produktionsmitteln befindlichen Lohnabhängigen.

Arbeiterrentenversicherung, früher: *Invalidenversicherung,* Zweig der deutschen →Sozialversicherung; umfaßt die Rentenversicherung der Arbeiter.

I. R e c h t s g r u n d l a g e n : Vorgesehen in der kaiserlichen Botschaft vom 17.11.1881 als Fürsorge für diejenigen, „die durch Alter oder Invalidität erwerbsunfähig werden". Begründet durch das Gesetz betreffend die Invaliditäts- und Altersversicherung vom 22.6.1889, das am 1.1.1891 in Kraft trat. Nach mehrfachen Änderungen wurde dieses Gesetz unter Aufnahme der Hinterbliebenenversicherung in die Reichsversicherungsordnung (RVO) vom 19.7.1911 eingearbeitet. Die heutige Fassung der Reichsversicherungsordnung, soweit sie sich auf die Rentenversicherung der Arbeiter bezieht, geht im wesentlichen auf das Gesetz zur Neuregelung des Rechts der Rentenversicherung der Arbeiter *(Arbeiterrentenversicherungs-Neuregelungsgesetz* – Ar-VNG) vom 23.2.1957 (mit Wirkung v. 1.1.1957) sowie der späteren Änderungen und Ergänzungen zurück.

II. G e l t u n g s b e r e i c h : Die A. beruht auf dem Prinzip der Versicherungspflicht (→Pflichtversicherung). – 1. *Pflichtversicherte:* a) alle gegen Entgelt beschäftigten →Arbeiter und in arbeiterähnlicher Stellung Tätigen, mit Ausnahme der im Bergbau Beschäftigten (für diese vgl. →Knappschaftsversicherung), sowie die entsprechenden Auszubildenden und sonst zu ihrer Ausbildung Beschäftigten; b) Küstenfischer und Küstenschiffer, sofern sie höchstens zwei Versicherungspflichtige beschäftigen, →Hausgewerbetreibende sowie selbständige →Heimarbeiter; c) Mitglieder geistlicher Genossenschaften, Diakonissen, Rote-Kreuz-Schwestern und Angehörige ähnlicher Gemeinschaften beim Vorliegen bestimmter Voraussetzungen; d) Wehrpflichtige und Zivildienstleistende, die im Zeitpunkt der Einberufung in der A. pflichtversichert waren; e) Bezieher von Vorruhestandsgeld, wenn sie unmittelbar vor Beginn der Leistung in der A. versichert waren. – 2. *Freiwillige Versicherung:* Vgl. →freiwillige Versicherung II. – 3. *Versicherungsfrei:* Personen in →geringfügiger Beschäftigung, →Werkstudenten und Beschäftigte, deren ein Versorgungsanspruch zusteht (Beamte), u. a. – 4. *Befreiung von der Versicherungspflicht* für eine kleinere Gruppe von Beschäftigten.

III. L e i s t u n g e n : 1. *Voraussetzung für die Leistungsgewährung:* a) Eintritt des →Versicherungsfalls; b) Zurücklegung einer bestimmten Beitragszeit (→Wartezeit); c) Antragstellung (i. d. R.). – 2. *Leistungsarten:* a) *Renten:* (1) Renten bei →Berufsunfähigkeit

oder →Erwerbsunfähigkeit (§§ 1246, 1247 RVO). – (2) →Atersruhegeld (§ 1248 RVO). – (3) Hinterbliebenenrenten (→Witwenrenten, →Witwerrenten, →Waisenrenten) bei Tod oder Verschollenheit des Versicherten an den Ehegatten und an die Kinder (i. d. R. bis zur Vollendung des 18. Lebensjahres, beim Vorliegen bestimmter Voraussetzungen bis zur Vollendung des 25. Lebensjahres). Rente an den früheren Ehegatten, wenn die Ehe vor dem 1.7.1977 geschieden, für nichtig erklärt oder aufgehoben ist (→Geschiedenen-Witwenrente – § 1265 RVO); →Erziehungsrenten an den unverheirateten früheren Ehegatten, dessen Ehe nach dem 1.7.1977 geschieden, für nichtig erklärt oder aufgehoben ist (§ 1265 a RVO). – b) *Beitragserstattung:* Wenn die Versicherungspflicht in allen Zweigen der gesetzlichen Rentenversicherung entfällt, ohne daß das Recht zur →freiwilligen Versicherung besteht, wenn seit dem Wegfall der Versicherungspflicht zwei Jahre verstrichen sind und inzwischen nicht erneut eine versicherungspflichtige Beschäftigung oder Tätigkeit ausgeübt worden ist. Diese Regelung gilt entsprechend für die Witwe und den Witwer, wenn der Anspruch auf Hinterbliebenenrente wegen nicht erfüllter Wartezeit nicht gegeben ist (§ 1303 RVO). Die Beitragserstattung bei Eheschließung ist seit 1.1.1986 weggefallen (→Heiratserstattung). – c) *Medizinische, berufsfördernde* und *ergänzende Leistungen* zur →Rehabilitation zur Erhaltung, Besserung und Wiederherstellung der Erwerbsfähigkeit (§§ 36 ff. RVO). Insbes. die Gewährung von Heilverfahren, Hilfen zur Erhaltung oder Erlangung eines Arbeitsplatzes, Fortbildungs- und Umschulungsmaßnahmen.

IV. B e i t r ä g e : 1. *Höhe:* a) Von den versicherungspflichtigen *Arbeitnehmern* in Höhe von 19,2% (1986) des →Arbeitsentgelts bis zur jeweils geltenden →Beitragsbemessungsgrenze; sie werden im allgemeinen je zur Hälfte vom Arbeitgeber und Arbeitnehmer getragen und zusammen mit den Beiträgen zur Kranken- und Arbeitslosenversicherung an die zuständige Krankenkasse abgeführt (→Lohnabzugsverfahren). – b) Von den versicherungspflichtigen *Selbständigen* je nach der Höhe des Einkommens in der gesetzlich vorgeschriebenen Höhe im Weg des Abbuchungsverfahrens (§ 1405 RVO, § 1387 RVO). – c) Von den *freiwillig Versicherten* durch bargeldlose Überweisung oder Kontenabbuchungsverfahren; Beitragshöhe und Anzahl der Monate steht dem freiwillig Versicherten frei (§ 1388 RVO); →freiwillige Versicherung. – 2. Der *Nachweis* des Versicherungsverhältnisses wird mit Hilfe von →Versicherungsnachweisheften und der Bestätigung des Versicherungsträgers über die geleisteten Beiträge geführt.

V. V e r s i c h e r u n g s t r ä g e r : →Landesversicherungsanstalten und Sonderanstalten (Bundesbahnversicherungsanstalt für die

Arbeiter der Bundesbahn, Seekasse für Seeleute usw. sowie →Bundesknappschaft für die Arbeiter im Bergbau und in dessen Nebenbetrieben). Interner Lastenausgleich sorgt für gleichmäßige Belastung der Versicherungsträger.

Arbeiterselbstverwaltung. 1. *Allgemein:* Form der laboristischen Unternehmensverfassung, bei der die unternehmerische Willensbildung durch die in dem Betrieb beschäftigten Mitarbeiter erfolgt. Sie haben bei der Entscheidungsfindung gleiches Stimmrecht. Sie üben gleichberechtigt und gemeinsam die Unternehmerfunktion aus, soweit sie ihre Kompetenzen nicht an einen von ihnen gewählten Ausschuß delegieren; die Unternehmerfunktion ist nicht an Vermögensanteile an dem jeweiligen Betrieb gebunden, so daß mit dem Prinzip der A. das →Einkommensprinzip korrespondiert. – Die A. ist Bestandteil der meisten Konzeptionen der →*Rätedemokratie,* wird auch in *Kooperativen* (Alternativbetrieben) in privatwirtschaftlichen Marktwirtschaften angewandt. Sie ist das grundlegende Prinzip in der →*selbstverwalteten sozialistischen Marktwirtschaft Jugoslawiens.* – 2. *A. in Jugoslawien:* Die Beschäftigten betriebswirtschaftlich abgrenzbarer Unternehmensabteilungen sind in Grundorganisationen der vereinten Arbeit (GOVA) zusammengeschlossen, in denen sie die Verfügungsrechte an den Produktionsmitteln besitzen und über die Aufteilung der am Markt erzielten Erlöse auf die Einkommen der Mitarbeiter und die Finanzierung betrieblicher Zwecke entscheiden. – Bei 30 und mehr Mitgliedern wählen die Beschäftigten einen Arbeiterrat (AR) mit den Funktionen: Festlegung der Geschäftspolitik, Verteilung des Einkommens, Bewilligung der Unternehmensplanung und des Jahresabschlusses, Wahl des Direktors und der Mitglieder verschiedener Verwaltungs- und Vollzugsausschüsse, von denen der Exekutivausschuß besonders wichtig ist. Die Mitglieder des AR sind an Weisungen der Beschäftigten gebunden, jedoch zur Einigung und Kompromißfindung verpflichtet. Mit Ausnahme der Wahlkompetenz kann der AR seine Kompetenzen einem *Exekutivausschuß* übertragen. – Der *Direktor* wird vom AR auf Vorschlag der *Ausschreibungskommission* (Mitglieder: Vertreter des AR, der Betriebsgewerkschaften und der Gebietskörperschaften unter dominierendem Einfluß der kommunistischen Partei) gewählt. Der Direktor führt die Beschlüsse des AR aus, leitet das Unternehmen und vertritt es nach außen. – Weiteres Organ der A. ist die *Arbeiterkontrolle,* die die Einhaltung der gesetzlichen A.svorschriften und die Wahrung der Interessen der Beschäftigten überwacht. – Die GOVAs können sich auf der Basis freiwilliger Selbstverwaltungsabkommen auf Unternehmensebene zu *Arbeitsorganisationen* (AO) zusammenschließen und z.T.

ihre Kompetenzen an den zentralen AR der AO und die zentralen Verwaltungsorgane delegieren. Nach dem gleichen Prinzip können AO konzernähnliche *Zusammengesetzte Organisationen der vereinten Arbeit* (ZOVA) bilden. Gesetzlich vorgeschrieben ist, daß diese sich zu *Branchenvereinigungen* und der gemeinsamen Dachorganisation der *Wirtschaftskammer Jugoslawiens* zusammenschließen. – Entgegen der Konzeption der jugoslawischen A. haben Direktor und Management (Ausschußmitglieder) *dominierende Positionen im Entscheidungsprozeß* gewonnen, deren juristische Fixierung (v.a. persönliche Verantwortung) bisher durch den Gesetzgeber nicht durchgeführt wurde.

Arbeiterwanderungen, kürzere oder dauernde Ortsveränderung von Arbeitnehmern zwecks Arbeitsaufnahme. A. dienen dem Ausgleich zwischen Angebot von und Nachfrage nach Arbeit auf den regional unvollkommenen Teilmärkten des Arbeitsmarktes. – Vgl. auch →Pendelwanderung, →Wanderung, →Wanderungsstatistik.

Arbeitgeber. I. B e g r i f f : A. ist, wer mindestens einen →Arbeitnehmer beschäftigt. A. kann auch eine juristische Person sein. Der Begriff A. ist arbeitsrechtlicher Natur und zu unterscheiden vom Begriff des →Unternehmers, der wirtschaftliche und wirtschaftsrechtliche Bedeutung hat. – Unter besonderen arbeitsvertraglichen Verhältnissen, in denen die Arbeit einer anderen Person zu leisten ist als dem Vertragspartner (z.B. →Leiharbeitsverhältnis, →mittelbares Arbeitsverhältnis) kann eine *Aufspaltung der Arbeitgeberstellung* in Betracht kommen.

II. R e c h t s g r u n d l a g e d e r A. s t e l l u n g : Wer sich aufgrund der vom Staat anerkannten Wirtschaftsverfassung als Unternehmer betätigen will, darf Arbeitnehmer zu dem von ihm verfolgten Zweck einsetzen. Die durch Art. 12 I GG geschützte Berufs- und Gewerbefreiheit gewährleistet auch die Vertragsfreiheit des A. zum Abschluß von →Arbeitsverträgen mit abhängig Beschäftigten. Das Recht des A. zur Organisation des Arbeitsablaufs und der Erteilung von Weisungen an die Arbeitnehmer (→Direktionsrecht) folgt aus der Betriebsleitungsbefugnis (Leitungsmacht) des privaten Unternehmers bzw. der Organisationsgewalt der öffentlichen Hand.

III. P f l i c h t e n d e s A. : 1. *Hauptpflicht:* Zahlung von →Arbeitsentgelt (§611 BGB). Eine Vergütung gilt als stillschweigend vereinbart, wenn die Dienstleistung den Umständen nach nur gegen eine Vergütung zu erwarten ist (§612 BGB). – 2. *Nebenpflichten:* Wahrung schutzwürdiger Interessen des Arbeitnehmers, die →Fürsorgepflicht des Arbeitgebers;

→Gleichbehandlung der Arbeitnehmer. – 3. Nach *Lohnsteuerrecht:* a) Aufbewahrung der →Lohnsteuerkarte; bei Beendigung des Dienstverhältnisses oder nach Ablauf des Jahres Rückgabe an Arbeitnehmer (→Lohnsteuer-Jahresausgleich) oder Finanzamt; b) ordnungsgemäße Berechnung der →Lohnsteuer; c) Kontenführung zum Nachweis ordnungsgemäßer Berechnung und Abführung der einbehaltenen Steuer- und Versicherungsbeträge; d) Anmeldung und Abführung der Lohnsteuer für jeden Lohnsteuer-Anmeldungszeitraum; e) Ausstellung von →Lohnsteuerbescheinigungen und →Lohnzetteln; f) unter bestimmten Voraussetzungen (§ 42 b EStG) Durchführung des Lohnsteuer-Jahresausgleichs.

Arbeitgeberanteil. 1. *Charakterisierung:* Teil des Beitrags zur →Sozialversicherung, der (i. d. R. neben dem →Arbeitnehmeranteil) von dem Arbeitgeber für einen versicherungspflichtigen Arbeitnehmer aufzubringen ist. In der gesetzlichen Kranken- und Rentenversicherung und in der Arbeitslosenversicherung beträgt der A. 50% des gesamten Beitrages, die andere Hälfte ist vom Arbeitnehmer zu tragen. – Der *Arbeitgeber* hat den *vollen Beitrag* zu tragen, wenn das monatliche Bruttoentgelt des Arbeitnehmers ein Zehntel der →Beitragsbemessungsgrenze nicht übersteigt sowie bei der Leistung eines freiwilligen sozialen Jahres, bei der →Nachversicherung in der Rentenversicherung, außerdem bei Personen, die in Einrichtungen der Jugendhilfe durch Beschäftigung für eine Erwerbstätigkeit befähigt werden sollen oder in Einrichtungen für Behinderte an berufsfördernden Maßnahmen teilnehmen. – Sind die Beiträge aus Verschulden des Arbeitgebers *verspätet entrichtet,* so hat er sie in voller Höhe einschl. des Arbeitnehmeranteils nachzuentrichten. – 2. *Steuerliche Behandlung:* Nach § 3 Nr. 62 EStG sind gesetzliche A. steuerfrei. – 3. In der *Kostenrechnung* wird der A. als besondere Kostenart verrechnet: a) innerhalb der Kostenträgergemeinkosten, b) bei Zwischenschaltung einer Stellenrechnung: innerhalb der Kostenstellengemeinkosten.

Arbeitgeberdarlehen, →Darlehen eines Arbeitgebers an einen Arbeitnehmer. – *Steuerliche Behandlung:* 1. Bei *echten* Darlehen, bei denen eine angemessene Verzinsung und regelmäßige Rückzahlungsraten vereinbart wurden, wird keine Lohnsteuerpflicht ausgelöst. – 2. Hat der Arbeitgeber Teile des →Arbeitsentgeltes durch ein A. *getarnt* (nicht rückzahlbare Beträge), entsteht Lohnsteuerpflicht im Zeitpunkt der Darlehenshingabe (→sonstige Bezüge). – 3. Bei *Rückzahlung* eines bereits versteuerten Darlehens liegen abzugsfähige →Werbungskosten für den Arbeitnehmer vor. – 4. Ein *später erlassenes,* ursprünglich echtes Darlehen wird zu steuerpflichtigem →Arbeitslohn. – 5. Bei *zinslosem* A. oder einem

besonders günstigen Zinssatz ist Zinsersparnis u. U. als →geldwerter Vorteil Arbeitslohn. Eine Zinsersparnis ist immer dann anzunehmen, wenn der vereinbarte Zinssatz weniger als 4% beträgt; eine Lohnsteuerpflicht kommt nicht in Betracht bei mindestens 4%. – *Ab 1989* sind Zinsersparnisse bei einem unverzinslichen oder zinsverbilligten A. sowie Zinszuschüsse des Arbeitgebers *steuerpflichtig,* ausgenommen: (1) Vor dem 1. 1. 1989 aufgenommene Darlehen, wenn die Darlehen mit der Errichtung oder dem Erwerb einer eigengenutzten Wohnung in einem im Inland gelegenen Gebäude zusammenhängen, soweit die Zinsersparnisse und -zuschüsse insgesamt 2000 DM im Kalenderjahr nicht übersteigen; die aus einer öffentlichen Kasse gezahlten Aufwendungszuschüsse sind wie Zinszuschüsse zu behandeln (§ 3 Nr. 68 EStG); gilt bis zum Jahr 2000. (2) Unabhängig von der Zwecksetzung, wenn die Summe der im Zeitpunkt der Lohnzahlung noch nicht getilgten Darlehen 5000 DM nicht übersteigt (Abschn. 50 II Nr. 5 LStR); ist die Darlehenssumme bzw. der -rest höher als 5000 DM, so ist die Zinsersparnis in voller Höhe steuerpflichtig.

Arbeitgeberverbände, Zusammenschlüsse von →Arbeitgebern zwecks Wahrnehmung gemeinsamer Interessen in arbeitsrechtlicher und sozialpolitischer Hinsicht. Art. 9 GG garantiert das Recht, zur Wahrnehmung und Förderung der Arbeits- und Wirtschaftsbedingungen Vereinigungen zu bilden. A. können gem. § 2 TVG wie →Gewerkschaften Tarifvertragspartei sein, wenn A. eine Vereinigung kollektiver Arbeitgeberinteressen ist. – *Organisation und steuerliche Behandlung:* Vgl. →Berufsverbände.

Arbeitgeberzuschuß. 1. *Freiwillige oder private Krankenversicherung von Angestellten:* Zuschuß zum Krankenversicherungsbeitrag für Angestellte, die wegen des Überschreitens der Jahresverdienstgrenze nicht krankenversicherungspflichtig sind, wenn sie in der gesetzlichen →Krankenversicherung freiwillig oder bei einem privaten Krankenversicherungsunternehmen versichert sind und Vertragsleistungen erhalten, die den Leistungen der Krankenhilfe entsprechen. – *Höhe:* Als A. ist der Betrag zu zahlen, der als Arbeitgeberanteil bei Krankenversicherungspflicht der Angestellten zu zahlen wäre, höchstens jedoch die Hälfte des Beitrags, den der Angestellte für seine Krankenversicherung aufzuwenden hat (§ 405 I RVO). – In dieser Höhe ist der A. steuerfrei und zählt auch nicht beitragspflichtiges Entgelt i. S. der Sozialversicherung; im Falle eines höheren A. ist der übersteigende Betrag steuer- und beitragspflichtig. – 2. *Private Lebensversicherung:* Die A. sind nur insoweit für die Sozialversicherung beitragspflichtiges Arbeitsentgelt, als die A. lohnsteuerpflichtiger Arbeitslohn sind. – 3. *Private Zusatzversicherung:* Der A. ist grundsätzlich

Arbeitsentgelt i. S. der Sozialversicherung. – 4. *Kurzarbeitergeld:* Zuschuß zum Kurzarbeitergeld für gewerbliche Arbeiter und Angestellte in der chemischen Industrie (§ 7 Manteltarifvertrag 1973). Der A. gleicht das Nettoarbeitsentgelt auf 90% aus. Die Spitzenorganisationen der Sozialversicherungsträger vertreten die Auffassung, daß der A. beitragspflichtiges Entgelt darstellt. – 5. *Krankengeld:* A. zum Krankengeld *(Krankenzuschuß)* unterliegen nicht der Beitragspflicht, gleichgültig, ob Krankengeld aus der gesetzlichen Krankenversicherung auf einer Pflicht- oder freiwilligen Versicherung beruht. – 6. *Mutterschaftsgeld:* Für die Dauer der Schutzfrist nach § 14 MuSchG zu zahlender Differenzbetrag zwischen dem Mutterschaftsgeld der Krankenkasse in Höhe von 25 DM täglich und dem täglichen Nettoentgelt. A. ist kein Arbeitsentgelt i. S. der Sozialversicherung. – 7. A. zu *Darlehnszinsen:* Zuschuß zu den tatsächlich zu zahlenden →Zinsen für ein Darlehen, das der Arbeitnehmer zur Errichtung oder zum Erwerb einer eigengenutzten Wohnung in einem im Inland gelegenen Gebäude aufnimmt; sind ab 1989 zu versteuern.

Arbeitnehmer. I. B e g r i f f : 1. *A. ist,* wer aufgrund eines privatrechtlichen Vertrages (→Arbeitsvertrag) unselbständige, fremdbestimmte Dienstleistungen zu erbringen hat. – 2. *Abgrenzungsmerkmale:* a) Durch die *persönliche Abhängigkeit* unterscheidet sich der A. von sonstigen aufgrund eines Dienstvertrages (§ 611 ff. BGB) zur Erbringung von Diensten verpflichteten Personen (z. B. Rechtsanwälte, Architekten, Ärzte); Dauer und Art der erbrachten Dienste ist nicht entscheidend. – b) *Fremdbestimmte Arbeit* (arbeitsorganisatorische Abhängigkeit): Indizien für abhängige und unselbständige Arbeit sind die Übernahme fremdbestimmter Arbeitsleistung (vgl. § 84 I 2 HGB) und die Einbezogenheit in einen fremden Organisations- und Produktionsbereich. Kriterien sind persönliche und fachliche Weisungsgebundenheit und ausgeübte Arbeitskontrolle. Die Abgrenzung von selbständiger Arbeit ist vielfach schwierig. – c) *Formale Abgrenzungsindizien* wie die Abführung von Lohnsteuern und Sozialversicherungsbeiträgen sind für die Abgrenzung von untergeordneter Bedeutung. – 3. *Keine A.:* a) Beamte und Richter; b) Ehegatten und Kinder, soweit sie aufgrund familienrechtlicher Grundlage Arbeit leisten; c) Vorstandsmitglieder juristischer Personen; d) Gesellschafter, die für die Gesellschaft tätig werden; e) Strafgefangene (Arbeitsleistung im Rahmen eines öffentlich-rechtlichen Gewaltverhältnisses); f) Ordensleute, deren Beschäftigung durch Gründe karitativer oder religiöser Art bestimmt ist; bei Diakonissen strittig. – Vgl. auch →arbeitnehmerähnliche Personen.

II. A r b e i t n e h m e r g r u p p e n : (1) →Angestellte und →Arbeiter, (2) →leitende Ange-

stellte, (3) →Auszubildende. – Nach *beruflicher Gliederung:* (1) →gewerbliche Arbeitnehmer, (2) →kaufmännische Angestellte (→Handlungsgehilfe), (3) →Bergarbeiter und Angestellte des Bergbaus, (4) Schiffsbesatzungen, (5) A. des →öffentlichen Dienstes, (6) sonstige A. – Für diejenigen A., die keiner Sonderregelung unterliegen, gilt i. a. das Dienstvertragsrecht der §§ 611 ff. BGB.

III. P f l i c h t e n : 1. *Arbeitspflicht:* Der A. ist zur Leistung der „versprochenen Dienste" verpflichtet (§ 611 I BGB). Inhalt und Umfang der Arbeitspflicht: Vgl. →Direktionsrecht. Die Leistung der versprochenen Arbeit hat der A. persönlich zu erbringen (§ 613 BGB). Der A. kann dem Arbeitgeber keinen Ersatzmann aufdrängen. – Verletzung der Arbeitspflicht: Vgl. →Vertragsbruch II, →Arbeitsverhinderung, →Arbeitsversäumnis. – 2. *Nebenpflichten:* →Treuepflicht des Arbeitnehmers.

IV. L o h n s t e u e r r e c h t : 1. *Merkmale für eine A.eigenschaft:* Weisungsgebundenheit hinsichtlich Ort, Zeit und Inhalt der Tätigkeit, Erhalt fester Bezüge, Anspruch auf Urlaub und sonstige Sozialleistungen, Erhalt der Bezüge im Krankheitsfall, kein Unternehmerrisiko, keine Unternehmerinitiative. Der A. muß in den Betrieb eingegliedert sein, die Arbeitskraft und nicht einen speziellen Arbeitserfolg schulden. Für die abschließende Beurteilung ist auf das Gesamtbild der Verhältnisse abzustellen. – 2. *Steuerpflicht* des A. wird nach Lohsteuerrecht durch Einbehaltung der Steuer vom →Arbeitslohn durch den Arbeitgeber erfüllt. Erfassung des Steuerpflichtigen durch die →Lohnsteuerkarte, die der A. selbst bei der für die →Personenstandsaufnahme zuständigen Gemeindebehörde zu beantragen hat, wenn sie ihm nicht von Amts wegen zugestellt wurde oder wenn er bei Antritt eines Dienstverhältnisses keine Lohnsteuerkarte besitzt.

arbeitnehmerähnliche Personen. 1. *Begriff:* Personen, die – ohne →Arbeitnehmer zu sein – in wirtschaftlich abhängiger Stellung für andere Arbeit leisten und wegen ihrer wirtschaftlichen Abhängigkeit sozialen Schutz verdienen. A. P. i. S. des ArbGG sind z. B. die in Heimarbeit Beschäftigten (→Heimarbeit) und die ihnen Gleichgestellten (§ 1 HAG, →Hausgewerbetreibende) sowie selbständige →Handelsvertreter, die Einfirmenvertreter (§ 92 a HGB) sind und während der letzten sechs Monate durchschnittlich nicht mehr als 2000 DM mtl. bezogen haben (§ 5 III ArbGG); ggf. auch →freie Mitarbeiter z. B. des Rundfunks und Fernsehens. – 2. *Rechtliche Stellung:* Die a. P. unterstehen nach § 5 ArbGG der →Arbeitsgerichtsbarkeit. Das materielle Arbeitsrecht gilt für sie aber grundsätzlich nicht, soweit nicht einzelne arbeitsrechtliche Gesetze etwas anderes bestimmen (z. B. §§ 2,

12 BUrlG; für die tarifliche Regelung von Arbeitsbedingungen vgl. § 12a TVG).

Arbeitnehmeraktie, →Belegschaftsaktie.

Arbeitnehmeranteil, Teil des Beitrags zur →Sozialversicherung, der – i. d. R. neben dem →Arbeitgeberanteil – vom Arbeitnehmer zu tragen ist. In der gesetzlichen Kranken- und Rentenversicherung beträgt der A. 50% des gesamten Beitrags. In der Arbeitslosenversicherung gilt für Arbeitgeber und Arbeitnehmer der gleiche Beitragssatz. Der A. ist vom Arbeitgeber bei der Entgeltzahlung vom Barentgelt einzubehalten und an die Einzugsstellen abzuführen. Nur der Arbeitgeber ist gegenüber dem jeweiligen Versicherungsträger Schuldner des gesamten Beitrags. – *Rückwirkend* kann der A. nur abgezogen werden, wenn den Arbeitgeber am Unterbleiben des Abzugs kein Verschulden trifft. Mitglieder einer Ersatzkasse in der Krankenversicherung zahlen den Kassenbeitrag und erhalten hierzu den Arbeitgeberanteil. – In Ausnahmefällen trägt der Arbeitgeber den gesamten Beitrag, vgl. →Arbeitgeberanteil.

Arbeitnehmererfindung, *Betriebserfindung.* 1. *Begriff:* Von einem oder mehreren Arbeitnehmern im Dienst oder außerhalb geleistete, mit einem →Arbeitsverhältnis in innerem Zusammenhang stehende →Erfindung. – 2. *Rechtsgrundlage:* Gesetz über A. (ArbNErfG) vom 25. 7. 1957 (BGBl I 756) mit späteren Änderungen; DVO vom 1. 10. 1957 (BGBl I 1679 und 1680); Richtlinien für die Vergütung von A. im privaten Dienst vom 20. 7. 1959 mit späteren Änderungen (Beilage zum BAnz Nr. 156), die nach einem Erlaß vom 1. 12. 1960 (BAnz Nr. 237) auf Arbeitnehmer im Öffentlichen Dienst, Beamte und Soldaten entsprechend anwendbar sind. – *Geltung* des Gesetzes über A. *nur für technische Neuerungsvorschläge,* die ein Arbeitnehmer im privaten oder öffentlichen Dienst macht (§ 1). Nichttechnische Neuerungsvorschläge, z. B. auf betriebswirtschaftlichem Gebiet, werden oft aufgrund von Betriebsvereinbarungen über das →betriebliche Vorschlagswesen vergütet. Neuerungsvorschläge i. S. des ArbNErfG sind Erfindungen (§ 2) und technische Verbesserungsvorschläge (§ 3); Erfindungen müssen patent- oder gebrauchsmusterfähig sein. Verbesserungsvorschläge nicht. – 3. *Arten von Erfindungen* nach ArbNErfG: a) *Diensterfindungen:* Während der Dauer eines Arbeitsverhältnisses gemachte Erfindungen, die aus der dem Arbeitnehmer im Betrieb obliegenden Tätigkeit entstanden sind oder maßgeblich auf Erfahrungen oder Arbeiten des Betriebes beruhen (§ 4 II). – *Pflichten und Rechte von Arbeitnehmer und -geber:* Geheimhaltungspflicht des Arbeitnehmers (§ 24 II); er darf die Erfindung weder selbst verwerten noch über sie verfügen (§ 7 III); er muß die Erfindung seinem Arbeitgeber mit genauen Angaben

melden (§ 5). Der Arbeitnehmer hat einen Anspruch auf angemessene Vergütung (§§ 9, 10) und ein Recht darauf, daß der Arbeitgeber den Neuerungsvorschlag zum Patent oder Gebrauchsmuster anmeldet und den Arbeitnehmer als Erfinder bezeichnet (vgl. §§ 35 ff. PatG). – Der Arbeitgeber kann die Diensterfindung unbeschränkt oder beschränkt in Anspruch nehmen oder sie freigeben (§§ 6–8). Nimmt der Arbeitgeber binnen einer Frist von vier Monaten durch schriftliche Erklärung die Erfindung in Anspruch, gehen alle Rechte daran auf ihn über (§§ 6, 7). – *Vergütung* (zur steuerlichen Behandlung vgl. →Erfindervergütung): Kommt eine Vergütung zwischen Arbeitgeber und -nehmer nicht zustande, setzt der Arbeitgeber die Vergütung von sich aus fest. Hiergegen hat der Arbeitnehmer ein Widerspruchsrecht (§ 12). Widerspricht er, können Arbeitgeber und -nehmer die Schiedsstelle anrufen (§§ 28 ff.), die beim Patentamt in München errichtet ist. Bleibt auch das Schiedsverfahren erfolglos, ist der ordentliche Rechtsweg mit der besonderen Zuständigkeit der in Patentstreitigkeiten zuständigen Gerichte (→Landgerichte) gegeben (§ 39 ArbNErfG, § 143 PatG). Die →Arbeitsgerichte sind nur zuständig für Streitigkeiten, die ausschließlich Ansprüche auf Leistung einer festgestellten oder festgesetzten Vergütung für eine A. betreffen (§ 2 II a ArbGG). – Nimmt der Arbeitgeber die Erfindung *nicht* in Anspruch, so wird sie frei, und der Arbeitnehmer kann über sie unbeschränkt verfügen (§ 8). – b) *Freie Erfindungen:* Erfindungen, die zwar während der Dauer eines Arbeitsverhältnisses entstanden sind, bei denen aber die sonstigen Voraussetzungen der Diensterfindung (vgl. 3 a) nicht vorliegen (§ 4 III). Sie sind dem Arbeitgeber zu angemessenen Bedingungen mindestens zur nicht ausschließlichen Benutzung anzubieten (§§ 18 ff.). – *Vergütung:* Analog zur Diensterfindung. – 4. *Technische Verbesserungsvorschläge:* Das ArbNErfG sieht eine Vergütungspflicht des Arbeitgebers nur für solche vor, die dem Arbeitgeber eine ähnliche Vorzugsstellung gewähren wie ein gewerbliches Schutzrecht (qualifizierter technischer Verbesserungsvorschlag, § 20 I); für die übrigen wird auf Regelungen in Tarifverträgen und Betriebsvereinbarungen (§ 20 II) verwiesen. Voraussetzung der Vergütung ist, daß der Arbeitgeber den Vorschlag verwertet.

Arbeitnehmer-Freibetrag, bei der Ermittlung der →Einkünfte aus nichtselbständiger Arbeit vom →Arbeitslohn abzuziehender Freibetrag von 480 DM jährlich (§ 19 IV EStG). In der →Lohnsteuertabelle bereits berücksichtigt. Entfällt ab 1989.

Arbeitnehmerhaftung, →Haftung IV 2.

Arbeitnehmerkammern, →Arbeiterkammern.

Arbeitnehmer-Pauschbetrag, →Pauschbeträge IV.

Arbeitnehmerschutz, der treffendere, problemorientiertere Begriff für →Arbeitsschutz.

Arbeitnehmer-Sparzulage, Leistung des Staates an Arbeitnehmer, die Einkünfte aus nichtselbständiger Arbeit beziehen, wenn der Arbeitgeber vermögenswirksame Leistungen für sie anlegt und ihr zu versteuerndes Einkommen im Kalenderjahr der vermögenswirksamen Leistungen 24000 DM oder bei einer Zusammenveranlagung von Ehegatten 48000 DM nicht übersteigt. Die Einkommensgrenze erhöht sich für jeden Kinderfreibetrag von 1242 DM, der beim Arbeitnehmer abgezogen wird, um 900 DM und für jeden Kinderfreibetrag von 2484 DM um 1800 DM. – A.-S. gelten weder als steuerpflichtige Einnahmen i. S. d. EStG noch als Einkommen, Verdienst oder Entgelt i. S. d. Sozialversicherung und des Arbeitsförderungsgesetzes noch arbeitsrechtlich als Bestandteil des Lohns oder Gehalts (§ 13 5. VermBG). – Vgl. auch →Vermögensbildung der Arbeitnehmer V.

Arbeitnehmerüberlassung, *Personalleasing,* Überlassung von Arbeitnehmern (Leiharbeitnehmern) von einem Arbeitgeber (Verleiher) an einen anderen Arbeitgeber (Entleiher) zur Erbringung von Arbeitsleistung. Der Arbeitnehmer untersteht dem Weisungsrecht des Entleihers (→Direktionsrecht), ohne daß zu diesem ein Arbeitsverhältnis begründet würde (→Leiharbeitsverhältnis). – 1. *Gesetzliche Regelung der gewerbsmäßigen A.:* Arbeitnehmerüberlassungsgesetz (AÜG) vom 7.8.1972 (BGBl I 1393) mit späteren Änderungen. – 2. *Ziele des AÜG:* a) Abgrenzung der A. von der →Arbeitsvermittlung, die der Bundesanstalt für Arbeit vorbehalten ist (§ 4 AFG); b) Schutz der Leiharbeitnehmer. – 3. *Inhalt des AÜG:* a) Anordnung, daß Unternehmen, die gewerbsmäßige A. (keine Arbeitsvermittlung) betreiben, der Erlaubnis der Bundesanstalt für Arbeit bedürfen. Die Bundesanstalt hat gewisse Überwachungsrechte (z. B. §§ 7, 8 AÜG). – b) Schutz des Leiharbeitnehmers gegenüber: (1) dem Verleiher: Grundsätzlich unbefristete Einstellung beim Verleiher (§ 9 II, III AÜG), ausgenommen, es ergibt sich für die Befristung aus der Person des Leiharbeitnehmers ein sachlicher Grund (§§ 9 Nr. 2, § 3 I Nr. 3 AÜG). Die Einhaltung wird im Rahmen von Erteilung, Rücknahme und Widerruf der Erlaubnis überwacht (§ 3 III–V, §§ 4, 5 AÜG). Verpflichtung des Verleihers besteht, den wesentlichen Inhalt des Arbeitsverhältnisses in einer Urkunde niederzulegen (§ 11 AÜG); (2) dem Entleiher: Ist der Vertrag mit dem Verleiher wegen fehlender Erlaubnis nichtig, ist der Entleiher subsidiär Arbeitgeber (§ 10 AÜG), vgl. →Leiharbeitsverhältnis. – c) Der Verleiher darf die Leiharbeitnehmer nicht länger als sechs Monate dem Entleiher überlassen (§ 3 I

Nr. 6 AÜG). – 4. Die *Durchführung* des AÜG obliegt der Bundesanstalt für Arbeit. Zur Verfolgung von Ordnungswidrigkeiten arbeitet diese mit anderen in § 18 AÜG aufgeführten Behörden zusammen. – 5. Die gewerbsmäßige A. in Betrieben des *Baugewerbes* ist verboten (§ 12a AFG).

Arbeitnehmervertreter im Aufsichtsrat, →Mitbestimmungsgesetz II.

Arbeitnehmerzulage, →Förderung der Wirtschaft von Berlin (West) IV.

Arbeitsablauf, Begriff der Arbeitswissenschaft für die räumliche und zeitliche Folge des Zusammenwirkens von Mensch und Betriebsmittel in einem Arbeitssystem. Zerlegung in →Ablaufabschnitte sinnvoll. – Vgl. auch →Arbeitsablaufgestaltung, →Produktionsprozeßplanung.

Arbeitsablaufabweichung, →Abweichungen I 2 d) (1).

Arbeitsablaufgestaltung, Teil der →Arbeitsgestaltung; Zuordnung der einzelnen Arbeitsplätze zueinander. – *Kriterien:* a) Beschleunigung des Durchlaufs der Arbeitsgegenstände, b) bessere Ausnutzung der Betriebsmittel, c) optimale Anwendung der →Arbeitsteilung. – Durch den *Einsatz von Informations- und Kommunikationstechnik* (→Betriebsinformatik) wird die A. zunehmend zum →Software Engineering. Die →factory of the future macht das Kriterium c) zu einem nachgelagerten Problem. – *Arbeitsrechtliche Regelungen:* Vgl. →Arbeitsplatzgestaltung II.

Arbeitsablaufplanung, →Produktionsprozeßplanung.

Arbeitsablaufschaubild, →Harmonogramm.

Arbeitsablaufstudie, *Arbeits-Ablaufanalyse,* Verfahren der Arbeitswissenschaften. A. bezweckt die Untersuchung und rationale Gestaltung des →Arbeitsablaufes, d.h. das Zusammenwirken von Mensch und Betriebsmittel und dem Arbeitsgegenstand unter: (1) zeitlichen, (2) logischen, (3) räumlichen, (4) menschlichen und (5) technischen Aspekten. Für die Beschreibung des Ablaufs ist die Zerlegung in →Ablaufabschnitte erforderlich. A. ist Voraussetzung für die anderen Verfahren der Arbeitswissenschaften und wichtigster Ansatzpunkt der arbeitstechnischen Rationalisierung.

Arbeitsamt, →Arbeitsverwaltung.

Arbeitsanalyse, mit Hilfe von standardisierten Verfahren (Befragung, Beobachtung) durchführbare Erhebung zu den Eigenheiten einer Tätigkeit. A. dient u. a. einer *Anforderungsanalyse,* die die Grundlage für Personalauswahlstrategien (→Eignungsuntersuchung) sowie für Personalentwicklungsmaßnahmen (→Qualifizierungsprozesse) darstellt.

Arbeitsanforderung, →Anforderungsmerkmale.

Arbeitsangebotskurve, in der mikroökonomischen Theorie Darstellung des Zusammenhangs zwischen Zahl der angebotenen Arbeitsstunden und Höhe des Lohnsatzes in einem Haushalt. Unter der Annahme, daß der Haushalt zwischen Arbeit und Freizeit beliebig wählen kann, wird das Arbeitsangebot bei steigenden Lohnsätzen zunächst zunehmen und bei sehr hohen Lohnsätzen wieder abnehmen. Dieser anomale Verlauf der Arbeitsangebotsfunktion kann durch den steigenden Wert der Freizeit bei hohem Realeinkommen erklärt werden. – *Beispiel:*

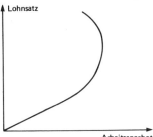

Arbeitsanweisung, detaillierte Angaben, die zur Herstellung von Teilen, Baugruppen oder Endprodukten erforderlich sind. Eine A. ist oftmals eine Ergänzung zu einem →Arbeitsplan. – *Beispiele:* →Konstruktionszeichnung, →Stichprobenprüfplan.

Arbeitsaufnahme, →Einstellung I.

Arbeitsauftrag, Veranlassung der Durchführung einer Arbeit meist unter Festlegung von Art und Menge der zu leistenden Arbeit für einen bestimmten Zeitabschnitt. – Vgl. auch →Auftrag II.

Arbeitsbereicherung, →job enrichment.

Arbeitsbereichsbewertung, →Arbeitsplatzbewertung, →Arbeitsbewertung.

Arbeitsbereitschaft, *Dienstbereitschaft,* Begriff des Arbeitsrechts. A. liegt dann vor, wenn der Arbeitnehmer sich in der Arbeitsstätte oder einer anderen vom Arbeitgeber bestimmten Stelle aufhält, um im Bedarfsfall auf Weisung hin die vertraglich vereinbarte Tätigkeit aufzunehmen. – 1. (Gelegentliche) *Unterscheidung* von: (1) Arbeits- oder Dienstbereitschaft i.e.S. (z.B. Warten eines Kellners auf Gäste); (2) Bereitschaftsdienst: Der Arbeitnehmer ist anwesend, kann aber eigenen Interessen nachgehen; (3) Rufbereitschaft: Die Anwesenheit des Arbeitnehmers ist nicht erforderlich, die bloße Erreichbarkeit genügt. – 2. *Vergütung:* Ob und in welcher Höhe die

betreffende Zeit zu vergüten ist, wenn eine tarifliche Regelung fehlt, ist meist eine Frage der Auslegung des →Arbeitsvertrages. – 3. *Arbeitszeitordnung:* A. ist grundsätzlich Arbeitszeit i.S. der §§2, 3 AZO (Höchstarbeitszeit; →Arbeitszeit 2), wenn die Wartezeit ihrem typischen Charakter nach den Arbeitnehmer an der vollen Entspannung und Erholung hindert (z.B. Wartezeit des Kellners und Kraftfahrers; nicht aber z.B. Rufbereitschaft eines Arztes; im einzelnen umstritten. A. i.S. von §§7 II, 8 II AZO (→Arbeitszeit III 5) liegt dann vor, wenn der Arbeitnehmer an der vollen Entspannung gehindert ist, aber durch die Bereitschaft erheblich weniger als bei voller Arbeitsleistung beansprucht wird (z.B. Kabinenzeit eines Fernfahrers); im einzelnen aufgrund der höchst unterschiedlichen Definition des Begriffs der A. umstritten.

Arbeitsbeschaffungsmaßnahmen **(ABM),** Förderung von Arbeiten, die im öffentlichen Interesse liegen, v.a. zur Beschäftigung älterer, leistungsgeminderter oder langfristig Arbeitsloser durch Zuschüsse und Darlehen. Bevorzugt gefördert wird die Schaffung von Dauerarbeitsplätzen zum Ausgleich der Folgen von Strukturveränderungen oder der technischen Entwicklung (→Arbeitsbeschaffungspolitik). – *Träger* ist →Bundesanstalt für Arbeit. – 1. *Gesetzliche Grundlage:* §§91–99 AFG, Anordnungen der Bundesanstalt für Arbeit vom 13.12.1984 und vom 22.5.1985 sowie Runderlaß ANBA 1985 S.807. – 2. *Förderbare Arbeitnehmer:* Grundsätzlich dürfen nur Arbeitnehmer zugewiesen werden, die Anspruch auf Leistungen nach dem AFG hatten oder die ohne Anspruchsvoraussetzungen für Unterhaltsgeld erfüllt hatten und innerhalb der letzten zwölf Monate vor der Zuweisung mindestens sechs Monate beim Arbeitsamt arbeitslos gemeldet waren. – Die *Höhe* des Zuschusses soll mindestens 60% des tariflichen oder des für vergleichbare Beschäftigungen ortsüblichen Entgelts betragen und 80% des Arbeitsentgelts nicht übersteigen. – *Förderung älterer Arbeitsloser:* Für Arbeitnehmer, die mindestens 50 Jahre alt sind, innerhalb der letzten 18 Monate vor Beginn des Arbeitsverhältnisses mindestens zwölf Monate arbeitslos gemeldet waren und vom Arbeitgeber zusätzlich eingestellt und beschäftigt werden, kann das Arbeitsamt Zuschüsse zu den Lohnkosten gewähren, soweit dies nach Lage und Entwicklung des Arbeitsmarktes zweckmäßig erscheint, um Arbeitslosigkeit älterer Arbeitnehmer zu beheben. – 3. *Höhe:* Die Zuschüsse betragen hier i.d.R. 50% des tariflichen oder ortsüblichen Entgelts und dürfen 70% nicht überschreiten. Nach Ablauf jedes Förderungsjahres mindert sich der Zuschuß jeweils um 10% bis auf mindestens 30% des Arbeitsentgelts; danach endet die Förderung.

Arbeitsbeschaffungspolitik. 1. *Charakterisierung:* Teil der staatlichen →Arbeitsmarkt-

politik, der durch unmittelbar beschäftigungs-
wirksame Maßnahmen (z. B. gezielte Not-
standsarbeiten, Staatsaufträge, Lohnsubven-
tionen, Kreditvergabe) die Wiedereinstellung
registrierter Arbeitsloser bewirkt und damit
zum Abbau insbes. konjunktureller, struktu-
reller, regionaler und gruppenspezifischer
→Arbeitslosigkeit beitragen soll (→Arbeits-
beschaffungsmaßnahmen). – 2. *Beurteilung:*
A. zur direkten und indirekten Erzielung
quantitativer Beschäftigungseffekte durch (1)
Budgetrestriktionen (Gefahr prozyklischer
A.), (2) Beitragsfinanzierung (Erhöhung der
→Lohnkosten), (3) Mitnahmepraktiken (miß-
bräuchliche Inanspruchnahme; →Mitnah-
meeffekt) und (4) Verdrängungseffekte (ver-
fälschter Wettbewerb mit nicht subventionier-
ten Arbeitgebern) begrenzt. *Strukturelle
Beschäftigungseffekte* durch zielgruppenorien-
tierte Förderung sind dagegen relativ erfolgreich.

Arbeitsbescheinigung, Bescheinigung des
Arbeitgebers über alle Tatsachen, die für den
Anspruch des Arbeitnehmers auf →Arbeits-
losengeld erheblich sein können (§ 133 AFG).
Anzugeben sind insbes. die Art der Tätigkeit
des Arbeitnehmers, Beginn, Ende, Unterbre-
chungen und Grund der Beendigung des
Beschäftigungsverhältnisses sowie das
→Arbeitsentgelt. Es ist der von der Bundesanstalt für Arbeit vorgesehene Vordruck zu
benutzen. Die A. ist dem Arbeitnehmer bei
Beendigung des Beschäftigungsverhältnisses
auszuhändigen. – Vgl. auch →Arbeitspapiere.

Arbeitsbewertung, Begriff der Arbeitswissenschaft.

I. Charakterisierung: Erfassung und
Messung der feststellbaren Unterschiede in
der →*Arbeitsschwierigkeit*, die durch die verschiedenen Anforderungen an einzelnen
Arbeitsplätzen bzw. bei einzelnen Arbeitsvorgängen entstehen. Unbeachtet bleiben subjektive Unterschiede zwischen gelernten, ange-
lernten und ungelernten Kräften. Die Arbeitsschwierigkeit wird erfaßt nach objektiven, von
der Person des Arbeiters und seinen Fähigkeiten unabhängigen →Anforderungsmerkma-
len.

II. Methoden: 1. *Analytische A.* (z. B. nach
den Anforderungsmerkmalen des →Genfer
Schemas): a) *Rangreihenverfahren:* Alle Arbeiten werden für jedes Anforderungsmerkmal
gesondert verglichen, und es wird eine Rangreihe gebildet. Die Rangreihenbildung wird
erleichtert durch Heranziehung vorher analy-
sierter und bewerteter →Schlüsselarbeiten
(Richtbeispiele). Die Rangreihenordnung
muß in einen Zahlenausdruck umgewandet
werden, der für die Ermittlung des Lohnes
oder Lohnteiles verwendet werden kann. –
Sonderform: →Direktgeld-Methode. – b) *Stu-
fen(wert)zahlverfahren* (Punktbewertung):
Für jedes Bewertungsmerkmal werden Anfor-

derungsstufen verbal beschrieben und zusätzlich durch Punkte festgelegt, die die unterschiedliche Höhe der Anforderungen bezüglich einzelner Merkmale beschreiben. Zur
Bewertung dienen z. B. →Bewertungstafeln.
Alle Arbeiten werden für jedes Anforderungsmerkmal gesondert eingestuft. Die A. für
einen Arbeitsplatz ergibt sich aus der Summe
aller Punktwerte (→Wertzahlsumme). –
Durch die Zunahme geistiger Tätigkeiten wird
analytische A. zugunsten der summarischen
A. zurückgedrängt. – 2. *Summarische A.:* a)
Rangfolgeverfahren: Eine Liste aller im
Betrieb vorkommenden Arbeiten wird aufgestellt und jeder Arbeitsplatz durch Vergleich
mit dem anderen in bezug auf die Anforderungen an den Menschen summarisch bewertet
und in eine Rangfolge gebracht. – *Sonderform:*
→Merkmalsvergleich. – b) *Lohngruppenver-
fahren:* Schwierigkeitsstufen werden summarisch beschrieben und in Stufen oder Lohngruppen zum Ausdruck gebracht. Diesen Stufen oder Lohngruppen werden Vergleichsar-
beiten oder →Richtbeispiele zugeordnet. Die
zu bewertenden Arbeiten werden mit diesen
Richtbeispielen verglichen und in diejenige
Schwierigkeitsstufe eingestuft, deren Richtbei-
spiel hinsichtlich der summarisch betrachteten
Anforderungshöhe am weitestgehenden mit
der einzuordnenden Tätigkeit übereinstimmt.
Wenn die Lohngruppen durch ein solches
System von Richtbeispielen ergänzt sind,
spricht man von →Katalogisierungsverfah-
ren. – Die *Hauptprobleme* bei allen Verfahren
der A. sind die Gewichtung der Anforderungsmerkmale und die Bewertung der einzelnen
Merkmale; davon hängt entscheidend das
Ergebnis der A. ab.

III. Lohnsatzermittlung (Umwandlung
des ermittelten Arbeitswertes in einen
bestimmten Lohnsatz): 1. *Analytische A.:* Die
gefundene Wertzahl wird mit einem Geldfaktor multipliziert und der sich ergebende Betrag
mit einem gleichbleibenden Grundbetrag hin-
zugezählt. Für die am niedrigsten bewertete
Arbeit (geringste Punktzahl) wird der Mindestlohn bzw. der niedrigste trafiliche Normallohn gezahlt. Der errechnete →Grundlohn
kann dem Zeit- oder Akkordlohn zugrunde
gelegt werden. – 2. *Summarische A.:* Gröbere,
aber methodisch einfachere Verfahren. Aufgrund der durch die A. abgeleiteten Rangordnung der Arbeiten werden diese mit der
Aufeinanderfolge der Lohnsätze in Übereinstimmung gebracht. Eine andere Möglichkeit
besteht in der mathematischen Berechnung.
Der Steigerungsbetrag zwischen den einzelnen
Rangplätzen bzw. Stufen erfolgt über die
Anwendung einer arithmetischen bzw. geome-
trischen Reihe.

Arbeitsblatt, *spreadsheet,* in einem →Tabel-
lenkalkulationssystem das grundlegende
Objekt, in dem Eintragungen, Rechenoperationen usw. durchgeführt werden und das

gespeichert werden kann. Ein A. wird auf dem →Bildschirm zweidimensional, in Zeilen und Spalten gegliedert, dargestellt.

Arbeitsdirektor. 1. *Begriff:* a) *Mitbestimmungsgesetz* (§ 33): Gleichberechtigtes Mitglied des zur gesetzlichen Vertretung des Unternehmens (ausgenommen KGaA) befugten Organs, der wie die übrigen Mitglieder seine Aufgaben im engsten Einvernehmen mit dem Gesamtorgan auszuüben hat und im selben Verfahren gewählt wird. – b) *Montan-Mitbestimmungsgesetz* (§ 13): Neben dem kaufmännischen und technischen Direktor gleichberechtigtes Vorstandsmitglied in Unternehmen des Bergbaus sowie der eisen- und stahlerzeugenden Industrie in der Rechtsform einer AG, GmbH oder bergrechtlichen Gewerkschaft. – 2. *Aufgabengebiet/Zuständigkeit:* Nicht genau definiert; herkömmlicherweise Sozial- und Personalangelegenheiten. – 3. *Berufung* des A. nicht gegen die Stimmen der Arbeitnehmervertreter im →Aufsichtsrat; er ist somit Vertrauensperson der Arbeitnehmer und Gewerkschaften.

Arbeitseignung, Begriff der Arbeitsbewertung für die Anstelligkeit eines Menschen für bestimmte Arbeitsverrichtungen. A. wird bestimmt durch physische, psychische und soziale Umstände, die in der Person des Arbeitenden liegen. – Vgl. auch →Eignungsuntersuchung.

Arbeitseinkommen. I. Volkswirtschaftstheorie: Der dem Produktionsfaktor →Arbeit zuzurechnende Teil des im Zuge der Produktion von Gütern entstandenen Einkommens. Die Entstehung des A. wird durch die funktionelle →Verteilungstheorie (vgl. dort III) untersucht. – *Gegensatz:* →Besitzeinkommen.

II. Volkswirtschaftliche Gesamtrechnungen: Einkommen aus unselbständiger Arbeit sind relativ vollständig den A. zuzuordnen. Die in den Einkommen aus Unternehmertätigkeit enthaltenen, als Entgelt für die Tätigkeit der Selbständigen zu betrachtenden A. werden bei der funktionalen Einkommensgliederung wegen der Aufteilungsproblematik nicht gesondert ausgewiesen. – Vom A. läßt sich das *Einkommen von Arbeitnehmern* bzw. *Arbeitnehmerhaushalten* unterscheiden, das neben dem A. weitere Einkommensarten (→Transfereinkommen, →Vermögenseinkommen) umfaßt.

III. Sozialrecht: Der nach den allgemeinen Gewinnermittlungsvorschriften des Einkommensteuerrechts ermittelte Gewinn aus einer selbständigen Tätigkeit (§ 15 SGB 4). Steuerliche Vergünstigungen sind unberücksichtigt zu lassen und Veräußerungsgewinne abzuziehen.

Arbeitsentfremdung. 1. *Begriff:* Psychisch-mentaler Zustand des Verhältnisses des Individuums zu seiner Arbeitstätigkeit und damit zu seiner sozialen und materiellen Umwelt. – 2. *Auffassungen:* a) *Marxistische:* Der Prozeß der →Arbeit, als typisch menschliche, freie, bewußt auf Gegenstände bezogene und universelle Tätigkeit, umfaßt die Verwirklichung, Entfaltung und Vergegenständlichung des menschlichen Wesens. Indem Arbeit unter den Bedingungen kapitalistischer Produktion und in der Form industrieller, unqualifizierter und kurzzyklisch-repetitiver Teilarbeit diese Vergegenständlichung nicht gestattet, erzeugt sie A. Diese besteht für den Arbeitenden in der Form der Entfremdung von Arbeitsgegenstand (Produkt), von der Arbeitstätigkeit, von ihm selbst und schließlich von seinen Mitmenschen (soziale Entfremdung). A. ist insgesamt Folge eines nicht mehr erfahrbaren Sinnes der Tätigkeit. – b) *Nichtmarxistische:* Industrialisierung und Technik gelten als verantwortlich für die A.; eine Überwindung der A. wird durch die weitere Entwicklung der Produktionstechnologien erwartet. Auch Maßnahmen zur Reorganisation industrieller Arbeit durch gezielte Bildung von →Arbeitsgruppen und →Arbeitsgestaltung in Richtung auf mehr ganzheitliche, d. h. erweiterte und bereicherte Arbeitsvollzüge tragen zur Überwindung der A. bei. Die Problematik der A. wird auch dadurch berührt, daß erstens die zunehmende →Arbeitszeitverkürzung den Stellenwert der Erwerbsarbeit im menschlichen Lebenszusammenhang reduziert und zweitens durch moderne Technologien einerseits entfremdende Arbeitstätigkeiten beseitigt, andererseits möglicherweise neue entfremdende Tätigkeiten geschaffen werden. – Vgl. auch →Arbeit, →Arbeitszufriedenheit.

Arbeitsentgelt, *Entlohnung, Vergütung, Verdienst.*

I. Charakterisierung: 1. A. i. S. des *Arbeitsrechts:* Inbegriff aller aus nichtselbständiger Arbeit erzielten Einkünfte, d. h. aus einem Arbeits- oder Dienstverhältnis. A. ist das Bruttoentgelt, das sich aus dem vom Arbeitnehmer auszubezahlenden Nettoentgeltbetrag und vom Arbeitgeber einbehaltenen öffentlich-rechtlichen Lohnabzügen (Lohnsteuer und Sozialversicherungsbeiträge) zusammensetzt. – *Gegensatz:* →Besitzeinkommen, Einkünfte aus selbständiger Arbeit. – Vgl. auch →Einkünfte. – *Grundsätze:* Für gleiche oder gleichwertige Arbeit darf nicht wegen des Geschlechts des Arbeitnehmers eine geringere Vergütung vereinbart werden (→Gleichbehandlung). Die Höhe des A. sollte grundsätzlich dem Wert der geleisteten Arbeit entsprechen; Zuschläge (z. B. für Mehrarbeit, Sonn- und Feiertagsarbeit) sind unabhängig von diesem Grundsatz zu sehen. – *Regelung* i. d. R. im →Arbeitsvertrag. A., die nicht üblicherweise in der →Tarifverträgen des betr. Wirtschaftszweiges geregelt sind, können durch →Betriebsvereinbarung geregelt werden (§ 77 III BetrVG). Auch ohne besondere Abmachung ist der →Arbeitgeber zur Zahlung des A. an den →Arbeitnehmer in Höhe des ortsüblichen Lohns (§ 612 BGB) als Entgelt für geleistete Arbeit verpflichtet. – 2. A. i. S. des *Sozialrechts:* Alle laufenden oder einmaligen Einnahmen aus einer Beschäftigung, gleichgültig, ob ein Rechtsanspruch auf die Einnahmen besteht, unter welcher Bezeichnung oder in welcher Form sie geleistet werden und ob sie unmittelbar aus der Beschäftigung oder im Zusammenhang mit ihr erzielt werden (§ 14 SGB 4). Ist ein Netto-A. vereinbart, gelten als A. die Einnahmen des Beschäftigten einschl. der darauf entfallenden Steuern und der seinem gesetzlichen Anteil entsprechenden Beiträge zur Sozialversicherung und seines Beitrages zur Bundesanstalt für Arbeit. Nähere Einzelheiten in der Verordnung über die Bestimmung des A. in der Sozialversicherung (A.-VO v. 18. 12. 1984 (BGBl I 1642, 1644), geändert durch VO v. 20. 12. 1985 (BGBl I 2556).

II. Formen: 1. *Lohn:* A. des Arbeiters; vgl. auch →Lohnformen. – 2. *Gehalt:* A. des Angestellten. – 3. *Zusätzliche Entlohnungen:* a) Entlohnung für besondere betriebliche Leistungen: →*Prämie;* b) Beteiligung am Gesamtumsatz: →*Gratifikation,* Sonderzuwendungen; c) Beteiligung am Gesamtgewinn: →*Tantiemen;* d) Beteiligung an dem speziell durch den Arbeitnehmer veranlaßten Umsatz: →*Provision;* e) Entgelt für früher geleistete Arbeit: →*Ruhegeld.* – 4. →*Gewinnbeteiligung* (vgl. auch →Erfolgsbeteiligung) der Belegschaft als Rechtsanspruch. – 5. *Sozialversicherung:* Zum „Entgelt" werden außerdem →Zulagen gerechnet, nicht dagegen reine →Aufwandsentschädigungen (§ 14 SGB 4; A.-VO vom 18. 12. 1984, BGBl I 1644). Ob und inwieweit eine Leistung dem A. zuzurechnen ist, entscheidet über →Versicherungspflicht und/oder Beitragsberechnung.

III. Fälligkeit: Nachträglich, wenn nichts anderes vereinbart (§ 614 BGB); Gehalt monatlich, Löhne wöchentlich, für Hilfsarbeiter eventuell auch täglich.

IV. Zahlung: A. ist bar oder bargeldlos (→bargeldloser Zahlungsverkehr) zu zahlen. A. darf nicht in Sachleistungen ausgezahlt werden; Sachleistungen (z. B. Deputate, Mittagessen, Dienstwohnung) können nur zusätzlich gewährt werden. Zahlungszeit, Zahlungsort und die Art und Weise der Lohnzahlung bestimmen sich nach den in Tarifverträgen und Arbeitsverträgen getroffenen Vereinbarungen. Besteht keine tarifvertragliche Regelung, kann ein Mitglied vom Betriebsrat nach § 87 I Nr. 4 BetrVG im Rahmen des Mitbestimmungsrechts in →sozialen Angelegenheiten erzwungen werden. Eine →Betriebsvereinbarung kann dem Arbeitgeber die Kontoführungskosten insoweit aufer-

legen, als diese dadurch verursacht werden, daß das A. überwiesen wird, nicht aber die weiteren Kontoführungskosten.

V. Verjährung/Ausschlußfristen: Der Anspruch auf A. verjährt in zwei Jahren (§ 196 I Nr. 8 und 9 BGB), gerechnet vom Ende des Jahres an, in dem der Anspruch entstanden ist (§ 201 BGB). Die Verjährung gibt nur ein Leistungsverweigerungsrecht (§ 222 BGB), bei Ablauf einer vereinbarten →Ausschlußfrist geht dagegen der Anspruch auf A. unter.

VI. Lohnschutz: Lohnbestimmungen der →Tarifverträge sowie auch die der →Mindestarbeitsbedingungen setzen *Mindestlöhne* fest. Der Arbeitgeber ist gegenüber dem Arbeitnehmer zum Nachweis der ordnungsgemäßen Berechnung des A. verpflichtet (→Lohnbuchführung). Verbot des →Trucksystems. →Aufrechung gegen unpfändbare Lohn- und Gehaltsforderungen des Arbeitnehmers nur dann zulässig, wenn der Arbeitnehmer vorsätzlich eine →unerlaubte Handlung begeht (z. B. mutwillige Beschädigung einer Betriebsmaschine). Schutz gegen →Pfändung des A. durch Dritte (→Lohnpfändung). Arbeitnehmer ist →Vorrechtsgläubiger bei Konkurs- und Vergleichsverfahren. Sicherung gegen Lohnausfall infolge von →Kurzarbeit durch Kurzarbeitergeld (§§ 63 ff. AFG), gewährt durch die →Arbeitsverwaltung. – Vgl. auch →Konkursausfallgeld.

VII. Mitbestimmung des Betriebsrats: Vgl. →betriebliche Lohngestaltung, →leistungsbezogene Entgelte.

VIII. Besteuerung: A. i. S. des *Lohnsteuerrechts:* →Arbeitslohn III; i. S. des *Einkommensteuerrechts* gehört A. zu den →Einkünften aus nichtselbständiger Arbeit.

IX. Amtliche Statistik: Vgl. →Lohnstatistik. →Verdienststatistik, →Gehalts- und Lohnstrukturerhebungen.

Arbeitsergebnis. Ist das A. eine neue bewegliche Sache, die der Arbeitnehmer durch Verarbeitung oder Umbildung von Halb- oder Fertigprodukten herstellt, gilt der Arbeitgeber als Hersteller und wird damit Eigentümer (§ 950 BGB).

Arbeitsergiebigkeit, →Arbeitsproduktivität.

Arbeitserlaubnis. 1. →Arbeitnehmer, die nicht Deutsche i. S. des Art. 116 GG sind, bedürfen zur *Ausübung einer Beschäftigung* einer Erlaubnis der Bundesanstalt für Arbeit, soweit zwischenstaatlich nichts anderes vereinbart ist (§ 19 AFG); →ausländische Arbeitnehmer. Unberührt bleiben die Rechtsvorschriften der EG und § 17 I Gesetz über die Rechtsstellung heimatloser Ausländer im Bundesgebiet vom 25. 4. 1951 – BGBl I 1269 – (§ 19 III AFG). – Die A. wird befristet vom Arbeitsamt des gewöhnlichen Aufenthaltsortes erteilt (für zwei bis drei Jahre); sie kann auf bestimmte Betriebe, Berufsgruppen, Wirtschaftszweige oder Bezirke beschränkt werden. Vgl. VO über die A. für nichtdeutsche Arbeitnehmer vom 12. 9. 1980 (BGBl I 1755), zuletzt geändert durch VO vom 9. 7. 1984 (BGBl I 890). – 2. Nach § 19 I AFG ist nur die Ausübung einer Beschäftigung durch Ausländer, nicht aber auch der *Abschluß eines* →*Arbeitsvertrags* genehmigungspflichtig. Auch der Ablauf der A. führt nicht zur Nichtigkeit des Arbeitsverhältnisses. Ob der Arbeitgeber nach Ablauf der A. zur →ordentlichen Kündigung oder →außerordentlichen Kündigung berechtigt ist, hängt von den Umständen des Einzelfalles ab, insbes. davon, ob der Arbeitgeber den Arbeitsplatz neu besetzen muß.

Arbeitsermüdung, →Ermüdung, die auf einen arbeitsbedingten Kräfteverbrauch zurückzuführen ist. Die A. muß durch Erholung (→Pausen) so weit ausgeglichen werden, daß Leistungsfähigkeit und Gesundheit des arbeitenden Menschen auf die Dauer nicht leiden.

Arbeitserprobung, Erprobung einer beruflichen Eignung bis zu Dauer von vier Wochen, für die die →Bundesanstalt für Arbeit im Rahmen der Rehabilitation die Kosten übernimmt.

Arbeitserweiterung, →job enlargement.

Arbeitsethik. 1. *Begriff:* Ethik ist ein grundlegender Teil der praktischen Philosophie; sie fragt nach den Maximen (Normen) menschlichen Tuns und ist somit an der materiellen bzw. „objektiven" Begründung der Sittlichkeit interessiert. Ethische Maximen werden im Laufe der →Sozialisation und Enkulturation internalisiert. – A. ist daher als die im Laufe der Geschichte entwickelten, dem Wandel unterworfenen und somit ständig kontrovertierten *normativen Aussagen über die objektive Wertigkeit der Arbeit* und, davon abgeleitet, die motivationale Einstellung der Mitglieder der jeweiligen kulturellen Gemeinschaft zu bezeichnen. – 2. *Ursprünge:* Die unterschiedlichen inhaltlichen Deutungen der A. stehen in engem Zusammenhang mit religiösen, philosophischen und politischen Ideen und der Sozialstruktur der jeweiligen Gesellschaft. Die spezifischen Ausformungen der abendländischen A. sind in ihren Ursprüngen v. a. auf die Antike (klassische griechische Philosophie), das Christentum (Katholizismus und Calvinismus) und die Philosophie der Aufklärung (insbes. deutscher Idealismus) zurückzuführen. – 3. *Abgrenzung zur Arbeitsmoral:* A. ist von der →Arbeitsmoral streng zu trennen, da Moral stets psychologisch determiniert ist. Während die A. nach Inhalten („Sinn" des Tuns) fragt, unabhängig von den individuellen Wünschen und Bedürfnissen, ist die Arbeitsmoral einen höchst individuellen Motiven

unterliegende „subjektive" Einstellung zur Arbeit. A. ist also ein philosophischer, Arbeitsmoral ein psychologischer Begriff. – Vgl. auch →Arbeit.

Arbeitsfähigkeit, Begriff der Sozialversicherung; vgl. →Arbeitsunfähigkeit.

Arbeitsfeldvergrößerung, →job enlargement.

Arbeitsförderungsgesetz (AFG), Gesetz vom 25. 6. 1969 (BGBl I 582) mit späteren Änderungen, am 1. 7. 1969 an Stelle des Gesetzes über Arbeitsvermittlung und Arbeitslosenversicherung getreten. Die Aufgaben nach dem AFG werden im Rahmen der Sozial- und Wirtschaftspolitik der Bundesregierung von der →Bundesanstalt für Arbeit durchgeführt. Um im Interesse des Wirtschaftswachstums einen hohen Beschäftigungsstand und eine sich ständig verbessernde Beschäftigungsstruktur zu erzielen, sind Maßnahmen zur Förderung der beruflichen Bildung, Arbeitsbeschaffung, Arbeitsaufnahme, beruflichen Eingliederung Behinderter und ganzjährigen Beschäftigung in der Bauwirtschaft vorgesehen. – *Leistungen im einzelnen:* Vgl. →Arbeitslosenversicherung.

Arbeitsfreude, von kulturell vermittelten Vorstellungen über den Sinnbezug der Arbeit (→Arbeitsethik) geformter Begriff. Dient Arbeit lediglich der Sicherung der materiellen Existenz, resultiert A. aus materiellen Belohnungen; dient Arbeit der individuellen und sozialen Entfaltung, hat A. eine umfassendere Bedeutung. – *Gegensatz:* →Arbeitsleid.

Arbeitsgang, in der Produktionsplanung und -steuerung ein Fertigungsschritt bei der Bearbeitung eines →Fertigungsauftrags für ein Teil (z. B. Anbringen einer Bohrung in einem Werkstück). Ein einzelner A. wird durch A.-Nummer (→Nummernsystem), A.-Text, Stückbearbeitungszeit, Rüstzeit, Materialien, Betriebsmittel u. a. Angaben beschrieben. – A. werden jeweils zu *Arbeitsplänen* (→Arbeitsplan) zusammengefaßt.

Arbeitsgemeinschaft. I. A l l g e m e i n : Zusammenschluß zur Interessenvertretung, Behandlung im gemeinsamen Interesse liegender Fragen und Probleme, Erfahrungs- und Informationsaustausch sowie Öffentlichkeitsarbeit.

II. B a u g e w e r b e : 1. *Begriff:* Vertragliche Bindung (i. d. R. als →Gesellschaft des bürgerlichen Rechts) mehrerer am Bau beteiligter Handwerksmeister oder Bauunternehmer (branchengleiche, -verwandte oder -fremde), einmalig oder auch auf gewisse Dauer zur gemeinsamen *Durchführung* größerer Bauvorhaben. – 2. *Umsatzsteuer:* a) Die *selbständige A.* die Verträge mit den Auftraggebern abschließt, unterliegt mit der Gesamtleistung der Umsatzsteuerpflicht. Die Einzelunternehmer sind nur insoweit gesondert zur Umsatzsteuer heranzuziehen, als sie gegen →Entgelt →Lieferungen und sonstige Leistungen an die A. bewirken (z. B. Vermietung von Geräten und Maschinen, Gestellung von Arbeitnehmern), die nicht nach Art und Umfang im Gesellschaftsvertrag festgelegt sind und nicht durch anteilmäßige Beteiligung am Gewinn und Verlust abgegolten werden. Gesellschaftsvertraglich bedingte Leistungen stellen nicht umsatzsteuerbare Gesellschafterbeiträge (Leistungsvereinigung zur Erbringung von Leistungen an Dritte) dar. – b) *Nicht selbständige A.* (Interessengemeinschaften) führen Einzelverträge zwischen dem Auftraggeber und mehreren beteiligten Unternehmern aus, die jeder für sich mit den eigenen Leistungen umsatzsteuerpflichtig sind. – c) *Generalenterprise,* Vertrag zwischen Auftraggeber und einem Unternehmer, der sich zur Erfüllung des von ihm übernommenen Auftrags anderer Unternehmer (Subunternehmer) bedient. Umsatzsteuerpflichtig ist der →Generalunternehmer mit dem Gesamtentgelt, der einzelne Unternehmer mit dem Entgelt für die von ihm geleistete Teilarbeit. – d) Ein Hauptunternehmer *als Vermittler* schließt einen Vertrag mit dem Auftraggeber und beauftragt in dessen Namen Nebenunternehmer; umsatzsteuerpflichtig bei Haupt- und Nebenunternehmern das ihnen zufließende Entgelt. – 3. *Gewerbesteuer:* Vgl. →Unternehmergemeinschaften.

Arbeitsgemeinschaft Außenhandel der Deutschen Wirtschaft (AGA), Zusammenschluß der Spitzenorganisationen der deutschen Wirtschaft zur Behandlung außenwirtschaftlicher Grundsatzfragen; Sitz in Köln. – *Aufgaben:* Ermöglichung der Meinungsbildung zu wichtigen Fragen des Außenhandels auf Ebene der Gesamtwirtschaft.

Arbeitsgemeinschaft Christlicher Arbeitnehmer-Organisationen in der Bundesrepublik Deutschland (ACA), selbständige Vereinigung christlicher Arbeitnehmerorganisationen mit sozial- oder berufspolitischer Zwecksetzung. – *Aufgabe:* Interessenvertretung der Mitglieder auf Bundesebene.

Arbeitsgemeinschaft Christlicher Unternehmer e. V. (ACU), Zusammenschluß des →Bundes Katholischer Unternehmer e. V. (BKU) und des →Arbeitskreises evangelischer Unternehmer in der Bundesrepublik Deutschland (AEU); Sitz in Karlsruhe. – *Aufgaben:* Erarbeitung von Zielen und Grundsatzpositionen auf gesellschaftspolitischem Gebiet; Darstellung dieser Ziele und Positionen in der Öffentlichkeit.

Arbeitsgemeinschaft der Absatzkreditbanken e. V., Sitz in Düsseldorf. – *Aufgabe:* Förderung der Wirtschaftsbedingungen der angeschlossenen Absatzkreditbanken.

Arbeitsgemeinschaft der Deutschen Wertpapierbörsen, Sitz in Frankfurt. – *Aufgaben:* Stärkung der Wettbewerbsfähigkeit des Finanzplatzes Deutschland; Wahrnehmung aller überregionalen Angelegenheiten des deutschen Börsenwesens; Veröffentlichung von Broschüren zu wichtigen Aspekten des Finanzplatzes Deutschland.

Arbeitsgemeinschaft der Fachanwälte für Steuerrecht e. V., Sitz in Bochum. – *Aufgaben:* Förderung und Fortbildung der Mitglieder auf dem Gebiet des Steuerrechts, verwandter Rechtsgebiete und der Betriebswirtschaft; Vertretung der Mitglieder in allen mit dem Zweck des Vereins zusammenhängenden Angelegenheiten.

Arbeitsgemeinschaft der Großforschungseinrichtungen e. V. (AGF), →Arbeitsgemeinschaft der deutschen Großforschungseinrichtungen; Sitz in Bonn. – *Aufgaben:* Erfahrungsaustausch hinsichtlich wissenschaftlicher und administrativer Fragen; Koordination der laufenden Forschungsarbeit; Interessenvertretung der Mitglieder.

Arbeitsgemeinschaft der Lebensmittel-Filialbetriebe e. V. (ALF), Sitz in Bonn. – *Aufgaben:* Wahrnehmung der allgemeinen Interessen der Mitglieder; kann als Tarifpartei i. S. des Tarifvertragsgesetzes vom 9. 4. 1949 tätig sein.

Arbeitsgemeinschaft der Verbraucher e. V. (AgV), Sitz in Bonn. – *Aufgaben:* Vertretung der Interessen gegenüber Legislative und Exekutive sowie bei Wirtschaftsorganisationen; Förderung und Koordinierung der Tätigkeit der Mitgliedsorganisationen und -institutionen sowie Unterrichtung der Verbraucher durch eigene Einrichtungen.

Arbeitsgemeinschaft Deutscher Immobilienbörsen, Arbeitsgemeinschaft in der Rechtsform einer Gesellschaft des bürgerlichen Rechts; Sitz in Frankfurt a. M. – *Mitglieder* sind die 21 Immobilienbörsen in der Bundesrep. D. – *Aufgaben:* Ermöglichung überregionaler Gemeinschaftsgeschäfte der Immobilienmakler (Mitglieder der Immobilienbörsen).

Arbeitsgemeinschaft Deutscher Stiftungen, Sitz in Augsburg. – *Aufgaben:* Erhaltung, Förderung und Vertretung gemeinsamer Interessen von Stiftungen; Förderung des wissenschaftlichen Stiftungswesens.

Arbeitsgemeinschaft Deutscher Verkehrsflughäfen (ADV), Arbeitsgemeinschaft der deutschen Flughafenverwaltungen. 1947 gegründet, seit 1950 als eingetragener Verein geführt; Sitz in Stuttgart. – *Aufgaben:* Wahrnehmung der Interessen und Belange der deutschen Verkehrsflughäfen, insbes. in Form der Beratung der Bundes- und Landesbehörden bei der Vorbereitung und Durchführung der die Flughäfen betreffenden Gesetze und Bestimmungen.

Arbeitsgemeinschaft Deutscher Wertpapierbörsen, im Zug der Börsenreform durch Verabschiedung eines neuen Statuts am 21.1.1986 umstrukturierte Arbeitsgemeinschaft in der Rechtsform einer Gesellschaft des bürgerlichen Rechts; Sitz in Frankfurt a.M. Die A.D.W. ist organisatorisch mit der Frankfurter Wertpapierbörse verbunden. – *Mitglieder* sind alle acht Börsen in der Bundesrep. D. (Bayerische Wertpapierbörse zu München; Berliner Wertpapierbörse; Bremer Wertpapierbörse; Frankfurter Wertpapiebörse Hamburg; Niedersächsische Börse zu Hannover; Rheinisch-westfälische Wertpapierbörse zu Düsseldorf; Baden-Württembergische Wertpapierböse zu Stuttgart), vertreten durch Repräsentanten aus dem jeweiligen Börsenvorstand. – *Aufgaben:* Behandlung überregionaler und internationaler des Börsenhandels; Lösung überregionaler organisatorisch-technischer Fragen (z.B. Informationsverbund); überregionale Öffentlichkeitsarbeit über den Finanzplatz Bundesrep. D.; Interessenvertretung gegenüber in- und ausländischen Stellen; Beobachtung und Analyse von Entwicklungstendenzen anderer Finanzzentren.

Arbeitsgemeinschaft Fernwärme e.V. (AGFW) bei der Vereinigung Deutscher Elektrizitätswerke, Sitz in Frankfurt a.M. – *Aufgaben:* Förderung der Versorgung mit Fernwärme sowie Behandlung von Fragen ihrer Erzeugung, Verteilung und Anwendung; Zusammenarbeit mit der herstellenden Industrie; Erarbeitung von Richtlinien; Erteilung von Information und Statistiken sowie Abhaltung von Schulungskursen und Lehrgängen.

Arbeitsgemeinschaft für betriebliche Altersversorgung e.V., Sitz in Heidelberg. – *Aufgaben:* Förderung aller Bestrebungen auf dem Gebiet der betrieblichen Altersversorgung und Mitwirkung bei ihrer sozialpolitischen, arbeits- und steuerrechtlichen, versicherungsrechtlichen und versicherungsmathematischen Gestaltung.

Arbeitsgemeinschaft für das wirtschaftliche Prüfungswesen, vom →Deutschen Industrie- und Handelstag und der →Wirtschaftsprüferkammer entsprechend §65 WPO gebildete, nicht rechtsfähige Arbeitsgemeinschaft mit gemeinsamer Geschäftsstelle. – *Aufgaben:* Behandlung von Fragen des wirtschaftlichen Prüfungs- und →Treuhandwesens, die gemeinsame Belange der Wirtschaft und der Berufe der →Wirtschaftsprüfer und der →vereidigten Buchprüfer berühren.

Arbeitsgemeinschaft für Sicherheit in der Wirtschaft (ASW), →Arbeitsgemeinschaft der Wirtschaft; Sitz in Bonn. – *Aufgabe:* Information und Beratung; Erfahrungsaus-

tausch; Fortbildung des für Sicherheit zuständigen Personals.

Arbeitsgemeinschaft für Umweltfragen (AGU), Sitz in Bonn. – *Aufgaben:* Förderung des Umweltschutzes, v.a. durch Koordination im außerbehördlichen Raum und durch Öffentlichkeitsarbeit; Träger des im Umweltprogramm der Bundesregierung festgelegten „Umweltforums".

Arbeitsgemeinschaft für wirtschaftliche Betriebsführung und soziale Betriebsgestaltung e.V., Sitz in Heidelberg. – *Aufgabe:* Fort- und Weiterbildung auf den Gebieten Personalwesen, Führung, Organisation, Planung usw.

Arbeitsgemeinschaft genossenschaftlicher Teilzahlungsbanken e.V., →Arbeitsgemeinschaft von 18 genossenschaftlichen Teilzahlungsbanken; Sitz in Brühl. – *Aufgaben:* Interessenvertretung der Mitglieder; Erfahrungsaustausch.

Arbeitsgemeinschaft Handel mit der DDR, Sitz in Berlin (West). – *Aufgaben:* Förderung des Wirtschaftsverkehrs zwischen der Bundesrep. D. und der DDR; Erfahrungsaustausch; Interessenvertretung hinsichtlich des innerdeutschen Wirtschaftsverkehrs gegenüber Behörden und sonstigen Institutionen im Bundesgebiet; Beratung; Kontaktpflege mit Behörden und sonstigen zuständigen Einrichtungen in der DDR.

Arbeitsgemeinschaft Industrieller Forschungsvereinigungen e.V. (AIF), →Arbeitsgemeinschaft von 93 (1986) Forschungseinrichtungen der deutschen Industrie; Sitz in Köln. – *Aufgaben:* Durchführung staatlicher Forschungsförderungsmaßnahmen; Interessenvertretung und -wahrnehmung; Beratung der deutschen Wirtschaft in Fragen der Gemeinschaftsforschung; Erfahrungsaustausch zwischen Wissenschaft und Industrie.

Arbeitsgemeinschaft Möbeltransport Bundesverband e.V., (AMÖ), Sitz in Hattersheim/Main. – *Aufgaben:* Gewerbeförderung; Mitwirkung bei der Festsetzung öffentlichrechtlicher Tarife; Öffentlichkeitsarbeit sowie Betriebsberatung für das Möbeltransportgewerbe; Transportberatung für Möbelindustrie und Möbelhandel; Förderung der nationalen und internationalen Zusammenarbeit.

Arbeitsgemeinschaft regionaler Energieversorgungs-Unternehmen e.V., Sitz in Hannover. – *Aufgaben:* Förderung der Ziele der regionalen Energieversorgung; Förderung der großräumigen Energieversorgung zur Verbesserung der Struktur der deutschen Elektrizitäts- und Gasversorgung.

Arbeitsgemeinschaft sozialwissenschaftlicher Institute e.V., Sitz in Berlin. – *Aufgaben:* Förderung und Intensivierung sozialwissenschaftlicher Forschung; Träger eines Informationszentrums.

Arbeitsgemeinschaft von Versicherungsnehmern für Fragen der Kraftfahrtversicherung, →Arbeitsgemeinschaft von 16 Mitgliedsverbänden (Bundesverband der Deutschen Industrie; Verband der Automobilindustrie; Deutscher Bauernverband; Hauptgemeinschaft des Deutschen Einzelhandels; Verband der Fahrrad- und Motorradindustrie; Bundesverband des Deutschen Groß- und Außenhandels; Zentralverband des Deutschen Handwerks; Verband der Importeure von Kraftfahrzeugen; Zentralverband des Kraftfahrzeughandels; Zentralverband des Kraftfahrzeughandwerks; Gesamtverband der Kraftfahrzeugvermieter; Verband der Landwirtschaftskammern; Zentralarbeitsgemeinschaft des Straßenverkehrsgewerbes; Deutscher Touring-Automobil-Club; Deutscher Versicherungsschutz-Verband; als Gast Deutscher Industrie- und Handelstag). – *Aufgaben:* Interessenvertretung und -wahrnehmung der Versicherungsnehmer auf dem Gebiet der Kraftfahrtversicherung.

Arbeitsgemeinschaft zur Förderung der Partnerschaft in der Wirtschaft e. V. (AGP), Arbeitsgemeinschaft von Unternehmen, die Partnerschaftsmodelle (→Partnerschaft) verwirklicht haben bzw. dieses beabsichtigen; Sitz in Kassel. – *Aufgaben:* Ziele: Förderung der Verbreitung von Partnerschaftsmodellen, Erfahrungsaustausch. Daneben setzt sich die AGP für die steuerliche Begünstigung einer betrieblichen Vermögensbildung der Arbeitnehmer ein.

Arbeitsgericht, das für Arbeitssachen im ersten Rechtszug zuständige Gericht der →Arbeitsgerichtsbarkeit (§§ 14–31 ArbGG). A. sind Gerichte der Länder; Verwaltung und Dienstaufsicht obliegt der obersten Arbeitsbehörde des Landes im Einvernehmen mit der Landesjustizverwaltung. – Beim A. werden Kammern – z. T. für Fachgebiete – mit je einem Berufsrichter als Vorsitzenden und je einem →ehrenamtlichen Richter aus Kreisen der Arbeitnehmer und der Arbeitgeber eingerichtet. – Das A. entscheidet im Urteils- oder →Beschlußverfahren. Gegen seine Entscheidung ist →Berufung oder Beschwerde zum →Landesarbeitsgericht zulässig.

Arbeitsgerichtsbarkeit, Zweig der Gerichtsbarkeit, dem die Rechtsstreitigkeiten aus dem →Arbeitsrecht (die Arbeitssachen) aufgrund des Arbeitsgerichtsgesetzes (ArbGG) i.d.F. vom 2.7.1979 (BGBl I 853) mit späteren Änderungen zugewiesen sind.

I. A u f b a u : Die A. wird durch die →Arbeitsgerichte, →Landesarbeitsgerichte und das

→Bundesarbeitsgericht ausgeübt (§ 1 ArbGG). Arbeitsgerichte und Landesarbeitsgerichte sind Gerichte der Länder; das Bundesarbeitsgericht ist ein oberster Gerichtshof des Bundes (Art. 95 I GG). Die Gerichte für Arbeitssachen entscheiden in allen drei Instanzen durch kollegiale Spruchkörper, die mit Berufsrichtern (→Richter I) und ehrenamtlichen Richtern (→Richter II) aus den Kreisen der Arbeitgeber und Arbeitnehmer besetzt sind (§ 6 ArbGG).

II. S a c h l i c h e Z u s t ä n d i g k e i t d e r A r b e i t s g e r i c h t e : 1. Gemäß § 2 I ArbGG sind die Arbeitsgerichte *ausschließlich zuständig* ohne Rücksicht auf den Streitwert insbes. in folgenden Fällen: a) für bürgerlich-rechtliche Streitigkeiten zwischen Tarifvertragsparteien oder zwischen diesen und Dritten aus →Tarifverträgen; b) für bürgerlich-rechtliche Streitigkeiten zwischen tariffähigen Parteien (→Tariffähigkeit) aus unerlaubten Handlungen, soweit es sich um Maßnahmen zum Zwecke des →Arbeitskampfes oder um Fragen der Vereinigungsfreiheit (→Koalitionsfreiheit) einschl. des hiermit im Zusammenhang stehenden Betätigungsrechts der Vereinigungen handelt; c) für bürgerlich-rechtliche Streitigkeiten zwischen Arbeitnehmern und -gebern aus dem →Arbeitsverhältnis einschl. der Frage des Bestehens eines Arbeitsverhältnisses und aus unerlaubten Handlungen, soweit diese mit dem Arbeitsverhältnis im Zusammenhang stehen; d) für betriebsverfassungsrechtliche Streitigkeiten, Angelegenheiten aus dem MitbestG, soweit es um die Wahl von Vertretern der Arbeitnehmer in den Aufsichtsrat geht, Streitigkeiten über die →Tariffähigkeit (§ 2 a ArbGG). – Die Verfahren a)–d) werden im →Beschlußverfahren entschieden. – 2. Die ausschließliche Zuständigkeit erstreckt sich auch auf den *Rechtsnachfolger* (§ 3 ArbGG), z. B. den Erben. Bürgerlich-rechtliche Streitigkeiten zwischen juristischen Personen des Privatrechts und ihren Vertretern (z. B. Klage einer AG gegen eines ihrer Vorstandsmitglieder) können vor die Arbeitsgerichte gebracht werden, wenn die Parteien dies zuvor *vereinbart* haben (§ 2 IV ArbGG). – 3. *Abgrenzung gegenüber dem Zuständigkeitsbereich der Zivilgerichte:* Eine Frage der sachlichen Zuständigkeit (vgl. § 48 ArbGG), im Verhältnis zu den anderen Gerichten geht es um die Zulässigkeit des Rechtswegs. Die Gerichte der A. entscheiden über die Zulässigkeit des zu ihnen beschrittenen Rechtswegs und können in den anderen Rechtsweg verweisen (§§ 48, 48 a ArbGG).

III. P o s t u l a t i o n s f ä h i g k e i t u n d P r o z e ß v e r t r e t u n g : 1. Vor dem *Arbeitsgericht* können die Parteien den Prozeß selbst führen. Die Parteien können sich aber auch vertreten lassen. Eine Vertretung durch Vertreter von →Gewerkschaften oder von Arbeitgebervereinigungen (→Berufsverband) ist zulässig, wenn diese Personen kraft Satzung oder Vollmacht zur Vertretung befugt sind und für den Verband oder deren Mitglied auftreten (§ 11 I ArbGG). Die früher in § 11 I ArbGG enthaltenen Beschränkungen für die Zulassung von Rechtsanwälten ist nach der Neufassung des Gesetzes vom 2. 7. 1979 entfallen. – 2. Vor dem *Landesarbeitsgericht* müssen die Parteien von einem Verbandsvertreter oder einem Rechtsanwalt vertreten werden; beim *Bundesarbeitsgericht* besteht Anwaltszwang (§ 11 II ArbGG).

IV. Besonderheiten im Urteilsverfahren: 1. Die *Gerichtsgebühren* sind niedriger als in der Zivilgerichtsbarkeit (§ 12 I–III ArbGG). In 1. Instanz besteht kein Anspruch der obsiegenden Partei auf *Erstattung der Kosten* für einen Prozeßvertreter (§ 12a I 1 ArbGG). – 2. In 1. Instanz ist eine *Güteverhandlung* vorgesehen (§ 54 I ArbGG). – 3. Nach § 9 I 1 ist das Verfahren in allen Instanzen zu *beschleunigen* (keine Gerichtsferien, manche Fristen sind verkürzt). – 4. Urteile der Arbeitsgerichte und Landesarbeitsgerichte sind auch bei besonderen Aussprüch *vorläufig vollstreckbar* (§§ 62 I, 64 VII ArbGG). – 5. *Rechtsmittel:* a) Gegen Urteile der Arbeitsgerichte ist nach § 64 ArbGG die Berufung an das LAG statthaft; in vermögensrechtlichen Streitigkeiten, wenn der Wert des Beschwerdegegenstandes 800 DM übersteigt oder wenn das Arbeitsgericht die Berufung aus einem der in § 64 III ArbGG aufgeführten Gründen zugelassen hat. b) Gegen Urteile der Landesarbeitsgerichte ist die Revision, über die das Bundesarbeitsgericht entscheidet, zulässig, wenn das Landesarbeitsgericht die Revision aus einem der in § 72 II ArbGG aufgeführten Gründen zugelassen hat oder das Bundesarbeitsgericht die Revision auf eine Nichtzulassungsbeschwerde hin durch Beschluß nach § 72a V ArbGG zugelassen hat (§ 72 I ArbGG).

V. Beschlußverfahren: Das Beschlußverfahren dient v. a. der Entscheidung betriebsverfassungsrechtlicher Streitigkeiten (§§ 80 ff. BetrVG). Verfahrensrechtliche Besonderheiten vgl. →Beschlußverfahren.

Arbeitsgesetzbuch, Kodifikation des →Arbeitsrechts. Die Forderung nach einem einheitlichen A. schon in der Weimarer Reichsverfassung; bisher nicht realisiert.

Arbeitsgestaltung, Maßnahmen zur Anpassung der Arbeit an den Menschen mit dem Ziel, →Belastungen abzubauen sowie →Arbeitszufriedenheit und Leistung zu steigern. A. bezieht sich auf die ergonomischen Bedingungen (Lärm, Beleuchtung, Bestuhlung usw.) und/oder auf inhaltliche Aspekte der Tätigkeit; vgl. auch →Arbeitsplatzgestaltung, →Arbeitsablaufgestaltung, →Ergonomie. Beeinflußt durch die →Zweifaktoren-

theorie von Herzberg und die →Bedürfnispyramide von Maslow, zielen Maßnahmen wie →Arbeitsbereicherung oder Installierung →teilautonomer Arbeitsgruppen v. a. auf eine Vergrößerung des Handlungsspielraums und des →Motivationspotentials ab. Die A. dient neben →Zufriedenheit (→Wohlbefinden) und positiver →Einstellung des Arbeitnehmers dem optimalen Einsatz des arbeitenden Menschen innerhalb der Grenzen der zulässigen Arbeitsbelastung (→Ausführbarkeit, →Erträglichkeit, →Zumutbarkeit). – *Instrument der A.:* →job diagnostic survey.

Arbeitsgruppe, *task force,* Mehrzahl von Personen, die über eine längere Zeitdauer unmittelbar miteinander interagiert, Rollendifferenzierung sowie Normen herausgebildet hat und sich durch ein Wir-Gefühl verbunden weiß. – Vgl. auch →Gruppenarbeit, →teilautonome Arbeitsgruppe.

Arbeitshygiene, →Betriebshygiene.

Arbeitsingangsetzung, Veranlassung der Durchführung des Produktionsprozesses im Rahmen der →Produktionsprozeßsteuerung. Die A. erfolgt durch rechtzeitige Bereitstellung der Informationen, die in der Feinstplanung (→Arbeitsverteilung) festgelegt worden sind, an der jeweiligen Arbeitsstation.

Arbeitsintensität, Verhältnis von Arbeitseinsatz (A) zu Kapitaleinsatz (K): $\dfrac{A}{K}$. Die Beziehung zwischen A., →Arbeitsproduktivität $\left(\dfrac{Yr}{A}\right)$ und → Kapitalproduktivität $\left(\dfrac{Yr}{K}\right)$ ergibt sich aus folgender tautologischer Gleichung:
$$\frac{A}{K} = \frac{Yr}{K} : \frac{Yr}{A} \; (Y_r = \text{Outout}). \; - \; Kehrwert: $$
→ Kapitalintensität.

arbeitsintensiv, kennzeichnende Bezeichnung für die Bedeutung des Produktionsfaktors →Arbeit (auch Zahl der Beschäftigten) in einem Unternehmen oder Industriezweig, z. B. in Handwerk, Handel, noch nicht rationalisierter Landwirtschaft. – *Anders:* →anlagenintensiv, →lohnintensiv, →materialintensiv.

Arbeitskampf. I. Begriff: Die von Arbeitnehmer- oder Arbeitgeberseite aufgrund eines Kampfbeschlusses vorgenommene Störung des Arbeitsablaufs zu dem Zweck, durch gemeinsame (kollektive) Maßnahmen die andere Seite absichtlich unter wirtschaftlichen Druck zu setzen um ein bestimmtes Ziel zu erreichen.

II. Gesetzliche Regelung: Der A. ist gesetzlich nicht geregelt. Der Begriff A. findet sich, ohne definiert oder geregelt zu werden, in einigen Bundesgesetzen (vgl. §§ 2 I Nr. 2 ArbGG, § 74 II BetrVG, § 116 AFG; vgl. auch § 25 K.SchG, § 18 VII SchwbG). Der Streik als Mittel des A. wird in mehreren Länderverfassungen erwähnt.

III. Rechtmäßigkeit: Ob das Recht der →Koalitionen, zur Wahrung und Förderung von Arbeits- und Wirtschaftsbedingungen bei Tarifkonflikten A. gegen den sozialen Gegenspieler zu führen, verfassungsrechtlich (Art. 9 III GG) gewährleistet ist, ist für die →Aussperrung umstritten. Der A. ist in der freiheitlichen Gesellschafts- und Wirtschaftsordnung der Bundesrep. D. ein fester Bestandteil des kollektiven Arbeitsrechts und insbes. der →Tarifautonomie. Nach der Rechtsprechung des Bundesarbeitsgerichts ist das A.recht *notwendiger Teil eines funktionierenden Tarifvertragssystems;* es gewährleistet das erforderliche Verhandlungsgleichgewicht der sozialen Gegenspieler. Der A. wird i. d. R. dann geführt, nachdem Tarifvertragsverhandlungen und ein daran anschließendes Schlichtungsverfahren (→Schlichtung) ohne Ergebnis geblieben sind. – Die nähere Ausgestaltung des A. beruht überwiegend auf *Richterrecht;* v. a. das →Bundesarbeitsgericht hat eine Reihe von Kampfregeln entwickelt, die nicht unumstritten sind. (→Streik, →Aussperrung).

IV. Erscheinungsformen: Mittel des A. (im wesentlichen): 1. →Streik bzw. Ausstand; 2. →Aussperrung; 3. →Boykott. Vgl. näher dort.

V. A. und Arbeitsverhältnis: 1. Kampfmaßnahmen im Rahmen eines *rechtmäßigen A.* führen nicht zu einer Verletzung des →Arbeitsvertrags. Nach der Rechtsprechung werden für die Streik- bzw. Aussperrungsdauer die Rechte und Pflichten aus dem Arbeitsverhältnis lediglich suspendiert; nach Beendigung des A. leben sie wieder auf. – Ob der Arbeitgeber eines *nichtumkämpften Betriebs* von der Beschäftigungs- und Lohnzahlungspflicht befreit ist, wenn er Arbeitseinstellungen oder -verkürzungen infolge eines A. in anderen Betrieben vornimmt, hängt nach der neueren Rechtsprechung des Bundesarbeitsgerichts davon ab, ob sich das Fortbestehen dieser Pflichten auf die Verhandlungsstärke der kampfführenden Verbände auswirkt. Eine derartige Beeinflussung ist dann anzunehmen, wenn umkämpfter und mittelbar betroffener Betrieb koalitionspolitisch verbunden sind, d. h. demselben kampfführenden Verband angehören oder diesem organisatorisch eng verbunden sind. – 2. Folgen der Kampfmaßnahmen im Rahmen eines *rechtswidrigen A.:* Vgl. →Streik III 2, →Aussperrung III 2, →Boykott 3.

VI. Neutralität der Bundesanstalt für Arbeit im A.: Am 24.5.1986 ist die heftig umstrittene Neuregelung des § 116 AFG in Kraft getreten (Gesetz vom 15.5.1986,

BGBl I 740). Schwerpunkte des Gesetzes: (1) Neuordnung des Ruhens der Leistungsansprüche mittelbar vom A. betroffener Arbeitnehmer; (2) Schaffung eines Neutralitätsausschusses; (3) Vorkehrungen gegen den Mißbrauch der Ruhensbestimmung durch einzelne Arbeitgeber.

Arbeitskampfrisiko, →Betriebsrisiko 2c).

Arbeitskarte, Voraussetzung für die Beschäftigung von →ausländischen Arbeitnehmern in der EGKS. Sie wird anerkannten Facharbeitern ausgestellt und ist nur auf dem Sektor Kohle und Stahl gültig. Einstellung und Ausscheiden des Inhabers der A. ist vom Arbeitgeber dem Arbeitsamt anzuzeigen.

Arbeitskräftepotential, →Erwerbspersonenpotential.

Arbeitskleidung, →Berufskleidung.

Arbeitsklima, →Betriebsklima.

Arbeitskoeffizient, Verhältnis der Einsatzmenge an Arbeitsleistung zu dem damit erzielten gesamtwirtschaftlichen Produktionsergebnis. – *Kehrwert:* →Arbeitsproduktivität.

Arbeitskosten. I. Kostenrechnung: Zunehmend durch den Terminus →Personalkosten ersetzter Sammelbegriff für alle →Aufwendungen oder →Kosten, die durch den Einsatz menschlicher Arbeitskraft im Betrieb entstehen. Außer →Löhnen und →Gehältern (→Lohnkosten) umfassen A. die auf gesetzlichen und freiwilligen Leistungen beruhenden →Sozialkosten, →Zuschläge, →Urlaubsgelder, →Unterstützungsbeihilfen usw.

II. Amtliche Statistik: Vgl. →Arbeitskostenerhebung.

Arbeitskostenerhebung, Teil der amtlichen →Lohnstatistik. Aufgrund besonderer Rechtsgrundlage der EG repräsentativ bei Unternehmen des Produzierenden Gewerbes (dreijährlich von 1966 bis 1978) und im Handel, Bank- und Versicherungsgewerbe (vierjährlich von 1970 bis 1978) durchgeführt. Seit 1978 erfolgen die Erhebungen in dreijährlichem Turnus für beide Bereiche. – Ermittelt werden die →Personalkosten und die →Personalnebenkosten insgesamt, je vollbeschäftigten Arbeitnehmer und je geleistete Arbeitsstunde nach Wirtschaftszweigen und Unternehmensgrößenklassen.

Arbeitskostentheorien, Preistheorien, die im Gegensatz zu →Produktionskostentheorien annehmen, der (langfristige) →natürliche Preis werde allein durch die Arbeitskosten bestimmt. Bei A. Smith steht neben einer Produktionskostentheorie eine A.

Arbeitskraft, die vom Menschen entwickelte Fähigkeit, →Arbeit zu leisten. – 1. A. als elementarer Produktionsfaktor (→Produktionstheorie). – 2. A. als Person (→Arbeitnehmer).

Arbeitskräfte-Einheit, Begriff der →Landwirtschaftsstatistik. Maßeinheit der Arbeitsleistung einer im Berichtszeitraum mit betrieblichen Arbeiten (ohne Haushalt des Betriebsinhabers) vollbeschäftigten und nach ihrem Alter voll leistungsfähigen Arbeitskraft.

Arbeitskräfteerhebungen, im Rahmen der →amtlichen Statistik durchgeführte →Teilerhebung (→Stichprobe). – 1. Erhebung über *Arbeitskräfte in der EG:* Auswahlsatz 0,4% (ca. 100000 Haushalte), arbeitsmarktorientierte Fragestellungen mit wechselnden Schwerpunkten. In der Bundesrep. D. in den →Mikrozensus integriert. – 2. Erhebung über *Arbeitskräfte in der Land- und Fortstwirtschaft:* Befragung von jährlich 80000–100000 landwirtschaftlichen Betrieben bzw. vierjährlich ca. 3000 Forstbetrieben über familieneigene und familienfremde Arbeitskräfte nach Geschlecht, Alter, Art und Umfang der Tätigkeit. – Berechnung der Arbeitsleistung in →Arbeitskräfte-Einheiten.

Arbeitskräftepotential, Reserven an effektiv beschäftigte und nach Lebensalter, sozialen Verhältnissen und Gesundheitszustand möglicherweise für den Erwerbsprozeß zu aktivierenden Personen. A. enthält außer der verdeckten →Arbeitslosigkeit von unständig beschäftigten mithelfenden Familienangehörigen auch Rentner, Hausfrauen, Studenten und Schüler.

Arbeitskräfevolumen, →Labor-Force-Konzept.

Arbeitskraftreserven, →Labor-Force-Konzept.

Arbeitskreis deutscher Marktforschungsinstitute e.V., Sitz in Nürnberg. – *Aufgaben:* Förderung des Gedankens und Wahrung des Ansehens der Marktforschung; Schutz der Öffentlichkeit vor unzulänglichen Untersuchungen sowie Bekämpfung unlauteren Wettbewerbs; Förderung der wissenschaftlichen Grundlagenforschung und der Verbindung zu den Hochschulen; Förderung des Nachwuchses; Austausch von Erfahrungen der Mitglieder untereinander sowie deren Vertretung und Beratung in Fragen der Institutspraxis und in Grundsatzfragen.

Arbeitskreis Evangelischer Unternehmer in der Bundesrepublik Deutschland (AEV), Zusammenschluß evangelischer Unternehmer; Sitz in Karlsruhe. – *Aufgaben:* Mitarbeit an der Verwirklichung und Weiterentwicklung einer christlichen Gesellschaftsordnung im wirtschaftlichen Bereich; Zusammenarbeit mit anderen evangelischen Vereinigungen mit anderen Vereinigungen im Ausland und anderer Glaubensbekenntnisse. – Zusammenarbeit mit dem →Bund Katholischer Unternehmer

e.V. (BKV) in der →Arbeitsgemeinschaft Christlicher Unternehmer e.V. (ACV).

Arbeitskreis für Betriebsführung, Sitz in Thaining. – *Aufgabe:* Förderung von Führungskräften, v.a. im Personalwesen und in Management.

Arbeitskreis Industrie-Werbeagenturen (AIW), Zusammenschluß von Agenturen und Beratern auf dem Gebiet der technisch-industriellen Werbung, Sitz in Marburg. – *Aufgaben:* Durchführung von Umfragen auf dem Gebiet der Industriewerbung; Erstellung von Dokumentationen als Beitrag zur Weiterentwicklung der Grundlagenarbeit; Zusammenarbeit der Mitglieder.

Arbeitskreis zur Förderung der Aktie e.V., Sitz in Düsseldorf. – *Aufgabe:* Förderung der privaten Geldanlage in Aktien durch Aufklärung der Öffentlichkeit über Aktie, Aktiengesellschaft und Börse.

Arbeitsleid, im Zusammenhang mit der →Arbeitsethik formulierter Begriff. A. entsteht dadurch, daß a) Arbeit mit Stigma der Last und der Strafe Gottes für die Erbsünde belegt ist (Genesis 3, 19) und b) die Bedingungen der Arbeit Mühsal und Leid verursachen (→Entfremdung; →Monotonie). – *Gegensatz:* →Arbeitsfreude.

Arbeitsleistung, die vom Arbeitnehmer in einem bestimmten Beziehungszeitraum erreichte Arbeitsmenge, gemessen an der Zahl der gefertigten Leistungseinheiten oder an den für diese Leistungseinheiten vorgegebenen Zeiteinheiten (→Normalzeit).

Arbeitslohn. I. V o l k s w i r t s c h a f t s t h e o r i e : Vergütung für die Leistung von →Arbeit (Beitrag des Produktionsfaktors Arbeit am volkswirtschaftlichen Produktionsprozeß). Die Bestimmung der Höhe des A. ist Gegenstand verschiedener Lohntheorien: →Existenzminimum-Theorien des Lohnes; →Grenzproduktivitätstheorie; →Lohnfondstheorie; →ehernes Lohngesetz; Gesetz der fallenden →Lohnquote; →Machttheorie; →Residualtheorie des Lohnes.

II. A r b e i t s - / S o z i a l r e c h t : Vgl. →Arbeitsentgelt.

III. L o h n s t e u e r r e c h t : 1. *Begriff:* Alle Einnahmen, die dem Arbeitnehmer aus dem Dienstverhältnis oder einem früheren Dienstverhältnis zufließen und die der →Lohnsteuer unterliegen. Einnahmen sind alle Güter, die in Geld oder Geldeswert bestehen, unabhängig davon, ob es sich um einmalige oder laufende Einnahmen handelt, ob ein Rechtsanspruch auf sie besteht und unter welcher Bezeichnung oder in welcher Form sie gewährt werden. – 2. *Bestandteile des A.* (§§ 2 ff. LStDV): (1) Gehälter, Löhne, Provisionen, Gratifikationen, Tantiemen und andere Bezüge aus einem Dienstverhältnis; (2) Wartegelder, Ruhegelder, Witwen- und Waisengelder und andere Bezüge aus früherer Dienstleistung; (3) Entschädigungen, die dem Arbeitnehmer als Ersatz für entgangenen bzw. entgehenden A. gewährt werden; (4) Leistungen zur →Zukunftssicherung des Arbeitnehmers unter bestimmten Voraussetzungen und soweit sie im Kalenderjahr insgesamt 312 DM übersteigen; (5) Zuwendungen, die aufgrund des bestehenden oder eines früheren Dienstverhältnisses gewährt werden (z. B. Zuschüsse im Krankheitsfall); (6) besondere Entlohnungen für Dienste, die über die regelmäßige Arbeitszeit hinaus geleistet werden (z. B. Entlohnungen für Überstunden, Sonntagsarbeit, soweit es sich dabei nicht um gesetzliche, tarifvertraglich vereinbarte Zuschläge oder bestimmte Höchstgrenzen nicht übersteigende Zuschläge zum Grundlohn oder -gehalt handelt; § 3 b EStG); (7) Lohnzuschläge, die wegen der Besonderheit der Arbeit gewährt werden; (8) Entschädigungen für Nebenämter und Nebenbeschäftigungen im Rahmen eines Dienstverhältnisses; (9) →Sachbezüge. – 3. *Kein Arbeitslohn* in diesem Sinne bzw. lohnsteuerfrei: (1) der Wert unentgeltlich überlassener typischer →Berufskleidung; (2) →Fehlgeldentschädigungen der Arbeitnehmer im Kassen- oder Zähldienst bis zur Höhe von 30 DM/Monat; (3) Gewährung von freien und verbilligten Wohnungen in eigenen Gebäuden (→Werkwohnung), falls die Differenz zwischen ortsüblicher und tatsächlicher Miete 40 DM/Monat nicht übersteigt; (4) Werkzeuggeld für die Benutzung von Werkzeugen des Arbeitnehmers im Betrieb des Arbeitgebers; (5) aus der Arbeitslosenversicherung: →Arbeitslosengeld, →Kurzarbeitergeld, →Schlechtwettergeld; →Arbeitslosenhilfe; (6) →Kapitalabfindungen aufgrund der gesetzlichen Rentenversicherung aus →Knappschaftsversicherung und Beamtenpensionsgesetzen; (7) Bezüge, die aufgrund gesetzlicher Vorschriften versorgungshalber aus öffentlichen Mitteln an Kriegsschädigte, Kriegshinterbliebene und ihnen gleichgestellte Personen gezahlt werden; (8) Geldrenten, Kapitalentschädigungen in Heilverfahren aufgrund gesetzlicher Vorschriften zur Wiedergutmachung nationalsozialistischen Unrechts für Schäden an Leben, Körper, Gesundheit und durch Freiheitsentzug; (9) Entschädigungsgelder und Übergangsbeihilfen aufgrund gesetzlicher Vorschriften wegen Entlassung aus dem Dienstverhältnis (→Abfindung II); (10) Abfindungen wegen einer vom Arbeitgeber veranlaßten oder gerichtlich ausgesprochenen Auflösung des Dienstverhältnisses bis zu bestimmten Höchstbeträgen (§ 3 Nr. 9 EStG); (11) →Heiratsbeihilfen und →Geburtsbeihilfen des Arbeitgebers an den Arbeitnehmer bis zur Höhe von 700 bzw. 500 DM; (12) Beihilfen und Unterstützungen aus öffentlichen Kassen; (13) gesetzliche Arbeitgeber-Beiträge zur →Sozialversicherung; (14) →Weihnachtsfreibetrag; (15) →Wohngeld; (16) Stipendien; (17) Zinsersparnisse bei einem unverzinslichen oder zinsverbilligten →Arbeitgeberdarlehen unter bestimmten Voraussetzungen; (18) →Aufwandsentschädigungen, →Auslösungen; (19) →Reisekosten aus öffentlichen Kassen, →durchlaufende Gelder (soweit in den Bezügen unter (1) und (2) Verpflegungsmehraufwendungen enthalten sind, gelten Höchstbeträge); (20) →Jubiläumsgeschenke bis zu gestaffelten Höchstbeträgen; (21) →Trinkgelder bis zu 1200 DM.

Arbeitslose, Bezeichnung für arbeitsuchende →Erwerbspersonen, die arbeitsfähig (→Verfügbarkeit) und bereit sind, wöchentlich mindestens 19 Stunden zu arbeiten (→Arbeitslosigkeit). – 1. Als A. erfaßt werden in der →*Arbeitsmarktstatistik* sowie bezüglich der *Versicherungs- und Sozialhilfeleistungen:* a) Personen, die aus unselbständiger, selbständiger oder mithelfender Tätigkeit ausgeschieden und beim Arbeitsamt als arbeitsuchend gemeldet sind; b) Schulentlassene, die sich erfolglos bei der Arbeitsvermittlung um eine Arbeitsstelle bzw. bei der Berufsberatung um eine Berufsausbildungsstelle beworben haben; c) Nichterwerbstätige, die sich beim Arbeitsamt als arbeitslosmelden. Sie gehören nach dem Erwerbspersonenkonzept zum Arbeitskräftevolumen. – 2. In der *Berufsstatistik* gilt als arbeitslos, wer sich als solcher bezeichnet. – 3. A. nach dem →*Labor-Force-Konzept:* Personen ohne jede Arbeit, die sich um Teilnahme am Erwerbsleben bemühen, und Personen mit Beschäftigung, die im Erhebungszeitraum ihre Arbeit nicht ausüben, etwa weil sie eine neue Stelle suchen. Registrierte A., die im Erhebungszeitraum irgendeine Tätigkeit ausüben, sei es auch nur eine Teilbeschäftigung, werden nach dieser Konzeption nicht zu den A. gerechnet.

Arbeitslose im Bundesgebiet
(Jahresdurchschnitt)

Jahr	Arbeitslose	Jahr	Arbeitslose
1950	1 500 000	1977	1 030 000
1955	1 080 000	1978	999 000
1961	181 000	1979	876 000
1967	459 000	1980	889 000
1971	185 000	1981	1 272 000
1972	246 000	1982	1 833 000
1973	273 000	1983	2 258 000
1974	582 000	1984	2 266 000
1975	1 074 000	1985	2 304 000
1976	1 060 000	1986	2 228 000

Arbeitslosenbeihilfe, wird nach dem Entwicklungshelfergesetz (EhfG) v. 18.6.1969 (BGBl I 549) Entwicklungshelfern, die nach der Beendigung des Entwicklungsdienstes arbeitslos werden, von der →Bundesanstalt für Arbeit gewährt (§ 13 EhfG). Anspruchsdauer je nach Dauer des Entwicklungsdienstes. Höhe wie →Arbeitslosengeld.

Arbeitslosenfürsorge, jetzt: →Arbeitslosenhilfe.

Arbeitslosengeld, früher: *Arbeitslosenunterstützung,* wichtigste Geldleistung der →Arbeitslosenversicherung. – 1. *Gewährung:* Auf Antrag an Arbeitnehmer, die arbeitslos (→Arbeitslosigkeit) sind, der Arbeitsvermittlung zur Verfügung stehen (→Verfügbarkeit) und sich beim Arbeitsamt arbeitslos gemeldet haben, sofern sie die →Anwartschaft erfüllt haben. – 2. *Bemessung:* a) *Höhe:* Das A. beträgt: (1) für Arbeitslose, die mindestens ein Kind im Sinn des § 32 EStG haben, sowie für Arbeitslose, deren Ehegatte mindestens ein Kind im Sinn des § 32 EStG hat, und wenn beide Ehegatten unbeschränkt einkommensteuerpflichtig sind und nicht dauernd getrennt leben, 68%; (2) für die übrigen Arbeitslosen 63% des um die gesetzlichen Abzüge, die bei Arbeitnehmern gewöhnlich anfallen, verminderten Arbeitsentgelts. Die unterschiedlichen, von der Einstufung in die verschiedenen Lohnsteuerklassen abhängigen *Leistungssätze* werden jährlich durch eine Rechtsverordnung in Tabellenform bekannt gemacht (vgl. AFG-Leistungsverordnung 1986 vom 2.1.1986 – BGBl I 40). – b) *Bemessungsgrundlage* ist das in einem im Bemessungszeitraum in der Arbeitsstunde durchschnittlich erzielte Arbeitsentgelt, vervielfacht mit der Zahl der Arbeitsstunden, die sich als Durchschnitt der tariflichen regelmäßigen wöchentlichen Arbeitszeit ergibt. – c) *Bemessungszeitraum* ist der die letzten abgerechneten insgesamt 60 Tage mit Anspruch auf Arbeitsentgelt umfassende Lohnabrechnungszeitraum. – d) Durch *Dynamisierung* wird das A. in den laufenden Leistungsfällen jeweils jährlich der Entwicklung im Rentenbereich angepaßt. – 3. *Anspruchsdauer:* Je nach Dauer der Beitragszeit 104 bis 312 Tage, seit 1.1.1986 für ältere Arbeitslose je nach Arbeitsalter und Rahmenfrist eine längere Anspruchsdauer bis zu 624 Tagen (§§ 100 ff. AFG i.d.F. des Gesetzes v. 15.5.1986 – BGBl I 740). – 4. *Besteuerung:* A. gehört nicht zum steuerpflichtigen →Arbeitslohn; es ist gem. § 3 Nr. 2 EStG steuerfrei. Es hat aber Einfluß auf die Höhe des Steuersatzes bei den Einkommen- und Lohnsteuer (→Progressionsvorbehalt IV 3).

Arbeitslosenhilfe, früher: *Arbeitslosenfürsorge,* Leistung der →Bundesanstalt für Arbeit (§§ 134–141 AFG i.d.F. des Gesetzes v. 15.5.1986 – BGBl I 740). – 1. *Gewährung:* Auf Antrag an Arbeitnehmer, die arbeitslos (→Arbeitslosigkeit) sind, der Arbeitsvermittlung zur Verfügung stehen (→Verfügbarkeit), sich beim Arbeitsamt arbeitslos gemeldet haben, keinen Anspruch auf →Arbeitslosengeld haben, bedürftig sind und vorher Arbeitslosengeld bezogen haben oder eine bestimmte Mindestbeschäftigungszeit (150 Tage) zurückgelegt haben oder einen Ersatztatbestand

nachweisen. – 2. *Bemessung:* A. wird grundsätzlich ohne zeitliche Begrenzung gewährt. Für Arbeitslose mit mindestens einem Kind beträgt die A. 58%, für alle übrigen Arbeitslosen 56% des um die gesetzlichen Abzüge verminderten Arbeitsentgelts; berücksichtigt werden neben eigenen Einkünften des Arbeitslosen Unterhaltsansprüche und das Einkommen des Ehegatten. Die A. richtet sich im Anschluß an einen Bezug von Arbeitslosengeld i.d.R. nach dem Entgelt, das der Arbeitslose vor der Arbeitslosenmeldung bezogen hat, sonst nach dem Entgelt derjenigen Beschäftigung, für die der Arbeitslose nach seinem Lebensalter und seiner Leistungsfähigkeit unter billiger Berücksichtigung seines Berufes und seiner Ausbildung in Betracht kommt. Die Leistungsbeträge werden jährlich durch Rechtsverordnung (wie beim Arbeitslosengeld) festgesetzt. Ausgleich der *Mehraufwendungen für Kinder* durch →Kindergeld. – 3. *Besteuerung:* A. gehört nicht zum steuerpflichtigen →Arbeitslohn; sie ist gem. § 3 Nr. 2 EStG steuerfrei. Sie hat aber Einfluß auf die Höhe des Steuersatzes bei der Einkommen- und Lohnsteuer (→Progressionsvorbehalt IV 3).

Arbeitslosenquote, Zahl der registrierten →Arbeitslosen in v.H. der abhängigen Erwerbspersonen (Beamte, Angestellte und Arbeiter sowie Arbeitslose); dient als →Beschäftigungsindikator. Eine Berücksichtigung nichtregistrierter Arbeitsloser („Stille Reserve") könnte den Aussagewert erhöhen. Niedrigste A. in der Bundesrep. D. zwischen 0,7% und 1%; seit 1975 stark erhöht. A. betrug 1986 9,0%.

Arbeitslosenunterstützung, jetzt: →Arbeitslosengeld.

Arbeitslosenversicherung, geschaffen 1927, durch das Gesetz über Arbeitsvermittlung und Arbeitslosenversicherung v. 16.7.1927 – AVAVG –, gehört als letzter Zweig der deutschen sozialen Versicherung nach herrschender Lehrmeinung nicht zur →Sozialversicherung i.e.S.; anders Art. 74 Nr. 12 GG „die Sozialversicherung einschließlich der A.".

I. Geschichte: Erster Vorläufer eines institutionellen Schutzes gegen die Folgen der Arbeitslosigkeit in Deutschland war die Einführung einer Arbeitslosenunterstützung durch den Deutschen Buchdruckerverband (1879), eine binnen kurzer Zeit auch von anderen Gewerkschaften und von einigen Arbeitgebern übernommene Einrichtung zum Schutz der Arbeitnehmer im Fall der →Arbeitslosigkeit. Daneben waren Gemeinden als Träger der Armenfürsorge zur Gewährung von Unterstützung verpflichtet, a) direkt oder b) durch Gewährung von Zuschüssen zu den von den Gewerkschaften gezahlten Unterstützungen. Während des Ersten Weltkriegs wurde die *Erwerbslosenfürsorge* durch staatliche Gesetze und Verordnungen institutionell gesichert und durch Bereitstellung besonderer Mittel geregelt bezüglich a) Umfang und Voraussetzungen für den Bezug der Leistungen, b) Mittelaufbringung, c) Arbeitsvermittlung.

II. Wichtigste Rechtsgrundlage: →Arbeitsförderungsgesetz (AFG) v. 25.6.1969 (BGBl I 582) mit späteren Änderungen.

III. Durchführung: Durch die →Bundesanstalt für Arbeit, deren Hauptstelle die Landesarbeitsämter und Arbeitsämter unterstellt sind. Zu den Aufgaben der Bundesanstalt gehören neben A. und →Arbeitsvermittlung u.a. auch Leistungen zur Erhaltung und Schaffung von Arbeitsplätzen. – Vgl. auch →Förderung der beruflichen Bildung, →Arbeitslosenhilfe, →Konkursausfallgeld, →Berufsberatung.

IV. Beitragspflichtige: 1. *Beitragspflichtig* sind Personen, die als Arbeiter oder Angestellte gegen Entgelt oder zu ihrer Berufsausbildung beschäftigt sind (Arbeitnehmer, auch Heimarbeiter). – 2. *Beitragsfrei* sind Arbeitnehmer, die in der Krankenversicherung versicherungsfrei sind; das 63. Lebensjahr vollendet haben; die Rente wegen Erwerbsunfähigkeit beziehen; die wegen einer Minderung ihrer Leistungsfähigkeit dauernd der Arbeitsvermittlung nicht zur Verfügung stehen; die eine Hauptschule, eine Gesamtschule, eine Realschule oder ein Gynmnasium besuchen; die in einer kurzzeitigen oder in unständigen Beschäftigungen stehen; Heimarbeiter, die gleichzeitig Zwischenmeister sind; Ausländer in einer Beschäftigung zu ihrer beruflichen Aus- oder Fortbildung.

V. Leistungen: (1) →Arbeitslosengeld; (2) →Arbeitslosenhilfe; (3) →Unterhaltsgeld; (4) →Übergangsgeld; (5) →Arbeitslosenbeihilfe; (6) →Berufsausbildungsbeihilfen; (7) →Kurzarbeitergeld; (8) →Schlechtwettergeld; (9) →Produktive Winterbauförderung; (10) allgemeine →Arbeitsbeschaffungsmaßnahmen; (11) Maßnahmen zur Arbeitsbeschaffung für ältere Arbeitnehmer; (12) →Einarbeitungszuschüsse, →Eingliederungshilfen, →Zuschüsse zu den Lohnkosten; (13) Förderung der Arbeitsaufnahme (Zuschuß zu Bewerbungskosten, zu den Reise- und Umzugskosten, Arbeitsausrüstung, Trennungsbeihilfe, Überbrückungsbeihilfe u.a.); (14) Beiträge zur Krankenversicherung und Rentenversicherung der Empfänger von Arbeitslosengeld, Arbeitslosenhilfe, Unterhaltsgeld, Kurzarbeitergeld, Schlechtwettergeld; (15) Unfallversicherungsschutz für Personen, die nach dem →Arbeitsförderungsgesetz der Meldepflicht unterliegen und nach Aufforderung einer Dienststelle der →Bundesanstalt für Arbeit diese oder eine andere Stelle aufsuchen; (16) →Konkursausfallgeld; (17) Kosten für Maß-

nahmen der beruflichen Fortbildung und Umschulung.

VI. Aufbringung der Mittel: Durch Beiträge in Höhe von 4,3% des Arbeitslohnes (seit 1.1.1987), je zur Hälfte von Arbeitgeber und Arbeitnehmer getragen. Die →Beitragsbemessungsgrenze entspricht der gleitenden Bemessungsgrenze in der Rentenversicherung. Die Beiträge werden zusammen mit den Beiträgen zur gesetzlichen Kranken- und Rentenversicherung abgeführt (vgl. →Gesamtsozialversicherungsbeitrag, →Lohnabzugsverfahren, →Beitragsgruppen). – Für Pflichtversicherte der →*Knappschaftsversicherung* gilt die Beitragsbemessungsgrenze der Rentenversicherung.

VII. Kostenrechnung: Zur Behandlung der Beiträge des Arbeitgebers in der Kostenrechnung vgl. →Arbeitgeberanteil, →Sozialversicherung.

Arbeitslosigkeit. I. Begriff: Fehlende Beschäftigungsmöglichkeit für einen Teil der arbeitsfähigen und beim herrschenden Lohnniveau arbeitsbereiten Arbeitnehmer (vgl. →Arbeitslose).

II. Formen: 1. *Konjunkturelle A.:* Tritt als Folge konjunktureller Schwankungen auf, i.d.R. mit nur teilweiser Auslastung des →Kapitalstocks verbunden. Konjunkturelle A. war in den dreißiger Jahren ein schwerwiegendes wirtschaftspolitisches Problem (→Weltwirtschaftskrise). Nach dem Zweiten Weltkrieg konnte das Problem der konjunkturellen A. durch die auf der →Keynesschen Lehre aufbauende →Beschäftigungspolitik weitgehend gelöst werden. Durch die Veränderung der wirtschaftlichen Situation (z.B. Rationalisierung) ist die konjunkturelle A. derzeit wieder zu einem schwerwiegenden Problem geworden. – 2. *Saisonale A.:* Tritt in den Branchen auf, deren Produktion und/oder Nachfrage jahreszeitlichen Schwankungen unterworfen ist (Landwirtschaft, Touristik, Baugewerbe). Staatliche Maßnahmen zur Bekämpfung der saisonalen Arbeitslosigkeit zielen auf eine Verstetigung der Produktion und Nachfrage ab (Winterbauförderung) – 3. *Strukturelle A.:* Im Gefolge des wirtschaftlichen Wachstumsprozesses auftretende Form der A., die Beschäftigte derjenigen Branchen trifft, die an wirtschaftlicher Bedeutung verlieren, neue, arbeitsparende Technologien einführen oder längerfristige Anpassungsschwierigkeiten erleiden. Die Folgen der strukturellen A. werden durch die sektorale Wirtschaftspolitik bekämpft. – 4. *Friktionelle A.:* Durch kurzfristige Anpassungsschwierigkeiten, Arbeitsplatzwechsel und Umschulungen entstehende A. Wirtschaftspolitische Eingriffe sind bei dieser Art der A. im allgemeinen nicht notwendig.

III. Sozialrecht: Stand der →Arbeitslosen, die berufsmäßig in der Hauptsache als →Arbeitnehmer tätig sind, aber vorübergehend nicht in einem Beschäftigungsverhältnis stehen oder nur eine kurzzeitige Beschäftigung ausüben, auch wenn sie Auszubildende oder Heimarbeiter sind. A. ist Leistungsvoraussetzung für →Arbeitslosengeld und →Arbeitslosenhilfe.

IV. Amtliche Statistik: Vgl. →Arbeitslose.

Arbeitsmängel, →Vertragsbruch II.

Arbeitsmarkt, Zusammentreffen von Arbeitsangebot und Arbeitsnachfrage. – 1. In *traditioneller, neoklassischer Sicht* entspricht die Funktionsweise des A. der von Gütermärkten. *Ungleichgewichte* (Arbeitslosigkeit bzw. Übernachfrage) werden durch den Reallohnmechanismus ausgeglichen (vgl. auch →klassische Lehre, →Neoklassik). Grundsätzlich kommt es danach schnellstens zu einem *Gleichgewicht,* bei dem jeder, der zu diesem Reallohn arbeiten will, auch tatsächlich arbeiten kann. Tatsächlich zu beobachtende *Arbeitslosigkeit* ist freiwilliger Natur (hohe Freizeitpräferenz der Anbieter, →Sucharbeitslosigkeit) oder friktionell bedingt. *Hauptannahmen* der Neoklassik des A.: vollständige Konkurrenz, Homogenität, Markttransparenz, vollkommene Mobilität, Gültigkeit des Sayschen Gesetzes. – Neoklassisch fundierte *A.politik* beschränkt sich auf Verbesserung von Information und Beratung, Mobilitätsförderung in sektoraler, regionaler, beruflicher und qualifikatorischer Hinsicht. – 2. *Die Keynessche und keynesianische Kritik* der neoklassischen A.analyse richtet sich v.a. gegen die Annahmen: Markttransparenz und Gültigkeit des Sayschen Gesetzes (→Keynessche Lehre). Nach Keynes wird die tatsächliche Beschäftigung auf den Gütermarkt festgelegt. Die Nachfrage nach Arbeit wird durch die Höhe der effektiven Nachfrage und nicht durch die Höhe des Reallohnniveaus bestimmt. Ist die *effektive Nachfrage* kleiner als das *Vollbeschäftigungseinkommen* (Unterbeschäftigungsgleichgewicht), liegt *konjunkturelle Arbeitslosigkeit* vor, die ursachenadäquat durch die Konjunkturpolitik bekämpft werden muß. – 3. Im Rahmen der Diskussion um die Homogenitäts- und Mobilitätsannahme entstanden *Konzepte der Teil-A.* bzw. *Segmentierungstheorien.* – a) Nach einem in der Bundesrep. D. entwikkelten Modell werden unterschieden: (1) unspezifische *Jedermann-Teil-A.;* hier spielen neoklassische Lohndifferentiale eine Rolle für freiwillige Wechsel; (2) *fachliche Teil-A.;* fachliche Qualifikationen sind zwischenbetrieblich transferierbar, insofern spielen auch hier neoklassische Anpassungen eine Rolle; (3) *betriebliche Teil-A.;* der Mobilitätsanreiz durch zwischenbetriebliche Lohndifferentiale ist gering, da betriebsspezifische Qualifikationen „gehandelt" werden. – b) Eine andere Segmentierung *(dualer A.)* spaltet die Ökonomie in einen Kernbereich der „good jobs" und in eine Peripherie (Randbereich) der „bad jobs". (1) Der *Kernbereich* umfaßt Großunternehmen, ist durch oligopolistische Marktstrukturen, fortgeschrittene Technik, hohe Löhne, Arbeitsplatzsicherheit und gut organisierte Gewerkschaften gekennzeichnet. (2) Der *Randbereich* weist mangelnde Marktmacht, niedrigen Kapitalbedarf, geringe Ausbildungsinvestitionen, geringe Löhne und einen schwachen gewerkschaftlichen Organisationsgrad auf. Nur im Randbereich gilt die neoklassische Sicht des A.

Arbeitsmarktablaufpolitik, →Arbeitsmarktpolitik IV.

Arbeitsmarktordnungspolitik, →Arbeitsmarktpolitik III.

Arbeitsmarktpolitik. I. Begriff: Summe aller Maßnahmen, die die Beziehungen zwischen Angebot und Nachfrage auf den Arbeitsmärkten zu beeinflussen suchen mit dem Ziel, eine vollwertige und strukturell ausgeglichene Beschäftigung auf hohem Stand zu stabilisieren sowie die berufliche Eingliederung benachteiligter Arbeitnehmergruppen zu fördern.

II. Träger: In der Bundesrep. D. die gesetzgebenden Körperschaften, die Bundesanstalt für Arbeit (BfA), die im Rahmen der Sozial- und Wirtschaftspolitik der Bundesregierung arbeitsmarktpolitische Aufgaben wahrnimmt, sowie die Tarifparteien.

III. Arbeitsmarktordnungspolitik: Der Gesetzgeber nimmt Einfluß auf die Beziehungen zwischen Arbeitgeber und -nehmer durch die Vorgabe eines verbindlichen rechtlichen Rahmens, der die Arbeitsmarktverfassung darstellt, z.B. Regelung der Eigentumsrechte, arbeitsrechtliche Bestimmungen des GG, Tarifrecht, Betriebsverfassungs- und Mitbestimmungsgesetz, Gesetze zum Schutz der Arbeitskräfte, Arbeitszeitregelung sowie arbeitsmarktpolitische Instanzen und ihre Kompetenzen.

IV. Arbeitsmarktablaufpolitik: Zur Vermeidung bzw. Beseitigung von Arbeitsmarktungleichgewichten stehen den arbeitsmarktpolitischen Instanzen vorwiegend angebots- und nachfrageorientierte Instrumente zur Verfügung.

1. Vorwiegend *auf die Arbeitskräftenachfrage gerichtete Maßnahmen:* a) Die Arbeitskräftenachfrage wird durch die globale →*Konjunkturpolitik* und →*Wachstumspolitik* sowie die →*Strukturpolitik* beeinflußt: Durch die Stimulierung oder Dämpfung der Nachfrage oder des Angebots auf den Gütermärkten wird indirekt auf das Beschäftigungsniveau Einfluß genommen. – b) Maßnahmen nach

dem *Arbeitsförderungsgesetz* (AFG): Durch die Gewährung von *Kurzarbeitergeld* wird den Unternehmen die Möglichkeit eingeräumt, die Betriebszeiten zu vermindern, ohne bestehende Arbeitsverhältnisse zu kündigen. Mit dem *Schlechtwettergeld* wird die Absicht verfolgt, die Arbeitsverhältnisse im Baugewerbe während der Wintermonate aufrecht zu erhalten. Im Rahmen der *produktiven Winterbauförderung* können in bestimmtem Umfang zusätzliche Investitionen sowie Arbeitslöhne bezuschußt werden. Zur beruflichen Eingliederung von schwer vermittelbaren Arbeitslosen kann die BfA den Arbeitgebern Darlehen oder Zuschüsse gewähren (*Lohnkostenzuschüsse*). Im Rahmen von *Arbeitsbeschaffungsmaßnahmen* können den Maßnahmeträgern (zumeist Kommunen) für die Durchführung von Arbeiten, die im öffentlichen Interesse liegen, Zuschüsse gewährt werden. Die Arbeiten sollen die Voraussetzungen für Dauerarbeitsplätze schaffen, der Strukturverbesserung dienen oder Arbeitsgelegenheiten für langfristig arbeitslose Arbeitnehmer schaffen. Die BfA kann im Rahmen der beruflichen Umschulung die Begründung eines Arbeitsverhältnisses durch die Gewährung eines *Einarbeitungszuschusses* fördern. – c) *Gruppenspezifische A.*: Das *Schwerbehindertengesetz* verpflichtet private und öffentliche Arbeitgeber jenseits einer bestimmten Betriebsgröße, auf 6% der Arbeitsplätze Schwerbehinderte zu beschäftigen; andernfalls ist eine Ausgleichsabgabe zu entrichten, deren Satz entsprechend dem Bedarf erhöht oder gesenkt werden kann. Übersteigt die Zahl der angebotenen Ausbildungsplätze die der nachgefragten um weniger als 12,5%, können nach dem Gesetz zur *Ausbildungsplatzförderung* von 1976 finanzielle Hilfen zur Sicherung eines ausreichenden Angebots an Ausbildungsplätzen für Jugendliche gewährt werden. – d) *Arbeitsmarktpolitische Aktivitäten der Tarifparteien:* Neben der → *Lohnpolitik*, deren Einfluß auf den Beschäftigungsstand jedoch kontrovers beurteilt wird, gewinnen *Rationalisierungsschutzabkommen* zunehmend an Bedeutung. Mit diesen Vereinbarungen wird, z.B. in der Druckindustrie, versucht, Arbeitsplätze manteltarifvertraglich zu sichern, die aufgrund wirtschaftlicher und technischer Veränderungen gefährdet sind.

2. Vorwiegend *auf das Arbeitskräfteangebot gerichtete Maßnahmen:* a) Ursprünglich beschränkten sich die Aufgaben der A. auf die Gewährung von *Lohnersatzleistungen* (Arbeitslosengeld, Arbeitslosenhilfe, seit 1974 auch Konkursausfallgeld) sowie die *Arbeitsvermittlung* und die *Berufsberatung* in Fällen der Berufswahl und des Berufswechsels. – b) Nach Inkrafttreten des AFG 1969 stehen der A. weitere, die Struktur des Arbeitskräfteangebots beeinflussende Instrumente zur Verfügung. Durch die Förderung der *Fortbildung*

versucht die BfA die beruflichen Qualifikationen den Erfordernissen der technischen Entwicklung anzupassen. Die Förderung der Teilnahme Arbeitsuchender an Maßnahmen der *Umschulung* hat das Ziel, die berufliche Mobilität zu sichern und zu verbessern. Die regionale Mobilität kann die BfA durch Zuschüsse zu den Reise- und Umzugskosten *(Mobilitätsbeihilfen)* fördern. Durch die Erteilung oder Verweigerung der *Arbeitserlaubnis* für ausländische, nicht aus den Mitgliedstaaten der EG stammende Arbeitnehmer kann die A. Einfluß auf das Volumen des Arbeitskräfteangebots nehmen. – c) Die beschäftigungspolitische Wirksamkeit von → *Arbeitszeitverkürzungen*, gegenwärtig stark diskutiert. Die Verknappung des gesamtwirtschaftlichen Arbeitszeitvolumens führt jedoch nur zu Neueinstellungen, insoweit ihr Nachfrageeffekt nicht durch Rationalisierungseffekte kompensiert wird. Die Arbeitszeitverkürzung kann sich beziehen auf die Lebensarbeitszeit (späterer Eintritt in das Erwerbsleben durch Verlängerung der Ausbildung, Senkung des Rentenalters), die Tages- und Wochenarbeitszeit (Abbau von Überstunden und Sonderschichten, 35-Stunden-Woche), die Jahresarbeitszeit (Verlängerung des Urlaubs, Bildungsurlaub). Daneben deutet sich die vermehrte Bereitstellung von *Teilzeitarbeitsplätzen* für freiwillige Teilzeitarbeit als arbeitsmarktpolitische Aufgabe an.

V. K o m m u n a l e A.: → Arbeitsförderungsgesetz, → Arbeitsverwaltung, → Wirtschaftsförderung II.

Arbeitsmarktstatistik, *Arbeitsstatistik.* 1. *Begriff:* a) *Im engeren Sinn:* Durch Auswertung von Geschäftsunterslagen gewonnene Statistiken der Bundesanstalt für Arbeit als Teil der → amtlichen Statistik. – b) *Im weiteren Sinn:* Statistiken zur Lage und Entwicklung des Arbeitsmarktes; neben A. i. e. S. liefert die → Beschäftigtenstatistik wesentliche Daten. – 2. *Umfang:* a) Kurzfristige *Statistik der Arbeitsvermittlung und Arbeitsberatung,* insbes. *Statistik über → Arbeitslose und offene Stellen* in teils beruflicher und teils wirtschaftlicher Gliederung. Berechnung von → Arbeitslosenquoten, saisonbereinigter Zahlen der Arbeitslosen und offenen Stellen. – b) *Jahresstatistik der Berufsberatung:* Ratsuchende, Berufswünsche, gemeldete Berufsausbildungsstellen, Schulabgänger. – c) *Monatliche Statistik der → Kurzarbeit:* Betriebe und Kurzarbeiter nach Wirtschaftszweigen. – d) Statistiken über *sonstige Arbeitsmarktdaten,* u. a. Arbeitnehmerüberlassungen, Heimarbeit, Förderung der beruflichen Bildung, der Arbeitsaufnahme, der Arbeits- und Berufsförderung behinderter Personen, sowie Statistik der Arbeitslosenversicherung und Arbeitslosenhilfe. – 3. *Bedeutung:* Die Vergleichbarkeit der Ergebnisse aus der Berufszählung, aus dem → Mikrozensus und den Arbeitnehmerkarteien bei den Arbeitsämtern wird beeinträchtigt durch die unterschiedliche Abgrenzung des jeweils erfaßbaren Personenkreises, der Begriffe bei den Angaben über die Stellung im Beruf, ferner durch bei jeder Stichprobe auftretende Zufallsabweichungen. In regionaler Sicht kommt hinzu, daß die Zählbezirke bei der Statistik der Arbeitsverwaltung nicht nach Grenzen der Verwaltungsbezirke, sondern nach den Bereichsgrenzen der Arbeitsämter festgelegt sind.

Arbeitsmedizin, Bemühungen der theoretischen und praktischen Medizin zum Zwecke des Erkennens des Einflusses der Arbeit auf den Menschen und der Nutzung dieses Wissens zur Prävention, Therapie und Rehabilitation. – Die *Geschichte* der A. als eigenständige medizinische Disziplin ist noch jung; erst 1929 wurde die A. als offizieller Begriff und wohldefiniertes Fach in die medizinischen Wissenschaften eingeführt. – *Ziel* ist die Gesunderhaltung des Menschen am Arbeitsplatz und die Erhaltung der beruflichen Leistungsfähigkeit. – In der A. sind folgende *Fachdisziplinen* integriert: Physiologie, Psychologie, Pathologie (Toxikologie) und Hygiene. – Die A., die →Arbeitsphysiologie und die Arbeitspsychologie gelten als das *Fundament der* →*Arbeitswissenschaft,* die eine interdisziplinäre und angewandte Wissenschaft ist, bei der sich Mediziner, Psychologen, Ingenieure, Betriebswirte, Soziologen und Physiologen einem gemeinsam Forschungsobjekt widmen.

Arbeitsmenge, statistische Größe zur Bestimmung des →Beschäftigungsgrades eines Wirtschaftsbereichs oder der Volkswirtschaft, indem die statistisch erfaßte Zahl geleisteter Wochenarbeitsstunden auf die branchenübliche Arbeitszeit reduziert wird. – Vgl. auch →Labor-Force-Konzept.

Arbeitsmethode. 1. *Begriff* der Arbeitswissenschaft für die jeweilige Art, eine Arbeit systematisch abzuwickeln. – 2. *Gliederung:* a) *Analytische Gliederung:* Zerlegen der Arbeit in Untersuchungsbereiche: (1) nach dem Arbeitsablauf für jedes Arbeitsobjekt bis zu den Arbeitsvorgängen, -stufen, -bewegungen, -griffen; (2) nach Aufgabengebieten für jede Tätigkeit leitender , wissenschaftlicher bzw. ausführender Art; (3) nach Verantwortlichkeit für jede Einzelstelle leitender, beigeordneter bzw. untergeordneter Art; (4) nach besonderen Arbeitsschwerpunkten. – b) *Psychologische Gliederung* (stark auf Rationalisierung der individuellen Denkvorgänge ausgerichtet): (1) scharfe Beobachtung (was, wann, wer, wo, wie, warum); (2) rasche Erfassung (Übersicht von Ursachen, Zusammenhängen, Folgen); (3) folgerichtiges Denken (Urteilskraft, Kombinationsfähigkeit, Selbstkritik).

Arbeitsmittel. 1. *Begriff:* Gegenstände, die unter Ausnutzung physikalischer, chemischer, biologischer oder sonstiger Naturgesetze technische Arbeit verrichten, d. h. →Betriebsmittel i. e. S. – *Beispiele:* Maschinen, Werkzeuge und Vorrichtungen. – 2. *Arbeitsrechtliche Regelungen:* A., die zur Durchführung der Arbeit benötigt werden, hat i. d. R. der Arbeitgeber dem Arbeitnehmer zur Verfügung zu stellen. – Da die Ausübung der Arbeit für den Arbeitgeber unter dessen Weisungsgewalt (→Direktionsrecht) erfolgt, ist besitzrechtlich der Arbeitgeber Besitzer, der Arbeitnehmer Besitzdiener (§ 855 BGB). – Nach Beendigung des Arbeitsverhältnisses hat der Arbeitnehmer die ihm überlassenen A. herauszugeben; er hat *kein* →*Zurückbehaltungsrecht* wegen etwaiger Gegenansprüche.

Arbeitsmobilität, potentielle und faktische Beweglichkeit der Arbeitskräfte hinsichtlich Arbeitsaufnahme und Arbeitsplatzwechsel. – Zu *unterscheiden* sind: inner- und zwischenbetriebliche, intra- und intersektorale, regionale und internationale sowie berufliche Mobilität. – Der Grad der A. *beeinflußt* die allokative Effizienz der Arbeitsmärkte, insbes. das Ausmaß der strukturellen →Arbeitslosigkeit. Das →Arbeitsförderungsgesetz (AFG) sieht daher verschiedene mobilitätssteigernde Maßnahmen von der Förderung der Arbeitsaufnahmen bis zur beruflichen Umschulung vor.

Arbeitsmoral, zusammenfassende Bezeichnung zur Einstellung und Haltung der gesamten Mitarbeiterarbeiterschaft in einem Unternehmen gegenüber ihrer Arbeit. A. ist abhängig von Funktionieren der →Gruppenarbeit und entscheidend für →Betriebsklima. – *Messung der A.* nach Moreno mit dem Soziogramm, durch →Exploration und Fragebogentechnik. – *Anders:* →Arbeitsethik (Abgrenzung vgl. dort).

Arbeitsmotivation, Beweggründe des Individuums zur Arbeitsleistung. – *Unterscheidungen:* 1. A. als *hypothetisches Konstrukt,* das der Erklärung der inhaltlichen Ausrichtung, der Intensität sowie der Zeitdauer des Arbeitsverhaltens dient. – 2. *Inhaltstheorien* der A., spezifizieren die Art der zugrunde liegenden Bedürfnisse (z. B. →Bedürfnishierarchie von Maslow). – 3. *Prozeßtheorien* der A., thematisieren den Vorgang der Motivaktualisierung und berücksichtigen dabei wesentlich kognitive Variablen (→Erwartungs-Wert-Theorie).

Arbeitsmündigkeit, →Minderjährige II.

Arbeitsnachweis, besonderer Aufgabenbereich der Arbeitsämter (→Arbeitsverwaltung) sowie der Arbeitgeberverbände oder der →Gewerkschaften, arbeitsuchenden →Erwerbspersonen offene Stellen nachzuweisen. Die Ergebnisse des A. durch die Arbeitsverwaltung weist die →Arbeitsmarktstatistik aus.

Arbeitsordnung, Begriff der Praxis, der im BetrVG nicht vorkommt. A. ist eine →Betriebsvereinbarung zwischen Arbeitgeber und Betriebsrat, die zur Aufrechterhaltung der →Ordnung des Betriebs erlassen wird (§ 87 I 1 BetrVG) und alle oder bestimmte Gruppen von Arbeitnehmern unmittelbar verpflichtet (z. B. Alkohol- und Rauchverbot). – A. wird vielfach zur betriebsinternen Regelung von Arbeitsbedingungen verwandt (z. B. Arbeitszeitregelung); dabei ist j⌐ .och die Sperrwirkung der →Tarifverträge zu beachten (§§ 77 III BetrVG).

Arbeitsorganisation organisatorische Gestaltung aller Elemente des Arbeitens. Vgl. im einzelnen →Organisation, →Betriebsorganisation, →Arbeitsgestaltung, →job enlargement, →job enrichment, →teilautonome Arbeitsgruppe.

Arbeitsorientierte Einzelwirtschaftslehre (AOEWL). 1. Bezeichnung für ein *Alternativprogramm* zur gegenwärtigen →Betriebswirtschaftslehre. Die A. E. wurde 1974 von einer Projektgruppe des Wirtschafts- und Sozialwissenschaftlichen Instituts des Deutschen Gewerkschaftsbundes (WSI) entwickelt gegen die herrschende, als „kapitalorientiert" angeprangerte Lehre. – 2. Abgezielt wird auf die Durchsetzung von Interessen der abhängig Beschäftigten (in diesem Sinn: *„arbeitsorientiert").* Mit dem Begriff *„Einzelwirtschaftslehre"* sollen zwei terminologische Abgrenzungen vollzogen werden: a) zur Volkswirtschaftslehre als Lehre von den gesamtwirtschaftlichen Institutionen, b) zur herkömmlichen Betriebswirtschaftslehre. – 3. *Konzeptionell* erfolgt Gegenüberstellung von einer „kapitalorientierten" und einer „emanzipatorischen Rationalität"; letztere soll auch qualitative Faktoren (z. B. im Rahmen der Arbeitsgestaltung) zu berücksichtigen erlauben. – 4. *Beurteilung:* Inhaltliche Schwächen des Ansatzes und die damit verbundenen weitreichenden ordnungspolitischen Vorstellungen (Steuerung von Produktion und Verteilung) haben zahlreiche kritische Kommentare ausgelöst.

Arbeitsorientierung, Begriff der →Standorttheorie zur Kennzeichnung derjenigen Gewerbe- und Industriebetriebe, die ihren Standort z. B. nicht nach den Transportkosten richten (weder →Konsumorientierung noch →Materialorientierung), sondern nach der Möglichkeit, eine arbeitsintensive Arbeitskräften mit qualitativ hochwertigen Arbeitskräften oder zu billigen Lohnsätzen durchzuführen.

Arbeitspädagogik. 1. Als *Wissenschaftsdisziplin* Teilbereich der →Berufs- und Wirtschaftspädagogik, der das Ziel verfolgt, „den Zusammenhang zwischen der Entfaltung des persönlichen Leistungsvermögens (des Leistungsantriebs und der Leistungsfähigkeit) und dem Wachstum der Persönlichkeit systematisch zu erforschen und nach den dabei gewonnenen Erkenntnissen zu gestalten" (Riedel). *Kennzeichnend* für die von Riedel

und Dörschel geprägte A. ist der Versuch, arbeitsorganisatorisch-effektivitätsorientierte Aspekte mit erzieherischen Gesichtspunkten zu einer „Anthropologie der Arbeit" zu verbinden. In neueren Ansätzen deutet sich eine intensivere Zusammenarbeit mit der Arbeitswissenschaft, -soziologie und -psychologie an; das Forschungsanliegen ist stärker subjektbezogen auf die Gestaltung persönlichkeitsförderlicher Arbeitsformen und -bedingungen gerichtet. – 2. Im *pädagogisch-praktischen Handlungsfeld* bezeichnet A. eine auf die praktischen Bedürfnisse der →betrieblichen Ausbildung gerichtete Methodenlehre der Arbeitserziehung bzw. -unterweisung. Sie hat besondere Bedeutung durch die seit 1972 erlassenen →Ausbildereignungsverordnungen gewonnen, die den Nachweis berufs- und arbeitspädagogischer Kenntnisse verlangen.

Arbeitspapiere, vom Arbeitnehmer bei Beginn eines Arbeitsverhältnisses vorzuweisende Unterlagen: (1) →*Lohnsteuerkarte;* (2) (Sozial-)→*Versicherungsnachweisheft* des Arbeitnehmers; (3) im Falle *ausländischer Arbeitnehmer:* →Arbeitserlaubnis oder →Arbeitskarte; (4) *Unterlagen über →vermögenswirksame Leistungen;* (5) im *Baugewerbe* zusätzlich Lohnnachweiskarte für Urlaub, Lohnausgleich und Zusatzversorgung. – Arbeitserlaubnis bzw. -karte sind bei Dienstantritt dem Arbeitgeber vorzulegen, die übrigen A. zur sorgfältigen Aufbewahrung auszuhändigen. Auf Wunsch des Arbeitnehmers muß der Arbeitgeber die A. diesem für kurze Zeit überlassen und bei Beendigung des Arbeitsverhältnisses stets zurückgeben (kein →Zurückbehaltungsrecht). – Der Arbeitgeber hat auf Verlangen eine →*Arbeitsbescheinigung* (§ 133 AFG) und u. U. eine →Urlaubsbescheinigung (§ 6 II BUrlG) auszustellen. – Für bürgerlich-rechtliche *Rechtsstreitigkeiten* zwischen Arbeitnehmern und Arbeitgeber über die A. sind die →Arbeitsgerichte zuständig (§ 2 I Nr. 3e ArbGG), nicht für die Berichtigung der A. (öffentlich-rechtliche Streitigkeiten, im einzelnen umstritten).

Arbeitspapiere des Abschlußprüfers, →Jahresabschlußprüfung.

Arbeitspausen, →Pausen.

Arbeitspflichtverletzung, →Vertragsbruch II.

Arbeitsphysiologie, Wissenschaft von der körperlichen Reaktion auf Art, Gegenstand, Dauer und Umgebung einer betrieblichen Tätigkeit. Die Forschungsergebnisse der A. bilden u. a. die Grundlage für →Arbeitsgestaltung. – Zur *angewandten A.* gehören u. a. Arbeitshygiene, →Arbeitsschutz, Entstaubungseinrichtung, Arbeitsplatzbeleuchtung, Farbgestaltung der Arbeitsräume, Heizungs-, Lüftungs- und Klimaanlage.

Arbeitsplan, *Arbeitsstückliste,* enthält Informationen über die Art, die technologische Reihenfolge der Aktionen eines jeden Auftrages/Teilauftrages, deren Zeitbedarf (Kapazitätsbedarf ohne Periodenzuordnung, gemessen in Zeiteinheiten) und die Art der benötigten Kapazitäten (Maschinen, Werkzeuge, Arbeitskräfte). Häufig werden in den A. auch Zusatzangaben über Materialqualitäten, Ausschuß-Vorgaben, Richtzeiten, Transporthinweise usw. gegeben.

Arbeitsplatz. I. B e g r i f f : Zweckmäßig eingerichteter räumlicher Bereich, in dem der Mensch innerhalb des betrieblichen Arbeitssystems mit Arbeitsmitteln und -gegenständen zusammenwirkt. Der A. ist die kleinste räumliche Struktureinheit eines Betriebs. Die Einrichtung eines A. erfordert umfassende →Arbeitsplatzgestaltung.

II. A r b e i t s r e c h t : 1. *Recht am A.:* Es wird teilweise vertreten, das zwischen Arbeitgeber und -nehmer bestehende →Arbeitsverhältnis sei zugleich als ein absolutes Recht am A. zu verstehen. Eine unrechtmäßige →Aussperrung verletze das Recht des Arbeitnehmers an seinem A. und verpflichte nach § 823 I BGB zum Schadenersatz; dieselbe Rechtsfolge ergibt sich aber bereits aus der Anwendung des Arbeitsvertragsrechts (→Aussperrung III 2). – Vgl. auch →Arbeitsplatzschutz. – 2. *Mitbestimmung am A.* (§§ 81–84 BetrVG): Vgl. →Arbeitsplatzmitbestimmung. – Vgl. auch →Versetzung.

III. S c h w e r b e h i n d e r t e n r e c h t : Auf einem bestimmten Prozentsatz der A. haben die Arbeitgeber Schwerbehinderte zu beschäftigen; die Einstellung ist aber lediglich eine öffentlich-rechtliche Pflicht und gibt dem einzelnen Schwerbehinderten keinen Anspruch auf Beschäftigung bei einem bestimmten Arbeitgeber. – Vgl. auch →Schwerbehindertenrecht I.

Arbeitsplatzanalyse, systematische Beschreibung eines →Arbeitsplatzes und der für ihn typischen Arbeitsvorgänge zur Bestimmung der physischen und psychischen Anforderungen, die von ihm an den Menschen gestellt werden. – *Zweck:* →Arbeitsplatzbewertung, Verbesserung der Arbeitsbedingungen (Erleichterung des Arbeitsvollzugs), →Arbeitsbewertung im Zusammenhang mit der Lohngestaltung, optimale Besetzung des Arbeitsplatzes und Mitarbeiterunterweisung. – Vgl. auch →Arbeits- und Organisationspsychologie.

Arbeitsplatzausschreibung, →Ausschreibung von Arbeitsplätzen.

Arbeitsplatzbewertung, Bewertung sämtlicher →Arbeitsplätze des Betriebs nach einem Punktsystem aufgrund systematischer arbeitswissenschaftlicher Untersuchung des gesamten Betriebs auf die Arbeitsbedingungen und notwendigen Arbeitsleistungen hin. – *Zweck:* Festlegung der Leistungsmöglichkeit der einzelnen Betriebsteile; Grundlage für die Entlohnung. – Vgl. auch →Arbeitsplatzanalyse, →Arbeitsbewertung.

Arbeitsplatzdichte, Verhältnis der Erwerbspersonen zur Fläche eines Untersuchungsgebietes. – Vgl. auch →Bevölkerungsdichte.

Arbeitsplatzgestaltung. I. B e g r i f f : Gestaltung des →Arbeitsplatzes; umfaßt: a) *Anlage des Arbeitsplatzes,* um die zweckmäßigste Zusammenarbeit mit den vor- und nachgeordneten Plätzen zu gewährleisten; b) *Installation von Transporteinrichtungen,* die einen leichten An- und Abtransport des Werkstücks ermöglichen; c) *Ausstattung des Arbeitsplatzes nach arbeitswissenschaftlichen* Gesichtspunkten; u. a. Anpassung an die Maße des menschlichen Körpers (anthropometrische A.). – Im Zusammenhang mit der *Leistungsbewertung:* Vgl. →Arbeitsplatzbewertung. – *Anordnung der Arbeitsplätze:* Vgl. →Arbeitsablaufplanung.

II. B e t r i e b s v e r f a s s u n g s r e c h t : Hinsichtlich der Planung zukünftiger Änderungen von Arbeitsplatz, Arbeitsablauf und Arbeitsumgebung hat der →Betriebsrat *Unterrichtungs- und Beratungsrechte* (§ 90 BetrVG). – Stellt der Betriebsrat fest, daß Arbeitnehmer durch Änderungen der Arbeitsplätze, des Arbeitsablaufs oder der Arbeitsumgebung, die den gesicherten arbeitswissenschaftlichen Erkenntnissen über die menschengerechte Gestaltung der Arbeit offensichtlich widersprechen, in besonderer Weise belastet werden, so kann er angemessene Maßnahmen zur Abwendung, Milderung oder zum Ausgleich der Belastung verlangen (§ 91 BetrVG); „*korrigierendes" Mitbestimmungsrecht.* Kommt eine Einigung nicht zustande, so entscheidet die →Einigungsstelle.

Arbeitsplatzmitbestimmung. 1. *Mitwirkung* einzelner oder mehrerer Arbeitnehmer an Entscheidungen ohne Einschaltung von Repräsentanten wie z. B. →Betriebsrat. – a) *Basisdemokratisches Modell:* Willensbildung von unten nach oben über eine mehrstufige Mitbestimmung (Arbeitsplatz, Arbeitsgruppe, Abteilung, Betrieb, Unternehmensführung); partiell im BetrVG: individuelle Mitwirkungs- und Beschwerderechte der Arbeitnehmer (§§ 81–86), Möglichkeit von →Abteilungsversammlungen (§ 42 II) und mögliche Errichtung zusätzlicher betriebsverfassungsrechtlicher Vertretungen der Arbeitnehmer bestimmter Beschäftigungsarten oder Arbeitsbereiche (Arbeitsgruppen) durch →Tarifvertrag (§ 3 I 1). – b) *Weitere Varianten* von A. werden in Projekten zur →Humanisierung der Arbeit erprobt und in Formen von →Partnerschaft realisiert. – 2. A. wird von der *Arbeitgeberseite* ausschließlich als aktive Beteiligung der Mitarbeiter an Entscheidungen in ihrem unmittelbaren Arbeitsumfeld verstanden; überwiegend als Mittel zur Motivation der Arbeitnehmer und Instrument zur Steigerung der Produktivität und Innovation in Betrieb und Unternehmen.

Arbeitsplatzrechner, *Arbeitsplatzcomputer,* →Rechner (i. d. R. →Personal Computer) für den professionellen Einsatz an einem →Arbeitsplatz. Wird funktional an die Erfordernisse dieses Arbeitsplatzes (Aufgabe) angepaßt. A. verfügen i.d.R. über Ein- und Ausgabegeräte (→Bildschirmgerät, →Drukker) und über interne und externe Speicherkapazität (→Diskette, →Speicher) und sind vom Benutzer im Dialogverkehr (→Dialogbetrieb) relativ einfach zu bedienen. – A. können für die →Datenübertragung geeignet sein, so daß sie auch als „intelligente" →Datenstationen zu verwenden sind. A. tragen zur Dezentralisierung der (bisher) zentral orientierten elektronischen Datenverarbeitung bei.

Arbeitsplatzschutz, Erhaltung und Schutz des Arbeitsplatzes bei Einberufung eines Arbeitnehmers zum →Wehrdienst und →Zivildienst.

I. Rechtsgrundlage: Arbeitsplatz-Schutzgesetz (ArbPlSchG) i..d.F. vom 14.4.1980 (BGBl I 425) mit späteren Änderungen; §78 Zivildienstgesetz i.d.F. vom 29.9.1983 (BGBl I 1221).

II. Schutzbestimmungen: 1. Wenn der Arbeitnehmner zum Grundwehrdienst, zu einer Wehrübung oder dem zivilen Ersatzdienst einberufen wird, tritt ein *Ruhen des Arbeitsverhältnisses* ein; Arbeitspflicht und Lohnzahlungspflicht bestehen nicht. – 2. Für die Dauer des Wehrdienstes besteht ein *Kündigungsverbot* für den Arbeitgeber. – Will er aus dringenden betrieblichen Gründen Arbeitnehmer entlassen, so darf er bei der Auswahl der zu Entlassenden die bevorstehende Einberufung eines Arbeitnehmers zum Wehrdienst nicht zu dessen Ungunsten berücksichtigen; kündigt der Arbeitgeber, nachdem er von der Einberufung Kenntnis erhalten hat, wird vermutet, daß die Kündigung aus Anlaß des Wehrdienstes ausgesprochen ist. – Das Recht zur →*außerordentlichen Kündigung* bleibt unberührt; die Einberufung des Arbeitnehmers darf jedoch grundsätzlich (d. h. mit gewissen Ausnahmen) nicht als wichtiger Grund gewertet werden (§ 2 III). – 3. Der Urlaubsanspruch des Arbeitnehmers wird für jeden vollen Kalendermonat, den der Arbeitnehmer Grundwehrdienst leistet, um 1/12 gekürzt. Setzt der Arbeitnehmer im Anschluß an den Wehrdienst das Arbeitsverhältnis nicht fort, so ist der nicht gewährte Urlaub abzugelten. – 4. →*Werkswohnungen* sind dem Arbeitnehmer zu belassen. War die Überlassung der Wohnung im Arbeitsentgelt einbegriffen, hat der Arbeitnehmer für die Weitergewährung eine angemessene Entschädigung zu zahlen. –

5. Dem Arbeitnehmer dürfen *keine Nachteile* erwachsen, wenn er die Arbeit in seinem bisherigen Betrieb wieder aufnimmt. Die Wehrdienstzeit ist auf die Berufs- und Betriebszugehörigkeit anzurechnen, was sich auf Kündigungsfrist, Pension usw. auswirkt. Keine Anrechnung auf Probe- und Ausbildungszeiten (z. B. des Auszubildenden). – 6. Innerhalb von sechs Monaten nach Beendigung des Grundwehrdienstes werden Soldaten oder entlassene Soldaten bei einer Bewerbung um Einstellung in den *öffentlichen Dienst* bevorzugt berücksichtigt. – Ähnliche Regelung für die Einberufung zu einer *freiwilligen Eignungsübung;* Gesetz vom 20.1.1956 (BGBl I 13) mit späteren Änderungen.

III. Sonderregelung für befristetes Arbeitsverhältnis: Sie werden durch die Einberufung zum Wehrdienst nicht verlängert, ruhen vielmehr mit der Einberufung und enden zu dem vorgesehenen Zeitpunkt.

IV. Weitere Anwendung des ArbPlSchG auf *Zeitsoldaten,* wenn die Dienstzeit nicht auf insgesamt mehr als zwei Jahre festgesetzt ist; vgl. § 16a ArbPlSchG.

Arbeitsplatzteilung, →Job Sharing.

Arbeitsplatzwechsel. I. Arbeitsrecht: Vom Arbeitnehmer herbeigeführte Beendigung des Arbeitsverhältnisses zum bisherigen Arbeitgeber und Eingehung eines neuen Arbeitsverhältnisses (→Arbeitsverhältnis). – 1. *Recht zum A.:* Es ist durch Art. 12 I 1, II 1 GG verfassungsrechtlich gewährleistet (Ausnahme für den Verteidigungsfall: Art. 12a VI GG). Zum Maß der Betriebsbindung bei Rückzahlungsklauseln vgl. →Gratifikation. – 2. Zum *rechtmäßigen A.* ist erforderlich: a) *ordnungsgemäße Kündigung* des →Arbeitsvertrags und b) *Einhaltung der* →*Kündigungsfrist.* Findet der Arbeitnehmer ein besonders günstiges Stellenangebot, so ist er grundsätzlich nicht zur →außerordentlichen Kündigung berechtigt; dies gilt auch dann, wenn er in der Lage ist, seinem Arbeitgeber eine gleichwertige Arbeitskraft zu stellen. Andernfalls handelt er rechtswidrig (→Vertragsbruch II) und ist dem Arbeitgeber zum Schadenersatz verpflichtet. – 3. Um zu vermeiden, daß der Arbeitnehmer einen doppelten Anspruch auf →Urlaub geltend macht, schließt § 6 BUrlG den Anspruch gegen den neuen Arbeitgeber aus, soweit der frühere bereits Urlaub gewährt hat. Hat der frühere Arbeitgeber den Urlaub noch nicht gewährt, hat der Arbeitnehmer ein Wahlrecht: er kann sich an den alten oder neuen Arbeitgeber halten.

II. Personalmanagement: Systematischer A. in einer Abteilung oder zwischen Abteilungen (→job rotation). Dies kann zu Ausbildungszwecken (z. B. Trainee) oder zum Zwecke der Vermeidung einseitiger Belastungen (→Arbeitsgestaltung, →Humanisierung der Arbeit) geschehen.

Arbeitspotential, *gesamtwirtschaftliches Arbeitspotential,* Bezeichnung für das potentielle gesamtwirtschaftliche Arbeitsvolumen (= →Arbeitskräftepotential × potentielle durchschnittliche Jahresarbeitszeit), das unter Verwendung gesamtwirtschaftlicher Produktionsfunktionen (im Fall eines Mehr-Faktorenansatzes) zur Berechnung des gesamtwirtschaftlichen →Produktionspotentials benötigt wird.

Arbeitsprobe. 1. Probe der Arbeitsergebnisse eines Bewerbers; z. B. als Anlage zum Bewerbungsschreiben bei- oder beim Bewerbungsgespräch vorzulegen. – 2. Verfahren, v. a. bei →Eignungsuntersuchungen für Berufsanwärter angewandt. Das während der A. beobachtbare Gesamtverhalten ermöglicht Rückschlüsse auf Fähigkeiten und Fertigkeiten des Prüflings (Beurteilung der Gesamtpersönlichkeit). – *Abgrenzung zum Test:* a) A. prüft nicht eine bestimmte Einzelleistung, vielmehr wird eine Arbeit in genau derselben komplexen Form verrichtet wie im normalen Alltag; b) im Mittelpunkt der Untersuchung steht nicht wie beim Test die Leistungsbeurteilung, sondern die Beobachtung, wie der Prüfling an die Arbeit herangeht und wie er sie zu lösen versucht.

Arbeitsproduktivität, *Arbeitsergiebigkeit.*

I. Volkswirtschaftstheorie: 1. *Begriff:* Verhältnis des gesamtwirtschaftlichen Produktionsergebnisses (gemessen am →Produktionswert oder an der →Wertschöpfung in konstanten Preisen) zur Einsatzmenge an Arbeitsleistung (gemessen an der Zahl der Beschäftigten oder an den geleisteten Arbeitsstunden), die benötigt wird, um dieses Produktionsergebnis zu erzielen. Berechnung der A. sowohl auf Basis von Mengen als auch von Wertgrößen. – *Kehrwert:* →Arbeitskoeffizient. – 2. *Arten:* a) *Durchschnittliche A.* (Durchschnittsproduktivität des Faktors Arbeit): Die pro eingesetzter Einheit des Faktors Arbeit erzielte Produktionsmenge. – b) *Marginale A.* (Grenzproduktivität des Faktors Arbeit): Mengenmäßiger Produktionszuwachs, der auf den Einsatz einer zusätzlichen Einheit des Faktors Arbeit zurückzuführen ist. In der →Grenzproduktivitätstheorie der Verteilung ist die Grenzproduktivität des Faktors Arbeit gleich dem Reallohnsatz.

II. Volkswirtschaftliche Gesamtrechnungen: 1. *Begriff:* Reales Bruttoinlandsprodukt je Erwerbstätigen bzw. je Erwerbstätigenstunde. – 2. *Arten:* a) *Stundenproduktivität:* Quotient aus dem realen Bruttoinlandsprodukt und der Zahl der zu dessen Erstellung benötigten Arbeitsstunden. – b) *Pro-Kopf-Produktivität:* Quotient aus dem Bruttoinlandsprodukt und der Zahl der

Erwerbstätigen. – 3. *Entwicklung:* Die A. nimmt langfristig zu, das Wachstum ist im Konjunkturverlauf aber recht deutlichen Schwankungen unterworfen, v. a. durch Bildung bzw. Auflösung von Beschäftigungsreserven. – 4. *Bedeutung:* Die A. ist eine statistische Durchschnittsgröße, die zwar keine unmittelbare Aussage über die Zurechnung der Produktivitätszunahme auf die Produktionsfaktoren erlaubt, jedoch in der →Lohnpolitik als Orientierungsgröße eine Rolle spielt: Bei →vollkommener Konkurrenz gibt die Wachstumsrate der A. die Zunahme des realen Pro-Kopf-Einkommens an, bei der produktivitätsorientierten Lohnpolitik den Spielraum, innerhalb dessen Reallohnerhöhungen vorgenommen werden können, ohne daß sich das Preisniveau erhöht.

Arbeitspsychologie, →Arbeits- und Organisationspsychologie.

Arbeitsräume, räumlicher Bereich, in dem Menschen innerhalb des betrieblichen Arbeitssystems arbeiten. Die Gestaltung der A. ist in Ergänzung zur Gestaltung des Arbeitsplatzes (→Arbeitsplatzgestaltung) Gegenstand der Arbeitswissenschaft. Es ist darauf zu achten, daß unter den Gesichtspunkten der →Arbeits- und Organisationspsychologie, →Arbeitsphysiologie und der Arbeitsmedizin die A. optimal gestaltet sind, d. h. Beanspruchungen im Sinne einer Minderung der Unfallgefahr sowie der Humanisierung der Arbeit weitestgehend reduziert werden. – Vgl. auch →Arbeitsstättenverordnung.

Arbeitsrecht. I. Begriff: Gesamtheit aller Rechtsregeln, die sich mit der unselbständigen, abhängigen Arbeit befassen, d. h. der Arbeit, die von Personen geleistet wird, die in einem Betrieb eingegliedert fremdbestimmte Arbeit leisten und dabei an Weisungen hinsichtlich Art, Ausführung, Ort und Zeit der Arbeit gebunden sind. Stellt gewissermaßen eine explizite Kritik an der →kapitalistischen Unternehmensverfassung dar. – A. ist ein besonderer Teil der Rechtsordnung. Gegenüber Privatrecht und öffentlichem Recht eigenständig; enthält beides, überwiegend Privatrecht.

II. Gliederung: 1. *Individuelles A.:* Rechtliche Regelung der Beziehungen zwischen Arbeitgeber und -nehmern. – 2. *Kollektives A.:* Rechtliche Regelung der Beziehungen zwischen den Zusammenschlüssen von Arbeitgebern und -nehmern, und zwar der Beziehungen zwischen Gewerkschaften und Arbeitgeberverbänden (→Koalition) oder einzelnen Arbeitgebern sowie zwischen Betriebsräten und Arbeitgebern, insbes. das Zustandekommen von Gesamtvereinbarungen (Tarifvertrag, Betriebsvereinbarung). – Vgl. auch →Schlichtung, →Arbeitskampf.

III. R e c h t s q u e l l e n : 1. *Allgemeines:* Das A. ist in viele Einzelgesetze (z. B. Betriebsverfassungs-, Kündigungsschutz-, Jugendarbeitsschutzgesetz, Arbeitszeitordnung) und in Einzelbestimmungen allgemeiner Gesetze (z. B. §§ 611 ff, BGB, §§ 105 ff. GewO) zersplittert *(Rechtszersplitterung).* Ein zusammenfassendes Arbeitsgesetzbuch existiert nicht. – In weiten Bereichen, u. a. Recht der Verbände und Arbeitskampfrecht, fehlt es an geschriebenen Rechtssätzen überhaupt. – Aus dem Fehlen einer Kodifikation folgt, daß die maßgebenden Grundsätze nicht im Gesetzesrecht ausgeformt sind; das A. ist zu einem erheblichen Teil *Richterrecht.* Die Gerichte für Arbeitssachen (→Arbeitsgerichtsbarkeit), insbes. das →Bundesarbeitsgericht, sehen sich zur Schließung von Gesetzeslücken zur Rechtsfortbildung veranlaßt. – A. ist zwingendes Recht; abweichende Vereinbarungen sind möglich, wenn diese den Arbeitnehmer günstiger stellen (Günstigkeitsprinzip). – 2. *Rangfolge arbeitsrechtlicher Regelungen* nach dem →Rangprinzip und dem Grundsatz des Art. 31 GG (Bundesrecht vor Landesrecht): a) Grundgesetz; b) Bundesgesetze, c) Länderverfassung; d) Ländergesetze; e) Tarifverträge; f) Betriebsvereinbarung. – Im A. gilt das Rangprinzip nur eingeschränkt; nach dem →Günstigkeitsprinzip hat die nach dem Rangprinzip rangniedere Regelung vor der ranghöheren Vorrang, wenn diese einen für den Arbeitnehmer günstigeren Inhalt hat. – Es gelten außerdem das im gesamten Recht gültige →Spezialitätsprinzip (gleichrangige, widersprechende Regelungen) und das Erneuerungsprinzip.

IV. G e s c h i c h t e : 1. *Entstehung:* Das A. ist ein verhältnismäßig junges Rechtsgebiet; es wurde in den letzten 150 Jahren, beginnend mit Entstehung der →Arbeiterklasse und Arbeiterbewegung, aus dem spätrömischen und germanischen Recht entwickelt. – 2. *Bis 1914:* Das Arbeitsvertragsrecht wurde als Mittel privatrechtlicher Vertragsgestaltung innerhalb des freien Wettbewerbs angesehen. – Nach Aufhebung der Zunftverbote über Zusammenschlüsse der Arbeitnehmer (Mitte des 19. Jh.) erfolgte Zusammenschluß der Arbeitnehmer sowie der Arbeitgeber: Beginn von Kollektivvereinbarungen – Beginn der staatlichen Gesetzgebung und zwar der Sozialversicherungsgesetzgebung, eines Arbeitsschutzes und des Arbeitsgerichtswesens. – 3. *1914 bis 1933:* Einengung der Vertragsfreiheit durch Kollektivvereinbarungen und gesetzgeberische Eingriffe, insbes. während der beiden Weltkriege. Seit 1930 Wandel der Auffassung des Wesens des Arbeitsverhältnisses: personenrechtliches Verhältnis statt unpersönlicher Dienstmiete. – Infolge der Mitarbeit der Gewerkschaften im Krieg verstärkte Einschaltung der Gewerkschaften in die soziale Selbstverwaltung; Koalitionsfreiheit wird Verfassungsgrundsatz;

Parität zwischen Gewerkschaft und Arbeitgeber. Während des Ersten Weltkrieges gestört. – Nach dem Ersten Weltkrieg scheiterten Versuche der Sozialisierung der Betriebe durch Bildung von Arbeiter- und Soldatenräten; →Mitbestimmung der Arbeitnehmerschaft in den Betrieben durch Betriebsrätegesetz (1920). Streik- und Aussperrungsrecht bleiben bis 1930 unangetastet; Staat als Schlichter. – 4. *1933 bis 1945:* Abbau des kollektiven A.; Aufbau des Arbeitsschutzrechts. – 5. *Nach 1945:* Wiederherstellung des kollektiven A.; verfassungsmäßige Anerkennung der →Koalitionsfreiheit durch das Grundgesetz (Art. 9 III GG). – Seit Gründung der Bundesrep. D. besitzt der Bund die konkurrierende Gesetzgebungszuständigkeit (Art. 74 Nr. 12 GG). Bundeseinheitliche Ausgestaltung des A., insbes. Tarifvertragsgesetz (1949), Kündigungsschutzgesetz (1951, 1969), Bundesurlaubsgesetz (1963), Betriebsverfassungsgesetz (1952, 1972), Arbeitsgerichtsgesetz (1953, Bereinigung 1969). Erlassung arbeitsrechtlicher Schutzgesetze (Mutterschutz-, Jugendarbeitsschutz-, Heimarbeits-, Schwerbehindertengesetz u. a.) in neuer Form. Einführung der Mitbestimmungsgesetze (Montan-Mitbestimmungsgesetz von 1951; Mitbestimmungsgesetz von 1976); rechtssystematisch nur A. im weiteren Sinne.

Arbeitsrichter, →ehrenamtliche Richter.

Arbeitssachen, →Arbeitsgerichtsbarkeit.

Arbeitsschutz, *Arbeitnehmerschutz,* Schutz der Arbeitnehmer durch gesetzliche Regelungen (→Arbeitsschutzrecht).

I. S c h u t z z w e c k : Der Arbeitnehmer hat mit technischen Einrichtungen zu tun und ist in Produktionsverfahren eingegliedert, die seine Gesundheit bedrohen. Gefahren für den Arbeitnehmer können sich auch aus der wirtschaftlichen Überlegenheit des Arbeitgebers ergeben. Dem Schutz vor diesen Gefahren dient das gesamte →Arbeitsrecht. Auf dem Gebiete des A. hat der Gesetzgeber Vorschriften erlassen, deren Einhaltung nicht im Belieben des Arbeitgebers steht. Die Verpflichtung zur Einhaltung der Arbeitsschutzvorschriften besteht gegenüber dem Staat. – Nach neuerer Auffassung wirkt das Arbeitsschutzrecht aber auch auf den *privatrechtlichen Inhalt* des →Arbeitsverhältnisses ein. Bei Nichteinhaltung der Arbeitsschutzvorschriften hat der Arbeitnehmer u. U. ein Leistungsverweigerungsrecht und kann bei schuldhafter Verletzung der Schutzvorschriften Schadenersatz verlangen.

II. G l i e d e r u n g des A. : 1. Nach dem *geschützten Personenkreis:* a) *Allgemeiner A.:* Gilt für alle Arbeitnehmer. – b) *Besonderer A.:* Gilt für einzelne Berufsgruppen, z. B. Bergleute (BundesbergG vom 30. 8. 1980, BGBl I 1311), Seeleute (Seemannsordnung), →Heimarbeiter sowie für Frauen (→Frauenschutz und →Mutterschutz), für Jugendliche (→Jugendarbeitsschutz) und für Schwerbehinderte (→Schwerbehindertenrecht). – 2. Nach dem *Gegenstand:* a) *Betriebs- oder Gefahrenschutz:* Vorschriften zur Verhütung von Betriebsunfällen bilden einen wesentlichen Teil des A. (vgl. insbes. §§120 a ff. GewO). – b) *Arbeitszeitschutz:* Gesetzliche Verbote von Feiertagsarbeit und Vorschriften über die Höchstarbeitszeit schützen gegen Überanstrengung und vorzeitigen Verschleiß der Arbeitskraft (→Arbeitszeit, →Sonntagsarbeit). – c) *Arbeitsvertragsschutz:* Schutz vor unsozialer Regelung der vertraglichen Arbeitsbedingungen. Dazu dient z. B. das →Truckverbot. Zu dem aus dem Arbeitsvertrag folgenden A. vgl. →Fürsorgepflicht des Arbeitgebers.

III. D u r c h f ü h r u n g : 1. Der *Arbeitgeber* ist dafür verantwortlich, daß die Schutzbestimmungen in seinem Betrieb beachtet werden. – 2. Die *Arbeitnehmer* müssen die Unfallverhütungsvorschriften (§§ 708 ff. RVO) befolgen. – 3. Der →*Betriebsrat* hat bestimmte Aufgaben auf dem Gebiet des A. Er hat darüber zu wachen, daß die Unfallverhütungsvorschriften durchgeführt werden (§ 80 I Nr. 1 BetrVG). Er hat mitzubestimmen über Regelungen zur Verhütung von Arbeitsunfällen und Berufskrankheiten sowie über den Gesundheitsschutz im Rahmen der gesetzlichen Vorschriften und der Unfallverhütungsvorschriften (§ 87 I Nr. 7 BetrVG). – *Zusätzliche Maßnahmen* zur Verhütung von Arbeitsunfällen und Gesundheitsschädigungen können im Wege freiwilliger Mitbestimmung (vgl. →Betriebsverfassung, →Betriebsrat) in →Betriebsvereinbarungen zwischen Arbeitgeber und Betriebsrat vereinbart werden (§ 88 I Nr. 1 BetrVG). Nach § 89 BetrVG hat der Betriebsrat die Pflicht, durch Überwachung den Unfallgefahren im Betrieb entgegenzuwirken. – In Unternehmen mit mehr als 20 Beschäftigten hat der Unternehmer einen oder mehrere →*Sicherheitsbeauftragte* zu bestellen (§ 719 I RVO). Nach dem Gesetz über Betriebsärzte, Sicherheitsingenieure und andere Fachkräfte für →Arbeitssicherheit vom 12.12.1973 hat der Arbeitgeber →*Betriebsärzte* und *Sicherheitsingenieure* zu bestellen. – 5. Die →*Gewerbeaufsicht* hat zu überwachen, daß in Betrieben die Vorschriften des Arbeitsschutzes befolgt werden. Der Zuständigkeitsbereich der Gewerbeaufsicht ist in den verschiedenen Arbeitsschutzgesetzen geregelt und erfaßt, außer den allgemeinen Schutzbestimmungen der GewO auch die sonstigen Unfallschutzvorschriften, den Bereich der Gewerbehygiene, des Arbeitszeitschutzes und den Schutz der Frauen, Mütter, Jugendlichen und Kinder. Für den A. im Bergbau und in der Seeschiffahrt sind Sonderbehörden zuständig. – Gewerbeaufsichtsbeamte haben das Recht,

jederzeit – auch nachts – ohne vorherige Anmeldung die Betriebsanlagen zu kontrollieren (§ 139 GewO); sie können Verbote und Auflagen bezüglich gefährlicher Anlagen erlassen. – Als *Zwangsmittel* der Aufsichtsbehörden kommen in Betracht Ersatzvornahme (Ausführung der zu erzwingenden Maßnahme auf Kosten des Pflichtigen), die Festsetzung von Zwangsgeld und die Anwendung unmittelbaren Zwanges. – a) Für die *ärztlichen Aufgaben des Gewerbeschutzes* sind die staatlichen Gewerbeärzte zuständig. – b) Nach § 139 b GewO kommt neben der Gewerbeaufsicht eine Zuständigkeit der *Landespolizeibehörden* in Betracht. – c) Auch die *Berufsgenossenschaften* als Träger der gesetzlichen Unfallversicherung (§§ 712 ff. RVO) haben Kontrollrechte im Betrieb für den Aufgabenbereich Unfallverhütung. Die Grundsätze der Zusammenarbeit zwischen Gewerbeaufsicht und den Aufsichtsbeamten der Berufsgenossenschaft sind in der Allgemeinen Verwaltungsvorschrift vom 28.11.1977 (BAnz Nr. 225) geregelt.

Arbeitsschutzausschuß, →Arbeitssicherheit 2 b).

Arbeitsschutzrecht, Gesamtheit der Rechtsnormen, die vor allem den Arbeitgebern öffentlich-rechtlich durch Zwang und Strafe gesicherte Pflichten zum Schutz der Arbeitnehmer auferlegen. Vgl. im einzelnen →Arbeitsschutz.

Arbeitsschwierigkeit, Begriff der →Arbeitsbewertung für die Anforderungshöhe bzw. das Maß der aufgewandten Kräfte. Die A. wird durch die Arbeitsaufgabe bestimmt. Vgl. auch →Arbeitswert.

Arbeitssicherheit. 1. *Gesetzliche Grundlage:* Gesetz über Betriebsärzte, Sicherheitsingenieure und andere Fachkräfte für A. vom 12.12.1973 (BGBl I 1885) mit späteren Änderungen. – 2. *Inhalt des ASiG:* a) Es verpflichtet den Arbeitgeber je nach Unfall- und Gesundheitsgefahren, Zahl der Mitarbeiter, Zusammensetzung der Belegschaft und Betriebsorganisation zur *Bestellung von* →*Betriebsärzten und* →*Fachkräften* für Arbeitssicherheit. Diese Personen sind mit Zustimmung des →Betriebsrats zu bestellen und abzuberufen (§ 9 III ASiG). b) In Betrieben, in denen diese Personen bestellt sind, hat der Arbeitgeber einen *Arbeitsschutzausschuß* zu bilden. Dieser besteht aus dem Arbeitgeber oder einem von ihm Beauftragten, zwei vom Betriebsrat bestimmten Betriebsratsmitgliedern, den nach dem ASiG bestellten Betriebsärzten und Fachkräften für A. und den →Sicherheitsbeauftragten nach § 719 RVO (§ 11 ASiG).

Arbeitssicherstellungsgesetz, Gesetz zur Sicherstellung von Arbeitsleistungen für Zwecke der Verteidigung einschl. des Schutzes der Zivilbevölkerung (→Notstand) vom

9.7.1986 (BGBl I 787). Das A. umfaßt bestimmte, die →Berufsfreiheit einschränkende Maßnahmen (Verbot des Arbeitsplatzwechsels, Verpflichtung in ein neues Arbeitsverhältnis).

Arbeitsspeicher, *Hauptspeicher,* ein →Zentralspeicher, in dem das bzw. die laufenden Programme und die von diesen bearbeiteten Daten gehalten werden. Aus dem A. entnimmt der →Zentralprozessor während des Programmablaufs (→Programm) jeweils den nächsten auszuführenden →Maschinenbefehl sowie die von diesem benötigten Daten aufgrund der explizit oder implizit angegebenen →Adressen (vgl. dort); nach Ausführung des Befehls werden die Ergebnisse wiederum im A. abgelegt. – Vgl. auch →virtueller Speicher.

Arbeitsstatistik, →Arbeitsmarktstatistik.

Arbeitsstätte. I. Amtliche Statistik: Organisatorische Einheiten, die materiell als räumlich abgegrenzte bauliche Einrichtungen in Erscheinung treten, und in denen unter Einschluß des Leiters mindestens eine Person haupt- oder nebenberuflich ständig tätig ist. Zu den A. gehören u.a. Betriebe des Produzierenden Gewerbes, des Handels-, Verkehrs-, Geld-, Kredit- und Versicherungsgewerbes, Einrichtungen der freien Berufe, der privaten Organisationen ohne Erwerbscharakter, der Behörden und anderer öffentlicher Institutionen wie Bundesbahn, Bundespost, Bundeswehr. – Vgl. auch →Arbeitsstättenzählung.

II. Steuerrecht: Mittelpunkt der beruflichen Tätigkeit eines Arbeitnehmers. Mehrere A. gleichzeitig möglich. – *Arten:* a) *regelmäßige A.:* Ort, an dem der Arbeitnehmer auf Dauer tätig wird; der Arbeitnehmer muß regelmäßig an diesem Ort wenigstens einen Teil der ihm insgesamt übertragenen Arbeiten verrichten; b) *tatsächliche A.:* Ort, an dem der Arbeitnehmer zeitweilig tätig wird, auch auswärtige A. – Bei einer längerfristigen Tätigkeit an einem *auswärtigen Ort* sind die ersten drei Monate i.d.R. als auswärtige Tätigkeit (→Mehraufwand bei auswärtiger Tätigkeit) anzuerkennen, selbst wenn vorhersehbar ist, daß der Gesamtdauer der Tätigkeit über drei Monate hinausgehen wird; nicht jedoch, wenn nach Lage der Verhältnisse davon auszugehen ist, daß die auswärtige Tätigkeit vom ersten Tag an zur regelmäßigen A. geworden ist, z.B. im Fall einer Versetzung. Nach drei Monaten ist die A. zu einer regelmäßigen A. geworden.

Arbeitsstättensystematik, für Zwecke der →Arbeitsstättenzählung abgeleitete Fassung der →Wirtschaftszweigsystematik, Ausgabe 1979.

Arbeitsstättenverordnung vom 20.3.1975 (BGBl I 729) mit späteren Änderungen, erlassen aufgrund §120e GewO, regelt einheitlich die Anforderungen an Arbeitsstätten im Interesse des Arbeits- und Betriebsschutzes

(→Arbeitsschutz). Die VO gilt für Arbeitsstätten im Rahmen eines stehenden Gewerbes, für Tagesanlagen und Tagebaue des Bergwesens, ausgenommen öffentliche Verkehrsmittel. Sie betrifft Arbeitsräume in Gebäuden, Arbeitsplätze im Freien auf dem Betriebsgelände, Baustellen, Verkaufsstände im Zusammenhang mit Ladengeschäften einschl. der erforderlichen Nebenräume und Verkehrswege. Im einzelnen geregelt sind u.a. Belüftung, Beheizung und Beleuchtung (§§ 5–7), Schutz gegen Dämpfe usw. und Lärm (§§ 14, 15), Raumabmessungen (§ 23), Nichtraucherschutz am Arbeitsplatz (§ 32) sowie die Anforderungen an Sanitärräume (§§ 34–37).

Arbeitsstättenzählung (AZ), amtliche Zählung der nichtlandwirtschaftlichen →Arbeitsstätten, zuletzt 1987 durchgeführt. Eine allgemeine Rahmenzählung mit relativ einfachem Fragenkatalog gegenüber den speziellen Bereichszählungen. – 1. *Erhebungseinheit:* Arbeitsstätte als örtliche Einheit im engeren Sinn; als Darstellungseinheit auch das Unternehmen. Grundlage für die Gliederung der Arbeitsstätten nach der (überwiegend) ausgeübten Tätigkeit ist die →Arbeitsstättensystematik. – 2. Wichtigste *Erhebungsmerkmale:* a) *Beschäftigte Personen,* untergliedert nach Geschlecht und Stellung im Betrieb. Dabei werden die tätigen Inhaber, die mithelfenden Familienangehörigen, die Beamten, Angestellten und Arbeiter, die Nachwuchskräfte und (1970) auch die Teilbeschäftigten gesondert erfaßt. b) Der Aufbereitung nach Unternehmen dient eine Frage nach der *Niederlassungsart* (einzige Niederlassung, Haupt- oder Zweigniederlassung des Unternehmens). c) *Andere Erhebungsmerkmale* sind Rechtsform des Unternehmens, Summe der gezahlten Löhne und Gehälter. – 3. Die *Bedeutung* der A. liegt v.a. in der Darstellung der wichtigsten Strukturdaten der wirtschaftlichen Institutionen in tiefer branchenmäßiger und regionaler Gliederung. A. sind ferner Abgrenzungsgrundlage für nachgehende Bereichszählungen und für den Aufbau und die Ergänzung von Unternehmens- und Betriebskarteien unentbehrlich.

Arbeitsstoffe, rechtlich Ausgangs- und Hilfsstoffe einschließlich Zubereitungen, aus denen oder mit deren Hilfe Gegenstände erzeugt oder Dienstleistungen erbracht werden. – Vgl. auch →gefährliche Arbeitsstoffe, →Gefahrstoffverordnung.

Arbeitsstückliste, →Arbeitsplan.

Arbeitsstudium, Oberbegriff für die Anwendung von Methoden und Erfahrungen zur Untersuchung und Gestaltung von Arbeitssystemen (→Arbeitsgestaltung). – *Ziel:* Verbesserung der Wirtschaftlichkeit (→Arbeitsbewertung) unter Beachtung der Leistungsfähigkeit (→Eignung, →Eignungsuntersuchung, →Fähigkeiten) und der Bedürfnisse der arbeitenden Menschen (→Arbeits- und Organisationspsychologie, →Motivation). – Vgl. auch →REFA-Lehre.

Arbeitstechnik, Anwendung technischer Prinzipien auf die menschliche Arbeit zwecks Bestgestaltung der →Arbeitsverfahren, auch in kostenmäßiger Hinsicht.

Arbeitsteilung. I. W i r t s c h a f t s t h e o r i e : Begriff zur Kennzeichnung der Auflösung einer Arbeitsleistung in Teilverrichtungen, die von verschiedenen Wirtschaftseinheiten ausgeführt werden. Die Wirtschaftseinheiten können sein: Menschen, Unternehmungen, Gebiete, Länder. *Voraussetzung* für A. ist ggf. →Arbeitsvereinigung. – Die *Grenzen der A.* sieht A. Smith in der Marktausdehnung und der Kapitalausstattung der Betriebe (daher Befürwortung des →Freihandels und des Sparens im Sinne der Kapitalbildung). – 1. *Formen* (nach Bücher): (1) *Berufsbildung:* Ausgehend von der A. zwischen Mann und Frau kommt es zur Ausgliederung einzelner Funktionen aus dem Haushalt, die verselbständigt werden. (2) *Berufsspaltung:* Die in sich komplexen Berufe werden nochmals gespalten, z. B. Schmied in Hufschmied, Nagelschmied usw. (Spezialisation). (3) *Arbeitszerlegung:* Zerlegung eines Produktionsprozesses in mehrere, jeweils auf eine Person oder Personengruppe entfallende Teilprozesse (z. B. das viel zitierte Stecknadelbeispiel von A. Smith). Die Arbeitszerlegung führt evtl. zur Zerlegung eines Betriebes in mehrere Teilbetriebe: Produktionsteilung. (4) *Territoriale Arbeitsteilung:* Jedes Gebiet (als Einheit) spezialisiert sich auf die standortmäßig günstigste Produktion. Spezialfall: Vgl. →internationale Arbeitsteilung – 2. *Vorteile:* Steigerung der Produktivität durch bessere Ausnützung der Arbeitskraft wegen der höheren Geschicklichkeit und evtl. kürzeren Lehrzeit (schon von A. Smith erkannt). – 3. *Nachteile:* (1) Entseelung der Arbeit wichtiger Kritikpunkt der Sozialisten; (2) Anfälligkeit der Volkswirtschaft gegenüber wirtschaftlichen Krisen; (3) teilweise verringerte Möglichkeiten des Berufswechsels.

II. I n d u s t r i e b e t r i e b s l e h r e : Begriff zur Kennzeichnung der organisatorischen Zerlegung einer Arbeitsaufgabe in Teilaufgaben (→Taylorismus) und deren Zuweisung an einzelne Arbeitsausführende. Der Herbeiführung der personellen, zeitlichen und räumlichen Abstimmung dienen →Arbeitsvorbereitung und Maßnahmen der →Harmonisierung. – A. *ermöglicht:* (1) dem Arbeiter Spezialisierung und dadurch Erzielung höherer Leistungen; (2) dem Betrieb einen wirtschaftlichen Einsatz von Arbeitsmaschinen. Am gleichen Arbeitsplatz fallen stets dieselben Arbeitsvorgänge an. – *Beurteilung:* A. als grundlegendes Organisationsprinzip der modernen Industrie ist nur sinnvoll, wenn die auf verschiedene Arbeiter verteilten Unteraufgaben durch ent-

sprechende Organisation ständig aufeinander abgestimmt werden, so daß trotz der Teilung doch die Einheitlichkeit des Arbeitsvollzuges gesichert bleibt (Arbeitsverbindung). – Vgl. auch →Bürokratie.

Arbeitstheorie des Eigentums, von dem englischen Philosophen J. Locke (1632–1704) entwickelte Theorie, nach der das Privateigentum durch die Arbeit gerechtfertigt wird, die zu seiner Schaffung aufgewendet werden mußte. Bei Locke dient diese Theorie als Waffe gegen die Rechte des absoluten Herrschers sowie dazu, ein Recht auf Privateigentum als Naturrecht zu erweisen.

Arbeitsumgebung, →Arbeitsplatzgestaltung, →Arbeitsstättenverordnung, →technische Arbeitsmittel, →Gefahrstoffverordnung.

Arbeits- und Forschungsgemeinschaft für Straßenverkehr und Verkehrssicherheit – Institut an der Universität Köln, Sitz in Köln. – *Aufgabe:* Verkehrssicherheitsforschung unter Berücksichtigung rechtswissenschaftlicher, medizinischer, mathematisch-naturwissenschaftlicher sowie wirtschafts- und sozialwissenschaftlicher Erkenntnisse (überwiegend im Auftrag von Ministerien).

Arbeits- und Organisationspsychologie. I. G e g e n s t a n d : Beschreibung und Erklärung des arbeitsbezogenen Erlebens und Verhaltens von Personen in Organisationen. Der Übergang von der Arbeits- zur Organisationspsychologie ist vom Gegenstand her fließend. Früher wurden beide Bereiche in dem Begriff „Betriebspsychologie" zusammengefaßt.

II. A r b e i t s p s y c h o l o g i e : 1. *Anpassung der Arbeit an den Menschen:* Im Vordergrund stehen →Arbeitsanalysen, die →Handlungsregulation im Tätigkeitsvollzug, Fragen der →Arbeitsmotivation und →Arbeitszufriedenheit, Möglichkeiten der →Arbeitsgestaltung sowie Fragen der Reduktion von →Belastung. – 2. *Anpassung des Menschen an die Arbeit:* Probleme der →Qualifizierungsprozesse und betrieblichen →Sozialisation sowie Fragen der Zuordnung von Personen zu Arbeitsplätzen mit Hilfe der Eignungsdiagnostik (→Eignungsuntersuchung).

III. O r g a n i s a t i o n s p s y c h o l o g i e : *Schwerpunkt* ist die Anpassung des Menschen an den Menschen und die Analyse der sozialen Interaktion von Personen in Organisationen. – Wichtige *Forschungsgebiete:* Probleme der →Gruppenarbeit, Fragen der →Führung und →Führungsstile sowie Probleme der →Kohäsion und →Konformität in →Arbeitsgruppen einschl. der Handhabung innerbetrieblicher →Konflikte (vgl. auch →Gruppenpsychologie).

IV. Z i e l : Während früher in der klassischen Betriebspsychologie die Steigerung von Produktivität und Leistung als Letztkriterium im Vordergrund standen, gelten heute unter dem Einfluß gesamtgesellschaftlicher Wandlungsprozesse und der →humanistischen Psychologie auch die Förderung der →Arbeitszufriedenheit und Erhaltung der Gesundheit als eigenständige Kriterien.

V. Stellung als Disziplin: Die *Arbeitspsychologie* berührt speziell bei der Analyse von Mensch-Maschine-Systemen Fragen der Ingenieurwissenschaften. Forschungen zur →Belastung überlappen sich mit Fragen der medizinischen Physiologie. – In der *Organisationspsychologie* ergeben sich enge Verbindungen zur Soziologie (z. B. Bürokratieforschung). Psychologische Grundlagendisziplinen der A.-u.O. als anwendungsorientierter Wissenschaft liegen speziell in der psychologischen Diagnostik, der Sozialpsychologie sowie der Wahrnehmungs- und Lernpsychologie.

VI. Methodik: Die A.-u.O. versteht sich als empirische Wissenschaft. Kennzeichnend ist ein Methodenpluralismus: →Laborforschung, →Feldforschung sowie →Aktionsforschung auf der Basis systematischer Beobachtungen und Befragungen. Statistisch-quantitative Analysen werden zunehmend durch qualitative Methoden ergänzt.

Prof. Dr. Diether Gebert

Arbeitsunfähigkeit. 1. *Begriff:* Nicht im Gesetz definierter, aber von der Rechtsprechung schon des Reichsversicherungsamts (RVA) und v.a. des Bundessozialgerichts (BSG) herausgearbeiteter Begriff. A. ist ein durch Krankheit oder Unfall hervorgerufener Körper- und Geisteszustand, aufgrund dessen der Versicherte seine bisherige Erwerbsfähigkeit überhaupt nicht oder nur unter der in absehbar naher Zeit zu erwartenden Gefahr der Verschlimmerung seines Zustandes weiter ausüben kann (BSGE 19, 179). Auf eine berufsfremde Beeschäftigung darf der Versicherte nicht verwiesen werden, andererseits ist die bisherige Erwerbstätigkeit nicht allein auf den letzten Arbeitsplatz zu beziehen. – A. liegt *nicht* vor, wenn der Versicherte in der Lage ist, eine der bisherigen Erwerbstätigkeit ähnliche, qualitativ gleichwertige, körperlich leichtere Tätigkeit zu verrichten. – Eine *teilweise* oder *verminderte* A. gibt es nicht. – 2. In der →Krankenversicherung und →Unfallversicherung ist A. Voraussetzung für den Anspruch auf →Krankengeld bzw. →Verletztengeld. – 3. *Bescheinigung* der A. durch den →Kassenarzt nur nach ärztlicher Untersuchung.

Arbeitsunfähigkeitsbescheinigung, →Krankmeldung.

Arbeitsunfall, *Betriebsunfall.* 1. *Begriff* (im Sinn der gesetzlichen →Unfallversicherung): Unfall, den ein Versicherter bei einer versicherten Tätigkeit erleidet (§ 548 I RVO). Nach

der Rechtsprechung ein von außen einwirkendes, unfreiwilliges, zeitlich begrenztes, körperlich schädigendes Ereignis, das mit einer versicherten Tätigkeit in ursächlichem Zusammenhang steht und eine Gesundheitsbeschädigung bewirkt oder den Tod herbeiführt (vgl. z. B. BSGE 23, 139). – Zu den A. *gehören auch:* gesetzlich anerkannte →Berufskrankheiten (§ 551 RVO) und →Wegeunfälle (§ 550 RVO); unter Unfallversicherungsschutz steht auch das nach Ablauf eines Lohn- und Gehaltszahlungszeitraumes erstmalige Abheben eines Geldbetrags bei einem Geldinstitut, an das das Arbeitsentgelt überwiesen wird; ein Unfall bei einer mit einer versicherten Tätigkeit zusammenhängenden Verwahrung, Beförderung, Instandhaltung und Erneuerung des Arbeitsgeräts, auch wenn es vom Versicherten gestellt wird (§ 549 I RVO); ein Unfall, den der Versicherte bei der Vorbereitung oder Durchführung der Heilbehandlung oder der Berufshilfe, bei der Wiederherstellung oder Erneuerung eines beschädigten Körperersatzstückes oder größeren orthopädischen Hilfsmittels, bei einer wegen des Arbeitsunfalls zur Aufklärung des Sachverhalts angeordneten Untersuchung oder auf einem dazu notwendigen Weg erleidet; Unfälle von Kindern in Kindergärten und Schulen sowie Studenten beim Besuch und auf dem Weg von und zu den entsprechenden Einrichtungen. – 2. Zur *Abgrenzung von A.* zu nicht unfallversicherten Unfällen liegt eine umfangreiche Kasuistik der Rechtsprechung vor. – 3. Durch den A. wird die *Leistungspflicht* der Unfallversicherungsträgers ausgelöst (§ 547 RVO); vgl. ergänzend →Haftung.

Arbeitsunzufriedenheit, →Arbeitszufriedenheit.

Arbeitsverdienststatistik, →Lohnstatistik I 1.

Arbeitsvereinfachung. 1. *Begriff:* a) A. durch *horizontale Arbeitsteilung*, weil einzelne Berufe entstehen und Industriebetriebe in funktionelle Arbeitsgebiete unterteilt werden. – b) A. durch *vertikale Arbeitsteilung*, weil Trennung von Planung, Ausführung und Kontrolle erfolgt und damit spezialisiertere Tätigkeiten geschaffen werden, die eingeschränktere Fähigkeiten verlangen. – 2. *Methoden:* a) Mechanisierung sich wiederholender Vorgänge; b) Normung von Geräten, Werkzeugen, Produkten; c) Schematisierung von Routinearbeiten; d) Verkürzung der Durchlaufzeiten eines Produktes durch genaue Planung des Arbeitsganges; e) Verwendung aufgabengerechter Werkzeuge; f) →Arbeitsgestaltung; g) Aufteilung einzelner Arbeitsschritte auf mehrere Personen. – 3. *Beurteilung:* Zu weit getriebene A. hat demotivierende Wirkung. Heute eher Tendenz zur Vergrößerung des Arbeitsinhalts. – Vgl. auch →Humanisierung der Arbeit.

Arbeitsvereinigung, betriebsorganisatorisches Prinzip, anzuwenden, wenn →Arbeitsteilung und →Spezialisierung dazu führen, daß spezialisierte Handlungsträger nicht voll ausgelastet sind, weil im speziellen Arbeitsbereich nicht genügend Arbeit anfällt. Der nicht ausgelasteten Spezialstelle werden ergänzende Hilfs- und Sonderarbeiten übertragen.

Arbeitsverfahren, Technologie zur Veränderung des Arbeitsgegenstands im Sinne der Arbeitsaufgabe.

Arbeitsverfassung, Gesamtheit der an Verfassungsvorgaben (→Grundgesetz) ausgerichteten rechtlichen Regelungen der Arbeitsordnung (→Arbeitsrecht). In der A. drückt sich die Wertgrundlage für die Arbeits- (und Sozial-)Ordnung aus. Diese ist nicht zuletzt darin zu sehen, daß Arbeitsrecht nicht mehr einseitig Arbeitnehmerschutzrecht, sondern eher ein Statusrecht für Arbeitnehmer und Arbeitgeber ist, das sozial ausgewogene Arbeitsbeziehungen gewährleisten soll – als sozialstaatlich geprägtes „Bürgerrecht" der Arbeitnehmer in der gegenwärtigen Wirtschafts- und Sozialordnung (B. Rüthers).

Arbeitsverhältnis, ein durch das →Arbeitsvertrag auf Austausch von Arbeitsleistung und Vergütung gerichtetes →Dauerschuldverhältnis, das z.T. besonderen Regelungen unterliegt. Nach einer inzwischen überholten Theorie entsteht das A. ohne Rücksicht auf den Arbeitsvertrag durch Eingliederung des →Arbeitnehmers in den Betrieb (vgl. auch →faktisches Arbeitsverhältnis). Das A. wird heute auch *nicht mehr als „personenrechtliches Gemeinschaftsverhältnis"* gekennzeichnet; dadurch, daß der Arbeitnehmer mit seiner Person in die Erfüllung der Vertragspflichten einbezogen ist, enthält das auf den Austausch von Arbeitsleistung und Vergütung ausgerichtete Dauerschuldverhältnis aber ein *personales Element.* – Vgl. auch →Beendigung des Arbeitsverhältnisses, →befristetes Arbeitsverhältnis, →Arbeitsverhältnis zwischen Angehörigen.

Arbeitsverhältnis zwischen Angehörigen, →Arbeitsverhältnis, bei dem Arbeitgeber und Arbeitnehmer →Angehörige (vgl. dort 2.) sind. – Ein A. z. A. wird *steuerlich anerkannt,* wenn a) zwischen den Beteiligten ein bürgerlich-rechtlich wirksamer Arbeitsvertrag besteht und b) dieser ernsthaft gewollt und tatsächlich durchgeführt wird (z. B. Zahlung des vereinbarten Lohns laufend und zu den üblichen Zeiten und Abführung der entsprechenden Sozialversicherungsbeträge). Die Vergütung muß grundsätzlich der tatsächlichen Leistung angemessen sein. – Gemäß der Rechtsprechung des BFH wird ein A. z. Ehegatten auch dann anerkannt, wenn der Arbeitslohn unüblich niedrig ist; es sei denn, der Arbeitslohn ist so niedrig bemessen, daß er nicht mehr als Gegenleistung für eine

begrenzte Tätigkeit des Arbeitnehmer-Ehegatten angesehen werden kann und daß angenommen werden muß, daß die Ehegatten keine rechtsgeschäftliche Bindung eingehen wollten.

Arbeitsverhinderung, Begriff des →Arbeitsrechts. – 1. Bei einer *Unmöglichkeit der Arbeitsleistung,* die weder von ihm noch vom Arbeitgeber zu vertreten ist, wird der Arbeitnehmer gemäß §275 BGB von seiner *Arbeitsverpflichtung befreit;* er verliert aber auch nach §323 BGB seinen *Anspruch auf das →Arbeitsentgelt* („Ohne Arbeit kein Lohn"). – 2. Der *Anspruch auf Arbeitsentgelt* bleibt jedoch bestehen, wenn der Arbeitnehmer für eine verhältnismäßig nicht erhebliche Zeit durch einen in seiner Person liegenden Grund ohne sein Verschulden an der Arbeitsleistung verhindert ist (§616 I BGB). – a) Wichtigster Anwendungsfall dieser Regelung ist die Entgeltfortzahlung im *Krankheitsfall* (§§616 II BGB, §63 HGB, §133c GewO, §1 LohnfortzG), vgl. →Lohnfortzahlung. – b) Soweit die Vorschrift des §616 I BGB für alle Arbeitnehmer gilt, *andere persönliche Hinderungsgründe* als die Krankheit betrifft, ist sie in →Tarifverträgen oft durch abschließende Regelungen ersetzt. Als persönliche Verhinderungsgründe gelten i. d. R. Todesfälle, Begräbnisse oder schwere Krankheitsfälle in der eigenen Familie, nicht aber, wenn ein Arbeitnehmer im Winter aus witterungsbedingten Gründen seinen Arbeitsplatz nicht erreichen kann. – *Anders:* →Arbeitsversäumnis.

Arbeitsvermittlung, *Stellenvermittlung,* Tätigkeit, die auf die Zusammenführung von Arbeitssuchenden und Arbeitgebern gerichtet ist. Nach §4 AFG ist die →Bundesanstalt für Arbeit Monopolanbieter dieser Leistung. Die Bundesanstalt für Arbeit ist ermächtigt, Einrichtungen und Personen einen genau spezifizierten Auftrag zur A. zu erteilen. – A. im Rahmen einer →Managementberatung oder einer →Personalberatung ist verboten, wenn nicht die Beratertätigkeit bei weitem überwiegt und im Rahmen dieser Tätigkeit gelegentlich eine nicht als solche honorierte A. anfällt. – Die Aufnahme von Stellenangeboten und -gesuchen in Zeitungen, Zeitschriften u. ä. periodisch erscheinenden Organen ist keine A. und daher zulässig. – Die *gewerbsmäßige A.* außerhalb der Bundesanstalt ist auf einzelne Berufe (z. B. Musiker, Artisten) beschränkt. – *Grundsätze der A.* sind zumeist nicht gesetzlich, sondern in verwaltungsinternen Anordnungen geregelt. Zu den gesetzlich geregelten Grundsätzen gehören Unentgeltlichkeit (§21 AFG), Unparteilichkeit (§20 AFG), Neutralität bei Arbeitskämpfen (§17 AFG). – *Anders:* →Arbeitnehmerüberlassung.

Arbeitsvermittlungsfähigkeit, Begriff aus dem Sprachgebrauch. A. ist bei Arbeitslosen gegeben, die bereit sind, eine zumutbare

Arbeit anzunehmen (→Verfügbarkeit). – *Voraussetzung* für den Leistungsanspruch aus der →Arbeitslosenversicherung und der →Arbeitslosenhilfe.

Arbeitsvermögen, das gesamtwirtschaftliche →Humankapital. – Vgl. auch →Produktivvermögen.

Arbeitsverrichtung, Arbeitshandlung im Sinne der REFA-Lehre.

Arbeitsversäumnis, schuldhaftes Fernbleiben des Arbeitnehmers von der Arbeit, d.h. die Unmöglichkeit der Arbeitsleistung hat der Arbeitnehmer zu vertreten. Nach §325 BGB entfällt der Lohnanspruch. Vgl. auch →Vertragsbruch II. – *A.* als *Kündigungsgrund:* →verhaltensbedingte Kündigung, →personenbedingte Kündigung, →außerordentliche Kündigung. – *Anders:* →Arbeitsverhinderung.

Arbeitsversuch, experimentelles Prüfverfahren zur Untersuchung der am gesamten Arbeitsvorgang beteiligten emotionalen und psychischen Faktoren. Die Ergebnisse der Versuche erlauben Rückschlüsse auf Belastbarkeit, Ermüdbarkeit und Störbarkeit der Versuchspersonen. Heute bestehen weiterentwickelte Verfahren im Rahmen der →Eignungsuntersuchung.

Arbeitsverteilung. I. I n d u s t r i e b e - t r i e b s l e h r e : Detaillierte Festlegung der Durchführung bzw. Feinstplanung des Produktionsprozesses im Rahmen der →Produktionsprozeßsteuerung. Bei der A. geht es um die Zuordnung von Aufträgen/Arbeitsgängen zu einzelnen Kapazitätsträgern innerhalb des durch die →Produktionsprozeßplanung festgelegten Rahmens. Die Kapazitätsträger sind einzelne Arbeitsstationen (Menschen, Maschinen, Mensch-Maschine-Kombinationen), so daß dementsprechend die Aufträge in Arbeitsgänge aufgeschlüsselt werden müssen.

II. P e r s o n a l w e s e n / A r b e i t s r e c h t : Vgl. →Arbeitszuordnung, →Arbeitszeit, →Arbeitszeitmodelle.

Arbeitsvertrag. I. B e g r i f f / g e s e t z l i c h e R e g e l u n g : Schuldrechtlicher gegenseitiger Austauschvertrag, durch den sich der Arbeitnehmer zur Leistung abhängiger Arbeit und der Arbeitgeber zur Zahlung einer Vergütung verpflichtet. Der A. ist eine besondere Art des →Dienstvertrags; er unterliegt damit den Vorschriften der §§611–630 BGB. Die Regeln des allgemeinen Teils des Bürgerlichen Rechts und des allgemeinen Teils des Rechts der Schuldverhältnisse, insbes. §§320ff. BGB, gelten mit Einschränkungen für den A. – Der A. enthält zahlreiche Nebenpflichten, die über die Hauptpflichten (Arbeit gegen Entgelt) hinausgehen, insbes. die →*Treuepflicht* des Arbeitnehmers und die →*Fürsorgepflicht* des Arbeitgebers. Umstritten ist, wie sich das auf dem A.

beruhende →Arbeitsverhältnis näher kennzeichnen läßt. – Der →*Berufsausbildungsvertrag* ist A. besonderer Art (vgl. §3 II BBiG); auch der →*drittfinanzierte Arbeitsvertrag* ist eine Sonderform.

II. I n h a l t d e s A . : Der A. begründet das Arbeitsverhältnis und gestaltet seinen Inhalt. Der Inhalt des Arbeitsverhältnisses wird im A. angesichts der Massenarbeitsverhältnisse in der Industrie oft nicht im Einzelfall ausgehandelt; die Inhaltsgestaltung wird oft einseitig vom Arbeitgeber vorgenommen (→vertragliche Einheitsregelung, →Direktionsrecht). – Unbillige Regelungen können nach §315 BGB einer *richterlichen Vertragskontrolle* unterliegen (im einzelnen umstritten).

III. V e r t r a g s f r e i h e i t : Auch für den A. gilt im Grundsatz das Prinzip der Vertragsfreiheit. – 1. *Abschlußfreiheit:* Auf seiten des Arbeitgebers ist sie mittelbar durch Regelungen des BetrVG (§99ff.) eingeschränkt, wonach der →Betriebsrat die →Einstellung von Arbeitnehmern unter bestimmten Voraussetzungen verhindern kann. Zu berücksichtigen ist auch das in §611a BGB normierte Verbot der Benachteiligung eines Arbeitnehmers wegen seines Geschlechts (→Gleichbehandlung). – 2. *Formfreiheit:* Der Abschluß von A. ist grundsätzlich formfrei. Tarifverträge können aber die Schriftform vorschreiben. Für den Ausbildungsvertrag vgl. §§3, 4 BBiG. – 3. *Inhaltsfreiheit:* Die Gestaltungsfreiheit der Parteien des A. (§105 GewO) ist stark beschränkt durch zwingende gesetzliche Vorschriften, insbes. durch Vorschriften des →Arbeitsschutzes und durch die zugunsten der Arbeitnehmer zwingenden Regelungen in →Tarifverträgen und →Betriebsvereinbarungen.

IV. N i c h t i g e r o d e r f e h l e r h a f t e r A . : Die Geltendmachung von Willensmängeln und Gesetzesverstößen ist beim A. eingeschränkt. Die Nichtigkeit eines A. kann nicht für die Vergangenheit geltend gemacht werden; ist der A. nichtig oder ist der Arbeitnehmer entgegen einem bestimmten Beschäftigungsverbot eingestellt worden, behält der Arbeitnehmer für bereits geleistete Arbeit seinen Lohnanspruch (→faktisches Arbeitsverhältnis). Auch die →Anfechtung kann entgegen §142 BGB keine Rückwirkung entfalten; in den Folgen kommt die Anfechtung einer →außerordentlichen Kündigung gleich, ist aber dennoch von dieser zu unterscheiden. – Bei *Teilnichtigkeit* des A. ist entgegen §139 BGB für das Arbeitsverhältnis vom Fortbestand des A. im übrigen auszugehen.

Arbeitsvertragsbruch, →Vertragsbruch II.

Arbeitsverwaltung, mit der Durchführung von →Arbeitsvermittlung, →Förderung der beruflichen Bildung, →Berufsberatung und →Berufsvermittlung von Ausbildungsplätzen,

→Kurzarbeitergeld, →produktiver Winterbauförderung, →Schlechtwettergeld, →Wintergeld, →Arbeitsbeschaffungsmaßnahmen, →Arbeitslosenversicherung, →Arbeitslosengeld, →Arbeitslosenhilfe, →Arbeitslosenbeihilfe, →Übergangsgeld, →Konkursausfallgeld und →Kindergeld befaßten Institutionen. – A. wird in der *Bundesrep. D.* wahrgenommen durch die →*Bundesanstalt für Arbeit* und die nachgeordneten Behörden.

Arbeitsverweigerung, rechtswidrige Ablehnung einer nach dem →Arbeitsvertrag zu erbringenden Leistung seitens des Arbeitnehmers. Nach den Umständen des Einzelfalles kann A. nach →Abmahnung die →ordentliche Kündigung (→verhaltensbedingte Kündigung), in schweren Fällen (beharrliche A.) auch die →außerordentliche Kündigung rechtfertigen. – Die bloße *Ankündigung einer A.* rechtfertigt i. a. die außerordentliche Kündigung noch nicht, es sei denn, der Arbeitnehmer zeigt keinerlei Verhandlungsbereitschaft, und dem Arbeitgeber drohen schwere Schäden.

Arbeitsvorbereitung. I. C h a r a k t e r i s i e - r u n g : *Begriff:* Ingenieurwissenschaftlicher Oberbegriff für die →Produktionsprozeßplanung und die →Produktionsprozeßsteuerung (einschl. Mengen- und Zeitenkontrolle). *Gliederung:* Auftragsvorbereitung, Beschaffung der technischen Unterlagen, Arbeitszeitermittlung, Lagervorbereitung (Materialbereitstellung), Werkstattvorbereitung, Transport- und Versandvorbereitung, Rechnungsvorbereitung. – *Arbeitsgrundlage:* Die bereits im Entstehungsstadium von der A. beeinflußten Konstruktionszeichnungen und Stücklisten helfen, den rationellsten Weg für die Fertigung festzulegen. Zusammenwirken von technischem und wirtschaftlichem Denken bei Festlegung des optimalen Arbeitsverfahrens; Vorschriften der Konstruktionsabteilung sind zu beachten.

II. A u f g a b e n : Festlegung der Reihenfolge der Bearbeitungsgänge auf einer →Laufkarte gemäß der durch die Zeitstudienabteilung erfolgten Vorgabe der Arbeitszeiten für die Arbeitsgänge. Parallel dazu läuft die →Vorkalkulation. Je nach Schwierigkeitsgrad der Arbeitsoperationen werden →Arbeitsanweisungen mit verschiedener Ausführlichkeit geschrieben. Einwandfreier und rechtzeitiger Nachschub von Rohstoffen und Teilen durch die Materialplanung, von Werkzeugen und Lehren durch die Werkzeugplanung. Der Zeitpunkt für Beginn und Etappen der Werkstattarbeit werden gemäß der Terminplanung in der Terminkarte festgehalten.

III. D u r c h f ü h r u n g : Mittels Ausarbeitung des Ablaufplanes und Ausfertigung entsprechender a) allgemeiner →Laufkarten; b) einzelner Belege: →Arbeitsanweisung, →Lohnzettel, →Materialentnahmeschein, Termin-

karte, →Werkzeugentnahmeschein; häufig auch die im Laufe der Fertigung zu verwendenden Ausschuß- und Nacharbeitsscheine. – 1. *Fertigungsvorbereitung: Laufkarten* enthalten alle Arbeitsvorgänge für das Werkstück in zeitlicher Folge und laufen mit ihm von Arbeitsplatz zu Arbeitsplatz; nach jedem Arbeitsgang sind sie vom Meister bzw. Prüfer abzuzeichnen, wodurch zwangsläufig Arbeitsverteilung, Arbeitsfolge und Arbeitskontrolle erreicht werden. Aus den Laufkarten ist zu erkennen, welche Arbeitsgänge beendet sind und wieviele brauchbare Stücke an den folgenden Arbeitsplatz weitergegeben wurden. Bei schwierigen Arbeitsvorgängen wird die Laufkarte zur Entlastung des Meisters ergänzt durch die *Arbeitsanweisung,* die Angaben über Maschinendrehzahl, Vorschub, Vorrichtungen, Meßwerkzeuge usw. enthält, sowie nähere Erläuterungen zu Teilebearbeitungszeichnungen und Untergliederungen der Gesamtvorgabezeit, die dem Arbeiter Selbstkontrolle gestatten. – 2. *Materialplanung* auf Grund der →Stückliste: a) Ausstellung von Materialentnahmescheinen, die zugleich als Entnahmebeleg dienen und über das Lager an die Materialbuchhaltung laufen; b) Sicherung der rechtzeitigen Belieferung mit Material in erforderlicher Menge und Güte. – 3. *Werkzeugplanung* stellt fest, ob Werkzeuge und Vorrichtungen, wie sie für die Aufträge benötigt werden, im Werkzeuglager vorhanden sind und erteilt gegebenenfalls einen Werkzeugfertigungsauftrag. Für die von der Fertigung benötigten Werkzeuge werden Werkzeugentnahmescheine ausgestellt, aus denen die anfordernde Kostenstelle und möglichst auch der Kostenträger hervorgehen; sie dienen als Abrechnungsunterlage und gleichzeitig zur Kontrolle des Werkzeugrücklaufes. – 4. Lohnbzw. Zeitvorgabe erfolgt durch *Lohnzettel* bzw. *Akkordzettel,* die an Hand des →Arbeitsplanes entwickelt werden. – 5. Die Termine, zu denen die Aufträge die einzelnen Werkstätten durchlaufen sollen, werden in *Terminkarten* festgehalten, die im Betriebsbüro u. U. in einen Terminverfolgungsplan übertragen werden und der Terminkontrolle dienen; zweckmäßig zu ergänzen durch Führung eines *Maschinenbelegungsplanes.*

IV. B e u r t e i l u n g : 1. *Vorteile:* A. entlastet die Werkstatt von Überlegungen über Verfahrenswahl, Maschinenwahl, Materialbereitstellung usw. und ermöglicht die Konzentration aller in der Fertigung Beschäftigten auf die Fertigungsausführung. Weitere Vereinfachung wird erreicht durch Aufteilung des Arbeitsganges in Einrichte-, Zubringe- und sonstige Hilfsfunktionen und die eigentliche Fertigung des Werkstückes als Hauptfunktion. – 2. *Nachteile:* Systematische A. birgt die Gefahr einer sich steigernden Unelastizität und Entpersönlichung und einer Aufblähung des Organisations- und Verwaltungsapparates. – 3. *Ausmaß* und *Art* der A. sind der Betriebsgröße und dem Betriebstypus, dem Produktionsprogramm und der Erzeugnisgestaltung anzupassen.

Arbeitswert. I. Wirtschaftstheorie: Vgl. →Arbeitswertlehre.

II. Betriebswirtschaftslehre: Maß für die Gesamtheit der Anforderungen, die die Ausführung einer bestimmten Arbeit an einem Arbeitsplatz an den Ausführenden bei →Normalleistung stellt. A. ist eine Wägungszahl für die Summe von →Arbeitswertpunkten einzelner →Anforderungsmerkmale (→Arbeitsbewertung).

Arbeitswertlehre, Bestandteil der →klassischen Lehre (Klassik) und des →Marxismus. Nach der A. ergeben sich die Werte der Güter aus dem zu ihrer Herstellung notwendigen Arbeitseinsatz, so daß die Austauschrelationen (die relativen Preise) dem Verhältnis der in den einzelnen Gütern verkörperten Arbeitszeit entsprechen.

I. A. nach A. Smith und D. Ricardo: Smith und Ricardo betrachten den Arbeitseinsatz nur als annähernden Bestimmungsgrund der Preisbildung und berücksichtigen neben den Lohnkosten auch das Gewinn- und Grundrenteneinkommen als Bestandteil des „natürlichen Preises". Für A. Smith bestimmen sich die Güterpreise ausschließlich nach dem Arbeitseinsatz nur in einer wenig entwickelten Jäger- und Sammlergesellschaft, in der Kapital und Boden freie Güter sind.

II. A. nach K. Marx: Für K. Marx dagegen ist alleine die menschliche Arbeitskraft, nicht jedoch Kapital und Boden wertschöpfend: a) Ihm zufolge beruht der Preis eines Gutes (→Tauschwert) auch in einem hochentwickelten Industriestaat ausschließlich auf der zu seiner Herstellung gesellschaftlich durchschnittlich notwendigen Arbeitszeit einheitlicher Qualifikationsstufe; höher qualifizierte Arbeit ist in eine Grundeinheit niedrigster Qualifikation umzurechnen. Der Tauschwert (W) setzt sich zusammen aus: (1) dem →konstanten Kapital (c) zum Kauf von Anlage- und Umlaufgütern, die ihren eigenen Wert lediglich auf das neue Produkt übertragen, (2) dem für Lohnzahlungen aufgewandten →variablen Kapital (v) sowie (3) dem ausschließlich durch Arbeitseinsatz erzielten *Mehrwert* (m), also der Wertschöpfung (→Mehrwerttheorie): W = c + v + m. Das Verhältnis m : v wird als →Mehrwertrate (m'), das Verhältnis m : (c + v) als →Profitrate (p') definiert. – b) Die von Marx im ersten Band seines Hauptwerks „Das Kapital" abgeleitete *Preisbildungsmethode* W = c + v·(m' + 1) impliziert, daß der Unternehmer möglichst arbeitsintensiv produziert, um möglichst viel Wert und damit Mehrwert (bei gegebenem c) zu erlangen. Eine zunehmende

Kapitalintensivierung der Produktion (Zunahme der →organischen Zusammensetzung des Kapitals) als Ursache des unterstellten →tendenziellen Falls der Profitrate ist unter der Annahme, daß ausschließlich die Arbeit wertschöpfend ist, nicht ableitbar. – c) Obwohl für Marx die A., die er unter den impliziten Modellannahmen kapitalarmer (handwerklicher) Produktioin herleitet, Grundlage seiner Theorie der →Ausbeutung ist, *modifiziert* er im dritten Band von „Das Kapital" die Preisbildungsregel *für die industrielle Güterproduktion bei hoher Kapitalbindung:* Der Unternehmer kalkuliere dann auf die insgesamt eingesetzten Geldmittel (c + v) die gesellschaftlich durchschnittliche Profitrate, die sich aus den betriebsindividuellen Raten durch Kapitalbewegung von Branchen mit unterdurchschnittlicher zu solchen mit überdurchschnittlicher Rentabilität herausbildet: W = (c + v)·(p' + 1). Dabei entsteht der Gewinn jedoch auch durch den Einsatz konstanten Kapitals. Dessen Wertschöpfungsbeitrag wird hier also von Marx, und zwar im Widerspruch zu seinen sonstigen Ausführungen, anerkannt. – d) Abgesehen von diesem Widerspruch bleibt bei der Marxschen A. *ungeklärt,* nach welchem Modus höher qualifizierte in einfache Arbeit umzurechnen und wie damit der Mehrwert *eindeutig bestimmbar* ist. Arbeitswertpreise drücken, da sie den Produktivitätsbeitrag von Kapital und Boden nicht berücksichtigen, nicht die relativen Knappheiten dieser Faktoren aus und führen so zu *Fehlallokationen.* Daneben scheitern sowohl die klassische als auch die marxistische „objektive", d. h. aufwandsbezogene Wertlehre an dem →*klassischen Wertparadoxon.*

Arbeitswertpunkt, Begriff für die Rangnote, die einem →Anforderungsmerkmal bei Einstufung der Tätigkeiten im Betriebe im Rahmen der analytischen →Arbeitsbewertung beigelegt wird.

Arbeitswertstudie, →Arbeitsbewertung.

Arbeitswertzulage, freie →Zulage zum Tariflohn für im Leistungs- oder im Zeitlohn tätige Arbeitnehmer, deren Lohnsätze nicht nach einem Arbeitsbewertungsverfahren (→Arbeitsbewertung) abgestuft sind. Die A. ist an die zu leistende Arbeit gebunden (z. B. Schmutz-, Staub- und Erschwerniszulage), nicht an die Person des Arbeitnehmers.

Arbeitswissenschaft. I. Charakterisierung: 1. *Inhalt der A.* ist die Analyse und Gestaltung von Arbeitssystemen, wobei der arbeitende Mensch in seinen individuellen und sozialen Beziehungen zu den technischen Elementen des Arbeitssystems Ausgang und Ziel der Betrachtungen ist (Memorandum der Gesellschaft für Arbeitswissenschaft e. V.). A. ist somit die *Wissenschaft von den Erschei-*

nungsformen menschlicher →*Arbeit,* speziell unter dem Gesichtspunkt der Zusammenarbeit von Menschen und des Zusammenwirkens von Menschen, Betriebsmitteln und Arbeitsgegenständen: d. h. (1) den Voraussetzungen und Bedingungen, unter denen die Arbeit sich vollzieht, (2) den Wirkungen und Folgen, die sie auf Menschen, ihr Verhalten und damit auch auf ihre Leistungsfähigkeit hat, und (3) den Faktoren, durch die Erscheinungsformen, Bedingungen und Wirkungen menschengerecht beeinflußt werden können (→Humanisierung der Arbeit). – 2. *Gestaltung der Arbeit* (→Arbeitsgestaltung, vgl. auch →Humanisierung der Arbeit) nach arbeitswissenschaftlichen Erkenntnissen umfaßt damit alle Maßnahmen, durch die das System Mensch und Arbeitsobjekt menschengerecht, d. h. gemessen am Maßstab Mensch und seinen Eigengesetzen, beeinflußt werden kann. – 3. Diese Aufgaben können nur durch das *Zusammenwirken einschlägiger Wissenschaftsbereiche* gelöst werden, insbes. durch die auf die menschliche Arbeit bezogenen Erkenntnisse der Medizin (Arbeitsmedizin, →Arbeitsphysiologie), besonders physiologischer, hygienischer und toxikologischer Art, der Sozialwissenschaften (→Industriesoziologie, →Betriebssoziologie, →Arbeits- und Organisationspsychologie), der Pädagogik (→Personalentwicklung), der Wirtschaftswissenschaften (→Betriebswirtschaftslehre, →Personalmanagement), der technischen Wissenschaften (→Sicherheitsbeauftragte) und der Rechtswissenschaften (→Arbeitsrecht).

II. **Entwicklung:** Erstmalig beschäftigte sich um die Jahrhundertwende *Taylor* sowie *Gilbreth* systematisch mit dem Arbeitsverhalten: Mit Hilfe von Zeit- und Bewegungsstudien verfolgten sie das Ziel, den Leistungsgrad des Arbeiters zu verbessern; durch konsequente →Arbeitsteilung wurde die individuelle Leistung tatsächlich nachhaltig verbessert. Die Anwendung der Prinzipien von Taylor in Industriebetrieben führte jedoch zur *Zerteilung der Arbeit* (→Taylorismus). – 2. Durch die *Hawthorne-Studien* gelangen *Roethlisberger* u. a. zur Erkenntnis, daß es nicht so sehr die objektiven Bedingungen sind, die die Leistung beeinflussen, sondern eher die sozialen Beziehungen; es entwickelten sich die →*human relations.* – 3. *Institutionalisierung:* 1913 wurde das Kaiser-Wilhelm-Institut für Arbeitspsychologie, später *Max-Planck-Institut für Arbeitspsychologie,* gegründet. 1921 wurde der *Ausschuß für wirtschaftliche Fertigung,* 1924 der Reichsausschuß für Arbeitszeitermittlung (seit 1951 *Verband für Arbeitsstudien e. V. -REFA-*) gegründet. Heute wird die A. von verschiedenen Universitätsinstituten sowie dem *Institut für Arbeitspsychologie* (Dortmund) vorangetrieben.

Arbeitszeit. I. **Arbeitsrecht:** 1. *Begriff:* Zeit, während der ein Arbeitnehmer seine Arbeitskraft dem Arbeitgeber zur Verfügung stellen muß; es ist die Zeit vom Beginn bis zum Ende der Arbeit ohne Ruhepausen (§ 2 I AZO).

2. *Regelungen der A.:* (1) *Gesetzliche Bestimmungen* über die maximale A. (z. B. →Arbeitszeitordnung); (2) *tarifvertragliche Bestimmungen* (→Tarifvertrag), insbes. über die durchschnittliche Wochen-A., Überstunden, den Beginn der A., Dienstreisezeiten; (3) *Mitbestimmungsrecht* des Betriebsrats über Beginn und Ende der täglichen A. einschließlich der Pausen, Verteilung der A. auf die einzelnen Wochentage (→Lage der Arbeitszeit), vorübergehende Verkürzung oder Verlängerung der betriebsüblichen A. (§ 87 I Nr. 2 und 3 BetrVG) (→Kurzarbeit, →Überstunden); vgl. auch →soziale Angelegenheiten.

3. *Funktion des A.schutzes:* Eine Überbeanspruchung des Arbeitnehmers durch überlange A. soll verhindert werden. In der AZO sowie zahlreichen besonderen Schutzgesetzen und Verordnungen (Jugendarbeitsschutzgesetz, Mutterschutzgesetz, Seemannsgesetz, Gesetz über die A. in Bäckereien und Konditoreien, Ladenschlußgesetz, Sondervorschriften über die Lenk-, Ruhe, und Schichtzeiten des Fahrpersonals bzw. jetzt EWG-Verordnung Nr. 3820/85 über die Harmonisierung bestimmter Sozialvorschriften im Straßenverkehr vom 20. 12. 1985 u. a.) sind Höchstgrenzen für die zulässige A. festgelegt. Bei Überschreiten dieser Grenzen sind vertragliche Abreden nach § 134 BGB nichtig. Infolge der in den letzten Jahrzehnten erfolgten tariflichen A.verkürzung bleibt die Arbeitspflicht des Arbeitnehmers oft hinter den durch die A.-recht bestehenden Grenzen zurück.

4. *Rechtslage nach AZO:* Die AZO vom 30. 4. 1938 (RGBl I 447) mit späteren Änderungen ist die Rechtsgrundlage für das allgemeine A.recht. Ein neues →Arbeitszeitgesetz, das die Zulässigkeit von Mehrarbeit einschränkt, wird angestrebt (vgl. dort). – a) *Geltungsbereich:* Die AZO gilt für Arbeitnehmer über 18 Jahre in Betrieben und Verwaltungen aller Art. – *Ausgenommen* sind Landwirtschaft, Fischerei, Seeschiffahrt, See- und Luftfahrt (§ 1 AZO) sowie bestimmte →leitende Angestellte und pharmazeutisch vorgebildete Arbeitnehmer in Apotheken (§ 1 II AZO). – Für Angestellte des öffentlichen Dienstes, die gemeinsam mit Beamten beschäftigt werden, und für Bundesbeamte gilt das Beamtenzeitrecht (VO i. d. F. vom 27. 9. 1974, BGBl I 2357, mit späteren Änderungen) auch ohne ausdrückliche Übertragung (§ 13 II AZO). – b) *Regelmäßige A.:* Die regelmäßige werktägliche A. darf die Dauer von acht Stunden nicht überschreiten (§ 3 AZO). – Eine *Ausdehnung der regelmäßigen A.*

über acht Stunden am Tag hinaus ist bei anderer Verteilung der A. gestattet: Wird die A. an einzelnen Werktagen regelmäßig verkürzt, so darf die ausfallende Zeit auf die übrigen Werktage verteilt werden (§ 4 I 1 AZO). Eine ungleichmäßige Verteilung der A. ist zulässig, soweit die Art des Betriebs sie erfordert. Die A. darf jedoch zehn Stunden am Tag grundsätzlich nicht überschreiten, es sei denn, das Gewerbeaufsichtsamt läßt Ausnahmen zu (§ 4 III AZO). – c) *Mehrarbeit:* Die Arbeitnehmer eines Betriebs oder einer Betriebsabteilung dürfen an 30 Tagen im Jahr über die regelmäßige A. hinaus mit Mehrarbeit bis zu zwei Stunden, jedoch nicht länger als zehn Stunden täglich beschäftigt werden (§ 6 AZO). – Für die Anordnung einer *darüber hinausgehenden Mehrarbeit* bedarf der Arbeitgeber einer Ermächtigung durch Tarifvertrag (Verlängerung der A. bis zu zehn Stunden täglich, § 7 I AZO) oder durch eine Erlaubnis des Gewerbeaufsichtsamtes (bei Nachweis eines dringenden Bedürfnisses befristete Verlängerung der A. auf grundsätzlich zehn Stunden, § 8 I AZO). – Die aufgrund dieser Regelungen geleistete Mehrarbeit ist nach § 15 AZO mit einem angemessenen *Zuschlag* zu vergüten, der – wenn vertraglich oder tarifvertraglich nichts anderes vereinbart ist – 25 v. H. der regelmäßigen Vergütung beträgt. – Zu beachten ist, daß →Überstunden, d. h. Arbeitsstunden, die über die betriebliche regelmäßige A. hinaus geleistet werden, nicht Mehrarbeit i. S. der AZO zu sein brauchen. – d) *Ruhezeiten und Pausen:* Den Arbeitnehmern ist nach Beendigung der täglichen A. i. d. R. eine ununterbrochene Ruhezeit von mindestens elf Stunden zu gewähren (§ 12 I AZO). Bei einer A. von mehr als sechs Stunden sind den Arbeitnehmern mindestens eine halbstündige oder zwei viertelstündige Ruhepausen zu gewähren (§ 12 II 1 AZO). Die Ruhezeiten zählen nicht zur A. (§ 2 I AZO) und sind deshalb, wenn tariflich oder arbeitsvertraglich nichts anderes bestimmt ist, zu vergüten. – Den *in Wechselschichten beschäftigten Arbeitnehmern* müssen Kurzpausen von angemessener Dauer gewährt werden (§ 12 III 3 AZO); diese fallen in die Schicht hinein, gelten also als A. und werden mitvergütet. – Pausen, die *durch den technischen Arbeitsvorgang bedingt* sind, sind keine Ruhepausen, sondern A. – *Sonntagsruhe* (§§ 105 b–i GewO): Vgl. →Sonntagsarbeit. – e) *Arbeitsbereitschaft* (vgl. auch dort): Wenn in die A. regelmäßig und in erheblichem Umfang Arbeitsbereitschaft fällt, so kann durch Tarifvertrag (§ 7 II AZO) oder durch Genehmigung des Gewerbeaufsichtsamtes (§ 8 II AZO) eine Verlängerung der A. über zehn Stunden täglich zugelassen werden. Wenn nichts anderes bestimmt ist, ist für die Arbeitsbereitschaft nur eine geringere Vergütung als für normale Zeitlohn zu zahlen. – *Anders:* →Arbeit auf Abruf. – f) *Kontrolle:* Dem Gewerbeaufsichts-

amt obliegt die Kontrolle über die Einhaltung der A. (§ 27 AZO). Die Vorschriften des Arbeitsschutzes sind bußgeld- und strafbewehrt (§ 25 AZO).

5. *Staffelung der A.:* Vgl. →gleitende Arbeitszeit, →Teilzeitarbeitsverhältnis.

II. Industriebetriebslehre: A. und →Schichtzeit sind nicht gleichzusetzen: In der Industrie gilt als A. der Teil der →Schichtzeit, zu dem üblicherweise gearbeitet wird. Werden die →Pausen in die Schichtzeit mit eingerechnet, dann entspricht die Schichtzeit der A. Die A. wird gegliedert in →Leistungszeit, →Bereitschaftszeit, bezahlte und unbezahlte →Freizeit. – Bei *Arbeitsstudien nach REFA* wird als A. die →Tätigkeitszeit zugrunde gelegt. – Vgl. auch →Arbeitszeitkategorien.

III. Amtliche Statistik: A. wird im Rahmen der amtlichen Verdiensterhebungen (→Lohnstatistik I 1) ermittelt. Als bezahlte A. gelten die effektiv geleisteten Stunden, i. d. R. die „hinter der Stechuhr", d. h. innerhalb der →Arbeitsstätte bzw. auf der Arbeitsstelle verbrachten Zeiten abzüglich allgemein betrieblich festgesetzter Ruhepausen sowie zuzüglich der bezahlten Ausfallstunden (z. B. bezahlte Krankheitstage, gesetzliche Feiertage, bezahlter Urlaub, bezahlte Arbeitspausen, bezahlte Freizeit aus betrieblichen und persönlichen Gründen).

Arbeitszeitabweichung, →Abweichungen I 2 b) (2).

Arbeitszeitflexibilisierung, jede zeitlich befristete Veränderung der üblichen Lage und Dauer der →Arbeitszeit. – *Ziel* dieser Veränderungen ist die Anpassung der Arbeitszeiten an Schwankungen der Kapazitätsauslastungen bei gleichzeitiger, weitgehender Berücksichtigung der individuellen Bedürfnisse der Mitarbeiter. – *Modelle:* Vgl. →Arbeitszeitmodelle.

Arbeitszeitgesetz, von der Bundesregierung eingebrachter *Gesetzesentwurf* zur Regelung des Arbeitszeitschutzes (→Arbeitszeit). Das Gesetz soll insbes. die aus dem Jahre 1938 stammende →Arbeitszeitordnung ablösen; die Vorschriften von 1891 in der Gewerbeordnung über die Sonn- und Feiertagsruhe (→Sonntagsarbeit) sollen modernisiert und einbezogen werden. – 1. *Geltungsbereich* des Arbeitszeitschutzes: alle Arbeitnehmer und alle Beschäftigungsbereiche. – 2. Der Arbeitsschutz soll am *Gesundheitsschutz* orientiert werden. – 3. Für Frauen und Männer sollen einheitliche *Arbeitszeitgrundnormen* gelten: a) Grundsatz des *Acht-Stunden-Tags;* b) Verlängerungsmöglichkeit bis auf *zehn Stunden* werktäglich, wenn innerhalb eines Ausgleichszeitraums von vier Monaten im Durchschnitt acht Stunden nicht überschritten werden; c) *Mindestruhepausen* je nach Dauer der Arbeitszeit, bei einer Regelarbeitszeit von sechs bis neun Stunden z. B. 30 Minuten täglich; d) *Mindestruhezeiten* zwischen Beendigung und Wiederaufnahme der Arbeit von elf Stunden. – Von diesen Grundnormen können die Tarifvertragsparteien (→Tarifvertrag) und unter bestimmten Voraussetzungen auch die Betriebspartner (→Betriebsvereinbarung) je nach ihren Bedürfnissen innerhalb eines festgelegten gesetzlichen Rahmens abweichen.

Arbeitszeitgestaltung, Maßnahmen zur Festlegung der pro Tag zu absolvierenden Arbeitsstunden sowie der Lage der Arbeitsstunden innerhalb des Tages bei konstanter Stundenmenge (z. B. bei →gleitender Arbeitszeit). A. im Rahmen der →Arbeitszeitflexibilisierung kann zur Erhöhung der Produktivität sowie Senkung der →Fehlzeiten beitragen.

Arbeitszeitkategorien, im Hinblick auf die Lohnsätze zu unterscheidende Arbeitszeiten: *Normalarbeitszeit, Überstundenarbeitszeit, Nachtarbeitszeit, Sonn- und Feiertagsarbeitszeit.* Alle über die Normalarbeitszeit hinausgehenden Arbeitszeiten werden als *Mehrarbeitszeiten* (→Mehrarbeit) bezeichnet. Der Einsatz von Mehrarbeitszeiten ist durch die Bestimmungen der §§ 6, 7, 8, 14 und 15 der Arbeitszeitordnung (AZO) sowie der Vereinbarungen der Manteltarife limitiert. Unterschiedliche Regelungen für einzelne Branchen und Bundesländer. – *Häufige Regelungen:* 1. Ohne Zustimmung des Betriebsrats Einsatz von Mehrarbeitszeiten bis zu einer täglichen Höchstarbeitszeit von zehn Stunden an maximal 30 Werktagen des Jahres. Betriebsrat ist zu informieren. Unterschiedliche Auslegung dieser Regelung. Gewerkschaften: Von dieser Mehrarbeitszeitkategorie dürfen nur insgesamt 60 Stunden pro Arbeiter und Jahr geleistet werden, sofern die Normalarbeitszeit acht Stunden pro Schicht beträgt. Arbeitgeberseite: Auch an freien Samstagen dürfen Mehrarbeitszeiten bis zu zehn Stunden pro Schicht geleistet werden, d. h. bis zu 300 Mehrarbeitsstunden pro Arbeiter und Jahr sind zulässig. – 2. Mit Zustimmung des Betriebsrats Einsatz von acht weiteren Mehrarbeitszeiten pro Woche zulässig, eine tägliche Arbeitszeit von zehn Stunden darf nicht überschritten werden. – 3. Mit Genehmigung des Gewerbeaufsichtsamtes und Zustimmung des Betriebsrats für Sonderfälle, in denen ein betriebliches Bedürfnis nachgewiesen wird, weitere Mehrarbeitszeiten über zehn Stunden pro Schicht hinaus befristet zulässig. – *Zusatzvergütungen* für Mehrarbeitszeiten nicht einheitlich geregelt. Folgende prozentuale Zuschläge auf den Bruttolohn in den meisten Tarifverträgen: erste sechs Mehrarbeitsstunden pro Woche 25%, alle weiteren 50%. Regelmäßige Nachtarbeit 10%, unregelmäßige Nachtarbeit 50%, Sonntagsarbeit 50%, Arbeit an normalen gesetzlichen Feiertagen 100%, höchste Feiertage 150%. – Von der Mehrarbeit ist die *Überarbeit* (→Überstunden

und Überschichten) zu unterscheiden. Der hierfür zu zahlende Überstundenzuschlag richtet sich nicht nach § 150 AZO, sondern nach den im Tarif- oder Einzelarbeitsvertrag getroffenen Vereinbarungen.

Arbeitszeitkonto, Gegenüberstellung von Sollzeit (= tägliche Sollzeit – alzeichen Anzahl der Arbeitstage im Abrechnungszeitraum) und Istzeit (= tatsächlich geleistete Arbeitszeit im Abrechnungszeitraum) eines Arbeitnehmers. Am Ende des Abrechnungszeitraums wird ein Saldo gebildet: Zeitguthaben oder -schuld wird auf den Folgemonat gutgeschrieben bzw. abgezogen. Die Arbeitszeit kann auch auf eine andere Basis (z. B. Jahr) festgelegt werden. – Die einzelnen Verfahrensweisen sind als →Betriebsvereinbarung festzulegen. – Das A. ist ein unerläßliches Instrument der →Arbeitszeitflexibilisierung. – Vgl. auch →KAPOVAZ.

Arbeitszeitmodelle, aus verschiedenen Gründen (→Humanisierung der Arbeit, Senkung von →Fehlzeiten usw.) neuerdings praktizierte flexiblere Arbeitszeitregelungen. A. reichen von der Gestaltung der täglichen Arbeitszeit (→gleitende Arbeitszeit), der wöchentlichen Arbeitszeit (→gleitende Arbeitswoche) und jährlichen Arbeitszeit (→Sabbatical, →Jahresarbeitszeitvertrag), der Lebensarbeitszeit (→gleitender Ruhestand) bis zu Modellen der Teilzeitarbeit (→Job Sharing). Vgl. auch →KAPOVAZ, →Modularbeitszeit, →Santa-Clara-Modell und →Tandemarbeitszeit. Dabei kann die Festlegung der Arbeitszeit individuell oder gruppenbezogen erfolgen. – *Erfahrungen* wurden noch nicht mit allen Modellen gewonnen. Die vorliegenden Erfahrungen werden jedoch überwiegend von Arbeitnehmern und -gebern positiv beurteilt. – Vgl. auch →Arbeitszeitflexibilisierung.

Arbeitszeitordnung, Verordnung vom 30. 4. 1938 (RGBl I 447) mit späteren Änderungen, rechtliche Regelung der Arbeitszeit für Arbeitnehmer in Betrieben und Verwaltungen aller Art, ausgenommen Land- und Forstwirtschaft, Fischerei, Seefahrt sowie leitende Angestellte, Apotheker und Jugendliche. – *Regelmäßige Arbeitszeit:* Acht Stunden. Zahlreiche Einzelbestimmungen. Im einzelnen vgl. →Arbeitszeit I.

Arbeitszeitplan, meist graphisch dargestellter Plan zur ökonomischen Zeiteinteilung der Arbeitsabläufe sowie Arbeitskräfte (und Maschinen, vgl. →Kapazitätsbelegungsplanung). Besonders bei Mehrzweckverwendung der Arbeitskräfte (→Arbeitsspitzen inten auszugleichen, bei Krankheits- und Urlaubsvertretungen u. a.) ergeben sich Vorteile einer genauen Zeitplanung vor allem bei Bereitschaftsbetrieben (Banken, Einzelhandel, Verkehrsunternehmen usw.). – Vgl. auch →Personalplanung.

Arbeitszeitpolitik. I. Charakterisie-rung: Summe aller Maßnahmen, die die individuelle und betriebliche Arbeitszeit bezüglich Umfang (chronometrische Dimension) und Lage (chronologische Dimension) beeinflussen. – Die Ziele der A. werden im wesentlichen sozial-, beschäftigungs- und betriebspolitisch begründet. – Träger der A. sind Gesetzgeber, Tarifvertragsparteien, Unternehmensleitungen und betriebliche Arbeitnehmervertretungen.

II. Maßnahmen: 1. Die zahlreichen allgemeinen und speziellen *gesetzlichen Arbeitszeitvorschriften* in der Bundesrep. D. (→Arbeitszeitordnung, →Bundesurlaubsgesetz, →Jugendarbeitsschutz, →Frauenschutz, →Mutterschutz, →Ladenschlußgesetz und →gesetzliche Feiertage), die die tägliche, wöchentliche und jährliche Arbeitszeit der Arbeitnehmer und Betriebe beschränken, bieten Ansatzpunkte. Außerdem beeinflussen gesetzliche Regelungen der Schul- und Wehrdienstpflicht, Rentenversicherung usw. die Lebensarbeitszeit der Erwerbstätigen. – 2. *Durch tarifvertragliche Arbeitszeitregelungen* (→Tarifvertrag), die insbes. die Wochenarbeitszeit, die Sonntags-, Feiertags-, Nacht- und Mehrarbeit sowie deren monetäre und/oder zeitliche Vergütung und den Jahresurlaub betreffen, wird der arbeitszeitpolitische Spielraum der Tarifautonomie genutzt. – 3. Über *Betriebsvereinbarungen* und *einzelvertragliche Regelungen* versuchen Arbeitgeber und -nehmer weitergehende Arbeitszeitwünsche (→Günstigkeitsprinzip) zu realisieren.

III. Grundrichtungen: 1. Die *staatliche* A. verfolgt bis heute vorrangig Ziele des →*Arbeitsschutzes*. Zur Bekämpfung der Arbeitslosigkeit (→Arbeitsmarktpolitik) wird lediglich die *Verkürzung der Lebensarbeitszeit* (Reduzierung des Arbeitskräfteangebots durch Förderung des Vorruhestands) eingesetzt. – 2. Aus beschäftigungspolitischen Gründen streben die *Gewerkschaften* zunehmend die *Verkürzung der tariflichen Wochenarbeitszeit* (Forderung der 35-Stunden-Woche) und den *Abbau von Überstunden* an, um über eine Verkürzung der effektiven Jahresarbeitszeit das vorhandene Arbeitsvolumen auf mehr Beschäftigte zu verteilen. – 3. Die *Arbeitgeberverbände* lehnen die regelmäßig mit vollem Lohnausgleich verbundenen Gewerkschaftsforderungen nach generellen Arbeitszeitverkürzungen als kostensteigernd und beschäftigungsfeindlich ab und schlagen stattdessen →Arbeitszeitmodelle vor, die Betrieben und Arbeitnehmern *mehr Arbeitszeitflexibilität* eröffnen sollen. – 4. Unabhängig von den umstrittenen Beschäftigungseffekten arbeitszeitpolitischer Maßnahmen wird schließlich die *Sicherung der freien Arbeitszeitwahl* (Arbeitszeitsouveränität) als ordnungspolitisches Ziel vertreten.

Arbeitszeitstudie, Verfahren der Ist-Zeit-Ermittlung und der Ableitung von →Soll-Zeiten auf der Basis gemessener →Ist-Zeiten und der Beurteilung des →Leistungsgrades. – Vgl. auch →Zeitaufnahme.

Arbeitszeitstudium, Oberbegriff für alle Tätigkeiten zur Erfassung und Planung von Zeiten im Rahmen des →Arbeitsstudiums.

Arbeitszeitverkürzung. 1. *Allgemein:* Verkürzung der Wochen-, Jahres- (durch Urlaubsverlängerung), aber auch Lebensarbeitszeit (→gleitender Ruhestand, Senkung des Rentenalters). – Vgl. auch →Arbeitszeitmodelle. – 2. Die in der Arbeitszeitordnung von 1938 festgelegte *wöchentliche Arbeitszeit* von 48 Stunden ist seitdem auf 40 (bis 32) Stunden tarifvertraglich gesenkt worden; seit dem 1.10.1974 auch für Beamte. Weitere Verkürzungen der Arbeitszeit auf wöchentlich 35 Stunden sowie Anpassungen der Arbeitszeitordnung an die tarifvertraglichen Regelungen wird aus beschäftigungs- und sozialpolitischen Gründen erwogen (→Arbeitsmarktpolitik). Regelungen zur A. können zwischen den Tarifvertragsparteien (→Arbeitgeberverbände, →Gewerkschaften) vereinbart werden. 1984 wurde ein Einstieg in die 38,5-Stunden-Woche vereinbart.

Arbeitszerlegung, systematiche Aufgliederung von Arbeitsvorgängen in Arbeitsstufen, -verrichtungen und -elemente sowie gegebenenfalls in Griffe (früher auch Griffelemente) im Rahmen von Arbeitsstudien. – Vgl. auch →Ablaufabschnitt.

Arbeitszeugnis, →Zeugnis.

Arbeitszufriedenheit. 1. *Begriff:* Positive (bei *Arbeitsunzufriedenheit* negative) Einstellung, die aus subjektiven Bewertungen der jeweiligen allgemeinen und spezifischen Arbeitssituationsbedingungen und der Erfahrung mit diesen resultiert. – 2. Die *praktische Bedeutung* der A. wird v. a. in ihren Beziehungen zu Leistung und Motivation, Fehlzeiten- und Fluktuationsquoten, Unfallhäufigkeit, Krankheitsquoten und bestimmten Erkrankungen sowie allgemeiner Lebenszufriedenheit gesehen. – 3. *Theoretische Erklärung:* Wichtige Impulse für die A.sforschung gingen von der Herzbergschen →Zwei-Faktoren-Theorie aus, die zwischen Hygienefaktoren (Verdienst, soziale Beziehungen, Arbeitsplatzsicherheit, physische Arbeitsbedingungen, Betriebspolitik, soziale Leistungen u. ä.) und Motivationsfaktoren (Anerkennung, Verantwortung, Leistungserfolg, Vorwärtskommen u. ä.) unterscheidet. Negative Ausprägungen der Hygienefaktoren führen zu Arbeitsunzufriedenheit, während positive Ausprägungen nicht zu A. führen, sondern lediglich zum Nichtvorhandensein von Unzufriedenheit; diese Faktoren stellen also eine Vorsorgeleistung dar. Motivationsfaktoren wirken motivierend und führen zu A. – Hinsichtlich der Herausbildung von A. ist von *interindividuellen Differenzen* auszugehen. – 4. *Formen:* Angenommen wird, daß Anspruchsniveaus, d. h. Bedürfnisse und Erwartungen an die Arbeitssituation, mit der wahrgenommenen Arbeitssituation verglichen werden; Ergebnis kann sein, daß das Anspruchsniveau steigt, gleich bleibt oder sinkt. – Zu *unterscheiden* sind entsprechend: a) *Progressive A.:* Entsteht, wenn der Vergleich von Anspruchsniveau und Realität positiv ausfällt und in der Folge davon das Anspruchsniveau erhöht wird. – b) *Stabilisierte A.:* Entsteht bei positivem Soll-Ist-Vergleich ohne Erhöhung des Anspruchsniveaus. – c) *Resignative A.:* Entsteht, wenn bei negativem Soll-Ist-Vergleich ein Gleichgewicht hergestellt wird, indem das Anspruchsniveau gesenkt wird. – 5. *Reaktionsmöglichkeiten* bei negativem Soll-Ist-Vergleich aber gleichzeitiger Erhaltung des Anspruchsniveaus: a) *Konstruktive Arbeitszufriedenheit*, bei der aus der subjektiv wahrgenommenen Diskrepanz von Anspruchsniveau und Arbeitssituation die Tendenz zur konstruktiven Veränderung entsteht, was i. d. R. nur durch Arbeitsplatzwechsel und Qualifizierung möglich ist. – b) *Fixierte Arbeitsunzufriedenheit*, bei der die adäquat wahrgenommene Situation hingenommen wird. – c) *Pseudo-A.*, die auf einer Verfälschung der Situationswahrnehmung beruht. – Es kann davon ausgegangen werden, daß die Grenzen zwischen den verschiedenen Formen der A. fließend sind. – 6. Die *Ergebnisse empirischer Untersuchungen* sind bisher kontrovers und unbefriedigend: dies liegt an der Komplexität des Konstrukts A., in dem soziale und psychische Faktoren einen multivariaten Zusammenhang bilden, und an der Schwierigkeit der Messung von A. – Vgl. auch →Arbeit, →Arbeitsentfremdung, →Betriebsklima, →Motivation.

Arbeitszuordnung, *Arbeitsverteilung*, Zuweisung von Aufgaben bzw. Funktionen an Personen oder Personengruppen (→Abteilungen). Basierend auf Arbeitsanforderungsanalyse und Arbeitsplatzbeschreibung als Vorstufe zur →Arbeitsbewertung wird jedem Aufgabenträger die Menge (quantitativ und qualitativ) an Arbeitsteilen zugeordnet, die er in einem bestimmten Zeitabschnitt erledigen kann.

Arbitrage. I. B a n k w e s e n : 1. *Begriff:* Börsengeschäfte, die gleichzeitige Preis-, Kurs- und Zinsunterschiede an verschiedenen Märkten zum Gegenstand der Gewinnerzielung machen. Volkswirtschaftlich gesehen führen A.prozesse zu einem Ausgleich bestehender Preis-, Kurs- und Zinsdifferenzen zwischen den Teilmärkten und bewirken damit eine einheitliche Preis- und Zinsfeststellung. – 2. *Arten* (nach den Wirtschaftsgütern zu unterscheiden): a) *Effektenarbitrage (Wertpapierarbitrage):* Im Börsenhandel werden unter-

schiedliche Kurse von demselben Papier an verschiedenen Börsenplätzen (Kursdifferenzen) dadurch gewinnbringend ausgenutzt, indem an einer Börse das Papier billig gekauft und an einer anderen teurer verkauft wird *(Differenzarbitrage)*, bzw. das Papier wird entweder am billigsten Börsenplatz gekauft und dann gehalten, oder ein bereits im Bestand befindliches Papier am teuersten Börsenplatz verkauft *(Ausgleichsarbitrage)*. – b) *Devisenarbitrage:* Gewinnbringende Ausnutzung unterschiedlicher Kursrelationen einer Währung an verschiedenen Devisenplätzen, wobei zwischen Kassa- und Termingeschäften zu unterscheiden ist. Kauf von Devisen am Platz mit den billigsten Kassakursen und Verkauf der Devisen am Platz mit den teuersten Terminkursen wird als *Devisen-Differenzarbitrage:* Verkauf einer bestehenden Fremdwährungsforderung am teuersten Platz bzw. Erfüllung einer bestehenden Fremdwährungsverbindlichkeit am billigsten Platz wird als *Devisen-Ausgleichsarbitrage* bezeichnet. – c) *Zinsarbitrage:* Geschäfte am Geldmarkt, bei denen neben dem Ziel der Liquiditätsversorgung versucht wird, durch Ausnutzung von Zinsdifferenzen an verschiedenen Geldhandelsplätzen einen Zinsgewinn zu erzielen.

II. S c h i e d s g e r i c h t s v e r f a h r e n : Form des Schiedsgerichts; oder Schiedsspruchs, auch *Arbitration* genannt. Inanspruchnahme im Getreidehandel und Überseegeschäft gemäß einer im Kaufvertrag besonders vereinbarten →Arbitrage-Klausel. Am bekanntesten sind die A. der Internationalen Handelskammer in Paris, die Hamburger A., die Londoner A.

Arbitrage-Klausel, im Außenhandel übliche Klausel zur Vereinbarung eines bestimmten Schiedsgerichts (→Arbitrage II) zur Vermeidung des langwierigen und kostspieligen Klageweges vor einem ordentlichen Gericht. Beide Partner unterwerfen sich bei evtl. auftretenden Streitigkeiten dem Schiedsspruch dieses Schiedsgerichts.

Arbitrage-Rechnung, kaufmännische Rechenmethode, mit deren Hilfe die Gewinnchancen einer →Arbitrage festgestellt werden sollen. Der schnellen Durchführung wegen verwendet man meist Tabellen oder EDV-Anlagen. Durch Kettensätze werden die verschiedensten Notierungen vergleichbar gemacht. Bei den Devisen-Arbitragen geht man von Kursparitäten (Paritätentabellen) aus; sind die vergleichbar gemachten (paritätischen) Kurse nicht unterschiedlich, so ist eine Arbitrage nicht durchführbar.

Arbitration →Arbitrage II.

Arbitriumwert, *Schiedsspruchwert*, →Unternehmungswert im Sinne der Vermittlungsfunktion, der von einem unparteiischen Gutachter als angemessener Einigungswert vorgeschlagen wird. Als Einigungswerte kommen für den Fall, daß zwischen den Parteien (Käufer und Verkäufer) nur die Höhe des Unternehmungspreises strittig ist, alle Preise in Frage, die unterhalb der Preisobergrenze des Käufers und oberhalb der Preisuntergrenze des Verkäufers liegen sowie die beiden Preisgrenzen selber. Aus diesen möglichen Einigungswerten hat der unparteiische Gutachter unter Anwendung parteienbezogener Gerechtigkeitspostulate den A. auszuwählen. – Das Ergebnis der Vermittlung ist mithin in zweifacher Hinsicht parteienabhängig. Erstens darf der A. die Grenzpreise (→Unternehmungsbewertung) bzw. →Entscheidungswerte der konfligierenden Parteien nicht verletzen. Zweitens muß der vom Gutachter ausgewählte A. Gerechtigkeitspostulate für eine angemessene Lösung im Sinne der Parteien erfüllen.

Archivierung, kontrollierte und systematische Speicherung von Schriftgut. Neben den Registraturverfahren (→Registratur) gewinnen die Mikroverfilmung (→Mikrofilm) und die Speicherung auf elektronischen Medien der Text- und Datenverarbeitung zunehmend an Bedeutung.

Arealitätsziffer, →Bevölkerungsdichte.

area sampling, →Flächenstichprobenverfahren.

Argentinien, zweitgrößter Staat S-Amerikas, an der südlichen Ostküste. – *Fläche:* 2,8 Mill. km^2. – *Einwohner* (E): (1986, geschätzt) 31 Mill. (11,2 E/km^2); ca. 80% der Bevölkerung leben in Städten; jährlicher Bevölkerungszuwachs: 1,6% – *Hauptstadt:* Buenos Aires (ca. 3 Mill. E, Agglomeration ca. 9 Mill. E); weitere Großstädte: Cordoba (990 000 E), Rosario (935 000 E), La Plata (445 000 E), Mendoza (597 000 E). – A. *erhebt Anspruch* auf einen Sektor der →Antarktis und auf die Falkland-Inseln (1982 kriegerische Auseinandersetzungen mit Großbritannien). – A. *gliedert sich* in 22 Provincias (Provinzen). – *Amtssprache:* Spanisch.

W i r t s c h a f t : *Landwirtschaft:* A.s Reichtum beruht auf seiner Landwirtschaft (meist Großgrundbesitz) und Viehzucht. Anbau v. a. von Mais (1982: 9,6 Mill. t) und Weizen (1982: 14,5 Mill. t), Baumwolle (1982: 400 000 t), Zuckerrohr, Flachs. Großer Viehbestand an Rindern, Schafen, Schweinen, Pferden: A. ist das bedeutendste Fleischausfuhrland der Erde. Anteil der in der Landwirtschaft beschäftigten Erwerbstätigen 13%, Anteil am BSP 14% (1984). – *Bergbau und Industrie:* In Patagonien Gewinnung von Erdgas und Erdöl (Pipeline nach Buenos Aires), im Andenvorland Gewinnung von Kupfer und Erdöl. Industrie im Vergleich zu anderen südamerikanischen Ländern sehr leistungsfähig. Konzentration auf die Ballungszentren in der Provinz Buenos

Aires und um die Städte Cordoba, Rosario und Santa Fé. Vorherrschend ist die Verarbeitung von landwirtschaftlichen Erzeugnissen in Großmühlen, Großschlacht- und Kühlhäusern, Konserven- und Gefrierfleischfabriken. Zunehmende Bedeutung für den Eigenbedarf erlangt die Leichtindustrie (Textil-, Leder-, Metall-, Holzverarbeitung). Eine forcierte Industrialisierung (bes. Basisindustrien und Energiegewinnung) versucht die starke Exportabhängigkeit von landwirtschaftlichen Produkten auszugleichen. Seit Ende 1983 produziert A. angereichertes Uran in industriellem Umfang. – *BSP:* (1985, geschätzt) 65 080 Mill. US-$ (2130 US-$ je E). – *Öffentliche Auslandsverschuldung:* (1984) 35,1% des BSP. – *Inflationsrate:* durchschnittlich 180,8%. – *Export:* (1985) 8396 Mill. US-$, v. a. Weizen, Mais, Vieh, Fleisch, Häute, Wolle, Leinsaat (zusammen ca. 75% des Gesamtvolumens), chemische Produkte. *Import:* (1985) 3814 Mill. US-$, v. a. Maschinen, Kraftfahrzeuge, industrielle Anlagen. – *Handelspartner:* USA, UdSSR, VR China, EG, Brasilien.

V e r k e h r : Über 45 000 km *Eisenbahnen* (von Buenos Aires strahlenförmig auslaufend); darunter zwei Transandenbahnen nach Chile. – Ca. 70 000 km *Autostraßen,* Verbindung mit Chile durch den 1940 fertiggestellten Andentunnel. Teilstück des Pan-American Highway verläuft von Buenos Aires nach Santiago de Chile. – Bedeutender *Überseeverkehr* in den *Häfen* La Plata und Bahia Blanca.

M i t g l i e d s c h a f t e n : UNO, ALADI, CCC, SELA, UNCTAD u. a.

W ä h r u n g : 1 Austral (A) = 100 Centavos (c).

Arglist, Begriff des Zivilrechts für wider →Treu und Glauben verstoßendes Verhalten. Die →*Einrede der A.* ist z. B. gegeben, wenn jemand sittenwidrig einem anderen dadurch Schaden zufügt, daß er sich zu Unrecht als →Vollkaufmann ausgibt (vgl. →Scheinkaufmann), sich aber dann zuungunsten des Vertragspartners nicht als solcher behandeln lassen will (z. B. sich auf Unverbindlichkeit einer nur mündlich übernommenen →Bürgschaft beruft). – Der Unredliche haftet i. d. R. auch auf →Schadenersatz (§ 826 BGB).

arglistige Täuschung, vorsätzliches Hervorrufen, Bestärken oder u. U. auch Bestehenlassen von falschen Vorstellungen eines anderen in dem Bewußtsein, daß dieser →Irrtum für die →Willenserklärung des anderen bestimmend ist. Der Getäuschte kann die Willenserklärung, zu der er durch die a. T. bestimmt worden ist, *anfechten* (Anfechtung). Dies gilt auch dann, wenn die a. T. nicht von dem Erklärungsgegner (Vertragspartner), sondern von einem Dritten verübt worden ist, aber der Gegner die Täuschung kannte oder aus →Fahrlässigkeit nicht kannte (§ 123 BGB).

A. T. durch einen Bevollmächtigten des Vertragspartners gilt als a. T. des Vertragspartners selbst. – Die *Anfechtungsfrist* beträgt 1 Jahr und beginnt in dem Zeitpunkt, in dem der Getäuschte die Täuschung entdeckt (§ 124 BGB).

Aristoteles, 384–322 v. Chr., neben Plato bedeutendster griechischer Philosoph der Antike. Ansätze wirtschaftswissenschaftlicher Betrachtungen über Geld, Zins, Besteuerung. Unterscheidung zw. Tausch- und Gebrauchswert; Geld nur Tauschmittel, daher Zins verwerflich („das Geld heckt nicht"). Diese Lehren waren von entscheidender Bedeutung für die Scholastik des Mittelalters.

arithmetisches Mittel, *Durchschnitt,* gebräuchlichster →Mittelwert der Statistik, der insbesondere auch wünschenswerte schätztheoretische Eigenschaften hat (→Erwartungstreue, →Wirksamkeit, →Konsistenz). Sind n Ausprägungen x_i (i = 1, …, n) eines →metrischen Merkmals gegeben, so ist das a. M. definiert durch $\bar{x} = 1/n \sum x_i$. Das a. M. ist also gleich dem →Gesamtmerkmalsbetrag, dividiert durch die Anzahl der →Merkmalsträger. Gelegentlich werden die einzelnen Merkmalswerte mit Gewichten g_i ($g_i > 0$ für alle i; $\sum g_i = 1$) in das Mittel einbezogen (→Gewichtung): $\bar{x} = \sum g_i x_i$. Ein Spezialfall eines *gewogenen a. M.* ist die näherungsweise Berechnung eines Durchschnitts aus einer →klassierten Verteilung. Ist x' die Mitte der j-ten Klasse und n_j (p_j) deren absolute (relative) Häufigkeit, so verwendet man $\bar{x}' = 1/n \sum x'_j \cdot n_j = \sum x'_j \cdot p_j$, also den mit den Klassenhäufigkeiten gewogenen Durchschnitt der Klassenmitten, als Approximation für den Gesamtdurchschnitt.

Arktis, Nordpolargebiet, Großlandschaftsbezeichnung ohne staatsrechtliche Bedeutung. Von der Landfläche (9,9 Mill. km²) gehören zu Kanada 5 Mill. km² (50%), der UdSSR 2,1 Mill. km² (21%), Grönland 2,1 Mill. km² (21%), der Rest zu Alaska (USA) und Norwegen. – Wegen des Nordpolarmeers sind die Temperaturen in der A. höher als in der Antarktis. Bescheidener Pflanzenwuchs, der als Nahrung für die dort lebenden Säugetiere dient.

Wirtschaft: Pelztierjagd und Rentierzucht sind die natürlichen Grundlagen. – *Bergbau:* Bedeutende Bodenschätze, die im Gegensatz zur →Antarktis abgebaut werden: Kohle, Kryolith, Graphit, Uran, Gold, Erdöl.

Armenrecht, jetzt: →Prozeßkostenhilfe; vgl. auch →Beratungshilfe.

Armut. I. Begriff: 1. Bis *Mitte des 19. Jh.:* Massenarmut oder Armentum wird damit umschrieben, daß eine zahlreiche Volksklasse sich durch angestrengte Arbeit höchstens das notdürftigste Auskommen verdienen kann, ohne dessen sicher zu sein; zudem i. d. R. keine Aussichten auf Änderung hat. – **2.** *Heutige Begriffsauffassungen:* Definitionen von A. sind werturteilsgebunden und somit unvermeidlich mit politischen Implikationen verknüpft. Kern ist i. d. R. die Bestimmung einzelner Minimalstandards der →Lebenslage bzw. der Verfügung über ein Mindestniveau an Ressourcen, insbes. an Einkommen. Die A.grenze ist nicht für einen bestimmten Zeitpunkt, sondern für eine Zeitperiode zu fixieren, d. h. sie muß im Zeitverlauf angepaßt werden; häufig durch Fortschreibung einmal gewählter Ausgangsgrößen in Orientierung an der Entwicklung des durchschnittlichen Versorgungsniveaus der Gesamtbevölkerung (z. B. am durchschnittlich verfügbaren Einkommen). – **3.** *Abgrenzung:* a) *Einkommens-A.* (gelegentlich auch als *„tertiäre"* A. bezeichnet): Lebenslage unterhalb eines soziokulturellen Existenzminimums. – Zu unterscheiden: *Relative A.:* 40% oder 50% des Durchschnittseinkommens; *Sozialhilfebedürftigkeit:* Gruppe, die einen Rechtsanspruch auf Sozialhilfe besitzt; *bekämpfte A.:* Empfänger von Sozialhilfe; *verdeckte A.:* Gruppe von Personen, die einen vorhandenen Sozialhilfeanspruch nicht wahrnehmen. – b) *„Primäre"* A.: Lebenslage unterhalb des physischen Existenzminimums zur Befriedigung menschlicher Grundbedürfnisse (z. B. Ernährung, Kleidung und Unterkunft). – c) *„Sekundäre"* A.: Lebenslage, die das Gefühl eines subjektiv empfundenen Mangels an höher bewerteten Gütern des Lebens vermittelt; mit Konkretisierungsproblemen verbunden. – Vgl. auch →Neue Armut.

II. Geschichte: 1. Massenarmut und Hungerkrisen kennzeichneten das Schicksal der Mehrheit der Bevölkerung *bis zur →industriellen Revolution* (W. Abel); Ernte- und Bevölkerungsschwankungen bestimmten weitgehend den Lebensstandard der Mehrheit der Bevölkerung. Der Anteil der Armen wird z. B. für England und Wales gegen Ende des 17. Jh. auf mehr als die Hälfte geschätzt, für Frankreich im 18. Jh. auf ein Drittel bis die Hälfte der Bevölkerung; gegen Ende des 18 Jh. verdienten zwei Fünftel der erwachsenen Männer nicht genug für eine fünfköpfige Familie. – **2.** *Nachindustrielle Zeit:* Ausbleibende Ernten in den 70er Jahren des 18. Jh. und zu Beginn des 19. Jh. (1803/04; 1916/17) und durch sie ausgelöste Teuerungskrisen begründeten jenes Massenelend, das nach inzwischen herrschender Meinung erst allmählich durch Industrialisierungsprozesse gemildert und schließlich abgebaut wurde: Die →Industrialisierung schuf entsprechende Arbeitsplätze und bewirkte zugleich die Verbesserung der Produktivität in der Landwirtschaft; zunächst wurden jedoch für große Teile der jetzt rapide wachsenden Bevölkerung nur Einkommens- und Arbeitsverhältnisse zur Erreichung des Existenzminimums möglich.

ARPA-Netz von der ARPA (*A*dvanced *R*esearch *P*roject *A*gency), einer zivilen Forschungsförderungsgemeinschaft in den USA seit 1970, aufgebautes, inzwischen riesiges →Netz, über das aber vornehmlich militärische Auftragsforschung durchgeführt wird; deshalb Umbenennung in *DARPA-Netz* (*D*efense ...). Bei dem Aufbau des Netzes wurden grundlegende Ideen und Konzepte für die →Paketvermittlung (vgl. →Datex-P 2) entwickelt und verwirklicht.

Array. 1. *Begriff:* →*Datenstruktur,* in der →Datenelemente des *gleichen* →Datentyps unter einem gemeinsamen *Namen* zusammengefaßt werden (homogene Struktur). Die Elemente des A. werden durch *Indizierung* des A.-Namens angesprochen. – 2. *Arten:* A. kann mehrere *Dimensionen* aufweisen. Sprechweise in Analogie zur linearen Algebra: a) *Vektor* für eindimensionalen A., b) *Matrix* für zweidimensionalen A. – 3. *Terminologie:* in den →Programmiersprachen uneinheitlich bezeichnet, z. B. *Feld* (in →Fortran), *Tabelle* (in →Cobol), *Bereich* (in →Pl/1).

Arrayrechner, →Vektorrechner.

Arrest. I. Z i v i l r e c h t : Gerichtliche Anordnung im →Arrestverfahren, die bei →Glaubhaftmachung einer *Arrestforderung* (d. h. einer Geldforderung oder eines Anspruchs, der in eine Geldforderung übergehen kann) und eines *Arrestgrundes* (Besorgnis der Vereitelung oder wesentlichen Erschwerung der →Zwangsvollstreckung) auf Antrag erlassen werden kann und bezweckt, die künftige Zwangsvollstreckung des Gläubigers zu sichern (§§ 916 ff. ZPO). Schlechte Vermögenslage des Schuldners ist allein kein Arrestgrund; erforderlich ist z. B., daß der Schuldner Gegenstände verschleudert oder verschleppt, häufiger Aufenthaltswechsel, der seine Auffindung erschwert, oder daß das Urteil im Ausland vollstreckt werden müßte. – Zu *unterscheiden:* a) →*dinglicher Arrest* (Zugriff auf das Vermögen des Schuldners); b) →*persönlicher Arrest* (i. d. R. Verhaftung des Schuldners).

II. S t e u e r r e c h t : Anordnung des A. möglich zur Sicherung von Geldforderungen, die im Zwangsverfahren beitreibbar sind, wenn zu besorgen ist, daß sonst die Erzwingung der Leistung vereitelt oder wesentlich erschwert wird; also zur Sicherung der zukünftigen →Zwangsvollstreckung. Als *dinglicher A.* gem. § 324 AO oder als *persönlicher Sicherheitsarrest* gem. § 326 AO auf Antrag der Finanzbehörde und auf Anordnung des Amtsgerichts bei gefährdeter Vollstreckung.

Arresthypothek, im Gesetz vorgesehene besondere Form der →Hypothek. Vollziehung des →Arrests in ein Grundstück durch Eintragung einer →Sicherungshypothek, der A. (§ 932 ZPO). Die A. ist →Zwangshypothek

und zugleich →Höchstbetragshypothek. Der Betrag, durch dessen Hinterlegung der Schuldner die Vollziehung des Arrestes hemmen und den Antrag auf Aufhebung des vollzogenen Arrestes stellen kann, ist der einzutragende Höchstbetrag, für den das mit dem Arrest belegte Grundstück haftet.

Arrestverfahren, prozessuale Regelung des →Arrests.

I. A n o r d n u n g : 1. *Zuständig* ist nach Wahl des Gläubigers das Gericht, das über die Hauptsache zu entscheiden hätte, wenn Klage erhoben wäre, oder das Amtsgericht, in dessen Bezirk sich die mit dem Arrest zu belegende Sache oder die in der Freiheit zu beschränkende Person befindet. – 2. *Gesuch um Erlaß* des Arrestes unterliegt nicht dem Anwaltszwang. Entscheidung i. d. R. ohne Gehör des Gegners durch →Beschluß; dagegen bei Abweisung des Gesuchs einfache →Beschwerde, bei Erlaß des Arrestbefehls →Widerspruch des Antraggegners, der zu mündlicher Verhandlung (beim →Landgericht: →Anwaltszwang) und →Urteil über die Rechtmäßigkeit des Arrestes führt. – 3. →*Zustellung* des Arrestbefehls vom Gericht an den Gläubiger, der für Zustellung an den Schuldner zu sorgen hat.

II. V o l l z i e h u n g : *Vollstreckung* des Arrestbefehls wie sonst bei →Zwangsvollstreckung wegen einer Geldforderung; führt aber nur zur Sicherung, ohne Entscheidung im ordentlichen Verfahren nicht zur Verwertung der Pfandgegenstände. Besonderheiten: →Vollstreckungsklausel nicht erforderlich. – *Zustellung* des Arrestbefehls kann innerhalb einer Woche nach der Vollziehung nachgeholt werden. Vollziehung muß aber innerhalb eines Monats seit Verkündung des Arrestbefehls oder Zustellung an Antragsteller vorgenommen werden.

III. A u f h e b u n g : Aufhebung erfolgt a) auf Antrag des Schuldners bei Veränderung der Umstände (§ 927 ZPO), z. B. bei Wegfall von Arrestforderung oder Arrestgrund; b) wenn der Antragsteller nicht innerhalb einer ihm vom Gericht auf Antrag gesetzten Frist Klage in der Hauptsache erhebt (§ 926 ZPO). – Erweist sich die Anordnung des Arrests als von Anfang an *ungerechtfertigt* (z. B. bei Nichtbestehen der Forderung) oder erhebt der Gläubiger nicht rechtzeitig Klage zur Hauptsache, so ist er zum Ersatz des dem Schuldner durch Vollziehung und Sicherheitsleistung entstandenen Schadens (auch z. B. der Kreditschädigung, verpflichtet (§ 945 ZPO).

Arretierungsklausel, Vermerk auf einer →Wechselabschrift gem. Art. 67 II WG: „bis hierher Abschrift".

Arrorisierung, Konvertierung einer →Staatsanleihe, bei der das Schuldkapital unverändert bleibt, der Nominalzinsfuß aber eine

Erhöhung erfährt. Für die Erhöhung der Verzinsung und die i.d.R. bei einem A. stattfindende Hinausschiebung der Rückzahlung leisten die Anleihebesitzer eine Zuzahlung auf ihre Stücke.

Arrow-Paradoxon, *Wahlparadoxon, Condorcet-Paradoxon, Abstimmungsparadoxon,* Existenz einer intransitiven Präferenzordnung, die sich ergeben kann, wenn mehrere Individuen über eine Reihe von Alternativen zu entscheiden haben. Übertragen auf die Theorie des Haushalts bedeutet das A.-P., daß trotz Transitivität der Präferenzordnungen der einzelnen Haushaltsmitglieder die Präferenzordnung eines Haushalts mit mehreren Personen bei Mehrheitsentscheidung intransitiv sein kann. Das Ergebnis einer Abstimmung, mehrerer Alternativen hängt von der Reihenfolge ab, in der diese abgestimmt werden:

Person Präferenz	x	y	z
1. Rang	a	b	c
2. Rang	b	c	a
3. Rang	c	a	b

In diesem Fall dominiert a über b, b über c und c über a, also nicht wie erwartet a über c. Die Aggregation individuell gegebener Präferenzen zu einer sozialen Wohlfahrtsfunktion über Wahlprozesse erscheint somit nicht möglich.

Art Director, →Werbeberufe I 3a).

Artenschutz, Maßnahmen, in ihrem Bestand gefährdete Tier- und Pflanzenarten zu schützen und deren Aussterben entgegenzuwirken. Das Washingtoner Artenschutzübereinkommen (WA) vom 3.3.1973 (BGBl 1975 II 773; 1977 II 1125; VSFSV 0832) enthält die als gefährdet geltenden Arten. Anwendung als EG-Recht seit 1.1.1984 gem. VO (EG) Nr. 3626/82 des Rates v. 3.12.1982 zur ,,Anwendung des Übereinkommens über den internationalen Handel mit gefährdeten Arten freilebender Tiere und Pflanzen in der Gemeinschaft". Die Ein- und Ausfuhr (auch für persönliche Zwecke) der betreffenden Tiere und Pflanzen und ihrer Teile ist genehmigungspflichtig. Über Anträge auf Erteilung von Ein- und Ausfuhrgenehmigungen entscheiden die Bundesämter für Ernährung und Forstwirtschaft bzw. für gewerbliche Wirtschaft.

Artfeststellung, Begriff des BewG: Die Zuordnung der Vermögensgegenstände zu den →wirtschaftlichen Einheiten (z.B. gewerblicher Betrieb) und von Grundstücken zu den →Grundstücksarten (z.B. Geschäftsgrundstück) bei der Feststellung von →Ein-

heitswerten. Die A. ist formeller Bestandteil im →Feststellungsbescheid; sie ist von besonderer Bedeutung, weil je nach Zuordnung unterschiedliche Bewertungen und Freibetragsregelungen zum Zuge kommen können (§19 III Nr. 1 BewG). – Vgl. auch →Artfortschreibung.

Artfortschreibung, erneute →Artfeststellung: a) Wenn sich die *Art des Gegenstandes* nach dem letzten →Feststellungszeitpunkt *geändert* hat und die Änderung steuerlich bedeutsam ist. Besonders bedeutsam für die →Grundsteuer (ggfs. Anwendung anderer Steuermeßzahl). b) Zur *Beseitigung eines Fehlers* hinsichtlich der Art des Gegenstandes bei der letzten Artfeststellung; →Berichtigungsfortschreibung. – A. ist an Wertgrenzen nicht gebunden. Sie kann mit →Wertfortschreibung und mit →Zurechnungsfortschreibung verbunden sein. – Vgl. auch →Fortschreibung.

artificial intelligence, →künstliche Intelligenz.

Artikel. 1. *Handelsbetriebslehre:* Gemäß der →Sortimentspyramide Teileelement einer bestimmten Warenart. – Formen: Aktions-A., Saison-A., Impuls-A., Standard-A., Rand-A. – 2. *Recht:* Kennzeichnung eines Abschnitts in Gesetzen oder Verträgen.

Artikelaufschlag, →Handelsaufschlag pro →Artikel. – *Anders:* →Stückspanne (Artikelspanne).

Artikelergebnisrechnung, Teilgebiet der →Kostenrechnung, das die →Vollkosten oder →Teilkosten der abgesetzten Produkte den für diese erzielten →Nettoerlösen gegenübergestellt.

Artikelnummernsysteme, (überbetriebliche) numerische Ordnungssysteme zur Klassifizierung (*ban-System;* →ban) oder zur Identifizierung (*EAN-System;* →EAN) von →Artikeln. A. sind Voraussetzung für die Rationalisierung der gesamtwirtschaftlichen →Distribution und für die Steuerung betrieblicher →computergestützter Warenwirtschaftssysteme. – Gebräuchlich ist heute im Lebensmittelhandel die *EAN-Numerierung* mittels Strich-/Balkencodes, die maschinell gelesen werden können (→Scanner). Das Nummernsystem wird von der *Centrale für Coorganisation (CCG)* verwaltet, in der die Beteiligten (insbes. Hersteller und Händler) zur Interessenabstimmung zusammenfinden. – Das *UPC-System* ist in den USA gebräuchlich.

Artikelrabatt, →Mengenrabatt.

Artikelspanne, →Stückspanne.

Arzneikostengebühren, →Verordnungsblattgebühr.

Arzneimittel. I. Begriff: 1. *Stoffe und Zubereitungen* aus Stoffen, die dazu bestimmt sind, durch Anwendung am oder im menschlichen oder tierischen Körper a) die Beschaffenheit, den Zustand oder die Funktionen des Körpers oder seelische Zustände erkennen zu lassen oder zu beeinflussen, b) vom menschlichen oder tierischen Körper erzeugte Wirkstoffe oder Körperflüssigkeiten zu ersetzen oder c) Krankheitserreger, Parasiten oder körperfremde Stoffe zu beseitigen oder unschädlich zu machen. – 2. Als A. *gelten* auch gewisse andere Gegenstände, insbesondere auch keimfreie Verbandstoffe.

II. Rechtsvorschriften: Die Anforderungen an A., Herstellung und Vertrieb von A. sind eingehend geregelt im Arzneimittelgesetz v. 24.8.1976 (BGBl I 2445) mit späteren Änderungen, das das Arzneimittelgesetz 1961 abgelöst hat. An Stelle des bisherigen Registrierverfahrens jetzt Zulassungspflicht für alle Arzneien; Verschärfung der Regelungen im Interesse der Arzneimittelsicherheit. – 1. Wer gewerbsmäßig A., Sera, Impfstoffe oder Blutkonserven herstellen will, bedarf der *Erlaubnis*. Voraussetzung für die Erteilung ist persönliche Zuverlässigkeit und das Vorhandensein der erforderlichen Sachkenntnis. Die Erlaubnis gilt nur für die in der Erlaubnisurkunde bezeichnete Betriebsstätte; sie kann unter →Auflagen erteilt werden. – 2. A. dürfen grundsätzlich nur in den Verkehr gebracht werden, wenn sie durch das Bundesgesundheitsamt zugelassen sind. – 3. A. die nicht ausdrücklich für den Verkehr außerhalb der Apotheken zugelassen sind, dürfen im *Einzelhandel* im allgemeinen nur in →Apotheken abgegeben, vorrätig gehalten oder feilgehalten werden. – 4. Das Feilbieten von A. und das Aufsuchen von Bestellungen auf A. im →*Reisegewerbe* sind verboten; ausgenommen fabrikmäßig verpackte, nur mit ihren verkehrsüblichen deutschen Namen bezeichnete, für den Verkehr außerhalb der Apotheken zugelassene und in ihrer Wirkung allgemein bekannte Pflanzen, Preßsäfte usw. (§ 51). Das Verbot gilt nicht, soweit ein Gewerbetreibender andere Personen im Rahmen ihres Geschäftsbetriebs aufsucht. – 5. *Preisfestsetzung:* Durch Rechtsverordnung können für Apotheken und ärztliche sowie tierärztliche Hausapotheken in der deutschen Arzneitaxe a) Preise und Preisspannen für die Abgabe von A. und für Abgabegefäße festgesetzt sowie b) Vorschriften über die Bildung von Preisen erlassen werden. Die Preise und Preisspannen der deutschen Arzneitaxe sind so festzusetzen, daß den berechtigten Interessen der Arzneimittelverbraucher und den Apotheken als Einrichtungen der öffentlichen Arzneimittelversorgung Rechnung getragen wird (§ 78). – 6. Betriebe, in denen A. gewonnen, hergestellt, zubereitet, umgefüllt, aufbewahrt, verpackt, feilgehalten usw. werden, unterliegen der *Überwachung* durch die zuständige Behörde (§ 64). – 7. *Verschreibungspflichtige A.* dürfen nach der VO vom 31.10.1977 (BGBl I 1933)

und vom 19.12.1968 (BGBl I 1444) mit späteren Änderungen nur nach Vorlage einer ärztlichen, zahnärztlichen oder tierärztlichen Verschreibung, die den Namen, Berufsbezeichnung, Anschrift, Datum und eigenhändige Unterschrift enthalten muß, abgegeben werden. – 8. *Verstöße* gegen die Vorschriften des Arzneimittelgesetzes werden als →Ordnungswidrigkeit mit →Geldbuße geahndet oder sind mit Strafe bedroht. →Einziehung ist zulässig. – Vgl. auch →Arzneimittelschäden.

Arzneimittelschäden, die infolge der Anwendung eines →Arzneimittels bei dem Körper oder der Gesundheit eines Menschen eingetretenen Verletzungen. Für A. trifft den pharmazeutischen Unternehmer eine →Gefährdungshaftung (§ 84 Arzneimittelgesetz) dann, wenn das Arzneimittel bei bestimmungsgemäßem Gebrauch medizinisch nicht vertretbare schädliche Wirkungen (Nebenwirkungen) hat, die ihre Ursache im Bereich der Entwicklung oder der Herstellung haben oder wenn der Schaden infolge einer nicht den Erkenntnissen der medizinischen Wissenschaft entsprechenden Kennzeichnung oder Gebrauchsinformation eingetreten ist.

Arzneimittelwerbung, →Heilmittelwerbung.

ASCII(-Code), *American Standard Code of Information Interchange,* international genormter →Binärcode für die Darstellung und Übertragung von Daten. Zunächst für die Datenübertragung als 7-Bit-Code konzipiert (d.h., ein Zeichen wird durch eine 7stellige Binärzahl dargestellt, →binäre Darstellung); Erweiterung auf 8 Bit, auch zunehmend als →Maschinencode, insbes. bei Mikrorechnern (→Rechnergruppen), verwendet. Die deutsche Referenzversion (mit Umlauten) ist durch die DIN-Norm 66003 (als 7-Bit-Code) bzw. 66203 und 66303 (als 8-Bit-Code) festgelegt.

AsDB, Asian Development Bank, →Asiatische Entwicklungsbank.

ASEAN, *Association of South East Asian Nations,* Wirtschaftsgemeinschaft südostasiatischer Länder, Zusammenschluß von Indonesien, Singapur, Malaysia, Thailand, Philippinen, Brunei, Papua-Neuguinea (Beobachter). – *Ziele:* Förderung der wirtschaftlichen Entwicklung in den Mitgliedstaaten und Stärkung der politischen Stabilität innerhalb der Südost-Asien-Region. – *Organe:* Gipfelkonferenz, Ministerkonferenzen (jährlich), Ständiger Ausschuß, Sekretariat in Djakarta. Die ASEAN beruht auf der 1967 unterzeichneten ASEAN-Deklaration (Deklaration von Bangkok). Die Aktivitäten umfassen den Ausbau der Außenbeziehungen (u.a. 1980 Abschluß eines fünfjährigen Kooperationsabkommens mit der EG), die Formulierung einer gemeinsamen Industrie-, Handels-, Landwirtschafts-, Bergbau- und Energie-, Verkehrs-, Forschungs-, Bildungs-, Sozial-, Tourismus-

und Kulturpolitik. – *Veröffentlichungen:* Annual Report; ASEAN Newsletter.

Asian Development Bank (AsDB), →Asiatische Entwicklungsbank.

Asiatische Entwicklungsbank, *Asian Development Bank (AsDB)*, 1965 gegründetes und seit 1966 arbeitendes internationales Finanzierungsinstitut für Asien; mit Sitz in Manila (Philippinen).- *Ziel:* Förderung der wirtschaftlichen Entwicklung und Zusammenarbeit in Asien/Pazifik. – *Mitgliedschaft:* Für regionale sowie nichtregionale Länder möglich; die Bundesrep. D. ist ebenfalls Mitglied. Ende 1985 hatte die AsDB 31 regionale und 14 nichtregionale Mitgliedsländer. – *Mittel:* Neben eigenen Mitteln werden auch Gelder aus verschiedenen Sonderfonds (Asiatischer Entwicklungsfonds, Sonderfonds für technische Hilfe) vergeben. Die AsDB vergibt Darlehen mit einer Laufzeit zwischen 10 und 27 Jahren zum marktüblichen Zinssatz sowie mit einer Laufzeit zwischen 12 und 40 Jahren zu einem Zinssatz von 1,5 bis 3% an devisenschwache Länder Asiens zur Finanzierung landwirtschaftlicher und technischer Investitionen. Über den Asiatischen Entwicklungsfonds werden Darlehen an ärmste und devisenschwache Länder der Region zu einer jährlichen Bearbeitungsgebühr von 1% (ansonsten zinslos) mit einer Laufzeit von 40 Jahren gewährt. – Vgl. auch →Entwicklungsbanken.

Asien-Dollar-Markt, →Euromärkte I.

Assekuranz, →Versicherung.

Assekuranzprinzip, Prinzip, das die Besteuerung durch den Staat als Versicherungsprämie für den von ihm gewährten Personen- und Eigentumsschutz rechtfertigt. A. insoweit mit →Äquivalenzprinzip verwandt.

Assekuranztheorie, →Steuerrechtfertigungslehre; theoretische Rechtfertigung der Besteuerung durch den Staat als Versicherungsprämie für den von ihm gewährten Personen- und Eigentumsschutz (→Assekuranzprinzip). Die Höhe der Steuer soll vom Umfang des Schutzes abhängen (Grundsatz der proportionalen Besteuerung). – *Vertreter:* Hobbes, Rotteck u. a.

Assembler. 1. Bezeichnung für *maschinenorientierte* →*Programmiersprachen* (eigentlich A.sprache) einem bestimmten Computertyp, d. h. jeder Computertyp hat seinen eigenen A. →Befehle und →Daten eines →Programms werden in einer der maschineninternen Darstellung nachgebildeten Form notiert. – *Nachteil:* A.-Programme sind für den Menschen sehr schlecht verständlich. I. a. erheblich geringere Produktivität als bei →Programmierung in höheren Programmiersprachen. – *Vorteil:* A.-Programme können sehr *effizient* gestaltet werden. A. wird deshalb vor allem in effizienzkritischen Berei-

chen eingesetzt, z. T. auch nur aus historischen Gründen – 2. Bezeichnung für das *Übersetzungsprogramm,* das ein in einer A.-Sprache (vgl. oben) geschriebenes Quellenprogramm (→Programm) in die Maschinensprache (→Programmiersprache) überführt (→Übersetzer).

Assemblersprache, →Assembler 1, →Programmiersprache III 2.

Asservatenkonto, Sonderkonto, dessen Guthaben bestimmten Zwecken vorbehalten ist.

assessment center, im Rahmen der Eignungsdiagnostik (→Eignungsuntersuchung) zunehmend eingesetztes →psychologisches Testverfahren zur Prognose des Erfolgs potentieller Führungskräfte, in dem neben personzentrierten Testverfahren v. a. Simulationen der Bewährungssituationen im Vordergrund stehen (z. B. In-basket-Methode). Mehrere Bewerber werden dabei über mehrere Tage hinweg von mehreren Beurteilern begutachtet. Die prädiktive →Validität ist i. d. R. höher als bei personzentrierten psychologischen Testverfahren ohne a. c.

asset market approach, →Wechselkursdeterminanten 4.

Assignant, der eine →Anweisung Ausstellende.

Assignat, der durch eine →Anweisung Angewiesene.

Assignatar, in der →Anweisung als Empfänger Bezeichneter.

assignment problem, →Zuordnungsproblem.

Assistenzbereich, Bereich der Tätigkeiten innerhalb der →Büroarbeit, die nicht nur vom eigentlichen Auftraggeber, sondern auch vom Assistenzkräften, z. B. einer Sekretärin, bearbeitet werden können.

Association Bancaire pour l'ECU (ABE), am 17. 9. 1985 von 18 Banken gemeinsam mit der →Europäischen Investitionsbank gegründete Vereinigung für die →ECU; Sitz in Paris.

Association Cambiste Internationale (ACI), internationale Devisenhändler-Vereinigung; Sitz in Paris. Mehr als 12 500 Mitglieder. Zusammengefaßt sind die nationalen Vereinigungen (foreign exchange clubs – FOREX) von 48 Ländern, darunter auch der Bundesrep. D. Der FOREX-Club Deutschland in der ACI sucht engere persönliche Kontakte zwischen seinen eigenen rd. 950 Mitgliedern und den in den ausländischen Vereinigungen erfaßten Devisenhändlern herzustellen, vermittelt seinen Mitgliedern berufliche Anregungen und jüngeren Händlern Fortbildung und will das Ansehen des Berufsstandes fördern.

Association for Computing, →ACM.

Association of South East Asian Nations, →ASEAN.

assortieren, (Lager) vervollständigen. Beschaffungstätigkeit des Handels, um z. B. den Kundenbedürfnissen entsprechende →Sortimente anbieten zu können.

Assoziation. I. W i r t s c h a f t s v e r k e h r : Vereinigung bzw. Zusammenschluß zur Verfolgung besonderer wirtschaftlicher Zwecke.

II. P s y c h o l o g i e : Automatischer Denkvorgang (Vorstellungen), der zwischen Reizen und Reaktionen wirksam wird und das Verhalten lenkt (vgl. auch →Behaviorismus). – *Bedeutung für die Werbung:* Durch Ausnutzung von Sprach- und Denkgewohnheiten werden bei den Umworbenen durch Verwendung von a) informativen Sprachformeln bestimmte *sachbezogene Vorstellungen* ausgelöst und damit indirekt Sachinformationen vermittelt; b) emotionalen Sprachformeln automatisch *gefühlsmäßige Vorstellungen* ausgelöst und damit indirekt emotionale Eindrücke vermittelt. – Vgl. auch →emotionale Konditionierung.

III. S o z i o l o g i e : Zumeist freiwillige Verbindung von Gruppen (aber auch einzelnen Personen) u. a. sozialen Gebilden (z. B. Organisationen) zu Gruppen-, Zweck-, Interessenverbänden (wie Gewerkschaften, Genossenschaften, Sportverbänden). – Teilweise noch gebräuchlich ist Begriff *Assoziierung* zur Bezeichnung aller sozialen Prozesse, die zu Verbindungen unter Menschen führen, und A. zur Kennzeichnung aller so zustande gekommenen Kontakte, Vereinigungen usw.

IV. S t a t i s t i k : 1. Ursprünglich (in →deskriptiver Statistik und →Inferenzstatistik) Bezeichnung für den *Zusammenhang zweier* →*dichotomer Merkmale.* Die →Häufigkeitstabelle ist in diesem Spezialfall eine Vierfeldertafel. Zur Quantifizierung der A. werden *A.-Maße* berechnet, etwa der Yulesche A.-Koeffizient. Zur Prüfung der Existenz von A. können →statistische Testverfahren eingesetzt werden. – 2. Neuerdings wird A. auch als Oberbegriff für den *Zusammenhang von Merkmalen beliebiger Skalierung* (→Skala) verwendet, umfaßt dann also auch Maß- und Rangkorrelation (→Korrelation).

Assoziationsforschung, Teilgebiet der →Demoskopie, die zu erkennen sucht, inwieweit eine Vorstellung durch Außenreize (Interview, Bild, Ton u. ä.) aufgrund des Gesetzes der Ähnlichkeit bzw. des Kontrastes andere Vorstellungen bewußt werden läßt. Zweck ist das Erforschen der unbewußten Triebkräfte menschlichen Handelns, besonders im wirtschaftlichen Bereich (z. B. bei Kaufentscheidungen).

assoziatives Netz, →semantisches Netz.

Assoziierung, →Assoziation III.

Asyl, Schutz eines →Ausländers vor unmittelbarer Bedrohung von Leib oder Leben durch Gestattung des Aufenthalts in einem fremden Staat oder auf exterritorialem Gebiet; in der Bundesrep. D. durch Art. 16 GG politisch Verfolgten garantiert. Das Asylrecht gewährt Schutz vor Auslieferung an oder Ausweisung in einen Staat, in dem dem Ausländer aus politischen Gründen Verfolgung droht. Einzelheiten im Gesetz über das Asylverfahren vom 16. 7. 1982 (BGBl I 946) mit späteren Änderungen und im Gesetz zur Beschleunigung des Asylverfahrens vom 25. 7. 1978 (BGBl I 1108).

Asymptote, Gerade, die sich einer Kurve immer mehr nähert, ohne sie im Endlichen zu erreichen.

asynchrone Datenübertragung, Form der Datenübertragung, bei der eine Nachricht in separaten Blöcken übertragen wird. Sender und Empfänger pro Block müssen durch eine vereinbarte Bitfolge (→Bit) synchronisiert werden. – *Gegensatz:* →synchrone Datenübertragung.

ASW, Abk. für →Arbeitsgemeinschaft für Sicherheit in der Wirtschaft.

AT, Abk. für →Ausnahmetarif.

AT-Angestellter, *außertariflicher Angestellter,* →Angestellter, der eine über die höchste tarifliche Vergütungsgruppe (→Bundes-Angestellten-Tarifvertrag) hinausgehende Vergütung bezieht. Die Höhe der Vergütung richtet sich nach der Vereinbarung im →Arbeitsvertrag. – Nicht alle AT-A. sind →leitende Angestellte i. S. von § 5 III BetrVG, für die das BetrVG nicht gilt. Soweit AT-A. nicht leitende Angestellte sind, ist umstritten, inwieweit ihre Entlohnung dem Mitbestimmungsrecht des Betriebsrats nach § 87 I Nr. 10 BetrVG unterliegt; vgl. →betriebliche Lohngestaltung.

Äthiopien, sozialistische Republik im O Afrikas am Roten Meer. – *Fläche:* 1,237 Mill. km². – *Einwohner* (E): (1985, geschätzt) 43 Mill. (35,5 E/km²); *Bevölkerungszuwachs:* jährlich 2,8%. 87% der Bevölkerung leben auf dem Lande. Die Lebenserwartung beträgt 46 Jahre. – *Hauptstadt:* Addis Abeba (ca. 1,5 Mill. E); weitere wichtige Städte: Asmara (301 600 E), Dire Dawa (80 900 E). – Ä. ist in 14 Regionen *untergliedert.* – *Amtssprachen:* Amharisch, Englisch, Arabisch.

W i r t s c h a f t : Ä. ist eines der ärmsten Länder der Erde. Langandauernde Dürrezeiten machen Ä. von der Hilfe anderer Länder abhängig. Haupterwerbszweige sind Landwirtschaft und Viehzucht. Haupterzeugnisse: Baumwolle, Zucker, Kaffee. Die Bodenschätze sind noch wenig erkundet, ihre Nutzung steht noch am Anfang (Nickel, Gold, Platin, Eisen, Kupfer, Schwefel, Mangan). – *BSP:* (1985, geschätzt) 4630 Mill. US-$ (110

US-$ je E). – *Öffentliche Auslandsverschuldung:* (1984) 29,5% des BSP. – *Inflationsrate:* durchschnittlich 4,4%. – *Export:* (1984) 417 Mill. US-$, v.a. Kaffee, Baumwolle, Häute und Felle. – *Import:* (1984) 942 Mill. US-$, v.a. Lebensmittel, Öle und Fette, Industriegüter, Transportmittel. – *Handelspartner:* USA, Italien, Japan.

Verkehr: Zwei *Eisenbahnlinien* (Addis Abeba–Dschibuti, 783 km, und Mitsiwa–Akordat, 306 km). – Ca. 11 000 km ausgebaute *Allwetterstraßen.* – *Fluggesellschaft* ETHIOPIAN AIRLINES, *Flughafen* in Addis Abeba. – Auf dem Tana See und einigen Flußläufen wird *Binnenschiffahrt* betrieben.

Mitgliedschaften: UNO, AKP, CCC, OAU, UNCTAD u.a.

Währung: 1 Birr (Br) = 100 Cents (ct.).

Atkinsonsches Ungleichheitsmaß, Begriff der Verteilungstheorie. Das A.U. ergibt sich aus der Definition eines „gleich verteilten Einkommensäquivalentes" einer gegebenen Verteilung des →Einkommens. Das Einkommensäquivalent ist definiert als die Höhe des Pro-Kopf-Einkommens, die bei Gleichverteilung die gleiche Höhe der Gesamtwohlfahrt (→Wohlfahrtstheorie) garantiert wie die, die sich bei der tatsächlichen (ungleichen) Einkommensverteilung ergibt:

$$y_e = \left\{ y \,|\, n \cdot U(y) = \sum_{i=1}^{n} U(y_i) \right\}$$

mit y = Pro-Kopf-Einkommen, y_e = Einkommensäquivalent, n = Bevölkerungsgröße und U(·) = Nutzenfunktion. – Nimmt man an, daß jedes U(y) konkav ist (→Nutzenfunktion), kann y_e nicht größer als das Durchschnittseinkommen μ sein. y_e nähert sich μ um so mehr, je gleichmäßiger die Verteilung ist:

$$A = 1 - \left(\frac{y_e}{\mu} \right).$$

Bei Gleichverteilung gilt $y_e = \mu$ und A = 0. Für jede beliebige Verteilung muß der Wert von A zwischen Null und Eins liegen.

atomare Masseneinheit (u), atomphysikalische Einheit der Masse (für die Angabe von Teilchenmassen (→gesetzliche Einheiten, Tabelle 1). Ein u ist der 12te Teil der Masse eines Atoms des Nuklids ^{12}C: 1 u = 1,6605655 · 10^{-27} kg.

Atomgesetz (AtG), i.d.F. vom 15.7.1985 (BGBl I 1565) mit späteren Änderungen; nebst Atomanlagen-Verordnung in der Fassung vom 29.10.1970 (BGBl I 1518), StrahlenschutzVO vom 13.10.1976 (BGBl I 2905) mit späteren Änderungen, DeckungsvorsorgeVO vom 25.1.1977 (BGBl I 220), Atomrechtliche VerfahrensVO i.d.F. vom 31.3.1982 (BGBl I 411) und RöntgenVO vom 1.3.1973 (BGBl I 173) sowie KostenVO vom 17.12.1981 (BGBl I 1457).

I. Zweck: a) Förderung der Erforschung, Entwicklung und Nutzung der Kernenergie zu friedlichen Zwecken; b) Schutz von Leben, Gesundheit und Sachgütern vor den Gefahren der Kernenergie und ionisierender Strahlen sowie Ausgleich der dadurch verursachten Schäden; c) Verhinderung der Gefährdung der Sicherheit der Bundesrepublik durch Anwendung oder Freiwerden der Kernenergie; d) Gewährleistung der Erfüllung internationaler Verpflichtungen der Bundesrep. D. auf dem Gebiet der Kernenergie und des Strahlenschutzes.

II. Begriffe: Radioaktive Stoffe sind: a) besondere spaltbare Stoffe (Kernbrennstoffe – KB) in Form von (1) Plutonium 239 und 241, (2) Uran 233, (3) mit den Isotopen 235 und 233 angereichertes Uran; (4) Stoffe, die die vorgenannten Stoffe enthalten sowie (5) Uran und uranhaltige Stoffe der natürlichen Isotopenmischung, die geeignet sind, in einer Anlage (Reaktor) eine sich selbst tragende Kettenreaktion aufrechtzuerhalten; b) sonstige radioaktive Stoffe (Stoffe, die, ohne KB zu sein, ionisierende Strahlen spontan aussenden).

III. Durchführung: 1. *Vorsorge:* KB sind staatlich zu verwahren, Ausnahmegenehmigung möglich. Außerhalb der staatlichen Verwahrung und ohne Genehmigung Besitz von KB verboten, es besteht Ablieferungspflicht. Ein- und Ausfuhr sowie Beförderung von KB genehmigungsbedürftig, ebenso Errichtung, Betrieb und Veränderung einer Anlage zur Erzeugung, Spaltung oder Aufarbeitung von KB. Gleiches gilt für die Bearbeitung oder Verwendung von KB außerhalb solcher Anlagen. Durch VO können weitere Handlungen einer Genehmigungspflicht unterstellt werden, Besondere Schutzmaßnahmen, z.B. ärztliche Überwachung der Arbeitnehmer, sind vorgeschrieben. Der gesamte Umgang mit und Verkehr mit KB und sonstigen radioaktiven Stoffen unterliegt staatl. Aufsicht. Im Genehmigungsverfahren sind Art, Umfang und Höhe der Vorsorge für die Erfüllung der Schadenersatzpflicht (unten 2) festzusetzen (Deckungsvorsorge). – 2. *Haftung:* Wird durch die Wirkung eines Kernspaltungsvorganges oder der Strahlen eines radioaktiven Stoffes einschl. Abfallbeseitigung ein Schaden verursacht, so hat der Inhaber der betr. Anlage oder Besitzer des Stoffes den Schaden zu ersetzen (→Gefährdungshaftung). Daneben Haftung nach anderen Vorschriften möglich. Anspruch verjährt in drei Jahren. Haftungsausschluß bei Anwendung radioaktiver Stoffe zu Heilzwecken und bei Rechtsverhältnis, auf Grund dessen Verletzter Gefahr in Kauf zu nehmen hat. Schadenersatz ist auf eine Milliarde DM je Schadensereignis begrenzt. Bei Gesamtschaden über eine Milliarde Einschränkung und Verteilung der verfügbaren Mittel nach besonderem Gesetz. Haftungsausgleich im Innenverhältnis zwischen mehreren Schädigern; Pflicht des Bundes, unter bestimmten Voraussetzungen den Ersatzpflichtigen von Schadenersatzpflicht freizustellen, soweit nicht durch Deckungsvorsorge gedeckt. – 3. *Strafvorschriften* (§§ 310 b ff., 328 StGB) stellen Mißbrauch der Kernenergie, Verstoß gegen Atomgesetz und Geheimnisverrat unter Strafe.

IV. Zuständige Behörden: 1. Für die staatliche Verwahrung und Genehmigung der Aufbewahrung von KB →Physikalisch-Technische Bundesanstalt. – 2. Für die →Ausstellung von Einfuhr- und Ausfuhrgenehmigungen sowie für die Überwachung von Einfuhr und Ausfuhr das →Bundesamt für Wirtschaft. – 3. Für die übrigen Verwaltungsaufgaben die Länder als →Auftragsverwaltung.

atomistische Konkurrenz, →Marktform, bei der einer großen Zahl von Anbietern eines Gutes viele Nachfrager gegenüberstehen. Der Marktanteil eines Anbieters oder Nachfragers ist dabei so gering, daß er durch Veränderung seiner angebotenen oder nachgefragten Mengen keinen Einfluß auf die Preishöhe für das betreffende Gut nehmen kann.

Attentismus, abwartende Haltung der Investoren, insb. der potentiellen Wertpapierkäufer, in Zeiten unsicherer Wirtschaftslage oder in Erwartung besserer Gewinnchancen.

Attest, beim Fernbleiben vom Arbeitsplatz wegen Krankheit durch den Arbeitnehmer bei dem Arbeitgeber vorzulegende ärztliche Bescheinigung, i. d. R. nach Arbeits- oder Tarifvertrag oder auf Verlangen des Arbeitgebers bei Krankheitsdauer über drei Tage. – *Anders:* →Gesundheitsattest.

Atto (a), Vorsatz für das Trillionstel (10⁻¹⁸fache) der Einheit. Vgl. →gesetzliche Einheiten, Tabelle 2.

Attributenkontrolle, *Gut-Schlecht-Prüfung, zählende Prüfung*, Verfahren der Qualitätskontrolle (→Qualitätssicherung). Form der →Partialkontrolle von der →Variablenkontrolle unterscheidet sich die A. nach der Art der Erfassung des Qualitätsmerkmales. Bei der A. erfolgt die Beurteilung der →Ausführungsqualität anhand festgelegter Merkmalsausprägungen. Dadurch erfolgt lediglich eine Klassifizierung der Produkte in eine der beiden Kategorien „gut" (brauchbar) oder „schlecht" (unbrauchbar).

Attribution. Zuschreibung von Eigenschaften und Ursache-Wirkungsbeziehungen der Realität gegenüber durch die handelnde Person zur Erleichterung der Orientierung im Alltag. A. ersetzen häufig überprüftes Wissen. – *Formen: Kausal-A.* liegen vor, wenn die Person spezifischen Bedingungen Ursachencha-

rakter zuschreibt; *internale Kausal-A.*, wenn die Person Erfolg/Mißerfolg auf Bedingungen in ihr selbst (Fähigkeiten) zurückführt; *externale Kausal-A.*, wenn die Person Erfolg/Mißerfolg durch Bedingungen in der Umwelt (Zufall) erklärt. – Die in der →Leistungsmotivation wichtige Komponente der „Hoffnung auf Erfolg" – Orientierung wird attributionstheoretisch durch stabile Tendenzen der Person zu internaler A. gegenüber erlebtem Erfolg zu erklären versucht.

Audimeter, elektronisches Kontrollgerät, das im Wege der nichtreaktiven Beobachtung zum Zwecke der Erfassung der Seh- und Hörbeteiligung eines repräsentativ ausgewählten Querschnitts der Bevölkerung an die Rundfunk- und Fernsehempfänger angebracht wird (→Zuschauerforschung). Dabei wird auf einem tonbandähnlichem Maßband festgehalten, welcher Sender wann und wie lange eingestellt war.

Audiokonferenz, →Telekonferenzsystem 2 b).

Audiometer, *Akumeter*, Gerät zur Messung der Hörschwelle einer einzelnen Person auf elektroakustischem Weg. Im Rahmen der allgemeinen Lärmbekämpfung erfolgt durch das A. die Feststellung von Lärmschädigungen im Rahmen von Langzeituntersuchungen. Die Ergebnisse der mit dem A. ermittelten Schwellenwert (Lärmpegel) dienen im Rahmen der Vorschriften der Arbeitsstättenverordnung zur Festlegung von Grenzwerten zur Lärmbekämpfung und zur Pflicht zum Tragen von →persönlichen Schallschutzmitteln.

auditing, (engl. = revidieren, prüfen), anglo-amerikanischer Fachausdruck für Revision = Prüfung, und zwar durch von dem zu prüfenden Verantwortungsbereich unabhängige Personen. Zu unterscheiden: *internal a.* (interne Revision) und *independant a.* (externe Revision).

auditiver Vorstellungstyp, →Vorstellungstypen.

Aufbau-Lebensversicherung, →Aufbauversicherung.

Aufbauorganisation, *Strukturorganisation*. 1. *Begriff:* Das statische System der organisatorischen Einheiten einer Unternehmung, das die Zuständigkeiten für die arbeitsteilige (→Arbeitsteilung) Erfüllung der Unternehmungsaufgabe regelt (vgl. →Organisation II). – 2. *Zur Gestaltung der A.* werden im Rahmen der →Stellenbildung bzw. Abteilungsbildung (→Segmentierung) die →organisatorischen Einheiten nach Maßgabe ihrer Kompetenzen voneinander abgegrenzt (→Kompetenzabgrenzung) und durch →Kommunikationsbeziehungen miteinander verknüpft. Je nach Art dieser Abgrenzung und Verknüpfung (→Leitungssystem) ergeben sich unterschiedliche →Organisationsstrukturen. Vgl. auch →Hierarchie. – *Gegensatz:* →Ablauforganisation.

Aufbauschule, →Berufsaufbauschule.

Aufbauversicherung *Aufbau-Lebensversicherung,* besondere Art der Lebensversicherung, die dem Versicherungsnehmer die Möglichkeiten zu Sonderzahlungen einräumt.

Aufbereitung. I. S t a t i s t i k : Bezeichnung für die auf die →Erhebung folgende Verarbeitung der angefallenen statistischen Daten. – 1. *Technische A.* umfaßt: a) Kontrolle und Ordnung des Zahlenmaterials; b) Signieren, also Schlüsselung der →Ausprägungen der erhobenen →Merkmale; c) Übertragung der verschlüsselten Daten auf Datenträger; d) rechnerische A., insbes. Bildung von Summen und →Anteilswerten. – 2. *Methodische A.* umfaßt: a) Strukturierung eines →Tabellenprogramms; b) Überprüfung der Einhaltung dieses Programms; c) Veranschaulichung der Ergebnisse der Erhebung mit Hilfe von tabellarischen und graphischen Darstellungen.

II. B u c h f ü h r u n g : A. des Zahlenmaterials kann für die Erstellung der →Bilanz und der →Bilanzanalyse erforderlich sein. Vgl. im einzelnen →Bilanzaufbereitung.

auf Besicht, *nach Besicht,* →Handelsklausel in Kaufverträgen, mit der die Haftung des Verkäufers für die bei sorgfältiger Besichtigung der Ware erkennbaren (nicht für die heimlichen) Mängel ausgeschlossen wird.

Aufbewahrungspflicht. I. H a n d e l s r e c h t : Handelsbücher, Inventare, Eröffnungsbilanzen, Jahresabschlüsse, Lageberichte, Konzernabschlüsse, Konzernlageberichte sowie die zu ihrem Verständnis erforderlichen Arbeitsanweisungen und sonstigen Organisationsunterlagen sind zehn Jahre aufzubewahren. Empfangene Handelsbriefe, Wiedergaben der abgesandten Handelsbriefe und Buchungsbelege sind sechs Jahre aufzubewahren (§ 257 HGB). Die Aufbewahrungsfrist beginnt mit dem Schluß des Kalenderjahres, in dem die letzte Eintragung in das Handelsbuch gemacht, das Inventar aufgestellt, die Eröffnungsbilanz oder der Jahresabschluß festgestellt, der Konzernabschluß aufgestellt, der Handelsbrief empfangen oder abgesandt worden oder der Buchungsbeleg entstanden ist.

II. A b g a b e n o r d n u n g : Bücher und Aufzeichnungen, Inventare, Bilanzen sowie die zu ihrem Verständnis erforderlichen Arbeitsanweisungen und sonstigen Organisationsunterlagen sind zehn Jahre, die empfangenen Handels- oder Geschäftsbriefe, Wiedergaben der abgesandten Handels- oder Geschäftsbriefe, Buchungsbelege und sonstige für die Besteuerung notwendigen Unterlagen sind sechs Jahre aufzubewahren (§ 147 AO). Bis auf Eröffnungsbilanzen, Jahres- und Konzernab-

schlüsse können die o. g. Unterlagen auch als Wiedergabe auf einem Bildträger oder auf anderen Datenträgern aufbewahrt werden, wenn dies den →Grundsätzen ordnungsmäßiger Buchführung entspricht und sichergestellt ist, daß die Wiedergabe mit der Urschrift übereinstimmt und die Daten während der Aufbewahrungsfrist verfügbar sind (vgl. im einzelnen die Mikrofilm-Grundsätze des BMF vom 1.2.1984, BStBl I 1984 155, und die Grundsätze ordnungsmäßiger Speicherbuchführung gem. BMF-Schreiben vom 5.7.1978, BStBl I 1978 250). – Kürzere Fristen können sich aus speziellen Steuergesetzen ergeben.

Aufbewahrungsschein, die dem Hinterleger über die zur →Verwahrung übergebenen Wertgegenstände ausgehändigte Bescheinigung; ist Name des Hinterlegers angegeben, ist der A. ein →Rektapapier, und zwar ein →Legitimationspapier (→Depotschein) oder ein einfaches Ausweispapier (→Legitimationspapier 2).

Aufdeckungsprüfung, →Prüfung.

Aufenthaltsberechtigung, Sonderform der →Aufenthaltserlaubnis für →Ausländer, die sich seit mindestens fünf Jahren rechtmäßig im →Bundesgebiet aufhalten und sich in das wirtschaftliche und soziale Leben in der Bundesrep. D. eingefügt haben (§ 8 AusländerG).

Aufenthaltserlaubnis, einem →Ausländer erteilte Erlaubnis, in das →Bundesgebiet einzureisen und sich dort aufzuhalten. Erteilung, wenn die Anwesenheit des Ausländers Belange der Bundesrep. D. nicht beeinträchtigt. Die A. *erlischt* (§ 9 AusländerG), wenn der Ausländer a) keinen gültigen →Paß oder Paßersatz mehr besitzt, b) seine →Staatsangehörigkeit wechselt oder verliert, c) das Bundesgebiet nicht nur vorübergehend verläßt oder d) durch →Ausweisung. Einzelheiten in §§ 2, 5, 7 und 9 AusländerG. Sonderformen: →Aufenthaltsberechtigung, →Sichtvermerk. – Ausländern, die Staatsangehörige eines *Mitgliedsstaates der EG* sind, ist gem. Gesetz i. d. F. vom 31.1.1980 (BGBl I 116) und DVO i. d. F. vom 29.6.1976 (BGBl I 1717) unter erleichterten Bedingungen die A. zu erteilen. Sie haben das Recht freier Einreise.

Auffangtechnologien, →Backstop-Technologie.

Aufführungsrecht, Recht des →Urhebers, ein Werk der Musik durch persönliche Darstellung öffentlich zu Gehör zu bringen oder ein Werk öffentlich bühnenmäßig darzustellen (§ 19 UrhRG). – Vgl. auch →öffentliche Wiedergabe.

Auffüllungsanspruch, →Betriebsrentengesetz II 1.

Aufgabe. I. O r g a n i s a t i o n s l e h r e : Dauerhaft wirksame Aufforderung an →Handlungsträger, festgelegte Handlungen wahrzunehmen. – Vgl. auch →Aufgabenanalyse, →Aufgabensynthese.

II. Bankwesen: Mitteilung der Bank an den Kunden über Ausführung von Aufträgen u. dgl., z. B. „Belastungsaufgabe".

III. Börsenwesen: Als „an Aufgabe", „von Aufgabe", „Aufgabe vorbehalten" Fachausdruck an der Börse. Der als Vermittler an der Börse auftretende freie Makler kann, wenn ihm eine A. erteilt ist, selbst als Gegenkontrahent auftreten, bis er einen Dritten als Käufer bzw. Abgeber gefunden hat. Er erteilt dann seine Ausführungsanzeige mit dem Vermerk „an A." bzw. „von A.". Die A. des Gegenkontrahenten muß von ihm innerhalb von 24 Stunden erteilt werden; kurzfristige Verlängerungen nur nach besonderer Vereinbarung („A. vorbehalten").

IV. Wettbewerbsrecht: Einstellung des Geschäftsbetriebs, Beschränkung des Warenangebots; vgl. →Räumungsverkauf.

Aufgabegeschäft, Begriff des Handelsrechts und des Börsenhandels für einen nach §95 HGB getätigten Abschluß eines Geschäftes durch den →Handelsmakler, für welches die →Schlußnote unter Vorbehalt der Bezeichnung der anderen Partei erteilt wird. Besonders im Börsenverkehr sind A. häufig (Vermerk in der Schlußnote z. B. „Aufgabe vorbehalten", „A. v.", „für Aufgabe"). Der Vertrag zwischen den Parteien kommt erst mit Benennung der Geltendmachung des Eintritts zustande; die Bezeichnung der anderen Partei hat rechtzeitig zu erfolgen, d. h. in ortsüblicher bzw. angemessener Frist. Fristbeginn bei Annahme der Schlußnote. Andernfalls kann der Handelsmakler selbst auf Erfüllung in Anspruch genommen werden. Mangels anderer Vereinbarung hat er kein Recht zum →Selbsteintritt. – A. gelten als →Anschaffungsgeschäft i. S. des KVStG.

Aufgabemakler, freier →Börsenmakler, der ein Geschäft zunächst im eigenen Namen abschließt unter dem Vorbehalt der späteren →Aufgabe der Gegenkontrahenten (vgl. dort III).

Aufgabenanalyse, *Aufgabengliederung,* Verfahren der →Organisationsmethodik. – 1. *Begriff:* Die systematische Zerlegung einer komplexen →Aufgabe (vgl. dort I) in verteilungsfähige, d. h. auf Handlungsträger übertragbare Teilaufgaben nach verschiedenen Zerlegungskriterien. – 2. *Zweck* der A. ist es, die Möglichkeiten der Bildung von Teilaufgaben zu untersuchen, die im Rahmen der anschließenden →Aufgabensynthese als „Bausteine" zu Aufgabenkomplexen für Handlungsträger zusammengefaßt (→Stellenbildung) und raum-zeitlich geordnet (→Ablauforganisation) werden können. – 3. *Zerlegungskriterien:* Die A. kann z. B. nach den Aufgabenmerkmalen Verrichtung (→Ver

richtungsprinzip), Objekt (→Objektprinzip) sowie Rang (→Ranggliederung), Phase (→Phasengliederung) und Zweck (→Zweckgliederung) erfolgen.

Aufgabensynthese, Verfahren der →Organisationsmethodik. – 1. *Begriff:* Zusammenfassung der durch →Aufgabenanalyse gewonnener Teilaufgaben. – 2. *Zweck:* →Organisationsgestaltung. – 3. *Formen:* a)Im Rahmen der *aufbauorientierten* A. (A. zur Gestaltung der →Aufbauorganisation) werden die Teilaufgaben zu Aufgabenkomplexen für gedachte Handlungsträger zusammengefaßt (→Stellenbildung). – b) Mit Hilfe der *ablauforganisatorischen* A. (A. zur Gestaltung der →Ablauforganisation) werden die Teilaufgaben räumlich und zeitlich unter Berücksichtigung ihrer Interdependenzen mit den Teilaufgaben anderer Handlungsträger geordnet.

Aufgebotsverfahren. I. Allgemein: Eine in bestimmten Fällen zulässige öffentliche gerichtliche Aufforderung, Ansprüche oder Rechte, i. d. R. zwecks Vermeidung des Ausschlusses, spätestens im Aufgebotstermin anzumelden (§§ 946 ff. ZPO). – *Zweck* ist die Klärung der Rechtslage zugunsten des Antragstellers durch Ausschluß unbekannter Berechtigter oder Kraftloserklärung von Urkunden (z. B. Hypotheken- oder Grundschuldbriefen, §§ 1003 ff. ZPO). – *Zuständig* für das A. ist das Amtsgericht. – *Einleitung* des A. nur auf Antrag. Ist dieser zulässig, erläßt das Gericht das Aufgebot, das u. a. im Bundesanzeiger öffentlich bekanntgemacht wird. Meldet niemand an, ergeht *Ausschlußurteil,* in dem der im Aufgebot angedrohte Rechtsnachteil ausgesprochen wird. – *Dagegen* kann derjenige, der von dem Ausschlußurteil in seinen Rechten betroffen ist, in der Regel binnen eines Monats nach Kenntniserlangung von dem Urteil, u. a. wegen Verletzung wichtiger Verfassungsvorschriften, *Anfechtungsklage* bei dem übergeordneten Landgericht erheben.

II. Wertpapiere: A. bei vernichteten oder abhanden gekommenen Wertpapieren zur Erlangung eines Ausschlußurteils zwecks →Kraftloserklärung von in Verlust geratenen Wertpapieren. – *Rechtsgrundlage:* Für Inhaberschuldverschreibungen § 799 BGB, Aktien § 72 AktG, die handelsrechtlichen Orderpapiere § 365 HGB, →Wechsel Art. 90 Wg, Schecks Art. 59 ScheckG. – Den *Antrag* hat der bisherige Inhaber des Wertpapiers beim zuständigen Amtsgericht zu stellen. Die Aufgebotsfrist beträgt mindestens sechs Monate (beim Scheck nur zwei Monate) bis höchstens zwölf Monate. – Für die in Ostdeutschland und Berlin *verlorengegangenen* Papiere Wiederherstellung der Eigentumsrechte durch die →Wertpapierbereinigung.

Aufgeld, →Agio.

aufgenommene Gelder, *Nostroverpflichtungen,* die von einem Kreditinstitut zur Verstärkung der eigenen Liquidität im Interesse vorübergehender Ausweitung des Kreditgeschäfts hereingenommenen Gelder, meist Kassenreserven anderer Banken. Die Initiative zur Aufnahme geht im Gegensatz zum normalen Einlagegeschäft vom aufnehmenden (geldsuchenden) Institut aus. A. G. sind wichtig für die Gelddisposition. Als a. G. i. w. S. gelten auch →Rediskontierung von Wechseln und das Eingehen von Akzeptverpflichtungen für die seitens der Kundschaft bei Dritten benutzten Kredite. – *Gegensatz:* →Nostroguthaben.

aufgerufene Wertpapiere, die in einer Sammelliste mit Opposition belegter Wertpapiere (→Wertpapier-Mitteilungen) veröffentlichten, als verlorengegangen oder gestohlen gemeldeten Aktien oder Schuldverschreibungen.

Aufhebung des Konkurs- und Vergleichsverfahrens. I. K o n k u r s v e r f a h r e n : 1. Aufhebung des *Eröffnungsbeschlusses* auf sofortige Beschwerde des →Gemeinschuldners (§ 109 KO): Mit Rechtskraft des Beschlusses (weitere Beschwerden nach § 568 ZPO möglich) treten die mit der Eröffnung verknüpften Rechtsfolgen rückwirkend außer Kraft, oder das gerichtliche →Vergleichsverfahren ist zu eröffnen. Die Verfügungsmacht des Schuldners lebt rückwirkend wieder auf, doch bleiben auch Rechtshandlungen des →Konkursverwalters wirksam und haben bei Kollision mit denen des Schuldners den Vorrang. – 2. A. *nach* Abhaltung des →*Schlußtermins:* →Schlußverteilung braucht nicht abgewartet zu werden. Der Beschluß ist unanfechtbar. Die →Konkursgläubiger können wegen ihres Ausfalls gegen den Schuldner uneingeschränkt vorgehen, wobei die Eintragung in die →Konkurstabelle als Vollstreckungstitel verwendbar ist, sofern der Gemeinschuldner die Forderung im Prüfungstermin (→Prüfungstermin im Konkursverfahren) nicht bestritten hat. – 3. A. nach rechtskräftiger Bestätigung des →*Zwangsvergleichs* (§ 190 KO).

II. V e r g l e i c h s v e r f a h r e n : 1. Mit *Bestätigung des Vergleichs:* a) wenn die Summe der Vergleichsforderungen 20 000 DM nicht übersteigt (§ 90 VerglO); b) auf Antrag der →Vergleichsgläubiger mit der Mehrheit nach § 74 VerglO (§ 90 VerglO); c) wenn sich der Schuldner der Überwachung durch einen oder mehrere →Sachverwalter bis zur Erfüllung des Vergleichs unterwirft (§ 91 VerglO). – 2. Wenn der Vergleichsverwalter die *Vergleichserfüllung* anzeigt oder der Schuldner sie glaubhaft macht (§ 96 VerglO).

III. B e k a n n t m a c h u n g : Über die A. eines Verfahrens erfolgt stets →öffentliche Bekanntmachung.

Aufhebungsversteigerung, →Zwangsversteigerung zur Aufhebung einer Gemeinschaft.

Aufhebungsvertrag. I. H a n d e l s r e c h t : →Vertrag zur (einverständlichen) Aufhebung eines →Schuldverhältnisses.

II. A r b e i t s r e c h t : Vertrag zwischen Arbeitgeber und Arbeitnehmer, durch den ein zwischen ihnen bestehendes →Arbeitsverhältnis aufgehoben wird. Über den A. gibt es keine besonderen Schutzvorschriften; auch das KSchG verbietet nicht die einvernehmliche Aufhebung des Arbeitsverhältnisses (vgl. auch →Kündigungsschutz). – *Aufschiebend bedingter A.* (z. B. für den Fall der Krankheit, der verspäteten Rückkehr aus dem Urlaub) ist nach der Rechtsprechung jedoch unzulässig, da sie Kündigungsschutz und -fristen umgehen. – A. werden oft gegen Zahlung einer →Abfindung geschlossen.

Aufkaufhandel, kollektierende Großhandelsbetriebe, deren Hauptaufgabe im Beschaffen (Sammeln) von Waren und deren Zusammenstellung zu verkaufsgeeigneten →Sortimenten besteht. Manchmal sind mehrere Glieder der →Handelskette kollektierend tätig: *Detailkollekteure* sammeln nach bestimmten Auswahlgesichtspunkten kleine Mengen, nehmen eine Vorsortierung vor und verkaufen diese Mengen an *Großkollekteure.* Betriebe des *Aufkaufgroßhandels* sind tätig bei der Beschaffung landwirtschaftlicher Erzeugnisse (Eier, Obst, Gemüse, Teilen der Baumwoll- oder Kautschukernte, Häuten u. a.) und zunehmend bei den verschiedenen Formen des →Recycling: Schrott, Altpapier, Glas, Batterien, Müll u. a. Manche Händler haben weiträumige Aufkaufgebiete und sind dem →ambulanten Handel zuzurechnen. – Vgl. auch →Altwarenhandel. – *Gegensatz:* →distribuierender Handel.

Aufkommenselastizität, Verhältnis zwischen der relativen Aufkommensänderung einer Steuer bzw. des gesamten →Steueraufkommens und der relativen Änderung des →Sozialprodukts. Um eine hohe (> 1) oder zumindest proportionale (= 1) A. zu gewährleisten, muß die →Steuerbemessungsgrundlage mit wachsendem Sozialprodukt entsprechend steigen. Auch die →Tarifform beeinflußt die A.

Aufkommensneutralität, finanzwissenschaftlicher Begriff für die Gewährleistung des bisherigen Einnahmeaufkommens bei jeglicher Haushaltsänderung, meist angewandt auf Steueränderungen. A. wird häufig als fiskalische Nebenbedingung bzw. Vorbedingung in eine Inzidenzanalyse eingebaut. – *Begriffsinterpretationen:* Änderungen a) bei einer Steuer; b) bei Differentialuntersuchungen (→differentielle Inzidenz); c) bei alternativen Einnahmearten (z. B. Steuern versus Verschuldung); d) Änderungen der Ausgabepositionen bei neutraler Wirkung auf der Einnahmeseite.

Auflage. I. Öffentliches Recht: Eine hoheitliche Anordnung zum Tun oder Unterlassen, die in Verbindung mit einer Erlaubnis erfolgt. Wenn von der Erlaubnis Gebrauch gemacht wird, wird die Auflage zur unbedingten Pflicht und kann erzwungen werden. A. besonders häufig bei der Erteilung der →Bauerlaubnis. – Vgl. auch →Umweltauflage.

II. Erbrecht: Eine Anordnung von Todes wegen, durch die der →Erblasser einen →Erben oder Vermächtnisnehmer zu einer Leistung verpflichtet, ohne einem anderen ein Recht auf die Leistung zuzuwenden (z. B. Anordnung über Grabpflege, Bestimmung, 1000 DM zu mildtätigen Zwecken zu verwenden). Vollziehung der A. können u. a. Erben, Miterben, Testamentsvollstrecker und bei öffentlichen Interesse auch die zuständigen Behörden verlangen (§§ 1940, 2192–2196 BGB).

III. Industriebetriebslehre: Vgl. →Los.

Auflagendegression, →Degression I 3.

Auflassung, die zur →Übereignung eines Grundstücks erforderliche →Einigung zwischen Veräußerer und Erwerber über den Eigentumsübergang an dem Grundstück (§ 925 BGB), →dinglicher Vertrag. – *Formstrenge:* A. muß bei gleichzeitiger Anwesenheit beider Vertragteile (Veräußerer und Erwerber) vor einem Notar erklärt werden. Persönliche Anwesenheit ist nicht erforderlich. →Stellvertretung möglich. A. kann nicht unter →Bedingung oder →Zeitbestimmung erklärt werden (§ 925 II BGB). Die A.-Erklärung soll nur entgegengenommen werden, wenn der zur Grundstücksübereignung verpflichtende Vertrag bereits →öffentlicher Beurkundung vorgelegt oder gleichzeitig errichtet wird (§ 925a BGB). – Vgl. auch →Grundstücksverkehr, →Grundstücksvollmacht.

Auflassungsvormerkung, im Grundbuch eingetragene →Vormerkung zur Sicherung künftigen Eigentumserwerbs. Gilt auch in einem →Vergleichsverfahren (§ 50 IV VerglO) oder →Konkursverfahren (§ 24 KO).

Auflegungszahl, Anzahl der →Lose, die von einer Produktart in einer bestimmten Periode gefertigt wird.

Auflegungszeitpunkt, Zeitpunkt, zu dem ein →Los, eine →Serie bzw. eine →Sorte aufgelegt wird. – *Abstimmung der A.:* Vgl. →Lossequenzenplanung.

auflösende Bedingung, →Bedingung I 2a).

Auflösung. I. Recht: 1. *Allgemein:* Trennung vertraglich begründeter Beziehungen.

2. *Arbeitsrecht:* A. eines Arbeitsverhältnisses: a) durch →ordentliche Kündigung; b) durch →außerordentliche Kündigung; c) im beiderseitigen Einvernehmen; d) durch Zeitablauf (→befristetes Arbeitsverhältnis). (Vgl. zu a)– d) auch →Beendigung des Arbeitsverhältnisses). e) Durch Urteil des Arbeitsgerichts auf Antrag des Arbeitgebers oder -nehmers gemäß § 9 KSchG, wenn Fortsetzung des Arbeitsverhältnisses nicht zumutbar, unter gleichzeitiger Verurteilung des Arbeitgebers auf Zahlung einer →Abfindung. Ist außerordentliche Kündigung vorausgegangen, kann der Antrag auf A. nur durch den Arbeitnehmer gestellt werden (§ 13 KSchG). – Ist ein nachvertragliches →Wettbewerbsverbot vereinbart, so ist dies nach der Rechtsprechung des Bundesarbeitsgerichts bei beliebigen Arbeitsverhältnissen nur unter den engen Voraussetzungen des §§ 74 ff. HGB (z. B. Karenzentschädigung) gültig.

3. *Handelsrecht:* A. einer Handelsgesellschaft. – a) *Grund:* Ablauf der im →Gesellschaftsvertrag vorgesehenen Zeit, durch Beschluß der Gesellschafter, Eröffnung des →Konkurses über das Vermögen der Gesellschaft, z. T. auch gerichtl. Entscheidung nach →Auflösungsklage. Bei Personengesellschaften noch zusätzlich folgende Gründe: Tod eines Gesellschafters, falls im Gesellschaftsvertrag für diesen Fall Fortsetzung unter den anderen mit oder ohne den Erben nicht besonders vereinbart ist. Eröffnung des Konkurses über das Vermögen eines Gesellschafters oder Kündigung durch einen Gesellschafter oder →Privatgläubiger (vgl. § 131 HGB). – b) *Wirkung:* (1) Die Gesellschaft hört nicht auf zu bestehen, lediglich der bisherige Gesellschaftszweck fällt weg. Aus der werbenden Gesellschaft wird eine →Abwicklungsgesellschaft, und an die Stelle der geschäftsführenden und vertretungsberechtigten Gesellschafter treten für die Dauer der →Abwicklung die →Abwickler bis zur →Vollbeendigung. I. d. R. ist Anmeldung der A. beim →Handelsregister erforderlich (z. B. § 143 HGB). Auch bei A. einer Kapitalgesellschaft besteht die Gesellschaft während des Abwicklungsverfahrens fort. (2) Die steuerliche Rechtsfähigkeit erlischt erst mit vollständiger Ausschüttung des Vermögens an die Gesellschafter, frühestens mit Ablauf des gesetzlich vorgeschriebenen →Sperrjahres. Bei Ermittlung des →gemeinen Wertes von Anteilen an Gesellschaften, die sich in Liquidation befinden, ist nur vom Vermögenswert auszugehen; Ertragsaussichten sind außer acht zu lassen (→Bewertung). – Vgl. auch →Abwicklung, →Liquidation.

II. Buchführung: Berichtigung von →stillen Rücklagen. – 1. Die *Bildung* von stillen Reserven kann geschehen a) durch Unterbewertung von Aktiven (insbesondere im Anlage- und Vorratsvermögen) oder b) durch

Überbewertung von Passiven. – 2. Die *Auflösung* kann erfolgen a) durch Umwandlung in →offene Rücklagen (Aktivum an Rücklagen); b) durch Höherbewertung der unterbewerteten Aktiven mit Hilfe von Zuschreibungen, z. B. bei →Ausscheiden eines Gesellschafters (Aktivum an Kapital NN); c) durch Veräußerung der abgeschriebenen Aktiven (Kasse an Aktivum). Die Differenz zwischen Buch- und Veräußerungswert ist die stille Rücklage und als außerordentlicher Ertrag direkt oder über Kontenklasse 2 dem Gewinn- und Verlustkonto zu überschreiben (Aktivum an außerordentlicher Ertrag, außerordentlicher Ertrag an Gewinn- und Verlustkonto). – Die Auflösung der stillen Rücklage erfolgt *still*, wenn sich der tatsächliche Wert des Aktivums dem →Buchwert angeglichen hat.

III. Elektronische Datenverarbeitung: Anzahl der für die Darstellung zur Verfügung stehenden Bildpunkte eines Bildschirms oder einer gedruckten Graphik; i. a. ausgewiesen durch „Anzahl horizontaler × Anzahl vertikaler Bildpunkte".

Auflösungsklage, Antrag eines Gesellschafters auf gerichtliche Entscheidung betr. die →Auflösung einer OHG oder KG anstelle der bei der →Gesellschaft des bürgerlichen Rechts zulässigen Kündigung aus →wichtigem Grund. A. setzt voraus, daß ein →Gesellschaftsvertrag abgeschlossen und zur Ausführung gekommen ist. Bei Nachweis eines wichtigen Grundes wird in dem Urteil die Auflösung ausgesprochen (§ 133 HGB). A. muß ohne Verzögerung erhoben werden, da ein langes Zuwarten als Verzicht auf die Auflösung gewertet werden kann (→Verwirkung). An Stelle der Auflösung kann u. U. auch →Ausschließung eines Gesellschafters verlangt werden. Eine entgegenstehende Vereinbarung ist nichtig.

Aufmerksamkeit. I. Psychologie: 1. *Allgemein:* Tatbestand, von grundlegender Bedeutung u. a. für die Arbeitsleistung und das Käuferverhalten, über dessen Beschreibung und Erklärung in der Psychologie noch Meinungsverschiedenheiten bestehen. A. bedeutet, die psychischen Funktionen (Wahrnehmung, Gedächtnis, Denken) für ein bestimmtes Ziel in einem mehr als durchschnittlichen Ausmaß einzusetzen. – Man unterscheidet A.– Typen, z. B. Menschen mit fixierender, fluktuierender, stabiler, labiler A. (→Typenpsychologie). – 2. *Marketing/Werbung:* Fähigkeit des Organismus zur selektiven Aktivitätserhöhung (→Aktivierung). – Interdependente Funktionen der A.: a) Auswahl derjenigen Umweltreize, die intern weiterverarbeitet werden sollen (*Selektions- oder Kapazitätsfunktion*); b) Erhöhung der zu ihrer Verarbeitung benötigten psychischen Energie (*Intensitätsfunktion*). – Wirkungszusammenhänge: Alle Reize werden zuerst automatisch und unbe-

wußt analysiert. Stimuli mit einer geringen physikalischen, emotionalen oder kognitiven Bedeutung werden nach der automatischen Auswertung augenblicklich wieder vergessen; auf Stimuli mit einer starken physikalischen, emotionalen oder kognitiven Bedeutung erfolgt eine kognitiv kontrollierte Auswertung. Diese Analyse ist kapazitätsbeschränkt, d. h. üblicherweise kann nur ein Stimulus bearbeitet werden. Während der kontrollierten Auswertung bleibt die Fähigkeit zur automatischen Analyse aller ankommenden Umweltreize erhalten, so daß beim Auftreten signifikanter Reize die A. entsprechend umgeschaltet werden kann.

II. Steuerrecht: 1. *Lohnsteuer:* Sachzuwendungen von geringem Wert, die als A. gegeben werden, z. B. Blumen oder Pralinen, gehören nicht zum steuerpflichtigen Arbeitslohn. Die sog. Nichtaufgriffsgrenze für A. beträgt 30 DM; bei höheren Zuwendungen muß geprüft werden, ob es sich um eine bloße A. oder um ein steuerpflichtiges Geschenk handelt. – Vgl. auch →Annehmlichkeit. – 2. *Umsatzsteuer:* →Lieferungen oder sonstige Leistungen eines Unternehmers im Rahmen seines Unternehmens an seine Arbeitnehmer oder deren Angehörige aufgrund des Dienstverhältnisses, für die der Empfänger (Arbeitnehmer) kein besonders berechnetes →Entgelt aufwendet, sofern diese Leistung ohne rechtliche Verpflichtung gewährt wird und nach ihrem Wert im Verhältnis zum Gesamtlohn des Arbeitnehmers nicht ins Gewicht fällt (z. B. Betriebskindergärten, betriebsärztliche Versorgung). A. sind nicht umsatzsteuerpflichtig. – Nicht der Lohnsteuer unterliegende Leistungen, (→Annehmlichkeit) oder solche innerhalb lohnsteuerlichen →Freibeträgen oder →Freigrenzen sind nichtumsatzsteuerbare A.

Aufmerksamkeitsprämie, Prämie, die zusätzlich zu einer bestimmten Grundlohnform (→Lohnformen) für besondere Aufmerksamkeit bei der Arbeit gezahlt wird. A. kann sowohl →Qualitätsprämie als auch Quantitätsprämie (→Mengenleistungsprämie) sein.

Aufnahme, →Zitat.

Aufnahmefähigkeit des Marktes (für bestimmte Waren), wird in der →Marktforschung durch Kennziffern ausgedrückt, die aus der Verschmelzung der Untersuchungsergebnisse über verschiedene →Bedarfsfaktoren entstehen. Die Kennziffern für A. geben die derzeit ermittelten Möglichkeiten an, nicht aber einen absoluten Sättigungspunkt. – Vgl. auch →Marktpotential.

Aufnahmekapazität, Umfang der Daten und Texte, die maximal auf einem →Datenträger unterzubringen sind, gemessen in Zeichen (Byte). – *Anders:* →Aufzeichnungsdichte.

Magnetkarte	5–15 Kilobyte
Magnetbandkassette	100 Kilobyte–10 Megabyte
Diskette	32 Kilobyte–1Megabyte (und mehr)
Magnetplatte	2–300 Megabyte (und mehr)
Winchester-Disk	4–1000 Megabyte
optische Speicher	Gigabyte-Bereich.

Aufnahmezeit, Begriff des Arbeitszeitstudiums für die Summe aller während einer Grundzeitaufnahme oder Verteilzeitaufnahme gemessenen Zeiten (→Ist-Zeit), soweit diese zur gesetzlich oder tariflich festgelegten Arbeitszeit gehören.

Aufopferungsanspruch, im Anschluß an die §§ 74 und 75 der Einleitung zum preuß. →Allgemeinen Landrecht entwickeltes Rechtsinstitut, demzufolge der einzelne Staatsbürger einen öffentlich-rechtlichen Entschädigungsanspruch hat, wenn der Staat ihm ein unzumutbares Sonderopfer auferlegt, auch wenn der Eingriff Rechtens war und keine Möglichkeit der Klage aus →Amtspflichtverletzung u. dgl. besteht. Ähnelt dem Anspruch auf Entschädigung bei →Enteignung nach Art. 14 III GG. A. gilt als →Gewohnheitsrecht im Bundesgebiet und ist vor den ordentlichen Gerichten geltend zu machen (§ 40 II VwGO). – *Beispiel:* Hotelbesitzer, an dessen Hotel vorbei eine Eisenbahnlinie gebaut wird, wobei besonderer Lärm entsteht, muß dies dulden, kann aber wegen des dadurch entstandenen geschäftlichen Verlusts Anspruch auf Entschädigung geltend machen.

Aufrechnung. I. Allgemein: „Wechselseitige Tilgung zweier sich gegenüberstehender Forderungen durch Verrechnung" (Palandt). Wenn zwei Personen einander gleichartige Leistungen schulden, kann jeder Teil (Schuldner) mit seiner Gegenforderung gegen die Forderung (Hauptforderung) des anderen Teils (Gläubigers) aufrechnen. Gesetzlich geregelt in §§ 387–396 BGB. – 1. *Voraussetzung* ist Fälligkeit und Vollwirksamkeit der Gegen-, nicht notwendig der Hauptforderung. Der Gegenforderung darf keine Einrede der →Verjährung entgegenstehen. Doch kann mit verjährter Forderung aufgerechnet werden, wenn sie in dem Zeitpunkt, in dem sie frühestens hätte aufgerechnet werden können, noch nicht verjährt war. – 2. Die A. *erfolgt* durch einseitige empfangsbedürftige →Willenserklärung des Schuldners gegenüber dem Gläubiger, die unbedingt sein muß. Sie bewirkt, daß die Forderungen, soweit sie sich decken, zu dem Zeitpunkt, zu dem frühestens hätte aufgerechet werden können, als erloschen gelten (z. B. fallen seitdem etwa verwirkte →Vertragsstrafen und →Verzugszinsen weg). – 3. *Ausschluß* der A.: a) vertraglich; b) kraft Gesetzes ist A. unzulässig gegen unpfändbare Forderungen und gegen Forderungen des Gläubigers aus einer vorsätzlichen →unerlaubten Handlung des Schuldners. Nach der Rechtsprechung darf aber der Schuldner (z. B. Arbeitgeber) i. d. R. auch gegen den unpfänd-

baren Teil einer Forderung aufrechnen, wenn seine Gegenforderung aus einer vom Gläubiger begangenen vorsätzlichen unerlaubten Handlung (z. B. Unterschlagung des Angestellten) herrührt. Abzug von Vorschüssen ist keine A. und deshalb ohne Beschränkung zulässig. – 4. Die Parteien können die A. auch *vertraglich vereinbaren;* sie sind dann nicht an die obigen Voraussetzungen gebunden. In →Allgemeinen Geschäftsbedingungen ist jedoch eine Bestimmung unwirksam, durch die dem Vertragspartner des Verwenders die Befugnis genommen wird, mit einer unbestrittenen oder rechtskräftig festgestellten Forderung aufzurechnen. Vgl. im einzelnen →AGB-Gesetz. – 5. A. der *Lohnsteuer* ist nicht erlaubt; Ausnahme: →Lohnsteuer-Jahresausgleich durch den Arbeitgeber. Zuviel entrichtete *Sozialversicherungsbeiträge* sind aufzurechnen (§ 26 SGB IV).

II. Konkurs: Auch die Konkurseröffnung nimmt einem →Konkursgläubiger nicht die Möglichkeit der A.; es wäre unbillig, wenn er die von ihm geschuldete Leistung der Masse erbringen müßte, für seine Forderung aber nur Anspruch auf die →Konkursdividende hätte. Er braucht seine Forderung nicht anzumelden, doch kann dies mitunter ratsam sein. – *Änderungen* des Aufrechnungsrechts des Gläubigers durch §§ 54, 55 KO. – 1. *Erweiterung:* Der Gläubiger kann aufrechnen, wenn er zwar Geld zur Masse schuldet, seinerseits aber eine nicht in Geld bestehende Leistung zu fordern hat, und auch wenn seine Forderung noch nicht fällig ist (§§ 54, 69, 70 KO). – 2. *Einschränkung:* Die A. ist nur zulässig, wenn die Aufrechnungslage schon vor Konkurseröffnung bestand (§ 55 KO). Dadurch soll verhindert werden, daß ein Konkursgläubiger seine Forderung an jemand abtritt, der etwas zur Masse schuldet und sich dann durch Aufrechnung voll befriedigen kann. – 3. Die Bestimmungen über Erweiterung und Einschränkung der A. gelten entsprechend im *Vergleichsverfahren* (§ 54 Vergl.O.).

III. Zivilprozeß: Beklagter kann die A. (oder der Kläger gegenüber der →Widerklage des Beklagten) erklären. – 1. Verteidigt sich der Schuldner auch noch anderweit, ist die A. i. d. R. als →*Eventualaufrechnung* anzusehen, d. h. nur für den Fall erklärt, daß sich die bestrittene Klageforderung trotz der anderweitigen Verteilung als begründet erweist. – 2. Stehen Klageforderung und Gegenforderung nicht in rechtlichem Zusammenhang, kann das Gericht die Verhandlung über die Gegenforderung abtrennen und, wenn nur die Klageforderung zur Entscheidung reif ist, ein →*Vorbehaltsurteil* erlassen (§ 302 ZPO); vorbehalten bleibt die Entscheidung über die Aufrechnung im →Nachverfahren. Eine Entscheidung des Gerichts, daß die zur Aufrechnung gestellte Forderung *nicht bestanden hat* oder infolge der Aufrechnung *erloschen ist,* erwächst auch für den zur Aufrechnung gestellten Anspruch in →Rechtskraft (§ 322 II ZPO.)

IV. S t e u e r r e c h t: Auch nach Steuerrecht sind die Steuerpflichtigen berechtigt, gegen Steueransprüche mit unbestrittenen oder rechtskräftig festgestellten Gegenansprüchen mit befreiender Wirkung (§ 47 AO) aufzurechnen (§ 226 AO).

Aufrechnungsbescheinigung, Bescheinigung über den Inhalt von →Versicherungskarten der gesetzlichen →Rentenversicherung. A. werden von Ausgabestellen *ausgestellt* (Bürgermeisterämter, Ortsbehörden für die Arbeiterrenten- und Angestelltenversicherung und sonstige Gemeindebehörden, unter Umständen auch durch die Orts-, Betriebs- und Innungskrankenkassen oder durch Versicherungsämter). – A. dient als *Unterlage* für die Gewährung von Rentenleistungen. – Nach Ablauf von zehn Jahren nach Aufrechnung der Versicherungskonten können die Richtigkeit der Eintragung der Beschäftigungszeiten, Arbeitsentgelte und Beiträge sowie die Rechtsgültigkeit der Verwendung der in der Aufrechnung der Versicherungskarte bescheinigten Beitragsmarken nicht mehr *angefochten* werden, wenn die Eintragungen oder die Verwendung der Marken nicht in betrügerischer Absicht herbeigeführt wurden (§ 1423 VV RVO; § 145 II AVG.)

aufschiebende Bedingung, →Bedingung I 2 b).

aufschiebende Wirkung, →Suspensiveffekt.

Aufschlagspreisbildung, in der Makroökonomik Übertragung einzelwirtschaftlicher Preisbildungsvorstellungen auf die gesamtwirtschaftliche Ebene. Die Hypothese der A. geht davon aus, daß sich das Angebotspreisniveau aus dem Produkt von Stückkosten und einem Aufschlagssatz ergibt. Da aus Vereinfachungsgründen meist nur die Lohnstückkosten berücksichtigt werden, muß der Aufschlagssatz neben einer Gewinnkomponente auch die übrigen Kosten umfassen.

Aufschließung, Vorbereitungsarbeiten vor Inbetriebnahme eines Bergwerks: Bei Tagebau muß das Deckgebirge abgeräumt werden, bei Untertagebau ist die Schachtanlage auszubauen. – Die *A.-Kosten* sind in der Bilanz zu aktivieren und entsprechend der Produktion abzuschreiben (→Abraum).

Aufschließungseffekt, →Handelsschaffung.

Aufschrift. 1. Die nach außen angebrachte →Firma bzw. sonstige Kennzeichnung an der *offenen Verkaufsstelle* eines Gewerbetreibenden (§ 15 a GewO); vgl. →Laden. – 2. Bei *Postsendungen:* Anschrift, Bezeichnung und Sendungsart (z. B. Drucksache), Versendungs-

form (z. B. Einschreiben) und Vorausverfügung (z. B. nicht nachsenden).

aufschwänzen, →Schwänze.

auf Sicht, →Sichtwechsel.

Aufsicht, Überwachung der Verwaltung durch eine übergeordnete Behörde. Die A. kann sich sowohl auf die Gesetzmäßigkeit als auch auf die Zweckmäßigkeit der überprüften Verwaltungshandlungen erstrecken; in bestimmten Fällen auf die Kontrolle der Gesetzmäßigkeit beschränkt.

Aufsichtsamt. 1. A. *für das Kreditwesen:* Vgl. →Bundesaufsichtsamt für das Kreditwesen. – 2. A. *für das Versicherungswesen:* Vgl. →Bundesaufsichtsamt für das Versicherungswesen.

Aufsichtsrat (AR), vom Gesetz (§§ 95–116 AktG, §§ 9, 36–41 GenG) zwingend vorgeschriebenes Organ einer AG (vgl. 2–10, auch →Aktiengesellschaft) und Genossenschaft (→Genossenschaftsorgane 2). A. bei GmbH und KG vgl. unten 11/12. – 1. *Aufgaben:* Überwachung der Geschäftsführung, Prüfung von →Jahresabschluß und →Lagebericht und Bericht darüber in der →Hauptversammlung. – 2. *Zusammensetzung:* a) Der A. muß nach § 95 AktG mindestens aus drei Mitgliedern bestehen; Höchstzahl: bis zu 3 Mill. DM Grundkapital neun Mitglieder, bis zu 20 Mill. DM 15, darüber hinaus 21 Mitglieder. Ein Drittel der A.-Mitglieder müssen (von den Betriebsangehörigen in geheimer Wahl unmittelbar gewählte) Vertreter der Arbeitnehmer (darunter keine leitenden Angestellten) sein (§§ 76 ff. BetrVG 1952). – b) In der AG (auch KGaA, GmbH, bergrechtl. Gewerkschaft, Erwerbs- u. Wirtschaftsgen. und teilweise KG), die dem *Mitbestimmungsgesetz* unterliegt, besteht A. aus je sechs (bis 10 000 Arbeitnehmern), acht (bis 20 000 Arbeitnehmern) oder zehn (über 20 000 Arbeitnehmern) Vertretern der →Anteilseigner und der →Arbeitnehmer (einschließlich →leitender Angestellter und Vertreter von Gewerkschaften). – c) In der AG (auch GmbH und bergrechtl. Gewerkschaft) des *Bergbaus* und der Eisen und Stahl erzeugenden Industrie besteht (gem. Montan-Mitbestimmungsges. Bergbau und Eisen vom 21.5.1951) der A. aus vier Vertretern der Anteilseigner und einem weiteren Mitglied, vier Vertretern der Arbeitnehmer und einem weiteren Mitglied sowie einem weiteren Mitglied ("11. Mann"); Erhöhung auf 15 Mitglieder bei AG mit über 20 Mill. DM Kap., auf 21 Mitglieder bei Gesellschaften mit über 50 Mill. DM Kapital durch Satzung zulässig. – d) Der A. wählt aus seiner Mitte einen →Vorsitzenden und mindestens einen Stellv. – e) Die A.-Mitglieder brauchen nicht →Aktionäre der Gesellschaft zu sein, dürfen aber nicht dem Vorstand angehören. Wer bereits in zehn AG oder KGaA A.-Mitglied oder in einem von der AG →abhängigen Unternehmen →gesetzlicher Vertreter ist (vgl. →Überkreuzverflechtung, §100 AktG), darf einen weiteren A.-Posten nicht übernehmen. – 3. *Wahl:* Der A. wird durch die HV (mit Ausnahme der Arbeitnehmervertreter), der erste A. durch die →Gründer gewählt (→Gründung). – 4. Bei *Streit* darüber, nach welchen gesetzlichen Vorschriften der A. zu bilden ist, entscheidet auf Antrag das →Landgericht in einem besonderen Spruchverfahren (§§98, 99 AktG). – 5. Die *Amtsdauer* darf vier Bilanzjahre nicht überschreiten (beim ersten A. läuft sie nur bis zur HV, die über die erste Bilanz zu beschließen hat). – 6. *Veränderungen* im A. sind in den →Gesellschaftsblättern zu veröffentlichen und unverzüglich dem →Handelsregister einzureichen. – 7. *Abberufung* des A. ist, falls die Satzung nichts anderes vorsieht, nur mit Dreiviertel-Mehrheit der HV (mit Ausnahme der Arbeitnehmervertreter) möglich. – 8. Für seine Tätigkeit erhält der A. eine *Entschädigung* (→Aufsichtsratsvergütung). – 9. *Haftung:* Falls ein Mitglied seine Obliegenheiten nicht mit der Sorgfalt eines ordentlichen Kaufmanns wahrnimmt, kann es für Schäden von den Aktionären haftbar gemacht werden. – 10. Der A. muß mindestens in jedem Halbjahr einmal *einberufen* werden. Die *Beschlußfähigkeit* kann, soweit nicht gesetzlich geregelt, durch Satzung bestimmt werden. Mangels gesetzlicher oder Satzungsbestimmung ist A. beschlußfähig, wenn mindestens die Hälfte der vorgesehenen Mitgliederzahl teilnimmt, mindestens jedoch drei Mitglieder. Der Beschlußfähigkeit steht nicht entgegen, daß die vorgesehenen Sitze nicht alle besetzt sind, auch wenn das vorgeschriebene zahlenmäßige Verhältnis zwischen Vertretern der Aktionäre und der Arbeitnehmer nicht gewahrt ist (§108 AktG). – 11. Wenn eine *GmbH* einen A. bestellt, ist die Eintragung ins Handelsregister und Bekanntgabe der A.-Mitglieder durch das Registergericht notwendig. Jedoch kann die GmbH in der Satzung die Bildung eines A. in der Weise bestimmen, daß die aktienrechtlichen Vorschriften keine Anwendung finden sollen. Für GmbH und bergrechtl. Gewerkschaften mit mehr als 500 Arbeitnehmern ist A. (nach den Vorschriften des Aktienrechts) obligatorisch (§77 I BetrVG 1952). – 12. Soweit im Gesellschaftsvertrag vorgesehen, ist die Bildung eines A. auch bei einer *KG* zur Beaufsichtigung der persönlich haftenden Gesellschafter zulässig.

Aufsichtsratbericht, schriftlicher Bericht des →Aufsichtsrats an die Hauptversammlung über das Ergebnis seiner Prüfung des →Jahresabschlusses, des →Lageberichts, des Vorschlags über die →Gewinnverwendung, der →Geschäftsführung und des vom →Abschlußprüfer erstellten →Prüfungsberichts (§171 II AktG). Ferner muß der A. das Prüfungsergebnis des Aufsichtsrats über den Abhängigkeitsbericht (§312 AktG) und ggf.

des darüber von einem Abschlußprüfer erstellten Prüfungsberichts enthalten (§314 AktG). Gehört die AG in die Klasse der großen Kapitalgesellschaften (§267 HGB), so muß der A. spätestens neun Monate nach dem Abschlußstichtag im →Bundesanzeiger veröffentlicht und anschließend beim zuständigen →Handelsregister eingereicht werden (§325 I u. II HGB).

Aufsichtsratmitbestimmung, →Mitbestimmung, →Mitbestimmungsgesetz, →Montan-Mitbestimmungsgesetz, →Betriebsverfassungsgesetz 1952, →Mitbestimmung im Konzern.

Aufsichtsratsystem. 1. *Charakterisierung:* Spezielle →Organisationsverfassung der Unternehmensführung. Das A. trennt Geschäftsführung und Kontrolle (*Trennungsmodell*); klassisch in der deutschen →Aktiengesellschaft geregelt mit den Organen Vorstand (Geschäftsführung und Entwicklung der langfristigen Unternehmenspolitik) und Aufsichtsrat (Überwachung und Mitwirkung an herausgehobenen unternehmenspolitischen Entscheidungen bzw. zustimmungspflichtigen Geschäften). – *Gegenteil:* →Board-System. – 2. *Probleme:* Verselbständigung des Vorstandes; →Managerherrschaft. Nach empirischen Untersuchungen oft fehlende effektive Einwirkungsmöglichkeiten auf die Unternehmenspolitik für den Aufsichtsrat über Personalhoheit (Bestellungs- und Abberufungsrecht des Vorstandes) hinaus. – 3. *Entwicklung:* Die Fünfte EG-Richtlinie postuliert Stärkung des Aufsichtsrats durch Einführung eines gesetzlichen Mindestpflichtkatalogs zustimmungspflichtiger Geschäfte, um Interaktion zwischen Vorstand und Aufsichtsrat zu intensivieren (materiell Annäherung an das Board-System).

Aufsichtsratsteuer, Erhebungsart der →Einkommensteuer für →Aufsichtsratsvergütungen, die an →beschränkt Steuerpflichtige gezahlt werden. Die A. beträgt 30 v.H. der Bruttovergütungen und wird im Wege des →Steuerabzugs erhoben (§50 a I–III EStG).

Aufsichtsratvergütung. 1. *Begriff:* Vergütung jeder Art, die an Mitglieder des →Aufsichtsrats gewährt wird (nicht jedoch Auslagenersatz); kann in einer festen Vergütung oder in einem Anteil am Gewinn bestehen (§113 AktG). Vgl. auch →Tantieme. – 2. *Steuerliche Behandlung:* a) A. sind bei der Ermittlung des steuerpflichtigen Einkommens der *Körperschaft* zur Hälfte nicht abzugsfähig (§10 Nr. 4 KStG). Bei der Fortschreibung des verwendbaren Eigenkapitals sind die A. unter den sonstigen nichtabziehbaren Ausgaben zu erfassen und regelmäßig mit dem ungemildert der Körperschaftsteuer unterliegenden Teilbetrag zu verrechnen (§31 I Nr. 4 KStG). – b) A. gehören bei den *Aufsichtsratmitgliedern* i. a. zu den Einkünften aus selbständiger Arbeit (§18 I Nr. 3 EStG). Steuerabzug nur bei beschränkt Steuerpflichtigen (→Aufsichtsratsteuer). – Werden von den Arbeitnehmervertretern Teile der A. für soziale Zwecke abgeführt, so können das u. U. →Betriebsausgaben sein. – Beamte, die auf Veranlassung ihrer vorgesetzten Behörde dem Aufsichtsrat angehören, haben ihre A. an die Behörde abzuführen, mit Ausnahme eines Betrages, der ihnen als →Aufwandsentschädigung belassen wird.

Aufsichtsstellen, eine mit →Beamten des höheren oder des gehobenen Dienstes, staatlich anerkannten Sozialarbeitern oder Sozialpädagogen besetzte Landesbehörde, die die Aufgaben der →Führungsaufsicht wahrnimmt. Der Leiter der A. muß die Befähigung zum Richteramt besitzen oder ein Beamter des höheren Dienstes sein.

Aufstaulager, →Pufferlager.

Aufstiegsfortbildung, Lehrgänge von längerer Dauer (bis zu drei Jahren) zum Erwerb höherer beruflicher Qualifikationen als Grundlage für beruflichen Aufstieg. I. d. R. mit Prüfungsabschluß vor einer →Industrie- und Handelskammer (z. B. zum Industriefachwirt, Bilanzbuchhalter, Personalfachkaufmann). – *Rechtliche Grundlage:* a) der *individuellen Förderung* durch die →Bundesanstalt für Arbeit §§41–49 AFG, b) der *institutionellen Förderung* §§50–52 AFG, c) §46 II BBiG. Prüfungsrichtlinien und Lehrpläne nach §46 II BBiG liegen dem →Deutschen Industrie- und Handelstag (DIHT) vor. – Vgl. auch →berufliche Fortbildung.

Aufstiegsmöglichkeit, Aufgabe des betrieblichen →Personalmanagements, da A. die →Arbeitszufriedenheit und den Leistungswillen der Arbeitnehmer zu erhöhen in der Lage ist. – *Hindernisse,* der systematischen Pflege des Aufstiegswesens entgegenstehen sind: a) Bequemlichkeit; b) Abteilungsegoismus (Abteilungsleiter wollen gute Leute an der Stelle lassen, an der sie sich eingearbeitet und bewährt haben); c) Mangel an Aufstiegsstellen; d) Besetzung von interessanten Stellen durch Außenseiter, die u. U. nicht zu umgehen ist. – *Schaffung von* A. durch: Stellenbesetzungspläne; Nachfolgepläne; Arbeitsanforderungsbilder in Anlehnung an die →Berufsbilder, die dem Nachwuchs zeigen, welche Kenntnisse erforderlich sind, um in Aufstiegsstellen hineinzuwachsen. – Vgl. auch →Karriereplanung, →Personalentwicklung.

Auftrag. I. Bürgerliches Recht: Vertrag nach §§662–676 BGB, durch den sich eine Partei (der Beauftragte) verpflichtet, ein ihr von der anderen Partei (dem Auftraggeber) übertragenes Geschäft für diese unentgeltlich sorgfältig auszuführen. – 1. *Annahme:* Wer zur Besorgung gewisser Geschäfte öffentlich bestellt ist oder sich – sei es auch nur gegenüber dem Auftraggeber – erboten hat, muß, wenn er einen auf solche Geschäfte

gerichteten Auftrag nicht annimmt, Ablehnung unverzüglich dem Auftraggeber anzeigen (§663 BGB). – 2. *Pflichten:* a) Der *Beauftragte* ist verpflichtet, dem Auftraggeber die erforderlichen Nachrichten zu geben, über den Stand des Geschäfts Auskunft zu geben und nach Beendigung des A. Rechenschaft abzulegen (→Rechenschaftslegung, §666 BGB). Er hat dem Auftraggeber alles, was er zur Ausführung des Auftrags erhält und was er aus der Geschäftsbesorgung erlangt, herauszugeben (§667 BGB). – b) Der *Auftraggeber* muß dem Beauftragten die Aufwendungen, die er zum Zwecke der Ausführung des A. gemacht hat und den Umständen nach für erforderlich halten durfte, ersetzen (§670 BGB) bzw. auf Verlangen dem Beauftragten hierüber einen Vorschuß leisten (§669 BGB). – 3. *Beendigung:* Der A. kann von dem A.-geber jederzeit widerrufen werden. Der Beauftragte kann jederzeit kündigen (§671 BGB), jedoch nur in der Weise, daß der Auftraggeber das Geschäft anderweitig besorgen lassen kann; Kündigung ohne diese Beschränkung bei Vorliegen eines →wichtigen Grundes, und zwar auch dann, wenn der Beauftragte auf das Kündigungsrecht verzichtet hat. – Vgl. auch →Geschäftsbesorgungsvertrag, →Bankauftrag. – 4. *Sonderfall:* Der dem →Handelsvertreter erteilte A. ist kein A. im Sinne des BGB, sondern einzelnes →Angebots, wenn der Handelsvertreter ein →Abschlußvertreter, oder Angebot zum Vertragsschluß, wenn er →Vermittlungsvertreter ist.

II. Betriebsorganisation: *Allgemein:* Ein organisatorisches Hilfsmittel der Betriebssteuerung: Die beauftragte Stelle wird zur Ausführung einer Leistung verpflichtet. – Das Recht, Aufträge zu erteilen, ist bei bestimmten Funktionsstellen (→Instanzen) konzentriert (z. B. Arbeitsvorbereitung). – *Formen der A.serteilung:* 1. *Mündliche A.serteilung:* Vgl. →Weisung. – 2. *Schriftliche A.serteilung:* Z. B. in der Fertigung, wo zugleich Unterlagen für die →Kalkulation und →Buchführung geschaffen werden, vereinfacht durch Vordrucke und Formulare, die im Durchschreibe- oder Umdruckverfahren beschriftet und durchgehend numeriert werden. Umwandlung eines Kundenauftrags in einen A. durch Übertragung von den A.-Vordruck, in dreifacher Form zu erledigen: a) Durch *Lagerversandauftrag* = Erzeugnis ist auf Lager vorrätig. b) Durch *Einkaufsauftrag* = Erzeugnis wird nicht vom Betrieb selbst hergestellt, sondern als Handelsware vertrieben und ist nicht auf Lager. c) Durch *Fertigungsauftrag* = weder vom Lager noch durch Einkaufsauftrag kann geliefert werden; das gewünschte Erzeugnis muß hergestellt werden: (1) Fertigungsauftrag zur Kundenbestellung (→Kundenauftrag); (2) Fertigungsauftrag zur Fertiglagerergänzung (Vorratsauftrag), meist von der Betriebsleitung veranläßt (z. B. bei der Annahme, daß in Zukunft die Nachfrage nach einem bestimmten Erzeugnis zunimmmt), gleichzeitig mit den laufenden Kundenbestellungen, wodurch das Lager für zukünftige Bestellungen aufgefüllt und gleichzeitig eine größere Auflage in der Fertigung erreicht wird (Auflagendegression); (3) Fertigungsauftrag für interne Betriebszwecke (→Innenauftrag), z. B. als Teil der Anlagenwirtschaft. Der Fertigungsauftrag löst eine Reihe von innerbetrieblichen *Unteraufträgen* aus, deren Koordinierung durch →Arbeitsvorbereitung erfolgt: Materialbeschaffungsauftrag für nicht am Lager geführte Materialien; Einkaufsaufträge für fehlende Werkzeuge, Vorrichtungen und evtl. Maschinen; Bereitstellungsaufträge für Werkstoffe, Vorrichtungen, Maschinen usw. (→Materialentnahmeschein); Förderaufträge für die Heranbringung der Werkstoffe usw. Bearbeitungsaufträge (→Akkordzettel, →Lohnzettel usw.); Prüfauftrag für Qualität und Menge des erstellten Erzeugnisses, Versandauftrag für Versendung der fertigen Erzeugnisse u. a.

III. Elektronische Datenverarbeitung: Vgl. →Job II.

Auftragsabrechnung, Teilgebiet der →Kostenrechnung, das die für Produktions- und/oder Vertriebsaufträge anfallenden →Kosten kalkuliert. Die A. läßt sich der →Kostenstellenrechnung (Abrechnung von Aufträgen innerbetrieblicher Leistungen, z. B. Instandhaltungsleistungen) oder →Kostenträgerrechnung zuordnen (Abrechnung von Vertriebsaufträgen). – Einzelne *Aufträge* können mehrere (z. B. gemischter Versandauftrag) oder eine einzelne Leistungsart (z. B. ein einzelnes Produktionslos im Rahmen einer Serienfertigung) umfassen. Letzterer Fall macht deutlich, daß A. häufig die Basis traditioneller produktbezogener →Kostenträgerergebnisrechnungen ist. – *Bedeutung:* Aufgrund zunehmender Flexibilisierung der Fertigung wird die Bedeutung von A. in Zukunft stark zunehmen.

Auftragsabwicklung, sämtliche Planungs-, Steuerungs-, Durchführungs- und Kontrolltätigkeiten, die im Zusammenhang mit einer Leistungs- bzw. Produkterstellung anfallen. Es handelt sich um die verketteten Aktionskomplexe in allen Bereichen einer Unternehmung im Zusammenhang mit der Produkterstellung. – Vgl. auch →Auftrag, →Kundenauftrag, →Innenauftrag.

Auftragsangelegenheit, →Auftragsverwaltungsangelegenheiten.

Auftragsbeitrag, Überschuß der aggregierten Einzelerlöse über die →aggregierten Einzelkosten eines Kundenauftrags, d. h. Überschuß der zusätzlich erzielten Erlöse über die infolge Annahme und Abwicklung des Auftrags zusätzlich ausgelösten Kosten, unabhängig davon, ob für einzelne Posten oder für den Auftrag als Ganzes (z. B. Fracht, Versandverpackung, Fakturierung, Zahlungseinzug) entstehend. Bei Aufträgen, die nicht prompt und Zug-um-Zug (ohne Gewährleistung) abgewickelt werden, sollte der A. mehrphasigen Erlösrealisation entsprechend differenziert werden. – *Bedeutung:* Die Ermittlung des A. sowie der eingeschlossenen Artikel-Umsatzbeiträge und -Postenbeiträge (z. B. im Anschluß an Auftragseingang oder Fakturierung; vgl. untenstehende Abb.) ist Ausgangsbasis von →Absatzsegmentrechnungen und sonstiger →Deckungsbeitragsrechnungen auf Basis relativer Einzelkosten. – Vgl. auch →Liquiditätsbeitrag.

Auftragsbestätigung, →Bestätigungsschreiben.

Auftragseingänge, im Berichtsmonat vom Unternehmen fest akzeptierte Aufträge auf Lieferung selbst hergestellter oder in Lohnarbeit gefertigter Erzeugnisse. – *Amtliche Statistik:* Statistisch beobachtet im Rahmen der Statistik im →Produzierenden Gewerbe bei Betrieben von Unternehmen mit i. a. 20 und mehr Beschäftigten in ausgewählten Wirtschaftszweigen des →Verarbeitenden Gewer-

Ermittlung des Auftragsbeitrags in Verbindung mit der Fakturierung (Beispiel)

Arti-kel	Menge LE	Preis	Gesamt-wert	Einzelkosten des Artikels					ARTIKEL-(UM-SATZ)BEITRAG		Einzelkosten des Postens „an sich"	POSTEN-BEI-TRAG
				umsatzwertabhäng.		mengenabhäng.						
				%	je LE	Posten	je LE	Posten	je LE	Posten		
a	10	300	3 000	7	21	210	210	1 400	139	1 390		1 390
c	5	700	3 500	8	56	280	394	1 970	250	1 250	150	1 100
f	30	500	15 000	3	15	450	270	8 100	215	6 450	80	6 370
Σ			21 500			940		11 470		9 090	230	8 860

fracht, und verpackungsfrei Kundenlager	Einzelkosten des Auftrags an sich (Originäre Auftragseinzelkosten)	./. Versandverpackung	180
		./. Fracht	370
		./. Kosten der Auftragsabwicklung (Standardsatz II)	50
		AUFTRAGSBEITRAG	8 260

Quelle: Riebel, P., Einzelkosten- und Deckungsbeitragsrechnung, 5. Aufl., 1985, Wiesbaden, S.404.

bes. Veröffentlichung monatlich in Form von Indizes (z. Z. auf Basis 1980) in jeweiligen Preisen (Wertindizes) und unter Ausschaltung der Preisveränderungen (Volumenindizes). Gewichtung mit Auftragseingangsanteilen des Basisjahres. – 2. *Betriebswirtschaftliche Statistik:* Vgl. →Absatzstatistik.

Auftragseingangsstatistik, →Absatzstatistik.

Auftragskartei, Teil der Betriebsbuchhaltung zur Aufnahme aller Aufträge (Kunden- und Fertigungsaufträge). Zweckmäßig ist die Kennzeichnung der einzelnen Auftragsarten durch verschiedenfarbige Ausgestaltung der Karten sowie durch Verwendung besonderer Auftragsnummern. Abrechnung erfolgt mittels →Auftragsabrechnung.

Auftragsmaterial, Materialarten, die nicht ständig im Lager geführt werden und daher besonders bestellt werden müssen, wenn sie für einen Auftrag ausnahmsweise benötigt werden. Bestellung von A. wird nicht von der Lagerverwaltung, sondern von der →Arbeitsvorbereitung veranlaßt (vgl. auch →Bereitstellungsplanung). – *Gegensatz:* →Lagermaterial.

Auftragsmodalitäten, Komponente der Absatzlogistik; vgl. →Lieferservice.

Auftragsproduktion, →unmittelbar kundenorientierte Produktion.

Auftragsrabatt, →Mengenrabatt.

Auftragsstimmrecht, →Depotstimmrecht.

Auftragsverwaltung. 1. Im Verhältnis *zwischen Bund und Ländern* die in Art. 85 GG geregelte Ausführung von Bundesgesetzen durch die Verwaltungsbehörden der Länder. Im Unterschied zur sog. landeseigenen Verwaltung i. S. d. Art. 84 GG kann der Bund bei der A. einen größeren Einfluß auf den Gesetzesvollzug nehmen: Die zuständigen →obersten Bundesbehörden können den Landesbehörden Weisungen erteilen; die Leiter der Mittelbehörden, wie z. B. der Landesausgleichsämter, können von den Ländern nur im Einvernehmen mit der Bundesregierung bestellt werden. – Die Bereiche der A. sind im Grundgesetz abschließend und ausschließlich geregelt (vgl. Art. 89, 90, 108 und 120a GG). – 2. Im Verhältnis *zwischen Land und Gemeinden* die Wahrnehmung staatlicher Aufgaben durch die Gemeinden. Staatliche Auftragsangelegenheiten sind z. B. die Durchführung des Lastenausgleichsgesetzes, des Personenstandsgesetzes, die Betreuung der Volksschulen, →Selbstverwaltungsangelegenheiten den Weisungen der übergeordneten staatlichen Fachbehörde unterworfen, die oft nicht die Gemeindeaufsichtsbehörde ist.

Auftragsverwaltungsangelegenheiten, *Auftragsangelegenheiten,* die in der →Auftragsverwaltung gegebenen Angelegenheiten. – *Gegensatz:* →Selbstverwaltungsangelegenheiten.

Auftragszeit, →Vorgabezeit für das Ausführen eines Auftrags durch einen Menschen. A. besteht aus →Rüstzeit t_r und →Ausführungszeit t_a; Gliederung im einzelnen vgl. untenstehende Abb. Wichtig v. a. für →Lohnformen, →Produktionsprozeßplanung und →Kalkulation.

Auftragszusammensetzung, →Kostenbestimmungsfaktor, der die dem Betrieb oder einer Kostenstelle erteilten Einzelaufträge innerhalb einer bestimmten Periode kennzeichnet, die zu einzelnen Serien zusammengefaßt werden müssen, um eine Kostenoptimierung zu erreichen. Die Höhe der Produktionskosten hängt vom Einfluß des Betriebes auf die A. ab. – Zu *unterscheiden:* a) *qualitative A.:* Bezieht sich auf die Anzahl und Beschaffenheit der zu erstellenden Erzeugnisarten; b) *quantitative A.:* Menge der zu erstellenden Erzeugnisse der jeweiligen Erzeugnisart (→Losgröße).

Aufwand, →Aufwendungen.

aufwandorientiertes Deckungsbudget. 1. *Begriff/Charakterisierung:* Ein in Anlehnung an die Gliederung des Aufwands in der

Gliederung der Auftragszeit

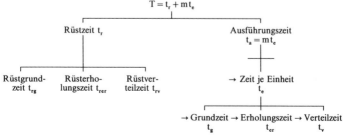

traditionellen Gewinn- und Verlustrechnung strukturiertes und um den angestrebten Jahresgewinn vor Steuern ergänztes →Deckungsbudget. Unberücksichtigt bleiben Aufwandsteile, die den einzelnen Leistungen als →Einzelkosten zugerechnet werden und bei der Ermittlung der Auftragsbeiträge bereits subtrahiert sind. Kriterien zur Gruppierung der einzelnen Aufwandsarten: (1) eindeutige Zurechenbarkeit auf das Abrechnungsjahr, (2) Aktivierungspflichtigkeit und (3) Belastung der Periode mit Ausgaben bzw. Auszahlungen. – *Besonders gekennzeichnet* werden sollten die mit dem →finanzorientierten Deckungsbudget identischen Positionen sowie Positionen, bei denen Spielräume für eine spätere Budgetanpassung durch sachliche oder finanzielle Dispositionen bestehen. – 2. *Zweck:* Das a. D. dient in der Deckungsbeitragsrechnung zum frühzeitigen Abschätzen des Jahreserfolgs und zur Vorbereitung einer aktiven →Bilanzpolitik während des laufenden Jahres. Die Gegenüberstellung von a. D. und den im Anschluß an den Auftragseingang bzw. die Fakturierung fortlaufend kumulierten →Auftragsbeiträgen (vgl. untenstehende Abb.) stellt eine als Frühwarnsystem besonders geeignete kontinuierliche Erfolgsrechnung dar.

Aufwandorientiertes Deckungsbudget und kontinuierliche Erfolgsrechnung *(Beispiel)*

Quelle: Riebel, P., Einzelkosten- und Deckungsbeitragsrechnung, 5. Aufl., 1985, Wiesbaden, S. 491.

Aufwandsausgleichskonto, buchhalterisches Konto zur Aufnahme zeitlicher Abgrenzungen der →Aufwendungen im Rahmen der kurzfristigen Ergebnisrechnung. Das Konto wird mit dem tatsächlichen Anfall belastet und bei Weiterverrechnung in die Kostenrechnung erkannt.

Aufwandsentschädigung. 1. An *Abgeordnete,* u. U. auch an *leitende Beamte* gewährte Vergütung zum Ausgleich ihnen entstehender bzw. entstandener Auslagen persönlicher oder sachlicher Art, z. B. Geldentschädigung für Repräsentationszwecke. – *Steuerfrei:* A. aus öffentlichen Kassen, wenn sie im Haushalts-

plan ausgewiesen werden und die Empfänger öffentliche Dienste leisten (§ 3 Nr.12 EStG). – *Steuerpflichtig:* a) Entschädigung für Verdienstausfall oder Zeitverlust; b) Differenzbetrag zwischen Aufwand und A., soweit der Aufwand offenbar unter der Höhe der gewährten A. liegt; c) A. an die in Kreis- und Gemeindeverwaltungen ehrenamtlich tätigen Personen zum Ausgleich des Aufwands an Zeit und Arbeitsleistung sowie des entgangenen Arbeitsverdienstes. Aus Vereinfachungsgründen sind in diesen Fällen 33⅓%, mindestens aber 50 DM monatlich der gewährten A. steuerfrei (Abschn. 7 V LStR). – Für die aus den Kassen der Berufsgenossenschaften, der Orts-, Land-, Innungs- und Ersatzkrankenkassen, der Gemeindeunfallversicherungsverbände, der Träger der gesetzlichen Rentenversicherung und der Knappschaften gewährten A. gilt Entsprechendes. – 2. Vergütung für *nebenberufliche Tätigkeiten* als Übungsleiter, Ausbilder, Erzieher oder für eine vergleichbare nebenberufliche Tätigkeit zur Förderung gemeinnütziger, mildtätiger und kirchlicher Zwecke im Auftrag einer inländischen juristischen Person des öffentlichen Rechts oder einer unter § 5 I Nr. 9 KStG fallenden Einrichtung sind bis zur Höhe von insgesamt 2400 DM im Jahr *steuerfrei* (§ 3 Nr. 26 EStG).

Aufwandskonten, umfassende Bezeichnung sämtlicher Konten, die zur Erfassung und Verrechnung von →Aufwendungen dienen: a) für *betriebliche Aufwendungen:* Konten der Kontenklasse 6 (IKR); b) für *weitere Aufwendungen:* Konten der Klasse 7.

Aufwandskosten, kaum noch gebräuchlicher Begriff für aufwandsgleiche Kosten (→Abgrenzung II 2).

Aufwandsrückstellungen, →Rückstellungen.

Aufwands- und Ertragsrechnung, →Gewinn- und Verlustrechnung.

Aufwärtskompatibilität, Begriff der elektronischen Datenverarbeitung für die →Kompatibilität einer älteren Version eines Softwareprodukts mit einer neueren Version oder mit einer neueren Softwareumgebung (→Software); im Gegensatz zu „Abwärts"-Kompatibilität häufig gewährleistet. – *Beispiel:* Eine neue Version eines Betriebssystems ist aufwärtskompatibel mit der früheren, wenn alle Programme, die unter der früheren Version betrieben werden konnten, auch unter der neuen ablauffähig sind.

Aufwendungen. I. Rechnungswesen: 1. *Begriff:* →Ausgaben einer Unternehmung für die während einer Abrechnungsperiode verbrauchten Güter, Dienstleistungen und öffentlichen Abgaben, die in der →Erfolgsrechnung den →Erträgen gegenübergestellt werden *(anders:* →Kosten). A. können mit den *Ausgaben* des gleichen Zeitabschnitts übereinstimmen; falls nicht, ist eine →Abgrenzung erforderlich. – 2. *Arten:* a) A. *für den Ge- und Verbrauch von Gütern:* (1) die verwendeten Verbrauchsgüter (Roh-, Hilfs- und Betriebsstoffe); (2) Wertminderungen an Gebrauchsgütern (abnutzbarem Anlagevermögen). – b) A. für die *Inanspruchnahme von Leistungen* besonders Löhne und Gehälter, auch Ausgaben für Versicherung, Patentgebühren und andere Entgelte für fremde Leistungen. – c) A. für die *Außenlasten* (Steuern, öffentliche Abgaben usw.). – 3. Für Zwecke der →*Gewinn- und Verlustrechnung* sind in der Buchhaltung zu trennen: a) A. der gewöhnlichen Geschäftstätigkeit; b) →außerordentliche Aufwendungen und Steueraufwendungen (vgl. auch →Industriekontenrahmen). – 4. Für Zwecke der *Kostenrechnung* sind zu unterscheiden: a) (1) *Betriebliche A.,* die in Erfüllung des Betriebszwecks entstehen, bei Erstellung von Gütern und Diensten; (2) *betriebsfremde A.,* die für andere Zwecke der Unternehmung entstehen. – b) (1) *Betriebliche ordentliche A.,* der regulären Erfüllung des Betriebszwecks dienend; (2) *betriebliche außerordentliche A.,* in Erfüllung des Betriebszwecks anfallend, jedoch nur einmal oder so unregelmäßig, daß sie den periodischen Kostenvergleich stören würden. (Beispiel: außerordentliche Wagnisverluste und Verluste aus besonderen Schadensfällen.) – c) (1) *Betriebliche ordentliche, kalkulierbare A.,* mit denen erstellte Leistungen zu belasten sind; (2) *betriebliche ordentliche, nicht kalkulierbare A.* dürfen das →Betriebsergebnis nicht beeinflussen (z. B. Körperschaftsteuer). – Nur die A. unter c) (1) sind als →Kosten in die Kostenrechnung zu übernehmen. Sämtliche anderen A. werden durch →Abgrenzung aus der Kostenrechnung ausgeschieden.

II. S t e u e r r e c h t: Es wird zwischen abzugsfähigen Aufwendungen und →nicht abzugsfähigen Aufwendungen unterschieden (Einzelheiten vgl. dort).

III. H a n d e l s r e c h t: 1. Das dem →*Handlungsgehilfen* und →*Handelsvertreter* sowie dem *Beauftragten und Geschäftsführer* zustehende Recht auf →Aufwendungsersatz nach den bürgerlich-rechtlichen Vorschriften des Auftragsrechts (§§ 675, 670 BGB). Für den Handelsvertreter kommt Ersatz nur in Frage, wenn die A. außerhalb des regelmäßigen Geschäftsbetriebes liegen oder der Ersatz handelsüblich ist. – Anspruch auf Ersatz der A. genießt nach herrschender Lehre auch das *Konkursvorrecht* der § 61 KO; →bevorrechtigte Gläubiger. – 2. Die dem →*Handelsmakler* i. d. R. bei entsprechender Vereinbarungen zu ersetzenden A. (§ 652 II BGB). – 3. Das den *Gesellschaftern* einer OHG oder KG gemäß § 110 HGB zustehende Recht auf Ersatz derjenigen A., die ein Gesellschafter bei Anwendung der →Sorgfalt in eigenen Angelegenheiten den Umständen nach für erfor-

lich halten durfte. A. sind nur ersatzfähig, wenn sie in Gesellschaftsangelegenheiten gemacht wurden.

Aufwendungen für die Ingangsetzung und Erweiterung des Geschäftsbetriebes, als Bilanzierungshilfe aktivierungsfähige, aber nicht aktivierungspflichtige →Aufwendungen (§ 269 HGB). Der Posten ist in der →Bilanz vor dem Anlagevermögen auszuweisen, in jedem folgenden Geschäftsjahr zu mindestens einem Viertel abzuschreiben (§ 282 HGB) und im →Anhang zu erläutern. Werden solche Aufwendungen in der Bilanz ausgewiesen, so dürfen Gewinne nur ausgeschüttet werden, wenn die nach der Ausschüttung verbleibenden, jederzeit auflösbaren →Gewinnrücklagen zuzüglich eines Gewinnvortrags und abzüglich eines Verlustvortrags dem angesetzten Betrag mindestens entsprechen (*Ausschüttungssperre*). – *Beispiele:* Aufwendungen für Probeläufe von Anlagen, für Organisationsberatung, für den erstmaligen Aufbau der Vertriebsorganisation, für Marktstudien; →Gründungskosten.

Aufwendungsersatz, Rechtsanspruch beim →Auftrag und der →Geschäftsführung ohne Auftrag seitens des Beauftragten bzw. Geschäftsführers ohne Auftrag gegenüber dem Geschäftsherrn auf Ersatz der Aufwendungen, die er den Umständen nach für erforderlich halten durfte (§§ 683 f., 670 BGB). – Auf Verlangen ist dem Beauftragten auch angemessener *Vorschuß* zu leisten (§ 669 BGB). – Vgl. auch →Aufwendungen III.

Aufwertung, *Revalation.* 1. Erhöhung des Preises der einheimischen Währung gegenüber ausländischen Währungseinheiten durch Änderung des →Wechselkurses (→Wechselkursmechanismus). – *Gegensatz:* →Abwertung. – 2. (Teilweiser) nachträglicher Ausgleich der im Zuge einer →Währungsreform abgewerteten Forderungen.

Aufwertungsausgleich, Ausgleich der der deutschen Landwirtschaft durch die Aufwertung der DM vom 27.10.1969 entstandenen Folgen durch Bereitstellung von jährlich zusätzlich 920 Mill. DM für den nationale Agrarpolitik und Vergünstigungen bei der →Umsatzsteuer geben. Aufwertungsausgleichsgesetz (AufwAG) vom 23.12.1969 (BGBl I 2381) mit späteren Änderungen. Das AufwAG wurde mit Wirkung vom 1.1.1981 außer Kraft gesetzt.

Aufwertungsschuldverschreibungen, alle durch die Aufwertungsgesetze entstandenen Schuldverschreibungen: Liquidationsschuldverschreibungen der Hypothekenbanken usw.; →Ablösungsanleihen der öffentlichen Schuldner, die aus den Industrie-Obligationen hervorgegangenen A.

Aufzeichnungsdichte, *Speicherungsdichte,* Kenngröße für Speicherdichte auf den Oberflächen magnetischer →Datenträger, gemessen (i. d. R.) in bpi-bit per inch (Speicherung hintereinander) bzw. tpi-track per inch (Speicherung nebeneinander). Beträgt i. d. R. 8000 bpi–12 000 bpi. – Vgl. auch →Aufnahmekapazität.

Aufzeichnungpflicht. I. Allgemeine Rechnungslegungspflicht: Vgl. →Buchführungspflicht.

II. Umsatzsteuerrecht: Nach § 22 UStG und entsprechenden Vorschriften der UStDV ist der Unternehmer verpflichtet, zur Feststellung der →Umsatzsteuer und der Grundlagen ihrer Berechnung Aufzeichnungen zu machen. – 1. Es müssen *zu ersehen* sein: (1) die vereinbarten →Entgelte für die erbrachten →Lieferungen oder sonstigen Leistungen, getrennt nach Steuersätzen; gesonderte Erfassung der steuerfreien Umsätze und derjenigen Umsätze, für die auf Steuerbefreiung verzichtet wurde (→Verzicht auf Steuerbefreiung); (2) die vereinnahmten Entgelte für noch nicht ausgeführte Leistungen (→Mindestistbesteuerung); (3) die Bemessungsgrundlagen für Leistungen an Arbeitnehmer und Gesellschafter; (4) die Bemessungsgrundlagen für den →Eigenverbrauch; (5) die Entgelte für steuerpflichtige Lieferungen und sonstige Leistungen, die an den Unternehmer für sein Unternehmen ausgeführt worden sind, die vor Ausführung dieser Umsätze gezahlten Entgelte (Vorauszahlungen) sowie die auf diese Umsätze entfallende Steuer (→Vorsteuerabzug); (6) die Bemessungsgrundlagen für die Einfuhr von Gegenständen und die entrichtete →Einfuhrumsatzsteuer. – 2. *Gewisse Vereinfachungen der A.* (§§ 63–68 UStDV) sind aus praktischen Erwägungen zugelassen worden (→Trennung der Entgelte). Für land- und forstwirtschaftliche Betriebe (§ 24 UStG) und →Kleinunternehmer (§ 19 UStG) ist die A. stark eingeschränkt. Ein Unternehmer im →Straßenhandel hat ein Steuerheft zu führen. – 3. *Besondere A.* für →Ausfuhrlieferungen (vgl. im einzelnen dort).

Aufzinsung, Begriff der →Zinseszinsrechnung: Die Ermittlung des Endkapitals aus gegebenem Anfangskapital und einem gegebenen Zinsfuß bzw. Ermittlung des Endwertes einer Zahlungsreihe durch Multiplikation der Zahlungen mit den zugehörigen →Aufzinsungsfaktoren. – *Gegensatz:* →Abzinsung.

Aufzinsungsfaktor, Begriff der →Zinseszinsrechnung: Durch Multiplikation des Kapitals mit dem A. erhält man das um Zinsen bzw. Zinseszinsen vermehrte Kapital. Der A. ist abhängig vom →Zinsfuß und der Zeit der Verzinsung. Die Auf- und Abzinsungsfaktoren sind in Tabellen zusammengestellt. – *Gegensatz:* →Abzinsungsfaktor.

Augenschein, →Beweismittel.

Auktion, eine einmalige oder periodische Marktveranstaltung, bei der die am A.-ort oder in dessen Nähe untergebrachten Waren im öffentlichen Bieteverfahren an den Meistbietenden veräußert werden. Auf deutschen *Großhandels-A.* werden vornehmlich leicht verderbliche Erzeugnisse (Obst, Gemüse) sowie Fische angeboten; weitere A. waren sind: Holz, Wein, Vieh, Häute und Felle als Landesprodukte sowie Südfrüchte, Tabak, Häute, Pelze, Elfenbein u. a. als Übersee-Erzeugnisse. Daneben gibt es A., die sich auch an *Privatleute* richten. Auf ihnen werden u. a. versteigert: Briefmarken, Antiquitäten, Kunstgegenstände, ver- oder gepfändete Sachen, Gegenstände aus Konkursmassen, Gebrauchtwaren. – Vgl. auch →Versteigerung.

AUMA, →Ausstellungs- und Messe-Ausschuß der Deutschen Wirtschaft e. V.

Ausbaugewerbe, in der amtlichen Statistik Teil des →Baugewerbes. Betriebe mit zwanzig Beschäftigten und mehr der Bauinstallation, des Glaser-, Maler- und Lackierergewerbes, der Bautischlerei, der Fliesen- und Plattenlegerei, der Ofen- und Herdsetzerei.

Ausbaugewerbe

Jahr	Beschäf- tigte in 1000	Lohn- und Gehalts- summe	darunter Gehälter	Bauge- werb- licher Umsatz	Produk- tions- index 1980 = 100
			Mill. DM		
1978	196	5 027	1 070	12 482	93,1
1979	201	5 439	1 166	14 222	100,8
1980	207	5 948	1 280	16 621	100
1981	208	6 273	1 395	17 695	94,1
1982	204	6 423	1 458	17 669	88,3
1983	200	6 469	1 490	18 162	88,3
1984	204	6 818	1 571	19 034	89,2
1985	199	6 755	1 613	18 890	88,2
1986	191	6 699	1 623	19 118	88,2

Ausbesserungsverkehr. 1. *Begriff* des Zollrechts: Ausbesserungen vorübergehend eingeführter ausländischer Waren im Inland *(aktiver A.)* oder vorübergehend ausgeführter inländischer Waren im Zollausland *(passiver A.)* bei Gewährung von Zollvergünstigungen. Zum Ausbessern gehört das Wiederherstellen (z. B. Reparieren, Instandsetzen) abgenutzter oder schadhaft gewordener und das Nachbessern fehlerhaft hergestellter Waren (auch durch Auswechseln einzelner Teile), das Regulieren von Waren sowie das Reinigen verschmutzter Waren. – 2. *Voraussetzung* der Vergünstigung ist Bewilligung einer Zollstelle: a) Beim *aktiven A.* stets vor der Einfuhr der Waren, bei einmaligem aktivem A. zugleich mit der Eingangsabfertigung. – b) Im *passiven A.* hat der Zollbeteiligte die Wahl zwischen der Anwendung des Nämlichkeits- (→Nämlichkeit) und →Äquivalenzprinzips; beim Äquivalenzprinzip kann auch eine Ersatzware gleichen Typs geliefert werden, sofern diese Art der

Ersatzlieferung branchenüblich ist. Zollvergünstigung bei einmaligem passivem A. (Differenzverzollung) auch dann, wenn die Waren ohne vorherige Bewilligung und Abfertigung ausgeführt wurden, wenn nachgewiesen wird, daß die (auszubessernden) Waren ohne Erlaß, Erstattung oder Vergütung von Zoll aus dem freien Verkehr ausgeführt wurden.

Ausbeute, I. Bergrecht: Verteilungsfähiger *Gewinn* einer →bergrechtlichen Gewerkschaft, der nach →Kuxen ausgeschüttet wird.

II. Zivilrecht: Nach § 99 BGB der über die natürlichen →Früchte einer Sache (z.B. Bäume eines Waldes) hinaus aus einer Sache bestimmungsgemäß gewonnene *Ertrag*, z.B. Gartenerde als A. eines Gartens im Gegensatz zu den Blumen als natürliche Frucht, ferner Kies einer Kiesgrube, Sand, Torf, Eis.

III. Industriebetriebslehre: Relation zwischen verwertbarer Erzeugnismenge und bearbeiteter Erzeugnismenge (→Ausbeutekoeffizient). A. kann abhängig oder unabhängig von den Prozeßbedingungen oder von der →Verweilzeit sein.

Ausbeuteabweichung, Begriff der Plankostenrechnung für Kostenabweichung, die darauf zurückzuführen ist, daß der Ist-Ausbeutekoeffizient nicht mit dem geplanten →Ausbeutekoeffizient übereinstimmt.

Ausbeutekoeffizient, →Kostenbestimmungsfaktor, der das Verhältnis von verwertbarer Erzeugnismenge zu bearbeiteter Erzeugnismenge (→Ausbeute III) angibt. Die Differenz zwischen bearbeiteter und verwertbarer Erzeugnismenge wird als →Ausschuß bezeichnet.

Ausbeutung. I. Wirtschaftstheorie: 1. *Wirtschaftstheorie des* →*Marxismus:* Aus →Arbeitswertlehre und →Mehrwerttheorie wird abgeleitet, daß die Arbeiter nicht den vollen Gegenwert der von ihnen erstellten Güter als Lohn erhalten, sondern nur ausbezahlt bekommen, was zur Deckung des eigenen ,,Reproduktionsaufwands" (Miete, Ernährung, Kleidung u.a.) benötigen. Die Differenz zwischen produzierten Gütern und Lohn (Mehrwert) könne sich der Unternehmer äquivalentlos aneignen (→Mehrwerttheorie), d.h. er beute die Arbeiter aus. – In welchem *Ausmaß* dies geschehe, soll anhand der →Mehrwertrate meßbar sein. – Die A. führe zur fortschreitenden →*Verelendung* der Arbeiter. – Die A.lehre läßt die produktiven Leistungen der beiden anderen Faktoren (Kapitalgüter und Boden) unberücksichtigt, wie auch der Preis des dispositiven Faktors durch A. nicht erklärt werden kann. – 2. *A.C. Pigou* spricht von A., wenn der →Lohnsatz unter dem →Wertgrenzprodukt der Arbeit liegt (→Verteilungstheorie, →Grenzproduktivitätstheorie). Sind die Faktormärkte durch Konkurrenz gekennzeichnet, kann es

keine A. geben. Der Faktorpreis kann niedriger als das Wertgrenzprodukt sein, wenn es sich bei dem Faktormarkt um ein →Nachfragemonopol oder ein →bilaterales Monopol handelt. – Vgl. auch →Ausbeutungstheorien. – 3. *Theorie der Unterentwicklung der Entwicklungsländer:* Vgl. →Dependencia-Theorie III 1 c) und IV 3 a).

II. Wettbewerbsrecht: Ausnutzung des Ergebnisses fremder Tätigkeit und fremder Aufwendungen mit verwerflichen Mitteln, z.B. sklavische →Nachahmung, →anlehnende Werbung. Nach UWG unzulässig (→unlauterer Wettbewerb).

III. Strafrecht: A. liegt vor, wenn jemand den Schwächezustand eines anderen rücksichtslos und anstößig aunutzt, um sich oder einem Dritten von diesem einen Vermögensvorteil versprechen oder gewähren zu lassen, der in einem auffälligen Mißverhältnis zu seiner Leistung steht. Als →Wucher strafbar (§ 302a StGB).

Ausbeutungsmißbrauch, →Kartellgesetz IV.

Ausbeutungstheorien, Bezeichnung für diejenigen Zins- (Profit-) und damit notwendigerweise verbundenen Lohntheorien, bei denen eine →Ausbeutung des Arbeiters durch die Kapitalisten behauptet wird, also eine Entlohnung unter dem Durchschnittsertrag der Arbeit. – Zu unterscheiden: a) *Abzugsvariante:* Die Ausbeutung entsteht durch Abzug vom Arbeitslohn (Mehrwert); vertreten durch K. Marx und F. Oppenheimer. Vgl. im einzelnen →Ausbeutung. – b) *Aufschlagsvariante:* Die Ausbeutung wird durch Aufschläge auf die Preise der Produkte erklärt; vertreten durch W. Lexis, O. Conrad, H. Peter. – Größte theoretische Schwierigkeit der A. ist die Erklärung des Ausgleichs der →Profitraten.

Ausbietungsgarantie, Vertrag, in welchem der eine Teil (Garant) sich dem anderen gegenüber verpflichtet, in einem →Zwangsversteigerungsverfahren eines →Grundstücks bis zur Höhe des →Grundpfandrechts (Hypothek, Grundschuld) mitzubieten, damit es nicht wegen zu geringen →Gebots ausfällt. Die A. kann in einem Hypothekenveräußerungsvertrag oder als selbständige Verpflichtung übernommen werden. Je nach den Umständen →*Garantievertrag* oder →*Ausfallbürgschaft.*

Ausbildender, nach § 3 BBiG derjenige, der einen →Auszubildenden zur →Berufsausbildung einstellt und dazu die persönliche Eignung besitzt (§ 20 I BBiG). Bei fehlender fachlicher Eignung hat der A. einen →Ausbilder mit der Ausbildung zu beauftragen. Zu den persönlichen und fachlichen Eignungsvoraussetzungen vgl. in einem →Ausbildereignungsverordnung. – *Pflichten des A.* (§§ 3–8 BBiG): a) →*Ausbildungspflicht;* b) Zurverfügungstellung einer für die Berufsausbildung *geeigneten Ausbildungsstätte;* c) Einstellung einer im Verhältnis zur Zahl der Ausbildungsplätze oder zur Zahl der beschäftigten Facharbeiter *angemessenen Anzahl* von Auszubildenden; d) *Freistellung* des Auszubildenden für den Berufsschulunterricht, für Prüfungen sowie für Ausbildungsmaßnahmen außerhalb der Ausbildungsstätte; e) angemessene *Vergütung* für den Auszubildenden; f) *Ausstellung eines* →*Zeugnisses* nach Beendigung der Ausbildung; dies ist vom Ausbilder zu unterschreiben, wenn A. die Berufsausbildung nicht selbst durchgeführt hat.

Ausbilder, nach § 20 II BBiG vom →Ausbildenden mit der Wahrnehmung der Ausbildungsfunktion ausdrücklich beauftragte Person, die dazu persönlich und fachlich geeignet sein muß. Die 1972 erlassene →Ausbildereignungsverordnung schreibt vor, daß sich die betriebliche A. arbeits- und berufspädagogische Kenntnisse anzueignen haben und diese in einer Prüfung nachweisen müssen. Durch die Beauftragung mit Bildungsaufgaben werden dem A. Teile des Weisungsrechts dem →Auszubildenden gegenüber übertragen. – Der Betriebsrat hat ein *Mitbestimmungsrecht* bei der Bestellung und Abberufung von A. (§§ 98 II, V BetrVG). Der Betriebsrat kann der Bestellung widersprechen oder die Abberufung verlangen, wenn bestimmte Gründe (fehlende fachliche Eignung, Vernachlässigung der Aufgaben durch A.) vorliegen.

Ausbildereignungsverordnung (AEVO), VO vom 20.4.1972, legt fest, welche berufs- und arbeitspädagogischen Kenntnisse die Ausbilder und Ausbildenden im Bereich der gewerblichen Wirtschaft nachzuweisen haben und in welcher Weise dieser Nachweis zu erbringen ist. Entsprechende Verordnungen bestehen für Handwerk (12.12.1972), Landwirtschaft (5.4.1976) und öffentlichen Dienst (16.7.1976). Die A. verlangt den Nachweis berufs- und arbeitspädagogischer Kenntnis in folgenden Sachgebieten: a) Grundfragen der Berufsbildung; b) Planung und Durchführung der Ausbildung; c) der Jugendliche in der Ausbildung; d) Rechtsgrundlagen der Berufsausbildung. Nach § 3 der A. muß jeder Ausbilder seine berufs- und arbeitspädagogische Eignung durch eine Prüfung nachweisen. Zwei zum 1.1.1985 in Kraft getretene Änderungsverordnungen verlängern die ursprünglich zum Jahresende 1984 auslaufenden *Übergangsfristen* für den Nachweis der pädagogischen Eignung. Danach können Ausbilder bis zum 31.12.1987 vom Nachweis befristet befreit werden; Personen, die bis zum 31.12.1989 mindestens fünf Jahre ohne wesentliche Unterbrechung ausgebildet haben, können auf Dauer die volle Ausbildereignung erwerben. Außerdem sollen Personen, die im Handwerk, im graphischen Gewerbe in der Land- oder Hauswirtschaft die Meisterprüfung abgelegt haben,

ohne weiteren Nachweis als berufs- und arbeitspädagogisch geeignet.

Ausbildungsabschlußprüfung, Abschluß der Ausbildung in einem →Ausbildungsberuf. – 1. Die A. wird in den anerkannten Ausbildungsberufen vor dem von der zuständigen Stelle errichteten *Prüfungsausschuß* (→Gesellenprüfungsausschuß) durchgeführt (§§ 34 ff. BBiG). – 2. *Voraussetzungen:* a) Erfüllung der →Ausbildungszeit (§§ 39 I Nr. 1, 29 II und III BBiG; b) Teilnahme an vorgeschriebenen Zwischenprüfungen und Führung der vorgesehenen →Berichtshefte (§ 39 I Nr. 2 BBiG); c) Eintragung in das →Verzeichnis der Berufsausbildungsverhältnisse; d) ggf. besondere Leistung im Betrieb oder in der Berufsschule oder Nachweis längerer beruflicher Tätigkeit (§ 40 BBiG). – 3. *Inhalt:* Unter Zugrundelegung der Ausbildungsordnung ist in der A. festzustellen, ob der Prüfling die erforderlichen Fertigkeiten beherrscht, die notwendigen praktischen und theoretischen Kenntnisse besitzt (→Ausbildungsberufsbild) sowie mit dem in dem Berufsschulunterricht vermittelten Lehrstoff vertraut ist. – 4. Die A. ist für den →Auszubildenden gebührenfrei. – 5. Die A. kann zweimal wiederholt werden (§ 34 I BBiG). – 6. Dem Prüfling ist bei bestandener A. ein →Zeugnis auszustellen (§ 34 II BBiG).

Ausbildungsbeihilfe, Leistung des Arbeitgebers, die durch die bisherige Arbeitsleistung des Arbeitnehmers noch nicht verdient, sondern im Hinblick auf die zukünftige Beschäftigung versprochen wird. Bei A. deshalb →Rückzahlungsklausel zulässig. Die Frist, innerhalb derer die A. bei →Kündigung des Arbeitnehmers zurückgefordert werden darf, darf desto länger dauern, je höher die Leistung des Arbeitgebers war und je mehr sie im persönlichen Interesse des Arbeitnehmers lag. Nach der Rechtsprechung ist Vereinbarung der Arbeitsvertragsparteien zulässig, nach der der Arbeitnehmer sich zur Zurückzahlung von A. für den Fall verpflichtet, daß er vor Ablauf von drei Jahren nach dem Ende der Fortbildung kündigt. – Anders: →Berufsausbildungsbeihilfe. – *Steuerliche Behandlung:* Von einem privaten Arbeitgeber gewährte A. gehören zum steuerpflichtigen →Arbeitslohn, vorausgesetzt, daß die in Aussicht genommene spätere Tätigkeit die Merkmale eines →Arbeitsverhältnisses aufweist und daß ein Zusammenhang zwischen den Arbeitgeberleistungen und dem in Aussicht genommenen Arbeitsverhältnis gegeben ist (BFH-Urteil vom 18.9.1964, BStBl 1965 III 11); auch gegeben, wenn es nicht zum Abschluß eines späteren Arbeitsverhältnisses kommt oder ein abgeschlossenes Arbeitsverhältnis tatsächlich nicht verwirklicht wird. Von *öffentlich-rechtlichen Verwaltungen* gewährte A. sind steuerfrei (BFH-Urteil vom 15.6.1973, BStBl II 734).

Ausbildungsberater, nach § 45 BBiG von den zuständigen Stellen (Kammern) zu bestellende

Personen, denen die Aufgaben zukommen: a) die an der Berufsausbildung Beteiligten zu beraten; b) die Durchführung der Berufsausbildung zu überwachen; c) bei der Zusammenarbeit der zuständigen Stelle mit betrieblichen und außerbetrieblichen Stellen mitzuwirken. A. sind i. d. R. hauptamtlich tätig und müssen die Eignung als →Ausbilder besitzen.

Ausbildungsberufe, Begriff des BBiG für Berufe, die als Grundlage für eine geordnete und einheitliche Berufsausbildung sowie zu ihrer Anpassung an die technischen, wirtschaftlichen und gesellschaftlichen Erfordernisse durch den Bundesminister für Wirtschaft oder den sonst zuständigen Fachminister im Einvernehmen mit dem Bundesminister für Bildung und Wissenschaft staatlich anerkannt sind (§ 25 BBiG; § 25 HandwO). – Das Bundesinstitut für Berufsbildung führt ein *Verzeichnis der anerkannten A.,* das jährlich zu veröffentlichen ist (§ 6 II Nr. 5 BerBiFG; vgl. Bekanntgabe des Verzeichnisses der anerkannten A. und des Verzeichnisses der zuständigen Stellen vom 27. 7. 1983 (Beilage BAnz. Nr. 183 vom 29. 9. 1983). – Die Ausbildung im A. endet mit der →*Ausbildungsabschlußprüfung.* – Vgl. auch →Berufsausbildungsverhältnis, →Ausbildungsberufsbild, →Ausbildungsordnung.

Ausbildungsberufsbild, gemäß § 25 BBiG Teil der für die einzelnen anerkannten →Ausbildungsberufe zu erlassenden →Ausbildungsordnungen, das die Fertigkeiten und Kenntnisse bestimmt, die Gegenstand der jeweiligen Berufsausbildung sind.

Ausbildungsförderung, *Berufsausbildungsförderung (kurz BAföG).* 1. *Rechtsgrundlage:* Die frühere Regelung im Ersten Gesetz über individuelle Förderung der Ausbildung vom 19. 9. 1969 wurde durch das Bundesgesetz über individuelle Förderung der Ausbildung i. d. F. vom 6. 6. 1983 (BGBl I 645, 1680, Bundesausbildungsförderungsgesetz, BAföG) mit späteren Änderungen abgelöst. Daneben bestehen verschiedene Rechtsverordnungen, so die ZuständigkeitsVO vom 27. 10. 1971 (BGBl I 1699), die FormblattVO i. d. F. vom 24. 3. 1980 (BGBl I 346), die BeiratsVO vom 11. 11. 1971 (BGBl I 1801), die BezeichnungsVO vom 27. 6. 1979 (BGBl I 831) mit späteren Änderungen, die ZuschlagsVO vom 18. 11. 1971 (BGBl I 1826), die DarlehnsVO vom 9. 7. 1980 (BGBl I 895) und die HärteVO vom 15. 7. 1974 (BGBl I 1449) mit späteren Änderungen sowie EinkommensVO vom 21. 8. 1974 (BGBl I 2069) und Schulversuche vom 27. 6. 1979 (BGBl I 834). – Vgl. auch →Ausbildungsplatzförderung. – 2. *Begriff:* Leistungen für den Lebensunterhalt und die für die Ausbildung erforderlichen Mittel für den Besuch (1) von weiterführenden allgemeinbildenden Schulen und Berufsfachschulen ab Klasse 10, (2) von Berufsaufbauschulen sowie Fachschu-

len, deren Besuch eine abgeschlossene Berufsausbildung nicht voraussetzt, und Fachoberschulen, wenn der Auszubildende nicht bei seinen Eltern wohnt und von der Wohnung der Eltern aus eine entsprechende zumutbare Ausbildungsstätte nicht erreichbar ist. Abendhauptschulen, Berufsaufbauschulen, 10. Klassen der Berufsgrundschulen, Berufsgrundbildungsjahre, Abendrealschulen, Abendgymnasien, Kollegs und vergleichbare Einrichtungen, Berufsfachschulen, einschließlich der Klassen aller Formen der beruflichen Grundausbildung und Fachschulen, Höhere Fachschulen und Akademien sowie Hochschulen. – 3. *Voraussetzungen:* A. wird auf schriftlichen Antrag durch das →Amt für Ausbildungsförderung denen gewährt, deren Leistungen erwarten lassen, daß sie das angestrebte Ausbildungsziel erreichen werden und bei denen die für ihren Lebensunterhalt und für ihre Ausbildung erforderlichen Mittel nicht zur Verfügung stehen. – 4. *Leistungen:* Die A. erfolgt für die Dauer der Ausbildung einschließlich der unterrichtsfreien Zeit und erstreckt sich auch auf ein erforderliches Praktikum. Sie wird nach dem festgesetzten Bedarf unter Berücksichtigung des Einkommens und Vermögens des Auszubildenden, seines Ehegatten und seiner Eltern (vgl. §§ 11 ff. BAföG) als Zuschuß oder zinsloses Darlehen geleistet.

Ausbildungsfreibetrag. 1. *Begriff des Einkommensteuerrechts:* Als typisierte →außergewöhnliche Belastung werden bei einem Steuerpflichtigen für Aufwendungen für die Berufsausbildung eines Kindes, für das er einen →Kinderfreibetrag erhält, auf Antrag bestimmte Ausbildungsfreibeträge vom →Gesamtbetrag der Einkünfte abgezogen (§ 33 a II EStG). – 2. *Berücksichtigungsfähig sind* seit Veranlagungszeitraum 1986 im Kalenderjahr: a) für ein Kind, das das 18. Lebensjahr vollendet hat, 1800 DM, wenn das Kind im Haushalt des Steuerpflichtigen untergebracht ist, 3000 DM, wenn das Kind auswärtig untergebracht ist; b) für ein Kind, das das 18. Lebensjahr noch nicht vollendet hat, 1200 DM, wenn das Kind zwecks Berufsausbildung auswärtig untergebracht ist. – 3. Der A. *mindert sich* jeweils um die eigenen Einkünfte und Bezüge des Kindes, soweit diese 2400 DM im Kalenderjahr übersteigen, sowie um die von dem Kind als Ausbildungshilfen aus öffentlichen Mitteln oder von Förderungseinrichtungen, die hierfür öffentliche Mittel erhalten, bezogenen Zuschüsse. – 4. Für dasselbe Kind kann der A. insgesamt nur *einmal* gewährt werden. Steht das Kind zu zwei Steuerpflichtigen, die die Voraussetzungen der →Zusammenveranlagung erfüllen, in einem Kindschaftsverhältnis, so erhält jeder die *Hälfte.* Aufgrund gemeinsamen Antrags kann bei einer →Veranlagung zur Einkommensteuer die einem Elternteil zustehende hälftige Anteil auf den anderen Elternteil übertragen werden.

Ausbildungskosten, ständig steigender Teil der →Personalnebenkosten, der für die Aus- und Fortbildung der Betriebsangehörigen anfällt, z. B. für Fortbildungskurse, Umschulung, und Ausbildungswerkstätten. – Vgl. auch →Berufsausbildungskosten, →immaterielle Investitionen.

Ausbildungsordnung. 1. *Begriff:* A. ist gemäß § 25 BBiG bzw. § 25 HWO Grundlage für eine geordnete und einheitliche →Berufsausbildung sowie zur Anpassung der Berufsausbildung an die technischen, wirtschaftlichen und gesellschaftlichen Verhältnisse und deren Entwicklung. A. legen rechtsverbindlich die inhaltlich-curriculare Ausrichtung der Berufsausbildung in anerkannten →Ausbildungsberufen fest und sind Grundlage der →betrieblichen Ausbildungspläne. – 2. *Bestandteile:* Die A. hat mindestens festzulegen a) Bezeichnung des Ausbildungsberufs, b) Ausbildungsdauer, c) Fertigkeiten und Kenntnisse, die Gegenstand der Berufsausbildung sind (Ausbildungsberufsbild), d) Ausbildungsrahmenplan als Anleitung zur sachlichen und zeitlichen Gliederung sowie e) Prüfungsanforderungen. – 3. *Verfahren:* A. werden als Rechts-VO vom Bundesminister für Wirtschaft oder vom sonst zuständigen Fachminister im Einvernehmen mit dem Bundesminister für Bildung und Wissenschaft erlassen. Die Entwicklung von A. liegt in der Zuständigkeit des →Bundesinstituts für Berufsbildung, die A. werden in einem besonderen Verfahren mit den Rahmenlehrplänen des Berufsschulunterrichts abgestimmt.

Ausbildungspflicht, eine nach dem BBiG dem →Auszubildenden (vgl. auch →Ausbilder) gegenüber dem →Auszubildenden obliegende Aufgabe (§ 6 BBiG). Dem Auszubildenden müssen die Fertigkeiten und Kenntnisse vermittelt werden, die zum Erreichen des Ausbildungszieles erforderlich sind (→Ausbildungsabschlußprüfung). Die Ausbildung hat unter Beachtung der →Ausbildungsordnung zu erfolgen, daß das Ausbildungsziel in der vorgesehenen →Ausbildungszeit erreicht werden kann. Der Auszubildende darf durch Heranziehung zu anderen, der Ausbildung nicht entsprechenden Dienstleistungen an der Erreichung des Ausbildungszieles nicht entzogen werden.

Ausbildungsplatz-Abzugsbetrag, Begriff des *Einkommensteuerrechts:* Der A.-A. wird Steuerpflichtigen gewährt, die bis 31. 12. 1990 finanzielle Hilfen der →Ausbildungsplatzförderung erhalten und bei denen die Hilfen zu den →Betriebseinnahmen gehören. Die Kürzung erfolgt bei der Ermittlung des →Gesamtbetrags der Einkünfte in Höhe der gewährten finanziellen Hilfen (§ 24b EStG). – Der A.-A. ist ebenfalls bei der Ermittlung des *Gewerbeer-*

trags gewerbesteuerpflichtiger Unternehmen abzuziehen (§ 9 Nr. 9 GewStG). – Im Ergebnis bewirkt A.-A., daß die als Betriebseinnahme erfaßte Subvention steuerfrei gestellt wird.

Ausbildungsplatz-Förderung, Programm des Bundes und der Länder zur Schaffung zusätzlicher Ausbildungsplätze. Die Programme richten sich überwiegend an Problemgruppen oder -gebieten aus, mit dem Ziel, allen Ausbildungswilligen und -fähigen eine Ausbildung in einem anerkannten →Ausbildungsberuf zu ermöglichen. Die Förderung erfolgt i. d. R. durch Zuschüsse. – Vgl. auch →Berufsbildungsförderung.

Ausbildungsrahmenplan, für die Berufsausbildung eine Anleitung zur sachlichen und zeitlichen Gliederung der Fertigkeiten und Kenntnisse des →Auszubildenden. Er wird in der →Ausbildungsordnung festgelegt (§ 25 II BBiG).

Ausbildungsstätte, Betrieb oder Betriebsteil, in dem die Ausbildung stattfindet. – Die A. muß nach Art und Einrichtung *für die Berufsausbildung geeignet* sein; die Zahl der →Auszubildenden muß in angemessenem Verhältnis zur Zahl der Ausbildungsplätze oder zur Zahl der beschäftigten Fachkräfte stehen. Trotz fehlender Erfordernisse ist die A. geeignet, wenn Mängel durch Ausbildungsmaßnahmen außerhalb der A. behoben werden (§ 22 BBiG).

Ausbildungsvergütung, dem →Auszubildenden vom dem →Ausbildenden zu zahlende Vergütung, die nach dem Lebensalter des Auszubildenden zu bemessen ist und mit fortschreitender Berufsausbildung, mindestens jährlich, ansteigt (§ 10 BBiG). – *Bemessung:* A. ist monatlich, spätestens am letzten Arbeitstag des Monats zu zahlen. Für die Teilnahme am Berufsschulunterricht und an Prüfungen ist A. weiterzuzahlen. Ferner besteht Anspruch auf A. für die Dauer bis zu sechs Wochen bei unverschuldeter Krankheit des Auszubildenden (→Lohnfortzahlung), bei Ausfall der Berufsausbildung, wenn der Auszubildende sich dafür bereithält oder wenn der Auszubildende aus einem sonstigen, in seiner Person liegenden, unverschuldeten Grund an der Erfüllung seiner Pflichten aus dem →Berufsausbildungsverhältnis verhindert ist (§ 12 BBiG).

Ausbildungsverkehr, Fahrten zwischen Wohn- und Ausbildungsstätten von Personen, die sich in einer Berufs-, Schul- oder Hochschulausbildung befinden, mit Privatfahrzeugen und Fahrzeugen des →öffentlichen Personennahverkehrs.

Ausbildungswerkstatt, →Lehrwerkstatt.

Ausbildungszeit, Dauer der für das →Berufsausbildungsverhältnis erforderlichen Zeit (§ 25 II BBig). Die A. wird in der →Ausbildungsordnung festgelegt; sie soll nicht mehr als drei und nicht weniger als zwei Jahre betragen. Die A. ist schriftlich in den →Berufsausbildungsvertrag aufzunehmen (§ 4 BBiG). – Die A. des →Auszubildenden im *Handwerk* beträgt mindestens zwei Jahre, höchstens drei Jahre (§ 25 HandWO); im einzelnen in einer Ausbildungsordnung festzulegen.

Ausbildungsziel, Begriff des BBiG; für die in dem →Berufsausbildungsverhältnis anzustrebende Abschlußprüfung (→Ausbildungsabschlußprüfung).

Ausbreitung fremder Arbeitsergebnisse, →Nachahmung.

Ausbringung, *Ausstoß,* mit einem Erzeugungsgang oder in einem bestimmten Zeitabschnitt durch Einsatz von Material und Arbeit bei gegebener technischer Ausstattung eines Betriebes zu erzielende Produktmenge. Bei Versagen anderer Maßstäbe zur Kennzeichnung der betrieblichen →Kapazität geeignet. – Vgl. auch →Produktionsertrag.

Ausdruck, Begriff aus der elektronischen Datenverarbeitung (→*Programmentwicklung:*) für eine Variable, Konstante, Funktion oder eine Kombination von Variablen, Konstanten und/oder Funktionen, die mit Operatoren (z. B. +, −, /) verknüpft sind, ggf. durch Klammern strukturiert. – *Beispiel:* (Umsatz-Kosten)/12. – Ein A. besitzt einen →Datentyp (im Beispiel: numerisch reell).

ausdrücklich, Begriff in gesetzlichen Vorschriften. Bedeutet nicht, daß damit eine bestimmte Form für eine →Willenserklärung gefordert wird. Es ist nur notwendig, daß der Wille unzweideutig zum Ausdruck kommt. Die Duldung allein genügt i. d. R. nicht.

Ausdruckskunde, →Charakterologie.

Auseinandersetzung. I. B ü r g e r l i c h e s R e c h t : A. unter den Gesellschaftern einer →Gesellschaft des bürgerlichen Rechts, geregelt in den §§ 730–735 BGB. Zum Zwecke der A. ist das →Gesellschaftsvermögen, soweit erforderlich, in Geld umzusetzen. Verbleibt nach Berichtigung der →Gesellschaftsschulden und nach Rückerstattung der Einlagen der Gesellschafter ein *Überschuß,* so gebührt er den Gesellschaftern nach dem Verhältnis ihrer Anteile am Gewinn (Gewinn- und Verlustbeteiligung). Reicht das Gesellschaftsvermögen zur Schuldentilgung nicht aus, so müssen die Gesellschafter einen *Nachschuß* leisten nach dem Verhältnis, nach dem sie den Verlust zu tragen haben (→Nachschußpflicht).

II. H a n d e l s r e c h t : 1. A. infolge →Auflösung der Personengesellschaft oder bei →Ausscheiden eines Gesellschafters. A. muß stattfinden, kann jedoch auf einen späteren Zeitpunkt verschoben werden. Die *Art der A.* können die Gesellschafter frei vereinbaren: a)

die im HGB genannte →*Abwicklung,* b) Übernahme des Geschäftes mit Aktiven und Passiven durch einen oder mehrere Gesellschafter (z. B. bei Ausscheiden eines Gesellschafters), c) Einbringung des Gesellschaftsvermögens in eine Kapitalgesellschaft, d) Versteigerung des Geschäfts unter den Gesellschaftern usw. Ist eine besondere Art der A. nicht vereinbart, findet i. a. Abwicklung statt. – 2. Der Auflösung einer →*stillen Gesellschaft* muß auch eine A. folgen, die sich, da ein gemeinsames Gesellschaftsvermögen nicht vorhanden ist und der stille Gesellschafter auch dem Gläubigern des Unternehmens nicht haftet, auf die A. der schuldrechtlichen Beziehungen beschränkt. Das Ergebnis des letzten Geschäftsjahres bis zur Auflösung muß festgestellt werden; ein aktives Einlagekonto muß der Geschäftsinhaber auszahlen, für ein passives muß der stille Gesellschafter, sofern er noch mit seiner →Einlage im Rückstand ist, in Höhe des Passivsaldos Zahlung leisten (§ 235 HGB). Auch hier kann eine andere Art der A. vereinbart werden.

III. E h e l i c h e s G ü t e r r e c h t : A. nach Aufhebung eines Güterstandes; vgl. im einzelnen →eheliches Güterrecht.

Auseinandersetzungsbilanz. 1. *Begriff:* Bilanz einer Personengesellschaft (→Abschichtungsbilanz), die als Grundlage für die Auszahlung eines oder mehrerer Gesellschafter dienen soll. Das *Ergebnis* der A. ist das →Auseinandersetzungsguthaben. – 2. *Formen:* Die A. kann eine *Sonderbilanz* sein, d. h. sie kann (in den meisten Fällen) speziell zum Zweck einer →Auseinandersetzung aufgestellt werden. Das ist notwendig, wenn ein Gesellschafter plötzlich (z. B. durch Tod) im Laufe des Geschäftsjahres ausscheidet. Die A. kann aber auch ersetzt werden durch die *Handelsbilanz* am Ende des Geschäftsjahres. Im →Gesellschaftsvertrag können Richtlinien vereinbart werden, die sowohl den Aufstellungszeitpunkt als auch die Bewertungsmaßstäbe für die A. festlegen. – 3. *Bewertung/ Besteuerung:* Da die A. eine interne Bilanz des Gesellschafter ist, sind die Gesellschafter in der Wahl der *Wertansätze* an keine rechtlichen (handels- oder steuerrechtlichen) Vorschriften zwingend gebunden. Vor dem Hintergrund der neueren Erkenntnisse der Unternehmensbewertungslehre und der Rechtsprechung zur Ermittlung einer angemessenen Abfindung ist die Verwendung der Jahres- oder einer internen Bilanz problematisch. Nach heutiger Auffassung wird der Wert eines fortzuführenden Unternehmens (→Unternehmungswert) und damit auch die Höhe des Auseinandersetzungsguthabens ausscheidender Gesellschafter von der Höhe der künftig erzielbaren Reinerträge bzw. Einnahmeüberschüsse bestimmt. – Werden von den steuerrechtlichen Bewertungsvorschriften abweichende Bewertungsmaßstäbe bei der Aufstellung der A.

verwendet und dabei →stille Rücklagen aufgelöst bzw. sonstige Buchgewinne ausgewiesen, müssen die Gewinne *nachversteuert* werden.

Auseinandersetzungsguthaben. 1. Beim Ausscheiden eines Gesellschafters aus einer *Personengesellschaft* entstehendes Guthaben; Ergebnis der →Auseinandersetzungsbilanz. Der Geschäftsanteil auf dem Kapitalkonto, meist vermehrt um die Auflösung der →stillen Rücklagen (Bewertung zum Tag des Ausscheidens), wandelt sich um in ein A., das je nach Inhalt des Gesellschaftsvertrages beim Ausscheiden od. in langfristigen Raten fällig wird. *Vor Feststellung* des A. kann ein Anspruch auf einzelne Posten grundsätzlich nicht geltend gemacht werden, außer wenn das Ergebnis der →Unternehmungsbewertung schon vorher feststeht. Der *Anspruch* auf das A. *entsteht* bereits mit Entstehen der Gesellschaft, wenn auch in unbestimmter Höhe. Er kann übertragen und gepfändet werden. – 2. Das A. des *stillen Gesellschafters* besteht aus seiner →Einlage, soweit er sie im Zeitpunkt der →Auflösung geleistet hat, vermehrt oder vermindert durch das Ergebnis des letzten Geschäftsjahres. In Höhe des A. ist der stille Gesellschafter Gläubiger des Inhabers wie jeder andere Gläubiger.

Auseinandersetzungsversteigerung, eine →Zwangsversteigerung zur Aufhebung einer Gemeinschaft.

Ausfallbürgschaft, *Schadlosbürgschaft,* Sonderform der →Bürgschaft. Der Bürge haftet nur, soweit der Gläubiger mit seiner Forderung ausfällt. Der Ausfallbürge braucht nicht erst die →Einrede der Vorausklage zu erheben, vielmehr muß der Gläubiger nachweisen, daß er die →Zwangsvollstreckung gegen den →Hauptschuldner versucht und dabei einen Ausfall erlitten hat. →Modifizierte Ausfallbürgschaft. – Im *Export* gegenwärtig unter bestimmten Voraussetzungen A. des Bundes; vgl. im einzelnen →Ausfuhrgarantien und -bürgschaften.

Ausfallforderung, Forderung eines absonderungsberechtigten Gläubigers im →Konkursverfahren und →Vergleichsverfahren, die verbleibt, wenn der übrige Teil durch Verwertung einer Sicherheit befriedigt und damit erloschen ist. Wegen der Behandlung der A. im einzelnen vgl. →Absonderung.

Ausfallkosten, →Stillstandskosten 2.

Ausfallmuster, →Warenmuster.

Ausfallrisiko, Gefahr des teilweisen oder vollständigen Verlustes von Forderungen und Kursverlusten bei Wertpapieren; hervorgerufen durch Insolvenz bzw. Insolvenzgefährdung des Schuldners. Das A. wird beim Gläubiger auch als Gläubigerrisiko und beim Anteilseigner (z. B. Aktionär) als Anteilseig-

nerrisiko bezeichnet. – Im Falle eines Abschreibungsbedarfs an *Länderkrediten* spricht man vom →Länderrisiko (insbes. in Lateinamerika eingetreten). – Vgl. auch →Kreditrisiko.

Ausfallzeit, in der gesetzlichen Rentenversicherung (§ 1259 RVO, § 36 AVG, § 57 RKG)Zeiten, in denen der Versicherte aus bestimmten in seiner Person liegenden Gründen keine Beschäftigung ausüben konnte, z. B. Zeiten, in denen eine versicherungspflichtige Beschäftigung oder Tätigkeit wegen Arbeitsunfähigkeit, Schwangerschaft oder Wochenbett oder Arbeitslosigkeit (sofern keine Beitragszahlung durch die Bundesanstalt für Arbeit) für mindestens einen Kalendermonat unterbrochen worden ist, sowie Zeiten einer nach Vollendung des 16. Lebensjahres liegenden abgeschlossenen Lehrzeit ohne Beitragsleistung und einer weiteren Schulausbildung sowie einer abgeschlossenen Fach- oder Hochschulausbildung. – Die A. werden bei der Rentenberechnung nur *berücksichtigt,* wenn bei Eintritt des Versicherungsfalls bestimmte gesetzlich vorgeschriebene Voraussetzungen erfüllt sind (→Halbbelegung). Für Zeiten vor dem 1. 1. 1957 sieht das Gesetz eine pauschale A. vor, ohne Halbbelegung und ohne gesonderte Nachweise. Weist der Versicherte gegenüber der pauschalen A. längere A. nach, so werden die nachgewiesenen längeren A. angerechnet (Art. 2 § 15 AnVNG, Art. 2 § 14 ArVNG). – A. bleiben mit Wirkung vom 1. 1. 1980 bei der Rentenberechnung *unberücksichtigt,* soweit sie bei einer Beamtenversorgung aus einem vor dem 1. 1. 1966 begründeten Dienstverhältnis berücksichtigt werden.

Ausfallwahrscheinlichkeit, →Wahrscheinlichkeit dafür, daß eine Komponente K_i oder ein gesamtes →System S, bei denen nur die Zustände „intakt" oder „defekt" zugelassen sind. Nicht intakt sind: $p_i = P \{K_i \text{ defekt}\}$ bzw. $p_s = P \{S \text{ defekt}\}$.

Ausfertigung. 1. Die amtliche Abschrift eines *amtlichen Schriftstückes,* die im Verkehr die Urschrift ersetzen soll, z. B. die A. eines →Urteils, die A. kann – anders als die →beglaubigte Abschrift – nur von der Stelle erteilt werden, welche die Urschrift verwahrt (§§ 47–49 Beurkundungsgesetz). – 2. Das im Text mit der Urkunde eines →Wechsels übereinstimmende erste, zweite und dritte Duplikat, das im Überseegeschäft als Prima-, Sekunda- oder Tertia-Wechsel als Zahlungsmittel dient. – *Gegensatz:* →Wechselabschrift.

Ausflaggung, Registrierung eines Fahrzeugs (Schiff, Flugzeug, Kraftfahrzeug) in einem anderen als dem Heimatstaat des Fahrzeugeigentümers als Verlagerung eines Betriebsteiles zu einem ausländischen Standort. Ursachen sind höhere Fahrzeugeinsatzkosten aufgrund steuer-, arbeits- und anderer rechtlicher Vorschriften im Inland als im Ausland bei starkem internationalem Wettbewerb. – Vgl. auch →billige Flaggen.

Ausfolgungsprotest, →Wechselprotest, der wegen Nichtherausgabe des Wechsels an den Inhaber der →Wechselausfertigung oder →Wechselabschrift erhoben wird (Art. 66, 68, 82 WG).

Ausfuhr, *Export.* I. B e g r i f f : 1. *Allgemein:* Verbringen von Waren und Dienstleistungen ins →Ausland; Teil des →Außenhandels. – *Gegensatz:* →Einfuhr. – 2. *Außenwirtschaftsrecht:* Verbringen von Sachen und Elektrizität aus dem →Wirtschaftsgebiet nach →fremden Wirtschaftsgebieten (§ 4 AWG). – 3. *Zollrecht:* Verbringen von Waren aus dem →Zollgebiet (§ 1 II ZG).

II. A r t e n : 1. *Direkte A.:* →Direktausfuhr; *indirekte A.:* →Ausfuhrhandel. – 2. *Sichtbare A.:* A. von Waren, (Gütern der Ernährungswirtschaft, Rohstoffen, Halb- und Fertigwaren); *unsichtbare A.:* Erbringung von Dienstleistungen für ausländische Auftraggeber (z. B. Vermittlungsleistungen inländischer Banken für Ausländer, Dienstleistungen für im Inland reisende Ausländer, Vertretertätigkeit für Ausländer, Vergabe von Lizenzen an Ausländer). – Vgl. auch →Auslandsgeschäft.

III. A u ß e n w i r t s c h a f t s g e s e t z : A. ist grundsätzlich genehmigungsfrei. – A. von Waren kann jedoch *beschränkt* werden, um einer Gefährdung der Deckung des lebenswichtigen Bedarfs im Wirtschaftsgebiet oder in Teilen des Wirtschaftsgebietes im gesamtwirtschaftlichen Interesse vorzubeugen oder entgegenzuwirken; nur zulässig, wenn der Bedarf auf andere Weise nicht, nicht rechtzeitig oder nur mit unverhältnismäßigen Mitteln gedeckt werden kann. Die A. von Waren, die in das Wirtschaftsgebiet verbracht worden sind, kann beschränkt werden, um im Rahmen der Zusammenarbeit in einer zwischenstaatlichen wirtschaftlichen Organisation sicherzustellen, daß die Regelungen der Mitgliedstaaten über die Wareneinfuhr aus Gebieten außerhalb der Organisation wirksam durchgeführt werden können. A. von ernährungs- und landwirtschaftlichen Erzeugnissen kann beschränkt werden, um erheblichen Störungen der A. durch Lieferungen minderwerti-

ger Erzeugnisse vorzubeugen oder entgegenzuwirken; es können Mindestanforderungen für die Güte der Erzeugnisse vorgeschrieben werden (§ 8 AWG). – Vgl. im einzelnen →Ausfuhrverfahren.

IV. S t e u e r r e c h t l i c h e B e h a n d l u n g : Vgl. →Ausfuhrlieferungen, →Ausfuhrförderung.

V. B e d e u t u n g / U m f a n g : 1. *Entwicklung der A.* sowie *Bedeutung einzelner Länder als A.-Partnerländer der Bundesrep. D.:* Vgl. Übersichten zu →Außenhandel. – 2. *Anteile einzelner Warengruppen am Gesamtausfuhrvolumen der Bundesrep. D.* (1986): Vgl. untenstehende Tabelle.

Ausfuhr ..., →Export ...

Ausfuhrabfertigung, zollamtliche Behandlung der Ausfuhrsendungen (→Ausfuhrfahren I 1).

Ausfuhrabgaben, →Abgaben, einschl. Prämien und sonstigen Zuschlägen, bei der Ausfuhr bestimmter Marktordnungswaren in Drittländer; erhoben aufgrund von Rechtsakten des Rates oder der Kommission der EG oder nach VO-en aufgrund des Gesetzes zur Durchführung der gemeinsamen Marktorganisationen (Marktordnungsgesetz – MOG –) vom 31. 8. 1972 (BGBl I 1617) mit späteren Änderungen. Zölle i. S. des § 5 MOG. – Das *Erhebungsverfahren* wird durch die VO (EG) Nr. 645/75 der ,,Kommission zur Festlegung der gemeinsamen Durchführungsvorschriften für die Ausfuhrabschöpfungen und -abgaben für landwirtschaftliche Erzeugnisse'' vom 13. 3. 1974 geregelt. – A. sind für Fälle vorgesehen, in denen das Preisniveau auf dem Weltmarkt höher ist als in der EG und ein Abfließen von Waren, die für die Versorgung der Mitgliedstaaten benötigt werden, verhindert werden soll. – *Anders:* →Ausfuhrzoll. – Vgl. auch →Abschöpfung.

Ausfuhrabschöpfung, →Abschöpfung

Ausfuhragent, *Ausfuhrvertreter, Exportagent, Exportvertreter,* Vertreter, die zwischen inländischen Herstellern und den auf bestimmte Absatzgebiete, aber nicht auf bestimmte Waren spezialisierten Ausfuhr-

Anteile einzelner Warengruppen am Gesamtexport der Bundesrep. D. (1986)

Warengruppe	Export 1986 Mrd. DM	Anteile am Gesamtexport (%)
1. Straßenfahrzeuge	94,9	18,1
2. Maschinen	82,4	15,7
3. chem. Produkte	70,1	13,4
4. Elektrotechnik	56,9	10,9
5. Nahrungs- und Genußmittel	22,6	4,3
6. Eisen und Stahl	20,2	3,9
7. Textilien	18,4	3,5
8. Eisen-, Blech-Metallwaren	14,7	2,8
9. Büromaschinen, EDV	13,4	2,6
10. Kunststoffwaren	11,4	2,2
11. NE-Metalle	11,1	2,1

händlern Geschäfte vermitteln. A. unterhalten meist →Exportmusterlager mit den Waren der von ihnen vertretenen Fabrikanten, die den Ausfuhrhändlern und deren ausländischen Geschäftspartnern zur Information dienen. – *Anders:* →Ausfuhrhändler.

Ausfuhranmeldung, statistischer Anmeldeschein im →Ausfuhrverfahren. Zeitpunkt der Abgabe bestimmt sich nach den Bestimmungen über die →Außenhandelsstatistik, A. bildet mit der →Ausfuhrerklärung einen Vordrucksatz, der im Durchschreibeverfahren ausgefüllt werden kann. – *Gegensatz:* →Einfuhranmeldung.

Ausführbarkeit, arbeitswissenschaftlich anerkanntes Kriterium für menschengerechte Arbeitsgestaltung nach Rohmert: Eine Arbeit ist dann ausführbar, wenn sie so organisiert ist, daß ein Mensch ohne Gefährdung seines Lebens bei Berücksichtigung seiner biologischen Gegebenheiten tätig werden kann. Die Arbeit muß den Körpermaßen, den Körperkräften und dem Sinnesapparat des Menschen entsprechen. Die A. einer Arbeit ist nicht an die Dauer der jeweiligen Tätigkeit geknüpft (→Erträglichkeit), da es sich hierbei um eine kurzfristige Betrachtung handeln muß.

Ausfuhrbürgschaft, →Ausfuhrgarantien und -bürgschaften.

Ausführen, Begriff des Arbeitszeitstudiums für die Veränderung des Arbeitsgegenstands durch Mensch und/oder Betriebsmittel i. S. der Arbeitsaufgabe des Arbeitssystems.

ausführende Arbeitsleistung, →objektbezogene menschliche Arbeitsleistung.

Ausführer, Begriff des Außenwirtschaftsrechts. A. ist, wer Waren nach fremden Wirtschaftsgebieten verbringt oder verbringen läßt (§ 8 AWV). Liegt der Ausfuhr ein →Ausfuhrvertrag mit einem →Gebietsfremden zugrunde, so ist nur der gebietsansässige Vertragspartner A. Wer lediglich als →Spediteur oder →Frachtführer oder in einer ähnlichen Stellung beim Verbringen von Waren tätig wird, ist nicht A. – Vgl. auch →Ausfuhrhändler.

Ausfuhrerklärung (AE), als →Ausfuhrschein nach Anlage A 1 AWV im Ausfuhrverfahren (§ 9 I AWV) bei der Ausfuhr von Waren der Versandzollstelle vorzulegen und bei der Ausgangszollstelle abzulegen. Die AE ist mit einer vom →Bundesamt für Wirtschaft zugeteilten Nummer versehen (§ 9 AWV). – *Sonderformen:* →Klein-Ausfuhrerklärung (Klein-AE) und →Versand-Ausfuhrerklärung (Versand-AE).

Ausfuhrerstattung, Ausgleich zwischen einem hohen Inlandspreis innerhalb der EG und einem niedrigen Weltmarktpreis für bestimmte Marktordnungswaren. Während mit Hilfe von →Abschöpfungen die Preise der Importgüter auf das i. d. R. höhere EG-Preisniveau angeglichen werden, sollen A. die Exportpreise v. a. für zahlreiche landwirtschaftliche Erzeugnisse (Anhang II zum EG-Vertrag) vom EG-Preisniveau auf das Weltmarktpreisniveau gesenkt werden (→Subvention). Die Erstattungssätze werden für die gesamte EG einheitlich festgesetzt, können jedoch unter Berücksichtigung unterschiedlicher Marktverhältnisse in den Bestimmungsländern und Beförderungskosten gestaffelt sein. Grundsätzlich erfolgt nur für Erzeugnisse der Mitgliedstaaten der EG und nur bei nachgewiesener Ausfuhr eine Erstattung, und zwar gegen Vorlage eines von der Ausgangszollstelle bestätigten Kontrollnachweises beim Hauptzollamt Hamburg. – *Rechtsgrundlage:* VO EG Nr. 2730/79 (ABL EG Nr. L 317 vom 12. 12. 1979) und nationale EWG-Ausfuhrerstattungs-VO vom 19. 3. 1980 (BGBl I 323); im Falle vonm Währungs-Ausgleichsbeträgen EWG-VO Nr. 1371/81 und nationale Ausfuhr-Währungsausgleichs-VO vom 9. 12. 1980 (BGBl I 2242).

Ausfuhrfinanzierung, *Exportfinanzierung,* Beschaffung von →Fremdkapital zur Durchführung von Ausfuhrgeschäften. – *Finanzierungsmittel:* 1. Für *kurzfristige A.:* a) →*Bankkredit:* Der Exporteur (Kreditnehmer) kann somit einem ausländischen Abnehmer ein Zahlungsziel gewähren; häufig nicht möglich. b) →*Dokumententratte:* Der Exporteur zieht einen Wechsel auf den Importeur und läßt ihn bei seiner Bank diskontieren, meist unter Beifügung der Verschiffungspapiere. Häufig wird die Dokumententratte nicht diskontiert, sondern nur bevorschußt. c) →*Auslandsakzept:* von ausländischen Bezogenen bereits akzeptierte Wechsel; sie werden von den deutschen Geschäftsbanken diskontiert und können von diesen im Ausland oder bei der Bundesbank rediskontiert werden. Sie können gleichzeitig der Kurssicherung dienen. d) U. U. auch →*Exporttratte:* Vom Exporteur ausgestellte und auf den ausländischen Abnehmer gezogene Wechsel. e) *Exportfactoring* (→Forfaitierung) durch Spezialinstitute; von zunehmender Bedeutung. f) Vorauszahlungen, d. h. Zahlungen auf den künftigen Rechnungsbetrag und den Remboursekredit (→Remboursegeschäft). – 2. Für die *mittel- und langfristige A.* unter →Ausfuhrgarantien und -bürgschaften der Bundesrep. D. ist die →Ausfuhrkredit-Gesellschaft mbH eingeschaltet. – *Gegensatz:* →Einfuhrfinanzierung.

Ausfuhrförderung, →Exportförderung.

Ausfuhrforderung, →Forderungen Gebietsansässiger an Gebietsfremde 3.

Ausfuhrgarantien und -bürgschaften (der Bundesregierung, *Hermes-Deckungen.* 1. *Begriff:* a) *Ausfuhrgarantien* betreffen Geschäfte mit privaten ausländischen Firmen.

Die Deckungszusage umschließt neben dem Risiko der Zahlungsunfähigkeit des Schuldners auch politische Risiken. – b) *Ausfuhrbürgschaften* schützen vergleichbare Risiken aus Geschäften mit ausländischen Regierungen und sonstigen Körperschaften des öffentlichen Rechts. – 2. *Gegenstand:* a) A. decken das Risiko, das darin liegt, daß dem deutschen Hersteller wegen der wirtschaftlichen Lage des Bestellers oder politischer Entwicklungen im Ausland eine Fertigstellung oder Versendung der Ware unmöglich oder unzumutbar ist. Gedeckt sind die Selbstkosten abzgl. evtl. Erträge aus anderweitiger Verwendung. – b) A. i. e. S. schützen vor Exporteur gegen Verluste aus Lieferantenkrediten ausländischer Abnehmer. – c) A. für gebundene Finanzkredite betreffen Darlehen, die an deutsche Lieferungen und Leistungen gebunden sind und der Ablösung von Verpflichtungen aus Lieferungs- und Leistungsgeschäften eines deutschen Unternehmens an das Ausland dienen. Daneben auch Sicherheitsleistungen für ungebundene Finanzkredite. – 3. *Kosten:* Für A. wird ein Entgelt erhoben; zudem trägt der Gläubiger einen Teil des Ausfalls selbst (→Selbstbeteiligung). – 4. *Anträge* an die →Hermes Kreditversicherungs-AG als Mandatar des Bundes; Entscheidung durch einen interministeriellen Ausschuß. – 5. *Umfang:* 1985 Ermächtigungsrahmen für Sicherheitsleistungen bei Ausfuhrgeschäften 195 Mrd. DM, ausgenutzt 158 Mrd. DM.

Ausfuhrgenehmigung, die nach §17 AWV erforderliche Genehmigung für die →Ausfuhr der Waren, deren Ausfuhr beschränkt ist (→Ausfuhrverfahren II). Die A. kann nur vom →Ausführer *beantragt* werden. Zuständig für die Erteilung der A. ist das →Bundesamt für Wirtschaft, bei Erzeugnissen der Land- und Forstwirtschaft, das →Bundesamt für Ernährung und Forstwirtschaft, und das →Bundesamt für landwirtschaftliche Marktordnung.

Ausfuhrhandel, *Exporthandel,* Ausfuhr durch in- oder ausländische Fremdunternehmen (aus Ziel-, Kauf- oder Drittland); überwiegend Eigenhändler, Agenturen bzw. Vermittler oder Generalunternehmen (→Ausfuhrhändler). Kontaktanbahnung bzw. Auftragserschließung und Lieferung erfolgen über diese; Möglichkeit der Einflußnahme durch die Herstellerfirma auf die Art und Weise des (Folge)Vertriebs an den Endverbraucher bzw. vorgeschalteten Zwischenhandel i. d. R. gering. – *Schwerpunkt in der Bundesrep. D.:* Hamburg und Bremen. – *Bedeutung:* Der A. ist wegen der →Direktausfuhr deutscher Hersteller rückläufig. – *Gegensatz:* →Einfuhrhandel. – Vgl. auch →Ausfuhr, →Außengroßhandel.

Ausfuhrhändler, *Exporteur,* →Ausfuhrhandel betreibende Person. A. hat zusätzliche

Risiken zu übernehmen, z. B. für Valutaveränderungen, lang dauernde (Schiffs-)Transporte, politische Umstürze. Überwiegend nach Absatzgebieten orientiert. Der A. tätigt Käufe und Verkäufe auf eigene Rechnung (*anders:* →Exportkommissionär, →Ausfuhragent). – A. können sich mit allen Geschäftsarten des Welthandels, einschl. des →Speditionsgeschäfts (*Ausfuhrsortimentshändler, allgemeiner A.*) oder mit bestimmten Warengruppen (*Ausfuhrspezialhändler*) befassen; A. häufig mit Niederlassungen oder zumindest Korrespondenten in ihren Absatzgebieten. – I. d. R. unterhalten sie keine eigenen Warenlager, sondern beraten ihre Abnehmer mit Hilfe von Mustern und Katalogen, die sie z. T. von den Ausfuhragenten erhalten. – Bei Inanspruchnahme des A. entlastet sich der Hersteller von zahlreichen Schwierigkeiten des Exportgeschäfts. Er kann gegen Kasse ab Werk verkaufen und erhält vom A. genaue Anweisungen bezüglich der Verpackung, Aufmachung und Markierung der Sendungen. Diese Arbeiten werden nur dann vom A. selbst übernommen, wenn er kleine Sendungen zu Sammelladungen aus Frachtersparnisgründen zusammenstellen will. – A. mit ausreichender Finanzbasis befassen sich darüber hinaus häufig mit Exportwerbung und den verschiedenen Aufgaben der Absatzförderung. Oft gewähren die A. den Auslandskunden Kredit, veranlassen den Binnen- und Seetransport und regeln die Weitergabe der Verschiffungsdokumente. – *Bedeutung:* Ihre reiche Erfahrung und Kenntnis der Auslandsmärkte bietet v. a. den Exportartikel erzeugenden Klein- und Mittelbetrieben große Vorteile. Ihre Zahl geht infolge der wachsenden direkten Ausfuhr (→Direktausfuhr) zurück. – *Gegensatz:* →Einfuhrhändler.

Ausfuhrkommissionär, →Exportkommissionär.

Ausfuhrkontrolle, →Exportkontrolle.

Ausfuhrkosten, zusammenfassende Bezeichnung für Ausfuhrzölle, Einfuhrzölle, (des Abnehmerlandes), Transitgebühren und andere beim Absatz von Waren ins Ausland anfallende Kosten. – In der *Kostenrechnung* zu verrechnen als Kostenträgereinzelkosten bzw. -gruppenkosten (→Einzelkosten).

Ausfuhrkredit-Gesellschaft mbH (AKA), Sitz in Frankfurt a. M.. 1952 von einem Konsortium deutscher Kreditinstitute gegründete Spezialbank für mittel- und langfristige →Ausfuhrfinanzierung. – 1. *Aufgabenbereich:* Gewährung von (1) Lieferantenkrediten an deutsche Exporteure zur Refinanzierung der Produktionsaufwendungen und/oder der kreditierten Exportforderungen sowie (2) Bestellerkrediten an ausländische Abnehmer oder deren Banken zur Ablösung von Ausfuhrforderungen deutscher Exporteure (einschl. Forderungsübernahmen); Verwaltung von an Zessionare abgetretene Besteller-kreditforderungen. – 2. Revolvierend einsetzbare *Kreditplafonds und Zessionsmöglichkeiten* (1985):(1) *Plafond A:* ein von den Konsortialbanken eingeräumter Refinanzierungsrahmen über DM 14 Mrd. für Lieferantenkredite, deren Laufzeiten die Zahlungslisten der Lieferverträge abdecken; (2) *Plafond B:* eine Sonderrediskontlinie der Deutschen Bnundesbank über DM 5 Mrd. für die Refinanzierung von Lieferantenkrediten mit einer zeitlich begrenzten Laufzeit zwischen 12 und 48 Monaten; (3) *Plafond C* (Teilmasse des Plafond A); ein von den Konsortialbanken eingeräumter Refinanzierungsrahmen an ausländische Kreditnehmer (gebundene Finanzkredite/auch Forderungsübernahmen) über DM 12 Mrd.; (4) Rückgriffsmöglichkeiten *(Kreditforderungszessionen)* auf Kreditinstitute mit direktem Zugang zum Kapitalmarkt.

Ausfuhrkreditversicherung, *Exportkreditversicherung,* in verschiedenen Formen Versicherung gegen Verluste aus Ausfuhrgeschäften bei Kreditverkäufen (→Kreditversicherung). – *A. des Bundes:* Vgl. →Ausfuhrgarantien und -bürgschaften.

Ausfuhrlieferungen. 1. *Begriff* des Umsatzsteuerrechts: Eine A. liegt vor, wenn der Gegenstand einer Lieferung in das →Außengebiet befördert oder versendet wird (→Lieferungen und sonstige Leistungen). Bei entsprechendem Nachweis sind A. unter Erhaltung des →Vorsteuerabzugs umsatzsteuerfrei (§ 4 Nr. 1 UStG); das →Bestimmungslandprinzip wird zum Teil realisiert (Entlastung von der Umsatzsteuer im Inland). – 2. *Arten* und *Voraussetzungen* (§ 6 UStG): a) Der →Unternehmer befördert oder versendet selbst in das Außengebiet (ausgenommen Zollfreigebiete): nur *Ausfuhrnachweis* erforderlich; b) der Abnehmer befördert oder versendet in das Außengebiet: Ausfuhrnachweis sowie Belegung, daß der Abnehmer ein *außengebietlicher Abnehmer* ist; c) der Unternehmer befördert oder versendet in ein Zollfreigebiet: Ausfuhrnachweis sowie Beleg, daß der Empfänger ein außengebietlicher Abnehmer oder ein im →Erhebungsgebiet ansässiger Unternehmer ist und den gelieferten Gegenstand für Zwecke seines Unternehmens verwendet; d) →Buchnachweis der Ausfuhr. – 3. Besondere Vorschriften für A. im →Reiseverkehr (§§ 14–17 UStDV).

Ausfuhrliste, Anlage AL zur AWV (Beilage zum BAnz. Nr. 217 vom 20.12.1981), zuletzt geändert durch 51. VO zur Änderung der AV. vom 31.1.1984 (BAnz. Nr. 24 vom 5.2.1984); dient neben →Länderliste und →Einfuhrliste zur Regelung des Außenwirtschaftsverkehrs. Enthält Gruppen von Waren, deren Ausfuhr Beschränkungen (→Ausfuhrverfahren II) unterliegt; Beschränkungen unterliegt auch der Einbau dieser Waren in Schiffe oder Luftfahrzeuge von Gebietsfremden, die in einem Land der →Länderliste C ansässig sind, sowie die Weitergabe von nicht allgemein zugänglichen Kenntnissen über gewerbliche Schutzrechte, Erfindungen usw. in bezug auf die Fertigung der genannten Waren an Gebietsfremde (§ 45 AWV). Die Inhalte der A. finden über die Länderlisten im spezifischen Einzelfall Anwendung.

Ausfuhrlizenz, *Exportlizenz,* nach EG-Recht für landwirtschaftliche Erzeugnisse erforderlich, die gemeinsamen Marktorganisationen unterliegen und in Länder außerhalb der EG ausgeführt werden sollen. A. sollen es den zuständigen Stellen ermöglichen, eine Vorausschau über zu erwartende Ausfuhr zu erhalten, um ggf. gebotene Maßnahmen anzuwenden. Erteilung durch das Bundesamt für Ernährung und Forstwirtschaft (Frankfurt a. M.) und die Bundesanstalt für landwirtschaftliche Marktordnung (Frankfurt a. M.); i.d.R. nach Stellung einer Kaution. A. berechtigen und verpflichten den Ausführer zur Ausfuhr der in der Lizenz genannten Waren innerhalb der Gültigkeitsdauer der Lizenz; bei nicht oder nicht fristgemäß durchgeführter Ausfuhr (außer in Fällen höherer Gewalt) verfällt die Kaution. – Im Rahmen von →*Selbstbeschränkungsabkommen zwischen EG und USA* sind gem. § 6 a AWV die Waren, die in Teil II Spalte 3 der →Ausfuhrliste mit S gekennzeichnet sind und ihren Ursprung in der EG haben, bei einer Ausfuhr in die USA genehmigungspflichtig; eine A. muß vom Bundesamt für Wirtschaft ausgestellt werden.

Ausfuhrmusterlager, →Exportmusterlager.

Ausfuhrnachweis, *Belegnachweis,* neben dem →Buchnachweis Voraussetzung für die Gewährung der Umsatzsteuerfreiheit von →Ausfuhrlieferungen und →Lohnveredelungen. Der A. ist vom Unternehmer durch Belege im Bundesgebiet oder Berlin (West) zu führen. Der A. kann im Falle der Beförderung durch bestimmte von Zollstellen ausgestellte Bescheinigungen und im Falle der Versendung durch →Versendungsbelege (Frachtbriefe, Posteinlieferungsscheine, Konnossemente usw. oder deren Doppelstücke) oder, wenn diese Dokumente nicht zur Verfügung stehen, durch andere Belege, die den Tag und Ort der Versendung eindeutig erkennen lassen, geführt werden; auch eine Übernahmebescheinigung des mit der Besorgung der Beförderung in das Ausland beauftragten Spediteurs kann als A. anerkannt werden. Der Beleg muß bzw. soll die in den §§ 8–12 UStDV aufgeführten Angaben enthalten.

Ausfuhrprämie, *Exportprämie,* Vergütung bei der Ausfuhr bestimmter Waren; kann vom Staat oder von privaten Vereinigungen (Syndikaten) gewährt werden. – 1. *Offene A.* sind relativ selten, da sie Dumping-Charakter haben und das Ausland leicht zu Gegenmaßnahmen anreizen. – 2. Häufiger sind *versteckte A.* in Form von Zollrückvergütungen, Vorzugstarifen auf den Verkehrsmitteln, Steuerherabsetzungen und dgl. Auch der Devisenbonus stellt eine Art A. dar. – 3. Soweit A. gewährt werden, gestattet das GATT dem geschädigten Land die Erhebung eines →*Antidumpingzolls.*

Ausfuhrpreisbestimmung, entsprechend der im Rahmen der OECD empfohlenen Regelung (§ 9 AWG), daß im Ausfuhrgeschäft der →Ausführer unter Berücksichtigung der außenwirtschaftlichen Belange der Allgemeinheit die Preise so gestalten soll, daß schädliche Auswirkungen, insbes. Abwehrmaßnahmen des Käufer- oder Verbrauchslandes vermieden werden. – Vgl. auch →Ausfuhrverträge, →Exportpreisprüfung.

Ausfuhrrestriktion, →Exportrestriktion.

Ausfuhrrisiko, *Exportrisiko,* mit dem →Ausfuhrgeschäft verbundene Wagnisse; je nach Handelsrecht, Handelsbrauch oder Vertrag vom Verkäufer oder Käufer zu tragen. Ein Teil der Risiken wird bei bestimmten Ausfuhren aus der Bundesrep. D. von der →Hermes-Kreditversicherung und privaten Kreditversicherern (→Kreditversicherung) getragen. – Vgl. auch →Länderrisiko, →Länderrating.

Ausfuhrschein, nach § 8 AWV die →Ausfuhrerklärung oder die →Klein-Ausfuhrerklärung (vgl. auch →Ausfuhrverfahren). Statt des A. kann sowohl der →Ausführer als auch ein →Versender eine →Versand-Ausfuhrerklärung verwenden.

Ausfuhrsendung, nach § 8 II AWV die Warenmenge, die ein →Ausführer gleichzeitig über dieselbe →Ausgangszollstelle für dasselbe →Käuferland nach demselben →Verbrauchsland ausführt.

Ausfuhrüberschuß, *Exportüberschuß.* 1. *Begriff:* Überschuß des Wertes der Warenausfuhr über den Wert der Wareneinfuhr (= *aktive →Handelsbilanz*) bzw. Überschuß der Einnahmen aus dem Export von Gütern und Leistungen sowie aus unentgeltlichen Leistungen des Auslands über die Ausgaben für Importe von Waren und Dienstleistungen sowie für unentgeltliche Leistungen an das Ausland (z. B. Gastarbeiterüberweisungen, Wiedergutmachungsleistungen) (= *aktive →Leistungsbilanz*). – Vgl. auch →Zahlungsbilanz, →Außenbeitrag, →Einfuhrüberschuß. – 2. *Ursachen:* A. entsteht, wenn dem Überschuß auf der realen Seite (Güter- und Dienstleistungen) ein gleich hoher freiwilliger Kapitalexport (Kapitalbewegungen, autonome und induzierte) gegenübersteht (geplanter A.). A. kann ebenfalls entstehen, wenn die inländische Währung unterbewertet ist (geringerer Preisniveauanstieg als im Ausland oder bei verzerrten Wechselkursen) (ungeplanter

Handels- und Leistungsbilanzsalden der Bundesrepublik 1950–1986

Jahr	Saldo der	
	Handelsbilanz	Leistungsbilanz
	Mrd. DM	
1950	− 3,0	− 0,4
1955	+ 1,2	+12,2
1960	+ 5,2	+ 4,8
1965	+ 1,2	− 6,2
1970	+ 15,7	+ 3,2
1971	+ 15,9	+ 2,8
1972	+ 20,3	+ 2,7
1973	+ 33,0	+12,4
1974	+ 50,8	+26,6
1975	+ 37,3	+10,0
1976	+ 34,5	+ 9,9
1977	+ 38,4	+ 9,5
1978	+ 41,2	+18,0
1979	+ 22,4	−11,0
1980	+ 8,9	−28,5
1981	+ 27,7	−11,7
1982	+ 51,3	+ 9,9
1983	+ 42,1	+10,6
1984	+ 54,0	+19,9
1985	+ 73,4	+38,9
1986	+112,2	+77,9

A.). Dieser A. wird durch kompensatorische (unfreiwillige) Kapitalexporte ausgeglichen. – 3. *Wirkungen:* Länder mit umfangreichen internationalen Zahlungsverpflichtungen (z. B. Bundesrep. D.: Entwicklungshilfe, Stationierungsabkommen) benötigen geplanten A., um den Zahlungsverpflichtungen ohne ständigen Devisenabfluß nachkommen zu können. Ungeplanter A. führt zur einseitigen Exportorientierung einer Volkswirtschaft und zur Verzerrung der Produktionsstruktur. Der A. ist nicht Folge komparativer Kostenvorteile, sondern das Ergebnis von Verzerrungen. International führt er zu Liquiditätsstörungen im Welthandel und zur Hinderung effizienter →internationaler Arbeitsteilung.

Ausfuhrüberwachung, →Exportkontrolle.

Ausführungsbefehl, Anweisung in einem Computerprogramm (→Befehl), eine Funktion ablaufen zu lassen.

Ausführungsgeschäft, beim →Kommissionsgeschäft das vom →Kommissionär mit einem Dritten abgeschlossene Rechtsgeschäft zur Ausführung der Kommission. Beim A. sind nur Kommissionäre und Dritter Vertragspartner. Der Kommissionär muß aber den Erfolg aus dem A. in vollem Umfang dem →Kommittenten gutbringen (§ 384 II HGB).

Ausführungsqualität, Ausmaß der Übereinstimmung zwischen →Konzeptqualität und tatsächlich realisierter →Qualität eines gefertigten Erzeugnisses. Bei der Kontrolle der A. soll festgestellt werden, ob die effektiven Merkmalsausprägungen mit den im Entwurf geplanten Ausprägungen übereinstimmen.

Ausführungszeit (t_a), Begriff des Arbeitszeitstudiums, neben Rüstzeit Teil der →Auftragszeit. →Vorgabezeit für das Ausführen der

Menge m (z. B. Stück) eines Auftrags durch den Menschen. Basis: →Zeit je Einheit t_e.

$$t_a = m \cdot t_e$$

Beispiel: m = 50 Stück/Auftrag, t_e = 5 Min./ Stück, t_a = 250 Min./Auftrag. – *Wichtig* für die →Produktionsprozeßplanung und →Kalkulation. – *Bei Betriebsmitteln:* Betriebsmittel-A. (t_{aB}) muß nicht identisch sein mit Ausführungszeit t_a durch den Menschen (→Belegungszeit).

Ausfuhrverbindlichkeit, →Forderungen Gebietsansässiger an Gebietsfremde 2.

Ausfuhrverbot, staatliches Verbot, gewisse Güter oder nach gewissen Ländern zu exportieren. A. besteht häufig für Rüstungsgüter, so z. B. i. d. R. für Waffenlieferungen deutscher Unternehmen in militärische Spannungsgebiete. Denkbar auch i. S. eines →Embargos. – Nach dem deutschen Außenwirtschaftsgesetz ist die Ausfuhr von Waren grundsätzlich nicht mehr genehmigungspflichtig, kann jedoch beschränkt werden, auch durch weitere Vorschriften des Außenwirtschaftsgesetzes (→Ausfuhrverfahren →Außenwirtschaftsgesetz II), z. B. für Waffen und Munition, Nukleartechnologie und sonstige Waren von strategischer Bedeutung (sensible Technologien).

Ausfuhrverfahren, Verfahren zur Durchführung der →Ausfuhr. Nach dem →Außenwirtschaftsrecht ist zu unterscheiden zwischen genehmigungsfreier und genehmigungsbedürftiger Ausfuhr; es macht keinen Unterschied, ob die Ausfuhr entgeltlich oder unentgeltlich ist. – *Ausfuhrscheine* sind die →Ausfuhrerklärung und die →Klein-Ausfuhrerklärung bei Sendungen im Wert von 500 DM bis zu 3000 DM, soweit erforderlich mit Ergänzungsblättern.

I. G e n e h m i g u n g s f r e i e   A u s f u h r (§§ 91–166 AWV): 1. Zur *Ausfuhrabfertigung* hat der →Ausführer bei der →Versandzollstelle unter Vorlage des →Ausfuhrscheins die Ausfuhrsendung zu gestellen (nicht erforderlich beim Versand durch die Post) oder bei der →Ausgangszollzelle den Ausfuhrschein abzugeben und die Ausfuhrsendung auf Verlangen zu gestellen (§ 9 AWV). Werden die Waren im Bezirk der Versandzollstelle verpackt oder verladen, genügt statt der Gestellung die Anmeldung unter Vorlage des Ausfuhrscheins mit einem Vordruck nach Anlage A 6 AWV. – Bei *Sendungen bis zu 3000 DM* ist eine Anmeldung und Gestellung bei der Versandzollstelle nicht erforderlich; die Klein-Ausfuhrerklärung für derartige Sendungen braucht erst der Ausgangszollstelle vorgelegt zu werden. Zur Vereinfachung des Anmeldeverfahrens kann die Zollbehörde *globale Vorausanmeldungen* der Versandungen innerhalb eines Monats oder die Verwendung von →Ausfuhrkontrollmeldungen anstelle von Ausfuhrer-

klärungen zulassen (§ 15 AWV); in besonderen Fällen kann sie auch eine nachträgliche Einreichung der Ausfuhrerklärung genehmigen. – 2. Der Ausgangszollstelle obliegt die *Ausfuhrüberwachung:* Sie prüft die Angaben in den Ausfuhrpapieren und bestätigt die Ausfuhr. Die zollamtliche Behandlung bei der Ausgangszollstelle oder bei Versand durch die Post bei der Einlieferungspostanstalt setzt voraus, daß die Ausfuhrabfertigung bei der Versandzollstelle ordnungsgemäß durchgeführt worden ist. Liegt eine Bescheinigung über die Durchführung einer Vorabfertigung durch eine Versandzollstelle nicht vor, so lehnt die Ausgangszollstelle eine Ausfuhrabfertigung ab. Postämter verweigern die Annahme einer Ausfuhrsendung, wenn diese durch die Versandzollstelle nicht behandelt worden ist oder wenn →Nämlichkeitsmittel verletzt sind.

II. G e n e h m i g u n g s b e d ü r f t i g e   A u s f u h r (§§ 17–18 AWV): Das Verfahren richtet sich hier grundsätzlich nach den gleichen Vorschriften, die für die genehmigungsfreie Ausfuhr gelten; die Möglichkeit zur Abgabe von Vorausanmeldungen für Ausfuhren innerhalb eines Monats ist jedoch nur beschränkt gegeben. Außerdem entfällt die Befreiung von der Pflicht zur Anmeldung und Gestellung von Sendungen bis zu 3000 DM Wert. – *Ausfuhrgenehmigungsbedürftige* Waren: a) In der Rüstungsmaterial-, Kernenergie- oder Kontrolliste für Waren von strategischer Bedeutung genannten Waren (Teil I, Abschn. A, B und C der →Ausfuhrliste), ausgenommen in Abschn. C genannte Waren, wenn das Verbrauchsland zur →Länderliste A/B gehört und der Wert nicht mehr als 2000 DM beträgt (§ 5 AWV); b) in Teil II der Ausfuhrliste genannte Waren, deren Ausfuhr aus Gründen der Bedarfsdeckung oder der Qualitätskontrolle einer Beschränkung unterworfen ist (§ 6 AWV). – →*Ausfuhrgenehmigungen* machen die Ausstellung von Ausfuhrerklärungen nicht erbehrlich; sie sind für gewerbliche Waren beim →Bundesamt für Wirtschaft und für Agrarprodukte beim →Bundesamt für Ernährung und Forstwirtschaft oder bei der →Bundesanstalt für landwirtschaftliche Marktordnung zu beantragen. Antragsberechtigt ist nur der Ausführer. – Gegen die Ablehnung eines Antrags auf Erteilung einer Ausfuhrgenehmigung ist das *Rechtsmittelverfahren* der Verwaltungsgerichtsordnung gegeben.

III. V e r e i n f a c h t e   A u s f u h r: Waren, die keinen Ausfuhrbeschränkungen unterliegen, sind von der Vorlage einer →Ausfuhrerklärung und von der →Ausfuhrabfertigung allgemein befreit. Eine Gestellung ist nur auf Verlangen (v. a. in Verdachtsfällen) erforderlich. Voraussetzung ist die Vorlage einer schriftlichen Erklärung des Ausführers, daß ein Fall des vereinfachten Ausfuhrverfahrens (§ 19 AWV) vorliegt, die der Ausfuhrsendung beigefügt werden soll; sie kann auch auf einem Begleitpapier oder auf dem Packstück abgegeben werden. Unter das vereinfachte A. fallen: a) Ausfuhrsendungen bis 500 DM (Waren des gewerblichen Bedarfs) bzw. 100 DM (Waren der Ernährung und Landwirtschaft); b) Waren und Leistungen, die grundsätzlich gem. § 19 I AWV keinen Beschränkungen unterliegen (im einzelnen genannt unter →Einfuhrverfahren III); c) u. a. auch Heirats-, Übersiedlungs- und Erbschaftsgut, Reisebedarf (zum eigenen Gebrauch) sowie Reisegeschenke im Werte bis zu 2000 DM, Warenaustausch im Rahmen des →kleinen Grenzverkehrs.

Ausfuhrverträge, Begriff des Außenwirtschaftsrechts: Rechtsgeschäfte, durch die sich ein →Gebietsansässiger zur Lieferung einer Ware nach fremden →Wirtschaftsgebieten verpflichtet. – 1. A. sind wie die Warenausfuhr *grundsätzlich genehmigungsfrei. Beschränkt* werden kann die Vereinbarung von Zahlungs- oder Lieferungsbedingungen, die für den Abnehmer günstiger als die handels- und branchenüblichen Bedingungen sind, um erheblichen Störungen der Ausfuhr in das Käuferland vorzubeugen oder entgegenzuwirken. Im Ausfuhrgeschäft soll der Ausführer unter Berücksichtigung der außenwirtschaftlichen Belange der Allgemeinheit die Preise so gestalten, daß schädliche Auswirkungen, insbes. Abwehrmaßnahmen des Käufer- oder Verbrauchslandes vermieden werden (→Ausfuhrpreisbestimmung). – 2. A. sind *genehmigungspflichtig,* wenn sie mit einem Käufer der →Länderliste C abgeschlossen werden und andere Zahlungsbedingungen enthalten als a) Zahlung des Entgelts vor Lieferung der Ware, b) Stellung eines unwiderruflichen, bei Lieferung fälligen →Akkreditivs eines Kreditinstituts, c) die Klausel →Kasse gegen Dokumente, wenn die Aufnahme der Dokumente durch ein Kreditinstitut garantiert worden ist (§ 7 AWV); auch A. mit überwachungspflichtigen Ländern (→COCOM).

Ausfuhrvertreter, →Ausfuhragent.

Ausfuhrvolumen, Wert der in einer Periode ausgeführten Waren und Dienstleistungen, ausgewiesen auf der Aktivseite der →Leistungsbilanz. – A. i. S. der amtlichen →Außenhandelsstatistik ist der Wert der Ausfuhr, gemessen in Preisen eines bestimmten Vergleichsjahres (derzeit 1980). – *Gegensatz:* →Einfuhrvolumen.

Ausfuhr von Arbeitslosigkeit, →Beggar-my-neighbour-Politik.

Ausfuhr-Vorfinanzierungsversicherung, Versicherung zum Schutz des vorfinanzierenden Kreditinstituts vor Vermögensverlusten bei Insolvenz des Exporteurs. – Vgl. auch →Ausfuhrkreditversicherung, →Ausfuhrgarantien und -bürgschaften, →Kautionsversicherung.

Ausfuhrzahlen, statistische Werte der →Außenhandelsstatistik für den grenzüberschreitenden Warenverkehr, nach Warenarten und Bezugs- und Absatzgebieten gegliedert. – *Wertansatz:* Grenzübergangswert (Wert frei Grenze des Erhebungsgebietes). – *Anders:* →Auslandsumsatz.

Ausfuhrzoll, der auf ausgeführte Waren (→Ausfuhr) aufgrund von zollrechtlichen und -tariflichen Vorschriften zu erhebende →Zoll. A. dient u. a. der Erhöhung der Staatseinnahmen (→Finanzzoll), dem Abbau eines Ausfuhrüberschusses oder der Drosselung der Exporte nicht regenerierbarer Rohstoffe bzw. der Begünstigung ihrer Verarbeitung im Inland. – *Anders:* →Ausfuhrabgaben. – Vgl. auch →Einfuhrzoll, →Durchfuhrzoll.

Ausgabegerät, technisches Gerät, das als (eine) Ausgabeeinheit eines →Computers dient, d. h. durch die verarbeitete →Daten nach außen ausgegeben werden können, z. B. →Bildschirm, →Drucker, →Plotter und neuerdings Sprachausgabegeräte. – *Gegensatz:* →Eingabegerät.

Ausgabekurs, →Emissionskurs.

Ausgaben. I. R e c h n u n g s w e s e n : Strömungsgröße zu Geldvermögensbestand (Zahlungsmittelbestand + Bestand an Forderungen − Bestand an Verbindlichkeiten), also Abfluß von Zahlungsmitteln und/oder Eingehen von Verbindlichkeiten seitens eines Wirtschaftssubjektes. – Zu *unterscheiden:* →Einzelausgaben, →Gemeinausgaben, →fixe Ausgaben. – Vgl. auch →Ausgabenverbundenheit. – *Gegensatz:* →Einnahmen. – *Anders:* →Auszahlung, →Aufwendungen, →Kosten.

II. F i n a n z w i s s e n s c h a f t : Vgl. →öffentliche Ausgaben, →Finanzpolitik IV 2.

III. S t e u e r r e c h t : Vgl. →Aufwendungen.

Ausgabenfunktion, bezeichnet in der Theorie des Haushalts die minimalen Ausgaben e (p, u), die erforderlich sind, um bei einem Preisvektor p den Nutzen u zu erreichen. Die Ableitung der A. nach einem Güterpreis liefert die kompensierte →Nachfragefunktion nach diesem Gut.

Ausgabenlast, Pflicht, bei Erfüllung öffentlicher Aufgaben die dabei entstehenden Ausgaben zu tragen. Grundsätzlich tragen Bund und Länder gesondert jeweils die Ausgaben, die sich aus der Wahrnehmung ihrer Aufgaben ergeben (Art. 104a I GG). Handeln die Länder im Auftrage des Bundes (→Auftragsverwaltung), trägt der Bund grundsätzlich die sich daraus ergebenden Ausgaben (Art. 104a II und III GG); →Finanzhilfen. – Bund und Länder tragen stets die bei ihren Behörden entstehenden Verwaltungsausgaben und haften im Verhältnis zueinander für eine ordnungsgemäße Verwaltung (Art. 104a V GG).

ausgabenorientiertes Deckungsbudget, →finanzorientiertes Deckungsbudget.

Ausgabenplan, Teil des →Finanzplans einer Unternehmung, in dem die Aufstellung der in einem bestimmten Zeitraum voraussichtlich erforderlichen →Ausgaben nach dem Prinzip der kameralistischen Buchführung (→Sollzahlen, →Istzahlen) erfolgt.

Ausgabenpolitik, →Finanzpolitik IV 2.

Ausgabensteuer. 1. Gemäß der →Steuerklassifikation von *R. Nöll v. d. Nahmer* eine andere Bezeichnung für →Verbrauchsteuern. Die A. ist eine Steuer auf die Einkommensverwendung: Ausgangspunkt für die Besteuerung bildet die Verausgabung der erzielten Einnahmen. – 2. Nach *N. Kaldor:* eine Steuer, die an die Einkommensverwendung anknüpft, aber die Sparleistung frei läßt. I. d. S. kann sie die Einkommensteuer ersetzen und zu einer Steuer werden, die das gesamte Steuersystem bestimmt.

Ausgabentheorie, →Finanztheorie II.

Ausgabenverbundenheit. 1. A. liegt vor: a) in bezug auf eine *betrachtete Ausgabe,* wenn deren Höhe von anderen Ausgaben (-teilen) oder von bestimmten Einnahmen (z. B. bei Gegenseitigkeitsgeschäften) abhängt; b) in bezug auf die *für eine Ausgabe erworbenen Güterarten und -einheiten* oder davon abgeleiteten Bezugsobjekte (z. B. daraus hergestellte Produkteinheit), (1) wenn die betrachtete Ausgabe nicht mit der Summe der bei getrennter Beschaffung der einzelnen Güterarten und -einheiten entstehenden Einzelausgaben identisch ist oder (2) wenn die einzelnen Güterarten und -einheiten nicht unabhängig voneinander und in so kleinen „Portionen" disponiert werden können, wie das dem Bedarf des betrachteten Bezugsobjekts entspricht. – 2. A. kann durch das *Verhalten des Anbieters oder Nachfragers* bedingt sein; A. kann in unterschiedlichen *Formen der Entgeltregelung* (→Entgeltfunktion) oder der *Strukturierung des beschafften Leistungskomplexes* (homogen oder heterogen zusammengesetzt) zum Ausdruck kommen: z. B. können die Ausgaben ganz oder teilweise von der Abnahmemenge oder dem Umsatzwert je Auftrag oder Periode unabhängig sein (Fixentgelt, fixe Entgeltteile, Mindestentgelte); es können Preisabschläge (Mindermengenzuschläge) gewährt werden, wenn bestimmte Bestellmengen oder Umsatzwerte je Bestellung oder Periode überschritten (unterschritten) werden; Güter können nur in bestimmten Standardmengen bzw. Mindestmengen oder im Rahmen einer andere Leistungen einschließenden Kombination überhaupt oder günstiger beschafft werden. – 3. *Zuordnung:* a) *Proportionale* Entgeltbestandteile lassen sich solchen Bezugsobjekten, denen die Inanspruchnahme der Bemessungsgrundlage eindeutig zugeordnet werden kann,

als →Einzelausgaben zurechnen (z. B. Gesprächsgebühr für die einzelnen Gespräche und Telefonnutzer). b) *Geknickt-proportionale* Verläufe (Zonenpreise) und *sägezahnartig-versetzt-proportionale* („durchgerechnete" Staffelpreise oder Rabatte) lassen sich nur dann differenziert nach dem „Marginalprinzip" zurechnen, wenn die Rang- oder Entscheidungsfolge bekannt ist und z. B. eine Bestellung aufgestockt wird, um die Rabattschwelle zu überspringen. Es kann zweckmäßig sein, die Teilmengen zunächst mit den Einzelpreisen zu bewerten und den Rabatt als „gemeinsame Ersparnis" auszuweisen. – *Ähnlich:* →Erlösverbundenheit.

ausgabenwirksame Kosten. 1. *Begriff:* Alle Kosten, die innerhalb der betreffenden Periode zu →Ausgaben führen (z. B. Löhne und Gehälter, Mieten). – 2. *Bedeutung:* A. K. werden oftmals zur Ableitung liquiditätspolitischer Erkenntnisse aus der Kostenrechnung herangezogen. Eine Trennung zwischen a. K. und ausgabeunwirksamen (ausgabenfernen) Kosten kann jedoch keine →Finanzplanung ersetzen; z. B. führen →Anlagenkosten (→Abschreibungen) im Falle von Ersatzinvestitionen ebenso zu Auszahlungen wie umgekehrt Materialkosten bei Großbestellungen nicht jede Periode mit Auszahlungen verbunden sein müssen.

Ausgabepreis, Preis, zu dem →Investmentfonds (Kapitalanlagegesellschaften) →Anteilscheine (Zertifikate) verkaufen. Der A. wird nach dem Inventarwert pro Anteil errechnet, börsentäglich festgestellt und in der Wirtschaftspresse veröffentlicht.

Ausgabesteuerung, →Eingabe/Ausgabesteuerung.

Ausgabeverzögerung, →lag II.

Ausgabewert, der durch den →Emissionskurs bestimmte Wert von Wertpapieren. – *Gegensatz:* →Nennwert.

ausgabewirksame Kosten, alle Kosten, die innerhalb der betreffenden Periode zu →Ausgaben führen (z. B. Löhne und Gehälter, Mieten). – Vgl. auch →Abgrenzung.

Ausgangsgesamtheit, →Grundgesamtheit.

Ausgangswert, Begriff des Steuerrechts. – 1. Bei der *Bewertung des* →Grundbesitzes: a) Summe aus Bodenwert, Gebäudewert und Wert der Außenanlagen zur Bestimmung des Grundstückswerts bei der Anwendung des →Sachwertverfahrens (§ 83 BewG); →Grundstücke II. b) Der A. wird zur Angleichung an den →gemeinen Wert mit einer Wertzahl belegt, die herstellungsfremde Umstände berücksichtigen (§§ 90 I, II BewG). – 2. Bei den *Einkünften aus Land- und Forstwirtschaft:* Basisgröße zur Ermittlung des Gewinns nach →Durchschnittsätzen (vgl. dort I); der A. wird durch den im →Einheitswert des Betriebs der Land- und Forstwirtschaft ausgewiesenen →Vergleichswert der landwirtschaftlichen Nutzung einschließlich Modifikation bestimmt (§ 13a IV EStG).

Ausgangszollstelle, die nach den Zollvorschriften für die →Gestellung bei der →Ausfuhr zuständige →Zollstelle. A. ist auch die Grenzkontrollstelle. Für die seewärtige Ausfuhr über den →Freihafen Hamburg gilt das Freihafenamt Hamburg als A. Für Ausfuhren im gemeinschaftlichen Versandverfahren ist A. die Abgangszollstelle. Dies gilt auch für Ausfuhren mit →Carnet TIR (§ 10 III AWV).

ausgelöste Statistik, →amtliche Statistik.

ausgeschiedener Gesellschafter, →Gesellschafter einer Personengesellschaft, dessen gesellschaftliche Bindung (→Gesellschaftsvertrag) durch →Kündigung, Vereinbarung, →Ausschließungsurteil usw. beendet ist. – 1. Am →*Gesellschaftsvermögen* ist der a. G. nicht mehr beteiligt, es steht ihm auf Grund der →Auseinandersetzung nur noch ein schuldrechtlicher Anspruch auf das →Abfindungsguthaben zu. Sein Anteil am Gesellschaftsvermögen wächst den übrigen Gesellschaftern zu (→Anwachsung), die den a.G. von den gemeinschaftlichen Schulden zu befreien haben (§ 738 BGB). – 2. Den Gläubigern gegenüber *haftet* der a.G. als →Gesamtschuldner für die bis zu seinem Ausscheiden entstandenen Forderungen weiter (Verjährungsfrist: längstens fünf Jahre, § 159 HGB). →Firmenfortführung einer den Namen des a. G. enthaltenden Firma nur mit →ausdrücklicher Zustimmung des a.G. (§ 22 HGB).

Ausgleichsabgabe. I. L a s t e n a u s g l e i c h: Vgl. →Lastenausgleich 2.

II. S o z i a l r e c h t: Leistung der Arbeitgeber in Höhe von 150 DM monatlich für jeden Arbeitsplatz, der mit einem →Schwerbehinderten oder ihm Gleichgestellten hätte besetzt werden müssen, § 11 SchwbG i.d. Neuf. v. 26.8.1986 (BGBl I 1421). A. ist vom Arbeitgeber jährlich an die für seinen Sitz zuständige →Hauptfürsorgestelle abzuführen. – *Verwendung* ausschließlich für Zwecke der Arbeits- und Berufsförderung für Schwerbeschädigte und ihnen Gleichgestellte sowie zur Wiederherstellung und Erhaltung ihrer Arbeitskraft.

III. E l e k t r i z i t ä t s w i r t s c h a f t: Spezielle Gütersteuer auf Elektrizität. Auch als *Kohlepfennig* bezeichnet. – 1. *Bemessungsgrundlage:* Bei Elektrizitätsversorgungsunternehmen die Erlöse aus der Lieferung von Elektrizität an Letztverbraucher, bei Eigenerzeugern der Wert des elektrischen oder verbrauchten Stroms. – 2. *Verwendung:* Das *Aufkommen* wird unter Durchbrechung des Nonaffektationsprinzips einem unselbständigen Sondervermögen des Bundes, dem Ausgleichsfonds zur Sicherung des Steinkohleneinsatzes beim

Bundesamt für gewerbliche Wirtschaft, zugeführt und zweckgebunden verwendet zur Subventionierung des Einsatzes heimischer Steinkohle bei der Stromerzeugung im Rahmen des 3. Verstromungsgesetzes. – Vgl. auch →Kohlepolitik, →Jahrhundertvertrag.

IV. A u ß e n h a n d e l: 1. In der EG im Rahmen verschiedener gemeinsamer Marktorganisationen neben dem →Zoll als zusätzlicher Schutz gegenüber störenden Weltmarkteinflüssen auf eingeführte drittländische Agrarerzeugnisse erhoben (z. B. auf Obst, Gemüse und Wein). – 2. Als A. werden auch Abgaben bezeichnet, die in einem oder mehreren Mitgliedstaaten der EG erhoben werden zur Beseitigung oder Verhinderung von Wettbewerbsbeeinträchtigungen, Verkehrsverlagerungen oder sonstiger ernster Störungen einzelner Wirtschaftszweige, die durch die Errichtung von gemeinsamen Marktorganisationen oder andere Maßnahmen der Gemeinschaft bedingt sind. Hierzu gehören u. a. Ausgleichsbeträge Währung (→Ausgleichsbeträge 1).

Ausgleichsämter, bei den unteren Verwaltungsdienststellen (Land- und Stadtkreise) gebildete Behörden, denen die Durchführung des →Lastenausgleichs obliegt. Bei ihnen sind Ausgleichs- und Beschwerdeausschüsse gebildet. – *Sachaufsicht* durch die *Landesausgleichsämter* und durch das →*Bundesausgleichsamt.*

Ausgleichsanspruch des Handelsvertreters, Vergütung bei Beendigung des Vertragsverhältnisses zum Ausgleich für die Vorteile, die die Tätigkeit des →Handelsvertreters dem Unternehmen gebracht hat und an denen jener nun nicht mehr teilhaben kann; z. B. die Schaffung des Kundenkreises (§ 89b HGB). – 1. *Entstehung* bei Vorliegen fester Voraussetzungen: a) Es muß sich um erhebliche Vorteile handeln, die auch nach Beendigung des Vertragsverhältnisses fortdauern. – Wiederbung steht der Neuwerbung eines Kunden gleich; ebenso die Erweiterung der Geschäftsverbindung, wenn sie der Neuwerbung eines Kunden entspricht. – b) Dem Handelsvertreter muß durch die Lösung des Vertragsverhältnisses Anspruch auf →Provision entgehen, die er aus bereits abgeschlossenen Geschäften bekommen hätte oder ihm bei Nachbestellungen gemäß § 87 I HGB bei Fortsetzung zugestanden hätte. – c) Der Ausgleich muß der Billigkeit entsprechen. Hierbei ist die Vertragsdauer und die Schwierigkeit des Übergangs in eine neue Beschäftigung zu berücksichtigen. – 2. *Höhe* soll „angemessen" sein und darf den Betrag eines Jahresdurchschnittsverdienstes, der nach den letzten fünf Jahren oder bei kürzerer Dauer nach dieser berechnet, nicht übersteigen. – 3. A. ist *im voraus nicht abdingbar,* d. h. er kann im Anstellungsvertrag oder während des Vertragsverhältnisses nicht ausgeschlossen werden, muß aber spätestens drei Monate nach Vertragsende geltend gemacht werden. – 4. A. *besteht überhaupt nicht*, wenn das Vertragsverhältnis von dem Unternehmer aus einem *wichtigen Grund* wegen eines schuldhaften Verhaltens des Handelsvertreters gekündigt ist oder wenn dieser, ohne daß der Unternehmer Anlaß dazu gegeben hat, kündigt. – 5. Für den →*Versicherungsvertreter* genügt auch Abschlußvermittlung mit alten Kunden. Die Höhe des Ausgleichs kann hier bis zur dreifachen Jahresprovision gehen (§ 89b V HGB). – 6. *Einkommensteuer:* a) Ausgleichszahlungen unterliegen *beim Handelsvertreter* der Einkommensteuer (§ 24 Nr. 1c EStG); sie werden aber als →außerordentliche Einkünfte mit dem ermäßigten Steuersatz besteuert (§ 34 II Nr. 2 EStG). – b) In der Steuerbilanz der *zahlenden Unternehmung* keine →Rückstellung für künftige A. d. H. möglich.

Ausgleichsarbitrage, →Arbitrage I 2a) und b).

Ausgleichsbeträge. 1. *„A.Währung"* (auch *Grenzausgleich für Agrarprodukte):* Erhoben oder gewährt seit der Freigabe des DM-Wechselkurses im Mai 1971 bei der Ein- und Ausfuhr von Agrarprodukten, für die im Rahmen von gemeinsamen Marktorganisationen der EG Interventionsmaßnahmen vorgesehen sind, sowie für landwirtschaftliche Verarbeitungserzeugnisse, deren Preise sich nach den Preisen für derartige Agrarprodukte richten, sowohl im Verkehr mit Drittländern als auch mit Mitgliedstaaten. Ziel ist die Absicherung des gemeinsamen Agrarpreissystems vor währungsbedingten Einflüssen. – 2. *„A.-Beitritt":* Erhoben ab 1.2.1973 während der fünfjährigen Übergangszeit bei der Einfuhr von Agrarprodukten aus den neuen Mitgliedstatten der EG (Dänemark, Irland, Großbritannien) in einen ursprünglichen Mitgliedstaat zum Ausgleich noch fortbestehender Preisunterschiede bei Marktordnungswaren. Ab 1.1.1981 bzw. 1.1.1986 erneut für den Handel mit Marktordnungswaren zwischen Griechenland bzw. Portugal und Spanien und der EG aufgrund ihres Beitritts eingeführt.

Ausgleichfonds. I. Auf staatlicher Ebene: Von der Bundesregierung im Wege der Vorfinanzierung durch Kreditaufnahmen geschaffener Fonds (→Sondervermögen des Bundes) mit dem Zweck, Ausgleichsleistungen an bestimmte, gesetzlich festgelegte Empfängergruppen (z. B. Schwerbehinderte) in Form von Unterhaltshilfen, →Hauptentschädigungen, Entschädigungsrenten und Aufbaudarlehen zu erbringen; z.B. auch der frühere Lastenausgleichsfonds. – *Finanzierung* wird durch Zuschüsse des Bundes und der Länder, Verschuldungen auf dem Kreditmarkt und Kreditrückflüsse gewährleistet. – *Treuhänderische Mittelverwaltung* von der →Deutschen Ausgleichsbank in Zusammenarbeit mit dem

→Bundesausgleichsamt. – In verschiedenen Ländern (z.B. USA und Frankreich) existieren von den Notenbanken unabhängige A. zur Regulierung der Devisenkurse (*Währungsausgleichsfonds*).

II. Auf betrieblicher Ebene: Ausgleichskassen bei Konzernen und sonstigen →Unternehmungszusammenschlüssen zur Regulierung von Gewinnen und Verlusten, die durch die Konzern- oder Kartellpolitik bei einzelnen Betrieben entstehen. –

Ausgleichsforderungen, aus der →Währungsreform 1948 stammende, im Schuldbuch eingetragene Forderungen (Schuldbuchforderungen) der →Deutschen Bundesbank (bzw. →Bank deutscher Länder und →Landeszentralbanken), Kreditinstitute, Post- und Bausparkassen sowie Versicherungen gegen die öffentliche Hand (Bund, Länder). Die Eröffnungsbilanzen der Institute hatten 1948 eine Lücke bei den Aktiva, da der Großteil ihrer Forderungen, nämlich diejenigen gegen das Deutsche Reich, im Gegensatz zu ihren Verbindlichkeiten nicht auf DM umgerechnet wurden. Die A. werden u. a. aus Mitteln des →Bundesbank-Gewinns seit 1956 innerhalb von 37 Jahren getilgt. Die mit 3–4,5% p.a. je nach Fristigkeit festverzinsten A. sind zum Nennbetrag zwischen Kredit- und Versicherungsinstituten handelbar; sie eignen sich zur →Offenmarktpolitik, erst nach ihrer Umwandlung in Schatzwechsel und unverzinsliche Schatzanweisungen als →Mobilisierungspapiere, wozu der Bundesbank seit 1955 das Recht zusteht.

Ausgleichsfunktion des Preises, →Tatonnement.

Ausgleichsgesetz der Planung, Berücksichtigung der Interdependenzen zwischen den einzelnen Teilplänen und Beseitigung auftretender Diskrepanzen. Bestimmend für die →Gesamtplanung ist der schwächste Teilbereich (*Minimumsektor, Engpaßbereich*), der z.B. in der Leistungserstellung, -verwertung sowie im Finanzbereich liegen kann. Der Minimumsektor kann wechseln; eine entsprechende Änderung der Planung ist erforderlich. Kurzfristig läßt sich der Minimumsektor nicht beseitigen, langfristig wird versucht, den Engpaßbereich auf das Niveau der anderen Teilbereiche z. B. durch Erweiterungsinvestitionen einzuregulieren. – Vgl. auch →Plankoordination, →Unternehmensplanung VI.

Ausgleichskalkulation, *Kompensationskalkulation, Mischkalkulation,* preispolitischer Ausgleich in der betrieblichen Absatzpolitik insbes. bei Warenhandelsbetrieben durch: (1) einheitliche Festsetzung des Preises für ein Gut bei unterschiedlicher Dienstleistungsabgabe; (2) Festsetzung unterschiedlich hoher →Deckungsspannen, →Deckungsraten oder →Gewinnzuschläge für verschiedene Waren.

– A. in der *öffentlichen Wirtschaft:* Vgl. →interne Subventionierung.

Ausgleichsleistungen, Leistungen nach dem Gesetz zum →Lastenausgleich (LAG), die auf Grund von Vertreibungs-, Kriegssach-, Ost- und Spararschäden gewährt werden (§§ 228–358 LAG).

Ausgleichsmeßzahl, *Bedarfsmeßzahl,* eine im Rahmen des →kommunalen Finanzausgleichs zwecks Berechnung der →Schlüsselzuweisungen konstruierte Größe, mit der der relative →Finanzbedarf der Gemeinden im Verhältnis zueinander ausgedrückt werden soll. – *Berechnungsmethode* ist in den Ländern der Bundesrep. D. unterschiedlich; Hauptbestandteil aber in allen Ländern die Gemeindeeinwohnerzahl (→Hauptansatz), in einzelnen Gemeinden modifiziert (→Hauptansatzstaffel); z.T. werden weitere Bedarfsindikatoren, z.B. für zentralörtliche Leistungen und Grenzlandlage, ergänzend herangezogen (→Ergänzungsansätze).

Ausgleichspflicht, Verpflichtung der anderen →Gesamtschuldner zum Ausgleich gegenüber dem allein in Anspruch genommenen, da im Verhältnis unter den Gesamtschuldnern jeder den gleichen Anteil an der gemeinsamen Schuld tragen muß, soweit unter ihnen nichts anderes vereinbart oder gesetzlich bestimmt ist; das gleiche gilt, wenn mehrere über den auf sie entfallenden Anteil hinaus in Anspruch genommen werden (§ 426 BGB). – *Anders:* →Ausgleichungspflicht (Erbrecht).

Ausgleichsposten. I. B u c h f ü h r u n g : 1. *Begriff:* Alle zum Kontenausgleich auf der kleineren Seite der Konten oder einer Bilanz eingestellten Beträge. – 2. *Steuerlicher A.* ersetzt in der Betriebsprüferbilanz das Kapitalkonto. Spezielle steuerliche A. entstehen nach der Rückfragedotierung im Rahmen der körperschaftsteuerlichen →Organschaft sowie nach Einbringungen gem. § 20 UmwStG.

II. B a n k w e s e n : Aufgrund von Aufwertungsverlusten (Verminderung des in DM ausgedrückten Wertes der →Devisenreserven durch →Aufwertung der DM) erforderliche Wertberichtigung der Bundesbankbilanz (→Bankausweis). Im Gegensatz zur Aufwertung ist der Ausweis von Buchgewinnen bei →Abwertung der DM durch die ursprünglichen Anschaffungskosten nach oben begrenzt und liegt im Ermessen der Bundesbank.

Ausgleichsprinzip, Grundsatz der Unternehmenspolitik hinsichtlich Produktionsgestaltung. Das A. bezweckt, Absatzschwankungen und die damit verbundenen Kapazitätsschwankungen vom Produktionsgeschehen fernzuhalten, indem die →Kapazität des Betriebes dem Durchschnittsabsatz angepaßt und nicht nach der Absatzspitze festgelegt wird. Der Betrieb produziert stets die gleiche Menge, die in absatzschwachen Zeiten auf Lager gelegt wird (→Vorratsproduktion); in Zeiten guten Absatzes wird ab Lager geliefert. – *Vor-/Nachteile:* Gleichmäßige Kapazitätsausnutzung und damit Kostenvorteile in der Produktion; erhöhte →Lagerkosten.

Ausgleichsquittung, besonderes Empfangsbekenntnis, aus dem neben der bestätigten Übergabe von Geldbeträgen oder Arbeitspapieren (→Quittung) hervorgeht, daß der Arbeitnehmer hinsichtlich aller Ansprüche aus dem Arbeitsverhältnis (Lohn, Urlaub usw.) befriedigt ist. – 1. Enthält die A. einen Verzicht auf *tarifliche Ansprüche,* ist sie insoweit wirkungslos (§ 4 TVG). – 2. Nach Lage des Falles kann darin der *Verzicht auf die* Erhebung der *Kündigungsschutzklage* (→Kündigungsschutz) erblickt werden. – 3. Die A. unterliegt, wie auch sonstige →Willenserklärung, der →Anfechtung wegen Irrtums, Drohung oder arglistiger Täuschung. – 4. Ein *Rechtsanspruch* des Arbeitgebers auf Erteilung einer A. besteht (anders bei der →Quittung) nicht. – 5. Werden in einer A. mit hinreichender Deutlichkeit Ansprüche auf →*Ruhegeld* nicht erwähnt, so werden diese nicht ausgeschlossen. Gleiches gilt für den Anspruch auf Ausstellung eines qualifizierten →Zeugnisses.

Ausgleichsrente, im Sinne des *Bundesversorgungsgesetzes* ein von der Höhe des Einkommens der Rentenempfänger abhängiger Rentenbestandteil. *Schwerbeschädigte* erhalten eine A., wenn sie infolge ihres Gesundheitszustandes oder hohen Alters oder aus einem von ihnen nicht zu vertretenden sonstigen Grund eine von ihnen zumutbare Erwerbstätigkeit nicht oder nur in beschränktem Umfang oder nur mit überdurchschnittlichem Kräfteaufwand ausüben können (§ 32 I BVG). Auch Witwen und Waisen erhalten A. bei Erfüllung bestimmter Voraussetzungen (§§ 41, 47 BVG). – *Voraussetzungen:* A. wird nur gewährt, wenn sie zusammen mit dem sonstigen Einkommen des Empfängers einen bestimmten Höchstbetrag nicht übersteigt. Mindest- und Höchstsätze je nach dem Grad der →Minderung der Erwerbsfähigkeit. – Als *sonstiges Einkommen* gelten alle Einkünfte in Geld oder Geldeswert; *nicht* berücksichtigt werden gewisse Einkünfte, insbes. solche, die aufgrund von Bedürftigkeit gewährt werden, ferner ein Teil des Einkommens aus nichtselbständiger Arbeit und aus früheren Dienst- oder Arbeitsverhältnissen sowie ein Teil der Einkünfte aus Land- und Forstwirtschaft, Gewerbebetrieb und aus selbständiger Arbeit. Die Anrechnung richtet sich nach der AnrechnungsVO vom 12.10.1979 (BGBl I 1749) sowie den hierzu ergangenen späteren Änderungen.

Ausgleichstockgemeinden, Gemeinden, die ihren →Finanzbedarf nicht aus eigenen Mitteln decken können und auf →Bedarfszuweisungen aus dem „Ausgleichstock" angewiesen sind. A. unterliegen einer verschärften →Haushaltskontrolle durch die Länder.

Ausgleichsverfahren. I. Depotgeschäft: Bei →Konkurs des Verwahrers gemäß § 33 DepotG: Mehrere Hinterleger von Wertpapieren, für die eine Verpfändungsermächtigung erteilt ist, bilden eine Gefahrengemeinschaft, wenn ein Pfandgläubiger die Werte ganz oder z. T. verwertet hat; anteilige Befriedigung aus einer die in Frage stehenden Wertpapiere betreffenden Sondermasse.

II. Arbeitsrecht: Vgl. →Schlichtung II 1.

Ausgleichszahlung. 1. An →Handelsvertreter: →Ausgleichsanspruch. – 2. Auf Aktiennennbeträge bezogene wiederkehrende Geldleistungen *an außenstehende Aktionäre* (Minderheitsgesellschafter), wenn zwischen der Gesellschaft und einem anderen Unternehmen ein →Gewinnabführungsvertrag oder ein →Beherrschungsvertrag abgeschlossen ist (§ 304 AktG). Höhe der A. richtet sich u. a. nach der bisherigen Ertragslage und den zukünftigen Ertragsaussichten. – Zur *steuerlichen Behandlung* der A. vgl. →Organschaft II.

Ausgleichszoll, besondere Art des →Antidumpingzolls (§ 21 ZG). Er wird zusätzlich zum normalen Zoll erhoben und dient der Abwehr von Schädigungen oder drohenden Schädigungen inländische Wirtschaftskreise durch die Einfuhr von Waren aus Drittländern zu Preisen, die durch Prämien oder Subventionen im Ausfuhr- oder Herstellungsland (offen oder versteckt) verbilligt worden sind. Zu derartigen staatlichen Ausfuhrförderungsmaßnahmen zählt u. U. auch die Anwendung mehrfacher Wechselkurse. Der A. wird i. d. R. nach der Höhe der gewährten Prämie oder Subvention bemessen. In der EG kann ein A. von der Kommission vorläufig, vom Rat endgültig festgesetzt werden.

Ausgleichszuweisung, →Zuweisung zwischen öffentlichen Aufgabenträgern, durch die Abweichungen zwischen →Finanzbedarf und →Finanzkraft verringert bzw. beseitigt werden sollen. Im Gegensatz zur →Lenkungszuweisung sind A. nicht mit (Empfangs-, Verwendungs-, Eigenbeteiligungs-)Ünterlagen verbunden. A. werden primär distributiv begründet (Angleichung der Finanzausstattung, des Leistungsangebots und damit der „Lebensverhältnisse"), aber auch allokativ (Ausgleich der Grenznutzen öffentlicher Ausgaben, erhöhte Mobilität innerhalb der Föderation u. a.). – Vgl. auch →Ergänzungszuweisung, →Finanzzuweisung.

Ausgleichspflicht, Pflicht, zu Lebzeiten des →Erblassers erhaltene Zuwendungen bei der →Erbauseinandersetzung in Anrechnung zu bringen (§§ 2050 ff., 2316 BGB). A. besteht nur unter →Abkömmlingen des Erblassers bei gesetzlicher →Erbfolge oder bei Erbfolge aus →Verfügung von Todes wegen, wenn der Erblasser die Erbteile wie die gesetzlichen bestimmt hat. A. besteht u. a. für Ausstattung und die Vermögensverhältnisse des Erblassers übersteigenden Zuschüsse zur Ausbildung, soweit der Erblasser nichts anderes bestimmt hat. Entsprechendes gilt i. d. R. bei Anspruch auf →Pflichtteil.

Ausgründung. 1. *Begriff:* Herausnahme eines Teilbetriebs oder eines Betriebsteils aus einem schon als Einzelfirma, Personen- oder Kapitalgesellschaft bestehenden Unternehmen unter gleichzeitiger Gründung einer neuen Gesellschaft, in die der herausgenommene Teil eingebracht wird. – 2. *Zweck:* Die A. (überwiegend): Aufgabenteilung durch Gründung einer Doppelgesellschaft (→Betriebsaufspaltung); Erlangung steuerlicher Vorteile. – 3. *Steuerliche Auswirkungen:* a) Ob eine A. zur Auflösung →stiller Rücklagen (→stille Reserven) führt und damit *ertragsteuerliche* Konsequenzen hat, hängt von der Gestaltung ab. Unter ertragsteuerlichen Gesichtspunkten ist ggf. der Alternative der Vorzug zu geben, die die Übertragung zu Buchwerten ermöglicht. – b) *Umsatzsteuerrechtlich* wird die A. als →Geschäftsveräußerung im ganzen behandelt, wenn ein Unternehmen oder ein in der Gliederung eines Unternehmens gesondert geführter Betrieb im ganzen übereignet wird. Bemessungsgrundlage ist das Entgelt für die übertragenen Gegenstände (Besitzposten), soweit ihre Übertragung nicht steuerfrei bleibt (steuerfrei wäre z. B. die entgeltliche Übertragung von Zahlungsmitteln). Die übernommenen Schulden können nicht abgesetzt werden. – c) *Gesellschaftsteuer* (1%), falls mit der A. gleichzeitig eine Kapitalgesellschaft gegründet wird; steuerpflichtig ist hier der Ersterwerb der Gesellschaftsrechte. – d) *Börsenumsatzsteuer* ist zu zahlen, soweit im Rahmen der A. Gesellschaftsanteile oder bestimmte andere Wertpapiere (des Anlage- oder des Umlaufvermögens) übertragen werden.

Aushang, im Rahmen der innerbetrieblichen Information Verpflichtung des Arbeitgebers, eine Reihe von Vorschriften des →Arbeitsschutzes im Betrieb zur Einsichtnahme auszulegen oder aufzuhängen. – *Beispiele:* Abdruck der →Arbeitszeitordnung (AZO), Beginn und Ende der regelmäßigen →Arbeitszeit und der Ruhepausen (§ 24 AZO); →Ladenschlußgesetz (§ 21 LdschlG); Arbeitszeitvorschriften des Jugendarbeitsschutzgesetzes (§ 48 JArbSchG); Mutterschutzgesetz bei mehr als drei beschäftigten Frauen (§ 18 MuSchG); §§ 611 a, 611 b, 612 III, 612a BGB (→Gleichbehandlung); die im Betrieb geltenden →Tarifverträge (§ 8 TVG) und →Betriebsvereinbarungen (§ 77 II BetrVG). – Bei *Verletzung* der A.-Vorschriften ist i. d. R. Ordnungsgeld angedroht. Schuldhafte Verletzung der Pflichten (Verletzung der →Fürsorgepflicht) kann zum Schadenersatz verpflichten.

Aushilfe, →Aushilfskraft.

Aushilfsarbeitsverhältnis, →Arbeitsverhältnis, das dem Zweck dient, vorübergehenden Arbeitsanfall zu bewältigen. – 1. A. können *befristet* oder zu einem *bestimmten Zweck* (z. B. Vertretung eines erkrankten Arbeitnehmers) abgeschlossen werden (→befristetes Arbeitsverhältnis). Während dieser Zeit ist eine →ordentliche Kündigung ausgeschlossen (§ 620 II BGB). – Wird das Arbeitsverhältnis nach Ablauf der vereinbarten Zeit fortgesetzt, so gilt es als *auf unbestimmte Zeit verlängert* (§ 625 BGB). – 2. A., die *nicht über drei Monate* hinaus fortgesetzt werden, können auch in der Weise begründet werden, daß die in § 622 I und II 1 BGB genannten →Kündigungsfristen (ein Monat zum Schluß eines Kalendermonats bei Angestellten; zwei Wochen bei Arbeitern) vertraglich verkürzt werden (§ 622 IV BGB). Allerdings können in →Tarifverträgen Kündigungsfristen festgelegt sein, die einzelvertraglich auch nicht bei A. unterschritten werden dürfen.

Aushilfskraft, Person, die von Fall zu Fall für eine im voraus bestimmte Arbeit von vorübergehender Dauer in ein Dienstverhältnis (→Aushilfsarbeitsverhältnis) tritt. – *Lohnsteuer:* Vgl. →Teilzeitbeschäftigte. – *Sozialversicherung:* Vgl. →geringfügige Beschäftigung.

Auskunft, Mitteilung über Rechtsverhältnisse eines Dritten, im Handelsverkehr üblicherweise über →Kreditwürdigkeit, allgemeines Verhalten, Geschäftsmoral usw.

I. **Behörde:** Pflicht zur A.-Erteilung seitens einer →Behörde im Rahmen der Dienstobliegenheiten. A., auch freiwillig erteilte, muß erschöpfend und richtig sein. Bei fehlerhafter A. kann →Amtshaftung eingreifen. – *Sondervorschriften:* 1. A. des *Finanzamtes* gem. § 42 e EStG: Vgl. →Lohnsteuerauskunft. – 2. A. der *Zollbehörde:* Vgl. →verbindliche Zolltarifauskunft.

II. **Kaufleute:** 1. *Pflicht* zur A.-Erteilung besteht u. a. nach § 242 BGB bei solchen Rechtsverhältnissen, „deren Wesen es mit sich bringt, daß der Berechtigte in entschuldbarer Weise über Bestehen und Umfang im ungewissen, der Verpflichtete aber unschwer in der Lage ist, hierüber Auskunft zu erteilen". – 2. *Keine Haftung* für den aus der erteilten A. etwa entstandenen Schaden, es sei denn: a) Haftung aus *Vertrag,* vertragsähnlichem Verhältnis oder →unerlaubter Handlung; es gelten die gleichen Grundsätze wie für die Erteilung eines →Rates oder einer Empfehlung; b) Haftung für eine *falsche* A. insbes., dann, wenn zwischen dem der A. erteilenden und dem Empfänger eine dauernde oder auf die Dauer angelegte Geschäftsverbindung besteht, aus der sich ein Vertrauensverhältnis ergibt; infolgedessen haften die →Banken

ihren Kunden gegenüber für A. über einen Dritten. Die Haftung entfällt jedoch, wenn die A.-Erteilung in keiner inneren Beziehung zu der Geschäftsverbindung steht. – Vgl. auch →Auskunftspflicht, →Auskunftsrecht, →Selbstauskunft.

Auskunftspflicht, besondere gesetzliche Verpflichtung zur Erteilung von →Auskunft.

I. **Arbeitsrecht:** Im Rahmen der „nachwirkenden →Fürsorgepflicht" des Arbeitgebers; vgl. →Zeugnis.

II. **Steuerrecht:** A. gem. § 93 AO für alle →Beteiligten am Besteuerungsverfahren über die für die Besteuerung erheblichen Sachverhalte, sofern keine Auskunftsverweigerungsrechte nach §§ 101–103 AO bestehen; andere Personen trifft die A. nur subsidiär.

III. **Amtliche Statistik:** A. obliegt allen natürlichen und juristischen Personen, Behörden und Einrichtungen zur Beantwortung ordnungsgemäß angeordneter Fragen des Gesetzes über die Statistik für Bundeszwecke vom 22.1.1987 (BGBl I 462).

IV. **Wettbewerbsrecht:** Bei Verstößen gegen →Wettbewerbsrecht oder gewerbliche Schutzrechte (z. B. Patent) besteht eine A., die gewöhnlich dem Verletzten zur Berechnung seines Schadens dient.

V. **Außenwirtschaftsrecht:** Vgl. →Außenwirtschaftsgesetz IX.

VI. **Sozialrecht:** Vgl. →Auskunfts- und Beratungspflicht.

Auskunftsrecht. 1. *Begriff:* Recht des Aktionärs, vom Vorstand der AG in der Hauptversammlung auf Verlangen Auskunft über Angelegenheiten der Gesellschaft zu erhalten (§ 131 AktG), soweit sie zur Beurteilung des Gegenstandes der Tagesordnung erforderlich ist. Die Auskunft hat den Grundsätzen einer gewissenhaften und getreuen Rechenschaft zu entsprechen. – 2. Der Vorstand kann die Auskunft nur *verweigern,* a) soweit die Auskunft nach vernünftiger kaufmännischer Beurteilung geeignet ist, der Gesellschaft oder einem verbundenen Unternehmen einen nicht unerheblichen Nachteil zuzufügen, b) soweit sie sich auf steuerliche Wertansätze oder die Höhe einzelner Steuern bezieht, c) über den Unterschied zwischen dem Wert, mit dem Gegenstände in der Jahresbilanz angesetzt worden sind, und einem höheren Wert Gegenstände, es sei denn, daß die Hauptversammlung den →Jahresabschluß feststellt, d) über die Bewertungs- und Abschreibungsmethoden, soweit die Angabe dieser Methoden im →Geschäftsbericht zur Vermittlung eines möglichst sicheren Einblicks in die Vermögens- und Ertragslage der Gesellschaft ausreicht; dies gilt nicht, wenn die Hauptversammlung den Jahresabschluß feststellt. – 3. *Streitigkeiten* über das A. entscheidet auf

Antrag das →Landgericht am →Sitz der AG in einem besonderen Spruchverfahren (§ 132 AktG).

Auskunftsstellen für den Außenhandel, Kammern und Verbände, je nachdem, ob es sich um grundsätzliche oder fachliche Fragen handelt. In Außenhandelsfragen über ein bestimmtes Land sind die →Auslandshandelskammern spezialisiert. Die A. werden von der →Bundesstelle für Außenhandelsinformation mit dem notwendigen Informationsmaterial aus dem Ausland versorgt. Darüber hinaus gibt es weitere Institutionen, wie z. B. das →Bundesamt für Wirtschaft (BAW) und das →Institut zur Förderung von Auslandsgeschäften und Auslandsprojekten e. V. (IFAA).

Auskunftstelle über den Versicherungsaußendienst e. V. (AVAD), Sitz in Hamburg. – *Aufgabe:* Auskunftsdienst mit Mitgliedern und deren Mitgliedsunternehmen über den Außendienst.

Auskunfts- und Beratungspflicht, im Sozialgesetzbuch festgeschriebene Verpflichtung aller für Sozialleistungen zuständigen Leistungsträger (Renten-, Unfall-, Krankenversicherungsträger, Arbeitsverwaltung, Sozialamt, Versorgungsamt usw.), über alle sozialen Angelegenheiten Auskunft zu erteilen. Die A.- u. B. erstreckt sich auf die Benennung der zuständigen Leistungsträger sowie auf alle Sach- und Rechtsfragen, die für die Auskunftssuchenden von Bedeutung sind (§ 15 SGB 1). Besonders geregelt ist die →Rentenauskunft über bisher erworbene Anwartschaften. – Nach § 14 SGB 1 hat jeder *Anspruch* auf Beratung über die nach dem Sozialgesetzbuch bestehenden Rechte und Pflichten durch den zuständigen Leistungsträger. – Die Leistungsträger *haften* für die Richtigkeit und Vollständigkeit der Auskunft. – Erleidet ein Berechtigter aufgrund einer *Verletzung der A.- u. B.* einen Schaden, besteht u. U. ein →Herstellungsanspruch auf Herstellung des Zustandes, wie er ohne die Pflichtverletzung der Behörde eingetreten wäre.

Auslagenersatz. I. Zivilprozeßrecht: Vgl. →Gerichtskosten; vgl. auch die gesetzliche →Kostentabelle für Zivilprozesse.

II. Bürgerliches Recht und Handelsrecht: Vgl. →Aufwendungen.

III. Lohnsteuerrecht: 1. *Begriff:* Beträge, durch die in der Vergangenheit gemachte Auslagen des Arbeitnehmers für den Arbeitgeber ersetzt werden. – 2. *Steuerpflicht:* A. gehören nicht zum steuerpflichtigen →Arbeitslohn; sie sind gem. § 3 Nr. 50 EStG steuerfrei. Die Ausgaben können im Namen des Arbeitgebers oder im eigenen Namen erfolgen; es darf aber kein Interesse des Arbeitnehmers an diesen Ausgaben bestehen; vgl. →durchlaufende Gelder. – A. für die Lebenshaltung durch den Arbeitgeber sind

kein A.; sie sind steuerpflichtiger Arbeitslohn. – 3. *Voraussetzungen der Steuerfreiheit:* I. a. Einzelabrechnung; pauschaler A., wenn die pauschal gezahlten Beträge auf Umständen beruhen, die nicht vom Ermessen des Arbeitnehmers abhängen, die zweckentsprechende Verwendung sichergestellt ist und es sich um kleinere Beträge handelt, die erfahrungsgemäß den Aufwand nicht übersteigen.

Ausland, Gebiet jenseits der Staatsgrenzen.

I. Außenwirtschaftsrecht: Vgl. →fremde Wirtschaftsgebiete.

II. Steuerrecht: Wichtiges Kriterium zur Abgrenzung der Steuerbarkeit von Sachverhalten bzw. der →Steuerpflicht von natürlichen und juristischen Personen. – I. S. des *Umsatzsteuerrechts:* Vgl. →Außengebiet. – *Gegensatz:* →Inland.

Ausländer. 1. *Recht* (§ 1 Ausländergesetz, BGBl 1965 I 353 mit späteren Änderungen mit DVO i. d. F. vom 29. 6. 1976, BGBl I 1717, mit späteren Änderungen): Jede Person, die nicht Deutscher ist (→Staatsangehörigkeit). A., die ins →Bundesgebiet einreisen und sich darin aufhalten wollen, bedürfen einer →Aufenthaltserlaubnis oder →Aufenthaltsberechtigung. Es besteht →Ausweispflicht (Paßzwang). Die politische Betätigung von A. kann u. U. eingeschränkt oder untersagt werden (§ 6 AusländerG). A. können frei ausreisen. – Sonderregelungen für Diplomaten und →Konsuln sowie in zwischenstaatlichen Vereinbarungen. – Vgl. auch →Asyl, →Abschiebung, →Ausländerbehörden, →Ausweisung. – 2. *Zahlungsbilanzstatistik:* Alle natürlichen und →juristischen Personen mit Wohnsitz oder gewöhnlichem Aufenthalt bzw. Sitz im Ausland. Zu den A. zählen auch die Angehörigen diplomatischer Vertretungen im Inland sowie im Inland stationierter ausländischer Streitkräfte, nicht hingegen ausländische Arbeitnehmer (außer Grenzgänger).

Ausländerbehörden, Behörden der inneren Verwaltung auf der Kreisebene, ausnahmsweise Behörden kreisangehöriger Gemeinden, zuständig für alle die →Ausländer betreffenden Angelegenheiten, z. B. →Aufenthaltserlaubnis, →Ausweisung, →Abschiebung (§ 20 AusländerG).

Ausländerkonten, Konten von →Gebietsfremden bei Geldinstituten im →Wirtschaftsgebiet. A. dürfen uneingeschränkt in DM oder in ausländischen Währungen geführt werden. – *Gegensatz:* →Auslandskonten.

Ausländerkonvertibilität, im Artikel VIII des Abkommens über den →IMF vereinbartes Recht von Devisenausländern, Inlandsguthaben jederzeit in ausländische Währung umzutauschen, sofern es sich dabei um Guthaben aus kürzlich abgewickelten Geschäften handelt oder der Umtausch zwecks Zahlungen für laufende Geschäfte erforderlich ist. Ziel dieser Bestimmung ist die Ausweitung des internationalen Handels durch Abbau von Beschränkungen des Devisen- und Kapitalverkehrs. – Vgl. auch →Konvertibilität.

Ausländersicherheit, die im →Zivilprozeß auf Verlangen des Beklagten von einem als Kläger auftretenden Ausländer zu leistende Sicherheit für die Prozeßkosten. – *Ausnahmen:* a) Ausländer, in deren Heimatstaat Deutsche keine A. zu leisten brauchen, b) im →Urkundenprozeß und →Wechselprozeß, c) bei Klagen aus im →Grundbuch eingetragenen Rechten (§ 110 ZPO).

ausländische Betriebsstätte, im Ausland errichtete Betriebsstätte. Abgrenzung der a. B. für Zwecke der Besteuerung nach den gleichen Merkmalen wie für inländische B. (→Betriebsstätte). Durch die Beteiligung als Unternehmer (Mitunternehmer) an einer Personengesellschaft ausländischen Rechts wird steuerlich ebenfalls eine a. B. begründet, wenn die ausländische Personengesellschaft in ihrem im ausländischen Handelsrecht verankerten rechtlichen Aufbau und ihrer wirtschaftlichen Funktion eher der deutschen Personengesellschaft als der deutschen Kapitalgesellschaft entspricht. Die →*Doppelbesteuerungsabkommen* enthalten i. d. R. Definitionen für a. B., die den *Begriff* weiter *einengen.* – Die a. B. hat im →Außensteuerrecht eine zweifache *Bedeutung:* a) als Steueranknüpfungspunkt für die beschränkte Steuerpflicht im Ausland; b) als Anknüpfungspunkt für Maßnahmen zur Vermeidung der Doppelbesteuerung oder für Steuervergünstigungen im Zusammenhang mit Auslandsinvestitionen im Inland.

ausländische Einkünfte. I. Begriff: Einkünfte, die unbeschränkt steuerpflichtige natürliche und juristische Personen (→unbeschränkte Steuerpflicht) aus einem ausländischen Staat beziehen. Besondere Vorschriften und begünstigte Steuersätze für a. E. nach dem EStG, GewStG und KStG; sie sollen die internationale →Doppelbesteuerung mildern oder ausschließen, wenn →Doppelbesteuerungsabkommen nicht bestehen, nicht anwendbar sind oder die Doppelbesteuerung nicht voll beseitigen.

II. Einkommensteuer. 1. *Grundlagen:* § 34 d EStG. – 2. Zu den a. E. zählen *Einkünfte* a) aus einer im Ausland betriebenen Land- und Forstwirtschaft; b) aus Gewerbebetrieb, erzielt durch →Betriebsstätte oder ständigen Vertreter im Ausland oder durch den Betrieb von Handelsschiffen im internationalen Verkehr (vgl. V); c) aus selbständiger und nichtselbständiger Arbeit, die im Ausland ausgeübt oder verwertet wird oder worden ist; d) aus Kapitalvermögen, wenn Schuldner Wohnsitz, Geschäftsleitung oder Sitz im Ausland hat oder das Kapitalvermögen durch ausländischen Grundbesitz gesichert ist; e) aus Vermie-

tung und Verpachtung soweit unbewegliches Vermögen oder Sachinbegriffe im Ausland belegen oder Nutzungsrechte im Ausland überlassen worden sind; f) aus der Veräußerung von Wirtschaftsgütern, die zum Anlagevermögen eines Betriebs gehören, wenn die Wirtschaftsgüter in einem ausländischen Staat belegen sind, sowie aus der Veräußerung von Anteilen an ausländischen Kapitalgesellschaften; g) aus nichtselbständiger Arbeit, die in einem ausländischen Staat ausgeübt oder verwertet wird oder worden ist; h) sonstige Einkünfte bei wiederkehrenden Bezügen, Spekulationsgeschäften und Leistungen. – 3. *Steuerermäßigung* (→Methoden zur Vermeidung der Doppelbesteuerung): a) *Direkte Anrechung:* Die festgesetzte, in einem ausländischen Staat gezahlte und der deutschen Einkommensteuer entsprechende Steuer wird insoweit (Höchstbetrag) auf die deutsche →Einkommensteuer angerechnet, als sie auf die in dem Veranlagungszeitraum bezogenen a. E. aus diesem ausländischen Staat entfällt. Zum Zweck der Höchstbetragsberechnung wird die deutsche Einkommensteuer im Verhältnis der a. E. zum Gesamtbetrag der Einkünfte aufgeteilt; bei a. E. aus mehreren ausländischen Staaten werden die Höchstbeträge für jeden einzelnen Staat gesondert berechnet. – b) *Erlaß und Pauschalierung:* Erlaß der auf die a. E. entfallenden deutschen Steuer oder Festsetzung eines Pauschbetrages auf Antrag möglich, wenn dies aus volkswirtschaftlichen Gründen zweckmäßig ist. – c) *Abzug vom Einkommen:* Entspricht die ausländische Steuer nicht der Einkommensteuer, so wird diese in der gezahlten Höhe vom Gesamtbetrag der einkommensteuerpflichtigen Einkünfte abgezogen. Darüber hinaus auf Antrag statt der direkten Anrechnung auch Abzug der ausländischen Steuer vom Einkommen; vgl. § 34 c II EStG. – 4. *Nachweis* über die a. E., die festgesetzte und gezahlte Steuer durch entsprechende Urkunden (z. B. Steuerbescheid, Quittung). – 5. Einzelheiten wegen der Berücksichtigung ausländischer Steuer bei *Doppelbesteuerungsabkommen* vgl. § 34 VI EStG.

III. Körperschaftsteuer: 1. *Grundlagen:* § 26 KStG. – 2. *Steuerermäßigung:* a) Die Darstellungen zur Einkommensteuer unter II 3 bis 5 gelten entsprechend. Bei der Ermittlung der auf die a. E. entfallenden inländischen Körperschaftsteuer im Rahmen der direkten Anrechnung (s. o. II 3 a) ist die Körperschaftsteuer zugrunde zu legen, die sich ohne Anwendung der Vorschriften über das →körperschaftsteuerliche Anrechnungsverfahren gem. §§ 27 ff. KStG ergibt. – b) Neben der direkten Anrechnung auf Antrag Möglichkeit der *indirekten Anrechung* (→Methoden zur Vermeidung der Doppelbesteuerung), wenn eine inländische Kapitalgesellschaft an einer →ausländischen Tochtergesellschaft wesentlich beteiligt ist und letztere ihre Bruttoerträge ausschließlich oder fast ausschließlich aus →aktiver Tätigkeit bezieht. Anrechnungsfähig ist unter Beachtung bestimmter Beschränkungen (§ 26 II KStG) die ausländische Körperschaftsteuer, die die ausländische Tochtergesellschaft selbst entrichtet hat. – 3. a) *Besonderheiten:* Die der deutschen Körperschaftsteuer entsprechende ausländische Steuer muß eine Steuer auf das Einkommen und damit *Gewinnsteuer* sein. Es scheiden deshalb aus: Ausländische Verbrauch- und Verkehrsteuern, Produktion- und Ölabgabe (insbes. in den Nahost-Staaten) usw. – b) Die Körperschaftsteuer kann *pauschal* festgesetzt werden, insbes. bei Einkünften aus einer ausländischen Betriebsstätte, aus Beteiligungen an ausländischen Personen- und Kapitalgesellschaften sowie bei Bestehen einer →Organschaft.

IV. G e w e r b e s t e u e r : 1. *Grundlagen:* § 2 I, §§ 9 Nrn.2, 3, 7 und 8 GewStG. – 2. Zu den a. E. zählt *der Teil des →Gewerbeertrages,* der a) auf eine →ausländische Betriebsstätte, b) auf Gewinnanteile aus einer ausländischen Personengesellschaft, c) auf Gewinnanteile aus einer ausländischen Kapitalgesellschaft entfällt. – 3. *Steuerermäßigung:* a) Der auf eine ausländische Betriebsstätte entfallende Teil des Gewerbeertrags wird freigestellt (§ 9 Nr. 3 GewStG); b) Gewinnanteile aus einer ausländischen Personengesellschaft, bei der der Gesellschafter als Unternehmer (Mitunternehmer) des ausländischen Gewerbebetriebes anzusehen ist, werden ebenfalls freigestellt (§ 9 Nr. 2 GewStG); c) Gewinnanteile aus einer ausländischen Kapitalgesellschaft unterliegen voll der Gewerbeertragsteuer, es sei denn, sie sind nach einem →Doppelbesteuerungsabkommen freigestellt, oder der inländische Gewerbebetrieb ist an dieser Gesellschaft mindestens zu 10 v.H. beteiligt, und die ausländische Tochtergesellschaft erzielt ihre Bruttoerträge ausschließlich oder fast ausschließlich aus aktiver Tätigkeit. In diesem Fall sind die Gewinnanteile freigestellt. – Vgl. auch →Schachtelprivileg III.

V. B e s o n d e r h e i t e n : Für a.E. aus dem Betrieb von Handelsschiffen im internationalen Verkehr gelten besondere Steuerermäßigungen; vgl. im einzelnen § 34c IV EStG, § 26 VI KStG.

ausländische Investitionen, Kapital- und Geldanlagen von →Gebietsfremden (früher Devisenausländer) im →Wirtschaftsgebiet. – 1. A.I. sind grundsätzlich *genehmigungsfrei* (§ 23 AWG). – 2. Ausnahmsweise bedürfen Rechtsgeschäfte der *Genehmigung,* wenn sie den entgeltlichen Erwerb zur Geldanlage zum Gegenstand haben, und zwar über inländische, auf DM lautende →Schatzwechsel, unverzinsliche →Schatzanweisungen, →Vorratsstellenwechsel, bankgirierte Wechsel, die

auf einen →Gebietsansässigen gezogen und im Wirtschaftsgebiet zahlbar sind, bankgirierte eigene Wechsel, die ein Gebietsansässiger ausgestellt hat, Wechsel die ein Gebietsansässiger ausgestellt und ein gebietsansässiges Kreditinstitut angenommen hat, sofern der Erwerb der genannten Werte durch Gebietsfremde von Gebietsansässigen erfolgt; genehmigungspflichtig ist weiter der entgeltliche Erwerb inländischer festverzinslicher Wertpapiere durch Gebietsfremde von Gebietsansässigen unter der Verpflichtung des Gebietsansässigen, die Wertpapiere zu einem fest bestimmten Preis zurückzuerwerben (§ 52 AWV). Die Genehmigungspflicht besteht nicht bezüglich deutscher Staatsangehöriger und ihrer Angehörigen, denen eine deutsche Behörde die Erfüllung einer Aufgabe in einem fremden Wirtschaftsgebiet übertragen hat, oder die im Dienst einer zwischenstaatlichen Organisation oder der Vereinten Nationen stehen (§ 54 AWV). – 3. *Steuerliche Behandlung* von a.I.: Vgl. →Auslandsinvestitionengesetz. – Vgl. auch →Ausländerkonten, →ausländische Unternehmungen im Inland.

ausländische Körperschaft. 1. A.K. werden hinsichtlich ihrer →*Rechtsfähigkeit* im bürgerlichen Recht nach ausländischem Recht beurteilt. – 2. Die Frage, ob a.K. im Inland bezüglich der →*Steuerpflicht* als Körperschaften zu behandeln sind, wird nach deutschem Recht entschieden. Festzustellen ist, welchem deutschen Rechtsgebilde eine a.K. ihrer inneren Struktur nach entspricht (Typenvergleich). Betätigen sich a.K. in Deutschland wirtschaftlich, unterliegen sie der deutschen →Körperschaftsteuer, und zwar unbeschränkt, wenn sie weder →Sitz noch →Geschäftsleitung im Inland haben; zumeist jedoch →beschränkte Steuerpflicht (§§ 1, 2 KStG).

ausländischer Arbeitnehmer. 1. *Begriff:* Erwerbsperson, die in der Bundesrep. D. einer entgeltlichen Beschäftigung nachgeht, ohne die deutsche Staatsangehörigkeit zu besitzen (→Ausländer). – 2. A. A. bedürfen zur Arbeitsaufnahme einer →*Aufenthaltserlaubnis* und →*Arbeitserlaubnis,* soweit nicht supranationale oder bilaterale Verträge (Gastarbeitnehmerabkommen) ihnen Freizügigkeit einräumen. Erwerbspersonen aus EG-Ländern benötigen aufgrund der EG-Freizügigkeitsverordnung (Gesetz i.d.F. vom 31.1.1980, BGBl I 116) keine Aufenthalts- und Arbeitsgenehmigung. Von den Vorschriften sind weiter →heimatlose Ausländer befreit. Ausnahmen bestehen für Kinder und Ehefrauen. Keiner Arbeitserlaubnis bedürfen die in § 9 der VO genannten Personen (z.B. Fahrpersonal im Transitverkehr, Grenzgänger, Lehrpersonen an Hochschulen, Journalisten usw.). – 3. Für →*Arbeitsvertrag* und →*Arbeitsverhältnis* gelten grundsätzlich die allgemeinen Vorschriften. Ein ohne Arbeitserlaubnis geschlossener

Arbeitsvertrag ist nicht nichtig (→Arbeitserlaubnis). Dem Arbeitgeber kann gegenüber dem a. A. eine gesteigerte →Fürsorgepflicht, insbes. zur Überwindung von Sprachschwierigkeiten, obliegen. – Bei der *Betriebsratswahl* (→Betriebsrat) haben a. A. das gleiche aktive und passive Wahlrecht wie deutsche Arbeitnehmer (§§ 7, 8 BetrVG).

ausländisches Vermögen, gehört: a) bei →*unbeschränkter Steuerpflicht* zum (steuerpflichtigen) →Gesamtvermögen (soweit es nicht aufgrund sachlicher Steuerbefreiungen oder Doppelbesteuerungsabkommen im Ansatz bleibt); b) bei →*beschränkter Steuerpflicht* nicht zur Besteuerung. – *Bewertung ausländisches Sachvermögen* nach den Vorschriften des ersten Teils des Bewertungsgesetzes (§ 31 BewG). Ausländischer Grundbesitz ist mit dem →gemeinen Wert anzusetzen.

ausländische Tochtergesellschaft, Begriff des →Außensteuerrechts für eine ausländische Kapitalgesellschaft, an der der inländische Gesellschafter mindestens wesentlich Beteiligter ist. Eine ausländische Gesellschaft wird im Außensteuerrecht immer dann als Kapitalgesellschaft anerkannt, wenn sie nach ihrem im ausländischen Gesellschaftsrecht geregelten Aufbau und ihrer wirtschaftlichen Funktion einer Kapitalgesellschaft deutschen Rechts vergleichbar ist.

ausländische Unternehmungen im Inland, Unternehmungen im →Wirtschaftsgebiet, an denen →Gebietsfremde beteiligt sind. – 1. *Meldepflichten nach der AWV:* A. U. sind nach dem neuen →Außenwirtschaftsrecht im Wirtschaftsgebiet uneingeschränkt zulässig, es bestehen lediglich gewisse Meldepflichten gegenüber der →Deutschen Bundesbank (§ 57 AWV). – 2. *Genehmigungspflicht:* A. U. in der Rechtsform einer →juristischen Person bedürfen für den Betrieb eines →Gewerbes im →Inland der Genehmigung. Die Genehmigung darf nur versagt werden, wenn zu besorgen ist, daß die Tätigkeit der ausländischen juristischen Person dem öffentlichen Interesse widerspricht (§ 12 GewO). Das Erfordernis der Genehmigung *gilt nicht* für ausländische Unternehmen, die nach den Rechtsvorschriften eines Mitgliedstaates der →EWG gegründet sind und ihren satzungsmäßigen →Sitz, →Hauptverwaltung oder →Hauptniederlassung innerhalb der EWG haben (§ 12a GewO). – 3. *Besteuerung:* A. U. unterliegen prinzipiell der inländischen Besteuerung. – a) A. U. in der Rechtsform der *juristischen Person* sind unbeschränkt steuerpflichtig (→unbeschränkte Steuerpflicht), wenn sie im Inland Sitz oder Geschäftsleitung haben. Ist das nicht der Fall, sind sie mit ihren inländischen Einkünften und mit ihrem inländischen Vermögen beschränkt steuerpflichtig (→beschränkte Steuerpflicht). – b) A. U. in der Rechtsform des *Personenge-*

sellschaft, der einzelkaufmännischen Unternehmung oder der Zweigniederlassung unterliegen nicht selbst der deutschen Besteuerung. Steuerpflichtig sind die diese Unternehmen betreibenden natürlichen oder juristischen Personen mit Wohnsitz, Sitz, gewöhnlichem Aufenthalt oder Geschäftsleitung im Ausland. Diese Personen unterliegen mit ihren inländischen Einkünften und ihrem inländischen Vermögen der →beschränkten Steuerpflicht.

ausländische Werte, Rechnungsbeträge in ausländischer Währung. A. W. sind zur Berechnung der →*Umsatzsteuer* auf DM umzurechnen nach dem im Bundesanzeiger bekanntgegebenen →Durchschnittskurs für den Monat, in dem die Vereinnahmung oder die Leistung (→Sollversteuerung, →Istversteuerung) erfolgt. Das Finanzamt kann zuverlässigen Unternehmern auf Antrag die Umrechnung nach dem Tageskurs gestatten, wenn die einzelnen Beträge bei Bankmitteilung oder Kurszettel belegt werden.

ausländische Wertpapiere, von Ausstellern mit Sitz außerhalb Deutschlands ausgegebene →Wertpapiere; vgl. →Auslandswerte. Nach →Außenwirtschaftsrecht sind Rechtsgeschäfte über a. W. grundsätzlich unbeschränkt zulässig (→Kapitalverkehr). Gewisse Einschränkungen bestehen bei →ausländischen Investitionen und →ausländischen Unternehmungen im Inland. – Sonderregelungen bestehen für Geschäfte, an denen Personen mit gewöhnlichem Aufenthalt, Hauptniederlassung oder Sitz im Gebiet der DM-Ost beteiligt sind (→Innerdeutscher Handel).

Auslandsabhängigkeit, →Protektionismus.

Auslandsabsatzforschung, Teilbereich der →internationalen Marktforschung, bestehend aus →Betriebsforschung und →Auslandsmarktforschung. Dient der Gewinnung von Informationen über Auslandsmärkte und (inner-)betriebliche Prozesse bezüglich der Auslandstätigkeit einer Unternehmung.

Auslandsakzept, Finanzierungs- und Kreditsicherungsmittel im Außenhandelsgeschäft (→Ausfuhrfinanzierung). Eine Bank (Akzeptbank) akzeptiert zur Finanzierung eines Warengeschäfts einen von ihrem Kunden (Akzeptkreditnehmer) auf sie gezogenen Wechsel. Der Kunde verpflichtet sich, vor Fälligkeit Deckung anzuschaffen. Nach dem international gültigen Bestimmungen des Wechselrechts ist die Bank ohne Rücksicht auf den zugrunde liegenden Akzeptkreditvertrag zur Einlösung des Wechsels verpflichtet. – *Anders:* →Auslandswechsel.

Auslandsanleihe. 1. Im Ausland aufgelegte, auf inländische oder (meistens) ausländische Währung lautende →Anleihe eines inländischen privaten oder öffentlichen Schuldners. – 2. Im Inland aufgelegte Anleihe eines ausländischen Emittenten (dann auch als *ausländische Anleihe* bezeichnet).

Auslandsbanken, Banken, die ihren Sitz im Inland, ihr Hauptbetätigungsfeld jedoch im Ausland haben. Stark entwickelt ist die Spezialisierung dieser Richtung in Großbritannien, wo es zahlreiche „foreign and colonial banks" gibt. – *Tätigkeiten:* Finanzierung und geldliche Abwicklung des Handelsverkehrs mit den betreffenden Ländern, aber auch alle sonstigen Bankgeschäfte.

Auslandsbeschäftigung, Beschäftigung deutscher Arbeitnehmer im Ausland durch einen deutschen oder ausländischen Arbeitgeber. – Das für das Arbeitsverhältnis *anzuwendende Arbeitsrecht* ist zu bestimmen. Ist keine ausdrückliche oder stillschweigende Vereinbarung getroffen, ist maßgebend, wo der Schwerpunkt des Arbeitsverhältnisses liegt: Grundsätzlich der Arbeitsort; sofern dieser ständig wechselt, der Sitz des Arbeitgebers. – Grundsätzlich kann bei Vereinbarung ausländischen Arbeitsrechts auch ein Gerichtsstand im Ausland vereinbart werden.

Auslandsbonds, deutsche, auf ausländische Währung lautende, festverzinsliche Wertpapiere. Da sie Zahlungsansprüche gegen inländische Schuldner verbriefen, sind es unechte Devisenwerte. Der Handel in A. ist unbeschränkt zulässig. – Durch Gesetz vom 10.3.1960 (BGBl I 177) sind die Entschädigungsansprüche nach dem Bereinigungsgesetz näher geregelt. – Vgl. auch →Auslandsverschuldung.

Auslandsgeschäft. I. Außenwirtschaftsverkehr: Wirtschaftsbeziehungen zwischen gebietsansässigen Unternehmen und gebietsfremden Partnern, die unterschiedlichen Wirtschaftsstufen angehören können. A. können direkt oder indirekt abgewickelt werden; alle Formen des Außenhandelsgeschäfts (→Ausfuhr, →Einfuhr) sowie alle Arten internationaler Betätigung, insbes. Dienstleistungen (Transport, Versicherung), Finanzierung, Beratung, gewerbliche Dienstleistungen und Service, →Kontrakt-Management usw., Vertragsproduktion (→unmittelbar kundenorientierte Produktion), Vergabe (Nutzung) von Lizenzen an (von) ausländische(n) Partner(n) (Auslandslizenzen), →Joint Ventures und sonstige Kooperationen im A. (z. B. Exportkooperation), →Montage, →Formulierung und →Konfektionierung im Ausland sowie →Veredelung. – *Risiken im A.:* Grundsätzlich bestehen die bekannten ökonomischen Risiken, insbes. bei der (Weiter)entwicklung eines neuen (alten) Produktes, die mit hohen Forschungs- und Entwicklungskosten verbunden ist, sowie Risiken der Markterschließung und der Lebenserwartungen eines Erzeugnisses, die mit den Maßnahmen der Konkurrenz zusammenhängen. Diese Risiken können durch eine Betätigung auf Auslandsmärkten

sowohl eine Reduktion als auch eine Verstärkung erfahren. Im A. werden darüber hinaus (neben dem politischen Risiko) noch verschiedene spezielle wirtschaftliche Risiken unterschieden, wie z. B.: (1) übertragbare (versicherbare) Risiken im A., insbes. Transportrisko, Wechselkurs-Risiko sowie Kredit- bzw. Finanzierungs- und Transferrisiko; (2) nicht übertragbare (nicht versicherbare) Risiken im A., insbes. Erfüllungsrisiko (Abnahme der Ware), Marktrisiko, Zollrisiko, Standortrisiko und Preisrisiko bzw. -gefahr; (3) Risiken bei Auslandsniederlassungen, -beteiligungen und -kooperationen, die z. T. übertragbar und z. T. nicht übertragbar sind. – Eine Analyse der Risiken im A. wird im Rahmen des →Länderratings (vgl. im einzelnen dort) versucht; vgl. auch →Segmentierung von Auslandsmärkten.

II. W e r t p a p i e r g e s c h ä f t: Anschaffungsgeschäft über Wertpapiere, das abgeschlossen ist: a) im Ausland; b) zwischen je einem Ort des Inlands und des Auslands. A. unterliegen der halben →Börsenumsatzsteuer, wenn ein Vertragsteil Inländer ist (§24 II KVStG).

Auslandsgeschäfts-Quote (AQ), Anteil des Umsatzes aus →Auslandsgeschäften am Gesamtumsatz einer Unternehmung. – Vgl. auch →Exportquote.

Auslandshandelskammern (AHK), nach dem Prinzip der →Industrie- und Handelskammern errichtete Vereinigungen, die meist die Unterstützung des Staates finden und mit den diplomatischen Vertretungen ihres Heimatlandes engen Kontakt pflegen.

I. A u f g a b e n: Allgemeine Handelsförderung und -pflege, Mitarbeit bei Aufgaben der Handelspolitik, kommerzielle Dienste.

II. M i t g l i e d s c h a f t v o n U n t e r n e h m u n g e n: Eine Mitgliedschaft in einem bestimmten Land bzw. Wirtschaftsgebiet ist i. d. R. nur dann lohnend, wenn die Unternehmung längerfristig und in größerem Umfang tätig ist bzw. sein wird. Auch ohne Mitgliedschaft können gegen eine Gebühr Leistungen in Anspruch genommen werden.

III. A r t e n: 1. *Deutsche A.:* Vereinigung von Kaufleuten im Ausland zur Förderung des Außenhandels zwischen der Bundesrep. D. und einem ausländischen Staat. Mitglieder: V. a. deutsche und auch im Außenhandel mit dem Bundesgebiet interessierte ausländische Firmen. Die Geschäftsführung liegt in deutschen Händen, ist überprüft und von den Spitzenverbänden der deutschen Wirtschaft anerkannt. Sitz im Ausland, soweit dies vom Gastland zugelassen worden ist. Die A. sind paritätisch, wenn Mitglieder und Geschäftsführung in gleicher Zahl aus Firmen bzw. Personen beider Länder bestehen. – 2. *Ausländische A.:* Vereine und Körperschaften, je nach Landesrecht mit der gleichen Zielsetzung. Mitglieder und Geschäftsführung stammen meist aus dem Ausland, Sitz in der Bundesrep. D. Sie werden von den ausländischen Organisationen der Wirtschaft und des Staates anerkannt und vertreten deshalb vornehmlich die wirtschaftlichen Interessen des Partnerlandes in der Bundesrep. D. Für deutsche Unternehmen können sie Informationen über das durch sie vertretene Land (z. B. Messen, Ausstellungen) bzw. über Kontaktmöglichkeiten liefern und u. U. Kontakte anbahnen.

IV. B e s t e h e n d e A.: 1. *Deutsche, paritätische A.;* vom Deutschen Industrie- und Handelstag anerkannt (H. = Handelskammer; IHK = Industrie- und Handelskammer): Deutsch-Arabische H.; Deutsch-Argentinische IHK, Buneos Aires; Deutsche IHK in Australien, Sydney (Zweigstelle Melbourne); Deutsch-Belgisch-Luxemburgische H., Brüssel (Zweigstelle Luxemburg und Köln); Deutsch-Bolivianische IHK, La Paz; Deutsch-Brasilianische IHK, Rio de Janeiro, Porto Alegre und Sao Paolo; Deutsch-Chilenische IHK, Santiago; Deutsch-Ecuadorianische IHK, Quito; Deutsch-Finnische H., Helsinki; Offizielle Deutsch-Französische IHK, Paris (Zweigstelle Düsseldorf); Deutsch-Griechische H., Athen (Zweigstelle Nord-Griechenland in Thessaloniki); Deutsche IHK in Großbritannien und Nordirland, London; Deutsch-Guatemaltekische IHK, Guatemala; Deutsch-Indische H., Bombay (Verbindungsbüro Düsseldorf; Zweigstellen Calcutta, Neu Delhi, Madras und Bangalore); Deutsch-Indonesische IHK, Djakarta; Deutsch-Iranische H., Teheran; Deutsch-Italienische H., Mailand (Zweigstelle Rom); Deutsche H., Tokio (Zweigstelle Osaka), Institut für Marktberatung der der Deutschen IHK in Japan; Deutsch-Kanadische IHK, Montreal (Zweigstellen Toronto und Edmonton); Deutsch-Kolumbianische H., Bogota; Deutsch-Koreanische IHK (Rep. Korea), Seoul; Deutsch-Mexikanische IHK, Mexiko; Deutsch-Niederländische H., Den Haag und Düsseldorf; Deutsche IHK in Nigeria, Lagos; Deutsche IHK Norwegen, Oslo; Deutsche H. in Österreich, Wien (Zweigstelle Salzburg); Deutsch-Paraguayische H., Asuncion; Deutsch-Peruanische H., Lima; Deutsch-Portugiesische IHK, Lissabon (Zweigstelle Porto); Deutsch-Saudi-Arabisches Verbindungsbüro für wirtschaftliche Angelegenheiten, Riad; Deutsch-Schwedische H. Stockholm; H. Deutschland-Schweiz, Zürich; Deutsche H. für Spanien, Madrid (Zweigstelle Barcelona); Deutsch-Südafrikanische Kammer für Handel und Industrie, Johannesburg; Deutsches Handelsbüro in Taiwan, Taipeh; Deutsch-Thailändische H., Bangkok; Deutsch-Tunesische IHK, Tunis; Deutsch-Uruguayische H., Montevideo; Deutsch-Amerikanische H., New York (Zweigstelle Atlanta, Houston und Washing-

ton), Chicago, Los Angeles und San Francisco; Deutsch-Venezolanische IHK, Caracas. – 2. *Ausländische A. in der Bundesrep. D.:* Amerikanische H. in Frankfurt a. M.; Schwedische H. in Düsseldorf; Amtliche Spanische H. für Deutschland in Frankfurt a. M.

Auslandsinvestitionen, Übertragung inländischen Kapitals ins Ausland. – Zu *unterscheiden* sind →Direktinvestitionen und →Portfolioinvestitionen. – Vgl. auch →internationale Kapitalbewegungen; insbes. zur Besteuerung →ausländische Betriebsstätte, →ausländische Einkünfte, →ausländische Tochtergesellschaft, →Auslandsinvestitionengesetz, →Auslandsniederlassung.

Auslandsinvestitionengesetz (AIG), wichtiger Bestandteil des deutschen →Außensteuerrechts.

I. G e s e t z l i c h e G r u n d l a g e: Gesetz über steuerliche Maßnahmen bei Auslandsinvestitionen der deutschen Wirtschaft (Auslandsinvestitionsgesetz, AIG) vom 18. 8. 1969 (BGBl I 1214) i. d. F. vom 22. 12. 1982 (BStBl 235).

II. Z w e c k: Abbau steuerlicher Hemmnisse bei Auslandsinvestitionen, um die Investitionstätigkeit der deutschen Wirtschaft im Ausland zu fördern. Insbes. Abbau von Hemmnissen bei der Sachgründung →ausländischer Betriebsstätten oder →ausländischer Tochtergesellschaften sowie bei einer Verlusterzielung im Ausland.

III. Ü b e r b l i c k: Das A. regelt drei Problemkreise: 1. die Besteuerung der Überführung bestimmter Wirtschaftsgüter in ausländische Gesellschaften, Betriebe oder Betriebsstätten aus Anlaß einer *Sachgründung* oder eines Beteiligungserwerbs; 2. die Übertragung von *Verlusten* ausländischer Betriebsstätten ins Inland bei Bestehen eines →Doppelbesteuerungsabkommens; 3. die Übertragung von Verlusten aus ausländischen Tochtergesellschaften.

IV. Ü b e r f ü h r u n g v o n W i r t s c h a f t s - g ü t e r n i n s A u s l a n d: 1. Bei Steuerpflichtigen, die ihren Gewinn nach §4 I EStG oder §5 EStG (Vermögensvergleich) ermitteln, kann der bei einer Überführung abnutzbarer Wirtschaftsgüter des Anlagevermögens ins Ausland entstehende Gewinn in eine *steuerfrei* zu bildende *Rücklage* eingestellt werden, soweit durch die Überführung begünstigte Investitionen im Ausland getätigt werden. – 2. *Begünstigte Investitionen* sind: a) der Erwerb von Beteiligungen an ausländischen Kapitalgesellschaften, b) Einlagen in ausländische Personengesellschaften, c) die Zuführung von Betriebsvermögen in einen Betrieb oder eine Betriebsstätte des Steuerpflichtigen im Ausland. – 3. Die *Rücklage* ist vom fünften auf ihre Bildung folgenden Jahr an jährlich mit mindestens einem Fünftel gewinnwirksam *aufzulösen*. Sie bewirkt damit im ökonomischen Ergebnis keinen endgültigen Steuerverzicht, sondern eine *Steuerstundung* auf den Gewinn, der sich aus der Realisierung der stillen Reserven aus Anlaß der Überführung von Wirtschaftsgütern ins Ausland ergibt. – 4. *Voraussetzung* für die Bildung der Rücklage ist, daß die ausländische Gesellschaft oder der Betrieb bzw. die Betriebsstätte ausschließlich oder fast ausschließlich eine →aktive Tätigkeit ausübt. – 5. Bei einer *Veräußerung/Übernahme ins Privatvermögen* der Beteiligung oder der ins Ausland überführten Wirtschaftsgüter während des Begünstigungszeitraumes ist die Rücklage sofort aufzulösen.

V. Verluste ausländischer Betriebsstätten bei Doppelbesteuerungsabkommen: 1. Sind nach einem Doppelbesteuerungsabkommen die Einkünfte aus einer ausländischen Betriebsstätte zu befreien (= Regelfall), so gilt dies gleichermaßen für Gewinne wie Verluste. Verluste können nur im Rahmen des negativen →Progressionsvorbehaltes im Inland berücksichtigt, nicht aber auf die Bemessungsgrundlage angerechnet werden. Dadurch wird der Steuerpflichtige im Verlustfall i. d. R. durch ein Doppelbesteuerungsabkommen schlechter gestellt als ohne dieses. – 2. § 2 AIG räumt dem Steuerpflichtigen daher für diese Fälle ein *Wahlrecht* ein, die Verluste insoweit bei der inländischen Bemessungsgrundlage zu berücksichtigen, als sie andere positive Einkünfte aus ausländischen Betriebsstätten des Steuerpflichtigen in dem betreffenden Staat übersteigen, vorausgesetzt, daß die Betriebsstätte →aktive Tätigkeiten ausübt. – 3. Soweit der Verlust dadurch *nicht voll ausgeglichen* wird, kann er gem. § 10 d EStG (→Verlustabzug) zurück- bzw. *vorgetragen* werden. – 4. Ergeben sich in einem der *Folgejahre* Gewinne der ausländischen Betriebsstätten, so sind diese bis zur Höhe der vorher ausgeglichenen Verluste dem inländischen Gewinn hinzuzurechnen. Das gilt nicht, wenn in dem ausländischen Staat eine Verlustkompensation nur im Verlustentstehungsjahr beansprucht werden kann.

VI. Verluste aus ausländischen Tochtergesellschaften: 1. Diese Verluste können wegen der eigenen Rechtspersönlichkeit dieser Gesellschaften und der damit verbundenen Abschirmwirkung im Inland prinzipiell *nicht geltend gemacht* werden. – 2. *Ausnahme* nach § 3 AIG: Steuerpflichtige, die den Gewinn nach § 4 I EStG oder § 5 EStG (Vermögensvergleich) ermitteln, können die Verluste einer ausländischen Tochtergesellschaft, an der der Steuerpflichtige mindestens 50 v. H. (bei Tochtergesellschaften in →Entwicklungsländern mindestens 25 v. H.) inne hat, in eine steuerfrei zu bildende *Rücklage* einstellen werden. – 3. Die Bildung der Rücklage ist nicht generell möglich, sondern beschränkt auf sog. *Anfangsverluste*. – 4. Die

Rücklage ist spätestens am Schluß des fünften auf ihre Bildung folgenden Wirtschaftsjahres *aufzulösen*, u. U. auch früher. – 5. *Voraussetzungen* für die Rücklagenbildung (§ 5 AIG): a) die ausländische Tochtergesellschaft muß →aktive Tätigkeit verfolgen: b) der Verlust muß nach Vorschriften ermittelt werden, die den allgemeinen deutschen Gewinnermittlungsvorschriften entsprechen; c) verschiedene Nachweispflichten müssen erfüllt werden.

Auslands-Investmentgesetz, Gesetz über den Vertrieb ausländischer Investmentanteile und über die Besteuerung der Erträge aus ausländischen Investmentanteilen vom 1. 9. 1969, regelt den Vertrieb ausländischer Investmentanteile und die Besteuerung ihrer Erträge; es sichert den Sparerschutz und stellt die Wettbewerbsgleichheit zu den →Kapitalanlagegesellschaften deutschen Rechts her. Durch das A. werden die Auslandsfonds hinsichtlich des öffentlichen Angebots, der Werbung und der steuerlichen Behandlung den Inlandsfonds gleichgestellt. Ausländische Investmentgesellschaften müssen der Bankenaufsichtsbehörde einen inländischen Repräsentanten benennen, die Werte ihrer Fonds bei einer Depotbank verwahren lassen, inländische Zahlstellen benennen und ihre Vertragsbedingungen nach bestimmten Normen gestalten.

Auslandskapital, das einer Volkswirtschaft aus anderen Ländern zugeführte Kapital durch →Direktinvestitionen, →Portfolioinvestitionen und →Auslandskredite.

Auslandskonten, Konten von →Gebietsansässigen bei Banken in fremden →Wirtschaftsgebieten. Die Unterhaltung von A. ist unbeschränkt zulässig; sie kann jedoch nach § 22 AWG beschränkt werden. Gebietsansässige, ausgenommen Geldinstitute, deren Guthaben bei Ablauf eines Monats zusammengerechnet mehr als 500 000 DM betragen, haben die bei gebietsfremden Geldinstituten unterhaltenen Guthaben der Deutschen Bundesbank zu melden (§ 62 AWV). – *Gegensatz:* →Ausländerkonten.

Auslandskredite, im Ausland aufgenommene kurz- oder langfristige Kredite, v. a. zur Finanzierung des Außenhandels und auch zur Überbrückung von Engpässen im heimischen Kapitalmarkt. – 1. *Langfristige A.* wurden nach dem Zweiten Weltkrieg in großem Umfang zum Wiederaufbau der europäischen Wirtschaft aufgenommen (→ERP). Sie werden heute v. a. für die wirtschaftliche Entwicklung der Länder der Dritten Welt benötigt. – 2. *Kurzfristige A.* werden v. a. zur Industriefinanzierung in Anspruch genommen. – Vgl. auch →Auslandsanleihen, →Auslandsverschuldung.

Auslandsmarketing, über die Grenzen des Binnenmarketes hinaus auf Auslandsmärkte bzw. Auslandsengagement ausgerichtetes →Marketing. A. bedeutet die mit den Inlandsaktivitäten koordinierte Anwendung des Marketings im Rahmen der in unterschiedlichen Arten und Formen möglichen Betätigung auf Auslandsmärkten. – *Modifikationen:* a) Zahl und Vielschichtigkeit der Nachfragerkreise, an denen sich die Unternehmenspolitik orientiert, nimmt zu; insbes. muß darauf geachtet werden, daß man sich in der Zielgruppenpolitik nicht auf das Vorhandensein bestimmter Grundgemeinsamkeiten stützt. b) Die Forderung bezüglich einer planmäßigen, systematischen Informationsgewinnung muß im Einzelfall auf ein vertretbares Maß reduziert werden (→Auslandsmarktforschung). c) Eine integrierte Planung (Zielsetzung und Maßnahmen) für jeden Auslandsmarkt (unter Berücksichtigung der dort angestrebten Art und Form der Betätigung) muß separat erstellt werden, um den spezifischen Besonderheiten besser Rechnung tragen zu können (→internationales Marketing). d) Die zu bewältigenden Organisations-, Koordinations- und Kontrollaufgaben werden quantitativ und qualitativ zunehmen, und zwar mit steigendem Auslandsengagement und in direkter Abhängigkeit von Art, Form und Autonomiegrad der einzelnen Auslandsengagements.

Auslandsmarkt, →fremde Wirtschaftsgebiete.

Auslandsmarktforschung, Teilbereich der →Absatzmarktforschung, bezogen auf ausländische Absatzmärkte, und zwar aus dem Blickwinkel einer Unternehmung, die bereits auf bestimmten Auslandsmärkten tätig ist oder dies beabsichtigt. – *Ziel der A.* ist es, unter den vorherrschenden Besonderheiten eines Landes zu erkennen, welche die konzeptionell relevanten wirtschaftlichen Verhältnisse und Gewohnheiten sind und worin sie sich begründen; Voraussetzung für die Lösung der aufgrund des Auslandsengagements entstehenden Probleme. A. und →Betriebsforschung bilden die →Auslandsabsatzforschung. – *Probleme* können begründet sein in Sprache, Mentalität der im Zentrum stehenden Wirtschaftssubjekte, Wirtschaftsgefüge des Auslandsmarktes, dessen andersartige Struktur, Gepflogenheiten usw., v. a. auch in der Heterogenität der Auslandsmärkte. Problematisch ist die Verfügbarkeit von aktuellen, zuverlässigen und möglichst aussagekräftigen Statistiken und sonstigen wichtigen Informationsgrundlagen mit einem ausreichend hohen Grad der Vergleichbarkeit. – Der A. kommt wegen des erhöhten Risikos der Auslandstätigkeit und dem Umfang der zur Verfügung stehenden bzw. zu erhebenden Informationen eine besondere Rolle zu.

Auslandsmarkt-Selektion, →Selektion von Auslandsmärkten.

Auslandsmessen, allgemeiner Begriff für alle →Messen, die im Ausland abgehalten werden. A. sind für die Wirtschaft eines Landes, besonders für den Außenhandel, von großer Bedeutung; sie gelten als „Schaufenster" der eigenen Erzeugnisse am Weltmarkt. – *Anders:* →internationale Messen.

Auslandsniederlassungen, Niederlassungen →Gebietsansässiger in fremden →Wirtschaftsgebieten zur Schaffung dauerhafter Wirtschaftsverbindungen.

I. M e l d e v o r s c h r i f t e n (nach der AWV): 1. A. sind grundsätzlich unbeschränkt zulässig; es bestehen jedoch für folgende Leistungen Gebietsansässiger nach § 55 AWV *Meldepflichten:* a) Gründung oder Erwerb von Unternehmen, b) Errichtung oder Erwerb von Zweigniederlassungen, c) Errichtung oder Erwerb von Betriebsstätten, d) Erwerb von Beteiligungen an Unternehmen, e) Ausstattung dieser Unternehmen, Zweigniederlassungen oder Betriebsstätten mit Anlagemitteln oder Zuschüssen, f) Gewährung von Darlehen an Unternehmen, die dem gebietsansässigen Darlehnsgeber gehören oder an denen er beteiligt ist oder auf deren Geschäftsführung er infolge der Gewährung des Darlehens erheblichen Einfluß hat, g) Veräußerung von Unternehmen, Zweigniederlassungen, Betriebsstätten oder Beteiligungen, h) Auflösung von Unternehmen sowie die Aufhebung von Zweigniederlassungen oder Betriebsstätten, i) Entgegennahme von Darlehnsrückzahlungen. – 2. Meldepflicht besteht in den Fällen a)–f) und i) nur, wenn die erbrachten oder entgegengenommenen Leistungen im Kalenderjahr den Wert von 10 000 DM übersteigen. Daneben bestehen allgemeine Meldevorschriften für den Zahlungsverkehr (§ 59–69 AWV). – 3. *Meldepflichtige Personen:* Gebietsansässige, denen die Vermögensanlage zusteht oder in den Fällen g)–i) zustand. Die Meldungen sind der →Deutschen Bundesbank mit dem Vordruck „Vermögensanlagen Gebietsansässiger in fremden Wirtschaftsgebieten" fünffach zu erstatten; sie sind bei der →Landeszentralbank einzureichen, in deren Bereich der Meldepflichtige ansässig ist. Die Meldungen sind bis zum 5. Februar des folgenden Jahres zu erstatten; soweit der Gegenstand 10 000 DM übersteigt, bis zum 5. Tage des auf den meldepflichtigen Vorgang folgenden Monats (§ 56 AWV). – Vgl. auch →Kapitalanlagen in Entwicklungsländern.

II. B e s t e u e r u n g : 1. *Qualifizierung:* A. sind steuerlich als →ausländische Betriebsstätten oder Beteiligungen an ausländischen Kapitalgesellschaften (bei Vorliegen mehrheitlicher Beteiligung: an →ausländischen Tochtergesellschaften) zu qualifizieren. – 2. *Einkünfte* aus A. sowie das darin eingesetzte *Vermögen* bzw. die daran gehaltene *Beteiligung* unterliegen bei dem inländischen Stammhaus bzw.

den inländischen Anteilseignern der →unbe-
schränkten Steuerpflicht. – 3. Zur *Vermeidung
oder Milderung* der im Zusammenhang mit der
Besteuerung im Ausland auftretenden →Dop-
pelbesteuerung greifen verschiedene →Metho-
den zur Vermeidung der Doppelbesteuerung
ein. – Vgl. auch →ausländische Einkünfte,
→Doppelbesteuerungsabkommen, →Außen-
steuerrecht V.

**Auslandsposition der Deutschen Bundes-
bank,** umfaßt folgende Positionen der Bundesbankbilanz (→Wochenausweis): Währungsreserven, Kredite und sonstige Förde-
rungen an das Ausland, abzüglich der Auslandsverbindlichkeiten und des Gegenpostens
für Gold- und Dollarreserven, die vorläufig
beim →europäischen Fonds für währungspolitische Zusammenarbeit hinterlegt werden.

Auslandspostverkehr. Für den A. gibt es
besondere Bestimmungen aufgrund des
→Weltpostvertrages bzw. Postpaketabkom-
mens. Die Gebühren für den A. werden von
jedem Land im Rahmen der Verträge festgesetzt. Für die Deutsche Bundespost gilt die
Auslandsgebührenordnung vom 1.10.1981.

Auslandsreisen. I. Einkommensteuerrecht: 1. Mehraufwendungen für Verpflegung: (1) *Ohne Einzelnachweis* werden die
folgenden Pauschbeträge (Auslandstagegelder) anerkannt:

Maßgebende Einkünfte bzw. voraussichtl. Jahresarbeitslohn	Ländergruppe I	II	III	IV	
nicht mehr als 40 000 DM bzw. Verlust	45	60	75	90	DM
mehr als 40 000 DM	50	66	81	96	DM

(2) *Mit Einzelnachweis:* Werden die Mehraufwendungen für Verpflegung einzeln nachgewiesen, so sind die tatsächlichen Aufwendungen abzüglich einer Haushaltsersparnis
(1/5 der Aufwendungen, höchstens 6 DM je
Reisetag), maximal jedoch die folgenden
Höchstbeträge abzugsfähig: bei A. in ein Land
der Ländergruppe I 70, II 92, III 113 und IV
134 DM . Die Beträge (Pauschbeträge und
Höchstbeträge bei Einzelnachweis) gelten für
einen vollen Reisetag bei ununterbrochener
Abwesenheit von mehr als 12 Stunden. Sie
ermäßigen sich auf bestimmte Bruchteile dieser Beträge bei kürzerer Abwesenheit für
den Tag des Antritts und der Rückkehr. – (3)
Besondere Auslandstagegelder: Ändern sich
die der Ländergruppeneinteilung zugrunde
liegenden Preisverhältnisse in gesondert aufgeführten Ländern in einem bestimmten
Umfang, so wird zusätzlich zum Auslandsta-
gegeld ein Anpassungszu- oder -abschlag festgesetzt, der amtlich bekannt gemacht wird. –
2. *Aufwendungen für Übernachtung:* (1) *Ohne
Einzelnachweis* werden die Kosten für eine
Übernachtung bei A. in Höhe der nachfolgenden Pauschbeträge (Auslandsübernachtungs-
gelder) anerkannt:

Maßgebende Einkünfte bzw. voraussichtl. Jahresarbeitslohn	Ländergruppe I	II	III	IV	
nicht mehr als 40 000 DM bzw. Verlust	41	55	69	84	DM
mehr als 40 000 DM	46	60	74	89	DM

(2) *Einzelnachweis:* Werden die Übernach-
tungskosten einzeln nachgewiesen, so sind sie
in tatsächlicher Höhe voll abzugsfähig. – 3.
Schiffsreisen: Enthält bei Schiffsreisen der
Fahrpreis auch das Entgelt für Verpflegung
und Unterkunft, so wird anstelle des Tage-
und Übernachtungsgeldes ein Schiffstagegeld
anerkannt. Es beträgt 15% des Fahrpreises,
mindestens aber:

Maßgebende Einkünfte bzw. voraussichtl. Jahresarbeitslohn	Schiffstagegeld, mindestens täglich
nicht mehr als 40 000 DM bzw. Verlust	6,00 DM
mehr als 40 000 DM	6,60 DM

Das Schiffstagegeld gilt für die gesamte A. mit
Ausnahme der Tage der Ein- und Ausschif-
fung. – 4. *Ländergruppeneinteilung:* Siehe
BStBl 1986 I, 73 f.

II. Außenwirtschaftsrecht: Im →Rei-
severkehr dürfen Gebietsansässige neben dem
Reisebedarf für Reisezwecke in unbegrenzter
Höhe ausländische Geldsorten und sonstige
ausländische Zahlungsmittel erwerben und in
das Ausland überweisen oder mitnehmen (einschränkende Bestimmungen im Zielland sind
möglich). Auch deutsche Geldsorten und sonstige Zahlungsmittel sowie Reiseschecks, Rei-
sekreditbriefe, Hotelgutscheine, Fahrausweise
ausländischer Verkehrsmittel, Treibstoffgut-
scheine usw. dürfen mitgenommen bzw. versandt werden. Der Reisende kann sich hierbei
der Vermittlung durch Geldinstitute, Reisebüros oder ähnliche Unternehmen bedienen.

Auslandsreise-Versicherung, auf die besondere Gefahrenlage einer Auslandsreise abgestellte Versicherung, v.a. als *Auslandsreise-
Krankenversicherung.* Wegen höherer Kosten
im Ausland oder fehlender Deckung u.U.
notwendige Ergänzung einer normalen gesetzlichen oder privaten Krankenversicherung.
Kombinationen von Lebens-, Unfall- und
Krankenversicherung möglich.

Auslandsrente. I. Begriff: Leistung aus
der gesetzlichen →Rentenversicherung an
Berechtigte, die sich nicht nur vorübergehend
im Ausland (d.h. außerhalb des Gebiets der
Bundesrep. D. und West-Berlins) aufhalten,
aufgrund besonderer Vorschriften.

II. Voraussetzungen: Bei gewöhnlichem
Aufenthalt im Ausland erfolgt die Zahlung
von Renten nicht stets aus allen anrechenbaren Versicherungszeiten; im übrigen ruht die
Rente, bis der gewöhnliche Aufenthalt im
Inland begründet wird. Diese Einschränkung
gilt nicht, wenn durch über- oder zwischen-

staatliche →Sozialversicherungsabkommen der Aufenthalt im anderen Vertragsstaat dem Aufenthalt in der Bundesrep. D. für den Erwerb von Leistungsansprüchen gleichgestellt ist. Derartige Regelungen bestehen z. Zt. mit allen Mitgliedstaaten der EG und zahlreichen anderen Staaten (z. B. Finnland, Israel, Jugoslawien, Kanada, Marokko, Österreich, Tunesien, USA). Bei gewöhnlichem Aufenthalt in der DDR oder in Berlin (Ost) werden Rentenleistungen nicht gewährt. In die Volksrep. Polen werden keine deutschen Renten gezahlt, doch übernimmt der polnische Versicherungsträger deutsche Ansprüche nach polnischem Recht (Deutsch-Polnisches Abkommen über Renten- und Unfallversicherung v. 9.10.1975). – Ohne entsprechende Abkommen richtet sich die Höhe der Rentenzahlungen nach §§ 1315–1323 RVO, §§ 94–102 AVG, §§ 105–108 RKG, neu gefaßt mit Wirkung v. 1.6.1979 durch Rentenanpassungsgesetz 1982 v. 1.12.1981 (BGBl I 205). – Verlegt ein Rentenempfänger seinen gewöhnlichen Aufenthalt ins Ausland, so ist die Zahlung des →Beitragszuschusses zur Krankenversicherung der Rentner und des →Kinderzuschusses einzustellen.

III. Berufs- und Erwerbsunfähigkeitsrenten: Diese werden an Berechtigte im Ausland nur gezahlt, wenn die Berufs- oder Erwerbsunfähigkeit allein auf dem Gesundheitszustand beruht. Die Arbeitsmarktsituation bleibt für Versicherte, die aufgrund des Gesundheitszustands nur Teilzeitarbeit verrichten können, unberücksichtigt. Berufsunfähigkeitsrente wird nur gezahlt, wenn der Anspruch bereits für Zeiten des Aufenthalts im Bundesgebiet bestand.

IV. Höhe: 1. Deutsche wird die Rente aus den Bundesgebietsbeiträgen gezahlt und auch aus sämtlichen außerhalb des Bundesgebiets entrichteten Beiträgen, wenn die Bundesgebietsbeiträge überwiegen. Sind nicht überwiegende Beiträge im Bundesgebiet zurückgelegt, aber mindestens 60 Bundesgebietsbeiträge bei der Berechnung der Rente berücksichtigt worden, so ist die gleiche Anzahl von Beiträgen außerhalb des Bundesgebiets bei der Ermittlung der anrechnungsfähigen Versicherungsjahre zu berücksichtigen, wie Beiträge im Bundesgebiet vorliegen. Die übrigen Versicherungszeiten haben z. T. unterschiedliche Wirkungen. – 2. Bei der A. für Ausländer sind Abweichungen für die Erfüllung der Wartezeit und die Berechnung der für den Versicherten maßgebenden Rentenbemessungsgrundlage. Sämtliche Versicherungszeiten sind zu berücksichtigen. Bei der Ermittlung der anrechnungsfähigen Versicherungsjahre sind nur die vom 1.7.1948 an im Bundesgebiet zurückgelegten Beitragszeiten zu berücksichtigen. Vor dem 1.7.1948 entrichteten Bundesgebietsbeiträge sind in der A. dagegen wie Höherversicherungsbeiträge abzugelten. Beiträge

außerhalb des Bundesgebiets, Beschäftigungszeiten nach dem Fremdrentengesetz, Ersatzzeiten, Ausfallzeiten und die Zurechnungszeit sind bei der Ermittlung der anrechnungsfähigen Versicherungsjahre nicht zu berücksichtigen. Von dem so errechneten Rentenbetrag werden 70% als A. gezahlt.

V. Gesetzliche Unfallversicherung: In der gesetzlichen →Unfallversicherung ruht i. d. R. die Leistung, wenn der Berechtigte Ausländer ist und er sich nicht nur vorübergehend außerhalb der Bundesrep. D. einschl. Berlin (West) aufhält, oder wenn gegen ihn ein Aufenthaltsverbot verhängt ist (§ 625 RVO).

Auslandsschulden, Summe der Verbindlichkeiten eines Landes gegenüber allen anderen. Aussagefähiger ist der Saldo aus A. und →Auslandsvermögen, weil durchaus alle Länder der Welt gleichzeitig A. haben können, da sie auch Forderungen gegenüber dem Ausland besitzen. Die Bundesrep. D. ist Netto-Auslandsgläubiger, während viele Entwicklungsländer Nettoschuldner sind. – Vgl. auch →Auslandsverschuldung, →Auslandsverschuldung der Entwicklungsländer.

Auslandstelexverkehr, →Telexnetz.

Auslandsumsatz, Umsatz mit Abnehmern im Ausland und – soweit einwandfrei erkennbar – Umsatz mit deutschen Exporteuren; erfaßt in der →amtlichen Statistik. – Wertansatz: Rechnungswert ohne Umsatz(Mehrwert)steuer. – Anders: →Ausfuhrzahlen.

Auslandsvermögen. I. Begriff/Bedeutung: Summe der Forderungen eines Landes gegenüber allen anderen. Durch Saldierung von A. und →Auslandsschulden wird ersichtlich, ob das betreffende Land Nettogläubiger oder -schuldner ist. – Die Bundesrep. D. z. B. ist Nettogläubiger: Die Nettoauslandsposition der Deutschen Bundesbank (Währungsreserven, →Reserveposition im IMF, Forderungen an den Europäischen Fonds für währungspolitische Zusammenarbeit im Rahmen des EWS, Kredite und sonstige Forderungen an das Ausland abzüglich Auslandsverbindlichkeiten) beträgt (November 1986) 101,7 Mrd. DM, die Nettoforderungen inländischer Unternehmen (einschl. Kreditinstitute) belaufen sich (September 1986) auf 163,3 Mrd. DM. – Viele Entwicklungsländer sind in erheblichem Maße Nettoschuldner (→Auslandsverschuldung der Entwicklungsländer).

II. Steuerliche Behandlung: 1. A. gehört bei →unbeschränkter Steuerpflicht zum (steuerpflichtigen) →Gesamtvermögen (soweit es nicht aufgrund sachlicher Steuerbefreiungen oder →Doppelbesteuerungsabkommen außer Ansatz bleibt), nicht aber bei →beschränkter Steuerpflicht; vgl. auch →Vermögensteuer II. – 2. Bewertung: a) Ausländisches Sachvermögen: Es gelten die Vorschriften des ersten Teils des Bewertungsgesetzes (§ 31 BewG). Ausländischer →Grundbesitz und ausländisches →Betriebsvermögen sind deshalb mit dem →gemeinen Wert zu bewerten; keine Einheitsbewertung (→Einheitswert), sofern sich die →wirtschaftliche Einheit ausschließlich auf das Ausland erstreckt. – b) Wirtschaftsgüter des →*sonstigen Vermögens* im Ausland: Sie sind wie solche des inländischen sonstigen Vermögens zu bewerten.

Auslandsverschuldung, Verschuldung im Ausland. – 1. *Bund:* Die Vorkriegsschulden des Bundes beliefen sich 1986 auf 1 Mill. DM. Es handelt sich dabei um Verbindlichkeiten, die im →Londoner Schuldenabkommen geregelt wurden. Nach 1945 entstandene Auslandsschulden der Bundesrep. D. sind getilgt. – 2. *Gesamtwirtschaftlich:* Ende 1986 betrug die *kurzfristige A.* des Unternehmenssektors 52,3 Mrd. DM und die der Kreditinstitute (ohne Bundesbank) 103,6 Mrd. DM. Die *langfristige A.* der Unternehmen belief sich auf 40,0 Mrd. DM, die der Kreditinstitute auf 89,3 Mrd. DM. Die Bundesbank hatte Auslandsverbindlichkeiten in Höhe von 23,6 Mrd. DM, die Bundesbahn in Höhe von 11,5 Mrd. DM und die Bundespost in Höhe von 9,6 Mrd. DM. – Vgl. auch →Auslandsverschuldung der Entwicklungsländer, →deutsches Vermögen im Ausland.

Auslandsverschuldung der Entwicklungsländer. I. Entwicklung der Auslandsverschuldung und Verschuldungskrise der Entwicklungsländer: 1. Versucht man die Entwicklung der Auslandsverschuldung von Ländern der Dritten Welt darzustellen, ergibt sich das Problem, daß die verfügbaren statistischen Angaben, je nach herangezogener Quelle, nicht unerheblich abweichen. Dies dürfte v.a. darauf zurückzuführen sein, daß verschiedene Institutionen (1) eine unterschiedliche Anzahl von Ländern erfassen sowie (2) z.T. nicht öffentlich garantierte Kredite, kurzfristige Verbindlichkeiten, Verschuldung beim Internationalen Währungsfonds (→IMF) und/oder militärische Schulden nicht berücksichtigen. (3) Hinzu kommt, daß es bei Mangel an zuverlässigen Daten – v.a. bezüglich der Militärschulden – zu unterschiedlichen Schätzungen kommt. (4) Ferner bedingen schon die seit Anfang der 70er Jahre festzustellenden starken Schwankungen des Dollarkurses entsprechende Schwankungen der in US-$ ausgewiesenen Werte von Krediten, die in anderen Währungen aufgenommen wurden. Da allerdings die Zahlen in allen Quellen zumindest die gleiche tendenzielle Entwicklung zeigen, dürften die im folgenden herangezogenen Weltbankstatistiken einen brauchbaren Eindruck über die betreffende Entwicklung vermitteln. Diese weisen auf, daß die Brutto-Auslandsverbindlichkeiten (langfristige und kurzfristige öffentliche und private Auslands-

schulden sowie ausstehende IMF-Kredite) 1985 für diejenigen 107 Entwicklungsländer, für die Daten verfügbar waren, 865 Mrd. US-$ erreicht haben. Für 1986 wird ein Anstieg auf 920 Mrd. US-$ erwartet. Zum Vergleich: 1970 waren es nach gleicher Quelle (ohne die kurzfristigen Schulden) 66,4 Mrd. US-$. – Zu beachten ist, daß sich eine starke Konzentration auf Entwicklungsländer in der oberen Einkommenskategorie (→Schwellenländer) feststellen läßt. 1984 betrugen die Schulden Brasiliens 104 Mrd. US-$, Mexiko 97 Mrd. US-$, Argentinien 46 Mrd. US-$ und Südkorea 43 Mrd. US-$; d.h., alleine diese vier größten Schuldner vereinigten ca. ⅓ der Verschuldung aller erfaßten Länder auf sich.

2. Im Zusammenhang mit der skizzierten Verschuldungsentwicklung wird oft von einer *„Verschuldungskrise"* oder gar *„Überschuldung"* vieler Länder gesprochen. Dabei ist festzustellen, daß Auslandsverschuldung als solche nicht unbedingt negativ zu beurteilen ist, sondern durchaus entwicklungsfördernd bzw. sinnvoll sein kann. Z.B. kann so die Möglichkeit eröffnet werden, (1) über das interne Ersparnis hinaus *Investitionen* zu tätigen und dadurch das Wirtschaftswachstum zu beschleunigen oder (2) unverschuldete *Zahlungsbilanzengpässe zu überwinden*. Problematisch wird die Auslandsverschuldung v.a. dann gesehen, wenn die Auslandskredite *konsumtiv* verwendet werden, bzw. wenn die durch investive Verwendung erzielte Sozialproduktzunahme die Deckung der Schuldendienste nicht gewährleistet. Verschiedene Daten des Weltentwicklungsberichts für die durch die Weltbank erfaßten Entwicklungsländer deuten leider darauf hin, daß die enorme Zunahme der Auslandsverschuldung in den meisten Entwicklungsländern kaum einer effektiven Aufstockung der Investitionstätigkeit aus eigener Kraft gedient haben dürfte. Die Wachstumsrate des Bruttoinlandprodukts ist z.B. für die betreffenden Länder von durchschnittlich 6,6% in der Periode 1965–73 auf 5,4% in der Periode 1973–84 und 2–3,5% in den ersten 80er Jahren (Zeit der starken Zunahme der Auslandsverschuldung) zurückgegangen. Die Spar- und Investitionsquoten sind zwar von Werten knapp über 23 bzw. 24% 1973 zeitweilig um 1 bis 3 Prozentpunkte gestiegen, um aber dann in der ersten Hälfte der 80er Jahre meistens niedrigere Werte als die für 1973 genannten aufzuweisen. – Dabei sind allerdings *bei den verschiedenen Schuldnerländern auffällige Entwicklungsunterschiede* festzustellen: Während z.B. die lateinamerikanischen Länder Argentinien, Brasilien und Venezuela beim Vergleich der Perioden 1973–78 und 1979–84 einen Verfall der Spar- und Investitionsquoten in bezug auf das Bruttosozialprodukt um Werte zwischen 5 und 13 Prozentpunkten und dementsprechend einen weit überdurchschnittlichen Verfall des

Sozialproduktwachstums aufweisen, zeigen sich für (Süd-)Korea für den betreffenden Periodenvergleich sowohl eine Zunahme der Spar- als auch Investitionsquote, aber auch wesentlich bessere Wachstumsergebnisse. – Daß selbst in den Ländern, die eine ausgeprägt negative Entwicklung der betrachteten Indikatoren aufweisen, die Kreditaufnahme im Ausland zumindest *partiell gerechtfertigt bzw. ökonomisch sinnvoll* war, ist durchaus denkbar. So dürften z. B. verschiedene dieser Länder die durch die Erdölpreisschocks der 70er Jahre verursachten Leistungsbilanzdefizite kaum ohne beträchtliche Anpassungsverluste bewältigt haben können, wenn sie die Möglichkeit einer Finanzierung durch Auslandskredite nicht hätten. – Insgesamt betrachtet kann jedoch kaum bezweifelt werden, daß in vielen Entwicklungsländern große Teile der aufgenommenen Auslandskredite kaum eine entwicklungskonforme Verwendung gefunden haben könnten bzw. daß in diesen Ländern adäquate Anpassungsmaßnahmen, die eine Zuspitzung des Verschuldungsproblems vermeiden helfen, weitgehend gefehlt haben. Und es ist ebenso kaum ernsthaft zu bezweifeln, daß das erreichte Ausmaß der Auslandsverschuldung vieler Entwicklungsländer zumindest für diese eine *krisenhafte Zuspitzung der Wirtschaftslage* darstellt: Bei 90 von der Weltbank erfaßten Entwicklungsländern lag 1984 die Relation der Bruttoauslandsverbindlichkeiten zum Bruttosozialprodukt in nur 15 Fällen bei weniger als 30%; in 36 Fällen betrug die betreffende Quote 30 bis 60% und in 21 Fällen 60 bis 100%; in 18 Fällen ging sie sogar über 100% hinaus. Geht man von Kreditzinsen von 10% (heute noch auf große Teile der Auslandsschulden von Entwicklungsländern zu leisten) aus, dürfte sich alleine durch die anfallenden Zinszahlungen bei Ländern mit einer Verschuldungsquote, die in die Nähe von 100% des Bruttosozialprodukts kommt, eine Belastung ergeben, die nicht selten über den gesamten Nettoinlandsersparnissen liegen kann. Würden die entsprechenden Transfers zuzüglich der ursprünglich vereinbarten Tilgungsraten tatsächlich geleistet, dürften *Stagnation* oder *Rückbildungsprozesse* in den betreffenden Ländern die zwingende Folge sein. – Aber selbst unter Berücksichtigung der vielfältig erfolgten *Umschuldungsregelungen* stellen die zu leistenden Schuldendienste für viele dieser Länder eine kaum tragbare Belastung dar. So lag 1984 die Schuldendienstquote (errechnet als Relation der Schuldendienste zu den Erlösen aus Waren- und Dienstleistungsexporten) für 25 aus 72 in Weltbankstatistiken erfaßten Entwicklungsländern zwischen 20 und 40%. Bedenkt man, daß eine Reihe dieser Länder Leistungsbilanzdefizite bzw. nur knappe -überschüsse aufweisen, wird klar, daß sie die betreffenden Schuldendienste kaum ohne zusätzliche Neuverschuldung bzw. Expansion

der Schuldenlast geleistet haben können. Dabei sei darauf hingewiesen, daß bereits 1984 die Bruttoinlandsersparnisse der Entwicklungsländer knapp über ihren Bruttoinlandsinvestitionen lagen, was eine Nettokapitalausfuhr ausdrückt.

II. Ursachen der Verschuldungskrise: Vorwegnehmend ist klarzustellen, daß die skizzierte Verschuldungsentwicklung bzw. -krise eine Vielzahl von Ursachen hat, denen in den einzelnen Ländern eine unterschiedliche Bedeutung zukommt. D. h., daß die im folgenden zu nennenden Ursachen für die einzelnen Länder in unterschiedlichem Maße gelten bzw. einzelne von ihnen für manche Länder nicht zutreffen.

1. *Externe Ursachen:* Diese liegen in weltwirtschaftlichen Entwicklungen, die dem einzelnen Schuldnerland nicht direkt anzulasten sind, begründet. – a) Die drastischen *Steigerungen der Erdölpreise* insbes. in den Jahren 1973/74 und 1979 haben die Zahlungsbilanz vieler Entwicklungsländer extrem belastet und dadurch auf verstärkte Kreditaufnahme im Ausland hingewirkt. Dies gilt v. a. für Schwellenländer, die nicht zuletzt aufgrund forcierter Industrialisierung auf Energieimporte im hohen Maße angewiesen und in einer Substitution des Erdöls durch andere Energieträger kurzfristig kaum in der Lage waren. Daß zu den hochverschuldeten Ländern auch ölexportierende Entwicklungsländer gehören, liegt u. a. in extrem ehrgeizigen Entwicklungsstrategien dieser Länder und ihren anfänglich übertriebenen Erwartungen bezüglich der Erdölpreisentwicklung. Dementsprechend hat der Erdölpreisverfall in letzter Zeit (seit Ende 1985) gerade die betreffenden Länder erheblich getroffen und die Lösung ihrer Schuldenprobleme erschwert, während diese Entwicklung für die verschuldeten ölimportierenden Länder nur eine gewisse Entlastung bedeutet. – b) Wiederum ist zu beachten, daß die zahlungsbilanzentlastenden Wirkung des starken Erdölpreisrückgangs im Vergleich zu den letzten 70er und ersten 80er Jahren in vielen erdölimportierenden Ländern eine Zahlungsbilanzbelastung infolge des *Preisverfalls anderer Rohstoffe* seit Ende der 70er bzw. Beginn der 80er Jahre, ein großes Gewicht bei den Exporten dieser Länder haben, gegenübersteht. – c) Der *zunehmende →Protektionismus in den Industriestaaten* hat zur Verschärfung der Verschuldungskrise der Entwicklungsländer beigetragen bzw. zumindest die Möglichkeiten ihrer Minderung beeinträchtigt, indem er sich auf die Entwicklung der Exportwirtschaft dieser Länder negativ ausgewirkt haben dürfte. Denn die betreffenden Restriktionen gelten in starkem Maße Bereichen, in denen Entwicklungsländer komparative Vorteile aufweisen bzw. zunehmend erlangen. – d) Die *weltwirtschaftliche Rezession in den 70er und ersten 80 Jahren* dürfte die Expansion der

Exporte der Entwicklungsländer und damit ihre Fähigkeit, die Schuldendienste zu leisten, beeinträchtigt haben. Es ist weiterhin zu befürchten, daß die sich *wieder anbahnende Abschwächung der Weltwirtschaft* eine weitere Zuspitzung des Problems ergeben wird. – e) Der ausgeprägten *Instabilität der Kreditzinsen auf den internationalen Kreditmärkten,* insbes.

dem starken Anstieg der Kreditzinsen in den Jahren 1976–1981, dürfte eine nicht zu unterschätzende Bedeutung als Ursache der Verschuldungskrise von Ländern der Dritten Welt zukommen. So ist zu beachten, daß die Kreditverträge, die i. d. R. Zinsgleitklauseln enthielten, eine Anpassung der Zinssätze an die Zinsentwicklung auf den Kreditmärkten ermöglichen sollten, was für die Schuldnerländer bei dem eingetretenen extremen Zinsanstieg eine oft nicht richtig vorausgeschätzte Belastungszunahme ergab. Dabei sei darauf hingewiesen, daß im Zuge der zunehmenden Verschuldung eine weitgehende *Verschiebung der Strukturen der Kreditquellen* erfolgt ist, und zwar i. S. einer überproportionalen Zunahme der Kredite aus privaten Quellen zu „harten" Marktkonditionen gegenüber den anfangs dominierenden Krediten aus öffentlichen Quellen, die vielfach ein Zuschußelement enthielten. Hinzu kommt, daß die bei zunehmender Verschuldung *gesunkene Kreditwürdigkeit* (Bonität) von Schuldnerländern die Zinsen auf Kredite für diese Länder negativ beeinflußt haben dürfte. – f) Der starke *Anstieg des Dollarkurses in der ersten Hälfte der 80er Jahre* dürfte zur Verschärfung des Verschuldungsproblems in verschiedenen Ländern beigetragen haben. Dies ergibt sich nicht nur dadurch, daß (1) eine Dollaraufwertung eine Aufwertung der Dollarschulden der betreffenden Länder bedeutet, sondern auch, daß (2) viele dieser Länder die Kurse ihrer Währungen mehr oder weniger an den Dollar gebunden haben und deshalb die Aufwertung des Dollars auf eine Aufwertung ihrer Währungen gegenüber Drittwährungen hinwirkte, was die internationale Wettbewerbsfähigkeit bzw. die Exportchancen ihrer Wirtschaft beeinträchtigt haben dürfte. – Betrachtet man nun den *seit 1985 andauernden Verfall des Dollarkurses,* ist zwar festzustellen, daß sich dadurch wiederum der Wert der in Dollar zu zahlenden Schulden reduziert hat und, soweit die betreffenden Länder die Kurse ihrer Währungen an den Dollar gebunden haben, die Dollarabwertung für sie eine Erleichterung ihrer Exporte in den Nicht-Dollar-Raum darstellt; dies konnte jedoch kaum zu einer nennenswerten Entschärfung der Verschuldungskrise führen. Denn einerseits wird die erwähnte positive Wirkung auf Exportfähigkeit durch den Protektionismus in den Industriestaaten und inflatorische Tendenzen in den betreffenden Ländern selbst konterkariert und zum anderen haben sich inzwischen sowohl die Dollarschulden als auch die Schul-

den in anderen Währungen soweit akkumuliert, daß die Schuldendienste eine Höhe erreicht haben, die auch bei gewisser Wertreduzierung durch die Dollarabwertung die Wirtschaftskraft vieler Schuldnerländer übersteigt. – g) Schließlich ist auch zu bedenken, daß die in den 70er Jahren einsetzende Beschleunigung der Auslandsverschuldung von Entwicklungsländern kaum in dem erfolgten Maße eintreten könnte ohne die nicht zuletzt durch Recycling der „Petro-Dollars" stark gestiegene Liquidität der internationalen Geschäftsbanken und die daraus resultierende relativ sorglose Kreditvergabepolitik mancher dieser Banken.

2. *Interne Ursachen:* Diese sind auf binnenwirtschaftliche Faktoren bzw. auf die Politik der Schuldnerländer selbst zurückzuführen. – a) Die aufgenommenen Kredite haben vielfach *keine entwicklungskonforme Verwendung* gefunden, was eine Voraussetzung dafür war, daß die Kreditaufnahme im Ausland zur Verschuldungskrise führte. So wurden oft die aufgenommenen Kredite aufgrund einer unzulänglichen Planung in gesamtwirtschaftlich nicht effizienten Projekten eingesetzt oder für Konsumzwecke verwendet. Dabei haben verschiedene Faktoren auf eine Ausdehnung des Konsums über das aus eigener Kraft zu tragende Maß hinaus gewirkt: Dazu gehört nicht nur die in vielen Ländern zu beobachtende starke Ausdehnung des Staatskonsums bzw. überhaupt der nicht produktiven staatlichen Ausgaben, sondern auch eine starke Expansion des privaten Konsums, etwa infolge einer fragwürdigen Wirtschaftspolitik, z. B. Subventionierung von Konsumgütern, Festsetzung überhöhter Mindestlöhne oder Induzierung einer Konsumsteigerung durch eine inflatorische Geldpolitik, die eine Neigung zur Vorwegnahme von Käufen hervorruft. Zusätzlich bewirkt das rapide →Bevölkerungswachstum einen Zwang zur Ausdehnung des Konsums. – b) Der Wunsch nach forciertem wirtschaftlichem Wachstum durch intensive Investitionstätigkeit hat bei gegebener *Sparlücke* die Neigung zur Kreditaufnahme im Ausland verstärkt. Es ist zu beachten, daß die betreffende Sparlücke nicht nur auf solche Faktoren, die konsumsteigernd wirken, zurückzuführen ist, sondern auch auf Faktoren, die direkt die freiwilligen Ersparnisse bzw. die privaten Investitionen beeinträchtigen, z. B. (oft) unzulängliche Mobilisierung von Ersparnissen durch unzureichenden Ausbau des Bankensystems, negative Sparwirkung der in vielen Ländern betriebenen Niedrigzinspolitik und Beeinträchtigung privater Investitionstätigkeit durch Unzulänglichkeit der Rahmenbedingungen (Fehlen rechtlicher Sicherheit, monetärer Stabilität und erforderlicher Kontinuität der Wirtschaftspolitik). Das Problem wird noch dadurch zugespitzt, daß die genannten Faktoren die →*Kapital-*

flucht fördern. – c) Von besonderer Bedeutung ist auch, daß die *in vielen Schuldnerländern betriebene Politik* die Leistungsbilanz in verschiedener Hinsicht negativ beeinflußt und damit einerseits den Zwang zur Kreditaufnahme im Ausland erhöht und andererseits die Fähigkeit, die Schuldendienste zu leisten, herabsetzt. In diesen Rahmen gehören v. a.: (1) die weit verbreitete *Überbewertung einheimischer Währungen,* (2) die vielfach anzutreffende Politik der *Benachteiligung von Wirtschaftsbereichen, die komparative Vorteile aufweisen* (z. B. Benachteiligung der Landwirtschaft durch die Festsetzung niedriger Preise und in manchen Fällen sogar die Praktizierung von Ausfuhrrestriktionen für Agrarprodukte) und (3) die *Beeinflussung der Produktionsbedingungen zugunsten arbeitsintensiver bzw. zugunsten kapitalintensiver Produktionsrichtungen* gerade in Ländern, die durch überschüssige Arbeitskräfte und Kapitalknappheit gekennzeichnet sind (z. B. durch eine Niedrigzinspolitik oder Schutzpolitik bezüglich kapitalintensiver Produktionszweige).

III. Lösungsansätze des Verschuldungsproblems: 1. *Sanierung:* Eine Lösung des Verschuldungsproblems ist, wenn überhaupt, nur langfristig, bestenfalls graduell bzw. partiell zu erwarten. Dies wird sowohl grundlegende Sanierungsmaßnahmen in den Schuldnerländern als auch Hilfe und Opfer von Gläubigerseite ebenso wie eine verstärkte Öffnung der Märkte der Industriestaaten für Exporte der Schuldnerländer erfordern. – a) *Sanierungsmaßnahmen der Schuldnerländer:* Die Schuldnerländer müßten z. B. ihre leistungsbilanzbelastende Interventions- und Wechselkurspolitik revidieren, die Rahmenbedingungen für Investitionsaktivitäten verbessern, sich stärker um die Mobilisierung einheimischer Ersparnisse kümmern, insbes. die konsumorientierten staatlichen Ausgaben drosseln und Staatshaushaltsdefizite abbauen. Dementsprechend gehen auch die Auflagen, die vom IMF an Kredite für hoch verschuldete Entwicklungsländer gekoppelt werden, in diese Richtung. – b) *Hilfsmaßnahmen der Gläubigerländer:* Daß der Erfolg einer solchen Sanierungspolitik, sollte sie von den Schuldnerländern tatsächlich konsequent verfolgt werden, die Hilfe der Gläubigerseite bzw. Mitwirkung der Industriestaaten erfordert, die über den Abbau von Handelsrestriktionen hinausgeht und eine verstärkte technische und finanzielle Hilfe sowie die Zurverfügungstellung weiterer Kredite und die Vereinbarung günstigerer Umschuldungsregelungen umfaßt, liegt auf der Hand. Denn die betreffende Politik verursacht soziale und wirtschaftliche Anpassungskosten, die bei einem zu forcierten Vorgehen (angesichts der beschränkten Tranformationskapazität des Systems) gesellschaftlich und wirtschaftlich untragbar werden können. Die erwähnte Hil-

feleistung des Auslands kann durch Unterstützung des wirtschaftlichen Wachstums und ihren Beitrag zur Ermöglichung einer gewissen zeitlichen Streckung der Sanierungspolitik den Anpassungsdruck abzufedern helfen und dadurch eine elementare Voraussetzung für die Realisierung dieser Politik darstellen. Ferner ist zu bedenken, daß auch eine erfolgreiche Sanierungspolitik die betreffenden Länder kaum sofort in die Lage versetzen kann, die für die Zahlung der Schuldendienste erforderlichen Leistungsbilanzüberschüsse zu erzielen, und diese schon deshalb auf weitere Auslandskredite bzw. auf entsprechende Umschuldungsvereinbarungen angewiesen sein werden. In diesem Sinne wird in verschiedenen Vorschlägen bzw. verfolgten Ansätzen zur Begegnung des Verschuldungsproblems, z. B. im Baker-Plan, neben der Forderung nach Sanierungsmaßnahmen in den Schuldnerländern die Verpflichtung internationaler Finanzierungsinstitutionen zu weiterer Kreditvergabe betont.

2. *Schuldenerlaß:* Es ist aber auch zu berücksichtigen, daß zumindest für einige Schuldnerländer eine Entwicklung ihrer Wirtschaftskraft, die eine Rückzahlung der gewährten Kredite erlauben würde, kaum ernsthaft erwartet werden kann. Dies gilt v. a. für solche Länder, die eine ausgeprägte Armut aufweisen, ein niedriges Entwicklungspotential haben und in denen die Auslandsverschuldung im Vergleich zur Wirtschaftsleistung extrem hohe Werte erreicht hat bzw. in denen die notwendigen Sanierungsprogramme aufgrund politischer Instabilität, fragwürdiger ideologischer Orientierung oder extrem niedriger Qualitäts- bzw. Qualifikationsdefizite der wirtschaftlichen Administration kaum zu erwarten sind. In Kenntnis dieser Sachlage haben verschiedene Industriestaaten einigen der besonders armen Entwicklungsländer Schulden durch öffentliche Kredite erlassen. Hinsichtlich der Verschuldung bei Geschäftsbanken wird u. a. vorgeschlagen: (1) daß die Zentralbanken in den Gläubigerländern Problemkredite für rediskontfähig erklären und aufkaufen sollten oder (2) daß die Banken notleidende Kredite einer bereits bestehenden Institution (z. B. dem IMF) oder einer zu gründenden „Konversionsagentur" verkaufen können, die sich die dazu nötigen Finanzmittel durch Emission von durch staatliche Garantien gedeckte Schuldverschreibungen verschafft. – Zur Frage, inwieweit der Schuldenerlaß und derartige Ansätze, die auf Sozialisierung von Risiken und potentiellen Verlusten der Gläubigerbanken abstellen, als brauchbare Wege zur Überwindung des Verschuldungsproblems angesehen werden können, müßte die Antwort differenziert ausfallen: Soweit der *Schuldenerlaß hinsichtlich öffentlicher Kredite für extrem arme überschuldete Länder* gilt, ist sowohl im Sinne einer

internationalen Sozialpolitik als auch in Anbetracht der oft zugleich gegebenen Zahlungsunfähigkeit dieser Länder verständlich. – Demgegenüber wäre ein *allgemeiner Schuldenerlaß* in verschiedener Hinsicht fragwürdig: So gehören z. B. die Länder mit der größten Schuldenlast weitgehend zu den reichsten Entwicklungsländern bzw. den →Schwellenländern, und es stellt sich die Frage, warum gerade diese am meisten begünstigt werden sollten. Hinzu kommt, daß ein allgemeiner Schuldenerlaß vielfach eine ex post Belohnung für eine verfehlte Wirtschaftspolitik bedeuten dürfte. – Außerdem haben solche Forderungen *kaum eine Realisierungschance:* (1) Die *Banken* dürften kaum freiwillig auf ihre Forderungen verzichten. (2) Die Übernahme der Rückzahlung durch *öffentliche Instanzen* kann kaum erwartet werden, wenn man bedenkt, daß alleine die jährlich zu leistenden Zinsen dem Mehrfachen der in einem Jahr weltweit gewährten Entwicklungshilfe entsprechen. (3) Es ist als wenig realistisch anzusehen, daß *Zentralbanken oder andere Institutionen* notleidende Kredite aufkaufen werden, da eine solche Poltik die Rückzahlungsbereitschaft der Schuldnerländer beeinträchtigen bzw. eine kumulative Zunahme der als notleidend eingestuften Kredite induzieren dürfte; auch hier würde es mit großer Wahrscheinlichkeit auf einen de facto Schuldenerlaß und eine entsprechende Belastung der Käufer hinauslaufen. Deshalb kann kaum damit gerechnet werden, daß emittierte Schuldverschreibungen auf entsprechende breite private Nachfrage stoßen könnten, und öffentliche Träger dürften nur in dem Maße bereit sein, die betreffenden Kredite oder Schuldverschreibungen aufzukaufen, wie politische Bereitschaft besteht, einen Schuldenerlaß zu finanzieren. – Grundsätzlich ist die Frage zu stellen, warum überhaupt potentielle oder tatsächliche Verluste der Gläubigerbanken sozialisiert oder gar internationalisiert werden bzw. die Banken nicht selbst die Konsequenzen ihrer Handlung tragen sollen, denn sie beanspruchen ja auch die durch Kreditgeschäfte realisierten Gewinne. Das Argument, daß mögliche Zahlungsunfähigkeit von Entwicklungsländern zu Bankkonkursen führen wird, diese Konkurse aufgrund der Verflochtenheit des internationalen Banksystems eine Kettenreaktion auslösen, die das gesamte internationale Finanzsystem schwer treffen bzw. zu einem *Zusammenbruch des internationalen Finanzsystems* führen kann, und deshalb alle an der Vermeidung einer solchen Entwicklung interessiert sein müßten, ist in verschiedener Hinsicht zu relativieren. Zwar sind die auf dem Euromarkt tätigen Banken in vielen Fällen relativ stark im Entwicklungsländerkreditgeschäft engagiert, das Übergreifen einer eventuellen Krise dieser Banken auf das Bankensystem der Ursprungsländer erscheint trotzdem wenig wahrschein-

lich, denn es ist zu berücksichtigen, daß die Eurobanken oft nicht Filialen sind, sondern rechtlich selbständige Tochtergesellschaften. Bei einem Konkurs wäre in einem solchen Fall die Mutter- bzw. Hauptgesellschaft rechtlich nicht verpflichtet, die Verluste zu übernehmen, d. h. die Einlagen zu sichern; sie würden lediglich ihren Kapitalanteil (im Vergleich relativ gering) verlieren. Die Hauptbetroffenen wären die Einleger, d. h. v. a. arabische Ölexporteure. Ferner ist zu beachten, daß bei vielen Großbanken die hohen Gewinne der letzten Jahre Wertberichtigungen im starken Maße ermöglicht haben, die mögliche Probleme durch Kreditausfälle stark beschränken dürften. Die Gefahr für das internationale Bankensystem darf trotzdem nicht bagatellisiert werden: So könnten viele Geschäftsbanken in den USA in ernste Schwierigkeiten geraten, wenn Kreditrückzahlungen aus Entwicklungsländern auf breiter Basis eingestellt werden sollten; immerhin beliefen sich 1985 nach Angaben der Weltbank die Forderungen der 24 größten amerikanischen Geschäftsbanken gegenüber ölimportierenden Entwicklungsländern auf durchschnittlich 148% ihres Eigenkapitals. Relativierend muß wiederum berücksichtigt werden, daß nur ein Teil der betreffenden Kredite als problematisch einzustufen sein dürfte und die Banken selbst gegenseitige Beistandsvereinbarungen haben, die ihnen in gewissem Rahmen die Überwindung partiell auftretender Krisen aus eigener Kraft erlauben dürften. Zusammenfassend heißt das, daß zwar eine begrenzte öffentliche Unterstützung der Geschäftsbanken bei Lösung des Verschuldungsproblems durchaus erforderlich und von Sicht der Allgemeinheit sinnvoll sein kann, indem dadurch die Gefahr zu erwartender Belastungen des Bankensystems und eventueller Beeinträchtigungen der internationalen Wirtschaftsverflechtungen durch Desintegrationstendenzen von Entwicklungsländern, die in Zahlungsschwierigkeiten geraten, verringert wird, daß aber weitgehende oder gar volle Überwälzung der Kreditrisiken bzw. Kosten der Überwindung des Verschuldungsproblems von Banken und Entwicklungsländern auf die Allgemeinheit in den Industriestaaten unvertretbar bleibt.

3. *Schuldenübernahme durch die Zentralbanken der Schuldnerländer gegen einheimische Währung:* Ein interessanter Ansatz im Rahmen der Bemühungen zur Überwindung des Verschuldungsproblems stellt das von manchen Schuldnerländern vorgebrachte Angebot dar, das auf eine Übernahme der Schulden durch die Zentralbanken dieser Länder gegen Zahlungen in einheimische Währung, die (bei Nicht-Konvertierbarkeit der betreffenden Währungen) für Käufe bzw. Investitionen in den jeweiligen Ländern verwendet werden, abstellt. Diese Lösung ist deshalb von Sicht der betreffenden Länder als tragbar bzw.

entwicklungsfördernd anzusehen; für die Gläubiger bedeutet sie, v. a. hinsichtlich solcher Kredite, deren Rückzahlung als gefährdet angesehen wird, zumindest die Möglichkeit einer Reduzierung potentieller Verluste.

4. Verweigerung der Schuldenrückzahlung seitens der Schuldnerländer: Auch der radikale Aufruf seitens mancher Entwicklungsländer nach einer gemeinsamen Verweigerung der Schuldenrückzahlung ist zu erwähnen. Hierzu ist festzustellen, daß mit der allgemeinen Befolgung eines solchen Aufrufes kaum gerechnet werden kann, denn die verschiedenen Schuldnerländer weisen ausgeprägte Unterschiede auf, sowohl hinsichtlich ihrer Wirtschaftskraft, relativen Schuldenlast, Fähigkeit, die Schuldendienste zu tragen, als auch hinsichtlich ihrer weltwirtschaftlichen Verflechtung bzw. ihrer Angewiesenheit auf die Pflege ihrer internationalen Wirtschaftsbeziehungen. So dürfte für manche Länder alleine die Tatsache, daß eine Rückzahlungsverweigerung ihnen die Möglichkeit, neue Kredite und Hilfen zu erhalten, verbauen dürfte, die betreffenden Länder von einem solchen Schritt abhalten. Daß dieser Faktor allerdings an Bedeutung verliert, je mehr die Schuldendieste im Vergleich zu möglichen neuen Krediten und Hilfen wachsen, liegt auf der Hand. Wiederum ist nicht zu vergessen, daß eine Rückzahlungsverweigerung nicht nur zur Unterbrechung des Zuflusses neuer Kredite und Hilfen führen, sondern auch zumindest eine weitgehende Beeinträchtigung der Handelsbeziehungen und des Zuflusses ausländischer Direktinvestitionen ergeben dürfte. Für stark in der Weltwirtschaft verflochtene Länder könnten die sich daraus ergebenden negativen Wohlfahrts- und Entwicklungswirkungen mehr wiegen als die Belastung durch die zu leistenden Schuldendienste. Dies schließt aber auch nicht aus, daß verschiedene Länder trotz der angesprochenen negativen Wirkungen und ihres Gewichts die Zahlungen der Schuldendienste deshalb einstellen müssen, weil sie dazu nicht in der Lage sind (z. B. Brasilien, Mexiko). Die Häufung solcher Fälle könnte durchaus eine breite Demonstrationswirkung ergeben. Deshalb liegt es im Interesse der Gläubiger bzw. der Industriestaaten, durch flexible Haltung und Inkaufnahme gewisser Opfer einer solchen Entwicklung vorzubeugen. Die jüngst (1987) erfolgte Einstellung der Zahlung der Schuldendienste durch Brasilien sollte ein ernstzunehmende Warnung sein.

Literatur: Giersch, H. (Hrsg.), The International Debt Problem, Tübingen 1986; IMF, International Financial Statistics, Yearbook 1986, Washington D.C. 1986; Nunnenkamp, P., The International Debt Crisis of the Third World, Brighton 1986; OECD, External Debt of Developing Countries, Paris 1985; Simonis, U. E. (Hrsg.), Entwicklungsländer in der Finanzkrise, Berlin 1983; Smith, G. W./J. C. Cuddington (Hrsg.), International Debt and the Developing Countries, Washington D.C. 1985; Weltbank, World Debt Tables

1985/86, Washington D.C., 1986; dies., Weltentwicklungsbericht 1986, Washington D.C., 1986.

　　　　　　Prof. Dr. El-Shagi El-Shagi
　　　　　　　Dr. Martin Raschen

Auslandsvertretungen. 1. *Diplomatische* Vertretungen eines Landes (z. B. Bundesrep. D.) im Ausland, wie Botschaften, Gesandtschaften, Generalkonsulate, Konsulate und Missionen. 1976 unterhielt die Bundesregierung 197 A.: 122 Botschaften, 59 Generalkonsulate, 8 Konsulate und 8 Vertretungen bei internationalen Organisationen. Hinzu kommen 5 Honorargeneralkonsuln, 211 Honorarkonsuln und 7 Honorarvizekonsuln. – 2. *Kommerzielle* Vertretungen von Firmen eines Landes im Ausland, die aufgrund vertraglicher Vereinbarung gegen Entgelt (meist Provision) tätig sind. – Vgl. auch →Ausfuhragent, →Einkaufsagent.

Auslandswechsel, →Akzepte, die im Zusammenhang mit deutschen Außenhandelsoder Dienstleistungsgeschäften auf einen →Gebietsfremden gezogen und von diesem akzeptiert oder von einem Gebietsfremden als eigene Wechsel (Solawechsel) ausgestellt und von inländischen Kreditinstituten angekauft worden sind. A. können unter bestimmten Voraussetzungen den Landeszentralbanken zum Rediskont eingereicht werden. Dabei wird für alle Abschnitte einheitlich der jeweils gültige Diskontsatz der Deutschen Bundesbank angewandt. Die Umrechnung von Abschnitten in fremden Währungen erfolgt zu den von der Bundesbank festgesetzten Ankaufskursen, die im Bundesanzeiger jeden zweiten Tag für die vorangegangenen beiden Werktage bekanntgegeben werden. – *Anders:* →Auslandsakzept.

Auslandswerte, Begriff des →Außenwirtschaftsgesetzes (§ 4 II). A. sind unbewegliche Vermögenswerte in fremden →Wirtschaftsgebieten, Forderungen in Deutscher Mark gegen →Gebietsfremde, auf ausländische Währung lautende Zahlungsmittel, Forderungen und Wertpapiere.

Auslandszahlungsverkehr, →internationaler Zahlungsverkehr.

Auslastungsgrad. 1. *Begriff:* a) Relative Auslastung des →Produktionspotentials durch die tatsächliche gesamtwirtschaftliche Produktion (Kapazitätsauslastung); b) Verhältnis von z. B. Bruttosozialprodukt (→Sozialprodukt) zu Produktionspotential. – 2. *Bedeutung:* Meßgröße für den konjunkturellen Zustand einer Wirtschaft. Je nach Definition des Produktionspotentials ist der A. nach oben beschränkt durch 1 (= 100%), oder er kann auch Werte über 1 annehmen; im letzten Fall bedeutet A. $\lesseqgtr$ 1 eine Über-, Normal- oder Unterauslastung der volkswirtschaftlichen →Kapazität. – 3. *Anwendung:* Der A. wird zur Konjunkturforschung u. a. regelmäßig verwandt von der →Deutschen Bundesbank, vom →Deutschen Institut für Wirtschaftsforschung und vom →Sachverständigenrat zur Begutachtung der gesamtwirtschaftlichen Entwicklung.

Auslegung. 1. Nach *bürgerlichem Recht:* Erforschung des wirklichen, in einer →Willenserklärung zum Ausdruck gekommenen Willens (gem. § 133 BGB), ohne am buchstäblichen Sinn des Ausdrucks zu haften. A. ist im Geschäftsleben nötig bei Streit über abgegebene unklare einseitige Erklärungen, insbes. aber →Verträge. Sie sind so auszulegen, wie →Treu und Glauben mit Rücksicht auf die →Verkehrssitte es erfordern (§ 157 BGB); vgl. →Auslegungsregeln. – 2. Nach AO: Anwendung des *Steuerrechts* unter Berücksichtigung der wirtschaftlichen Bedeutung der Gesetze und der Entwicklung der Verhältnisse (§§ 41, 42 AO). – Vgl. auch →Gesetzesauslegung.

Auslegungsregeln bestimmte allgemeine Grundsätze über die →Auslegung von Rechtsgeschäften, insbes. auch →Handelsgeschäfte. Zwischen Kaufleuten spielen entsprechend den →Verkehrssitten die →Handelssitten, die „Gewohnheiten und Gebräuche im Handelsverkehr" oder der „Handelsbrauch" als A. eine bedeutende Rolle (§ 346 HGB). Auf Unkenntnis der Handelssitten kann sich ein Kaufmann nicht berufen, er muß sie gegen sich gelten lassen.

Auslieferungslager, *Distributionslager,* in der Nähe der potentiellen Abnehmer errichtetes Lager zwecks schneller bzw. kostengünstiger Lieferung. – *Arten:* a) Typisch bei *direktem Absatz* (Lieferung an Endverbraucher) in einem großen Verkaufsgebiet, bei dem die →Absatzhelfer die Produkte nicht selbst lagern. – b) A. *ausländischer Produzenten* oder *Exporteure* im Inland. – c) *Handel:* Regionale A., errichtet von Filialbetrieben oder Handelskooperationen, um von dort die Filialen bzw. Mitglieder rationell beliefern zu können. Ferner A. von Anbietern großvolumiger Ware (z. B. Möbel, Phonogeräte), die ihre Sortimente an Standorten in der Innenstadt ausstellen/vorführen, während die Belieferung von einem A. am Stadtrand erfolgt.

Auslieferungsproblem, →Tourenplanung.

Auslieferungsprovision, dem →Kommissionär zu zahlende Vergütung für Empfang, Verwahrung und Auslieferung der Waren. Mangels besonderer Abrede nur zahlbar, wenn ein entsprechender →Handelsbrauch am Niederlassungsort des Kommissionärs besteht (§ 396 HGB) oder die Ausführung des Geschäfts aus einem in der Person des Kommittenten liegenden Grund unterblieben ist.

Auslisten, Streichen eines Artikels aus dem →Ordersatz.

Auslobung, ein durch öffentliche Bekanntmachung gegebenes einseitiges Versprechen einer

Belohnung für die Vornahme einer Handlung, insbes. die Herbeiführung eines Erfolgs (§ 657 BGB). – *Besondere Art der A.:* →Preisausschreiben.

Auslobungstarife, →Ausnahmetarife im Bahnverkehr für Auflieferung bestimmter Mindestmengen (→Mindestmengenklausel). A. widersprechen nicht dem Grundsatz der Tarifgleichheit gem. § 6 EVO, sofern die Bedingungen gehörig veröffentlicht sind und ihre Erfüllung jedem freigestellt ist.

Auslosung, *Verlosung.* I. W e r t p a p i e r r e c h t : *Form der Tilgung* (→Tilgung II) von →Schuldverschreibungen (→Anleihen) während der Laufzeit gemäß den Anleihebedingungen. Es werden nach einer tilgungsfreien Zeit jeweils zu den Zinsterminen anhand der Stücknummern Papiere ausgelost und zurückgezahlt. Die einfachere Form der Tilgung ist der Rückkauf von Stücken durch den Emittenten (Schuldner). Man unterscheidet Serienauslosungen und Gruppenauslosungen (→Auslosungsanleihen).

II. W e r b u n g : Vgl. →Preisausschreiben als Werbemittel.

Auslösungen. 1. →*Trennungsentschädigung:* Pauschale Zahlungen des Arbeitgebers an private Arbeitnehmer zum Ausgleich von →Mehraufwendungen bei auswärtigen Arbeiten. Häufig in Tarifverträgen arbeitsrechtlich geregelt. – *Steuerliche Behandlung:* Vgl. →Mehraufwand bei auswärtiger Tätigkeit, →doppelte Haushaltsführung. – 2. *Entlassungsentschädigungen:* Vgl. →Abfindung II.

Auslosungsanleihe, →Anleihe, die durch Auslosung bestimmter Beträge zu bestimmten Terminen gem. dem Tilgungsplan zurückgezahlt werden; heute überwiegend üblich. I. d. R. werden nicht einzelne Stücke, sondern Serien von Stücken ausgelost. Die einzelnen Stücke einer A. sind an sich nicht →vertretbare Wertpapiere, nur die zu der gleichen Serie gehörenden Stücke, die also zusammen zur Auslosung kommen, sind unter sich vertretbar und demnach zur Sammelverwahrung (§ 5 DepotG) geeignet.

ausmachender Betrag, Begriff aus der →Wertpapierrechnung. Bei festverzinslichen Papieren: Summe von →Kurswert und Zinsen; bei →Teilhaberpapieren, die i. d. R. einen veränderlichen Ertrag haben, gleich dem Kurswert.

Ausnahmeregelung, die situationsabhängige Behandlung eines Einzelfalls, die (eigentlich) den Regelungen der →Organisation zuwiderläuft. Tendenz zur →Substitution im organisatorischen Sinn. – *Gegensatz:* →Disposition.

Ausnahmetarif (AT), *Sondertarif, Spezialtarif.* – 1. *Begriff:* Besondere Bedingungen des Transport berücksichtigendes und in Abweichung vom →Regeltarif in einem bestimmten Anwendungsbereich zugelassenes Tarifwerk. Mittels A. wird die Starrheit eines Tarifsystems aufgelöst und begrenzte Flexibilität der an sich festgeschriebenen Tarife erreicht. – 2. *Im Bahn- und gewerblichen Güterfernverkehr* aus volkswirtschaftlichen, sozialpolitischen oder gemeinwirtschaftlichen Erwägungen oder zur Förderung der eigenen Wirtschaftlichkeit *(Wettbewerbstarif)* eingeräumte Frachtsätze, abweichend vom Schema des →Tarifsystems. Erforderlich ist eine Genehmigung des Verkehrsministeriums, ohne Anhörung der Ständigen Tarifkommission. – 3. Zu *unterscheiden:* (1) *Artikeltarife,* beschränkt auf einzelne Güter; (2) *Streckentarife,* gültig nur im Verkehr mit bestimmten Stationen bzw. in bestimmter Richtung: Einfuhr- und Ausfuhr-A., Grenz-A., Seehafen-A., Binnenhäfen-A. – 4. *Wirkung:* Dauernde oder vorübergehende (z. B. Saisontarif, Notstandstarif) Ermäßigung des →Tarifsatzes oder Anwendung von günstigeren Tarifen bzw. Güterklassen *(Detarifierung)* oder Festsetzung eines →Rabatts (etwa bei zugesichertem Versand einer Mindestmenge je Zeitabschnitt). – 5. A. bei der *Deutschen Bundesbahn* in 25 Gütergruppen, gegliedert nach Kennbuchstaben und Ordnungsnummern (z. B. ,,4 B 6" = Gütergruppe 4 = Kalk, Gips, Zement und andere Bindemittel, B = Binnen-Ausnahmetarif, lfd. Nr. 6). – Die A. der Bahn sind aufgeführt im DEGT Teil II Heft C, die des *Güterfernverkehrs* im RKT Teil III. – *Beispiele:* →Als-ob-Tarife, →Auslobungstarife, →Seehafenausnahmetarif, →Unterstützungstarife. *Angewendet* auch bei nichtbundeseigenen Eisenbahnen in durchgehender Abfertigung wie auch in →gebrochenem Verkehr.

Ausnutzungsgrad, Maßstab für die durch die Betriebsorganisation und/oder →Produktionsprozeßplanung erreichte Ausnutzung der Leistungsfähigkeit sämtlicher dem Betrieb zur Verfügung stehenden Betriebsmittel und menschlichen Arbeitsleistungen. Der A. wird durch das Produktionsvolumen (→Ausbringung) oder in Zeiteinheiten (Maschinenstunden, Arbeitsstunden) gemessen. Ein A. von 100% ist häufig aus technischen, organisatorischen oder absatzpolitischen Gründen nicht möglich; er liegt i. a. nicht über 90% (die Gesamtheit der Elementarfaktoren betrachtet). – Vgl. auch →Beschäftigungsgrad.

Ausprägung, *Merkmalsausprägung,* die einzelnen festgelegten Kategorien, in die ein →Merkmal zerlegt wird und die dann bei den →Merkmalsträgern beobachtet werden können. Z. B. ,,ledig, verheiratet, ..." beim Merkmal Familienstand oder ,,149 cm ... 210 cm" beim Merkmal Körpergröße.

Ausreißer, Begriff der Statistik für einen ,,extrem" großen oder ,,extrem" kleinen Merkmalswert in einer →Gesamtheit.

,,Extrem" kann dabei nicht allgemeingültig präzisiert werden. A. wirken sich stark auf manche Mittelwerte, z. B. das →arithmetische Mittel, und auf Streuungsmaße, z. B. die →Varianz, aus. Es gibt statistische Verfahren, die entscheiden, ob ein A. als untypisch auszusondern ist.

Aussage, ein Satz, von dem feststellbar ist, ob er wahr oder falsch ist. A. können in mathematischen Zeichen ausgedrückt sein.

Aussagenlogik, mathematische Disziplin, in der mit →Aussagen gerechnet (operiert) wird. Grundlegende Operationen: (1) ODER-Verknüpfung zweier Aussagen (in Zeichen: $\vee$), (2) UND-Verknüpfung zweier Aussagen (in Zeichen: $\wedge$), (3) Verneinung bzw. Negation einer Aussage (in Zeichen: $\neg$). – Vgl. auch →Boolesche Algebra.

Ausscheiden eines Gesellschafters, Rechtsfolgen sind: 1. Bei A. aus einer →*Gesellschaft des bürgerlichen Rechts*: a) *Fortsetzung der Gesellschaft* nur, wenn das im Gesellschaftsvertrag vorgesehen ist (§ 736 BGB). – b) *Anteil* des Ausscheidenden wächst den verbleibenden Gesellschaftern zu (§ 738 BGB), ebenso wenn der Gesellschafter ohne den übrigen aus wichtigem Grunde ausgeschlossen wird (§ 737 BGB). – c) Der *Ausscheidende* erhält von der Gesellschaft die von ihm zur Benutzung überlassenen Gegenstände zurück, er ist von gemeinschaftlichen Schulden zu befreien; seine Abfindung bemißt sich nach dem Betrag, den er bei einer →Auseinandersetzung im Zeitpunkt seines Ausscheidens erhalten würde. – 2. Bei A. aus einer *OHG* oder *GK* gilt Entsprechendes. a) Soweit die *Kaufmannseigenschaft* des ausgeschiedenen Gesellschafters auf seiner Zugehörigkeit zur Gesellschaft beruhte, verliert er sie. – b) Den Gläubigern gegenüber *haftet* der ausgeschiedene Gesellschafter als echter →Gesamtschuldner für die bis zu seinem Ausscheiden entstandenen Forderungen weiter (Verjährungsfrist längstens 5 Jahre, § 159 HGB). – c) Ist der Name eines A. in der →*Firma* enthalten, so ist die →Firmenfortführung nur mit seiner →ausdrücklichen Einwilligung gestattet (§ 22 HGB).

Ausschlagung (§§ 1942 ff. BGB), Recht des →Erben, i. d. R. innerhalb von sechs Wochen seit Kenntnis des →Erbfalls durch Erklärung gegenüber dem →Nachlaßgericht, die →öffentlicher Beglaubigung bedarf, die →Erbschaft auszuschlagen. Die Erbschaft fällt dann an denjenigen, der berufen sein würde, wenn der Ausschlaggebende zur Zeit des Erbfalls nicht gelebt hätte. A. *setzt* →Geschäftsfähigkeit *voraus* und muß unter einer Bedingung oder Zeitbestimmung erfolgen. Die →Anfechtung der A. ist i. d. R. nur binnen sechs Wochen seit Kenntnis des Anfechtungsgrundes durch öffentlich beglaubigte Erklärung gegenüber dem Nachlaßgericht zulässig.

ausschließliche Gesetzgebungskompetenz des Bundes, ausschließliche Zuständigkeit des Bundes zum Erlaß von Gesetzen, u. a. in Fragen auswärtiger Angelegenheiten, der Verteidigung, Staatsangehörigkeit, Währungs-, Geld- und Münzwesen, gewerblicher Rechtsschutz, Zölle usw. (Art. 71, 73 GG). Die Länder können auf diesen Gebieten nur Gesetze erlassen, wenn sie hierzu in einem Bundesgesetz ausdrücklich ermächtigt werden. – Vgl. auch →Gesetzgebungskompetenz, →konkurrierende Gesetzgebungskompetenz.

Ausschließlichkeitsbindung. I. H a n d e l : Form der →Absatzbindung und →Bezugsbindung. Der Hersteller beliefert nur einen bestimmten Abnehmer (in einer Region) und/oder der Abnehmer führt keine Konkurrenzprodukte.

II. K a r t e l l r e c h t : Vertrag zur Festlegung der Konditionen zwischen den Beteiligten oder zwischen den Beteiligten und Dritten, der sich auf →Vertriebsbindungen, →Bezugsbindungen (vgl. auch →Einkaufskartell), Kopplungsgeschäfte und Verwendungsbeschränkungen erstrecken kann. Nach dem →Kartellgesetz (vgl. dort VIII) grundsätzlich verboten; infolge der Ausnahmeregelung des § 18 GWB aber weitgehend erlaubt. Nach Artikel 85 EWG-Vertrag (→Kartellgesetz XI) verboten; Einzel- und Gruppenfreistellungen sind jedoch möglich.

Ausschließung. 1. *A. eines Gesellschafters der OHG oder KG* kann an Stelle der →Auflösung der Gesellschaft bei →Ausschließungsgrund auf Antrag der übrigen Gesellschafter durch Gericht ausgesprochen werden (§ 140 HGB). Durch →Gesellschaftsvertrag kann A.-Recht erweitert, eingeschränkt und versagt werden. A. kann auf bestimmte Tatbestände eingeschränkt werden, z. B. Untreue, Vermögensverfall, Siechtum, Alter. Dem schuldigen Gesellschafter kann Umwandlung seiner Rechtsstellung in die eines →Kommanditisten oder →stillen Gesellschafters eingeräumt werden. Häufig vertragliche Regelung, daß im Falle der A. bei wichtigem Grund der betroffene Gesellschafter seinen Kapitalanteil den verbleibenden Gesellschaftern anzubieten oder abzutreten hat. – 2. *A. eines GmbH-Gesellschafters,* der nach Aufforderung und Terminstellung seiner Einzahlungsverpflichtung nicht nachkommt. Die Gesellschaft erklärt ihn seines GmbH-Anteils für verlustig. Nach § 21 GmbHG verfällt sein Geschäftsanteil der Gesellschaft. Öffentliche Versteigerung möglich. – 3. *A. eines Genossen aus der eGmbH* oder eGmuH nach § 68 GenG wegen Mitgliedschaft in einer anderen Genossenschaft an dem selben Ort mit gleichartigem Geschäft oder bei Vorliegen weiterer im Statut festgesetzter A.-Gründe. A.-Beschluß ist dem →Registergericht einzureichen. – 4. A. nach *Aktienrecht:* Vgl. →Kaduzierung.

Ausschließungsfrist, →Ausschlußfrist.

Ausschließungsgrund, Umstand in der Person eines oder mehrerer Gesellschafter einer OHG oder KG, der nach § 133 HGB die übrigen Gesellschafter berechtigen würde, die →Auflösung durch →Auflösungsklage herbeizuführen (§ 140 HGB). Nur persönliche Auflösungsgründe können A. sein. – A. ist auch die Kündigung eines Privatgläubigers oder Konkurs eines Gesellschafters. Einer →Ausschließungsklage bedarf es in diesem Falle nicht; die übrigen Gesellschafter können gegenüber dem Privatgläubiger bzw. Konkursverwalter erklären, daß die Gesellschaft unter ihnen fortbestehen soll. Der betreffende Gesellschafter scheidet dann mit Ablauf des Geschäftsjahres bzw. zum Zeitpunkt der Konkurseröffnung aus (§ 141 HGB).

Ausschließungsklage, →Klage mit dem Ziel des Ausschlusses eines OHG- oder KG-Gesellschafters oder mehrerer Gesellschafter (§ 140 HGB). Die A. muß von allen übrigen Gesellschaftern *erhoben* werden. Der →Ausschließungsgrund muß jeden Kläger beeinträchtigen, das ist z. B. dann nicht der Fall, wenn dieser sich an dem zu beanstandenden Verhalten beteiligt hat; es bleibt dann nur übrig, die A. gegen alle beteiligten Gesellschafter zu richten oder →Auflösungsklage zu erheben. Der Klageantrag geht auf →Ausschließung des betreffenden Gesellschafters. Ein erst nach →Klageerhebung entstandener weiterer Ausschließungsgrund kann zur Begründung der A. nachgeschoben werden. Gegebenenfalls wird der Ausschluß durch das →Ausschließungsurteil ausgesprochen.

Ausschließungsurteil, gerichtliche Entscheidung, mit der auf die →Ausschließungsklage die →Ausschließung des beklagten Gesellschafters aus einer OHG oder KG ausgesprochen wird (§ 140 HGB). Erst mit →Rechtskraft wird die Ausschließung wirksam. Für die →Auseinandersetzung, d. h. Aufstellung der →Abschichtungsbilanz nach § 140 II HGB, ist aber der Zeitpunkt der →Klageerhebung maßgebend.

Ausschluß. I. G e s e l l s c h a f t s r e c h t : A. eines oder mehrerer Gesellschafter aus einer Handelsgesellschaft: Vgl. →Ausschließung; nach Aktienrecht: Vgl. →Kaduzierung.

II. H a f t u n g s a u s s c h l u ß : 1. *Allgemein:* Vgl. →Haftungsausschluß, →unabwendbares Ereignis. – 2. *Kfz-Haftung:* Die Haftung des Kfz-Halters als Gefährdungshaftung ist nach § 8 StVG dann nicht gegeben, wenn das unfallverursachende Fahrzeug auf ebener Bahn keine höhere Geschwindigkeit als 20 km/h fahren kann; desgleichen, wenn der Verletzte beim Betrieb des Kraftfahrzeuges tätig war, es sei denn, daß der Kfz-Halter den Unfall vorsätzlich herbeigeführt hat. Der A. der Haftung bei Arbeitsunfällen im Zusammenhang mit einem Kfz bestimmt sich nach §§ 898, 899 Reichsversicherungs-Ordnung. – Bei →Gefälligkeitsfahrten ist die Gefährdungshaftung des § 7 StVG gleichfalls ausgeschlossen. Haftungsausschluß kann auch vereinbart werden (jedoch nicht bei Eisenbahnen, Straßenbahnen und Kraftomnibussen). Ein Schild im Kraftwagen „Sie fahren in diesem Wagen auf eigene Gefahr" befreit den Kraftwageninhaber nur dann, wenn er den Fahrgast ausdrücklich darauf aufmerksam gemacht hat und dieser unter diesen Umständen zur Mitfahrt bereit ist. Auch ein Mitverschulden eines Fahrgastes kann möglicherweise die Haftung ausschließen, zumindest einschränken.

Ausschlußfristen, *Präklusivfristen,* Zeitspannen, nach deren Ablauf die Geltendmachung eines Rechts nicht mehr statthaft ist.

I. S t e u e r r e c h t: 1. *Arten:* a) →Rechtsmittelfristen im Einspruchs- oder Beschwerdeverfahren, b) Frist für den Antrag auf →Lohnsteuer-Jahresausgleich, c) Fristen für die Anträge auf →Investitionszulagen. – 2. *Versäumung* von A. kann durch →Wiedereinsetzung in den vorigen Stand (antragsgebunden) rückgängig gemacht werden, wenn der Steuerpflichtige ohne eigenes Verschulden den Fristablauf versäumt hat. Der Antrag ist an eine A. von einem Jahr nach Ende der versäumten Frist gebunden (§ 110 AO).

II. A r b e i t s r e c h t: 1. Fristen für die Geltendmachung von Ansprüchen aus einem →Tarifvertrag: a) Der Ablauf der Fristen tritt ohne Rücksicht auf die Kenntnis der Parteien ein und ist vom Gericht von Amts wegen zu berücksichtigen (nicht erst auf Einrede wie bei der Verjährung). Nach § 4 IV TVG können A. für die Geltendmachung tariflicher Rechte nur im Tarifvertrag (d. h. nicht in einer →Betriebsvereinbarung oder im →Arbeitsvertrag) vereinbart werden. – b) *Zweck:* Die Parteien des Arbeitsverhältnisses sollen zu einer schnellen Klärung aller denkbaren Meinungsverschiedenheiten gezwungen werden. – c) Tarifliche Ansprüche werden oft auch *nicht tarifgebundenen* (§§ 3 I, 4 I TVG, vgl. →Tarifgebundenheit) *Arbeitnehmern* zugesagt und gewährt; auch bei diesen ist deshalb mit der Geltung tarifvertraglicher A. zu rechnen. – d) Durch die *Kündigungsschutzklage* (→Kündigungsschutz) werden die häufig sehr kurzen tariflichen A. nicht gewahrt, die eine gerichtliche Geltendmachung des Lohnanspruchs innerhalb bestimmter Zeit vorschreiben. – 2. Für die Ausübung des *Rechts zur fristlosen Kündigung* (→außerordentliche Kündigung) ist in § 626 II BGB eine zwingende A. von zwei Wochen festgelegt. – 3. Die *Kündigungsschutzklage* ist an eine A. von drei Wochen gebunden; vgl. →Kündigungsschutz IV.

Ausschlußprinzip, *exclusion principle,* Kriterium zur Charakterisierung →privater Güter.

Ein Gut erfüllt das A., wenn ein Haushalt alle anderen vom Konsum dieses Gutes ausschließen kann (Beispiel: Privatauto eines Haushaltes). Bei →öffentlichen Gütern ist das A. aus verschiedenen Gründen (z. B. →externe Effekte) nicht durchsetzbar. – Das A. ist für die Funktionsfähigkeit des Marktmechanismus unabdingbar: Die Nutzung eines Gutes durch ein Wirtschaftssubjekt ist von der Zahlung eines bestimmten Preises (Entgelts) an den Besitzer des Gutes abhängig; wer nicht zahlt, wird von der Nutzung ausgeschlossen. – Das A. hängt von der Rechtsordnung eines Systems ab: Spezifizierte Besitz und/oder Verfügungsrechte werden vorausgesetzt.

Ausschlußurteil, →Aufgebotsverfahren.

Ausschreibung, *Submission, Verdingung,* öffentliche Bekanntgabe von Bedingungen, zu denen ein Vertragsangebot erwartet wird, z. B. für Bauarbeiten, Beschaffungsaufträge u. ä. Die teilweise umfangreichen Bedingungen werden u. U. in einem Lastenheft (cahier de charge) zusammengefaßt mit der Aufforderung an Interessenten, sich durch Vorlage von Offerten zu bewerben. Die Ausschreibenden müssen häufig durch eine *Ausschreibungs-* oder *Bietungsgarantie* gesichert werden, besonders, wenn die sich bewerbende Firma fremd ist. Die Bank übernimmt hierbei die Gewähr dafür, daß die Firma ein ernsthaftes Angebot macht und nicht zurücktritt, bevor der Vertrag zum Abschluß kommt. Die Haftung der Bank in der vereinbarten Höhe (meist 5 bis 10% des Offertpreises) gilt für die der ausschreibenden Stelle entstandenen Kosten und Nachteile. – Vgl. auch →öffentliche Auftragsvergabe.

Ausschreibung von Arbeitsplätzen, Begriff des Arbeitsrechts. Nach § 93 BetrVG kann der →Betriebsrat verlangen, daß Arbeitsplätze, die besetzt werden sollen, allgemein oder für bestimmte Arten von Tätigkeiten (z. B. Facharbeiter) vor ihrer Besetzung innerhalb des Betriebs ausgeschrieben werden (z. B. durch Aushang am Schwarzen Brett oder Rundschreiben); er kann nicht das Verlangen für einen gerade zu besetzenden konkreten Arbeitsplatz stellen. – Als *Mindestinhalt* muß aus der A. hervorgehen, um welchen Arbeitsplatz es sich handelt, welche Qualifikationsanforderung besteht und wo und bis wann die Bewerbung zu erfolgen hat. § 611 b BGB (keine Ausschreibung nur für Männer oder nur für Frauen) ist zu beachten. – Nach § 99 II Nr. 5 BetrVG kann der Betriebsrat in Betrieben mit mehr als 20 Arbeitnehmern die *Zustimmung* zu einer →Einstellung oder →Versetzung *verweigern,* wenn eine in ihm zu Recht verlangte A. im Betrieb unterblieben ist. – Ist die A. erfolgt, ist der Arbeitgeber dennoch *nicht verpflichtet,* den Bewerber aus einem der sich meldenden Bewerber aus dem Betrieb zu besetzen.

Ausschuß. I. Industriebetriebslehre: 1. *Begriff:* Erzeugnisse oder Erzeugnisteile, die für den vorgesehenen Zweck endgültig (nicht mehr nachbearbeitbar) nicht mehr verwendet werden können (kein →Abfall). – 2. *Ursachen* für das Entstehen von A.: a) fehlerhafte Lieferung der Material- und Teile-Lieferanten, u. U. infolge falscher Bestellung des eigenen Einkaufs; b) Fehlleistungen in der Fertigung, etwa durch fehlerhafte Bearbeitung oder Montage, durch Konstruktions- und Zeichnungsfehler, Transportschäden oder Fehlleistungen der Arbeitsvorbereitung. Anfall von A. in jeder Fertigung bis zu einer bestimmten Quote normal. – 3. *Erfassung* in Großbetrieben der Industrie mittels einer von der Fertigungskontrolle geführten A.statistik, gegliedert nach den Ursachen im Interesse der →Ausschußverhütung. – Vgl. auch →Ausschußkosten, →Ausschußwagnis.

II. Organisation: Vgl. →Gremium.

Ausschußabweichung, Kostenabweichung, die sich aus der zu →Istkosten bewerteten Differenz zwischen geplantem und tatsächlichem →Ausschuß ergibt.

Ausschuß für Kreditfragen der öffentlichen Hand, seit 1975 bestehender Ausschuß zur Koordination der Verschuldungspolitik von Bund, Ländern und Gemeinden. Als Vorgänger existierte seit 1965 der „Runde Tisch" beim Bundesminister für Wirtschaft, der beratend und empfehlend zur Reihenfolge, Umfang und Ausstattung öffentlicher Anleihen Stellung zu nehmen hatte. Mit dem →Stabilitätsgesetz wurde diese Institution durch den →Konjunkturrat abgelöst, der sich 1975 in den eigentlichen Konjunkturrat und den A. f. K. d. ö. H. teilte.

Ausschuß für Lieferbedingungen und Gütesicherung (RAL), der 1927 gegründete Reichsausschuß für Lieferbedingungen (RAL) beim →Rationalisierungs-Kuratorium der Deutschen Wirtschaft (RKW) mit der Aufgabe, alle Gütebestrebungen zu fördern, und dem *Ziel,* dem Qualitätsrückgang und dem →unlauteren Wettbewerb zu begegnen, die Warenkunde zu vertiefen und die Ware oder Leistung selbst in ihrer Güte zu sichern. Zur Gütesicherung, als deren Vorstufe Vereinbarungen über einheitliche Begriffe, Warenbezeichnungen und Gütebedingungen anzusehen sind, tritt die bildhafte Kennzeichnung durch Gütezeichen.

Ausschuß für wirtschaftliche Fertigung e.V., Sitz in Eschborn. – *Ziele:* Förderung und Durchführung von Maßnahmen zur Steigerung der Leistungsfähigkeit auf organisatorischen, technischen und betriebswirtschaftlichen Gebieten. – *Aufgaben:* Sammeln und Auswerten von praktischen Erfahrungen; Verbreiten der gewonnenen Erkenntnisse in der Öffentlichkeit; Umsetzen technisch-wissenschaftlicher Erkenntnisse in die Industrie- und Wirtschaftspraxis.

Ausschußkosten. 1. *Begriff:* →Einzelkosten (in traditionellen Vollkostenrechnungen auch die anteiligen →Gemeinkosten), die für den →Ausschuß von der Beschaffung bis zum (mißlungenen) Produktionsvorgang angefallen sind. – 2. *Erfassung:* Typischerweise werden A. in den →Kostenstellen, in denen der Ausschuß entsteht, erfaßt und im Rahmen der Kostenträgerrechnung in den →Fertigungsmeinkosten umgelegt. Eine genauere Berücksichtigung der A. muß die entsprechenden Beträge zum einen auch in der Kostenstelle ausweisen, die für den Ausschußanfall verantwortlich ist (z. B. der Einkauf, der minderwertiges Material beschafft hat), und zum anderen die A. direkt für die betroffenen Kostenträger erfassen.

Ausschußverhütung, Maßnahmen zur Steigerung der Wirtschaftlichkeit durch Senkung des →Ausschusses auf ein Mindestmaß. Wichtig ist, den Ausschuß so frühzeitig wie möglich zu erkennen, um weiteren unproduktiven Arbeits- und Materialeinsatz zu vermeiden. – *Maßnahmen zur A.:* Wareneingangskontrolle, Ausschußkontrolle in der Fertigung, exakte Arbeitsunterlagen, intensive Schulung der Arbeiter, Konstruktionsveränderungen bei besonders ausschußgefährdeten Werkstücken, Gewährung von Ausschußprämien.

Ausschußverwertung, Maßnahmen zur zweckentsprechenden Verwertung des unvermeidlich (normale Ausschußquote) anfallenden →Ausschusses: a) Verkauf als zweite Wahl; b) Nachbearbeitung zur Herstellung des vollwertigen Zustandes; c) Verwendung als Ausgangsmaterial für ein anderes Produkt; d) Nachbearbeitung und Verwendung in einem anderen Erzeugnis; e) Verschrottung und Verkauf als Schrott oder Altmaterial. – Vgl. auch →Recycling, →Entsorgung.

Ausschußwagnis, das aus unvermeidlichem →Ausschuß erwachsende kalkulatorische Wagnis (→Wagnisse). Durch seine in vielen Unternehmen vorgenommene Verrechnung erreicht der Betrieb eine Selbstversicherung gegen das nicht fremdversicherte Risiko von Mehrkosten durch unverwertbaren Ausschuß und Nacharbeit, die durch Fehler in der Fabrikation entstehen.

Ausschüttung, →Gewinnausschüttung.

Ausschüttungsbelastung. 1. *Begriff* des →körperschaftsteuerlichen Anrechnungsverfahrens. Die A. ist für alle Gewinnausschüttungen herzustellen, die vorgenommen werden von Körperschaften, die in das Anrechnungsverfahren einbezogen sind. Eine Ausnahme gilt bei Verwendung des Teilbetrages EK 04. Auch für Kapitalrückzahlungen und Liquidationsraten ist auf der Gesellschaftsebene eine A. herzustellen, soweit für diese Leistungen verwendbares Eigenkapital mit Ausnahme von EK 04 als verwendet gilt. Die Herstellung der A. kann zu einer Körperschaftsteuer-Minderung oder -Erhöhung führen. – 2. *Höhe* in jedem Fall 36% des ausgeschütteten Gewinns vor Abzug der Körperschaftsteuer.

Ausschüttungsrate, Quotient aus Ausschüttung auf →Stammaktien und dem Jahresüberschuß nach Dividende auf →Vorzugsaktien.

Ausschüttungssperre, →Aufwendungen für die Ingangsetzung und Erweiterung des Geschäftsbetriebes. – Vgl. auch →Abgrenzungsposten für aktive latente Steuern.

Außenanlagen, Begriff des Bewertungsgesetzes: Alle Grundstücksaufbauten, die weder Gebäude noch →Betriebsvorrichtungen sind, z. B. Einfriedungen, Tore, Wege- und Platzbefestigungen, Entwässerungs- und Versorgungsanlagen, Gartenanlagen. Die A. werden zur Einheitsbewertung von bebauten →Grundstücken nach dem →Sachwertverfahren gesondert berücksichtigt; eine explizite Berücksichtigung bei Anwendung des →Ertragswertverfahrens findet nicht statt. – Vgl. auch →Einheitswert II 2.

Außenbeitrag, Saldo der →Handelsbilanz und →Dienstleistungsbilanz (→Leistungsbilanz i. e. S.). – *Im volkswirtschaftlichen Rechnungswesen* Aggregat zur Darstellung der Verwendung des →Sozialprodukts: Differenz zwischen Ausfuhr und Einfuhr von Waren und Dienstleistungen (einschl. der von Inländern aus der übrigen Welt empfangenen und abzügl. der an die übrige Welt geleisteten Erwerbs- und Vermögenseinkommen). – Vgl. auch →Ausfuhrüberschuß, →Einfuhrüberschuß.

Außendienstpolitik, Teilbereich der Vertriebs- bzw. →Marketingpolitik. A. umfaßt Entscheidungen über Höhe und Verteilung des Außendienstbudgets, Zahl der und Qualifikationsanforderungen an Außendienstmitarbeiter, Schulungsmaßnahmen, Einsatz des Außendienstes nach geographischen, kundenbezogenen und zeitlichen Kriterien, Steuerungs- und Kontrollfragen sowie Koordination mit den anderen →marketingpolitischen Instrumenten.

Außenfinanzierung, *Marktfinanzierung,* Art der →Finanzierung, bei der →Kapital von außen in die Unternehmung einfließt. Zu *unterscheiden* sind: a) zusätzliche Kapitaleinlagen der bisherigen Unternehmer (→Eigenfinanzierung); b) Kapitaleinlagen aus Beteiligungen Dritter an der Unternehmung (→Beteiligungsfinanzierung); c) Aufnahme von Krediten (→Fremdfinanzierung). – Vgl. auch →Innenfinanzierung, →Selbstfinanzierung.

Außengebiet, Begriff des Umsatzsteuerrechts. Zum A. zählen außer den Hoheitsge-

bieten anderer Staaten als Bundesrep. D. und DDR die hoheitsfreien Gebiete (die hohe See), auch die zum Hoheitsgebiet der Bundesrep. D. gehörenden →Zollfreigebiete (mit Einschränkungen gem. § 1 III UStG) sowie die →Zollausschlüsse. – *Gegensatz:* →Erhebungsgebiet, →Deutsche Demokratische Republik.

außengebietlicher Abnehmer, *außengebietlicher Auftraggeber,* Begriffe des Umsatzsteuerrechts. →Lieferungen und sonstige Leistungen an einen A. A. sind, sofern die Voraussetzungen erfüllt sind (→Ausfuhrlieferungen), steuerfrei. *Als a. A.* gilt: ein Abnehmer, der seinen Wohnsitz oder Sitz im →Außengebiet, nicht aber in einem →Zollfreigebiet hat (§ 6 UStG); eine außengebietliche Zweigniederlassung eines Unternehmers, der seinen Sitz im →Erhebungsgebiet oder einem →Zollfreigebiet hat, wenn sie das Umsatzgeschäft im eigenen Namen abgeschlossen hat. – Entsprechendes gilt für *außergebietliche Auftraggeber* bei →Lohnveredelung an Gegenständen der Ausfuhr (§ 7 II UStG).

außengebietlicher Auftraggeber, →außengebietlicher Abnehmer.

Außengeld, →outside money.

Außengesellschaft, Gesellschaft mit Außenwirkung. – *Gegensatz:* →Innengesellschaft.

Außengroßhandel, Zweig des →Großhandels, der seine Geschäfte mit dem Ausland tätigt. – 1. *Funktionaler A.:* Großhandelsgeschäfte, bei denen die Ware eine Grenze passiert; lediglich einer der Vertragspartner muß seinen Sitz im Ausland haben. – 2. *Institutioneller A.:* Großhandelsbetriebe, die ausschließlich oder überwiegend A. betreiben: *Ausfuhrgroßhändler* exportieren (Exporthandel), *Importgroßhändler* importieren Waren (Importhandel), *Transithändler* bringen Waren in- oder ausländischer Herkunft durch ein Land in ein drittes. A. kann länder- oder produktorientiert sein. – *Gegensatz:* →Binnengroßhandel.

Außenhandel, Teil des Handels, der Güter über die Grenzen eines Landes importiert (→Einfuhr) oder exportiert (→Ausfuhr). Träger sind →Einfuhrhändler und →Ausfuhrhändler. – *Gegensatz:* →Binnenhandel. – *Umfang:* a) *A. der Bundesrep. D.* wird in amtlichen →Außenhandelsstatistiken nach Menge und Wert der Waren sowie nach Bezugs- und Absatzgebieten (Herstellungsbzw. Verbrauchsländer/Einkaufs- bzw. Käuferländer) ausgewiesen. Vgl. im einzelnen Tabellen Sp. 475/476. – b) *A. der EG-Länder:* →EG V. – Vgl. auch →Ausfuhrhandel, →Einfuhrhandel, →Ausfuhrverfahren, →Einfuhrverfahren, →Außenhandelspolitik, →Handelsbilanz.

Außenhandels..., →Ausfuhr....

Außenhandelselastizität, →Elastizität II 4.

Entwicklung des Außenhandels in der Bundesrep. D. 1970–1986

Jahr	Tatsächliche Werte					Volumen [1])			
	Einfuhr	Ausfuhr	Saldo	Einfuhr	Ausfuhr	Einfuhr	Ausfuhr	Einfuhr	Ausfuhr
				Veränderungen gegen Vorjahr in Prozent				Veränderungen gegen Vorjahr in Prozent	
	Mrd. DM	Mrd. DM	Mrd. DM			Mrd. DM	Mrd. DM		
1970	109,6	125,3	+ 15,7	+11,9	+10,3	211,8	207,2	+18,5	+14,4
1971	120,1	136,0	+ 15,9	+ 9,6	+ 8,6	229,4	216,3	+ 8,3	+ 4,4
1972	128,7	149,0	+ 20,3	+ 7,2	+ 9,6	244,2	230,0	+ 6,5	+ 6,3
1973	145,4	178,4	+ 33,0	+13,0	+19,7	257,6	262,2	+ 5,5	+14,0
1974	179,7	230,6	+ 50,8	+23,6	+29,3	247,5	290,8	− 3,9	+10,9
1975	184,3	221,6	+ 37,3	+ 2,5	− 3,9	246,7	258,2	− 0,3	−11,2
1976	222,2	256,6	+ 34,5	+20,5	+15,8	290,6	306,3	+17,8	+18,6
1977	235,2	273,6	+ 38,4	+ 5,9	+ 6,6	297,2	318,5	+ 2,3	+ 4,0
1978	243,7	284,9	+ 41,2	+ 3,6	+ 4,1	317,4	328,7	+ 6,8	+ 3,2
1979	292,0	314,5	+ 22,4	+19,8	+10,4	341,5	344,5	+ 7,6	+ 4,8
1980	341,4	350,3	+ 8,9	+16,9	+11,4	341,4	350,3	− 0,0	+ 1,7
1981	369,2	396,9	+ 27,7	+ 8,1	+13,3	324,4	373,4	− 5,0	+ 6,6
1982	376,5	427,7	+ 51,3	+ 2,0	+ 7,8	328,7	385,6	+ 1,3	+ 3,3
1983	390,2	432,3	+ 42,1	+ 3,6	+ 1,1	341,8	384,5	+ 4,0	− 0,3
1984	434,3	488,2	+ 54,0	+11,3	+12,9	359,5	419,8	+ 5,2	+ 9,2
1985	463,8	537,2	+ 73,4	+ 6,8	+10,0	374,4	444,6	+ 4,2	+ 5,9
1986 [2])	412,4	522,6	+110,2	−11,1	− 2,7	394,8	448,4	+ 5,7	+ 0,8

[1]) Mengen bewertet mit Durchschnittswerten des Jahres 1980   [2]) Vorläufige Zahlen

Quelle: Bank für Gemeinwirtschaft, Außenhandelsdienst, 38. Jg/Nr. 3, S. 2.

Außenhandel nach Ländergruppen (1985/86)

Ländergruppen	Bundesrep. D.: Exporte 1986			Anteil an den Exporten (%)	
	Mrd. DM	Veränd. geg. 1985 Mrd. DM	%	1985	1986
1. Europa (ohne Ostblockstaaten)					
1.1 EG-Staaten	267	+0,3	+ 0,1	50,0	51,0
1.2 restl. westeurop. Länder	98	+3,2	+ 3,4	17,8	18,7
1.3 Gesamt (1.1 + 1.2)	365	+3,5	+ 1,0	67,8	69,7
2. Nordamerika (USA, Kanada)	61	−0,5	− 0,8	11,5	11,7
3. OPEC-Länder	18	−7,4	−29,0	4,8	3,4
4. Entwicklungsländer	38	−3,3	− 8,0	7,7	7,3
5. Staatshandelsländer	26	−2,0	− 7,3	5,3	5,0
6. sonst. Länder	15,5	−0,2	− 1,3	2,9	3,0
7. Gesamt	523,5	−9,9	− 1,9%	100%	100%

Quelle: Walldorf, E.G., Auslandsmarketing: Theorie und Praxis des Auslandsgeschäfts, Wiesbaden 1987.

Ausfuhr-/Einfuhrgegenüberstellung der Bundesrep. D. nach Haupt-Abnehmer-/Lieferländern (Jan.–Okt. 1986).

Ausfuhr	(Mrd. DM)	Einfuhr	(Mrd. DM)
1. Frankreich	52,384	1. Niederlande	40,864
2. USA	45,946	2. Frankreich	39,624
3. Niederlande	38,161	3. Italien	32,020
4. Großbritannien	37,420	4. Großbritannien	25,245
5. Italien	35,672	5. Belgien/Luxemburg	24,833
6. Belgien/Luxemburg	31,249	6. USA	22,173
7. Schweiz	26,022	7. Japan	20,184
8. Österreich	23,556	8. Schweiz	15,350
9. Schweden	12,142	9. Österreich	13,740
10. Dänemark	10,290	10. Schweden	8,348
11. Spanien	9,957	11. Sowjetunion	7,995
12. Sowjetunion	8,036	12. Dänemark	6,365
13. Japan	7,198	13. Spanien	5,957
14. Norwegen	6,006	14. Norwegen	5,620
15. China	5,121	15. Jugoslawien	4,177
16. Jugoslawien	5,066	16. Brasilien	3,847
17. Finnland	4,582	17. Hongkong	3,614
18. Kanada	4,438	18. Finnland	3,338
19. Griechenland	4,356	19. Kanada	2,852
20. Australien	3,450	20. Nigeria	2,502

Quelle: Bundeswirtschaftsministerium   Quelle: Bundeswirtschaftsministerium

Außenhandelsfinanzierung, Sammelbezeichnung für →Ausfuhrfinanzierung und →Einfuhrfinanzierung. A . erfolgt durch Kreditinstitute oder Spezialbanken, insbes. Auslands- und Überseebanken.

Außenhandelsgewinn, →Handelsgewinn.

Außenhandelsgleichgewicht, *Tauschgleichgewicht,* in der realen →Außenwirtschaftstheorie für den Zwei-Länder-/Zwei-Güter-Fall abgeleitete Konstellation im Außenhandel, in der es keine Möglichkeit mehr gibt, durch weiteren Güteraustausch die Wohlfahrtsposition beider Länder zu erhöhen. Da in diesem Modell →Freihandel und damit die Verschmelzung der betreffenden Gütermärkte unterstellt wird, gilt (unter Vernachlässigung der Transportkosten) jeweils dasselbe Austauschverhältnis zwischen den beiden Gütern. Im A. ist für Exportangebot und Importnachfrage die Bedingung erfüllt, daß die Grenzraten der Substitution in beiden Ländern diesem einheitlichen Austauschverhältnis entsprechen. – In der realen Außenwirtschaftstheorie üblicherweise verwendeten *graphischen Darstellung* sind die Austauschmengen im A. durch den Schnittpunkt der inländischen und ausländische →Tauschkurve determiniert, da dieser Punkt sowohl eine inländische als auch eine ausländische Indifferenzkurve tangiert. – Zu beachten ist, daß bei der betrachteten Konstellation zwar die Wohlfahrt beider Länder als ganzes *(Weltwohlfahrt)* über das durch das A. determinierte Maß hinaus nicht gesteigert werden kann, ein einzelnes Land allerdings die Möglichkeit hat, durch Erhebung eines →Zolls seine Wohlfahrtsposition auf Kosten des anderen Landes zu erhöhen (vgl. im einzelnen →Optimalzoll).

Außenhandelsmonopol, staatliche Zentralstelle, die allein den Außenhandel abwickelt bzw. die unmittelbare Kontrolle über die außenwirtschaftlichen Beziehungen ausübt. Instrument der →Außenwirtschaftspolitik.

Außenhandelspolitik, Gesamtheit aller staatlichen Maßnahmen zur Beeinflussung des Außenhandels, z. B. Einfuhrbeschränkungen, →Exportförderung, Abschluß von →Handelsabkommen. Teil der →Außenwirtschaftspolitik. A. kann sich ebenso in einem Verzicht auf staatliche Interventionen und Förderung des →Freihandels *(liberale A.)* wie dem Abbau bestehender Restriktionen *(Liberalisierungspolitik)* ausdrücken.

Außenhandelsquote, Anteil des gesamten Außenhandelsumsatzes (Ein- und Ausfuhr) an einer der Größen des →Sozialprodukts (i. d. R. des Bruttosozialprodukts zu Marktpreisen). Die A. gibt an, in welchem Maße eine Volkswirtschaft mit dem Ausland verflochten ist. – Vgl. auch →Exportquote, →Importquote.

Außenhandelsstatistik, Gebiet der →amtlichen Statistik zur Erfassung der Umsatzleistungen von Importeuren, Exporteuren sowie etwaigen Frachtführern beim Grenzübergang. Träger der A. ist das →Statistische Bundesamt. – 1. *Rechtsgrundlage:* Gesetz über die Statistik des grenzüberschreitenden Warenverkehrs vom 1. 5. 1957 (BGBl I 413), geändert durch Art. 9 des Ersten Gesetzes zur Änderung statistischer Rechtsvorschriften (1. Statistikbereinigungsgesetz) vom 14. 3. 1980 (BGBl I 294); DVO i. d. F. der Bekanntmachung vom 14. 7. 1977 (BGBl I 1281), geändert durch Artikel 24 des o. a. 1. Statistikbereinigungsgesetzes sowie diverse EWG-Verordnungen. – 2. *Erfassung* durch Zollstellen und andere Dienststellen, bei denen der grenzüberschreitende Warenverkehr angemeldet wird. Diese nehmen für jede ein- oder ausgeführte Warensendung eine Anmeldung (Einfuhr- bzw. Ausfuhranmeldung) entgegen und senden sie direkt an das Statistische Bundesamt. – 3. Die A. erstreckt sich auf das *Gebiet der Bundesrep. D.* (ohne den Zollanschluß Büsingen) incl. Zollanschlüsse (Jungholz und Mittelberg). Der Warenverkehr mit der Deutschen Demokratischen Republik und Berlin (Ost) wird gesondert nachgewiesen und ist in der A. nicht enthalten. – 4. Die *Abgrenzungen der A.* ergeben sich v. a. aus der engen Bindung an das Zoll- und Außenwirtschaftsrecht, deren Verfahrensvorschriften und Begriffsbestimmungen die Erhebung, die Merkmale und die Darstellungsformen der A. wesentlich mitbestimmen. – 5. *Darstellung* des Güteraustausches nach Menge, Wert, Warennummern, Herstellungs-/Ursprungsland bzw. Verbrauchs-/Bestimmungsland, Einkaufs- bzw. Käuferland, Versendung und Zielland, Lieferbedingung u. a. Der Warengliederung wird zugrunde gelegt das Warenverzeichnis für die A. mit ca. 9000 siebenstelligen Warennummern und für die Einfuhr aus Drittländern der →Deutsche Gebrauchs-Zolltarif mit ca. 12 000 neunstelligen Codenummern. Das Warenverzeichnis für die A. ist auf →Internationale Warenverzeichnisse und den →Gemeinsamen Zolltarif abgestimmt. – 6. *Gliederung:* In der A. wird unterschieden nach →Generalhandel und →Spezialhandel, Durchfuhr. Die →Zollollerträge werden gesondert erhoben. Besonderer Ausweis von Lagerverkehr, Veredelungsverkehr und Durchfuhr. Sämtliche Statistiken werden auch im Zeitvergleich dargestellt, der Spezialhandel für 1913, 1925–1938 und ab 1950, der Generalhandel für die Jahre ab 1952. – 7. Über die tatsächlichen Werte des Außenhandels, das Volumen und die Durchschnittswerte für die gesamte Einfuhr und Ausfuhr (Spezialhandel) werden monatlich *Indizes der A.* nach zusammengefaßten Warenpositionen verschiedener systematischer Verzeichnisse berechnet. – 8. Mit einer *A. des Auslandes* wird der Welthandel, der Außenhandel von Ländern, Ländergruppen und Wirtschaftsräumen in regionaler und fachlicher Gliederung mit Nachweis des Anteils der Bundesrepublik dargestellt; der Außenhandel der Partnerländer mit der Bundesrep. D. wird auch nach deren Statistiken in Gegenüberstellungen mit den Ergebnissen der deutschen A. zusammengestellt. – 9. *Publiziert* in Fachserie 7 „Außenhandel".

Außenhandelsunternehmungen, Firmen, die sich speziell mit der →Einfuhr und →Ausfuhr befassen. – Vgl. auch →Außengroßhandel, →Ausfuhrhändler.

Außenhandelsverlust, →Handelsverlust.

Außenhandelsvolumen. 1. Nachträglich *berechneter Wert der gesamten Ein- und Ausfuhr* eines Landes, gemessen in Preisen eines Basiszeitraumes. Berechnung mittels eines Index, bei dem die Menge je Warennummer und Ländergruppe mit dem Durchschnittswert je Warennummer und Ländergruppe des Basisjahres (z. Z. 1980) gewichtet wird:

$$Q_n[80] = \frac{\sum p_{80} \cdot q_n}{\sum p_{80} \cdot q_{80}} \cdot 100$$

Vgl. →Ausfuhrvolumen, →Einfuhrvolumen, →Außenhandel. – 2. *In den* →*Handelsabkommen festgelegter Wert* des geplanten Warenaustausches zwischen den jeweiligen Vertragsländern; auch als *Handelsvolumen* bezeichnet.

Außenmarkt, Gesamtheit fremder Volkswirtschaften, auf die sich die Außenhandelsaktivitäten der eigenen Volkswirtschaft beziehen können. Der A. ist somit gedachter Treffpunkt von Kauf- bzw. Verkaufswünschen zwischen In- und Ausländern.

Außenmontage, industrielles Fertigungsverfahren, bei dem alle Teile und Baugruppen für Anlagen, wie Großmaschinenbau, Fertighäuser, Klimaanlagen usw. in einer zentralen Fabrik hergestellt werden, die endgültige Zusammensetzung zum fertigen Aggregat aber erst am Bestimmungsort erfolgt. Für A. gelten die gleichen Gesichtspunkte wie bei der →Baustellenproduktion, wenn auch in verringertem Maße, weil bei A. alle wesentlichen Vorarbeiten zentral erledigt werden.

Außenprüfung. I. Begriff/Rechtsgrundlagen: 1. Die A. ist ein besonderes *Sachaufklärungsverfahren* der Finanzbehörden. Im Gegensatz zur älteren Bezeichnung „Betriebsprüfung" soll in der durch die →Abgabenordnung 1977 eingeführten Bezeichnung „Außenprüfung" zum Ausdruck kommen, daß das Verfahren nicht auf „Betriebe" beschränkt ist, sondern auch bei anderen Steuerpflichtigen Anwendung finden kann. – 2. Die A. wird in den §§ 193–207 AO umfassend *gesetzlich geregelt.* Ergänzende Vorschriften enthält die Betriebsprüfungsordnung (Steuer) (BpO-St-) vom 27.4.1978 (BStBl I 195), die jedoch als interne Verwal-

tungsanweisung für den Steuerpflichtigen kein materielles Recht schafft, sondern bei Ermessensentscheidungen lediglich die Verwaltung bindet.

II. Zulässigkeit: 1. Eine A. ist ohne Einschränkungen zulässig bei Steuerpflichtigen, die einen gewerblichen oder land- und forstwirtschaftlichen Betrieb unterhalten oder die freiberuflich tätig sind (§ 193 I AO). – 2. Bei anderen Steuerpflichtigen ist die A. zulässig, soweit sie die Verpflichtung dieser Steuerpflichtigen betrifft, für Rechnung eines anderen Steuern zu entrichten oder einzubehalten und abzuführen, oder wenn die für die Besteuerung erheblichen Verhältnisse der Aufklärung bedürfen und eine Prüfung an Amtsstelle nach Art und Umfang des zu prüfenden Sachverhalts nicht zweckmäßig ist (§ 193 II AO). – 3. Im Rahmen der Prüfung einer Personengesellschaft ist in gewissem Umfange auch die Prüfung der Verhältnisse der Gesellschafter zulässig. – 4. Anspruch auf eine A. besteht nicht; die Durchführung steht im →Ermessen der Behörde. – Im einheitlichen Ermessensausübung dient die Einteilung der Betriebe in Größenklassen (→Betriebsgrößenklassifikation). Anhand der von den obersten Landesfinanzbehörden festgelegten Kriterien sind dabei Großbetriebe, Mittelbetriebe, Kleinbetriebe und Kleinstbetriebe zu unterscheiden (BStBl 1981 I 589, 1982 I 367).

III. Umfang: 1. Die *Finanzbehörde unterscheidet* nach pflichtgemäßem Ermessen, ob zur Ermittlung der steuerlichen Verhältnisse der Steuerpflichtigen eine oder mehrere Steuerarten, ein oder mehrere Besteuerungszeiträume geprüft werden sollen. Bei einer Personengesellschaft erstreckt sich die A. auch auf die steuerlichen Verhältnisse der Gesellschafter insoweit, als diese Verhältnisse für die zu überprüfenden einheitlichen Feststellungen von Bedeutung sind. Im Rahmen der Prüfung der Steuerentrichtungspflichtigen können auch die Verhältnisse der Personen geprüft werden, für deren Rechnung die Steuern entrichtet oder einbehalten und abgeführt werden. – 2. Der *Prüfungszeitraum* soll bei Großbetrieben an den vorhergehenden Prüfungszeitraum anschließen, bei erstmaliger Prüfung bestimmt die Finanzbehörde, auf welchen Zeitraum sich die Prüfung erstreckt. Bei anderen Betrieben soll sich die Prüfung grundsätzlich nicht über die letzten drei Besteuerungszeiträume erstrecken, für die vor Bekanntgabe der Prüfungsanordnung →Steuererklärungen für die Ertragsteuern abgegeben wurden. – 3. Die Auswertung von Feststellungen, die im Rahmen der A. über die steuerlichen Verhältnisse anderer Personen getroffen werden, durch *Kontrollmitteilungen* ist zulässig, wenn die Kenntnis für die Besteuerung dieser Personen von Bedeutung ist oder die Feststellung einer unerlaubten →Hilfeleistung in Steuersachen betreffen und der geprüfte Steuerpflichtige kein Auskunftsverweigerungsrecht (§ 102 AO) zum Schutz seines Berufsgeheimnisses hat.

IV. D u r c h f ü h r u n g : 1. *Prüfungsgrundsätze:* Bei der A. sind die →Besteuerungsgrundlagen zugunsten wie zuungunsten des Steuerpflichtigen zu überprüfen. Der Steuerpflichtige ist über die festgestellten Sachverhalte und deren Auswirkungen zu unterrichten, wenn dadurch Zweck und Ablauf der Prüfung nicht beeinträchtigt werden. Die A. hat sich auf das Wesentliche zu beschränken, ihre Dauer soll das notwendige Maß nicht überschreiten. Sie soll sich auf solche Sachverhalte beschränken, die zu endgültigen Steuerausfällen, Steuererstattungen, Steuervergütungen oder nicht unbedeutenden Gewinnverlagerungen führen können (§ 6 BpO-St-). – 2. *Zuständigkeit* (§ 195 AO): Die Durchführung der A. erfolgt grundsätzlich durch die für die Besteuerung zuständige Finanzbehörde. Andere Finanzbehörden können jedoch mit der Durchführung beauftragt werden und dann im Namen der zuständigen Finanzbehörde die →Steuerfestsetzung vornehmen und verbindliche Zusagen erteilen. – 3. *Prüfungsanordnung* (§ 197 AO): Der Umfang der A. ist dem Steuerpflichtigen durch eine schriftliche Prüfungsanordnung mit Rechtsbehelfsbelehrung mitzuteilen. Prüfungsanordnung sowie der voraussichtliche Prüfungsbeginn und die Namen der Prüfer sind angemessene Zeit vor Beginn der Prüfung bekanntzugeben, wenn der Prüfungszweck dadurch nicht gefährdet wird. Eine zeitliche Verlegung ist auf Antrag des Steuerpflichtigen möglich, wenn gewichtige Gründe dafür sprechen. – 4. *Prüfungsbeginn* (§ 198 AO): Die Prüfer haben sich bei Erscheinen unverzüglich auszuweisen und den Beginn der A. unter Angabe von Datum und Uhrzeit aktenkundig zu machen. – 5. *Mitwirkungspflichten* (§ 200 AO): Der Steuerpflichtige hat während der üblichen Geschäfts- oder Arbeitszeit, ggf. auch in seinen Geschäfts- oder Arbeitsräumen, einen geeigneten Raum zur Verfügung zu stellen und dem Prüfer das Betreten und die Besichtigung von Grundstücken und Betriebsräumen zu gestatten. Er ist verpflichtet, bei der Feststellung der besteuerungserheblichen Sachverhalte mitzuwirken und dabei insbes. Auskünfte zu erteilen, Bücher, Geschäftspapiere und andere Aufzeichnungen vorzulegen sowie die zum Verständnis erforderlichen Erläuterungen zu geben. – 6. →*Schlußbesprechung* (§ 201 AO): Das Ergebnis der A. wird in einer Schlußbesprechung erörtert, wenn sich eine Änderung der Besteuerungsgrundlagen ergibt oder der Steuerpflichtige nicht auf die Schlußbesprechung verzichtet. Dabei sind insbes. strittige Sachverhalte sowie die rechtliche Beurteilung der Prüfungsfeststellungen und ihre steuerlichen Auswirkungen zu erörtern. –

7. *Prüfungsbericht* (§ 202 AO): Das Ergebnis der A. wird in einem Prüfungsbericht schriftlich festgehalten. Ändern sich die Besteuerungsgrundlagen aufgrund der Prüfung nicht, so genügt eine schriftliche Mitteilung an den Steuerpflichtigen. Der Prüfungsbericht ist dem Steuerpflichtigen auf Antrag vor der Auswertung zur Stellungnahme zu übersenden.

V. W i r k u n g e n : 1. Durch den Beginn oder die durch den Steuerpflichtigen beantragte Verschiebung einer A. wird die →Festsetzungsverjährung gehemmt; die Festsetzungsfrist läuft für die Steuern, auf die sich die A. erstreckt oder erstrecken sollte, nicht ab, bevor die aufgrund der A. zu erlassenden Steuerbescheide bestandskräftig geworden sind oder bevor drei Monate nach der Mitteilung, daß die A. zu keiner Änderung der Besteuerungsgrundlagen geführt hat, verstrichen sind (§ 171 IV AO). – 2. Steuerbescheide, die aufgrund einer A. ergangen sind oder die durch die Prüfung bestätigt wurden, können nur aufgehoben oder geändert werden, wenn →Steuerhinterziehung oder leichtfertige →Steuerverkürzung begangen wurde (§ 173 II AO). – 3. Steuerfestsetzung unter dem Vorbehalt der Nachprüfung ist nicht mehr möglich; ergeben sich gegenüber einer Steuerfestsetzung unter Vorbehalt der Nachprüfung keine Änderungen, so ist der Vorbehalt aufzuheben (§ 164 III AO). – 4. Nach Erscheinen des Prüfers ist bei einer Steuerhinterziehung strafbefreiende Selbstanzeige nicht mehr möglich (§ 371 II 1 a AO).

VI. Z u s a g e : 1. *Voraussetzung:* Im Anschluß an die A. kann die Finanzbehörde dem Steuerpflichtigen verbindlich zusagen, wie ein für die Vergangenheit geprüfter und im Prüfungsbericht dargestellter Sachverhalt in Zukunft steuerrechtlich behandelt wird, wenn die Kenntnis der zukünftigen Behandlung für die geschäftlichen Maßnahmen des Steuerpflichtigen von Bedeutung ist (§ 204 AO). – 2. *Form:* Die Zusage ist schriftlich zu erteilen und als verbindlich zu kennzeichnen. Sie muß enthalten: a) den zugrunde gelegten Sachverhalt, b) die Entscheidung über den Antrag und die dafür maßgebliche Begründung, c) die Angabe der betroffenen Steuern und den Bindungszeitraum. – 3. *Bindung:* Widerspricht die Zusage nicht zuungunsten des Antragstellers dem geltenden Recht, so ist sie für die Besteuerung bindend, wenn der später verwirklichte Sachverhalt mit dem der Zusage zugrunde gelegten Sachverhalt übereinstimmt (§ 206 AO). Die Zusage tritt außer Kraft, wenn die Vorschriften, auf denen sie beruht, sich ändern. Rückwirkende Aufhebung oder Änderung ist zulässig, wenn der Steuerpflichtige zustimmt, die Zusage von einer sachlich unzuständigen Behörde erlassen oder durch unlautere Mittel erwirkt wurde. Aufhebung oder Änderung mit Wirkung für die Zukunft ist zulässig (§ 207 AO).

VII. S o n d e r f o r m e n : 1. Bei Steuerpflichtigen, bei denen die Finanzbehörde eine turnusmäßige A. nicht für erforderlich hält, kann eine *abgekürzte A.* durchgeführt werden (§ 203 AO), die sich auf die wesentlichen Besteuerungsgrundlagen zu beschränken hat. Schlußbesprechung und Prüfungsbericht sind nicht erforderlich; vor Abschluß der Prüfung ist der Steuerpflichtige lediglich darauf hinzuweisen, inwiefern von der Steuererklärung abgewichen werden soll. Spätestens mit dem Steuerbescheid sind dem Steuerpflichtigen die Prüfungsfeststellungen schriftlich mitzuteilen. – Die Abgrenzung der abgekürzten A. zur „normalen" A. ist allerdings noch ungeklärt, die Zulässigkeit der formellen Einschränkungen im Prüfungsablauf wird von daher bezweifelt. – 2. *Andere gesetzliche Sonderregelungen* für die A. sind vorgesehen in bezug auf die →Lohnsteuer (§ 42f. EStG), die →Aufsichtsratsteuer (§ 73 d EStDV), die →Kapitalverkehrsteuern (§§ 40 ff. KVStDV) und die →Versicherungssteuer (§ 10 VersStG). – 3. Nach dem BpO(St) sind Unternehmen, die zu einem Konzern gehören oder durch ein herrschendes Unternehmen verbunden sind, durch eine *Konzernprüfung* im Zusammenhang, unter einheitlicher Leitung und nach einheitlichen Gesichtspunkten zu prüfen, wenn die Außenumsätze der Konzernunternehmen insgesamt mindestens 50 Mill. DM im Jahr betragen. Eine derartige Prüfung kann auch bei anderen zusammenhängenden inländischen Unternehmen und bei inländischen Unternehmen ausländischer Konzerne durchgeführt werden. Die Leitung der Konzernprüfung obliegt grundsätzlich der Finanzbehörde, die für die Prüfung des leitenden oder herrschenden Unternehmens zuständig ist. Diese Behörde regt die Konzernprüfung an, stimmt sie mit den beteiligten Finanzbehörden ab und kann Richtlinien zu ihrer Durchführung erstellen. Die Prüfungsberichte werden erst nach einer Abstimmung und der Freigabe durch die prüfungsleitende Behörde bekanntgegeben. – 4. Die *veranlagende Betriebsprüfung* ist eine in den →Grundsätzen zur Neuorganisation der Finanzämter (GNOFÄ) vorgesehene organisatorische Sonderform der A., bei der der Prüfer nicht nur für die Ermittlung des Sachverhalts, sondern auch für die →Steuerfestsetzung zuständig ist. – 5. Prüfungen zur Ermittlung von Durchschnittssätzen für →Schätzungen und Verprobungen *(Richtsatzprüfungen)* oder zur Feststellung der wirtschaftlichen Verhältnisse im Zusammenhang mit Billigkeitsentscheidungen *(Liquiditätsprüfungen)* dienen dem geprüften Steuerpflichtigen nicht der Steuerfestsetzung. Sie sind daher keine A. und können nur mit dem Einverständnis des Steuerpflichtigen durchgeführt werden.

Außenseiter, →Tarifautonomie, →Tarifvertrag, →Allgemeinverbindlichkeitserklärung von Tarifverträgen.

Außenstände, Summe der Forderungen aus Warenlieferungen und Leistungen. A. stehen gesammelt im Kunden- oder Debitorenkonto, spezialisiert im Kontokorrentbuch oder der Kundenkartei. Sie bedürfen einer ständigen Kontrolle, damit ggf. das →Mahnverfahren sofort einsetzen kann. Ordnungsmäßiger Eingang der A. ist Voraussetzung für die →Zahlungsbereitschaft (Liquidität). – *In der Bilanz:* Saldierung mit Schulden untersagt, i. d. R. nur gestattet bei Personenidentität und Aufrechenbarkeit. Überzahlungen der Abnehmer sind zu aktivieren, nicht mit Verbindlichkeiten aufzurechnen.

Außenstandsversicherung, →Restschuldversicherung.

Außensteuergesetz (AStG), wichtige Gesetzesnorm des deutschen →Außensteuerrechts.

I. G e s e t z l i c h e G r u n d l a g e : Gesetz über die Besteuerung bei Auslandsbeziehungen (Außensteuergesetz) vom 8.9.1972 (BGBl I 1713), zuletzt geändert durch Steuerbereinigungsgesetz 1985 vom 14.12.1984 (BGBl I 1493); Schreiben des Bundesministers der Finanzen betreffend Grundsätze zur Anwendung des Außensteuergesetzes (sog. Außensteuererlaß) vom 11.7.1974 (BStBl I 442).

II. Z w e c k : Verhinderung unangemessener Steuervorteile aus der Nutzung des internationalen Steuergefälles mit dem Ziel, die Gleichmäßigkeit der Besteuerung wieder herzustellen und steuerliche Wettbewerbsverzerrungen zu verhindern.

III. I n h a l t : Das A. regelt fünf Problembereiche: 1. *Berichtigung von Einkünften* bei international verflochtenen Unternehmen, die in einem gegenseitigen Leistungsverkehr miteinander stehen und diesen zu unangemessenen Bedingungen abwickeln. Unbeschadet der bereits bestehenden Gewinnkorrekturvorschriften können die Einkünfte eines Steuerpflichtigen aus Geschäftsbeziehungen zu nahestehenden Personen im Ausland dann berichtigt werden, wenn die vereinbarten Bedingungen von denen abweichen, die unter unabhängigen Dritten üblich sind und dadurch der Gewinn im Inland gemindert wurde (§ 1 AStG). – 2. *Wohnsitzwechsel in niedrigsteuernde Länder.* Durch die →erweiterte beschränkte Steuerpflicht (§§ 2–5 AStG) bei der Einkommensteuer, Vermögensteuer und Erbschaftsteuer wird die unbeschränkte Steuerpflicht für inländische Einkünfte, Vermögen und Erbschaften/Schenkungen für die Dauer von 10 Jahren aufrechterhalten, wenn der Steuerpflichtige als deutscher Staatsangehöriger mindestens fünf Jahre unbeschränkt steuerpflichtig war, seinen Wohnsitz in ein niedrigbesteuerndes Land verlegt und gleichzeitig wesentliche wirtschaftliche Interessen in der Bundesrep. D. behält. – 3. *Besteuerung wesentlicher Beteiligungen* an inländischen Kapitalgesellschaften im Privatvermögen des Steuerpflichtigen, wenn dieser seinen Wohnsitz ins Ausland verlegt. Die in dieser Beteiligung ruhenden stillen Reserven werden bei Wegzug in das Ausland (niedrigbesteuerndes Ausland ist nicht erforderlich!) auch ohne Veräußerung besteuert (§ 6 AStG), wenn die natürliche Person mindestens zehn Jahre unbeschränkt einkommensteuerpflichtig war und die →unbeschränkte Steuerpflicht durch Verlegung des Wohnsitzes oder gewöhnlichen Aufenthaltes ins Ausland endet. – 4. Besteuerung der Einkünfte aus ausländischen →*Zwischengesellschaften.* Kompliziertaste und in ihrer Anwendung nur schwer praktikable Vorschrift (§§ 7–14 AStG). Danach gelten die von ausländischen Zwischengesellschaften erzielten Einkünfte auch ohne Ausschüttung bei dem inländischen Gesellschafter als zugeflossen und unterliegen im Inland der Besteuerung, vorausgesetzt, daß ein oder mehrere unbeschränkt Steuerpflichtige zu mehr als 50% an der ausländischen Gesellschaft beteiligt sind und diese eine Zwischengesellschaft ist; dies ist der Fall, wenn sie ihre Einkünfte *nicht* ausschließlich oder fast ausschließlich aus →aktiver Tätigkeit bezieht und in einem niedrigbesteuernden Land domiziliert. Eine ausländische Ertragsteuerbelastung von unter 30% gilt als niedrige Besteuerung. Dadurch wird die sog. Abschirmwirkung ausländischer Kapitalgesellschaften, wonach nur ausgeschüttete Gewinne dieser Gesellschaften der deutschen Besteuerung unterliegen, aufgehoben. Der Anreiz zur Gründung von →Basisgesellschaften ist damit unter steuerlichen Aspekten weitgehend entfallen. – 5. Besteuerung ausländischer *Familienstiftungen:* Eine ähnliche Zurechnungsvorschrift wie für Zwischengesellschaften enthält § 15 AStG für Stiftungen, bei denen der Stifter, seine Angehörigen und dessen Abkömmlinge zu mehr als der Hälfte bezugsberechtigt sind. Domiziliert eine solche Familienstiftung im Ausland, so wird deren Vermögen und Einkommen unabhängig von der Ausschüttung dem unbeschränkt steuerpflichtigen Stifter oder den sonst unbeschränkt steuerpflichtigen bezugsberechtigten Personen entsprechend ihrem Anteil zugerechnet.

Außensteuerrecht (AStR). I. B e g r i f f : Als AStR bezeichnet man die Summe der Rechtssätze eines Staates, die es mit der Abgrenzung der Steuergewalt dieses Staates mit dem Ausland zu tun haben. – 1. Im Hinblick auf ihre *Wirkung* zwei Kategorien von Normen des innerstaatlichen Steuerrechts: a) Normen, die Steueransprüche gegenüber Steuerinländern bezüglich der im Ausland realisierten Sachverhalte oder gegenüber Steuerausländern bezüglich der im Inland realisierten

Sachverhalte begründen *(belastende Normen);* b) Normen, die in erster Linie zwecks Vermeidung bzw. Milderung der →Doppelbesteuerung oder aus sonstigen Gründen die aus der internationalen Wirtschaftstätigkeit resultierenden Steueransprüche selbst oder deren Wirkungen abbauen bzw. mildern *(entlastende Normen).* – 2. Im Hinblick auf ihre *Entstehung* ebenfalls zwei Kategorien von Normen des innerstaatlichen Steuerrechts: a) Normen, die bereits ihrer *Quelle nach innerstaatliches Recht* sind; b) Normen, die ihrer *Quelle nach zum Völkerrecht* gehören, aber durch Transformation unmittelbar anzuwendendes innerstaatliches Recht werden. Vorrangstellung dieser Normen, indem sie im Geltungsbereich dem sonstigen nationalen Recht vorgehen. Zu dieser Kategorie gehören dazu die →Doppelbesteuerungsabkommen sowie sonstige bilaterale oder multilaterale Abkommen steuerlichen Inhalts (z. B. Amts- und Rechtshilfeabkommen).

II. A b g r e n z u n g z u m I n t e r n a t i o n a l e n S t e u e r r e c h t : Unabhängig davon, ob die Normen des AStR der Quelle nach zum Völkerrecht gehören oder nicht, sind sie ihrem Gegenstand nach stets →Internationales Steuerrecht. Auf dieser Tatsache beruht auch der Begriff des Internationalen Steuerrechts i. w. S., der im Gegensatz zum Internationalen Steuerrecht i. e. S. nicht nur Normen des Völkerrechts erfaßt, sondern auch rein nationales Recht, das aber der Abgrenzung der Steuergewalt nach dem Inland hin dient.

III. G e s e t z l i c h e G r u n d l a g e n d e s d e u t s c h e n A S t R : Das deutsche AStR ist nicht in einem einheitlichen Gesetzeswerk, sondern in zahlreichen Einzelgesetzen enthalten; insbes. 1. die Vorschriften über die →unbeschränkte *Steuerpflicht* und die →beschränkte *Steuerpflicht* im EStG, KStG, VStG, ErbStG; 2. die Vorschriften über die *Anrechnung, Pauschalierung* oder *Freistellung* ausländischer Einkünfte bzw. ausländischen Vermögens im EStG, KStG, VStG, ErbStG, BewG, GewStG; 3. die Vorschriften über die *Begrenzung* der Steuerpflicht auf *inländische Verkehrs-* und *Verbrauchsvorgänge* in den verschiedenen Verkehrsteuergesetzen, insbes. im UStG und in den Verbrauchsteuergesetzen; 4. das →*Außensteuergesetz;* 5. das →*Auslandsinvestitionengesetz;* 6. das *Entwicklungsländer-Steuergesetz* (→Kapitalanlagen in Entwicklungsländern II); 7. die von der Bundesrep. D. mit anderen Staaten abgeschlossenen bilateralen *Doppelbesteuerungsabkommen* (→Doppelbesteuerungsabkommen V); 8. die von der Bundesrep. D. abgeschlossenen bilateralen Abkommen über *Amts-* und *Rechtshilfe* auf dem Gebiet der Steuern.

IV. G r u n d p r o b l e m e u n d Z i e l e d e s d e u t s c h e n A S t R : 1. *Steuern vom Einkommen und Vermögen:* a) *Steuerpflicht:* (1) für

Steuerinländer (natürliche oder juristische Personen mit Wohnsitz, gewöhnlichem Aufenthalt, Sitz oder Geschäftsleitung im Inland) nach dem *Universalitätsprinzip:* Die volle Leistungsfähigkeit eines Steuerpflichtigen ist bei der inländischen Besteuerung zu berücksichtigen; (2) für *Steuerausländer* (natürliche oder juristische Personen, die nicht die Voraussetzungen eines Steuerinländers erfüllen) nach dem *Territorialitätsprinzip:* Erhaltung der im Inland erwirtschafteten oder im Inland belegenen Steuergüter (Besteuerungssubstanz inländischen Ursprungs) für die inländische Besteuerung; vgl. auch V. – Da diese Grundkonzeption der Besteuerung in den meisten Staaten relevant ist, unterliegt ein Steuerpflichtiger bei internationaler Betätigung mit dem gleichen Einkommen/Vermögen sowohl in seinem Wohnsitzstaat der unbeschränkten Steuerpflicht als auch in dem Staat der wirtschaftlichen Betätigung. Durch eine nicht übereinstimmende Abgrenzung der Anknüpfungskriterien für die unbeschränkte Steuerpflicht kommen ferner Fälle vor, in denen ein Steuerpflichtiger in zwei Staaten unbeschränkt steuerpflichtig ist. Um die nachteiligen Folgen der Doppelbesteuerung auf die internationale Wirtschaftstätigkeit zu reduzieren, ist die *Vermeidung oder Milderung der Doppelbesteuerung* eines der wichtigsten Ziele des deutschen AStR. Zur Realisierung vgl. →Doppelbesteuerung VII. – b) Vermeidung *steuersparender Gestaltungsmöglichkeiten,* die durch den unkoordinierten Aufbau und unterschiedliche Belastungswirkungen der einzelnen Steuersysteme entstehen: Soweit derartige Gestaltungsvorteile, insbes. unter dem Aspekt der Gleichmäßigkeit der Besteuerung und der Vermeidung von Wettbewerbsverzerrungen gesamtwirtschaftlich unerwünscht sind, ist es Ziel des AStR, diese durch kompensierende innerstaatliche Normen in ihrer Wirkung *abzuzuheben* oder *aufzuheben.* Verwirklichung v. a. durch das →Außensteuergesetz. – c) Da die Vermeidung der Doppelbesteuerung häufig noch nicht ausreicht, die sich den internationalen Wirtschaftstätigkeit entgegenstellenden Hemmnisse zu beseitigen und/oder gesamtwirtschaftlich erwünschte Investitionsströme zu induzieren, stellen der *Abbau der verbleibenden Hemmnisse* sowie die *Förderung bestimmter Auslandsinvestitionen* eine weitere Zielsetzung des deutschen AStR dar. Realisierung durch →Auslandsinvestitionsgesetz und Entwicklungsländer-Steuergesetz angestrebt. – 2. *Verkehr- und Verbrauchsteuern:* Begrenzung des Steueranspruchs entsprechend dem *Territorialitätsprinzip* (vgl. →Internationales Steuerrecht IV 2). Da die territoriale Begrenzung der Steueransprüche bei diesen Steuerarten internationale Praxis ist, kommen Doppelbesteuerungskonflikte so gut wie nicht vor. Das Grundproblem dieser Steuerarten besteht vielmehr in der *Behandlung der grenzüberschreitenden Vorgänge,* insbes. beim Waren-

verkehr. Dabei besteht die Zielsetzung sowohl des deutschen AStR wie der meisten ausländischen Rechtsordnungen darin, eine Verbrauchsteuerbelastung nach dem Niveau des *Bestimmungslandes* herzustellen.

V. P r i n z i p i e n d e s d e u t s c h e n A S t R : 1. *Steuern von Einkommen und Vermögen:* a) Die Unterscheidung in Steuerinländer und Steuerausländer regelt sich nach dem Wohnsitzstaatprinzip. – b) *Steuerinländer* unterliegen entsprechend dem *Universalitätsprinzip* der unbeschränkten Steuerpflicht. – (1) Existiert mit dem ausländischen Staat, aus dem Einkommen bezogen wird bzw. in dem Vermögen belegen ist, *kein Doppelbesteuerungsabkommen,* so folgt die Begrenzung der Steueransprüche grundsätzlich dem *Wohnsitzprinzip.* Die Vermeidung bzw. Milderung der Doppelbesteuerung erfolgt dann i. d. R. nach dem *Anrechnungsprinzip* mit seinen Unterformen *Pauschalierungsprinzip* und *Abzugsprinzip.* Ausnahmsweise kommt im Bereich der Gewerbesteuer und der Vermögensteuer für bestimmte Schachtelbeteiligungen das *Freistellungsprinzip* zur Anwendung. – (2) Ist mit dem ausländischen Staat, aus dem Einkommen bezogen wird bzw. in dem Vermögen belegen ist, ein *Doppelbesteuerungsabkommen* abgeschlossen, so erfolgt die Begrenzung der Steueransprüche sowohl nach dem *Wohnsitzprinzip* als auch nach dem *Ursprungsprinzip.* Das *Wohnsitzprinzip* gilt i. d. R. für nicht schachtelbegünstigte Dividenden, für Zins- und Lizenzeinkünfte, für Einkünfte und Vermögen aus dem Betrieb von Seeschiffen und Luftfahrzeugen und für private Pensionen. Das *Ursprungsprinzip* gilt i. d. R. für unbewegliches Vermögen sowie für daraus erzielte Einkünfte, für Betriebsstättenvermögen und -einkünfte, für Schachtelbeteiligungen und -dividenden (→internationales Schachtelprivileg), für Einkünfte aus selbständiger und unselbständiger Arbeit. Soweit das *Wohnsitzprinzip* eingreift, wird die Doppelbesteuerung nach dem *Anrechnungsprinzip* vermieden, falls dem Ursprungsstaat noch ein i. d. R. begrenztes Besteuerungsrecht eingeräumt wird. Soweit dagegen das *Ursprungsprinzip* eingreift, wird die Doppelbesteuerung im Wohnsitzstaat nach dem *Freistellungsprinzip,* regelmäßig unter →Progressionsvorbehalt, vermieden. – c) *Steuerausländer* unterliegen nach dem Territorialitätsprinzip der beschränkten Steuerpflicht. – (1) Existiert mit dem Wohnsitzstaat des Steuerausländers *kein Doppelbesteuerungsabkommen,* so erfolgt in der Bundesrep. D. *keine Begrenzung* der beschränkten Steuerpflicht. – (2) Besteht mit dem Wohnsitzstaat des Steuerausländers dagegen *ein Doppelbesteuerungsabkommen,* so wird das Besteuerungsrecht nach dem *Wohnsitzprinzip* i. d. R. für folgende Vorgänge aufgegeben: für nicht schachtelbegünstigte Dividenden, für Zinsen und Lizenzeinkünfte und Einkünfte und Vermögen aus dem Betrieb von Seeschiffen und Luftfahrzeugen. Für alle übrigen Steuergüter bleibt i. d. R. nach dem *Ursprungsprinzip* das Besteuerungsrecht in der Bundesrep. D. maßgebend. – 2. *Verkehr- und Verbrauchsteuern:* Das Besteuerungsrecht regelt sich nach dem Bestimmungslandprinzip, so daß Doppelbesteuerungskonflikte i. d. R. nicht auftreten. Vgl. zu *Einzelheiten:* →unbeschränkte Steuerpflicht, →beschränkte Steuerpflicht, →erweiterte beschränkte Steuerpflicht, →ausländische Einkünfte, →Methoden zur Vermeidung der Doppelbesteuerung, →Schachtelprivileg, →Quellensteuern, →Zwischengesellschaft.

Außenversicherung, Erweiterung des örtlichen Geltungsbereichs in solchen Versicherungszweigen, die normalerweise nur stationäre Risiken decken. – *Arten:* 1. Im Fall der *abhängigen A.* in der Verbundenen Hausratversicherung und im Rahmen der industriellen Feuerversicherung sind versicherte Sachen bei vorübergehender Entfernung vom Versicherungsort überall da versichert, wo sie sich gerade befinden. – 2. Die *selbständige A.* bezieht sich nur auf versicherte Sachen, die sich ausschließlich außerhalb des im Versicherungsschein angegebenen Versicherungsorts befinden.

Außenwanderung, von der amtlichen Statistik aufgrund von An- und Abmeldungen erfaßte Zu- und Fortzüge von Personen über die Grenzen des Bundesgebietes. In die A. sind auch Personen einbezogen, die die Absicht haben, im Ausland oder im Bundesgebiet nur vorübergehend Wohnung zu nehmen. Da das Melderecht keine Abmeldung vorsieht, wenn die bisherige Wohnung beibehalten wird, werden nur solche Fortzüge über die Grenzen des Bundesgebietes gezählt, die mit einer Aufgabe der Wohnung im Bundesgebiet verbunden sind. – *Entwicklung der A.:* Vgl. untenstehende Abbildung. – *Gegensatz:* →Binnenwanderung. – Vgl. auch →Außenwanderungsstatistik.

Fortzüge nach dem außereuropäischen Ausland je 100 000 Einwohner
(Deutsches Reich/Bundesrep. D.)

Jahr	Auswanderer	Jahr	Auswanderer	Jahr	Auswanderer
1871–1880	139	1953	166	1972	104
1881–1890	273	1954	163	1973	104
1891–1900	100	1955	136	1974	115
1901–1910	45	1956	172	1975	115
1911–1913	34	1957	154	1976	119
1919–1925	70	1958	118	1977	121
1926–1932	64	1959	117	1978	123
1933–1937	20	1960	119	1979	123
1946	20	1961	99	1980	131
1947	101	1962	93	1981	143
1948	278	1963	103	1982	170
1949	586	1968	116	1983	172
1950	358	1969	105	1984	165
1951	337	1970	101	1985	167
1952	222	1971	96		

Außenwanderungsstatistik, Ermittlung der Zu- und Fortzüge über die Grenzen der Bundesrep. D. (→Außenwanderung): Nachweis vierteljährlich nach Staatsangehörigkeit, Erwerbspersonen und Nichterwerbspersonen, Geschlecht, jeweils nach Herkunft- und Zielländern; jährlich außerdem nach Alters- und Geburtsjahren, Familienstand und Religionszugehörigkeit.

Außenwerbung. 1. *Begriff:* Werbung an öffentlichen Straßen, Plätzen oder an für ein größeres Publikum zugänglichen Stellen mit öffentlichem Charakter. A. i. w. S. ist die Werbung außerhalb geschlossener Räume, A. im klassischen Sinn ist nur das Plakat. – 2. *Charakterisierung:* Entscheidendes Merkmal der A. ist die Ansprache einer großen Zahl von Umworbenen gleichzeitig bzw. nacheinander an einem bestimmten Ort. Die mit der A. verbundenen feststehenden oder mobilen Werbeträger gehen nicht in den Besitz oder das Eigentum der Umworbenen über. – 3. *Formen:* a) *Plakatierung:* Wichtigste Form der A. ist das Plakat. Unterscheidung nach Größe, Format und Anschlagort (→Großfläche, →Ganzstelle, →Allgemeinstellen). – b) *Dauerwerbung:* Verwendung von Werbeflächen an feststehenden Werbeträgern wie Hauswänden, -giebeln, Ladengeschäften. – c) *Verkehrsmittelwerbung:* Verwendung von Transportmitteln des Massenverkehrs als mobile Werbeträger der A. (Busse, Bahnen, Taxis usw.). Wichtigste Werbeflächen sind Rumpf- und Heckflächen (für dauerhafte Beschriftung), Seiten- und Heckscheiben (für Plakate). – 4. *Nachteil:* A. ist beschränkt auf den visuellen Bereich. Gezielte Ansprache von bestimmten Zielgruppen ist nur in Ausnahmefällen möglich. A. gilt deshalb als typisches Massenmedium, das sich an ein heterogenes Publikum wendet. A. ist deshalb am sinnvollsten für Werbetreibende, die einen großen, heterogenen Kundenkreis haben, z. B. Banken und Sparkassen.

Außenwert der Währung, Kaufkraft einer über den →Wechselkurs umgerechneten inländischen Währungseinheit im Ausland. Bei →Freihandel besteht langfristig die Tendenz zur Angleichung von Binnen- und Außenwert einer Währung. Die A. und der Binnenwert einer Währung dürften gleichbleiben, d. h. die *Kaufkraftparität* ist im wesentlichen gewahrt, soweit Preisniveauabweichungen durch entsprechende Wechselkursverschiebungen ausgeglichen werden (→Kaufkraftparitätentheorie). Kurzfristig und mittelfristig sind v. a. bei →festen Wechselkursen Abweichungen des A. vom Binnenwert möglich und häufig. – Vgl. auch →Geldwert 2.

außenwirtschaftliches Gleichgewicht. eines der gesamtwirtschaftlichen Ziele, neben Stabilität des Preisniveaus, hohem Beschäftigungsstand und stetigem und angemessenem Wirtschaftswachstum. A.G. wird häufig als *realisiert* angesehen, wenn der Saldo der →Leistungsbilanz durch den Saldo der autonomen Kapitalbewegungen (→internationale Kapitalbewegungen) ausgeglichen wird. Allerdings kann je nach Zielen der Wirtschaftspolitik das a.G. sich auch auf den Ausgleich anderer Zahlungsbilanzkomponenten, z.B. Devisenbilanz, beziehen (→Zahlungsbilanz).

Außenwirtschaftsbestimmungen, die im →Außenwirtschaftsgesetz und in der Außenwirtschaftsverordnung enthaltenen Vorschriften über den Waren-, Dienstleistungs-, Kapital-, Zahlungs- und sonstigen Wirtschaftsverkehr mit →fremden Wirtschaftsgebieten sowie den Verkehr mit Auslandswerten und Gold zwischen →Gebietsansässigen. In Ergänzung hierzu erfolgen Bekanntmachungen des Bundesministers für Wirtschaft sowie der Deutschen Bundesbank, die bei der Durchführung von Geschäften im →Außenwirtschaftsverkehr ebenfalls zu beachten sind.

Außenwirtschaftsgesetz (AWG), Gesetz vom 28.4.1961 (BGBl I 481) mit späteren Änderungen, ergänzt durch die →Außenwirtschaftsverordnung (AWV) in der Neufassung vom 3.8.1981 (BGBl I 853) mit späteren Änderungen und VO zur Regelung der Zuständigkeiten im Außenwirtschaftsverkehr vom 18.7.1977 (BGBl I 1308). Wichtigste Gesetzesnorm des →Außenwirtschaftsrechts.

I. I n h a l t : Das A. regelt umfassend den →Außenwirtschaftsverkehr, nicht jedoch den →Innerdeutschen Handel und den Wirtschaftsverkehr zwischen →Gebietsansässigen (ausgenommen mit →Auslandswerten und Gold). Nicht vom Gesetz erfaßt wird der reine Besitz von Auslandswerten; Aufruf von →Devisen und entsprechend Anbietungspflicht sind unzulässig. Die →Deutsche Bundesbank ist von Beschränkungen des A. befreit (§ 25).

II. G r u n d s a t z : Das A. beruht auf dem Grundsatz, daß alle *Geschäfte mit dem Ausland uneingeschränkt zulässig sind,* soweit sie nicht ausdrücklich Beschränkungen unterworfen worden sind. Diese *Beschränkungen* können sich aus dem A. selbst ergeben, aber auch aus anderen Gesetzen oder Rechtsvorschriften (z.B. über →Zoll und →Verbrauchsteuern, Marktordnungsgesetze für die →Landwirtschaft, gesundheitspolizeiliche Vorschriften, Kriegswaffen-Kontrolle, Vorschriften zum Schutz deutschen Kulturgutes wegen Auswanderung, Gewerberecht usw.) sowie zwischenstaatliche Vereinbarungen (§ 1 II), z.B. →EG →EURATOM, →EGKS.

III. U n m i t t e l b a r e gesetzliche B e s c h r ä n k u n g e n : Diese enthält das A. für die →Wareneinfuhr, während für den übrigen Außenwirtschaftsverkehr Beschränkungen durch Verbot oder das Erfordernis

einer Genehmigung angeordnet (durch Rechtsverordnung der Bundesregierung, § 27) werden können. Beschränkungen sind nach Art und Umfang auf das Maß zu begrenzen, das notwendig ist, um den in der Ermächtigung angegebenen Zweck zu erreichen; in die Freiheit der wirtschaftlichen Betätigung ist sowenig wie möglich einzugreifen; abgeschlossene Verträge dürfen nur berührt werden, wenn der angestrebte Zweck erheblich gefährdet wird. Beschränkungen sind aufzuheben, sobald und soweit die Gründe, die ihre Anordnung rechtfertigen, nicht mehr vorliegen.

IV. W e i t e r e B e s c h r ä n k u n g e n : Rechtsgeschäfte und Handlungen im Außenwirtschaftsverkehr können beschränkt werden: a) um die Erfüllung von Verpflichtungen aus zwischenstaatlichen Vereinbarungen zu ermöglichen (§ 5), z.B. aus dem Internationalen Kaffee-Übereinkommen; b) um schädlichen Folgen für die Wirtschaft oder einzelne Wirtschaftszweige im →Wirtschaftsgebiet vorzubeugen oder entgegenzuwirken, wenn diese Folgen aus fremden Wettbewerbsmaßnahmen oder Beschränkungen des Wirtschaftsverkehrs drohen (§ 6 I); c) um Auswirkungen von in →fremden Wirtschaftsgebieten herrschenden, mit der freiheitlichen Ordnung der Bundesrepublik nicht übereinstimmenden Verhältnissen auf das Wirtschaftsgebiet vorzubeugen oder entgegenzuwirken (§ 6 II); d) um die Sicherheit der Bundesrepublik zu gewährleisten, eine Störung des friedlichen Zusammenlebens der Völker zu verhüten oder zu verhüten, daß die auswärtigen Beziehungen der Bundesrepublik gestört werden (§ 7); e) Rechtsgeschäfte über die Vergabe von Herstellungs- und Vertriebsrechten für Erzeugnisse mit geographischer Ursprungsbezeichnung können beschränkt werden (§ 16); f) für die Warenausfuhr und →Ausfuhrverträge sind weitere Beschränkungsmöglichkeiten vorgesehen, ebenso für Filmwirtschaft (§ 17 AWG, § 48 AWV), →Lohnveredelung, →Seeschiffahrt, →Luftverkehr, →Binnenschiffahrt, →Schadenversicherung, →Kapitalverkehr und Gold.

V. G e n e h m i g u n g : Bedürfen Rechtsgeschäfte oder -handlungen einer Genehmigung, so ist diese zu erteilen, wenn zu erwarten ist, daß die Vornahme den Zweck, dem die Vorschrift dient, nicht oder nur unwesentlich gefährdet; andernfalls kann die Genehmigung erteilt werden, wenn das volkswirtschaftliche Interesse an der Vornahme des Rechtsgeschäfts oder der Handlung die damit verbundene Beeinträchtigung des bezeichneten Zwecks überwiegt. Die Erteilung der Genehmigung kann von sachlichen und persönlichen Voraussetzungen abhängig gemacht werden; sind nach dem Zweck einer Vorschrift nur in beschränktem Umfang Genehmigungen möglich, sind die Genehmigungen in der Weise zu erteilen, daß die gegebenen Möglichkeiten volkswirtschaftlich zweckmäßig ausgenutzt werden können. →Gebietsansässige, die durch eine Beschränkung in der Ausübung ihres Gewerbes besonders betroffen werden, können bevorzugt berücksichtigt werden. – Genehmigungen können mit →Befristungen, →Bedingungen, →Auflagen und Widerrufsvorbehalten (→Widerruf II) verbunden werden; Genehmigungen sind nicht übertragbar und können widerrufen werden, wenn ein Widerrufsvorbehalt bestand oder die persönlichen oder sachlichen Voraussetzungen für die Genehmigung nicht vorlagen oder weggefallen sind, wenn der Inhaber der Genehmigung einer Auflage nicht nachkommt oder die Genehmigung erschlichen wurde. Für die Genehmigung und ihre Ablehnung ist Schriftform vorgesehen; die Versagung oder nur beschränkte Erteilung einer Genehmigung kann nach den allgemeinen Vorschriften im →Verwaltungsrechtsweg angegriffen werden; →Widerspruch und →Anfechtungsklage haben keine aufschiebende Wirkung (§ 30). – Für die Erteilung von Genehmigungen sind grundsätzlch die von den Landesregierungen bestimmten Behörden zuständig, ferner die Bundesbank oder die Bundesminister der Finanzen, für Ernährung, Landwirtschaft u. Forsten, für Wirtschaft und für Verkehr sowie die Bundesämter für gewerbliche Wirtschaft und für Ernährung und Forstwirtschaft sowie die Bundesanstalt für landwirtschaftliche Marktordnung (§ 28).

VI. Wirksamkeit eines Rechtsgeschäfts: Ein Rechtsgeschäft, das ohne die erforderliche Genehmigung vorgenommen wird, ist unwirksam, es wird durch nachträgliche Genehmigung vom Zeitpunkt seiner Vornahme an wirksam. Ist zur Leistung des Schuldners eine Genehmigung erforderlich, so kann ein →Urteil gegen ihn schon vor Erteilung der Genehmigung ergehen; in die Urteilsformel muß ein Vorbehalt aufgenommen werden, daß die Leistung oder →Zwangsvollstreckung erst nach Erteilung der Genehmigung erfolgen darf (§ 32); Entsprechendes gilt für andere →Vollstreckungstitel. – Zwangsvollstreckung nur, wenn und soweit Genehmigung erteilt ist.

VII. Verfahren: Durch Rechtsverordnung können Vorschriften über das Verfahren bei der Vornahme von Rechtsgeschäften oder Handlungen im Außenwirtschaftsverkehr erlassen werden, soweit solche Vorschriften zur Durchführung des Gesetzes oder zur Überprüfung der Rechtsgeschäfte oder Handlungen auf ihre Rechtmäßigkeit nach dem A. erforderlich sind. Es kann weiter angeordnet werden, daß Rechtsgeschäfte und Handlungen, insbes. aus ihnen erwachsene Forderungen und Verbindlichkeiten sowie Vermögensanlagen oder die Leistung und Entgegennahme von Zahlungen unter Angabe des Rechtsgrundes zu melden sind (§ 26); vgl.

→Kapitalverkehr, →Auslandsniederlassungen, →ausländische Unternehmungen im Inland, →internationaler Zahlungsverkehr.

VIII. Verstöße gegen das A. werden als →Ordnungswidrigkeiten oder →Straftaten geahndet (§§ 33 bis 43).

IX. Auskunftspflicht: Im Rahmen des A. besteht gegenüber Verwaltungsbehörden, der Bundesbank, dem →Bundesamt für Wirtschaft; dem →Bundesamt für Ernährung und Forstwirtschaft und der →Bundesanstalt für landwirtschaftliche Marktordnung eine Auskunftspflicht (§ 44). Sachen, die ausgeführt, eingeführt oder durchgeführt werden, sind auf Verlangen darzulegen und können einer Beschauung oder einer Untersuchung unterworfen werden; Beförderungsmittel und Gepäckstücke können darauf geprüft werden, ob sie Sachen enthalten, deren →Ausfuhr, →Einfuhr oder →Durchfuhr beschränkt ist. Wer nach einem fremden Wirtschaftsgebiet ausreist oder von dort einreist, hat auf Verlangen zu erklären, ob er Sachen mit sich führt, deren Verbringen nach dem A. oder den dazu erlassenen Rechtsvorschriften beschränkt ist (§ 46).

Außenwirtschaftspolitik. I. Begriff und Formen: 1. *Begriff:* Gesamtheit aller staatlichen Maßnahmen im Bereich der außenwirtschaftlichen Beziehungen eines Landes. A. umfaßt v. a. Außenhandels-, Währungs- und Integrationspolitik, kann aber auch in anderen Politikbereichen enthalten sein (z. B. Bildungs-, Forschungspolitik). – 2. *Formen:* a) *Liberale A.:* Grundsatz ist die nicht durch staatliche Eingriffe eingeschränkte Dispositionsfreiheit der Wirtschaftssubjekte im Außenwirtschaftsverkehr. b) *Interventionistische A.:* Die individuelle Dispositionsfreiheit ist durch direkte staatliche Maßnahmen beschränkt oder sogar ganz aufgehoben.

II. Ziele: 1. *Liberale A.:* a) Förderung des Wirtschaftswachstums bzw. der gesamtgesellschaftlichen Wohlfahrt durch Realisierung von →Handelsgewinnen; b) Gewährleistung individueller Freiheitsrechte (Freizügigkeit); c) Beitrag zum Abbau politischer und militärischer Spannungen bzw. zur Verwirklichung internationaler politischer →Integration; u. a. – 2. *Interventionistische A.* (vgl. auch →Protektionismus): a) Schutz der einheimischen Wirtschaft vor ausländischer Konkurrenz; b) Verbesserung der →terms of trade; c) Sanierung der →Zahlungsbilanz; d) Konsumsteuerung und Einkommensnivellierung; e) Erschließung von Einnahmequellen für den Staat durch Erhebung von →Zöllen u. a.; f) im Fall von →Entwicklungsländern Vermeidung von „Abhängigkeiten", „Ausbeutung" und „Strukturdefekten", die aus den Wirtschaftsbeziehungen mit den →Industrieländern resultieren sollen (vgl. →Dependencia-Theorie); u. a.

III. Instrumente: 1. *Liberale A.*: Sie vermeidet direkte staatliche Eingriffe in den Außenwirtschaftsverkehr weitgehend; beschränkt sich im wesentlichen auf die Gestaltung und Verbesserung der Rahmenbedingungen. Ausnahmen hiervon sind eng begrenzt (z. B. Verbot von Waffen- und Rauschgifthandel) bzw. sollten (nach der Vorstellung ihrer Vertreter) lediglich temporären Charakter haben (z. B. →Schutzzölle für bestimmte Produktionsrichtungen, die längerfristig international wettbewerbsfähig werden können; vgl. im einzelnen →Protektionismus) oder Kapitalexportrestriktionen in Entwicklungsländern in der Anfangsphase außenwirtschaftlicher Liberalisierung. – 2. *Interventionistische A.*: a) →Zölle; b) Mengenbeschränkungen (→Kontingente); c) Im- und Exportverbote; d) →nicht-tarifäre Handelshemmnisse; e) →Devisenbewirtschaftung; f) →gespaltene Wechselkurse; g) Kontrolle internationaler Faktorbewegungen; h) Maßnahmen der →Importsubstitution und →Exportförderung, soweit es sich um direkte staatliche Eingriffe handelt; u. a.

Außenwirtschaftsrecht, zusammenfassende Bezeichnung für die Rechtsvorschriften, welche die Wirtschaftsvorgänge, die über die Grenzen einer Volkswirtschaft hinausgreifen, betreffen. – *Grundlagen* des deutschen A. sind das →Außenwirtschaftsgesetz vom 28. 4. 1961 (BGBl I 481) mit späteren Änderungen, die Außenwirtschaftsverordnung vom 20. 12. 1966 in der Neufassung vom 3. 8. 1981 (BGBl I 853) mit späteren Änderungen, die VO zur Regelung der Zuständigkeiten im Außenwirtschaftsverkehr vom 18. 7. 1977 (BGBl I 1308) sowie verschiedene Runderlasse Außenwirtschaft (RA). Das 1961 in Kraft getretene deutsche A. beruht auf dem *Grundsatz,* daß alle Geschäfte mit dem Ausland zulässig sind, soweit nicht ausdrücklich Beschränkungen angeordnet sind.

Außenwirtschaftstheorie. I. Begriff: Die A. wendet die allgemeine Wirtschaftstheorie auf die spezifischen Aspekte ökonomischer Beziehungen zwischen Ländern an, die durch Grenzen in verschiedener Hinsicht (unterschiedliche Währungen und Wirtschaftspolitiken, Hemmnisse für Handel und Faktorbewegungen u. a.) getrennt sind. Man unterscheidet reale und monetäre A.

II. Reale (reine) A.: Befaßt sich ausschließlich mit den güterwirtschaftlichen zwischenstaatlichen Transaktionen, d. h. abstrahiert von Geld-, Währungs- und Kreditbeziehungen. Sie fragt nach Bestimmungsgründen (Erklärung von Struktur, Richtung und Ausmaß) des Außenhandels und versucht, die Wohlfahrtswirkungen für die handeltreibenden Länder abzuleiten. – 1. Als *Bestimmungsgründe des Außenhandels (Handelsdeterminanten)* nennt die reale A. u. a.: a)

absolute und komparative Kostenunterschiede, die u. a. zurückzuführen sein können auf (1) abweichende Produktivitäten der eingesetzten Faktoren in den handeltreibenden Ländern, (2) abweichende Faktorausstattungen (→Faktorproportionentheorem) sowie (3) abweichende Nachfragestrukturen und Marktbedingungen; b) Verfügbarkeitsvorteile (z. B. Rohstoffe, über die die Handelspartner nicht verfügen); c) andere Aspekte, wie Produktdifferenzierung, Vermarktungsstrategien, die Nutzung von Größenvorteilen und Transportkostenunterschiede. – 2. Je nach Konstellation der Handelsdeterminanten kommt es zur relativen oder vollständigen *Spezialisierung* der Produktion auf die Güter, deren Tausch gegen Güter anderer Länder die Wohlfahrtsposition verbessert. – 3. Die *Dauerstellung der Wohlfahrtsveränderung* durch den Außenhandel erfolgt mit Hilfe von →Handelsindifferenzkurven und →Tauschkurven. Über derartige „statische" Handelsgewinne hinaus werden dem Außenhandel weitere („dynamische") Vorteile für die handeltreibenden Länder zugesprochen (→Handelsgewinne). Die reale A. bezieht die Wohlfahrtswirkungen der Verschiebung der Einkommensverteilung infolge des Außenhandels in ihre Analyse nicht ein. D. h. aber nicht, daß die Verteilungseffekte allgemein ausgeblendet werden; so zeigt z. B. die reale A., daß Außenhandel auf einen internationalen Ausgleich der Faktorpreise hinwirkt (→Faktorpreisausgleichstheorem).

III. Monetäre A.: Befaßt sich mit der Frage, von welchen Größen die Entwicklung der →Zahlungsbilanz bestimmt wird; sie wird auch als *Theorie des Zahlungsbilanzausgleichs* bezeichnet. Als zentrale Größen werden hiebei →Wechselkurse, Preise und Einkommen angesehen, wobei auch untersucht wird, inwieweit diese Größen ihrerseits durch die außenwirtschaftlichen Beziehungen bzw. durch externe Einflüsse determiniert sind. Z. T. erfolgt die Analyse unter der Annahme, daß nur eine der genannten Größen variiert, die anderen dagegen konstant sind; es werden aber auch Analysen mit mehr als einer Variablen versucht (vgl. im einzelnen →Zahlungsbilanzausgleichsmechanismen). *Weitere Untersuchungsgegenstände:* Die Vereinbarkeit von internem und externem Gleichgewicht, die Effizienz von Geld- und Fiskalpolitik in offenen Volkswirtschaften sowie die Bedeutung autonomer internationaler Kapitalbewegungen für die wirtschaftliche Entwicklung der betroffenen Länder.

Außenwirtschaftsverkehr, nach § 1 AWG der Waren-, Dienstleistungs-, Kapital-, Zahlungs- und sonstige Wirtschaftsverkehr mit →fremden Wirtschaftsgebieten sowie der Verkehr mit →Auslandswerten und Gold zwischen →Gebietsansässigen. Der A. ist grundsätzlich frei und unterliegt nur den Beschränkungen, die das Außenwirtschaftsgesetz oder darauf beruhende Rechtsverordnungen vorschreiben.

Außenwirtschaftsverordnung (AWV), VO zur Durchführung des AWG in der Neufassung vom 3.8.1981 (BGBl I 853) mit späteren Änderungen. – Vgl. auch →Außenwirtschaftsgesetz.

außerbetrieblicher Vergleich, →zwischenbetrieblicher Vergleich.

außereheliches Kind, →nichteheliches Kind.

äußerer lag, →lag II a) (2).

äußeres Steuersystem, →Steuersystem, das sich mit der Anordnung bzw. Gliederung des →Steuerrechts in formeller Hinsicht beschäftigt. – *Gegensatz:* →inneres Steuersystem.

außergemeinschaftlicher Reiseverkehr, →Reiseverkehr IV. 3.

außergerichtlicher Vergleich, ein rechtmäßiger →Vergleich mit dem Zweck, im *Vereinbarungswege* mit allen Gläubigern unter Ausschaltung des Gerichts Erlaß oder Stundung der Schulden zu erreichen (nur empfehlenswert bei geringer Gläubigerzahl). Keine besondere gesetzliche Regelung. Wenn ein a. V. zustande kommt, ist er rechtlich als *Erlaßvertrag* (§ 397 BGB) oder *Stundungsabrede* zwischen dem Schuldner und jedem einzelnen Gläubiger anzusehen. A. V. ist nur für die Gläubiger bindend, die zustimmen; deshalb ist im Gegensatz zum gerichtlichen →Vergleichsverfahren (§ 74 VerglO) die *Zustimmung aller Gläubiger erforderlich.* Auch beim a. V. gilt der Grundsatz der gleichmäßigen Befriedigung (§ 8 I VerglO), soweit der Vergleichsvorschlag keine Ausnahme vorsieht. – Bei AG und GmbH befreit der Versuch eines a. V. nicht von der Pflicht, bei →Zahlungsunfähigkeit oder →Überschuldung →Konkursantrag oder Antrag auf Eröffnung des gerichtlichen Vergleichsverfahrens zu stellen (§ 92 II AktG, § 64 GmbHG). Es können bei Zustandekommen des a. V. die Konkursgründe ausgeräumt werden.

außergewöhnliche Aufwendungen, →außerordentliche Aufwendungen.

außergewöhnliche Belastungen. I. In allgemeinen Fällen: 1. *Steuerrechtlicher Begriff:* Zwangsläufig größere Aufwendungen eines Steuerpflichtigen im Vergleich zur überwiegenden Mehrzahl der Steuerpflichtigen gleicher Einkommens-, Vermögens- und Familienverhältnisse. Zwangsläufigkeit ist gegeben, wenn sich der Steuerpflichtige den Aufwendungen aus rechtlichen, tatsächlichen oder sittlichen Gründen nicht entziehen kann und soweit sie den Umständen nach notwendig sind und einen angemessenen Betrag nicht übersteigen. Aufwendungen, die zu den

→Betriebsausgaben, →Werbungskosten oder →Sonderausgaben (Ausnahme: eigene →Berufsausbildungskosten nur insoweit, als sie nicht als Sonderausgaben abgezogen werden können) gehören, bleiben dabei außer Betracht. – 2. Zu den a. B. *gehören* von den Lebenshaltungskosten u.a. Krankheitskosten, Entbindungskosten, Scheidungskosten und u.U. Aufwendungen für Beerdigung, Strafprozeß und zur Schuldentilgung. – 3. *Berücksichtigung:* Auf Antrag wird die →Einkommensteuer dadurch ermäßigt, daß die a.B., die die →zumutbare Belastung übersteigen, bei der →Einkommensermittlung vom →Gesamtbetrag der Einkünfte abgezogen werden (§ 33 I EStG).

II. In besonderen Fällen: § 33a EStG enthält eine typisierende und abschließende Regelung für bestimmte a.B. Sie können auf Antrag ohne Anrechnung einer →zumutbaren Belastung im Rahmen von Höchstbeträgen vom →Gesamtbetrag der Einkünfte abgezogen werden. – 1. Bei zwangsläufigen Aufwendungen eines Steuerpflichtigen für *Unterhalt und Berufsausbildung von Personen,* für die weder der Steuerpflichtige noch eine andere Person Anspruch auf einen →Kinderfreibetrag hat, können die tatsächlichen Aufwendungen abgezogen werden, und zwar im Kalenderjahr bis zu a) höchstens 4500 DM, wenn die unterhaltene Person das 18. Lebensjahr vollendet hat, b) höchstens 2484 DM, wenn sie das 18. Lebensjahr noch nicht vollendet hat. Die Beträge vermindern sich um den Betrag, um den die anderen →Einkünfte und Bezüge der unterhaltenen Person den Betrag von 4500 DM übersteigen. – 2. Bei Aufwendungen zur *Pflege des Eltern-Kind-Verhältnisses* für ein dem anderen Elternteil zuzuordnendes Kind, für das der Steuerpflichtige einen →Kinderfreibetrag erhält, wird auf Antrag 600 DM im Kalenderjahr abgezogen. – 3. Bei Aufwendungen für die *Berufsausbildung* eines Kindes, für das der Steuerpflichtige einen →Kinderfreibetrag erhält, kann ein →Ausbildungsfreibetrag abgezogen werden. – 4. Bei Aufwendungen für eine →Hausgehilfin können unter bestimmten weiteren Voraussetzungen die tatsächlichen Aufwendungen, höchstens 1200 DM jährlich abgezogen werden.

III. Pauschbeträge für Körperbehinderte und Hinterbliebene (§ 33b EStG): 1. Wegen der a.B., die *Körperbehinderten* erwachsen, wird auf Antrag ohne Kürzung um die →zumutbare Belastung ein →Pauschbetrag abgezogen, wenn nicht höhere Aufwendungen nachgewiesen oder glaubhaft gemacht werden. Die Höhe richtet sich nach dem Grad der dauernden Minderung der Erwerbsfähigkeit. – 2. Zum Ausgleich entstehender a.B. bei *Hinterbliebenen* erhalten diese unter bestimmten Voraussetzungen auf Antrag einen →Pauschbetrag von 720 DM.

IV. Kinderbetreuungskosten Alleinstehender (§ 33 c EStG): Aufwendungen für Dienstleistungen zur Betreuung eines zum Haushalt eines Alleinstehenden gehörenden, zu berücksichtigenden Kindes gelten unter bestimmten Voraussetzungen als a. B. Sie sind nur insoweit berücksichtigungsfähig, als sie notwendig sind und einen angemessenen Betrag nicht übersteigen. Weitere Einzelheiten vgl. →Kinderbetreuungskosten 2.

Außerkrafttreten von Rechtssätzen (Gesetzen, Verordnungen), erfolgt: 1. durch *Zeitablauf,* wenn von Anfang an eine Befristung vorgesehen war; 2. durch förmliche *Aufhebung* durch einen späteren Rechtssatz; 3. durch *Kollision* mit einer späteren Rechtsnorm gleichen oder höheren Ranges. Ein außer Kraft getretener Rechtssatz lebt durch Aufhebung des späteren Rechtssatzes nicht wieder auf.

Außerkurssetzung, →Kraftloserklärung von Wertpapieren.

außerordentliche Abschreibungen, *Sonderabschreibungen,* gehen i. d. R. nicht in die Kostenrechnung ein, sondern werden im Rahmen von Wagniskosten (→Wagnisse) berücksichtigt. – *Gegensatz:* →ordentliche Abschreibungen.

außerordentliche Aufwendungen. 1. *Kostenrechnung:* Teil der →neutralen Aufwendungen. Aufwendungen, die im Zusammenhang mit dem Betriebszweck stehen (*anders:* →betriebsfremde Aufwendungen) und nur einmal *(außergewöhnliche Aufwendungen)* oder nur unregelmäßig *(periodenfremde Aufwendungen)* anfallen, so daß sie den periodischen Kostenvergleich stören würden. A. A. werden nicht unmittelbar in die Kostenrechnung übernommen, sondern im Rahmen der Abgrenzung von Aufwand und Kosten in →Anderskosten transferiert; vgl. Abgrenzungsrechnung in Kontenklasse 9 des IKR. – *Beispiele:* (1) Durch Feuerversicherung nicht gedeckter Brandschaden an einem Fabrikgebäude, das vor der Vernichtung mit einem höheren als dem →Erinnerungswert zu Buch stand; (2) Steuernachzahlungen für vorangehende Perioden. – 2. *Gewinn- und Verlustrechnung* (§ 275 HGB): Als A. sind solche Aufwendungen auszuweisen, die außerhalb des gewöhnlichen Geschäftsverkehrs anfallen (§ 277 IV HGB). A. A. sind dadurch gekennzeichnet, daß sie außerhalb der eigentlichen Geschäftstätigkeit (unternehmensfremd) und regelmäßig anfallen (vgl. Beck'scher Bilanzkommentar, 1986, S. 1012). – *Beispiel:* Das voranstehende *Beispiel* (1), nicht dagegen Beispiel (2). – *Gegensatz:* →außerordentliche Erträge.

außerordentliche Ausgaben, öffentliche Ausgaben infolge eines besonderen, entweder überhaupt nicht oder seiner Art nach nicht vorauszusehenden Bedürfnisses. A. A. entziehen sich der Haushaltsplanung; sie bilden die Ausgabenseite des →außerordentlichen Haushalts; sie werden durch →außerordentliche Einnahmen gedeckt. Im geltenden Haushaltsrecht nicht mehr vorhandener Begriff (→Haushaltssystematik). – *Gegensatz:* →ordentliche Ausgaben.

außerordentliche Einkünfte. 1. *Begriff des Einkommensteuerrechts:* a) →Veräußerungsgewinne aus der Veräußerung von Betrieben, →Teilbetrieben, Mitunternehmeranteilen, die unter die Einkunftsarten Land- und Forstwirtschaft, Gewerbebetrieb oder selbständige Arbeit fallen, sowie Gewinne aus Veräußerung zum →Privatvermögen gehörender wesentlicher Beteiligungen an Kapitalgesellschaften (§ 34 II Nr. 1 EStG). – b) Entschädigungen als Ersatz für entgangene und für entgehende Einnahmen, für Aufgabe oder Nichtausübung einer Tätigkeit, für die Aufgabe einer Gewinnbeteiligung oder einer Anwartschaft darauf oder als →Ausgleichszahlungen an Handelsvertreter nach § 89 b HGB (§ 34 II Nr. 2 EStG). – c) Bestimmte Nutzungsvergütungen und Zinsen, soweit sie für mehr als drei Jahre nachgezahlt werden (§ 34 II Nr. 3 EStG). – 2. *Steuersatzermäßigung:* Nach § 34 I EStG ist die auf a. E. entfallende Einkommensteuer auf Antrag nach einem ermäßigten Steuersatz (= Hälfte des durchschnittlichen Steuersatzes für das gesamte zu versteuernde Einkommen zuzüglich der nach einem →Doppelbesteuerungsabkommen freigestellten →ausländischen Einkünfte) zu bemessen. – Vgl. auch →Einkünfte.

außerordentliche Einnahmen, unregelmäßige öffentliche Einnahmen, v. a. die Kreditaufnahmen des Staatssektors; a. E. bilden die Einnahmeseite des →außerordentlichen Haushalts. Sie decken die →außerordentlichen Ausgaben. Im geltenden Haushaltsrecht nicht mehr vorhandener Begriff (→Haushaltssystematik). – *Gegensatz:* →ordentliche Einnahmen.

außerordentliche Erträge. 1. In der *Kostenrechnung* ein Teil der →neutralen Erträge. Betriebliche Erträge (Gegensatz: →betriebsfremde Erträge), die im Gegensatz zu den ordentlichen Erträgen (→Leistungen) nur *einmal* bzw. *so selten* (außergewöhnliche Erträge) oder *unregelmäßig* (periodenfremde Erträge) anfallen, daß sie den periodischen Kostenvergleich stören würden. Vgl. die Abgrenzungsrechnung in Kontenklasse 9 des IKR. – 2. In der *Gewinn- und Verlustrechnung* (§ 275 HGB) sind als a. E. (Klasse 7 des IKR) solche Erträge auszuweisen, die außerhalb der gewöhnlichen Geschäftstätigkeit (unternehmensfremd) *und* unregelmäßig (selten) anfallen (§ 277 IV HGB), z. B. Gewinne aus Enteignungsentschädigungen, Forderungsverzichte bei Sanierungen u. ä. – *Gegensatz:* →außerordentliche Aufwendungen.

außerordentliche Hauptversammlung, außer den in Gesetz und Satzung bestimmten Fällen vom Vorstand oder Aufsichtsrat einer AG einzuberufende →Hauptversammlung, wenn Aktionäre, deren Anteile zusammen 5% (Satzung kann geringeren Anteil vorsehen) des Grundkapitals erreichen, die Einberufung schriftlich unter Angabe des Zwecks oder der Gründe verlangen; bei Weigerung kann das Amtsgericht des Sitzes der Gesellschaft die betreffenden Aktionäre selbst zur Einberufung ermächtigen (§§ 122, 14 AktG, § 145 I FGG).

außerordentliche Kündigung. 1. *Begriff:* Ein Rechtsbehelf, der es jedem Vertragsteil ermöglicht, sich von einem →Arbeitsverhältnis (auch von einem →befristeten Arbeitsverhältnis) zu lösen, dessen Fortsetzung ihm unzumutbar ist. I. d. R. ist die a. K. eine →fristlose Kündigung. U. U. kann eine „Sozialfrist" (a. K. mit sozialer Auslauffrist) gewährt werden. – *Gegensatz:* →ordentliche Kündigung. – 2. Es gilt die *Generalklausel des § 626 I BGB:* (für Berufsausbildungsverhältnisse § 15 BBiG, für Heuerverträge in der Seeschiffahrt §§ 64-68, 78 SeemG): Das Arbeitsverhältnis kann von jedem Vertragsteil aus wichtigem Grund ohne Einhaltung einer Kündigungsfrist gekündigt werden, wenn Tatsachen vorliegen, aufgrund derer dem Kündigenden unter Berücksichtigung aller Umstände des Einzelfalls und unter Abwägung der Interessen beider Vertragsteile die Fortsetzung des Arbeitsverhältnisses bis zum Ablauf der →Kündigungsfrist oder bis zu der vereinbarten →Beendigung des Arbeitsverhältnisses nicht zugemutet werden kann. Als *wichtige Gründe* kommen insbes. in Frage: a) *gröbliche Pflichtverletzungen* (→Vertragsbruch), wobei nicht notwendigerweise ein →Verschulden vorliegen muß. b) *Wiederholtes pflichtwidriges Verhalten,* auch wenn die Verfehlungen einzeln genommen nicht ausreichen. I. d. R. ist aber eine vorhergehende →Abmahnung des Arbeitnehmers erforderlich. c) U. U. ausnahmsweise eine *schwere Krankheit* (→Krankheit III) eines Arbeitnehmers, die eine alsbaldige Gesundung nicht erwarten läßt. d) *Strafbare Handlungen,* sofern sie im Betrieb begangen wurden oder mit dem →Arbeitsverhältnis in Berührung stehen und nicht ganz unerheblich sind. Umstritten ist, inwieweit bereits der Verdacht einer strafbaren Handlung ausreicht (→Verdachtskündigung). – 3. Die *Ausübung des Rechts zur a. K.* hat innerhalb von zwei Wochen zu erfolgen (§ 626 II BGB). Die Frist beginnt mit dem Zeitpunkt, in dem der Kündigungsberechtigte von den für die Kündigung maßgebenden Tatsachen Kenntnis erlangt. Der Kündigende muß dem anderen Teil auf Verlangen den Kündigungsgrund unverzüglich schriftlich mitteilen. – 4. Durch →Tarifvertrag und *Einzelarbeitsvertrag* (→Arbeitsvertrag) können die gesetzlichen Möglichkei-

ten zur a. K. weder beseitigt noch beschränkt, aber auch nicht erweitert werden. – 5. *Unwirksamkeit der a. K.:* Fehlt ein wichtiger Grund, so ist die a. K. mangels Rechtsgrundlage unwirksam. Allerdings muß der Arbeitnehmer, dem gekündigt worden ist, wenn er dem KSchG (→Kündigungsschutz) unterfällt, die Unwirksamkeit der a. K. binnen einer Dreiwochenfrist gerichtlich geltend machen, anderenfalls wird die Kündigung voll wirksam (§ 13 I 2 KSchG). – *Folge der Unwirksamkeit:* Die als a. K. unwirksame Kündigung kann nach § 140 BGB in eine →ordentliche Kündigung zum nächstzulässigen Termin umdeutbar sein. Das ist dann anzunehmen, wenn der Wille des Kündigenden unterstellt werden kann, das Arbeitsverhältnis auf jeden Fall so bald wie möglich zu beenden. – 6. Die a. K. des Arbeitgebers ist in einigen wichtigen Fällen an die *Zustimmung Dritter* gebunden: a) Die a. K. des *Mitglieds eines Betriebsrats, einer Jugendvertretung, eines Wahlvorstandes oder eines Wahlbewerbers* ist erst nach Zustimmung des Betriebsrats zulässig (§ 103 BetrVG, § 15 KSchG). – b) Die a. K. einer *schwangeren Arbeitnehmerin oder Auszubildenden* ist (wie die fristgemäße ordentliche Kündigung) nur nach behördlicher Zustimmung ausnahmsweise zulässig (§ 9 MuSchG). – c) Die a. K. eines *anerkannten Schwerbehinderten* ist nur nach Zustimmung der →Hauptfürsorgestelle zulässig (§ 18 SchwbG); die Zustimmung soll erteilt werden, wenn die Kündigung aus einem Grund erfolgt, der nicht im Zusammenhang mit der Behinderung steht. – 7. Wie die fristgemäße ordentliche Kündigung ist die a. K. *unwirksam,* wenn der Betriebsrat vor dem Ausspruch der Kündigung nicht angehört wurde (§ 102 I BetrVG); vgl. auch →Anhörung des Betriebsrats.

außerordentliche Kündigung mit sozialer Auslauffrist, →außerordentliche Kündigung 1.

außerordentlicher Haushalt, der →Haushaltsplan, in dem die →außerordentlichen Einnahmen und die →außerordentlichen Ausgaben zusammengestellt sind. Der a. H. umfaßt die Einnahmen aus Anleihen (Kreditaufnahme, deren wichtigstes Kriterium die Unregelmäßigkeit ist) und die aus ihm zu bestreitenden Ausgaben (außerordentliche Ausgaben, deren wichtigstes Kriterium ebenfalls die Unregelmäßigkeit und mangelnde Planbarkeit ist). – Trennung in a. H. und →ordentlichen Haushalt ist heute unüblich (→Haushaltssystematik).

außerordentliche Zuwendungen. 1. *A. Z. eines Gesellschafter* können sein: a) →verdeckte Einlagen (diese erhöhen, soweit es sich um vom Gesellschafter gewollte Eigenkapitalaufbringung handelt, bei Kapitalgesellschaften den Kapitalrücklagen (§ 272 II Nr. 4 HGB); b) bei Fehlen der Beteiligungsabsicht

→außerordentliche Erträge (z. B. Schenkung, Schuldnererlaß). – 2. *A. Z. der öffentlichen Hand* (nicht rückzahlbare Zuschüsse, Subventionen): a) können, sofern sie als Investitionszuschüsse gewährt werden, anschaffungskostenmindernd behandelt werden; b) gehören, sofern sie als Aufwand- oder Ertragszuschüsse gewährt werden, i. d. R. zu den sonstigen betrieblichen Erträgen.

außertariflicher Angestellter, →AT-Angestellter.

Aussetzung. I. G e r i c h t s v e r f a h r e n : Insbes. im Zivilprozeß durch Gericht anzuordnen: a) wenn die Entscheidung des Prozesses ganz oder z. T. von dem Bestehen oder Nichtbestehen eines Rechtsverhältnisses abhängt, über das ein besonderer Rechtsstreit anhängig ist, oder von der Entscheidung einer Verwaltungsbehörde (oder des Verwaltungsgerichts) abhängt, und zwar bis zur Entscheidung des anderen Prozesses oder der Verwaltungsbehörde; b) wenn sich im Laufe des Rechtsstreits der Verdacht einer strafbaren Handlung ergibt, deren Ermittlung auf die Entscheidung von Einfluß ist, bis zur Erledigung des Strafverfahrens (§§ 148, 149 ZPO). – Die *Wirkung* der A. entspricht der der →Unterbrechung.

II. S t e u e r r e c h t : 1. A. der *Steuerfestsetzung* bei Ungewißheit über Grund und Umfang der Steuerentstehung (§ 165 AO). – 2. A. der *Vollziehung* eines →Steuerbescheids, wenn der Steuerpflichtige einen Rechtsbehelf eingelegt hat und sofortige Vollziehung des Bescheids unbillig wäre oder ernstliche Zweifel an der Rechtmäßigkeit des angegriffenen Verwaltungsakts bestehen (§ 361 AO). Vollziehungsaussetzung kann auch durch das Finanzgericht angeordnet werden (§ 69 FGO). U. U. →Sicherheitsleistung. – 3. A. der *Verhandlung* durch das Finanzgericht unter den Voraussetzungen wie bei 1 a (§ 74 FGO).

Aussonderung, im →Konkursverfahren Trennung eines nicht zum Vermögen des →Gemeinschuldners gehörenden Gegenstandes von der →Konkursmasse (§§ 43–46 KO). – Die *Geltendmachung* des Anspruchs erfolgt im Streitfalle vor dem ordentlichen Gericht. – *Fälle:* 1. *Eigentumsvorbehalt* berechtigt den Verkäufer zur A., falls der →Konkursverwalter erfüllt (§ 17 KO). – 2. *Treugut* kann der *Sicherungsgeber* im →Konkurs des Sicherungsnehmers aussondern, wenn er seine Leistung erbringt. Im Konkurs des Sicherungsgebers hat der Sicherungsnehmer nur Recht auf →Absonderung. – 3. Im Konkurs des *Ehegatten* kann der *andere Ehegatte* die während der Ehe erworbenen, ihm gehörenden Gegenstände aussondern. – Vgl. auch →Ersatzaussonderung, →Verfolgungsrecht.

Ausspähen von Daten, spezieller Tatbestand der Verletzung des persönlichen Lebens- und Geheimbereiches. A. v. D. begeht, wer unbefugt nicht unmittelbar wahrnehmbar gespeicherte oder übermittelte →Daten, die nicht für ihn bestimmt und gegen unberechtigten Zugang besonders gesichert sind, sich oder einem anderen verschafft (§ 202a StGB). – Die Verfolgung setzt die Stellung eines →Strafantrags voraus. – *Strafe:* Freiheitsstrafe bis zu drei Jahren oder Geldstrafe. – Straflos ist i. d. R. das sportliche reine „*Hacking*". – Vgl. auch →Datenschutz.

Ausspannen, →Abwerbung von Kunden oder Arbeitnehmern. I. d. R. zulässig. Werden Kunden oder Arbeitnehmer zum →Vertragsbruch verleitet, handelt es sich um →unlauteren Wettbewerb; das bloße Ausnutzen eines Vertragsbruchs reicht i. a. nicht aus.

Aussperrung, Kampfmittel der Arbeitgeber gegen Arbeitnehmer und Gewerkschaften im →Arbeitskampf.

I. B e g r i f f : Die von einem oder mehreren Arbeitgebern planmäßig vorgenommene Nichtzulassung von Arbeitnehmern zur Arbeit unter Verweigerung der Lohnzahlung. Die A. kann alle Arbeitnehmer eines Betriebs oder Wirtschaftszweigs betreffen; sie kann sich auch nur gegen die Streikenden oder arbeitswilligen Arbeitnehmer richten. – I. d. R. reagiert die Arbeitgeberseite mit der A. auf einen zuvor begonnenen →Streik *(Abwehraussperrung).* Eine A. als *Angriffsaussperrung* ist denkbar, nach 1945 jedoch nicht mehr erfolgt.

II. R e c h t m ä ß i g k e i t : 1. Nach der neueren Rechtsprechung des Bundesarbeitsgerichts ergibt sich die *Befugnis für eine Abwehr-A.* aus der verfassungsrechtlich garantierten →Tarifautonomie (Art. 9 III GG) und des zu deren Funktionieren erforderlichen Verhandlungsgleichgewichts der sozialen Gegenspieler. Im Vergleich zum Streik hat die Abwehr-A. nur eine „begrenzte Funktion und Legitimation", doch ist sie insoweit gerechtfertigt, wie die angreifende Gewerkschaft durch besondere Kampftaktiken (z. B. eng begrenzte Teilstreiks) ein Verhandlungsübergewicht erreichen kann. – 2. Im einzelnen *geltende Grundsätze für Abwehr-A.:* a) Ein generelles A.sverbot ist mit den Grundsätzen der Tarifautonomie nicht vereinbar. Deshalb ist der Art. 29 V der Hessischen Landverfassung (generelles A.sverbot) unwirksam (Bundesrecht geht Landesrecht vor). – b) Abwehr-A. sind auf das *umkämpfte Tarifgebiet* zu beschränken. – c) A., die *gezielt* nur die Mitglieder einer streikenden Gewerkschaft erfassen, nichtorganisierte Arbeitnehmer aber verschonen, sind als gegen die positive →Koalitionsfreiheit gerichtete Maßnahmen gem. Art. 9 III GG rechtswidrig. – d) Für rechtmäßige A. gelten die *Voraussetzungen,* die an einen rechtmäßigen Streik zu stellen sind: Von einer Tarifvertragspartei (Arbeitgeberverband oder Arbeitgeber) beschlossen und gegen eine Gewerkschaft gerichtet; eine kollektive Regelung der Arbeitsbedingungen anstrebend; letztes Mittel (ultimaratio-Prinzip); fair geführt (Übermaßverbot); vgl. →Streik II 2.

III. R e c h t s f o l g e n : 1. Eine *zulässige* A. führt zur Suspendierung des →Arbeitsverhältnisses (→Arbeitskampf V), nur ausnahmsweise zur Auflösung der Arbeitsverhältnisse. Letzteres ist dann der Fall, wenn der Arbeitgeber eindeutig erklärt, daß die A. auflösende Wirkung haben soll, und wenn darüber hinaus die auflösende Wirkung der A. als das weitergehende Kampfmittel der Arbeitgeber nach dem Grundsatz der Verhältnismäßigkeit gerechtfertigt ist, z. B. wenn sich der Arbeitskampf auf Arbeitnehmerseite zu besonderer Intensität entwickelt oder wenn der Arbeitgeber im Verlaufe eines Arbeitskampfes Arbeitsplätze einsparen oder anderweitig besetzen will und infolgedessen Arbeitsplätze endgültig wegfallen. Gegenüber Arbeitnehmern, deren Arbeitsplätze durch besondere gesetzliche Kündigungsschutzregelungen (→Kündigungsschutz II) geschützt sind, z. B. Betriebsratsmitglieder, Schwerbehinderte und Schwangere, ist eine A. in jedem Fall nur mit suspendierender Wirkung zulässig. – 2. Bei einer *rechtswidrigen* A. bestehen alle Rechte und Pflichten von Arbeitgebern und Arbeitnehmern aus dem Arbeitsverhältnis fort; d. h. u. a., daß der Arbeitnehmer Anspruch auf Beschäftigung und Vergütung hat.

Ausspielung, Vertrag zwischen einem Ausspielunternehmer und einer Mehrzahl von Spielern, durch den der Unternehmer verspricht, gegen Einsätze nach Maßgabe eines Gewinnplanes in *Sachwerten* bestehende Gewinne zu verteilen. *Rechtliche Regelung* wie bei der →Lotterie. – Vgl. auch →Preisausschreiben, →Lotterievertrag.

Ausstand, →Streik.

Ausstattung. I. F a m i l i e n r e c h t : A. ist nach § 1624 BGB alles, was Vater oder Mutter einem Abkömmling zuwenden, also entweder sofort geben oder für die Zukunft versprechen, und zwar a) mit Rücksicht auf die *Verheiratung* des Sohnes oder der Tochter; also auch die *Aussteuer,* die die Tochter zur Einrichtung des Haushalts erhält; oder b) mit Rücksicht auf die Erlangung einer *selbständigen Lebensstellung.* – 1. *Anspruch* auf A. haben weder Sohn noch Tochter. – 2. Eine A., die Eltern dem Abkömmling zuwenden, gilt insoweit als →*Schenkung* (als „Versprechen" formbedürftig) als sie – im Zeitpunkt der Zuwendung – den Umständen, insbes. den Vermögensverhältnissen der Eltern entsprechende Maß übersteigt. Über das angemessene Maß hinausgehende Teil der A. oder die ganze A., wenn zur Zeit der Zuwendung kein Anlaß zur A. gegeben war oder der Zweck der A. nicht binnen 2 Jahren erfüllt wird, unterliegt ggf. der →Erbschaftssteuer (§ 3 V

ErbStG). – Liegt kein „Übermaß" vor, ist ein auch nur mündlich gegebenes Ausstattungsversprechen („Nadelgeld" an die Tochter, Wirtschaftszuschuß an den Sohn) *klagbar.*

II. W a r e n z e i c h e n r e c h t : Jede (auch dreidimensionale) Kennzeichnung einer Ware *(Warena.)* oder Dienstleistung *(Dienstleistungsa.),* die geeignet ist, sie nach ihrer Herkunft und Eigenart als aus einem bestimmten Betrieb stammend zu unterscheiden. Nach dem →Warenzeichenrecht ist die A. geschützt, sobald sie sich innerhalb der beteiligten Verkehrskreise durchgesetzt hat; die Kenntnis eines nicht ganz unerheblichen Teils der beteiligten Verkehrskreise reicht hierfür aus. – Vgl. auch →Warenzeichenrecht I 4. – *Sonderfall der A.:* →notorische Zeichen.

Ausstattungskosten, →Einrichtungskosten.

ausstehende Einlagen (Einzahlungen), bei AGs, KGaAs, GmbHs noch nicht auf das Gesellschaftskonto eingezahlter Teil des gezeichneten Kapitals der Gesellschaft, d. h. *rechtlich* Forderungen an die Gesellschafter. Eingeforderte a. E. sind auch *wirtschaftlich* Forderungen der Gesellschaft an die Gesellschafter und entsprechend zu bewerten. Noch nicht eingeforderte a. E. stellen wirtschaftlich betrachtet einen Korrekturposten zum gezeichneten Kapital dar. – In der *Bilanz* werden a. E. gem. § 272 I HGB entweder auf der Aktivseite vor dem Anlagevermögen mit einem gesonderten Vermerk über *eingeforderte Einlagen* ausgewiesen (Bruttoausweis) oder auf der Passivseite vom dem Posten „Gezeichnetes Kapital" offen abgesetzt (Nettoausweis), wobei in diesem Fall die eingeforderten Einlagen unter der Forderungen gesondert auszuweisen und entsprechend zu bezeichnen sind.

Aussteller eines Wertpapiers, derjenige, der die Urkunde ausfertigt und begibt oder durch einen anderen begeben läßt (§ 9 I WG). Der A. muß voll geschäftsfähig sein; bei beschränkt Geschäftsfähigen ist Zustimmung des gesetzlichen Vertreters erforderlich. – 1. Der A. eines →*gezogenen Wechsels* (Trassant) gibt dem →Bezogenen die Anweisung zur Zahlung des Wechselbetrages und übernimmt zugleich die wechselmäßige Rückgriffsverpflichtung. Er haftet für Annahme und Zahlung des Wechsels (§ 9 I WG); eine Ausschließung der Haftung für die Zahlung durch Vermerk auf dem Wechsel (à forfait) ist nach deutschem Recht nicht möglich, für die Annahme dagegen zulässig. Der Wechsel kann an die eigene Order des A. lauten; er kann auf den Aussteller selbst gezogen werden (→trassiert-eigener Wechsel) oder für Rechnung eines Dritten gezogen werden (Kommissionstratte). – 2. Der A. eines *eigenen Wechsels* (Solawechsel) gibt in der Wechselurkunde das unbedingte Versprechen, eine bestimmte Geldsumme zu zahlen. Er haftet in der gleichen Weise wie der

Annehmer eines gezogenen Wechsels. – 3. Der A. eines *Schecks* gibt dem Überbringer oder Einreicher des Schecks die Anweisung, die in dem Scheck genannte Summe aus dem Guthaben des A. zu zahlen.

Ausstellung, zeitlich begrenzte →Marktveranstaltung, auf der eine Vielzahl von Ausstellern ein repräsentatives Angebot eines oder mehrer Wirtschaftszweige oder Wirtschaftsgebiete ausstellt und vertreibt oder über dieses Angebot zum Zweck der Absatzförderung informiert (§ 65 GewO). Zielgruppen sind neben den Fachkreisen auch die Allgemeinheit (z. B. Verbraucherausstellungen). Abgrenzung von A. und →Messe ist fließend.

Ausstellungsaufwendungen, Aufwendungen für Beschickung und Besuch von →Ausstellungen und →Messen, die der Förderung des Warenabsatzes dienen. A. gehören zu den →Werbekosten. Buchung auf einem Unterkonto des Werbekontos.

Ausstellungsgut, im zollrechtlichen Sinn ein- oder ausgeführte Gegenstände, die auf Ausstellungen, Messen, Kongressen oder ähnlichen Veranstaltungen ausgestellt oder verwendet werden. In Ländern, die dem internationalen Zollübereinkommen über die vorübergehende Einfuhr derartiger Waren vom 8. 6. 1961 (BGBl I 1967 II 745) beigetreten sind, bleibt A. *zollfrei,* wenn es innerhalb von sechs Monaten wieder ausgeführt wird. Die deutschen Zollstellen sind ermächtigt, die vorübergehende zollfreie Verwendung von eingeführten Waren als A. bis zu vier Jahren zuzulassen. Von einer →Sicherheitsleistung wird abgesehen, wenn ein →Carnet ATA vorgelegt wird. Dies gilt sowohl in der Bundesrep. D. als auch in allen Ländern, die das Carnet ATA-Verfahren übernommen haben.

Ausstellungskosten, →Ausstellungsaufwendungen.

Ausstellungsrecht, Form des →Verwertungsrechts des →Urhebers an seinem →Werk: Recht, das Original oder Vervielfältigungsstücke eines unveröffentlichten Werkes (→Veröffentlichung) der bildenden Künste oder eines unveröffentlichten Lichtbildwerks öffentlich zur Schau zu stellen (§ 18 UrhRG). Veräußert der Urheber das Original des Werkes, so räumt er damit im Zweifel dem Erwerber kein Nutzungsrecht ein; der Eigentümer des Originals eines Werkes der bildenden Künste oder eines Lichtbildwerkes ist jedoch berechtigt, das Werk öffentlich auszustellen, auch wenn es noch nicht veröffentlich ist; der Urheber kann diese Befugnis bei der Veräußerung jedoch ausschließen (§ 44 UrhRG).

Ausstellungs- und Messe-Ausschuß der Deutschen Wirtschaft e. V. (AUMA), Bundesverband der Deutschen Messewirtschaft, Sitz in Köln – *Aufgaben:* Wahrung der gemein-

samen Belange der Wirtschaft auf dem Gebiet des Messe- und Ausstellungswesens, Information über Messen im In- und Ausland, Interessenvertretung der Messewirtschaft gegenüber Gesetzgeber, Behörden u. a., Öffentlichkeitsarbeit für den Messeplatz Deutschland, Koordinierung von Messen und Ausstellungen, Vorbereitung des Auslandsmesseprogramms der Bundesrep. D., Geschäftsführung der Gesellschaft zur freiwilligen Kontrolle von Messe- und Ausstellungszahlen (FKM), Herausgabe von Veröffentlichungen für die Messewirtschaft.

Ausstellungsversicherung, →Messe- und Ausstellungsversicherung.

Aussteuer, →Ausstattung I.

Aussteuerung, Begriff der Krankenversicherung für zeitliche Begrenzung der Leistungspflicht auch bei Weiterbestehen der Krankheit. A. in der gesetzlichen Krankenversicherung bedeutet das Ende der Pflicht der Krankenkasse zur Gewährung von →Krankengeld nach 78 Wochen innerhalb von drei Jahren wegen derselben Krankheit (§ 183 Abs. 2 RVO). Besteht Krankheit und dadurch bedingte Arbeitsunfähigkeit über die sog. *Blockfrist* von drei Jahren hinaus, so entsteht der Anspruch auf Krankengeld für die Dauer von 78 Wochen erneut. Auf die Fristen werden Zeiten, in denen das Krankengeld geruht hat, angerechnet. – Seit 1. 1. 1974 entfällt A. für Krankenhauspflege (§ 184 RVO).

Aussteuerversicherung, →Lebensversicherung 4a und 7d.

Ausstoß, →Ausbringung.

Ausstrahlung, sozialrechtlicher Begriff über Wirkungen eines Arbeitsverhältnisses ins Ausland. Die Vorschriften über die Versicherungspflicht und die Versicherungsberechtigung aufgrund einer Beschäftigung gelten auch für Arbeitnehmer, die im Rahmen eines inländischen Beschäftigungsverhältnisses zeitlich begrenzt ins Ausland entsandt werden (§ 4 SGB 4), wenn nicht über- oder zwischenstaatliche Abkommen mit dem Ausland bestehen. Entsprechend für Personen, die eine selbständige Tätigkeit ausüben. – *Gegensatz:* →Einstrahlung.

Ausstrahlungseffekte, Beeinflussung der Reaktion auf eine absatzpolitische Maßnahme durch Wirkungen anderer Marketinginstrumente auf das zu untersuchende Objekt. – *Arten:* a) *Zeitliche A.* (→*Carry-over-Effekt):* Zeitlich vorgelagerte Maßnahmen und Ereignisse können in der Untersuchungsperiode nachwirken. b) *Sachliche A.* (→*Spillover-Effekt):* Simultane Maßnahmen und Ereignisse (z. B. Konkurrenzaktivitäten) außerhalb der experimentellen Anordnung können das Untersuchungsergebnis beeinflussen.

Austauschpfändung, Begriff des Zwangsvollstreckungsrechts (§§ 881 a, b ZPO). Die A. soll dem Gläubiger ermöglichen, wertvolle, aber der →Unpfändbarkeit unterliegende →Sachen (z. B. Radio, Pelzmantel) zu pfänden und zu verwerten, wenn er dem Schuldner ein einfaches *Ersatzstück* zur Verfügung stellt. Der Gläubiger kann Ersatzstück beschaffen oder dem Schuldner den zur Beschaffung erforderlichen Geldbetrag, notfalls auch aus dem Versteigerungserlös, überlassen. – *Zulassung* der A. auf Antrag des Gläubiger durch →Vollstreckungsgericht, wenn zu erwarten ist, daß der Versteigerungserlös den Wert des Ersatzstückes erheblich übersteigt; das Gericht setzt auch den Wert des Ersatzstückes bzw. den zur Ersatzbeschaffung erforderlichen Geldbetrag fest.

Austauschverhältnis, →terms of trade.

Austauschvertrag, 1. Begriff des →*Verwaltungsverfahrens:* ein öffentlich-rechtlicher Vertrag, in dem sich die Behörde zu einer Gegenleistung verpflichtet (§ 56 VwVfG). – 2. Begriff des *Kartellrechts:* Vgl. →Kartellgesetz VIII.

Austauschvolumen. 1. *Mengenmäßige Ein- und Ausfuhr,* die neben den Bewegungen der Preise die Entwicklung des →*Außenhandels* bestimmt. Das A. gibt die von Preiseinflüssen bereinigte Entwicklung des Außenhandels wieder. – 2. *Wertmäßige Ein- und Ausfuhr* in einem bestimmten Zeitraum. – Vgl. auch →terms of trade.

Australien, *Australischer Bund,* Kontinent. – *Fläche:* 7,7 Mill. km^2. – *Einwohner* (E): (1986) 16,0 Mill. (2,1 E/km^2). A. ist geographisch der kleinste und am dünnsten besiedelte Kontinent. Ca. 90% der E leben entlang der Küste, die Mehrheit davon zwischen Brisbane im Osten und Adelaide im Süden. – A. besteht aus sechs *Bundesstaaten:* Queensland (2,45 Mill. E, Hauptstadt [H]: Brisbane); New South Wales (5,3 Mill. E, H: Sydney); Victoria (4 Mill. E, H: Melbourne); South Australia (1,3 Mill. E, H: Adelaide); Western Australia (1,4 Mill. E, H: Perth); Tasmania (0,4 Mill. E, H: Hobart); zuzüglich den Territorien: Northern Territory (131 000 E, H: Darwin) und Australian Capital Territory (233 000 E). – *Bundeshauptstadt:* Canberra (251 000 E); weitere *Großstädte:* Brisbane (1,1 Mill. E), Sydney (3,3 Mill. E), Melbourne (2,8 Mill. E), Adelaide (960 000 E), Perth (949 000 E), Hobart (173 000 E). – *Amtssprache:* Englisch.

W i r t s c h a f t : *Landwirtschaft:* Mehr als 40%, v. a. im Westen und Landesinnern sind Wüstengebiete (Gibson- und Große Victoria Wüste). A. ist der viertgrößte Produzent von Weizen (1983: 9,8 Mill. t) und nach den USA und Kanada der größte Weizen-Exporteur. Obst und Weinanbau in den regenreicheren bzw. künstlich bewässerten Küstengebieten des Südens. Im Nordosten Anbau von Baumwolle, Zuckerrohr, Bananen. A. hat den zweitgrößten Schafbestand der Welt (1983: 133,2 Mill.) nach der UdSSR und liefert über 50% der Welterzeugung an Feinwolle. In A. gibt es etwa 180 000 landwirtschaftliche Betriebe (die größten mit über 400 000 ha). 6,6% der Erwerbstätigen sind in der Landwirtschaft tätig. – *Industrie:* A. ist reich an Bodenschätzen: Braunkohle (Bundesstaat Victoria), Kupfer-, Blei-, Zinn-, Zinkerze, Gold, Uran (Kalgoorlie). Konzentration der Industrie in Victoria und New South Wales: Eisen- und Stahlindustrie (besonders in Newcastle, Port Kembla und am Erzhafen Whyalla), Metall- und Maschinenindustrie, Fahrzeug- und Schiffbau (v. a. in Melbourne, Sydney, Adelaide, Perth). 27,4% der Erwerbstätigen sind in der Industrie, 1,6% im Bergbau tätig. – *BSP:* (1985, geschätzt) 171 170 Mill. US-$ (10 840 US-$ je E). – *Inflationsrate:* durchschnittlich 10,5%. – *Export:* (1985) 22 883 Mill. US-$, v. a. Weizen, Wolle, Fleisch, Obst, Zucker, NE-Metalle, Silber, Brennstoffe. – *Import:* (1985) 23 450 Mill. US-$, v. a. Phosphate, Maschinen, Textilien. – *Handelspartner:* Japan, USA, Neuseeland, Großbritannien.

V e r k e h r : Länge des *Eisenbahnnetzes* über 40 000 km (im Süden transkontinentale Strecke von Perth nach Sydney). Melbourne wichtigster Eisenbahnknotenpunkt. – Über 810 000 km langes *Straßennetz* von unterschiedlicher Güte. – Der *Luftverkehr* spielt im dünn besiedelten A. eine große Rolle. Fast alle Siedlungen besitzen Landebahnen. Alle Hauptstädte der Bundesstaaten sind an das internationale Flugnetz angeschlossen. Eigene interkontinentale *Fluggesellschaft* QUANTAS. – *Haupthäfen:* Sydney, Melbourne, Brisbane, Adelaide, Perth.

M i t g l i e d s c h a f t e n : UNO, BIZ, CCC, CIPEC, ITU, OECD, UNCTAD u. a.; Commonwealth.

W ä h r u n g : 1 Australischer Dollar ($A) = 100 Cents (c).

Austritt, im Gesellschaftsrecht das freiwillige Ausscheiden eines Partners (anders: →Ausschließung). – 1. Bei einer →*Personengesellschaft* durch Kündigung gem. Gesellschaftsvertrag; im Einvernehmen mit den übrigen Gesellschaftern ist Aufnahme eines neuen Gesellschafters durch Übertragung des Kapitalanteils möglich. – 2. Bei *Vereinen* durch Erklärung unter Beachtung der Kündigungsfrist. – 3. Bei →*Genossenschaften* durch A.-Erklärung an den Vorstand auf das Ende eines Geschäftsjahres unter Einhaltung der Kündigungsfrist. – 4. Bei →*Aktiengesellschaften* durch Verkauf der →Inhaberaktie. – 5. Bei →*Gesellschaften m. b. H.* durch A.-Kündigung gem. Gesellschaftsvertrag mit anschließendem Verkauf der Anteile. – Vgl. auch →Ausscheiden eines Gesellschafters.

ausübender Künstler, Begriff des →Urheberrechts. A. K. ist, wer ein →Werk vorträgt oder aufführt oder bei dem Vortrag oder der Aufführung eines Werkes künstlerisch mitwirkt. Er hat für seine Mitwirkung ein →Leistungsschutzrecht, wonach unter anderem grundsätzlich nur mit seiner Einwilligung seine Darbietung öffentlich wahrnehmbar gemacht, auf Bild- oder Tonträger aufgenommen, vervielfältigt und durch Funk gesendet werden darf; auch kann er eine Entstellung oder andere Beeinträchtigung seiner Darbietung verbieten (§§ 73 bis 84 UrhRG). – A. K. unterliegen der →Künstlersozialversicherung.

Ausverkauf, § 8 UWG kennt nur noch den Begriff des →Räumungsverkaufs, mit dem auch A. im herkömmlichen Sinn (Sonderveranstaltung bei Aufgabe des gesamten Geschäftsbetriebs, einzelner Warengattungen oder einer Zweigniederlassung) erfaßt wird.

Auswahleinheit, in der Statistik bei →Teilerhebungen Element einer →Grundgesamtheit, die als Auswahlgrundlage dient, aber selbst nicht Zielgesamtheit der Untersuchung ist. Beispiel: Haushalte bei einer Untersuchung, die auf Personen zielt.

Auswahlordnung, →Priorität.

Auswahlphase, *Optimierungsphase, Entscheidungsphase* (→Entscheidungsphasen 2a) (3)), mit der der Prozeß der Willensbildung abgeschlossen wird. – *Ablauf:* Innerhalb der A. sind die im Rahmen der Beschränkungen zulässigen Alternativen in eine Rangordnung zu bringen. Das Entscheidungsproblem ist gelöst, wenn eine Alternative gefunden ist, die unter Berücksichtigung des angestrebten Ausmaßes der Zielerreichung von keiner anderen übertroffen wird. Als Entscheidungshilfe dienen →Entscheidungsregeln.

Auswahlprüfung, →Stichprobenprüfung.

Auswahlrichtlinien. 1. *Begriff* des Arbeitsrechts: Richtlinien über die personelle Auswahl bei →Einstellungen, →Versetzungen, →Umgruppierungen und →Kündigungen. Regelungen, die ohne Ansehung konkreter Arbeitnehmer abstrakt für den Betrieb, bestimmte Betriebsabteilungen oder bestimmte Arten von Arbeitsplätzen festgelegt sind. – A. können sich auf die bei den genannten personellen Einzelmaßnahmen zu beachtenden fachlichen (z. B. fachlicher Ausbildungsabschluß, praktische Beherrschung von Fertigkeiten) und persönlichen Voraussetzungen (z. B. Mindestalter, Dauer der Betriebszugehörigkeit) sowie auf soziale Gesichtspunkte beziehen (§ 95 II 1 BetrVG). – A. sind *nicht* die vom Arbeitgeber vorgenommenen →*Stellenbeschreibungen* und die von ihm für bestimmte Arbeitsplätze entwickelten →*Anforderungsmerkmale.* – 2. *Beteiligung des Betriebsrats* bei der Schaffung von A. (§ 95 BetrVG), um die Personalführung in den Betrieben durchschaubarer zu machen und zur Vermeidung von Streitigkeiten zwischen einzelnen Arbeitnehmern und Arbeitgebern beizutragen. – Der Betriebsrat ist auf ein *Zustimmungsrecht* beschränkt (§ 95 I BetrVG); er kann also nicht initiativ werden, um A. einzuführen. Solange der Betriebsrat seine Zustimmung zu den A. nicht gegeben hat und diese auch nicht von der →Einigungsstelle ersetzt ist, darf der Arbeitgeber A. nicht verwenden. – In Betrieben mit mehr als 1000 Arbeitnehmern kann der Betriebsrat seinerseits die *Aufstellung von A. verlangen* (§ 95 II BetrVG) und im Streitfall die Einigungsstelle seinerseits anrufen. – 3. *Folge eines Verstoßes gegen A.:* a) Verstößt der Arbeitgeber bei einer Einstellung, Versetzung oder Umgruppierung gegen eine A., so gibt dies dem Betriebsrat in Betrieben mit mehr als zwanzig Arbeitnehmern einen *Zustimmungsverweigerungsgrund* zur personellen Einzelmaßnahme (§ 99 II Nr. 2 BetrVG). b) Der Verstoß gegen eine A. für Kündigungen gibt dem Betriebsrat das Recht, der →*ordentlichen Kündigung zu widersprechen* (§ 102 III Nr. 2 BetrVG). c) Der Arbeitnehmer kann sich nach § 1 II 2 Nr. 1 a KSchG *im Kündigungsschutzprozeß* (→Kündigungsschutz) auf den Verstoß gegen die A. berufen.

Auswahlsatz, Begriff der →Stichprobentheorie für den Quotienten n/N aus dem Umfang n der →Stichprobe und dem Umfang N der →Grundgesamtheit.

Auswahlverfahren, Methoden zur Auswahl von →Teilgesamtheiten aus einer →Grundgesamtheit. – Man unterscheidet: a) für die (uneingeschränkte) Zufallsauswahl: *Originalverfahren* (Verwendung einer →Zufallszahlentafel) und *Ersatzverfahren* (→systematische Auswahl mit Zufallsstart: →Schlußziffernverfahren; →Buchstabenverfahren; →Geburtstagsverfahren); b) *nichtzufällige* (bewußte) *A.* (→bewußte Auswahl; Auswahl nach dem →Konzentrationsprinzip; →Quotenauswahlverfahren).

Auswanderer, Personen, die bei einer →Außenwanderung die Staatsgrenzen mit der Absicht überschreiten, dauernd oder länger als ein Jahr nicht zurückzukehren. (Definitionsgemäß ist also der Fortzug aus dem Bundesgebiet in die DDR und Berlin (Ost) zwar Außen-, aber nicht Auswanderung.) – Im Rahmen der →amtlichen Statistik laufende *Erfassung,* monatliche, vierteljährliche Aufbereitung der bei den für das Meldewesen zuständigen Behörden erfaßten A. Darstellung nach Geschlecht, unterteilt nach Personenkreisen. – *Richtung* der deutschen Auswanderung seit 1946 überwiegend nach den USA und Kanada. Geschätzte Gesamtzahl 1946 bis 1985: 2,6 Mill. Personen. (Zahlen: Vgl. im einzelnen →Außenwanderung.) – Nach dem Auswandererschutzgestz vom

26.3.1975 (BGBl I 774) bedürfen geschäftsmäßig betriebene *Auskunfts- oder Beratungsstellen* über die Aussichten der A. und über die Lebensverhältnisse im Einwanderungsland der →Erlaubnis der zuständigen Behörde. Zuwiderhandlungen werden als →Ordnungswidrigkeit mit →Geldbußen bis zu 40 000 DM geahndet.

Auswanderung, die auf dauernden Wechsel des Wohnsitzes und nachfolgend der Staatsangehörigkeit gerichtete →Außenwanderung. – Vgl. auch →Auswanderer.

auswärtige Tätigkeit, →Arbeitsstätte II.

Ausweichkapazität, Produktionsvermögen eines Betriebes für Produkte, das aufgrund der Produktionsmittelausstattung bei entsprechenden Markterfordernissen statt des normalen Erzeugungsprogramms vorübergehend hergestellt werden kann, indem die Produktionsmittel entsprechend umgestellt und umorganisiert werden. – *Beispiel:* Betrieb eines Hochofens als Generator. – Vgl. auch →Kapazität.

Ausweichklausel, →Schutzklausel.

Ausweichkurs, →Scheinkurs.

Ausweiskarte, →Plastik-Ausweiskarte.

Ausweisleser, alleinbetriebenes oder mit einem System verbundenes Gerät zur Identifikation und Erfassung von Personendaten aus →Plastik-Ausweiskarten.

Ausweispapiere, →Legitimationspapiere.

Ausweispflicht, Pflicht, einen Ausweis zu besitzen und ihn auf Verlangen einer zur Prüfung der Personalien ermächtigten Behörde vorzulegen. A. *besteht* gem. § 1 des Ges. über Personalausweise i.d.F. vom 21.4.1986 (BGBl I 548) für alle über 16 Jahre alten Personen im Bundesgebiet. Als *Ausweis* wird nur der sog. Bundespersonalausweis oder der Reisepaß anerkannt; →Paß. – *Verstöße* gegen die A. werden als →Ordnungswidrigkeit geahndet (§ 5). A. besteht auch für →Ausländer.

Ausweisung, Verweisung eines →Ausländers aus dem →Bundesgebiet (§§ 10, 11, AusländerG). Zulässig u. a., wenn ein Ausländer die freiheitliche demokratische Grundordnung oder die Sicherheit der →Bundesrepublik gefährdet oder sich bestimmter Delikte schuldig macht. Mit der A. endet die →Aufenthaltserlaubnis, die A. begründet die Pflicht zur Ausreise. – Vgl. auch →Abschiebung.

Auswertung. I. R e c h n u n g s w e s e n : Aufdeckung vorhandener Zusammenhänge zwischen wirtschaftlicher Lage bzw. Entwicklung des Betriebes und dem Markt (→Branchenstatistik, →Marktbeobachtung) aus *Buchhaltung* und *Bilanz* in →Prüfungsberichten u. ä. mittels →Bilanzkritik bzw. →Bilanzanalyse.

II. S t a t i s t i k : Technik der Ausdeutung statistischer Reihen und Tabellen; vgl. im einzelnen →Aufbereitung.

Auswertungsprogramm, →Programm bzw. Programmlauf, mit dem durch Abfrage, Verknüpfung, Verkettung aus Datenbeständen neue Dateien oder Listenübersichten erzeugt werden. Erfolgt in →Stapelbetrieb.

Auswertungsrechnung, *Sonderrechnung.* 1. *Begriff:* Die für einen bestimmten Zweck erfolgende Auswahl und Verdichtung von in der →Grundrechnung laufend erfaßten Kosten und Erlösdaten. In Systemen →entscheidungsorientierter Kostenrechnung, speziell der →Einzelkostenrechnung, verwandter Begriff; geht auf Schmalenbach zurück. – 2. *Wichtige Arten von A.:* →Auftragsabrechnung, →Verfahrensvergleiche, →Kostenträgerrechnung, →Kalkulation.

Auszahlung. I. B e t r i e b s - u n d V o l k s w i r t s c h a f t s l e h r e : Zahlungsmittelbetrag (Bargeld, Giralgeld), der von seiten eines Wirtschaftssubjektes (Betrieb, Verbraucher, Gemeinde, u. ä.) an andere Wirtschaftssubjekte (Beschaffungs-, Absatz-, Geld- und Kapitalmärkte) sowie an den „Staat" fließt. Strömungsgröße; zugehörige Bestandsgröße: Zahlungsmittelbestand (Bestand an Kasse + Sichtguthaben bei Banken). – *Gegensatz:* →Einzahlung. – *Nicht zu verwechseln* mit →Ausgabe, →Aufwendungen, →Kosten.

II. B a n k g e s c h ä f t : Bankanweisung zur Auszahlung eines bestimmten Betrages an einem bestimmten Platze an einen Geschäftspartner (→Anweisung).

Auszahlungskredit, *deferred payment credit,* Sonderform des →Akkreditivs, die dem Importeur seitens des Exporteurs zusätzlich ein Zahlungsziel einräumt.

Auszahlung des Arbeitsentgelts, →Arbeitsentgelt V.

Auszehrungsverbot, →Betriebsrentengesetz II 2.

Auszeichnung, →Preisauszeichnung.

Auszubildender, im Sinn des BBiG bzw. der HandwO Personen, die auf der Grundlage eines →Berufsausbildungsvertrags eine Berufsausbildung in einem geordneten Ausbildungsgang absolvieren.

I. P f l i c h t e n : Der A. hat sich zu bemühen, die für die →Ausbildungsabschlußprüfung (Ausbildungsziel) erforderlichen Fertigkeiten und Kenntnisse zu erwerben. Er hat die ihm im Rahmen seiner Berufsausbildung übertragenen Verrichtungen sorgfältig auszuführen, den Weisungen des Ausbildenden oder Ausbilders zu folgen, über Betriebsgeheimnisse Stillschweigen zu wahren, Werkzeuge, Maschinen und sonstige Einrichtungen pfleglich zu behandeln (§ 9 BBiG).

II. R e c h t e : 1. Anspruch auf dem Lebensalter angemessene und mit fortschreitender Berufsausbildung, mindestens jährlich ansteigende *Vergütung;* Mehrarbeit ist besonders zu vergüten. Anspruch auf Vergütung besteht auch für den Besuch der Berufsschule, für die Teilnahme an Prüfungen und Ausbildungsmaßnahmen außerhalb der →Ausbildungsstätte (§§ 10 ff. BBiG). Die Vergütung ist monatlich, spätestens am letzten Arbeitstag des Monats, zu zahlen. – 2. Nach Beendigung des Berufsausbildungsverhältnisses hat der A. Anspruch auf ein *Zeugnis,* welches Auskunft über Art, Dauer und Ziel der Berufsausbildung sowie über die erworbenen Fertigkeiten und Kenntnisse des A. geben muß. A. kann Erweiterung auf Angaben über Führung, Leistung und besondere fachliche Fähigkeiten verlangen (§ 8 BBiG). – Vgl auch →Zeugnis.

Auszug. I. B a n k w e s e n : Mitteilung über den *Kontostand;* vgl. →Kontoauszug.

II. K a u f m ä n n i s c h e r Sprachge-br a u c h : Vgl. →*Buchauszug.*

III. V e r g l e i c h s v e r f a h r e n ; A. aus dem →Gläubigerverzeichnis.

IV. K o n k u r s : A. aus der →Konkurstabelle (→Tabellenauszug).

Autarkie, Zustand einer Volkswirtschaft ohne internationalen Güter- und Faktorverkehr bzw. einer von der Weltwirtschaft abgekoppelten Volkswirtschaft. Ziel der →Autarkiepolitik.

Autarkiekonzept, im Bürobereich ein mögliches Konzept für die Nutzung neuer Kommunikationstechnologie (→Kommunikation), bei dem die Unabhängigkeit von Aufgabenträgern im Management und in der Sachbearbeitung von Kooperationen angestrebt wird. Die anfallenden Aufgaben werden in vertikaler Richtung integriert, indem Führungskräfte und Sachbearbeiter durch den Einsatz multifunktionaler Technik am Arbeitsplatz Texterstellung, Graphik- und Bildbearbeitung, Kommunikationsprozesse, Informationsablage und →information retrieval selbst abwickeln können. – *Gegensatz:* →Kooperationskonzept.

Autarkiepolitik, Gesamtheit außen- und binnenwirtschaftlicher Maßnahmen, die auf Herstellung der oder zumindest auf Annäherung an die →Autarkie abzielen, z. B. Prohibitivzölle, Verwendungszwang inländischer Güter, Förderung der →Importsubstitution, Verhinderung grenzüberschreitender Faktorbewegungen. – Das Ziel der Autarkie ist nur unter *Wohlstandsverlusten* erreichbar, da viele Güter im Inland nicht oder nur mit höheren Kosten produziert werden können. Der Wohlstandsverlust des autarken Landes wirkt sich wegen der Reduzierung der →internationalen Arbeitsteilung auch auf andere Länder ungünstig

aus. – Viele Länder streben trotzdem eine *Selbstversorgung,* z. B. mit landwirtschaftlichen Erzeugnissen (partielle Autarkie) an, um etwa im Kriegs- oder Krisenfalle von Importen unabhängig zu sein.

auterg, von Preiser in die Wirtschaftstheorie eingeführter Begriff für eine Wirtschaft, in der das Einkommen jedes einzelnen auf seiner eigenen Arbeit beruht. Die *auterge Wirtschaft* erfordert deshalb freie Konkurrenz. – *Gegensatz:* →allerg.

authentische Kommunikation, →humanistische Psychologie..

Autobahn, →Straße.

autogenes Training, →Psychotherapie.

Autohof, Station des Straßengüterverkehrs mit Serviceeinrichtungen für Fahrpersonal und Fahrzeuge; häufig auch mit Güterumschlagsanlagen und mit →Laderaumverteilung. In der Bundesrep. D. meist von Straßenverkehrsgenossenschaften betrieben oder anerkannt.

Autokorrelation, in der →Regressionsanalyse und →Zeitreihenanalyse die Erscheinung, daß die →Störgrößen, die auf die verschiedenen Werte der →endogenen Variablen einwirken, korreliert (→Korrelation) sind, d. h. paarweise stochastisch abhängig sind. Bei Vorliegen von A. ist das klassische Modell der →linearen Regression nicht verwendbar. – Zu *unterscheiden* sind A. erster und höherer Ordnung, je nachdem ob die um eine oder mehrere Perioden auseinanderliegenden Störvariablen korreliert sind. – Die Existenz der A. ist *statistisch prüfbar;* sie führt zu nicht wünschenswerten Eigenschaften der Schätzfunktionen für die Parameter des Regressionsmodells bei Verwendung der gewöhnlichen →Methode der kleinsten Quadrate. Es existieren Schätzmethoden, die dem Vorliegen der A. Rechnung tragen. Für die im Vordergrund stehende A. erster Ordnung wird i. a. als statistisches Prüfverfahren der →Durbin-Watson-d-Test verwendet und als Schätzmethode die verallgemeinerte →Methode der kleinsten Quadrate.

Autokosten, →Fuhrparkkosten, →Fahrtkosten, →Logistikkosten, →Transportkosten.

autokratischer Führungsstil, →Führungsstil 1.

Automatenladen, →Betriebsform des Handels mit totaler →Selbstbedienung: Sämtliche Waren werden in Automaten präsentiert, der Kunde wählt aus und entnimmt nach Eingabe von Zahlungsmitteln (Münzen oder Scheckkarten) die gewünschte Ware. A. existieren (v. a. in den USA und Japan) an Einkaufsschwerpunkten (z. B. Bahnhöfen) mit einem begrenzten Angebot von Waren des kurzlebigen Bedarfs, wie Lebensmittel, Getränke, Zigaretten, Süßigkeiten, Filme, Schallplatten, Bücher. – Vgl. auch →automatisierter Absatz.

Automatenmißbrauch, strafrechtliches →Vergehen. Das Erschleichen der Leistung eines Automaten in der Absicht, das Entgelt nicht zu entrichten (§ 265a StGB). – *Strafe:* Freiheitstrafe bis zu einem Jahr oder Geldstrafe, soweit nicht die Tat nach anderen Vorschriften (z. B. →Betrug) mit schweren Strafen bedroht ist. Der →Versuch ist strafbar. – Vgl. auch →Erschleichen von Leistungen.

Automatensteuer, →Vergnügungssteuer.

Automatenumsätze, umsatzsteuerliche Behandlung. 1. Derjenige →Unternehmer (Automatenaufsteller, Gastwirt usw.), der Warenautomaten *selbst füllt* und für eigene Rechnung und Gefahr besorgt, ist steuerpflichtig. Der Verkaufspreis stellt das Bruttoentgelt dar. Die darin enthaltene geschuldete →Umsatzsteuer ist mit dem für den Steuersatz geltenden Divisor oder Faktor herauszurechnen. – 2. Automatenlieferungen von *Speisen,* z. B. belegte Brötchen, Milch oder andere Waren der Anlage zu § 12 Nr. 1 UStG, auch in Gebäuden, z. B. Betrieben, unterliegen dem ermäßigten Steuersatz, wenn zum Verzehr an Ort und Stelle kein hierfür geeigneter Service vorhanden ist. – 3. Bei *Geldspielautomaten* stellt das Eineinhalbfache des bei der Leerung vorhandenen Kasseninhalts das Bruttoentgelt dar. Die Steuer ist mit dem Devisor oder Faktor (12,28 Prozent beim Regelsteuersatz von 14 Prozent) herauszurechnen.

Automatentheorie, →Informatik II 2 c).

Automatenversicherung, Versicherung von Transport- und Standrisiken bei Automaten jeglicher Art (z. B. Waren-, Spiel- oder Musikautomaten) und deren Waren- oder Geldinhalt.

Automation, →Automatisierung.

Automatisation, →Automatisierung.

Automatisationsgrad, →Automatisierungsgrad.

automatische Datenverarbeitung (ADV), →elektronische Datenverarbeitung.

automatische Stabilisierung, →built-in stabilisator.

automatisierte Datenverarbeitung (ADV), →elektronische Datenverarbeitung.

automatisierte Textverarbeitung, →computergestützte Textverarbeitung.

automatisierter Absatz, Verkaufsmethode des Handels (→Bedienungsformen): Angebot und Absatz der Ware sowie Inkasso mittels Automaten. – *Voraussetzungen:* Automateneignung der Produkte; leicht bedienbare,

wenig störanfällige Automaten; problemlose Durchführung des Inkassos (Münz-Geldwechsler, Scheckkarten); Sicherheit vor Zerstörung, Diebstahl, Raub und Inkassobetrug (→Automatenmißbrauch). – *Realisiert* als →Automatenläden sowie als Aufstellung von Automaten am Ladenlokal und – nach Wegfall der Residenzpflicht – an leicht zugänglichen, stark frequentierten Orten großer potentieller Nachfrage wie Bushaltestellen, Einkaufspassagen, Kantinen. – *Vorteil* für den Kunden: Einkauf auch außerhalb der Ladenöffnungszeiten. – *Verbreitung* u. a. bei Zigaretten, Getränken, Süßigkeiten, Blumen, Filmen.

Automatisierung, *Automation, Automatisation,* Übernahme unterschiedlicher Funktionen durch die Maschine. Bei den Funktionen interessieren insbes. Antrieb, Werkzeugbewegung, Werkstückbewegung, Umrüstvorgänge, Meß- und Prüffunktionen. Der Grad der Funktionsübernahme durch die Maschine bestimmt den →Automatisierungsgrad. – Vgl. auch →Maschinisierung, →Mechanisierung.

Automatisierungsgrad, *Automatisationsgrad,* Grad der Funktionsübernahme durch die Maschine (→Automatisierung). Es werden *vier Stufen* der Automatisierung unterschieden: (1) Übernahme des Antriebs durch die Maschine; (2) Übernahme von Antrieb, Werkzeugbewegung und Werkstückbewegung durch die Maschine; (3) Übernahme von Antrieb, Werkzeugbewegung und Werkstückbewegung sowie Übernahme der Umrüstvorgänge durch die Maschine; (4) Übernahme von Antrieb, Werkzeug-, Werkstückbewegung und Umrüstvorgänge sowie Übernahme von Meß- und Prüfvorgängen. – Vgl. auch →Teilautomatisierung, →Vollautomatisierung.

autonome Arbeitsgruppe, →teilautonome Arbeitsgruppe.

autonome Größen, volkswirtschaftliche Größen, die von anderen Größen unabhängig sind. *Beispiel:* autonomer Kosum der Keynesschen Konsumfunktion als derjenige Teil der Konsumausgaben, der unabhängig von der Höhe des Volkseinkommens ist. Die Unterscheidung von a. G. und →induzierten Größen hat v. a. modelltheoretische Bedeutung.

autonome Satzungen, Rechtsnormen, die von öffentlich rechtlichen Körperschaften im Rahmen ihrer gesetzlich festgelegten Autonomie erlassen werden. – Die für das *Steuerrecht* relevante Autonomie der Gemeinden ist durch Art. 105, 106 VI 2 GG begrenzt, so daß den Gemeinden nur das Recht eingeräumt wird, die Hebesätze der →Realsteuern im Rahmen der Gesetze festzusetzen. – Vgl. auch →Steuerrecht.

Autonomie(prinzip). I. Körperschaften: Vorrecht staatlicher oder anderer Körperschaften (Gemeinden, Hochschulen, Kirche), zur Setzung *eigenen Rechts* in gewissen Grenzen und zur *Selbstverwaltung.* Ein Grundsatz, der von zentralistischen Staatsgewalten nicht anerkannt wird. In der Deutschen Gemeindeordnung seit Frh. v. Stein (1805) und im deutschen Hochschulleben, in der evangelischen Kirche und anderen Kulturbereichen stets angestrebt; im Geltungsbereich des →Grundgesetzes weitgehend verwirklicht.

II. Unternehmungen: Anspruch auf alleinige Führung eines gewerblichen Betriebs durch den →Unternehmer; Verweigerung eines Mitspracherechts gegenüber staatlichen, wirtschaftlichen oder gewerkschaftlichen Organisationen. – *Gegensatz:* →Mitbestimmung. – Vgl. auch →betriebliche Willensbildung.

autoregressives Modell, →Ökonometrie III.

autoritärer Führungsstil, →Führungsstil 2.

Autoreisezug, Eisenbahnzug mit Schlaf- oder Liegewagen, Speisewagen und Transportwagen für die Personenkraftwagen der Reisenden. Einsatz saisonal zwischen speziellen Bahnhöfen in Bevölkerungsballungsgebieten und wichtigen Fremdenverkehrsgebieten.

Autorität, Bezeichnung für die Möglichkeiten einer Person, Gruppe oder Institution, Einfluß auf andere Personen auszuüben und den eigenen Willen gegenüber diesen durchzusetzen, wodurch sich ein Verhältnis der Über- und Unterordnung konstituiert. Mit A. verbinden sich Herrschaftsansprüche, die in unterschiedlicher Weise begründet sind. *Formen der A.:* 1. *Personale A.:* Der Anspruch auf A. wird mit personengebundenen Merkmalen (z. B. Körperkraft, Leistung, Alter, Wissen, Erfahrung) begründet; dazu gehören auch irrationale Formen wie die sich aus einem Charisma ableitende A. – 2. *Funktionale A. (professionelle A.):* Beruht auf überlegener und nachweisbarer Sachkunde oder Wissen. – 3. *Positionale A.:* Leitet sich aus der Position, dem Amt oder dem Rang ab und besteht unabhängig von der Person des Positionsinhabers. Die Formen der A. überlagern sich. – Wesentlich für die Geltung, Reichweite, Stärke und Dauer einer A. und des aus ihr abgeleiteten Herrschaftsanspruchs ist die *Anerkennung der Legitimität* dieses Anspruchs durch die Beherrschten. – Mit dem Begriff A. werden weiterhin Einrichtungen, Institutionen und Symbole als Repräsentanten und Träger anerkannter Werte sowie Personen, die aufgrund sittlich-moralischer Qualitäten anerkannt werden, bezeichnet. – Vgl. auch →Bürokratie.

Autotelefondienst, →Funktelefondienst.

Autoversicherung, →Kraftverkehrsversicherung.

AVAD, Abk. für →Auskunftsstelle über den Versicherungsaußendienst e. V.

availability doctrine, *Roosa doctrine, Kreditverfügbarkeitstheorie.* 1. *Charakterisierung:* Theoretische Grundlage der restriktiven Geldpolitik der frühen 50er Jahre im amerikanischen Federal-Reserve-System. Im Mittelpunkt steht der Zins-Kreditmengenmechanismus, wobei es sich speziell um das Abhängigkeitsverhältnis zwischen den Zinssätzen für Staatspapiere und dem Kreditangebot von Banken an Nichtbanken handelt. Nach der a. d. soll es der Zentralbank möglich sein, durch eine Erhöhung der Zinssätze für Schatzwechsel das Kreditangebot einzuschränken. Dies geschieht über eine Umstrukturierung der Aktiva aufgrund mehrerer Portfolioeffekte unter denen der Locking-in-Effekt (*Roosa-Effekt*) den Kern der Argumentation ausmacht: Danach können Wertpapiere im Portefeuille der Banken nicht als Liquiditätspotential angesehen werden, weil Zinserhöhungen die Banken gerade wegen der dann eintretenden Kapitalverluste (Kurssenkungen) davon abhalten, Wertpapiere zugunsten einer verstärkten Kreditgewährung abzubauen. – 2. *Annahmen:* a) Banken rechnen nur mit vorübergehenden Kursverlusten; nur für diesen Fall ließen sich durch Halten der Wertpapiere Buchverluste vermeiden. b) Kreditzinsen sind relativ starr, was zur Folge hätte, daß Verluste aus dem Verkauf der Wertpapiere nicht durch entsprechend höhere Erträge aus dem Kreditgeschäft kompensiert werden könnten. c) Es bleibt unberücksichtigt, daß die Banken bestrebt sein werden, ihren Kunden in der Kreditgewährung soweit wie möglich entgegenzukommen und deshalb ggf. kurzfristige Rentabilitätsüberlegungen zurückstellen werden. Darüber hinaus ist zu beachten, daß jene Papiere, deren Restlaufzeit gering ist, ohne Buchverluste zur Umwandlung in Direktkredite anstehen. – 3. *Beurteilung:* Aufgrund der unter 2. genannten restriktiven Annahmen stößt die a. d. auf Zweifel. – Für die *Bundesrep. D.* kann aufgrund empirischer Untersuchungen die a. d. nicht bestätigt werden. Im Gegenteil ist festzustellen, daß die Banken während Restriktionsphasen in deutlicher Regelmäßigkeit mit steigendem Wertpapierzins und sinkendem Kurs ihre Wertpapierbestände zugunsten von Direktkrediten tendenziell abbauen.

Aval, *Bankaval,* Bankbürgschaft (→Bürgschaft) oder →Bankgarantie, die das Kreditinsitut mit Gewährung eines →Aval-Kredits zur Verfügung stellt. Die *wichtigsten A.* sind →Anzahlungsaval, Lieferungs- und Leistungsaval, →Gewährleistungsaval.

Aval-Kredit, Kredit, den eine Bank durch Übernahme einer Bürgschaft (§§ 765 ff. BGB)

oder Stellung einer Garantie gewährt
(→Aval). Die Bank stellt dabei keine eigenen
Mittel, sondern die eigene Kreditwürdigkeit
zur Verfügung (→Kreditleihe). 1. Kredite zur
Besicherung von gestundeten Steuern, Zöllen
und Frachten. Die mit dem Aval der Bank
versehenen Wechsel werden bei den berechtigten Behörden hinterlegt, oft mittels besonderer Formblätter. – 2. A.-K. in Form des mit
Aval versehenen →Solawechsels bei Investi-
tionskrediten, insbes. bei gestörtem Kapitalmarkt (so zum Wiederaufbau des Kohlen-
bergbaus). – 3. A.-K. als Bankbürgschaft bei
Ausführung von Aufträgen: a) für öffentliche
Stellen, b) im Auslandsgeschäft, c) als Sonderform der →Anzahlungsgarantie, mit der die
rechtzeitige und/oder ordnungsgemäße Lieferung verbürgt wird, oder als Bietungs- bzw.
Submissionsgarantie bei →Ausschreibungen.

AVER-Abkommen, Abkommen über eine
Verkehrsteilung zwischen Eisenbahn und
Rheinschiffahrt, abgeschlossen 1949 in Paris
zwischen den Eisenbahnen Belgiens, Deutschlands, Frankreichs, der Niederlande und
Luxemburgs und den die Relation Basel-
Rheinmündungshäfen bedienenden Reedereien. – *Inhalt:* Der Rheinschiffahrt bleibt der
Massengutverkehr vorbehalten, dafür verzichtet diese zugunsten der Eisenbahnen auf die
Beförderung kleiner Ladungsangebote bis zu
12 t. Bestimmte Güter in bestimmten Relationen bleiben den Eisenbahnen vorbehalten; bei
anderen Gütergruppen bleibt das Tarifgefälle
zwischen Eisenbahn- und Binnschiffahrts-
frachten unverändert.

Averaging, den Durchschnitt bildend. – Im
Bankgeschäft: Optimierung des durchschnittlichen Einstandspreises von Wertpapieren
oder Investmentzertifikaten durch regelmäßigen gleichbleibenden Zukauf. – Vgl. auch
→cost averaging.

Avis. 1. *Allgemein:* Anzeige, Meldung,
Ankündigung. – 2. Mitteilung an den Empfänger über voraussichtliche Ankunft einer *Sendung.* – 3. Bei *Wechsel* Benachrichtigung des
Ausstellers an den Bezogenen über den Grund
der Wechselziehung. – 4. Briefliche Mitteilung
einer Anweisung, eines *Kreditbriefes* an den,
der die Zahlung leisten soll. – 5. Mitteilung
der Akkreditivstelle an den Exporteur über
den Eingang eines →*Akkreditivs.* – 6. Vgl.
→*Bankavis.*

Avoirdupois-Gewicht (avdp.), das in den
USA und Großbritannien gebräuchliche, vom
metrischen System abweichende System von
Masseneinheiten. Es gilt: 1 pound = 16
ounces = 7000 grain. – Vgl. auch die einzelnen
Gewichte.

AVON, amtliches Verzeichnis der Ortskenn-
zahlen im →Selbstwählferndienst für In- und
Auslandsfernverbindungen mit Angaben über
Zeiteinheiten in Sekunden.

AWF-Maschinenkarten, voneinander unabhängige, sich ergänzende Vordrucke zur Überwachung der Maschinen und Betriebsmittel.
1. *Leistungskarte* enthält alle Angaben, die für
die Beurteilung der Einsatzmöglichkeiten der
Maschinen erforderlich sind (Abmessungen,
Zubehör, Antriebsverhältnisse, Drehzahlen
usw.). – 2. *Kostenkarte* (vereinheitlichte →An-
lagenkartei – dort auch Muster –) dient als
Nachweis des Anlagevermögens und als
Unterlage für die Berechnung von kalkulatorischen und buchmäßigen →Abschreibungen.
– 3. *Sonderkarten* (in einem Verzeichnis
zusammengestellt) für Spezialaufgaben innerbetrieblicher →Kontrolle.

AWIDAT,   **Abfallwirtschaftsdatenbank,**
→Datenbank, die im Rahmen des Infor-
mations-   und   Dokumentationssystems
→UMPLIS beim Umweltbundesamt betrie-
ben wird.

AWV, Außenwirtschaftsverordnung, →Au-
ßenwirtschaftsgesetz.

Axiom. 1. Nach *moderner* Auffassung grundlegende →Gesetzesaussage innerhalb eines
theoretischen Systems. – 2. Innerhalb der
Aristotelischen Wissenschaftsauffassung Aussage, die keiner weiteren Prüfung bedarf, weil
sie als unbezweifelbar wahr bzw. evident
erscheint; der darin zum Ausdruck kommende
→Essentialismus ist angesichts der wissen-
schaftshistorisch vielfach nachgewiesenen
Notwendigkeit, vormals als evident geltende
Einsichten zu revidieren, nicht haltbar (→Fal-
libilismus). – 3. Versuche, die Aussagen eines
theoretischen Systems logisch zu ordnen, werden als *Axiomatisierung* bezeichnet. Wichtige
Grundforderung ist dabei, daß A. untereinander widerspruchsfrei sein sollen (→Konsi-
stenzpostulat).

axiomatische Methode, in den Wissenschaften allgemein als präziseste und strengste
geltende Methode. Aufspaltung der Aussa-
genmengen eines Theoriensystems in
→Axiome und Theoreme; letztere werden aus
ersteren deduziert (→Deduktion). Jeder
Ableitungsschritt ist präzise anzugeben.

AZO, Allgemeine Zollordnung, Verordnung
vom 29.11.1961 (BGBl I 1937) i.d.F. der
Bekanntmachung vom 18.5.1970 (BGBl I 560,
1221, 1977 I 287, 1982 I 667); Vorschriften-
sammlung Bundesfinanzverwaltung – VSF – Z
0151 Durchführungsvorschrift zum →Zollge-
setz mit Bestimmungen normativen Charakters.

B

B, Abk. für Brief (→Briefkurs), in Kurszetteln verwandt. – Vgl. auch →Notierungen an der Börse.

b, →bz.

BA, Abk. für →Bundesanstalt für Arbeit.

BAA, Abk. für →Bundesausgleichsamt.

BAB, Abk. für →Betriebsabrechnungsbogen.

baby bond, kleingestückelte →Anleihe, durch die in den USA weite Kreise der Bevölkerung zu Interessenten am Kapitalmarkt geworden sind; in anderen Ländern seltener. In der Bundesrep. D. zuletzt 1951.

Bachmann-Diagramm, von C. W. Bachmann 1969 entwickelte Beschreibungsmöglichkeit für konzeptionelle Schemata (→konzeptionelles Schema). Als erweitertes B.-D. verwendbar bei →Relationen und →Netzwerkmodell. Die konzeptionellen →Dateien werden mit ihren Feldern und Schlüsseln sowie ihren Beziehungen untereinander dargestellt.

Bäckerei, Handwerksbetrieb des Nahrungsmittelgewerbes. Sonderbestimmungen bezüglich Arbeitszeit: Nachtbackverbot von Montag bis Freitag von 0 bis 4 Uhr und 22 bis 24 Uhr, am Sonnabend von 22 bis 24 Uhr und Arbeitsverbot an Sonn- und Feiertagen gem. Gesetz über die Arbeitszeit in B. und Konditoreien vom 29.6.1936 (RGBl I 525) mit späteren Änderungen.

Backstop-Ressource, →Backstop-Technologie.

Backstop-Technologie. 1. *Auffangtechnologie* (Endres), Produktionsverfahren, mit dem eine noch erschöpfbare →natürliche Ressource *(Backstop-Ressource)* als Substitut für eine andere erschöpfbare Ressource nutzbar gemacht werden kann. B.-T. umfaßt bekannte (Sonnenenergiegewinnung) oder noch zu entwickelnde (z. B. Kernfusion) Technologien. Die Nutzung der Backstop-Ressourcen ist i. a. mit hohen Kosten verbunden, d. h. sie erfolgt erst bei hinreichend angestiegenem Preis der zu ersetzenden Ressource. Existenz von Backstop-Ressourcen und zugehörige B.-T. relativieren das →Ressourcenproblem. – 2. Als B.-T. werden in der Literatur auch *Alternativtechnologien* (Siebert) wie z. B. Kohleverflüssigungsverfahren bezeichnet.

back-to-back credit, →Gegenakkreditiv.

Backtracking, *Suchmethode*. – 1. *Prinzip*: An denjenigen Punkten des Suchvorgangs, an denen zur Fortsetzung der Suche eine Auswahlentscheidung zwischen mehreren Möglichkeiten getroffen werden muß, wird zunächst der aktuelle Zustand festgehalten, bevor man die verschiedenen Möglichkeiten verfolgt. Durch das Festhalten des Zustands ist gewährleistet, daß bei jeder Möglichkeit wieder von den richtigen Vorbedingungen ausgegangen werden kann, wenn andere Möglichkeiten nicht zum Erfolg geführt haben. – 2. *Verwendung* in der →künstlichen Intelligenz und bei →rekursiver Programmierung.

backup facility, →backup line.

backup line, *backup facility*, Stützungsfazilität, die einem Kreditnehmer von seiner Bank zur Verfügung gestellt wird (→Kreditfazilität); meist eine Deckungslinie für die Emission von kurzfristigen Wertpapieren.

Backup-System. 1. *Begriff:* Ein Sicherungssystem, das beim Betrieb eines →Computersystems (→Systembetrieb) erlaubt, nach dem Ausfall einer Systemkomponente oder des Gesamtsystems schnell wieder einen ordnungsgemäßen Zustand zu erreichen (Wiederanlauf). – 2. *Maßnahmen:* a) *hardwareorientiert* (→Hardware): Betrieb eines Parallelsystems, das beim Ausfall einer Komponente die Funktion des anderen Computersystems übernimmt; ggf. auch Inanspruchnahme eines Ersatzrechenzentrums (→Rechenzentrum); b) *softwareorientiert* (→Software): Wiederanlaufpunkte in →Anwendungsprogrammen und →Systemprogrammen, →Programme zur Rekonstruktion verlorengegangener Daten; c) *organisatorisch:* regelmäßige →Datensicherung (z. B. nach dem →Drei-Generationen-Prinzip).

Backus-Naur-Form, Beschreibungsmittel zur Definition der →Syntax einer Programmiersprache; 1959 von J. W. Backus und P. Naur eingeführt; erstmals zur Definition der Programmiersprache Algol60 (→Algol) verwendet.

backwardation, Differenz zwischen dem Preis für die Kassaware und dem (niedrigeren) Preis für Terminware im →Warentermingeschäft. – *Ähnlich:* →Deport.

backward linkage, Verflechtung eines Sektors mit vorgelagerten Sektoren. Im Modell des ungleichgewichtigen Wachstums von Wirtschaftsregionen oder Industrien kommt es zu b.l., weil neue Produktionszweige auf ihren Beschaffungsmärkten Mehrnachfrage entfalten, die zu Verknappungen führt. Kommt es in der Folge im Beschaffungsbereich zu Preissteigerungen, so werden dort neue und vergrößerte Produktionen lohnend. Dies führt zu zusätzlicher Nachfrage nach Kapital und Arbeit. Das Wachstum der vorgelagerten Bereiche induziert ein Wachstum der nachgelagerten.

backwash effect, →Konter-Effekt.

Baden-Württembergische Wertpapierbörse zu Stuttgart, gegründet 1861. – *Börsenvorstand:* Leitungsorgan ist der Börsenvorstand. Dieser wird auf die Dauer von 3 Jahren aus den am Handel beteiligten Personen gewählt; er besteht aus 23 Mitgliedern. Er setzt sich zusammen aus 20 Mitgliedern aus dem Kreis der selbständigen Börsenbesucher (Geschäftsinhaber/-leiter eines Mitgliedsinstituts), je einem Mitglied aus dem Kreis der unselbständigen Börsenbesucher (Angestellte einer zur Wertpapierbörse zugelassenen Unternehmen), Kursmakler und freien Makler. Über diese Anzahl hinaus kann der Vorstand je ein Mitglied aus den Kreisen der Aussteller von zum Börsenhandel zugelassenen Wertpapieren, der Anleger und der Kapitalsammelstellen hinzuwählen. Der Vorstand wählt aus seiner Mitte den Vorsitzenden, einen 1., 2., 3. und 4. Stellvertreter. – *Mitglieder der Börse* sind Kreditinstitute, Kursmakler und freie Makler. Über die Aufnahme von Kreditinstituten und freien Maklern entscheidet der Börsenvorstand. Die Kursmakler sind kraft Amtes zugelassen. – *Börsenverkehr:* Die amtliche Feststellung der Kurse erfolgt durch den Börsenvorstand unter Mitwirkung der amtlichen Kursmakler. Die Handelsbedingungen sind in den „Usancen" schriftlich fixiert. Für Streitigkeiten aus Börsengeschäften ist eine Schiedsgerichtsordnung aufgestellt. Über die Lieferbarkeit von Wertpapierurkunden zur ordnungsgemäßen Erfüllung eines Börsengeschäfts entscheidet auf Antrag der Gutachterausschuß. Börsengeschäfte dürfen nur im Namen eines an der Börse zugelassenen Unternehmens abgeschlossen oder zwischen solchen Unternehmen vermittelt werden. *Kursbekanntgabe:* Börsentäglich erscheint das Amtliche Kursblatt mit der Beilage für die Preisfeststellungen im Freiverkehr. Bekanntmachungen der Börsenorgane werden im Amtlichen Kursblatt und durch Börsenaushang veröffentlicht. Die *Zulassung von Wertpapieren* zum Börsenhandel erfolgt durch eine Kommission (Zulassungsstelle) aus mindestens zwölf und höchstens 18 Mitgliedern. Von diesen müssen mindestens die Hälfte Personen sein, die nicht berufsmäßig am

Börsenhandel mit Wertpapieren beteiligt sind. Für die Einbeziehung von Werten in den geregelten und ungeregelten Freiverkehr bestehen eigene Ausschüsse. – *Börsenaufsicht:* Die Aufsicht über die Wertpapierbörse wird vom Wirtschaftsministerium des Landes Baden-Württemberg ausgeübt.

BAFF, Abk. für →Bundesanstalt für Fleischforschung.

BAFl, Abk. für →Bundesamt für die Anerkennung ausländischer Flüchtlinge.

BAföG. 1. Abk. für Bundesausbildungsförderungsgesetz. – 2. Umgangssprachliche Bezeichnung für die Leistungen der →Ausbildungsförderung.

BafU, Abk. für →Bundesausführungsbehörde für Unfallversicherung.

BAG. 1. Abk. für →Bundesarbeitsgericht. – 2. Abk. für →Bundesanstalt für den Güterfernverkehr.

Bagatellarzneimittel, Heilmittel, die bei geringfügigen Gesundheitsstörungen verordnet werden, z. B. Mittel gegen Erkältungskrankheiten, grippale Infekte, Reisekrankheiten, Mund- und Rachentherapeutika, Abführmittel. Kosten für B. werden seit 1.4.1983 nicht mehr von der gesetzlichen Krankenversicherung übernommen, ausgenommen für Versicherte und Angehörige vor der Vollendung des 16. Lebensjahrs. (§ 182 f RVO i.d.F. des Haushaltsbegleitgesetzes 1983 vom 20.12.1982 – BGBl I 1857).

Bagatellklausel, *Franchiseklausel.* 1. *Versicherungswesen:* Versicherungsklausel, die den Versicherer von der Ersatzpflicht bei solchen Schäden befreit, die sich innerhalb bestimmter weniger Prozente vom Versicherungswert halten. Üblich besonders bei der Seeversicherung, da hier geringe Schäden häufig vorkommen. Formulierung der B.: „Frei von 3 (5 oder 10) Prozenten Beschädigung." Vgl. auch →Franchise. – 2. *Kartellrecht:* Ausnahmen von der Fusionskontrolle. Vgl. im einzelnen →Kartellgesetz III 1.

Bagatellsteuern. 1. *Begriff:* Steuerarten, deren Aufkommen im Verhältnis zum Gesamtsteueraufkommen der jeweiligen Gebietskörperschaft (Bund, Land, Gemeinde) so gering sind, daß nach Abzug der Eintreibungskosten kaum Überschuß verbleibt oder die Verwaltungskosten überwiegen. Beispiele: Tee-, Leuchtmittel-, Zucker-, Salz-, Gesellschaft-, Wechselsteuer (Bundessteuern); Feuerschutzsteuer (Landessteuer); Jagd-, Fischerei-, Schankerlaubnis- und Hundesteuer (Gemeindesteuern). – 2. *Finanzwissenschaftliche Bedeutung:* Während die Abschaffung der B. mit der Steuervereinfachung begründet wird, begründet die Finanzwissenschaft die Erhebung einer B. mit dem jeweils unterschiedlich hohen Beitrag der B. zum

Steueraufkommen der Gebietskörperschaften; sie weist auf manche Ergänzungs- und Folgefunktionen der B. im gesamten Steuersystem hin (→steuerliche Beziehungslehre). Dabei wird allerdings auch offenkundig, daß der Katalog der B. Lücken enthält. Das Problem der Lücken im System ist aber ein Problem der →Verbrauchsbesteuerung insgesamt.

BAGUV, Abk. für →Bundesverband der Unfallversicherungsträger der öffentlichen Hand e. V.

Bahamas, Inselgruppe im mittleren Atlantik, bestehend aus 30 Hauptinseln und einigen tausend kleinen Koralleninseln. – *Fläche:* 13 939 km². – *Einwohner* (E): (1983) 222 000 (16 E/km²); jährliches Bevölkerungswachstum: 2,1%. – *Hauptstadt:* Nassau (134 000 E) auf der Insel New Providence. – Seit 1841 innere *Selbstverwaltung,* 1973 *Unabhängigkeit* innerhalb des Commonwealth, parlamentarische Monarchie. – *Amtssprache:* Englisch.

Wirtschaft: Schwach entwickelte *Landwirtschaft,* nur 17 800 ha werden bewirtschaftet. Angebaut werden Gurken, Tomaten, Bananen, Ananas, Zitrusfrüchte. Die Viehwirtschaft ist auf Milchprodukte und Geflügelzucht orientiert. Fischerei gut entwickelt und dient zunehmend dem Export. 9% der Erwerbstätigen in der Landwirtschaft, Anteil am BSP 8% (1984). – Die *Industrie* umfaßt eine Erdölraffinerie, eine Zementfabrik, Schiffbau und Reparaturwerften sowie zahlreiche Kleinbetriebe. 14% der Erwerbstätigen in der Industrie; Anteil am BSP 12% (1984). – Der *Fremdenverkehr* erbringt über 50% des BSP (1981: 1,8 Mill. Touristen). – Durch günstige Steuergesetzgebung Entwicklung zu einem *Zentrum der Weltfinanz* (1982: 388 lizenzierte Banken). – *BSP:* (1985, geschätzt) 1670 Mill. US-$, (7150 US-$ je E). – *Export:* (1985) 1426 Mill. US.$, v.a. Bauholz, Krustentiere, Zement, Salz. – *Import:* (1985) 2420 Mill. US-$, v.a. Industrie- und Konsumgüter, Erdöl. – *Handelspartner:* USA, EG, Brasilien, Kanada.

Verkehr: 22 300 km feste *Straßen.* – Die B. sind wichtiger *Schiffs- und Luftverkehrsknotenpunkt.* – Es gibt zwei internationale (Nassau und Freeport), 9 staatliche Inland- und 44 private *Flugplätze.* – *Tiefseehäfen* sind in Nassau und Freeport.

Mitgliedschaften: UNO, AKP, CARICOM, CCC, UNCTAD u.a.; Commonwealth.

Währung: 1 Bahama Dollar (B$) = 100 Cents.

Bahnfrachtgeschäft, Beförderung von Gütern im →Bahnverkehr. Abschluß des →Frachtvertrages mit der Annahme des Gutes und des zugehörigen →Frachtbriefs durch die Bahn. *Voraussetzung:* Erfüllung der Beförderungsbedingungen nach →Eisenbahn-Verkehrs-Ordnung und →Eisenbahn-Tarif. Es entstehen Rechte des Absenders und des Empfängers. – Das →Übereinkommen über den internationalen Eisenbahnverkehr (COTIF) gilt bei Frachtverkehr mit durchgehenden Frachtbriefen zwingend.

Bahnhof, Station des →Schienenverkehrs (insbes. des Eisenbahnverkehrs). Meist räumlich-organisatorische Trennung zwischen dem *Personen-B.* zum Ein-, Aus- und Umsteigen der Reisenden mit Fahrkartenverkauf, Warteräumen und Reisegepäckein- und -auslieferung, dem *Güter-B.* Zur Abfertigung des Stückgut-, Massengut- und kombinierten Verkehrs sowie dem *Rangier-B.* zum Bilden, Auflösen, Umordnen und Neubilden von Zügen aus Eisenbahnwagen unterschiedlicher Abgangs- und Empfangsorte. – Vgl. auch →Omnibusbahnhof.

Bahnpost, Einrichtung der Deutschen Bundespost zur Beförderung der →Postsendungen und Bearbeitung im Bahnpostwagen. Die B. untersteht der Leitung der *Bahnpostämter* (aufgeführt im →Ortsverzeichnis), die den Postbetrieb in den Eisenbahnzügen auf den ihnen zugeteilten Strecken zu regeln haben.

Bahnverkehr, →Verkehr von Personen und Gütern mit Bahnen. Vgl. im einzelnen →Schienenverkehr, →Eisenbahnverkehr. – *Statistische Erfassung:* Vgl. →Verkehrsstatistik.

Bahrain, Emirat im persischen Golf; Archipel bestehend aus 33 Kalksteininseln. – *Fläche:* 622 km². – *Einwohner* (E): (1985; geschätzt) 420 000 (675,2 E/km²). – *Hauptstadt:* Al-Manamah (= Manama): 150 000 E. – Bis 1971 war B. unter britischem Protektorat, seit 14.8.1971 *unabhängig.* – *Amtssprache:* Arabisch.

Wirtschaft: Basis ist die Erdölförderung (unterscheidet sich von anderen ölexportierenden Ländern der Golfregion durch geringeren Anteil des Erdöls am BSP). B. ist wichtigster Standort für verarbeitende Industrie und Dienstleistungen in der Golfregion. B. entwickelt sich zum bedeutendsten internationalen Finanzplatz des Nahen und Mittleren Ostens (118 Banken und Geldinstitute mit 33 330 Mill. US-$ Einlagen). – *BSP:* (1985, geschätzt) 4040 Mill. US-$ (9560 US-$ je E.). – *Export:* (1985) 2864 Mill. US-$, v.a. Erdöl, Erdölprodukte. – *Import:* (1985) 2930 Mill. US-$, v.a. Maschinen, Konsumgüter. – *Handelspartner:* USA, EG, Japan, Saudi-Arabien.

Verkehr: Gut entwickeltes Verkehrswesen; die Hauptinseln sund durch *Landbrücken* miteinander verbunden. – Einer der größten und modernsten internationalen *Flughäfen* in der Golfregion befindet sich auf der Insel Muharrak nordöstlich der Hauptinsel. Wichtigster

Hafen ist Mina Salman, der Hafen von Sitra dient als Ölhafen.

Mitgliedschaften: UNO, OAPEC, OIC, UNCTAD u.a.; Arabische Liga.

Währung: 1 Bahrain Dinar (DB) = 1000 Fils.

Baisse, sinkende Börsenkurse oder Preise. –
Baissespekulation: Der Baissier an der Börse erwartet ein baldiges Nachgeben der Kurse und verkauft im →Termingeschäft zum noch gültigen (höheren) Kurs Papiere, die er i.d.R. noch gar nicht besitzt, aber bis zum Monatsende günstig zu erwerben hofft; die Differenz aus (niedrigem) Erwerbspreis und (höherem) Verkaufspreis ist sein Spekulationsgewinn (Agiotage des Differenzgeschäfts). – *Gegensatz:* →Hausse.

Baisseklausel, Vereinbarung bzw. Vermerk auf Rechnungen, daß bei einem höheren Dollarkurs am Zahlungstag der Rechnungsbetrag sich entsprechend erhöht. Form der →Wertsicherungsklausel.

Baissespekulation, →Baisse.

Bake. 1. *Seezeichen:* Kennzeichnung der Fahrrinne. – 2. *Verkehrszeichen:* a) Bahnverkehr: Tafel mit schwarzen Schrägstreifen auf weißem Grund, vor dem Vorsignal; b) Straßenverkehr: Kennzeichnung von Eisenbahnübergängen, in Abständen von 240, 160 und 80 m gesetzte Pfähle mit drei, zwei und einem roten Schrägstreifen.

BAKred, Abk. für →Bundesaufsichtsamt für das Kreditwesen.

Balanced-budget-Theorem, finanzwissenschaftlicher Begriff. Das B.-b.-T. ist in seinen verschiedenen Ausprägungen ein Abbild der Diskussion um die volkswirtschaftlichen Effekte eines ausgeglichenen Budgets. Seit den Untersuchungen T. Haavelmos (Y Haavelmo-Theorem) ist bekannt, daß auch ein ausgeglichenes Budget wegen unterschiedlicher Multiplikatoren je nach Einnahme- und Ausgabeart zu multiplikativen Effekten führen kann (→Staatsausgabenmultiplikator, →Steuermultiplikator, →Transfermultiplikator).

balance sheet, amerikanische Bilanz.

I. Aufbau: 1. Die *Aktivseite* wird mit *assets* (Anlage- und Umlaufvermögen) bezeichnet, die *Passivseite* mit *liabilities and shareholders equity* (Verbindlichkeiten und Eigenkapital). Im Gegensatz zur englischen Bilanz (Passiva links, Aktiva rechts) ist die amerikanische Bilanz wie die deutsche aufgebaut. – 2. *Gliederung:* a) *Assets* (Aktiva): *current assets* (Umlaufvermögen), *long term investments* (Wertpapiere des Anlagevermögens), *tangible fixed assets* (materielle Werte der Anlagevermögens), *intangible fixed assets* (immaterielle Werte des Anlagevermögens), *deferred charges* (aktive Rechnungs-Abgrenzungs-Posten,

soweit sie nicht Forderungscharakter besitzen). – b) *Liabilities and shareholders' equity* (Passiva): *current liabilities* (kurzfristige Verbindlichkeiten), *longterm debt* (langfristige Verbindlichkeiten), *shareholders' equity* (Eigenkapital), *earnings retained in the business* (Gewinnvortrag).

II. Bilanz-Vorschriften: Die Bilanzterminologie und -gliederung ist so einfach wie möglich gehalten, damit auch Aktionäre mit geringer Sachkunde den Jahresabschluß verstehen können. Bilanzierungsvorschriften bestehen, abgesehen von den strafrechtlichen Mindestvorschriften, nur für die Steuerbilanz und die der amerikanischen Wertpapier-Aufsichtsstelle (Securities and Exchange Commission) einzureichende Bilanz. Der veröffentlichte Jahresabschluß richtet sich im Prinzip nach dem Schema der *Securities and Exchange Commission* und nach den allgemein anerkannten *good accounting principles,* weist aber fast stets *individuelle* Züge auf. Bestrebungen, eine einheitliche Bilanzgliederung einzuführen, haben sich bisher nicht durchgesetzt.

III. Bilanztheorien: Bilanztheorien wie in der Bundesrep. D. gibt es in den USA nicht. Die in den deutschen Bilanztheorien behandelten Probleme werden nicht in systematischer, sondern in praktischer Weise gelöst. Der *Erfolgsermittlungszweck* steht im Vordergrund der Bilanzierung (dynamische Auffassung). Daneben sollen aus der Bilanz *finanzwirtschaftliche* Schlüsse zu ziehen sein (→*working capital*), die Aussagefähigkeit der Bilanz über die Liquidität soll vor allem durch Aufstellung und Veröffentlichung finanzwirtschaftlicher Bilanzen verbessert werden.

Balkencode, →Barcode.

BALM, Abk. für →Bundesanstalt für landwirtschaftliche Marktordnung.

BAM, Abk. für →Bundesanstalt für Materialforschung und -prüfung.

ban, Abk. für bundeseinheitliche Artikelnumerierung (→Artikelnummernsysteme).

Banco de España, Sitz in Madrid, Notenbank Spaniens, 1829 als Banco Español de San Fernando gegr., 1847 Verschmelzung mit Banco de Isabel II, seit 1856 heutiger Name, seit 1874 einzige Notenbank. Die Bank betreibt alle üblichen Notenbankgeschäfte und führt die Bankgeschäfte der Regierung. Bis 1962 hatte die Bank die Rechtsform einer AG, deren AKap. sich aber z.T. schon in Regierungsbesitz befand; danach wurde sie ganz verstaatlicht. Sie übernahm gleichzeitig den bis dahin vom Instituto Español de Moneda Estranjera verwalteten Gold- und Devisenbestand und hat jetzt die gesamte Kreditwirtschaft zu überwachen, untersteht den Weisungen des Finanzministers.

Banco de Portugal, Sitz in Lissabon, Zentralnotenbank Portugals, gegr. 1846, 1974 verstaatlicht. Ihr obliegt ausschließlich die Ausgabe der Banknoten, die Aufsicht über das Kreditwesen und die Kontrolle der Währungsreserven. Sie bestimmt die Kreditplafonds, setzt Soll- und Habenzinsen sowie Mindestreservesätze fest.

Bandbreite. Geldpolitik/-theorie: In einem System →fester Wechselkurse (z. B. Bretton-Woods-System, Europäisches Währungssystem) Spanne, innerhalb derer der Wechselkurs um die festgelegte Parität schwanken darf, ohne daß die Notenbank intervenieren muß (→Interventionspflicht).

II. Kommunikationstechnik/elektronische Datenverarbeitung: Maß für die Informationsmenge einer Nachricht, die in der Zeiteinheit übertragen werden muß. Eine hohe B. besitzen →Breitbandnetze, eine niedrige →Schmalbandnetze.

banded pack, Maßnahme der →Verkaufsförderung. Zwei komplementäre Produkte werden in einer Verpackung angeboten, wie z. B. Hemd mit Krawatte, Schal oder Pullover; Zahnpasta mit Zahnbürste oder/und Mundwasser usw. Der Zweck liegt in stärkerer Nutzung der mit dem bisherigen Produkt angesprochenen Zielgruppenkreise sowie in der Aufforderung an den Handel, das neue Produkt ebenfalls aufzunehmen. – Vgl. auch →self liquidation offer.

Bandenschmuggel, Zoll- und/oder Steuerdelikt (§ 397 AO). B begeht, wer sich mit mindestens zwei weiteren Personen zu gemeinschaftlicher Ausübung der Hinterziehung von →Eingangsabgaben oder des →Bannbruchs verbindet und eines von beiden gemeinschaftlich ausführt. – Strafe: Freiheitsstrafe nicht unter drei Monaten. – Vgl. auch →Steuerhinterziehung.

Banderolensteuer, Streifensteuer, Zeichensteuer, mittels Verwendung von Banderolen (= Papierstreifen) oder anderen Steuerzeichen erhobene Verbrauchssteuer auf ein verpacktes Konsumgut, z. B. →Tabaksteuer (auf Rauch-, Kau-, Schnupftabak, Zigarren, Zigaretten, Zigarettenpapier). – Steuerschuldner ist der Hersteller.

Bandwagon-Effekt, →externer Konsumeffekt 1.

Bangladesch, sozialistische Volksrepublik im Nordosten des indischen Subkontinents am Mündungsgebiet des Ganges. – Fläche: 143 998 km². – Einwohner (E): (1986, geschätzt) 100,6 Mill. (698,8 E/km²). – Hauptstadt: Dhaka (= Dacca): 3,45 Mill. E; weitere Großstädte: Chittagong (= Tschittagong): 1,39 Mill. E, Khulna (623 000 E), Rajshahi (172 000 E). Seit dem Befreiungskrieg gegen Pakistan 1971 unabhängig, 1982 Staatsstreich

der Armee und Einsetzung einer Militärregierung. B. gliedert sich administrativ in vier Regionen. – Amtssprache: Bengali (Mittlersprache: Englisch).

Wirtschaft: B. ist ein rückständiges Agrarland mit sehr schwach entwickelter Industrie; gehört zu den am wenigsten entwickelten Ländern; jährlicher Import von 2 Mill. t Getreide nötig. – BSP: (1985, geschätzt) 14 770 Mill. US-$ (150 US-$ je E). – Öffentliche Auslandsverschuldung: (1984) ca. 40% des BSP. – Inflationsrate: durchschnittlich 9,9%. – Export: (1985) 927 Mill. US-$, v. a. Jute, Tee, Leder, Fischprodukte, Papier. – Import: (1985) 2170 Mill. US-$, v. a. Getreide und Lebensmittel, Erdöl, Maschinen. – Handelspartner: Indien, USA, EG, Japan.

Verkehr: Länge des Eisenbahnnetzes ca. 3000 km, des Straßennetzes ca. 10 000 km. Wichtigster Verkehrsträger mit 75% Anteil am Personen- und Güterverkehr ist die Flußschiffahrt. – Staatliche Fluggesellschaft BIMAN fliegt 9 Flughäfen im Binnenverkehr an, Dhaka und Chittagong werden auch vom internationalen Verkehr angeflogen. – Wichtigster Hafen: Chittagong.

Mitgliedschaften: UNO, CCC, OIC, UNCTAD u. a.; Colombo-Plan; Commonwealth.

Währung: 1 Taka (Tk.) = 100 Poisha (ps.).

Bank, Bankbetrieb, Kreditinstitut, Wirtschaftseinheit, die durch Verknüpfung der bankbetrieblichen Produktionsfaktoren geld- und kreditbezogene Dienstleistungen erstellt. – 1. Volkswirtschaftliche Funktion: Liquiditätsausgleich innerhalb des dem Wertestrom der Sachgüter und Dienstleistungen entgegengerichteten Geldstroms durch Losgrößen-, Fristen- und Risikotransformation. – 2. Einzelwirtschaftliche Funktionen: a) Umtauschfunktion: Schaffung von Möglichkeiten des Tauschs liquider Mittel unterschiedlicher Form und/oder Qualität. – b) Depotfunktion: Verwahrung liquider Mittel über bestimmte Zeiträume. – c) Transportfunktion: Räumliche Übertragung monetärer Mittel. – d) Finanzierungsfunktion: Zeitweilige Überlassung von Geld oder Kredit an Dritte. – 3. Legaldefinition: Nach § 1 KWG sind Kreditinstitute alle Unternehmungen, die →Bankgeschäfte betreiben, wenn der Umfang dieser Geschäfte einen in kaufmännischer Weise eingerichteten Geschäftsbetrieb erfordert. Sie können auch in öffentlicher Hand sein (→öffentliche Kreditinstitute). Kreditinstitute sind demnach: →Kreditbanken, →Sparkassen und →Landesbanken, Genossenschaftsbanken (→Kreditgenossenschaft) und genossenschaftliche Zentralkassen, →Realkreditinstitute, Teilzahlungskreditinstitute, →Kreditinstitute mit Sonderaufgaben und → Kapitalanlagegesellschaften. Keine Banken sind demnach die

Bundesbank, Bausparkassen, Versicherungsunternehmen, Pfandleihunternehmen sowie die →Deutsche Bundespost mit gewissen Ausnahmen hinsichtlich der →Postsparkasse und der →Postgiroämter (§ 2 KWG). – Vgl. auch →Bankbetriebslehre.

Bankaktie, →Aktie einer →Aktienbank. Im Kurszettel eine besondere Rubrik für die Aktien der →Kreditbanken und der →Hypothekenbanken. Früher wegen der stabilen Dividendenpolitik der Aktienbanken zu den typischen Anlagepapieren gerechnet.

Bankakzept. 1. Auf eine Bank bezogener →Wechsel im Rahmen eines →Akzeptkredites. Wird auch als *Kreditakzept* bezeichnet, weil der Akzeptkredit überwiegend der Finanzierung eines Handelsgeschäfts dient. Unter bestimmten Voraussetzungen gelten B. als →Privatdiskonte (zu den Voraussetzungen vgl. im einzelnen dort). – 2. Ein zur Deckung des eigenen Finanzierungsbedarfs gegebener Wechsel seitens einer Bank. Wird auch als *Finanzakzept* bezeichnet.

Bankanleihe, *Bankobligation, Bankschuldverschreibung,* von →Kreditbanken aufgenommene mittel- oder langfristige →Anleihe; in der Bundesrep. D. unüblich. – Vgl. auch →Kassenobligation.

Bank-auf-Bank-Ziehung, →Bankziehung.

Bankauftrag, →Geschäftsbesorgungsvertrag, der mit der →Bank geschlossen wird, besonders geregelt in Nr. 6 ff. der Allgemeinen Geschäftsbedingungen (AGB) der Banken. Danach müssen Aufträge jeder Art den Gegenstand des Geschäfts zweifelsfrei erkennen lassen; Abänderungen, Bestätigungen oder Wiederholungen müssen als solche gekennzeichnet sein. Diese Bestimmung hat besondere Bedeutung bei telefonisch oder telegrafisch gegebenen Aufträgen, deren briefliche Bestätigung als solche gekennzeichnet werden soll, um eine doppelte Ausführung des Auftrages zu vermeiden. – *Haftung:* Wenn aus Verzögerungen oder Fehlleitungen bei der Ausführung von Aufträgen oder Mitteilungen hierüber ein Schaden entsteht, so haftet die Bank lediglich für den Zinsausfall, es sei denn, daß sie im Ernstfall die drohende Gefahr eines darüber hinausgehenden Schadens aus dem Auftrag ersehen mußte. Für einen nur mit einer Wertänderung des Zahlungsmittels begründeten Schaden haftet sie nicht (Nr. 7 AGB). Den Schaden, der aus Übermittlungsfehlern im fernmündlichen und fernschriftlichen Verkehr mit dem Kunden entsteht, trägt der Kunde, sofern der Schaden nicht von der Bank verschuldet ist (Nr. 8 AGB).

Bankausweis, regelmäßig, meist wöchentlich, von einer Notenbank zu veröffentlichende Übersicht über ihren →Status zur Beurteilung der Währungs- und Geldmarktlage. Auf der Aktivseite werden v. a. Gold- und Devisenbestände, Wechselportefeuille und Lombarddarlehen, Wertpapierbestand (deckungsfähige Wertpapiere), auf der Passivseite der Betrag der umlaufenden Noten und die fremden Gelder aufgeführt.

Bankaval, →Aval.

Bankavis, Bestätigung eines →Akkreditivs durch verbindliche Erklärung der Bank. Durch das B., das dem Exporteur übermittelt wird, erhält dieser die Gewißheit der Zahlung.

Bankbetrieb, →Bank.

Bankbetriebslehre. I. B e g r i f f / E i n o r d n u n g : B. ist diejenige Teildisziplin der Betriebswirtschaftslehre, die das Bankensystem sowie das einzelne Kreditinstitut mit dem Ziel untersucht, Informationen über Aufbau, Arbeitsweise und Beziehungen in der Gesamtwirtschaft zu gewinnen und diese durch Analyse und Auswertung für die Gestaltung von Strukturen und Prozessen nutzbar zu machen. Sie gehört zu den institutionell nach Sachaufgaben bestimmten Wirtschaftszweige eingeteilten →*speziellen Betriebswirtschaftslehren.*

1. B. und Allgemeine Betriebswirtschaftslehre: Erkenntnis- und Erfahrungsobjekt der Allgemeinen Betriebswirtschaftslehre ist großenteils die Industriebetrieb, so daß sich diese wirtschaftswissenschaftliche Teildisziplin heute weitgehend als generalisierte Industriebetriebslehre darstellt (vgl. hierzu auch →Allgemeine Betriebswirtschaftslehre und →Industriebetriebslehre). Aus ihr gewonnene Grunderkenntnisse sind nur sehr beschränkt auf den Bankbetrieb anwendbar: So eignet sich weder das allgemein übliche Schema der →Produktionsfaktoren dazu, den bankbetrieblichen Faktoreinsatz zu erklären, noch paßt die allgemeine betriebswirtschaftliche Vorgehensweise in den Funktionsbereichen →Beschaffung, →Produktion und →Absatz i. d. R. für Untersuchungen des Leistungserstellungs- und -vermarktungsprozesses der Bank. Die typischen Charakteristika der Bankleistungen und ihrer Erstellung sind vielmehr dafür verantwortlich, daß sich die B. unabhängig von der Allgemeinen Betriebswirtschaftslehre zu einem relativ selbständigen Fachgebiet entwickelt hat.

2. B. und Volkswirtschaftslehre: Neben der B. befaßt sich auch die Volkswirtschaftslehre mit Fragen der Kreditwirtschaft. Banken sind zugleich Betriebswirtschaften und notwendige Teile des Systems zur monetären Steuerung der Volkswirtschaft. Sie haben eine Sonderstellung aufgrund ihrer Schlüsselfunktionen für den reibungslosen Ablauf des gesamten Wirtschaftsprozesses. Augenfällige Berührungspunkte der B. mit einer Volkswirtschaftslehre ergeben sich insbes. bei den Theorien der Geldschöpfung sowie Fragen der

Geldpolitik und der Währungspolitik (→monetäre Theorie und Politik).

II. Wissenschaftsziele: Die B. als umfassendes Aussagensystem über alle im Zusammenhang mit dem Kreditsektor stehenden Phänomene und Prozesse hat drei wissenschaftliche Ziele:

1. *Deskriptionsziel:* eine systematische Erfassung und Darstellung des als Erkenntnisobjekt relevanten Ausschnitts der Realität ist erforderlich. Zur Zielerreichung wird die empirisch-deduktive Forschungsmethodik eingesetzt. Besondere Bedeutung kommt der Beschreibungsaufgabe der B. für die Bankenstrukturlehre sowie die Bankgeschäftslehre zu.

2. *Erklärungsziel:* Bei der Verfolgung dieses Ziels geht es um die wissenschaftliche Erklärung und Begründung anschaulich erfahr- und erfaßbarer bankwirtschaftlicher Phänomene in intersubjektiv nachvollziehbarer Weise. Hierzu werden in Form von Erklärungsmodellen (→Modell II) Systeme empirisch gehaltvoller Hypothesen gebildet, die der Aufdeckung funktionaler und kausaler Beziehungen dienen sollen.

3. *Gestaltungsziel:* Das bei der Verfolgung der erstgenannten Ziele gewonnene Wissen ist zum Werkzeug bei der Gestaltung der bankbetrieblichen Realität zu machen. Hierdurch sollen wissenschaftliche Erkenntnisse in praktisch anwendbare Handlungs- und Verhaltensanweisungen für die Bankpraxis transformiert werden.

III. Entwicklung: Die Entwicklung der B. in Deutschland läßt sich in zwei Hauptabschnitten darstellen:

1. *Historische Phase* (1619 bis Ende der 50er Jahres unseres Jahrhunderts): Die historische Phase kann in drei Entwicklungsstufen eingeteilt werden (Grünewald 1963, Glow 1971): a) *Phase einfach organisierter Bankbetriebe* in der Zeit von 1619, dem Gründungsjahr der ersten Girobank im deutschsprachigen Raum, bis 1848, dem Jahr der Gründung des A. Schaaffhausenschen Bankvereins als erster deutscher Aktienbank. Den Anfang der Fachliteratur markiert P. J. Marpergers „Beschreibung der Banquen" (Halle und Leipzig 1717). Die typischen Betriebsformen jener Zeit waren privatwirtschaftlich organisierte *Kaufmannsbanken* bzw. *Kameralistenbanken* als Institute des merkanitilistischen Staates, häufig v. a. mit der Aufgabe der Geld- und Kreditversorgung ihrer Landesherrn. – b) Der Zeitabschnitt bis zur Wende zum 20. Jh. war in Deutschland aufgrund der raschen wirtschaftlichen Entwicklung, der Reichsgründung und Vereinheitlichung des Währungswesens geprägt durch *Entstehung und starkes Wachstum der Anfänge des modernen Bankwesens.* Auf wissenschaftlichem Gebiet waren es v. a. bedeutende Nationalökonomen, die sich im Rah-

men ihrer Geld- und Kredittheorien auch mit zentralen einzelwirtschaftlichen Bankfragen auseinandersetzten. Der Bankbetrieb wurde als ein Handelsunternehmen aufgefaßt. Sie erkannten bereits die geschäftspolitischen Möglichkeiten, die sich aus der Abstimmung von Aktiv- und Passivbereich im Rahmen des „Handels" mit Kredit ergeben. Aus dieser Erkenntnis entstanden die bis heute in ihren Ansätzen relevanten →Liquiditätstheorien mit ihren unterschiedlichen Aussagen bezüglich des Fristenproblems der Transformation von Depositen in Kredite: Während Hübner (1854) völlige Laufzeitenkongruenz forderte (→goldene Bankregel), erkannte Wagner (1857) die Bedeutung eines langfristig verfügbaren Bodensatzes für die Kreditvergabepolitik der Banken (→Bodensatztheorie). Diese Erkenntnisse führten jedoch noch nicht zu einer selbständigen B. im Rahmen der Wirtschaftswissenschaften. – c) In die Zeitspanne von ca. 1900 bis nach dem Zweiten Weltkrieg fällt (nachdem sich zuvor die Betriebswirtschaftslehre als eigenständige Realwissenschaft herausgebildet hatte) die *Entstehung der B. im heute verstandenen, einem einzelwirtschaftlichen Standpunkt ausgehenden Sinn.* Prion definiert in seiner „Lehre vom Bankbetrieb" (1924) die B. erstmals als die Wissenschaft vom Aufbau und der Gestaltung derjenigen Betriebe, die Bankgeschäfte betreiben; sein Beitrag gilt allgemein als das erste der neuen Forschungsrichtung zurechenbare Werk.

2. *Stand und Methoden der B.:* Bis in die 50er Jahre gab es in der jungen bankbetrieblichen Wissenschaftsdisziplin keine methodischen Probleme; im Mittelpunkt der wissenschaftlichen Auseinandersetzung mit dem Bankbetrieb stand zunächst eine umfassende Bestandsaufnahme und Deskription des Bankensystems sowie der Bankgeschäfte. Durch Verlagerung der Schwerpunkte auf unterschiedliche Wissenschaftsziele begannen sich jedoch verschiedene *bankwissenschaftliche Denkrichtungen* mit unterschiedlichen methodologischen Schwerpunkten herauszubilden: a) Eine in der Literatur häufig als *„traditonelle B."* bezeichnete methodische Richtung stellt bis in unsere Zeit weiterhin die Beschreibung von Bankgeschäften, Bankorganisation und anderen bankwirtschaftlichen Einzelproblemen in den Vordergrund. Mülhaupt (1961) stellte in seiner Münsteraner Antrittsvorlesung fest, daß „...im Mittelpunkt fast aller betriebswirtschaftlichen Publikationen der letzten Jahre und Jahrzehnte, die unter der anspruchsvollen Bezeichnung ‚Bankbetriebslehre' erschienen sind, ...nicht der Bankbetrieb als solcher und die sich in ihm vollziehenden Prozesse, sondern die Beschreibung der einzelnen Kredit- und Dienstleistungsgeschäfte, der Bankorganisation, des Rechnungswesens sowie der Struktur des Bankwesens (steht,

Erg. d. Verf.)". Diese Arbeiten lassen nach Mülhaupt eine Analyse der im Bankbetrieb bestehenden funktionalen Zusammenhänge vermissen. Seine Kritik an der traditionellen B. trifft auf eine Vielzahl grundlegender Monographien auch bedeutender Autoren zu. – b) Mit der „*Deppe/Mülhaupt-Schule*" entwickelte sich aus dieser Kritik eine methodische Richtung, die auf einem „strukturellen" Bankbegriff (aus diesem Grund auch als „strukturelle B." bezeichnet) aufbaut: Der Bankbetrieb wird erstmals als ein System zweckmotivierter Handlungen (Entscheidungen) aufgefaßt, in dem auf der Basis bestimmter Zielsetzungen Produktionsfaktoren zu Bankleistungen verknüpft werden. Deppe entwickelt ein bankbetriebliches Faktorsystem, wobei er von der allgemeingültig angelegten Systematik der Produktionsfaktoren Gutenbergs ausgeht. Er kritisiert an diesem System, daß darin der Gedanke der Faktorkombination im gütermäßigen Bereich dominiert. – Jede Bankleistung setzt sich nach Deppe jedoch aus *Teilleistungen einer liquiditätsmäßig-finanziellen und einer technisch-organisatorischen Sphäre* zusammen. Unter der liquiditätsmäßig-finanziellen Bereich versteht Deppe die Gesamtheit aller Zahlungsmittelbestände und aller durch den bankbetrieblichen Leistungserstellungs- und -vermarktungsprozeß ausgelösten Zahlungsmittelbewegungen, die als „monetärer Produktionsfaktor" aufgefaßt werden. Die technisch-organisatorische Sphäre umfaßt demgegenüber die Produktionsfaktoren objektbezogene und dispositive Arbeit, Arbeits- und Betriebsmittel sowie den Faktor „Information". Mittels dieses Faktorsystems ist es nach der Konzeption Deppes möglich, einerseits die organisatorischen Strukturen innerhalb der Bank sowie die menschlichen und informatorischen Beziehungen zwischen den Strukturelementen, und andererseits die finanziellen Beziehungen der Bank zur Umwelt hinreichend zu erfassen. – Dabei bedient sich die strukturelle B. der *analytisch-deduktiven Forschungsmethodik,* durch die aus gesetzten Prämissen mittels logischer Ableitung Erkenntnisse gewonnen werden sollen. Solche Erkenntnisse sind jedoch zunächst nur Hypothesen und können somit nur als Aussagen über ein logisch-denknotwendiges Funktionalverhältnis unter den fixierten Prämissen gelten. Eine empirische Überprüfung ihrer Ergebnisse ist daher erforderlich. – c) Der erstmals von Penzkofer (1970) in die Diskussion gebrachte Ansatz einer „*systemorientierten B.*" begreift den Bankbetrieb als zielgerichtetes, sozio-technisches System, das mit seiner Umwelt durch ein Geflecht von Beziehungen und Interaktionen verbunden ist. Dabei steht der Versuch im Mittelpunkt, den bankbetrieblichen Leistungserstellungsprozeß und die Bankmarktleistung als dessen Ergebnis in Abhängigkeit sowohl von innerbetrieblichen Faktoren (wie z. B. Organisationsstruktur sowie bankbetriebliche Entscheidungen und Entscheidungsprozesse) als auch von Umweltfaktoren zu erklären.

V. P e r s p e k t i v e n : Angesichts sich rapide wandelnder Bedingungen der bankbetrieblichen Tätigkeit wird sich auch die B. als Wissenschaft dynamisch weiterentwickeln müssen. Dabei zeichnen sich Tendenzen hin zu verstärkter Interdisziplinarität und zu einer Erweiterung des bankbetrieblichen Forschungs- und Erkenntnisobjekts ab.

1. *Interdisziplinarität:* Bei den rasch voranschreitenden Veränderungen im Bankensektor wird es künftig verstärkt darauf ankommen, Erkenntnisse aus anderen wirtschaftswissenschaftlichen Teildisziplinen für die B. nutzbar zu machen. Angesichts der zunehmend „industriemäßigen Ausstattung" von Bankbetrieben mit Betriebsmitteln elektronisch-technischer Art ist eine verstärkte Hinwendung der B. zu Disziplinen wie →Operations Research und →Informatik notwendig, um den technisierten Bankleistungserstellungsprozeß leistungs- und entwicklungsfähig sowie wissenschaftlich nachvollziehbar zu machen. Darüber hinaus wird sich der Trend zur Interdisziplinarität künftig verstärkt in weiter entfernte wissenschaftliche Disziplinen ausweiten: Die Anwendung quantitativer Verfahren und statistischer Modelle zur Erklärung komplexer Sachverhalte sowie die Nutzung soziologischer und psychologischer Erkenntnisse, z. B. für die Bereiche Personalwesen, Bankunternehmungsführung und Bankorganisation, aber auch →Kreditprüfung, weisen in diese Richtung.

2. Als weitere Entwicklungsperspektive läßt sich die *sukzessive Erweiterung der bankwissenschaftlichen Forschungs- und Lehrinhalte* erkennen. B. als Wissenschaft muß die tiefgreifenden Strukturveränderungen im gesamten Markt für Finanzdienstleistungen, die u. a. durch Innovationen sowie informationstechnische Anwendungen (→ electronic banking) und einen deutlich verschärften Wettbewerb sowohl innerhalb des Bankensystems als auch zwischen Banken (→nearbanks und →nonbank banks) bedingt werden, erfaßbar und nachvollziehbar machen, um damit Impulse für eine praxeologische Gestaltung bankbetrieblicher Phänomene in den sich wandelnden Bedingungen geben zu können. Es ist davon auszugehen, daß sich dementsprechend auch die bankbetriebliche Wissenschaft im Gefolge dieses Wandels auf lange Sicht tiefgreifend verändern wird.

Literatur: Deppe, H. D., Bankbetriebliches Wachstum, Stuttgart 1969; ders., Bankbetriebslehre, in: Grochla, E. (Hrsg.), Handwörterbuch der Betriebswirtschaftslehre, 4. Aufl., Stuttgart 1974, S. 402–418; Eilenberger, G., Zum Begriff der Bankbetriebslehre, in: Wirtschaftswissenschaftliches Studium, Heft 4, April 1981, S. 183–186; Glow, G.: Die Entwicklung der Bankbetriebslehre unter besonderer Berücksichtigung neuerer Forschungen in Deutschland und Österreich, Wien 1971; Grünewald, H. G., Die Entwicklung der Bankbetriebslehre in Deutschland, Düsseldorf 1963; Hagenmüller, K. F./Jacob, A. F., Der Bankbetrieb, Bd. 2–3, 5. Aufl., Wiesbaden 1987/8; Hein, M., Entwicklung und Stand der Bankbetriebslehre in Deutschland, in: Wirtschaftswissenschaftliches Studium, Heft 5, Mai 1972, S. 197–202; Hübner, O., Die Banken, unveränderter Neudruck der Ausgabe Leipzig 1854, Frankfurt 1968; Kalveram, Günther, Bankbetriebslehre, 3. Aufl., Wiesbaden 1961; Marperger, P. J., Beschreibung der Banquen, Halle und Leipzig 1717; Mülhaupt, L., Ansatzpunkte für eine Theorie der Kreditbank, in: Jahrbuch für Sozialwissenschaft, Band 12, 1961, S. 132–143; Penzkofer, P.: Marketing und Bankorganisation, in: Dienstleistungen in Theorie und Praxis, hrsg. von H. Linhardt, P. Penzkofer und P. Scherpf, Stuttgart 1970, S. 126–150; Philipp, F., Wissenschaftstheoretische Kennzeichen der Besonderen Betriebswirtschaftslehren, Wiesbaden 1966; Prion, W., Lehre vom Bankbetrieb, in: Handwörterbuch der Staatswissenschaften, hrsg. von Elster, Weber und Wieser, 4. Aufl., Jena 1924; Schierenbeck, H., Institutionelle Bankbetriebslehre, Stuttgart 1987; Slevogt, H., Bankbetriebslehre oder Bankgeschäftslehre?, in: Österreichisches Bankarchiv, Heft 5, 1982, S. 167–179; Wagner, A.: Beiträge zur Lehre von den Banken, Leipzig 1857.

Prof. Dr. Johann Heinrich von Stein
Dipl.-Kfm. Joachim Schmutz

Bankbilanz, →Bilanz von →Banken; Übersicht über Kapital- und Vermögensstruktur, Geschäftsentwicklung, Liquidität, Rentabilität und z. T. Risiken bzw. Sicherheiten. Die B. unterscheidet sich von der Industriebilanz durch den geringen Sachanlagenbestand und das relativ geringe Eigenkapitalquote von durchschnittlich 4–5%. – Formblätter sind aufgrund §§ 161, 278 AktG, § 125a II KWG, § 330 HGB, § 33g GenG und des Gesetzes vom 11. 12. 1937 (RGBl I 1432) u. a. Vorschriften durch VO vom 20. 12. 1967 (BGBl I 1300) vorgeschrieben. – *Sonderform:* →unkompensierte Bankbilanz. – Vgl. auch →Bankbilanzrichtlinie.

Bankbilanzrichtlinie, im Dezember 1986 verabschiedete Richlinie des Rates der EG über den Jahresabschluß und den konsolidierten Abschluß von Banken und anderen Finanzinstitutionen (→Bankbilanz). Sie ergänzt die gemeinsamen Richtlinien über die Jahresabschluß und Kapitalgesellschaften und über die Erstellung von Konzernabschlüssen (→Bilanzrichtlinien-Gesetz), von denen Kreditinstitute bislang ausgenommen waren, und ist bis spätestens 31. 12. 1990 in nationales Recht zu transformieren. Die B. enthält u. a. besondere Formblätter für Bankbilanz und Gewinn- und Verlustrechnung, umschreibt bankenspezifische Begriffe und Geschäfte, Vorschriften zur Harmonisierung der Bewertungsvorschriften, insbes. hinsichtlich stiller Reserven und Währungsumrechnungen.

Bankbuchhaltung, die durch hohen Beleganfall bei der Geld- und Kapitalumschichtung, daher durch höchstrationelle Arbeitsverfahren und starken Einsatz von EDV-Anlagen gekennzeichnete Buchhaltung in →Banken. – *Rechtsgrundlagen:* §§ 238–241 HGB, § 266 HGB. sowie Formblätter und Erläuterungen der Aufsichtsbehörden. – *Besondere Anforderungen:* (1) Tagfertigkeit: alle Geschäftsvorfälle sind am Tag des Anfalls in sämtlichen Grundbüchern und auf allen Personen- und

Sachkonten zu buchen; (2) Sicherheit: beabsichtigte und unbeabsichtigte Fehlbuchungen müssen durch automatisch wirkende Kontrollen ausgeschaltet sein. – 2. Für die B. sind kennzeichnend *Grundbücher* (Primanoten, Memoriale), aufgeteilt in Kassa-, Wechsel-, Überweisungs-, Devisen-, Kupons-, Sortennoten usw.; früher auch noch aufgeteilt in Soll- und Haben-Primanoten; heute durch die sog. →*Belegbuchhaltung* ersetzt. Die gebündelten Belege dienen unmittelbar als Grundbuch, vervollständigt durch Additionsstreifen der Buchungsmaschinen. Zusammenfassung im *Sammeljournal* bzw. *Generalsammelbuch.* Tägliche und monatliche Abstimmung sämtlicher Grundbuchungen. Übertrag der Sammelposten (Monatsumsätze) von Sammelbuch in Hauptbuch. *Kontokorrent* meist in Kartothekform: *Wechselskontro,* oft zugleich Wechselkopierbuch, besteht zumeist aus Formulardurchschriften; *Effektenskontro* hält die Effektenumsätze nach Gruppen geordnet fest.

Bank deutscher Länder, als Tochter der →Landeszentralbanken nach Gesetzen der Militärregierung am 1. 3. 1948 gegründet. Sie war unabhängig von Weisungen der Bundesregierung seit Anfang an, von Weisungen der Alliierten seit 1951. Sie bildete mit den Landeszentralbanken nach der →Währungsreform ein zweistufiges Zentralbanksystem. Sie hatte darin insbes. die Aufgabe der Notenemission sowie der Devisenbewirtschaftung. Gem. Bundesbankgesetz (BBankG) 1957 verschmolz sie mit den Landeszentralbanken zur →Deutschen Bundesbank.

Bankenaufsicht. 1. *Begriff:* Staatliche Aufsicht über das Kreditwesen. – 2. *Entwicklung:* *Einheitliche B.* für das gesamte deutsche Kreditwesen einschl. der privaten Banken erstmalig durch die NotVO vom 19. 9. 1931; ausgeübt durch den Reichskommissar für das Bankgewerbe, der das Bankgewerbe zu überwachen und auf die Bankpolitik Einfluß zu nehmen hatte. 1934 wurde das Aufsichtsamt für das Kreditwesen errichtet, später wurde die B. dem Reichswirtschaftsministerium bzw. der Reichsbank (materielle Aufsicht) übertragen. – *Nach 1945* ging die B. auf der Wirtschafts- und Finanzminister der Bundesländer sowie z. T. auf die →Bank deutscher Länder, seit 1. 8. 1957 →Deutsche Bundesbank, über. – *Seit 1. 1. 1962* wird sie vom →Bundesaufsichtsamt für das Kreditwesen in Zusammenarbeit mit der Deutschen Bundesbank wahrgenommen. – 3. *Aufgaben:* „Mißständen im Kreditwesen entgegenzutreten, die die Sicherheit der den Kreditinstituten anvertrauten Vermögenswerte gefährden, die ordnungsmäßige Durchführung der Bankgeschäfte beeinträchtigen oder erhebliche Nachteile für die Gesamtwirtschaft herbeiführen können" (§ 6 II KWG). Die B. erteilt die Erlaubnis zum Betrieb von Kreditinstituten (§§ 32 ff. KWG) und kann gegen ungesetzliche Geschäfte unmittelbar einschreiten (§ 37 KWG), bei unzureichendem Eigenkapital oder unzureichender Liquidität oder Gefahr für die Sicherheit der dem Kreditinstitut anvertrauten Werte die erforderlichen Maßnahmen treffen (§§ 45, 46 KWG), Auskünfte verlangen und Prüfungen durchführen (§ 44 KWG).

Bankenautomation, Automatisierung des Bankgeschäfts durch Computereinsatz (→Computer) sowohl innerbetrieblich (interne B., →Banken-Informationssystem) als auch zwischen Banken (vgl. auch →zwischenbetriebliche Integration der Datenverarbeitung). – *Einsatzbeispiele:* →Cash Management, automatisches Clearing, Datenaustausch im Massenzahlungsverkehr zwischen Kunden und Banken bzw. zwischen Banken und Clearingstellen durch Datenträgeraustausch oder über Rechnernetze. In jüngster Zeit: Kundenselbstbedienung (z. B. Bargeldautomaten, Datensichtgeräte im Schalterraum, →Bildschirmgerät) und weitergehender Service für Privatkunden durch →homebanking, Unterstützung von Anlageentscheidungen durch →Expertensysteme.

Bankenerlaß, Verwaltungserlaß aus dem Jahr 1949, mit welchem den Finanzbehörden Zurückhaltung in der Aufdeckung von Steuertatbeständen auferlegt worden ist und der eine der Grundlagen des →Bankgeheimnisses bildete. Wurde durch ein Schreiben des Bundesministers der Finanzen vom 31. 8. 1979 abgelöst. Ziel des B. war es, die für den Wiederaufbau als notwendig erachtete Sparkapitalbildung nicht durch rigorose Steuernachforschungen zu gefährden. Auch der B. von 1979 enthält eine Selbstbeschränkung der Finanzverwaltung: (1) Die Finanzämter dürfen von den Kreditinstituten Auskünfte über Kunden nur bei Vorliegen konkreter Anhaltspunkte verlangen; (2) die allgemeine Überwachung von Konten darf nicht verlangt werden; (3) Guthabenkonten und Depots, die mit Legitimationsprüfung errichtet wurden, dürfen bei Außenprüfungen nicht abgeschrieben („Kontrollmitteilungen") werden; (4) in amtlich vorgeschriebenen Vordrucken dürfen Angaben von Konten und Depots nicht verlangt werden; (5) Einzelauskunftsersuchen an die Kreditinstitute sind im Rahmen der Abgabenordnung zulässig (§§ 93 ff. AO); (6) Möglichkeiten der Steuerfahndung nach § 208 AO.

Bankenfachverband Konsumenten- und gewerbliche Spezialkredite e. V. (BKG), Spitzenverband der deutschen Ratenkreditwirtschaft; Sitz in Bonn. – *Aufgaben:* Vertretung der wirtschafts- und sozialpolitischen Interessen der ihm angeschlossenen speziellen Ratenkreditbanken.

Bankengeld, →Giralgeld.

Bankengesetzgebung, Gesamtheit der Normativbestimmungen und Beaufsichtigungs-

vorschriften für die Kreditwirtschaft. – *Ziele:* a) Sicherung der Kunden vor Schäden, b) Schutz der Gesamtheit gegenüber Funktionsstörungen im Bankwesen, c) wirtschaftspolitische Beeinflussung der Kreditfunktionen der Banken. Die staatliche Einflußnahme erreicht ihren höchsten Grad in der völligen Verstaatlichung des gesamten Bankwesens (→Banksysteme). – *B. der Bundesrep. D.:* War zunächst in zahlreichen Gesetzen verstreut. Bedeutendste gesetzliche Normen für die Kreditwirtschaft sind heute das Bundesbankgesetz (BBankG) vom 26. 7. 1957, das der →Deutschen Bundesbank die Aufgabe zuweist, den Geldumlauf und die Kreditversorgung der Wirtschaft zu regeln mit dem Ziel, die Währung zu sichern, und das →Kreditwesengesetz (KWG) als rechtlicher Rahmen für eine dem Einzelbetrieb zugewandte Bankenaufsicht. Daneben besteht eine Fülle von Sondervorschriften für verschiedene Rechtsformen (Sparkassengesetz, Hypothekenbankgesetz, Schiffsbankgesetz, Gesetz über Kapitalgesellschaften, Gesetz über Bausparkassen) und spezifische Geschäftsarten (→Depotgesetz, →Börsengesetz).

Banken-Informationssystem. 1. *Begriff:* Computergestütztes System (→Computersystem) zur Automatisierung des Massengeschäfts, zur dezentralen Informationsversorgung und zur Abwicklung komplexer interner (z. B. Investitionskredite) und externer Aufgaben (Wertpapiergeschäft, Devisenhandel) eines Bankbetriebs. – 2. *Ziele:* Kostensenkung, Reduktion der Bearbeitungsdauer von Vorgängen, Verbesserung des Kundenservice. – 3. *Anwendungsbereiche:* Im nationalen und internationalen Zahlungsverkehr (z. B. Scheck-, Devisenverkehr), Abrechnung von Geschäftsvorfällen, Schalterservice, POS-Banking.

Bankenkonsortium, →Konsortium.

Bankenkonzentration, Zusammenschluß mehrerer bis dahin selbständiger →Banken.

I. Deutschland: Gleichzeitig regionale Expansion und Kapitalkonzentration im Kreditwesen, bewirkt durch den großen Finanzierungsbedarf der Industrie und des Verkehrswesens und durch die steigende Bedeutung Berlins als Bankenzentrum. Verlauf im einzelnen: 1. *Beginn* in den 70er Jahren des 18. Jh. nach Gründung der Deutschen Bank, verstärkt durch deren Expansion 1890–1900; gleichzeitig stärkere Abwanderung von Provinzbanken, in Abhängigkeit von Großbanken. 1914 Fusion zwischen Discontogesellschaft und A. Schaaffhausenschem Bankverein. – 2. *Umfang der B. nach dem Ersten Weltkrieg:* Von zehn Filialgroßbanken wurden 279 andere Bankunternehmungen aufgenommen, darunter 174 Privatbanken, 83 Aktienbanken und 22 Genossenschaften. Gleichzeitig Zusammenschluß von Filialbanken: 1920 Fusion von Nationalbank für Deutschland, Berlin, und Deutscher National-bank, Bremen, die sich 1922 mit der Darm-städter Bank zusammenschloß (Danatbank). Gleichzeitig Verschmelzung von Mitteldeut-scher Privatbank und Commerz- und Dis-conto-Bank zur Commerz- und Privat-Bank. Größte Fusion (1929): Disconto-Gesellschaft und Deutsche Bank in „Deutsche Bank und Disconto-Gesellschaft". Außerdem Vordrin-gen der öffentlichen Banken nach dem Ersten Weltkrieg. 1931 →Bankenkrise mit nachfol-genden Fusionen, die das Bankwesen konsoli-dieren sollten. Commerz-Bank übernahm Barmer Bankverein, Dresdner Bank die Danatbank, 1932 bestanden von ursprünglich sieben noch drei Filial-Großbanken mit 1258 Filialen, fast die Hälfte aller Zweigstellen. 1933 betrug der Anteil dieser drei Großban-ken an den eigenen und fremden Mitteln sämtlicher privater Banken 72%. In den folgenden Jahren wenig Veränderungen. Filialgründungen in den angegliederten Gebieten. – 3. *Nach 1945* von den Alliierten erzwungene Dekonzentration; seit 1957 Rekonzentration, vgl. →Dekonzentration 3. – 4. Die B. war auch Gegenstand der sog. Konzentrationsenquete, die einen hohen Kon-zentrationsgrad in der Kreditwirtschaft fest-stellte.

II. A u s l a n d : 1. *Großbritannien:* Stärkere B. als in Deutschland: Von 104 Aktienbanken des Jahres 1890 bestehen nur noch 11, deren Kapitalkraft sich zum überwiegenden Teil bei den →Big Four oder Big Seven konzentriert; Zahl der Privatbanken stark vermindert. – 2. *USA:* Große Zahl von Banken; starke Kapi-talkonzentration bei einigen wenigen Groß-banken. – 3. *Frankreich:* B. auf (seit 1966) drei verstaatlichte Großbanken.

Bankenkrise, krisenhafter Zustand des Geld- und Kreditwesens eines Landes, gekennzeich-net durch starke Illiquidität. B. sind seit dem 80er Jahren des 18. Jh. öfters, meist nach Hochkonjunkturen, aufgetreten. – *Schwerste B.* in Deutschland 1931 (USA 1933). Sie begann mit dem Zusammenbruch der Öster-reichischen Credit-Anstalt. Es folgten die Danatbank und die Dresdner Bank. Außer in der allgemeinen →Weltwirtschaftskrise hatte die deutsche B. ihre letzte Ursache in ungün-stigen außenwirtschaftlichen Beziehungen (starke kurzfristige Verschuldung der Wirt-schaft gegenüber dem Ausland). Aus Miß-trauen in die wirtschaftliche Entwicklung wur-den kruzfristige Kredite abberufen, während zugleich →Run auf Bankschalter (Abhebung von Spareinlagen) einsetzte. Bankfeiertage, an denen die Schalter geschlossen waren, wurden eingeführt. Börsen wurden geschlossen, Dis-kontsatz auf 15% erhöht und →Devisenbe-wirtschaftung zur Verhinderung weiterer Geldabzüge eingeführt. Durch Stützung der

Banken und Lösung des Geldumlaufs von stofflicher Deckung gelang es, der Krise Ein-halt zu gebieten. Um künftigen Schwierigkei-ten vorzubeugen, wurde →Bankenaufsicht eingeführt und das →Kreditwesengesetz (KWG) verabschiedet.

Bankenliquidität, →Liquidität 2.

Banken mit Sonderaufgaben, *Kreditinsti-tute mit Sonderaufgaben,* →Banken, die ver-schiedenartige Sonderaufgaben zu erfüllen haben und sich keiner Bankengruppe zuord-nen lassen. Im folgenden seien einige privat-rechtliche und öffentlich-rechtliche B.m.S. beispielhaft aufgeführt: a) *privatrechtliche B. m. S.:* v. a. →Ausfuhrkredit-Gesellschaft mbH (AKA), →Deutsche Bau- und Boden-bank AG, →Deutsche Finanzierungsgesell-schaft für Beteiligungen in Entwicklungslän-dern GmbH, →Deutsche Verkehrs-Kredit-bank AG, →Industriebank AG – Deutsche Industriebank, →Liquiditäts-Konsortialbank GmbH und →Privatdiskont AG; b) *öffentlich-rechtliche B. m. S.:* v. a. →Deutsche Sied-lungs- und Landesrentenbank (DSL-Bank), →Kreditanstalt für Wiederaufbau, →Land-wirtschaftliche Rentenbank, →Lastenaus-gleichsbank (Bank für Vertriebene und Geschädigte) und →Deutsche Pfandbriefan-stalt. – Vgl. auch →Bank, →öffentliche Ban-ken.

Bankennumerierung, *Bankleitzahl (BLZ),* achtstellige Numerierung aller Kreditinstitute mit eigenem Zentralbankgirokonto; einge-führt am 1.4.1971. Die BLZ ist Kurzzeichen und Ordnungsmerkmal; sie dient als Konto-nummer im Giroverkehr mit der Bundes-bank.

Bankenstatistik, Teilgebiet der *bankstatisti-schen Gesamtrechnung* und damit der ausgelö-sten Ressortstatistik der Deutschen Bundes-bank als Trägerin amtlicher Statistik. – *Auf-gabe:* Anhand der monatlichen Meldungen der berichtspflichtigen Kreditinstitute über ihre Zwischenbilanzen sowie das Kredit- und Anlagengeschäft ist die Geschäftsstruktur der Bankengruppen ersichtlich zu machen. – *Publikationen:* Die Ergebnisse werden nach Bankengruppen für alle wichtigen Bilanzposi-tionen und in der Einlagen- und Kreditstati-stik für alle Fristigkeiten in den →Monatsbe-richten der Deutschen Bundesbank publiziert und teilweise auch erläutert. – *Bedeutung:* Die B. ist von großer volkswirtschaftlicher Bedeu-tung, da sie die Lage der Kreditwirtschaft, die Beziehungen der einzelnen Banken- und Insti-tutsgruppen untereinander und zum Zentral-bankensystem aufzeigt und Veränderungen des Kreditvolumens sowie des Kreditvolu-mens ausweist. Dadurch wird die B. zu einer Grundlage der Währungs- und Konjunktur-politik. – Vgl. auch →Bankausweis, →Bank-publizität.

Bankenstimmrecht, →Depotstimmrecht.

Bankentag, →Deutscher Bankentag.

Bankenterminal, →Computersystem mit speziellen Ausstattungen und Funktionen für Kundenabwicklungen und Büroarbeiten im Bankenbereich. Arbeitet autonom und zugleich im Verbund mit einem zentralen Rechner. – *Arten:* a) Datenstation für Schalterverkehr, b) Geldausgabe-Automat, c) Kontoauszugdrucker, d) Sparbuchdrucker.

banker's acceptances, internationales Geldmarktpapier (→Geldmarktpapiere). Besondere Form des amerikanischen →Bankakzepts, bei dem folgende Voraussetzungen erfüllt sein müssen: Dem Wechselgeschäft muß ein Handelsgeschäft (kein Finanzgeschäft) zugrundeliegen, die Laufzeit beträgt höchstens 180 Tage, die Wechselverbindlichkeit muß mindestens durch den Wert der finanzierten Ware gedeckt sein, für das zugrundeliegende Warengeschäft dürfen keine weiteren Finanzierungen bestehen. B. werden z. B. in New York gleichtägig ausgestellt, d. h. der Vertragsabschluß, das Verpflichtungsgeschäft und das Erfüllungsgeschäft finden am selben Tag statt.

Bank für Internationalen Zahlungsausgleich, →BIZ.

Bankgarantie, (abstraktes) Leistungsversprechen, das insbes. im Auslandsgeschäft große Bedeutung besitzt. Es wird seitens einer Bank die Haftung übernommen, daß ein bestimmter Erfolg eintritt bzw. ein möglicher Schaden nicht eintritt. – *Bedeutende Formen:* a) Im *Inlandsgeschäft:* →Avalkredit; b) im *Auslandsgeschäft:* (1) →Anzahlungsgarantie; (2) →Bietungsgarantie; (3) →Liefergarantie; (4) →Leistungsgarantie; (5) →Gewährleistungsaval; (6) Konossementsgarantie (→Indemnitätsbrief).

Bankgeheimnis, Pflicht der Bank, über Vermögensverhältnisse des Kunden, die ihr aus der Geschäftsverbindung bekannt werden, Dritten gegenüber Stillschweigen zu bewahren. – *Steuerrecht:* Banken haben als auskunftspflichtige Dritte grundsätzlich eine →Auskunftspflicht, kein Auskunftsverweigerungsrecht. Zum Schutz des Vertrauensverhältnisses zwischen Bank und Bankkunden existieren jedoch Richtlinien der Finanzverwaltung für Auskunftsersuchen an Banken, die im Rahmen der Selbstbindung der Verwaltung eine starke Selbstbeschränkung mit sich bringen, der Verwaltung bei Auskunftsersuchen Zurückhaltung auferlegen. Unabhängig davon haben Banken *beim Tod eines Kunden* gegenüber dem für die →Erbschaftsteuer zuständigen Finanzamt eine →Anzeigepflicht, u. a. hinsichtlich der Guthabenkonten und Wertpapierdepots (§ 33 ErbStG).

Bankgeschäfte. I. Begriff: Gesamtheit aller von Kreditinstituten getätigten Geschäfte.

II. Arten: 1. Nach ihrer *Bilanzwirksamkeit:* →Aktivgeschäfte, →Passivgeschäfte und Dienstleistungsgeschäfte (Zahlungs-, Effektengeschäfte und sonstige). Im einzelnen vgl. folgende Tabelle:

I. Kreditgeschäfte
  A. Aktivgeschäfte: Die Bank ist Kreditgeber
    a) Kurzfristige
      1. Kontokorrentkredite
      2. Diskontkredite
      3. Lombardkredite
      4. Avalkredite
      5. Akzeptkredite
      6. Rembourskredite
      7. Konsortialkredite
      8. Sonstige Übernahme von Bürgschaften
    b) Langfristige
      1. Hypothekenkredite
      2. Kommunalkredite
      3. Sonstige langfristige Darlehen
  B. Passivgeschäfte: Die Bank ist Kreditnehmer
    a) Kurzfristige
      1. Depositeneinlagen
      2. Aufgenommene Gelder
      3. Banknotenausgabe (nur bei Notenbanken)
    b) Langfristige
      1. Emission von Pfandbriefen
      2. Emission von Kommunalobligationen
      3. Ausgabe von Kassenobligationen (Schweiz)
      4. Emission sonstiger Bankanleihen
      5. Aufgenommene Darlehen
II. Zahlungsgeschäfte
  A. Nationaler Zahlungsverkehr
    1. Scheck- und Überweisungsverkehr
    2. Inkasso von
      a) Schecks
      b) Wechseln
      c) Zins- und Dividendenscheinen
      d) sonstigen Dokumenten
    3. Akkreditiv und Kreditbrief
    4. Abrechnungsverkehr (Skontration)
    5. Edelmetallhandel
  B. Internat. Zahlungsverkehr (Devisenverkehr)
    1. Sortenhandel
    2. Handel mit (unbaren) Devisen
    3. Devisenarbitragen
III. Effektenverkehr
  A. Effektengeschäft
    1. für fremde Rechnung
    2. für eigene Rechnung
    3. Zahlstellengeschäft (Einlösung fälliger Zins- und Dividendenscheine)
    4. Effektengiroverkehr
  B. Depotgeschäft
  C. Emissionsgeschäft
    1. Unterbringung von Neuemissionen
    2. Konversion, Konsolidierung, Arrosierung
    3. Gründungsgeschäft
  D. Investmentgeschäft
IV. Sonstige Dienstleistungen
  A. Beratung der Kunden
  B. Treuhänderaufgaben
    1. Durchlaufende Kredite
    2. Anleihen
    3. Vermögensverwaltung

2. Nach *Art der Geschäftspartner:* Kundengeschäfte und Eigengeschäfte. – 3. Nach *§ 1 KWG:* a) *Einlagengeschäft:* Annahme fremder Gelder als Einlagen, ohne Rücksicht darauf, ob Zinsen vergütet werden. – b) *Kreditgeschäft:* Gewährung von Gelddarlehen und

Akzeptkrediten. – c) *Diskontgeschäft:* Ankauf von Wechseln und Schecks. – d) *Effektenge-schäft:* Anschaffung und Veräußerung von Wertpapieren für andere. – e) *Depotgeschäft:* Verwahrung und Verwaltung von Wertpapieren für andere. – f) *Investmentgeschäft:* Geschäfte der →Kapitalanlagegesellschaften. – g) *Revolvinggeschäft:* Eingehung der Verpflichtung, Darlehnsforderungen vor Fälligkeit zu erwerben. – h) *Garantiegeschäft:* Übernahme von Bürgschaften, Garantien und sonstigen Gewährleistungen für andere. – i) *Giro-geschäft:* Durchführung des bargeldlosen Zahlungsverkehrs und des Abrechnungsverkehrs.

Bankgesetz, Gesetz, das das Recht der Zentralnotenbank regelt. Das deutsche *B. vom 30.8.1924* war eine Umgestaltung des *B.* von 1875 entsprechend den Erfordernissen des →Dawes-Plans. Es behandelte die Organisation der →Reichsbank und enthielt die Bestimmungen über Notenausgabe und Sicherung der Währung. Mehrmals geändert: u. a. durch Novellen vom 13.3.1930 und 27.10.1933 und Novelle vom 10.2.1937, die die Reichsbank völlig der Reichsregierung unterstellte. – *Entwicklung nach 1945:* Vgl. →Bankengesetzgebung.

Bankgewerbe, rechtlicher Begriff. Die Unternehmungen des *B.,* die Kreditinstitute, gehören zu den in § 1 HGB bezeichneten Geschäftszweigen des Handelsgewerbes, besitzen also die Kaufmannseigenschaft.

bankgirierte Warenwechsel, →Warenwechsel, die von einer Bank diskontiert und mit ihrem →Indossament versehen sind. Sie sind bei der Zentralbank rediskontfähig und werden am Börsengeldmarkt meist zu einem günstigeren Satz als dem Diskontsatz gehandelt.

Bankguthaben. I. A l l g e m e i n : Einlage auf einem Bankkonto; Forderungen von Bankkunden gegen →Banken. Aktivierung zum Bilanzsstichtag unter Berücksichtigung von Zinsen und Spesen für die abgeschlossene Bilanzperiode. Vom Bankauszug abweichender eigener Kontostand durch zeitliche Verschiebung der Buchungsvorgänge (Laufzeit von Schecks usw.) möglich; vgl. →Bankkonto.

II. S t e u e r r e c h t (Vermögensteuerrecht): 1. *B.* die ausschließlich *Betriebszwecken* dienen, sind für Zwecke der Substanzbesteuerung (→Vermögensbesteuerung) als Besitzposten dem →Betriebsvermögen zuzurechnen. – 2. *B. natürlicher Personen,* die *nicht* deren Betriebsvermögen zuzuordnen sind, werden für die Vermögensteuer dem →sonstigen Vermögen zugerechnet, soweit der Bestand an gesetzlichen Zahlungsmitteln und laufenden Guthaben 1000 DM (bei →Zusammenveranlagung: Vervielfachung, je nach Anzahl der zusammen

veranlagten Steuerpflichtigen) übersteigt (§§ 110 I Nr. 2, III BewG).

bank holding company, Holding-Gesellschaft in den USA, die unter ihrem Dach entweder eine →commercial bank und eine oder mehrere →nonbank banks („one-bank holding company") oder mehrere commercial banks und eine oder mehrere Nichtbanken („multibank holding company") zusammenfaßt, um die restriktive Bankengesetzgebung der USA zu umgehen.

Bankier. 1. Der →Bankgeschäfte betreibende *Einzelkaufmann* im Gegensatz zu den in Gesellschaftsform betriebenen Banken. – Die *Bezeichnung B.* darf i. a. nur von Kreditinstituten geführt werden (§ 39 KWG). – 2. Nach *Sprachgebrauch* auch Kaufleute, die für ihr Bankgeschäft die Rechtsform einer OHG oder KG gewählt haben, sowie Vorstandsmitglieder einer Aktienbank. – Vgl. auch →Privatbankier.

banking by mail, Distribution von Bankdienstleistungen über den Postweg.

Banking-Theorie, Geldtheorie, nach der der Umlauf von Banknoten keine inflationistischen Tendenzen auslöst, weil sich diese Noten fast stets im Geschäftskreislauf befinden, so daß eine 100%ige Golddeckung nicht erforderlich ist. Hierüber währungstheoretischer Streit mit der →Currency-Theorie.

Bankkapital, gesamte Kapitalkraft der Banken: eigene Mittel (Aktienkapital, offene und stille Reserven) und fremde Mittel. Im übertragenen Sinn: die finanzielle Potenz der Banken in ihrem Einfluß auf das politische und wirtschaftliche Leben.

Bankkonto. 1. *Begriff:* Die kontenartig geführte Rechnung eines Bankkunden, die seinen Geschäftsverkehr mit der Bank erkennen läßt. – 2. *Arten:* Bankkunden besitzen je nach Art der Geschäfte besondere *B.:* für Sparbeträge ein Sparkonto; für täglich mögliche Einzahlungen, Abhebungen, Überweisungen ein laufendes *Giro- oder Kontokorrentkonto;* für Gelder mit vereinbarter Kündigungsfrist oder fester Laufzeit ein Terminkonto; für den Geschäftsverkehr mit fremden Zahlungsmitteln ein *Währungskonto.* – 3. *Einrichtung:* Unter Anerkennung der Allgemeinen Geschäftsbedingungen und Abgabe einer Unterschriftsprobe durch den Kunden, der der Bank als seine Person durch Angabe von Vor- und Zunamen und Wohnung Auskunft geben muß; die Bank hat sich über die Person des Verfügungsberechtigten zu vergewissern (§ 163 II AO). – 4. *Überprüfung* der Umsätze und des Kontostandes durch den Kunden anhand von Kontoauszügen oder Bankbenachrichtigungen. – 5. *Pfändung* eines Bankguthabens möglich; auch zukünftige Forderungen des Kunden gegen die Bank, wie sie aus dem Kontokorrentvertrag entstehen, unterliegen der Pfändung eines Drittgläubigers des Kunden, soweit sie bestimmt oder bestimmbar sind. – Vgl. auch →Bankguthaben, →Auslandskonten, →Ausländerkonten.

Bankkontokorrent, →Kontokorrent.

Bankkredit. I. B e g r i f f : Kredit, der Unternehmungen sowie privaten und öffentlichen Haushalten bei →Banken eingeräumt wird. – *Einteilungsmöglichkeiten:* a) Nach der *Fristigkeit:* Kurz-, mittel- und langfristige B. – b) Nach der *Art der Mittelbereitstellung:* →Buchkredit und →Akzeptkredit. – B. in Form von Bar- oder Buchgeld: →Geldleihe. – Vgl. im einzelnen →Kredit.

II. G e w e r b e s t e u e r r e c h t : Bankschulden eines Unternehmens oder eines Einzelkaufmanns werden als →Dauerschulden im Sinne des §8 Nr. 1 GewStG behandelt, wenn sie langfristig sind. Den Dauerschuldzinsen sind neben Zinsen gezahlte Sondervergütungen für Kredite hinzuzurechnen, nicht aber Umsatzprovisionen, Geldbeschaffungs- und laufende Verwaltungskosten, Depotgebühren und Währungsverluste.

Bankleitzahl, →Bankennumerierung.

bankmäßige Deckung eines Notenumlaufs, im Ausweis einer Notenbank (→Bankbilanz) der Bestand an Wechseln, Schecks, Lombardforderungen und möglicherweise auch Wertpapieren, der zur →Deckung der umlaufenden Noten dient. Die Vorschriften über die Golddeckung sind z. T. fast überall fortgefallen oder gelockert, so daß in den meisten Ländern nur noch b. D. e. N. besteht. Der Deutsche Bundesbank ist keine bestimmte Deckung vorgeschrieben.

bankmäßige Zahlung, Zahlung durch Scheck oder Überweisung. Gilt rechtlich i. a. erst mit dem Tag der Gutschrift als bewirkt. Nimmt der Gläubiger innerhalb der Zahlungsfrist widerspruchslos einen Verrechnungsscheck entgegen, für den Deckung vorhanden ist, so ist damit die Zahlungsfrist auch dann gewahrt, wenn der Gegenwert erst nach Fristablauf gutgeschrieben wird. – *Gegensatz:* →Barzahlung.

Banknote, von einer dazu ermächtigten Bank (→Notenbank) ausgegebenes Papiergeld. Für B. als gesetzliches Zahlungsmittel besteht unbeschränkte Annahmepflicht. – *Ausgabe von B. in der Bundesrep. D.* durch die →Deutsche Bundesbank. – *Stückelung:* →Notenstückelung.

Bankobligation, →Bankanleihe.

Bank of Canada, Sitz in Ottawa, Zentralnotenbank Kanadas, gegr. 1935. Zweigstelle in jeder kanadischen Provinz. Betreibt alle Zentralbankgeschäfte. Giro-Einlagen dürfen nur von Banken gehalten werden. Der Goldbestand wurde dem Foreign Exchange Control

Board übertragen. Hilfsinstitut der B. ist der Industrial Development Bank 1944 gegr. zur Versorgung kleinerer Unternehmungen mit mittel- und langfristigen Krediten, darf keine Depositen annehmen, beschafft sich die erforderlichen Mittel durch Ausgabe von Bonds und Schuldscheinen.

Bank of England, Zentralnotenbank von Großbritannien, Sitz in London. 1694 als private Aktienbank gegründet, mit dem Zweck, dem Staat das Aktienkapital (£ 1,2 Mill.) zu leihen gegen das Recht, Bankgeschäfte zu betreiben und Banknoten auszugeben; 1946 verstaatlicht. – *Organisation:* Besteht aus zwei scharf getrennten Abteilungen: Notenabteilung *(issue department)* und Bankabteilung *(banking department)*, die alle Geschäfte betreibt. Ein Teil der vom issue department ausgegebenen Noten befindet sich in den Kassen des banking department und bildet dort, zusammen mit dem Bestand an Metallgeld, die Barreserve, auf die die Banken des ganzen Landes im Bedarfsfall zurückgreifen.

Bank of Japan, →Bank von Japan.

Bank of Taiwan, Sitz in Taipeh, Zentralnotenbank Taiwans, 1899 gegr. Nach der Wiedervereinigung Formosas mit China 1946 wurde der Taiwan- Dollar in ein festes Verhältnis zum chines. Yüan gesetzt. Nach der Vertreibung der National-Chinesen vom Festland übernahm die Bank die Funktion einer Zentralbank für National-China. – 1961 hat die Central Bank of China wieder die Zentralbank-Funktion einschl. der Überwachung der zugelassenen Banken übernommen, doch blieb die Notenausgabe noch bei der Bank of Taiwan, die auch die Ein- und Ausfuhrlizenzen nach den Anweisungen der Devisen- und Außenhandelskommission (Foreign Exchange and Trade Comision) erteilt.

Bankorganisation, Aufbau- und Ablauforganisation von →Banken, gekennzeichnet durch eine zunehmende Kundenorientierung, Konzentration im Bankbetrieb, die sich durch Fusionen und Übernahmen äußert, und eine wachsende Automation und Technisierung der Arbeitsabläufe (z. B. kontingentierte Zahlungssysteme, →Geldausgabeautomaten, →point of sale banking).

Bankplatz, Ort, an dem sich eine Niederlassung (Haupt- oder Zweigstelle) einer Landeszentralbank (→Abrechnungsstellen) befindet. – Das *Inkasso von an B. zahlbar gestellten Wechseln* erfolgt spesenfrei.

Bankpolitik, Gesamtheit der Maßnahmen zur Regelung des Geld- und Kapitalverkehrs sowie der Kreditorganisation. – 1. *Staatliche B.:* Gesetzliche Maßnahmen zur Ordnung des Geld- und Kreditwesens, insbes. des Notenbankwesens. – 2. *B. der Zentralnotenbank:* Autonome Zentralnotenbank ist verantwortlich für die Stabilität der Währung nach außen und innen und die Anpassung des Geldumlaufs an die jeweiligen wirtschaftlichen Bedürfnisse. – Vgl. auch →monetäre Theorie und Politik. – 3. *B. der kreditwirtschaftlichen Organisationen:* Maßnahmen der Fachverbände und Abgrenzung des Aufgabenbereichs der einzelnen Banken. – 4. *B. der Banken:* Gesamtheit aller auf die Erreichung bankbetrieblicher Ziele (Sicherheit, Liquidität, Rentabilität) ausgerichteten langfristigen Strategien und operativen Maßnahmen der Bankunternehmensführung.

Bankprüfung, →Abschlußprüfung.

Bankpublizität, besondere Vorschriften über die →Publizität der →Banken wegen ihrer großen wirtschaftlichen und währungspolitischen Bedeutung: 1. Allgemeine handelsrechtliche Vorschriften über die Jahresbilanz, Gewinn- und Verlustrechnung sowie Lagebericht (3. Buch des HGB) sowie insbes. §§ 250, 260 KWG. – 2. Jahresbilanz und Gewinn- und Verlustrechnung nebst Erläuterung, ggf. auch Geschäftsbericht und Lagebericht, sind dem →Bundesaufsichtsamt für das Kreditwesen und der →Deutschen Bundesbank einzureichen (§ 26 KWG). – 3. Alle Kreditinstitute haben nach Abschluß eines jeden Monats der Deutschen Bundesbank unverzüglich Monatsausweise (→Monatsbilanz) oder →Bilanzstatistiken einzureichen (§ 25 KWG). Zusammengefaßt veröffentlicht in den →Monatsberichten der Deutschen Bundesbank.

Bankquittungsverfahren, →Rechnungseinzugsverfahren mittels Bankquittung. In der Bankquittung bescheinigt die Lieferfirma ihrem Abnehmer, daß sie von ihm den Betrag der Rechnung vom ...(Datum) durch Vermittlung der ...(Bank) erhalten hat. Der Fälligkeitstermin ist vorgeschrieben und muß von der Bank beachtet werden. Die Bank der Gläubigerfirma bringt die Quittung (gegebenenfalls über die Abrechnung der Landeszentralbank bei der Bank der Käufers der Ware zum Einzug. Die Quittung ist vorlagepflichtig, läuft also bis zum Schuldner durch, nachdem seine Bank den Betrag am Fälligkeitstermin seinem Konto belastet hat. Für das Inkasso ist eine Gebühr zu zahlen. Heute nur noch von geringer Bedeutung.

Bankregel, →goldene Bankregel.

Bankrott, Zahlungsunfähigkeit eines Schuldners. – 1. *Wirtschaftlich:* Anlaß zur Eröffnung des →Konkursverfahrens. – 2. *Strafrechtlich:* Vgl. →Konkursdelikte. – 3. Im *Staatshaushalt:* Vgl. →Staatsbankrott.

Banksatz, →Diskontsatz.

Bankschuldverschreibung, →Bankanleihe.

Bankspesen, →Kreditkosten.

bankstatistische Gesamtrechnung, Zusammenfassung der Ergebnisse der bilanzstatistischen Erhebungen bei den Kreditinstituten mit dem Ausweis der Deutschen Bundesbank zu einer Gesamtübersicht über die inländische monetäre Entwicklung (konsolidierte Bilanz des Bankensystems), ergänzt um statistische Daten zum Geldvolumen und zur Bankenliquidität. – *Darstellung:* a) *Die Beziehungen der Notenbank und der Kreditinstitute zur inländischen Wirtschaft:* in Anspruch genommene Bankkredite (→Kreditstatistik), bei Kreditinstituten angelegtes Geldkapital und Geldbestände in der Volkswirtschaft in Form von Bargeld, Sicht- und Termineinlagen bei Banken; b) *die Beziehungen der Kreditinstitute zum Ausland:* Zusammengefaßt in einer Globalposition. Forderungen und Verbindlichkeiten der inländischen Kreditinstitute untereinander werden gegeneinander aufgerechnet. – *Monatliche Zusammenstellung* der Deutsche Bundesbank aufgrund § 18 BBankG vom 26.7.1957 (BGBl I 745); Veröffentlichung in „Monatsberichte".

Bankstatus, →Status IV.

Banksysteme, die verschiedenen Ordnungsprinzipien zur Ausbildung und Regelung des Bankwesens.

I. Notenbankwesen: 1. *Staatsbanksystem:* Der gesamte Geld- und Zahlungsmittelverkehr wird durch eine Staatsbank geregelt; System in der UdSSR und einigen anderen Ländern. – 2. *Zentralbanksystem:* Eine Zentralnotenbank (privaten Rechts oder halbstaatlichen Charakters) besitzt alleiniges Notenausgaberecht und überwacht den Zahlungsmittelumlauf. – 3. *System einer gesetzlichen Beschränkung des Notenausgaberechts auf mehrere Banken,* von denen eine als Zentralnotenbank fungiert (Großbritannien), oder die einer Lenkung durch eine Zentralbehörde unterworfen sind (USA). – 4. *System der Bankfreiheit:* Jede Bank darf (unter Beachtung gewisser gesetzlicher Vorschriften) Noten ausgeben; in den USA vor Einführung des Federal Reserve System. – 5. *Notenbanksystem in der Bundesrep. D.:* a) Bis 31.7.1957 einheitliches System, zusammengefaßt aus →Landeszentralbanken (LZB) unter Führung der →Bank deutscher Länder (BdL). In vielem dem amerikanischen →Federal Reserve System nachgebildet, durch die Zwischenschaltung von besonderen Instituten ohne Emissionsrecht mit Zahlungsverkehrsfunktionen und solchen der Geldversorgung und -regulierung jedoch von allen anderen Systemen abweichend. – Seit 1.8.1957 Zentralbanksystem mit der →Deutschen Bundesbank als Zentralnotenbank.

II. Kreditbankwesen: Zu unterscheiden hinsichtlich des Umfangs angebotener Leistungen: 1. *Universalbankensystem:* B., das dominiert wird von →Universalbanken. –

Beispiele: B. in der Bundesrep. D. und in der Schweiz. – 2. *Trennbankensystem:* B. mit auf spezialisierte Geschäftsarten und Leistungen beschränkten Bankgruppen (→Spezialbanken). – *Beispiele:* a) *Großbritannien:* (1) Aktienbanken (Depositenbanken) pflegen nur das reguläre Bankgeschäft; (2) promoters oder promoting syndicates und Privatbankiers betreiben das Emissions- und Gründungsgeschäft; (3) merchant bankers, Akzepthäuser und Akzeptbanken besorgen die Finanzierung des Groß- und Überseehandels. – b) *USA:* (1) Privatbankhäuser und Spezialinstitute pflegen das Finanzierungsgeschäft, (2) state banks und national banks betreiben das reguläre Kreditgeschäft; (3) Broker-Firmen führen das Börsengeschäft aus. – c) *Frankreich:* weniger starke Arbeitsteilung. Emissions- und Gründungsgeschäft hauptsächlich von den Banques d'Affaires. – d) *Belgien:* Trennung in Depositen- und Finanzierungsbank.

Banküberweisung, →Überweisung.

Bankumsätze, Umsätze in Bankbetrieben. – 1. *Umsatzsteuerfreie B.* (auch wenn sie von Nichtbanken erbracht werden): a) Gewährung, Vermittlung und Verwaltung von Krediten sowie Verwaltung von Kreditsicherheiten; b) Umsätze und Vermittlung der Umsätze von gesetzlichen Zahlungsmitteln; das gilt nicht, wenn die Zahlungsmittel wegen ihres Metallgehaltes oder ihres Sammlerwertes umgesetzt werden; c) Umsätze von Geldforderungen, Optionsgeschäfte mit Geldforderungen und Vermittlung dieser Umsätze; d) Umsätze im Einlagengeschäft, im Kontokorrentverkehr, im Zahlungs- und Überweisungsverkehr und das Inkasso von Handelspapieren; e) Umsätze von Wertpapieren und Optionsgeschäfte mit Wertpapieren, die Vermittlung dieser Umsätze, Verwahrung und Verwaltung von Wertpapieren (Depotgeschäft) sowie sonstigen Leistungen im Emissionsgeschäft; f) Umsätze und Vermittlung von Umsätzen von Anteilen an Gesellschaften und anderen Vereinigungen; g) Übernahme von Verbindlichkeiten, von Bürgschaften und ähnlichen Sicherheiten sowie Vermittlung solcher Umsätze; h) Verwaltung von Sondervermögen nach dem Gesetz über Kapitalanlagegesellschaften; i) Umsätze von inländischen amtlichen Wertzeichen zum aufgedruckten Wert (§4 Nr. 8 UStG). →Verzicht auf Steuerbefreiung ist für a)–g) möglich (§9 UStG). – 2. *Umsatzsteuerpflichtige B.:* a) Vermietung von Schrankfächern; b) Umsätze und Vermittlung der Umsätze von Medaillen und Münzen, die wegen ihres Metallgehaltes oder Sammlerwertes erworben werden oder keine gesetzlichen Zahlungsmittel sind.

Bank- und Postgirobuch, wie das →Kassenbuch gesondertes Grundbuch in der Buchhaltung zur genauen Erfassung der Umsätze und Bestände auf den einzelnen Bank- und Postgi-

rokonten. Wichtig v. a. zur Kontrolle des Verkehrs zwischen Kasse, Bank und Post in Betrieben, die das Ergebnis durch Überschußrechnung (Betriebseinnahmen abzüglich Betriebsausgaben) ermitteln und bei denen die Kontrollmöglichkeiten der doppelten Buchführung nicht gegeben sind.

Bank von England, →Bank of England.

Bank von Finnland (Suomen Pankki), Staatsbank und Zentralnotenbank Finnlands, gegr. 1811. Die Bank betreibt alle Zentralbankgeschäfte (einschl. Offenmarktpolitik). Sie steht unter der Kontrolle und Garantie des Parlaments. Jedoch ist der Vorstand an die Direktiven der parlamentarischen Kontrollkommission nicht gebunden, sondern kann selbständig entscheiden.

Bank von Frankreich, →Banque de France.

Bank von Japan (Nippon Ginko), *Bank of Japan,* Sitz in Tokio, Zentralnotenbank Japans, 1882 dem Vorbild der Reichsbank gegr. Als Institut besonderen Rechts durch Gesetz von 1942 und Ergänzungen neu konstituiert. Aktien nur mit Zustimmung der Bank übertragbar. Dividende auf 5% begrenzt. Kein Stimmrecht der Aktionäre. Direktorium besteht aus dem Gouverneur, dem Vize-Gouverneur und sechs Direktoren. Durch Gesetz von 1949 besonderer Bankpolitischer Rat, der die Grundlinien der Währungs- und Bankpolitik festlegt, die Diskontraten festsetzt, die Bedingungen für Refinanzierungskredite und Offenmarktpolitik fixiert; er besteht aus sieben Mitgliedern, und zwar dem Gouverneur der Bank, zwei Regierungsvertretern (ohne Stimmrecht) und vier vom Kabinett mit Zustimmung der parlamentarischen Instanzen ernannten (auf vier Jahre) Mitgliedern aus Bankwesen, Handel, Industrie, Landwirtschaft. Übliche Notenbankgeschäfte. Starker Regierungseinfluß, schon durch Ernennung der Direktoriumsmitglieder. Sitz Tokio. Die Deckungsvorschriften sind aufgehoben. Repräsentanz in Frankfurt a. M.

Bank von Kanada, →Bank of Canada.

Bank von Norwegen (Norges Bank), Sitz in Oslo, Zentralnotenbank Norwegens, 1816 gegr., 1949 verstaatlicht, betreibt alle Notenbankgeschäfte (einschl. Offenmarktpolitik). Präsident und Stellvertreter werden vom König ernannt, die übrigen Mitglieder des Direktoriums vom Storting gewählt.

Bank von Portugal, →Banco de Portugal.

Bank von Spanien, →Banco de España.

Bank von Taiwan, →Bank of Taiwan.

Bankziehung, Wechselziehung der Banken auf ihre Kunden *(Debitorenziehung)* oder auf eine andere Bank *(Bank-auf-Bank-Ziehungen)*. Der Kunde verschafft sich durch Weiterverkauf des Wechsels, i. d. R. an die gleiche

Bank, die gewünschten Mittel. Die eigenen Ziehungen der Banken werden in den Monatsbilanzen der →Deutschen Bundesbank gesondert aufgeführt. Sie haben i.a. geringen Umfang.

Bankzinsen, →Zinsen, →Kreditkosten.

Bannbruch, →Steuerstraftat. B. begeht, wer Gegenstände entgegen einem Verbot ein-, ausoder durchführt, ohne sie der zuständigen Zollstelle ordnungsgemäß anzuzeigen (§ 372 AO).

Bannmeile, befriedeter Bannkreis für →Bundestag, →Bundesrat und →Bundesverfassungsgericht. In einer räumlich abgegrenzten Zone sind öffentliche Versammlungen unter freiem Himmel und Aufzüge nur im Einvernehmen mit dem Präsidenten des jeweiligen Verfassungsorgans erlaubt, um die Tätigkeit der Gesetzgebungsorgane des Bundes und des Bundesverfassungsgerichts vor verfassungsfeindlichen Störversuchen zu sichern (Einzelheiten im Bannmeilengesetz). Ähnliches gilt auch für die Gesetzgebungsorgane der Länder. – *Verletzung* des Bannkreises ist Vergehen nach § 106a StGB.

Banque Africaine de Développment, →Afrikanische Entwicklungsbank.

Banque de France, Zentralnotenbank Frankreichs, Sitz in Paris. 1800 unter staatlicher Beteiligung gegründet. 1806 der staatlichen Leitung voll unterstellt, seit 1848 alleinige Notenbank, am 1.1.1946 verstaatlicht. – *Organisation:* An ihrer Spitze stehen der Gouverneur und sein Stellvertreter, die der Präsident der Republik ernennt. Der Verwaltungsrat besteht aus zwölf Mitgliedern, von denen sieben der Finanzminister ernennt.

Banque Européenne d'investissement, →Europäische Investitionsbank.

Banque Nationale de Belgique, Zentralnotenbank Belgiens, 1850 gegr. Die seit 1948 zur Hälfte im Staatsbesitz befindliche Bank betreibt alle Zentralbankgeschäfte (einschließlich Offenmarktpolitik) und besorgt die Kassengeschäfte der Regierung. Organe: Gouverneur und Direktorium (vom König ernannt). Conseil de Régence und ein Zensorenkollegium (beide Gremien in der Generalversammlung der Aktionäre gewählt). Die geschäftlichen und kreditpolitischen Maßnahmen werden von einem Regierungskommissar (vom König ernannt) überwacht. 23 Geschäftsstellen.

bar, sofortige Begleichung einer Geldschuld; im engeren Sinne nur durch Geld, im weiteren Sinne auch durch Scheck o.ä. – Vgl. im einzelnen →Barzahlung.

Bar (bar), →gesetzliche Einheiten, Tabelle 1.

Barabfindung, Begriff des Aktienrechts. Abfindung für ausscheidende Aktionäre, z.B. bei →Umwandlung (vgl. dort I 3a) und b) (1)), bei →Eingliederung sowie im Ausnahmefall (nur wenn Spitzenbeträge im Rahmen der gesetzlich vorgeschriebenen Abfindung in Aktien offen bleiben) bei →Verschmelzung (vgl. dort VIII 3). Die B. muß angemessen sein. Für ihre Berechnung gelten die Hinweise zur Ermittlung des Umtauschverhältnisses im Rahmen der →Verschmelzung (vgl. dort IX 1 c)) sinngemäß.

Barakkreditiv, →Akkreditiv II 1a).

Barbados, östlichste Insel der kleinen Antillen im mittleren Atlantik. – *Fläche:* 432 km². – *Einwohner* (E): (1985; geschätzt) 260 000 (602 E/km²). – *Hauptstadt:* Bridgetown (Agglomeration 95 000 E). – Seit 1961 innere Selbstverwaltung, 1966 *Unabhängigkeit* im Commonwealth, konstitutionelle Monarchie. Aufgliederung in 11 *administrative Bezirke.* – *Amtssprache:* Englisch.

Wirtschaft: Wegen tropischen Klimas günstige Bedingungen für den Anbau von Zuckerrohr, Baumwolle und Bananen. 16% der Erwerbstätigen in der *Landwirtschaft,* Anteil am BSP 18%. – *Erdgas-* und *Erdölförderung* im Landesinnern und im Küstenschelf des Nordens und Ostens. Langsame Entwicklung der *Fischerei* (seit 1984 besteht ein Fischereihafen bei Bridgetown). – Einer der wichtigsten Sektoren ist der Fremdenverkehr (50% der Erwerbstätigen, 30% der Devisen). – *BSP:* (1985; geschätzt) 1180 Mill. US-$ (4680 US-$ je E). – *Inflationsrate:* (1983) 5,3%. – *Export:* (1985) 352 Mill. US-$, v.a. Zucker, Melasse, Krustentiere, Rum. – *Import:* (1985) 607 Mill. US-$, v.a. Rohstoffe, Maschinen. – *Handelspartner:* Großbritannien, USA, Kanada. – In B. gibt es 14 *Banken* und 4 *Treuhandgesellschaften.*

Verkehr: Keine *Eisenbahn,* ausgebautes *Straßennetz,* internationaler *Flughafen* bei Seawell im Süden.

Mitgliedschaften: UNO, CARICOM, SELA, UNCTAD u.a.; Commonwealth.

Währung: 1 Barbados-Dollar (BDS$) = 100 Cents.

Barcode, *Balkencode,* genormter oder herstellerspezifischer Strichcode, durch den Informationen als vorgedruckte Strichmarkierungen auf →Datenträgern dargestellt werden; als Datenträger dient häufig die Verpackung. Vorwiegend im Handel verwendet. – *Beispiel:* genormter Strichcode zur Darstellung der →EAN.

Bardeckung, Deckung durch Gold und Devisen für die umlaufenden Noten im Ausweis einer Notenbank. – Vgl. auch →bankmäßige Deckung eines Notenumlaufs.

Bardepot. 1. *Begriff:* Zwangseinlage, die Inländer unverzinslich bei der Deutschen Bundesbank für im Ausland aufgenommene Kredite in Höhe des jeweils geltenden Bardepotsatzes (max. 100%), der von der Bundesbank im Einvernehmen mit der Bundesregierung festgelegt wird, halten müssen – 2. *Rechtsgrundlage:* § 23 AWG. – 3. *Ziel:* Die Kreditaufnahme im Ausland soll verteuert werden und so der Zufluß von Auslandsgeldern im Hinblick auf die Zahlungsbilanz abgewehrt werden (→Kapitalverkehr).

Bardividende, Begriff des →körperschaftsteuerlichen Anrechnungsverfahrens. Die B. entspricht dem handelsrechtlichen Dividendenbegriff (→Dividende) und kennzeichnet den ausgeschütteten Gewinn nach Abzug der körperschaftsteuerlichen →Ausschüttungsbelastung. – Vgl. auch →Bruttodividende.

bare boat charter, →Charterverkehr.

Barème (= Rechenbehelf, Ablesetafel), im Tarifwesen der Eisenbahn gebräuchlicher Ausdruck für tabellarische Übersichten. Für die Montangüterklassen I–V gibt es vier B., aus denen jeweils auf der Basis eines anderen Degressionskoeffizenten die Grundstreckenfracht (Frachtsatz = Abfertigungsgebühr + Grundstreckenfracht) für die verschiedenen Entfernungen zu entnehmen ist.

Barfreimachung, Entrichtung der Postgebühr bei Einlieferung am Schalter; möglich bei Wurfsendungen, Massendrucksachen, Paketsendungen, Postanweisungen und Zahlkarten. Form der →Freimachung.

Bargaining-Theorien, Gruppe von Theorien, die Gleichgewichtslösungen nicht über Marktmechanismen, sondern durch Verhandlungsstrategien erklären. – *Häufigste Anwendungen:* →Spieltheorie, →bilaterales Monopol.

Bargebot, bei der →Zwangsversteigerung Begriff für: a) den Teil des →geringsten Gebotes, der zur Deckung der *Gerichtskosten* des Zwangsversteigerungsverfahrens und anderer in §§ 1o und 12 ZVG näher bezeichneter Ansprüche bestimmt ist (Mindestbargebot); b) die *Differenz* zwischen dem höchsten bei einer Versteigerung abgegebenen Gebot, dem →Meistgebot, und dem geringsten Gebot (§ 49 ZVG). – Das B. ist vom Zuschlag an zu *verzinsen* und im Verteilungstermin vom Ersteher *bar* zu *berichtigen*.

Bargeld, Geldmittel einheimischer Währung, in der Buchhaltung unter „Kasse" geführt; vgl. →Barzahlung. – Zu den *Barmitteln* rechnen als liquide Mittel erster Ordnung neben dem B. noch die →Bankguthaben, Postgiroguthaben und →Schecks.

bargeldloser Zahlungsverkehr, *unbarer Zahlungsverkehr.*

I. Bankverkehr: Buchzahlung durch →Scheck, →Überweisung, Giroverkehr oder →Lastschrift. – 1. *Voraussetzung:* Beide Beteiligten müssen Konten bei einem Kreditinstitut besitzen. Hat einer der Beteiligten kein Konto, ist die völlige Ausschaltung der Barzahlung

nicht möglich; vgl. →halbbarer Zahlungsverkehr. – 2. Weit über die Hälfte der bargeldlosen Umsätze entfällt auf den interlokalen Überweisungsverkehr.

II. Postzahlungsverkehr: Überweisungsverkehr im →Postgiroverkehr (Last-Gutschriftverfahren, Giroverkehr); Vereinfachung durch Sammelüberweisung. Giroüberweisungen der Banken können Postgirokonten gutgeschrieben werden; über die Postgirokonten der Banken und Sparkassen werden die Zahlungen mit allen dort geführten Girokonten abgewickelt. Auch Scheckzahlung (Postscheck, Postzahlungsanweisung zur Verrechnung) sowie das Einziehungsverfahren.

III. Moderne Formen: Vgl. →kartengesteuerte Zahlungssysteme.

Bargeschäfte, im Warenverkehr die Lieferung von Waren gegen →Barzahlung innerhalb einer bestimmten Zahlungsfrist im Gegensatz zu Zielkäufen bzw. -verkäufen. – *Buchungen* bei Bewirkung der Leistungen →Zug um Zug: Kassekonto an Warenkonto (beim Verkäufer) bzw. Warenkonto an Kassekonto (beim Käufer), d. h. ohne Einschaltung eines Kontokorrentkontos; bei der Zahlungsklausel „netto Kasse innerhalb 10 Tagen" ist dagegen Zwischenschaltung von Kontokorrentkonten erforderlich.

Barge-Verkehr, *Leichter-Verkehr,* kombinierter Verkehr mit Transport von Binnenschiffen ohne eigenen Antrieb (Barge: Leichter, schwimmfähiger Behälter) auf Hochseeschiffen (*LASH,* Abk. für *lighter aboard ship*). – Vgl. auch →kombinierter Verkehr.

Bargründung, Form der →Gründung einer AG, bei der das vorgesehene Eigenkapital durch Geldeinlagen der Gründer aufgebracht wird. – *Gegensatz:* →Sachgründung, →Schein-Bargründung.

Barkauf, übliche Form des Kaufs, wobei der Kaufpreis Zug um Zug gegen Übereignung der Kaufsache zu zahlen ist; vgl. →Bargeschäfte, →Handkauf.

Barkredit, Kredit, bei dem die Bank dem Kreditnehmer Bar- oder Buchgeld zur Verfügung stellt (→Geldleihe). B. sind →Kontokorrentkredite, →Darlehen und →Akzeptkredite.

Barleistungen, zusammenfassende Bezeichnung für die in der Krankenversicherung in Form von Sachleistungen gewährten Beihilfen, wie →Krankengeld, →Mutterschaftsgeld, →Sterbegeld.

Barlohn, →Geldlohn.

Barlohnersetzung, →Direktversicherung IV.

Barlohnumwandlung, →Direktversicherung IV.

Barmittel, →Bargeld.

Barn (b), →gesetzliche Einheiten, Tabelle 1.

Barometerdiagnose, →Konjunkturdiagnose.

Barometersystem, I. Begriff: Systematisches Netzwerk ökonomischer Wert- und Mengenreihen, das von den Konjunkturinstituten für den praktischen Konjunkturdienst zusammengestellt sowie ausgewertet wird und aus vielen Einzelbarometern besteht. Das B. fand Eingang in der Konjunkturforschung aufgrund der Erkenntnis, daß kein Einheitsbarometer, aber auch keines der üblichen →Mehrkurven-Barometer zulängliche Einsichten in den empirischen Konjunkturablauf zu eröffnen vermag. Einer der Hauptverfechter des B., Wagemann, zog für sein komplexes System von Barometern alle für den wirtschaftlichen Kreislauf wichtigen mengenmäßig erfaßbaren Daten heran. Diese Methode erwies sich v. a. für die Prognose des volkswirtschaftlichen →Beschäftigungsgrades durch das →Institut für Konjunkturforschung als zweckgerecht.

II. Einzelbarometer: Die wichtigsten Einzelbarometer (die auf der Grundlage von Zahlen der amtlichen Statistik je nach dem individuellen Charakter eines →Konjunkturzyklus unterschiedlich gewichtet in die Gesamtbewertung eingehen): 1. *Produktionsbarometer:* Erfaßt Auftragseingang, Rohstoffeinfuhr, Produktion (acht Warenarten der Grundstoff- sechs der Verarbeitungsindustrie), Beschäftigung, Umsatz, Fertigwarenausfuhr. – 2. Gesonderter *Beschäftigtenindex:* Gegliedert nach Produktionsmittel- und Verbrauchsgüterindustrie. – 3. *Lagerbewegung:* Ermittelt aus repräsentativen Faktoren des Warenzugangs und -abgangs. – 4. *Außenhandel:* Aufgrund der Zahlen der Deutschen Bundesbank und der staatlichen Außenhandelsstellen über Im- und Export. – 5. *Geschäftsdispositionen:* Vergleich von langfristigen Krediten, Auftragseingang und Beschäftigung. – 6. *Kreditbarometer:* Kombiniert Notenbankkredite und Wechselziehungen, Debitoren und Deposten, Emissionen von festverzinslichen und Dividendenpapieren. – 7. *Drei-Märkte-Barometer:* Gegenüberstellung von Effekten-, Waren- und Geldmarktbewegungen. – 8. *Warenpreise:* Besteht sich auf (geometrisch gemittelte) zehn Einzelpreisreihen, Preise industrieller Rohstoffe und Halbwaren, fertige Großhandelsgüter und Einzelhandelsgüter.

III. Weiterentwicklung: Auf der Grundlage des B. entstanden in Deutschland die ersten volkswirtschaftlichen Bilanzen, orientiert am Wagemannschen Kreislaufschema. Sie wurden von J. Grimig in Matrixform für die Jahre 1929 und 1932/33 entwickelt und stellen die ersten Ansätze zu den →Volkswirtschaftlichen Gesamtrechnungen dar.

Barone, Enrico, 1859–1924, bedeutender italienischer Nationalökonom. Hauptsächlich von →Pareto beeinflußt, beschäftigte sich B. insbes. mit Problemen der Wert- und Preistheorie und der Finanzwissenschaft. Beweisführung mittels graphischer Darstellungen, insbes. in seinem Lehrbuch „Principii di economia politica" 1908. Grundlegend ist seine Untersuchung über die Möglichkeit der Wirtschaftsrechnung in der sozialistischen Wirtschaft („Il ministro della produzione nello stato collectivista", Giornale degli economisti 1908); Grundlage bildete ein simultanes Gleichungssystem nach dem Muster Walras' und Paretos (später fortgeführt von B. Brutzkus, M. Weber, L. v. Mises, F. A. Hayek sowie J. A. Schumpeter und O. Lange).

barrel, Volumeneinheit. 1. Für *Erdöl:* 1 barrel = 158,987 l; 2. für *trockene Substanzen,* (in den USA unter dem Namen *dry barrel;*): 1 barrel = 115,627 l.

Barreserve, Kassenbestände der Kreditinstitute einschl. ausländischer Zahlungsmittel sowie die Guthaben der Kreditinstitute bei der Deutschen Bundesbank. – Vgl. auch →Mindestreserve.

Barscheck, →Scheck ohne Verrechnungsvermerk; kann bei Vorlegung bar honoriert werden. – *Gegensatz:* →Verrechnungsscheck.

Bartergeschäft, →Kompensationsgeschäft II.

Barverkauf, →Bargeschäfte.

Barvermögen, Bezeichnung für die sofort greifbaren flüssigen Mittel eines Unternehmens: Kassenbestand, Bank- und Postgiroguthaben, Schecks.

Barwert. 1. *Allgemein:* Ablösungsbetrag für einen bestimmten Stichtag. Höhe des B. hängt entscheidend von Berechnungsgrundlagen ab. Je höher der Zinsfuß, desto niedriger der B. – 2. *Zinseszinsrechnung:* Das Anfangskapital (= abgezinstes Endkapital; vgl. →Abzinsung), das auf Zinseszins angelegt, nach einer bestimmten Zahl von Jahren einen bestimmten Betrag ergibt. Bei Multiplikation des Endkapitals mit dem →Abzinsungsfaktor ergibt sich der B. als das erforderliche Anfangskapital. – 3. *Investitionsrechnung:* Wert einer Zahlungsreihe im →Bezugszeitpunkt (Wert nach Diskontierung). – Vgl. auch →Kapitalwert, →Kapitalwertmethode. – 4. *Versicherung:* Gegenwartswert einer Anwartschaft auf noch nicht fällig gewordene Leistung, ergibt sich in der →Lebensversicherung nicht nur aus der Diskontierung der Versicherungsleistung, sondern auch unter Berücksichtigung der Wahrscheinlichkeit ihres Eintritts.

Barwertmethode, →Kapitalwertmethode.

Barzahlung, Zahlungsform, bei der der Schuldner dem Gläubiger →Bargeld übergibt.

Mit der Übergabe der Zahlungsmittel ist die Verpflichtung gegenüber dem Gläubiger erfüllt. Zur B. rechnen: a) direkte Übergabe von Bargeld, b) Bargeldversand mittels Wertbrief, c) →Postanweisung, d) →Wechsel, die bar eingelöst werden. Vielfach ist in →Zahlungsbedingungen bei B. Kassakonto oder Diskont vorgesehen. – Vgl. auch →Bargeschäfte.

Barzahlung bei Lieferung, →cash on delivery.

Barzahlungspreis, Begriff bei →Abzahlungsgeschäften, Preis der Ware, den der Käufer zu entrichten hätte, wenn spätestens bei Übergabe der Sache der Preis in voller Höhe fällig wäre (§ 1 a AbzG). – *Gegensatz:* →Teilzahlungspreis.

BAS, Abk. für →Bundesamt für Schiffsvermessung.

Basar, Verkauf von Waren bei Wohltätigkeitsveranstaltungen.

Baseline, Schlußaussage oder Schlußzeile einer →Anzeige. Die B. soll die wesentliche Aussage des →Fließtextes zusammenfassen und/oder zu weiteren Aktivitäten des Lesers (Probieren, Kaufen, Genießen) auffordern. – Gegensatz: →Headline.

BASI, Abk. für →Bundesarbeitsgemeinschaft für Arbeitssicherheit.

Basic, *Beginners All Purpose Symbolic Instruction Code.* 1. *Begriff:* Prozedurale →Programmiersprache; 1964 am Dartmouth College, New Hampshire (USA), mit dem Ziel entwickelt, Studenten den Einstieg in die →Programmierung zu erleichtern. – 2. *Sprachstruktur:* Ursprünglich sehr einfache Sprache, nach und nach erheblich erweitert. Die Grundstruktur behindert einen sauberen →Programmierstil. B. gilt softwaretechnisch als äußerst schlecht. – 3. *Bedeutung:* Aufgrund einfacher Handhabung und Erlernbarkeit ist B. im Personal- und Hobbycomputerbereich (vgl. →Rechnergruppen) die am weitesten verbreitete Programmiersprache; auch in der schulischen Ausbildung häufig eingesetzt. – 4. *Standardisierung:* B. wurde erstmalig 1978 vom →ANSI genormt; de facto gibt es aber einen Wildwuchs unterschiedlicher Basic-Dialekte.

Basisband, Begriff der Informatik. Als →Datenübertragung im B. bezeichnet man die Übertragung „unmodulierter" (→Breitband) Signale, d. h. digital (→digitale Darstellung) vorliegende Signale werden auch digital über das Übertragungsmedium übertragen. Jedes Signal belegt während der Übertragung die gesamte Frequenzbandbreite des Mediums. Mehrere gleichzeitige Verbindungen können deshalb nur so realisiert werden, daß das B. abwechselnd für die Verbindung nur einen

bestimmten Zeitabschnitt lang zur Verfügung steht.

Basisbeschäftigung, Begriff der Plankostenrechnung für die der Leistungs- und Verbrauchsplanung zugrunde gelegte →Beschäftigung. B. der einzelnen →Kostenstellen ist Bezugsgrundlage für die erreichte Beschäftigung (Beschäftigungsgrad in %). Als B. kann gewählt werden: a) die bei voller Auslastung jeder Kostenstelle unter normalen Bedingungen, d. h. bei Einrechnung aller unvermeidbaren Nebentätigkeiten und Verlustzeiten, erzielbare Leistungsmenge; vgl. →Kapazitätsplanung; b) die von der erwarteten Absatzmenge her sich ergebende Beschäftigungsgröße (Planbeschäftigung); vgl. →*Absatzplanung;* c) die von irgendeinem Engpaß her begrenzte Menge; vgl. →Engpaßplanung. – Beschäftigungsgrade, die sich auf verschiedene B. beziehen, sind untereinander nicht vergleichbar. – Vgl. auch →Bestbeschäftigung.

Basiseinkommen, →Konsumfunktion.

Basisgesellschaften. I. A l l g e m e i n e s : 1. *Begriff:* →Kapitalgesellschaften oder andere Rechtsträger in ausländischen Staaten, die als zwischengeschaltete, von der Inlandsbesteuerung losgelöste Auslandsbasen deutscher Unternehmen zum verselbständigten Träger von Einkommen und Vermögen gemacht werden (z. B. Holding-, Vermögensverwaltungs- und Finanzierungsgesellschaften usw.). – *Keine* B. in diesem Sinn sind reine Betriebsgesellschaften, die lediglich den Standortfaktor der niedrigeren Steuern nutzen; Gesellschaften, die nur im nationalen Bereich des ausländischen Staates tätig werden, sowie Unternehmen, die ihre Erzeugnisse zwar in mehrere Länder verkaufen, aber Sitz und Geschäftsleitung in dem ausländischen Staat haben. – 2. *Bedeutung:* Funktionen der B. sind sehr mannigfaltig und reichen von einer meist geringen eigenen wirtschaftlichen Geschäftstätigkeit im Basisland bis zur Firma, die keine eigene Geschäftsfunktion wahrnimmt. Bei der schnell zunehmenden, immer enger werdenden Verflechtung der Wirtschaft können B. auch international bedeutsame Koordinierungs- und Steuerungsfunktionen zugewiesen sein, wie z. B. unternehmerische Koordinierung oder Integration im wirtschaftlichen Bereich, Eröffnung und Erschließung fremder Kapitalmärkte. – 3. *Rechtsform:* So vielgestaltig wie die Funktionen der B.: I. a. als Aktiengesellschaft. Diese Gesellschaftsform ist insbes. in der Schweiz und Liechtenstein sehr vielseitig, mit geringer Publizität ausgestattet und läßt den Kapitalgeber weitgehend anonym. – b) B. als GmbH haben offenbar wegen steuerlicher Vorteile in der Schweiz an Zahl zugenommen. – c) Die Anstalt liechtensteinischen Rechts ist selbständige Rechtsperson, die ihre Firma i. d. R. frei wählen kann. Das Kapital bleibt ungeteilt oder ist in Anteile zerlegt. Die Anonymität des Kapitalgebers kann weitgehend gewahrt werden. – d) Seltener sind B. als Trusts. Diese rechtlich selbständigen Treuhandgesellschaften haben eigenes, allein haftendes Vermögen und werden unter eigenem Namen betrieben. – e) Stiftungen und Familienvereine als B. nur in Ausnahmefällen.

II. Steuerrecht: 1. Die steuerliche Behandlung der B. in →Steueroasen ist durch die Besteuerung der →Zwischengesellschaften nach dem Außensteuergesetz auf eine gesetzliche Grundlage gestellt worden. Durch Abgrenzung der Zwischengesellschaften fallen die vom Gesetzgeber mißbilligten Tätigkeiten unter die Zwischengesellschaftsbesteuerung, so daß die steuerliche Motivation für die Errichtung und den Betrieb von B. entfällt. – **2. Ausländische B.** unterliegen der deutschen →unbeschränkten Steuerpflicht, wenn sich der tatsächliche Ort der Geschäftsleitung gem. § 10 AO im Inland befindet. – **3. Übt die B.** eine →aktive Tätigkeit aus, für die sie auch das unternehmerische Risiko und die Verantwortung trägt, so kann einer entsprechenden Gestaltung grundsätzlich die steuerliche Anerkennung nicht versagt werden. Die Besteuerung richtet sich nach den gegebenen Sachverhalten. Für eine Besteuerung als Zwischengesellschaft ist kein Raum. (Vgl. aber unten 4 b) und c). – **4. Übt die B.** weder eine aktive Tätigkeit noch eine →passive Tätigkeit aus, so ist weder die Besteuerung von Zwischengesellschaften noch eine normale Besteuerung ausländischer Kapitalgesellschaften relevant. In diesen Fällen gilt nach dem Oasenerlaß folgendes: a) Scheinfälle (Scheinfirmen, Briefkastengesellschaften): Hier deckt die begehrte steuerliche Rechtsfolge nicht den der Besteuerung zugrunde zu legenden Sachverhalt. Verträge, Geschäftsbeziehungen, Übertragungen von Vermögenswerten usw. sind darauf zu prüfen, ob sie so, wie sie geltend gemacht wurden, dem wahren wirtschaftlichen Sachverhalt entsprechen (§ 41 II AO). – b) Mißbrauchsfälle: Deckt die gewollte und verwirklichte Transaktion die geltend gemachte Rechtsfolge (liegen also keine Scheinfälle vor), so führt dies allein noch nicht zur steuerlichen Anerkennung. Es darf darüber hinaus auch kein Mißbrauch von Formen und Gestaltungsmöglichkeiten den bürgerlichen Rechts gegeben sein, der eine →Steuerumgehung (§ 42 AO) begründet. Eine solche tritt ein, wenn in der Absicht der Steuerumgehung eine zivilrechtliche Gestaltung des Unternehmensaufbaus gewählt wird, die gegenüber den wirtschaftlichen Vorgängen, Tatsachen und Verhältnissen unangemessen ist und für die neben dem Motiv der Steuerersparnis keine anderen wirtschaftlichen Gründe glaubhaft gemacht werden können. – c) Rechtsfolgen der steuerlichen Nichtanerkennung: In Scheinfällen ist die Besteuerung so vorzunehmen, wie sie dem wirklichen Tatbestand entspricht; in Miß-

brauchsfällen so, wie wenn die Verlagerung von Vermögen und Einkommen nicht vorgenommen worden wäre: (1) Zahlungen des Inländers an die B. können nicht als →Betriebsausgaben anerkannt werden. Hinsichtlich einer geleisteten Zahlung ist zu unterscheiden: Gehört die Beteiligung an der B. zum Betriebsvermögen, so ist die Zahlung Kapitalzuführung an die B.; wird die Beteiligung nicht in dem Betrieb gehalten, für den die Zahlung als Betriebsausgabe geltend gemacht wird, so kann die Zahlung Privatentnahme (bei Einzelunternehmen oder Beteiligung an einer Personengesellschaft) oder verdeckte Gewinnausschüttung (bei Kapitalgesellschaften) sein. (2) Führt der Inländer Einkünfte, die bisher ihm selbst zuflossen, seiner B. zu, so sind diese nach wie vor mit allen steuerlichen Folgen ihm zuzurechnen und damit der deutschen Besteuerung zu unterwerfen. Gleiches gilt für die Übertragung von Vermögenswerten. – d) Die Verpflichtung des Steuerpflichtigen, bei der Sachverhaltsaufklärung mitzuwirken, geht bei der Aufklärung von Auslandsbeziehungen nach der höchstrichterlichen Rechtsprechung weiter als bei Inlandsvorgängen. Vermag er den Sachverhalt nicht hinreichend zu klären, so kann der Besteuerung der Sachverhalt zugrunde gelegt werden, der nach den Umständen die größte Wahrscheinlichkeit für sich hat, oder die Besteuerungsgrundlagen sind unter Berücksichtigung der gesamten Umstände zu schätzen (§ 162 AO).

Basislösung, →kanonisches lineares Gleichungssystem, →kanonisches lineares Optimierungssystem.

Basispoint, →point.

Basisvariable, →kanonisches lineares Gleichungssystem.

BASt, Abk. für →Bundesanstalt für Straßenwesen.

Bastiat, Frédérik, 1801–1850, französischer Nationalökonom, weniger durch eigene Forschung als durch seine Popularisierung der klassischen Wirtschaftstheorie in überspitzt optimistischer Sicht bekannt. In seinem Optimismus ähnelt er Carey, der B. des Plagiats bezichtigte. B. war Gegner der pessimistischen Ansichten von →Malthus und →Ricardo. Ausgesprochen ablehnende Haltung gegenüber a) dem franz. Protektionismus der damaligen Zeit, b) dem Sozialismus, Vertreter des laissez faire in der Annahme, durch die Entwicklung der kapitalistischen Produktion werde auch die soziale Frage gelöst. – Hauptwerk: „Harmonies Economiques" 1850.

BAT, Abk. für →Bundes-Angestellten-Tarifvertrag.

batch, →Stapelbetrieb.

batch processing, →Stapelbetrieb.

Batch-Verarbeitung, →Stapelbetrieb.

Battelle-Institut e.V., gemeinnützige Laboratorien für industrielle Vertragsforschung; Sitz Frankfurt a. M. Gegründet 1953. – 1. *Aufgabe:* Durchführung technischer, chemischer und physikalischer Forschungs- und Entwicklungsarbeiten (angewandte Forschung) auf vertraglicher Grundlage mit einzelnen Auftraggebern (Firmen oder Firmengruppen) mit dem Ziel, neue Verfahren, Materialien, Maschinen oder Erzeugnisse zu finden, vorhandene zu verbessern oder zu rationalisieren, die Kosten eines bestimmten Arbeitsvorganges zu senken, Abfallprodukte weiter zu verwerten oder andere technische Positionen zu verbessern. – 2. *Arbeitsgebiete:* Physik, Chemie, Maschinenbau, Metallkunde, Silikattechnik. Die Laboratorien sind mit den modernsten Anlagen ausgestattet; Rechenzentrum seit 1956. – 3. *B.-Forschungsvertrag* enthält das Arbeitsprogramm; ferner vor allem a) Zeitraum, b) Kosten, c) Verpflichtung zur vertraulichen Behandlung, d) ausschließliches Eigentum des Auftraggebers an allen Ergebnissen einschl. der Patentrechte. – 4. *Kosten:* Entsprechend dem Willen des Stifters (Gordon Battelle) dürfen nur Selbstkosten berechnet werden, zusammengesetzt aus a) direkten Personalkosten, b) Materialkosten, c) Kosten für den Gebrauch der Geräte, d) 45% der Summe von a) bis c) für allgemeine Kosten.

BAU, Abk. für →Bundesanstalt für Arbeitsschutz und Unfallforschung.

Bauabnahme. 1. Abnahme durch die *Baubehörde* zur Überprüfung, ob der erstellte Bau der →Bauerlaubnis entspricht; u.a. *Rohbauabnahme* nach Errichtung des Rohbaus und *Gebrauchsabnahme* vor Benutzung des vollendeten Gebäudes. – 2. B. durch den *Bauherrn* (→Besteller). – Vgl. auch →Abnahme.

Bauaufsichtsbehörde, →Baubehörde, der es obliegt, bei Errichtung, Änderung, Abbruch und Unterhaltung baulicher Anlagen die Einhaltung der Bauvorschriften zu überwachen und erforderliche Maßnahmen zu treffen.

Baubehörden, Behörden, die sich mit der Ausführung des Bauordnungsrechts, v.a. der Erteilung der →Bauerlaubnis, befassen. Einrichtung der B. ist Ländersache. Zu den B. gehören: a) Bauaufsichtsbehörden und →Bauordnungsbehörden.

Bauberichterstattung, neben der →Bautätigkeitsstatistik Teil der →Baustatistik. Integriert in das System der Statistiken im →Produzierenden Gewerbe werden in selbständigen Erhebungen in den Bereichen →Bauhauptgewerbe und →Ausbaugewerbe bestimmte Konjunkturindikatoren erfragt. – 1. *Monatsstati-*

stik: Nachgewiesen werden Beschäftigte nach Stellung im Betrieb, Bruttolohn- und -gehaltssummen, geleistete Arbeitsstunden, Umsatz; im Bauhauptgewerbe auch Auftragseingänge und (vierteljährlich) Auftragsbestände. – 2. Eine *jährliche Totalerhebung* erfolgt bei allen Betrieben des Bauhauptgewerbes. Die Betriebe werden nach Wirtschaftszweigen und Beschäftigtengrößenklassen gegliedert; der Bestand an wichtigen Baugeräten wird ermittelt, aus dem Anhaltspunkte über den technischen Fortschritt gewonnen werden.

Baubeschränkung, Einschränkung der grundsätzlich gegebenen Baufreiheit durch Vorschriften des Baurechts. So bedarf Errichtung, Änderung oder Abbruch baulicher Anlagen der →Bauerlaubnis. Ein Bauvorhaben muß dem →Bebauungsplan entsprechen und ist außerhalb dessen grundsätzlich unzulässig.

Baud, Maßeinheit für die Taktgeschwindigkeit bei der →Datenübertragung über ein Übertragungsmedium; benannt nach dem französischen Physiker Baudot.

Baudarlehen, →Baufinanzierung, →Arbeitgeberdarlehen.

Baudispens, Ausnahmebewilligung von einer →Bausperre für Gelände, das noch nicht allgemein zur Bebauung freigegeben worden ist. B. liegt im freien Ermessen der Baubehörde, die *Versagung* darf jedoch nicht auf Willkür oder sachfremden Erwägungen beruhen.

Bauerlaubnis, *Baugenehmigung,* muß von der Baubehörde nach Prüfung der eingereichten Unterlagen erteilt werden, wenn die gesetzlichen und ortsstatutarischen Bedingungen erfüllt sind. Versagung nur bei Abweichen von den gesetzlichen Vorschriften. Die B. kann auch bestimmte →Auflagen enthalten. Regelung im →Baugesetzbuch und →Landesrecht.

Bauerngericht, →Landwirtschaftssachen.

Bauersche Bewegungsbilanz, →finanzwirtschaftliche Bewegungsbilanz.

Baufinanzierung, Finanzierung der Baukosten von Gebäuden (einschl. der Kosten von Grund und Boden, Außenanlagen und Baunebenkosten) sowie die Vor- und Zwischenfinanzierung der endgültigen Baufinanzierungsmittel. B. ist i.d. R. gemischte Finanzierung durch eigene und fremde Mittel.

I. E i g e n f i n a n z i e r u n g: Eigenes Geldoder Sachkapital (i..d. R. eigenes Grundstück) oder Eigenleistung (persönlich oder gemeinschaftlich erbrachte Bauleistungen) bzw. angespartes Guthaben auf einen Bausparvertrag.

II. F r e m d f i n a n z i e r u n g: 1. *Hypothekendarlehen* (→Hypothekarkredit) gewähren Realkreditinstitute, Banken und Sparkassen,

Versicherungsunternehmungen, Bausparkassen an Bausparer, Private, und für den sozialen und öffentlich geförderten Wohnungsbau die Sozialversicherungsträger für ihre Mitglieder. Ausgenommen die Bausparkassen, die grundsätzlich zweite Hypotheken mittelfristig (ca. zehn Jahre) zu günstigen Zinsbedingungen einräumen, geben die genannten Institute Hypotheken für den erststelligen Beleihungsraum, d. h. bis zu 40% der Gesamtkosten, und z. T. zweite Hypotheken bis zu 60% der Gesamtkosten (Regelfall). Bei der Möglichkeit, die dingliche Sicherung durch öffentliche Bürgschaften zu ergänzen, kann die Beleihungsgrenze noch weiter hinausgeschoben werden. Laufzeiten für Hypotheken zwischen zehn und zwanzig Jahren (Annuitätentilgung) bei meist 1% Tilgung und Zinsen je nach Kapitalmarktlage. Zinsanpassung nach fünf Jahren möglich. Realkreditinstitute geben Hypotheken zu festem Zinssatz, Sparkassen und Versicherungen i. d. R. zu gleitenden Zinsbedingungen. – 2. *Bundesbaudarlehen* für Sonderprogramme, z. B. Bundesumsiedlungs-, Versuchs- und Vergleichsbautenprogramm. – 3. *Landesbaudarlehen* für Länder und Bundesprogramme, z. B. Industrieschwerpunktprogramme. – 4. *Kommunaldarlehen* für Landes- und Kommunalprogramme z. B. Stadtsanierung. Anstelle von Darlehen auch öffentliche Bürgschaften mit Zinszuschüssen und Annuitätsbeihilfen (Zinssubvention statt Kapitalsubvention). – 5. *Restfinanzierungsmittel* sind insbes. →Arbeitgeberdarlehen, Mieterdarlehen, →Baukostenzuschüsse, Mietvorauszahlungen oder Verwandtendarlehen.

III. B a u z w i s c h e n f i n a n z i e r u n g : Zwischenfinanzierungsbedarf tritt auf, wenn a) Eigenkapital ungenügend oder nicht bei Baubeginn vorhanden ist; b) Belastungsreife des Baugrundstückes fehlt; c) Auszahlungsbedingungen für das Fremdkapital ungünstig sind. Bauzwischenfinanzierung wird übernommen durch besondere Kreditinstitute (Deutsche Bau- und Bodenbank) gegen Abtretung der Auszahlungsansprüche aus dem Darlehensvertrag, ferner durch eigene Baufinanzierungsinstitute, meist im Rahmen einer Baubetreuung (z. B. Heimstätten-Gesellschaften oder ähnliche Bauträgerunternehmen) oder durch Banken und Sparkassen, u. U. durch den Hypothekengeber selbst zu besonderen Bedingungen.

Bauforderung, Forderung des →Bauunternehmers an den →Bauherrn wegen Ausführung einer Bauarbeit. – 1. Zur *Sicherung* der B. kann der Bauunternehmer Einräumung einer →Sicherungshypothek am Baugrundstück des Bestellers verlangen (§ 648 BGB). – 2. Insbes. bei Weigerung, Zweifeln an der Zahlungsfähigkeit des Bauherrn oder dem Bevorstehen weiterer Grundstücksbelastungen bei Anordnung einer →*Vormerkung durch Einstweilige*

Verfügung des zuständigen Gerichts möglich; erfordert →Glaubhaftmachung der Höhe der B., z. B. durch Rechnungsabschriften, Bauvertrag, eidesstattliche Versicherung. – 3. *Sondervorschriften* für B. enthält das – nur teilweise in Kraft gesetzte – Gesetz über die Sicherung der B. vom 7.6.1909 (RGBl I 449) mit späteren Änderungen.

Baugenehmigung, →Bauerlaubnis.

Baugenossenschaft, →Wohnungsbaugenossenschaft. – *Organisation:* Vgl. →Genossenschaftswesen I 2.

Baugesetzbuch (BauGB), Gesetz vom 8.12.1986 (BGBl I 2191 und 2253), zur bundeseinheitlichen Regelung der Bebauung und damit zusammenhängenden Fragen zur Ordnung der baulichen Entwicklung in Stadt und Land und der baulichen und sonstigen Nutzung der Grundstücke (u. a. Erteilung der →Bauerlaubnis). In Kraft getreten am 1.7.1987. Das BauGB ersetzt v. a. das Bundesbaugesetz und das Städtebauförderungsgesetz. – 1. *Die Gemeinden* haben Bauleitpläne (→Flächennutzungsplan und →Bebauungsplan) aufzustellen. Zur Sicherung der Planung kann eine →Veränderungssperre beschlossen werden. Entstehende Vermögensnachteile werden entschädigt. – Den Gemeinden steht ein →Vorkaufsrecht beim Kauf von Grundstücken zu, das nur zum Wohl der Allgemeinheit ausgeübt werden darf. Die Gemeinden können im Geltungsbereich eines Bebauungsplans Grundstücke umlegen, Grenzregelungen vornehmen und Grundstücke enteignen. Sie können →Erschließungsbeiträge erheben. – 2. Zur *Sanierung städtebaulicher Mißstände* haben die Gemeinden verschiedene Eingriffsmöglichkeiten. – 3. *Rechtsmittel:* Verwaltungsakte nach dem B. können zum Teil durch Antrag auf gerichtliche Entscheidung angefochten werden (§ 217 BauGB). Über den Antrag entscheidet das Landgericht, →Kammer für Baulandsachen. Im übrigen ist der Verwaltungsrechtsweg gegeben.

Baugewerbe. I. B e g r i f f : (Statistische) Beschreibung der handwerklich und industriell betriebenen Bauwirtschaft (ohne Baustoff-Industrie und -Handel) mit Schlüsselstellung in der Wirtschaft a) als Auftraggeber, b) durch die vielfältigen Auswirkungen der Bautätigkeit auf das Sozialprodukt (Wohnungs-, Straßen-, Brückenbau, landwirtschaftliche und Industriebauten), c) durch die starke Wetterabhängigkeit mit erheblichen saisonalen Störungen für den Arbeitsmarkt. Teil des →Produzierenden Gewerbes. – Das B. *setzt sich zusammen* aus: 1. →*Bauhauptgewerbe* (Beschäftigte, Löhne und Gehälter sowie Umsatz vgl. dort), nach der Systematik der Wirtschaftszweige 1979 gegliedert in Hoch- und Ingenieurbau; nach der Zweckbestimmung und nach den bestimmenden technischen Merkmalen der Bauten: a) *Hochbauten* konventioneller Art und Fertigteilbau aus Beton und Holz; b) *Tiefbauten:* Erdbewegungsarbeiten, Landeskulturbau, Wasser-, Wasserspezial-, Brunnenbau, Tiefbohrungen, Brücken-, Tunnel-, Eisenbahnoberbau; c) *Gerüstbau, Fassadenreinigung;* d) *Spezialbau:* Schornstein-, Feuerungs- und Industrieofenbau, Isolierbau, Abbruchgewerbe. Zum Bauhauptgewerbe gehören ferner Zimmerei, Dachdeckerei, Stukkateur-, Gipser- und Verputzgewerbe. – 2. → *Ausbaugewerbe* (Beschäftigte, Löhne und Gehälter sowie Umsatz vgl. dort): Klempnerei, Gas-, Wasser- und Elektroinstallation, Glaser- und Malergewerbe, Tapetenkleberei, Bautischlerei, Parkettlegerei, Fußboden-, Fliesen- und Plattenlegerei, Ofen- und Herdsetzerei.

II. S t a t i s t i s c h e   E r f a s s u n g : Detailliert im Rahmen der Statistiken im Produzierenden Gewerbe, unterteilt in Bauhauptgewerbe und Ausbaugewerbe (→ Bauberichterstattung). Monatliche Erfassung von Beschäftigten, Arbeitsstunden, Bruttolohn- und -gehaltssumme, Umsatz, im Bauhauptgewerbe auch Auftragseingang und (vierteljährlich) Auftragsbestand bei Baubetrieben von Unternehmen des sowie außerhalb des Produzierenden Gewerbes mit 20 Beschäftigten und mehr und allen Arbeitsgemeinschaften. Jährliche Totalerhebungen im Bauhauptgewerbe erfassen u. a. Kleinbetriebe und Geräteausstattung. Jährlich ferner Investitions- und Kostenstrukturerhebungen, mehrjährliche Zinsen (zuletzt 1979) und Material- und Wareneingangserhebungen (zuletzt 1982) bei Unternehmen mit 20 Beschäftigten und mehr. – Vgl. ergänzend → Mikrozensus, → Handwerk, → Umsatzsteuerstatistik, → Preisstatistik, → Lohnstatistik, → Sozialprodukt.

III. F ö r d e r u n g   d e r   g a n z j ä h r i g e n B e s c h ä f t i g u n g : (gem. Gesetz vom 7.12.1959 (BGBl I 705) und Baubetriebe-VO vom 19.7.1972 (BGBl I 207)): 1. Die Bundesanstalt für Arbeit gewährt im Rahmen der → produktiven Winterbauförderung Zuschüsse an Unternehmen des Baugewerbes, ferner Darlehen oder Zinszuschüsse für den Erwerb oder die Miete von Geräten und Einrichtungen zur Durchführung von Bauarbeiten in der Schlechtwetterzeit. – 2. Die Bundesanstalt kann Bauarbeitern besondere Leistungen bei witterungsbedingten Arbeitsausfällen gewähren, ebenso → *Schlechtwettergeld,* wenn in Schlechtwetterzeiten aus Witterungsgründen Arbeitsausfall eintritt.

Baugruppe, Bezeichnung für eine zusammengefaßte Gruppe von Einzelteilen, die als Einheit in die Endprodukte eingeht. Viele Industrieprodukte bestehen aus mehreren Einzelteilen, die durch Montagearbeitsgänge zu B. und Endprodukten zusammengefügt werden.

Bauhauptgewerbe, Teil des → Baugewerbes, Betriebe des Hoch-, Tief- und Spezialbaus, des Abbruchgewerbes, der Zimmerei, Dachdeckerei, des Stukkateur-, Gipser- und Verputzergewerbes.

Bauhauptgewerbe

Jahr	Beschäftigte in 1000	Lohn- und Gehaltssumme	darunter Gehälter	Baugewerblicher Umsatz¹)	darunter Wohnbau¹)	Nettoproduktionsindex 1980 =100
		in Mill. DM				
1960	1 406	8 336	711	25 018	9 706	—
1962	1 526	11 290	1 030	33 359	12 149	—
1964	1 643	14 910	1 418	42 617	15 097	—
1966	1 619	17 062	1 771	46 878	16 896	—
1968	1 487	16 282	1 913	28 417	10 391	—
1970	1 529	22 162	2 593	55 229	18 232	—
1971	1 544	25 305	3 039	67 034	23 196	—
1972	1 533	28 436	3 510	74 040	28 094	—
1973	1 508	29 971	4 053	77 339	29 912	—
1974	1 352	29 064	4 223	75 356	27 209	—
1975	1 211	27 629	4 122	72 248	24 218	—
1976	1 192	28 233	4 216	75 089	25 705	96,0
1977²)	1 168	28 743	4 516	86 128	32 767	95,2
1978	1 190	30 418	4 970	77 984	29 497	94,8
1979	1 240	33 853	5 557	92 080	34 703	102,0
1980	1 263	37 442	6 173	112 484	42 617	100 0
1981	1 226	37 586	6 575	110 929	41 713	92,7
1982	1 152	37 400	6 658	104 665	38 651	88,4
1983	1 122	37 565	6 767	106 390	40 871	88,8
1984	1 106	38 213	6 879	108 950	42 713	89,2
1985	1 026	34 214	6 701	99 976	34 081	83,7
1986	1 003	34 752	6 816	104 526	33 140	87,0

¹) Ab 1968 ohne Umsatzsteuer.
²) Ab 1977 revidierte Systematik.

Bauherr, rechtlich und wirtschaftlich verantwortlicher Auftraggeber bei Ausführung von Bauvorhaben, übernimmt Bauten bei Fertigstellung durch → Bauabnahme. Wer als B. gewerbsmäßig für eigene oder fremde Rechnung Bauvorhaben vorbereitet oder durchführt und dazu Vermögenswerte von Erwerbern, Mietern, Pächtern oder sonstigen Nutzungsberechtigten verwendet, bedarf der Erlaubnis, die bei Unzuverlässigkeit oder bei ungeordneten Vermögensverhältnissen dem B. zu versagen ist (§ 34c GewO).

Bauherrnmodell, Konzept zur steuerbegünstigten Erstellung von Immobilieneigentum durch Schaffung einkommensmindernder Buchverluste (→ Verlustzuweisungsgesellschaften). Die dem Bauherrn zuzurechnenden Aufwendungen können u. U. während der Bauphase sofort als → Werbungskosten geltend gemacht werden. Je nach der persönlichen Einkommensteuerbelastung lassen sich dadurch große Teile des Eigenkapitals durch Steuervorteile finanzieren. – *Sonderformen:* Bauträgermodell, Erwerbermodell.

Bauindex, → Preisindex III 3.

Baukastenstückliste, in der Fertigungstechnik Zusammenfassung aller Teile bzw. Baugruppen, die direkt in eine übergeordnete Baugruppe eingehen; gesonderte → Stückliste je Fertigungsstufe. Die Mengenangaben beziehen sich jeweils auf die übergeordnete Einheit. Vorteilhaft bei Computereinsatz, da die Zusammensetzung der Baugruppe nur einmal gespeichert werden muß.

Baukastensystem. I. A l l g e m e i n : Ein System von Aggregaten (z. B. Baukastenmöbel, Maschinensysteme, wissenschaftliche und technische Lehrmittel), das durch Hinzufügung neuer Bauelemente in seiner Kapazität oder Wirksamkeit erweitert werden kann.

II. I n d u s t r i e b e t r i e b s l e h r e : Verfahren zur Beschränkung des Produktionsprogramms auf große Serien zwecks Nutzung der →Auflagendegression, auch bei Verlangen des Marktes nach einer gewissen Typenvielfalt (z. B. Werkzeugmaschinenmarkt). Man beschränkt die Verwendung bestimmter Bauelemente und Teilaggregate nicht nur auf einen Typ, sondern konstruiert die zum Programm gehörenden Typen in der Weise, daß möglichst viele Bauelemente in allen Maschinentypen oder wenigstens einem Teil der Typen verwandt werden können. Die unterschiedlichen Typen sind dann baukastenmäßig aus einigen allgemeinen Grundelementen, die in Großserien hergestellt werden können, und den die Spezialeigenschaft bewirkenden Sonderelementen zusammengesetzt. – Vgl. auch →Normung, →Standardisierung, →Typung.

Baukonten, Konten der Klasse 7 des Kontenrahmens Bauindustrie, die der Kostenträgerrechnung dienen. Auf ihnen werden die gesamten Baukosten (für jeden Bauauftrag getrennt) gesammelt. – Nach der VO PR Nr. 32/51 über die Baupreisbildung für öffentliche und mit öffentlichen Mitteln finanzierte Aufträge ist die Führung besonderer B. für jeden Auftrag von mehr als 10 000 DM zwingend vorgeschrieben (§ 18); für Bauaufträge bis 10 000 DM kann ein B. als Sammelkonto geführt werden.

Baukostenindex, →Preisindex III 3.

Baukostenzuschuß. 1. *Wesen:* Nicht rückzahlbare (verlorene) Zuwendung, auch Sach- und Arbeitsleistung Dritter, insbes. des Mieters, die zur Deckung der Gesamtbaukosten dient. Nicht hierher rechnen sonstige Finanzierungsbeiträge, wie Mieterdarlehen und Mietvorauszahlungen. – 2. *Rückerstattung* von B. bei Beendigung des Mietverhältnisses, soweit der B. nicht durch die Dauer des Mietverhältnisses als getilgt anzusehen ist (Art. VI des Gesetzes vom 21.7.1961, BGBl I 1041). – 3. Bei der →*Zwangsvollstreckung* in das Grundstück genießt der Aufbaumieter Schutz. Entgegen dem Grundsatz „Zwangsverkauf bricht Miete" ist das Kündigungsrecht des Erstehers gegenüber dem Mieter durch § 57 c Nr. 2 ZVG sachlich und zeitlich eingeschränkt. Nach der Rechtsprechung müssen auch Konkurs- und Zwangsverwalter

den B. gegen sich gelten lassen. – 4. *Steuerliche Behandlung:* B. werden nicht als →Werbungskosten anerkannt und können i. a. auch nicht als →außergewöhnliche Belastung geltend gemacht werden. – Vgl. auch →Abstand. – 5. Sondervorschriften für B. gelten im *sozialen Wohnungsbau:* B. gelten hier grundsätzlich nur als *Mietvorauszahlungen* (§ 9 Wohnungsbindungsgesetz).

Baulandbeschaffung, →Landbeschaffung.

Baulandsachen, Streitigkeiten aus →Landbeschaffung aufgrund des Baugesetzbuchs, über die die ordentlichen Gerichte, Kammern für Baulandsachen, entscheiden (§§ 217 ff. BauGB). Zusammensetzung der Kammer für B. am Landgericht und des Senats für B. am Oberlandesgericht nach §§ 220, 229 BauGB. Auf das Verfahren sind die für Klagen in bürgerlichen Rechtsstreitigkeiten geltenden Vorschriften entsprechend anzuwenden, soweit sich aus den §§ 217–231 BauGB nichts anderes ergibt (§ 231 BauGB).

Baulärm, →Lärm III.

Bauleistungspreise, Preise für Bauleistungen aus Abschlüssen zwischen Bauherren und Bauunternehmern; dienen der Berechnung von Preismeßziffern für Bauleistungen als Grundlage der Preisindizes für Bauwerke (→Preisindex III 3).

Bauleistungsversicherung, *contractors' all risks insurance (CAR),* Sparte der →technischen Versicherung. Deckung von unvorhergesehen eintretenden Sachschäden am entstehenden Objekt und am vorhandenen Eigentum während der Errichtung von Bauwerken. – *Arten:* a) B. für den *Bauauftraggeber:* Versichert werden alle Gebäudeneubauten gegen Schäden im obigen Sinn, die zu Lasten des Auftraggebers oder des beauftragten Unternehmens gehen. – b) B. für den *Bauauftragnehmer:* Versichert werden Bauleistungen aller Art einschl. der zugehörigen Baustoffe und Bauteile, der Hilfsbauten und Bauhilfsstoffe gegen Schäden im obigen Sinn, die vom Bauunternehmer nach der →Verdingungsordnung für Bauleistungen zu vertreten sind.

Bauleitplan, →Bebauungsplan, →Flächennutzungsplan.

Bauleitplanung. 1. *Begriff:* Funktion der Städte und Gemeinden auf der Grundlage ihrer Bauplanungshoheit sowie im Rahmen der Raumplanung des Bundes und der Länder (→Raumordnung) zum Zweck der Flächennutzungssteuerung oder der Bebauungsplanung. Im Rahmen des *Bundesraumordnungsprogramms,* der *Landesentwicklungsprogramme* und der *Gebietsentwicklungspläne* der Regierungsbezirke erstellen die Kommunen →*Flächennutzungspläne,* die Wohnbauflächen, gemischte Bauflächen, gewerbliche Bauflächen, Gemeinbedarfsflächen u. a. ausweisen, sowie →*Bebauungspläne,* die die Flächennutzung im Zug einer konkreten Bebauung weiter spezifizieren (Industrie oder Gewerbe, Produktion oder Einzelhandel, Art und Ausmaß erlaubter Emissionen, Verkehrserschließung usw.). – Unabhängig von planerischen Ausweisungen können Flächen *faktisch* gleichzeitig gewerblich und durch Wohnen genutzt sein, sog. *Gemengelagen;* überwiegend in gemischten Bauflächen, aber auch in allgemeinen Wohngebieten. – 2. *Bedeutung:* Insbes. eine vorausschauende B. für Gewerbegebiete (→ Liegenschaft) schafft ein lokales Reservoir gewerblicher →Standorte und hat so eine wichtige Bedeutung im Rahmen der kommunalen →Wirtschaftsförderung (→Industriegelände, →Standortwahl). Dabei ist der Zeitbedarf eines Bebauungsplanverfahrens zu berücksichtigen, der sich aus dem Anhörungsrecht der betroffenen Bürger sowie der Träger öffentlicher Belange (Behörden) ergibt.

Baum. I. Elektronischen Datenverarbeitung: 1. *Begriff:* Bei der Programmentwicklung verwendete →*abstrakte Datenstruktur.* – *Rekursive Definition:* Ein B. ist entweder leer oder er besteht aus einer Wurzel, die mit (Teil-) B. verknüpft ist. – 2. *Verwendung:* Sehr allgemeine, in der →betrieblichen Datenverarbeitung häufig benutzte Datenstruktur, z. B. für die Speicherung von Stücklisten; auch generell zur →graphischen Darstellung hierarchischer Zusammenhänge eingesetzt.

II. Netzplantechnik: Zusammenhängender, ungerichteter oder gerichteter →Graph, der eine geschlossene Folge von Kanten bzw. Pfeilen (Kette) enthält.

Baumanalyse, →AID-Verfahren.

Bauordnungsbehörden, →Baubehörde, der es obliegt, die örtlichen Bauvorschriften im Rahmen des →Baugesetzbuchs zu überwachen.

Baupreisindex, →Preisindex III 3.

Bausicherungshypothek, →Bauforderung.

Bausparen. 1. *Wesen:* Kollektivsparen der in einer →Bausparkasse zusammengeschlossenen Bausparer zum Zweck des Baus, Erwerbs oder Verbesserung von Eigenheimen und Eigentumswohnungen sowie zur Ablösung der hierzu eingegangenen Verpflichtungen der Bausparer. – 2. *Technik:* Nach Abschluß des Vertrages über eine bestimmte Bausparsumme leistet der Sparer Einzahlungen an die Bausparkasse. Die nach einem bestimmten Plan ausgewählten Sparer erhalten nach der Ansparzeit (i. d. R. Mindestwertzeit 18 Monate) außer dem angesammelten Sparguthaben auch ein zweitrangig gesichertes Hypothekendarlehen (i. d. R. 60% der Bausparsumme). Neben diesem Grundprinzip entstan-

den in letzter Zeit vielseitige Tarifvarianten. – 3. *Finanzierung des Objektes:* Höchste Beleihungsgrenze für Bausparmittel 80% des Wertes des bebauten Grundstücks. Für die erste →Hypothek werden fremde Mittel herangezogen. Durch Vor- und Zwischenfinanzierungen kann das Bauvorhaben u. U. schon vor der Zuteilung des Bausparvertrages verwirklicht werden. Diese und andere Finanzierungsarten können bei Zuteilung des Bausparvertrages durch die Bausparsumme abgelöst werden. – 4. *Förderungsmaßnahmen:* Durch Steuer- und Prämiengesetzgebung wird das B. staatlich gefördert (→Bausparkassenbeiträge, →Wohnungsbau-Prämiengesetz).

Bausparkassen, Zwecksparkassen (privatrechtliche oder öffentlich-rechtliche; zu letzteren vgl. auch →öffentliche Kreditinstitute), die das Kollektivsparen mit dem Ziel der Finanzierung von wohnungswirtschaftlichen Maßnahmen fördern (→Bausparen). Erste Gründung 1923. – *Rechtsgrundlage:* Kreditwesengesetz (KWG) vom 3. 5. 1976 (BGBl I 1121) mit späteren Änderungen und Bausparkassengesetz vom 16. 11. 1972 (BGBl I 2097) mit späteren Änderungen. – *Aufsichtsbehörde:* Für öffentlich-rechtliche sowie privatrechtliche B. das →Bundesaufsichtsamt für das Kreditwesen. – *Rechtsformen* für private B.: Seit 1. 1. 1973 nur die Rechtsform der AG; andere Rechtsformen sind nur bei zu diesem Zeitpunkt bereits bestehenden B. zulässig.

Bausparkassenbeiträge, im Rahmen des →Bausparens an die →Bausparkasse geleistete Beiträge zur Erlangung eines Baudarlehens. – *Steuerrechtliche Behandlung:* 1. *B. vor Erlangung eines Baudarlehens (Zuteilung):* Grundsätzlich bei Ermittlung des →Einkommens als →Sonderausgaben im Rahmen der Höchstbeträge für →Vorsorgeaufwendungen abzugsfähig. Abzugsbegrenzung für B., die nach Ablauf von vier Jahren seit Vertragsabschluß gezahlt werden: Abzugsfähig höchstens das 1½fache des durchschnittlichen Jahresbetrags der B. der ersten vier Jahre; bei Auszahlung der ganzen oder von Teilen der Bausparsumme, ganz oder teilweiser Rückzahlung von B. oder Beleihung oder Abtretung der Ansprüche aus dem Bausparvertrag vor Ablauf von zehn Jahren seit Vertragsabschluß erfolgt →*Nachversteuerung;* unschädliche Verfügung, wenn die empfangenen Beträge unverzüglich und unmittelbar zum Wohnungsbau verwendet werden oder wenn der Steuerpflichtige oder sein Ehegatte nach Vertragsabschluß gestorben oder völlig erwerbsunfähig geworden ist oder der Steuerpflichtige nach Vertragsabschluß arbeitslos geworden ist und die Arbeitslosigkeit mindestens ein Jahr lang ununterbrochen bestanden hat und bei vorzeitiger Verfügung noch besteht. →*Kumulierungsverbot:* Wahlrecht zwischen Prämien nach dem →Wohnungsbau-Prämiengesetz und Sonderausgabenabzug

(§ 10 IV EStG). – *Ausnahme:* Behandelt der Steuerpflichtige den Bausparvertrag als →gewillkürtes Betriebsvermögen oder soll mit seiner Hilfe ein Gebäude errichtet werden, das ausschließlich und unmittelbar eigenbetrieblichen Zwecken dienen soll, sind die B. →Betriebsausgaben. – 2. *B. nach Erlangung eines Baudarlehens (Nachzuteilung):* Hinsichtlich ihrer Abzugsfähigkeit aufzuteilen: Als →Werbungskosten oder →Betriebsausgaben sind nur die in B. enthaltenen Darlehenszinsen und Verwaltungskosten abzugsfähig, die Lebensversicherungsbeiträge gehören zu den Sonderausgaben. Nicht abzugsfähig sind die Tilgungsraten.

Bausperre, Versagung der →Bauerlaubnis, insbes. für Bauanlagen außerhalb von Baugebieten oder geschlossenen Ortsteilen, wenn der Bau der Entwicklung der Gemeinde oder einer ordnungsmäßigen Bebauung zuwiderlaufen würde. – Vgl. auch →Veränderungssperre.

Baustatistik, zusammenfassender Begriff für →Bauberichterstattung und →Bautätigkeitsstatistik. B. will das Baugeschehen von der Planung bis zum fertigen Bauergebnis erfassen. Bauberichterstattung liefert Konjunkturindikatoren über die Bauwirtschaft; ergänzende Angaben durch Bautätigkeitsstatistik. Bauvorhaben, die ganz oder teilweise mit öffentlichen Mitteln finanziert werden, weist die →Bewilligungsstatistik im sozialen Wohnungsbau gesondert nach.

Bausteinkorrespondenz, →programmierte Textverarbeitung.

Baustelleneinrichtungsplanung, →Layoutplanung einer Baustelle. Bei der B. handelt es sich um die Planung der räumlichen Zuordnung und Installation aller unmittelbar und mittelbar produktiven Produktionsfaktoren auf einer Baustelle.

Baustellenproduktion, Elementartyp der Produktion (→Produktionstypen), der sich aus dem Merkmal der Ortsgebundenheit der Produktionsfaktoren ergibt. Bei B. sind die Produktionsfaktoren ortsungebunden, jedoch sind i. d. R. die Produkte (zumindest zeitweilig) ortsgebunden. Hier ergibt sich das Problem, daß begrenzt verfügbar Arbeitsysteme verschiedenen Produktionsstandorten zugeordnet werden müssen. – *Beispiele:* Baugewerbe, Großanlagenbau und Flugzeugmontage. – Vgl. auch →anlagengebundene Produktion, →Abbauproduktion.

Bautätigkeitsstatistik, neben der →Bauberichterstattung Teil der →Baustatistik. B. erfaßt alle genehmigungs- oder zustimmungsbedürftigen Baumaßnahmen im Hochbau, bei denen Wohnraum oder sonstiger Nutzraum geschaffen oder verändert wird. Im Nichtwohnbau – mit Ausnahme von Gebäuden mit Wohnraum – sind Bagatellbauten erst ab 350 m^3 Rauminhalt oder ab 25000 DM veranschlagte Kosten einbezogen. Nachweis der erteilten Baugenehmigungen für Gebäude und Wohnungen anhand der Anträge der Bauwilligen, der Baufertigstellungen anhand der Unterlagen der Bauaufsichtsbehörden. Am Jahresende Erhebung des Bauüberhangs von noch nicht fertiggestellten Bauvorhaben nach dem erreichten Baufortschritt. – *Rechtsgrundlage:* 2. Gesetz über die Durchführung von Statistiken der Bautätigkeit und die Fortschreibung des Gebäudebestandes vom 27. 7. 1978 (BGBl I 1118).

Bau- und Betriebsordnung (BO), vom 17. 7. 1928, regelt Bau und Betrieb von Eisenbahnen, namentlich die Sicherheitbestimmungen. – Für Nebenbahnen: Vereinfachte Bau- und Betriebsordnung (vBO).

Bauunternehmer, unterhält i. d. R. nach Art und Umfang kaufmännischer Geschäftsbetrieb, der in das Handelsregister einzutragen ist (→Sollkaufmann). Der B. wird tätig aufgrund der mit →Bauherren abgeschlossenen Bauverträge (→Werkvertrag), die Vorschriften der *Verdingungsordnung für Bauleistungen (VOB)* enthalten können; er kann die Sicherung seiner →Bauforderungen vom Bauherrn verlangen. Ausführung von Bauaufträgen durch B. sind bis zur Bauabnahme →*schwebende Geschäfte;* halbfertige Bauten sind bei Bilanzierung als Geldforderungen in Höhe der angefallenen Selbstkosten zu bewerten (BdF-Erlaß vom 14. 4. 1953). – *Besteuerung:* a) *Umsatzsteuer:* Die große Zahl der einzelnen Bauleistungen (Lieferung der Baumaterialien, Tätigkeit der Bauhandwerker) wird zu einer einheitlichen Werklieferung (→Werklieferungsvertrag; →Lieferungen und (sonstige) Leistungen) zusammengefaßt. – b) *Gewerbesteuer:* Unterhält ein B. mehrere →Betriebsstätten zu Bauausführungen in verschiedenen Gemeinden länger als sechs Monate, ist die betreffende Gemeinde hebeberechtigt für Gewerbesteuer nach dem Teil des Steuermeßbetrages, der ihr aufgrund Zerlegungsbescheid zusteht.

Bauverbot, Beschränkung der Baufreiheit für Grundstückseigentümer. – Vgl. im einzelnen →Bausperre, →Veränderungssperre.

Bauwerke. 1. *Begriff der amtlichen Statistik:* Die Leistungen der Bauwirtschaft im Hoch- und Tiefbau. Definiert nach der durch den Verwendungszweck bedingten bautechnischen Gestaltung, gegliedert nach Hauptnutzung zum Zweck der Vereinheitlichung in der →Baustatistik und Wohnungsstatistik verwendeten Begriffe sowie der Bauwerksgliederungen in der Systematik der Bauwerke (SB), Ausgabe 1978. – **2.** *Eigentum:* B., die Gegenstand des →Erbbaurechts sind (des veräußerlichen und vererblichen Rechts, auf einem Grundstück ein B. zu haben), sind Eigentum des Erbbauberechtigten, während ein sonstiges B., wenn es mit dem Grund und

Boden fest verbunden ist, i. d. R. als →wesentlicher Bestandteil in das Eigentum des Grundstückeigentümers fällt.

Bauwich, seitlicher Abstand eines Gebäudes von den Nachbargrenzen im Interesse des Brandschutzes und des Lichtbedarfs der Nachbarbauten. Der B. wird im einzelnen durch →Bauordnung geregelt.

Bauwirtschaft, →Baugewerbe.

Bauzinsen, →Hypothekenzinsen.

BAV, Abk. für →Bundesaufsichtsamt für das Versicherungswesen.

BAW. 1. Abk. für →Bundesamt für Wirtschaft. – 2. Abk. für Bundesanstalt für Wasserbau.

b. a. w.-Klausel (b. a. w. = bis auf weiteres), Klausel in Kreditverträgen, durch die festgelegt werden kann, daß der zunächst vereinbarte Kreditzins nicht für die gesamte Kreditlaufzeit fest ist, sondern geändert werden kann.

BAWV, Abk. für →Bundesarbeitsgemeinschaft wirtschaftswissenschaftlicher Vereinigungen.

Bayerische Börse zu München, →Münchener Börse.

Bayerische Hypotheken- und Wechsel-Bank AG, Sitz in München, gegr. 1835 durch König Ludwig I. von Bayern als Notenbank, Institut des lang- und kurzfristigen Kredits und als Versicherungsunternehmen. 1864 Pfandbriefausgabe als neue Refinanzierungsbasis für Hypothekdarlehen. 1875 Gründung der Bayerischen Notenbank, Übertragung des Notenprivilegs und der Filialen Augsburg, Lindau und Kempten auf diese. 1899 Neubeginn der Filialgründungen. 1905 Mitgründung der Bayerischen Disconto- und Wechselbank, Nürnberg, 1917 Übernahme aller Aktien und 1923 Eingliederung der Gesellschaft. 1906 Einbringung des Versicherungsgeschäfts in die 100% Tochter Bayerische Versicherungsbank, München, und Verkauf der Aktien 1923 an die Allianz-Gruppe. 1944 Zerstörung des Zentralgebäudes. 1949 Gründungsmitglied der ADIG, 1958 des Internationales Immobilien-Instituts, 1972 der Deutschen Gesellschaft für Immobilienfonds, 1969 Übernahme des Bankhauses Stuber & Co., Stuttgart, 1971 Mehrheitsbeteiligung an der Westfalenbank AG, Bochum. 1972 Gründung der Hypobank International S. A., Luxemburg, 1978 der Niederlassung New York und 1980 des Niederlassung London. 1981 Eröffnung des neuen Verwaltungszentrums in München-Bogenhausen. Ende 1986: 453 Außenstellen in der Bundesrepublik einschließlich West-Berlin, Grundkapital 682,4 Mill. DM, offene Rücklagen 2333 Mill. DM. Beteiligungen ab 25% an inländischen Kreditinstituten: Allfonds Ge-

sellschaft für Investmentanlagen mbH, München, DEGI Deutsche Gesellschaft für Immobilienfonds mbH, Frankfurt/Main, Heimstatt Bauspar-Aktien-Gesellschaft, München, Internationales Immobilien-Institut Aktiengesellschaft München, August Lenz & Co., München, Bankhaus Maffei & Co. GmbH, München, Westfälische Hypothekenbank Aktiengesellschaft, Dortmund, Westfalenbank AG, Bochum, Württembergische Hypothekenbank AG, Stuttgart. Ausländische Kreditinstitute: A. B. D. Securities Corporation, New York und Boston, Austro-International-Investment-Fonds Verwaltungs-AG, Vaduz, Bayernhypo Finance N. V., A⁻ ¦terdam, Hypobank International S. A., Luxe.nburg, Hypo Trade Finance Ltd. London, Salzburger Kredit- und Wechsel-Bank AG, Salzburg.

Bayes-Regel, *Erwartungswert-Prinzip, μ-Prinzip,* Entscheidungsregel bei Risiko (→Entscheidungsregeln 2 b). Regel, die den →Erwartungswert E_j jeder →Aktion A_j verwendet, der auf der Basis einer Ergebnismatrix (→Entscheidungsfeld) ermittelt wird; es gilt:

$$E_j = \sum_{i=1}^{m} p_i \cdot e_{ij} \quad p_i = \text{Wahrscheinlichkeitsmaß}$$

(→Wahrscheinlichkeit) für das Eintreffen des →Umweltzustandes z_i; e_{ij} = Ergebnis, das durch die Aktion j (j = 1, .., n) im Falle des Umweltzustandes z_i (i = 1, .., m) erzielt wird. Als *optimal* i. S. der B.-R. gilt die Aktion mit dem extremalen Erwartungswert: Max E_j! mit j = 1, ..., n. – *Merkmal:* Die B.-R. charakterisiert risikoneutrales Verhalten (→Sicherheitsäquivalent). – Für die B.-R. wird auch die Bezeichnung →*Bernoulli-Prinzip* verwandt, wenn vorausgesetzt werden kann, daß die e_{ij} bereits in (Bernoulli-)Nutzeneinheiten gemessen sind.

BAZ, Abk. für →Bundesamt für den Zivildienst.

BBA, Abk. für →Biologische Bundesanstalt für Land- und Forstwirtschaft.

BBD, Abk. für →Bundesbaudirektion.

BbG, Abk. für Bundesbahngesetz; vgl. →Eisenbahngesetze.

BBk, Abk. für →Deutsche Bundesbank.

BDA, Abk. für →Bundesvereinigung der Deutschen Arbeitgeberverbände.

BdB. 1. Abk. für →Bundesverband deutscher Banken e. V. – 2. Abk. für →Bundesverband der Betriebskrankenkassen.

BDE. 1. Abk. für →Bundesverband Deutscher Eisenbahnen, Kraftverkehre und Seilbahnen. – 2. Abk. für →Betriebsdatenerfassung.

BDG, Abk. für →Bundesverbände den Deutschen Güterkraftverkehrs.

Bdl, Abk. für →Bundesverband der Innungskrankenkassen.

BDI, Abk. für →Bundesverband der Deutschen Industrie.

BDizG, Abk. für →Bundesdisziplinargericht.

BDL, Abk. für →Bundesverband der Lohnsteuerhilfevereine e. V.

BDLV, Abk. für →Bund Deutscher Lohnsteuerzahlverbände e. V.

BDP, Abk. für →Bundesverband des Deutschen Personenverkehrsgewerbes e. V.

BDr, Abk. für →Bundesdruckerei.

BDS, Abk. für →Bundesverband Deutscher Soziologen e. V.

BDU, Abk. für →Bundesverband Deutscher Unternehmensberater e. V.

BDVB, Abk. für →Bundesverband Deutscher Volks- und Betriebswirte e. V.

BDW, Abk. für Bund Deutscher Werbeberater: jetzt →Deutscher Kommunikationsverband.

Beamtenhandel, →Behördenhandel.

Beamtenstreik, →öffentlicher Dienst 2.

Beamtenversorgung, umfaßt →Ruhegehalt oder Unterhaltsbeitrag, Hinterbliebenenversorgung, Bezüge bei Verschollenheit, Unfallfürsorge, Übergangsgeld und Ausgleich bei besonderen Altersgrenzen sowie Versorgung im Krankheitsfall (→Beihilfe).

Beamter. 1. *B. im weiteren Sinne ist,* wer unter Aushändigung einer Ernennungsurkunde als solcher durch einen Hoheitsträger berufen ist (→Anstellung von Beamten) – 2. *B. im engeren Sinne* ist, wer mit der Ausübung öffentlicher Gewalt betraut ist. Danach sind z. B. der Bundespräsident und die Mitglieder der →Bundesregierung keine Beamten, weil sie nicht in einem festen Dienstverhältnis stehen und keine weisungsgebundene Arbeit leisten, sondern bei Bindung an die Gesetze selbständig handeln. – 3. *B. i. S. des Strafrechts und Zivilrechts* ist jeder öffentliche Bedienstete, der öffentlich-rechtliche bzw. hoheitliche Funktionen ausübt. – 4. *Vergütung:* Vgl. →Besoldung. – 5. *Arbeitszeit:* VO vom 24.9.1974 (BGBl I 2357). – 6. →*Teilzeitbeschäftigung* möglich für weibliche B. – 7. *B. i. S. der amtlichen Statistik:* Die im öffentlichrechtlichen Dienstverhältnis des Bundes, der Länder, der Gemeinden und sonstigen Körperschaften des öffentlichen Rechts stehenden Personen, Richter und Soldaten, ferner Geistliche der zur Evangelischen Kirche in Deutschland gehörenden Kirchen und der Katholischen Kirche. – B. sind somit zwar abhängige →Erwerbstätige, unterscheiden sich aber von →Arbeitern und →Angestellten durch ihr besonderes Treueverhältnis gegenüber dem Staat als Arbeitgeber und Fürsorgeverpflichteten. – Je nach Vorbildung oder Funktion werden die B. *nach Laufbahngruppen eingestuft:* B. des einfachen, des mittleren, des gehobenen und des höheren Dienstes; geregelt im Bundesbeamtengesetz i. d. F. vom 27.2.1985 (BGBl I 479).

Beanspruchung, →Belastung.

Beanstandung. 1. Beim *Kauf:* Vgl. →Mängelrüge, →Mängelanzeige. – 2. Bei *Bilanzprüfung* durch Abschlußprüfer: Vgl. →Bestätigungsvermerk. – 3. Bei *Außenprüfung:* Vgl. →Schlußbesprechung.

Bearbeitung. I. H a n d e l s r e c h t (§ 1 II Nr. 1 und 2 HGB): B. erfordert keine stoffliche Veränderung; Einwirkung auf die Gebrauchsfähigkeit der Waren genügt. Die B. nach Anschaffung des Grundstoffes zum Zweck der Weiterveräußerung (z. B. die Fabrikation, insbes. die Verarbeitungs- und Fertigungsindustrie oder die B. fremder Waren, sofern sie nicht nur handwerksmäßig erfolgt (z. B. die sog. →Lohnfabrikation) ist ein →Grundhandelsgeschäft, das den Bearbeiter zum →Mußkaufmann macht.

II. U r h e b e r r e c h t: B. (z. B. Übersetzungen) oder andere Umgestaltungen des Werkes dürfen nur mit →Einwilligung des →Urhebers des bearbeiteten oder umgestalteten →Werkes veröffentlicht oder verwertet werden. Handelt es sich um eine →Verfilmung, um die Ausführung von Plänen und Entwürfen eines Werkes der bildenden Künste oder um den Nachbau eines Werkes der Baukunst, so bedarf bereits das Herstellen der Bearbeitung oder Umgestaltung der Einwilligung des Urhebers (§ 23 UrhRG). – Vgl. auch →freie Benutzung.

Bearbeitungsprovision, →Provision, die u. U. von Banken im Zusammenhang mit der Gewährung von →Krediten anstelle einer →Umsatzprovision berechnet wird.

Bearbeitungsstempel, *Eingangsstempel,* organisatorisches Hilfsmittel für den geregelten Umlauf und die ordnungsgemäße Erledigung des Posteingangs, meist mit dem Posteingangsstempel kombiniert, auch zu ersetzen durch Anklebezettel mit entsprechendem Aufdruck. Einteilung in Felder, etwa für Eingangsdatum, Paginierung, Namen, Abteilung oder Abteilungsnummern in der Reihenfolge der Stellen, die das Schriftstück durchlaufen soll; an letzter Stelle Registratur. – Vgl. auch Erledigungsvermerk.

Bearbeitungszentrum. 1. *Begriff:* Erscheinungsform der →Zentrenproduktion. Ein B. ist eine NC-gesteuerte Werkzeugmaschine mit automatisiertem Werkzeugwechsel, so daß mehrere Arbeitsoperationen (z. B. Bohren,

Fräsen) in einer Aufspannung ausgeführt werden können. Kennzeichnend sind hohe *Flexibilität*, Verringerung der *Durchlauf*zeiten und relativ niedrige Leistung. – 2. *Aufbau:* Drei Bewegungsachsen mit eigenen Antrieben, selbständiger Werkzeugwechsel, numerische Steuerung, oft auch automatischer Werkstückwechsel. – 3. *Verwendung:* Bohren, Fräsen, Drehen sowie Blechbearbeitung, oft auch Kombinationen; weitere Bearbeitungsarten werden zukünftig hinzukommen. – 4. *Einsatzgebiete:* Bearbeitung komplexer Werkstücke, die in Klein- oder Mittelserien gefertigt werden, v. a. bei Wiederholfertigung in bestimmten Zeitabständen. Die Einsatzgebiete sind weitgehend unabhängig von der Unternehmensgröße und vom Organisationstyp der Fertigung. – Vgl. auch →Produktionsinsel, →flexible Produktionszelle, →flexibles Produktionssystem.

bearer bond, amerikanische Bezeichnung für →Inhaberschuldverschreibung.

Beaufort-Skala, Skala der Windstärken auf See:

Windstärken	Windgeschwindigkeiten (Wg) in Knoten
0 = Windstille	= unter 1
1 = Leiser Zug	= 1–3
2 = Leichter Wind	= 4–6
3 = Schwacher Wind	= 7–10
4 = Mäßiger Wind	= 11–16
5 = Frischer Wind	= 17–21
6 = Starker Wind	= 22–27
7 = Harter Wind	= 28–33
8 = Sturmwind	= 34–40
9 = Sturm	= 41–47
10 = Starker Sturm	= 48–55
11 = Harter Sturm	= 56–65
12 = Orkan	= über 65

Beauftragter für den Datenschutz. 1. *Begriff:* Person, die schriftlich von natürlichen und juristischen Personen, Gesellschaften und anderen Personenvereinigungen des privaten Rechts, soweit sie geschützte →personenbezogene Daten als Hilfsmittel für die Erfüllung ihrer Geschäftszwecke oder Ziele verarbeiten und hierbei i. d. R. mindestens fünf Arbeitnehmer beschäftigen, zu bestellen ist (§ 28 BDSG). – 2. *Aufgabe:* Ständige Kontrolle der Einhaltung des Bundesdatenschutzgesetzes (BDSG) in einem Unternehmen oder Verwaltungsbetrieb (→Datenschutz); insbes. Überwachung der Speicherung und Weitergabe personenbezogener Daten, Prüfung der ordnungsgemäßen Verarbeitung von Daten, Untersuchung von Hardware- und Softwaresicherungen (→Datensicherheit), Überprüfung neuer Anwendungssysteme unter Datenschutzgesichtspunkten (z. B. Personalinformationssysteme). – 3. Aufgrund seiner Aufgaben ist der

D. organisatorisch unabhängig von der EDV-Abteilung anzusiedeln. – 4. *Anforderungen:* Umfangreiches juristisches Wissen sowie gute Kenntnisse der betreffenden Organisation, des →Computersystems und der →EDV-Revision. – Vgl. auch →Bundesbeauftragter für den Datenschutz.

Bebauungsplan, nach dem →Baugesetzbuch im Rahmen der →Bauleitplanung vorgesehene rechtsverbindliche Festsetzung für die städtebauliche Ordnung: Art und Maß der baulichen Nutzung (z. B. Fluchtlinien), Größe der Baugrundstücke, Verkehrsflächen, Flächen für Land- und Forstwirtschaft sowie für Gemeinschaftsgaragen usw. Einzelheiten in der Baunutzungs VO i. d. F. vom 15. 9. 1977 (BGBl I 1763). – Vgl. auch →Flächennutzungsplan.

Becher, Johann Joachim, 1625–82, bedeutender früher deutscher Merkantilist. B. war Initiator der Begründung des Österreichischen Commerz-Collegiums und übte starken Einfluß auf die österreichische merkantilistische Wirtschaftspolitik aus. In seinem Plan einer Verwaltungsorganisation schlug B. die Subordination aller Ministerien unter das nach seiner Ansicht wichtigste Erziehungsministerium vor. Vorläufer der →Markformenlehre mit seiner Unterscheidung von Monopol, Propol und Polypol. – *Hauptwerke:* „Moral Diskurs" 1669, „Närrische Weisheit und weise Narrheit" 1682, „Politischer Diskurs von den eigentlichen Ursachen des Auf- und Abnehmens der Städte, Länder und Republiken, in specie wie ein Land volkreich und nahrhaft zu machen" 1668.

Becquerel (Bq), Einheit der Aktivität einer radioaktiven Substanz (→gesetzliche Einheiten, Tabelle 1). Die Aktivität gibt die Anzahl der Kernumwandlungen pro Zeiteinheit an. 1 Bq bedeutet eine(n) Kernumwandlung(-zerfall) pro Sekunde: $1 \text{ Bq} = 1 \text{ s}^{-1}$. – Vgl. auch →Curie.

Bedarf. 1. Summe aller objektivierbaren →Bedürfnisse, die meßbar und in Zahlen ausdrückbar sind. – 2. Objektorientierte Handlungsabsicht, die einem bestimmten Bedürfnis folgt; vgl. auch →Bedarfselastizität, →Bedarfsfaktoren, →Bedarfsgestalt.

Bedarfsdeckungsmonopole, →öffentliche Unternehmen, die zwar eine Monopolstellung besitzen (u. a. Bundesbahn, Bundespost, Straßenbahnen, Versorgungsbetriebe), diese aber aus wirtschafts- oder sozialpolitischen Gründen preispolitisch nicht ausnutzen. Da sie Kollektivbedürfnisse zu befriedigen haben, ist ihre Preispolitik i. d. R. auf Kostendeckung und möglichst auf Erzielung eines „angemessenen" Gewinns abgestellt.

Bedarfsdeckungsprinzip, Prinzip, an dem sich wirtschaftliche Aktivitäten orientieren, die allein auf die Deckung eines vorhandenen

Bedarfs ausgerichtet sind. In früheren Wirtschaftssystemen und in primitiven Kulturen bestimmte das B. das Wirtschaftsleben. – Vgl. auch →Angemessenheitsprinzip oder Gewinnerzielung. – *Gegensatz:* →erwerbswirtschaftliches Prinzip.

Bedarfselastizität, *persönliche Bedarfselastizität.* 1. *Begriff:* Vermögen eines Menschen, auf die Befriedigung einzelner →Bedürfnisse mehr oder weniger verzichten zu können (→Bedarf). Forschungsobjekt der →Marktforschung. – 2. *Arten:* a) *Statische B.,* die die Nachfrage verschiedener Käuferschichten in bestimmtem Zeitpunkt aufweist. Bestandteil der →Marktstruktur und Gegenstand der →Marktanalyse. – b) *Dynamische B.,* die im Ablauf der Zeit sichtbar wird, wenn eine bestimmte Verbraucherschicht (oder auch gewisse Industrie- und Geschäftsbereiche) ihren Einkommensstand verändert; Gegenstand der →Marktbeobachtung.

Bedarfserkennung, in der Marktuntersuchung Ermittlung der Aufnahmefähigkeit des Marktes (→Marktpotential) für eine bestimmte Ware durch Analyse der →Bedarfsfaktoren.

Bedarfsfaktoren, Begriff der Marktanalyse für alle Tatsachen und Kräfte, die zu einer wirksamen Bedarfsäußerung in Form marktlicher Nachfrage führen. – Die Summe der einzelnen B. enthält: (1) Verbrauchs- und Kaufgewohnheiten; Bedürfnisformer, z.B. Mode, Konvention, Tradition, Brauchtum, Zeitgeschmack, kultureller Stil und zivilisatorischer Standard; Kinderstube als bestimmend für den ideellen →Lebensstandard des Verbrauchers; (2) jetzige soziale Stellung der Verbrauchsträger; (3) Einkommen des Haushaltsvorstandes und der übrigen verdienenden Haushaltsmitglieder; (4) Landschaft in ihren verbrauchsbestimmenden naturräumlichen Bedingungen, wie Klima, Bodengestalt, Wegeart u.a.; (5) Verbrauchserfahrungen mit verschiedenen Erzeugnissen (→Markenkenntnis). – Diese Gesamtheit veranlaßt das Streben, geldliche Kaufkraft an sich zu ziehen, um in Form der →Bedarfsgestalt als marktliche →Nachfrage auftreten zu können.

Bedarfsforschung, Teilgebiet der →Marktanalyse. – 1. *Zweck:* Vorausschätzung des möglichen Umsatzvolumens (→Marktvolumen, →Marktpotential) als Grundlage der betrieblichen Planung, ggf. darüber hinaus der Marktbeeinflussung. – 2. *Zu ermittelnde Daten:* a) wahrscheinliche effektive →Nachfrage (die erwartungsgemäß von selbst am Markt auftreten wird); b) potentielle Nachfrage des Bedarfs, die zwar existent ist, unter den gegebenen Marktbedingungen aber nicht wirksam werden kann, z.B. weil die Preise zu hoch sind. Bei Kenntnis von effektivem und potentiellem Bedarf kann durch Änderung der Marktdaten aktiv darauf hingewirkt werden,

die potentielle Nachfrage wirksam werden zu lassen. – 3. *Probleme:* Nach Branchen und Unternehmen unterschiedlich. Zu berücksichtigen sind: Elastizität der Nachfrage, Stellung des anbietenden Unternehmens am Markt, mögliche Auswirkung veränderter Preisstellung auf die Nachfrage.

Bedarfsgegenstände, rechtlicher Begriff im →Lebensmittel- und Bedarfsgegenständegesetz; B. sind u.a. Spielwaren, Scherzartikel, Gegenstände, die zur Körperpflege bestimmt sind, Reinigungs-und Pflegemittel, Mittel und Gegenstände zur Geruchsverbesserung oder zur Insektenvertilgung in Räumen, Bekleidungsgegenstände, Packungen und Behältnisse für Lebensmittel, Tabakerzeugnisse und kosmetische Mittel (§ 5 LMBGG). – *Verboten* ist insbes. die Herstellung von B., die zu gesundheitlichen Schäden führen können. Verstöße werden als Straftat oder als Ordnungswidrigkeit geahndet.

Bedarfsgestalt, Begriff der →Marktanalyse für das Typische an den Bedarfsäußerungen verschiedener Verbraucherschichten, wobei aufgrund der in ihr wirksamen →Bedarfsfaktoren bestimmte charakteristische Bedürfnisse aus- bzw. eingeschlossen sind. Die B. dient in der Marktforschung als Unterscheidungsmerkmal der Verbraucherschichten.

bedarfsgesteuerte Disposition, →PPS-System II 3 a).

Bedarfsmengenplanung, Verfahren zur Ermittlung der in zukünftigen Perioden auftretenden Materialbedarfe für die Produktion; Aufgabe der →Materialbedarfsplanung. – 1. *Programmgebundene B.:* Knüpft an vorliegende →Produktionsprogramme an, aus denen sie mit Hilfe von →Stücklisten den zukünftigen Bedarf pro Materialart ermittelt (→Bruttobedarfsermittlung und →Nettobedarfsermittlung). Eignet sich besonders für die B. von Einsatzmaterial bei Massen-, Sorten- und Serienfertigung. Die B. ist eine *deterministische* Materialdisposition: „Bedarfsauflösung“ erfolgt zwingend aus erzeugnisbezogenen Aufzeichnungen (analytische oder synthetische Bedarfsauflösung). – 2. *Verbrauchsgebundene B.:* Prognostiziert zukünftige Materialbedarfe auf Grundlage der historischen Verbrauchsstruktur der jeweiligen Materialart. Geeignet, wenn keine direkten Beziehungen zum Fertigungsprogramm bestehen (wie beim Einsatzmaterial über Stücklisten, Rezepturen) z.B. bei Betriebsstoffen. Im Zentrum dieser B. stehen die verschiedenen Prognoseverfahren (→Prognose). – Vgl. auch →Glättungskoeffizient.

Bedarfsmeßzahl, →Ausgleichsmeßzahl.

Bedarfsplanung, →Bedarfsmengenplanung, →Bereitstellungsplanung, →Materialbedarfsplanung, →Materialbereitstellungsplanung,

→Personalbedarf, →Personalbereitstellungsplanung.

Bedarfsprinzip, →Verteilungspolitik, →gerechtes Einkommen.

Bedarfsspanne, →Zinsspanne.

Bedarfszuweisungen, unter gewissen haushaltsrechlichen Bedingungen an →Ausgleichsstockgemeinden gewährte →Ausgleichszuweisungen zur Deckung eines Haushaltsfehlbetrages.

Bedauxsystem, verbreitetes, von Charles Bedaux entwickeltes System zur Ermittlung des Arbeitsentgelts als →Prämienlohn durch die Ermittlung des menschlichen →Leistungsgrades, den er aus den Komponenten *Bewegungsgeschwindigkeit* und *Wirksamkeit* ableitete. – *Messung der Arbeitsleistung:* Die normale Arbeitsleistung je Minute (,,*B-Punkt*'') wird durch Zeitstudie, Schätzung der individuellen Arbeitsgeschwindigkeit (→Leistungsgrad) und →Ermüdungsstudie (Ermüdungszuschlag) festgelegt, und zwar entsprechend einem Tempo, das bei 75% eines dem Arbeiter auf lange Sicht über acht Stunden hinweg zumutbaren Tempos liegt. Für eine Stunde werden somit 60 ,,*B-Punkte*'' vorgegeben (d. h. mit dem →Tariflohn der betreffenden Industriegattung und Lohngruppe entgolten), obwohl 80 ,,*B-Punkte*'' geleistet werden können.

Bedienstation, →Abfertigungseinheit.

Bediensystem, →Wartesystem.

Bedienungsformen, Methoden des Verkaufs im Handel: →Fremdbedienung, →Selbstauswahl, →Selbstbedienung, Verkauf mittels Katalogen (→Versandhandel), →Katalogschauraum, →tele-selling, →automatisierter Absatz. B. und →Betriebsformen des Handels bedingen sich teilweise gegenseitig.

Bedienungskonsole, →Konsole.

Bedienungspflicht, →Betriebspflicht.

Bedienungstheorie, →Warteschlangentheorie.

bedingte Faktornachfragefunktion, funktionale Beziehung zwischen den von einer EinProdukt-Unternehmung nachgefragten Faktoreinsatzmengen einerseits sowie den Faktorpreisen und der Ausbringungsmenge andererseits.

bedingte Kapitalerhöhung. →Kapitalerhöhung II 1 a) (2).

bedingte Wahrscheinlichkeit, Begriff der →Wahrscheinlichkeitsrechnung. Sind A und B zwei zufällige →Ereignisse mit den Wahrscheinlichkeiten $W(A)$ und $W(B)$, wobei $W(B) \neq 0$ ist, so ist $W(A|B) = W(A \cap B) / W(B)$ die bezüglich B bedingte Wahrscheinlichkeit von A. Diese gibt also die Einschätzung für das Eintreten von A unter Berücksichtigung der Information wieder, B sei eingetreten. I. d. R. ist $W(A|B) \neq W(A)$; der Spezialfall $W(A|B) = W(A)$ heißt →stochastische Unabhängigkeit von A und B.

Bedingtlieferung. Lieferung mit dem Vorbehalt der Rückgabe innerhalb einer bestimmten Frist; besonders im Buchhandel üblich, wo Bestellungen i. d. R. mit dem →Remissionsrecht verbunden sind.

Bedingung. I. B ü r g e r l i c h e s R e c h t: 1. *Begriff:* Die einer →Willenserklärung eingefügte Bestimmung, die die Wirkung des →Rechtsgeschäfts von einem zukünftigen ungewissen Umstand abhängig macht (§§ 158 ff. BGB). – 2. *Arten:* a) *Auflösende B.:* Die Rechtswirkungen treten sofort ein, fallen aber beim Eintritt der B. wieder weg. – b) *Aufschiebende B.:* Das Rechtsgeschäft wird erst mit dem Eintritt der B. wirksam.

II. B e w e r t u n g s g e s e t z: Für die Berücksichtigung von →Wirtschaftsgütern oder Lasten bei der Ermittlung von Besteuerungsgrundlagen (z. B. →Gesamtvermögen) ist die Unterscheidung wichtig, ob der Erwerb von Wirtschaftsgütern bzw. die Entstehung einer Last unter einer B. steht: 1. Die zu einem Zeitpunkt (z. B. →Feststellungszeitpunkt) unter einer *auflösenden B.* stehenden Sachverhalte werden wie unbedingte berücksichtigt (§§ 5, 7 BewG). – 2. Die unter einer *aufschiebenden B.* stehenden Sachverhalte sind dagegen nicht einzubeziehen (§§ 4, 6 BewG); besondere Beachtung bei der Abzugsfähigkeit von →Betriebsschulden zur Bestimmung des →Einheitswerts des Betriebsvermögens; vgl. →Rückstellungen III 2 und 3. – 3. Einer B. sind bei der Beurteilung im Steuerrecht auch solche Fälle *gleichzustellen,* bei denen der Erwerb bzw. die Entstehung oder der Wegfall einer Last von einem sicheren Ereignis abhängt, bei dem lediglich der Zeitpunkt unbestimmt ist (§ 8 BewG). Die Ungewißheit muß sich dabei auf die Entstehung eines Rechts oder einer Last, nicht aber auf den Fälligkeitszeitpunkt beziehen.

Bedürfnis. 1. *Mikrotheorie:* Wunsch, der aus dem Empfinden eines Mangels herrührt. Man unterscheidet: →natürliche Bedürfnisse, →gesellschaftliche Bedürfnisse, →Grundbedürfnisse. – 2. *Marktpsychologie/Arbeits- und Organisationspsychologie:* Vgl. →Motiv.

Bedürfnishierarchie. 1. *Begriff:* Hierarchische Ordnung der →Bedürfnisse in der Form einer Pyramide (Maslow); vgl. Abbildung. Die Basis der Pyramide besteht in physiologischen Bedürfnissen, während sich in der Spitze das Bedürfnis nach Selbstverwirklichung findet. Zwischen diesen Extrempunkten liegen, von unten nach oben betrachtet, die Bedürfnisse nach Sicherheit, Zugehörigkeit und Wertschätzung. Die Hypothese der hierarchischen

Motivaktivierung besagt, daß ein nächst höheres Bedürfnis erst dann aktualisiert wird, wenn das hierarchisch nachgeordnete Bedürfnis befriedigt ist. Situative Bedingungen, die z. B. eine Befriedigung des Bedürfnisses nach Wertschätzung (Anerkennung) ermöglichen, gewinnen demnach erst nach der Befriedigung der nachgeordneten Bedürfnisse den Charakter eines →Anreizes. – 2. *Beurteilung:* B. ist die bekannteste Klassifikation von Bedürfnissen; sie hat im Sinn der →humanistischen Psychologie auf die Praxis der →Arbeitsgestaltung wesentlich Einfluß genommen. Theoretische Fundierung sowie empirische Evidenz für die Klassifikation der Bedürfnisse und die Hypothese der hierarchischen Motivaktivierung sind im Gegensatz zu ihrem Bekanntheitsgrad unzureichend.

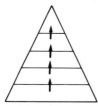

Bedürfnis nach
Selbstverwirklichung
Bedürfnis nach
Wertschätzung
Bedürfnis nach
Zugehörigkeit
Bedürfnis nach
Sicherheit
Physiologische
Bedürfnisse

Bedürfnislohn, Teil des →Arbeitsentgelts, der nicht oder nicht allein nach der Leistung des Arbeiters für den Betrieb ausgerichtet ist, sondern darauf, welchen Geldbetrag der Arbeiter benötigt, um das →Existenzminimum (living wage) oder einen angemessenen Lebensstandard (cultural wage) finanzieren zu können. Die Berücksichtigung besonderer, das Existenzminimum bestimmender sozialer Verhältnisse (z. B. Kinderzahl) und die Bestrebungen, den cultural wage zu einem festen Bestandteil der Lohnbemessung zu machen, sind jüngeren Datums, z. B. →Soziallohn des Bergbaus. Insgesamt setzt sich jedoch eine Kombination aus Bedürfnis- und →Leistungslohn durch, wobei zu einem bedürfnisorientierten Basisbetrag leistungsbezogene Bestandteile zugerechnet werden.

Bedürfnisprüfung. 1. *Begriff:* Prüfung, ob ein Bedürfnis für die Errichtung eines bestimmten Gewerbebetriebes besteht. B. war vielfach *vor Zulassung des Gewerbebetriebes,* insbes. bei Gewerben, die die öffentliche Sicherheit, Gesundheit und Wohlfahrt berühren (z. B. im Gaststättengesetz), vorgeschrieben. – 2. Nach Artikel 12 GG haben alle Deutschen das Recht der *freien Berufswahl.* Nach der Rechtsprechung insbes. des →Bundesverfassungsgerichts darf der Gesetzgeber die für eine gewerbliche Betätigung erforderliche Genehmigung von dem Nachweis eines Bedürfnisses nur dann abhängig machen, wenn dies zum Schutz eines besonders wichti-

gen Rechtsgutes zwingend geboten ist. Zur Abwehr der Gefahren aus einem erhöhten Wettbewerb, zur Fernhaltung von Mitbewerbern, ist die B. ebensowenig zulässig wie als Mittel geeignet, Personen, die ihre Berufspflichten vernachlässigen, aus ihrem Beruf zu entfernen oder davon fernzuhalten. *Unzulässig* ist z. B. B. bei Ausweitung des Zweigstellennetzes einer Sparkasse oder eines Teilzahlungsfinanzierungsinstitutes, im Pfandleih- und Gaststättengewerbe, beim Handel mit unedlen Metallen; *zulässig* bei der Zulassung von →Prozeßagenten zum mündlichen Verhandeln vor Gerichten. – 3. Zulässig ist es jedoch, die Ausübung eines Berufes von der *persönlichen Zuverlässigkeit* oder (ausnahmsweise) dem Vorliegen einer bestimmten *Sachkunde* abhängig zu machen (z. B. im Einzelhandel).

Bedürfnisskala, Einteilung und gegenseitige Wertung verschiedener Bedürfnisse nach ihrer Intensität. Die B. findet formalen Ausdruck in der →Präferenzordnung und der →Nutzenfunktion.

Beeinflußbarkeit, →Disponierbarkeit.

Beendigung des Arbeitsverhältnisses. 1. Das Arbeitsverhältnis *endet:* a) mit Zeitablauf, wenn eine festbestimmte Zeit vereinbart ist (→befristetes Arbeitsverhältnis) oder mit Zweckerreichung, wenn es für einen bestimmten Zweck eingegangen ist; b) durch →Aufhebungsvertrag; c) mit dem Tod des Arbeitnehmers, da eine Dienste gem. § 613 BGB in Person zu leisten sind; d) durch →Kündigung; e) nach umstrittener Ansicht durch lösende →Aussperrung im Arbeitskampf; f) durch gerichtliche Entscheidung nach § 9 KSchG (→Kündigungsschutz, →Auflösung des Arbeitsverhältnisses). – 2. *Keine Beendigungsgründe* (möglicherweise jedoch Anlässe zur Kündigung des Arbeitsverhältnisses): a) Tod des Arbeitgebers; b) Konkurs des Arbeitgebers (§ 22 KO); c) Übergang des Betriebs auf einen anderen Betriebsinhaber (§ 613a BGB, →Betriebsnachfolge). – 3. Mit *Erreichung des 65. Lebensjahres* findet das Arbeitsverhältnis nur dann sein Ende, wenn diese Rechtsfolge ausdrücklich in einem →Tarifvertrag, einer →Betriebsvereinbarung oder im Einzelarbeitsvertrag ausgesprochen ist. Eine Vereinbarung, die Beendigung des Arbeitsverhältnisses eines Arbeitnehmers ohne Kündigung zu einem Zeitpunkt vorsieht, in dem der Arbeitnehmer vor Vollendung des 65. Lebensjahres Altersruhegeld der gesetzlichen Rentenversicherung beantragen kann, gilt dem Arbeitnehmer gegenüber als auf die Vollendung des 65. Lebensjahres abgeschlossen, es sei denn, daß dieser die Vereinbarung innerhalb der letzten drei Jahre vor dem Zeitpunkt, in dem er erstmals den Antrag stellen könnte, schriftlich bestätigt (Art. 6 § 5 II Rentenreformgesetz vom 16. 10. 1972). – Vgl. auch →Vorruhestand.

Beerdigungskosten, *Bestattungskosten.* 1. *Begriff:* Kosten der Bestattung einschl. der landesüblichen kirchlichen und bürgerlichen Leichenfeierlichkeiten und der Kosten eines angemessenen Grabdenkmals. – 2. *Steuerliche Behandlung:* B. können von den Erben als →außergewöhnliche Belastung für die Einkommen- und Lohnsteuer geltend gemacht werden; ausgenommen: (1) bei Ersatz der B. durch eine Sterbekasse oder Krankenversicherung des Verstorbenen; (2) bei Deckung der B. durch den Nachlaß. Die B. mindern dann den erbschaftsteuerlichen Erwerb; soweit nicht höhere Kosten nachgewiesen werden, erfolgt eine pauschale Berücksichtigung in Höhe von 10 000 DM.

BEF, Abk. für →Bundesamt für Ernährung und Forstwirtschaft.

Befähigungsnachweis. I. B e g r i f f : Von der →Handwerksordnung (§§ 6 ff.) vorgeschriebener Nachweis der Befähigung, einen Handwerksbetrieb selbständig zu führen und Auszubildende ordnungsgemäß auszubilden. Voraussetzung für Betrieb eines selbständigen Handwerks und Eintragung in die Handwerksrolle.

II. A r t e n : 1. →*Meisterprüfung* für das zu betreibende →Handwerk oder ein →verwandtes Handwerk. – 2. Ablegung einer vom Bundesminister für Wirtschaft als der Meisterprüfung gleichwertig *anerkannten Prüfung,* u. U. nach zusätzlicher praktischer Tätigkeit. – 3. *Ausnahmebewilligung* der höheren Verwaltungsbehörde zur Eintragung in die Handwerksrolle, wenn der Antragsteller die zur selbständigen Ausübung des von ihm zu betreibenden Handwerks notwendigen Kenntnisse und Fertigkeiten nachweist und die Ablegung der Meisterprüfung für ihn eine unzumutbare Belastung bedeuten würde; sie kann unter Auflagen, Bedingungen oder befristet erteilt werden. – 4. Im Rahmen der *Niederlassungsfreiheit* innerhalb der EG kann nach näherer VO Staatsangehörigen der EG eine Ausnahmebewilligung erteilt werden.

Befähigung zum Richteramt, →Jurist II.

Befangenheit von Beamten, persönliches (Verwandtschafts-, Vermögens-) Interesse des Beamten an einem von ihm vorzunehmenden →Verwaltungsakt. B. ist Anfechtungsgrund. – Vgl. auch →Ablehnung (des Richters).

Befehl, Anweisung in einem →Algorithmus oder in einem →Programm, mit der ein Verarbeitungsschritt veranlaßt wird. – B. in der Maschinensprache: →*Maschinenbefehl.* – Vgl. auch →Ausführungsbefehl.

Befehlsgewalt, →Weisungsbefugnis.

Befehlskette, →Weisung, →Kommunikationsweg.

Befehlsliste. 1. Verzeichnis der von einem Computer *ausführbaren* →*Maschinenbefehle.* – 2. Verzeichnis und Beschreibung der →Befehle, *die zusammen eine* →*Programmiersprache bilden..*

Befehlsprozessor, →Zentralprozessor.

Befehlsweg, als Begriff der Organisation veraltet für die vertikale →Kommunikationsbeziehung zur Übermittlung von Weisungen.

Befehlswirtschaft, auf Dietzel zurückgehende Bezeichnung für eine →zentralgeleitete Wirtschaft.

Beförderung. I. V e r k e h r s r e c h t u n d - p o l i t i k : Die durchgeführte Ortsveränderung von Personen und Sachen (auch: *Transport*); vgl. im einzelnen →Verkehr. – *Besteuerung:* Gewerbsmäßige B. unterliegt der →Beförderungssteuer.

II. P e r s o n a l w e s e n : Die in vielfältigem Interesse erforderliche Schaffung von →Aufstiegsmöglichkeiten; vgl. im einzelnen →Förderungsmaßnahmen, →Versetzung, →Karriereplanung, →Personalentwicklung, →Personalmanagement.

Beförderungsbedingungen für den Straßenbahn-, Obus- und Linienverkehr mit Kraftfahrzeugen, regeln den Anspruch auf Beförderung, die Verhaltensvorschriften für Fahrgäste, das Beförderungsentgelt und die Haftung des Unternehmers. – Vgl. auch →Personenbeförderungsgesetz.

Beförderungsbedingungen für den Umzugsverkehr (GüKUMT), regeln die Bedingungen des Transports von Umzugsgut, Heiratsgut, Erbgut und neuen Möbeln als Handelsgut in für den Möbeltransport hergerichteten Kraftfahrzeugen (Spezialfahrzeugen). Insbes. werden Haftung und Entgelte festgelegt. Die Bedingungen beziehen sich auf den Nah- und Fernverkehr.

Beförderungsentgelt, für eine Beförderungsleistung zu entrichtender Preis. Sofern das B. nicht frei ausgehandelt werden kann, erfolgt die Bemessung gem. einem festgelegten →Tarif.

Beförderungsgeschäfte, *Transportgeschäfte, Verkehrsgeschäfte.*

I. C h a r a k t e r i s i e r u n g : Geschäfte, die der Beförderung von Gütern oder Personen gegen Entgelt dienen. B. sind normalerweise →Werkverträge (§§ 631–650 BGB), da sie den Erfolg der Beförderung, nämlich die Herbeiführung einer Ortsveränderung, zum Inhalt haben. Für die einzelnen B. meist Sonderrecht. – Zahlreiche B. sind *Grundhandelsgeschäfte,* z. B. alle B. zur See, die B. der →Frachtführer, der zur Personenbeförderung zu Lande oder auf Binnengewässern bestimmten Anstalten und der Schleppschiffahrtsunternehmer (§ 1 II Ziff. 5 HGB). – Das Verkehrsgewerbe ist gewerbepolizeilich, verkehrswirtschaftlich und verkehrsgeschäftlich *besonders geregelt.*

II. Rechtliche Grundlagen der Teilbereiche: 1. *Güter-B. (Frachtgeschäfte):* a) *Landfrachtgeschäfte:* Sonderrecht für B. mit Kraftfahrzeugen (→Güterkraftverkehrsgesetz); ferner gilt die →Kraftverkehrsordnung für den Güterverkehr mit Kraftfahrzeugen. b) *Flußfrachtgeschäft:* Vgl. →Binnenschiffsrecht; Unterart: Flößereifrachtgeschäft, geregelt im →Flößereirecht. c) *Seefrachtgeschäft:* In §§ 556 ff. HGB geregelt. d) *Luftfrachtgeschäft:* Vgl. →Luftrecht. – 2. *Personen-B.:* a) Zu Lande (mit Ausnahme der Eisenbahn): Es gilt das →Personenbeförderungsgesetz. b) Mit der Eisenbahn: Ausführliche Regelung durch die →Eisenbahn-Verkehrs-Ordnung. Für den internationalen Verkehr gelten besondere Abkommen. c) Zur See: Durch Überfahrts- oder Seepassagevertrag, geregelt in §§ 664–678 HGB, die durch Werkvertragsrecht des BGB § 631–650 ergänzt werden. d) Auf Binnengewässern: Nach Werkvertragsrecht des BGB §§ 631–650. e) In der Luft: Vgl. →Luftverkehr.

III. Umsatzsteuer: Vgl. →Beförderungsleistungen.

Beförderungsleistungen, umsatzsteuerrechtlicher Begriff für →Beförderungsgeschäfte. Befördern ist jede Fortbewegung eines Gegenstandes, z. B. auch das Pumpen von Gas oder Flüssigkeiten durch eine Pipeline und die Fortbewegung eines Beförderungsmittels (z. B. PKW) aus eigener Kraft. – B. *unterliegen* der →Umsatzsteuer. Ermäßigter Steuersatz bei der Beförderung von Personen a) mit Schiffen oder b) bei anderen Beförderungsmitteln unter gewissen Voraussetzungen (innerhalb einer Gemeinde oder wenn Beförderungsstrecke nicht mehr als 50 km beträgt, § 12 II Nr. 10 UStG). Ort der Beförderungsleistung (Beförderungsort) grundsätzlich dort, wo Beförderung stattfindet (§ 3 a II Nr. 2 UStG); bei grenzüberschreitenden Beförderungen ist daher das →Entgelt aufzuteilen in den steuerbaren Teil für die B. im →Erhebungsgebiet und den nicht steuerbaren Teil für die B. im →Außengebiet (Sonderregelungen in §§ 2–7 UStDV). Bei Beförderungen von Personen im Gelegenheitsverkehr mit nicht im Erhebungsgebiet zugelassenen Kraftomnibussen wird die Umsatzsteuer auf die B. i. d. R. beim Grenzübertritt erhoben (sog. *Einzelbesteuerung*, § 16 V UStG), wobei Bemessungsgrundlage das *Durchschnittsbeförderungsentgelt* von z. Zt. 5 Pf je Personenkilometer ist (§ 10 VI UStG, § 25 UStDV). – 2. *Umsatzsteuerfrei* sind grenzüberschreitende Beförderungen von Gegenständen und Beförderungen im internationalen Eisenbahnfrachtverkehr, Beförderungen, die sich auf Gegenstände der aus- oder Durch-

fuhr beziehen, Beförderungen bei Einfuhr, wenn die Kosten der Beförderung bei der →Einfuhrumsatzsteuer erfaßt werden. – 3. Soweit *Fahrausweise* als Rechnung dienen, gelten besondere Bestimmungen (§§ 34, 35 UStDV).

Beförderungspflicht, gemeinwirtschaftliche Auflage im Verkehr (→Gemeinwirtschaftlichkeit im Verkehr), bedeutet für die betroffenen Verkehrsunternehmen Kontrahierungszwang, d. h. Verpflichtung des Verkehrsunternehmens, einen Auftrag zum Transport von Personen, Gütern oder Nachrichten dann anzunehmen, wenn die Beförderung mit normalen Verkehrsmitteln durchgeführt werden kann. Als Folge der B. können die Verkehrsunternehmen einzelne unrentable Beförderungen grundsätzlich nicht ablehnen. – B. *gilt* für die Deutsche Bundesbahn, für die Unternehmen des öffentlichen Straßenpersonenverkehrs und des Fluglinienverkehrs sowie für Unternehmen des Güterliniennahverkehrs, für die es keine ausdrückliche →Betriebspflicht gibt.

Beförderungsteuer, mit Wirkung des Umsatzsteuergesetzes vom 29. 5. 1967 zum 1. 1. 1968 aufgehobene Steuer; belastete insbes. die Beförderung von Personen und Gütern mittels Schienenbahn oder Kraftfahrzeuge innerhalb des Bundesgebietes durch einen Unternehmer im Rahmen seines Unternehmens.

Beförderungsvertrag, im Bahnverkehr zustande kommender Vertrag: a) im *Personenverkehr* mit Lösung der Fahrkarte; b) im *Güterverkehr* mit Annahme von Bahnsendung und →Frachtbrief. Sonderregelung für →Expreßgut. Vertragserfüllung seitens der Bahn durch Beförderung an Bestimmungsort bzw. Ablieferung von Gut und Frachtbrief an Empfänger. Im gewerblichen Güterfernverkehr wird der B. zwischen frachtbriefmäßigem Absender, der nicht mit dem Versender des Gutes identisch sein muß, und dem Unternehmer geschlossen.

Beförderungsvorbehalt, alleiniges Recht der Deutschen Bundespost (Postgesetz vom 28. 7. 1969) Einrichtungen zur entgeltlichen Beförderung von Sendungen mit schriftlichen Mitteilungen oder sonstigen Nachrichten von Person zu Person zu errichten oder (und) zu betreiben. Beförderung ist jede Tätigkeit, die dem Einsammeln, Weiterleiten oder Ausliefern der Sendungen an den Empfänger dient. – *Ausnahmen:* Nachrichten, die einer anderen Sendung beigefügt sind und ausschließlich deren Inhalt betreffen; wiederkehrend erscheinende Druckschriften.

Beförderungsweg. 1. Bahnverkehr: I. a. wird der B. nach innerbetrieblichen Lade- und Leitungsvorschriften festgelegt. Kann bei lebenden Tieren und im internationalen Verkehr vom Absender im →Frachtbrief verbindlich vorgeschrieben werden. – 2. *Güterkraftverkehr:* B. ist die Fahrtroute, auf der ein Transport auf der Straße durchgeführt werden soll; vorzugsweise angewendet im grenzüberschreitenden Verkehr und im Verkehr mit West-Berlin zur Bestimmung der Grenz- bzw. Zonenübergänge.

Befragung. 1. *Begriff:* Informationsgewinnungsmethode zur →Erhebung von Massenerscheinungen nach statistischen Methoden. Gegenstand von B. ist v. a. die Gewinnung von Informationen über bisheriges Kaufverhalten, zukünftiges Verhalten sowie über →Einstellungen und →Motive der Befragten. – *Gegensatz:* →Beobachtung. – 2. *Anlässe:* a) B. zu wissenschaftlichen oder staatspolitischen Zwecken durch Forschungsinstitute oder freiberufliche Forscher (Enquete). – b) B. im Interesse der →Marktforschung und →Werbeplanung zwecks Erkennung der Wirksamkeit von Werbemitteln und -wegen zur Erreichung eines optimalen Werbeerfolgs in der Zukunft. – c) B. als →Repräsentativerhebung durch →Marktforschungsinstitute – 3. *Formen:* a) Nach dem *befragten Personenkreis:* →Expertenbefragung und →Abnehmerbefragung (Verbraucherbefragung, Händlerbefragung). – b) Nach den *B.formen:* persönliche B. (→Interview), schriftliche B. und telefonische B. (→Telefonbefragung). – c) Nach der *Zahl der zu untersuchenden Themen:* →Einthemenbefragung und Mehrthemenbefragung (→Omnibusbefragung). – d) Nach den *Arten der Fragestellung (Befragungstaktik):* (1) direkte B.; (2) indirekte B.: Die Auskunftsperson wird durch geschickte und psychologisch zweckmäßige Formulierung der Fragen veranlaßt, über Sachverhalte zu berichten, die sie bei direkter B. aus den verschiedensten Gründen verschwiegen oder verzerrt wiedergegeben hätte, oder Zusammenhänge werden durch Korrelationsanalysen oder experimentelle Anordnungen herausgefunden, ohne daß diese Beziehungen den Auskunftspersonen selbst bewußt werden. – Zu den Frageformen vgl. →Fragebogen. – 4. *EDV-Einsatz bei B.:* Vgl. →computergestützte Datenerhebung.

befreiende Schuldübernahme, →Schuldübernahme, bei der ein neuer Schuldner eintritt und der alte Schuldner aus der Haftung entlassen wird. – *Anders:* →Schuldmitübernahme.

Befreiungsklausel, →Schutzklausel.

Befreiungsversicherung, private Versicherung zum Zweck der Befreiung von der gesetzlichen →Versicherungspflicht. B. sind u. a.: →Lebensversicherungen zur Befreiung von der →Angestelltenversicherung bei Einführung von Zwangsversicherungseinrichtungen für freie Berufe (→Alters- und Hinterbliebenenversorgung II); private →Krankenversicherungen zur Befreiung von der gesetzli-

chen Krankenversicherung für Rentner, Studenten und bei Überschreiten der →Beitragsbemessungsgrenze. Anforderungen an B. in speziellen gesetzlichen Vorschriften (z. B. AnVNG, RVO) geregelt.

Befriedigung des Gläubigers, →Erfüllung.

befristete Einlagen, →Termineinlagen.

befristetes Arbeitsverhältnis. I. A l l g e m e i n : 1. *Begriff:* Vereinbarungsgemäß ohne besondere →Kündigung endendes →Arbeitsverhältnis. – *Gegensatz:* unbefristetes Arbeitsverhältnis. – 2. *Arten der Befristung:* a) kalendermäßig genaue Festlegung des Endes; b) Bestimmung eines Ereignisses als Endpunkt, z. B. Einstellung einer Verkäuferin für die Dauer des Ausverkaufs oder zur Aushilfe (→Aushilfsarbeitsverhältnis) für Erkrankte. – 3. Nach Ablauf der vereinbarten Zeit *fortgesetztes b. A.* geht in ein Arbeitsverhältnis auf unbestimmte Zeit über, sofern nicht der Arbeitgeber unverzüglich widerspricht (§ 625 BGB). Beruft sich der Arbeitgeber auf Ablauf der vereinbarten Zeit, so liegt darin keine Kündigung. – 4. Die Befristung von Arbeitsverhältnissen ist gem. § 620 BGB *grundsätzlich zulässig.* Doch darf dadurch nicht der →Kündigungsschutz ausgeschaltet werden. Die neuere Rechtsprechung läßt die Befristung von Arbeitsverhältnissen schon dann nicht zu, wenn der Kündigungsschutz objektiv vereitelt wird. – Liegt ein *sachlicher Grund* nicht vor, gilt das b. A. als auf unbestimmte Zeit geschlossen. Ein sachlicher Grund liegt etwa bei →Probearbeitsverhältnissen vor, bei Arbeitsverhältnissen der Bühnenkünstler oder bei Arbeitsverhältnissen, die der wissenschaftlichen Weiterbildung dienen. Nach § 21 →Bundeserziehungsgesetz vom 6. 12. 1985 liegt ein sachlicher Grund, der ein b. A. rechtfertigt, vor, wenn ein Arbeitgeber einen Arbeitnehmer zur *Vertretung für die Dauer der Beschäftigungsverbote* nach dem MuSchG (→Mutterschutz) oder für die Dauer eines →Erziehungsurlaubs einstellt. – Für den Arbeitnehmer besonders ungünstig ist die *wiederholte Befristung,* bei der ein durch Fristablauf beendetes Arbeitsverhältnis mit neuer Befristung fortgesetzt wird (*Kettenarbeitsverträge,* vgl. →Kettenverträge). Bei wiederholter Befristung besteht der Verdacht, zur Verhinderung des Kündigungsschutzes vereinbart worden zu sein; es sind deshalb an die sachliche Berechtigung der Befristung strengere Anforderungen zu stellen.

II. B e s c h ä f t i g u n g s f ö r d e r u n g s g e s e t z 1985 (Art. 1): Für eine Übergangszeit bis zum 1. 1. 1990 wird der *Abschluß b. A. erleichtert* (§ 1): 1. Vom 1. 5. 1985 bis 1. 1. 1990 ist es zulässig, die *einmalige Befristung* des Arbeitsvertrags bis zur Dauer von 18 Monaten zu vereinbaren, wenn entweder der Arbeitnehmer neu eingestellt wird oder der Arbeitnehmer in unmittelbarem Anschluß an die Berufsausbildung nur vorübergehend weiterbeschäftigt werden kann, weil kein Arbeitsplatz für einen unbefristet einzustellenden Arbeitnehmer zur Verfügung steht (§ 1 I Nr. 1 und 2 BeschFG). Eine Neueinstellung i. d. S. liegt jedoch nicht vor, wenn zu einem vorhergehenden befristeten oder unbefristeten Arbeitsvertrag mit demselben Arbeitgeber ein enger sachlicher Zusammenhang besteht, was insbes. dann anzunehmen ist, wenn zwischen den Arbeitsverträgen ein Zeitraum von weniger als vier Monaten liegt. – 2. Bei *Kleinbetrieben,* in denen zwanzig oder weniger Arbeitnehmer ausschließlich der zu ihrer Berufsausbildung Beschäftigten tätig sind, oder bei einem *Arbeitgeber,* der eine *Erwerbstätigkeit seit höchstens sechs Monaten* aufgenommen hat, kann eine einmalige Befristung des Arbeitsvertrags bis zur Dauer von zwei Jahren vereinbart werden. – 3. Eine *mehrmalige Befristung* wird durch das BeschFG nicht erleichtert. Hierzu bedarf es wie bisher eines sachlichen Grundes.

III. Weitere Sonderregelungen: Für *wissenschaftliche Mitarbeiter* an Hochschulen und Forschungseinrichtungen gilt die Sonderregelung der §§ 57a ff. Hochschulrahmengesetz, in der das von der Rechtsprechung geforderte Merkmal des sachlichen Grundes gesetzlich anerkannt wurde.

Befristung, die einer →Willenserklärung eingefügte Bestimmung, die die Wirkungen eines →Rechtsgeschäfts von einem zukünftigen gewissen Umstand (auflösend oder aufschiebend) abhängig macht. Rechtlich wie →Bedingung behandelt.

Befundrechnung, Methode der Erfassung von Materialverbräuchen, v. a. für →Kostenrechnung und →kurzfristige Erfolgsrechnung. Anfangs- und Endbestände werden körperlich aufgenommen. Die Differenz gilt als Verbrauch; bei Zugängen während des betreffenden Zeitraums gilt entsprechend: Anfangsbestand + Zugänge ./. Schlußbestand = Verbrauch.

Beggar-my-neighbour-Politik, Versuch eines Landes, Exportüberschüsse zu erzielen, um auf diese Weise im Inland Einkommen und Beschäftigung zu erhöhen (→Exportmultiplikator). Da die Zunahme der Exporte eines Landes eine Zunahme der Importe für das Ausland darstellt, können sich durch diese Politik kontraktive Wirkungen für das Ausland (z. B. Arbeitslosigkeit) ergeben; vgl. auch →Importmultiplikator. – *Instrumente* der B.-m.-n.-P. sind z. B. →Abwertung der heimischen Währung sowie sonstige Maßnahmen der →Einfuhrbeschränkung und der →Exportförderung. – *Beurteilung:* B.-m.-n.-P. erbringt die erhofften Wirkungen meistens nicht, da das Ausland mit entsprechenden Gegenmaßnahmen antworten kann. Letztlich ergibt sich eine *Wohlfahrtsminderung* für alle Beteiligten aufgrund der Einschränkung der →internationalen Arbeitsteilung.

beglaubigte Abschrift, die mit dem Beglaubigungsvermerk einer öffentlichen Urkundsperson versehene Abschrift einer (1) Urschrift, (2) →Ausfertigung oder (3) beglaubigten Abschrift einer Urkunde. – Vgl. auch →öffentliche Urkunden, →öffentliche Beglaubigung.

Beglaubigung, →öffentliche Beglaubigung.

Begleitname, der dem →Ehenamen vorangestellte Geburts- oder Familienname des Ehegatten, der zugunsten des anderen Ehegatten darauf verzichtet hat, daß sein Name Ehename wird. Voraussetzung ist entsprechende Erklärung mit →öffentlicher Beglaubigung (§ 1355 III BGB). Der B. ist persönlichkeitsgebunden und ehe- und familienunabhängig.

Begleitpapiere, beim Frachtgeschäft die zur Erfüllung der Zoll-, Steuer- und sonstigen Verwaltungsvorschriften vor Ablieferung des Guts an den Empfänger erforderlichen Papiere. B. sind im →Frachtbrief zu bezeichnen. Soweit nicht den →Frachtführer Verschulden trifft, *haftet* der Absender für alle aus dem Mangel der Unzulänglichkeit oder Unrichtigkeit der B. entstehenden Folgen (§§ 426 f. HGB, § 65 EVO).

Begleitverkehr, vom Verkehrsteilnehmer zu duldende Mitbenutzung der Verkehrswege durch andere Verkehrsteilnehmer als externe Behinderung seiner Transportabwicklung.

Begnadigung, Einstellung eines anhängigen Strafverfahrens oder Erlaß rechtskräftig erkannter Strafen. Das Recht der B. steht für den Bund nach Art. 60 II GG dem →Bundespräsidenten und den von ihm bestimmten Stellen zu; für die Länder dem zuständigen Landesorgan.

begrenzte Enumeration, Verfahren des Operations Research. Die Vorgehensweise entspricht der →vollständigen Enumeration, jedoch wird das sequentielle Verfahren der Lösungsbestimmungen dann abgebrochen, wenn bessere als die schon bekannten Lösungen nicht zu erwarten sind.

Begrenzungsvektor, im Zusammenhang mit einem linearen Optimierungssystem häufig Synonym für den Vektor der rechten Seiten der →Strukturrestriktionen.

Begründungsfrist. 1. Nach der *Abgabenordnung* besteht für die Einlegung von →Rechtsbehelfen weder eine B. noch Begründungszwang (§ 357 III AO). – 2. Im *finanzgerichtlichen Verfahren* kann gem. § 65 II FGO eine nicht anfechtbare B. als Ausschlußfrist gesetzt werden; vgl. →Revision IV. – 3. Im *Zivilprozeß:* Vgl. →Berufung I 2, →Revision II.

Begünstigung. 1. *Strafrecht* (§ 257 StGB): Wissentliche Beistandsleistung, die einem

Rechtsbrecher nach der Tat gewährt wird, um ihm die Vorteile der Tat zu sichern. – *Strafe:* Geldstrafe oder Freiheitsstrafe bis zu fünf Jahren. – Vgl. auch →Strafvereitelung. – 2. B. aus *Lebensversicherungen:* Vgl. →Bezugsberechtigung.

Begünstigungsvertrag, →Firmen-Gruppenversicherung, →Vereins-Gruppenversicherung.

Begutachtung, analytischer Prozeß zur Erlangung eines fundierten Urteils über gegebene oder zukünftige Tatbestände oder Mittel zur Erreichung vorgegebener Ziele, wobei in der Wirtschaftswissenschaft entwickelte Theorien heranzuziehen sind. Das fehlende Merkmal des Soll-Ist-Vergleichs grenzt die B. von einer →Prüfung ab. – *Anders:* →Gutachten.

behavioral accounting, →verhaltensorientiertes Rechnungswesen.

Behaviorismus, verhaltenswissenschaftliche Forschungsrichtung. – *Kerntheorie* ist die unmittelbare Erklärbarkeit menschlichen Verhaltens durch Beobachtung der auf den Menschen einwirkenden Reize und der dadurch ausgelösten Reaktionen. – *Grundlage* ist das SR-Konzept (Stimulus-Response-Konzept), das jedem Reiz eine bestimmte Reaktion zuordnet, ohne der Berücksichtigung der Vorgänge im Organismus des Menschen (Organismus als Blackbox); →Käuferverhalten II 1. – *Weiterentwicklung des B.:* →Neobehaviorismus.

Beherbergungsstatistik →Reiseverkehrsstatistik 1.

Beherbergungsvertrag, rechtlich nicht besonders geregelter, aus den Elementen verschiedener Vertragstypen zusammengesetzter Vertrag zwischen Gastwirt und Gast. Der B. verpflichtet den Gastwirt zur Beherbergung (Überlassung eines Zimmers, Beleuchtung, Heizung, evtl. Beköstigung); vgl. →Gastwirtshaftung. Auf den B. sind teilweise die *Vorschriften* über den →Mietvertrag, →Dienstvertrag und →Werksvertrag anzuwenden.

Beherrschungsvertrag. 1. *Begriff:* Form des →Unternehmensvertrages. Vertrag, durch den eine AG die Leitung ihrer Gesellschaft einem anderen Unternehmen unterstellt. *Kein* B. liegt vor, wenn sich Unternehmen durch Vertrag unter einheitliche Leitung stellen, ohne daß eines vom anderen abhängig wird (§ 291 AktG). – 2. *Sondervorschriften:* a) über die *Sicherung der außenstehenden Aktionäre* in §§ 304–307 AktG; b) für *Leitungsmacht* und *Verantwortlichkeit* bei Bestehen eines B. in §§ 308–310 AktG.

Behinderte, →Schwerbehinderte.

Behinderten-Werkstatt, Einrichtung zur Eingliederung Behinderter in das Arbeitsleben. Die B.-W. soll Personen, die wegen Art oder Schwere der Behinderung nicht, noch nicht oder noch nicht wieder auf dem allgemeinen Arbeitsmarkt tätig werden können, einen Arbeitsplatz oder Gelegenheit zur Ausübung einer geeigneten Tätigkeit bieten (§ 52 SchwbG). – B.-W., die eine Vergünstigung nach dem SchwbG in Anspruch nehmen, bedürfen der *Anerkennung* (§ 55 SchwbG). – Das *Rechtsverhältnis der* →*Schwerbehinderten zur Werkstatt* ist umstritten. – Vgl. auch →Schwerbehindertenrecht.

Behinderung, →Schwerbehinderte I 1.

Behinderungsmißbrauch, Anwendung von Mitteln des →unlauteren Wettbewerbs (§ 1 UWG) oder von sonstigen kartellrechtlich zu mißbilligenden Mitteln (→Kartellgesetz IV), durch die Mitbewerber gestört oder beseitigt und die eigenen Ziele gefördert werden (→Behinderungswettbewerb).

Behinderungswettbewerb, Tatbestand gem. UWG, wenn der Leistungsvergleich ausgeschaltet oder gefährdet wird, z. B. →Boykott, Geschäftsehrverletzung, u. U. Preisunterbietung. B. ist unzulässig, wenn die Behinderung durch Maßnahmen geschieht, die nicht darauf zielen, die eigene Leistung herauszustellen (→Leistungswettbewerb), sondern allein oder in erster Linie den Mitbewerber zu stören (→Behinderungsmißbrauch).

Behörde, Organ der Staatsgewalt, das auf gesetzlicher Grundlage in das Gefüge der äußeren Verfassung des Staates eingegliedert ist. B. sind Träger öffentlicher Rechte; sie haben mit staatlicher Autorität alle Angelegenheiten des Staates wahrzunehmen. Bei ihr beschäftigte Personen können →Beamte sein oder →Angestellte und →Arbeiter des öffentlichen Dienstes. – *Einteilung der B.:* a) →Oberste Bundesbehörden (z. B. Bundesministerium, Bundeskanzleramt, Bundesrechnungshof); b) →Bundesoberbehörden und *obere Bundesbehörden* (z. B. Bundeskriminalamt); c) nachgeordnete *mittlere Behörden* (Oberfinanzdirektion usw.); d) *untere Behörden* (Eisenbahnverkehrsamt, Postamt usw.).

Behördenhandel, *Beamtenhandel,* Verkauf von Waren oder Vermittlung preisgünstiger Einkaufsmöglichkeiten an Behördenangestellte (z. B. *Beamteneinkauf*). B. noch verbreitet beim Verkauf von Versicherungen und Bausparverträgen (*Beamtenheimstättenwerk,* BHW). – Vgl. auch →direkter Vertrieb.

behördliche Genehmigung, Erfordernis vieler Verträge zu ihrer Rechtsgültigkeit (z. B. nach dem Grundstücksverkehrsgesetz oder dem Landpachtgesetz). Solange die b. G. noch nicht erteilt ist, ist der Vertrag schwebend unwirksam (→schwebende Unwirksamkeit). – Beide Vertragspartner sind *verpflichtet,* das Erforderliche zur Herbeiführung der b. G. zu tun und alles zu unterlassen, was die Genehmigung des Vertrages vereiteln könnte.

Vereitelt ein Vertragspartner die b. G. böswillig, kann der andere Teil u. U. →Schadenersatz verlangen.

behördliche Zusicherung, eine von der zuständigen Behörde erteilte Zusage, einen bestimmten →Verwaltungsakt später zu erlassen oder zu unterlassen; Schriftform. – Vgl. auch →Verwaltungsverfahren.

Beibehaltungswahlrecht, →Bewertung I 2.

beiderseitige Handelsgeschäfte, Geschäfte, die für beide Vertragsteile →Handelsgeschäft sind.

Beihilfe. I. Öffentlicher Dienst: An Beamte, Richter, Angestellte und Arbeiter des Bundes, der Länder, der Gemeinden, Körperschaften und Stiftungen des öffentlichen Rechts in Krankheits-, Geburts- und Todesfällen sowie für Aufwendungen bei Maßnahmen zur Früherkennung von Krankheiten und bei Schutzimpfungen gewährte Geldzahlung. Anspruchsberechtigt sind auch die Ehegatten, Kinder und Versorgungsempfänger. – *Gesetzliche Grundlage:* Beihilfevorschriften des Bundes i. d. F. vom 1. 2. 1979 (GMBl 67, 107) aufgrund Beihilfeverordnungen auf Landesebene. – *Höhe:* Für Unverheiratete 50%, für Verheiratete 55% der beihilfefähigen (notwendigen) Aufwendungen. Die Sätze erhöhen sich für jedes Kind, für das Kindergeld zusteht, um 5%, höchstens jedoch auf 70%. Teilweise bestehen Höchstsätze wie z. B. bei Hilfsmitteln, Anstaltsunterbringung, Zahnersatz, Kur, Geburtsbeihilfe usw.

II. Strafrecht: Die mit →Vorsatz dem Haupttäter geleistete Hilfe zu dessen vorsätzlich begangener rechtswidriger Tat; Form der Teilnahme. – Die *Strafe* des Gehilfen kann unter Unterschreitung des für den Haupttäter bestimmten Strafrahmens milder bemessen werden (§ 27 StGB).

Beiladung, Begriff im Gerichtsverfahren. – 1. *Verwaltungsgerichtsbarkeit:* Die Beteiligung einer Nichtpartei an dem Verwaltungsrechtsstreit. Das →Verwaltungsgericht kann, solange der Rechtsstreit vor ihm anhängig ist, Dritte, deren rechtliche Interessen durch die Entscheidung berührt werden, beiladen (§ 65 VwGO). a) Der Beigeladene kann innerhalb der Anträge eines Beteiligten selbständig Angriffs- und Verteidigungsmittel geltend machen. b) *Notwendige* B. liegt vor, wenn an einem streitigen Rechtsverhältnis mehrere derart beteiligt sind, daß ihnen gegenüber die Entscheidung nur einheitlich ergehen kann. Hier kann der Beigeladene auch abweichende Sachanträge stellen. – 2. *Sozialgerichtsbarkeit:* Ähnliche Regelung wie für die Verwaltungsgerichtsbarkeit gilt für →Sozialgerichte (§ 75 SGG) und →Finanzgerichte (§ 60 FGO). – 3. *Wirkung:* Entsprechend der →Intervention im Zivilprozeß.

Beilagen, →Werbemittel, die Zeitungen und Zeitschriften beigelegt werden, vorwiegend →Prospekte und →Supplements. – *Arten:* B. in Tages- oder Wochenzeitungen; B. in Publikums- oder Fachzeitschriften. – *Vorteile* sind insbes. schnelle Durchdringung der →Zielgruppe bei hoher →Reichweite, keine zeitliche Fehlstreuung, intensive Ansprache und leichte Steuerbarkeit in gewünschten Kontaktintervallen.

Beinahe-Geld, →Quasigeld.

bei Sicht, →Sichtwechsel.

Beistand. I. Steuerrecht: Vgl. →Bevollmächtigter.

II. Familienrecht: 1. *Begriff:* Nach § 1685 BGB kann dem Elternteil, dem das →elterliche Sorgerecht oder die Sorge für die Person oder das Vermögen eines minderjährigen Kindes allein zusteht, ein B. bestellt werden. – 2. *Aufgaben:* Der Umfang des Wirkungskreises des B. kann sich auf alle, auf gewisse Arten von Angelegenheiten oder auf einzelne Angelegenheiten erstrecken (§ 1686 BGB). – a) Bei beschränkten Befugnissen des B. bestehen seine Aufgaben darin, die Eltern bzw. den Elternteil, dem er beigeordnet ist, bei der Tätigkeit für das Kind zu beaufsichtigen und zu unterstützen (§ 1686 BGB), eine dem Gegenvormund (→Vormundschaft III 2) ähnliche Stellung. Das Recht der Eltern bzw. des Elternteils als →gesetzliche Vertreter des Kindes wird durch die unterstützende Beistandschaft nicht berührt. – b) Wenn dem B. durch das Vormundschaftsgericht die Vermögensverwaltung ganz oder teilweise übertragen wird, hat er Rechte und Pflichten eines Pflegers (→Pflegschaft; § 1690 BGB). Er ist insoweit gesetzlicher Vertreter des Kindes. Den Eltern verbleibt nur die Personensorge.

III. Verwaltungsverfahren: Ein Beteiligter kann mit einem B. erscheinen (§ 14 VwVfG).

Beistandspflicht, Verpflichtung von Behörden und berufsständischen Vertretungen und Finanzämtern jede zur Durchführung der Besteuerung, Prüfung und Aufsicht dienliche Hilfe zu leisten (§ 93 I, 111 AO). – Vgl. auch →Amtshilfe.

Beistellung. I. Zollrecht: Zurverfügungstellen bestimmter Waren durch ausländische Auftraggeber bei aktivem →Veredelungsverkehr, damit diese in die in Auftrag gegebene Ware eingebaut oder bei ihrer Herstellung mitverwendet werden (z. B. Lieferung von Reifen für Kraftfahrzeuge). – Beigestellte Waren bleiben *zollfrei,* wenn sie wieder ausgeführt werden.

II. Umsatzsteuer: Vgl. →Leistungsbeistellung, →Materialbeistellung.

Beiträge, wiederkehrende oder einmalige Leistungen zur Erzielung von Einkünften, die gesetzlich oder vertraglich aufzubringen sind.

I. F i n a n z w i s s e n s c h a f t : 1. *Begriff:* B. an Dienststellen der öffentlichen Hand sind spezielle →Abgaben. Bei ihnen besteht eine spezielle Gegenleistung seitens des Gemeinwesens, die jedoch nicht im Verhältnis zur Leistung stehen muß. B. stehen neben →Gebühren als Verhältnismäßige Kostenbeteiligung an im öffentlichen Interesse liegenden Vorhaben erhoben. Im Gegensatz zur Gebühr gilt jedoch nur eine Gruppe als Ganzes, nicht jedoch jedes Einzelmitglied der Gruppe als Leistungsempfänger; der B. wird von jedem Gruppenmitglied erhoben, das die Möglichkeit der Leistungsinanspruchnahme hat. – 2. *Beispiele:* a) Eine Straße in einem Wohngebiet dient der Gesamtgemeinde, da diese allgemein an einem ausgebauten kommunalen Straßensystem interessiert ist, insbes. aber den Anliegern dieser Straße; b) ein Deich schützt das gesamte Hinterland, v. a. aber die in einem Überschwemmungsgebiet siedelnden Landwirte; c) Versorgungsnetze (Fernstraßen, Energieleitungen) dienen zwar der gesamten Volkswirtschaft, insbes. aber der Gruppe der „Angeschlossenen" (Kraftfahrzeug- und Mineralölsteuer werden deshalb auch als „Beitragssteuer" bezeichnet). – 3. *Zurechnungsmaßstäbe* können nur als „Wahrscheinlichkeitsmaßstäbe" formuliert werden (z. B. „Frontmetermaßstab" bei Straßen), weil sie nur unter größeren Schwierigkeiten zu finden sind (anders: →Gebühren). Sie bilden eine Quelle ständiger Auseinandersetzungen zwischen Verwaltung und Bürger. – 4. *Systematik* nach Sektoren der Verwaltung; analog zur Gliederung der Gebühren.

II. S o z i a l v e r s i c h e r u n g : Form zur Aufbringung der Mittel, geleistet von Versicherten und Arbeitgebern. Bei Bemessung der B. werden entweder die Ausbgaben für einen bestimmten Zeitraum zugrunde gelegt (→Umlageverfahren) oder alle zukünftigen Aufwendungen berücksichtigt (→Anwartschaftsdeckungsverfahren). Die Pflicht zur Abführung der B. obliegt i. a. dem Arbeitgeber. – *Berechnung:* a) Gesetzliche *Kranken-, Renten- und Arbeitslosenversicherung:* Ausgehend vom Grundlohn oder vom wirklichen Arbeitsverdienst. – b) Für die *Unfallversicherung* keine einheitliche Berechnungsgrundlage. – Vgl. auch →Beitragsgruppen, →Gesamtsozialversicherungsbeitrag.

III. P r i v a t v e r s i c h e r u n g : Versicherungsentgelt bei Mitgliedern von Versicherungsvereinen auf Gegenseitigkeit und öffentlich-rechtlichen Versicherungsunternehmen. Rechnungslegungsvorschriften für Versicherungsunternehmen verwenden den Begriff B. im Sinn von →Prämien.

IV. K o s t e n r e c h n u n g : B. werden meist in der gleichen Weise wie →Steuern und →Gebühren verrechnet, und zwar über ein besonderes Beitragskonto der Kontenklasse 4 (GKR) bzw. Kontenklasse 7 (IKR) verbucht, wenn B. nicht privaten Zwecken dienen oder wie die Arbeitnehmer-B. zur Sozialversicherung nur →durchlaufende Posten sind. Zeitliche Abgrenzung (→Abrenzung II 1) für B., die für einen längeren Zeitraum im voraus oder im nachhinein bezahlt werden, über Kontenklasse 2 (GKR).

Beitragsbemessungsgrenze, Grenze, bis zu der sozialversicherungsrechtlich Heranziehung von Entgelt und Einkommen erfolgt. In jedem Versicherungszweig gesetzlich festgelegt (Arbeiterrentenversicherung §1385 II RVO; Angestelltenversicherung §112 II AVG; Knappschaftsversicherung §130 III RKG; Arbeitslosenversicherung §165 I Nr. 2 RVO, §166 I RVO). – Die *jährliche* B. beträgt: a) in der *Arbeiterrentenversicherung, Angestellten- und Arbeitslosenversicherung* 1987: 68 400 DM (monatlich 5700 DM); b) in der *Knappschaftsversicherung* 1987: 85 200 DM (monatlich 7100 DM); c) in der *Krankenversicherung* (jeweils 75% B. in der Arbeiterrentenversicherung) 1987: 51 300 DM (monatlich: 4275 DM); dies ist gleichzeitig die Versicherungspflichtgrenze für Angestellte in der Krankenversicherung; d) nach dem *Künstlersozialversicherungsgesetz* reicht die B. bis zum höchstens Zweifachen der in der Angestelltenversicherung geltenden B.

Beitragserstattung, →Regelleistung in der Sozialversicherung (§1303 RVO, §82 AVG, §95 RKG); nicht zu verwechseln mit der Rückzahlung rechtsunwirksamer oder irrtümlich entrichteter Beiträge. B. wird durchgeführt, wenn die Versicherungspflich in allen Zweigen der gesetzlich Rentenversicherung entfällt, ohne daß das Recht zur →freiwilligen Versicherung besteht und seit dem Wegfallen der Versicherungs- oder der Beitragspflicht zwei Jahre verstrichen sind und inzwischen nicht erneut eine versicherungspflichtige Beschäftigung oder Tätigkeit ausgeübt worden ist; wenn ein Anspruch auf Witwen- oder Witwerrente wegen nicht erfüllter Wartezeit nicht gegeben ist. Die B. bei Eheschließung ist seit dem 1. 1. 1968 weggefallen. Bei Durchführung des →Versorgungsausgleichs gelten Besonderheiten. – *Umfang:* Erstattet wird die Hälfte der seit der Währungsreform entrichteten Beiträge. Beiträge der Höherversicherung sind dem Versicherten in voller Höhe zu erstatten. Pflichtbeiträge und Beiträge, die nicht vom Versicherten mitgetragen worden sind (Beiträge für Zeiten des Wehrdienstes, Zivildienstes, der Entwicklungshilfe, für Zeiten der Arbeitsunfähigkeit oder Arbeitslosigkeit), werden nicht erstattet. Wurde eine Regelleistung gewährt, so sind nur die später entrichteten Beiträge zu erstatten. – Die B.

schließt weitere Ansprüche aus allen bisher entrichteten Beiträgen aus.

Beitragsgruppen, Kombinationen der Pflichtbeiträge zur Kranken-, Renten- und Arbeitslosenversicherung in dem →Gesamtsozialversicherungsbeitrag. Da die Voraussetzungen für das Bestehen eines Pflichtversicherungsverhältnisses in den einzelnen Versicherungszweigen nicht einheitlich sind, gibt es entsprechend den verschiedenen Kombinationsmöglichkeiten verschiedene Beitragsgruppen, die mit unterschiedlichen Großbuchstaben bezeichnet werden (z. B. K = Arbeiterrentenversicherung allein; G = Krankenversicherung allein bei Lohnfortzahlung).

beitragslose Zeiten, in der gesetzlichen Rentenversicherung Zeiten, die bei der Berechnung der →Wartezeit und/oder bei der Berechnung der Rentenhöhe berücksichtigt werden. Dazu gehören: →Ersatzzeiten, →Ausfallzeiten, →Zurechnungszeiten und →Kindererziehungszeiten (seit 1.1.1986) und (mit Einschränkung) Pflichtbeiträge der ersten fünf Jahre einer Beschäftigung, wenn dies für den Versicherten günstiger ist (§ 1255 IV RVO, § 32 IV a AVG).

Beitragsmonate, *Beitragswochen,* in den gesetzlichen Rentenversicherungen mit Beiträgen belegte Monate (Wochen) sowie den B. gleichstehende →Ersatzzeiten und →Kindererziehungszeiten für die →Wartezeit.

Beitragsnachentrichtung,   →Nachentrichtung von Beiträgen.

Beitragsrückerstattung. I. Individualversicherung (steuerliche Behandlung): 1. Bei der Einkommensermittlung von Versicherungsunternehmen *abzugsfähig:* a) wenn sie aus einer *Lebens- und Krankenversicherung* stammen, bis zu dem nach handelsrechtlichen Vorschiften ermittelten Jahresergebnis für das selbstabgeschlossene Geschäft, erhöht um die für Beitragsrückerstattungen aufgewendeten Beträge, die das Jahresergebnis gemindert haben, gekürzt um den Betrag aus der Auflösung einer Rückstellung für B. und den Nettoertrag des steuerlichen Betriebsvermögens zu Beginn des Wirtschaftsjahres; b) in der *Schaden- und Unfallversicherung* insoweit, als sie den Überschuß nicht übersteigen, der sich aus der Beitragseinnahme nach Abzug aller anteiligen →Betriebsausgaben, Versicherungsleistungen, →Rückstellungen und Rechnungsabgrenzungsposten (→Rechnungsabgrenzung) ergibt (§ 21 I KStG). – 2. Zuführungen zu *Rückstellungen für B.* sind nur abzugsfähig, wenn deren ausschließliche Verwendung für B. satzungs- oder geschäftsplanmäßig gesichert ist (§ 21 II KStG).

II. Sozialversicherung: Vgl. →Beitragserstattung.

Beitragsrückvergütung, →Kraftverkehrsversicherung II 4.

Beitragsüberwachung, in der Beitragsüberwachungsverordnung (BÜVO) vom 28.6.1963 (BGBl I 445) geregeltes Verfahren, nach dem die Träger der gesetzlichen Rentenversicherung (→Versicherungsträger) überwachen, daß die Arbeitgeber die Entgelte in den →Versicherungskarten richtig bescheinigt haben. Die BÜVO regelt die Auskunftspflichten der Arbeitgeber und der Versicherten, die für die Überwachung erforderlich sind. – *Zuständig* für die B. sind i. d. R. der jeweilige Rentenversicherungsträger und der Träger der Krankenversicherung. – Die Überwachungen der Arbeitgeber und der Versicherten sollen in regelmäßigen Zeitabschnitten, die Überwachungen in Betrieben mindestens alle zwei Jahre stattfinden.

Beitragswochen, →Beitragsmonate.

Beitragszeiten, Zeiten, für die nach Bundesrecht oder früherem deutschen Reichsrecht Beiträge zur gesetzlichen Rentenversicherung wirksam entrichtet worden sind oder als entrichtet gelten. B. können Zeiten aus Pflichtbeiträgen oder aus freiwilligen Beiträgen sein. Pflichtbeiträge und freiwillige Beiträge haben jedoch *nicht immer die gleiche Rechtswirksamkeit* (z. B. kann die →Halbbelegung nur mit Pflichtbeiträgen erfüllt werden).

Beitragszuschuß. I. Leistung des Arbeitgebers an Angestellte, die wegen Überschreitens der Verdienstgrenze nicht pflichtversichert oder wegen einer privaten Krankenversicherung von der Pflichtversicherung befreit sind. – *Voraussetzung:* Freiwillige Mitgliedschaft bei einer gesetzlichen Krankenkasse oder bei einem privaten Krankenversicherungsunternehmen. – *Höhe:* Arbeitgeberanteil, der bei Pflichtversicherung zu zahlen wäre, höchstens jedoch die Hälfte des Betrages, den der Angestellte für seine Krankenversicherung aufzuwenden hat. Beziehern von Vorruhestandsgeld bleibt der B. erhalten, wenn bis unmittelbar vor Beginn des Vorruhestandsgeldes ein Anspruch darauf bestand (§ 405 RVO); vgl. →Vorruhestand.

II. Leistung des Rentenversicherungsträgers an Rentner, wenn sie bei einem privaten Versicherungsunternehmen oder einer gesetzlichen Krankenkasse freiwillig für den Fall der Krankheit versichert sind (§ 1304 e RVO, § 83 c AVG). Der B. wird vom Rentenversicherungsträger nicht ausgezahlt, sondern unmittelbar an die Krankenkasse abgeführt. – *Höhe:* (1987) 10,8% des monatlichen Rentenzahlbetrages, höchstens jedoch in Höhe der tatsächlichen Aufwendungen. – Die früheren pauschalen B. zur *Krankenversicherung der Rentner* sind seit 1.1.1983 weggefallen. Der monatliche Zuschuß beträgt vom 1.7.1987 an 5,9% des monatlichen Rentenzahlbetrages (§ 1304 e RVO, § 83 e AVG i. d. F. vom 16. 5. 1985 – BGBl I 766). Der Krankenversicherungsbeitrag der pflichtversicherten Rentner beträgt einheitlich 11,8% der maßgebenden Rentenbezüge (§ 385 Abs. 2 RVO), so daß die Rentner steigend an den Kosten ihrer Krankenversicherung beteiligt werden.

Beitreibung, →Zwangsvollstreckung von öffentlich-rechtlichen Geldforderungen (Steuern und anderen aufgrund der Steuergesetze geschuldeten Geldleistungen, wie Zuschlägen, Kosten, Ordnungsstrafen, Gebühren, Beiträgen, Geldbußen usw.) im Verwaltungsweg. – *Gesetzliche Grundlagen:* Verwaltungs-Vollstreckungsgesetz vom 27. 4. 1953 (BGBl I 157); Kostenordnung zum Verwaltungsvollstreckungsgesetz vom 9. 5. 1953 (BAnz Nr. 89); Gesetz über die Kosten der Zwangsvollstreckung nach der Reichsabgabenordnung vom 12. 4. 1961 (BGBl I 429). – *Vollstreckungsbehörden:* Die entsprechenden Behörden der Bundesfinanzverwaltung oder die von einer →obersten Bundesbehörde im Einvernehmen mit dem Bundesinnenminister bestimmten Behörden des betreffenden Verwaltungszweigs. – *Verfahren:* Das → Abgabenordnung (§§ 325 – 340, 343 – 373, 378 – 381 AO). – Vgl. auch →Beitreibungskosten.

Beitreibungskosten, Kosten, die für die →Beitreibung eines geschuldeten Betrags entstehen, z. B. Kosten für einen Zahlungsbefehl, Gerichtskosten, Kosten der Zwangsvollstreckung. – *Steuerliche Behandlung:* B. sind steuerlich abzugsfähig, wenn sie mit dem Betrieb des Steuerpflichtigen oder seinen Einkünften zusammenhängen (→Prozeßkosten). Der spätere, vom Schuldner erlangte Ersatz der bei der Eintreibung z. B. des Verkaufspreises entstandenen B. ist nicht umsatzsteuerpflichtig, da nur Leistungsentgelte der Umsatzsteuer unterliegen. Auch die Kosten der Beitreibung abzugsfähiger Steuern (z. B. Gewerbesteuer, Umsatzsteuer) sind abzugsfähig.

Beitritt. I. Genossenschaftsrecht: Begriff für die Beteiligung am wirtschaftlichen Zweck und Kapital einer →Genossenschaft. B. bedarf einer schriftlichen Erklärung mit der Verpflichtung des Genossen, die im Statut bestimmten Zahlungen auf den →Geschäftsanteil zu leisten und ggf. die zur Befriedigung der Gläubiger erforderlichen →Nachschüsse bis zur festgesetzten →Haftsumme (eGmbH) bzw. ohne Beschränkung auf eine bestimmte Summe (eGmuH) zu erbringen (§§ 15, 15a, 15b GenG).

II. Zwangsversteigerungsverfahren: B. für den Inhaber eines Rechts an einem Grundstück oder Schiff zur Vermeidung von Nachteilen *erforderlich,* wenn das Recht des →betreibenden Gläubigers seinem Recht im →Rang vorgeht und dieses damit unterzugehen droht. Der B. erfolgt durch *Antrag* an das

Vollstreckungsgericht; er muß die Voraussetzungen des Antrags auf →Anordnung der Zwangsversteigerung erfüllen. Das Gericht entscheidet über *Zulassung* (durch →Beitrittsbeschluß) oder Nichtzulassung des B.

III. Zivilprozeßordnung: Vgl. →Intervention.

IV. Finanzgerichtsordnung: Über die Beteiligung im Rahmen der →Beiladung hinausgehende Möglichkeit der Beteiligung am gerichtlichen Verfahren. – *Fälle:* a) Ist im außergerichtlichen Beschwerdeverfahren (→Beschwerde III) eine Beschwerdeentscheidung ergangen, kann die Behörde beitreten, die diese Entscheidung getroffen hat (§ 61 FGO); b) Bundesfinanzminister kann beitreten, wenn das Verfahren eine auf →Bundesrecht beruhende →Abgabe betrifft; entsprechendes gilt für die oberste Landesbehörde (§ 122 FGO).

Beitrittsbeschluß, Gerichtsbeschluß, der den →Beitritt des Gläubigers zum →Zwangsversteigerungsverfahren zuläßt und ihm Stellung eines →Gläubigers gewährt. Der B. hat für den beitretenden Gläubiger *Wirkung* des →Anordnungsbeschlusses (§ 27 ZVG).

beizulegender Wert, bei der Verwirklichung des →Niederstwertprinzips eine mögliche Wertuntergrenze. – 1. Ermittlung des b. W. für Gegenstände des →*Anlagevermögens* (§ 253 II 3 HGB): Anhaltspunkte können sein die Reproduktions- oder Wiederbeschaffungspreise, wenn möglich, Börsen- oder Marktpreise, der Ertragswert z. B. bei Beteiligungen; in jedem Fall ist aber der Einzelveräußerungswert die Untergrenze für den b. W. – 2. Ermittlung des b. W. für Gegenstände des →*Umlaufvermögens* (§ 253 III 2 HGB): Wenn der Beschaffungsmarkt für die Bewertung maßgebend ist (z. B. Roh-, Hilfs- u. Betriebsstoffe und Handelswaren ohne Überbestände), entspricht der b. W. den Wiederbeschaffungs- oder Reproduktionskosten. Bei Maßgeblichkeit des Absatzmarkts (z. B. unfertige und fertige Erzeugnisse ohne Fremdbezug) ist der b. W. gleich dem um noch anfallende Aufwendungen verminderten voraussichtlichen Verkaufserlös (sog. *retrograde Wertermittlung*).

Bekanntheitsgrad, Prozentsatz der potentiellen Verbraucher, denen eine Marke bekannt ist. Je nach Untersuchungsmethode, z. B. Recall-Test, werden gestützte und ungestützten B. unterschieden. Ausdruck für die Effektivität von Werbemaßnahmen (→Werbeerfolgskontrolle, →Penetration).

Bekanntmachung. 1. Form der Bekanntgabe *amtlicher Nachrichten,* weiterer Begriff gegenüber der →Verkündung (von Gesetze und Rechtsverordnungen). – 2. *Handelsübliche B.,* z. B. der Übernahme der Geschäftsschulden bei Erwerb eines Handelsgewerbes, durch

Anzeigen in Tageszeitungen, Rundschreiben –
3. B. betreffend Handelsregister, Konkurs und
Vergleich, Strafverfahren, unlauterer Wettbewerb: Vgl. →*öffentliche Bekanntmachung.*

Bekleidungsgewerbe, Teil des →Verbrauchsgüter produzierenden Gewerbes mit
im wesentlichen folgendem Produktionsprogramm; Herstellung von Oberbekleidung,
Wäsche, Miederwaren, Kopfbedeckungen,
Bekleidungszubehör, Hilfsarbeiten an Erzeugnissen des B., Verarbeitung von Fellen, Pelzen,
Herstellung von Haus-, Bett- und Tischwäsche, Bettwaren, konfektionierten textilen
Artikeln. Anteil der Rohstoffkosten sowie
Lohnkosten an den Gesamtkosten bedeutend.
Starke Auslandsabhängigkeit. Hohe Risiken
durch →Saisonschwankungen, Einflüsse der
Mode im Bekleidungssektor.

Bekleidungsgewerbe

Jahr	Beschäftigte in 1000	Lohn und Gehaltssumme	darunter Gehälter	Umsatz gesamt	darunter Auslandsumsatz	Nettoproduktionsindex 1980 = 100
		in Mill. DM				
1970	385	3 453	866	15 026	777	–
1971	377	3 744	960	16 258	904	–
1972	377	4 133	1 064	18 115	1 089	–
1973	364	4 408	1 178	17 974	1 234	–
1974	314	4 242	1 182	18 014	1 363	–
1975	292	4 351	1 220	18 220	1 493	–
1976	274	4 407	1 200	18 467	1 813	106,1
1977	265	4 545	1 254	19 142	2 038	105,6
1978	260	4 719	1 311	19 337	2 070	104,3
1979	257	4 921	1 390	19 950	2 365	102,8
1980	249	5 037	1 455	20 713	2 615	100
1981	231	4 907	1 466	20 472	2 802	91,5
1982	210	4 663	1 431	19 844	2 973	83,3
1983	194	4 528	1 408	20 171	3 100	82,4
1984	191	4 637	1 448	21 453	3 588	82,4
1985	188	4 730	1 497	22 068	3 991	81,3
1986	186	4 852	1 550	22 901	4 315	81,1

Bekräftigung, Beteuerung der Richtigkeit
und Vollständigkeit einer Aussage. Sie steht
dem →Eid gleich.

bekundete Präferenz, →Theorie der faktischen Präferenz.

Beladung, Begriff des Verkehrsrechts für
alles, was vom Fahrzeug an Sachen zur
→Beförderung übernommen worden ist, also
nicht die eigene Ausrüstung, auch nicht Personen. – 1. Im *Straßenverkehr* muß B. so
verstaut, d. h. verteilt und befestigt sein, daß
die Betriebssicherheit nicht leidet und keine
Verkehrsgefährdung besteht; nach hinten
(wenn B.-Gut übersteht) Sicherung erforderlich. *Maße* der B.: Breite höchstens 2,50 m,
maximale Länge 20 m, Höhe 4 m; Ladung
darf nach vorn nicht über das ziehende Fahrzeug hinausragen (§ 22 StVO). – 2. *B. von
Güterwagen* darf Sicherheit des Bahnbetriebs
nicht gefährden. Gegenstände dürfen sich
nicht verschieben können. Gleichmäßige Belastung des Wagens notwendig. Bei offenen

Wagen ist Lademaß einzuhalten. Obere
Gewichtsgrenze das am Güterwagen angeschriebene Ladegewicht. Für bestimmte Güter
besondere Bestimmungen.

Belassungsgebühr, einmalige Gebühr für die
Prolongation von Hypotheken (ähnlich wie
das Disagio oder Damnum bei einer Neubeleihung bzw. Neuaufnahme eines Darlehens);
vorweg genommener Zins bzw. teilweise
Bearbeitungsgebühr. B. beträgt i. d. R. die
Hälfte des üblichen Disagios oder Damnums.
Über die Berechtigung zur Erhebung der B.
sind die Ansichten geteilt.

belasten, auf der Debet-(Soll-)Seite eines
Kontos buchen. Vgl. im einzelnen →Belastung II. – *Gegensatz:* →*erkennen.*

Belastung. I. A r b e i t s p s y c h o l o g i e : B.
bezieht sich auf die objektiven Eigenheiten der
Arbeitssituation. B.sfaktoren sind u. a.
→Monotonie, Lärm, Tempo-, Schichtarbeit,
Personalverantwortung, Ungewißheit sowie
Rollenambiguitäten. – B. wird zur
→*Beanspruchung (Streß),* sofern eine Nichtentsprechung (*misfit*) zwischen den objektiven
Bedingungen der Arbeitssituation und den
Fähigkeiten bzw. Bedürfnissen der Person
besteht; Beanspruchung individuell unterschiedlich. – Zur B.sbewältigung setzt die
Person spezifische coping-Strategien
(→coping) ein.

II. B u c h f ü h r u n g : Die Eintragung eines
Buchungspostens im Soll eines Kontos („belasten"). Das zu belastende Konto steht im
→Buchungssatz der doppelten Buchführung
an erster Stelle, z. B. Kassakonto an Warenverkaufskonto (B.: Kasse). – *Gegensatz:*
→*Gutschrift.*

III. G r u n d s t ü c k s r e c h t : In Abt. 2 und 3
des →Grundbuchs eingetragene Rechte eines
Dritten an einem Grundstück; in Abt. 2
Beschränkungen des →Eigentums wie
→Grunddienstbarkeiten und →Nießbrauch.
In Abt. 3 die häufigeren B. wie →Hypotheken
und →Grundschulden.

IV. V e r k e h r s r e c h t : Zulässige Gesamtlast
eines Fahrzeugs, die Achsen und Räder im
beladenen Zustande auf die ebene Fahrbahn
ausüben. Das Gesamtgewicht von Fahrzeug
und Ladung ist die Summe sämtlicher Achslasten eines Fahrzeuges, im Interesse der
Schonung der Fahrbahn und zum Schutz des
Straßenverkehrs nicht überschritten werden
darf. – *Überschreitung der B.* im Straßenverkehr wird als Ordnungswidrigkeit (§§ 24
StVG, 69a III Nr. 4 StVZO) geahndet.

Belastungsfunktionen sind der Produktionstheorie von E. Heinen eingeführtes System
von Funktionen, die das Beziehungen zwischen dem Verlauf der Momentanleistung
(und damit der Belastung) eines →Potentialfaktors und den Bestimmungsgrößen der
Momentanleistung (Laufgeschwindigkeit,

Ausbringungsmenge, Verfahrensbedingungen) abbildet. Jeder Ausprägung dieser Bestimmungsgrößen ist eine Funktion (ein Zeitbelastungsbild) zugeordnet, welche den Verlauf der Momentanleistung im Zeitablauf wiedergibt.

Belastungsprinzip, Begriff der deutschen Finanzstatistik. Beim B. werden Ausgaben einer Gebietskörperschaft von der Einnahmeseite her bereinigt, d. h. Darlehensrückzahlungen und Zuweisungen von anderen Gebietskörperschaften werden von der Ausgabensumme abgezogen (→Erfüllungsprinzip); man erhält die Nettoausgaben. Die Bereinigung ist notwendig, um Doppelzählungen zu vermeiden.

belastungsorientierte Einplanung, Konzeption für die Werkstattsteuerung in einem →PPS-System. Die anstehenden →Fertigungsaufträge werden jeweils in Abhängigkeit von der augenblicklichen Kapazitätsbelastung einer Werkstatt freigegeben und innerhalb der Werkstatt den Arbeitsplätzen bzw. Fertigungsanlagen ebenfalls nach Belastungswerten zugeteilt. – *Grundidee:* Verkürzung der →Durchlaufzeiten der Fertigungsaufträge durch Reduktion der Werkstattbestände. – *Voraussetzungen:* funktionierende Primärbedarfs- und Kapazitätsplanung, realistische Durchlauftermierung, aktuelle →Betriebsdatenerfassung.

Beleg. 1. *Begriff:* In der Buchführung das für jede Buchung als Unterlage und als Beweis für ihre Richtigkeit dienende Schriftstück: Quittungen, Rechnungen, Postanweisungs- oder Zahlkartenabschnitte, Schecks, Wechsel sowie „künstliche B.". B. sind (insbes. seit handels- und steuerrechtlicher Anerkennung des →Loseblattsystems in der Buchhaltung (§146 V AO)) unerläßlich, daher der Grundsatz: „Keine Buchung ohne Beleg" (→Belegprinzip). – 2. *Einteilung:* a) *Natürliche B.,* die durch den Geschäftsablauf entstehen, und zwar externe (aus dem Verkehr des Betriebes mit Außenstehenden) und interne (aus innerbetrieblichen Vorgängen, z. B. Rohstoffabgabe, Fertigung für den eigenen Betrieb usw.). – b) *Künstliche B.,* die über auf mündliche Anweisung ausgeführte Buchungen auszufertigen sind, mit Unterschrift des Verantwortlichen. – c) Bei *EDV-Buchführungen* werden B. auch zwischen Geschäftspartnern in Form von Datenträgern (Magnetbänder, -platten) ausgetauscht. Für maschinenintern erzeugte Buchungen gilt als B. die Programmdokumentation; dasselbe gilt für automatische Datenerfassung auf Datenträgern. – 3. *Behandlung:* Die B. erhalten nach sorgfältiger Aufbereitung und Vorsortierung Belegnummern und Buchungsvermerk (Buchungssatz wird aufgestempelt), die Buchung erhält den entsprechenden Belegvermerk. Oft beschränkt sich die Erläuterung der Buchung auf die Belegnummer (Numerierung). Voraussetzung

ist eine sorgfältige Belegregistratur, die dezentral oder zentral geführt wird. – In der →Belegbuchhaltung ersetzen die B. die Grundbücher. – 4. *Aufbewahrungspflicht:* Sechs Jahre (§147 III AO, §257 IV HGB).

Belegbuchhaltung, Buchhaltungsform, bei der die →Belege nicht nur als Buchungsunterlagen für die Grundbücher dienen, sonder selbst gesammelt und geordnet zu Grundbüchern zusammengefaßt werden. Durch Formularsätze (bis zu acht Durchschriften) werden, wenn möglich, zweckmäßige Belege gleichzeitig mit Kundenbenachrichtigungen, Rechnung usw. hergestellt. Belege werden numeriert (oben); die Belegnummer genügt meist zur Buchungserläuterung auf den Konten. Die Beträge der Belege werden mittels Additionsmaschine addiert; der Additionsstreifen ergänzt das Beleg-Grundbuch. Die Buchungen erfolgen unmittelbar vom Beleg auf die Personen- und die Sachkonten.

Belegenheitsfinanzamt, Finanzamt, in dessen Bezirk ein land- oder forstwirtschaftlicher Betrieb, ein Grundstück oder ein Betriebsgrundstück belegen ist (§18 I 1 AO). – Vgl. auch →Betriebsfinanzamt.

Belegenheitsprinzip, ein bei der Auswertung von wirtschaftlichen Einheiten in regionaler Gliederung von der →amtlichen Statistik angewandtes Konzept, bei dem räumlich getrennte Unternehmensteile oder Flächen landwirtschaftlicher Betriebe der Gemeinde zugeordnet werden, auf deren Gebiet sie liegen, und nicht dem Sitz des Unternehmens oder Betriebs.

Belegleser, →Eingabegerät, das einzelne Belege oder einen Stapel von Belegen weitgehend automatisch liest. – *Arten:* →Klarschriftleser, →Markierungsleser, →Strichcodeleser.

Belegnachweis, Begriff des Umsatzsteuerrechts. – 1. Synonym für →Ausfuhrnachweis. – 2. Nach dem Gesetz zur →Förderung der Wirtschaft von Berlin (West) besteht der B. aus der →Ursprungsbescheinigung und einem Versendungs- oder Beförderungsnachweis (z. B. Frachtbrief, Posteinlieferungsschein, Konnossement); neben dem →Buchungsnachweis Voraussetzung für die Gewährung von Kürzungsbeträgen.

Belegprinzip. 1. *Buchhaltung:* Grundsatz, der lautet: „Keine Buchung ohne Beleg!". – Gilt für *EDV-Buchführung* z. T. nur noch im Grundsatz: Zwar muß auch hier jeder Geschäftsvorfall einzeln nachgewiesen werden können, aber B. ist erfüllt, wenn „Listungen oder Dauerbelege in Verbindung mit Arbeitsprogrammen und Schlüsselverzeichnissen oder Sammelnachweise mit gesicherter Rückgriffsmöglichkeit auf die Belegablage einen Geschäftsfreundes ... Belegfunktion annehmen" (vgl. FAMA 1/1975, S. 557). Maßstab für Ordnungsmäßigkeit ist §238 I 2 HGB. – 2.

Kostenrechnung: Das B. wurde auch für die Kostenrechnung (der Industrie) aufgestellt: „Keine Kalkulation ohne Beleg!"

Belegschaft, Zusammenfassung aller im Betrieb tätigen Arbeitnehmer: →Arbeiter und →Angestellte, einschl. der →Auszubildenden, auschl. →leitende Angestellte. – Beziehung zum Arbeitgeber geregelt durch →Betriebsverfassung. – Vgl. auch →Stammbelegschaft.

Belegschaftsaktien. I. Begriff: →Aktien, durch die die →Belegschaft am →Grundkapital der arbeitgebenden Unternehmung beteiligt ist. Ausgabe von B., um die Vermögensbildung der Arbeitnehmer zu fördern. Erwerb von B. oft durch die arbeitgebende Unternehmung erleichtert, z. B. durch Stundung des marktüblichen Kaufpreises, Umwandlung eines Gewinnanteils in B., unentgeltliche Überlassung der B. – *Vorteile:* a) für die Unternehmung: Verstärkung der Arbeitnehmerinteressen an den Unternehmenszielen, erhöhte Identifikation mit dem Unternehmen; b) für den Arbeitnehmer: →Erfolgsbeteiligung und →Kapitalbeteiligung an Unternehmen, Reservenbildung. – *Nachteile:* a) für das Unternehmen: Bei schlechter Ertragslage Störungen des Betriebsklimas durch die um ihre Ersparnisse besorgten Kleinaktionäre; b) für den Arbeitnehmer: Risikoerhöhung in Krisenzeiten.

II. Rechtliche Behandlung: 1. Nach § 71 AktG darf eine Aktiengesellschaft →*eigene Aktien* bis zur Höhe von 10% des →Grundkapitals erwerben, u. a. zu dem Zweck, sie den →Arbeitnehmern der Gesellschaft zum Erwerb anzubieten. – 2. B. können auch im Weg der bedingten →Kapitalerhöhung geschaffen werden durch Gewährung von →Bezugsrechten an Arbeitnehmer der AG (§ 192 AktG). – 3. Ausgabe von B. durch →*genehmigtes Kapital* (§§ 202 IV, 204 III AktG). Weist ein Jahresabschluß, der den uneingeschränkten Bestätigungsvermerk versehen ist, einen Jahresüberschuß aus, kann die von den Arbeitnehmern der AG auf die B. zu leistende Einlage aus dem Teil des Jahresüberschusses gedeckt werden, den die Verwaltung in →freie Rücklagen einstellen kann.

III. Steuerliche Behandlung: Bei Erwerb von B. zu einem Vorzugskurs mit einem Kursunterschied (zwischen Börsen- und Vorzugskurs), der höher als die Hälfte des Börsenkurses ist oder den Freibetrag von 300 DM im Kalenderjahr übersteigt, gehört der Vorteil zum steuerpflichtigen →Arbeitslohn. Voraussetzung ist Festlegung der Aktien für eine Sperrfrist von sechs Jahren – Vgl. auch →Vermögensbildung der Arbeitnehmer.

Belegschaftshandel, Verkauf von gesondert bezogenen Waren (→Betriebshandel) oder von Produkten des eigenen Sortiments (→Werkshandel) – meist mit geringem Aufschlag – an Betriebsangehörige. Der Verkauf findet zumeist in betriebseigenen Räumen statt und wird häufig vom Betriebsrat organisiert. Zum B. zählt auch die Vermittlung günstiger Einkaufsmöglichkeiten (oft mittels Berechtigungsausweisen). – *Beispiele:* Jahreswagen, Belegschaftsrabatte. – Bei der *Besteuerung* von Belegschaftsrabatten beträgt der steuerfrei bleibende Preisabschlag 4%.

Belegschaftsversicherung. 1. *Versicherung* der Belegschaft oder bestimmter Belegschaftsgruppen eines Unternehmens für den Fall der Invalidität oder des Alters sowie vielfach auch der Hinterbliebenen im Todesfall des Ernährers. I. d. R. als zusätzliche Sicherung neben der →Arbeiterrentenversicherung oder →Angestelltenversicherung gedacht. – 2. Die *Prämien* werden entweder ganz oder teilweise (z. B. zur Hälfte) vom Arbeitgeber aufgebracht. – 3. *Durchführung* der B. i. d. R. in Form der →Alters- und Hinterbliebenenversorgung durch Abschluß einer →Gruppenversicherung a) zur Rückdeckung von Pensionsverpflichtungen (aus Direktzusagen oder dem Leistungsplan einer →Unterstützungskasse) oder b) als →Direktversicherung.

Belegungszeit (T_{bB}), Vorgabezeit für die Belegung des Betriebsmittels durch einen Auftrag. B. besteht aus Betriebsmittel-Rüstzeit T_{rB} und Betriebsmittel-Ausführungszeit t_{aB}. – Gliederung im einzelnen: vgl. Abbildung. – *Wichtig* für →Produktionsplanung und →Kalkulation. – Vgl. auch →Auftragszeit.

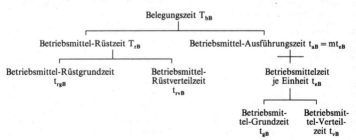

Belegzwang, das Recht des →Finanzamtes (§ 290 I AO), vom Steuerpflichtigen Aufzeichnungen, Belege usw. zum Nachweis von Abzügen, insb. von →Betriebsausgaben, →Werbungskosten und →Sonderausgaben, zu verlangen. Sprechen andere Tatsachen und Umstände für die Richtigkeit des Abzugs, so entfällt insoweit der B. – Bei *fehlenden* Belegen →Schätzung nach § 162 AO möglich. Ausstellen *unrichtiger* Belege ist →Steuergefährdung (§ 379 I AO).

Beleidigung, →Vergehen des Strafrechts; Kundgabe eigener Mißachtung oder Nichtachtung der Ehre gegenüber dem Beleidigten (§ 185 StGB). – *Strafe:* Geldstrafe oder Freiheitsstrafe bis zu einem Jahr; wenn die Beleidigung mittels Tätlichkeiten begangen ist, Geldstrafe oder Freiheitsstrafe bis zu zwei Jahren; →Strafantrag erforderlich. – Sonderfälle: →üble Nachrede, →Verleumdung.

Beleihung, →Pfandrecht.

Beleihung einer Versicherung, →Vorauszahlung.

Beleihungsgrenze, →Beleihungssatz.

Beleihungssatz, *Beleihungsgrenze,* Prozentsatz vom →Beleihungswert, bis zu dem ein Gegenstand oder Recht belieben werden kann. Die Höhe des B. richtet sich nach der Verwertbarkeit des Beleihungsobjektes. – 1. *Lombard von Wertpapieren:* a) Bei der *Deutschen Bundesbank* für Wechsel 90% des →Nominalwertes, für gewisse festverzinsliche Wertpapiere Schuldbuchforderungen und Schatzanweisungen 75% des Nominal- oder des Kurswertes; für Ausgleichsforderungen 75% (§ 19 I BBankG). b) Bei den *Kreditinstituten* kein fester B., da individuelle Verhältnisse des Kunden berücksichtigt werden. – 2. *Immobiliarkredit:* Sparkassen 50%, private Hypotheken- und öffentlich-rechtliche Realkreditinstitute 60%, Bausparkassen bis 80% des Beleihungswertes, Realkreditinstitute mit Bürgschaft öffentlicher Körperschaften teilweise bis zu 90%. Bei landwirtschaftlichen Grundstücken liegt die B. i.a. bei 70% des →Einheitswertes.

Beleihungswert, Höhe des möglichen Beleihung von Gegenständen oder Rechten bestimmender Wert. Der B. ist grundsätzlich so hoch wie der jederzeit erzielbare Erlös des Beleihungsobjekts. – Ermittlung des B. ist besonders schwierig bei Objekten, die Gegenstand langfristiger Kreditierung sind, v.a. bei *Grundstücken:* B. ergibt sich aus der Verwertbarkeit unter Berücksichtigung aller den Wert beeinflussenden Umstände (Verkehrslage, Bauweise und Verwendungsfähigkeit von Gebäuden, Marktlage usw.). Nach den Beleihungssätzen der Sparkassen ist der B. bei Wohngrundstücken das arithmetische Mittel aus dem →Sachwert (Bodenwert plus Bauwert) und dem →Ertragswert und darf keines-

falls über dem Ertragswert liegen. – Vgl. auch →Veräußerungswert, →Besicherungswert.

Beleuchtung, zu berücksichtigen zwecks Erhaltung der Sehkraft und des Leistungsvermögens der Arbeitnehmer sowie zur Vermeidung vorzeitiger →Ermüdung (→Betriebsunfälle). – 1. Einlaß von *Tageslicht* in die Arbeitsräume in möglichst breitem Strom, jedoch ohne direkte Sonnenbestrahlung der Arbeitsplätze oder Werkstücke. – 2. Bei *künstlicher* B. ist auf angemessene Lichtstärke zu achten und auf zweckentsprechende Stellung der Lichtquelle zum Werkstück (ggf. bewegliche Aufhängung oder Blendschutz). Große Helligkeitsunterschiede sind zu vermeiden.

Beleuchtungskosten. 1. *Begriff:* In einem Betrieb durch →Beleuchtung verursachte →Kosten. – 2. *Erfassung:* a) Beim Bezug von Fremdstrom als entsprechende Primärkostenart (→primäre Kostenarten); b) bei Eigenerzeugung des Stroms wird eine →Hilfskostenstelle eingerichtet, in die auf die Stromerzeugung entfallenden Kosten gesammelt werden: i.d.R. wird in betriebseigenen Anlagen zugleich Kraft- und Lichtstrom erzeugt; für die Weiterverrechnung ist dann eine Aufteilung vorzunehmen. – 3. *Verrechnung:* Typischerweise werden B. als Kosten der Raumnutzung (→Raumkosten) zunächst der Hilfskostenstelle „Gebäude" belastet und über diese auf die verursachende Kostenstelle umgelegt (→innerbetriebliche Leistungsverrechnung, →unechte Gemeinkosten). Eine genauere Erfassung setzt entsprechende kostenstellenbezogene Verbrauchsmeßeinrichtungen voraus.

Belgien, Königreich (konstitutionelle, erbliche Monarchie; parlamentarisch-demokratisch regiert) in W-Europa. – *Fläche:* 30 514 km². – *Einwohner* (E): (1985) 9,9 Mill. (323 E/km²). – *Hauptstadt:* Brüssel (1,01 Mill. E); weitere Großstädte: Antwerpen (Agglomeration 0,7 Mill. E), Gent (238 000 E), Lüttich (= Liège; Agglomeration 0,5 Mill. E). – Seit der Verfassungsreform von 1980 *gliedert* sich B. in drei Regionen: *flämische Region* (Flandern), *wallonische Region* (Wallonien) und die *Region Brüssel;* weitere Untergliederung in 43 Arrondissements und 596 Gemeinden. – Amtssprachen: Französisch, Niederländisch und Deutsch.

Wirtschaft: *Landwirtschaft:* Mit 1,5 Mill. ha wird fast die Hälfte B.s landwirtschaftlich genutzt (795 000 ha Ackerland, 729 000 ha Grünland). Die hochentwickelte Landwirtschaft bringt Erträge von Zuckerrüben (1984: 5,76 Mill. t), Kartoffeln (1,61 Mill. t), Weizen (1,29 Mill. t) und Gerste (0,87 Mill. t); bedeutende Viehzucht. Die Milcherzeugung liegt bei 4 Mill. t/Jahr. Anteil der Landwirtschaft am BSP: (1985) 3% bei 12 000 Beschäftigten. – *Bergbau und Industrie:* Der Steinkohlebergbau hat trotz rückläufiger Fördermen-

gen große wirtschaftliche Bedeutung (Förder-
gebiete Mons, Chateroi, Namur, Lüttich in
der Campine [Kempen]. Im Kohlerevier an
Maas und Sambre eines der größten Zentren
der Eisen-, Stahl-, Metall- und chemischen
Industrie Europas. Textilindustrie in Flandern
und Brabant (Brüsseler Spitzen). Der Anteil
der Industrie am BSP betrug (1984) 35% bei
0,98 Mill. Beschäftigten. – Stagnation der
Seefischerei (1983: 49 000 t). – *BSP:* (1985,
geschätzt) 83 230 Mill. US-$ (8450 US-$ je E).
– *Inflationsrate:* durchschnittlich 6,4%. –
Export (einschl. Luxemburg): (1985) 53 688
Mill. US-$, v.a. Eisen- und Stahlwaren,
Maschinen, Fahrzeuge, Textilien, Glas, Chemikalien. – *Import* (einschl. Luxemburg):
(1985) 56 166 Mill. US-$, v.a. industrielle
Rohstoffe, Erdöl, Erdölprodukte, Nahrungs-
und Futtermittel. – *Handelspartner:* EG,
USA.

V e r k e h r : Mit ca. 11 000 km dichtestes
Eisenbahnnetz der Welt. – Gut ausgebautes
Straßennetz. Die *schiffbaren Flüsse* Maas und
Schelde sind durch *Kanäle* miteinander ver-
bunden. Mittelpunkt des *Flugverkehrs* ist
Brüssel-Haren; eigene *Fluggesellschaft*
SABENA. – *Haupthäfen:* Antwerpen, Gent
und Ostende (zu den Britischen Inseln, beson-
ders Dover).

M i t g l i e d s c h a f t e n : UNO, BENELUX,
BIZ, CCC, ECE, EG, IEA, NATO, WEU,
OECD, UNCTAD u.a.; Europarat.

W ä h r u n g : 1 Belgischer Franc (bfr) = 100
Centimes (c).

Belgische Nationalbank, →Banque Nationale de Belgique.

Belize, ehemals Britisch-Honduras im Südosten der Halbinsel Yukatan in Mittelame-
rika. – *Fläche:* 22 962 km². – *Einwohner* (E):
(1985; geschätzt) 170 000 (7 E/km²); jährliches
Bevölkerungswachstum: 3,6% (nach anderen
Angaben 1,9%). – *Hauptstadt:* Belmopan
(1982: 3000 E); weitere wichtige Städte: Belize
(40 100 E), Dargriga (6600 E), Orange Walk
Town (8500 E).

S t a a t s - u n d R e g i e r u n g s f o r m : B. war
seit 1884 britische Kronkolonie, seit 1964
innere Autonomie; Guatemala erhob
Anspruch auf B., UNO-Vollversammlung
sprach sich 1975 für Recht auf Selbstbestimmung und Unabhängigkeit aus. 1981 Entlassung in die Unabhängigkeit im Rahmen des
Commonwealth. Konstitutionelle Monarchie.
Administrative Unterteilung in sechs
Distrikte. – *Amtssprachen:* Englisch und Spanisch.

W i r t s c h a f t : B. ist ein rückständiges Agrarland; Waldnutzung steht im Vordergrund
(Mahagoni und andere Edelhölzer, Wildkautschuk). Raubbau führte jedoch zur Erschöpfung der leicht zugänglichen Bestände. Anbau

von Zitrusfrüchten, Bananen und Kaffee. Der
Anteil der *Landwirtschaft* am BSP betrug
(1984) 30% bei 50% Beschäftigten. – *BSP:*
(1985, geschätzt) 180 Mill. US-$ (1130 US-$ je
E). – *Inflationsrate:* (1981) 18%. – *Export:*
(1982) 60 Mill. US-$, v.a. Holz, Zucker,
Zitrusfrüchte, Fische und Krebse. – *Import:*
(1982) 142 Mill. US-$, v.a. Konsumgüter,
Erdöl. – *Handelspartner:* USA, Großbritannien, Mexiko.

V e r k e h r : Verkehrserschließung gering
(Länge der *befestigten Straßen* ca 1600 km). –
Küstenschiffahrt mit *Haupthafen* Belize. –
Internationaler *Flughafen* in Stanley Fields,
bei Belize City.

M i t g l i e d s c h a f t e n : UNO, AKP, CARI-
COM, UNCTAD u.a.; Commonwealth.

W ä h r u n g : 1 Belize-Dollar (Bz$) = 100
Cents.

Bemessungsgrundlage. I. S t e u e r r e c h t :
→Besteuerungsgrundlage; Maßstab zur
Errechnung der Steuer, nicht immer identisch
mit dem →Steuerobjekt. – *Beispiel* (aus der
Umsatzsteuer): Steuergegenstand ist der Lei-
stungsaustausch; B. ist i.d.R. das vereinbarte
oder vereinnahmte Entgelt.

II. S o z i a l v e r s i c h e r u n g s r e c h t : Vgl.
→Rentenbemessungsgrundlage, →Beitrags-
bemessungsgrenze, →Grundlohn.

benachbarte Basislösungen, Bezeichnung
für zwei Basislösungen eines linearen Glei-
chungssystems bzw. eines linearen Optimie-
rungssystems, wenn jede der zugehörigen
kanonischen Formen (→kanonisches lineares
Gleichungssystem, →kanonisches lineares
Optimierungssystem) durch nur einen Pivot-
schritt (→modifizierter Gauss-Algorithmus)
bzw. →Simplexschritt in die jeweils andere
überführt werden kann.

Benachrichtigungspflicht, *Notifikations-
pflicht.*

I. W e c h s e l r e c h t : Pflicht des Wechselinhabers bei Unterbleiben der Annahme oder
Zahlung zur Benachrichtigung gewisser aus
dem →Wechsel verpflichteter Personen (Art.
45 WG). – 1. *Erfüllung:* Die Benachrichtigung
(Notanzeige) an den unmittelbar vorhergehenden Indossanten und den Aussteller sowie
Bürgen hat innerhalb von vier Tagen nach
Erhebung des →Wechselprotests oder im Fall
des Vermerks →„ohne Kosten" nach der
Vorlegung zu erfolgen. (Die Frist gilt als
eingehalten, wenn die Benachrichtigung am 4.
Tage zur Post gegeben wird.) Ist die Anschrift
des Ausstellers auf dem Wechsel nicht angegeben, so entfällt B. Jeder Indossant muß binnen
zwei Werktagen die Nachricht weitergeben.
Die Nachricht kann in jeder *Form* gegeben
werden (vielfach telegrafisch), auch durch
bloße Rücksendung des Wechsels. B. besteht
für den Inhaber auch, wenn die rechtzeitige

Vorlegung oder Protesterhebung durch →*höhere Gewalt* nicht möglich ist, an den unmittelbaren Vormann. – 2. Wer *zu Ehren annimmt* oder zahlt, muß den Wechselverpflichteten, für den er eintritt, innerhalb zweier Werktage hiervon benachrichtigen. – 3. Wer die B. *versäumt*, verliert nicht seine Rechte zum →Rückgriff, haftet aber den Vormännern für dadurch entstandenen Schaden.

II. Scheckrecht: Es gelten die gleichen Regelungen (Art. 42 ScheckG); in der Praxis wird die B. nach den Scheckbedingungen der Banken von der bezogenen Bank übernommen.

III. Handelsrecht: Der Handelsvertreter hat unverzügliche Mitteilung an den Geschäftsherrn über Abschluß oder Vermittlung von Geschäften sowie über alle ihm bekannt gewordenen wesentlichen Tatsachen (z. B. über veränderte Kreditwürdigkeit des Dritten) zu erstatten (§ 86 II HGB).

Benachteiligung am Arbeitsplatz, →job discrimination.

Benchmark-Test, in der →elektronischen Datenverarbeitung Test des Leistungsverhaltens von Datenverarbeitungssystemen. Vergleichskriterium ist i. d. R. die Laufzeit eines Programmpakets, das eine bestimmte Kapazitätsbelastung des Systems erzeugt und aus →Anwendungsprogrammen oder eigens geschriebenen Testprogrammen besteht. Der B.-T. wird häufig bei der Auswahl eines →Computers eingesetzt.

Benefit-Cost-Analyse, →Kosten-Nutzen-Analyse.

benefit principle, →Äquivalenzprinzip I.

benefit segmentation, →Nutzensegmentierung.

Benelux, Wirtschafts- und Zollunion von →Belgien, den →Niederlanden (Nederlanden) und →Luxemburg gem. Vertrag zur Errichtung der Wirtschaftsunion, der am 1. 11. 1960 in Kraft trat, Sitz Brüssel. – *Entstehung:* Belgien und Luxemburg seit 1921 durch Wirtschafts- und Zollunion (seit 1944 auch durch Währungsunion) verbunden; seit 1948 gehören die Niederlande zur Zollunion. – *Organisation: Ministerkomitee,* zusammengesetzt aus den Ministern für auswärtige Angelegenheiten, Wirtschaft, Außenhandel, Landwirtschaft, Finanzen und Sozialwesen der drei Länder. *Interparlamentarischer Konsultativrat,* bestehend aus 49 Mitgliedern der drei Parlamente. *Rat der Wirtschaftsunion,* zusammengesetzt aus den drei Ländervertretern als Vorsitzende und den Präsidenten der acht Komitees (für Außenwirtschaft, Währungsund Finanzfragen, Industrie und Handel, Landwirtschaft, Ernährung und Fischereiwesen, Zölle und Steuern, Transportwesen, Sozialwesen, Niederlassungsfreiheit) und Son-

derkomitees (für Statistik, Budgetvergleich, Gesundheitswesen, Einzelhandel und Handwerk, öffentliche Ausschreibungen, Kontrolle der Personenbewegung an Außengrenzen, Territorialplanung, Fremdenverkehr, Verwaltung- und Rechtskooperation sowie Umwelt). Der interparlamentarische Rat sowie ein Wirtschafts- und Sozialbeirat haben beratende Funktion. Ferner fungieren ein Schiedsgericht und ein Gerichtshof. – *Besondere Beziehungen* im Rahmen der B. bestehen zwischen Belgien und Luxemburg. Die bis 1991 verlängerte Konvention über die *Belgisch-Luxemburgische Wirtschaftsunion (BLEU)* ist u. a. Grundlage für die zwischen diesen Ländern bestehende Währungsunion (Wechselkursparität). – Die B.-Staaten sind Mitglieder der EG.

Benin, früher *Dahomey,* Volksrepublik in Oberguinea, grenzt im Westen an Togo, im Norden an Burkina Faso (früher Obervolta) und Niger, im Osten an Nigeria. – *Fläche:* 112 622 km². – *Einwohner* (E): (1986; geschätzt) 4,04 Mill. (35,9 E/km²); jährlicher Bevölkerungszuwachs: 2,8%. – *Hauptstadt:* Porto Novo (123 000 E); weitere wichtige Städte: Cotonou (215 000 E; Sitz der Regierung), Abomey (47 000 E).

Staats- und Regierungsform: B. ist seit 1960 unabhängig, zuvor französische Kolonie; 1975 Proklamation zur Volksrepublik. B. gliedert sich in sechs Provinzen. – *Amtssprache:* Französisch.

Wirtschaft: B. ist ein wenig entwickelter Agrarstaat und gehört zu den wirtschaftlich am weitesten zurückgebliebenen Ländern Afrikas. Tropische Agrarwirtschaft vom Küstensaum bis ins Landesinnere: Kokosund Ölpalmen, Kaffee, Kakao, Erdnüsse. – *BSP:* (1985, geschätzt) 1080 Mill. US-$ (270 US-$ je E). – *Öffentliche Auslandsverschuldung:* (1984) 59,8% des BSP. – *Inflationsrate:* durchschnittlich 10,8%. – *Export:* (1982) 24 Mill. US-$, v. a. Palmkerne und -öl, Kaffee, Baumwolle. – *Import:* (1982) 464 Mill. US-$, v. a. Konsumgüter, Industrieerzeugnisse. – *Handelspartner:* VR China, Nigeria, EG.

Verkehr: Ca. 600 km *Eisenbahnen* (von der Küste nach Parakou im Innern, Küstenbahn von Porto Novo nach Lomé in Togo). – Gut ausgebaute *Straßen.* B. hat Bedeutung als Transitland. – Internationaler *Flughafen* in Cotonou. – Kapazität des *Überseehafens* in Cotonou beträgt 1,6 Mill. t.

Mitgliedschaften: UNO, AKP, CEDEAO, OAU, OCAM, UNCTAD u. a.

Währung: 1 CFA-Franc = 100 Centimes.

Bentham, Jeremy, 1748–1832, englischer Sozialphilosoph, Jurist und Nationalökonom. Von J. Locke und D. Hume beeinflußt, vertrat B. den →Utilitarismus; daneben Beschäftigung mit Assoziationspsychologie. Aufgrund seiner utilitaristischen Philosophie kam B. zu einer liberalen und freihändlerischen national-ökonomischen Einstellung. Neben seiner Verteidigung des Zinses ist seine Analyse des monetären Zwangssparens wichtig. Einfluß auf die Nationalökonomien J. St. →Mill und →Jevons, auf die Staatsmänner Romilly und Mackintosh. – *Hauptwerke:* "Introduction to the Principles of Morals and Legislation" 1789; "Manual of Political Economy" 1793.

Benutzer. 1. *Begriff:* Ungenauer, selten definierter Begriff aus der →Informatik; häufig verwendet im →Software Engineering. Allgemein derjenige, der von einem →Softwareprodukt oder auch nur von einer Softwarekomponente Gebrauch macht; muß nicht zwingend ein menschlicher B. sein (menschliche B. werden deshalb auch als →Endbenutzer bezeichnet). Der Begriff wird auch auf andere Softwarekomponenten ausgedehnt, z. B. der B. eines →Moduls (i. a. ein anderes Modul). – **2.** *Benutzertypen* (nach der Fähigkeit und Übung, mit einem Softwareprodukt umzugehen): a) *Gelegentliche B. (naive B.);* b) *Experten (expert users).* Aus Sicht der →Benutzerfreundlichkeit resultieren daraus unterschiedliche Anforderungen an die →Benutzerschnittstelle.

Benutzerattraktivität, im Personenverkehr die Anziehungskraft des Leistungsangebots eines Verkehrssystems, insbes. des →öffentlichen Personennahverkehrs, auf potentielle Benutzer. Komponenten der B. sind z. B. Schnelligkeit, Bedienungshäufigkeit, Bequemlichkeit und Preiswürdigkeit des Verkehrssystems.

Benutzerfreundlichkeit, Merkmal der →Softwarequalität. Die Eigenschaft eines →Softwareprodukts, insbes. eines →Dialogsystems, auf die Anforderung des →Endbenutzers zugeschnitten zu sein. Das Softwareprodukt soll sich den Bedürfnissen der jeweiligen Benutzerkategorie entsprechend verhalten, der Vorbildung und Intention der Benutzer angemessene Ausdrucks- und Interaktionsformen vorsehen und leicht handhabbar sein. Die B. wird intensiv innerhalb der →Software-Ergonomie untersucht.

Benutzerhandbuch, →Dokumentation eines →Softwaresystems für den →Endbenutzer. Meist als Nachschlagewerk bezüglich der einzelnen Systemfunktionen aufgebaut. – *Wichtiger Bestandteil:* Verzeichnis der Fehlermeldungen und Hinweise auf Fehlerursachen und -behebung.

Benutzeroberfläche, Begriff aus dem →Software Engineering. – **1.** Synonym für →Benutzerschnittstelle. – **2.** Sichtbarer Teil der →Benutzerschnittstelle, z. B. →Menüs (→Menütechnik), Bildschirmmasken (→Maske), Fenster (→Fenstertechnik),

Struktur der →Kommandos, Graphik (→graphische Darstellung).

Benutzerschnittstelle, die →Schnittstelle zwischen einem →Softwareprodukt und dem →Endbenutzer, d. h. die von Seiten des Softwareprodukts vorgegebene Art und Weise der →Interaktion (z. B. Führung des Benutzers, Möglichkeiten des Benutzers, selbst initiativ zu werden, →Menütechnik, →Maske). – Forschungsschwerpunkt in der →Software-Ergonomie.

Benutzungsdauer, energiewirtschaftliches Maß für den Ausnutzungsgrad einer bereitgestellten elektrischen Leistung. Die B. der Jahreshöchstleistung eines Kraftwerkes ergibt sich aus dem Quotienten der insgesamt abgegebenen Kilowattstunden und der Kilowatt, die bei der Höchstbelastung (Jahresspitze) in Anspruch genommen wurden. Das Ergebnis sind die Benutzungsstunden der Spitze. Je näher sie bei 8760 (Zahl der Stunden eines Jahres) liegen, um so größer ist die Wirtschaftlichkeit.

Benutzungsgebühr, Gebühr für die Inanspruchnahme einer öffentlichen Einrichtung, z. B. Gebühr für die Benutzung von Büchern einer Bibliothek, Telefongebühr (→Gebühren). – Vgl. auch →Verwaltungsgebühr.

Benutzungsrecht, →Nutzungsrecht.

Benutzungszwang, behördlicher Zwang zur Benutzung bestimmter Einrichtungen. B. kann i. a. nach den Gemeindeordnungen durch →Satzung bei öffentlichem Bedürfnis angeordnet werden (z. B. für Schlachthöfe) – Vgl. auch →Beförderungsvorbehalt.

Beobachtung. 1. *Begriff:* Erhebungsmethode in der →Marktforschung; systematische, planmäßige Verhaltensstudie. B. kennt im Gegensatz zur →Befragung keine Auskunftspersonen und ist somit unabhängig von der Auskunftsbereitschaft. – **2.** *Arten:* a) *Nach dem Eingreifen des Beobachters:* (1) *Teilnehmende B.:* Der Beobachter nimmt aktiv auf der gleichen Ebene wie der Beobachtete am Ablauf des Geschehens teil. Relativ selten, Anwendung im →Store-Test. Stärkere Bedeutung bei der Messung von Wahrnehmung (z. B. →Blickregistrierung, →Hautwiderstandsmessung, Messung der Pupillenreaktion). (2) *Nicht-teilnehmende B.:* Der Beobachter greift nicht aktiv in das Geschehen ein. Relativ häufig; Anwendung v. a. im Einzelhandel, wobei die B. durch fotomechanische Apparate durchgeführt wird. (z. B. Messung der Kundenfrequenzen und des Kundenstroms, Messung der Abverkäufe durch die Scanner-Technologie). – b) *Nach den Beobachtungsbedingungen:* (1) *Feldbeobachtungen:* Das Verhalten der Beobachtungsobjekte wird in ihrer normalen Umgebung studiert; →Beobachtungseffekte entfallen weitgehend. Vgl. auch →Feldforschung. (2) *Laboratoriumsbeob-*

achtungen: Die B. erfolgt unter künstlich geschaffenen Bedingungen (→Schnellgreifbühne); Beobachtungseffekte sind häufiger. Vgl. auch →Laborforschung. – 3. *Nachteile:* Das beobachtete Verhalten erlaubt nur begrenzt einen Rückschluß auf die dahinterliegenden Beweggründe (→Einstellung, →Motiv, →Bedarf) des Probanden.

Beobachtungseffekt, Änderung des Verhaltens eines Beobachtungsobjektes unter dem Einfluß der →Beobachtung. Das Beobachtungsergebnis wird dadurch verzerrt und invalide. Eine dem →Paneleffekt ähnliche Erscheinung.

Bequemlichkeit, Eignung eines Verkehrssystems zur Durchführung von Transporten bei größtmöglicher Anpassung an die individuellen Wünsche der Verkehrsnachfrager, soweit sie über die übrigen Aspekte der →Verkehrswertigkeit hinausgehen. – 1. *Personenverkehr:* Wohlbefinden des Reisenden während der Fahrt als Folge der Verminderung von Umweltreizen bezüglich Fahrgastunterbringung (Quantität und Qualität der Sitzplätze, Klimatisierung) und Fahreigenschaften des Verkehrsmittels (Anfahr-, Beschleunigungs-, Verzögerungs- und Kurvenverhalten, Lageschwankungen und Geräuschentwicklung). – 2. *Güterverkehr:* Unbürokratische Auftragsabwicklung, Erbringung von Nebenleistungen.

Beratender Ausschuß, beratendes Gremium der →EGKS, das von der Hohen Behörde (→Kommission der Europäischen Gemeinschaft) in besonderen Fällen um Rat angerufen wird; zusammengesetzt zu gleichen Teilen aus Vertretern der Arbeitnehmer, Händler, Produzenten und Verbraucher.

Beratung, Abgabe und Erörterung von Handlungsempfehlungen durch Sachverständige, wobei von den Zielsetzungen des zu Beratenden und von relevanten Theorien unter Einbeziehung der individuellen Entscheidungssituation des Auftraggebers auszugehen ist. B. gehört zum Aufgabengebiet des →Wirtschaftsprüfers; ein direkter Zusammenhang mit →Prüfung besteht nicht. In der Praxis sind Beratungs- und Prüfungstätigkeit oft miteinander verbunden, was zu Interessenkonflikten führen kann.

Beratungshilfe, außerhalb eines gerichtlichen Verfahrens gewährte Hilfe für die Wahrnehmung von Rechten (anders: →Prozeßkostenhilfe); geregelt im Gesetz über Rechtsberatung und Vertretung für Bürger mit geringem Einkommen vom 18.6.1980 (BGBl I 689). – 1. *Voraussetzungen:* B. erhält auf Antrag ein Rechtssuchender, wenn er die erforderlichen Mittel nach seinen persönlichen und wirtschaftlichen Verhältnissen nicht aufbringen kann, keine anderen Möglichkeiten für eine Hilfe zur Verfügung stehen, und die Wahrneh-

mung der Rechte nicht mutwillig ist. – 2. *Umfang:* B. umfaßt i.d.R. (so in Angelegenheiten des Zivilrechts – ausgenommen Arbeitsgerichtssachen –, des Verwaltungs- und des Verfassungsrechts) Beratung und die außergerichtliche Vertretung; bei Strafrecht und Ordnungswidrigkeitenrecht nur Beratung. – 3. *Verfahren und Zuständigkeit:* Antrag mündlich oder mit Vordruck. Über Bewilligung entscheidet i.d.R. das Amtsgericht, in dessen Bezirk ein Bedürfnis aufgetreten ist; zuständig ist der →Rechtspfleger.

Berechenbarkeit. 1. *Begriff:* Fähigkeit eines Verkehrsmittels zur Einhaltung der festgelegten Abfahrts-, Fahrt- und Ankunftszeiten. – 2. *Verkehrswertigkeit:* Bei vorgegebenen technisch-ökonomischen Bedingungen des Verkehrssystems hängt die B. der Verkehrsleistung von dem Grad der Abwehr möglicher Störeinflüsse ab. B. kann durch investive und organisatorische Maßnahmen erhöht werden. Besonders hoch ist die B. der Verkehrsleistung bei den schienengebundenen Massenverkehrsmitteln des Güter- und Personenverkehrs. Regelmäßig Einschränkungen der B. in der Binnenschiffahrt (Niedrigwasser, Hochwasser, Eis, Nebel), im Seeverkehr (Stürme), im Luftverkehr (Nebel, Eis) sowie im Straßenverkehr (Eis, Nebel, Verkehrsstauungen). Hoher Grad der B. im Nachrichtenverkehr. – 3. *Verkehrsaffinität:* Die Planung der Wirtschaftsprozesse verlangt hohe B. der Verkehrsleistungen. Sie ermöglicht es den Unternehmen, ihr Beschaffungs-, Produktions- und Absatzprogramm auf feste Termine einzustellen mit der Folge von Kosteneinsparungen (geringere Lagerhaltung, niedrigere Zinskosten). Einschränkungen der B. bringen Risiken mit sich, die seitens der Verkehrsnachfrager nur begrenzt kalkulierbar sind.

berechtigtes Interesse, verschiedentlich verwendeter Rechtsbegriff: Ein nach vernünftiger Erwägung durch die Sachlage gerechtfertigtes Interesse tatsächlicher oder rechtlicher Art (§193 StGB); →Akteneinsicht setzt u.U. →Glaubhaftmachung eines b.I. voraus. – *Anders:* →rechtliches Interesse.

Berechtsambuch, →Bundesberggesetz.

Berechtsamkarte, →Bundesberggesetz.

Bereich, →Array.

Bereicherung, →ungerechtfertigte Bereicherung.

Bereicherungsverbot, Grundsatz der →Schadenversicherung, nach dem gem. §55 VVG die Entschädigung nicht höher sein darf als der Schaden (Prinzip der konkreten Bedarfsdeckung; gesundheitsrechtliche Ausnahme: →Neuwertversicherung. Die Versicherungsleistung wird nach oben durch den Schaden, die Versicherungssumme und den Versicherungswert begrenzt.

bereichsfixe Kosten, alle →Bereitschaftskosten, die nicht einzelnen →Kostenstellen, sondern nur Bereichen von Kostenstellen (Abteilungen) direkt zurechenbar sind (→Bereichskostenstelle). – Vgl. auch →fixe Kosten.

Bereichskostenstelle, Verrechnungskostenstelle, die jeweils mehreren Kostenstellen vorgeschaltet wird, damit auf ihr alle Kostenarten geplant und kontrolliert werden können, die für die ihr nachgeschalteten Kostenstellen gemeinsam entstehen (z. B. Meistergehälter, Löhne für Werkstattschreiber, Kosten für Reinigungsmaterial) und deshalb keiner von ihnen zugerechnet werden können.

Bereichsplanung und -kontrolle. 1. *Charakterisierung:* Querschnittsorientiertes, operatives Planungs- und Kontrollsystem (→operative Planung), das sich auf eine Vielzahl unterschiedlicher Planungsobjekte bezieht. Als Planungsobjekte werden die einzelnen Funktionsbereiche angesehen. – *Beispiele:* →Beschaffungsplanung, →Produktionsplanung, →Absatzplanung, Forschungs- und Entwicklungsplanung. – Die B. u. -k. ist meist kurzfristig (i. d. R. bis zu einem Jahr) orientiert. – 2. *Formen:* a) Sie kann als *rein quantitative Kennzahlenplanung* betrieben werden, die gleichzeitig Budgetcharakter (→Budget) besitzt; auch als →*Wirtschaftsplanung* bezeichnet. Die →Kontrolle kann in diesem Fall z. B. über ein →management by exception erfolgen. – b) Sie kann sich auf *Maßnahmen* beziehen, die zur Erreichung bestimmter Zielvorgaben durchgeführt werden sollen. – Vgl. auch →Unternehmensplanung IV.

bereinigter Gewinn, Betrieberfolg, der aus dem Gesamtgewinn der Unternehmung durch Isolierung vom neutralen Erfolg ermittelt wird (→Betriebsergebnis). Ermittlung des b. G. ermöglicht den internen →Betriebsvergleich und die →Betriebsanalyse.

Bereitschaftsdienst, →Arbeitsbereitschaft.

Bereitschaftskosten. 1. *Begriff:* Kosten, die unabhängig von der konkret realisierten Ausnutzung von Kapazität und Betriebsbereitschaft in gleicher Höhe anfallen und nur mittels gesonderter (Investitions- bzw. Desinvestitions-)Dispositionen verändert werden können. Der prinzipiell mit →beschäftigungsfixen Kosten deckungsgleiche Begriff wird üblicherweise nur in Systemen der →Einzelkostenrechnung verwendet. – *Gegensatz:* →Leistungskosten. – 2. *Untergliederung:* B. werden sowohl nach den für ihren Anfall verantwortlichen Kostenstellen (allgemeiner Bezugsgrößen) als auch nach ihrer zeitlichen →Abbaufähigkeit differenziert.

Bereitschaftskreditabkommen, *stand-by arrangement,* Übereinkunft, in dem der →IMF einem seiner Mitglieder innerhalb eines festgelegten Zeitraums (meistens ein Jahr) in limitiertem Ausmaß →Ziehungs-

rechte zur Finanzierung von Zahlungsbilanzdefiziten einräumt. Voraussetzung ist, daß das Mitglied in einer Absichtserklärung („letter of intent") die beabsichtigten wirtschafts- und währungspolitischen Maßnahmen zur Wiederherstellung des Zahlungsbilanzausgleichs darlegt (→Konditionalität). Der Zahlungsbilanzbedarf braucht bei Abschluß des B. noch nicht vorzuliegen; sobald er eintritt, kann der Kredit abgerufen werden.

Bereitschaftskurve, →Leistungskurve.

Bereitschaftszeit, Teil der →Arbeitszeit, der nicht unmittelbar dem Vollbringen der Leistung (→Leistungszeit) sondern mittelbar der Leistungserstellung gewidmet wird.

Bereitstellungskosten. 1. *I. e. S.:* →Betriebsnotwendige Aufwendungen für die *Unterhaltung von Bereitstellungslagern.* Gelten als Nebenkosten der Materialkosten und werden typischerweise als →Materialgemeinkosten verrechnet. – 2. *I. w. S.:* Vgl. →Beschaffungskosten.

Bereitstellungsplanung, Teilplan der →Produktionsplanung. – 1. *Aufgabe:* Die für den Vollzug der →Produktionsprogrammplanung erforderlichen Betriebsmittel, Arbeitskräfte und Werkstoffe nach Art, Menge und Zeit verfügbar zu machen. Wichtige Voraussetzung für eine rationale Gestaltung des Produktionsprozesses und deren planmäßige Durchführung. – 2. *Umfang:* a) *Für Betriebsmittel:* Entsprechen die vom Fertigungsprogramm anzufordernden betrieblichen Kapazitäten den vorhandenen Kapazitäten, so ist die Leistungsfähigkeit des Betriebsmittelbestandes durch Instandhaltungs- und Reparaturplanung und durch →Ersatzinvestitionen aufrechtzuerhalten. Stimmt der vorhandene Betriebsmittelbestand nicht mit den Anforderungen der Fertigungsprogrammplanung überein, so sind (1) Erweiterungs- und Rationalisierungsinvestitionen zu planen oder (2) Stillegung bzw. Verkauf der nicht benötigten Betriebseinrichtungen vorzunehmen (vgl. →Anpassung). – b) *Für Arbeitskräfte:* Das Arbeitskräftepotential in qualitativer wie quantitativer Hinsicht muß mit den aus der Fertigungsprogrammplanung abzuleitenden Anforderungen übereinstimmen. Wichtige Hilfsmittel: (1) die Arbeitsbedarfsrechnung, die auf den Relationen zwischen der Produktmenge und dem Arbeitskräftebedarf in den einzelnen Betriebsabteilungen aufgebaut ist, (2) die Stellenbesetzungsplanung u. a. mit Hilfe der Personalplanung und der →Warteschlangen-Theorie bei →Mehrstellenarbeit. – c) *Für Fremdleistungen:* Vornehmlich die Planung der von außen zu beziehenden Fertigteile zum Einbau in die Produkte und die Vergabe von Lohnarbeiten, wenn die betriebseigenen Anlagen voll ausgelastet sind; ferner die Inanspruchnahme von fremden Dienstleistungen. – d) *Für Werkstoffe:* Aus den Daten der

→Werkstoffplanung. Für die in dem Fertigungsprogramm vorgesehenen Produkte wird der notwendige Werkstoffbedarf unter Berücksichtigung des →Abfalls und des →Ausschusses errechnet. Werkstoffeingangslager ermöglichen eine elastische →Beschaffungsplanung unter Beachtung der →optimalen Bestellmenge, günstiger Bestellzeitpunkte usw. bei gleichzeitiger Erfüllung der Anforderungen der B. – Vgl. auch Personalbereitstellungsplanung, →Materialbereitstellungsplanung.

Bereitstellungsprinzipien, Lösung der Bereitstellungsaufgabe für →Werkstoffe (→Sekundärbedarf) durch die →Materialwirtschaft. – *Zwei Prinzipien:* a) Bedarfsdeckung *mit Vorratshaltung* (Lagermaterial). – b) Bedarfsdeckung *ohne Vorratshaltung* durch (1) Einzelbeschaffung im Bedarfsfall (→Auftragsmaterial, →Hand-Mund-Kauf); (2) einsatzsynchrone Anlieferung (→lagerlose Fertigung), →Just-in-time-Konzept). – Das *anzuwendende* B. richtet sich nach der Bedarfsstruktur und den Bedingungen auf den Beschaffungsmärkten.

Bergbau Teil der Urproduktion, gerichtet auf den Abbau (Förderung) von Bodenschätzen: Kohle, Erze, Salze, Mineralien. Die Rohstoff-Lagerstätten werden durch Tiefbohrung oder Schürfen ermittelt. Gewinnung im Tagebau oder unter Tage. – Bergwerke unterliegen als →gefährliche Betriebe einer besonderen *Haftpflicht.* – Vgl. auch →Bergbaubeschäftigte, →Steinkohlenbergbau, →Tiefseebergbau.

Bergbau

Jahr	Beschäftigte in 1000	Lohn- und Gehaltssumme	darunter Gehälter	Umsatz gesamt	darunter Auslandsumsatz	Netto-produktionsindex 1980 = 100
		in Mill. DM				
1970	311	5075	1210	12368	2496	–
1971	307	5497	1367	12830	2678	–
1972	283	5374	1423	12944	2623	–
1973	262	5603	1521	14190	2958	–
1974	253	6370	1711	19643	4566	–
1975	255	7006	1896	18732	4384	–
1976	247	7117	1977	20546	4196	104,3
1977	240	7281	2061	22058	3841	99,5
1978	233	7360	2128	23086	4796	97,6
1979	231	7805	2253	26893	5293	100,5
1980	231	8611	2436	29240	4965	100
1981	235	9362	2640	32546	5052	100,6
1982	234	9692	2788	33224	4428	95,2
1983	227	9490	2789	32274	4210	90,6
1984	218	9478	2855	34878	5105	90,1
1985	213	9710	2906	35749	4533	91,1
1986	210	9840	2984	33199	3786	86,8

Bergbauberechtigung, Inhaber einer →Erlaubnis, bergfreie Bodenschätze aufzusuchen (→einer Bewilligung, diese zu gewinnen, oder eines →Bergwerkseigentums. – Vgl. auch →Bundesberggesetz.

Bergbaubeschäftigte, im →Bergbau Beschäftigte. Es gelten besondere rechtliche Vorschriften. a) Bundesberggesetz vom 13.8.1980 (BGBl 1 1310), durch das die landesrechtlichen Berggesetze (Sonderrecht) aufgehoben wurden; es enthält Sondervorschriften für den →Arbeitsschutz. b) Vorschriften des BGB (§§ 611 ff.). c) Die GewO ist auf diese Arbeitnehmer nur in denjenigen Bestimmungen anwendbar, die ausdrücklich dafür vorgesehen sind (§ 6 S. 2 mit § 154 a GewO).

Bergbaufreiheit, früher das gleiche Recht für alle auf Schürffreiheit, wobei dem ersten Finder (nicht dem Grundeigentümer) das Recht der Verleihung des Bergwerkseigentums zustand (→Bergregal). Nach Bundesberggesetz bedarf das Aufsuchen bergfreier Bodenschätze der Erlaubnis und die Gewinnung bergfreier Bodenschätze der Bewilligung oder der Verleihung des →Bergwerkseigentums (→Bergbauberechtigung).

Bergbau-Kosten-Standardsystem, eine branchenmäßig bedingte Form der →Kostenrechnung mit dem Zweck der Standardisierung der Erfassung und Verteilung der Kosten, um einen zwischenbetrieblichen Kostenvergleich und damit eine Steigerung der Wirtschaftlichkeit im Kohlenbergbau zu ermöglichen.

Bergbehörden, die nach Bergrecht für die Angelegenheiten des Bergbaus zuständigen Behörden, namentlich *Bergamt* und übergeordnetes *Oberbergamt.* Spitze ist der Landesressortminister.

Berggrundbuch, öffentliches Register, vom →Grundbuchamt geführt mit dem Zweck, Bergrechte (z.B. Bergwerkseigentum) und daran bestehenden Rechte offenzulegen. Das B. ist landesrechtlich geregelt und die Vorschriften über das →Grundbuch finden meist entsprechende Anwendung.

Bergmannsprämien, Zahlungen des Bundes an Arbeitnehmer des Bergbaus, die unter Tage beschäftigt werden, nach dem Gesetz über Bergmannsprämien in der Fassung vom 12.5.1969 (BGBl I 434) mit späteren Änderungen. Die B. beträgt 10,00 DM für jede unter Tage verfahrene volle Schicht; sie gilt weder als steuerpflichtiges Einkommen noch als Verdienst im Sinne der →Sozialversicherung. Der Anspruch auf B. ist nicht übertragbar.

Bergmannsrente, Rentenart der →Knappschaftsversicherung (§ 45 RKG). – *Berechtigt* sind Versicherte, die (1) vermindert bergmännisch berufsfähig sind, zuletzt vor Eintritt der verminderten bergmännischen Berufsunfähigkeit einer versicherungspflichtigen Beschäftigung ausgeübt haben (§ 46 III RKG i.d.F. des Haushaltsbegleitgesetzes 1984 vom 22.12.1983, BGBl I 1532) und die →Wartezeit von 60 Monaten zurückgelegt haben (§ 49 RKG) oder die (2) das 50. Lebensjahr vollendet haben im Vergleich zu der bisher verrichteten knappschaftlichen Arbeit keine wirtschaftlich gleichwertigen Arbeiten mehr ausüben können und eine Versicherungszeit von 300 Monaten mit ständigen Arbeiten unter Tage oder gleichgestellten Arbeiten zurückgelegt haben. Vermindert bergmännisch berufsunfähig ist ein Versicherter, der infolge von Krankheit oder anderer Gebrechen oder Schwäche seiner körperlichen oder geistigen Kräfte weder imstande ist, die von ihm bisher verrichtete knappschaftliche Arbeit auszuüben noch andere, in wesentlichen gleichwertige Arbeiten in knappschaftlich versicherten Betrieben zu verrichten (§ 45 II RKG). – *Höhe:* Der Jahresbetrag der B. macht für jedes anrechnungsfähige Versicherungsjahr 0,8% der für den versicherten maßgebenden Rentenbemessungsgrundlage aus. Dazu gegebenenfalls →Leistungszuschlag und →Kinderzuschuß.

Bergmannsversorgungsschein, Einrichtung des Arbeitsschutzes für Arbeitnehmer, die nach einer Tätigkeit unter Tage a) berufsunfähig (→Berufsunfähigkeit) oder b) aus vorbeugenden Gründen durch die Knappschaft oder Bergbauberufsgenossenschaft aufgefordert worden sind, die bisherige Bergbautätigkeit aufzugeben oder nur noch staubfreie Arbeit zu verrichten.

Bergrecht, →Bundesberggesetz.

bergrechtliche Förderabgabe, *Förderzins,* an Förderländer fließende →Abgabe für die Förderung von Bodenschätzen. In der Bundesrep. D. in nennenswertem Umfang nur für die Förderung von Erdöl und Erdgas erhoben. – Nach einem Urteil des Bundesverfassungsgerichts im Juni 1986 ist die b.F. in Zukunft vollständig in die Finanzkraftberechnung (→Finanzkraft) des Länderfinanzausgleichs einzubeziehen; zwischen Niedersachsen, auf das ca. 95% dieser Einnahmen entfallen, und anderen Bundesländern war es zum Streit gekommen.

bergrechtliche Gewerkschaft, Erwerbsgesellschaft ohne bestimmtes Grundkapital, die Bergwerkseigentum erwerben und ausbeuten kann. Das *Kapital* ist in →Kuxe eingeteilt, die ein quotenmäßiges Anteilsrecht verbriefen. – Die *Gesellschafter* heißen Gewerken; sie haften nur insoweit persönlich, als sie zur →Zubuße verpflichtet sind. – *Eintragung* ins Gewerkenbuch. – *Organe:* Gewerkenversammlung, Grubenvorstand, Aufsichtsrat fakultativ, bei b.G. mit mehr als 500 Beschäftigten obligatorisch. – Viele b.G. wurden in →Aktiengesellschaften umgewandelt.

Bergregal, ursprünglich dem König zustehendes Hoheitsrecht, über den Abbau gewisser Mineralien zu verfügen; führte zur Trennung der lagernden, abbauwürdigen Substanz

vom Grundeigentum. Diese Trennung hat sich im →Bergwerkseigentum erhalten.

Bergschaden. 1. *Begriff* der Wirtschaftlichkeitsrechnung im Bergbau und im →Bundesggesetz für Schäden an Personen und an fremdem Vermögen über Tage durch den Abbau unter Tage, z.B. Schäden an Gebäuden, Straßen, Bahneinrichtungen durch Senkung der Erdoberfläche. – 2. B. ist vom Bergbauunternehmen zu *erstatten.* – 3. *Bilanzierung:* Es sind angemessene →Rückstellungen zu bilden a) für bereits entstandene, aber noch nicht regulierte B., b) für künftige, durch den Abbau bereits verursachte, aber noch nicht erkennbar zutage getretene B. Beide Arten sind auch steuerlich zulässig (genau festgelegte Berechnungsmethode). – 4. *Bewertungsgesetz:* a) Bei der (steuerlichen) Bewertung von *Grundstücken* kann ein B. zu Ermäßigungen und →Abschlägen führen (§§ 82, 87f. BewG). – b) Bei der Bewertung eines →*Mineralgewinnungsrechts* ist B. ohne Einfluß. – c) *Lasten zur Beseitigung* künftiger oder bereits entstandener B. sind in der →Vermögensaufstellung zur Einheitsbewertung des →Betriebsvermögens als →Betriebsschulden abzugsfähig, sofern die B. auf Abbauarbeiten zurückzuführen sind, die vor dem Stichtag getätigt wurden.

Bergwerk, bezüglich Haftpflicht vgl. →gefährliche Betriebe.

Bergwerksanteil, →Kux.

Bergwerkseigentum, ein →grundstücksgleiches Recht, gerichtet auf die wirtschaftliche Auswertung eines bestimmten „Feldes", steht neben dem Grundeigentum des Bodeneigentümers und muß nicht mit diesem zusammenfallen. Mit Inkrafttreten des Bundesberggesetzes am 1.1.1982 ist zwischen B. alten und neuen Rechts zu unterscheiden. Das nach *altem Recht* erhalten gebliebene B. ist zeitlich unbegrenzt und kann nicht mit →bergrechtlichen Förderabgaben belastet werden. B. nach *neuem Recht,* das die Gewinnung grundfreier Bodenschätze beinhaltet, ist mit einer Förderabgabe belastet und wird i.d.R. bis zu höchstens 50 Jahren befristet verliehen. Das B. befindet sich heute weitgehend in öffentlicher Hand oder in der Hand größerer Gesellschaften.

Berichtigung. I. Buchführung: Vgl. →Berichtigungsposten.

II. Steuerrecht: 1. *Steuerverwaltungsakten:* Vgl. →Korrektur von Steuerverwaltungsakten, →Steuerbescheid. – 2. *Eingereichte Bilanzen:* Vgl. →Bilanzberichtigung. – 3. *Steuererklärungen:* Vgl. →Anzeigepflicht. – 4. Vgl. →Vorsteuerabzug II 3. – 5. *Vermögensteuer/Einheitswert:* Vgl. →Berichtigungsfortschreibung, →Berichtigungsveranlagung.

III. A r b e i t s r e c h t : Vgl. →Berichtigungs-
anspruch.

Berichtigungsanspruch, Recht des Arbeitnehmers nach § 83 II BetrVG zur Abgabe einer
schriftlichen Erklärung zum Inhalt der →Per-
sonalakten, insbes. zu Beurteilungen. Diese
sind auf sein Verlangen zu den Personalakten
zu legen, auch wenn der Arbeitgeber diese für
unzutreffend oder nicht in die Personalakten
gehörig ansieht (LAG Bremen vom 4. 3. 1977).

Berichtigungsfeststellung, →Berichtigungs-
veranlagung.

Berichtigungsfortschreibung, steuerliche
Möglichkeit zur Beseitigung eines Fehlers, der
im Rahmen der Feststellung des →Einheits-
wertes hinsichtlich des Werts (→Wertfort-
schreibung), der Art (→Artfortschreibung)
oder der Zurechnung (→Zurechnungsfort-
schreibung) des Gegenstandes gemacht worden ist (§ 22 III BewG). – Vgl. auch →Berichti-
gungsveranlagung.

Berichtigungsposten, Richtigstellung unrichtiger Buchungen, die weder ausradiert
noch gestrichen, sondern storniert werden:
durch eine Gegenbuchung wird die unrichtige
Buchung aufgehoben. War z. B. Kasse an
Kreditoren 250 DM gebucht, während die
Buchung: Bank an Debitoren heißen müßte,
so hebt man die Buchung auf durch: Kreditoren an Kasse 250 DM und bucht nun richtig:
Bank an Debitoren 250 DM.

Berichtigungsveranlagung, *Berichtigungs-*
feststellung. 1. *Allgemein:* Veranlagung im
Anschluß an Aufhebung und Änderung von
Steuerbescheiden. – 2. *Vermögensteuer:*
Durch eine B. können Fehler im Rahmen
einer →Neuveranlagung korrigiert werden,
die z. B. durch Mängel bei der Freibetragsge-
währung, bei den Verhältnissen zur →Zusam-
menveranlagung oder bei der Bestimmung der
Wertverhältnisse (→Berichtigungsfortschrei-
bung) entstanden sind.

Berichtsgenerator, Computerprogramm
(→Programm), das die Ergebnisse der
Anwendung eines anderen Computerpro-
gramms (etwa eines Programms zur Lösung
linearer Optimierungsprobleme) in eine dem
Benutzer verständliche Form aufbereitet.

Berichtsheft, vom →Auszubildenden zu führender Ausbildungs- oder Tätigkeitsnachweis,
sofern dies in der →Ausbildungsordnung verlangt wird. Im B. sind stichwortartig mindestens wöchentlich nach Abschluß an einem
Lernort die dort vermittelten Kenntnisse und
Fähigkeiten bzw. die ausgeführten Tätigkeiten
aufzuführen und durch die an der Ausbildung
beteiligten Personen monatlich prüfen und
abzeichnen zu lassen. Vorlage des B. ist ggf.
eine Zulassungsvoraussetzung für die →Aus-
bildungsabschlußprüfung (§ 39 I Nr. 2 BBiG).

Berichtssysteme, Subsysteme von EDV-
gestützten →Marketing-Informationssyste-
men. – *Formen der Berichterstattung:* (1)
Standardberichte: Zeitlich und in der Form
gleichförmige Abgabe (z. B. Angebotsstatisti-
ken, Umsatzstatistiken); (2) Ausnahmebe-
richte: Flexible Gestaltung von Form, Inhalt
und Berichtszeiträumen.

Berichtswesen, →Meldewesen.

Berichtswoche, →Referenzzeit.

BERI-Index, *business environment risk index,*
Index zur Beurteilung der wirtschaftlichen
und politischen, auch gesellschaftlichen Struktur eines Landes. Angewandt bei der →Län-
derrating (vgl. im einzelnen dort II 2).

Berlin. I. P o l i t i s c h e   E n t w i c k l u n g
nach 1945: Nach dem Zweiten Weltkrieg hatte
das fast völlig zerstörte Berlin 2,8 Mill. Einwohner (vor dem Krieg: 4,3 Mill.). Deutschland wurde in mehrere Besatzungszonen
untergliedert, für Berlin wurde eine interal-
liierte Regierungsbehörde gegründet, um
„eine gemeinsame Verwaltung des Großberli-
ner Gebietes zu errichten" (Londoner Protokoll von 1944). Berlin wurde in vier Sektoren,
die sich aus einzelnen Stadtbezirken zusam-
mensetzten, aufgeteilt *(Viermächte-Status).*
Von Juni 1948 bis Mai 1949 wurden die
Landverbindungen der Westsektoren nach
Westen durch die Sowjetunion blockiert *(Ber-*
liner Blockade). B. (W.) wurde vollständig aus
der Luft versorgt *(Luftbrücke:* im Blockade-
zeitraum mehr als 213 000 Flüge mit 1,7 Mill. t
Versorgungsgüter). Am 24. 6. 1948 Einführung der DM-West, seit März 1949 einziges
Zahlungsmittel. 1948 zerbrach die Vier-
mächte-Verwaltung und damit die einheitliche
Verwaltung Groß-Berlins. Der Viermächte-
Status bestand weiterhin, der Ost- und West-
sektor entwickelten sich getrennt. Im Grundgesetz der Bundesrep. D. (1949) wurde bestimmt, daß Berlin ein Land der Bundesrep.
D. ist, überlagert von bestimmten einschränkenden westalliierten Vorbehalten: keine
direkte Wahl der Berliner Bundestagsab-
geordneten, kein Stimmrecht für die Vertreter
Berlins in Plenen von Bundestag und Bundesrat, Pflicht zur besonderen Übernahme von
Bundesgesetzen (Mantelgesetze, 3. Überlei-
tungsgesetz). – Die oberste Gewalt der drei
Westmächte und ihre Verantwortung für
Sicherheit in den drei Westsektoren bleibt
aufrechterhalten. Im Rahmen der Vorbehalte
erfolgte eine engere Bindung von B. (W.)
bezüglich Rechts-, Wirtschafts-, Währungs-
und Vertragssysteme an den Bund. B. (W.)
nahm teil an dem politischen, wirtschaftlichen, kulturellen und sozialen Aufschwung
des westlichen Deutschland („Wirtschafts-
wunder"). – Auch nach Ende der Blockade
wurde verschiedentlich von sowjetischer Seite
versucht, Druck auf B. (W.) auszuüben, mit
dem Ziel, die Bindung an die Bundesrep. D.

abzubauen und die Anwesenheit der Westmächte zu beenden. Die Westsektoren wurden
zunehmend durch die DDR vom Ostsektor
isoliert: 1952 Sperrung des Telefonverkehrs
zwischen beiden Teilen der Stadt, Verbot des
Aufenthalts für Westberliner in der DDR,
1953 Aufhebung der Straßenbahn- und Bus-
verbindungen ausgenommen U- und S-Bahn).
13. August 1961 Bau der *Berliner Mauer* durch
die DDR und damit *völlige Trennung* des Ost-
und Westteils der Stadt. – 1971 *Viermächte-
Abkommen* (VMA) über Berlin. Darin wurde
keine Einigung in bestimmten Rechtsfragen
gefunden, aber u. a. die Anwesenheit der
Westmächte und die Bindung von B. (W.) an
den Bund bestätigt. Weitere Schwerpunkte des
Abkommens waren u. a.: Sowjetische Garantie eines reibungslosen Transitverkehrs von
und nach B. (W.), Wiederherstellung der
Reise- und Besuchsmöglichkeiten für Westberliner in Ost-Berlin und der DDR sowie
Telefonverbindungen nach Ost-Berlin und der
DDR. – Durch Vereinbarungen der Bundesregierung auch erhebliche technische Verbesserungen der Transitwege (Autobahnen, Eisenbahn und Wasserwege). Rückschläge durch
Wiedereinführung des Zwangsumtauschs (seit
1980: 25 DM bei Besuchen in Ost-Berlin und
in der DDR je Tag, auch für Rentner). – B.
(W.) hat heute wieder eine führende Rolle auf
den Gebieten Kultur, Wissenschaft und Forschung und ist eine beliebte Kongreßstadt.

II. **Wirtschaftliche Entwicklung
nach 1945:** Am Ende des Zweiten Weltkriegs schien Berlin ohne seine Hauptstadt-
funktion und nach völliger Zerstörung oder
Demontage der Industrie keine Existenz-
grundlage mehr zu besitzen. Durch Schließung der Banken und Sperrung der Konten
wurde die Wirtschaft ihrer Mittel beraubt und
ein öffentliches Bankmonopol eingeführt.
Schwierigkeiten bei der Rohstoffversorgung
(u. a. bedingt durch Sektoren-Wirtschaft)
führten zur Abwanderung von Betrieben.

Systematischer Aufbau erst nach Beendigung
der Blockade und Einbeziehung des Westsek-
tors in den Marshall-Plan (→ ERP). Anfang
1950 war 1/3 (300000) aller Arbeitnehmer
ohne Arbeit, die Umsätze der Industrie lagen
bei 1,7 Mrd. DM. Die *Insellage* der Stadt
bedeutete Abschnürung vom Hinterland und
von den alten Märkten. Wegen dieses Struk-
turwandels mußte von Seiten der Bundesregierung Hilfe geleistet werden; → Förderung der
Wirtschaft von Berlin (West). Für die Berlin-
hilfe wurde das Notopfer Berlin in der Bun-
desrepl. D. eingeführt.

III. **Berlin (West)** – heute: *Fläche:* 883
km², davon 41,0% bebaute Fläche, 15,9%
Waldfläche, 12,2% Straßen, Plätze, Wege,
10,8% Parks u. ä., 6,9% landwirtschaftlich
genutzte Fläche. – *Einwohner:* (1987; fortge-
schrieben) 1,879 Mill.

Wirtschaft: *Erwerbstätige* nach der Stellung im Beruf und nach Wirtschaftsbereichen
(Juni 1985): Zu den *bedeutendsten Industriezweigen* gehören Elektrotechnik (11,7%), Herstellung von Büromaschinen und Datenverar-
beitungsgeräten (8,1%), Chemische Industrie
(6,6%), Maschinenbau (5,1%) sowie v. a.
Nahrungs- und Genußmittelindustrie (21,4%)
und die Tabakverarbeitung (26,3%). Die
Umsätze der Industrie beliefen sich (1985) auf
46,3 Mrd. DM 1950: 1,7 Mrd. DM. – B. (W.)
ist *Standort* von Weltunternehmen; in der
Wirtschaftsstruktur überwiegen jedoch Mit-
tel- und Kleinbetriebe (viele davon in den
traditionellen Hinterhöfen angesiedelt). Die
Stadt bemüht sich, *High-tech-Industrien* an
sich zu ziehen (Berliner Innovations- und
Gründerzentrum, BIG; Technologie- und
Innovationspark, TIP). – *BSP:* (1985) 66,7
Mrd. DM (jeweilige Preise) bzw. 56,15 Mrd.
DM (Preise von 1980). – Die *Arbeitslosenzahl*
betrug (1985) 79010 (9,7%); Ausländer waren
mit 12836 und Jugendliche unter 20 Jahren
mit 4198 beteiligt. – *Fremdenverkehr:* Ankom-

Erwerbstätige in Berlin (West)
(Juni 1985)

	Erwerbstätige					
	in 1000			%		
	ins-gesamt	männ-lich	weib-lich	ins-gesamt	männ-lich	weib-lich
Insgesamt	849,4	477,9	371,5	100	100	100
Nach der Stellung im Beruf						
Selbständige	63,5	44,9	18,6	7,5	9,4	5,0
Mithelfende Familienangehörige	1,9	0,4	1,5	0,2	0,1	0,4
Beamte	78,0	54,2	23,8	9,2	11,3	6,4
Angestellte (einschl. Auszubildende)	380,6	165,0	215,6	44,8	34,5	58,0
Arbeiter (einschl. Auszubildende u. Heimarbeiter)	325,4	213,4	112,0	38,3	44,7	30,1
Nach Wirtschaftsbereichen						
Land- und Forstwirtschaft, Tierhaltung und Fischerei	7,8	5,9	1,9	0,9	1,2	0,5
Produzierendes Gewerbe	259,4	188,2	71,2	30,5	39,4	19,2
Handel und Verkehr	159,7	85,2	74,5	18,8	17,8	20,1
Sonstige Wirtschaftsbereiche (Dienstleistungen)	422,5	198,6	223,9	49,7	41,6	60,3

mende Gäste 1985: 1,9 Mill. (+11% zum Vorjahr). – *Warenverkehr* (in Mill. DM, 1985), *Lieferungen:* Bundesrep. D. (18 084), Ausland (9915), DDR (418); *Bezüge:* Bundesrep. D. (19 870), Ausland (7869), DDR (2178). – Die Entwicklung der Wirtschaftskraft wird durch Hilfsmaßnahmen gefördert. – Der Haushalt erhöhte sich 1985 auf 21,4 Mrd. DM. Die Finanzhilfe des Bundes (einschl. Kredite) stieg auf 11,3 Mrd. DM. – Zur Förderung vgl. im einzelnen →Förderung der Wirtschaft von Berlin (West).

Berlin-Abkommen, am 3.6.1972 in Kraft getretenes Abkommen der vier Siegermächte, bestehend aus einem Rahmenabkommen sowie Zusatzvereinbarungen, die im Auftrage der Westmächte zwischen der Bundesregierung, dem Senat von Berlin und der DDR ausgehandelt worden sind. – *Inhalt:* Gewährleistung des unbehinderten Verkehrs zwischen dem Bundesgebiet und West-Berlin; Aufrechterhaltung der engen Bindungen; Verbesserung der Besuchsmöglichkeiten für Westberliner in Ost-Berlin und der DDR; Respektierung der Außenvertretung von West-Berlin durch die Bundesregierung; Teilnahme Berlins an den internationalen Aktivitäten des Bundes.

Berlin-Beleg, →Ursprungsbescheinigung.

Berlin-Darlehen, steuerbegünstigte Kapitalanlageform. – 1. *Darlehen zur Finanzierung von betrieblichen Investitionen:* Ermäßigung der Einkommen- oder Körperschaftsteuer für den Veranlagungszeitraum der Hingabe um 12% des hingegebenen Darlehens (§ 16 Berlinförderungsgesetz); →Förderung der Wirtschaft in Berlin (West). – *Voraussetzungen:* (1) Darlehensgeber: unbeschränkt Steuerpflichtiger (→unbeschränkte Steuerpflicht); (2) Gewährung des Darlehens an die Berliner Industriebank AG oder an die Niederlassung Berlin der Industriekreditbank AG – Deutsche Industriebank; (3) Hingabe nach dem 31.12.1969; (4) Mindestlaufzeit von acht Jahren, früheste Rückzahlung vom Ende des vierten Jahres an jährlich mit höchstens einem Fünftel des Darlehensbetrags; (5) kein unmittelbarer oder mittelbarer wirtschaftlicher Zusammenhang mit der Aufnahme eines Kredits; (6) höchstzulässige Ermäßigung (incl. § 17 Berlinförderungsgesetz; vgl. 2.) 50% der ursprünglichen Einkommen- bzw. Körperschaftsteuerschuld. – 2. *Darlehen zur Finanzierung von Baumaßnahmen* (Bau, Modernisierung und Instandsetzung von Gebäuden): Ermäßigung der Einkommen- oder Körperschaftsteuer für den Veranlagungszeitraum der Hingabe um 20% des hingegebenen Darlehens (§ 17 Berlinförderungsgesetz). – *Darlehensarten:* a) unverzinsliche, in gleichen Jahresbeträgen zu tilgende Darlehen mit einer Laufzeit von mindestens zehn Jahren; b) verzinsliche Darlehen mit einer Laufzeit von mindestens fünfundzwanzig Jahren. – *Voraus-*

setzungen: (1) Gewährung an einen Bauherrn und zweckgebundene Verwendung; (2) höchstzulässige Ermäßigung § 16 Berlinförderungsgesetz) 50% der ursprünglichen Einkommen- bzw. Körperschaftsteuerschuld; (3) nur für die unverzinslichen Darlehen: kein unmittelbarer oder mittelbarer wirtschaftlicher Zusammenhang mit der Aufnahme eines Kredits; Höchstbetrag pro geförderte Wohnung 10 000 DM.

Berliner Abkommen, Vereinbarungen über den Handels- und Zahlungsverkehr zwischen dem Währungsgebiet der DM-West und dem der DM-Ost, abgeschlossen am 20.9.1951. *Lieferungen und Bezüge* erfolgen aufgrund von unmittelbar zwischen den beteiligten Unternehmen abgeschlossenen Verträgen. Der *Zahlungsverkehr* ist ergänzend geregelt durch Bankenabkommen zwischen der Deutschen Bundesbank und der Deutschen Notenbank. Zahlungen erfolgen über ein Verrechnungskonto, das in mehrere Unterkonten (je für bestimmte Arten von Leistungen) aufgeteilt ist und bei der Deutschen Bundesbank zugunsten der Deutschen Notenbank in →Verrechnungseinheiten geführt wird.

Berliner Börse. *Entwicklung:* 1685 durch ein Edikt von Friedrich Wilhelm, Kurfürst von Brandenburg gegründet. Seit 1772 auch Handel in Aktien. Nach der Reichsgründung rückte die B. B. immer stärker in den Vordergrund und entwickelte sich zu der weitaus bedeutendsten und zentralen Wertpapierbörse Deutschlands. Am 18.4.1945 geschlossen (letzter Börsentag). Am 19.7.1950 wurde der Wertpapierhandel im geregelten Freiverkehr aufgenommen; gehandelt wurden vorwiegend Zuteilungsrechte. Am 11.3.1952 wurde der amtliche Börsenverkehr wieder eröffnet, worin auch die aus der Wertpapierbereinigung hervorgegangenen NGS (= Neugirosammeldepot)-Anteile einbezogen wurden. – *Träger der B. B.* ist die Industrie- und Handelskammer zu Berlin. – *Organisation:* Die Börsenleitung steht dem *Börsenvorstand* zu. Dieser besteht aus wenigstens 17, höchstens 20 Mitgliedern. Zwölf Mitglieder müssen dem Kreis der zugelassenen Kreditinstitute kommen, von denen drei von der Industrie- und Handelskammer entsandt werden. Weiterhin stellen die Kursmakler und die freien Makler je zwei Mitglieder, die Börsenbesucher, die an der Börse unselbständig Geschäfte abschließen (Angestellte) ein Mitglied. Der Börsenvorstand übt die Ordnungs- und Disziplinargewalt an der Börse aus; zu seinen Aufgaben gehört ferner die Zulassung zum Börsenbesuch und die Feststellung der Börsenkurse (unter Mitwirkung der Maklerkammer). Überwachung der Befolgung der gesetzlichen Vorschriften, die äußere Regelung des Geschäftsverkehrs an der Börse, die Feststellung der Börsengeschäftsbedingungen, die Entscheidung von Streitigkeiten aus Börsengeschäften. – Vom Börsenvorstand der Wertpapierbörse wird ein *schiedsgerichtlicher Ausschuß* von drei ordentlichen und drei stellvertretenden Mitgliedern gewählt, der endgültig über Streitigkeiten zwischen Börsenbesuchern über zum Handel an der B. B. zugelassene Wertpapiere, auf Antrag beider Parteien auch über andere Streitfälle, entscheidet. – Der *Ehrenausschuß* besteht aus fünf ordentlichen und fünf stellvertretenden Mitgliedern, die auf drei Jahre gewählt werden. Von den Mitgliedern der Zulassungsstelle (20 bis 32 Mitglieder) müssen mindestens die Hälfte Personen sein, die nicht berufsmäßig am Börsenhandel beteiligt sind. Diese werden auf Vorschlag des Börsenvorstandes von der Industrie- und Handelskammer gewählt. Die übrigen Mitglieder werden direkt vom Börsenvorstand gewählt. – *Kursbekanntgabe:* Die festgestellten Kurse werden im Amtlichen →Kursblatt der B. B. bekanntgegeben. Für Wertpapiere, die nicht zum Handel und zur amtlichen Notierung zugelassen sind, aber mit Zustimmung des Börsenvorstands gehandelt werden, dürfen Preislisten veröffentlicht werden.

Berliner Erklärung, *Berliner Gelöbnis,* Vereinbarung von Selbstbeschränkungen wettbewerblichen Handelns von Vertretern führender Unternehmen des Lebensmittelhandels und -industrie (1983 und 1984): a) Vereinheitlichung der Methode zur Berechnung des Einkaufspreises (→Wareneinstandspreis); b) Begrenzung von Sonderaktionen mit Untereinkaufspreisverkäufen anläßlich der Neueröffnungen auf maximal vier Wochen; c) keine unangemessenen Reaktionen auf Untereinkaufspreisverkäufe der Konkurrenz; d) keine Werbung mit Mengenbegrenzung bei Untereinkaufspreisangeboten (heute gemäß §6d UWG unzulässig); e) vereinfachte und transparentere Gestaltung des Konditionensystems. Ergänzt die →Gemeinsame Erklärung.

Berliner Gelöbnis, →Berliner Erklärung.

Berliner Industriebank AG, Berlin, 1949 gegr. Hauptleihinstitut des ERP-Sondervermögens in Berlin und Kapitalsammelstelle für Darlehen gem. §16 BerlinFG. Die Bank ist Kreditinstitut mit Sonderaufgaben. Hauptaufgabe ist die Gewährung langfrister Finanzierungshilfen zur Förderung insbes. der Berliner Wirtschaft. Das Geschäft wird zu fast 100% direkt mit Unternehmen der gewerblichen Wirtschaft abgewickelt, Hauptkunde ist die Berliner Industrie. Aktienkapital: 65 Mill. DM, davon Bundesrep. D. 69%, Kreditanstalt für Wiederaufbau 20%, Land Berlin 4,8%, private Wirtschaft 7,2%. Haftendes Eigenkapital 188 Mio. DM, Bilanzsumme rd. 5,2 Mrd. DM, jährliche Kreditzusagen rd. 1 Mrd. DM.

Berliner Modell, →didaktische Modelle 2.

Berliner Pfandbrief-Bank, 1970 durch Umbenennung aus dem Berliner Pfandbriefamt hervorgegangene Anstalt des öffentlichen Rechts, deren überwiegende Tätigkeit die Finanzierung des Wohnungsbaus in Berlin (West) darstellt. Die Funktion als Kapitalsammelstelle für Darlehen nach §17 Berlinförderungsgesetz (→Förderung der Wirtschaft von Berlin (West)) gibt der B. die Möglichkeit, zinsgünstige und langfristige Finanzierungsmittel zur Verfügung zu stellen.

Berliner Testament, gemeinschaftliches →Testament, in dem sich Eheleute gegenseitig zu →Erben einsetzen mit der Maßgabe, daß der →Nachlaß nach dem Tod des Längstlebenden als *Einheit* an Dritte, z. B. die gemeinsamen Kinder, fallen soll. – *Gegensatz:* Einsetzung des überlebenden Ehegatten als →Vorerben und z. B. der →Abkömmlinge als →Nacherben. – Haben die Ehegatten keine eindeutige Bestimmung getroffen, ist die gegenseitige Erbeinsetzung im Zweifel als B. T. auszulegen (§2269 BGB).

Berliner Verfahren. I. Steuerrecht: Nicht mehr angewendetes Verfahren zur Bewertung nicht notierter Aktien und Anteile an Kapitalgesellschaften. Heute: →Stuttgarter Verfahren.

II. Amtliche Statistik: Verfahren zur →Zeitreihenanalyse, das in Zusammenarbeit der Technischen Universität Berlin mit dem Deutschen Institut für Wirtschaftsforschung (Berlin) entwickelt worden ist und vom Statistischen Bundesamt zur Ausschaltung von Saisoneinflüssen bei Konjunkturindikatoren verwendet wird.

Berliner Zentralbank, gegründet aufgrund der VO vom 20.3.1949 (Einführung der DM-West als alleinige Währung in West-Berlin) als Körperschaft des öffentlichen Rechts. – Seit dem 1.8.1957 mit der →Bank deutscher Länder und den →Landeszentralbanken verschmolzen und in die →Deutsche Bundesbank umgewandelt.

Berlinförderungsgesetz, →Förderung der Wirtschaft von Berlin (West).

Berlinpräferenz, →Förderung der Wirtschaft von Berlin (West).

Bermuda-Inseln, →Großbritannien.

Berner Übereinkunft, internationaler Schutz von Werken der Literatur und der Kunst vom 9.9.1886, mehrmals geändert und ergänzt, zuletzt 1971. Die Bundesrep. D. ist dieser Revision beigetreten. Angeschlossen sind fast alle Kulturstaaten. Die →Urheber eines Verbandslandes genießen in jedem anderen Verbandsland urherberechtlichen Schutz für Werke, die in einem Verbandsstaat erschienen sind. →Welt-Urheberrechts-Abkommen.

Bernoulli-Prinzip, Entscheidungsregel bei Risiko (→Entscheidungsregeln 2 b)). Das B.-P. besagt, daß es eine für jeden Entscheidungsträger charakeristische Funktion u(e), seine subjektive *Bernoulli-Nutzenfunktion,* gibt, so daß man dem Entscheidungsträger seine Aktionen gemäß dem Erwartungswert der Nutzen der wahrscheinlichkeitsverteilten Ergebnisse ordnet; es gilt:

$$E_j = \sum_{i=1}^{m} p_i \cdot u(e_{ij}) \to \text{Max}! \quad \text{mit } j = 1, \dots, n.$$

Eine Wahrscheinlichkeitsverteilung über verschiedene Ergebnisse (w_1) wird einer anderen (w_2) dann und nur dann vorgezogen, wenn der Erwartungswert der subjektiven Nutzen der Ergbnisse gemäß der ersten Wahrscheinlichkeitsverteilung den der zweiten übersteigt; es gilt:

$$w_1 \geqq w_2 \Leftrightarrow E_{w_1}(u(e)) \geqq E_{w_2}(u(e)).$$

Charakterisierung: Das B.P. erfüllt einige plausible Anahmen über das Entscheidungsverhalten unter Risiko (→Entscheidungstheorie); seine Befolgung setzen daher einige Autoren mit rationalem Verhalten gleich. Der empirische Nachweis derartiger Verhaltensannahmen steht noch aus. – Vgl. auch →Bayes-Regel.

Bernoulli-Variable, →Indikatorvariable.

Bernoulli-Verteilung, Bezeichnung für →Verteilung einer →Indikatorvariablen.

Bernstein, Eduard, 1850–1932, zusammen mit D. David Hauptvertreter des →Revisionismus (gemäßigte Richtung des marxistischen Sozialismus, erstrebte Evolution in Form einer Revision des →Marxismus, nicht Revolution). B. lehnte insbes. die Verelendungstheorie von Marx ab (→Verelendung) und setzte sich kritisch mit der Wertlehre des →Marxismus auseinander. B. suchte die Theorie des →Grenznutzens mit dem Marxismus zu verbinden. – *Hauptwerk:* „Die Voraussetzungen des Sozialismus" 1899.

Bertrand-Modell, →Edgeworth-(Bertrand)-Modell.

Beruf. 1. *Allgemein:* Freie, möglichst kontinuierlich ausgeübte, auf Neigung und Eignung begründete, erlernte und spezialisierte sowie entgeltliche Dienstleistung, die als Funktion einer arbeitsteilig organisierten Wirtschaft der Befriedigung materieller und geistiger Bedürfnisse dient. – 2. *Geschichte:* Im Rahmen der vorindustriellen Gesellschaft wurden die Gemeinschaftsaufgaben im wesentlichen im Rahmen der größeren Familie, Dorfgemeinschaft o. ä. gelöst. Im Übergang zur Industriegesellschaft wurde wegen der erforderlichen →Spezialisierung diese Art der Organisation der Arbeit durch die *berufliche* abgelöst: Die Teilaufgaben wurden Inhalt von *Berufspositionen.* Diese nahmen die volle individuelle Arbeitskraft in Anspruch, wurden durch Arbeitslohn entgolten und stellten damit die materielle Basis eines Kernfamilie dar. Das spezialisierte technische Wissen und die zunehmende Professionalisierung bewirken wegen den unterschiedlichen sozialen Bewertung der Berufe eine soziale Schichtung, diese setzt sich auch heute noch fort. – 3. Nach der *amtlichen* →Berufssystematik (Klassifizierung der Berufe, Ausgabe 1975): Die „auf Erwerb gerichteten charakteristischen Fertigkeiten" und Kenntnisse sowie Erfahrung erfordernden und in einer typischen Kombination zusammenfließenden Arbeitsverrichtungen. Berücksichtigt ist, daß es neben dem erlernten auch den aus der Erfahrung ausgeübten B. gibt. Zum Ausdruck kommt a) die in der Praxis auftretende Arbeitszerlegung (Zuordnung der Spezialarbeiten zum Grundberuf) und b) die gesetzlichen Vorschriften und Normen für die Berufsausübung: (Anerkennung von Ausbildungs- und Anlernberufen nach dem jeweiligen Berufsbild, Vorschriften über die Ausbildungsabschlußprüfung usw).

berufliche Bildung, →Berufsbildung.

berufliche Fortbildung. 1. *Begriff:* Nach § 1 III BBiG soll die b. F. dem einzelnen die Möglichkeit eröffnen, seine beruflichen Kenntnisse und Fertigkeiten zu erhalten (→*Erhaltungsfortbildung*) und zu erweitern, um seine →Qualifikation der technischen Entwicklung anzupassen (→*Anpassungsfortbildung*) oder einen beruflichen Aufstieg zu ermöglichen (→*Aufstiegsfortbildung*). Bei der b. F. besteht ein Berufsbildungsverhältnis, jedoch kein Berufsausbildungsverhältnis. – 2. Als *Grundlage* für eine geordnete und einheitliche b. F. sowie zu ihrer Anpassung an die technischen, wirtschaftlichen und gesellschaftlichen Erfordernisse und deren Entwicklung können durch Rechtsverordnung bestimmt werden: Inhalt, Ziel, Prüfungsanforderungen, Prüfungsverfahren sowie Zulassungsvoraussetzungen und Bezeichnung des Abschlusses. – 3. *Formen:* Die b. F. kann im Rahmen eines bestehenden Arbeitsverhältnisses im gegenseitigen Interesse von Arbeitgeber und Arbeitnehmer erfolgen; sie kann innerhalb des Betriebes oder durch außerbetriebliche Fortbildungseinrichtungen durchgeführt werden, oder auch durch Fernunterricht. – 4. Die *Kosten* der der b. F. trägt i. d. R. der Arbeitgeber. – Vgl. auch →berufliche Weiterbildung, →berufliche Umschulung.

berufliche Rehabilitation, Maßnahmen zur (Wieder-) Eingliederung Behinderter (→Rehabilitation) in das Erwerbsleben. – 1. *Voraussetzung:* Eine unfall- oder krankheitsbedingte Beeinträchtigung der beruflichen Tätigkeit bzw. der berufliche Bildung, die eine besondere Hilfe zur dauerhaften Eingliederung in Arbeit und Beruf erforderlich macht. Diese erfolgt unter Einbeziehung sozialer, psychologischer und medizinischer Maßnahmen hauptsächlich als berufliche Erstausbildung behinderter Jugendlicher in Berufsbildungswerken und als erneute Ausbildung oder Umschulung behinderter Erwachsener in Berufsförderungswerken. – 2. *Träger:* Bund, Bundesländer Bundesanstalt für Arbeit und Sozialversicherungsträger. – 3. Körperlich, geistig oder seelisch *Behinderte* können auch in nicht anerkannten Ausbildungsberufen ausgebildet werden, um deren besondere Verhältnisse zu berücksichtigen (§ 48 I BBiG).

berufliches Bildungswesen, →Berufsbildungssystem, →Berufsausbildung.

berufliches Gymnasium, →Fachgymnasium.

berufliches Schulwesen, →Berufsbildungssystem, →Berufsschule.

berufliche Umschulung. 1. *Begriff:* Maßnahmen, die zu einer anderen beruflichen Tätigkeit befähigen sollen (§ 1 IV BBiG); gesetzlich geregelt in § 47 BBiG. – 2. *Gründe:* a) Fehlbedarf für den derzeit ausgeübten Beruf; b) Neigung oder Eignung für den Beruf aufgrund körperlicher oder intellektueller Mängel; c) Prophylaxe zur Verhütung von Arbeitslosigkeit bei bevorstehenden Rationalisierungsmaßnahmen. – 3. *Förderung:* Bei Vorliegen bestimmter Voraussetzungen vom Arbeitsamt finanziell gefördert (§§ 41–46 AFG): Unterhaltsgeld in Höhe von 73%, 65% bzw 58% des bisherigen Nettoverdienstes; z. T. Erstattung von Teilnahmegebühren, Fahrtkosten usw. – Bei der b. U. sind →Ausbildungsberufsbild und →Ausbildungsrahmenplan sowie die Erfordernisse der beruflichen Erwachsenenbildung zu berücksichtigen. Inhalt, Ziel, Anforderungen, Prüfungsverfahren und Zulassungsvoraussetzungen können durch →Rechtsverordnung geregelt werden. – Vgl. auch →Berufsbildung, →berufliche Fortbildung, →berufliche Weiterbildung.

berufliche Weiterbildung, Bereich der Fortsetzung der einen Berufsabschluß und/oder eine Berufstätigkeit mit den entsprechenden Kenntnissen, Fähigkeiten, Fertigkeiten und Erfahrungen innerhalb eines →Berufsfeldes voraussetzt. Als umfassender Sammelbegriff bezeichnet b. W. sowohl Maßnahmen zur weiteren Qualifizierung *innerhalb* des bisherigen Berufsfeldes (→*berufliche Fortbildung*) als auch die mit einem *Wechsel* des Berufsfeldes verbundenen Maßnahmen (→*beruflichen Umschulung*). Wesentliche Rechtsgrundlage der b. W. sind Berufsbildungsgesetz, Handwerksordnung und Arbeitsförderungsgesetz (AFG); im AFG werden die Voraussetzungen und Bedingungen für eine finanzielle Förderung der b. W. festgelegt.

Berufsabschnitt, Gliederungsstufe in der →Berufssystematik, in der →Berufsgruppen zusammengefaßt sind.

Berufsakademie, Einrichtung des tertiären Bildungsbereichs außerhalb der Hochschule. Die für Abiturienten gedachten Ausbildungsgänge finden im Wechsel in betrieblichen Ausbildungsstätten und hochschulähnlichen Lehreinrichtungen (Studienakademien, Verwaltungs- und Wirtschaftsakademien) statt und sind auf sechs Studiensemester angelegt. Die wissenschafts- und berufsorientierte Ausbildung führt zu einem dem Hochschulabschluß vergleichbaren Abschluß. – *Voraussetzung* für die Aufnahme an eine B. ist der Abschluß eines →Berufsausbildungsvertrags. – Die B.. Baden-Württemberg bietet *Ausbildungsmöglichkeiten* in den Bereichen Wirtschaft, Technik und Sozialwesen.

Berufsaufbauschule, berufsbildende Schulform für Jugendliche, die in der Berufsausbildung stehen oder diese schon abgeschlossen haben. Aufnahmevoraussetzung ist der Hauptschulabschluß und der mindestens halbjährige erfolgreiche Besuch der Berufsschule im Rahmen einer Berufsausbildung. Die B. vermittelt eine über das Ziel der Berufsschule hinausgehende allgemeine und fachtheoretische Bildung. – *Unterrichtsvarianten:* a) *B. in Vollzeitform,* die von Schülern mit abgeschlossener Berufsausbildung (oder mehrjähriger Berufspraxis) über zwei bis drei Halbjahre mit durchschnittlich 34 Wochenstunden besucht wird. – b) *B. in Teilzeitform,* die parallel zur dualen Berufsausbildung oder zur Berufstätigkeit über sechs bis sieben Halbjahre mit 11 bis 12 Wochenstunden im Abendunterricht besucht wird. – c) *Kombinierte B.,* in denen einem Vollzeitblock Teilzeitunterricht folgt und umgekehrt. – *Abschluß:* Der erfolgreiche Abschluß der B. führt zu einem dem Realschulabschluß gleichwertigen allgemeinen Bildungsabschluß. – B. werden nach folgenden *Fachrichtungen* gegliedert: allgemein-gewerbliche, gewerblich-technische, kaufmännische, hauswirtschaftlich-pflegerische, sozialpädagogische und landwirtschaftliche Fachrichtung.

Berufsausbildung, Ausbildung in einem staatlich anerkannten →Ausbildungsberuf. Die B. umfaßt eine breit angelegte berufliche Grundausbildung, die Vermittlung der für die Ausübung einer qualifizierten beruflichen Tätigkeit erforderlichen fachlichen Fertigkeiten und Kenntnisse (→Fachkenntnisse) sowie den Erwerb von Berufserfahrung (§ 1 II BBiG). – Vgl. auch →Berufsausbildungsverhältnis, →Berufsbildung, →Berufsbildungssystem, →Berufsschule, →betriebliche Ausbildung, →duales System.

Berufsausbildungsbeihilfe, Maßnahme nach dem Arbeitsförderungsgesetz (AFG). Zuschüsse oder Darlehen für die berufliche

Ausbildung, gewährt von der →Bundesanstalt für Arbeit (BA) an Jugendliche oder Erwachsene, soweit hierfür die eigenen Mittel und die Mittel der Unterhaltsverpflichteten nicht ausreichen. – *Gefördert* wird die betriebliche oder überbetriebliche Ausbildung in den nach dem →Berufsbildungsgesetz anerkannten Berufen, soweit hierfür Eignung und Neigung des →Auszubildenden gegeben sind; gegebenenfalls auch berufsvorbereitende Maßnahmen für noch nicht berufsreife Jugendliche. – *Voraussetzung für die Leistung* ist, daß der Antragsteller (1) mindestens ein Jahr lang eine die Beitragspflicht begründende Beschäftigung ausgeübt hat und (2) arbeitslos ist (§ 40 a AFG). – *Anders:* →Ausbildungsbeihilfe. – *Steuerliche Behandlung:* Aus öffentlichen Mitteln oder von öffentlichen Stiftungen gezahlte Beihilfen sind steuerfrei (§ 3 Nr. 11 EStG).

Berufsausbildungsförderung, →Ausbildungsförderung.

Berufsausbildungskosten, Aufwendungen für die Ausbildung zu einem Beruf, d. h. zur Erlangung der notwendigen fachlichen Kenntnisse und Fertigkeiten in einem geordneten Ausbildungsgang (→Berufsbildungsgesetz). – *Einkommensteuerliche Behandlung:* 1. Aufwendungen für einen später zu ergreifenden Beruf sind als →Kosten der Lebensführung nicht als →Betriebsausgaben oder →Werbungskosten abzugsfähig, auch nicht bei Ausbildung eines bereits im Berufsleben Stehenden für einen anderen Beruf (z. B. Studienkosten eines Zahnarztes zum Überwechseln in die allgemeine Medizin). – 2. B. des Steuerpflichtigen und seines →Ehegatten sind bis zu 900 DM, bei auswärtiger Unterbringung bis zu 1200 DM jährlich als →Sonderausgaben abzugsfähig. – 3. B. für Personen, für die kein →Kinderfreibetrag gewährt wird, können aber als →außergewöhnliche Belastungen nach § 33 a EStG geltend gemacht werden, höchstens jedoch bis 4500/2484 DM für jede unterhaltene Person. Die Aufwendungen sind gegebenenfalls um die 4500 DM übersteigenden Einkünfte der unterhaltenen Person zu kürzen. – 4. B. für Kinder, für die ein Kinderfreibetrag gewährt wird, können ihrer Höhe nach abhängig vom Alter des Kinde, der Art seiner Unterbingung und der Höhe seiner eigenen Einkünfte und Bezüge als außergewöhnliche Belastung geltend gemacht werden (→Ausbildungsfreibetrag). – *Anders:* →Fortbildungskosten.

Berufsausbildungsverhältnis. 1. *Begriff:* Rechtsverhältnis, das zum Zwecke der Ausbildung in einem staatlich anerkannten →Ausbildungsberuf zwischen einem →Auszubildenden und einem →Ausbildenden begründet wird (§§ 3–5 BBiG). Vgl. auch →Berufsausbildung. – 2. *Gesetzliche Grundlage:* →Berufsbildungsgesetz; einheitliche Regelung der A. für alle Berufe und Wirtschaftszweige. – 3. Die

zuständigen Stellen (→Industrie- und Handelskammer, →Handwerkskammer) haben für anerkannte Ausbildungsberufe ein →*Verzeichnis der Berufsausbildungsverhältnisse* (vgl. näher dort) einzurichten und zu führen, in das der wesentliche Inhalt des →Berufsausbildungsvertrags einzutragen ist. Die Eintragung ist für den Auszubildenden gebührenfrei (§§ 31–33 BBiG). Die Ausbildungsverträge sind unabhängig von der Eintragung rechtswirksam. Jedoch erfolgt die Zulassung zur →Ausbildungsabschlußprüfung nur nach Eintragung bzw. dann, wenn diese ohne Verschulden des Auszubildenden und seines gesetzlichen Vertreters unterblieben ist (§ 39 BBiG). – 4. Der Bundesminister für Wirschaft erläßt im Einvernehmen mit dem Bundesminister für Bildung und Wissenschaft durch Rechtsverordnung für die Ausbildungsberufe →*Ausbildungsordnungen* (§ 25 BBiG, § 25 HandwO). Für einen anerkannten Ausbildungsberuf darf nur nach der Ausbildungsordnung ausgebildet werden (§ 28 BBiG). – *Anders:* →Anlernverhältnis.

Berufsausbildungsvertrag, *Lehrvertrag* (in der Handwerksordnung). 1. *Begriff:* Vertrag zwischen →Auszubildendem und →Auszubildendem, durch den ein →Berufsausbildungsverhältnis begründet (§ 3 BBiG). Bei Vertragsabschluß mit einem Minderjährigen ist die Zustimmung des gesetzlichen Vertreters erforderlich. Die Vertragsvereinbarungen sind vom Ausbildenden schriftlich niederzulegen und vom Auszubildenden, dem Auszubildenden bzw. seinem gesetzlichen Vertreter zu unterzeichnen. – 2. *Mindestangaben:* Art, sachliche und zeitliche Gliederung sowie Ziel der Berufsausbildung, Beginn und Dauer der Berufsausbildung, Ausbildungsmaßnahmen außerhalb der Ausbildungsstätte, Dauer der regelmäßigen täglichen Arbeitszeit, Dauer der Probezeit, Zahlung und Höhe der Vergütung, Dauer des Urlaubs, Voraussetzungen für eine Kündigung. – 3. *Nichtig* sind: a) Vereinbarungen, die den Auszubildenden nach Beendigung des Berufsausbildungsverhältnisses in der Ausübung seiner beruflichen Tätigkeit beschränken; b) die Verpflichtung des Auszubildenden, für die Berufsausbildung eine Entschädigung zu zahlen; c) →Vertragsstrafen; d) Ausschluß oder Beschränkung von Schadenersatzansprüchen und die Festsetzung der Höhe eines Schadenersatzes in Pauschbeträgen. – 4. Nach Abschluß des B. hat der Ausbildende die *Eintragung* in das →Verzeichnis der Berufsausbildungsverhältnisse bei der zuständigen Stelle (z. B. Kammer) zu beantragen.

Berufsausrüstung, zollrechtliche Behandlung: Gegenstände der üblichen B., die Reisende mit sich führen, sind bei der Bundesrepr. D. zollfrei. Dazu gehören z. B. Fotoapparate, Schreibmaschinen, Diktiergeräte, Musikinstrumente, Tonbandgeräte, Handwerksgeräte. (Einreise-Freimengen-Verordnung.) Wird dieser Rahmen überschritten, so werden nur dann keine →Eingangsabgaben erhoben, wenn die Gegenstände zur vorübergehenden →Zollgutverwendung abgefertigt und innerhalb von sechs Monaten wieder ausgeführt werden. Bei der vorübergehenden Zollgutverwendung können Gegenstände der B. ohne →Sicherheitsleistung bei Vorlage eines →Carnet ATA eingeführt werden; dies gilt für Einfuhren sowohl in die Bundesrep. D. als auch in solche Länder, die das Carnet-ATA-Verfahren übernommen haben.

Berufsberatung, Erteilung von Rat und Auskunft, in Fragen der Berufswahl einschließlich des Berufswechsels; ergänzt durch Berufsaufklärung, Unterrichtung über die Förderung der beruflichen Bildung im Einzelfall und Vermittlung in berufliche Ausbildungsstellen (§ 25 AFG). B. ist Aufgabe der →Bundesanstalt für Arbeit und darf nur von ihr betrieben werden (§ 4 AFG). Einzelheiten in §§ 25–32 AFG geregelt.

Berufsbereich, Gliederungsstufe (oberste Einheit) in der →Berufssystematik, in der Berufe, die sich dem Wesen des Tätigkeitsinhalts nach, d. h. in den Arbeitsaufgaben und der allgemeinen Art der Tätigkeit, berühren, zusammengefaßt sind.

Berufsbild, →Ausbildungsberufsbild.

berufsbildende Schulen, →Berufsbildungssystem, →Berufsschule.

Berufsbildung. I. B. unter institutionell-organisatorischem Aspekt: B. bezeichnet jenen *Sektor des Bildungssystems,* der auf die Vermittlung von →Qualifikationen und normativen Orientierungen für Berufstätigkeiten in abgegrenzten Funktions- und Positionsfeldern des Beschäftigungssystems gerichtet ist. Die heute übliche Verwendung des Begriffs schließt die akademischen Ausbildungsgänge aus. B. erfolgt außerhalb des allgemeinbildenden Schulwesens an vielfältigen Einrichtungen des →Berufsbildungssystems, insbes. als →Berufsausbildung, als →*berufliche Fortbildung* und →*berufliche Weiterbildung* und in verschiedenen Schulformen des beruflichen Schulwesens. – Ihre *rechtliche Grundlage* findet die B. primär im →Berufsbildungsgesetz sowie in den Schulgesetzen und Rechtsverordnungen der einzelnen Bundesländer. – Entsprechend der *berufsqualifikatorischen Funktion* steht in den Organisationsformen der B. die Vermittlung fachtheoretischer und fachpraktischer Inhalte im Vordergrund; sie werden in unterschiedlichem Maß durch Inhalte des allgemeinbildenden Fächerkanons ergänzt. – Wesentlich für den derzeitigen Status der B. ist die Tatsache, daß ihre formalen Abschlüsse zwar prinzipiell den Zugang zu bestimmten Funktionen im Beschäftigungssystem eröffnen, sie jedoch traditionell *nur in begrenztem*

Maß Anschluß an das allgemeine Berechtigungswesen (allgemeinbildende Abschlüsse, insbes. Allgemeine Hochschulreife) ermöglichen. Wo in den vergangenen Jahren die Gleichstellung beruflicher Abschlüsse mit Berechtigungen allgemeinbildender Schulen erreicht wurden, ließ sich dies nur über die verstärkte Aufnahme allgemeinbildender Fächer zu Lasten berufsbezogener Inhalte durchsetzen. Hintergrund dieser Problematik ist die traditionelle Diskreditierung der B. gegenüber einer als zweckfreie Menschenbildung verstandenen „Allgemeinbildung".

II. B. als normativ-programmatische Kategorie: Im Zusammenhang der pädagogischen Theoriebildung der bildungspolitischen Diskussion kennzeichnet der Begriff B. eine *bestimmte Qualität personaler Entwicklung* unter dem Einfluß berufsbezogener Lerninhalte und Lernumwelten. Die Frage nach der Bestimmung und Bewertung dieser Qualität im Vergleich zur „Allgemeinbildung" ist eng verknüpft mit der Entstehung und Entwicklung des deutschen Bildungsbegriffs, hat die Ausformung des Bildungswesens im 19. und frühen 20 Jh. wesentlich bestimmt und ist prägend gegen das heutige dualistische Struktur des Bildungssystems (→duales System). Zugleich bietet sie den Anknüpfungspunkt einer umfassenden Kritik an diesem Dualismus, die in der programmatischen Forderung nach „Gleichwertigkeit trotz Andersartigkeit" von B. und „Allgemeinbildung" zum Ausdruck kommt.

III. Historische Entwicklung: Die auch für die aktuelle Diskussion charakteristische Unterscheidung von B. und „Allgemeinbildung" hat ihren Ursprung in der Zeit der *deutschen Klassik* und der *Neuhumanismus* und ist insbes. auf die Arbeiten von *W. v. Humboldt* und *F. I. Niethammer* zurückzuführen. Sie ist Ausdruck des Kampfes gegen die Ineinssetzung von Erziehung und der auf Bewährung in Stand und Beruf gerichteten Arbeitserziehung im merkantilistisch-absolutistischen Staat, wie sie in der utilitaristischen Aufklärungspädagogik theoretisch begründet worden war: Der Neuhumanismus zu Beginn des 19. Jh. forderte nicht die Gesellschaft und deren Erfordernisse, sondern das Individuum in den Mittelpunkt der Erziehung zu stellen. Das damit verbundene *Bildungsideal der „allgemeinen Menschenbildung"* zielte darauf ab, in bewußter Distanz zu den unmittelbaren Anforderungen des praktischen Lebens und der ständischen Berufswelt die allgemeine Entwicklung der natürlichen Anlagen des Menschen durch die Beschäftigung mit zeitlos gültigen Bildungsgegenständen zu ermöglichen und ihn dadurch zu mündigem Urteil und Kritik im Kantschen Sinne zu befähigen. Die zentrale, sich daraus ergebende Konsequenz war die Forderung nach der *Trennung der „allgemeinen Menschenbildung"* von einer

berufs- und standsbezogenen ,,Spezialbildung''.
Humboldt sah zwar in der Berufsbildung eine
notwendige Ergänzung der rein menschlichen
Bildung, forderte aber, daß diese der beruflichen Bildung dem Begriff und der Zeit nach
voranzugehen habe (Menze). – Unter dem
Einfluß der *politischen Restauration* und des
Wirtschaftsliberalismus wurde der radikal
emanzipatorische Impetus der Humboldt-
schen Ideen im Verlauf des 19. Jh. in sein
Gegenteil verkehrt: Berufsbildung und Allgemeinbildung wurden in der Art separiert, daß
der Berufsbildungsbereich in durchaus utilita-
ristischem Sinn der Ausbildung der Jugendlichen aus den Unterschichten gewidmet war,
während die allgemeinbildenden Schulen,
besonders die neu entstandenen (humanistischen) Gymnasien, in strikter Abkapselung
von den Erfordernissen und Erscheinungen
des beruflichen und gesellschaftlichen Lebens
ein zunehmend elitäres Bildungsverständnis
entfalteten. Die sich im 19. Jh. entwickelnden
und differenzierenden Formen des beruflichen
Schul- und Ausbildungswesens erhielten *keinerlei Anschluß an das allgemeine Berechti-
gungssystem;* der Zugang zu Staatsämtern und
die Chance zu gesellschaftlichem Aufstieg
konnte so für jene monopolisiert werden, die
Abschlüsse der höheren allgemeinbildenden
Schulen erworben hatten. Das berufliche
Schul- und Ausbildungswesen wurde sowohl
von der Kultusverwaltung als auch von der
pädagogischen Wissenschaft ignoriert. – Der
bis heute unabgeschlossene Weg zur Rehabili-
tierung der beruflichen Bildung wurde zu
Beginn des 20. Jh. durch die Arbeiten von
Kerschensteiner, Spranger und *Fischer* zur
Berufsbildungstheorie eingeleitet: Diese
erklärte auf kulturphilosophischer Grundlage
den Bereich der Wirtschaft als bildungsrele-
vanten Kulturbereich und damit den Beruf als
legitimes Bildungsgut. Unter Beibehaltung der
humanistischen Idee der Menschenbildung als
Ziel der Erziehung interpretierte sie Berufsbildung als Ausgangspunkt, Zentrum oder End-
stadium des Bildungsprozesses. Sie schuf
damit die *ideologische Grundlage der entstehenden Berufsschulen,* wie auch der →Berufs-
und Wirtschaftspädagogik. Zugleich wurde
jedoch damit die *inhaltliche und organisatorische Abkoppelung des berufsbildenden Bereichs*
festgeschrieben. – Vor dem Hintergrund der
Kritik am kulturpädagogisch-verklärten,
überkommenen Berufsbegriff der Berufsbildungstheorie, unter dem Einfluß der empirischen Wende in der Erziehungswissenschaft
und nicht zuletzt im Zug gesellschaftspoliti-
scher Reformbestrebungen wurde das Verhältnis von Berufsbildung und Allgemeinbildung seit Mitte der 60er Jahre neu problematisiert. Als entscheidende theoretische Einsicht
gilt, daß die Bildungsbegriff, sofern er überhaupt noch Verwendung findet, nicht länger
ist, sondern im umfassenden Sinn die Fähigkeit zu mündigem Urteil und Handeln

bezeichnet. In diesem Rahmen stellt B. einen
*materiell spezifischen Akzent der bildenden
Auseinandersetzung mit Gesellschaft, Kultur
und deren Objektivationen* dar. Dieses Konzept
eines *kritisch gewendeten Berufsbildungsbe-
griffs* ist wesentlich von *Blankertz* begründet
worden und hat insbes. die Gutachten des
Deutschen Bildungsrates (Strukturplan für
das Bildungswesen; zur Neuordnung der
Sekundarstufe II) sowie Modellversuche zur
Integration allgemeinen und beruflichen Lernens wesentlich geprägt (→Kollegschule).

IV. Betriebsverfassungsgesetz: Da
im Rahmen der technischen und wirtschaftlichen Entwicklung nicht nur der beruflichen
Grundausbildung, sondern auch der Fortbildung und Umschulung eine immer stärkere
Bedeutung zukommt, sieht das BetrVG dies-
bezüglich einen eigenen Unterabschnitt (§§ 96–
98 BetrVG)) vor. Die §§ 96–97 BetrVG behandeln die allgemeine betriebliche Zusammenarbeit (Förderung der B., Einrichtungen und
Maßnahmen der B.) und § 98 BetrVG das
Mitbestimmungsrecht des →Betriebsrats bei
der Durchführung betrieblicher Bildungsmaßnahmen. Zweckmäßigerweise wird über
Gegenstände der §§ 96–98 BetrVG eine einheitliche →Betriebsvereinbarung abgeschlossen, die allerdings nur hinsichtlich des § 98
BetrVG vom Betriebsrat erzwingbar ist.

Literatur: Bankertz, H., Berufsbildung und Utilitarismus,
Düsseldorf 1963; ders., Bildung im Zeitalter der großen
Industrie, Hannover 1969; Deutscher Bildungsrat, Empfehlungen der Bildungskommission – Strukturplan für das
Bildungswesen, Bonn 1970; ders., Empfehlungen der Bildungskommission zur Neuordnung der Sekundarstufe II, Bonn
1974; Georg, W., Kunze, A., Sozialgeschichte der Berufserziehung, München 1981; Lipsmeier, A., Didaktik der Berufsbildung, München 1978; Menze, C., Zur Entstehung der
Disjunktion von allgemeiner und beruflicher Bildung in ihrer
Auswirkung auf die Bildungsorganisation, in: Pädagogik, 1/
1977, S. 75–89; Stratmann, K., Geschichte der beruflichen
Bildung, in: Bankertz, H. u. a. (Hrsg.), Handbuch: Sekundarstufe II – Jugendbildung zwischen Schule und Beruf (Bd. 9.1.
der Enzyklopädie Erziehungswissenschaft), Stuttgart 1982, S.
173–202.

                           Dipl.-Hdl. Tade Tramm

Berufsbildungsausschuß, der bei jeweils
zuständigen Stelle (i. d. R. Kammern) einge-
richtetes Gremium, das die von der zuständigen Stelle zu erlassenen Rechtsvorschriften für
die Durchführung der Berufsausbildung
beschließt und in allen wichtigen Angelegenheiten der beruflichen Bildung zu unterrichten
und zu hören ist. Dem B. gehören je sechs
Beauftragte der Arbeitgeber und der Arbeitnehmer sowie sechs Lehrer an berufsbildenden
Schulen (mit beratender Stimme) an. – In der
HandwO als →Gesellenprüfungsausschuß
bezeichnet. – *Rechtsgrundlage:* §§ 56–59 BBiG;
§§ 43–44 b HandwO.

Berufsbildungsbericht, zentrales Planungs-
instrument im Rahmen der →Berufsbildungs-
förderung. Der B. ist bis zum 1. 3. jeden Jahres
vom Bundesminister für Bildung und Wissenschaft zu erstatten; wird vom →Bundesinstitut
für Berufsbildung erstellt. Er soll die voraus-

sichtliche Weiterentwicklung des Ausbildungsplatzangebotes der kommenden Jahre darstellen und bei einer Gefährdung der Sicherung eines ausgewogenen Angebots Vorschläge für deren Behebung unterbreiten.

Berufsbildungsförderung. 1. *Rechtsgrundlage:* Gesetz zur Förderung der Berufsbildung durch Planung und Forschung (Berufsbildungsförderungsgesetz) vom 23.12.1981 (BGBl I 1692). – 2. *Inhalt:* a) Durch Berufsbildungsplanung sollen die Grundlagen für eine abgestimmte und den technischen, wirtschaftlichen und gesellschaftlichen Anforderungen entsprechende Entwicklung der beruflichen Bildung geschaffen und ein besonderer Beitrag zu einer in Angebot und Nachfrage möglichst ausgeglichenen Ausbildungsplatzlage geleistet werden; →Berufsbildungsbericht. b) Zur Durchführung von Aufgaben der Berufsbildung wurde ein →Bundesinstitut für Berufsbildung errichtet. – Vgl. auch →Berufsbildungsgesetz, →Ausbildungsförderung, →Ausbildungsplatzförderung.

Berufsbildungsgesetz (BBiG), Gesetz vom 14.8.1969 (BGBl I 1112) mit späteren Änderungen und zahlreichen Verordnungen, regelt →Berufsausbildung, →berufliche Fortbildung und →berufliche Umschulung. – *Ausgenommen:* a) Berufsbildung in den berufsbildenden Schulen, die den Schulgesetzen der Länder untersteht; b) Berufsbildung in einem öffentlich-rechtlichen Dienstverhältnis und auf Kauffahrteischiffen, sowie es sich nicht um Schiffe der kleinen Hochseefischerei oder der Küstenfischerei handelt. – Für die Berufsbildung im *Handwerk* gilt z.T. das B. (z.B. Vorschriften über den →Berufsausbildungsvertrag); z.T. die →Handwerksordnung, die weitgehend dem B. angepaßt ist.

Berufsbildungspaß, vom Bundesausschuß für Berufsbildung durch Beschluß vom 25.10.1974 empfohlener Paß, der den Inhaber in die Lage versetzt, seine Bemühungen auf dem Sektor der beruflichen Weiterbildung übersichtlich und vollständig zu dokumentieren. Eintragung auf Wunsch des Teilnehmers durch den Veranstalter.

Berufsbildungsstatistik, Teilbereich der →amtlichen Statistik auf der Grundlage des Berufsbildungsförderungsgesetzes vom 23.12.1981 (BGBl I 1692). Die B. umfaßt jährliche Erhebungen über Ausbildungsstätten, Auszubildende, Ausbilder, Prüfungsteilnehmer und die Ordnung und Überwachung der Berufsausbildung durch die nach dem Berufsbildungsgesetz dafür zuständigen Stellen. Das Statistische Bundesamt wird durch die Bundesanstalt für Arbeit und das Bundesinstitut für Berufsbildung unterstützt.

Berufsbildungssystem. I. Begriff/Grundstruktur: Unter institutionellorganisatorischem Aspekt umfaßt das B. alle öffentlichen und privaten Einrichtungen von Bildungsmaßnahmen, die direkt oder indirekt an einer beruflichen Qualifizierung beteiligt sind. Die Qualifizierungsmaßnahmen zielen auf das Erreichen beruflicher Abschlüsse auf verschiedenen Stufen mit den entsprechenden formalen Berechtigungen. Daneben geht es um die Ausbildung einer kurzfristigen, tätigkeitsbezogenen Anpassung (Flexibilität) sowie einer beruflichen Beweglichkeit (Mobilität). Die Qualifizierungsmaßnahmen beziehen sich dabei auf stufenweise fortschreitend aufgebaute vorberufliche Bildung, Vorbereitung auf eine Ausbildung bzw. berufliche Tätigkeit, berufliche Erstausbildung (diese besitzt innerhalb des →dualen Systems den quantitativ größten Stellenwert), Vermittlung von Studienzugangsberechtigungen, gehobene Berufsbildung (→berufliche Weiterbildung) sowie Berufsfortbildung und Umschulung (→berufliche Fortbildung, →berufliche Umschulung). – *Träger der Einrichtungen des B.* sind in den meisten Fällen öffentliche oder private Schulen, daneben jedoch auch Betriebe, überbetriebliche Einrichtungen, Fortbildungszentren, Rehabilitationszentren, Wirtschaftsverbände, Gewerkschaften usw. – *Zentrale rechtliche Grundlage* des B. ist das →Berufsbildungsgesetz vom 14.8.1969. Nach § 1 I BBiG umfaßt die Berufsbildung die „Berufsausbildung, die berufliche Fortbildung und die berufliche Umschulung"; in der Praxis hat sich das B. jedoch wesentlich vielschichtiger entwickelt. In bezug auf die Berufsausbildung gibt es neben dem Jugendarbeitsschutzgesetz noch andere Gesetze, die ausdrücklich die Rechte der Auszubildenden in ihren Regelungsbereich einbeziehen, z.B. Bundesurlaubs-, Tarifvertrags-, Betriebsverfassungs-, Bundespersonalvertretungs- und Kündigungsschutzgesetz. Für die Berufsausbildung gilt neben dem BBiG das „Gesetz zur Ordnung des Handwerks" (Handwerksordnung, HandwO).

II. Historische Entwicklung: 1. *Berufsschulen:* Ihre Ursprünge lassen sich bis zu den *religiösen Sonntagsschulen* des 16. und 17. Jh. zurückverfolgen. Aus diesen entstanden in der zweiten Hälfte des 19. Jh. die „gewerblichen Sonntagsschulen", aus denen ab 1871 „Allgemeine Fortbildungsschulen", für Lehrlinge sowie alle anderen Schulentlassenen zwischen 14 und 18 Jahren bestimmt, letztere waren auf eine allgemeine Weiterbildung, nicht jedoch auf eine Ergänzung oder Unterstützung der beruflichen Ausbildung ausgerichtet. – Gegen Ende des 19. Jh. fand eine Umwandlung von allgemeinen in *berufliche Fortbildungsschulen,* den unmittelbaren Vorläufern der heutigen Berufsschule, statt. Bereits um 1900 gab es in Deutschland ein ausgebautes, teilweise nach Fachklassen gegliedertes Fortbildungsschulsystem, wobei in den meisten größeren Städten Fortbildungsschulpflicht bestand. – Die Bezeichnung „Fortbildungsschule" wurde erst nach dem Ersten Weltkrieg allgemein durch die Bezeichnung →*Berufsschule* abgelöst. Eine allgemeine Berufsschulpflicht entstand für alle Jugendlichen bis zum 18. Lebensjahr durch das Inkrafttreten des Reichsschulpflichtgesetzes 1938. – Die Ursprünge der →*Fachschulen* lassen sich bis in das 18. Jh. zurückverfolgen. Sie erhielten ihre heutige Bezeichnung 1937 durch Erlaß des Reichserziehungsministers, der zwischen Berufsschulen, →Berufsfachschulen (in Teilzeitform und Vollzeitform), →Fachoberschulen, →Berufsoberschulen, →Fachgymnasien und →Kollegschulen zum Erwerb der Hochschulreife entstanden erst nach dem Zweiten Weltkrieg.

2. *Lehrlingsausbildung in Betrieben der Wirtschaft:* Im Mittelalter regelten Gilden und Zünfte in einer Ordnung der Berufsbefähigungen die Ausbildung eigener Zuständigkeit. Durch den Einfluß des Merkantilismus kam es zu einer Auflösung der berufsständischen Bindungen; die Einführung der Gewerbefreiheit 1810 führte zu einer Individualisierung der Lehrlingsausbildung, da das Lehrverhältnis ausschließlich privatrechtlich organisiert war. Erst durch die Gewerbeordnung von 1869 entstanden erste gesetzliche Mindestregelungen zur Ordnung der Berufsausbildung (z. B. Verbot der Sonntagsarbeit, Festlegung der aus dem Lehrvertrag entstehenden Rechte und Pflichten). Die Novelle zur Gewerbeordnung von 1897 räumte den Handwerkskammern die Selbstverwaltung im Lehrlingswesen ein. Seit 1930 begannen Industrie- und Handelskammern Facharbeiter- bzw. Handlungsgehilfenprüfungen abzunehmen. Gegen Ende des 19. Jh. begannen Großunternehmen wie Siemens, Krupp, Carl Zeiss u. a. eigenständig Lehrlinge im gewerblich-technischen Bereich auszubilden. Während es hierfür noch keine gesetzlichen Grundlagen gab (bis zur Verabschiedung des BBiG 1969) wurden 1925 vom „Deutschen Ausschuß für Technisches Schulwesen (DATSCH)" erste förmliche Ordnungsmittel für einzelne industrielle Ausbildungsberufe entwickelt. Nach dem Zweiten Weltkrieg setzte die von Wirtschaftsverbänden getragene „Arbeitsstelle für Betriebliche Berufsbildung (ABB)" diese Aufgabe fort. – →*Lehrwerkstätten* entstanden im Lauf des 19. Jh. Das wohl erste Modell bildete die 1821 gegründete industrielle Lehrwerkstatt der Schnellpressenfabrik König und Bauer in Oberzell bei Würzburg. Im Bereich der kaufmännischen Berufsbildung entstanden betriebliche „Lehrwerkstätten" (Übungsbüros bzw. -kontore) erst nach 1900; Grundlage für ihre Gestaltung waren die bereits im 17. Jh. bekannten Kontorübungen zur Simulation von Geschäftsvorfällen.

3. Die Entwicklung der Berufsausbildung innerhalb des →*dualen Systems* – also im

Zusammenwirken von Betrieb und Berufsschule – geht mit der Gründung der beruflichen Fortbildungsschulen einher. Der Begriff der „dualen" Ausbildung wurde durch ein „Gutachten über das Berufliche Ausbildungs- und Schulwesen" des Deutschen Ausschusses für das Erziehungs- und Bildungswesen 1964 eingeführt.

III. Problemfelder: Nachdem in den letzten Jahren eine Reihe von Maßnahmen zur Verbesserung der beruflichen Bildung durchgeführt wurden (u. a. Ausbau des →Berufsgrundbildungsjahres, Schaffung gestufter →Ausbildungsordnungen, Modellversuche zur Ausbildung von Mädchen in gewerblichen-technischen Berufen), werden heute von Berufspädagogik und Bildungspolitik folgende Problemfelder innerhalb des B. hervorgehoben: Schrittweise Herstellung der Gleichwertigkeit von beruflicher und allgemeiner Bildung (→Berufsbildung); Stärkung und Anpassung der Berufsschule an neue Berufsbildungs- und Arbeitsmarkterfordernisse; Weiterentwicklung der Ausbildungsordnungen; Verbesserung der Abstimmung zwischen betrieblicher und schulischer Ausbildung; Ausbau der beruflichen Weiterbildung; Förderung der Berufsausbildung von benachteiligten Jugendlichen (Mädchen, Behinderte, Ausländer); kontinuierliche fachliche und pädagogische Qualifizierung der Ausbilder. Überlagert werden diese qualitativen Probleme insbes. in strukturschwachen Regionen durch den anhaltenden Mangel an qualifizierten Ausbildungsplätzen.

Literatur: Achtenhagen, F., Berufsausbildung, in: Spreck, J., Wehle, G. (Hrsg.), Handbuch pädagogischer Grundbegriffe, Bd. 1, München 1970, S. 82–112; Bankertz, H., Bildung im Zeitalter der großen Industrie, Hannover 1969; Kell, A., Lipsmeier, A., Berufsbildung in der Bundesrepublik Deutschland, Hannover 1976; Kutscha, G., Das System der Berufsausbildung, in: Blankertz, H. u. a. (Hrsg.), Handbuch – Sekundarstufe II – Jugendbildung zwischen Schule und Beruf (Bd. 9.1. der Enzyklopädie Erziehungswissenschaft), Stuttgart 1982, S. 203–226; Lempert, W. Franzke, R., Die Berufserziehung, München 1976; Stratmann, K., Stufen der Berufsbildung, in: Müllges. U. (Hrsg.), Handbuch der Berufs- und Wirtschaftspädagogik, Bd. 2, Düsseldorf 1979.

Dipl.-Hdl. Andreas Keck

Berufsfachschulen, Schulen mit Vollzeitunterricht von mindestens einjähriger Dauer, für deren Besuch keine Berufsausbildung oder berufliche Tätigkeit vorausgesetzt wird. Sie haben die *Aufgabe,* allgemeine und fachliche Inhalte zu vermitteln und den Schüler zu befähigen, den Abschluß in einem anerkannten →*Ausbildungsberuf* oder einen Teil der Berufsausbildung in einem oder mehreren anerkannten Ausbildungsberufen zu erlangen oder ihn zu einem Berufsausbildungsabschluß zu führen, der nur in Schulen erworben werden kann. – Als *Zugangsvoraussetzung* gilt i. d. R. der Abschlußzeugnis der Hauptschule. Je nach schulartenspezifischen Anforderungen können jedoch auch Realschulabschluß bzw. Reifezeugnis verlangt werden. – *Berechtigungen/Abschlüsse:* Je nach Dauer der Ausbildung wird durch den Besuch der B. die Berufsschulpflicht erfüllt bzw. verkürzt (Berufsfachschul-Anrechnungs-Verordnung vom 4.7.1972 i.d.F. v. 22.6.1973). Die zweijährigen B. führen zu einem mittleren Bildungsabschluß als Eingangsvoraussetzung für weiterführende Bildungsgänge (→Fachoberschule, →Fachschule, berufliches Gymnasium). – *Fachrichtungen:* Kaufmännische, gewerblich-technische, landwirtschaftliche, pflegerische, sozialpädagogische, landwirtschaftliche B.

Berufsfeld, zusammenfassende Bezeichnung für eine Gruppe inhaltlich oder funktional verwandter (Ausbildungs-)Berufe. Die B.schneidung erfolgte unter stark pragmatischen Gesichtspunkten im Zusammenhang mit der Einführung des →Berufsgrundbildungsjahres. Z.Zt. werden 13 B. unterschieden: Wirtschaft und Verwaltung; Metalltechnik; Elektrotechnik; Bautechnik; Holztechnik; Textiltechnik und Bekleidung; Chemie, Physik, Biologie; Drucktechnik; Farbtechnik und Raumgestaltung; Gesundheit; Körperpflege; Ernährung und Hauswirtschaft; Agrarwirtschaft.

Berufsförderung. I. Bundesanstalt für Arbeit: Leistungen zur Förderung der beruflichen Bildung (§ 33 ff. AFG). – 1. *Institutionelle Förderung* der beruflichen Ausbildung, Fortbildung und Umschulung durch Darlehen und Zuschüsse für Aufbau, Erweiterung und Ausstattung an Einrichtungen einschl. überbetrieblicher Lehrwerkstätten (§ 50 AFG). – 2. *Individuelle Förderung* an Einzelpersonen zu deren beruflicher Ausbildung, Fortbildung und Umschulung, z.B. Berufsausbildungsbeihilfe (§ 40, 40a AFG), Unterhaltsgeld (§ 44 AFG), Einarbeitungszuschuß (§ 49 AFG).

II. Gesetzliche Rentenversicherung: Leistungen z.B. zur →Rehabilitation (vgl. auch →berufliche Rehabilitation) von Versicherten, deren Erwerbsfähigkeit wegen Krankheit erheblich gefährdet oder gemindert ist (§ 1237a RVO, § 14a AVG, § 36 RKG), wenn dadurch die Erwerbsfähigkeit wesentlich gebessert oder wiederhergestellt oder der Eintritt der →Berufsunfähigkeit oder →Erwerbsunfähigkeit abgewendet werden kann. Bei Nichterfüllung der hierfür erforderlichen →Wartezeit (§ 1236 RVO, § 13 AVG, § 36 RKG) ist die Bundesanstalt für Arbeit zuständig (§§ 56, 57 AFG).

III. Gesetzliche Unfallversicherung: Leistungen im Rahmen der →Berufshilfe, wenn ein Versicherter aufgrund eines →Arbeitsunfalls nicht mehr in der Lage ist, seinen Beruf auszuüben.

Berufsfreiheit, ein durch Art. 12 GG gewährleistetes →Grundrecht, nach dem alle Deutschen das Recht haben, Beruf, Arbeits-

platz und Ausbildungsstätte frei zu wählen. Die Berufsausübung kann durch Gesetz oder aufgrund Gesetzes geregelt werden. Niemand darf zu einer bestimmten Arbeit gezwungen werden mit Ausnahme einer öffentlichen →Dienstverpflichtung und bei gerichtlich angeordneter Freiheitsentziehung.

Berufsgeheimnis, Recht oder Pflicht, besonders von Ärzten, Apothekern, →Rechtsanwälten, →Notaren, →Verteidigern, →Wirtschaftsprüfern, →vereidigten Buchprüfern oder →Steuerberatern und deren Gehilfen, über die ihnen in der Ausübung des Berufes anvertrauten Tatsachen zu schweigen, auch gegenüber staatlichen oder sonstigen Vertretern berechtigter Interessen. – B. kann *beschränkt* werden, wie z.B. das →Bankgeheimnis. – *Verstoß* gegen das B. strafbar nach §§ 203, 204, StGB mit Freiheitsstrafe bis ein Jahr oder Geldstrafe bei Handeln gegen Entgelt oder in der Absicht der Erlangung eines Vermögensvorteils oder der Zufügung eines Nachteils mit Freiheitsstrafe bis zu zwei Jahren oder Geldstrafe, Verfolgung nur auf Strafantrag.

Berufsgenossenschaft. 1. *Begriff:* Träger der gesetzlichen →Unfallversicherung (§§ 646, 658 RVO). Verbände mit Zwangsmitgliedschaft für die Unternehmen in der Form von öffentlich-rechtlichen Körperschaften mit Selbstverwaltung. Finanzierung über Mitgliederbeiträge. – 2. *Arten:* B. für Metall, Bergbau, Steine und Erden, Gas und Wasser, Chemie, Holz- und Schnitzstoffe, Druck und Papier, Textil und Leder, Nahrungs- und Genußmittel, Bau, Seeschiffahrt, Handel und Dienstleistungen, Verkehr und Gesundheitsdienst, Landwirtschaft sowie die Unfallversicherungsträger der öffentlichen Hand. – 3. *Mitgliedschaft:* Pflichtmitglieder sind die Unternehmer der jeweiligen Berufsgruppen, deren Unternehmen ihren Sitz im örtlichen Zuständigkeitsbereich der B. haben. Die Mitgliedschaft beginnt mit Eröffnung des Unternehmens oder Aufnahme der vorbereitenden Arbeiten. Gegenstand und Art des Unternehmens sind der B. anzuzeigen, die im Unternehmen Beschäftigten sind darüber zu unterrichten, welcher B. das Unternehmen angehört. – 4. *Aufgaben:* Unfallversicherung und Unfallverhütung. Bei vorsätzlicher oder grob fahrlässiger Verletzung der Unfallverhütungsvorschriften stehen der B. Sanktionsmittel zu, die von Geldstrafen bis zur Stillegung von Maschinen und Anlagen reichen. – 5. *Verfassung:* Die B. gibt sich eine Satzung, die von der Vertreterversammlung beschlossen wird und u.a. Bestimmungen treffen muß über Sitz, Vertretung, Form der Willenserklärung, Aufstellung des Haushaltsplans. Die Satzung und ihre Änderungen bedürfen der Genehmigung durch die Aufsichtsbehörde. – 6. *Aufsichtsbehörde:* Bundesversicherungsamt für bundesunmittelbare B., Landesbehörden für landesunmittelbare B. – 7. *Zusammenhang:* a) Gewerbliche B., b) Landwirtschaftliche B. im Gesamtverband der deutschen landwirtschaftlichen B. – 8. Neben der B. werden noch der Bund, die Länder, die Gemeinden und Gemeindeverbände als Versicherungsträger tätig; →Eigenunfallversicherung und →Gemeinde-Unfallversicherungsverband.

Berufsgerichte, früher: *Ehrengerichte.* 1. *Begriff:* Disziplinargerichte einzelner Berufsstände zur Reinhaltung des Berufsstandes und zur Ahndung eines Verhaltens, das mit einer anständigen Berufsgesinnung nicht in Einklang steht und das Ansehen des Berufsstandes zu beeinträchtigen geeignet ist. – 2. *Maßnahmen:* Die von den B. zu verhängenden Maßnahmen für standeswidriges Verhalten sind meist gestaffelt von Verwarnungen über Geldbußen bis zum Ausschluß aus dem Berufsstand (und damit Berufsverbot). Von den B. scharf zu trennen sind die Strafgerichte, die über die Strafbarkeit eines Verhaltens aufgrund der allgemeinen, für alle geltenden Gesetze entscheiden. – Während das Strafrecht nur tatbestandsmäßig fest umrissene Verhalten unter Strafe stellt, kann jedes standeswidrige Verhalten ehrengerichtlich geahndet werden. – 3. *Verfahren:* Das Verfahren vor den B. ist meist der Strafprozeßordnung angeglichen. Das Verfahren vor dem ordentlichen Gericht und das vor dem B. sind unabhängig voneinander, auch im Schuldspruch, meist wird das ehrengerichtliche Verfahren bis zur Entscheidung des Strafverfahrens ausgesetzt. – 4. *Rechtliche Regelungen:* Eine einheitliche Regelung für die kaufmännischen Ehrengerichte war in der Ehrengerichtsordnung der gewerblichen Wirtschaft vom 20. 1. 1937 enthalten; eine Neuordnung wird angestrebt. – Neu geregelt sind die B. der *Steuerberater und Steuerbevollmächtigten* (im StBerG) sowie *der Wirtschaftsprüfer.* – 5. Für *Beamte:* Vgl. →Disziplinarverfahren.

Berufsgliederung, Ordnung der Berufszugehörigkeit von Erwerbspersonen in der →amtlichen Statistik. – Vgl. auch →Berufssystematik.

Berufsgrundbildungsjahr (BGJ). 1. *Begriff:* Organisationsform der Grundstufe der →Berufsausbildung, in der eine berufliche Grundbildung auf Berufsfeldbreite vermittelt wird und zugleich die allgemeinen Fächer der Sekundarstufe I fortgeführt werden. Es ist für →Ausbildungsberufe, die dem Berufsfeld zugeordnet sind, Grundlage einer folgenden Fachbildung. Das B. dauert ein Jahr und wird in beruflichen Vollzeitschulen oder im →dualen System durchgeführt. – 2. *Ziele:* a) Erhöhung der beruflichen Mobilität und Flexibilität durch Entspezialisierung; b) Hinausschieben der speziellen Berufswahl durch gestufte Berufswahlentscheidung; c) Systematisierung und Pädagogisierung durch produktionsun-

abhängige Grundbildung; d) Ausgleich qualitativer und quantitativer Schwankungen im Ausbildungsplatzangebot; e) bessere Verknüpfung von theoretischem und praktischem Lernen. – 3. *Organisation/Curriculum:* Grundlage des B. ist die Gruppierung von Ausbildungsberufen zu dreizehn →Berufsfeldern sowie eine weitere Schwerpunktbildung innerhalb von sechs Berufsfeldern. Der Unterricht umfaßt einen berufsfeldübergreifenden und einen berufsfeldbezogenen – fachtheoretischen und fachpraktischen – Lernbereich; im zweiten Aubildungshalbjahr erfolgt ggf. eine Spezialisierung innerhalb der Berufsfeldschwerpunkte. Die Rahmenlehrpläne für den berufsfeldbezogenen Bereich werden von der Kultusministerkonferenz in Abstimmung mit der Bundesregierung erarbeitet. – *Anders:* →Berufsvorbereitungsjahr.

Berufsgrundbildungsjahr-Anrechnungs-Verordnung, Verordnung vom 17.7.1978, regelt die Anrechnung des Besuchs eines schulischen →Berufsgrundbildungsjahres und einer einjährigen →Berufsfachschule auf die Ausbildungszeit in Ausbildungsberufen der gewerblichen Wirtschaft und legt die Schneidung der →Berufsfelder fest. Der erfolgreiche Besuch des Berufsgrundbildungsjahrs (BGJ) wird: a) mit einem Jahr auf die Ausbildungszeit angerechnet, wenn der gewählte Ausbildungsberuf dem Berufsfeld und ggf. dem Schwerpunkt innerhalb des Berufsfeldes zugeordnet ist, in dem das BGJ durchgeführt wurde; b) mit einem halben Jahr angerechnet, wenn der Ausbildungsberuf innerhalb des entsprechenden Berufsfeldes, jedoch außerhalb des jeweiligen Schwerpunktes angesiedelt ist. Halbjährige Anrechnung gilt außerdem bei einigen zweijährigen Ausbildungsberufen sowie bei der Kfz-Mechaniker-, Kfz-Elektriker- und der Radio- und Fernsehtechnikerausbildung.

Berufsgrundsätze für Wirtschaftsprüfer, Grundsätze der Ausübung des Wirtschaftsprüferberufs, die →Wirtschaftsprüfer (WP) bei der Wahrnehmung ihrer Aufgaben zu beachten haben: 1. *Grundsatz der Unabhängigkeit und Unbefangenheit:* Der WP ist unabhängig, wenn er weder rechtlichen noch wirtschaftlichen Bindungen an die zu prüfende Gesellschaft unterliegt. Er ist unbefangen, wenn er in seiner inneren Einstellung zu der zu prüfenden Gesellschaft frei ist. – 2. *Grundsatz der Gewissenhaftigkeit:* Der WP muß bei Erfüllung seiner Aufgaben Gesetze und fachliche Regeln beachten sowie nach seinem Gewissen handeln; er hat sich von dem Grundsatz der getreuen und sorgfältigen Rechenschaftslegung leiten zu lassen. – 3. *Grundsatz der Eigenverantwortlichkeit:* Der WP hat sein Handeln in eigener Verantwortung zu bestimmen. Auch angestellte WPs haben eigenverantwortlich zu handeln; eigenverantwortliche Tätigkeit verlangt i. d. R., daß der WP bei einem WP bzw. vereidigten Buchprüfer zeichnungsberechtigt ist oder bei einer Wirtschaftsprüfungsgesellschaft oder Buchprüfungsgesellschaft die Rechtsstellung eines Prokuristen hat. – 4. *Grundsatz der Verschwiegenheit:* Der WP hat Kenntnisse von Tatsachen und Umständen, die ihm bei seiner Berufstätigkeit vertraut oder bekannt werden, sorgsam zu hüten; er darf sie weder für sich auswerten noch weitergeben. Mitarbeiter hat er ebenfalls zur Verschwiegenheit zu verpflichten. – 5. *Grundsatz der Unparteilichkeit:* Der WP hat bei Prüfungsfeststellungen und bei der Erstattung von Gutachten alle für die Beurteilung wesentlichen Tatbestände zu erfassen und sie allein aus der Sache heraus zu werten und darzustellen. Bei Gutachten für Gerichte und öffentliche Stellen sowie bei Schiedsgutachten oder bei ähnlichen Aufgaben müssen darüber hinaus gegensätzliche Auffassungen zur Sache dargestellt und gegeneinander abgewogen werden. – 6. *Grundsatz berufswürdigen Verhaltens:* Der WP muß sich so verhalten, daß er das besondere Vertrauen der Öffentlichkeit rechtfertigt und seine Treuepflicht gegenüber dem Auftraggeber wahrt; das gilt auch außerhalb der Berufstätigkeit. Im Verkehr mit anderen WPs muß er sich kollegial verhalten.

Berufsgruppe, Gliederungsstufe in der →Berufssystematik, in der fachlich näher zueinander gehörige, dem Wesen der Berufsaufgabe und Tätigkeit verwandte Berufe zusammengefaßt sind.

Berufshäufung, die von einzelnen Erwerbspersonen auf mehreren Gebieten ausgeübte und im Gegensatz zur →Nebentätigkeit für sie gleich wichtige Erwerbstätigkeit. – *Beispiele:* Gastwirtschaft und Metzgerei, Kohlen- und Baustoffhandel.

Berufshilfe, früher: *Berufsfürsorge.* 1. *Begriff:* Leistung der Unfallversicherung nach Eintritt eines →Arbeitsunfalls oder einer →Berufskrankheit durch Arbeits- und Berufsförderung. Die B. soll den Verletzten zur Wiederaufnahme seines früheren Berufs oder, wenn das nicht möglich ist, zur Aufnahme eines anderen Berufs oder einer anderen Erwerbstätigkeit befähigen und ihm zur Erhaltung oder Erlangung einer Arbeitsstelle verhelfen. Neuer Beruf oder neue Erwerbstätigkeit sollen möglichst gleichwertig sein (§ 556 RVO). – 2. *Umfang:* Die B. umfaßt insbes. Hilfen zur Erhaltung oder Erlangung eines Arbeitsplatzes einschl. Leistungen zur Förderung der Arbeitsaufnahme sowie Eingliederungshilfen an Arbeitgeber, Berufsfindung oder Arbeitserprobung, Berufsvorbereitung einschließlich einer wegen der Behinderung erforderlichen Grundausbildung; berufliche Anpassung, Fortbildung, Ausbildung und Umschulung einschl. eines zur Teilnahme an diesen Maßnahmen erforderlichen schulischen Abschlusses; sonstige Hilfen der Arbeits- und Berufsförderung, um dem Verletzten eine angemessene und geeignete Berufs- oder Erwerbstätigkeit auf dem allgemeinen Arbeitsmarkt oder in einer Werkstatt für Behinderte (→Behinderten-Werkstatt) zu ermöglichen. – Vgl. auch →Übergangsgeld.

Berufskatalog, Kurzbezeichnung für die Bestimmungen von Berufsgruppen der →Angestelltenversicherung vom 8.3.1924 (RGBl I 274, 410), geändert durch VO vom 4.2.1927 (RGBl I 58) und durch VO vom 15.7.1927 (RGBl I 222). Noch heute von der Rechtsprechung angewandt, obwohl der B. nicht erschöpfend und heute teilweise überholt ist.

Berufsklasse, Gliederungsstufe in der →Berufssystematik. Die B. ist einzelnen Berufen oder Berufssparten, die in der entsprechenden →Berufsordnung zusammengefaßt sind, oder zugehörigen Spezialisierungsformen oder berufsfachlichen Helfern vorbehalten.

Berufskleidung, *Arbeitskleidung.* 1. Die vom *Arbeitnehmer gestellte* zweckmäßige, aber nicht auf einen bestimmten Beruf abgestellte Arbeitskleidung: B. kann steuerlich nicht geltend gemacht werden, auch nicht über →Sonderausgaben. – 2. Die vom Arbeitnehmer beschaffte und als *„typische Berufskleidung"* anerkannte Arbeitskleidung (z. B. von Richtern, Ärzten, Krankenschwestern): Diese Kosten sind bei der Einkommen- und Lohnsteuer als →Werbungskosten abzugsfähig. – 3. Vom Betrieb für Zwecke der *Repräsentation* bzw. der Werbung unentgeltlich überlassene (häufig uniformierte) Arbeitskleidung: Diese B. gehört nach den Bestimmungen des Lohn- und Sozialversicherungsrechts zu den →Sachbezügen und ist demgemäß bei Berechnung von Lohnsätzen bzw. Sozialversicherungsbeiträgen zu berücksichtigen. – 4. Vom Betrieb gestellte bzw. von ihm bezahlte *Arbeitsschutzkleidung* (flammensichere Asbestanzüge, säurefeste oder wasserdichte Schürzen, Stiefel, Handschuhe, Kittel von Kaminkehrern usw.): Für die Arbeitnehmer ist die erhaltene Kleidung steuerfrei. Der Betrieb kann die angefallenen Ausgaben als →Betriebsausgaben geltend machen.

Berufskolleg, Schulform in einigen Bundesländern, die in ein bis drei Jahren zu einer beruflichen Erstqualifikation und bei mindestens zweijähriger Dauer unter besonderen Voraussetzungen zur Fachhochschulreife führt. – *Aufnahmevoraussetzung* ist der Realschulabschluß oder ein gleichwertiger Schulabschluß. – *Unterrichtsvarianten:* a) Vollzeitschule (Regelfall); b) Teilzeitunterricht bei Kooperation mit betrieblichen Ausbildungsstätten. – *Ähnlich:* →Kollegschule, →Fachakademie.

Berufskrankheit. 1. *Begriff:* Krankheit, die von der Bundesregierung durch RechtsVO bezeichnet sind und die ein Versicherter bei einer unfallversicherten Tätigkeit erleidet. Im *Gegensatz* zum →Arbeitsunfall, bei dem die schädigende Einwirkung durch ein zeitlich begrenztes, plötzliches Ereignis erfolgt, stellt die B. i.d.R. das Endergebnis einer längere Zeit andauernden, der Gesundheit nachteiligen betrieblichen Beschäftigung dar. – 2. *Geltendes Recht:* Z.Zt. gilt die 7. VO über die Ausdehnung der Unfallversicherung auf B. vom 20.6.1968 (BGBl I 721), geändert durch Verordnung vom 8.12.1976 (BGBl I 3329). Gesetzliche Grundlage für den Erlaß der 7. VO ist § 551 RVO. – 3. *Beispiele* (und deren Ursachen): Hauterkrankungen (Chemikalien), Meniskusschäden (Bergbau unter Tage), Staublungenerkrankungen, Silikose (Staub), Grauer Star (Glasverarbeitung, Schmelzerei), Infektionskrankheiten (Krankenpflege, Laboratoriumstätigkeit) u.a.m. – 4. *Verhütung:* a) Verpflichtung des Arbeitgebers (→Gesundheitsschutz), b) Aufgabe der Gewerbeaufsicht und →Berufsgenossenschaften durch Vorschläge und Belehrungen. – 5. *Entschädigung:* Die anerkannten B. gelten versicherungsrechtlich als →Arbeitsunfall und lösen somit die Leistungspflicht der gesetzlichen →Unfallversicherung aus. Gehört die Krankheit jedoch nicht zu den anerkannten B. oder finden die Vorschriften der Unfallversicherung auf den Betrieb keine Anwendung, so muß der Geschädigte nach den Vorschriften des BGB Schadensersatz verlangen und den Beweis für das Verschulden des Arbeitgebers erbringen. – 6. *Steuerliche Behandlung:* Aufwendungen zur Heilung, Vermeidung oder Milderung typischer B. gelten bei der Einkommensteuer als →Betriebsausgaben bzw. →Werbungskosten.

Berufslose, Begriff der →Erwerbstätigkeitsstatistik für Personen, die ein Einkommen beziehen, das auf Rechtsansprüche aus früherer Erwerbstätigkeit, auf Hinterbliebenenansprüche, Fürsorgeansprüche oder Vermögen gegründet ist, und Dauerinsassen von Anstalten.

Berufsoberschule, berufsbildende Schulform mit Vollzeitunterricht in Baden-Württemberg, die eine allgemeine und fachtheoretische Bildung vermittelt und in mindestens zwei Jahren zur fachgebundenen Hochschulreife führt. Durch eine Zusatzprüfung in Französisch oder Latein kann die allgemeine Hochschulreife erworben werden. – *Aufnahmevoraussetzung* ist eine abgeschlossene Berufsausbildung bzw. eine entsprechende Berufspraxis und Realschulabschluß. – Je nach beruflicher Vorbildung können folgende *Ausbildungsrichtungen* gewählt werden: Technik und Gewerbe; Wirtschaft; Hauswirtschaft und Sozialpflege; Landwirtschaft.

Berufsordnung, Gliederungsstufe in der →Berufssystematik. Die B. bildet die Basiseinheit des Systems, in der die nach dem Wesen ihrer Berufsaufgabe und Tätigkeit gleichartigen Berufe zusammengefaßt sind.

Berufspädagogik, →Berufs- und Wirtschaftspädagogik.

Berufspsychologie, Zweig der →Psychologie, der die Bedingungen feststellt, unter denen ein spezieller Beruf erfolgreich ausgeführt werden kann. – Vgl. auch →Eignungsuntersuchung, →Arbeits- und Organisationspsychologie.

Berufsregister, bei der →Wirtschaftsprüferkammer geführtes öffentliches Register für →Wirtschaftsprüfer und →Wirtschaftsprüfungsgesellschaften, auch für →vereidigte Buchprüfer und →Buchprüfungsgesellschaften.

Berufsrichter, hauptamtlicher, i.d.R. auf Lebenszeit ernannter →Richter im Gegensatz zu den teilweise in gerichtlichen Verfahren zugezogenen →ehrenamtlichen Richtern.

Berufsschadensausgleich, Leistung für Kriegsopfer § 30 III und IV BVG an Schwerbeschädigte zum Ausgleich des schädigungsbedingten Schadens im beruflichen Fortkommen. Einzelheiten regelt VO v. 11.4.1974 (BGBl I 927). – Vgl. auch →Schadensausgleich.

Berufsschule. 1. *Begriff:* Schule, die von Berufsschulpflichtigen/-berechtigten besucht wird, die sich in der beruflichen Ausbildung (→Berufsausbildung) befinden oder in einem →Arbeitsverhältnis stehen und ihre Schulpflicht noch nicht erfüllt haben (→Berufsschulpflicht). Die B. soll allgemeine und fachliche Lerninhalte unter besonderer Berücksichtigung der Anforderungen der Berufsausbildung vermitteln. Der Unterricht erfolgt in Teilzeitform an einem oder zwei Wochentagen oder in zusammenhängenden Teilabschnitten als →Blockunterricht. Er steht in enger Beziehung zur betrieblichen bzw. überbetrieblichen Ausbildung. Im Rahmen einer in Grund- und Fachstufe gegliederten Berufsausbildung kann die Grundstufe als →Berufsgrundbildungsjahr durchgeführt werden. – 2. *Geschichte:* Die B. hat ihren Ursprung in den Fortbildungsschulen des 19. Jh. Deren Wandlung von einer den Inhaltskanon der Volksschule ergänzenden und wiederholenden weltlichen Sonntagsschule zu einer berufsbezogenen-fachlichen Pflichtschule wurde zu Beginn des 20. Jh. wesentlich durch Pache und Kerschensteiner gefördert. Ab 1920/21 setzte sich die Berufsschule B. durch; in den 20er und 30er Jahren erfolgte die endgültige Umwandlung der Fortbildungsschule in fachlich gegliederte B. – 3. *Derzeitige Situation:* Die B. ist traditionell nach Fachrichtungen unterteilt in kaufmännisch-verwaltende, gewerblich-technische, hauswirtschaftlich-pflegerische, landwirtschaftliche und bergbauliche B. Überwiegende Träger der B. sind die kommunalen Gebietskörperschaften. Es besteht durchweg eine Mischfinanzierung, nach der die Schulträger die Sachkosten und die Bundesländer die Personalkosten übernehmen. Der Unterricht erfolgt in Einberufs- oder Berufsgruppenklassen; er beträgt z. Zt. überwiegend acht Wochenstunden, soll jedoch auf zwölf Wochenstunden ausgeweitet werden. Das Curriculum der B. umfaßt berufstheoretischen und berufspraktischen Unterricht sowie Unterricht in allgemeinbildenden Fächern. Die curriculare Regelungskompetenz für den Unterricht an B. liegt bei den Bundesländern, die →Lehrpläne werden jedoch zwischen den Bundesländern unter Berücksichtigung der jeweiligen →Ausbildungsordnungen abgestimmt. – Vgl. auch →Berufsbildungssystem.

Berufsschulpflicht, im Rahmen der durch Ländergesetz geregelten allgemeinen Schulpflicht i. d. R. für alle Jugendlichen bis zum vollendeten 18. Lebensjahr oder bis zum Abschluß der beruflichen Erstausbildung, sofern sie keine weiterführenden allgemeinbildenden oder beruflichen Vollzeitschulen besuchen. Die B. ist grunsätzlich an öffentlichen →Berufsschulen zu erfüllen, in deren Einzugsbereich sich der Ausbildungs- oder Beschäftigungsort des Jugendlichen befindet. Ist kein Beschäftigungsverhältnis gegeben, so ist der Wohnort maßgebend.

Berufsschutz, (umgangssprachlicher) Begriff in der gesetzlichen Rentenversicherung, der ausdrückt, daß Versicherte mit einem qualifizierten Beruf nur beschränkt auf andere (einfachere) Tätigkeiten zur Vermeidung der →Berufsunfähigkeit verweisbar sind.

Berufsstatistik, Teil der →amtlichen Statistik. Die B. weist die Erwerbstätigen nach Berufsgruppen (→Berufssystematik) und Altersgruppen aus. Erhebung durch →Berufszählung oder →Mikrozensus.

Berufssystematik. I. Amtliche Statistik: Für die →Volkszählung →Arbeitsmarktstatistik, →Beschäftigtenstatistik und Personalstatistik im öffentlichen Dienst angewandte Schema zur Gliederung der →Berufe. – *Gliederung:* Sechs →Berufsbereiche: (I.) Pflanzenbauer, Tierzüchter, Fischereiberufe, (II.) Bergleute, Mineralgewinner, (III.) Fertigungsberufe, (IV.) Technische Berufe, (V.) Dienstleistungsberufe, (VI.) Sonstige Arbeitskräfte; 33 →Berufsabschnitte, 86 →Berufsgruppen, 328 →Berufsordnungen und 1672 →Berufsklassen. Der systematische Teil der B. wird ergänzt durch ein alphabetisches Verzeichnis, das alle Berufsbenennungen unter Angabe der Kennziffer der Berufsordnung enthält. – Die deutsche Klassifizierung der Berufe ist soweit möglich auf die →ISCO (International Standard Classification of Occupations 1968) abgestimmt und enthält einen Umsteigeschlüssel.

II. Sozialversicherung: Vgl. →Berufskatalog.

III. Arbeitswissenschaft: Vgl. →Lohngruppenkatalog.

Berufstätige, →Erwerbstätige.

Berufs- und Wirtschaftspädagogik. I. Begriff: „Teildisziplin der Erziehungswissenschaft, die die pädagogischen Probleme beruflicher Bildungs- und Sozialisationsprozesse, v. a. Jugendlicher, erforscht, reflektiert und konstruktiv zu klären sucht" (Stratmann). Entsprechend der historischen Entwicklung der B.- u. W. aus der Berufsschullehrerausbildung heraus, bezeichnet *Berufspädagogik i. e. S.* die „Wissenschaft von der Ausbildung im gewerblichen und gewerblich-technischen Bereich im Rahmen der Gewerbelehrerausbildung, in Abgrenzung von der *Wirtschaftspädagogik i. e. S.* als der Wissenschaft von der Ausbildung im kaufmännisch-verwaltenden Bereich im Rahmen der Handelslehrerausbildung" (Lipsmeier). Als weitere funktionale Teilbereiche der B- u. W. gelten Berufsschulpädagogik, →Betriebspädagogik, →Arbeitspädagogik und z. T. die allgemeine Wirtschaftserziehung.

II. Entwicklung: In Anlehnung an Zabeck lassen sich drei Phasen in der disziplinären Entwicklung der B.- u. W. unterscheiden: *1. Phase:* B.- u. W. als Fortbildungs- und Handelsschulpädagogik unter der pragmatischen Zielsetzung, künftige Handels- oder Gewerbelehrer didaktisch-methodisch auf die Anforderungen berufsbezogenen Unterrichts vorzubereiten (bis Mitte der 20er Jahre). – *2. Phase:* Unter der umfassenden Bezeichnung „Wirtschaftspädagogik" wurde seit Ende der 20er Jahre auf der Basis der Berufsbildungstheorie der Anspruch entwickelt, daß die B.- u. W. eine kulturphilosophisch begründete, eigenständige erziehungswissenschaftliche Disziplin sei, die allein für Wissenschaft konstitutiven Merkmale aufweise und sich in bewußter Abgrenzung gegenüber der „allgemeinen Erziehungswissenschaft" dem Wesen der Beziehung von Wirtschaft und Bildung zuwende (→Berufsbildung). Die Leistung dieses Ansatzes bestand darin, die unter dem Einfluß des neuhumanistischen Bildungsideals diskreditierte und vernachlässigte Berufserziehung bildungsphilosophisch rehabilitiert und in den pädagogischen Reflexionszusammenhang einbezogen zu haben. Ideologische Grundlage dafür war die kulturphilosophisch begründete Annahme, daß der Bereich der Wirtschaft neben Religion, Wissenschaft, Kunst, Staat und Gesellschaft ein relevanter Kulturbereich, d. h. eine Ausprägung des „objektiven Geistes" sei. Über die interessengeleitete Auseinandersetzung mit dem Kulturbereich Wirtschaft sei es möglich, den jungen Menschen kulturfähig zu machen. Entsprechend sei ein Bildungstyp des Wirtschaftsmenschen zu identifizieren, dessen Wesen und Entwicklung zentrale Bezugspunkte der traditionellen B.- u. W. waren und der es zugleich erlaubte, den Autonomieanspruch der B.- u. W. zu begründen. – *Hauptvertreter* dieser Richtung waren Schließer, Abraham, Dörschel, Feld und Baumgardt. – *3. Phase:* Die Kritik an der traditionellen B.- u. W. bezog sich v. a. auf zwei Aspekte: a) dessen normativ-deduktivistischen und antiempirischen Denkansatz, der über die Beschäftigung mit dem Wesen von Erziehung, Bildung, Beruf und Wirtschaft deren reale Erscheinungen und Probleme ignorierte und sich gegen Erfahrung immunisierte; b) dessen Idee von der „wirtschaftlichen Bildung", der entgegengehalten wurde, daß Erziehung bzw. Bildung nicht parzellierbar seien, sondern daß es nur einen einheitlichen Aspekt der Erziehungswissenschaft gebe. Entsprechend wird B.- u. W. im Rahmen einer nach anthropologisch bedeutsamen Lebensbereich gegliederten, aber auf einen einheitlichen Erkenntnisgegenstand bezogenen Erziehungswissenschaft heute als Spezialdisziplin begriffen, die sich auf Erziehungsprozesse im Umkreis des wirtschaftsberuflichen Handlungs- und Problemzusammenhanges konzentriert.

III. Positionen: Entsprechend unterschiedlicher wissenwirtschaftstheoretischer Positionen in der Erziehungswissenschaft insgesamt läßt sich im Bereich der B.- u. W. eine Vielzahl konkurrierender Ansätze unterscheiden, deren gemeinsames Merkmal in der Ablehnung der traditionellen kulturphilosophischen B.- u. W. sowie in der verstärkten Hinwendung zu empirischen Verfahren zu sehen ist. In grober Klassifikation können unterschieden werden: 1. *Verhaltenstheoretische Positionen,* die Probleme der Lehrer-Schüler-Interaktion in den Mittelpunkt stellen, diese unter methodologischer Orientierung am Konzept des Kritischen Rationalismus und verhaltenstheoretischer Konzepte der Psychologie aufzuklären versuchen und so eine sukzessive Verbesserung der Ausbildungspraxis anstreben. – 2. *Systemtheoretische Ansätze,* die unter der Leitidee gesellschaftlicher Funktionalität und unter besonderer Berücksichtigung der Anforderungen des Beschäftigungssystems versuchen, ein (theoretisches) Subsystem Berufserziehung zu konstruieren, von dem her die Erziehungswirklichkeit erschlossen und beurteilt werden kann und in pragmatischer Absicht in Hinblick auf den Systemzweck optimale institutionelle und curriculare Arrangements getroffen werden können. – 3. *Handlungstheoretische Ansätze,* deren grundlegender Anspruch darin besteht, Prozesse beruflicher Sozialisation vom Subjekt her zu analysieren. Dies bedeutet insbes. a) Bezugnahme auf ein interaktionistisches Person-Umwelt-Konzept, dessen zentrales Konstrukt der Handlungsbegriff ist; b) Orien-

tierung an der bildungstheoretisch begründeten Leitidee der Mündigkeit des Subjekts und c) methodologische Verknüpfung empirisch-analytischer und hemeneutisch-interpretativer Verfahren in Anlehnung an die Kritische Theorie der Frankfurter Schule.

IV. Forschungsfelder: a) Ziel- und Normenproblematik, insbes. die Frage nach dem Verhältnis von →Berufsbildung und Allgemeinbildung; b) Evaluation und Entwicklung beruflicher Curricula (→wirtschaftsberufliche Curriculumentwicklung); c) Probleme der didaktisch-methodischen Gestaltung beruflicher Lernprozesse (→Wirtschaftsdidaktik, →Wirtschaftslehre); d) Lernortproblematik bzw. Theorie und Emperie der →Lernorte der beruflichen Bildung.

Literatur: Heid, H., Lempert, W., Zabeck, J. (Hrsg.), Ansätze berufs- und wirtschaftspädagogischer Theoriebildung, Beiheft 1 der Zeitschrift für Berufs- und Wirtschaftspädagogik, Wiesbaden 1980; Reetz, L., Gesichtspunkte zur Revision der didaktischen Reflexion in der Wirtschaftspädagogik, in: Die Deutsche Berufs- und Fachschule, H. 3/1970, S. 196–211; Schlieper, F., Allgemeine Berufspädagogik, Freiburg 1963; Stratmann, K., Bartel, W. (Hrsg.), Berufspädagogik, Köln 1975; Stratmann, K., Bartel, W. (Hrsg.), Berufs-/Wirtschaftspädagogik, in: Blankertz, H. u. a. (Hrs.), Lexikon – Sekundarstufe II – Jugendbildung zwischen Schule und Beruf (Bd. 9.2 der Enzyklopädie Erziehungswissenschaft), Stuttgart 1982, S. 186–189; Voigt, W., Einführung in die Berufs- und Wirtschaftspädagogik, München 1975; Zabeck, J., Fischer, W., Berufs- und Wirtschaftspädagogik, in: Speck, J., Wehle, G. (Hrsg.), Handbuch pädagogischer Grundbegriffe, München 1970, S. 113–133.

Dipl.-Hdl. Tade Tramm

Berufsunfähigkeit. I. Gesetzliche Rentenversicherung: 1. Begriff: B. liegt vor, wenn die Erwerbsfähigkeit des Versicherten infolge Krankheit oder anderer Gebrechen oder Schwäche seiner körperlichen oder geistigen Kräfte auf weniger als die Hälfte derjenigen eines körperlich und geistig gesunden Versicherten mit ähnlicher Ausbildung und gleichwertigen Kenntnissen und Fähigkeiten herabgesunken ist (§ 1246 RVO, § 23 AVG, § 46 RKG). – a) Wegen der wenig präzisen gesetzlichen Begriffsbestimmung hat sich eine umfangreiche detaillierte *Rechtsprechung* herausgebildet, die von *folgenden Grundsätzen* ausgeht: Ausgangspunkt ist der bisherige Beruf des Versicherten; i. d. R. der letzte in einer versicherungspflichtigen Beschäftigung oder Tätigkeit ausgeübte Beruf. Dieser ist Anknüpfungspunkt für die Prüfung der Frage, auf welche Berufe ein Versicherter zumutbar verwiesen werden kann, wenn er krankheitsbedingt seinen bisherigen Beruf nicht mehr ausüben kann, aber noch in der Lage ist, andere Tätigkeiten des allgemeinen Arbeitsmarktes zu verrichten. – b) Dazu vom Bundessozialgericht (BSG) für die Arbeiterrentenversicherung ein entwickeltes *Mehrstufenschema* gekennzeichnet durch vier Leitberufe: (1) Vorarbeiter mit Vorgesetztenfunktion, (2) Facharbeiter, (3) angelernter Arbeiter, (4) ungelernte Arbeiter. Kriterium für die Einstufung sind v. a. Ausbildung, Qualität der Arbeit im Beruf und tarifliche Bewertung und

Einstufung. Ein Versicherter, der seinen bisherigen Beruf nicht mehr ausüben kann, muß sich auf Berufe der jeweils nächst-niedrigeren Stufe zumutbar verweisen lassen, wenn er diese nach seinem Gesundheitszustand und nach einer Einarbeitungs- bzw. Einweisungszeit von längstens drei Monaten vollwertig verrichten kann und hierbei mehr als die Hälfte seines bisherigen Lohnes erzielt. – c) Das Mehrstufenschema gilt nach der Rechtsprechung auch entsprechend für die Angestelltenversicherung; der →*Berufsschutz* besteht nur in diesem Rahmen. Bei der Verweisung auf andere Berufe muß dem Versicherten mindestens ein für ihn zumutbarer Beruf konkret benannt werden; auf Berufe, die auf dem Arbeitsmarkt nicht in nennenswertem Umfang vorhanden sind, kann nicht verwiesen werden. Dagegen kommt es nicht darauf an, ob der Versicherte einen Arbeitsplatz in dem zumutbaren Verweisungsberuf erhält; kann er einen solchen Arbeitsplatz nicht erhalten, so ist er nicht berufsunfähig, sondern arbeitslos. Dies gilt jedenfalls für Versicherte, die noch vollschichtig in einem Verweisungsberuf arbeiten können. Bei Versicherten, die aus gesundheitlichen Gründen nur noch Teilzeitarbeit verrichten können, ist dagegen zu prüfen, ob der Arbeitsmarkt hierfür nicht verschlossen ist; kann dem aus gesundheitlichen Gründen auf Teilzeitarbeit angewiesenen Versicherten innerhalb eines Jahres kein Arbeitsplatz vom Rentenversicherungsträger oder vom zuständigen Arbeitsamt angeboten werden, ist er auch berufsunfähig. – Im einzelnen bestehen hinsichtlich der Feststellung des bisherigen Berufs (Berufsschutzes) und der Zumutbarkeit der Verweisung auf andere Berufe zahlreiche Einzelregelungen und auch Streitfragen. – d) Wer *nicht berufsunfähig* ist, ist auch *nicht →erwerbsunfähig*. – 2. *Folgen:* a) B. löst bei Vorliegen der versicherungsrechtlichen Voraussetzungen in der Angestelltenversicherung und in der Arbeiterrentenversicherung eine →Berufsunfähigkeitsrente und in der Knappschaftsversicherung eine →Knappschaftsrente aus. – b) Beruht die B. nicht nur auf gesundheitlichen Gründen, sondern auch auf dem Verschlossensein des Arbeitsmarktes, weil nur noch Teilzeitarbeit möglich ist, so wird nur eine Zeitrente von höchstens drei Jahren gewährt, die aber verlängert werden kann (§ 1276 RVO, § 53 AVG, § 72 RKG).

II. Lebensversicherung: 1. *Begriff:* *Vollständige B.* liegt vor, wenn der Versicherte infolge Krankheit, Körperverletzung oder Kräfteverfalls, die ärztlich nachzuweisen sind, voraussichtlich dauernd außerstande ist, seinen Beruf oder eine andere Tätigkeit auszuüben, die aufgrund seiner Ausbildung und Erfahrung ausgeübt werden kann und seiner bisherigen Lebensstellung entspricht. *Teilweise B.* liegt vor, wenn diese Voraussetzungen

nur zu einem bestimmten Grad erfüllt sind. – 2. *Folgen:* B. löst Leistungen aus der →Berufsunfähigkeitszusatzversicherung bzw. der selbständigen →Berufsunfähigkeitsversicherung aus.

Berufsunfähigkeitsrente, Leistung der gesetzlichen Rentenversicherung für den Versicherungsfall der →Berufsunfähigkeit. – 1. *Voraussetzungen:* Berufsunfähigkeit sowie die Erfüllung der →Wartezeit von 60 Monaten. Seit 1.1.1984 müssen außerdem während der letzten 60 Monate vor Eintritt der Berufsunfähigkeit mindestens 36 Monate mit Pflichtbeiträgen belegt sein oder die Berufsunfähigkeit nach § 1252 RVO, § 29 AVG, § 52 RKG eingetreten sein. Nach § 1246 II a 2 RVO, § 23 II a 2 AVG, § 46 II a 2 RKG werden bestimmte Zeiten für die Ermittlung der 60 Kalendermonate, in denen 36 Pflichtbeiträge enthalten sein müssen, nicht mitgezählt (Ersatzzeiten, Ausfallzeiten, Rentenbezugsseiten, Kindererziehungszeiten u.a.). – 2. *Laufzeit:* Die B. wird i.d.R. auf Dauer gewährt. Eine Zeitrente ist zu gewähren, wenn begründete Aussicht besteht, daß die Berufsunfähigkeit in absehbarer Zeit behoben werden kann, oder die Berufsunfähigkeit nicht ausschließlich auf dem Gesundheitszustand des Berechtigten beruht (§ 1276 RVO, § 53 AVG). Bei Wegfall der Berufsunfähigkeit kann die Rente wieder entzogen werden. – 3. *Höhe:* Die B. beträgt für jedes anrechnungsfähige Versicherungsjahr 1% – in der Knappschaftsversicherung 1,2%, solange eine knappschaftliche versicherungspflichtige Beschäftigung ausgeübt wird, sonst 1,8% – der persönlichen →Rentenbemessungsgrundlage (§§ 1246, 125 RVO, §§ 23, 30 AVG, §§ 46, 53 RKG). – 4. *Steuerliche Behandlung:* Vgl. →Rentensteuerung I 8.

Berufsunfähigkeitsversicherung, im Gegensatz zur →Berufsunfähigkeits-Zusatzversicherung eine selbständige →Lebensversicherung. Bei Berufsunfähigkeit (mindestens 50%) Rentenleistungen für die (restliche) vereinbarte Versicherungsdauer. Dem Berufunfähigkeitsgrad entsprechend gestaffelte Leistungen sind nicht üblich.

Berufsunfähigkeits-Zusatzversicherung, *Invaliditäts-Zusatzversicherung,* zu einer →Lebensversicherung für den Fall einer vorzeitigen Erwerbs- und Berufsunfähigkeit zusätzlich abgeschlossene Versicherung. Es kann vorgesehen werden: Prämienbefreiung für die weitere Dauer der Versicherung mit oder ohne Zahlung einer Rente bis zur Fälligkeit der Hauptversicherung. Bei nur *teilweiser Erwerbs- und Berufsunfähigkeit* bemessen sich die Leistungen nach einer bei den einzelnen Versicherungsgesellschaften verschiedenen Staffel.

Berufsunfall, →Arbeitsunfall.

Berufsverband Deutscher Soziologen e. V., Sitz in Kiel. – *Aufgaben:* Vertretung der Belange und Wahrung der Berufsinteressen der Mitglieder; Förderung der Entwicklung der wissenschaftlichen Soziologie, ihrer Anwendung und Vermittlung.

Berufsverbände, durch Zwang oder freiwillig gegründete Interessenvertretungen, deren Mitglieder Angehörige desselben Berufes oder nahe verwandter Berufe sind. Sie dienen allgemeinen wirtschaftlichen und kulturellen Zwecken.

I. A r b e i t s r e c h t : 1. *Begriff:* Zusammenschlüsse der Arbeitgeber (→Arbeitgeberverbände) und der Arbeitnehmer (→Gewerkschaften) zur Wahrung und Förderung der Wirtschaftsbedingungen ihrer Mitglieder durch ihre →Tariffähigkeit. Werden auch als *Sozialpartner* bezeichnet. – Vgl. auch →Koalition. – 2. *Gliederung* überwiegend nach dem →Industrieverbandsprinzip, d. h. für bestimmte Industrie- oder Gewerbezweige. – a) *Arbeitgeberverbände* (→Organisation der gewerblichen Wirtschaft 3): Zur Zeit bestehen 47 fachliche Spitzenverbände, darunter für 30 Industriezweige einschl. Bergbau, für das Handwerk, die Land- und Forstwirtschaft, den Einzelhandel, den Groß- und Außenhandel, das Bank-, Versicherungs- und Verkehrsgewerbe, die Zeitungsverleger, sowie zwölf überfachliche gemischtgewerbliche Landesverbände. – *Spitzenverband:* →Bundesvereinigung der Deutschen Arbeitgeberverbände. – b) *Arbeitnehmerverbände:* Die Industriegewerkschaften sind regional gegliedert in Landesbezirke, Kreis- und Ortsverwaltungen. – *Spitzenverbände:* →Deutscher Gewerkschaftsbund (DGB) und →Deutsche Angestellten-Gewerkschaft (DAG).

II. H a n d w e r k : Besonders organisierte berufsständische Verbände für Handwerker, teils mit Pflichtzugehörigkeit (→Handwerkskammer), teils gebildet auf freiwilliger Mitgliedschaft (→Handwerksinnung).

III. S t e u e r l i c h e B e h a n d l u n g : 1. *Körperschaftsteuer:* Befreit gem. § 5 I Nr. 5 KStG, wenn der Zweck des B. nicht auf einen wirtschaftlichen Geschäftsbetrieb gerichtet ist und nur die ideellen und wirtschaftlichen Interessen des Berufsstandes wahrgenommen werden (Absch. 8 KStR). – 2. *Vermögensteuer:* Befreit gem. § 3 I Nr. 8 VStG unter gleichen Voraussetzungen, insbes. auch, wenn die B. keinen öffentlich-rechtlichen Charakter haben. – 3. *Beiträge zu B.* sind bei der Einkommen- bzw. Körperschaftsteuer der Mitglieder als →Betriebsausgaben oder →Werbungskosten abzugsfähig, nicht dagegen Aufwendungen des Steuerpflichtigen aus Anlaß von gesellschaftlichen Veranstaltungen des B.; diese gelten als →Lebenshaltungskosten.

Berufsverbandsprinzip, Gliederung der Vereinigungen von Arbeitnehmern und -gebern (→Berufsverbände) nach Berufszugehörigkeit. In der Bundesrep. D. auch →Koalition, →Gewerkschaft. – *Gegensatz:* →Industrieverbandsprinzip.

Berufsverbot. 1. Das vom Staat oder von den →Berufsgerichten eines Berufsstandes gegenüber einem Berufsangehörigen bei schwerwiegendem Verstoß gegen das Gemeinwohl oder das Berufsethos ausgesprochene und die Ausübung eines besonderes Vertrauen voraussetzenden Berufs untersagende *Verbot.* – 2. Anordnung durch Gericht im *Strafverfahren* bei rechtswidrigen Taten, die unter Mißbrauch des Berufs oder Gewerbes oder unter grober Verletzung der mit ihnen verbundenen Pflichten begangen worden sind. B. kann auf ein bis fünf Jahre und für immer ausgesprochen werden. Neben Aussetzung des B. zur Bewährung besteht auch die Möglichkeit der Verhängung eines vorläufigen B. (§§ 70 ff. StGB, 132a StPO). – Vgl. auch →Betriebsschließung, →Gewerbeuntersagung.

Berufsvereinigungen, Vereinigungen, die, nach Berufen organisiert, die beruflichen und wirtschaftlichen Interessen ihrer Mitglieder vertreten, überwiegend unabhängige Zusammenschlüsse (z. B. Innungen und Kammern); auch Arbeitgeberverbände und Gewerkschaften können als B. bezeichnet werden. – Vgl. auch →Berufsverbände.

Berufsverkehr, Personenverkehr zwischen Wohn- und Arbeitsstätten, überwiegend mit Privatfahrzeugen und Fahrzeugen des →öffentlichen Personennahverkehrs.

Berufsvorbereitungsjahr (BVJ), einjähriges, vollzeitschulisches Bildungsjahr, das zur Erfüllung der allgemeinen Schulpflicht an berufsbildenden Schulen absolviert wird. – *Adressaten:* Die ursprüngliche Zielrichtung war darauf gerichtet, Jugendliche gezielt zu fördern, die aufgrund ihrer körperlichen und/ oder geistigen Entwicklung nicht oder noch nicht in der Lage sind, eine Berufswahlentscheidung zu treffen oder eine berufliche Ausbildung zu beginnen. Unter dem Einfluß von Ausbildungsplatzmangel und Jugendarbeitslosigkeit hat sich der Adressatenkreis dahin verschoben, daß Jugendliche das B. besuchen müssen, wenn sie nach Beendigung der allgemeinbildenden Schule weder einen vollzeitschulischen Bildungsgang wählen noch ein Ausbildungsverhältnis eingehen und ihre Schulpflicht noch nicht erfüllt haben. – Mit dem *Abschluß des B.* ist i. d. R. eine Qualifikation noch eine Zugangsberechtigung zu anderen Bildungseinrichtungen verbunden. – Der *inhaltliche Akzent* des B. liegt auf der Vermittlung grundlegender fachlicher Kenntnisse und Fertigkeiten aus einem oder mehreren →Berufsfeldern. Ein besonderes didaktisches Gewicht soll fachpraktischen Lernprozessen

zukommen. – *Anders:* →Berufsgrundbil-
dungsjahr.

Berufszählung, eine zumeist mit der
→Volkszählung gekoppelte statistische Erhebung über →Erwerbstätigkeit und Berufsver-
hältnisse der Bevölkerung; zuletzt 1987.

Berufszugehöriger, Begriff der →Erwerbs-
tätigkeitsstatistik für die Erwerbspersonen
bzw. selbständigen →Berufslosen mit ihren
→Angehörigen ohne Hauptberuf.

Berufszulassung im Handwerk, →Meister-
prüfung.

Berufung. I. Zivilprozeßordnung: 1.
Rechtsmittel gegen Urteile erster Instanz (ausgenommen →Versäumnisurteile, gegen die
→Einspruch gegeben ist) zwecks erneuter
Verhandlung des Rechtsstreites vor dem
nächst höheren Gericht (§§ 511–544 ZPO).
Der gesamte von der B. betroffene Prozeßstoff
ist neu zu prüfen und zu beurteilen. Bei
vermögensrechtlichen Ansprüchen muß der
Wert des Beschwerdegegenstandes (Unterschied zwischen →Antrag und Urteil) 700 DM
übersteigen. – 2. *B.sgericht* für angefochtene
amtsgerichtliche Urteile ist das Landgericht,
mit Ausnahme der →Familiensachen und
→Kindschaftssachen, bei denen die B. an das
Oberlandesgericht geht; für landgerichtliche
Urteile erster Instanz das Oberlandesgericht. –
3. *Einlegung:* Die B. ist innerhalb eines
Monats nach →Zustellung des in vollständiger Form abgefaßten Urteils durch Einreichung einer von einem Rechtsanwalt unter-
schriebenen B.-Schrift beim B.-Gericht einzulegen und innerhalb eines weiteren Monats
nach Einlegung zu begründen. Gegen Frist-
versäumnis u. U. →Wiedereinsetzung in den
vorigen Stand. Neue Tatsachen und →Beweis-
mittel, die im ersten Rechtszug nicht zu Recht
zurückgewiesen worden sind, können die Parteien unter einschränkenden Voraussetzungen
vorbringen. Wurden sie entgegen einer im
ersten Rechtszug gesetzten Frist nicht vorgebracht, sind sie nur zuzulassen, wenn nach der
freien Überzeugung des Gerichts ihre Zulassung die Erledigung des Rechtsstreits nicht
verzögern würde oder wenn die Partei die
Verspätung genügend entschuldigt, was
glaubhaft zu machen ist. Wurden sie unter
Verletzung der allgemeinen Prozeßförde-
rungspflicht nicht rechtzeitig vorgebracht
oder mitgeteilt, so sind sie nur zuzulassen,
wenn eine Verzögerung des Rechtsstreites
nicht eintreten würde oder wenn die Partei das
Vorbringen im ersten Rechtszug nicht aus
grober Nachlässigkeit unterlassen hat. – 4. Ein
Gesuch um Bewilligung von →*Prozeßkosten-
hilfe* muß für den Rechtszug gesondert
gestellt werden (§ 119 ZPO). – 5. Ist die B.
zulässig, *entscheidet* das Gericht im Rahmen
der gestellten Anträge neu, kann aber das
Urteil erster Instanz im allg. nicht zum Nachteil des B.-Kläges ändern; ausnahmsweise

(z. B. bei schweren Verfahrensfehlern) kann es
den Rechtsstreit unter Aufhebung des Urteils
an die erste Instanz zur nochmaligen Verhandlung zurückverweisen. – 6. Die *Kosten* der B.,
bei Erfolg auch die des ganzen Rechtsstreits,
trägt die unterliegende Partei.

II. Strafprozeßordnung (§§ 312–332
StPO): 1. Das gegen die Urteile der Amtsge-
richte zulässige *Rechtsmittel*. Die B. kann auf
einzelne Teile des Urteilsspruches (z. B. Straf-
höhe) beschränkt werden. – 2. *Einlegung:* Die
B. muß innerhalb einer Woche beim Amtsgericht schriftlich oder zu Protokoll der
Geschäftsstelle eingelegt werden. Die Frist
beginnt mit Verkündung des Urteils, ausnahmsweise erst mit dessen formeller Zustellung a) für den bei der Verkündigung des
Urteils nicht anwesenden Angeklagten; b) für
andere Prozeßbeteiligte, die bei der Urteilsverkündung nicht anwesend und auch nicht
vertreten waren (z. B. →Nebenkläger); c) für
die Steuer- und Zollbehörden als Nebenklä-
ger, auch wenn sie bei Urteilsverkündung
vertreten waren. – 3. B. *bewirkt erneute
Verhandlung* vor der Strafkammer des Lan-
desgerichts und hemmt den Eintritt der
Rechtskraft des Urteils. Auf die alleinige
B. des Angeklagten kann das angefochtene
Urteil nicht zu seinem Nachteil geändert
werden.

III. Arbeitsgerichtsbarkeit (§§ 64 ff.
ArbGG): 1. *Rechtsmittel* gegen Urteile der
→Arbeitsgerichte an das →Landesarbeits-
gericht. – 2. *Zulässig:* a) Gegen *Urteile der
Arbeitsgerichte* ist nach § 64 ArbGG die B. an
das Landesarbeitsgericht statthaft. – b) In
vermögensrechtlichen Streitigkeiten ist die B.
nur möglich (§ 64 II): (1) wenn der Wert des
Beschwerdegegenstandes 800 DM übersteigt,
oder b) wenn das Arbeitsgericht die B. aus
einem der in § 64 III ArbGG aufgeführten
Gründe zugelassen hat. – 3. *Berufungsfrist und
-begründungsfrist* betragen je einen Monat.
Die B. innerhalb einer Frist von einem Monat
nach Zustellung der B.-begründung beantwortet werden. – 4. *Vertretung* durch Rechtsanwälte oder Vertreter von Gewerkschaften oder
von Arbeitgebervereinigungen (→Koalition,
→Berufsverband)   erforderlich   (§ 11   II
ArbGG, →Arbeitsgerichtsbarkeit).

IV. Verwaltungsgerichtsbarkeit
(§§ 124–131 VwGO): 1. *Rechtsmittel* gegen
Urteile der Verwaltungsgerichte an das *Oberverwaltungsgericht.* – 2. *Einlegung* binnen eines
Monats seit Zustellung des Urteils beim Verwaltungsgericht schriftlich oder zu Protokoll
des Urkundsbeamten der Geschäftsstelle. – 3.
Für *besondere Rechtsgebiete* kann die Berufung von einer besonderen *Zulassung* abhängig gemacht werden (Gesetz vom 21.1.1960,
BGBl I 44: In Steitigkeiten über Preise,
Abgaben, Kosten, Strafen und Zwangsgeld
unter 300 DM, über Wohnraumbewirtschaf-
tung, Flüchtlings- und Ausländersachen Beru-

fung zulassungsbedürftig). In diesen Fällen ist die B. nur zuzulassen, wenn die Sache grundsätzlich Bedeutung hat oder das Urteil von einer Entscheidung des Bundesverwaltungsgerichts oder eines Oberverwaltungsgerichts abweicht. Gegen Nichtzulassung der Berufung ist binnen eines Monats nach Zustellung die →Beschwerde zulässig. – 4. Das Oberverwaltungsgericht prüft den Streitfall im Rahmen der beantragten Änderungen im gleichen Umfange wie das Verwaltungsgericht. Neue Tatsachen und Beweismittel können vorgebracht werden.

berührungssensitiver Bildschirm, →Kontaktbildschirm.

Besatzungsgut, nach den allgemeinen Regeln des Völkerrechts hinsichtlich der →Zölle und →Verbrauchsteuern exemt, d. h. es bleibt ausländisches Zollgut, solange es sich in den Händen der Besatzung befindet. – Für die Mitglieder der *alliierten Streitkräfte* werden diese Grundsätze im wesentlichen durch Art. 33–35 des Truppenvertrages und das in Ausführung dieser Bestimmungen erlassene Truppenzollgesetz vom 29. 10. 1955 (BGBl I 691) bestätigt; die Verbrauchsteuerbefreiung umfaßt aber nicht die Verbrauchsteuern auf Tabak, Kaffee, Tee, Zucker, Branntwein, Schaumwein und Benzin, wenn aus inländischen Herstellungsbetrieben bezogen wird.

Beschädigtenrente, an einen Kriegsbeschädigten zu zahlende Rente nach dem →Bundesversorgungsgesetz. – 1. *Voraussetzung* ist eine →Kriegsbeschädigung, die eine Minderung der Erwerbsfähigkeit (MdE) von mindestens 25% bedingt. – 2. *Höhe:* Abhängig vom Grad der Erwerbsminderung und dem Einkommen des Rentenbeziehers. – 3. *Zusammensetzung:* a) →Grundrente: Einkommensunabhängig in der Höhe gestaffelt nach dem Grad der MdE (§ 31 BVG). Ist der Beschädigte durch die Art der Schädigungsfolgen in seinem vor der Schädigung ausgeübten oder begonnenen Beruf besonders betroffen, ist die MdE höher zu bewerten (§ 30 II BVG). Berufsschadensausgleich erhalten Beschädigte, deren Einkommen auf gegenwärtiger oder früherer Tätigkeit durch die Schädigungsfolgen gemindert ist (§ 30 Abs. 3 BVG). – b) →Ausgleichsrente: Für Schwerbeschädigte mit einer MdE von mindestens 50%; anderes Einkommen ist anrechenbar. – c) *Ehegattenzuschlag* (§ 33a BVG) und *Kinderzuschlag* für Kinder bis zur Vollendung des 16. Lebensjahres und bei Erfüllung bestimmter Voraussetzungen bis zum 27. Lebensjahr (§ 33b BVG). – d) Gestaffelte *Schwerstbeschädigtenzulage* für erwerbsunfähig Beschädigte mit eine MdE von mehr als 90%, die durch die Schädigungsfolgen gesundheitlich außergewöhnlich betroffen sind (§ 30 V BVG).

Beschaffung. I. Begriff: 1. In Wissenschaft und Praxis uneinheitlich verwendet. B.

bezeichnet (1) die *erste Phase* des betrieblichen Umsatzprozesses, (2) die *Aufgabe* und (3) die *organisatorische Einheit,* die diese Aufgabe bewältigen soll. Begriff wie *Einkauf, Versorgung* und *Materialwirtschaft* werden teils synonym, teils enger und teils weiter als der Begriff B. benutzt. – 2. In der Betriebswirtschaftslehre kennzeichnet B. eine der *leistungswirtschaftlichen Grundfunktionen.* – 3. Dagegen wird im Rahmen der *Objektlehren* die Teilaufgabe der B. häufig mitbehandelt (bei Material-, Personal-, Finanz-, Informationswirtschaft).

II. A u f g a b e n : Im Zuge der Leistungserstellung verbrauchen Unternehmen teilweise oder vollständig Inputfaktoren (Potential- oder Repetierfaktoren). B. soll die zur Aufrechterhaltung der Produktionsprozesse erforderlichen Inputfaktoren aus der Umwelt (→Beschaffungsmarkt) verfügbar machen und dem Betrieb zuführen. Sie steht also im Spannungsfeld zwischen marktlichen Möglichkeiten (Chancen und Risiken) und betriebsinternen Gegebenheiten. Als Grenzsystem hat die B. zwischen den Anforderungen der Lieferanten und der betriebsinternen Bedarfsträger zu vermitteln. – *Konflikte* resultieren aus widersprüchlichen Anforderungen in Bezug auf a) rechtliche Struktur des Transaktionsprozesses, b) Struktur der Transaktionsobjekte (Qualität, Eigenschaftsmerkmale), c) Struktur der Gegenleistung (Preis, Konditionen, Haftung), d) Struktur der körperlichen Leistungsübertragung (Zeit und Ort der Übergabe, Transport), e) Struktur der Informationsflüsse. B. löst solche Konflikte zwischen den Transaktionsparteien mit den Instrumenten der →Beschaffungspolitik. B. kann deshalb auch als „Management der Transaktionsprozesse zwischen Lieferanten und Bedarfsträgern" (Grochla) umschrieben werden.

III. O b j e k t e : Die Vielfalt der B.objekte kann folgendermaßen *systematisiert* werden: (1) Sachgüter (Materialien), (2) Anlagegüter (Betriebsmittel, Anlagen, Gebäude), (3) Informationen, (4) Energie, (5) Personal-, Dienstleistungen, (6) Rechtstitel, (7) Geld und Nominaltitel. – In der Praxis *institutionelle Arbeitsteilung* mit sehr unterschiedlichen Gestaltungsmustern. Nach der jeweiligen Situation erfolgt die organisationale Bewältigung durch Objektzentralisation und Verrichtungszentralisation bzw. umgekehrt oder durch Kombination dieser Organisationskriterien. I. d. R. ist die B.sabteilung mit der Materialbeschaffung, gelegentlich auch mit der Anlagenbeschaffung betraut.

IV. Z i e l e : *Konfliktäre Zielsetzung:* a) Sicherstellung der Versorgung mit Inputfaktoren; b) Wahrnehmung von Marktchancen und Vermeidung von Risiken; c) Realisierung der Vorgaben des Absatz- bzw. Produktionsplanes (→Materialbedarfsplanung), gleichzeitig aber auch originäre Entscheidungseinheit; d) Beitrag zur Kostenminimierung („beschaffungspolitisches Optimum").

V. Entscheidungsfelder: Unter Berücksichtigung der Wirkungsrichtung der B.smaßnahmen (betriebsintern/marktgerichtet) und der Bedeutung beschaffungspolitischer Entscheidungen für den gesamten Betrieb lassen sich prinzipiell unterscheiden: 1. Rein *dispositive betriebsgerichtete B.:* Wesentliche Entscheidungsgegenstände sind z. B. a) Optimierung der B.smenge bei gegebenem Bedarf, b) Materialbereitstellung an den Verbrauchsorten, c) Überprüfung des B.ssortimentes. – 2. Rein *dispositive, marktgerichtete B.:* Suche nach geeigneten Lieferanten, Lieferantenwechsel, Verhandlungen über Transaktionsbedingungen. – 3. *Strategische unternehmenspolitische* B.sentscheidungen: →Beschaffungsplanung; Schaffung leistungswirksamer Organisationsstrukturen, qualitative Bedarfsfestlegung im Hinblick auf neue Produkte, Technologien und Produktionsverfahren. – 4. *Strategische marktgerichtete* B.sentscheidungen: Aufbau wirkungsvoller Transaktionspotentiale auf den B.märkten: a) absolut (Stärkung der eigenen Marktmacht als Nachfrager), b) relativ (Stimulierung der Angebotskonkurrenz durch Aufbau neuer Lieferanten, regionale Ausdehnung der B.smärkte, horizontale Verhaltensabstimmung auf der Nachfragerseite usw.); →Beschaffungsforschung.

VI. B. internationaler Unternehmen: Vgl. →internationale Beschaffung.

Beschaffungsbudget, →Budget der erwarteten Ausgaben für die zu beschaffenden Objekte *(Einkaufsbudget)* und für die Durchführung aller beschaffungswirtschaftlichen Aufgaben *(Beschaffungskostenbudget).* – *Zweck:* Vorgabe, Koordination und Kontrolle der finanziellen Auswirkungen der →Beschaffungspolitik. – 1. Das *Einkaufsbudget* basiert auf den Planpreisen für das geplante Einkaufsvolumen. Unter Einbeziehung der Zahlungstermine läßt sich der liquiditätswirksame Obligobericht erstellen. – 2. Das *Beschaffungskostenbudget* wird verursachungsbezogen untergliedert in Bezugskosten-, Verwaltungskosten- und Bereitstellungskostenbudget. Die Wertansätze beruhen auf Planpreisen bzw. -kosten. – Vgl. auch →Beschaffungskosten, →Beschaffungsentgelt.

Beschaffungsentgelt, von Riebel geprägter Begriff. Ausgabe (einschl. Zahlungsverpflichtungen ohne Berücksichtigung der Zahlungstermine) für beschaffte Sachgüter, Dienstleistungen und Nutzungsrechte. Kann bei entsprechender Vertragsgestaltung ganz oder z. T. erst im Zeitpunkt der Nutzung (z. B. bei laufzeitabhängiger Maschinenmiete) oder bestimmter Phasen der Erlösrealisierung (z. B. umsatzabhängige Provisionen, Ladenmieten)

anfallen. – Vgl. auch →Entgeltfunktion, →Ausgabenverbundenheit, →Bewertung als Zurechnungsproblem.

Beschaffungsforschung. 1. *Begriff:* Systematische, methodengestützte und planvolle Informationsgewinnung und -aufbereitung mit dem Ziel, →Beschaffungsplanung und Beschaffungspolitik wirkungsvoller zu gestalten („purchasing research"; „materials and procurement research"). – 2. *Arten* (nach Aufgabenstellung): a) *Interne B.:* (1) Erforschung des Bedarfes nach Art, Menge, Zeitstruktur und örtlichem Auftreten; (2) Erforschung der Beschaffungsobjekte mit Hilfe von Wert-, Preis-, Kosten- und Make-or-buy-Analysen; (3) Erforschung der internen Beschaffungssysteme und -propzeßabläufe. – b) *Externe B.:* (1) Erforschung der Beschaffungsmärkte (Marktstrukturen; Marktbewegungen; Marktprognosen; horizontale und vertikale Wettbewerbsverhältnisse); (2) Lieferantenanalyse (Ermittlung, Bewertung und Auswahl von Lieferanten). Vgl. im einzelnen →*Beschaffungsmarktforschung.* – 3. *Durchführung:* a) nach dem *Anlaß:* ständig bei wichtigen Inputfaktoren, fallweise bei Änderung wesentlicher Marktdaten. – b) *Prozeßstufen:* Entscheidungen hinsichtlich der zu unterscheidenden Beschaffungsobjekte; Entscheidungen hinsichtlich der zu erhebenden Informationen (Art, Umfang); Entscheidungen hinsichtlich der anzuwendenden Methoden und Informationsquellen (Primär- bzw. Sekundärstatistik); Entscheidungen hinsichtlich der Darstellungs- und Auswertungsverfahren. – 4. *Schwerpunkt* der B. liegt immer noch im internen Bereich; im Vergleich zur Absatzmarktforschung ist die externe B. noch wenig entwickelt.

Beschaffungshelfer, →Absatzhelfer.

Beschaffungskartell, →Einkaufskartell.

Beschaffungskonditionenpolitik, →Beschaffungspreis- und -konditionenpolitik.

Beschaffungskosten, *Kollektionskosten.* 1. *I. w. S.:* Alle Kosten, die zur Beschaffung der notwendigen Sach- und Dienstleistungen vom Betrieb aufgewandt werden müssen. B. setzen sich zusammen aus: a) Beschaffungspreis (Preis, der für die Güter am Markt bezahlt werden muß), b) Nebenkosten der Beschaffung z. B. Frachtkosten, Versicherungsbeiträge, Verwaltungskosten, Kosten der Beschaffungsstelle. I. d. S. Synonym für →Anschaffungskosten. – 2. *I. e. S.:* Nebenkosten der Beschaffung, d. h. die Anlieferungskosten, die sich aus Fracht, Rollgeld, Versicherung usw. zusammensetzen. – 3. *Planung:* B.-Budget ist Teil des →Beschaffungsbudgets. – Vgl. auch →Logistik-Kosten.

Beschaffungskostenbudget, →Beschaffungsbudget.

Beschaffungslager, *Eingangslager,* →Lager zur fertigungsorientierten Vorratshaltung und Umordnung von Güterarten und -mengen als beschaffungslogistische Stelle (→Beschaffungslogistik) eines Industriebetriebs oder als Lagerhaus eines →Verkehrsbetriebs. Das B. hat Sendungen mit großen Mengen weniger Arten von Gütern aufznehmen und kleinere Mengen vieler Arten der Güter an die Fertigungsstellen abzugeben.

Beschaffungslogistik. Subsystem der →Logistik eines Betriebes zur physischen Versorgung mit materiellen Produktionsfaktoren. Als physische Kollektion ist die B. Instrument der Einkaufspolitik im Rahmen der Beschaffungspolitik des Betriebes.

Beschaffungsmarkt, Bezeichnung für den der Produktion vorgelagerten Markt, von dem ein Unternehmen seine Vorprodukte (Rohstoffe und andere Produktionsfaktoren) bezieht („sich beschafft"). Gegensatz: →Absatzmarkt. Der B. des Käufers (Nachfragers) ist für den Verkäufer (Anbieter) Absatzmarkt. – *Beschaffungsmarktbeziehungen* sind horizontal (→Marktformen) und vertikal (Marktseitenverhältnisse) zu differenzieren.

Beschaffungsmarktforschung, Form der →Marktforschung. – 1. *Begriff:* Planvolle und systematische Erforschung der →Beschaffungsmärkte zur Informationsgewinnung für die →Beschaffungsplanung in Zusammenhang mit den eigenen betrieblichen Erfordernissen, wie sie sich aus den vorhandenen und geplanten Leistungs- bzw. Fertigungsprogrammen ergeben. – Enger Zusammenhang mit der →Bedarfsforschung, die Grundlage der Fertigungsprogrammplanung und damit der B. vorgelagert ist. – 2. *Phasen* (Schäfer): a) →Marktuntersuchung; b) →Marktbeobachtung. – 3. *Aufgaben* (Fischer): a) Feststellung der vorhandenen und möglichen Lieferanten und deren Konkurrenzverhältnisse; b) Beurteilung der Lieferantenbetriebe und deren Leistungsfähigkeit nach Umsatz, Beschäftigtenzahl, Maschinenausstattung, Fertigungsverhältnisse, Standortbedingungen usw.; c) Vergleich von Lieferpünktlichkeit, Vertragstreue, besonderen Begünstigungen und Kundendienst mit den branchenüblichen Verhältnissen; d) Beurteilung der von den einzelnen Lieferanten hergestellten bzw. vertriebenen Produkte nach Qualität, Preiswürdigkeit, Lagerung und Fertigungseignung; e) Vergleich von Zahlungsbedingungen, Kreditgewohnheiten, Verhalten bei Reklamationen usw.; f) Beobachtung von Konzentrationsbestrebungen und Zusammenschlußtendenzen bei den Lieferanten; g) Untersuchung der Formen von vorhandenen Beschaffungswegen (Handelswege und -ketten) am Beschaffungsmarkt. – *Anders:* →Absatzmarktforschung. – Vgl. auch →Personalforschung.

Beschaffungsmengenpolitik, →optimale Bestellmenge.

Beschaffungsnebenkosten, →Beschaffungskosten.

Beschaffungsorganisation. 1. *Begriff:* →Teilbereichsorganisation für den Teilbereich „Beschaffung". Die Hierachieebene unterhalb der Beschaffungsleitung kann z.B. nach Beschaffungsmärkten, -handlungen (z.B. Warenannahme) oder verschiedenen mit den beschafften Produktionsfaktoren herzustellenden Produkten gegliedert werden. – 2. *Entscheidungsbedarf:* Zu treffen sind Einzelentscheidungen und organisatorische Einordnung der Beschaffungsabteilung, sowie die Besetzung der Einkäuferstellen, Zentralisierung oder Dezentralisierung der Beschaffung, Formen der Koordination zwischen Ein- und Verkauf, Entscheidungen über die EDV-Ausstattung (Daten aus der Steuerung von →computergestützten Warenwirtschaftssystemen, kombiniert mit systematisch erhobenen Beschaffungsmarktdaten, können die Entscheidungsfindung im Beschaffungsbereich erheblich verbessern und beschleunigen).

Beschaffungsplanung. I. Industrieunternehmen: 1. *Begriff:* Festlegung von Zielen, Maßnahmen und Ressourcen zur kostenoptimalen Bereitstellung der für eine bestimmte Planungsperiode erforderlichen Inputfaktoren von den Beschaffungsmärkten. Objekte sind alle für den Leistungserstellungsprozeß benötigten Produktionsfaktoren (→Beschaffung). In der Praxis wird B. regelmäßig auf Sachgüterbeschaffung eingeschränkt; enger noch: auf Beschaffungsgüter für die laufenden Betriebsprozesse (Roh-, Hilfs-, Betriebsstoffe; Dienstleistungen). – 2. *Ziele:* a) Optimierung der Beschaffungskosten; b) Verminderung der Versorgungsrisiken; c) Verbesserung der Steuerung und Kontrolle der Beschaffungsdurchführung; d) Einhaltung der Qualitätsstandards. – 3. *Teilbereiche:* a) Beschaffungsmengenplanung mit den Komponenten Mengen, Zeit, Kosten (→optimale Bestellmenge); b) →Beschaffungsvollzugsplanung (Beschaffungsweg, Lieferant, Beschaffungszeit).

II. Handelsunternehmen: Vgl. →Bestellmengenpolitik.

Beschaffungspreis, gelegentlich *Einkaufsbruttopreis,* der bei der Anschaffung von Waren zu zahlende Rechnungspreis zuzüglich der Beschaffungsnebenkosten (Transport, Versicherung, Verpackung und Zoll); →Beschaffungsnebenkosten. Gegenstand der →Beschaffungspreis- und -konditionenpolitik. – In der *Kalkulation* und *Betriebsabrechnung* bei der Bewertung des Verbrauchs und Bestandes von bezogenen Roh- und Hilfsstoffen verwendeter Wert.

Beschaffungspreis- und -konditionenpolitik, Instrumente des →Handelsmarketing mit zentraler Bedeutung, da die Warenkosten häufig mehr als 60–70% der →Handlungskosten betragen. – 1. *Ziel* ist der günstigste →Wareneinstandspreis unter Beachtung von Produktqualität und Beschaffungssicherheit. Wegen Preis- und Kursrisiken sind beim Bezug vieler Rohstoffe spezifische Formen der Warenbeschaffung mit hoher Preistransparenz (→Warenbörse, →Auktion) geschaffen worden, oder es werden Kurssicherungsgeschäfte (Warenterminbörse) abgeschlossen. – 2. *Konditionen:* Die Bedingungen, zu denen der Kaufpreis zu entrichten ist, erstrecken sich auf Zahlungszeitpunkte (Vorauszahlungen, Kreditfristen, Stundungen, Raten) und Höhe von Skonti, Rabatten und Zinsen. Im Handel werden vom Lieferanten häufig zusätzlich einmalige Zahlungen und weitere Dienstleistungen gefordert: Regalmiete, Schaufenstermiete, Werbekostenzuschüsse, Eröffnungsrabatte, kostenlose Regalpflege, Bereitstellung von Displaymaterial oder von Propagandisten.

Beschaffungsprogramm, aus der Analyse des →Produktionsprogramms erstellt. Grundlage ist die →Beschaffungsplanung unter Berücksichtigung unternehmenspolitischer Ziele, z. B. Kartell- oder Konzernabsprachen und Marktlage. Nachgeordnet ist die →Beschaffungsvollzugsplanung als operativer Teil der Beschaffungsplanung.

Beschaffungsstatistik, Teil der →betriebswirtschaftlichen Statistik und der →Beschaffungsforschung. Bestehend aus: 1. *Marktstatistik:* Externe Statistik, die die Daten des →Beschaffungsmarktes erfaßt (Preise, Anbieter usw.); 2. *Bestellungsstatistik:* Erfassung der hereingekommenen Angebote sowie der erteilten Aufträge mengen- und wertmäßig; 3. *Einkaufsstatistik:* Erfassung der eingekauften Waren (nach Preisen, Menge, Wert, Qualität und der Abteilung, für die sie bestimmt sind).

Beschaffungsverhalten gewerblicher Nachfrager, →organisationales Kaufverhalten.

Beschaffungsvollzugsplanung, Teil der →Beschaffungsplanung; aus dem →Beschaffungsprogramm abgeleitete Detailplanung, die den Beschaffungsplan für die unmittelbar bevorstehende operative Planungsperiode in allen Einzelheiten ausweist. Häufig bereits EDV-gestützt und routinisiert (Auslösung von Abrufen/Bestellungen bei Erreichen von definierten Bestandsmengen oder aber entsprechend festgelegter Zeitintervalle).

Beschaffungsweg, Element des beschaffungspolitischen Instrumentariums. Prinzipiell kommen in Frage: a) *direkte Beschaffung:* Bezug unmittelbar beim Hersteller; b) *indirekte Beschaffung:* Einkauf beim Handel, setzt die Existenz fremder Beschaffungsorgane (Beschaffungsmittler, -helfer) voraus. Mit der Wahl des B. wird zugleich die Lieferantenstruktur weitgehend determiniert. (→Lieferantenbeurteilung); gekoppelte (simultane) Bestimmung von B. und Lieferantenstruktur bietet sich deshalb an. Vorhandene Usancen der Kontaktanknüpfung und des Leistungsaustausches sind zu berücksichtigen (z. B. Marktveranstaltungen). – Vgl. auch →Beschaffungswegepolitik.

Beschaffungswegepolitik, Instrument des →Handelsmarketing. Die B. umfaßt die Entscheidungen, über welche Stufen der Beschaffungskette die Waren bezogen werden sollen (→Beschaffungsweg): bei Herstellern, bei Großhändlern, bei Importeuren, unter Hinzuziehung von →Absatzhelfern oder auf →Marktveranstaltungen; ferner Wahl der Lieferanten nach Art, Zahl, Ort und Lieferbereitschaft.

Beschaffungswerbung, Instrument des →Handelsmarketing. Die B. umfaßt Einsatz unpersönlicher Kommunikationsmittel und die persönliche Beratung der Lieferanten, z. B. über die Einhaltung von Qualitätsanforderungen oder über Konsumtrends.

Beschaffungszeit, Zeitspanne zwischen dem Auslösen einer Bestellung bis zur Verfügbarkeit der Güter im Unternehmen (Wareneingang). B. faßt die Teilzeiten für Disposition, Bestellaufgabe, Lieferungen (→Lieferzeit), Warenprüfung und -einlagerung zusammen.

Beschäftigte. I. Arbeits- und Lohnsteuerrecht: Vgl. →unständig Beschäftigte, →Teilzeitbeschäftigte, →Aushilfskräfte.

II. Amtliche Statistik: Personen, die in Betrieben, Unternehmen oder Arbeitsstätten tätig sind und entweder in einem Arbeitsvertrags- bzw. Dienstverhältnis oder in einem Eigentümer-, Miteigentümer- oder Pachtverhältnis zum Betrieb, Unternehmen oder zur Arbeitsstätte stehen. Probleme bei der Abgrenzung der B. durch unterschiedliche Erhebungseinheiten: In den Betriebsstatistiken und Arbeitsstättenzählungen ist Erhebungseinheit das Unternehmen, der Betrieb oder die Arbeitsstätte, die jeweils Angaben über ihre B., d. h. Beschäftigungsfälle, melden; bei den Volks- und Berufszählungen und beim Mikrozensus werden dagegen Personen befragt. – Vgl. auch →Beschäftigtenstatistik.

Beschäftigtenstatistik. 1. *Begriff:* Statistik der sozialversicherungspflichtig Beschäftigten auf der Grundlage des integrierten Meldeverfahrens (→Sekundärstatistik) zur Sozialversicherung (gesetzliche Kranken- und Rentenversicherung) und zur Bundesanstalt für Arbeit (Arbeitslosenversicherung), welche die von den Betrieben ausgehenden Meldungen personenbezogen zusammenführt und damit

Auswertungen für Personen und Beschäftigungsfälle ermöglicht. – 2. *Umfang:* Vierteljährliche Ergänzung der →Arbeitsmarktstatistik um aktuelle Informationen zur Beurteilung der saisonalen und konjunkturellen Entwicklung auf dem Arbeitsmarkt und in den einzelnen Wirtschaftszweigen. Jährliche Strukturdaten nach demografischen und erwerbsstatistischen Merkmalen (Angaben zur beruflichen Tätigkeit, schulischen und beruflichen Ausbildung und Stellung im Beruf) in tiefer regionaler Gliederung.

Beschäftigung. I. V o l k s w i r t s c h a f t s l e h r e : Tatsächlicher Einsatz des Produktionsfaktors →Arbeit in einer bestimmten Periode (z. B. in einem Jahr); Gegenstand der →Beschäftigungstheorie. – *Absolut gemessen:* (1) durch die in der Gesamtwirtschaft (jährlich) geleisteten Arbeitsstunden (Beschäftigungsvolumen), (2) die (jahresdurchschnittliche) Zahl der Beschäftigten (→Erwerbstätigen nach dem Beschäftigungsortskonzept) und (3) die durchschnittliche (Jahres-)Arbeitszeit pro Beschäftigten; *relativ gemessen* anhand des →Beschäftigungsgrads.

II. B e t r i e b s w i r t s c h a f t l e h r e : Ausnutzung der produktionstechnischen →Kapazität. – Die B. kann *gemessen* werden: a) *outputorientiert* in Produkten (bzw. Leistungsmengen), b) *inputorientiert* in Maschinenstunden, Arbeitsstunden oder anderen, die Inanspruchnahme von Produktionsfaktoren kennzeichnenden Größen, die den individuellen Verhältnissen eines Betriebes angepaßt sind. – Unterschiedliche Maßgrößen ergeben zumeist unterschiedliche →Beschäftigungsgrade. Die Messung der B. ist damit nicht unproblematisch.

Beschäftigungsabweichung, →Abweichungen II 2c) (1).

beschäftigungsfixe Kosten, Kosten, die unabhängig vom →Beschäftigungsgrad in konstanter Höhe anfallen. – Vgl. auch →Bereitschaftskosten, →fixe Kosten.

Beschäftigungsförderungsgesetz (Besch FG), Gesetz vom 26.4.1985 (BGBl I 710); Rechtsgrundlage für eine Reihe von arbeits- und sozialrechtlichen Regelungen, welche die seit längerem schwierige Beschäftigungslage verbessern sollen. – Regelungen im einzelnen: (1) erleichterte Zulassung →befristeter Arbeitsverhältnisse mit neu eingestellten Arbeitnehmern bis zum 1.1.1990; (2) arbeitsrechtliche Regelungen zur *Teilzeitarbeit* (→Teilzeitarbeitsverhältnis, →Job Sharing, →Arbeit auf Abruf); (3) Änderung der *Sozialplanregelungen* im BetrVG (→Lohnfortzahlung, die Wiedereingliederung ins Berufsleben nach Kindererziehung, die Verlängerung der

→Arbeitnehmerüberlassung (Leiharbeitsverhältnis), die private Ausbildungsstellenvermittlung, die Förderung von Arbeitsbeschaffungsmaßnahmen sowie schärfere Bestrafung bei illegaler Ausländerbeschäftigung.

Beschäftigungsgrad. I. V o l k s w i r t s c h a f t s l e h r e : Auslastungsgrad des in einer Volkswirtschaft vorhandenen →Erwerbspersonenpotentials, d. h. Zahl der im Inland Beschäftigten (oder Erwerbstätigen) in % des Erwerbspersonenpotentials. Umgekehrt gibt die entsprechende →Arbeitslosenquote (Zahl der registrierten Arbeitslosen und stille Reserve in % des Erwerbspersonenpotentials) den *Grad der Unterbeschäftigung* an. – Der B. stellt eine *relative Beschäftigung für das gesamtwirtschaftliche Beschäftigungsniveau* dar. Als absoluter Vollbeschäftigungsgrad ist ein B. von 100% anzusehen. Unter Berücksichtigung nicht-konjunktureller →Arbeitslosigkeit kann aber als Zielgröße der →Beschäftigungspolitik auch schon ein darunterliegender B. als Vollbeschäftigungsgrad vorgegeben werden. – Da der B. den Auslastungsgrad des gesamtwirtschaftlichen Produktionspotentials mitbestimmt, wird er zunehmend als →*Beschäftigungsindikator* verwendet.

II. I n d u s t r i e b e t r i e b s l e h r e : Verhältnis von Ist- und Vollbeschäftigung, ausgedrückt durch Koeffizienten:

$$\text{B.} = \frac{\text{Ist-Beschäftigung} \cdot 100}{\text{Vollbeschäftigung}}$$

(Vollbeschäftigung: Beschäftigungsstand, bei dem die Ausbringung bei gleichbleibender Anlagendimensionierung (→Kapazität) auf die Dauer nicht mehr gesteigert werden kann). – Das Verhältnis zwischen Istausbringung und Planausbringung: x(i):x(p). Zu berechnen als Produkt aus →Zeitgrad und →Intensitätsgrad:

$$\frac{t(i)}{t(p)} \cdot \frac{x(i)}{t(i)} : \frac{x(p)}{t(p)} = \frac{x(i)}{x(p)}$$

Beispiel: x(p) = 10000 Stück; x(i) = 6000 Stück; t(p) = 4000 Stunden; t(i) = 2800 Stunden; Zeitgrad = 70%. Ergebnis: Intensitätsgrad = 85,71; Beschäftigungsgrad = 60%.

III. P l a n u n g s k o s t e n r e c h n u n g : Verhältnis von Ist-Bezugsgröße zu Plan-Bezugsgröße; vgl. →Abweichungen I 2c) (1).

Beschäftigungsindikatoren, quantitative Größen zur Messung von Beschäftigungsniveau (Niveauindikatoren) und -struktur (Strukturindikatoren) im Zeitablauf. – 1. *Formen:* a) *Niveauindikatoren:* (1) absolute Zahlen von Beschäftigten, Arbeitslosen, Erwerbspersonen, Kurzarbeitern, offenen Stellen usw., (2) verschiedene Quoten wie →Arbeitslosenquote, →Erwerbsquote und (3) die Wachstumsraten dieser u. a. Größen, die das absolute und relative Beschäftigungsniveau beeinflussen (z. B. Bruttoinlandsprodukt, Arbeitsproduktivität, Arbeitszeit und Bevölkerungszahl). Vgl. auch →Beschäftigungsgrad I. – b) *Strukturindikatoren:* u. a. geschlechts-, alters-, berufs-, branchen- und regionalspezifische Verhältniszahlen. Vgl. auch →Beschäftigungsstruktur. – 2. Die B. *dienen* der →Beschäftigungspolitik a) zur Analyse vergangener, b) zur Prognose zukünftiger und c) zur Formulierung gewünschter Beschäftigungsentwicklungen. – Vgl. auch →soziale Indikatoren.

Beschäftigungsniveau, →Beschäftigungsgrad I.

Beschäftigungspflicht, Begriff des Arbeitsrechts. – 1. *Anspruch auf tatsächliche Beschäftigung* hat die Rechtsprechung früher nur in Ausnahmefällen (z. B. Bühnenkünstlern) zugestanden. Nach h. M. hat im Hinblick auf den Persönlichkeitsschutz der Art. 1 und Art. 2 GG jeder Arbeitnehmer einen Anspruch auf eine vertragsmäßige Beschäftigung, der nur bei Unzumutbarkeit entfällt. Schutzwerte Interessen des Arbeitgebers, die einem Anspruch auf tatsächliche Beschäftigung entgegenstehen, können etwa sein Auftragsmangel, Verdacht einer strafbaren Handlung des Arbeitnehmers (→Verdachtskündigung) oder Streitigkeiten mit Arbeitskollegen oder Vorgesetzten. – 2. *Anspruch auf Weiterbeschäftigung während einer Kündigungsschutzklage (→Kündigungsschutz):* Der gekündigte Arbeitnehmer hat einen arbeitsvertraglichen Anspruch auf vertagsmäßige Beschäftigung über den Ablauf der Kündigungsfrist oder bei einer fristlosen Kündigung über deren Zugang hinaus bis zum rechtskrätigen Abschluß des Kündigungsprozesses, wenn die Kündigung unwirksam ist und überwiegende Schutzwerte Interessen des Arbeitgebers einer solchen Beschäftigung nicht entgegenstehen. (Beschluß des Großen Senats des BAG vom 27. 2. 1985). Der arbeitsvertragliche B. kann im Klagewege geltend gemacht werden.

Beschäftigungsplanung, →Kostenplanung 1.

Beschäftigungspolitik. I. Betriebliche B.: Maßnahmen, die die Personalkapazität hinsichtlich der Mitarbeiterzahl und Arbeitszeit bestimmen, um das zur gewünschten Leistungserstellung erforderliche Arbeitsvolumen bereitzustellen. Teil des →Personalmanagements.

II. Staatliche B.: 1. *Im engeren Sinne:* Teilbereich der staatlichen →Stabilitätspolitik, der auf die Erreichung und Erhaltung des (z. T. als vorrangig angesehenen) Teilziels Vollbeschäftigung bzw. eines hohen Beschäftigungsstandes (gem. § 1 StabG) gerichtet ist. Üblicherweise wird darunter die Bekämpfung der konjukturellen Arbeitslosigkeit mit den

Mitteln der →Globalsteuerung verstanden. – 2. *Im weiteren Sinne:* Summe aller Maßnahmen der verschiedensten Träger der →Wirtschaftspolitik mit dem Ziel, die gesamtwirtschaftliche Beschäftigung (→Beschäftigungsgrad) zu fördern. Die B. umfaßt neben der globalen B. des Staates i. e. S. u. a. auch (staatliche) →Arbeitsmarktpolitik, →Strukturpolitik sowie kollektivvertragliche Maßnahmen der Arbeitsmarktparteien (→Tarifvertrag, →Arbeitszeitpolitik, →Lohnpolitik), soweit sie die Beschäftigung beeinflussen sollen. Die Bekämpfung der Arbeitslosigkeit erstreckt sich auf konjunkturelle sowie auf alle anderen möglichen Ursachen (saisonale, strukturelle und friktionelle Arbeitslosigkeit).

III. Kommunlae B.: Vgl. →Wirtschaftsförderung II 4 k).

Beschäftigungsstruktur, Verteilung der Beschäftigten auf die verschiedenen Sektoren oder Regionen einer Volkswirtschaft, aber auch Aufteilung der Beschäftigten auf bestimmte Schichten oder Berufe.

Beschäftigungstheorie, Teil der →Volkswirtschaftstheorie, der sich mit der Bestimmung der Beschäftigung einer Wirtschaft befaßt. – 1. Während sich aus *neoklassischer Sicht* die Wirtschaft (abgesehen von saisonalen und friktionellen Arbeitslosen) immer im Zustand eines Gleichgewichts bei Vollbeschäftigung befindet (→klassische Lehre, →Neoklassik), zeigt die →*Keynessche Lehre,* daß es durchaus längere Zeiten größerer unfreiwilliger Arbeitslosigkeit geben kann, die i. d. R. auf einen Mangel an Gesamtnachfrage im Gütermarktgleichgewicht zurückzuführen ist. Nach neoklassischer Konzeption wird die Beschäftigung wesentlich durch die *Angebotsseite* (Produktion) bestimmt. Dagegen betonen Keynes und die Keynesianer die Einflüsse der gesamtwirtschaftlichen *Nachfrage* (Konsumausgaben + Investitionen + Staatsausgaben + Exporte – Importe) auf die Beschäftigung. – 2. Diese Kontroverse zwischen *Angebots- und Nachfragetheorie* ist nach wie vor *aktuell.* Die Angebotstheorie wird vertreten von: →Monetarismus, →neue klassische Makroökonomik, →Angebotsökonomik; während die keynessche Position weiterentwickelt wird durch: →Keynessche Lehre, →neue keynesianische Makroökonomik, →Postkeynesianismus, – Vgl. auch →Arbeitsmarkt.

Beschäftigungs- und Arbeitstherapeut, erlaubnispflichtig nach dem Gesetz über den Beruf des B.- u. A. vom 25.5.1976 (BGBl I 1246); die →Erlaubnis kann zurückgenommen werden. Ausbildung und Prüfung nach VO vom 23.3.1977 (BGBl I 509).

Beschäftigungsverbot, →Arbeitsschutz, →Arbeitszeit, →Frauenschutz, →Mutterschutz; →Jugendarbeitsschutz.

Beschäftigungsverhältnis, zweiseitiges Verhältnis, in dem sich Arbeitgeber und Arbeitnehmer in der Art gegenüberstehen, daß der Arbeitnehmer sich gegenüber dem Arbeitgeber in persönlicher und wirtschaftlicher Abhängigkeit befindet und der Arbeitgeber seinerseits Verfügungsgewalt über die Arbeitskraft des Arbeitnehmers ausübt. – Ein *abhängiges B. i. S.* der *Sozialversicherung* besteht nur dann, wenn der Arbeitnehmer gegen Entgelt arbeitet, rechtlich und tatsächlich dem Arbeitgeber zur Verfügung steht und eine wirtschaftliche und persönliche Abhängigkeit vom Arbeitgeber vorliegt.

Beschau, →Zollbeschau.

Bescheid, Entscheidung einer →Behörde über einen Antrag und Mitteilung an den Antragsteller, der i. a. einen öffentlich-rechtlichen Anspruch auf B. hat. – Vgl. auch →Steuerbescheid.

Beschichten, →Produktionstechnik II 3 (5).

Beschlagnahme, zwangsweise Bereitstellung einer Sache zur Verfügung einer Behörde zwecks Sicherung privater oder öffentlicher Belange. – 1. *Strafrecht (einschl. Steuerstrafrecht):* Möglich ist B. von Gegenständen, die als *Beweismittel* dienen können oder der →Einziehung unterliegen. B. erfolgt durch Staatsanwaltschaft oder deren Hilfsbeamte (z. B. Polizei), bei Ordnungswidrigkeiten auch durch Verwaltungsbehörden (§§ 94 ff. StPO, § 46 OWG, §§ 430 ff. AO). – *Postsendungen* müssen i. d. R. dem Richter vorgelegt werden. – Im *Urheberrecht* kann die B. ausgesprochen werden, wenn →Strafantrag wegen Urheberrechtsverletzung gestellt ist. – B. von *Druckschriften* ist nur im Rahmen des Grundgesetzes und der presserechtlichen Vorschriften statthaft (→Presserecht). – 2. *Konkursverfahren:* Das *Konkursgericht* erläßt einen Sperrbeschluß, wonach alle für den →Gemeinschuldner eingehenden Sendungen zunächst dem →Konkursverwalter auszuhändigen sind; Postsperre, § 121 KO. – 3. *Zwangsversteigerung:* B. eines Grundstücks durch Zustellung des →Anordnungsbeschlusses an den Schuldner oder Eingang beim Grundbuchamt, wenn der →Versteigerungsvermerk demnächst im Grundbuch eingetragen wird (§ 22 I ZVG). Die B. hat *Wirkung* eines →Veräußerungsverbotes und umfaßt neben dem Grundstück auch Gegenstände, auf die sich die →Hypothek erstreckt (§§ 20 II, 23 ZVG).

Beschlagnahmerisiko, bei Außenhandelsgeschäften das →Wagnis, daß Waren außerhalb der eigenen Staatsgrenzen durch den Zugriff einer fremden Macht beschlagnahmt werden. *Deckung* des B. kann durch Ausfuhrbürgschaften und -garantien im Rahmen der →Hermes-Kreditversicherung erfolgen. *Ausschluß* des Risikos durch die Klausel →F. C. S.

(free of capture and seizure) zu vereinbaren (→Incoterms).

Beschlagnahmeversicherung, Versicherung für Güter während ihres Transports gegen die Gefahr der Beschlagnahme oder sonstiger Entziehung durch Verfügung von Hoher Hand im Berlin-Verkehr im Rahmen der DTV-Beschlagnahmeklausel. – Vgl. auch →Transportversicherung.

Beschluß, gerichtliche Entscheidung, z. B. im Zivilprozeß, die (im Gegensatz zum →Urteil) meist ohne mündliche Verhandlung ergeht. Eine bestimmte *Form* ist nicht vorgeschrieben. Der B. wird i. d. R., wenn dagegen →Beschwerde gegeben ist, mit *Gründen* versehen. B. kann das Gericht i. d. R. *abändern* (Ausnahme: B., gegen den →sofortige Beschwerde zugelassen ist).

Beschlußverfahren, besonderes gerichtliches Verfahren in der →Arbeitsgerichtsbarkeit. Das B. dient v. a. der Entscheidung betriebsverfassungsrechtlicher Rechtsstreitigkeiten (§§ 2a, 80 ff. ArbGG). – Die Vorschriften über das B. weisen *Besonderheiten gegenüber dem arbeitsgerichtlichen Urteilsverfahren* auf: a) Das Verfahren wird durch einen „Antrag" eingeleitet. b) Die Parteien heißen „Beteiligte". c) Der Sachverhalt ist im Rahmen des gestellten Antrags von Amts wegen zu erforschen. d) Es findet keine streitige Verhandlung, sondern ein „Anhörungstermin" statt. e) Das Gericht entscheidet nicht durch Urteil, sondern durch „Beschluß". f) Rechtsmittel gegen einen Beschluß der ersten Instanz ist die →Beschwerde, gegen einen Beschluß der zweiten Instanz die →Rechtsbeschwerde. g) Gerichtskosten werden im B. nicht erhoben (§ 12 V ArbGG).

beschränkte Ausschreibung, →öffentliche Auftragsvergabe 2.

beschränkte dingliche Rechte, Rechte an einer Sache, die ihrem Inhaber nur einen Ausschnitt aus dem Eigentumsrecht gewähren, aber immerhin ein →dingliches Recht darstellen: →Nießbrauch, →Grunddienstbarkeiten, →beschränkte persönliche Dienstbarkeit, →Vorkaufsrecht, →Reallasten und v. a. →Grundpfandrechte.

beschränkte Geschäftsfähigkeit, Begriff des bürgerlichen Rechts für einen Zustand, in dem sich eine Person, insbes. ein →Minderjähriger, nur unter besonderen Voraussetzungen verpflichtet kann. – *Gegensatz:* →Geschäftsfähigkeit.

beschränkte persönliche Dienstbarkeit, einer bestimmten (natürlichen oder juristischen) Person zustehendes, grundsätzlich unveräußerliches und nicht vererbliches →dingliches Recht zur beschränkten unmittelbaren Nutzung eines Grundstücks; z. B. Eintragung eines dinglichen Wohnrechts im

Mietvorauszahlung, Eintragungen zugunsten von Energieversorgungsunternehmen, Öl-Pipelines, Wasserversorgungsbetrieben. In §§ 1090 ff. BGB geregelt. – *Anders:* →Dauerwohnrecht, →Wohnungseigentum.

beschränkte Steuerpflicht, I. B e g r i f f: Steuerpflicht von →natürlichen Personen, die weder →Wohnsitz noch →gewöhnlichen Aufenthalt, und von Körperschaften, Personenvereinigungen und Vermögensmassen, die weder →Sitz noch →Geschäftsleitung im Inland haben, mit dem Inlandsvermögen zur Vermögensteuer, mit den inländischen Einkünften zur Einkommen-, Lohn- oder Körperschaftsteuer.

II. E i n k o m m e n s t e u e r (Sondervorschriften; §§ 49 ff. EStG): 1. *Katalog* der beschränkt steuerpflichtigen →Einkünfte: § 49 EStG. – 2. Nur →*Betriebsausgaben* und →*Werbungskosten* im Zusammenhang mit inländischen Einkünften sind abzugsfähig. – 3. →*Verlustabzug* nur anzuwenden, wenn die Verluste mit inländischen Einkünften zusammenhängen und sich aus Unterlagen ergeben, die im Inland aufbewahrt werden. – 4. Steuerbegünstigung für →*außerordentliche Einkünfte,* bezieht sich nur auf die →Veräußerungsgewinne. – 5. *Nicht anzuwenden sind* die übrigen Vorschriften über →Sonderausgaben und →außerordentliche Einkünfte sowie die Vorschriften über →Pauschalbeträge für Werbungskosten und Sonderausgaben, die Verdopplung des Freibetrags nach § 16 IV 3 EStG, den →Sparerfreibetrag, den →Altersentlastungsbetrag, den →Altersfreibetrag, den →Haushaltsfreibetrag, den →Kinderfreibetrag und die →außergewöhnlichen Belastungen (§ 50 I EStG). – 6. Bei *Einkünften,* die dem Steuerabzug unterliegen, und bei *Zinseinkünften* i. S. d. § 20 I Nr. 5 und 7 EStG ist ein Ausgleich mit Verlusten anderer Einkunftsarten nicht zulässig (§ 50 II EStG). – 7. Die *Einkommensteuer bemißt sich* nach Abzug eines Sonderfreibetrages von 864 DM vom →Einkommen nach der →Einkommensteuer-Grundtabelle (→Einkommensteuertarif) und beträgt mindestens 25% des Einkommens (der Mindeststeuersatz gilt nicht für natürliche Personen mit →Wohnsitz oder →gewöhnlichen Aufenthalt in der DDR oder Berlin (Ost) (§ 50 III EStG). Sie ist i. d. R. durch →Aufsichtsratsteuer, →Kapitalertragsteuer, →Lohnsteuer oder sonstigen Steuerabzug abgegolten (§ 50 V EStG). – 8. Für beschränkt einkommensteuerpflichtige *Arbeitnehmer* gilt abweichend von den vorher stehenden Ausführungen (§ 50 IV EStG): Die Vorschriften über Pauschbeträge für Werbungskosten und Sonderausgaben sind anzuwenden (→Vorsorgeaufwendungen nur im Rahmen der →Vorsorgepauschale zu berücksichtigen, ohne Möglichkeit, die tatsächlichen Aufwendungen nachzuweisen) sowie die Vorschriften über den →Altersentlastungsbetrag, den →Altersfreibetrag

und den Abzug von →Unterhaltsleistungen für ein Kind nach § 33 a I EStG. Ansatz eines Mindeststeuersatzes entfällt. Durchführung des Lohnsteuerabzugs nach § 39 d EStG. – 9. Soweit die Steuer durch *Steuerabzug* nach § 50 a EStG zu erheben ist, unterliegt ihm der volle Betrag der Einnahmen, d. h. Abzüge für Betriebsausgaben Werbungskosten, Sonderausgaben und Steuern sind nicht zulässig (§ 50 a IV 4 EStG).

III. K ö r p e r s c h a f t s t e u e r: besteht für nicht unbeschränkt steuerpflichtige Körperschaften, Personenvereinigungen und Vermögensmassen mit ihren inländischen Einkünften. Die Körperschaftsteuer ist für Einkünfte, die dem Steuerabzug unterlegen haben, mit dem Steuerabzug abgegolten, wenn sie nicht in einem inländischen gewerblichen oder land- und forstwirtschaftlichen Betrieb angefallen sind.

IV. V e r m ö g e n s t e u e r: 1. B. St. besteht a) für natürliche Personen, die im Inland weder Wohnsitz noch ihren gewöhnlichen Aufenthalt und b) bei Körperschaften, Personenvereinigungen, Vermögensmassen, die im Inland weder Geschäftsleitung noch Sitz haben (§ 2 VStG). – 2. *Bemessungsgrundlage:* →Inlandsvermögen (§ 2 II VStG, § 121 BewG). Vermögensteuer wird nur erhoben, sofern dieses mindestens DM 20000 beträgt (§ 8 II VStG).

beschränkt Steuerpflichtige, Bezeichnung des Steuerrechts für natürliche und juristische Personen, bei denen nur Inlandsvermögen und inländische Einkünfte der Besteuerung unterworfen werden (→beschränkte Steuerpflicht).

beschreibende Statistik, →deskriptive Statistik.

Beschreibungsmodell, →Modell.

Beschuldigter, jemand, gegen den ein Strafverfahren bei der Polizei oder der Staatsanwaltschaft betrieben wird. Ist gegen B. Anklage erhoben, so wird er als *Angeschuldigter* bezeichnet, nach Eröffnung des Hauptverfahrens (→Strafprozeß I 2) als *Angeklagter.*

Beschwer, in gerichtlichen und außergerichtlichen Verfahren Voraussetzung für die Sachentscheidung über Rechtsbehelfe und Rechtsmittel. – 1. B. im *Zivilprozeß,* wenn die Entscheidung dem Rechtsmittelkläger etwas versagt, was er beantragt hatte. – 2. Im Verfahren der →*Verwaltungsgerichtsbarkeit* muß der Kläger geltend machen, durch rechtswidriges Tun oder Unterlassen der öffentlichen Hand beschwert (= durch →Verwaltungsakt oder seine Ablehnung oder Unterlassung in seinen Rechten verletzt) zu sein. – 3. *Steuerrecht:* a) Im außerordentlichen Rechtsbehelfsverfahren ist nur befugt, Rechtsbehelfe einzulegen, wer geltend macht, durch einen Verwaltungsakt oder dessen Unterlassung beschwert (durch das entscheidungsähnliche

Element des Verwaltungsakts beeinträchtigt) zu sein (§ 350 AO). Bei →Feststellungsbescheiden wegen Höhe der Feststellung oder Entscheidung über die Art oder die Zurechnng des Gegenstandes. b) Die Voraussetzungen für das Vorliegen einer B. sind in dem Verfahren vor den Gerichten der Finanzgerichtsbarkeit dieselben wie im Rechtsbehelfsverfahren.

Beschwerde. I. P e r s o n a l w e s e n : Antrag auf Abänderung einer Maßnahme, durch welche sich der Beschwerdeführer verletzt fühlt. Die häufigsten Gegenstände von B. im Betriebe sind: ungenügende Entlohnung, schlechte Arbeitsbedingungen, unzureichende Sozialleistungen, schlechte Zusammenarbeit der Kollegen, unbefriedigende Regelung der Arbeitszeit.

II. Z i v i l p r o z e ß o r d n u n g (§§ 567–577 ZPO): I. d. R. gegen →Beschlüsse des Gerichts zugelassen, und zwar in den vom Gesetz ausdrücklich bestimmten Fällen und gegen solche Entscheidungen, durch die ein das Verfahren betreffendes Gesuch zurückgewiesen wird. – *Formen:* a) Die Einlegung der sog. *einfachen B.* ist i. a. an eine Frist nicht gebunden; sie ist bei dem Gericht, das die angefochtene Entscheidung erlassen hat, einzulegen (nur in dringenden Fällen auch bei dem B-Gericht); die Vollziehung der angefochtenen Entscheidung wird nicht gehemmt, kann aber ausgesetzt werden. Das Gericht hat der B. abzuhelfen, wenn es sie für begründet hält, andernfalls sie dem B.-Gericht zur Entscheidung vorzulegen. →Anwaltszwang besteht i. d. R. nur, wenn der Rechtsstreit in erster Instanz bei einem Landgericht anhängig ist. – b) Eine *weitere B.* an ein höheres Gericht ist grundsätzlich nur zulässig, wenn auch in der Hauptsache eine Entscheidung dieses Gerichts herbeigeführt werden kann und die Entscheidung des B.-Gerichts einen neuen selbständigen B.-Grund enthält (i. d. R. keine weitere B. bei gleichlautenden Entscheidungen beide Gerichte). – c) Sonderregeln gelten für die sog. →*sofortige B.*

III. S t e u e r r e c h t : 1. In der *Finanzgerichtsbarkeit* (§§ 128 bis 133 FGO) gegen a) Entscheidungen des →Finanzgerichts, die nicht Urteile (→Revision) oder →Vorbescheide sind; b) gegen Entscheidungen der Vorsitzenden des Finanzgerichts; c) gegen die Nichtzulassung der Revision. Unzulässig in Streitigkeiten über Kosten, Gebühren und Auslagen, wenn der Wert des Beschwerdegegenstandes 100 DM nicht übersteigt. Die B. ist beim Finanzgericht binnen zwei Wochen nach Bekanntgabe der Entscheidung einzulegen. Das Finanzgericht hilft der B. ab oder legt die Sache dem →Bundesfinanzhof zur Entscheidung vor. Die B. hat nur dann aufschiebende Wirkung, wenn sie die Festsetzung einer Strafe zum Gegenstand hat. – 2. *Außergerichtlicher Rechtsbehelf:* Zulässig gegen alle Ver-

waltungsakte der Finanzbehörden, gegen die nicht der →Einspruch vorgesehen ist (§ 349 AO). – a) Zur Einlegung ist befugt, wer geltend macht, durch einen Verwaltungsakt oder dessen Unterlassung beschwert zu sein (§ 350 AO). Sonderregelungen bei einheitlichen Feststellungsbescheiden und bei der Rechtsnachfolge (§§ 352, 353 AO). – b) Die B. ist binnen eines Monats nach Bekanntgabe des Verwaltungsakts (§ 122 AO) schriftlich oder zur Niederschrift bei der Finanzbehörde einzulegen, deren Verwaltungsakt angefochten wird (§§ 355, 357 AO), oder bei der zur Entscheidung berufenen Finanzbehörde. – c) Durch die Einlegung der B. wird die Vollziehung des angegriffenen Verwaltungsaktes nicht gehemmt; →Aussetzung der Vollziehung ist möglich. – d) Art, Frist und Adressat des Rechtsbehelfs müssen sich bei schriftlichen Verwaltungsakten aus der Rechtsbehelfsbelehrung ergeben (§ 356 AO). – e) Die Finanzbehörde, deren Verwaltungsakt mit der B. angefochten wird, kann dieser abhelfen, andernfalls legt sie die B. der nächsthöheren Behörde zur Beschwerdeentscheidung vor (§ 368 AO). →Verböserung ist nicht zulässig. – f) Gegen die Beschwerdeentscheidung ist Klage im →Finanzrechtsweg zulässig. – g) Kosten entstehen nicht.

IV. V e r w a l t u n g s g e r i c h t s o r d n u n g (§§ 146–152 VwGO): 1. *Rechtsmittel* gegen Entscheidungen des →*Verwaltungsgerichts,* die nicht →Urteile oder →Vorbescheide sind, und gegen Entscheidungen des Vorsitzenden; zulässig, soweit nicht im Einzelfalle ausdrücklich ausgeschlossen (§ 146 VwGO). Die B. ist *binnen 2 Wochen* nach Bekanntgabe der Entscheidung beim Verwaltungsgericht oder dessen Vorsitzenden schriftlich einzulegen. Diese helfen der B. ab oder legen sie dem →Oberverwaltungsgericht vor, das durch Beschluß darüber entscheidet. – 2. Gegen Beschlüsse des *Oberverwaltungsgerichts* ist die B. an das →Bundesverwaltungsgericht nur zulässig in Streitigkeiten über Verweigerung der Aktenvorlage durch Behörden sowie bei Beschlüssen über die Zulässigkeit einer Berufung oder über die Nichtzulassung einer →Revision (→Anwaltszwang). – 3. Die B. hat nur dann *aufschiebende Wirkung,* wenn sie die Festsetzung einer Strafe zum Gegenstand hat. Das Gericht kann aber auch sonst bestimmen, daß die Vollziehung der angefochtenen Entscheidung einstweilen auszusetzen ist.

V. F r e i w i l l i g e G e r i c h t s b a r k e i t : Vgl. →freiwillige Gerichtsbarkeit 5.

VI. Ö f f e n t l i c h e s R e c h t : Die B. ist nur in besonderen, gesetzlich ausdrücklich zugelassenen Fällen möglich.

VII. A n d e r s : →Dienstaufsichtsbeschwerde.

Besemschon, Vergütung für Warenteilchen, die an der Verpackung haften bleiben (z. B. bei Chemikalien, Zement, Mehl, Zucker).

Besicherung, Vorkehrung, die in der Verschaffung der Verfügungsmacht besteht und den →Gläubiger in die Lage versetzt, seinen Anspruch durch Zugriff auf das Sicherungsgut zu befriedigen. – Vgl. auch →Kreditsicherheit.

Besicherungswert, durch den →Beleihungswert und den →Beleihungssatz gegebener Wert (Beleihungswert − alzeichen Beleihungssatz: 100), mit dem ein Beleihungsobjekt wertmäßig als Kreditsicherheit angerechnet werden kann.

Besichtigung. 1. *Maßnahme im Rahmen der Öffentlichkeitsarbeit eines Unernehmens:* Vgl. →Betriebsbesichtigung. – 2. *Zollrechtliche Maßnahme:* Vgl. →Zollbeschau.

Besitz, die vom Verkehr anerkannte tatsächliche Herrschaft einer Person über eine Sache, nicht zu verwechseln mit →Eigentum. Gesetzlich geregelt in §§ 854 ff. BGB. – 1. Eigentümer ist, wem die Sache *rechtlich gehört,* Besitzer, wer sie *tatsächlich innehat* (z. B. auch der Dieb). – 2. Der B. ist *vererblich* und i. a. durch Übergabe, bisweilen auch durch bloße Einigung *übertragbar.* – 3. *Arten:* Besitzer ist sowohl der →unmittelbare Besitzer, der die Sachherrschaft selbst ausübt, als auch der →mittelbare Besitzer, der vermöge eines Rechtsverhältnisses einem anderen (z. B. dem Mieter) auf Zeit den B. überlassen hat, nicht aber der sog. →Besitzdiener, der weisungsgebunden ist. – 4. Der B. ist ein „sonstiges Recht" i. S. des § 823 I BGB, dessen *Verletzung* sich als →unerlaubte Handlung darstellt und zu →Schadenersatz verpflichtet. Darüber hinaus darf der Besitzer sich i. a. →verbotener Eigenmacht durch →Besitzkehr und →Besitzwehr erwehren und genießt einen besonderen gerichtlichen →Besitzschutz. – 5. B. wird als *wirtschaftlicher* und *soziologischer Begriff* häufig gleichgesetzt mit →Vermögen, z. B. bei Grundbesitz, Hausbesitz usw. In diesem Sinne sind sog. „Besitzsteuerung" zu verstehen als Steuern auf bestimmtes Vermögen. B. in diesem Sinne dient ergänzend zur Stellung im Beruf, zur Einkommenshöhe u. ä. der Kennzeichnung der sozialen Gliederung der Bevölkerung.

Besitzdiener, nach § 855 BGB Person, die die tatsächliche Gewalt über eine Sache nicht für sich selbst, sondern für einen anderen ausübt, dessen Weisungen sie zu folgen hat (z. B. der Fabrikarbeiter hinsichtlich der Werkzeuge und Maschinen, der Chauffeur hinsichtlich des Kraftwagens). Nur der andere (z. B. der Inhaber der Fabrik) hat →Besitz an der Sache.

Besitzeinkommen, diejenigen →Einkommen, die auf einer Monopol- oder Quasimonopolstellung der Bodenbesitzer bzw. der Besitzer produzierter Produktionsmittel gegenüber den besitzlosen Arbeitern beruhen (E. Preiser). Nach Oppenheimer folgend aus dem

„Klassenmonopol". Bei freier Konkurrenz ist die Entstehung von B. ausgeschlossen, die Volkswirtschaft ist „auterg" im Gegensatz zur „allergenen" Wirtschaft. Die Existenz von B. ist einer der Hauptkritikpunkte der sozialistischen Richtungen am kapitalistischen Wirtschaftssystem. – *Gegensatz:* →Arbeitseinkommen. – Vgl. auch →fundiertes Einkommen, →Vermögenseinkommen;   →Ausbeutung, →Ausbeutungstheorien,   →Sozialismus, →Lagerente.

Besitzgesellschaft. →Betriebsaufspaltung.

Besitzkehr, Recht des Besitzers, die ihm durch →verbotene Eigenmacht entzogene Sache dem Täter mit Gewalt wieder abzunehmen (§ 859 II BGB). Nur unmittelbar im Anschluß an die Tat zulässig, andernfalls Klage geboten. – Vgl. auch →Besitzschutz.

Besitzkonstitut, *constitutum possessorium,* Besitzverschaffung bei →Übereignung beweglicher Sachen (§ 930 BGB), die den nach § 929 BGB zur Eigentumsübertragung erforderliche Übergabe der Sache durch eine Vereinbarung zwischen dem bisherigen Eigentümer und dem Erwerber ersetzt, nach der der Erwerber den →mittelbaren Besitz an der Sache erlangt in Form eines konkreten Rechtsverhältnisses, z. B. Miete, Leihe, Verwahrung. – B. von *Bedeutung* bei der →Sicherungsübereignung, z. B. zur Kreditgewährung. Eigentümer wird der Gläubiger, der Schuldner bleibt aber im Besitz der Sache. – Dagegen ist der →Eigentumsvorbehalt auch ohne B. voll wirksam.

Besitzmittler, Bezeichnung für denjenigen →unmittelbaren Besitzer, der einem →mittelbaren Besitzer den Besitz vermittelt.

Besitzschutz, im Interesse des Rechtsfriedens bestehender Rechtsschutz gegenüber jedem, der durch →verbotene Eigenmacht den →Besitz eines anderen stört oder ihm den Besitz entzieht. – 1. Das Recht der *gewaltsamen Abwehr* verbotener Eigenmacht durch →Besitzwehr und →Besitzkehr. – 2. Besonderer *gerichtlicher Rechtsschutz* (§§ 861 ff. BGB): Binnen eines Jahres seit Verübung der verbotenen Eigenmacht kann der Besitzer im Besitzprozeß i. d. R. auf Wiedereinräumung des Besitzes klagen gegen denjenigen, der sog. →fehlerhaften Besitz hat, oder gegen den Störer auf Unterlassung der Störung.

Besitzsteuern, steuerjuristische und finanzstatistische Gruppierung von Steuern. B. sind eine Gruppe von Steuern, die an Ertrag (→Ertragsteuern), Einkommen (→Einkommenbesteuerung) und Vermögen (→Vermögensbesteuerung) anknüpfen. Zu B. *zählen:* →Grundsteuer, →Gewerbesteuer, →Körperschaftsteuer, →Einkommensteuer, →Vermögensteuer, →Erbschaftsteuer. – Steuerklassifikation V 4.

Besitzteile, die unter →Aktiva einer Bilanz vorhandenen Vermögensteile.

Besitzwechsel, *Rimessen.* 1. *Begriff:* Gezogener Wechsel vom Standpunkt des Gläubigers. – 2. *Buchung:* Der Gläubiger bucht bei Erhalt des Wechsels: Wechselkonto an Kundenkonto und bei Einlösung: Kassakonto an Wechselkonto. Wird ein B. einer Bank unter Abzug von Diskont verkauft (bei ihr diskontiert), so bucht der Wechselbesitzer: Bankkonto und Diskontkonto an Wechselkonto. – 3. *Bilanzierung:* Kein eigenständiger Posten in der Bilanz (§ 266 HGB) vorgesehen, statt dessen Ausweis der zugrundeliegenden Forderung.

Besitzwechselbuch, →Wechselkopierbuch.

Besitzwehr, Recht des Besitzers (→Besitz), sich →verbotener Eigenmacht mit Gewalt zu erwehren (§ 859 I BGB). – Vgl. auch →Besitzkehr.

Besoldung, Vergütung des →Beamten für seine Dienste. – *Rechtsgrundlage:* Bundesbesoldungsgesetz in der Fassung vom 1.10.1986 (BGBl I 1553, 1666) mit späteren Änderungen und den jährlichen Bundesbesoldungserhöhungsgesetzen. – *Aufbau:* Die B. besteht aus Grundgehalt, Zuschüsse zum Grundgehalt für Professoren an Hochschulen, Ortszuschlag (vgl. untenstehende Tabelle), Amtszulagen, Stellenzulagen, Auslandsdienstbezüge, Anwärterbezüge und Ausgleichszulagen. Daneben werden nach dem Gesetz vom 15.7.1965 (BGBl I 609) i.d.F. vom 23.5.1975 (BGBl I 1238) nebst Änderungen jährlich im Dezember eine Sonderzuwendung, bestehend aus Grundbetrag (100% der Dienstbezüge für Dezember) und Sonderbetrag von 50 DM für jedes kinderzuschlagsberechtigte Kind, und nach dem Urlaubsgeldgesetz vom 15.11.1977

(BGBl I 2120) jährlich im Juli ein Urlaubsgeld, das 450 DM für die Besoldungsgruppen A1 bis A8, im übrigen 300 DM und bei Beamten auf Widerruf 200 DM beträgt, gewährt. – *Zu unterscheiden:* Besoldungsordnung A (für aufsteigende Gehälter); Besoldungsordnung B (für feste, vom Besoldungsdienstalter unabhängige Gehälter); Besoldungsordnung C (für Professoren und Hochschulassistenten an Hochschulen); Besoldungsordnung R (für Richter und Staatsanwälte). – Beamte und Richter erhalten monatlich 13 DM vermögenswirksame Leistungen (→Vermögensbildung der Arbeitnehmer). – Vgl. Übersichten Sp. 691–694

besondere Betriebswirtschaftslehren, →spezielle Betriebswirtschaftslehren.

besondere Havarei, →Havarie.

besondere Lohnsteuertabelle, →Lohnsteuertabelle für Arbeitnehmer, die in der gesetzlichen Rentenversicherung nicht versicherungspflichtig sind. B. L. *gelten* für Arbeitnehmer, die a) für den Fall ihres Ausscheidens aus der Beschäftigung Anspruch auf eine *lebenslängliche Versorgung* oder an deren Stelle auf eine Abfindung haben oder wenn sie in der *gesetzlichen Rentenversicherung nachzuversichern* sind (z. B. Beamte, Richter, Berufssoldaten); b) im Zusammenhang mit ihrer Berufstätigkeit aufgrund vertraglicher Vereinbarungen *Anwartschaftsrechte auf eine Altersversorgung* ganz oder teilweise ohne eigene Beitragsleistungen erwerben (z. B. Vorstandsmitglieder einer AG, herrschende Gesellschafter-Geschäftsführer einer GmbH); c) *Ruhegehälter, Witwen- oder Waisengelder, Unterhaltungsbeiträge oder gleichartige Bezüge* beziehen, die aufgrund beamtenrechtlicher oder

Ortszuschlag (ab 1.1.1987)									
Tarif-klasse	Zu der Tarifklasse gehörende Besoldungsgruppen	Stufe 1 (ledig)	Stufe 2 (verh.)	Stufe 3 1 Kind	Stufe 4 2 Kinder	Stufe 5 3 Kinder	Stufe 6 4 Kinder	Stufe 7 5 Kinder	Stufe 8 6 Kinder
I a	B 3 bis B 11 C 4 R 3 bis R 10	877,23	1017,17	1136,91	1256,65	1376,39	1496,13	1615,87	1735,61
I b	B 1 und B 2 A 13 bis A 16 C 1 bis C 3 R 1 und R 2	740,02	879,96	999,70	1119,44	1239,18	1358,92	1478,66	1598,40
I c	A 9 bis A 12	657,68	797,62	917,36	1037,10	1156,84	1276,58	1396,32	1516,06
II	A 1 bis A 8	619,54	752,80	872,54	992,28	1112,02	1231,76	1351,50	1471,24

Bei mehr als sechs Kindern erhöht sich der Ortszuschlag für jedes weitere zu berücksichtigende Kind um 119,74 DM.

Ortszuschlag für ledige Beamte und Soldaten (§ 39 Abs. 2 BBesG: Verpflichtung zum Wohnen in Gemeinschaftsunterkunft)
Tarifklasse I c: 526,14 DM
Tarifklasse II: 495,63 DM

In Tarifklasse II erhöht sich der Ortszuschlag ab Stufe 4 für das zweite und jedes weitere zu berücksichtigende Kind in den Besoldungsgruppen A 1 bis A 3 um je 40 DM, in Besoldungsgruppe A 4 um je 30 DM und in Besoldungsgruppe A 5 um je 20 DM. Soweit dadurch im Einzelfall die Besoldung hinter derjenigen aus einer niedrigeren Besoldungsgruppe zurückbleibt, wird der Unterschiedsbetrag zusätzlich gewährt.

Übersicht: Besoldung

Bundesbesoldungsordnung A (ab 1.1.1987)

Grundgehaltssätze

Bes.-Gr.	Ortszuschl. Tarif-klasse	1	2	3	4	5	6	7	8	9	10	11	12	13	14	15
										Dienstaltersstufe						
A 1	II	1082,86	1118,68	1154,50	1190,32	1226,14	1261,96	1297,78	1333,60	1369,42						
A 2		1147,00	1182,82	1218,64	1254,46	1290,28	1326,10	1361,92	1397,74	1433,56	1469,38					
A 3		1228,80	1266,64	1304,48	1342,32	1380,16	1418,00	1455,84	1493,68	1531,52	1569,36					
A 4		1275,32	1319,10	1362,88	1406,66	1450,44	1494,22	1538,00	1581,78	1625,56	1669,34					
A 5		1320,04	1369,96	1419,88	1469,80	1519,72	1569,64	1619,56	1669,48	1719,40	1769,32					
A 6		1397,81	1449,55	1501,29	1553,03	1604,77	1656,51	1708,25	1759,99	1811,73	1863,47	1916,47				
A 7		1510,34	1562,08	1613,82	1665,56	1717,30	1769,04	1820,78	1872,52	1926,03	1980,36	2034,69	2091,04	2151,37		
A 8		1581,67	1645,45	1709,23	1773,01	1836,79	1901,14	1968,12	2035,10	2105,54	2179,90	2254,26	2328,62	2402,98		
A 9	Ic	1767,20	1833,01	1901,58	1970,70	2041,10	2117,81	2194,52	2271,23	2347,94	2424,65	2501,36	2578,07	2654,78		
A 10		1935,08	2030,39	2125,70	2221,01	2316,32	2411,63	2506,94	2602,25	2697,56	2792,87	2888,18	2983,49	3078,80		
A 11		2254,56	2352,21	2449,86	2547,51	2645,16	2742,81	2840,46	2938,11	3035,76	3133,41	3231,06	3328,71	3426,36	3524,01	
A 12		2455,62	2572,05	2688,48	2804,91	2921,34	3037,77	3154,20	3270,63	3387,06	3503,49	3619,92	3736,35	3852,78	3969,21	
A 13	Ib	2282,19	2907,91	3033,63	3159,35	3285,07	3410,79	3536,51	3662,23	3787,95	3913,67	4039,39	4165,11	4290,83	4416,55	
A 14		2863,85	3026,86	3189,87	3352,88	3515,89	3678,90	3841,91	4004,92	4167,93	4330,94	4493,95	4556,96	4819,97	4982,98	
A 15		3229,09	3408,30	3587,51	3766,72	3945,93	4125,14	4304,35	4483,56	4662,77	4841,98	5021,19	5200,40	5379,61	5558,82	5738,03
A 16		3588,95	3796,22	4003,49	4210,76	4418,03	4625,30	4832,57	5039,84	5247,11	5454,38	5661,65	5868,92	6076,19	6283,46	6490,73

Bundesbesoldungsordnung B (ab 1.1.1987)

Bes.-Gr.	B 1 Ortszuschlag/Tarifklasse I b	B 2	B 3 Ortszuschlag/Tarifklasse I a	B 4	B 5	B 6	B 7	B 8	B 9	B 10	B 11
	5738,03	6805,37	7119,97	7593,20	8136,14	8648,85	9147,57	9667,41	10312,86	12317,14	13447,50

Bundesbesoldungsordnung C (ab 1.1.1987) Grundgehaltssätze (Forts.)

Bes.-Gr.	Orts-zuschl. Tarifkl.	Dienstaltersstufe 1	2	3	4	5	6	7	8	9	10	11	12	13	14	15
C 1	I b	2782,19	2907,91	3033,63	3159,35	3285,07	3410,79	3536,51	3662,23	3787,95	3913,67	4039,39	4165,11	4290,83	4416,55	
C 2	I b	2789,97	2990,30	3190,63	3390,96	3591,29	3791,62	3991,95	4192,28	4392,61	4592,94	4793,27	4993,60	5193,93	5394,26	5594,59
C 3	I b	3153,14	3379,95	3606,76	3833,57	4060,38	4287,19	4514,00	4740,81	4967,62	5194,43	5421,24	5648,05	5874,86	6101,67	6328,48
C 4	I a	4083,55	4311,55	4539,55	4767,55	4995,55	5223,55	5451,55	5679,55	5907,55	6135,55	6363,55	6591,55	6819,55	7047,55	7275,55

Bundesbesoldungsordnung R (ab 1.1.1987)

Bes.-Gr.	Ortszuschl./ Tarifklasse	Stufe/Lebensalter 1/31	2/33	3/35	4/37	5/39	6/41	7/43	8/45	9/47	10/49
R 1	I b	3604,85	3860,88	4116,91	4372,94	4628,97	4885,00	5141,03	5397,06	5653,09	5909,12
R 2	I b	4217,66	4473,69	4729,72	4985,75	5241,78	5497,81	5753,84	6009,87	6265,90	6521,93

Bes.-Gr.	Tarifklasse	R 3	R 4	R 5	R 6	R 7	R 8	R 9	R 10
Grg.-Sätze	I a	7119,97	7593,20	8136,14	8648,85	9147,57	9667,41	10312,86	12888,52

entsprechender gesetzlicher Vorschriften oder nach beamtenrechtlichen Grundsätzen von Körperschaften gezahlt werden (z. B. pensionierte Beamte, Richter; d) *Altersruhegeld* aus der gesetzlichen Rentenversicherung beziehen (z. B. weiterbeschäftigte Arbeitnehmer). – *Gegensatz:* →allgemeine Lohnsteuertabelle.

besondere Veranlagung, Begriff des Einkommensteuerrechts für eine Art der Veranlagung von →Ehegatten (§ 26 c EStG).

Besondere Versicherungsbedingungen (BVB), Versicherungsbedingungen, die auf einen einzelnen Versicherungsvertrag oder eine bestimmte Zahl einzelner Verträge zugeschnitten sind und insofern keine →Allgemeinen Versicherungsbedingungen (AVB) sind. Als spezielle Regelungen gehen sie den AVB vor.

Besorgungsleistung, Begriff des Umsatzsteuerrechts. Die B. besteht in der Vermittlung einer sonstigen Leistung (→Lieferungen und sonstige Leistungen). Umatzsteuerrechtliche Behandlung wie die besorgte Leistung (§ 3 XI UStG). (Dieser Grundsatz gilt nach Ansicht der Finanzverwaltung nur für die Vermittlung sonstiger Leistungen im Auftrag des Leistungsempfängers, nicht aber im Auftrag des Leistenden).

Bessermenge, →obere Konturmenge.

Besserungsschein. 1. *Vergleichsverfahren:* Schriftliches Versprechen des Schuldners zur Leistung weiterer Zahlungen über die →Vergleichsquote hinaus. Meist unterwirft sich der Schuldner der Entscheidung einer Person oder Personengruppe (z. B. Vergleichsverwalter, Sachwalter, Industrie- und Handelskammer, Gläubigervertreter); die bestimmt, wann und z. T. auch in welcher Höhe bei eingetretener Besserung Zahlungen an die Gläubiger zu leisten sind. Der B. muß sich zugunsten *aller* →Vergleichsgläubiger auswirken, die Bevorzugung einzelner Gläubiger ist nichtig (§ 8 VerglO). – 2. *Einkommen-* und *Körperschaftsteuerrecht:* Zahlungen auf B. sind →Betriebsausgaben soweit sie nicht mit steuerfreiem →Sanierungsgewinn in unmittelbarem Zusammenhang stehen (§ 3 c EStG).

Beständewagnis, kalkulatorisches Wagnis (→Wagnisse), das einer Selbstversicherung des Unternehmers gegen das nicht fremdversicherbare Lagerrisiko (Schwund, Veralten, Bruch u. ä.) entspricht.

Bestandsaufnahme, →Inventur.

Bestandsdifferenzen, Unterschiedsbeträge zwischen den Buchsalden und den durch →Inventur ermittelten Beständen eines Kontos (zurückzuführen z. B. auf Schwund, Diebstahl). B. bei den Vorräten z. B. werden als Aufwendungen für Roh-, Hilfs- und Betriebsstoffe sowie bezogene Waren erfaßt, B. bei

betrieblichen Anlagen als sonstige betriebliche Aufwendungen.

Bestandserfolgskonten, *gemischte Konten.* Konten, auf denen Bestand und Erfolg verbucht werden, so daß die Differenz zwischen Soll und Haben weder über Bestand noch über Erfolg Aufschluß gibt. Ein B. ist das früher übliche „Warenkonto", auf dem im Soll die Warenanfangsbestände und die Wareneinkäufe zu Bezugspreisen und im Haben die Warenverkäufe zu Verkaufspreisen und die Endbestände gemäß →Inventur gebucht wurden. Mit der Einführung der →Kontenpläne sind die B. weitgehend beseitigt worden.

Bestandsfunktion, Begriff aus der →Verlaufsstatistik. Die B. b(t) ordnet jedem Zeitpunkt t den Beobachtungsintervalls [t_i; t_{II}] die Anzahl der vorhanden Elemente zu. Der Wert der B. ergibt sich als Anfangsbestand b(t_i) plus Differenz der Werte der kumulierten →Zugangsfunktion Z(t) und kumulierten →Abgangsfunktion A(t), also b(t) = b(t_i) + Z(t) − A(t) (→Fortschreibung).

Bestandsgarantie, →Koalition.

Bestandsgesamtheit, →Bestandsmasse.

Bestandsgleichgewicht, ein Zustand in der Volkswirtschaft, in dem Gleichgewicht auf allen Märkten herrscht und die geplanten →Bestandsgrößen mit den tatsächlichen Größen übereinstimmen. – Vgl. auch →Gleichgewicht.

Bestandsgrößen, volkswirtschaftliche Größen, die zeitpunktbezogen gemessen werden, z. B. Arbeitslosenzahl, Geldmenge. – *Gegensatz:* →Stromgrößen.

Bestandskonten, Konten (aktive und passive), auf denen Zu- und Abgänge eines Bestandes mit gleichem Wertansatz eingetragen werden. Innere Wertänderungen der inländischen Zahlungsmittel kommen nicht zur Geltung. B. werden geführt für alle Bilanzpositionen. Zu den B. gehören u. B. das Kassen-, Bank-, Postgiro-, Besitzwechsel-, Schuldwechsel-, Debitoren- und Kreditorenkonto. – Der *Saldo* eines reinen B. gibt bei fehlerloser Verbuchung den Wert des Bestands des entsprechenden Vermögensteils, bzw. die Höhe der noch ausstehenden Schuld an. – *Gegensatz:* →Erfolgskonten.

Bestandkontrolle. 1. *Revision:* Stichprobenweiser Vergleich von Soll- und Istbeständen, um Differenzen (z. B. auf Unterschlagung beruhend) aufzudecken bzw. ihnen vorbeugend entgegenzuwirken. – 2. *Materialwirtschaft:* Vgl. →Lagerkontrolle.

Bestandsmasse, *Bestandsgesamtheit,* in der Statistik Bezeichnung für eine →Gesamtheit, deren zeitliche Abgrenzung durch Festlegung eines *Zeitpunktes* erfolgt. – *Beispiel:* Die Wohnbevölkerung eines Landes zu einem bestimmten Zeitpunkt; nicht jedoch die Gesamtheit der Lebendgeborenen eines Landes innerhalb eines bestimmten Zeitraumes. – *Gegensatz:* →Bewegungsmasse.

Bestandsrechnung. 1. *Allgemein:* Kennzeichnung einer Rechnung, die Bestandsgrößen erfaßt und ausweist. Eine wichtige B. ist z. B. die →Bilanz. – *Gegensatz:* →Bewegungsrechnung. – 2. Teil des →*internen Rechnungswesens,* der die Bestände an Material, Halbfertig- und Fertigprodukten mengen- und wertmäßig ermittelt. Die B. liefert damit wesentliche Ausgangsinformationen für die →Kostenträgerrechnung (vgl. auch →Bestandsveränderungen).

Bestandssicherung, von den Gewerkschaften erhobene Forderung, um die Arbeitnehmer vor durch technologische Fortentwicklung zu erwartende Rückstufung bei der Bewertung ihres Arbeitsplatzes oder vor dem Abbau von Arbeitsplätzen zu schützen. Eine B. kann u. U. die Investionsbereitschaft einer Unternehmung vermindern und somit dazu beitragen, daß die Leistungsangebote dieses Unternehmens nicht mehr konkurrenzfähig sind. – Vgl. auch →garantierter Jahreslohn.

Bestandsveränderungen, Änderungen in den Beständen des Vorratsvermögens, speziell bei Halb- und Fertigfabrikaten, Roh-, Hilfs- und Betriebsstoffen, aber auch bei Grundstücksbesitz (steuerrechtlich) von Bedeutung. – 1. *Halb- und Fertigfabrikate:* Sind in der →Betriebsabrechnung zu berücksichtigen, soweit in ihr nicht nur die Kosten der umgesetzten Leistungen (nach dem →Umsatzkostenverfahren), sondern die Gesamtkosten des Rechnungszeitabschnitts (→Gesamtkostenverfahren) zugrunde gelegt werden. – 2. *Innerbetriebliche Leistungen:* Bei aktivierbaren oder abzugrenzenden innerbetrieblichen Leistungen zu berücksichtigen, soweit diese noch nicht abgerechnet sind. Zunahme der Bestände ist im Betriebsergebniskonto auf der Ertragseite, Abnahme auf der Aufwandseite einzusetzen. Entsprechende Behandlung der B. in der nach dem gesamtkostenverfahren aufgestellten →Gewinn- und Verlustrechnung. – 3. *Betriebsgrundstücke/Mineralgewinnungsrechte:* Berücksichtigung von B. nach dem Bewertungsgesetz bei Einheitsbewertung: B. führen *regelmäßig* (bei Überschreitung der Wertgrenzen) zur →Wertfortschreibung der zur →Artfortschreibung bzw. →Zurechnungsfortschreibung (§22 I u. II BewG); →Einheitswert III 3. – Im Falle eines vom *Kalenderjahr abweichenden Geschäftsjahres* sind u. a. B. an →Betriebsgrundstücken und →Mineralgewinnungsrechten zwischen →Abschlußzeitpunkt (31. 12.) und →Feststellungszeitpunkt (01. 01.) zu berücksichtigen (§107 BewG).

Bestandsverzeichnis. I. G r u n d s t ü c k s -
r e c h t : Teil des →Grundbuchs, in dem das Grundstück katastermäßig bezeichnet ist.

II. E i n k o m m e n s t e u e r r e c h t : Erfassung des →beweglichen Anlagevermögens für Steuerzwecke (Abschn. 31 EStR). Aufzustellen durch jährliche körperliche Bestandsaufnahme oder durch →permanete Inventur. – *Inhalt:* Das B. erfaßt bewegliche Anlagegüter, auch voll abgeschriebene. Das B. muß enthalten: genaue Bezeichnung, Bilanzwert, bei permanenter Inventur zusätzlich Tag der Anschaffung oder Herstellung, Höhe der →Anschaffungskosten oder →Herstellungskosten, Tag des Abgangs. Nicht aufgenommen werden müssen: a) →geringwertige Wirtschaftsgüter; b) →bewegliche Anlagegüter, für die zulässigerweise ein →Festwert angesetzt wird. – *Zulässige Erfassungsweise:* a) Gesamtanlagen, auf die einheitliche →Absetzung für Abnutzung vorgenommen wird, können als Einheit eingetragen werden; b) für gleichartige Gegenstände, die im gleichen Zeitraum angeschafft und deren →Anschaffungskosten, Nutzungsdauer und Abschreibungsmethode gleich sind, ist Zusammenfassung statthaft.

Bestandteile, körperlich abgrenzbare, zusammenhängende Teile einer einheitlichen →Sache (z. B. Räder eines Kraftwagens), die an sich rechtlich selbständig sein können; *anders:* →wesentliche Bestandteile. – *Grundstücksbestandteile* (steuerliche Bewertung): Gem. §68 I BewG gehören B. zum →Grundvermögen, soweit sie nicht →Betriebsvorrichtungen darstellen. Vgl. auch →Außenanlagen.

bestätigter Scheck. 1. *Bestätigung seitens der bezogenen Bank* (→Bezogener) durch →Akzept: Diese ist unwirksam und gilt als nicht geschrieben (Art. 4 ScheckG); vgl. auch →Scheckdeckungsanfrage. – 2. *Bestätigung durch die Deutsche Bundesbank:* Nach §23 BBankG möglich. Die Bundesbank verpflichtet sich durch die Bestätigung dem Inhaber gegenüber zur Einlösung und haftet auch dem Aussteller und den Indossanten für Einlösung. Die Verpflichtung aus der Bestätigung erlischt, wenn der Scheck nicht binnen acht Tagen nach der Ausstellung zur Zahlung vorgelegt wird.

Bestätigung. 1. *Bürgerliches Recht:* →Willenserklärung, durch die eine andere, fehlerhafte (→Nichtigkeit, →Anfechtung) Willenserklärung vollwirksam gemacht werden soll. – a) Ein *anfechtbares Geschäft* wird dadurch bestätigt, daß der Anfechtungsberechtigte nach Kenntnis des Anfechtungsgrundes (Irrtum, Drohung, Täuschung) dem anderen Teil gegenüber irgendwie (z. B. durch Zinszahlung) zu erkennen gibt, daß er das Geschäft aufrechterhalten will. Folge: Anfechtungsberechtigter verliert Anfechtungsrecht (§144 BGB). – b) Ein *nichtiges Geschäft* kann nur durch Neuvornahme bestätigt werden (§141 BGB). Die etwa vorgeschriebene Form des Rechtsgeschäfts muß also gewahrt werden. – 2. *Anders:*

Auftragsbestätigung (→Bestätigungsschreiben). – 3. *Konkurs und Vergleich:* Beschluß des Konkurs- oder Vergleichsgerichts, erforderlich zur Wirksamkeit eines von den Gläubigern angenommenen →Zwangsvergleichs oder Vergleich. Der Beschluß wird verkündet, aber nicht öffentlich bekanntgemacht. Der den Zwangsvergleich bestätigende Beschluß ist mit →sofortiger Beschwerde binnen zwei Wochen nach Verkündung anfechtbar (§ 189 KO); im →Vergleichsverfahren kein →Rechtsmittel.

Bestätigungsschreiben, *Auftragsbestätigung.* 1. *Begriff:* Im Handelsverkehr übliche Form der Festlegung des Vertragsinhalts mündlich, telefonisch oder telegrafisch abgeschlossener Geschäfte zu Beweiszwecken. Als B. wird oft auch die schriftliche Annahme eines Vertragsangebots nach vorhergegangenen Vertragsverhandlungen bezeichnet. – 2. Unter Kaufleuten gilt die *Nichtbeantwortung eines B.* als Einverständnis mit dem im B. niedergelegten Vertragsinhalt, selbst wenn dieser von dem vorausgegangen mündlichen Vereinbarungen abweicht oder neue Bedingungen enthält, es sei denn, daß der Absender wegen des von dem vorher Abgesprochenen weit abweichenden Inhalts mit dem Einverständnis des Empfängers nicht rechnen darf. – 3. Etwaiger *Widerspruch* muß unverzüglich innerhalb kurzer Frist erfolgen. B. sind daher stets sorgfältig vom Empfänger zu prüfen. Kreuzen sich zwei einander widersprechende B., so braucht keine Seite zu widersprechen.

Bestätigungsvermerk, *Testat.* I. B e g r i f f : Der B. ist das abschließende Gesamturteil, das nach einer nach anerkannten Berufsgrundsätzen durchgeführten ordnungsmäßigen Prüfung abgegeben wird. Mit einem nach dem HGB erteilten B. bestätigt der →Abschlußprüfer, daß Jahresabschluß und Buchführung den gesetzlichen Vorschriften entsprechen und daß der Lagebericht keine falschen Vorstellungen von der Lage der Unternehmung erweckt. Ein unmittelbares Urteil über die wirtschaftliche Lage der Unternehmung ist mit dem B. nicht verbunden.

II. B e d e u t u n g : Durch den B. sollen Adressaten, z. B. Gesellschafter, Gläubiger, Arbeitnehmer, Aufsichtsrat und Öffentlichkeit, über das Ergebnis einer →Prüfung unterrichtet werden. Der volle Wortlaut des B. ist in allen Veröffentlichungen und Vervielfältigungen des Jahresabschlusses wiederzugeben. Ist der B. versagt worden, so ist hierauf in einem besonderen Vermerk hinzuweisen. – Die *rechtliche Bedeutung* des B. liegt vor allem darin, daß ein Jahresabschluß nach HGB erst festgestellt werden kann, wenn die →Jahresabschlußprüfung stattgefunden hat (§ 316 HGB). Der B. ist ein Positivbefund und Bestandteil des zu erstellenden →Prüfungsberichts. Die *tatsächliche Bedeutung* des B. in der Praxis ist

weitergehend. I. d. R. wird die Unternehmungsleitung an einem uneingeschränkten B. interessiert sein; die Androhung der Einschränkung oder Versagung des B. wird oft zur Beachtung der Rechnungslegungsvorschriften anreizen.

III. I n h a l t : Die Vorschriften zum B. wurden durch das →Bilanzrichtlinien-Gesetz gegenüber der früher maßgeblichen aktienrechtlichen Bestimmung erweitert; sie sind erstmals auf Jahres-, Konzern- und Teilkonzernabschlüsse sowie auf Lageberichte, Konzer- und Teilkonzernlageberichte anzuwenden, die nach den am 1.1.1986 in kraft getretenen Vorschriften aufgestellt werden. – 1. *Uneingeschränkter B.:* Sind nach dem abschließenden Ergebnis der Prüfung keine Einwendungen zu erheben, so hat der Abschlußprüfer nach § 322 I HGB den B. mit folgendem Wortlaut zu erteilen: „Die Buchführung und der Jahresabschluß entsprechen/Der Konzernabschluß entspricht nach meiner/unserer pflichtgemäßen Prüfung den gesetzlichen Vorschriften. Der Jahresabschluß/Konzernabschluß vermittelt unter Beachtung der Grundsätze ordnungsmäßiger Buchführung ein den tatsächlichen Verhältnissen entsprechendes Bild der Vermögens-, Finanz- und Ertragslage der Kapitalgesellschaft/des Konzerns. Der Lagebericht/Konzernlagebericht steht im Einklang mit dem Jahresabschluß/Konzernabschluß." Zu beachten ist, daß nach überwiegender Auffassung *Einwendungen* mehr sein müssen als geringfügige Beanstandungen; unwesentliche Beanstandungen stehen der Erteilung des B. nicht entgegen. Die Trennung von Wesentlichem und Unwesentlichem kann schwierig sein. – 2. *Ergänzungen zum B.:* Nach § 322 HGB ist der B. in geeigneter Weise zu ergänzen, wenn zusätzliche Bemerkungen erforderlich erscheinen, um einen falschen Eindruck über den Inhalt der Prüfung und die Tragweite des B. zu vermeiden. Ergänzungen auch, um die allgemeine Prüfungstätigkeit zu charakterisieren. Eine Ergänzung stellt auch der Hinweis auf die Übereinstimmung von Jahresabschluß und Bestimmungen des Gesellschaftsvertrags oder der Satzung dar. – 3. *Einschränkung und Versagung:* Sind *wesentliche Einwendungen* zu erheben, so ist der B. gemäß § 322 III HGB einzuschränken bzw. zu versagen. Einschränkung und Versagung sind zu begründen, Einschränkungen müssen so dargestellt werden, daß ihre Tragweite deutlich erkennbar wird. Die Versagung ist durch einen besonderen Vermerk zum Jahresabschluß bzw. Konzernabschluß zu erklären und zu begründen. Die Grenzziehung zwischen Einwendungen, die zur Einschränkung führen, und Einwendungen, die die Versagung des Bestätigungsvermerks zur Folge haben müssen, ist schwierig und umstritten.

Bestattungsgeld, Leistung für Kriegsopfer, beim Tode eines rentenberechtigten

Beschädigten (§ 36 BVG) oder von versorgungsberechtigten Hinterbliebenen (§ 53 BVG).

Bestattungskosten, →Beerdigungskosten.

Bestbeschäftigung, selten verwendeter Begriff der Plankostenrechnung zur Kennzeichnung einer aufgrund der →Kapazitätsplanung in jeder Kostenstelle erreichbaren (maximalen) Leistung. – Vgl. auch →Beschäftigung, →Basisbeschäftigung.

Beste, Theodor, 1894–1973, bedeutender Betriebswirtschaftler, 1920–1925 Assistent bei →Schmalenbach, Professor an den Universitäten Bonn, Dresden, Berlin und Köln. – Schwergewicht der Arbeiten auf den Gebieten der industriellen Organisation, der Produktionsplanung und des industriellen Rechnungswesens. B. pflegte die globale Beurteilung, die bei der Berücksichtigung aller auf den Betrieb wirkenden Einflüsse auch benachbarte Forschungsgebiete, wie z.B. Sozialwissenschaft, Arbeitsphysiologie und -psychologie und v.a. die Technik einbezieht., Aus seiner Schule kamen Betriebswirte, die für den Zusammenklang von Betriebswirtschaft und Technik, wissenschaftlichem Denken und praktischer Fertigkeit bereits während des Studiums das Fundament gelegt haben. – *Hauptwerke:* Die „Verrechnungspreise in der Selbstkostenrechnung industrieller Betriebe", Berlin 1924; „Die kurzfristige Erfolgsrechnung", Leipzig 1933; „Die Entflechtung der Eisen schaffenden Industrie", Köln-Opladen 1949; Beste/Kohlitz, „Grundlagen der Typenbeschränkung und Normung", Dortmund 1956; „Die Mehrkosten bei der Herstellung ungängiger Erzeugnisse im Vergleich zur Herstellung vereinheitlichter Erzeugnisse", Köln-Opladen 1957.

Bestechlichkeit, →Bestechung.

Bestechung. I. A l l g e m e i n : Das Anbieten, Versprechen oder Gewähren von Geschenken oder anderen Vorteilen an einen Amtsträger oder einen für den öffentlichen Dienst besonders Verpflichteten sowie einen Angestellten im Geschäftsverkehr. – *Formen:* a) *B. i. e. S.* *Vorteilsgewährung:* Gewährung, Versprechen oder Anbieten von Geschenken oder anderen Vorteilen; b) *Bestechlichkeit/Vorteilsannahme:* Gewähren- und Versprechenlassen oder Fordern von Geschenken oder Vorteilen zu bestimmten Zwecken.

II. B. v o n A m t s t r ä g e r n u n d f ü r d e n ö f f e n t l i c h e n D i e n s t b e s o n d e r s V e r p f l i c h t e t e n (§§ 331 ff. StGB): 1. Als *Vorteilsgewährung* strafbar, wenn B. zur Herbeiführung einer im Ermessen des Amtsträgers stehenden Handlung erfolgt (Freiheitsstrafe bis drei Jahre oder Geldstrafe). – 2. Als *Bestechung* strafbar, wenn diese zur Herbeiführung einer pflichtwidrigen Handlung des

Amtsträgers vorgenommen wird (Freiheitsstrafe bis fünf Jahre oder Geldstrafe). – 3. Als *Vorteilsannahme* strafbar, wenn die Annahme einer B.-Leistung seitens eines Amtsträgers für eine nicht pflichtwidrige Handlung erfolgt (Freiheitsstrafe bis drei Jahre oder Geldstrafe). – 4. Als *Bestechlichkeit* strafbar, wenn B. zur Herbeiführung einer pflichtwidrigen Amtshandlung geschieht (Freiheisstrafe bis zehn Jahre oder Geldstrafe).

III. B. v o n A n g e s t e l l t e n o d e r B e a u f t r a g t e n e i n e s g e s c h ä f t l i c h e n B e t r i e b e s (§ 12 UWG): Wer im geschäftlichen Verkehr zu Zwecken des Wettbewerbs diesen einen Vorteil als Gegenleistung dafür anbietet, verspricht oder gewährt oder ihn oder einen Dritten bei dem Bezug von Waren oder gewerblichen Leistungen in unlauterer Weise bevorzugt, macht sich wegen Bestechung strafbar. Der Bestochene macht sich wegen Bestechlichkeit strafbar. B. ist →unlauterer Wettbewerb.

bestehenbleibende Rechte, bei →Zwangsversteigerung eines Grundstücks oder Schiffes Rechte, die dem des →betreibenden Gläubigers vorgehen und bei der Feststellung des →geringsten Gebotes zu berücksichtigen sind (§ 52 I ZVG). Diese Rechte ergeben sich im einzelnen aus der Rangordnung der §§ 10–13 ZVG.

Bestellbestand, →Materialbestandsarten.

Besteller. 1. B. beim →Werkvertrag derjenige, der ein Werk bei einem →Unternehmer gegen Vergütung bestellt. – 2. Im *wirtschaftlichen Sprachgebrauch allgemein* gleichbedeutend mit Käufer.

Bestellerkredit, →Kredit, der dem Besteller nicht vom Lieferanten (→Lieferantenkredit), sondern von einer Bank gewährt wird. I. d. R. werden alle Zahlungsverpflichtungen des Kunden mit Ausnahme der An- und Zwischenzahlung durch die Bank erfüllt. Der Vorteil für den Lieferanten liegt in der Entlastung von Bilanz und Kreditlinien.

Bestellkosten, Kosten, die bei der →Bestellung anfallen. – In der *Vollkostenrechnung* sind die auf das Stück bezogene B. mit wachsender Einkaufslosgröße (→Losgröße) degressiv, da die sich bei jeder Bestellung ergebenden →fixen Kosten (z. B. Kosten für die Bearbeitung der Bestellung, Verbuchungskosten, Kosten des Zahlungsverkehrs) bei großen Losen auf eine größere Anzahl von Stücken verteilt werden können.

Bestellmenge, →optimale Bestellmenge, →Bestellpunktverfahren, →Bestellrhythmusverfahren.

Bestellmengenpolitik, Instrument des →Handelsmarketing. B. legt fest, welche Waren bestellt und welche (vorübergehend) aus dem Sortiment gestrichen werden sollen. Nachbestellungen mit Hilfe von →Ordersätzen oder über →Bildschirmtext. Bei geschlossenen →Warenwirtschaftssystemen kann bei Eingabe geeigneter Methoden zur Bedarfsvorhersage die Bestellentscheidung u. U. automatisiert werden (→optimale Bestellmenge). Ein Zusammenhang zur Beschaffungs- und Absatzpreispolitik (→Beschaffungspreis- und -konditionenpolitik, →Absatzpreis- und -konditionenpolitik).

Bestellmuster, Ausfallmuster für Waren, die erst nach Auftragseingang angefertigt werden. Nach B. werden vorwiegend solche →Massenbedarfsgüter produziert, die modeabhängig oder Geschmacksveränderungen unterworfen sind (Textilgewebe, Tapeten usw.)

Bestellproduktion, →unmittelbar kundenorientierte Produktion.

Bestellpunktverfahren, →Lagerhaltungssystem, in dem aufgrund vorab fixierter Bestellpunkte Bestandsergänzungen ausgelöst werden. a) Bei *mengenmäßigen Bestellpunkten* erfolgt Nachbestellung, wenn der vorhandene Lagerbestand den Meldebestand (Bestellpunkt) unterschreitet. b) Bei *terminbezogenen Bestellpunkten* werden Bestellungen ausgelöst, wenn die →Isteindeckungszeit unter der →Solleindeckungszeit liegt. In Abhängigkeit von der verfolgten Lagerhaltungspolitik ist die Bestellmenge jeweils fest vorgegeben oder wechselt in Abhängigkeit von einem definierten Maximalbestand. – *B. als Lösungsansatz für die Bestimmung der optimalen Kassenhaltung:* Vgl. →Kassenhaltung 3. – Vgl. auch →Bestellrhythmusverfahren.

Bestellrhythmusverfahren, →Lagerhaltungssystem, in dem die Bestellzeitpunkte an festgelegte Beschaffungsrhythmen (Zeitintervalle zwischen zwei Bestellungen) gebunden sind. Der Bestellrhythmus kann konstant oder variable vorgegeben sein. Üblicherweise wird jeweils die Differenzmenge zum vorgegebenen Maximalbestand ergänzt (variable Bestellmenge). – Vgl. auch →Bestellpunktverfahren.

Bestellschein, rechtlich entweder Vertragsantrag, an den der Käufer (Besteller) regelmäßig längere Zeit gebunden ist, oder schon Vertragsannahme (→Vertrag). Der B. hat die tatsächliche Vermutung der Richtigkeit und Vollständigkeit für sich, alle Bedingungen, die oft auf der Rückseite abgedruckt sind, werden Vertragsinhalt. Wer sich auf mündliche Nebenabreden beruft, muß diese beweisen. Ist aber der Unterzeichner der Meinung, ein B. gebe lediglich das mündlich Vereinbarte wieder, ist →Anfechtung wegen →Irrtums möglich. – Erhält der Unterzeichner Abschrift des B., muß er sie durchlesen, ggf. sofort *widersprechen* und notfalls *anfechten,* sonst verliert er seine Rechte, und der Inhalt des Bestellscheins gilt als vereinbart. – B. wird v. a.

verwendet von Handelsvertretern und vom →Versandgeschäft sowie beim Abschluß von →Abzahlungsgeschäften.

Bestellung, eindeutige Aufforderung des Betriebes an seinen Lieferanten (bzw. des Kunden an den Betrieb), eine bestimmte Ware zu vereinbarten Bedingungen zu liefern. Vorzubereiten durch →Angebotseinholung. Diese und Bestellungsausführung zu überwachen, sind Hauptaufgaben des →Einkaufs (bzw. der Vertriebsabteilung). Zum Abschluß des →Kaufvertrages bedarf es bei vorangegangenem Angebot rechtlich nicht einer Bestätigung der B., wenn diese sich im Rahmen des Angebotes hält; sie ist aber üblich (→Bestätigungsschreiben).

Bestellungsstatistik, →Beschaffungsstatistik.

bestens, in Börsenaufträgen bedeutet, daß der Verkaufsauftrag ohne →Limit, d. h. zu jedem Kurs, ausgeführt werden soll. – Vgl. auch →billigst, →Notierungen an der Börse.

Besteuerung, →Steuern, →Steuerarten, →Steuerpolitik, →Steuerrecht, →Steuerrechtfertigungslehre, →Steuertariftypen, →Steuersytem, →Besteuerungsprinzipien, →fiskalische Besteuerung, →nichtfiskalische Besteuerung.

Besteuerungseinheit, Teil oder Vielfaches der Steuerbemessungsgrundlage auf der Steuersatz angewandt wird; →Bemessungsgrundlage, →Steuern III.

Besteuerungsgrundlage, tatsächliche und rechtliche Verhältnisse, die für die Steuerpflicht und für die Bemessung der Steuer maßgebend sind. – 1. Die *Feststellung* der B. bildet einen mit →Rechtsbehelfen nicht selbständig anfechtbaren Teil des →Steuerbescheides, soweit die Besteuerungsgrundlagen nicht gesondert festgestellt werden (§ 157 II AO). – 2. *Gesondert* und für mehrere Beteiligte *einheitlich* von einem Finanzamt werden B. durch →Feststellungsbescheid festgestellt.

Besteuerungsprinzipien, *Steuergrundsätze,* steuerliche Grundsätze, die zur Realisation bestimmter Ziele bei der Ausgestaltung von →Steuersystemen zu beachten sind. B. ändern sich im Zeitablauf aufgrund wechselnder staatstheoretischer und -philosophischer Meinungen bzw. wechselnder poltischer und sozialer Auffassungen je nach dem Selbstverständnis des steuerlichen Gerechtigkeitsbegiffs (→Steuergerechtigkeit). – *Beispiele:* →Äquivalenzprinzip, →Leistungsfähigkeitsprinzip. – Zu B. des grenzüberschreitenden Waren- und Leistungsverkehrs vgl. →Bestimmungslandprinzip und →Ursprungslandprinzip. – 1. *Klassische B., Smithsche Steuerregeln:* (1) Gleichmäßigkeit der Besteuerung: Gleichbehandlung der Steuerpflichtigen; (2) Bestimmtheit der Besteuerung: Vermeidung von Willkür bei der Steuererhebung; (3)

Bequemlichkeit der Besteuerung (hinsichtlich der Steuerzahlungstermine und -modalitäten); (4) Billigkeit der Besteuerung: Minimierung der Steuerhebungskosten. – Diese ,,vier Grundregeln über die Steuern im allgemeinen" wurden erstmals von A. Smith 1776 aufgestellt. – 2. *Moderne B.:* (1) *fiskalisch-budgetäre Prinzipien:* auf eine ausreichende finanzielle Bedarfsdeckung und deckungspolitische Anpassungsfähigkeit des Steuersystems ausgerichtete Prinzipien; (2) *ethisch-soziale Prinzipien:* die Grundsätze der Allgemeinheit, Gleichmäßigkeit und Leistungsfähigkeit beinhaltende Prinzipien (→Leistungsfähigkeitsprinzip, →Edinburgher Regel); (3) *wirtschaftspolitische Prinzipien:* die Besteuerungsneutralität hinsichtlich des Wettbewerbs im Unternehmensbereich, die aktive und passive Flexibilität des Steuersystems im Hinblick auf eine moderne →Konjunkturpolitik und die wachstumspolitische Ausrichtung (→Wachstumspolitik) der Besteuerung gewährleistende Prinzipien; (4) *steuertechnische Prinzipien:* Die Grundsätze der Systemhaftigkeit, Transparenz, Praktikabilität, Stetigkeit und Bequemlichkeit beinhaltende Prinzipien.

Besteuerungsneutralität, →Edinburgher Regel.

Bestimmtheitsgrundsatz, Grundsatz des →Grundbuches, der sich aus der Notwendigkeit ergibt, für Grundstücke klare Rechtsverhältnisse zu schaffen und zu erhalten. Die Eintragungen müssen deshalb klar und eindeutig sein, z.B. muß bei einer Hypothek der genaue Geldbetrag eingetragen sein, für den das Grundstück haftet. Ferner unterliegen →Verfügungen dem B.

Bestimmtheitsmaß, in der →Regressionsanalyse ein Koeffizient zur Kennzeichnung des Ausmaßes, mit welchem die →Streuung der →endogenen Variablen durch die →exogenen Variablen erklärt wird. Das B. ist erklärt als Quadrat des →Korrelationskoeffizienten der beobachteten Werte y_i und der zugehörigen theoretischen Werte $\hat{y}_i$, liegt also zwischen 0 und 1. Ist der Wert des B. nahe bei 1, wird dies als Qualitätsmerkmal eines Regressionsansatzes verstanden. Durch Hinzunahme weiterer exogener Variabler kann der Wert des B. immer größer gemacht werden. Um Ansätze mit verschiedenen Variablenzahlen vergleichen zu können, wird daher ein korrigiertes B. eingesetzt (→Unbestimmtheitsmaß).

Bestimmungskauf, *Spezifikationskauf.* 1. *Begriff:* →Handelskauf, der einen Grundstoff zum Gegenstand hat, wobei der Käufer die zu liefernden Formen, Maße, Sorten, u.U. auch Mengen, zu bestimmen hat (§375 I HGB). B. ist im Eisen-, Holz-, Garn- und Papierindustrie verbreitet, z.B. Garnhändler behält sich die Bestimmung der Garnstärken und -farben vor. Der einheitliche Abschluß sichert dem

Käufer den z.Z. des Kaufabschlusses maßgebenden Preis für die ganze Lieferzeit. – 2. Bei *Verletzung* der Spezifikationspflicht kommt der Käufer nicht nur in →Annahmeverzug (§295 S. 2 BGB), sondern auch in →Schuldnerverzug (§§284ff. BGB). Der Verkäufer kann a) i.a. nach Setzung einer Nachfrist →Rücktritt vom Vertrag erklären oder →Schadenersatz wegen Nichterfüllung fordern (§326 BGB; →gegenseitige Verträge) oder b) die Bestimmung selbst vornehmen, sie dem Käufer mitteilen und zugleich angemessene Frist zur Vornahme einer anderweitigen Bestimmung setzen; nach fruchtlosem Fristablauf ist die Bestimmung des Verkäufers maßgebend (§375 II HGB).

Bestimmungslandprinzip, →Besteuerungsprinzip des grenzüberschreitenden Waren- und Leistungsverkehrs. Die Erzeugnisse werden dort belastet, wo sie verbraucht werden. Es soll erreicht werden, daß im internationalen Wettbewerb die Steuern ihre Bedeutung als Kosten- und Preisbestandteile verlieren. Praktische Probleme ergeben sich v.a. bei der →Allphasenumsatzsteuer wegen der Schwierigkeit, die tatsächliche Belastung eines Gutes festzustellen. – In der Bundesrep. D. wird das B. durch die *Umsatzsteuer* zum Teil realisiert (→Ausfuhrlieferungen, →Einfuhrumsatzsteuer). – *Gegensatz:* →Ursprungslandprinzip.

Bestimmungsort, →Ablieferungsort.

Bestweg-Umlegungsverfahren, Verfahren im Rahmen der →Verkehrsplanung bei der Verteilung der Verkehrsströme auf die verschiedenen Verkehrswege im Verkehrsnetz eines Planungsraums (→Verkehrsumlegungsmodelle). Sämtliche Personen- und Güterverkehrsfahrten (bezogen auf einen bestimmten Verkehrsträger und eine bestimmte Verkehrsrelation werden auf die jeweils *günstigste Route* gelegt. Die Verkehrsumlegung ist weitgehend instabil gegenüber weiteren Änderungen des Verkehrssystems. – *Anders:* →Mehrweg-Umlegungsverfahren.

Beta-Fehler, *Fehler zweiter Art,* möglicher Entscheidungsfehler bei statistischen Testverfahren. Ein B.-F. liegt vor, wenn eine Hypothese nicht abgelehnt wird, obwohl sie falsch ist. Die Wahrscheinlichkeit eines B.-F. hängt u.a. vom wahren Wert des zu prüfenden →Parameters ab.

betagte Forderungen, Forderungen, die an einem bestimmten zukünftigen Termin fällig werden. Die Geltendmachung des Anspruches aus einer b.F. ist bis zu diesem Termin aufgeschoben. – Im *Konkurs* gelten b.F. als fällig.

Beta-Koeffizient, *β-Faktor,* Ausdruck für die Relation zwischen Rendite des Marktportefeuilles (→capital asset pricing model) und Rendite einer Aktie. Der Wert β gibt an, daß eine erwartete Zunahme (Abnahme) der Rendite des Marktportefeuilles um x% zu der Erwartung berechtigt, daß die Rendite der Aktie um βx% steigt (fällt). β indiziert das Marktrisiko (= →Investitionsrisiko + →Finanzierungsrisiko) einer Aktie bzw. eines Investitionsobjekts.

Betäubungsmittelgesetz, Gesetz über den Verkehr mit Betäubungsmitteln vom 28.7.1981 (BGBl I 681, 1187) mit späteren Änderungen. Das B. ordnet strenge behördliche Kontrolle für Ein- und Ausfuhr, Herstellung und Gewinnung von Betäubungsmitteln sowie für den sonstigen Verkehr mit solchen Mitteln an. Zu den Betäubungsmitteln gehören u. a. Opium, Morphine, Kokain, Cannabis (Haschisch). Erwerb, ihre Abgabe oder Veräußerung ist nur auf Grund besonderer Bezugsscheine zulässig. →Arzneimittel, die Betäubungsmittel sind oder enthalten, sind verschreibungspflichtig. Zuwiderhandlungen sind als Straftaten mit Freiheitsstrafen bis zu 15 Jahren und Geldstrafen bedroht, als Ordnungswidrigkeiten mit Geldbußen. Daneben kann auf →Einziehung erkannt werden. – *Ergänzt* wird B. durch verschiedene VO, so 1. Betäubungsmittel-ÄnderungsVO vom 6.8.1984 (BGBl 1081), Betäubungsmittel-AußenhandelsVO vom 16.12.1981 (BGBl 1420), Betäubungsmittel-BinnenhandelsVO vom 16.12.1981 (BGBl I 1425), Betäubungsmittel-VerschreibungsVO vom 16.12.1981 (BGBl I 1427) mit späteren Änderungen und Betäubungsmittel-KostenVO vom 16.12.1981 (BGBl I 1433).

Beteiligte am Besteuerungsverfahren, v. a. Antragsteller und Antragsgegner sowie die Adressaten von →Verwaltungsakten der Finanzbehörde (§ 78 AO), in erster Linie als →Steuerpflichtige im Sinne von § 33 AO.

Beteiligte am Zwangsversteigerungsverfahren, neben Gläubiger und Schuldner nach § 9 ZVG alle, für die ein Recht an dem betreffenden Grundstück im Grundbuch eingetragen ist, sowie ggf. Anmeldende, die ein schutzbedürftiges Recht haben, das durch die Zwangsversteigerung beeinträchtigt werden könnte. Den B. müssen wichtige, das Verfahren betreffende Entscheidungen des Gerichts bekannt gemacht werden. – Vgl. auch →Zwangsversteigerungsverfahren.

Beteiligung. I. Charakterisierung: 1. *Begriff:* Mitgliedschaftsrecht, das durch Kapitaleinlage (Geld- oder Sacheinlage) bei einer anderen Gesellschaft erworben wird. – Vgl. auch →Beteiligungsfinanzierung. – 2. *Formen:* a) *B. eines Einzelnen:* (1) B. ohne Gesellschaftscharakter, juristisch nach allgemeinen Rechtsnormen zu beurteilen: →partiarische Darlehen. – (2) B. mit Gesellschaftscharakter aufgrund von besonderen Gesetzesnormen (BGB, HGB, Aktiengesetz): →Personengesellschaften, →Kapitalgesellschaften. – b) *B. einer Unternehmung:* Ganze Unternehmungen

sind zu einem über der einzelnen Unternehmung stehenden Organismus vereinigt: (1) B. mit dem Ziel gegenseitiger wirtschaftlicher Förderung (→Interessengemeinschaften). – (2) B. zwecks Beherrschung: (a) einfache B. einer Unternehmung an einer anderen (z. B. Tochtergesellschaften); (b) Verflechtung mehrerer Unternehmungen (→Konzerne). – Beherrschung bei der AG in drei *Stufen:* (a) Sperrminorität: über 25% der Stimmen (Verhindern von Hauptversammlungs-Beschlüssen, die eine ¾-Mehrheit erfordern); (b) Majorität: über 50% (absolute Mehrheit); (c) völlige Beherrschung: 75% (Durchsetzung praktisch aller Hauptversammlungs-Beschlüsse). Oft genügt schon eine Mehrheit von 30 bis 40% zur Beherrschung einer AG, da viele Aktionäre ihr Stimmrecht nicht ausüben bzw. die Mehrheit des „erschienenen Aktienkapitals" in der Hauptversammlung entscheidet. – Vgl. auch →Mehrheitsbeteiligung, →wechselseitig beteiligte Unternehmen, →Mitteilungspflicht.

II. Handelsrecht: 1. *Partiarische Darlehen* werden unter Darlehen aufgeführt, die Einlage des *Stillen Gesellschafters* geht in das Vermögen des Geschäftsinhabers ein (§ 230 HGB). – 2. B. als Gesellschafter einer *Personen- oder Kapitalgesellschaft* werden als Eigen-, Stamm- oder Grundkapital ausgewiesen. – 3. *Handelsrechtlich* sind bei Kapitalgesellschaften Beteiligungen nur solche Anteile an anderen Unternehmen, die dem eigenen Geschäftsbetrieb durch Herstellung einer dauernden Verbindung zu dienen bestimmt sind: „Als Beteiligung gelten im Zweifel Anteile an einer Kapitalgesellschaft, deren Nennbeträge insgesamt den fünften Teil des Nennkapitals dieser Gesellschaft überschreiten" (§ 271 I HGB). Wird die Vermutung nicht widerlegt, so ist die B. unter dieser Bezeichnung im Finanzanlagevermögen zu bilanzieren.

III. Steuerrecht: Als B. gilt der Besitz von Gesellschafts-, Bohr-, Genossenschaftsanteilen, Kuxen, Aktien, Einlagen usw. Als *wesentliche B.* gilt ein Anteil von mehr als 25% am Kapital einer →Kapitalgesellschaft. – 1. *Doppelbesteuerung* vermieden durch →Schachtelprivileg. – 2. Berücksichtigung von B. bei der Ermittlung der Bemessungsgrundlagen für die *Gewerbesteuer:* a) bei der Ermittlung des →*Gewerbeertrags* werden dem Gewinn aus Gewerbebetrieb (§ 7 GewStG) die Anteile des steuerpflichtigen Unternehmens am Verlust einer OHG, einer KG oder einer anderen →Personengesellschaft hinzugerechnet, soweit sie bei der Ermittlung des Gewinns abgesetzt sind (§ 8 Nr. 8 GewStG). Dagegen wird die Summe des Gewinns und der →Hinzurechnungen (zum Gewinn) gekürzt um Anteile des steuerpflichtigen Unternehmens am Gewinn einer Personengesellschaft, wenn diese Gewinnanteile bei Ermittlung des

Gewinns angesetzt worden sind (§ 9 Nr. 2 GewStG). Der Gewinnanteil aus der B. als stiller Gesellschafter erhöht den Gewerbeertrag (§ 8 Nr. 3 GewStG). – b) Bei Ermittlung des →*Gewerbekapitals* wird die Summe des →Einheitswerts des gewerblicen Betriebs und der →Hinzurechnungen zum Einheitswert des Betriebsvermögens gekürzt um den Wert (Teilwert) einer zum Gewerbekapital gehörenden B. an einer Personengesellschaft (§ 12 III Nr. 2 GewStG).

Beteiligungsfinanzierung. 1. *Begriff:* Sammelbezeichnung für alle Formen gesellschaftlicher Beschaffung von →Eigenkapital durch Kapitaleinlagen von neu hinzukommenden Gesellschaftern oder Unternehmung. Die aus der B. möglichen Rechtsfolgen: wie Mitwirkung an der Geschäftsführung, Gewinn- und Verlustbeteiligung sowie Haftung für die Verbindlichkeiten, sind (je nach der rechtlichen Unternehmungsform) verschieden gesetzlich geregelt oder vertraglich zu vereinbaren. – 2. *Finanzierungsmittel zur B.:* (1) Einlagen, (2) Aktien, (3) Kuxe, (4) Bohranteile, (5) Schiffsparts des Kapitalgebers am Gewinn (in der AG in Form der →Dividende, sonst als →Gewinnausschüttung) und gegebenenfalls am Liquidationserlös sind verträglicher Vereinbarung zugängig. – 3. *Mischformen* zwischen B. und Fremdfinanzierung werden in der Gewinnobligation gesehen (d. h. Papiere mit begrenztem Dividendenanspruch) sowie in der Wandelanleihe und auch in zweckgebundenen Rücklagen für soziale Zwecke. – 4. Für die Kapitalgeber gehört die →Beteiligung zum *Finanzanlagevermögen,* sofern es sich um eine dauerde Beteiligung handelt. – 5. *Steuerrechtliche Behandlung:* Vgl. →Beteiligung, →Organschaft, →Schachtelprivileg.

Beteiligungsgeschäft, →Mitversicherung.

Beteiligungsgesellschaft, →Holding-Gesellschaft.

Beteiligungskonzern, →Konzern, bei dem die Konzernierung überwiegend oder ausschließlich auf kapitalmäßigen →Beteiligungen bzw. finanziellen Interessen beruht. – *Gegensatz:* →Vertragskonzern.

Beteiligungsunternehmen, →Joint Venture I 2.

Betragsspanne, *absolute Handelsspanne,* absoluter Betrag der →Handelsspanne. Wird die B. zum Einkaufs- oder Verkaufspreis ins Verhältnis gesetzt, ergibt sich eine →Prozentspanne.

betreibender Gläubiger, im →Zwangsversteigerungsverfahren der Gläubiger, der durch seinen Antrag das Verfahren in Gang gesetzt hat. Wichtig für Aufstellung des →geringsten Gebotes: Nur die Rechte bleiben bestehen, die dem Recht des b. B. vorgehen. Für Gläubiger

mit rangmäßig schlechteren Rechten ist →Beitritt erforderlich, sonst Rechtsverlust.

Betrieb. I. B e t r i e b s w i r t s c h a f t s l e h r e: 1. *Begriff:* Örtliche, technische und organisatorische Einheit zum Zwecke der Erstellung von Gütern und Dienstleistungen, charakterisiert durch einen räumlichen Zusammenhang und eine Organisation, „die auf die Regelung des Zusammenwirkens von Menschen und Menschen, Menschen und Sachen sowie von Sachen und Sachen im Hinblick auf gesetzte Ziele gerichtet ist" (E. Kosiol). – a) *Örtliche Einheit:* B. ist insoweit der →Arbeitsstätte gleichzusetzen, als die Leistungserstellung und -verwertung in einem räumlich und technisch zusammengehörigen, überschaubaren Bereich erfolgt. – b) *Organisatorisch-technische Einheit:* Hilfs- und Nebenbetriebe (→Produktionshilfsbetrieb, →Produktionsnebenbetrieb) gehören im Gegensatz zur Arbeitsstätte auch dann zur organisatorischen Einheit des Betriebes, wenn sie mit dem Hauptbetrieb (→Produktionshauptbetrieb) am gleichen Ort und unter derselben technischen Leitung arbeiten. Die organisatorische Kombination des sachlichen Betriebsvermögens (Maschinen, Werkzeuge, Gebäude, Rohstoffe u. a. m.) mit der verfügbaren Arbeitsleistung durch den Arbeitgeber vollzieht sich im Bereich des B. – 2. *Abgrenzung zu „Unternehmung":* Der Begriff „Unternehmung" (vgl. auch dort) bezeichnet die rechtliche und wirtschaftlich-finanzielle Einheit. – *B. im Umsystem:* Vgl. Übersicht Sp. 711/712. – 3. *Arten:* a) Nach der *Größe:* Unterscheidung nach der Beschäftigtenzahl, nach Kapitaleinsatz, installierten PS u. ä. in Groß-, Mittel- und Kleinbetriebe. – b) Nach *Art der (wirtschaftlichen) Leistung:* (1) Produktionsbetriebe, wie Landwirtschafts-, Handwerks-, Industrie-, Bergbau-B.; (2) Dienstleistungsbetriebe, wie Verkehrs-, Handels-, Bank-, Versicherungs-B.; (3) Verwaltungsbetriebe, wie organisatorisch selbständige Stätten der Dienstleistung in der Volks- und Gesundheitspflege (Krankenhäuser, Badeanstalten, Bibliotheken der öffentlichen Hand); (4) Arbeitsstätten der Verwaltung (umstritten).

II. S o z i o l o g i e: 1. B. als soziales Gebilde ist *gekennzeichnet durch:* a) formal festgelegte betriebliche Arbeitsteilung, d. h. Zuordnung von Positionen, Stellen und Abteilungen (formale Organisation); b) informelle Beziehungen zwischen den Betriebsmitgliedern, die unabhängig von der formalen Organisation und den Betriebszielen bestehen; c) vertikale Ordnung der Entscheidungskompetenzen und Verantwortlichkeiten; d) Verhältnis der Über- und Unterordnung der Positionsinhaber, das aufgrund der vertikalen Ordnung von Kompetenzen und Verantwortlichkeiten entsteht (erste hierarchische Ordnung); e) durch die gesellschaftlich determinierten Bewertungen der einzelnen Positionen entstehende (zweite

Übersicht: Betrieb – Stellung in der Gesamtwirtschaft

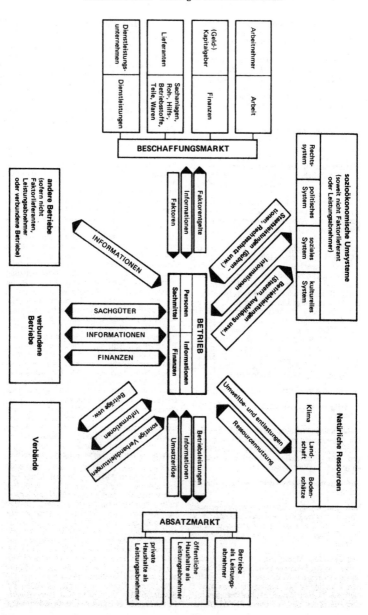

hierarchische) Ordnung i. S. von höher und niedriger (Statusorganisation). – 2. *Gegenstand* der →Betriebssoziologie (vgl. auch dort).

III. A m t l i c h e S t a t i s t i k : 1. Unterschiedlich definierter *Begriff:* a) Im →*Produzierenden Gewerbe:* Örtlich getrennte Niederlassungen der Unternehmen, einschl. der zugehörigen oder in der Nähe liegenden Verwaltungs- und Hilfsbetriebe. Wirtschaftssystematische Zuordnung (→SYPRO) nach dem Schwerpunkt der Tätigkeit, i. d. R. gemessen an der Beschäftigtenzahl. B. ist nicht identisch mit der →Arbeitsstätte. – b) Im *Baugewerbe:* Baubetrieb. Filialbetriebe eines Bauunternehmens werden wie selbständige Betriebe behandelt. Baustellen gelten als selbständige Betriebe, wenn sie eigene Bau- oder Lohnbüros haben. – c) In der *Land- und Forstwirtschaft:* Technisch-wirtschaftliche Einheit, die für Rechnung eines Inhabers (Betriebsinhaber) bewirtschaftet wird, einer einheitlichen Betriebsführung untersteht und land- und/oder forstwirtschaftliche Erzeugnisse hervorbringt. – 2. *Erfassung:* Je nach der im Einzelfall anzutreffenden Kombination charakteristischer Merkmale können in der tabellarischen Aufbereitung dargestellt werden technische Einheiten oder örtlich selbständige Einzelbetriebe: vertikal als Haupt- und Nebenbetrieb oder horizontal als Haupt- und Zweigbetriebe einander zugeordnete Einheiten. Besonderheiten sind gemeindlich oder bezirklich nach dem →Belegenheitsprinzip getrennt erfaßte B., wenn sie als unvollständige B. (nicht nach der organisatorischen Zusammengehörigkeit der Einheiten) dargestellt werden.

IV. R e c h t : 1. *Allgemein:* Rechtsstellung verschieden, je nach Eigenart der betrieblichen Arbeit der einzelnen Wirtschaftszweige (z. B. Handel, Landwirtschaft und Bergbau). – *Gewerbetrieb:* Sonderstellung; die besonderen tatsächlichen und arbeitsrechtlichen Bedingungen werden in der →Gewerbeordnung geregelt. Ausnahme: Für kaufmännische Angestellte dieser Betriebe gilt nicht die GewO, sondern §§ 59 ff. HGB. – *Öffentlich-rechtliche Unternehmen:* Vgl. →öffentliche Unternehmen.

2. *Arbeitsrecht:* B. ist die organisatorische Einheit, innerhalb derer der Arbeitgeber mit seinen Arbeitnehmern durch Einsatz technischer und immaterieller Mittel bestimmte arbeitstechnische Zwecke fortgesetzt verfolgt, die sich nicht in der Befriedigung von Eigenbedarf erschöpfen (→Fremdbedarfsdeckung). Durch die arbeitstechnische Zweckbestimmung der organisatorischen Einheit unterscheidet sich der Betrieb von dem weiter gefaßten Begriff des →Unternehmens; mehrere Unternehmen können deshalb einen einheitlichen Betrieb bilden. – Die *Einheit der Organisation* ist zu bejahen, wenn ein einheitli-

cher Leitungsapparat vorhanden ist, der die Gesamtheit der für die Erreichung der arbeitstechnischen Zwecke eingesetzten personellen, technischen und immateriellen Mittel lenkt. Das setzt voraus, daß die beteiligten Unternehmen sich zur gemeinsamen Führung eines B. verbunden haben. Eine entsprechende rechtliche Vereinbarung kann sich auch aus den tatsächlichen Umständen ergeben.

3. *Steuerrecht* (insbes. BewG): a) *Zu unterscheiden:* (1) *Land- und forstwirtschaftlicher B.:* Die Bearbeitung und Nutzung von Grund und Boden zur Gewinnung organischer Erzeugnisse einschließlich ihrer unmittelbaren Verwertung. (2) *Gewerblicher B.:* jede selbständige nachhaltige Betätigung, die mit Gewinnerzielungsabsicht unternommen wird und sich als Beteiligung am allgemeinen wirtschaftlichen Verkehr darstellt, sofern die Betätigung nicht als Land- und Forstwirtschaft, →freier Beruf oder andere selbständige Tätigkeit (im Sinne des Einkommensteuerrechts) anzusehen ist. – b) Betriebe gewerblicher Art können selbständige Steuersubjekte gem. § 1 I Nr. 5 KStG sein, also der →Körperschaftsteuer unterliegen, wenn sie *Untergliederungen von Körperschaften des öffentlichen Rechts* sind, ohne in besondere privatrechtliche Unternehmungsform gekleidet zu sein, wie z. B. Sparkassen. (Die →Eigenbetriebe der öffentlichen Hand in der Unternehmungsform einer →Kapitalgesellschaft sind als solche ohnehin unbeschränkt steuerpflichtig.)

Betrieb gewerblicher Art, steuerrechtlicher Begriff für Einrichtungen von →juristischen Personen des öffentlichen Rechts, die einer nachhaltigen wirtschaftlichen Tätigkeit zur Erzielung von Einnahmen außerhalb der →Land- und Forstwirtschaft dienen und die sich innerhalb der Gesamttätigkeit der juristischen Person wirtschaftlich heraushebt. Nicht erforderlich ist Gewinnerzielungsabsicht und Beteiligung am allgemeinen wirtschaftlichen Verkehr. – *Keine* B.g.A. sind →Hoheitsbetriebe.

betriebliche Altersversorgung. I. B e g r i f f : Inbegriff aller Maßnahmen des Arbeitgebers zur Alters-, Invaliditäts- und Hinterbliebenenversorgung seiner Arbeitnehmer und ihnen gleichgestellter Personen, die über die gesetzlichen Verpflichtungen hinausgehen. Die gleichgestellten Personen werden im § 17 BetrAVG (→Betriebsrentengesetz) angesprochen, dazu können z. B. Handelsvertreter und Berater des Unternehmens gehören. Grundsätzlich sind diese Personen nur im Rahmen der arbeitsrechtlichen Normen den Arbeitnehmern gleichgestellt. Vorteile des Steuerrechts wie z. B. die Pauschalierung der Lohnsteuer gelten für sie nicht. Die Leistungen der b. A. können sowohl laufende sein, nämlich Renten, als auch einmalige Kapitalzahlungen im

Versorgungsfall. – Vgl. auch →Alters- und Hinterbliebenenversorgung.

II. Gestaltungsformen: Das Betriebsrentengesetz nennt nur vier, nämlich *Direktzusage* (→betriebliche Ruhegeldverpflichtung), →*Direktversicherung*, →*Pensionskasse* und →*Unterstützungskasse*. Überdies muß man auf Grund der Definition auch die *freiwillige Versicherung* oder *Höherversicherung* in der gesetzlichen Rentenversicherung der b. A. zurechnen, soweit sie der Arbeitgeber dem Arbeitnehmer finanziert. – *Leistungsanspruch:* Bei der Direktzusage schuldet der Arbeitgeber im Versorgungsfall die Leistung selbst. Der Anspruch des Arbeitnehmers richtet sich gegen ihn. Bei den anderen Gestaltungsformen bedient er sich zur Erfüllung der Leistung eines Dritten, eines Lebensversicherungsunternehmers (Direktversicherung), eines Sozialversicherungsträgers (freiwillige Versicherung oder Höherversicherung) oder einer besonderen Einrichtung mit eigener Rechtsperson (Pensionskasse oder Unterstützungskasse). Im Versorgungsfalle richtet sich der Anspruch nicht gegen den Arbeitgeber, sondern gegen den Versicherer, den Sozialversicherungsträger oder die Versorgungskasse. Der Arbeitgeber muß die Voraussetzungen dafür schaffen (Zahlung der Beiträge, ausreichende Dotierung), daß die Verpflichtung erfüllt werden kann. – Wahl einer bestimmten Gestaltungsform schließt nicht die anderen aus. Häufig setzen sich Versorgungssysteme der Unternehmen aus mehreren Gestaltungsformen zusammen *(mehrstufige Systeme)*. Entstanden sind sie durch die Entwicklung oder aus dem Wunsch, die unterschiedlichen Vorteile mehrerer Gestaltungsformen nutzen zu können.

III. Rechtsgrundlagen: Einzelverträge, →Pensionsordnungen (→vertragliche Einheitsregelungen, auch „Gesamtzusage"), →Betriebsvereinbarungen, →Tarifverträge oder gesetzliche Regelungen (z. B. im öffentlichen Dienst) sind die Grundlagen der Verpflichtungen der Arbeitgeber. Unter Umständen können auch →betriebliche Übung und der Grundsatz der →Gleichbehandlung dazu führen (§ 1 I 4 Betriebsrentengesetz). Die Gestaltungsfreiheit wird durch steuerrechtliche Vorschriften (insbes. im Interesse des Arbeitgebers zu beachten, wenn die Steuervorteile genutzt werden sollen) und v. a. durch Normen des Betriebsrentengesetzes wesentlich eingeschränkt.

IV. Aufgaben/Bedeutung: Die b. A. ist eine der drei Säulen der *Alterssicherung* (→betriebliche Sozialpolitik). Beim Auffüllen der Versorgungslücke der Arbeitnehmer (→Alters- und Hinterbliebenenversorgung II) kommt ihr seit Jahrzehnten eine besondere Bedeutung zu. Wegen dieser sozialpolitischen Funktion verdient sie die besondere Wertschätzung des Gesetzgebers (steuerliche Förderung, arbeitsrechtliche und materielle Absicherung, Sozialberichte, amtliche Erhebungen). – Für die Arbeitgeber ist sie einerseits Teil der *sozialen Betriebspolitik*, andererseits auch ein Mittel zur quantitativen und qualitativen *Sicherung von Produktionsfaktoren*. Im Wettbewerb auf dem Arbeitsmarkt erweist sie sich oft als wirksam, sie beeinflußt das →Betriebsklima positiv, ferner verbessern unter bestimmten Voraussetzungen gewisse Gestaltungsformen die Liquidität des Unternehmens. Direktzusagen sind häufig ein bedeutender Baustein der *Unternehmensfinanzierung*.

V. Statistik: Im Auftrag des Bundesministeriums für Arbeit und Sozialordnung ist im Juni 1984 zum dritten Mal eine Erhebung zur Situation der b. A. durchgeführt worden. Nach den Ergebnissen der dritten Umfrage ist die Verbreitung der b. A. nach Unternehmen in der Industrie in der Zeit von 1981 zu 1984 von 67 auf 63% zurückgegangen, während sich der Verbreitungsgrad im Handel mit 31% nicht verändert hat. Nach 1981 haben in der Industrie etwa 13% der Unternehmen mit b. A. Leistungseinschränkungen vornehmen müssen.

betriebliche Ausbildung. 1. *Begriff:* Teil der Berufsausbildung im Rahmen des →dualen Systems, der in der Verantwortung von Betrieben der Wirtschaft und in vergleichbaren Einrichtungen außerhalb der Wirtschaft (Öffentlicher Dienst, freie Berufe, Haushalte usw.) durchgeführt wird. – *Rechtsgrundlage* der b. A. ist ein →Berufsausbildungsvertrag zwischen Ausbildungseinrichtung (→Ausbildender) und →Auszubildendem. – Die b. A. soll gemäß BBiG in anerkannten →Ausbildungsberufen nach den Regelungen der jeweiligen →Ausbildungsordnung durch persönlich und fachlich geeignete Personen (→Ausbilder) erfolgen. Die Durchführung der B. erfolgt nach einem →betrieblichen Ausbildungsplan und wird von der jeweils zuständigen Stelle (i. d. R. Kammer) geregelt und überwacht. Sie findet i. d. R. an vier bis fünf Wochentagen statt und wird durch Unterricht an der →Berufsschule ergänzt und begleitet. – 2. *Ziele:* Die b. A. steht unter der allgemeinen Zielsetzung, eine breit angelegte Grundbildung und die für die Ausübung einer qualifizierten beruflichen Tätigkeit notwendigen fachlichen Fertigkeiten und Kenntnisse zu vermitteln sowie den Erwerb der erforderlichen Berufserfahrung zu ermöglichen. Angesichts breiter Kritik hat der Deutsche Bildungsrat 1969 Qualitätskriterien für die b. A. formuliert, die auch Eingang in das BBiG gefunden haben: Vollständigkeit, Planmäßigkeit und theoretische Fundierung der Ausbildung; Einsicht in die Sozialstrukturen und Prozesse des Betriebes; individuelle Förderungsmöglichkeiten; angemessene Relation Auszubildende-Ausbilder; fachliche und pädagogische Qualifikation der Ausbilder; ausbildungsgeeignete Einrichtung und Arbeitsformen. – 3. *Formen:* a) B. A. im unmittelbaren Produktionszusammenhang, überwiegend nach dem →Imitatio-Prinzip; b) lehrgangsmäßige b. A., z. B. in →Lehrwerkstätten und →Übungsfirmen; c) innerbetrieblicher Unterricht. I. d. R. finden sich Kombinationen dieser Ausbildungsformen, die oft noch durch überbetriebliche Ausbildungsmaßnahmen in der Verantwortung der Ausbildungsbetriebe ergänzt werden. – 4. *Probleme* ergeben sich vorrangig aus dem Spannungsfeld von pädagogisierter und produktionsgebundener Ausbildung durch mangelnde Systematik und Vollständigkeit, unzureichende theoretische Fundierung, unzureichende Qualifikation der Ausbilder, ausbildungsfremde Tätigkeiten sowie durch ungenügende Abstimmung der b. A. mit dem Berufsschulunterricht. Die qualitativen Probleme werden derzeit durch den Ausbildungsplatzmangel stark überlagert.

betriebliche Berufsbildung, →Berufsausbildung.

betriebliche Bildungsmaßnahme, →Berufsbildung.

betriebliche Datenverarbeitung, Sammelbezeichnung für den Einsatz von →Computersystemen zur Bearbeitung betriebswirtschaftlicher Problemstellungen; früher auch als Synonym für →Betriebsinformatik verwendet. Im Vordergrund steht die Verarbeitung, Speicherung und Erzeugung von →*Daten,* insbes. von großen Datenmengen. – Computerund Anwendungssysteme im Betrieb, die sich auf technische Probleme erstrecken (z. B. →Prozeßsteuerung), werden traditionell nicht zur b. D. gerechnet. – *Organisationsform der b. D.:* →individuelle Datenverarbeitung.

betriebliche Einigung, →Regelungsabrede.

betriebliche Lohngestaltung. 1. *Begriff:* Aufstellung von →Entlohnungsgrundsätzen und die Einführung und Anwendung von neuen →Entlohnungsmethoden sowie deren Änderung. B. L. ist die Festlegung kollektiver, abstrakter Regelungen, nach denen die Entlohnung im Betrieb vorgenommen werden soll. Es geht um die Strukturformen des Entgelts (→Arbeitsentgelt) einschließlich ihrer näheren Vollziehungsformen (betriebliche Lohngerechtigkeit), nicht aber unmittelbar um die Lohnhöhe. – **2.** Fragen der b. L. unterliegen dem erzwingbaren *Mitbestimmungsrecht* des Betriebsrats in →sozialen Angelegenheiten, soweit die Angelegenheit nicht durch →Tarifvertrag geregelt ist (§ 87 I Nr. 10 BetrVG). Die Mitbestimmung umfaßt sich nicht auf die Festlegung der Vergütung im Einzelfall. – Der *Begriff „Lohn"* ist nach der Rechtsprechung hier weit zu verstehen, so daß

auch Richtlinien über Prämien, zinsgünstige Darlehen des Arbeitgebers, Ruhegeldansprüche usw. mitbestimmungspflichtig sind. – Bei freiwilligen *zusätzlichen Leistungen* kann der Arbeitgeber aber nicht über das Mitbestimmungsrecht des Betriebsrats gezwungen werden, diese Leistungen zu erbringen. Die Mitbestimmung des Betriebsrats erstreckt sich auf den Verteilungsplan innerhalb des vom Arbeitgeber vorgegebenen Dotierungsrahmens. Der Arbeitgeber kann nach der Rechtsprechung allein darüber entscheiden, in welchem Umfang er finanzielle Mittel zur Verfügung stellen will, welchen Zweck er mit den Leistungen verfolgen will und auf welchen Personenkreis sie sich erstrecken sollen. – Hinsichtlich des *eigentlichen Arbeitsentgelts* kommt ein Mitbestimmungsrecht des Betriebsrats i. d. R. nur als Ergänzung tarifvertraglicher Regelungen in Betracht, da die Entgelthöhe meist tarifvertraglich festgelegt ist. In Frage kommt aber oft ein Mitbestimmungsrecht hinsichtlich der Grundsätze des Lohnsystems (→Zeitlohn, →Leistungslohn) und der Faktoren für eine gerechte b. L., d. h. für ein angemessenes Verhältnis von Leistung und Lohn. – 3. Für →*AT-Angestellte* (außertarifliche Angestellte) gibt es keinen Vorrang des Tarifvertrags (→Betriebsvereinbarung). Deshalb besteht ein Mitbestimmungsrecht des Betriebsrats bei der Bildung von Gehaltsgruppen bei AT-Angestellten (aber nicht der Abstände zur höchsten Tarifgruppe) und der Wertunterschiede zwischen den Gruppen (umstritten).

betrieblicher Ausbildungsplan, betriebsindividuell aufzustellende sachliche und zeitliche Ordnung der Berufsausbildung, die mit dem Ausbildungsberufsbild, dem Ausbildungsrahmenplan und den Prüfungsanforderungen (→Ausbildungsordnung) abgestimmt sein muß. Bei der Erstellung des b. A. werden die Ausbildungsbetriebe nach § 45 BBiG von Ausbildungsberatern der zuständigen Stellen unterstützt und kontrolliert. – Vgl. auch →betriebliche Ausbildung.

betriebliche Ruhegeldverpflichtung, *Direktzusage, Pensionszusage, Versorgungszusage i. e. S.,* eine Gestaltungsform der →betrieblichen Altersversorgung. – Die *Ansprüche des Versorgungsempfängers* richten sich im Versorgungsfall gegen den →Arbeitgeber.

I. R e c h t s g r u n d l a g e n: Der Arbeitgeber ist nicht verpflichtet, ohne einen besonderen Rechtsgrund Versorgungsleistungen zu erbringen. Als Rechtsgrundlagen kommen folgende Verpflichtungstatbestände in Betracht: 1. *Einzelvertrag:* Die Versorgungszusage ist grundsätzlich an keine Form gebunden. Zur Erlangung von Steuervorteilen ist nach § 6a I Nr. 3 EStG die Schriftform erforderlich. – 2. *Gesamtzusage* oder →ver-

tragliche Einheitsregelung: Der Arbeitgeber kann seinen Willen, Ruhegeld unter bestimmten Voraussetzungen zu gewähren, auch durch einseitige Erklärung an die Belegschaft zum Ausdruck bringen (→Pensionsordnung, Ruhegeldordnung, Versorgungsordnung, Ruhegeldrichtlinien u.ä.). Unstreitig verpflichten derartige Erklärungen den Arbeitgeber. – 3. *Kollektivvertrag:* Ruhegeldregelungen werden häufig in →*Betriebsvereinbarungen* getroffen, vereinzelt auch in →*Tarifverträgen.* Soweit eine tarifvertragliche Regelung besteht, ist, wenn keine Öffnungsklausel für die Betriebspartner besteht, der Abschluß von Betriebsvereinbarungen ausgeschlossen (§ 77 III BetrVG). – 4. →*Betriebliche Übung* (§ 1 I 4 Betriebsrentengesetz) oder →*Gleichbehandlung* (§ 1 I 4 Betriebsrentengesetz): Aus arbeitsrechtlichen Normen resultierende Verpflichtung. Ruhegeldverpflichtungen auf der Grundlage der betrieblichen Übung oder des Gleichbehandlungsgrundsatzes werden nach dem EStG als nicht rückstellungsfähig (→Pensionsrückstellungen) bezeichnet. Um so entstandene Verpflichtungen dennoch in der Steuerbilanz ausweisen zu können, müssen die betreffenden Unternehmen eine steuerlich anerkannte Grundlage insbesondere durch eine schriftliche Direktzusage oder eine Betriebsvereinbarung schaffen. – Für die Ausgestaltung des Ruhegeldanspruchs gelten die *zwingenden* Vorschriften des Gesetzes zur Verbesserung der betrieblichen Altersversorgung vom 19.12.1974 über Unverfallbarkeit, Auszehrungsverbot, flexible Altersgrenze, Insolvenzversicherung, Anpassung (→Betriebsrentengesetz). Abweichung z.T. in Tarifverträgen zulässig (§ 17 III Betriebsrentengesetz). – Zu *Widerrufsvorbehalten* in b.R.: Vgl. →Widerruf III. – Die *Mitbestimmung* des →Betriebsrats bei b.R. richtet sich nach § 87 I Nr. 10 BetrVG. Dabei sind die Einschränkungen zu beachten, die sich daraus ergeben, daß es sich um eine freiwillige soziale Leistung handelt; →betriebliche Lohngestaltung.

II. **Finanzierungsmöglichkeiten:** Der Arbeitnehmer kann an der Finanzierung nicht beteiligt werden. Für den Arbeitgeber gibt es verschiedene Wege: 1. *Deckungsloses Zahlungsverfahren (Umlageverfahren):* Keine Pensionsrückstellungen. Die Versorgungsleistungen werden erst bei Auszahlung zu Lasten des Geschäftsjahres verbucht. Während der Anwartschaftszeit keine Belastung mit Versorgungsaufwand. Deckungsmittel sind weder für Anwartschaften noch für bereits bestehende Rentenverpflichtungen angesammelt. Kein Finanzierungseffekt fürs Unternehmen. – 2. *Kapitaldeckungsverfahren:* Das Unternehmen bildet die Rückstellung erst zum Zeitpunkt des Rentenbeginns, und zwar in Höhe des →Barwerts der Rentenverpflichtung. Diese Einmalzuführungen belasten das betreffende Geschäftsjahr relativ stark. Deckungs-

mittel besitzt das Unternehmen nur für die Versorgungsanprüche, nicht für die Anwartschaften. – 3. *Anwartschaftsdeckungsverfahren:* Das Unternehmen bildet bereits während des Anwartschaftszeitraumes Rückstellungen. Der zum Zeitpunkt des Versorgungsfalles erforderliche Beitrag wird nach einem versicherungsmathematischen Verfahren auf diesen Zeitraum verteilt. Während der Anwartschaft sind die Geschäftsjahre anteilig mit „Versorgungsaufwand" belastet. Bei ausreichender Rückstellung erfolgt die Zahlung der Versorgungsleistung erfolgsneutral (→Pensionsrückstellungen III 4 und 5). Einer periodengerechten Zurechnung der Versorgungsaufwendungen als „Versorgungslohn" wird dieses Verfahren mehr gerecht als die anderen. Vermögen zur Finanzierung der Verpflichtungen besitzt das Unternehmen sowohl für die Ansprüche als auch für die Anwartschaften (Finanzierungseffekt für das Unternehmen am größten). Durch das →Bilanzrichtlinien-Gesetz wurde für eine bestimmten Adressatenkreis das Passivierungswahlrecht wesentlich eingeschränkt. Für die von diesen Arbeitgebern nach dem 31.12.1986 erteilten unmittelbaren Zusagen ist das Anwartschaftsdeckungsverfahren verpflichtend (→Passivierungspflicht). – 4. *Rückdeckung:* Rückdeckungsversicherungen (→Lebensversicherung VIII 2) kann man sicher auch den Finanzierungsverfahren zurechnen. Schließlich erhält im Versorgungsfall das Unternehmen die erforderlichen Mittel vom Versicherer und die Prämienzahlung ist eine Art der Vorausfinanzierung. Trotzdem besteht im Vergleich mit den anderen Finanzierungsverfahren nicht nur ein gradueller, sondern ein sachlicher Unterschied. Rückdeckungsversicherungen sind nämlich vor allem ein Mittel der Risikopolitik des Unternehmens. Sie verdrängen nicht die anderen Verfahren, sondern stehen neben ihnen. Bei jedem der drei anderen Verfahren können sie eingesetzt werden.

III. **Steuerliche Behandlung:** 1. *Beim Unternehmer:* Vgl. →Pensionsrückstellungen III und IV. – 2. *Beim Arbeitnehmer und Versorgungsempfänger:* Keine steuerliche Be- und Entlastung während der Anwartschaftszeit. Erst bei Zahlung der Leistung wird die Einnahme (Rente oder Kapital) abzüglich des Versorgungsfreibetrags als Arbeitslohn erfaßt. Es spielt dabei keine Rolle, ob sie dem Arbeitnehmer oder seinen Hinterbliebenen zufließt. Der Versorgungsfreibetrag ist 40% der Versorgungsleistung, maximal 4800 DM je Steuerjahr. Da diese Bezüge Arbeitslohn sind, kann für sie Weihnachtsfreibetrag, Arbeitnehmerfreibetrag und Werbungskosten-Pauschbetrag dieser Einkunftsart beansprucht werden. Rentenzusagen sind vorteilhaft, da diese Freibeträge Jahr für Jahr genützt werden können. Kapitalzahlungen können dagegen zu einer erheblichen Steuerbelastung führen, obwohl gem. §34 III EStG die Möglichkeit besteht, zum Zweck der Einkommensteuerveranlagung die Einnahme auf mehrere Jahre – maximal drei – rückzuverteilen. Grundsätzlich unterliegen diese Versorgungsleistungen nicht der Erbschaftsteuer.

IV. Vor- und Nachteile für den Unternehmer: 1. *Vorteile:* Steuerliche Vergünstigungen (→Pensionsrückstellungen); Verbesserung der Liquidität – bei Rentenverpflichtungen wirkungsvoller als bei Kapitalverpflichtungen. (Auch für Versorgungsempfänger ist die Rentenzusage vorteilhafter; vgl. III 2). – 2. *Nachteile:* Das Versicherungswagnis (frühzeitiger Tod, frühzeitige Arbeitsunfähigkeit und überdurchschnittlich lange Lebensdauer) lastet auf dem Unternehmen, soweit es nicht gegen Prämie auf einen Versicherer überwälzt wurde. Selbst bei Rückdekkung unterliegen unverfallbare Anwartschaften und Ansprüche auf Leistungen der Insolvenzversicherung und damit der Beitragspflicht beim PSVaG (→Betriebsrentengesetz II 5). Kosten spezieller Rechnungslegung und Gutachten.

betriebliches Informationssystem, ungenauer Begriff aus der →betrieblichen Datenverarbeitung bzw. der →Betriebsinformatik. – 1. Sammelbegriff für alle betriebswirtschaftlichen →Softwaresysteme. – 2. Oberbegriff für →computergestützte Administrationssysteme, →computergestützte Dispositionssysteme, →computergestützte Informationssysteme (→Führungsinformationssystem; →Personalinformationssystem) und →computergestützte Planungssysteme. – 3. Synonym für Führungsinformationssysteme. – Hintergrund der begrifflichen Unschärfe: In jedem Fall werden Informationen zur Lösung betrieblicher Probleme erzeugt und/oder verarbeitet.

betriebliches Informationswesen, Mittel, Maßnahmen und Einrichtungen, die ein Betrieb aufbietet, um die Betriebsangehörigen mit den zur Aufgabenerfüllung notwendigen →Informationen zu versorgen. – 1. B.I. *i.e.S.* beinhaltet Unterlagen, die zum Zwecke der Berichterstattung (Statistiken, Übersichten) erstellt werden und Unterlagen, die bestimmten Verwaltungsoperationen dienen (Durchschläge, Kopien, Auszüge). Vgl. auch →betriebliches Informationssystem. – 2. B.I. *i.w.S.* umfaßt auch alle Maßnahmen zur Stärkung des Zusammengehörigkeitsgefühls der Betriebsangehörigen (Betriebszeitung, →Betriebsversammlung, „schwarzes Brett"). – Vgl. auch →Informationssystem.

betriebliche Sozialpolitik, Teil der →Sozialpolitik, als Element allgemeiner Unternehmenspolitik darauf ausgerichtet, den jeweiligen Betriebsangehörigen spezielle Vorteile materieller und ideeller Art zuteil werden zu lassen. Die *betrieblichen Sozialleistungen* haben im Zuge des Ausbaus des *allgemeinen Systems der sozialen Sicherung* relativ an Bedeutung verloren, obwohl sie im historischen Ablauf in vielen Bereichen Vorreiterfunktionen für die staatliche Sozialpolitik übernommen hatten. Gleichwohl sind sie nach wie vor beachtlich (→Personalnebenkosten). So wird auch die →betriebliche Altersversorgung als *dritte Säule* im System der Alterssicherung bezeichnet.

betriebliche Standortplanung, Prozeß der Generierung und Bewertung alternativer räumlicher Anordnungsmöglichkeiten für Betriebe bzw. Teile von Betrieben (Läger, Produktionsstätten, Verkaufsfilialen usw.). – Vgl. auch →Warehouse-location-Problem.

betriebliches Vorschlagswesen. 1. *Begriff:* System der organisatorischen Behandlung und Belohnung von technischen und nichttechnischen (z.B. kaufmännischen) Verbesserungen aus dem Kreis der Arbeitnehmer mit dem Ziel, die Leistungen des Betriebs ständig zu verbessern. – 2. *Mitbestimmungsrecht:* a) Hinsichtlich der *Grundsätze über das b.V.* besteht ein erzwingbares Mitbestimmungsrecht des Betriebsrats in →sozialen Angelegenheiten (§87 I Nr. 12 BetrVG). – b) Für *technische Verbesserungsvorschläge* ist das Mitbestimmungsrecht i.d.R. auf die Regelung organisatorischer Fragen beschränkt, da im übrigen eine gesetzliche Regelung über die →Arbeitnehmererfindung besteht. Das Mitbestimmungsrecht greift ein, sobald für eine allgemeine Regelung des b.V. ein Bedürfnis besteht; es erstreckt sich auf Fragen der Organisation des b.V. und die Aufstellung allgemeiner Grundsätze für die Bemessung der →Prämien, nicht unmittelbar auf deren Höhe und Zahlung im Einzelfall.

betriebliche Übung, *Betriebsübung,* tatsächliche gleichmäßige Übung innerhalb eines Betriebs. Eine b.Ü. liegt dann vor, wenn die Arbeitnehmer aus dem Verhalten des Arbeitgebers folgern können, es handle sich um eine auf Dauer angelegte Handhabung, die auch künftig eingehalten wird. Entscheidend ist, daß der Arbeitnehmer aus dem Verhalten, insbes. aus einer über längere Zeit vorbehaltlos geübten Praxis, auf das Vorliegen eines Verpflichtungswillens mit einem bestimmten Inhalt schließen durfte. Beispiel: mehrfache Gewährung gleichartiger Sozialleistungen. – Die *Fortsetzung der b.Ü.* kann zur Rechtspflicht werden. – Ein *Anspruch des Arbeitnehmers aus b.Ü.* wird zum Inhalt des →Arbeitsvertrags und kann vom Arbeitgeber nicht wieder einseitig aufgehoben werden, es sei denn, daß eine unvorhergesehene Notlage für den Betrieb eintritt (im einzelnen umstritten).

betriebliche Willensbildung, diejenigen Anordnungen und bestimmenden Maßnahmen, die zur Erreichung des Betriebszweckes notwendig sind. *Träger der b.W.* ist a) i.d.R.

der Betriebseigner (Eigentümer), so beim Einzelkaufmann, bei der Offenen Handelsgesellschaft, meist auch der Kommanditgesellschaft, bei denen Geschäftsführung und Kapitalbesitz in einer Hand vereinigt sind; b) in Unternehmungsformen, bei denen der Kapitalgeber (Eigentümer) die eigentliche Geschäftsführung einem Angestellten überträgt, wird die b. W. sowohl vom Eigentümer als auch vom Geschäftsführer beeinflußt, so bei der Aktiengesellschaft, bei der Gesellschaft mit beschränkter Haftung, dem staatlichen oder kommunalen Regiebetrieb. Fraglich ist, inwieweit die →Mitbestimmung auf die b. W. einwirkt, solange die Haftung für Geschäftsführung und ihre Konsequenzen bei Kapitalgeber und Geschäftsführer liegen.

Betriebsabrechnung. 1. *Begriff:* In der Vollkostenrechnung verwendeter Begriff für die periodenbezogene (zumeist monatliche) Verrechnung aller im Unternehmen anfallenden Kosten auf die →Hauptkostenstellen. – 2. *Zweck:* Die B. dient primär der Kostenträgerrechnung, indem sie die Ausgangsdaten zur Ermittlung der Kostenträgergemeinkosten (→Gemeinkosten) liefert. Sie ist das Bindeglied zwischen der →Kostenartenrechnung und der →Kostenträgerrechnung bzw. →Kalkulation. – 3. *Vorgehensweise: Ausgangspunkt* der B. sind die in der Kostenartenrechnung gesammelten Kostenträgergemeinkosten, die im ersten Schritt den ihren Anfall verursachenden →Hilfskostenstellen und →Hauptkostenstellen zugeordnet werden (vgl. Übersicht Sp. 725/726). – Anschließend erfolgt im Rahmen der →innerbetrieblichen Leistungsverrechnung eine *mehrstufige Kostenverrechnung* zwischen den Hilfs- und Hauptkostenstellen (z. B. Umlage der Kosten der eigenen Stromerzeugung auf die stromverbrauchenden Kostenstellen), z. T. auch zwischen Hauptkostenstellen und anderen Haupt- bzw. Hilfskostenstellen (z. B. Verrechnung einer von der Dreherei für die Stromerzeugung erbrachten Ersatzteilfertigung). Nach diesen Verrechnungsvorgängen sind sämtliche Kostenträgergemeinkosten ausschließlich Hauptkostenstellen belastet. – Zumeist mit Hilfe von Zuschlagssätzen (→Zuschlagskalkulation) werden sie abschließend in der Kostenträgerrechnung auf die Kostenträger *weitergewälzt*. – 4. *Durchführung:* Früher wurde die B. manuell erstellt; als Hilfsmittel diente der →Betriebsabrechnungsbogen. Heute erfolgt die B. EDV-gestützt als →Auswertungsrechnung der Kostenarten- und Kostenstellenrechnung.

Betriebsabrechnungsbogen (BAB), Hilfsmittel zur manuellen Durchführung der →Betriebsabrechnung; heute nicht mehr gebräuchlich.

Betriebsanalyse, zu einem bestimmten Zeitpunkt vorgenommene Analyse des Betriebes

oder seiner Teilbereiche mit den einzelnen Funktionen auf Zustand und Zweckmäßigkeit in Ausstattung, Besetzung, Arbeitsablauf, Kostenstruktur, Wirtschaftlichkeit, Kapazität, Leistungserfolg und Konkurrenzfähigkeit sowie auf organisatorische Tatbestände (→Gemeinkostenwertanalyse, →Wertanalyse, →Organisationsmethodik). B. ist zusammen mit der →Produktanalyse Ausgangspunkt für die →Arbeitsvorbereitung, des Organisationsmanagements sowie des Marketing. – Vgl. auch →Betriebsvergleich.

Betriebsänderung. 1. *Begriff:* Jede Änderung der betrieblichen Organisation, der Struktur, des Tätigkeitsbereichs, der Arbeitsweise, der Fertigung, des Standorts und dgl. – 2. Dem Mitbestimmungsrecht des Betriebsrats unterliegen in Betrieben mit i. d. R. mehr als 20 wahlberechtigten Arbeitnehmern nur solche B., die *wesentliche Nachteile* für die Belegschaft oder erhebliche Teile derselben zur Folge haben können (§§ 111–113 BetrVG): Als B. *gelten* a) Einschränkung (→Betriebseinschränkung) und Stillegung des ganzen Betriebs (→Betriebsstillegung) oder von wesentlichen Betriebsteilen, b) Verlegung des ganzen Betriebs oder von wesentlichen Betriebsteilen (Betriebsverlegung), c) Zusammenschluß mit anderen Betrieben (Betriebszusammenschluß), d) grundlegende Änderungen von Betriebsorganisation, -zweck oder -anlagen und e) Einführung grundlegend neuer Arbeitsmethoden und Fertigungsverfahren. – 3. An das Vorliegen einer B. knüpfen *Unterrichtungs- und Beratungspflichten* des Arbeitgebers und die *Pflicht zur Durchführung eines* →*Interessenausgleichs und zur Aufstellung eines* →*Sozialplans* an (§§ 111–113 BetrVG). – 4. Durch das *Beschäftigungsförderungsgesetz* vom 26. 4. 1985 (BGBl I 710) wurde der Unterabschnitt des BetrVG über B. geändert: Die Änderungen greifen nur punktuell in einzelne Beteiligungsrechte des Betriebsrats ein; sie berühren nicht die Frage, wann eine B. i. S. von § 111 BetrVG vorliegt.

Betriebsarzt. 1. *Begriff:* Ein durch →Dienstvertrag einem Unternehmen zur Verfügung stehender Arzt, der haupt- oder nebenberuflich oder innerhalb eines überbetrieblichen arbeitsmedizinischen Dienstes mit der gesundheitlichen Betreuung der Belegschaft beauftragt ist. – *Anders:* →Werkarzt. – 2. *Gesetzliche Grundlage:* Gesetz über Betriebsärzte, Sicherheitsingenieure und andere Fachkräfte für Arbeitssicherheit (ASiG) vom 12. 12. 1973 (BGBl I 1985) mit späteren Änderungen. – 3. *Inhalt des ASiG:* a) Der Arbeitgeber hat B. schriftlich zu *bestellen*. b) Der Arbeitgeber hat B. die in § 3 ASiG genannten Aufgaben (insbes. →Arbeitsschutz, Unfallverhütung und Gesundheitsschutz) zu übertragen, soweit dies erforderlich ist im Hinblick auf (1) die Betriebsart und die damit für die Arbeitnehmer verbundenen Unfall- und

Spalten	1	2	3	4	5	6	7	8	9
Kostenstellen	Zahlen der Kostenartenrechnung	Vorkostenstellen		Fertigungshilfsstellen	Materialstellen	Endkostenstellen		Verwaltungsstellen	Vertriebsstellen
		Allgemeine (Hilfs-) Kostenstellen				Fertigungshauptstellen			
Kostenarten		I	II			A	B		
I. Erfassung der primären Kostenarten (Zeilen 1–10)									
1 Gemeinkostenlöhne	4 000	· 400	500	1 000	800	200	200	600	300
2 Gehälter	7 500	400	300	300	1 200	500	300	2 500	2 000
3 Gesetzl. Sozialleistungen	1 150	80	80	130	200	70	50	310	230
4 Gemeinkostenmaterial	3 000	400	200	400	200	500	600	400	300
5 Instandhaltung	250	10	20	40	20	60	70	20	10
6 Fremdstrom	180	20	10	20	20	40	40	20	10
7 Miete	400	20	30	30	40	60	50	100	70
8 Versicherungen	140	10	10	20	10	30	40	10	10
9 Kalkulatorische Abschreib.	500	30	50	60	60	100	110	50	40
10 Kalkulatorische Zinsen	130	10	20	20	10	30	20	10	10
11 Summe d. primären Kostenarten (Zeilen 1–10)	17 250	1 380	1 220	2 020	2 560	1 590	1 480	1 020	2 980
II. Umlage der Allgemeinen (Hilfs-) Kostenstellen (Zeilen 12–15)									
12 Umlage Stelle I (Spalte 2)		1 380							
13			+100	+300	+400	+200	+200	+100	+ 80
14 Umlage Stelle II (Spalte 3)			1 320						
15				+200	+300	+200	+220	+300	+100
16 Zwischensumme	17 250	0	0	2 520	3 260	1 990	1 900	4 420	3 160
17 III. Umlage der Fertigungs-Hilfsstellen (Zeilen 17+18)				2 520					
18						+1 500	+1 020		
19 Gesamtkosten der Endkostenstellen	17 250			0	3 260	3 490	2 920	4 420	3 160
Ermittlung von Zuschlagssätzen Zuschlagsbasis									
20 a) Materialeinzelkosten					20 000				
21 b) Fertigungslöhne						3 000	5 000		
22 c) Herstellkosten								37 670*)	37 670*)
23 Ist-Zuschlagssätze:					16,3%	116,3%	58,4%	11,7%	8,4%

Gesundheitsgefahren, (2) die Zahl der beschäftigten Arbeitnehmer und die Zusammensetzung der Arbeitnehmerschaft und (3) die Betriebsorganisation, insbes. im Hinblick auf die Zahl und die Art der für den Arbeitsschutz und die Unfallverhütung verantwortlichen Personen. Der Arbeitgeber hat dafür zu sorgen, daß die B. ihre Aufgaben erfüllen. c) Der Arbeitgeber ist verpflichtet, Hilfspersonal, Räume, Einrichtungen, Geräte und Mittel zur Verfügung zu stellen. – 4. Der B. unterliegt der *ärztlichen Schweigepflicht*, bei deren Verletzung er sich strafbar macht (§ 300 StGB). – Vgl. auch →Sicherheitsingenieur, →Arbeitssicherheit.

Betriebsaufgabe. 1. *Steuerrechtlicher Begriff* für eine Form der Beendigung eines land- und forstwirtschaftlichen gewerblichen Betriebs oder der selbständigen Tätigkeit. Eine B. ist anzunehmen, wenn a) aufgrund eines Entschlusses des Steuerpflichtigen, den Betrieb aufzugeben, b) die Tätigkeit endgültig eingestellt wird (sonst Betriebsunterbrechung), c) die wesentlichen Betriebsgrundlagen d) in einem einheitlichen Vorgang (d. h. innerhalb eines kurzen Zeitraums; sonst: →Abwicklung) e) entweder an verschiedene Abnehmer verkauft oder ins →Privatvermögen überführt oder teilweise veräußert und teilweise ins Privatvermögen überführt werden und f) dadurch der Betrieb als selbständiger Organismus des Wirtschaftslebens zu bestehen aufhört (Gegensatz: Betriebsverlagerung); Besonderheiten bei Aufgabe der selbständigen Tätigkeit (Abschn. 147 EStR). – 2. *Einkommensteuerlich* gilt B. als Betriebsveräußerung (§§ 14, 14a III, 16 III, 18 III EStG). Der im Zuge der B. erzielte Gewinn unterliegt als →außerordentliche Einkünfte der →Einkommensteuer unter Gewährung eines →Freibetrags und Anwendung eines ermäßigten Steuersatzes (Einzelheiten vgl. →Veräußerungsgewinn). Zur Ermittlung des Aufgabegewinns sind veräußerte Wirtschaftsgüter mit erzielten Veräußerungspreisen, nicht veräußerte mit dem →gemeinen Wert im Zeitpunkt der B. anzusetzen und dem Buchwert des →Betriebsvermögens im Zeitpunkt der B. gegenüberzustellen. – 3. Der im Zuge der B. erzielte Gewinn unterliegt nicht der *Gewerbesteuer*. – 4. Die im Rahmen der B. getätigten Verkäufe unterliegen als →Lieferung oder sonstige Leistungen, die Überführungen von Wirtschaftsgütern in das Privatvermögen als →Eigenverbrauch der →Umsatzsteuer. Die Befreiungen in § 4 UStG sind zu beachten.

Betriebsaufspaltung, *Betriebsspaltung, Betriebsteilung* (Doppelgesellschaft). 1. *Begriff:* Trennung eines →Gewerbebetriebs in zwei Unternehmungen. – 2. *Zweck:* Neben außersteuerlichen Gründen (z. B. Haftungsbeschränkung für die das Risiko tragende Betriebsgesellschaft, Nachfolgeregelung) insbes. die Verlagerung des Gewinns auf die

→Personengesellschaft, deren Gewinner nicht der Doppelbelastung unterliegen. – 3. *Formen:* a) Aufteilung in *Besitz- und Betriebsgesellschaft,* wobei letztere i. d. R. eine →Kapitalgesellschaft und erstere eine Personenunternehmung ist. – b) Aufteilung in *Produktions- und Vertriebsgesellschaft.* – c) *Echte B.:* Aufteilung eines bisher einheitlichen Unternehmens auf zwei rechtlich selbständige Unternehmungen. – d) *Unechte B.:* Zwei rechtlich selbständige Unternehmungen werden durch sachliche und personelle Verflechtung verbunden. – e) *Mitunternehmerische B.:* Besitz- und Betriebsgesellschaft sind Personengesellschaften. – 4. *Voraussetzungen:* a) *Sachliche Verflechtung:* Der Betriebsgesellschaft muß mindestens eine wesentliche Betriebsgrundlage zur Nutzung überlassen werden. – b) *Personelle Verflechtung:* Die hinter beiden Unternehmungen stehenden Personen müssen einen einheitlichen geschäftlichen Betätigungswillen haben. Dieser ist gegeben, wenn die Person/Personen, die das Besitzunternehmen beherrschen, in der Lage sind, auch in der Betriebsgesellschaft ihren Willen durchzusetzen. – 5. *Rechtsfolgen:* a) Die Begründung der B. erfolgt gewinnneutral. – b) Die ihrer Art nach vermögensverwaltende (→Vermögensverwaltung) und damit an sich nicht gewerbliche Tätigkeit der Besitzunternehmung wird als →Gewerbebetrieb qualifiziert. – c) Die Anteile an der Betriebskapitalgesellschaft sind notwendiges →Betriebsvermögen bzw. →Sonderbetriebsvermögen. – d) Veränderungen in den Voraussetzungen (s. o.) durch bestimmte Handlungen (z. B. Erbfall) können zum Zufall der B. führen. Dieser ist als →Betriebsaufgabe, der Folge der Gewinnrealisierung, zu beurteilen, es sei denn, es finden die Grundsätze der Betriebsverpachtung (→Pacht von Unternehmungen) Anwendung. – 6. Dem zwischen beiden Gesellschaften geschlossenen Pachtvertrag kann die *steuerliche Anerkennung* nur versagt werden, wenn einzelne Teile der Vereinbarung so ungewöhnlich sind, daß an der Ernsthaftigkeit der Betriebsüberlassung auf Grund des Pachtvertrages Zweifel bestehen.

Betriebsaufwand, →Zweckaufwand, →betriebsbedingter Aufwand.

Betriebsausflug, betriebliche Veranstaltung des Arbeitgebers, die allen Betriebsangehörigen offenstehen muß. Die Teilnahme an einem B. muß zwingend freiwillig sein; Druck, gleichgültig welcher Art, darf nicht ausgeübt werden. Zweck und begründendes Merkmal ist es, die kollektive, betriebliche Geselligkeit und Zusammengehörigkeit zu fördern. – Für die Veranstaltung eines B. gibt es *keine zwingende rechtliche Grundlage.* Auch das Mitbestimmungsrecht des →Betriebsrats beschränkt sich auf die vor- oder nachzuarbeitende Arbeitszeit bzw. das Ausmaß der anzurechnenden →Arbeitszeit. – *Sachzuwendungen* des Arbeitgebers an die Arbeitnehmer (z. B.

Bewirtung, Geschenke, Fahrtkosten) gehören nicht zum →Arbeitsentgelt, sind daher steuer- und sozialversicherungsfrei. Die Sachzuwendungen sind auch für den Arbeitgeber steuerfrei, solange sie sich im Rahmen des für solche Betriebsfeiern Üblichen bewegen.

Betriebsausgaben. 1. *Einkommensteuerrechtlicher Begriff* für Aufwendungen, die durch den Betrieb des Steuerpflichtigen veranlaßt sind (§ 4 IV EStG). Keine B. sind Aufwendungen zur Förderung staatspolitischer Zwecke (§ 4 VI EStG; vgl. →Spenden). – 2. B. mindern bei der Gewinnermittlung *den Gewinn*, es sei denn, es handelt sich um nichtabzugsfähige B. – 3. *Nichtabzugsfähige B.* (§ 4 V EStG) sind: a) Aufwendungen für Personen, die nicht Arbeitnehmer des Steuerpflichtigen sind, es sei denn, daß die Anschaffungskosten/Herstellungskosten der dem Empfänger im Wirtschaftsjahr zugewendeten Gegenstände insgesamt 50 DM nicht übersteigen; b) Aufwendungen für die Bewirtung von Personen, die nicht Arbeitnehmer des Steuerpflichtigen sind, soweit sie nach der allgemeinen Verkehrsauffassung als unangemessen anzusehen sind oder soweit ihre Höhe und betriebliche Veranlassung nicht nachgewiesen wird (→Geschäftsfreundebewirtung); c) Aufwendungen für Gästehäuser, die sich außerhalb des Ortes eines Betriebs des Steuerpflichtigen befinden; d) Aufwendungen für Jagd, Fischerei, Segel- oder Motorjachten sowie für ähnliche Zwecke und für die damit zusammenhängenden Bewirtungen; e) →Mehraufwendungen für Verpflegung, soweit die Höchstbeträge überschritten werden; f) Aufwendungen für Fahrten des Steuerpflichtigen zwischen Wohnung und Betriebsstätte und für Familienheimfahrten, soweit sie bestimmte Höchstbeträge übersteigen; g) andere als die in a)–f) aufgeführten Aufwendungen, die die Lebensführung des Steuerpflichtigen oder anderer Personen berühren, soweit sie nach allgemeiner Verkehrsauffassung als unangemessen anzusehen sind; h) von einem Gericht oder einer Behörde oder von Organen der EG festgesetzte →Geldbußen, Ordnungs- und Verwarnungsgelder; i) Ausgleichszahlungen, die bei Bestehen einer körperschaftsteuerlichen →Organschaft an außenstehende Anteilseigner geleistet werden. – *Gegensatz:* →Betriebseinnahmen.

Betriebsausschuß, Organ des →Betriebsrats. Betriebsräte mit neun oder mehr Mitgliedern wählen aus ihrer Mitte drei (in größeren Betrieben fünf bis neun)) Ausschußmitglieder, die zusammen mit dem Vorsitzenden und dem stellvertretenden Vorsitzenden des Betriebsrats den B. bilden (§ 27 BetrVG). Die Gruppen müssen im B. entsprechend dem Verhältnis ihrer Vertretung im Betriebsrat vertreten sein. – *Aufgaben:* Führung der laufenden Geschäfte des Betriebsrats; das Gesetz sieht die Möglichkeit vor, daß der Betriebsrat mit der

Mehrheit seiner Mitglieder dem B. auch Aufgaben zur selbständigen Erledigung (nicht jedoch den Abschluß von →Betriebsvereinbarungen) übertragen kann.

Betriebsausstattung. 1. *Begriff:* Teil des beweglichen →Anlagevermögens, meist Zusammenfassung mit Geschäftsausstattung. – 2. *Zur B. gehören* insbes.: Einrichtungen von Werkstätten und Büroeinrichtungen (Betriebsinventar) sowie Werkzeuge, Fahrzeuge, Geräte und dgl. Nach der Gliederung der Anlagewerte durch § 266 II HGB werden technische Anlagen und Maschinen *nicht* der B. zugerechnet. Ob ein Gegenstand unselbständiger Bestandteil eines Gebäudes, einer Maschine ist oder selbständiger Bestandteil der B. (= Betriebsvorrichtung), richtet sich nach dem Nutzungs- und Funktionszusammenhang. – 3. *Abschreibung der Betriebs- und Geschäftsausstattung:* a) handelsrechtlich bei Nichtkapitalgesellschaften auf den →Erinnerungswert von 1 DM zulässig; b) handelsrechtlich bei Kapitalgesellschaften und steuerrechtlich lineare oder degressive Abschreibung gefordert. – 4. Zum Bilanzstichtag ist ein *Verzeichnis* der Gegenstände des beweglichen Anlagevermögens aufzustellen. Körperliche Bestandsaufnahme nur, wenn →Anlagenkartei oder →Bestandsverzeichnis nicht geführt wird. In das Anlagenverzeichnis (Tabelle oder Kartei) sind aufzunehmen: genaue Bezeichnung, Anschaffungs- oder Herstellungskosten, Anschaffungstag, Abschreibung, Zuschreibung, Bilanzwert, ggf. Verkaufszeitpunkt und Verkaufswert.

Betriebsbeauftragter für Abfall, zu bestellen von Betreibern ortsfester Abfallentsorgungsanlagen und solcher Anlagen, in denen regelmäßig bestimmte Abfälle anfallen (§ 11 a Abfallgesetz). B. f. A. haben u. a. den Weg der Abfälle und die Einhaltung der Vorschriften über Abfallentsorgung zu überwachen sowie jährlich Bericht zu erstatten.

Betriebsbeauftragter für Umweltschutz, gesetzlich geforderter Funktionsträger für Immissionsschutz (BImSchG), für Gewässerschutz (Wasserhaushaltgesetz) und für Abfall (Abfallgesetz) in bestimmten Unternehmen mit Rechten und Pflichten im Interesse des Umweltschutzes. Schriftliche Bestellung durch den Anlagenbetreiber; Anzeigepflicht der Bestellung bei der zuständigen Behörde. – *Aufgaben:* Eintreten für Entwicklung und Einführung umweltfreundlicher Verfahren und Erzeugnisse; Überwachung von Vorschriften, Bedingungen und Auflagen im Interesse des Gewässerschutzes; Eintreten für Entwicklung und Einführung zur Vermeidung und Verminderung des Abwasseranfalls; ordnungsgemäße und schadlose Verwertung im Betrieb entstehender Rückstände; ordnungsgemäße Entsorgung von Rückständen; Aufklärung der Betriebsangehörigen über

Betrieb verursachte Umweltbelastungen. Vor entsprechenden Investitionsentscheidungen müssen von den B. Stellungnahmen eingeholt werden. B. haben Vortragsrecht bei der Geschäftsleitung und sind durch Benachteiligungsverbot geschützt.

betriebsbedingte Kündigung, →ordentliche Kündigung des Arbeitsverhältnisses, die durch dringende betriebliche Erfordernisse, die einer Weiterbeschäftigung des Arbeitnehmers entgegenstehen, bedingt ist (§ 1 II KSchG). Betriebliche Erfordernisse, die eine Kündigung rechtfertigen, können sich aus der wirtschaftlichen Entwicklung (Rohstoffknappheit, Auftragsmangel, Absatzschwierigkeiten usw.) und aufgrund von Unternehmerentscheidungen (Rationalisierungsmaßnahmen, Stillegung unrentabler Betriebsabteilungen), deren Rechtfertigung grundsätzlich nicht vom →Arbeitsgericht nachzuprüfen ist, ergeben. – Die b. K. ist *sozial ungerechtfertigt,* wenn der Arbeitgeber bei der Auswahl des Arbeitnehmers soziale Gesichtspunkte (Lebensalter, Familienstand usw.) nicht oder nicht ausreichend berücksichtigt hat. Die soziale Auswahlpflicht entfällt jedoch, soweit betriebstechnische, wirtschaftliche oder sonstige berechtigte betriebliche Bedürfnisse die Weiterbeschäftigung eines oder mehrerer Arbeitnehmer bedingen. – Vgl. auch →Kündigungsschutz I.

betriebsbedingter Aufwand, *Betriebsaufwand,* Aufwand (→Aufwendungen), der durch die betriebliche Leistungserstellung entsteht. Vgl. die Abgrenzungsrechnung im IKR (Kontenklassen 90 und 91). – Vgl. auch →Zweckaufwand, →neutraler Aufwand, →Abgrenzung.

betriebsbedingter Ertrag, *Betriebsertrag,* →Ertrag, der aus der betrieblichen Leistungserstellung resultiert. Vgl. die Abgrenzungsrechnung im IKR, (Kontenklasse 90 und 91). – Vgl. auch →neutraler Ertrag, →Abgrenzung.

betriebsbedingtes Kapital, →betriebsnotwendiges Kapital.

Betriebsbeihilfe, →Mineralölsteuer I 10.

Betriebsberatung, →Managementberatung, Personalberatung.

Betriebsberatung im Handwerk, Beratung des Handwerks durch die von der →Handwerksorganisation (Kammern und Fachverbände) unterhaltenen öffentlich bezuschußten Betriebsberatungsstellen. Die Beratung kann von den Mitgliedsbetrieben formlos und honorarfrei in Anspruch genommen werden (1986 insges. 420 Betriebsberater, davon 222 für Betriebswirtschaft, 125 für Technik, 4 für Außenwirtschaft, 16 für Formgebung, 53 als Fachkräfte in Informationsstellen für Unternehmensführung bei Zentralfachverbänden).

Für Spezial- bzw. Intensivberatungen wurden im Handwerk häufig auch freiberufliche Berater eingesetzt (Bezuschussung auf Antrag). Für die organisationseigenen Beratungen gelten spezielle vom Bundesminister für Wirtschaft erlassene Förderungs-Grundsätze und -Richtlinien.

Betriebsbereitschaft, Bereitschaft des Betriebes, im Rahmen einer gegebenen →Kapazität eine Produktionsleistung zu erbringen. Die Gewährleistung der B. verursacht →fixe Kosten (→Bereitschaftskosten). Zu beachten ist die Sicherung der B. auch aller Neben- und Hilfsbetriebe, die zur Durchführung der Hauptproduktion erforderlich sind; sie zwingt häufig zur Beibehaltung von Vor- und Hilfsbetrieben, auch wenn deren Vollausnutzung nicht sichergestellt ist und ihre Leistungen bei →Fremdbezug billiger beschafft werden könnten (z. B. eigener Transportapparat).

Betriebsbesichtigung, in Form eines „Tages der offenen Tür" oder regelmäßig stattfindende Veranstaltung. – *Ziele:* (1) Das Unternehmen über den engen Kreis der Mitarbeiter hinaus bekannt zu machen (→Public Relations, →Personalwerbung); (2) neue Mitarbeiter mit dem Unternehmen bekannt und vertraut zu machen; (3) Nachwuchswerbung zu betreiben. – *Voraussetzungen:* Sorgfältige Vorbereitung und gute Organisation der Besichtigungsroute, der Darstellung des Produktionsprozesses, der Vorträge usw. Gefahrenstellen müssen besonders geschützt werden.

betriebsbezogener Verbandstarifvertrag, *firmenbezogener Verbandstarifvertrag,* →Verbandstarifvertrag, dessen Geltungsbereich sich auf einen Betrieb oder ein Unternehmen beschränkt. Die Zulässigkeit solcher b. V. ist umstritten, indem geltend gemacht wird, es liege ein Verstoß gegen den Gleichheitssatz (Art. 3 I GG) vor (vgl. auch →Gleichbehandlung).

Betriebsblindheit, Gewöhnung an Mängel (und Vorzüge) von Menschen und Dingen im Betrieb, mit der Folge, daß der Kreis der Bemühungen um →Rationalisierung zu eng gezogen wird. Ein unternehmensexterner Berater mit seinem an fremden Betrieben geschulten Beurteilungsvermögen ist deshalb oft vorzuziehen (→Mangementberatung).

Betriebsbuchführung, →Betriebsbuchhaltung.

Betriebsbuchhaltung, *Betriebsbuchführung.* **I. Begriff:** Traditionelle, mittlerweile veraltete Bezeichnung für ein Teilgebiet des betrieblichen →Rechnungswesens.

II. Aufgaben: Im Gegensatz zur →Finanzbuchhaltung umfaßt B. die Kosten- und Leistungsrechnung (Kostenumrechnung) und als Nebenrechnungen: →Materialbuchhaltung, →Lohnbuchführung und →Anlagenbuchhaltung. – Im einzelnen: a) Durchführung der *Kosten- und Leistungsrechnung* und Ermittlung des →Betriebsergebnisses, das sich aus den Erfolgskomponenten →Kosten und →Erlösen (→Leistungen) ergibt. – b) *Kurzfristige Erfolgsrechnung*, Ermittlung des Betriebsergebnisses in meist monatlichen Perioden zur Erleichterung der laufenden Disposition der Unternehmungsleitung. – c) *Überwachung der →Wirtschaftlichkeit* der Betriebsgebarung durch weitgehende Aufgliederung der →Kostenarten, durch örtliche und sachliche Zurechnung, durch Einführung von Plankosten in die Kostenrechnung. – d) *Bereitstellung von Unterlagen* für die Finanzbuchhaltung (→pagatorischer Jahresabschluß), für Kalkulation, Statistik und Planung.

III. O r g a n i s a t o r i s c h e G e s t a l t u n g : 1. Die B. ist mit der Finanzbuchhaltung durch ein einheitliches Kontensystem zu einer *ungeteilten Gesamtbuchhaltung* verbunden. Die Kostenarten-, Kostenstellen-, Kostenträgerbestands- und Kostenträgererfolgsrechnung werden in ununterbrochenem Buchungsfluß kontenmäßig durchgeführt. – 2. Die B. ist von der *Finanzbuchhaltung organisatorisch abgetrennt.* Beide Bereiche (innerer und äußerer Kreis) bilden trotz Aufspaltung die Gesamtbuchhaltung. – a) Die B. tritt als *Nebenbuchhaltung* neben die Hauptbuchhaltung, indem deren Konteninhalt (Sammelkonten) sie näher spezifiziert. Ihre Ergebnisse können kontenmäßig in die Hauptbuchhaltung übernommen werden. – b) Die isolierte B. wird zu einem *geschlossenen Kontensystem* weiterentwickelt. Sie ermittelt den kurzfristigen Erfolg, während die Hauptbuchhaltung völlig frei von der Verbuchung innerer Betriebsvorgänge bleibt. Der Kreislauf der →doppelten Buchführung wird durch Übernahme der mit der Finanzbuchhaltung korrespondierenden Werte auf ein Gegenkonto geschlossen, über das auch der Abschluß der B. durchgeführt wird; vgl. Rechnungskreis II (Kontenklasse 9) des IKR. – c) Die B. wird zwar rechnungstechnisch von der Finanzbuchhaltung getrennt, beide Bereiche bleiben aber in ständiger *kontenmäßiger Verbindung* (→Zweikreissystem). Der Zusammenhang wird durch →Übergangskonten hergestellt (mindestens je eins in der Finanzbuchhaltung und in der B.), die jeweils die Gegenbuchungen für Vorfälle aufnehmen, die im anderen Teil der Buchhaltung zu buchen sind. Bei Zusammenfassung von Finanzbuchhaltung und B. zur Gesamtbuchhaltung werden beide Übergangskonten spiegelbildlich ausgeglichen. Diese ausgegliederte B. wird *Übergangssystem* genannt.

Betriebsbuße, *Betriebsstrafe.* 1. *Begriff:* Maßnahme des Arbeitgebers bei vertragswidrigem Verhalten des Arbeitnehmers, die (aufgrund des Sanktionscharakters) über eine →Abmahnung hinausgeht. Von einer B. ist

i.d.R. dann auszugehen, wenn die Maßnahme als Buße, Verwarnung oder Verweis formalisiert ist. – 2. *Mitbestimmungsrecht:* Eine nach §87 I Nr. 1 BetrVG *mitbestimmungspflichtige B.* ist dann gegeben, wenn der Arbeitgeber damit auf Verstöße des Arbeitnehmers gegen die betriebliche Ordnung (→Ordnung des Betriebes) oder gegen die nach §87 I Nr. 1 BetrVG begründeten Verhaltenspflichten reagiert. Ein Mitbestimmungsrecht des Betriebsrats besteht hinsichtlich der Aufstellung allgemeiner Grundsätze (Bußordnung) und der Verhängung der B. im Einzelfall. Liegen nicht beide Voraussetzungen vor, ist die Maßnahme unwirksam. – 3. *Formen der B.:* a) *Zulässig:* Geldbußen bis zu einem Tagesverdienst und deren Verwendung für einen Sozialfonds (streitig), als mildere Maßnahmen auch Verwarnung oder Verweis; b) *unzulässig:* Entlassung (→Kündigung) oder Rückgruppierung, weil mit dem zwingenden →Kündigungsschutz nicht vereinbar. – Durch B. dürfen nur Verstöße gegen die betriebliche Ordnung als solche (z.B. Alkoholverbot) geahndet werden, nicht auch Straftaten, die mit dem betrieblichen Geschehen nichts zu tun haben. Insoweit ist Zuständigkeit der Organe der →Betriebsverfassung nicht gegeben. – 4. Die →*Arbeitsgerichte* sind befugt, die Frage der ordnungsgemäßen Verhängung einer B. in vollem Umfang (Wirksamkeit der Strafanordnung, Ordnungsmäßigkeit des Verfahrens, Angemessenheit der B. im Einzelfall) nachzuprüfen. – 5. *Rechtliche Bedenken* gegen B. werden insbes. aus Art. 92, 101 GG (Garantie des gesetzlichen Richters) und dem Anspruch auf →rechtliches Gehör (Art. 103 I GG) hergeleitet. Dagegen wird eingewendet, daß das GG sich nur mit den staatlichen Gerichten und der staatlichen Gewaltenteilung befaßt. – Vgl. auch →Ordnung des Betriebs, →Arbeitsordnung.

Betriebsdatenerfassung (BDE), Erfassung von →Daten aus der Fertigung, die beim betrieblichen Produktionsprozeß anfallen, i.d.R. mit Hilfe der →Elektronischen Datenverarbeitung. – *Wichtige Betriebsdaten:* Maschinendaten (Belegungszeiten, Störungen etc.), Fertigungsauftragsdaten (Anfang, Ende von →Arbeitsgängen, Freigabe, Fertigstellung von →Fertigungsaufträgen; Mengen-, Qualitätsangaben u.a.); Lagerdaten (Zugänge, Abgänge, Reservierungen), Personaldaten (Anwesenheit, Akkord- u.a. Entlohnungsdaten). – BDE stellt wichtige Rückmeldungen für die *Produktionsplanung und -steuerung* zur Verfügung, z.B. für die Auftragsfortschrittskontrolle (→PPS-System II 10). Dennoch nur vereinzelt als Bestandteil eines →PPS-Systems enthalten oder über →Schnittstellen integrierbar; häufiger getrennte BDE-Systeme mit eigener →Hardware und →Software. – Integration der BDE mit PPS-System und →technischer Datenverarbeitung (z.B.

direkte Datenerfassung von computergesteuerten Fertigungssystemen) ist ein wesentlicher Aspekt von →*CIM*.

Betriebsdichte, Bezugszahl für das Verhältnis von Zahl (und Größe) der Betriebe zur Gebietsfläche oder Einwohnerzahl. – *Ähnlich:* →Handwerksdichte.

Betriebseinnahmen, einkommensteuerrechtlicher Begriff. B. sind alle Zugänge in Geld oder Geldeswert, die durch den Betrieb veranlaßt sind. – *Nicht* B. sind →Einlagen. – *Gegensatz:* →Betriebsausgaben.

Betriebseinrichtungskosten, Aufwendungen für laufende Ausgaben und Gehälter in der Zeit *vor dem Beginn* des eigentlichen Geschäftsbetriebs. B. dürfen nach § 153 Nr. 4 AktG gesondert unter die Posten des →Anlagevermögens aufgenommen werden und sind in jedem folgenden Geschäftsjahr zu mindestens einem Fünftel durch Abschreibungen zu tilgen. Damit wirken sich die B. im Jahre der Entstehung nicht voll gewinnmindernd aus. Nicht als Aktivposten eingesetzt werden dürfen die Kosten für die Gründung und Kapitalbeschaffung, z. B. Gründerlohn, Provisionen, Notarkosten, Gesellschaftsteuern.

Betriebseinschränkung. 1. *Begriff:* Eine erhebliche, ungewöhnliche und nicht nur vorübergehende Herabsetzung der Leistungsfähigkeit eines Betriebs, gleichgültig, ob die Verminderung der Leistungsfähigkeit durch Außerbetriebsetzung von Betriebsanlagen oder durch Personalreduzierung erfolgt. – Beim *Personalabbau* liegt eine B. nur vor, wenn eine größere Anzahl von Arbeitnehmern betroffen ist: Nach der Rechtsprechung sind Richtschnur dafür, wann erhebliche Teile der Belegschaft betroffen sind, die Zahlen und Prozentangaben in § 17 I KSchG (Anzeigepflicht bei →Massenentlassungen); bei Großbetrieben erst bei der Entlassung von 5 v. H. der Belegschaft. – *Anders* →Betriebsstillegung. – 2. *Mitbestimmung* des Betriebsrats in Betrieben mit i. d. R. mehr als zwanzig wahlberechtigten Arbeitnehmern (§§ 111–113 BetrVG). Vgl. →Betriebsänderung. – 3. An der Rechtslage, daß bloßer Personalabbau B. i. S. von § 111 BetrVG sein kann, hat das *Beschäftigungsförderungsgesetz* vom 26. 4. 1985 (BGBl I 710) nichts geändert: Im neu eingefügten § 112 a I BetrVG wird nur die Frage geregelt, unter welchen Voraussetzungen ein Sozialplan erzwingbar ist, insoweit gilt eine andere Staffel.

Betriebserfindung,   →Arbeitnehmererfindung.

Betriebserfolg, →Betriebsergebnis.

Betriebserfolgselastizität, Kennzahl, die die Reagibilität des ordentlichen Betriebserfolgs auf Umsatzvariationen erfassen soll.

$$B = \frac{\Delta \text{ ordentlicher Betriebserfolg} \cdot \text{Umsatz}}{\Delta \text{ Umsatz} \cdot \text{ ordentlicher Betriebserfolg}}.$$

Betriebsergebnis, *Betriebserfolg,* im Rechnungswesen das getrennt vom Unternehmensergebnis ermittelte Ergebnis des betrieblichen Leistungsprozesses (Betriebsgewinn oder -verlust), festzustellen durch Gegenüberstellung der Kosten und Betriebserträge (→Leistungen). B. und das →neutrale Ergebnis bilden das →Unternehmensergebnis. Vgl. die Abgrenzungsrechnung des IKR (Kontenklasse 9). – Zu den grundsätzlichen Möglichkeiten der buchtechnischen Trennung von B. und neutralem Ergebnis vgl. →Betriebsbuchhaltung.

Betriebsergebniseinflußgrößenrechnung, Periodenrechnung zur Bestimmung des →Betriebsergebnisses, in der die Gesamtunternehmung vom Beschaffungsmarkt bis zum Absatzmarkt in einem Modell linearer Erlös-, Kosten- und Produktionsfunktionen abgebildet wird (→Betriebsmodell). In diesem Modell können nach G. Laßmann die Einflußgrößen auf das kurzfristige Periodenergebnis erfaßt werden. Für alternative Produktionsprogramme können somit Periodenerfolge der Gesamtunternehmung bzw. Teilunternehmung ermittelt werden. Die B. gestattet die ergebnisorientierte Beurteilung kurzfristiger Handlungsmöglichkeiten, insbes. die Beurteilung alternativer Programmzusammensetzungen, alternativer Rohstoffeinsätze, alternativer Nutzungszeiten der Betriebsmittel, alternativer Preise im Beschaffungs- und Absatzbereich.

Betriebsergebnisrechnung. 1. Synonym für →*Kosten- und Leistungsrechnung.* – 2. Umfassender Begriff für verschiedene Formen →*kurzfristiger Erfolgsrechnung.*

Betriebserlaubnis, im Kraftverkehr behördliche Anerkennung der Vorschriftsmäßigkeit einer Bauart eines Einzelfahrzeugs oder besonderer Teile des Kraftfahrzeugs (Aufzählung in §§ 22, 22 a StVZO). – *Ohne* B. dürfen Kraftfahrzeuge und ihre Anhänger auf öffentlichen Straßen nicht in Betrieb gesetzt werden (§ 18 StVZO). – *Erteilung* einer B. erfolgt durch die Verwaltungsbehörde und kann für reihenweise Herstellung dem Hersteller durch →*Typschein* erteilt werden. – B. ist auch erforderlich, um *Erfindungen* für Kfz- und Fahrzeugteile nach Anmeldung beim Deutschen Patentamt und Erteilung einer Patentschrift gewerbsmäßig auszuwerten und die Erzeugnisse in Verkehr zu bringen.

Betriebseröffnung, *Geschäftseröffnung.* 1. *Allgemein:* Vgl. →Gewerbeanmeldung. – 2. *Steuerrecht:* B. muß dem Finanzamt, in dessen Bezirk die B. erfolgt, angezeigt werden (§ 138 I AO). – *Begründung* von →Betriebsvermögen: Bewertung in der →Eröffnungsbilanz nach § 6 I Nr. 6 EStG und § 109 BewG entsprechend den →Einlagen.

Betriebsertrag, →betriebsbedingter Ertrag.

Betriebsferien, *Betriebsurlaub,* vom Arbeitgeber gemeinsam mit dem Betriebsrat nach § 87 I Nr. 5 BetrVG festgelegte gleiche Urlaubszeit für alle Betriebsangehörige, während der Betrieb geschlossen wird. Eine dahingehende →Betriebsvereinbarung bindet die Arbeitnehmer mit normativer Wirkung. – *Arbeitsbereite, noch nicht urlaubsberechtigte Arbeitnehmer* haben Ansprüche auf Lohnzahlung (→Urlaub). Von dieser Regelung kann durch Parteivereinbarung, in der die beiderseitigen Interessen abgewogen sind, abgewichen werden. – *Anders:* →Werksurlaub.

Betriebsfinanzamt, →Finanzamt, in dessen Bezirk sich bei einem inländischen gewerblichen Betrieb die Geschäftsleitung befindet oder bei ausländischen gewerblichen Betrieben eine Betriebsstätte (bei mehreren Betriebsstätten für wirtschaftlich bedeutendste) unterhalten wird (§ 18 I 2 AO). Das B. ist *örtlich zuständig* für gesonderte Feststellungen über den →Einheitswert des gewerblichen Betriebs und →Gewinnfeststellungen bei Mitunternehmerschaften.

Betriebsfläche. 1. I. S. *des Liegenschaftskatasters* (Begriffsbestimmung der Arbeitsgemeinschaft der Vermessungsverwaltungen der Länder): Unbebaute Flächen, die vorherrschend gewerblich, industriell oder für Zwecke der Ver- oder Entsorgung genutzt werden. – 2. Die B. der *landwirtschaftlichen Betriebe* umfaßt neben der landwirtschaftlich genutzten Fläche auch nicht mehr landwirtschaftlich genutzte Flächen, Öd- und Umland, unkultivierte Moorflächen, Waldflächen, Gewässer, Gebäude- und Hofflächen, Wegeland, Park- und Grünanlagen, Ziergärten.

Betriebsfonds, erfahrungsgemäße oder errechnete Kapitalgröße, die erforderlich ist, um das Anlagevermögen stets im betriebsnotwendigen Ausmaß beschäftigt zu halten; insofern zumindest der Höhe nach anlageähnlicher Charakter. Der B. zählt zum betriebsnotwendigen Umlaufvermögen (→betriebsnotwendiges Vermögen) und soll sich größenmäßig nach Anlageintensität und Produktionsdauer des Wirtschaftszweiges richten.

Betriebsformen des Handels, strategische Marketingkonzeptionen, bei denen die für den Handel typischen Einsatzfaktoren – Mensch, Ware, Raum – nach Quantität und Qualität unterschiedlich kombiniert werden. Der stete Wandel (→Dynamik der Betriebsformen im Handel) sowie vielfältige Unterscheidungen der Einteilungskriterien (Größe der Verkaufsfläche, Sortimentsumfang, Standort, Preisniveau, Bedienungsform) erschweren eine eindeutige Zuordnung und führen zu einer pragmatischen, von Praxis und Wissenschaft weitgehend anerkannten Einteilung.

I. B. des Einzelhandels (Beispiele): 1. Nach den Prinzipien: a) Residenzprinzip: Der Käufer sucht das stationäre Handelsgeschäft auf, um dort einzukaufen. (→Fachgeschäft, →Kaufhaus); b) Distanzprinzip, d. h. bei räumlicher Trennung von Käufer und Verkäufer: Kaufverträge kommen durch schriftliche (→Versandhandel) oder telefonische Bestellung (→Telefonverkauf, →tele-selling) zustande; c) Domizilprinzip: Der Kaufabschluß findet am Ort des Käufers statt (Teile des →ambulanten Handels: →Hausierhandel, →Hökerhandel, →Fahrverkauf); d) Marktprinzip: Kaufabschluß findet an einem neutralen Ort, dem Markt, statt (→Wochenmarkt, →Jahrmarkt, →Basar, →Auktionen, →Messen). – 2. Nach Kaufabschluß am *Standort des Verkäufers:* a) B. mit breitem und flachem Sortiment (→Gemischtwarenladen, →Gemeinschaftswarenhaus, →Warenhaus, →Verbrauchermarkt, →Selbstbedienungswarenhaus, →Einkaufszentrum, [shopping center]); b) B. mit engem und tiefem bzw. begrenztem Sortiment (→Spezialgeschäft, →Fachgeschäft, →Nachbarschaftsgeschäft, →Drugstore, →Fachmarkt, →Kaufhaus, →Kiosk, →Boutique, →Depot-System-Geschäfte); c) B. mit dominant aggressiver Preispolitik (→Kleinpreisgeschäft, →Einheitspreisgeschäft, →Discountgeschäft); d) nach der Bedienungsform: (1) mit Fremdbedienung (→Fachgeschäft) und (2) mit Selbstbedienung (→Verbrauchermarkt, →Selbstbedienungswarenhaus, →Automatenladen, →Katalogschauraum). Weitere Unterscheidungskriterien zwischen den B. d. H. mit *Selbstbedienung* sind Betriebsgröße in qm und Umfang des Sortiments (→Supermarkt mindestens 400 qm, →Verbrauchermarkt mindestens 1000 qm, →Selbstbedienungswarenhaus mindestens 3000 qm sowie Food- und Non-food-Artikel). – 3. *Weitere Unterscheidungen:* a) B. mit einer Verkaufsstätte (→Fachgeschäft) und mehreren Verkaufsstellen (→Filialbetriebe); b) gemäß der rechtlichen und wirtschaftlichen Unabhängigkeit: Konzentrationsformen (→Filialbetriebe, →Konsumgenossenschaften) und Kooperationsformen (→kooperative Gruppen). Diese B. d. H. sind auf der *Groß- und Einzelhandelsstufe* tätig und betreiben meist mehrere B. d. H. (Vertriebslinien) gleichzeitig, z. B. Nachbarschaftsgeschäfte, Supermärkte, Discountgeschäfte, Selbstbedienungswarenhäuser. Sie sind in den einzelnen Branchen unterschiedlich verbreitet und stehen z. T. in hartem Wettbewerb untereinander.

II. B. des Großhandels (Beispiele): a) Nach dem Sortimentsumfang (→Sortimentsgroßhandlungen gegenüber →Spezialgroßhandlungen, →rack jobber); b) nach der Übernahme des Warentransports (→Zustellgroßhandlungen und →Cash-and-carry-Großhandlungen); c) nach Übernahme der Lagerhaltung (→lagerhaltende Großhandlungen, →Streckengroßhandlungen); d) →Einkaufskontore als spezielle Kooperationsform, Bindungen mit den Abnehmern; e) →Werkhandelsunternehmen und →Vertragshändler sind an ihre Lieferanten, meist Hersteller, gebunden; f) nach dem Ort des Warenbezugs bzw. Warenabsatzes: Einfuhr- und Ausfuhrgroßhandlungen; g) nach der Art der gehandelten Güter Rohstoff-, Produktionsverbindungs-, Investitionsgüter-, Konsumgütergroßhandel sowie Großhandel mit Alt- und Abfallwaren (→Altwarenhandel), sofern dieser von eigenständigen Handelsinstitutionen ausgeübt wird. – Vgl. auch →Handel.

Betriebsforschung, Teilbereich der →Auslandsabsatzforschung, speziell auf die Gewinnung von (inner)betrieblichen Informationsgrundlagen für Beurteilungs-, Planungs-, Entscheidungs- und Kontrollprozesse bezüglich einer Auslandsbestätigung ausgerichtet. Innerbetriebliche Sachverhalte z. B. Vertriebskosten, Abwicklungs-Know-how, Logistik-Grundlagen sind beim Auslandsgeschäft insbes. von Bedeutung, zudem Exportsituationen aus innerbetrieblicher Sicht, Exportfähigkeit für den Fall, daß bisher noch nicht oder in bestimmte, neu vorgesehene Länder noch nicht exportiert worden ist, Möglichkeiten der Auslandsmontage oder -fertigung und Möglichkeiten der Lizenzvergabe.

betriebsfremde Aufwendungen, →Aufwendungen für außerbetriebliche Zwecke, die mit der Erstellung der Betriebsleistungen nicht unmittelbar im Zusammenhang stehen. B. A. werden in der →Gewinn- und Verlustrechnung, wenn sie die gewöhnliche Geschäftstätigkeit betreffen, als →sonstiger betrieblicher Aufwand, sonst als →außerordentliche Aufwendungen ausgewiesen. Aus der Kostenrechnung werden die b. A. durch →Abgrenzung (vgl. Kontenklasse 90, 91 des Industriekontenrahmens) ausgegliedert. – *Beispiele:* Spende für den Bau eines Altersheims (= außerordentliche Aufwendungen); Kantinenzuschüsse (= sonstige betriebliche Aufwendungen).

betriebsfremder Ertrag, →Ertrag, der nicht aus Betriebsleistungen stammt, sondern aus sonstiger Betätigung der Unternehmung. B. E. ist in der Kostenrechnung ein Teil des →neutralen Ertrages, der nicht in betriebliche Leistungsrechnung zu übernehmen ist (vgl. die Abgrenzung im Industriekontenrahmen über die Kontenklassen 90, 91). In der →Gewinn- und Verlustrechnung werden b. E., wenn sie die gewöhnliche Geschäftstätigkeit betreffen, als →sonstiger betrieblicher Ertrag, sonst als →außerordentlicher Ertrag ausgewiesen. – *Beispiele:* Erträge aus Verpachtung eines Fabrikgrundstücks, das nicht für die Produktion des eigenen Unternehmens verwendet werden kann (= sonstige betriebliche Erträge); Veräußerungsgewinne aus dem Verkauf einer Beteiligung (= außerordentliche Erträge).

Betriebsfrieden, Begriff des BetrVG. Arbeitgeber und Betriebsrat, die nach § 2 I BetrVG vertrauensvoll zum Wohl der Arbeitnehmer und des Betriebs zusammenarbeiten sollen, sind zur Wahrung des B. verpflichtet. Beide Betriebspartner haben Betätigungen zu unterlassen, durch die der Arbeitsablauf oder der Frieden des Betriebs beeinträchtigt werden (§ 74 II 2 BetrVG); sie dürfen insbes. *keine Maßnahmen des →Arbeitskampfes* gegeneinander ergreifen (§ 74 II 1 BetrVG). Das Gebot, den B. zu wahren, hat ein *ausdrückliches Verbot der parteipolitischen Betätigung* von Arbeitgeber und Betriebsrat im Betrieb zur Folge (§ 74 II 3 BetrVG). Der Betriebsrat ist bei Konflikten auf das im BetrVG vorgesehene *Einigungs- und Ausgleichsverfahren* angewiesen (→Einigungsstelle).

Betriebsführung, →Betriebsleitung, →Betriebsorganisation, →Management.

Betriebsgebäude, alle Baulichkeiten, die ihrer Anlage nach für Betriebszwecke erbaut wurden, wie z. B. Fabrikhallen, Werkstätten, Lagerschuppen und Verwaltungsgebäude. – *Steuerrecht:* B. gehören steuerlich bei Nutzung für den eigenen Betrieb zum →Betriebsvermögen. Eigenbetrieblich genutzte Gebäudeteile, deren Wert im Verhältnis zum ganzen Gebäude von untergeordneter Bedeutung ist, sind nicht →notwendiges Betriebsvermögen. Aufwendungen und →Absetzungen für Abnutzung für B. sind steuerlich →Betriebsausgaben. – Vgl. auch →Betriebsgrundstücke, →Betriebsvorrichtungen.

Betriebsgefahr, im Straßenverkehr alle der Natur des Kraftfahrzeugs entspringenden Umstände, die bei dem Betrieb des betreffenden Fahrzeuges unter den gegebenen Umständen Gefahren für die beteiligten Personen oder Güter mit sich bringen: die dem Verkehrsmittel latent innewohnende Gefährlichkeit. Für die aus der B. entstehenden *Schäden* haftet der Halter auch ohne →Verschulden im Rahmen der sog. →Gefährdungshaftung (→Kraftfahrzeughaftung).

Betriebsgefährdung, *Anschwärzung.* 1. *Begriff:* Betriebsgefährdende oder kreditschädigende Behauptung oder Verbreitung nicht erweislich wahrer Tatsachen über das Erwerbsgeschäft eines anderen, über Inhaber oder Leiter des Geschäfts, über Waren oder gewerbliche Leistungen zu Wettbewerbszwecken. – 2. *Folge:* Anspruch auf Unterlassung und Schadensersatz (§ 14 UWG), bei Handlungsweise wider besseres Wissen, außerdem Freiheits- bzw. Geldstrafe (§ 15 UWG; vgl. →Verleumdung). – 3. Handelt es sich um *vertrauliche Mitteilungen,* an denen der Mitteilende oder Empfänger ein berechtigtes Interesse hat, besteht ein Anspruch auf Unterlassung nur, wenn die Tatsachen der Wahrheit zuwider behauptet oder verbreitet sind; Schadensersatz kann nur verlangt werden, wenn der Mitteilende die Unrichtigkeit der Tatsachen kannte oder kennen mußte (§ 14 II UWG).

Betriebsgeheimnis, → Betriebs- und Geschäftsgeheimnis.

Betriebsgemeinkosten, Begriff der Vollkostenrechnung für die Zusammenfassung sämtlicher im Einkaufs- und Fertigungsbereich anfallenden Kostenträgergemeinkosten (→ Gemeinkosten). Da mit einer solchen Zusammenfassung die Abbildungsgenauigkeit der Kostenrechnung vermindert wird, findet man B. i. d. R. nur in kleinen Betrieben.

Betriebsgesellschaft, → Betriebsaufspaltung.

Betriebsgewinn, → Betriebsergebnis.

betriebsgewöhnliche Nutzungsdauer. 1. *Allgemein:* Zeitraum, in dem ein → Wirtschaftsgut voraussichtlich seiner Zweckbestimmung nach benutzt werden kann; bei gebraucht angeschafften Wirtschaftsgütern nach der Restnutzungsdauer. Die b. N. ist unter Berücksichtigung der besonderen Verhältnisse zu schätzen. Dabei ist die subjektive Ansicht der Bilanzierenden zu berücksichtigen, soweit sie nicht der allgemeinen Erfahrung widerspricht. – In der *Kostenrechnung* bestimmt die b. N. direkt den → Abschreibungszeitraum. – *Anders:* → technische Nutzungsdauer (Zeitraum aus körperlichen Verschleiß), → wirtschaftliche Nutzungsdauer (Zeitraum der rentablen Nutzung) und rechtliche Nutzungsdauer (Zeitraum, in dem das Wirtschaftsgut genutzt werden darf). – 2. *B. N. des → Firmenwerts* beträgt stets 15 Jahre (§ 7 I

3 EStG). – Vgl. auch → Absetzung für Abnutzung, → AfA-Tabellen.

Betriebsgröße, Umfang des Gesamteinsatzes von Produktionsfaktoren im Kombinationsprozeß. Gegenstand der im Rahmen langfristiger Planung zu fällenden Entscheidungen. Mögliche Maßgrößen: Ausstoß, Anzahl der Beschäftigten, Anzahl der Maschinen, Lohn- und Gehaltssumme, Umsatz, Bilanzsumme usw. In Mehrproduktbetrieben nur simultan bestimmbar. Wegen zu vieler Bestimmungsfaktoren (Standort, Produktionstiefe, Absatzvolumen, technischer Fortschritt, Bedarfsstruktur usw.) nur eine relative Größe – *Optimale B.:* a) kostenoptimale B., b) gewinnoptimale B. – Vgl. auch → Betriebsgrößenvariation.

Betriebsgrößenklasse, Untergliederung der statistisch erfaßten Einheiten (→ Betriebe) nach der Zahl der Beschäftigten, bearbeitteter Fläche, Anzahl installierter PS, Höhe des Umsatzes, Bilanzsumme oder anderen quantitativen Merkmalen. Die Klassenbreite weist i. d. R. unterschiedliche Intervale auf.

Betriebsgrößenklassifikation, Einteilung der steuerpflichtigen Betriebe für die → Außenprüfung. – 1. *Rechtsgrundlage:* BdF-Schreiben vom 6. 9. 1984 (BStBl I 502) gem. § 3 BpO (St). – 2. *Abgrenzungsmerkmale:* Vgl. unten. *3. Bedeutung:* Die Zuordnung entscheidet u. a. über den zeitlichen Umfang der Außenprüfung. Großbetriebe werden zeitlich lückenlos geprüft, d. h. ein Prüfungszeitraum schließt an der vorangehenden an. Für die übrigen Betriebe soll der Prüfungszeitraum i. d. R. nicht über drei Besteuerungszeiträume zurückreichen (§§ 3, 4 BpO (St)).

Betriebsgrößenklassifikation – Abgrenzungsmerkmale

Betriebsart	Bemessungsgrundlage:	Größenklassen:		
	Betriebsmerkmale	Großbetriebe	Mittelbetriebe	Kleinbetriebe
Handelsbetriebe	Gesamtumsatz oder steuerlicher Gewinn	über 9 Mill. über 300 000	über 1 Mill. über 60 000	über 190 000 über 36 000
Fertigungsbetriebe	Gesamtumsatz oder steuerlicher Gewinn	über 5 Mill. über 250 000	über 500 000 über 60 000	über 190 000 über 36 000
Freie Berufe	Gesamtumsatz oder steuerlicher Gewinn bzw Betriebseinnahmen aus freiberuflicher Tätigkeit oder steuerlicher Gewinn	über 5 Mill. über 700 000	über 900 000 über 150 000	über 190 000 über 36 000
Andere Leistungsbetriebe	Gesamtumsatz oder steuerlicher Gewinn	über 6 Mill. über 300 000	über 800 000 über 300 000	über 190 000 über 36 000
Kreditinstitute	Aktivvermögen oder steuerlicher Gewinn	über 100 Mill. über 600 000	über 30 Mill. über 200 000	über 10 Mill. über 50 000
Versicherungsunternehmen	Jahresprämieneinnahmen	über 30 Mill.	über 5 Mill.	über 2 Mill.
Land- u. forstwirtschaftliche Betriebe	Wirtschaftswert der selbstbewirtschafteten Fläche oder steuerlicher Gewinn	über 225 000 über 120 000	über 100 000 über 60 000	über 40 000 über 36 000

Betriebsgrößenvariation. 1. *Begriff:* langfristige Veränderung der →Betriebsgröße. – **2.** *Formen:* a) *Multiple B.:* Bei konstantem Fertigungsverfahren wird nur die Anzahl der begrenzt teilbaren Produktionsfaktoren (→Potentialfaktoren) verändert. Änderung der →intervallfixen Kosten. Die entsprechenden Gesamtkosten verlaufen treppenförmig, wobei die proportionalen Kosten in jedem Beschäftigungsintervall den gleichen Anstieg aufweisen.

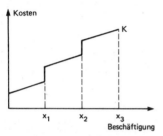

b) *Mutative B.:* Mit wachsender Betriebsgröße geht der Betrieb sukzessive zu immer kapitalintensiveren Verfahren über. Führt zu einer Abfolge von Gesamtkostenfunktionen, deren Fixkostenbeträge immer größer werden, und bei denen sich der Anstieg der proportionalen Kosten immer mehr verringert.

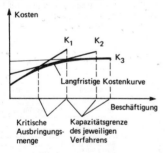

Betriebsgrundstück. I. B i l a n z s t e u e r - r e c h t : B. stellen zwei →Wirtschaftsgüter dar: →Grund und Boden und →Gebäude. Bebauter Grund und Boden teilt grundsätzlich das Schicksal des Gebäudes als →Betriebsvermögen oder →Privatvermögen. Zuordnung gem. Abschn. 14 EStR: Grundstücke oder Grundstücksteile, die ausschließlich und unmittelbar für eigenbetriebliche Zwecke verwendet werden, gehören zum →notwendigen Betriebsvermögen. Sind noch andere Personen Miteigentümer, so sind Grundstücke und Grundstücksteile nur inso-

weit notwendiges Betriebsvermögen, als sie dem Betriebsinhaber gehören. Eigenbetrieblich genutzte Grundstücksteile brauchen nicht als →Betriebsvermögen behandelt zu werden, wenn ihr Wert im Verhältnis zum Wert des ganzen Grundstücks von untergeordneter Bedeutung ist (weder mehr als $\frac{1}{5}$ des Wertes noch mehr als 20000 DM) Bei Gewinnermittlung durch →Betriebsvermögensvergleich können Grundstücke und Grundstücksteile, die nicht eigenbetrieblich genutzt werden und nicht eigenen Wohnzwecken dienen, als →gewillkürtes Betriebsvermögen behandelt werden, wenn sie in einem objektiven Zusammenhang mit dem Betrieb stehen und ihn zu fördern bestimmt und geeignet sind.

II. B e w e r t u n g s g e s e t z : 1. *Begriff:* Der zu einem gewerblichen Betrieb gehörende →Grundbesitz, soweit er, losgelöst von seiner Zugehörigkeit zu dem gewerblichen Betrieb, a) zum →Grundvermögen gehören oder b) einen Betrieb der Land- und Forstwirtschaft bilden würde (§99 BewG). B. sind bei der Einheitsbewertung des →Betriebsvermögens zu erfassen; vgl. auch →Einheitswert. – **2.** *Besonderheiten:* a) Ein unter 1 a) fallendes Grundstück, das einer natürlichen Person gehört, ist nur dann als B. zu bezeichnen, wenn es zu mehr als 50% seines Wertes dem gewerblichen Betrieb dient; fällt die wertanteilige gewerbliche Nutzung des Grundstücks unter diese Grenze, so ist es vollständig dem Grundvermögen zuzuordnen. – b) Qualifikation als Grundvermögen auch bezüglich des gewerblich genutzten Anteils (unabhängig von 50-%-Grenze) einer natürlichen Person, wenn das gesamte Grundstück im →Gesamthandseigentum oder Bruchteileigentum (→Miteigentum) steht. – Diese Besonderheiten bewirken u. U. ein Auseinanderfallen hinsichtlich der ertragsteuerlich und bewertungsrechtlich zu erfassenden Grundstück(santeile) im gewerblichen Bereich, obwohl auch bewertungsrechtlich das →gewillkürte Betriebsvermögen bei Grundstücken in den gewerblich genutzten Anteil (50-%-Grenze) einzubeziehen ist. Wird ein Grundstück anteilig gewerblich und land- und forstwirtschaftlich genutzt, so ist für den gewerblich genutzten Anteil ein selbständiger Einheitswert als B. in das Betriebsvermögen einzubeziehen (vgl. → Betriebsvorrichtungen). – **3.** *Bewertung:* Für B. wird ein Einheitswert festgestellt, dessen Bestimmung sich nach der unter 1. vorgenommenen Einteilung richtet, also nach der Einheitswertermittlung für das Grundvermögen oder land- und forstwirtschaftliche Vermögen. Im Einheitswert des Betriebsvermögens sind B. mit 140% eines festgestellten Einheitswertes anzusetzen (§121a BewG; vgl. →Einheitswertzuschlag). – *Anders:* →Geschäftsgrundstücke.

Betriebsgruppe, →Gruppenarbeitsverhältnisse 2.

Betriebshaftpflichtversicherung, Versicherung gegen Haftpflichtschäden aus dem geschäftlichen Betrieb des Versicherungsnehmers. – Vgl. auch →Haftpflichtversicherung.

Betriebshandbuch, Hilfsmittel der innerbetrieblichen Information, von Großfirmen als Wegweiser für neu Eintretende herausgegebene Einführungsschrift. B. ist kein Ersatz für eine →Arbeitsordnung. – *Inhalt:* u. a. Altersversorgung, Arbeitszeit, Aufstiegsmöglichkeiten, Ausbildungsfragen, Ausflüge; Beanstandungen und Beschwerden, Beförderungen, Betriebsausschüsse, Betriebsbesichtigungen, Betriebskrankenkasse, Betriebsordnung, Betriebsrat, Bezug von Werkserzeugnissen; Einstellungsuntersuchung, Erfindungen, erste Hilfe, Erzeugnisübersicht; Fahrgeldzuschuß, Feiertagsbezahlung, Feuerschutz, Geheimhaltung, Geschäftsleitung, Gesundheitsdienst, Gewerkschaft und Betrieb; Haftpflicht; Lageplan des Werkes, Leistungsprämien, Lohnabrechnung (Regelung des Systems und Berechnung der Abzüge); Notruf; Organisationsplan; Pausen, Pensionskasse; Rationalisierung, Rauchen; Sanitätsdienst, Sicherheitsvorschriften, Sonderzahlungen, soziale Einrichtungen und Maßnahmen, Sterbegeld; Torkontrolle; Überstundenregelung, Unfallschutz, Unfallverhütung, Unterstützungskasse, Urlaub; Verbesserungsvorschlagswesen, Werkarzt. Daneben sollte die B. auch über die →Unternehmenskultur, →Unternehmensgeschichte, →Unternehmensleitbilder u. ä. informieren.

Betriebshandel, Warenbezug durch eine Unternehmung zum Zweck des Verkaufs an Betriebsangehörige; Form des →Belegschaftshandels.

Betriebshandelsspanne, 1. *Begriff:* Von einem Handelsbetrieb innerhalb einer Rechnungsperiode im Durchschnitt aller Verkaufsakte erzielte →Handelsspanne. B. ist also eine →Durchschnittsspanne, meist als →Prozentspanne ausgedrückt. – 2. *Berechnung:* Warenumsatz einer Rechnungsperiode abzüglich Wareneinsatz, bewertet mit den Einstandspreisen. Der sich ergebende Rohgewinn (→Warenrohgewinn) wird auf den Warenverkauf der Periode bezogen.

Beispiel:

	DM	DM
Warenverkauf 1986		200 000,–
Warenbestand 1. 1. 1986	40 000,–	
+ Wareneingänge 1986	130 000,–	
	170 000,–	
– Warenbestand 31. 12. 1986	35 000,–	
Wareneinsatz	135 000,–	135 000,–
Warenverkauf ./. Wareneinsatz		
= Rohgewinn		65 000,–

Betriebshilfe, Leistung der landwirtschaftlichen Krankenversicherung an landwirtschaftliche Unternehmer ohne fremde Arbeitskräfte während der Krankenhauspflege für längstens drei Monate. B. besteht in der Gestellung einer Ersatzkraft (Betriebshelfer) oder Erstattung der Kosten für eine selbst beschaffte Ersatzkraft (§§ 34 ff. KVLG).

Betriebshygiene, *Arbeitshygiene, Gewerbehygiene,* Grundsätze zum Schutz der Gesundheit für werktätige Menschen (z. B. Sauberkeit in Werksküchen und Kantinen). Regelmäßige ärztliche Überwachung des mit der Zubereitung und Ausgabe von Nahrungsmitteln betrauten Personals, Vorhandensein und Zustand einer ausreichenden Anzahl von Toiletten, Handtuchhygiene usw.

Betriebsinformatik. I. Gegenstand und Einordnung: B. ist als wissenschaftliche Disziplin zwischen der →Betriebswirtschaftslehre und der →Informatik angesiedelt. – Die B. *befaßt sich* a) mit dem Einsatz der Informations- und Kommunikationstechnik in Wirtschafts- und Verwaltungsbetrieben, insbes. mit der Entwicklung und dem Betrieb von →computergestützten Administrationssystemen, →computergestützten Dispositionssystemen, Informations- und Planungssystemen (→Führungsinformationssystem), b) mit den Wirkungen der Informations- und Kommunikationstechnik auf die Betriebe und c) mit den für Anwendungen in Wirtschaft und Verwaltung relevanten Grundlagen der angewandten Informatik. – Teilweise synonym zu B. werden auch die Begriffe →*Wirtschaftsinformatik* und →*betriebliche Datenverarbeitung* verwendet.

II. Entwicklung: 1. *Entstehungsgeschichte:* Die B. ist ein relativ junges Fachgebiet, das in den 70er und 80er Jahren einen schnellen Aufschwung genommen hat. Frühe Ansätze zu einer betrieblichen Datenverarbeitung gehen auf die zweite Hälfte der 50er Jahre zurück, als erste größere →Anwendungsprogramme in Unternehmen entstanden und vereinzelt Lehrveranstaltungen an deutschsprachigen Universitäten abgehalten wurden. – Ein Meilenstein war 1963 die *Gründung des Betriebswirtschaftlichen Instituts für Organisation und Automation* (BIFOA) an der Universität zu Köln durch Erwin Grochla. Die ersten Lehrstühle mit Ausrichtung auf betriebliche Datenverarbeitung wurden 1968 an der Hochschule für Sozial- und Wirtschaftswissenschaften in Linz und 1970 an der Universität Erlangen/Nürnberg eingerichtet. – Das weitere Wachstum der B. wurde entscheidend beeinträchtigt, als 1971 im Rahmen des 2. Datenverarbeitungsförderungsprogramm in der Bundesrep. D. zwar ein „Überregionales Forschungsprogramm Informatik" zum Aufbau der Informatik ins Leben gerufen wurde, die Anwendungen der Informatik dabei aber weitestgehend vernachlässigt wurden (Förderung von ca. 50 Forschungsgruppen aus der (reinen) Informatik, nur 2 aus der B.). – 1975 etablierte sich die B. als „Wissenschaftliche Kommission Betriebsinformatik" im Verband der Hochschullehrer für Betriebswirtschaft e. V. und 1978 als Fachausschuß, später als Fachbereich der *Gesellschaft für Informatik e. V.* Das erste übergreifende Forschungsförderungsprogramm für die B. wurde 1985–1987 von der →Deutschen Forschungsgemeinschaft eingerichtet.

2. *Wissenschaftliche Diskussion über B.:* Ein Aufsatz von Hartmut Wedekind mit dem Titel „Was heißt und zu welchem Ende studiert man Betriebsinformatik?" löste eine intensive und kontroverse Diskussion über Gegenstand und Ausrichtung der B. aus, die vor allem zwischen 1980 und 1982 in der Zeitschrift für Betriebswirtschaft geführt wurde und bis heute zu keinem endgültigen Abschluß gekommen ist. Während ein Teil der Fachvertreter die B. als *eigenständige Wissenschaft* betrachtete, stufte ein anderer sie als *Bestandteil der Betriebswirtschaftslehre* ein (etwa i. S. einer →speziellen Betriebswirtschaftslehre). Die Diskussion wurde ausschließlich von betriebswirtschaftlich orientierten Fachvertretern geführt. Nach überwiegender Meinung ist die B. eine wirtschaftswissenschaftliche Fachdisziplin. – Demgegenüber erhebt neuerdings auch die *Informatik* den Anspruch, die B. i. S. eines Anwendungsgebiets der Informatik mitabzudecken.

III. T e i l b e r e i c h e : 1. *Informationsverarbeitung und Kommunikation im Betrieb:* a) *Betriebswirtschaftliche →Anwendungssysteme:* Die B. befaßt sich mit grundlegenden Prinzipien für den Einsatz von Anwendungssystemen im Betrieb (z. B. →Neuaufwurfsprinzip, →Net-change-Prinzip, →ereignisorientierte Planung, →aktionsorientierte Datenverarbeitung) sowie mit den verschiedenen Typen von Anwendungssystemen (Administrations-, Dispositions-, Informations-, Planungssystemen), die in der Praxis in großer Zahl eingesetzt werden. Hier lassen sich grob unterscheiden: (1) *branchenspezifische Systeme,* z. B. →PPS-Systeme in Industriebetrieben, →Warenwirtschaftssysteme in Handelsbetrieben, Systeme für den Zahlungsverkehr in Bankbetrieben; (2) *branchenübergreifende Systeme,* z. B. für die Finanzbuchführung, Lohn- und Gehaltsabrechnung, Kostenrechnung, Unternehmensplanung, sowie Entscheidungsunterstützungssysteme (→decision support system) oder →Führungsinformationssysteme. – b) *Bürokommunikation* und *individuelle Datenverarbeitung:* Die B. setzt sich mit der Computerunterstützung an individuellen Arbeitsplatz (→individuelle Datenverarbeitung, →personal computing), mit den Kommunikationsformen im Büro (Sprach-, Text-, Bild-, Datenkommunikation) sowie mit der

Gestaltung der Büroorganisation und der elektronischen Unterstützung durch Informations- und Kommunikationssysteme auseinander. Dies schließt ein: (1) *betriebsinterne Systeme* (geschlossene Systeme, die herstellerspezifisch auf der Grundlage eines →lokalen Netzes oder einer →Nebenstellenanlage arbeiten) und (2) *betriebsexterne Systeme,* die in der Bundesrep. D. hauptsächlich von der Deutschen Bundespost betrieben werden, z. B. →Bildschirmtext, →Teletexdienst, →Telefaxdienst. – c) *Technische Datenverarbeitung* als solche ist nicht Bestandteil der B. Durch die zunehmende Integration computergestützter Systeme aus allen betrieblichen Bereichen wachsen jedoch technische und betriebliche Datenverarbeitung immer weiter zusammen. Die B. muß sich deshalb mit den Schnittstellen zwischen Systemen zur →Fertigungsautomation (z. B. →CAD, →CAM, →CAP, →flexible Fertigungssysteme, →Industrieroboter) und den betriebswirtschaftlichen Anwendungssystemen sowie den →Bürokommunikationssystemen im Sinne eines integrierten betrieblichen Gesamtkonzepts auseinandersetzen (vgl. →CIM). – d) *Wissensbasierte Systeme:* Von den Teilgebieten der →künstlichen Intelligenz sind zur Lösung betriebswirtschaftlicher Probleme vor allem die →Expertensysteme relevant. Die B. beschäftigt sich mit den vielfältigen Einsatzmöglichkeiten, wobei die Diagnose, Beratung oder Auswahlhilfe in ganz spezifischen Problemsituationen dominieren.

2. *Systementwicklung:* Die Entwicklung betrieblicher Anwendungssysteme stellt einen zentralen Kern der B. dar. Häufig wird B. sogar vorrangig unter dem Aspekt der Systementwicklung definiert. Historisch sind hier weitgehend unabhängig voneinander zwei *Ansätze* entstanden mit eigener, z. T. überlappender Terminologie: a) →*Systemanalyse:* In der „traditionellen" wirtschaftswissenschaftlich orientierten B. wurde der Gesamtrahmen der Entwicklung und Einführung eines computergestützten Anwendungssystems unter dem Begriff „Systemanalyse" (v. a. von Wedekind geprägt) behandelt; da er nicht nur analytische Tätigkeiten umfaßt, wurde er von anderen Autoren zu „Systemplanung" oder „Systementwicklung" modifiziert. – Die B. *befaßt sich mit* den Phasen der Systementwicklung (→Phasenmodell), mit den in den Phasen eingesetzten *Prinzipien,* Methoden und Werkzeugen sowie mit dem →Projektmanagement. Ausgangspunkt für die Systemanalyse ist i. d. R. eine Istsituation; für ein bestimmtes betriebliches Problem wird eine Lösung durch ein computergestütztes System erarbeitet, die insbes. die erforderliche →Hardware und →Softwareprodukte (einschl. Wirtschaftlichkeitsrechnung und Produktauswahl), organisatorische Maßnahmen und das Personal umfaßt. – b) →*Software*

Engineering: Losgelöst von bereits existierenden Erkenntnissen der Systemanalyse entstand aus der Angewandten Informatik heraus das Software Engineering, das sich teilweise mit den gleichen Inhalten beschäftigt. Im Gegensatz zu der umfassenden Sicht der Systemanalyse beschränkt sich das Software Engineering jedoch nur auf einen Teilaspekt, nämlich auf die mit der →Software verbundenen Fragen. Auch hier werden →Phasenmodelle und Probleme des →Projektmanagements untersucht. Neben der Softwarequalitätssicherung und -ergonomie liegt der zentrale Kern des Software Engineering in der Softwaretechnologie (→Software Engineering IV). – c) →Datenorganisation: Daten als wertvolle Ressource eines Unternehmens werden in der B. mit wachsender Bedeutung behandelt. Während früher Daten vorrangig nach den Bedürfnissen der sie bearbeitenden →Programme in isolierten →Dateien organisiert wurden, steht heute die →Datenintegration mit Hilfe von →Datenbanksystemen im Vordergrund.

3. *Informationsmanagement:* In zunehmendem Maße behandelt die B. Fragen des Managements der Informationsgewinnung, -verarbeitung und -aufbereitung im Unternehmen. – a) Die *Aufbauorganisation* der Datenverarbeitung rückt angesichts der Vielzahl technischer Möglichkeiten in den Vordergrund, z.B. Organisationsformen verschiedenen Dezentralisierungsgrads (→distributed data processing, →information center) neben der traditionellen zentralisierten Organisation eines →Rechenzentrums. – b) Der *Systembetrieb* umfaßt den Einsatz der →Anwendungssysteme im praktischen Betrieb, z.B. Arbeitsvorbereitung und Abwicklung der Jobs bei →Stapelbetrieb, →job accounting. – c) Die B. entwickelt für das Informationsmanagement *Prinzipien* und *Methoden*, z.B. →Informationswertanalyse, →information ressource management, →individuelle Datenverarbeitung, →EDV-Audit. – d) Sie befaßt sich mit organisatorischen Maßnahmen zum →Datenschutz und zur →Datensicherung.

4. *Informatikmarkt:* Für Produkte der Informations- und Kommunikationstechnik existieren äußerst dynamische Märkte. Die B. behandelt Produkte, Anbieter und Nachfrager auf dem →Hardwaremarkt und dem →Softwaremarkt vor allem unter dem Aspekt der Produktwahl bei der →Systemanalyse. Zunehmendes Interesse wird dem Markt für →Standardsoftware zuteil. In Zusammenhang mit den Produkten gewinnt die internationale Standardisierung an Gewicht (z.B. →Standardisierung von Programmiersprachen).

5. *Basistechnologie:* Die B. beschäftigt sich schließlich mit *anwendungsorientierten Grundlagen* der Informations- und Kommunikations-

technik, soweit sie für den Einsatz in einer betriebswirtschaftlichen Umgebung unter den o.g. Punkten relevant sind. – a) *Rechnersysteme:* Die →Rechnergruppen und →Peripheriegeräte werden vorrangig unter dem Aspekt der Eignung für spezifische betriebliche Problemlösungen und ihre Einbindung in das Informationsmanagement untersucht. – b) *Netze* bilden die Basis für betriebsinterne und betriebsexterne Systeme zur →Bürokommunikation und für den →Computerverbund. – c) *Basissoftware:* Die B. untersucht die Eignung von anwendungsnaher Software (z.B. →Endbenutzersysteme, →Endbenutzerwerkzeuge, →Datenbanksysteme) und systemnaher Software (→Betriebssysteme, →Softwarewerkzeuge) für den betrieblichen Einsatz und formuliert Anforderungen für die Entwicklung von Basissoftware.

IV. Gegenwärtiger Entwicklungsstand: 1. *Institutionelle Verankerung:* a) *Verbände:* Die Fachvertreter der B. sind weitestgehend in der Wissenschaftlichen Kommission „Betriebsinformatik" im Verband der Hochschullehrer für Betriebswirtschaft e.V. organisiert, großenteils auch im Fachbereich 5 („Informatik in der Wirtschaft") der Gesellschaft für Informatik e.V. – b) *Ansiedlung:* An den deutschsprachigen Hochschulen gehören die *Fachvertreter* fast ausschließlich den wirtschafts- und sozialwissenschaftlichen Fakultäten (bzw. Fachbereichen) an. – c) *Ausbildung:* (1) B. ist als Fach an fast allen wirtschafts- und sozialwissenschaftlichen Fakultäten vertreten, teils als Wahlpflichtfach (z.B. als eine spezielle Betriebswirtschaftslehre), Wahlfach (Ergänzungsfach) oder Pflichtfach, teils als eigener Studiengang (z.B. an den Universitäten Darmstadt, Mannheim, Linz, Wien). (2) Das Lehrprogramm in B. wird an den meisten Hochschulen ganz oder überwiegend von den wirtschafts- und sozialwissenschaftlichen Fachbereichen/Fakultäten erbracht.

2. *Ausbildungsinhalte:* a) Im *Grundstudium* überwiegen an den meisten Universitäten die technischen und instrumentellen Inhalte, z.B. Aufbau von →Computersystemen (→Hardware, →Software), Ausbildung in einer →Programmiersprache. – b) Im *Hauptstudium* wird häufig auch noch die Basistechnologie behandelt, darüber hinaus aber verstärkt auf anwendungsorientierte Bereiche eingegangen (→betriebliche Informationssysteme, →Bürokommunikation u.a.). – c) *Lehrbücher* behandeln die B. zunehmend anwendungsorientiert i.S. der eingangs gegebenen Definition. Dennoch stellen auch heute noch viele Werke, die „Betriebsinformatik" oder „Wirtschaftsinformatik" im Titel tragen, stark die technischen und instrumentellen Aspekte des Fachs in den Vordergrund.

3. *Forschungsaktivitäten:* B.-Forschung wird auf allen unter Punkt III. genannten Gebieten

betrieben. Besondere Schwerpunkte bilden zur Zeit die Bereiche CIM, Bürokommunikation, verteilte betriebliche Anwendungssysteme (→distributed data processing), →wissensbasierte Systeme (→Expertensysteme) für betriebswirtschaftliche Aufgaben, →individuelle Datenverarbeitung (→personal computing) u. a.

Literatur: Hansen, H. R., Wirtschaftsinformatik I, 5. Aufl., Stuttgart 1986; Heinrich, L. J., Wirtschaftsinformatik in Forschung und Ausbildung, Information Management 1, 1986, H. 1, S. 63–69; Heinrich, L. J., Was ist Betriebsinformatik?, ZfB 52, 1982, H. 7, S. 667–670; Mertens, P., Industrielle Datenverarbeitung 1, 6. Aufl., Wiesbaden 1986; Mertens, P./Wedekind, H., Entwicklung und Stand der Betriebsinformatik, ZfB 52, 1982, H. 5, S. 510–525; Müller-Merbach, H., Betriebsinformatik am Ende?, ZfB 51, 1981, H. 3, S. 274–282; Österle, H., Entwurf betrieblicher Informationssysteme, München, Wien 1981; Scheer, A.-W., Die Stellung der Betriebsinformatik in Forschung und Lehre, ZfB 50, 1980, H. 11/12, S. 1279–1283; Scheer, A.-W., EDV-orientierte Betriebswirtschaftslehre, 2. Aufl., Berlin, Heidelberg 1985; Stahlknecht, P., Betriebsinformatik – Wissenschaft oder Streit um Begriffe?, ZfB 50, 1980, H. 11/12, S. 1274–1278; Stahlknecht, P., Einführung in die Wirtschaftsinformatik, 2. Aufl., Berlin, Heidelberg 1985; Steffens, F., Betriebsinformatik als wissenschaftliche Disziplin und als Gegenstand eines akademischen Studiums, ZfB 52, 1982, H. 7, S. 671–679; Wedekind, H., Was heißt und zu welchem Ende studiert man Betriebsinformatik?, ZfB 50, 1980, H. 11/12, S. 1268–1273; Wedekind, H., Systemanalyse – Die Entwicklung von Anwendungssystemen für Datenverarbeitungsanlagen, 2. Aufl., München, Wien 1976.

Prof. Dr. Karl Kurbel

Betriebsinhaberwechsel,, →Betriebsnachfolge.

Betriebsjustiz, →Betriebsbuße.

Betriebskapazität, →Kapazität.

Betriebskapital, im kaufmännischen Sprachgebrauch anstelle des Begriffs →Umlaufvermögen verwendete Bezeichnung für diejenigen Vermögensteile, die einem laufenden Umsatz unterliegen, beispielsweise Roh-, Hilfs- und Betriebsstoffe, Halb- und Fertigerzeugnisse, von der Firma geleistete Anzahlungen oder Forderungen an Kunden, vor allem liquide Mittel ersten Ranges, wie Bargeld, Bank- und Postgiroguthaben, Schecks.

Betriebsklima, *Arbeitsklima.* 1. *Begriff:* Zustand der Zufriedenheit oder Unzufriedenheit der Mehrheit der Betriebsangehörigen mit spezifischen Merkmalen der betrieblichen Situation und zwar gegenüber dem Betrieb und den sozialen Beziehungen untereinander, zu Vorgesetzten und Betriebsleitung. Das B. kann einerseits als Teil der objektiven Arbeitssituationsbedingungen und andererseits als Folge dieser Bedingungen aufgefaßt werden. Es wird versucht, von objektiven Daten (u. a. Fehlzeiten, Fluktuation, Beschwerden, Leistungs- und Qualitätsschwankungen) Rückschlüsse auf ein gutes bzw. schlechtes B. zu ziehen. – 2. *Bestimmungsgründe:* formale Organisation, informelle Beziehungen, →Arbeitszufriedenheit, Leistungsdruck, Streß, Führungsstil, Unternehmenspolitik, Arbeitsplatzsicherheit, Konflikte u. a.; auch außerbetriebliche Faktoren. – 3. *Beeinflussung des B.* durch gezielte Förderung positiver

sozialer Beziehungen (→human relations) kann u. U. als problematisch angesehen werden, wenn aufgrund dessen andere objektive Bedingungen der Arbeitssituation zu wenig Beachtung finden.

Betriebskoeffizient, selten gebrauchter Begriff, der die ökonomisch-technische Rationalität der Leistungserstellung und -verwertung kennzeichnen soll. Der B. stellt eine Mengen- oder Wertbeziehung zwischen den einzelnen →Produktionsfaktoren und den produzierten Leistungen her.

Betriebskonto, bei getrennter Finanz- und Betriebsbuchhaltung Verbindungskonto (Gegenkonto) zur Betriebsbuchhaltung in der Finanzbuchhaltung. Das B. wird mit den in die Fertigung eingehenden Kosten belastet und mit dem Kostenwert der fertigen Erzeugnisse erkannt. Korrespondierendes Konto in der Betriebsbuchhaltung: →Geschäftskonto.

Betriebskosten. 1. *Kostenrechnung:* B. sind nach herrschender Meinung mit den Kosten der Betriebsbereitschaft (→Bereitschaftskosten) gleichzusetzen. – 2. *Aktiengesetz:* Der Begriff fand sich vor der Bilanzrechtsreform auch im Aktiengesetz bei der Definition der →Herstellungskosten (§ 153 II AktG a. F.), wird jedoch nach „neuem Recht" nicht mehr verwendet (vgl. § 255 II HGB).

Betriebskrankenkasse. 1. *Charakterisierung:* Neben Allgemeiner Ortskrankenkasse, Innungskrankenkasse und Ersatzkassen im Rahmen der Sozialversicherung vorgesehene Versicherungsträger auf betrieblicher Basis, deren Leistungen aus Beiträgen von Arbeitnehmern und Arbeitgebern sowie aus Zuwendungen der Unternehmung fließen. Ein Arbeitgeber kann für jeden Betrieb, in dem er regelmäßig 450 Versicherungspflichtige beschäftigt, eine B. errichten. Der B. gehören alle im Betrieb beschäftigten Versicherungspflichtigen an; die im Betrieb beschäftigten Versicherungsberechtigten können ihr beitreten. – 2. *Rechtsstellung:* B. sind selbständige Körperschaften des öffentlichen Rechts. – 3. Die *Errichtung* bedarf der behördlichen Genehmigung; weitere Voraussetzung ist, daß sich die Mehrheit der volljährigen Arbeitnehmer in einer geheimen Abstimmung dafür ausgesprochen hat. – 4. B. müssen ein selbständiges *Rechnungswesen* aufweisen, das der Nachprüfung durch die zuständige Versicherungsaufsichtsbehörde unterliegt. – 5. *Durchführung:* Die Beiträge sind an die B. in der gleichen Weise abzuführen wie an eine fremde Kasse. Die Einrichtung eines besonderen Kontos innerhalb der Geschäftsbuchhaltung der Unternehmung, das mit den einbehaltenen Beträgen und den Arbeitgeberanteilen belastet und mit den erbrachten Leistungen der Krankenkasse erkannt würde, ist unzulässig, da eine solche Handhabung den gesetzlichen Vorschriften über das Versicherungswesen nicht entspricht. – Die Vermögensverhältnisse der B. werden beim Jahresabschluß außerhalb der Bilanz gesondert ausgewiesen.

Betriebskredit, →Kontokorrentkredit an Unternehmen und Selbständige zur Deckung eines vorübergehenden Zahlungsmittelbedarfs. Typischer B. ist der →Betriebsmittelkredit. Ein echter B. soll beim Kreditnehmer in Vorräten oder Debitoren angelegt, also leicht realisierbar sein. Dauer i. a. ein bis drei, eventuell bis zu sechs Monaten. B. kann in jeder Form des kurzfristigen →Bankkredits gegeben werden. – *Gegensatz:* →Anlagekredit (hinsichtlich Fristigkeit), →Dispositionskredit (hinsichtlich Nachfragergruppe).

Betriebsleistung, →Kapazität, →Betriebsleistungsrechnung.

Betriebsleistungsrechnung, erste Stufe der →kurzfristigen Erfolgsrechnung, in der die nach Kostenträgergruppen (→Kostenträger) differenzierten Ist-Grenz-Herstellkosten der Istproduktion (Betriebsleistung) als Summe aus den Soll-Grenz-Herstellkosten der Istproduktion und den Herstellkostenabweichungen ermittelt werden.

Betriebsleitung. 1. Gemäß der *Differenzierung der Begriffe →Betrieb und →Unternehmung:* B. ist die oberste Führung (→Führungskräfte) eines Betriebes jedweder Art. – 2. *Praxis:* Die Begriffe B. und Werksleitung werden häufig synonym verwendet. In diesem Sinne wird der Betrieb als technisch-produktionswirtschaftlicher Bereich einer Unternehmung verstanden. Die B. ist somit die Führung einer Produktionsstätte, die als räumlich und organisatorisch zusammenhängende Einheit einen rechtlich nicht selbständigen Teilbereich einer Industrieunternehmung bildet.

Betriebsminimum, Bezeichnung für das Minimum der variablen Durchschnittskosten (→variable Kosten, →Durchschnittskosten). Sinkt der Marktpreis für die Erzeugniseinheit x unter das Minimum der variablen Durchschnittskosten, so muß die Produktion eingestellt werden, da nicht einmal die im Falle der Stillegung vermeidbaren variablen Kosten vom Preis gedeckt werden. Das B. gibt daher die kurzfristige absolute Preisuntergrenze eines Betriebes an. Verluste in Höhe der →fixen Kosten. – Vgl. auch →Kostenverlauf, →Betriebsoptimum.

Betriebsmittel. I. B e t r i e b s w i r t s c h a f t s l e h r e: Materielle Güter, die neben anderen →Elementarfaktoren (menschliche Arbeitsleistung und Werkstoffe) zur Produktion erforderlich sind und nicht (wesentliche) Bestandteile der Endproduktion werden, z. B. Gebäude, Maschinen, Werkzeuge, Einrichtungen. Entspricht dem volkswirtschaftlichen Begriff der →Produktionsmittel. – *Leistungsfähigkeit* der B. ist abhängig: a) von Modernität, Abnutzungsgrad und Zustand ihrer

Betriebsfähigkeit, b) vom Grad ihrer Eignung für die spezielle Produktion des einzelnen Betriebs.

II. S t e u e r r e c h t: Unterscheidung bei der Einheitsbewertung land- und forstwirtschaftlicher Betriebe nach dem BewG: (1) stehende B.: Anlagegegenstände; (2) umlaufende B.: Verbrauchsgüter. Sämtliche B. sind im Normalfall mit der Ermittlung des Ertragswerts nach dem vergleichenden Verfahren (→land- und forstwirtschaftliches Vermögen, →Wirtschaftswert) abgegolten. – *Überbestände* an umlaufenden B. gehören zum →sonstigen Vermögen.

Betriebsmittelkredit, *Umsatzkredit,* →Kontokorrentkredit an Unternehmen zur Finanzierung von Waren- und Rohstoffeinkäufen, der Ausnutzung von Lieferskonti und der Zielgewährung an Abnehmer. Der B. wird aus Umsatzerlösen zurückgezahlt. – Vgl. auch →Betriebskredit.

Betriebsmodell, spezielles →Input-/Output-Modell, das innerbetriebliche Abhängigkeiten formal in Strukturmatrizen abbildet, wodurch mit Hilfe des Matrizenkalküls die Möglichkeit alternativer Kalkulations- und Ermittlungssowie periodischer Kontrollrechnungen eröffnet wird (gleichzeitige Verwendung als Richtkosten- und Mengenplanungsmodell). Die erfaßten Abhängigkeiten zwischen Erzeugung, Werkstoffeinsatz, Verarbeitungszeiten und Verarbeitungskosten werden in linearen →Verbrauchsfunktionen dargestellt, deren Koeffizienten (Richteinsatz bzw. Verbrauchsstandards) die Strukturmatrix bilden. Durch die formale Matrizendarstellung können die B. den Verfahren des Operations Research (→lineare Programmierung) zugänglich gemacht werden.

Betriebsmorphologie, →Unternehmensmorphologie.

Betriebsnachfolge. I. A l l g e m e i n: 1. *Begriff:* B. ergibt sich a) durch Gesetz (z. B. durch Erbschaft, durch Veräußerung des Betriebes gemäß §419 BGB, Weiterführung der Firma gemäß §25 HGB, durch Umwandlung oder Verschmelzung von Kapitalgesellschaften) oder b) aus der Tatsache, daß ein neuer Arbeitgeber den Betrieb weiterführt, auch bei Überführung in ein anderes →Unternehmen. – 2. *Haftung:* Vgl. →Firmenfortführung, →Veräußerung, →Vermögensübernahme.

II. A r b e i t s r e c h t: 1. Geht ein Betrieb oder ein Betriebsteil durch Rechtsgeschäft (in Betracht kommen im wesentlichen Betriebsveräußerung und Verpachtung) auf den neuen Inhaber (auch bei Pächterwechsel) über, so tritt dieser in die Rechte und Pflichten aus den im Zeitpunkt des Übergangs bestehenden →Arbeitsverhältnissen ein (§613a I BGB). Bisher anwendbare →Tarifverträge *und*

→*Betriebsvereinbarungen* gelten i.d.R. für mindestens ein Jahr als Bestandteil des Arbeitsverhältnisses fort, wenn für den neuen Inhaber kein anderer Tarifvertrag oder keine andere Betriebsvereinbarung Anwendung findet (vgl. im einzelnen § 613 a I Sätze 2–4 BGB, angefügt durch EG-Anpassungsgesetz vom 13. 8. 1980). – Entgegen dem Wortlaut des Gesetzes geht nach der Rechtsprechung das Arbeitsverhältnis nicht über, wenn der Arbeitnehmer dem Übergang *widerspricht.* – 2. Für die *vor dem Übergang entstandenen Verpflichtungen* haftet der bisherige Arbeitgeber neben dem neuen Betriebsinhaber in bestimmtem Umfang weiter (§ 613 a II und III BGB). – 3. Die →*Kündigung* des Arbeitsverhältnisses wegen des Übergangs des Betriebs oder des Betriebsteils ist weder durch den bisherigen noch durch den neuen Arbeitgeber möglich (§ 613 a IV BGB). § 613 a BGB gilt nach der Rechtsprechung grundsätzlich auch bei Betriebsübergang im →Konkurs, im Interesse der Gleichbehandlung der Gläubiger aber nicht bezügl. der Haftungsübernahme für bereits entstandene Ansprüche (in den Einzelheiten umstritten).

Betriebsnormen, Regelungen in einem →Tarifvertrag, die dem Arbeitgeber Pflichten zugunsten der gesamten Belegschaft oder einer Gruppe eines Betriebs auferlegen, z.B. Einrichtung von Umkleideräumen (§ 1 TVG). Rechtsnormen des Tarifvertrags über betriebliche Fragen gelten für alle Betriebe, deren Arbeitgeber tarifgebunden (→Tarifgebundenheit) ist (§ 3 II TVG).

betriebsnotwendiges Kapital, *betriebsbedingtes Kapital,* das im Unternehmen eingesetzte Kapital (Fremd- und Eigenkapital), soweit es zur Erfüllung des Betriebszweckes notwendig ist (→Betriebsnotwendigkeit). – *Ermittlung:* Vgl. →Betriebsnotwendigkeit; die Ermittlung ist Voraussetzung für die Errechnung →kalkulatorischer Zinsen.

betriebsnotwendiges Vermögen, Hilfsgröße zur Berechnung des betriebsnotwendigen Kapitals (→Betriebsnotwendigkeit, →betriebsnotwendiges Kapital). Das b. V. setzt sich aus den Teilen des →Anlagevermögens und →Umlaufvermögens zusammen, die dem Betriebszweck dienen. – *Anders:* →Betriebsvermögen (steuerrechtlicher Begriff).

Betriebsnotwendigkeit I. Begriff: 1. *I.w.S.* (entsprechend den *allgemeinen Kostenrechnungsgrundsätzen* und den darauf beruhenden Vorschriften für die Preisermittlung): Nachweis für die nach den allgemeinen Verhältnissen in vergleichbaren Betrieben vorhandenen bzw. erforderlichen Vermögens- und Kapitalwerte (→betriebsnotwendiges Kapital, →betriebsnotwendiges Vermögen). – 2. *I.e.S.* (entsprechend den *Grundsätzen für*

das Rechnungswesen): →betriebsnotwendiges Kapital.

II. Ermittlung: 1. Das *betriebsnotwendige Vermögen* besteht aus der Summe von Vermögensanteilen des Anlage- und des Umlaufvermögens, die der Leistungserstellung dienen. Diejenigen Vermögensteile, die nicht ausschl. dem Betriebszweck dienen, werden eliminiert, z.B. landwirtschaftlich genutzte Grundstücke, Wohngebäude oder langfristig stillgelegte Anlagen, Wertpapiere des Umlaufvermögens, langfristige Bankguthaben, überhöhte Liquiditätsreserven. Die Teile des →Anlagevermögens werden bewertet mit den kalkulatorischen Restwerten (→Abschreibung); das →Umlaufvermögen mit dem kalkulatorischen Mittelwert (→Buchwert). – 2. Das *betriebsnotwendige Kapital* wird ermittelt, indem vom betriebsnotwendigen Vermögen das →Abzugskapital abgesetzt wird: a) zinsfrei zur Verfügung gestellte Kapitalerträge (Verbindlichkeiten aus Warenlieferung und Leistungen sowie aus Anzahlungen), b) betriebsfremd eingesetztes Kapital (entsprechend den kapitalisierten Zinseinnahmen).

III. Kostenrechnung: B. i.e.S. maßgeblich für die Berechnung →kalkulatorischer Zinsen. Sie werden in der traditionellen Kostenrechnung unabhängig vom Anteil des zinspflichtigen →Fremdkapitals am Unternehmungskapital, also von den effektiv gezahlten Zinsen, angesetzt, setzen sich damit aus →Anderskosten und →Zusatzkosten zusammen.

Betriebsnummer, Hilfsmittel zur Kennzeichnung eines Betriebes. B. werden in der →amtlichen Statistik als technische Arbeitshilfe zum Aufbau von Berichtskreisen oder spezifischen Grundgesamtheiten für bestimmte abgegrenzte Wirtschaftsbereiche verwendet; sie ermöglichen ferner die betriebsweise Zusammenführung von Angaben aus verschiedenen Erhebungen und ersparen damit Doppelbefragungen. B. sind Grundlage von Betriebssystemen wie →Agrarberichterstattung, Statistiken im →Produzierenden Gewerbe, →Handelsstatistik.

Betriebsobmann, in Kleinbetrieben mit fünf bis 20 wahlberechtigten Arbeitnehmern anstelle des →Betriebsrats (§ 9 BetrVG).

Betriebsoptimum, Bezeichnung für das Minimum der gesamten →Durchschnittskosten. Im B. erreicht das Verhältnis zwischen Gesamtkosten und Ausbringung den günstigsten Wert. Der Marktpreis im B. deckt die Gesamtkosten, daher langfristige Preisuntergrenze. – Vgl. auch →Kostenverlauf, →Betriebsminimum.

Betriebsordnung, →Arbeitsordnung, →Ordnung des Betriebes.

Betriebsorganisation, *Betriebsgliederung,* Gestaltung des inneren Betriebsgeschehens nach bestimmten Ordnungsprinzipien. Vgl. im einzelnen →Organisation.

Betriebspachtvertrag, Begriff des Konzernrechts: Vertrag, durch den eine AG den Betrieb ihres Unternehmens einem anderen verpachtet (§ 292 I Nr. 3 AktG). B. ist eine Form des →Unternehmensvertrages. – Vgl. auch →Betriebsüberlassungsvertrag.

Betriebspädagogik, Spezialbereich der →Berufs- und Wirtschaftspädagogik. Gegenstand der B. ist die Analyse, Beschreibung, Erklärung, Kritik und Gestaltung geplanter und ungeplanter betrieblicher Lernvorgänge. Als praktisch-pädagogischer Tätigkeitsbereich umfaßt die B. die betriebliche Bildungsarbeit in Betrieben der Wirtschaft und der öffentlichen Verwaltung (Erstausbildung, Weiterbildung, Training, Management-Schulung). Nach ihrer Abwendung von traditionell kulturpädagogischen Ansätzen ist die wissenschaftliche B. zunehmend von Forschungsvorhaben zur Humanisierung der Arbeitswelt (→Humanisierung der Arbeit) beeinflußt worden: Die Frage nach dem Zusammenhang der Anforderungsstruktur des Arbeitshandelns mit Prozessen der Kompetenz- und Persönlichkeitsentwicklung hat an Bedeutung gewonnen. Es liegen enge Verknüpfungen mit der →Arbeits- und Organisationspsychologie, →Arbeitswissenschaft und →Arbeitspädagogik vor.

Betriebspersonengesellschaft →Produktionspersonengesellschaft.

Betriebspflicht, gemeinwirtschaftliche Auflage im Verkehrssektor (→Gemeinwirtschaftlichkeit im Verkehr). Soweit die Verkehrsunternehmen der B. unterliegen (v. a. im Linienverkehr), sind sie gehalten, ihre Anlagen quantitativ und qualitativ ausreichend zu bemessen und nicht ohne Zustimmung der Genehmigungsbehörde abzubauen. – B. *gilt* für die Deutsche Bundesbahn, die auch verkehrsschwache und verlustbringende Strecken, insbes. im ländlichen Raum betreiben muß; ferner für Unternehmen des öffentlichen Straßenpersonenverkehrs sowie des Fluglinienverkehrs.

Betriebsplanung, →Unternehmensplanung.

Betriebspolitik, →Unternehmenspolitik.

Betriebspreis, →Betriebswert.

Betriebsprüfung, →Außenprüfung.

Betriebspsychologie, →Arbeits- und Organisationspsychologie.

Betriebsrat. I. B e g r i f f : Gesetzlich berufenes Vertretungsorgan der →Belegschaft eines Betriebs innerhalb der →Betriebsverfassung. Als Organ der Betriebsverfassung wird der B. im eigenen Namen kraft Amtes tätig. Im

Rahmen der eigentlichen →Betriebsverfassung ist der B. der hauptsächliche Träger der Mitbestimmungs- und Mitwirkungsrechte der Arbeitnehmer. Der B. ist die gemeinsame Vertretung der →Arbeiter und →Angestellten. – Im *öffentlichen Dienst:* →Personalrat. – Vgl. auch →Gesamtbetriebsrat, →Konzernbetriebsrat.

II. G e s e t z l i c h e G r u n d l a g e : Betriebsverfassungsgesetz vom 15. 1. 1972 (BGBl I 13), zuletzt geändert am 26. 4. 1985 (BGBl I 710). – Für die *Wahl des B. und der* →*Jugendvertretung* gilt ergänzend die Wahlordnung 1972 vom 16. 1. 1972 (BGBl I 49); für die Wahl der Bordvertretung und des Seebetriebsrats, die auf Schiffen und im Seebetrieb die Beteiligungsrechte eines B. ausüben, ist eine besondere Wahlordnung maßgebend.

III. V o r a u s s e t z u n g / Z u s a m m e n s e t z u n g : In allen Betrieben mit i. d. R. mindestens fünf ständigen wahlberechtigten Arbeitnehmern, von denen drei wählbar sind, ist B. zu bilden (§ 1); auch die Seeschiffahrt ist in die Betriebsverfassung einbezogen (§§ 114 – 116). – *Wahlberechtigt* zum B. sind alle Arbeitnehmer, die das 18. Lebensjahr vollendet haben (§ 7); grundsätzlich sind alle Wahlberechtigten *wählbar,* sofern sie sechs Monate dem Betrieb angehören (§ 8). – Die *Anzahl der Mitglieder im B.* ist von der Größe der Belegschaft abhängig (§ 9).

IV. W a h l : Der B. wird in *geheimer und unmittelbarer Wahl* von den Arbeitnehmern des Betriebes aufgrund von Wahlvorschlägen gewählt (§ 14). – Die Arbeiter und Angestellten wählen ihre Vertreter in *getrennten Wahlgängen,* es sei denn, daß die wahlberechtigten Arbeitnehmer beider Gruppen in getrennten, geheimen Abstimmungen die gemeinsame Wahl beschließen. Arbeiter und Angestellte müssen grundsätzlich entsprechend ihrem zahlenmäßigen Verhältnis im B. vertreten sein (§§ 10, 11). – Die regelmäßigen Betriebsratswahlen finden *alle drei Jahre* in der Zeit vom 1. 3. bis 31. 5. statt; die nächsten 1990. Die Amtszeit des B. beträgt i. d. R. drei Jahre (§ 21). – *Vorbereitung und Durchführung* der Wahl obliegt dem →Betriebswahlvorstand. – *Anfechtung* der Wahl (§ 19 BetrVG): bei Mißachtung wesentlicher Vorschriften, die das Wahlergebnis beeinflußt haben kann, binnen zwei Wochen beim Arbeitsgericht. – Die Wahl des B. (insbes. auch die Bildung des Wahlvorstands) ist besonders geschützt (vgl. §§ 20, 103, 119 I Nr. 1 BetrVG; § 15 III–V KSchG).

V. G e s c h ä f t s f ü h r u n g (§§ 26 ff BetrVG): 1. Besteht der B. aus mehr als einer Person, so wählt er aus seiner Mitte den *Vorsitzenden* und dessen *Stellvertreter.* Der Vorsitzende oder im Fall seiner Verhinderung der Stellvertreter vertritt den B. im Rahmen der von ihm gefaßten Beschlüsse und ist zur Entgegennahme von Erklärungen, die gegenüber dem B. abzugeben sind, berechtigt (§ 26). – Größere B. (ab neun Mitglieder) müssen einen →*Betriebsausschuß* bilden, der die laufenden Geschäfte des B. führt (§ 27). Besteht ein Betriebsausschuß, so kann der B. auch weitere Ausschüsse bilden und ihnen bestimmte Aufgaben übertragen (§ 28). – 2. Die Mitglieder des B. führen ihr Amt unentgeltlich als *Ehrenamt* (§ 37 I). Aus seiner Wahrnehmung dürfen den Betriebsratsmitgliedern keine Vor- und Nachteile entstehen. – Der Arbeitgeber ist verpflichtet, die Betriebsratsmitglieder in dem für die ordnungsgemäße Durchführung ihrer Aufgaben erforderlichen Umfang von der Arbeit *freizustellen* (§§ 37 II, 38). Er hat die für die Arbeit des B. notwendigen Aufwendungen zu ersetzen; er hat die dafür erforderlichen sachlichen und räumlichen Mittel zur Verfügung zu stellen (§ 40). – Die Betriebsratsmitglieder sollen gegenüber dem Arbeitgeber möglichst unabhängig sein; deshalb sind sie *besonders geschützt* (u. a. §§ 37 IV und V, 38 III und IV, 78, 78 a, 119 I Nr. 2 und 3) und genießen einen besonderen Kündigungsschutz (§ 103 BetrVG, § 15 I, IV und V KSchG). – 3. Mitglieder des B. können unter Fortzahlung des Arbeitsentgelts und unter Übernahme der angemessenen Kosten durch den Arbeitgeber vom B. zur Teilnahme an solchen →*Schulungs- und Bildungsveranstaltungen* entsandt werden, die für die Arbeit des B. erforderliche Kenntnisse vermitteln (§ 37 VI). Darüber hinaus hat jedes Mitglied des B. pro Amtsperiode Anspruch auf Freistellung von der Arbeit unter Fortzahlung des Arbeitsentgelts für die Dauer von drei Wochen (bei erstmals gewählten Mitgliedern für die Dauer von vier Wochen) zur Teilnahme an solchen Schulungs- und Bildungsveranstaltungen, die von den obersten Arbeitsbehörden der Länder als geeignet anerkannt sind (§ 37 VI).

VI. Grundsätze für die Zusammenarbeit zwischen B. und Arbeitgeber: Grundsatznorm des BetrVG ist, daß Arbeitgeber und B. unter Beachtung der geltenden Tarifverträge und im Zusammenwirken mit den im Betrieb vertretenen Gewerkschaften und Arbeitgebervereinigungen zum Wohle der Arbeitnehmer und des Betriebes *vertrauensvoll zusammenzuarbeiten* haben (§ 2 I). Sie haben über strittige Fragen mit dem ernsten Willen zur Einigung zu verhandeln und Vorschläge für die Beilegung von Meinungsverschiedenheiten zu machen (§ 74 I). – Arbeitgeber und B. haben Betätigungen zu unterlassen, durch die der Arbeitsablauf oder der →*Betriebsfrieden* beeinträchtigt werden; Maßnahmen des →*Arbeitskampfes* sind zwischen Arbeitgeber und B. unzulässig (§ 74 II). Auch parteipolitische Betätigungen sind zu unterlassen; die Behandlung von Angelegenheiten tarifpolitischer, sozialpolitischer und wirtschaftlicher Fragen, die den

Betrieb oder seine Arbeitnehmer unmittelbar betreffen, ist jedoch erlaubt (§ 74 II).

VII. Beteiligungsrechte des B.: 1. *Allgemeine Aufgaben:* (§ 80 I): u. a. a) darüber zu wachen, daß die zugunsten der Arbeitnehmer geltenden Gesetze, Verordnungen, Unfallverhütungsvorschriften, Tarifverträge und Betriebsvereinbarungen durchgeführt werden; b) Maßnahmen, die dem Betrieb und der Belegschaft dienen, beim Arbeitgeber zu beantragen; c) die Eingliederung Schwerbehinderter und sonstiger besonders schutzbedürftiger Personen zu fördern; d) die Beschäftigung älterer Arbeitnehmer im Betrieb zu fördern; e) die Eingliederung ausländischer Arbeitnehmer im Betrieb und das Verständnis zwischen ihnen und den deutschen Arbeitnehmern zu fördern. – Vgl. auch →*elektronische Datenverarbeitung* V. – *Unterrichtspflicht des Arbeitgebers:* Zur Durchführung seiner Aufgaben ist dem B. rechtzeitig und umfassend vom Arbeitgeber zu unterrichten. Ihm sind auf Verlangen jederzeit die zur Durchführung seiner Aufgaben erforderlichen Unterlagen zur Verfügung zu stellen (§ 80 II). – Arbeitgeber und B. haben darüber zu wachen, daß alle im Betrieb *tätigen Personen nach Recht und Billigkeit behandelt* werden, insbes. daß jede unterschiedliche Behandlung aus Gründen des Geschlechts, der Abstammung, Religion, Nationalität, Herkunft, der politischen oder gewerkschaftlichen Betätigung oder Einstellung unterbleibt (§ 75 I). Arbeitgeber und B. haben ferner die *freie Entfaltung der Persönlichkeit des Arbeitnehmers* zu fördern (§ 75 II). – 2. *Besondere Beteiligungsrechte* (von erheblicher Bedeutung): a) →soziale Angelegenheiten; b) →personelle Angelegenheiten; c) →wirtschaftliche Angelegenheiten; d) →Mitbestimmung; e) →Mitwirkung.

VIII. Haftung des B.: Der B. ist (mit Ausnahme seiner Beteiligungsfähigkeit im →*Beschlußverfahren*) im allgemeinen Rerchtsverkehr nicht rechtsfähig; er ist auch nicht vermögensfähig. Er haftet daher als solcher weder aus Rechtsgeschäft noch aus unerlaubter Handlung für Verbindlichkeiten oder Schäden, die durch seine Beschlüsse oder Erklärungen entstehen. Allenfalls eine Haftung von einzelnen Mitgliedern des B. kann in Betracht kommen (im einzelnen umstritten).

IX. Auflösung/Ausschluß: 1. Der B. kann durch eine *Entscheidung des →Arbeitsgerichts im →Beschlußverfahren (gerichtliche Auflösung)* aufgelöst werden, wenn er seine gesetzlichen Pflichten grob verletzt (§ 23). Fallen die Verfehlungen nur einzelnen Betriebsratsmitgliedern zur Last, so können diese aus dem B. ausgeschlossen werden, ohne daß der B. selbst aufgelöst wird. – Eine *Abberufung* des B. in einer →Betriebsversammlung oder durch Mehrheitsbeschluß der Wahlberechtigten ist nach dem Gesetz nicht möglich. – 2. Die A. kann vom Arbeitgeber, von einer im Betrieb vertretenen Gewerkschaft oder von einem Viertel der wahlberechtigten Arbeitnehmer beim Arbeitsgericht *beantragt* werden. – 3. Nach der Auflösung ist der B. *neu zu wählen.*

Betriebsratswahl, →Betriebsrat, →Betriebswahlvorstand.

Betriebsrentabilität, →Rentabilität 3.

Betriebsrenten, →betriebliche Altersversorgung, →Betriebsrentengesetz. – *Steuerliche Behandlung:* →Rentenbesteuerung.

Betriebsrentengesetz (BetrAVG), Kurzbezeichnung für das Gesetz zur Verbesserung der betrieblichen Altersversorgung vom 19.12.1974 (BGBl I 3610) mit späteren Änderungen.

I. Beschreibung/Zielsetzung: Das Gesetz enthält arbeitsrechtliche und steuerrechtliche Vorschriften zur →betrieblichen Altersversorgung. – 1. *Ziel der arbeitsrechtlichen Vorschriften* ist es, die betriebliche Altersversorgung für Versorgungsempfänger, Arbeitnehmer und einige durch §17 BetrAVG Gleichgestellte (z.B. Handelsvertreter) sicherer und wirkungsvoller zu gestalten. Aus der Sicht der Arbeitgeber wurde damit allerdings die Freiwilligkeit der betrieblichen Altersversorgung eingeschränkt. Zweifellos schafft das Gesetz zwischen Versorgungsgebern und -nehmern rechtlich durchschaubarere Verhältnisse und hat damit eine nicht unwesentliche Bedeutung für den Betriebsfrieden. – 2. *Ziel des steuerrechtlichen Teils* ist v.a. Ausbreitung und Ausweitung der betrieblichen Altersversorgung. Gleichzeitig wurden auch einzelne Mißstände, die sich beim steuerlichen Abzug der Aufwendungen für die betriebliche Altersversorgung ergeben hatten, beseitigt (Einschränkungen der Vorausfinanzierung von Unterstützungskassen).

II. Arbeitsrechtlicher Teil (§§1–18 BetrAVG): 1. *Unverfallbarkeit* bedeutet, daß die betrieblichen Versorgungsanwartschaften (→Pensionsanwartschaften) auch beim Ausscheiden aus dem Betrieb vor Eintritt des Versorgungsfalles dem Versorgungsnehmer erhalten bleiben, und zwar in einem angemessenen Umfang. Voraussetzungen sind Vollendung des 35. Lebensjahres *und* a) Versorgungszusage besteht mindestens zehn Jahre; *oder* b) Versorgungszusage besteht mindestens drei Jahre und die Betriebszugehörigkeit mindestens zwölf Jahre. Der Arbeitnehmer behält seine Anwartschaft auch dann, wenn er aufgrund einer *Vorruhestandsregelung* (→Vorruhestandsgesetz) ausscheidet und ohne das vorherige Ausscheiden die →Wartezeit und die sonstigen Voraussetzungen hätte erfüllen können (§1 I 2 BetrAVG). Die *Vereinbarung langer Wartezei-*

ten führt nicht zur Verzögerung des Eintritts der Unverfallbarkeit. – Die Höhe *des Anspruchs* im Versorgungsfall richtet sich nach der Dauer der Betriebszugehörigkeit. Grundsätzlich gilt das Quotierungsprinzip (ratierliche Berechnungsmethode, pro-rata-temporis-Methode): Unverfallbare Anwartschaft (Teilanspruch im Versorgungsfall) = tatsächliche Betriebszugehörigkeit: mögliche Betriebszugehörigkeit × zugesagte Versorgungsleistung. Der Quotenanspruch ist jedoch nur die gesetzliche Untergrenze. Grundsätzlich steht dem Arbeitgeber bei →Direktversicherung kein Widerrufsrecht zu, auch wenn die prämienfreie Versicherungssumme (→Lebensversicherung VI 2) den Quotenanspruch übersteigt. Liegt jedoch die Versicherungsleistung darunter, so steht dem Versorgungsempfänger in Höhe der Differenz ein unmittelbarer Anspruch gegen den Arbeitgeber zu *(Auffüllungsanspruch).* Das Nachfinanzierungsrisiko kann der Arbeitgeber durch die versicherungsrechtliche Regelung der Unverfallbarkeit ausschließen. Sie ist eine Ausnahme vom Quotierungsprinzip. Hier tritt bei Direktversicherungen und Pensionskassen an die Stelle des Quotenanspruchs generell die vom Versicherer/Pensionskasse auf Grund des Vertrages/Geschäftsplanes geschuldete Leistung (aus der beitragsfreien Versicherung). Voraussetzung für diese Regelung ist, daß der Arbeitgeber die im §2 II bzw. III BetrAVG geforderten sozialen Auflagen erfüllt. Änderungen der Versorgungsregelung nach Beendigung des Arbeitsverhältnisses und später beschlossene Leistungsänderungen (Erhöhungen und auch Kürzungen) wirken sich auf die Höhe und die Art der unverfallbaren Anwartschaften nicht mehr aus. Arbeitgeber oder sonstige Versorgungsträger haben gegenüber dem ausgeschiedenen Arbeitnehmer eine Auskunftspflicht (über das Bestehen einer Anwartschaft und über die Höhe). – Abfindung der unverfallbaren Anwartschaft mit einer *gleichwertigen Einmalzahlung* des Arbeitgebers ist nur zulässig, wenn die Versorgungsverpflichtung beim Ausscheiden des Arbeitnehmers weniger als zehn Jahre bestanden hat und der Arbeitnehmer der Abfindung zustimmt. Ferner sieht das Gesetz noch vor, daß Verpflichtungen aus unverfallbaren Anwartschaften von neuen Arbeitgeber, von Pensionskassen, Lebensversicherer oder öffentlichen Versorgungsträgern übernommen werden können. Zu dieser Übertragung bedarf es ebenfalls der Zustimmung des Arbeitnehmers.

2. *Auszehrungsverbot:* Beim Eintritt des Versorgungsfalles festgesetzte Leistungen dürfen später nicht mehr gekürzt werden, wenn sich andere Versorgungsleistungen durch Anpassung an die wirtschaftliche Entwicklung erhöhen (z.B. die Renten der gesetzlichen Rentenversicherung).

3. *Anrechnungsbegrenzungen:* Betriebliche Versorgungseinrichtungen berücksichtigen vielfach bei der Festsetzung der Leistung im Versorgungsfall anderweitige Versorgungsbezüge (v. a. Leistungen der gesetzlichen Rentenversicherung). Entweder werden die anderweitigen Bezüge der betrieblichen Versorgungsleistung angerechnet, oder die Versorgungsbezüge insgesamt sind auf eine Höchstleistung begrenzt, z. B. 75% des letzten Arbeitseinkommens (Gesamtversorgungssysteme). Diese Anrechnung ist jedoch nur insoweit erlaubt, als es sich um Renten aus der gesetzlichen Rentenversicherung handelt, die auf Pflichtbeiträgen beruhen, sowie um sonstige Versorgungsbezüge, die mindestens zur Hälfte durch Beiträge oder Zuschüsse des Arbeitgebers finanziert wurden.

4. *Anpassungsprüfung:* Der Arbeitgeber hat gem. § 16 BetrAVG alle drei Jahre die Anpassung der laufenden Leistungen der betrieblichen Altersversorgung zu prüfen und hierüber nach billigem Ermessen zu entscheiden (Anpassungsprüfungspflicht – keine Verhandlungspflicht). Das Entscheidungsrecht steht allein dem Arbeitgeber zu; natürlich ist er kraft Gesetz auch dazu verpflichtet. Die Entscheidung muß dem billigem Ermessen entsprechen, es sind dabei insbes. die Belange des Versorgungsempfängers und die wirtschaftliche Lage des Arbeitgebers zu berücksichtigen. Prüfungspflicht besteht nur für laufende Leistungen (laufende Renten), nicht für Anwartschaften und für Kapitalverpflichtungen, ferner gilt sie für alle Gestaltungsformen der →betrieblichen Altersversorgung. Die Anpassungsentscheidung des Arbeitgebers kann gerichtlich nachgeprüft werden entsprechend § 315 II BGB. Maßstäbe für die Anpassung hat das BAG mit mehreren Entscheidungen gesetzt. Grundsätzlich ist der volle Kaufkraftverlust ab Rentenbeginn bzw. ab der vorangegangenen Anpassungsprüfung auszugleichen, es sei denn, die Nettolöhne der Aktiven sind langsamer gestiegen als die Preise (Begrenzung durch die Entwicklung der Nettolöhne). Der PSVaG ist nicht zur Anpassung gem. § 16 BetrAVG verpflichtet (BAG-Urteil vom 22. 3. 1983).

5. *Insolvenzsicherung:* Sie gewährleistet die betriebliche Altersversorgung auch im Fall der Insolvenz des Arbeitgebers (Konkurs u. ä.). – a) *Umfang des Schutzes:* Bei Eintritt des Sicherungsfalles sind geschützt die bereits laufenden betrieblichen Versorgungsleistungen sowie -anwartschaften, welche zu diesem Zeitpunkt nach gesetzlichen Vorschriften unverfallbar sind. Keiner Insolvenzsicherung bedürfen Direktversicherungen, wenn spätestens mit Erfüllung der Unverfallbarkeitsvoraussetzungen das unwiderrufliche Bezugsrecht (→Bezugsberechtigung) vorgesehen ist und wenn sie weder abgetreten noch beliehen sind. Bei Beleihung oder Abtretung unterliegt nur

der betroffene Teil der Versicherung der Insolvenzsicher. Überdies entfällt die Insolvenzsicherung für alle Anwartschaften und Ansprüche auf Pensionskassenleistungen. Der Bund, die Länder, die Gemeinden sowie bestimmte öffentlich-rechtliche Einrichtungen sind ebenfalls von der Insolvenzsicherung befreit. – b) *Träger* der Insolvenzsicherung ist der *Pensions-Sicherungsverein a. G.* in Köln (PSVaG), der vom Verband der Lebensversicherungsunternehmen, von BDA und BDI gemeinsam getragen wird. Die Abwicklung der anfallenden Rentenleistungen überträgt der PSVaG einem Konsortium der Lebensversicherungswirtschaft. – c) *Leistungsumfang:* Die gesicherte Leistung ist begrenzt (Renten auf das Dreifache der Beitragsbemessungsgrenzen der Rentenversicherungen der Arbeiter und Angestellten – 1987 somit 3 × 68 400 = 205 200 DM

Jahresrente –, im Falle der Kapitalzahlung auf das Zehnfache dieses Jahresbetrages). Ansprüche auf laufende Leistungen gegen den PSVaG fallen nicht unter die Anpassungsprüfung. Durch die Insolvenzsicherung ändert sich der Charakter der Versorgungsleistung nicht (beim Empfänger gleiche steuerliche Behandlung wie vorher). – d) Die *Mittel* für die Insolvenzsicherung werden von den Mitgliedern des PSVaG aufgebracht. Mitglieder sind Arbeitgeber mit gesetzlich unverfallbaren oder bereits laufenden Versorgungsverpflichtungen, die der Insolvenzsicherung unterliegen. Beitragsbemessungsgrundlage ist für betriebliche Ruhegeldverpflichtungen der Teilwert der gesicherten Anwartschaft (Sollrückstellung gem. § 6a III EStG), bei Unterstützungskassen das Zwanzigfache der entsprechenden zulässigen Jahreszuführung sowie in beiden Fällen der Barwert der bereits laufenden Versorgungsleistungen. Unterliegen Direktversicherungen der Insolvenzsicherung, so ist die Bemessungsgrundlage das geschäftsplanmäßige →Deckungskapital. – e) Zum *Nachweis* der Bemessungsgrundlage bedarf es bei Ruhegeldverpflichtungen eines versicherungsmathematischen Gutachtens, bei Direktversicherungen der Bescheinigung des Versicherers und bei Unterstützungskassen einer nachprüfbaren Berechnung. Diese Mitteilungspflicht obliegt jeweils dem Arbeitgeber (§ 11 BetrAVG). Darüber hinaus besteht für ihn eine Meldepflicht. Er hat dem PSVaG innerhalb von drei Monaten anzuzeigen, wenn eine Versorgungseinrichtung unter die Insolvenzsicherung fällt.

6. *Flexible Altersgrenze:* Nimmt ein Arbeitnehmer im Rahmen der flexiblen Altersgrenze die gesetzliche Sozialversicherungsrente schon vorzeitig, d. h. mit 63 (Männer) bzw. 60 (Frauen) Lebensjahren in Anspruch, so muß der Versorgungsträger nach § 6 BetrAVG auf Verlangen auch die Betriebsrente vorzeitig gewähren, sofern der Berechtigte die →Warte-

zeit und die sonstigen Leistungsvoraussetzungen erfüllt. Die Erfüllung der Unverfallbarkeitsfrist ist keine Anspruchsvoraussetzung. § 6 BetrAVG gestattet eine Kürzung des vorgezogenen betrieblichen Ruhegeldes. Fehlt eine Kürzungsregelung in der Versorgungsordnung, kann das Ruhegeld nur nach § 2 BetrAVG (ratierliche Methode) gekürzt werden. Der PSV kann als Versorgungsschuldner einen versicherungsmathematischen Abschlag (z. B. um 0,5% für jeden Monat des vorgezogenen Rentenbezugs) vornehmen. – Bei einem späteren Wegfall der Sozialversicherungsrente wegen Erwerbstätigkeit kann auch das betriebliche Ruhegeld eingestellt werden.

7. *Tarifdispositives Recht:* In § 17 III BetrAVG ist bestimmt, von welchen Vorschriften des Gesetzes in →Tarifverträgen und bei Vereinbarungen der einschlägigen tariflichen Regelungen abgewichen werden kann. Im übrigen kann nicht zuungunsten der Arbeitnehmer abgewichen werden.

III. S t e u e r r e c h t l i c h e r   T e i l (§§ 19–25 BetrAVG): Durch diese Vorschriften wurden das Einkommensteuer-, Körperschaftsteuer-, Gewerbesteuer-, Vermögensteuer-, Versicherungsteuer- und Umsatzsteuergesetz geändert bzw. angepaßt und das Zuwendungsgesetz aufgehoben. Materiell bedeutsam sind die Einschränkung der Vorausfinanzierung der →Unterstützungskassen, das Teilwertverfahren für die Bewertung der Pensionsrückstellungen in der Ertragsteuerbilanz (→Pensionsrückstellungen III 4 und 5) und v. a. die →Pauschalierung der Lohnsteuer für bestimmte Zukunftssicherungsleistungen (Direktversicherungen und Zuwendungen an Pensionskassen unter bestimmten Voraussetzungen).

Literatur: Ahrend/Förster/Rößler, Steuerrecht der betrieblichen Altersversorgung mit arbeitsrechtlicher Grundlegung, Köln 1985 (Loseblatt mit Ergänzung); Bischoff/Heubeck u. a., Handbuch der betrieblichen Altersversorgung, Loseblattwerk; Blomeyer/Otto, Gesetz zur Verbesserung der betrieblichen Altersversorgung, Kommentar, München 1984; Heubeck/Höhne/Paulsdorff/Rau/Weinert, Kommentar zum Betriebsrentengesetz, Bd. I, 2. Aufl., Heidelberg 1982 und Bd. II, Heidelberg 1978; Höfer/Abt, Gesetz zur Verbesserung der betrieblichen Altersversorgung, Kommentar, München Bd. I, 2. Aufl., München 1982 und Bd. II, 2. Aufl., München 1984; Werner/Hagen, Betriebliche Altersversorgung, 7. Aufl., München 1986. Zachmann/Kraushaar, Die betriebliche Altersversorgung, Entscheidungssammlung und Kommentar, Loseblattwerk.

Prof. Dr. Werner Greb

Betriebsrisiko. 1. B. betrifft die Frage der *Abgrenzung der Lohnzahlungspflicht,* wenn das Unterbleiben der Arbeitsleistung von keinem Teil der Parteien des Arbeitsvertrages zu vertreten ist, nämlich dann, wenn die fehlende Möglichkeit der Beschäftigung auf Betriebsstörungen zurückzuführen ist. – Zum B. gehören insbes. alle Fälle, in denen der Arbeitgeber ohne sein Verschulden einen funktionsfähigen Betrieb infolge fehlender Energie, Rohstoffe, Maschinen usw. nicht zur Verfügung stellen und die Arbeitnehmer nicht arbeiten

können. – Ausgangspunkt der Lehre vom B. war die Auffassung, daß die Regelung des § 615 BGB (→Annahmeverzug) und § 323 BGB auf diese Fälle nicht paßt. Das B. hat nach h. M. grundsätzlich der *Arbeitgeber zu tragen;* er muß das →Arbeitsentgelt weiterzahlen, wenn z. B. eine Ölheizung infolge eines plötzlichen Kälteeinbruchs ausfällt. – 2. *Ausnahmen:* a) wenn die Betriebsstillegung den Betrieb so schwer trifft, daß die Zahlung der vollen Löhne die Existenz des Betriebs gefährdet (streitig); b) wenn durch →Tarifvertrag, →Betriebsvereinbarung oder →Arbeitsvertrag eine abweichende Regelung hinreichend deutlich vereinbart ist; c) wenn die Störung (wie beim Teilstreik) in der *Sphäre der Arbeitnehmer* ihren Ursprung hat. Können die Fernwirkungen eines →Streiks das Kräfteverhältnis der kampfführenden Parteien beeinflussen, so tragen beide Seiten das *Arbeitskampfrisiko.* Das bedeutet für die betroffenen Arbeitnehmer, daß sie für die Dauer der Störung keine Beschäftigungs- und Vergütungsansprüche haben; ein solcher Fall ist z. B. nach der Rechtsprechung anzunehmen, wenn die für den mittelbar betroffenen Betrieb zuständigen Verbände mit den unmittelbar kampfführenden Verbänden identisch sind oder doch organisatorisch eng verbunden sind. Dabei ist unerheblich, ob die Betriebsstörung auf einem rechtmäßigen Streik oder auf einer rechtmäßigen Abwehraussperrung (→Aussperrung) beruht. – 3. Die Rechtsgrundsätze des Arbeitskampfrisikos führen nicht ohne weiteres zu einer *betrieblichen Arbeitszeitregelung.* Die Regelung der Modalitäten unterliegt gemäß § 87 I Nrn. 2 und 3 BetrVG der Mitbestimmung des →Betriebsrats. – Vgl. auch →Arbeitsverhinderung.

Betriebssabotage. *Betriebsstörung,* vorsätzliche Störung oder Verhinderung des Betriebs der Deutschen Bundesbahn, der Deutschen Bundespost, eines anderen öffentlichen Verkehrsunternehmens, eines öffentlichen Versorgungsunternehmens oder einer anderen der öffentlichen Sicherheit und Ordnung dienenden Anlage (Feuermelder usw.) durch Zerstörung, Beschädigung, Unbrauchbarmachung oder Beseitigung einer dem Betrieb dienenden Sache (§ 316b StGB). – *Strafe:* Freiheitsstrafe bis fünf Jahre oder Geldstrafe. →Versuch ist strafbar. – Ähnliches gilt für die *Sabotage an Fernmeldeanlagen* (§ 317 StGB).

Betriebsschließung. 1. Schließung des ohne Erlaubnis geführten Betriebs eines *Altmetallhändlers* (auch *vorläufig*) nach § 8 UMG im Verwaltungswege möglich). Zuwiderhandlungen werden bei →Vorsatz mit Freiheitsstrafe bis zu fünf Jahren oder Geldstrafe, bei →Fahrlässigkeit mit Freiheitsstrafe bis zu sechs Wochen oder Geldstrafe bestraft. – 2. B. nach der *Gewerbeverordnung:* Vgl. →Gewerbeuntersagung. – 3. *Freiwillige B.:* Vgl. →Betriebsaufgabe, →Betriebsstillegung.

Betriebsschulden, Begriff des BewG: Geldschulden und Lasten, die eine geldwerte Verpflichtung auf Sachleistungen darstellen, auch in Form von →Rückstellungen. – B. sind bereits bei *Ermittlung des Einheitswerts* des gewerblichen Betriebs vom Rohvermögen abzugsfähig, wenn sie mit der Gesamtheit oder mit einzelnen Teilen des Gewerbebetriebs (z.B. mit →Betriebsgrundstücken) in wirtschaftlichem Zusammenhang stehen; d.h., wenn die Entstehung der Schuld ursächlich und unmittelbar auf Vorgängen beruht, die das Betriebsvermögen betreffen (§ 103 I BewG), →Einheitswert II 2. Zusätzlich müssen die B. im Abschlußzeitpunkt bereits bestehen und dürfen nicht unter einer aufschiebenden →Bedingung stehen. (Das gilt auch für sonstige →Schulden im Veranlagungszeitpunkt.) – *Gegensatz:* Privatschulden (→Schulden); diese dürfen erst bei der Ermittlung des →Gesamtvermögens abgezogen werden (§ 118 I Nr. 1 BewG). – Zur *Bewertung der B.* im einzelnen vgl. §§ 12, 10 BewG.

Betriebsschutz, →Arbeitsschutz II 1.

Betriebssicherheit, Begriff des Straßenverkehrsrechts für das ordnungsmäßige Arbeiten aller Vorrichtungen eines Fahrzeuges (Beleuchtung, Bremsen); B. kann aber auch sowohl durch die Art der Verstauung als auch durch Art und Menge der Ladung beeinträchtigt sein (→Beladung).

Betriebssoziologie. 1. *Begriff:* Spezielle Soziologie, deren Gegenstandsbereich die Betriebe als Orte der gesellschaftlichen Produktion darstellen. Während die Betriebswirtschaftlehre i.a. die ökonomischen und technisch-organisatorischen Dimensionen in den Vordergrund stellt, richtet sich das Interesse der B. auf die sozialen Beziehungen und den Betrieb als soziales Gebilde (vgl. →Betrieb II) sowie die sachlich-technische Ausstattung des Betriebs und die damit verbundenen Konsequenzen für Qualifikation, Belastung, Kooperation usw. – **2.** *Gegenstand:* Aus der Definition ergeben sich als wichtige Untersuchungsfelder: Struktur und Organisation; Betriebsverfassung, d.h. Praxis und Probleme der betrieblichen Mitbestimmung und Mitwirkung des Betriebsrats als Vertretung der Arbeitnehmer; betriebliche Strategien des Personaleinsatzes (Personalpolitik); Qualifikation und Aus- bzw. Weiterbildung; innerbetriebliche Mitarbeiterstruktur (Arbeiter, Angestellte, Management); Führung; Arbeitseinstellungen und -orientierungen; Folgen technologischer Veränderungen und Innovationen; Information und Kommunikation; Beziehungen zwischen Betrieb und sozialer Umwelt; Probleme von Arbeitsgruppen; Reorganisation und Humanisierung industrieller Arbeit. Die Unterschiedlichkeit von Betrieben hinsichtlich Wirtschaftssektoren (industrieller, handwerklicher Betrieb, Han-

delsbetrieb, Dienstleistungsbetrieb) und Größe führt zu differenzierten Fragestellungen der B. – 3. Die B. ist eng verbunden mit *anderen Wissenschaftsdisziplinen,* z.B. mit →Arbeitswissenschaft, →Arbeits- und Organisationspsychologie, →Betriebswirtschaftslehre (vgl. insbes. auch →entscheidungsorientierte Betriebswirtschaftslehre und →verhaltensorientierte Betriebswirtschaftslehre), →Arbeitsrecht. – Vgl. auch →Organisationssoziologie, →Industriesoziologie, →Arbeit, →Bürokratie, →Führungslehre.

Betriebsspionage, →Werkspionage, →Wirtschaftsspionage.

Betriebssport, *Werksport,* vom Betrieb geförderte Möglichkeit der Freizeitgestaltung. Unterstützung der Ausübung einzelner Sportarten durch Bereitstellung von Räumlichkeiten, Sportplätzen, Geräten, u.U. auch von einheitlichem Sportdreß für Wettspiele; möglicherweise auch durch Gründung von Betriebssportvereinen (z.B. Salamander Kornwestheim, Bayer Leverkusen). – *Zweck:* Bei mangelnder oder einseitiger körperlicher Betätigung Ausgleich und Entspannung; Pflege fairen und kameradschaftlichen Zusammenwirkens; Bindung an das Werk. B. unterliegt dem Schutz der *gesetzlichen* →Unfallversicherung, wenn er der allgemeinen körperlichen Ertüchtigung der Betriebsangehörigen dient und ihnen einen Ausgleich für die körperliche Beanspruchung während der Arbeit gibt. *Kein* Versicherungsschutz bei Sportwettkämpfen mit betriebsfremden Mannschaften.

Betriebsstatistik. I. Amtliche Statistik: Früher übliche, zusammenfassende Bezeichnung für die Auswertung der in größeren zeitlichen Zwischenräumen durchgeführten Betriebszählungen. Das Arbeitsgebiet ist seit 1948 im Zuge der Systematisierung und Klassifizierung der statistischen Arbeiten zugunsten der Berechnung der →Wertschöpfung aller Wirtschaftsbereiche weiter differenziert worden in →Landwirtschaftsstatistik, Statistik im →Produzierenden Gewerbe, →Handwerksstatistik, →Bankenstatistik usw.(vgl. im einzelnen hierzu →amtliche Statistik).

II. Rechnungswesen: Vgl. →betriebswirtschaftliche Statistik.

Betriebsstätte, jede feste örtliche Anlage oder Einrichtung, die der Tätigkeit eines Unternehmens dient (§ 12 I AO). Als B. *gelten* insb. (§ 12 II AO): a) Stätten, an denen sich die Geschäftsleitung befindet; b) Zweigniederlassungen, Fabrikationsstätten, Warenlager, Ein- und Verkaufsstellen, Landungsbrücken, Kontore und sonstige Geschäftseinrichtungen, die dem Unternehmer oder Mitunternehmer oder seinem ständigen Vertreter (z.B. einem Prokuristen) zur Ausübung des Gewerbes dienen. – B. unterliegen der →*Gewerbesteuer.* Bauausführungen und Montagen begründen gewerbesteuerrechtlich eine B., wenn sie in einer Gemeinde länger als sechs Monate bestehen; entsprechend auch bei Straßen- und Kanalbauten sowie bergbaulichen Arbeiten.

Betriebsstättenfinanzamt, Finanzamt, in dessen Bezirk sich die →Betriebsstätte befindet.

Betriebsstillegung. I. Betriebswirtschaftslehre: Einstellung jeglicher betrieblichen Tätigkeit. Zweckmäßig, wenn die Erlöse für die betrieblichen Leistungen die veränderlichen Stückkosten nicht mehr decken. Unterdeckung der →Gesamtkosten braucht keine B. zu bedingen (→Betriebsminimum).

II. Arbeitsrecht: 1. *Begriff:* Aufgabe des Betriebszwecks unter gleichzeitiger Auflösung der Betriebsorganisation aufgrund eines ernstlichen und endgültigen Willensentschlusses des Unternehmers für unbestimmte, nicht nur vorübergehende Zeit zu verstehen. Es muß sich um eine vom Unternehmer gewollte und durch Auflösung der betrieblichen Organisation auch tatsächlich durchgeführte Maßnahme handeln, wobei es auf die Gründe für die Unternehmerentscheidung nicht ankommt. – Die Weiterbeschäftigung weniger Arbeitnehmer mit *Abwicklungsarbeiten* steht der Annahme einer B. nicht entgegen. – *Anders:* →Betriebseinschränkung. – 2. *Mitbestimmung* des Betriebsrats in Betrieben mit i. d. R. mehr als zwanzig wahlberechtigten Arbeitnehmern (§§ 111–113 BetrVG). Vgl. →Betriebsänderung. – 3. Die B. hat Einfluß auf *Kündigungsschutz* der Betriebsratsmitglieder (§ 15 IV KSchG), →Kündigungsschutz II.

Betriebsstoffe. 1. *Begriff:* Stoffe, die, ohne selbst in die Produkte direkt einzugehen (→Rohstoffe, →Hilfsstoffe), zur Durchführung des Fertigungsprozesses benötigt werden, z. B. Schmiermittel, Reparatur- und Büromaterial. – 2. *Kostenrechnung:* B. werden zumeist als Kostenträgergemeinkosten (→Gemeinkosten) erfaßt und damit für die →Kostenstellen ausgewiesen, in denen sie verbraucht werden. Weiterverrechnung auf die Produkte erfolgt im Rahmen der →Betriebsabrechnung. – 3. *Buchhaltung:* Die Bestände an B. werden in der Kontenklasse 2 (IKR) geführt, ihr Verbrauch wird lfd. oder aufgrund der Inventur in der Kontenklasse 6 erfaßt. Jährlich inventurmäßige Aufstellung erforderlich; Bewertung zu →Anschaffungskosten oder zum niedrigeren Marktpreis, →beizulegendem Wert oder →Teilwert.

Betriebsstörung, →Betriebsrisiko, →Betriebssabotage.

Betriebsstrafe, →Betriebsbuße.

Betriebssystem (BS), Sammelbegriff für Programme (→Systemprogramme), die den

Betrieb eines Computers erst möglich machen; auch als *operating system (OS)* bezeichnet. Sie steuern und überwachen das Zusammenspiel der Hardwarekomponenten (→Hardware) im Rahmen der Auftrags- (→Job), Daten- (→Daten), Arbeitsspeicher- (→Arbeitsspeicher) und Programmverwaltung (insbes. die Abwicklung einzelner →Anwendungsprogramme, den Zugriff von Benutzern auf bestimmte Ressourcen) sowie der Systemsicherung (Fehlererkennung und -behebung). Das B. macht ein →Datenverarbeitungssystem erst bedienbar und beherrschbar. – *Bekannte B.:* MVS, VM (→virtuelle Maschinen) und →BS2000 für Großrechner; →Unix für Minicomputer; →MS-DOS für Personal Computer.

Betriebssystemkommando, →Kommando.

Betriebssystem 2000, →BS 2000.

Betriebstätte, →Betriebsstätte.

Betriebsteile, i. S. des BetrVG selbständige Betriebe (d. h. für sie ist ein eigener →Betriebsrat zu bilden), wenn sie die Mindestzahl wahlberechtigter und wählbarer Arbeitnehmer erreichen (§ 1 BetrVG) und entweder räumlich weit vom Hauptbetrieb entfernt oder durch Aufgabenbereich und Organisation eigenständig sind (§ 4 BetrVG).

Betriebsteuer, →Unternehmensbesteuerung IV 3.

Betriebstreuhandversicherung, Vertragsform der →Vertrauensschadenversicherung, durch die der Arbeitgeber in pauschaler Form (Pauschalversicherungssumme) gegen Vermögensverluste durch Handlungen aller Arbeitnehmer im Büro- und Verwaltungsbetrieb (ohne namentliche Nennung) geschützt ist.

Betriebstypen. 1. *B. der Industrie:* Vgl. →Unternehmungstypen. – 2. *B. des Handels:* Vgl. →Betriebsformen des Handels.

Betriebsübergang, →Betriebsnachfolge.

Betriebsüberlassungsvertrag, Begriff des Konzernrechts; Vertrag, durch den eine AG den Betrieb ihres Unternehmens einem anderen überläßt (§ 292 I Nr. 3 AktG). B. ist eine Form des →Unternehmensvertrages. – Vgl. auch →Betriebspachtvertrag.

Betriebsübersicht, →Hauptabschlußübersicht.

Betriebsübung, →betriebliche Übung.

Betriebs- und Geschäftsgeheimnis. I. Begriff: B.- u. G. umfaßt alles, was mit einem Geschäftsbetrieb im Zusammenhang steht, nicht offenkundig ist, nach dem erkennbaren oder vermutlichen Willen des Betriebsinhabers geheim gehalten werden soll und an dessen Geheimhaltung der Betriebsinhaber ein berechtigtes geschäftliches Interesse hat, weil bei einem Bekanntwerden dieser Tatsachen die Wettbewerbsfähigkeit des Betriebs geschädigt oder Konkurrenzunternehmen im Wettbewerb gefördert werden könnten. – 1. *Betriebsgeheimnis* (auch *Dienstgeheimnis, Fabrikationsgeheimnis*): Erfindungen jeder Art (gesetzlich geschützt oder nicht), Verfahrensmethoden, Rezeptvorschriften, besondere technische Handgriffe usw. – 2. *Geschäftsgeheimnis:* Bezugsquellenverzeichnisse, Kunden- und Preislisten, Preisberechnungen, Kalkulationen, Umsatzzahlen, Angebote, Auskünfte, technische Daten von Maschinen usw.

II. Pflicht zur Wahrung von B.- u. G.: 1. Nebenpflicht aus dem →*Arbeitsverhältnis;* →*Treuepflicht* →*Schweigepflicht.* – 2. Die Pflicht gilt auch für den →*Auszubildenden* (§ 9 Nr. 6 BBiG). – 3. Alle Mitglieder des →*Betriebsrates,* Mitglieder des →*Gesamtbetriebsrats,* der →Einigungsstelle, Schlichtungsstelle, Vertreter nach § 25 BetrVG sowie die Vertreter von →Gewerkschaften und →Arbeitgeberverbänden haben über B.- u. G. Stillschweigen zu wahren, wenn der Arbeitgeber diese ausdrücklich als geheimzuhalten bezeichnet. Die Schweigepflicht gilt auch nach dem Ausscheiden, aber nicht gegenüber Betriebsratsmitgliedern (§ 79 BetrVG). – 4. Wahrung durch die *Finanzverwaltung:* Vgl. →Steuergeheimnis.

III. Verrat von B.- u. G.: Verrat von B.- u. G. durch Arbeitnehmer während des Bestehens ihres Arbeitsverhältnisses, die unbefugte Verwertung oder Mitteilung solcher Geheimnisse, deren Kenntnis auf rechtswidrige oder sonst unredliche Weise erlangt wurde, und von anvertrauten Vorlagen oder Vorschriften technischer Art (Vorlagen-Freibeuterei). Gem. §§ 17, 18 UWG unter bestimmten Voraussetzungen strafbar. – a) Strafbar macht sich derjenige, der auf diese Weise B.- u. G. erfährt und aus Eigennutz oder zu Wettbewerbszwecken verwertet oder weiter mitteilt (§ 17 I UWG). – b) Strafbar macht sich, wer die im geschäftlichen Verkehr anvertrauten Vorlagen oder Vorschriften technischer Art zu Wettbewerbszwecken unbefugt verwertet oder anderen mitteilt (§ 18 UWG). – c) Strafbar macht sich, wer aus Eigennutz oder zu Wettbewerbszwecken jemanden zu Vergehen nach §§ 17 oder 18 UWG verleitet, ein Erbieten in dieser Richtung annimmt oder sich selbst erbietet (§ 20 UWG). – Verletzung der Pflicht zur Verschwiegenheit oder unbefugte Verwertung von B.- u. G. ist auch nach dem →Kreditwesengesetz strafbar. – Verrat von B- u. G. durch Betriebsratsmitglieder u. a. strafbar nach § 120 BetrVG. – *Strafverfolgung* nur auf Strafantrag (§ 22 UWG). – Arbeitnehmer *haftet* dem Arbeitgeber für den durch Verrat entstandenen Schaden (§ 19 UWG). – →*Außerordentliche* Kündigung ist i. d. R. gerechtfertigt.

IV. Wettbewerbsverbot: Verwertung der durch Arbeit im Betrieb auf einwandfreie Weise erworbenen Fähigkeiten und Kennt-

nisse für das spätere Fortkommen nach Ausscheiden aus dem Betrieb zulässig, wenn es sich nicht um rein betriebliche Angelegenheiten handelt, deren Geheimhaltung im Interesse des Betriebes dringend geboten ist; →Wettbewerbsverbot.

Betriebsunfall. 1. *Straßenverkehrsrecht:* Unfall, der sich beim Betrieb eines Kraftfahrzeuges ereignet, wenn zwischen Betrieb des Fahrzeugs und Unfall ein →Ursachenzusammenhang besteht. B. begründet die →Kraftfahrzeughaftung des Halters. – 2. *Sozialversicherung:* Vgl. →Arbeitsunfall.

Betriebs"un"kosten, früherer Begriff für →Kosten oder →Gemeinkosten.

Betriebsunterbrechung, →Betriebsstilllegung.

Betriebsunterbrechungskosten, →Stillstandskosten 2.

Betriebsunterbrechungsversicherung, *BU-Versicherung,* Versicherung von Vermögensschäden aufgrund einer zufälligen und ungewollten Betriebsunterbrechung. Die B. deckt im allgemeinen entgangenen Geschäftsgewinn und fortlaufende Geschäftskosten. Ersatzpflicht des Versicherers zeitlich begrenzt, auf zwölf Monate (Haftzeit). – *Arten:* 1. *Feuerbetriebsunterbrechungsversicherung* (FBU) ersetzt unmittelbare Schäden als Folge teilweiser oder gänzlicher Unterbrechung des Fabrikationsganges durch ein Schadensereignis im Sinn der Feuerversicherung. – 2. *Kleinbetriebsunterbrechungsversicherung:* Vereinfachte B. für kleinere Betriebe, die meist im Zusammenhang mit einer Feuerversicherung, teilweise auch mit einer Einbruchdiebstahl-, Leitungswasser- oder Sturmversicherung abgeschlossen wird und bei der die Versicherungssumme höchstens 500 000 DM (bei Handelsbetrieben) bzw. 300 000 DM (bei sonstigen Geschäften und Betrieben) beträgt. – 3. *Maschinenbetriebsunterbrechungsversicherung.* – 4. *Sonderformen:* Versicherung gegen Schäden durch Betriebsunterbrechung infolge Ausfalls der öffentlichen Elektrizitätsversorgung, Versicherung gegen Vermögensschäden durch Betriebsschließung infolge Seuchengefahr (z. B. bei Fleischereibetrieben u. a. Lebensmittelherstellern und -verarbeitern). – Vgl. auch →Layer.

Betriebsuntersagung, →Gewerbeuntersagung, →Betriebsschließung.

Betriebsurlaub, →Betriebsferien.

Betriebsveranstaltungen, steuerliche Behandlung. Zuwendungen des Arbeitgebers aus Anlaß von B. gehören als Leistungen im (ganz) überwiegend eigenen betrieblichen Interesse i. d. R. nicht zum →Arbeitslohn. – *Anerkennung der B.* als solche, wenn: (1) Möglichkeit der Teilnahme für alle Betriebsangehörige, (2) i. d. R eintägige Dauer, (3) höchstens zwei Veranstaltungen jährlich und (4) Beschränkung auf Gewährung der üblichen Zuwendungen, z. B. Abgabe von Speisen und Getränken, Kosten für Unterhaltungsprogramm. – Bei Zuwendungen bis zu 60 DM je Teilnehmer und Veranstaltung soll die Üblichkeit der Zuwendungen nicht weiter geprüft werden. Die 60 DM bedeuten jedoch keine betragsmäßige Obergrenze. Je nach Lage des Einzelfalls können auch höhere Zuwendungen als 60 DM als üblich anerkannt werden.

Betriebsvereinbarung. I. Begriff: Gesamtvereinbarung auf betrieblicher Ebene zwischen Arbeitgeber und Betriebsrat, durch die Bestimmungen getroffen werden können, die als Rechtsnormen ermittelbar auf das →Arbeitsverhältnis einwirken. B. werden als Verträge zwischen Arbeitgeber und Betriebsrat geschlossen. – *Anders:* Vom Arbeitgeber einseitig durch gleichlautende Verträge (→vertragliche Einheitsregelungen) oder Richtlinien (z. B. Ruhegeldrichtlinien, Gratifikationsordnungen) getroffene Regelungen und →betriebliche Übung. – Im *öffentlichen Dienst:* →Dienstvereinbarung.

II. Abschluß, Inhalt und Ende von B.: 1. *B. schriftlich* niederzulegen (Wirksamkeitsvoraussetzung) und vom Betriebsrat und Arbeitgeber zu unterzeichnen (§ 77 II BetrVG). B. sind vom Arbeitgeber an geeigneter Stelle im Betrieb auszulegen (§ 77 II 3 BetrVG; Ordnungsvorschrift). – 2. *Regelungen:* a) Regelungen organisatorischer Angelegenheiten, z. B. Sprechstunden (§ 39 I BetrVG), b) Verpflichtungen zwischen Arbeitgeber und Betriebsrat und c) zwingend und unmittelbar auf die Arbeitsverhältnisse einwirkende Regelungen (§ 77 IV 1 BetrVG). – 3. *Arten von B.:* a) *erzwingbare B.:* B., bei denen der Betriebsrat bei Weigerung des Arbeitgebers die →Einigungsstelle anrufen kann und deren Spruch die Einigung zwischen Arbeitgeber und Betriebsrat ersetzt (vgl. z. B. § 87 II BetrVG); b) *freiwillige B.:* Die übrigen B. – 4. Gegenüber Gesetz und Tarifvertrag ist die B. die *schwächere Rechtsquelle.* In den Fällen des § 87 BetrVG (→soziale Angelegenheiten) greift die erzwingbare Mitbestimmunbg nur ein, soweit eine gesetzliche oder tarifliche Regelung nicht vorliegt (§ 87 Einleitungssatz BetrVG). – Im übrigen ist gemäß § 77 III BetrVG B. nicht zulässig, soweit Arbeitsentgelte und sonstige Arbeitsbedingungen durch Tarifvertrag geregelt sind oder üblicherweise (in dem betreffenden Wirtschaftszweig) durch Tarifvertrag geregelt werden, es sei denn, daß ein Tarifvertrag den Abschluß ergänzender B. ausdrücklich zuläßt (*Vorrang des Tarifvertrags*). – 5. Nach der Rechtsprechung des Bundesarbeitsgerichts unterliegen B. einer *Billigkeitskontrolle* durch die →Arbeitsgerichte. – 6. Die B. tritt zu dem vereinbarten Zeitpunkt in Kraft. Von ihren Wirkungen werden alle Arbeitnehmer des Betriebs und die später eingestellten erfaßt. – Die Geltung der B. endet mit Ablauf der vereinbarten Zeit, durch Abschluß einer neuen B. oder durch Kündigung. B. können, soweit nichts anderes vereinbart ist, mit einer Frist von drei Monaten gekündigt werden (§ 77 V BetrVG). Nach § 77 VI gilt eine abgelaufene B. hinsichtlich derjenigen Regelungen, in denen der Spruch der Einigungsstelle die Einigung zwischen Arbeitgeber und Betriebsrat ersetzen kann, bis zu einer anderen Abmachung weiter. Bei anderen Regelungen in Form der B. entfällt also jede Nachwirkung. – 7. Werden den Arbeitnehmern durch die B. Rechte eingeräumt, so ist ein *Verzicht* auf sie nur mit Zustimmung des Betriebsrats zulässig. Die *Verwirkung* von Rechten ist ausgeschlossen. Die Vereinbarung von →*Ausschlußfristen* oder Abkürzung von Verjährungsfristen ist nur in einer B. oder einem Tarifvertrag möglich (§ 77 IV BetrVG).

III. Verhältnis zum Einzelarbeitsvertrag: Bei einem Widerstreit von B. und Einzelarbeitsvertrag gilt beim →Tarifvertrag das →Günstigkeitsprinzip, obgleich dies nicht ausdrücklich im BetrVG geregelt ist. Auch soweit zusätzliche Leistungen des Arbeitgebers (Gratifikationen, Ruhegelder, Jubiläumszuwendungen usw.) durch vertragliche Einheitsregelungen den Arbeitnehmern zugesagt worden sind, können sie i. d. R. nicht durch B. verschlechtert werden, es sei denn Ablösungen seien von vornherein vorbehalten gewesen (Beschluß des Großen Senats des BAG vom 16. 9. 1986 – GS 1/82 –).

Betriebsverfassung. I. Begriff: Arbeitsrechtliche Grundordnung, die die Zusammenarbeit zwischen Arbeitgeber und -nehmern im Betrieb regelt. Die Zusammenarbeit zwischen Arbeitgeber und -nehmern im Betrieb wird ausgeübt durch den Arbeitgeber einerseits, den →Betriebsrat und die anderen Organe der B. i. S. des nach dem BetrVG verfassungsartig gegliederten Betriebs andererseits. Der Betriebsrat nimmt an der Willensbildung und an der Entscheidung des Arbeitgebers durch →Mitwirkung und →Mitbestimmung teil. Gemeinsames Ziel ist das Wohl des Betriebs und der Belegschaft (§ 2 I BetrVG). Die B. regelt die Rechtsstellung der Organe und die Form der Zusammenarbeit zwischen den Organen. – Unberührt bleiben die Aufgaben der →*Gewerkschaften* und der *Arbeitgebervereinigungen* (→Berufsverbände) (§ 2 III BetrVG).

II. Gesetzliche Grundlage: Betriebsverfassungsgesetz (BetrVG) vom 15. 1. 1972 (BGBl I 13), zuletzt geändert am 26. 4. 1985 (BGBl I 710). – Vgl. auch →Betriebsverfassungsgesetz 1952, →betriebsverfassungsrechtliche Normen.

III. Geltungsbereich: 1. Anders als das BetrVG 1952 (→Betriebsverfassungsgesetz

1952) regelt das BetrVG 1972 nur die B., nicht auch die Unternehmensverfassung (die Beteiligung der Arbeitnehmer in den Organen der Unternehmensträger). Die Unternehmensverfassung ist im →Mitbestimmungsgesetz vom 4. 5. 1976, in den insoweit noch fortgeltenden §§ 76, 77, 81, 85, 87 BetrVG 1952 sowie im →Montan-Mitbestimmungsgesetz geregelt. – 2. Das BetrVG gilt in der gesamten *Bundesrep. D. und West-Berlin* (§ 133 BetrVG). – Die Vorschriften des BetrVG gelten auch für alle im Bundesgebiet errichteten Betriebe von Ausländern und für alle inländischen Zweigniederlassungen solcher ausländischer Unternehmen, die ihren Hauptsitz im Ausland haben. – 3. Das BetrVG findet *keine Anwendung* auf den öffentlichen Dienst (§ 130 BetrVG, →Personalrat), auf die Religionsgesellschaften und ihre karitativen und erzieherischen Einrichtungen (§ 118 II BetrVG), auf Kleinbetriebe (weniger als fünf wahlberechtigte Arbeitnehmer; vgl. im einzelnen § 1, 7, 8 BetrVG), und auf private Haushalte, die nicht als →Betriebe im wirtschaftlichen Sinn anzusehen sind. – Die Vorschriften des BetrVG gelten nur *eingeschränkt* für →Tendenzbetriebe (§ 118 I BetrVG) und für Seebetriebe (§§ 114–116 BetrVG).

IV. In halt: 1. Das BetrVG enthält Bestimmungen über die Zusammensetzung und Wahl des →*Betriebsrats*; es legt für alle Betriebe einheitlich den Zeitpunkt für die regelmäßigen Betriebsratswahlen fest, die alle drei Jahre durchgeführt werden. Besteht ein Unternehmen aus mehreren Betrieben, so haben die Betriebsräte durch Entsendung einen →Gesamtbetriebsrat zu bilden. Außerdem eröffnet das Gesetz die Möglichkeit, für einen Konzern einen →Konzernbetriebsrat zu errichten. Eine zusätzliche betriebsverfassungsrechtliche Vertretung ist die →Jugendvertretung, deren Aufgabe es ist, die Betriebsratsarbeit in den besonderen Belangen der jugendlichen Arbeitnehmer zu unterstützen. – Der Betriebsrat hat einmal in jedem Kalendervierteljahr eine →Betriebsversammlung einzuberufen und in ihr einen Tätigkeitsbericht zu erstatten. – 2. Vierter Teil des BetrVG: *Mitwirkung und Mitbestimmung der Arbeitnehmer.* Dieser Teil enthält allgemeine Bestimmungen für die Zusammenarbeit zwischen Arbeitgeber und Betriebsrat und Bestimmungen über die →Betriebsvereinbarung, durch die Arbeitgeber und Betriebsrat Bestimmungen mit unmittelbarer und zwingender Wirkung auf das Arbeitsverhältnis treffen können, soweit es sich nicht um Arbeitsentgelte und sonstige Arbeitsbedingungen handelt, die durch Tarifvertrag geregelt sind oder üblicherweise geregelt werden (§ 77 BetrVG). – Systematisch nicht zum B. sondern zum Individualarbeitsrecht gehören die Bestimmungen über das *Mitwirkungs- und Beschwerderecht des Arbeitnehmers* (§§ 81 ff. BetrVG). – Das

BetrVG regelt die Mitwirkung und Mitbestimmung des Betriebsrats in →sozialen Angelegenheiten (§ 87 BetrVG), bei der Gestaltung von Arbeitsplatz (→Arbeitsplatzmitbestimmung, →Arbeitsplatz, →Arbeitsplatzgestaltung), Arbeitsablauf und Arbeitsumgebung (§§ 90, 91 BetrVG), in →personellen Angelegenheiten (§§ 92–105 BetrVG) und in →wirtschaftlichen Angelegenheiten (§§ 106–113 BetrVG). – 3. Mitbestimmung bedingt, daß sie, wenn eine Einigung zwischen Arbeitgeber und Betriebsrat nicht zustandekommt, notfalls auch gegen den Willen des Arbeitgebers oder des Betriebsrats durchgesetzt werden kann. – Zur Beilegung von Interessenkonflikten bei der Ausübung der Mitbestimmung ist die Anrufung der betrieblichen →*Einigungsstelle* (§ 76 BetrVG) möglich. – Entsteht zwischen Arbeitgeber und Betriebsrat Streit, ob und in welchem Ausmaß der Betriebsrat in einer Angelegenheit zu beteiligen ist, so entscheidet darüber auf Antrag von Arbeitgeber oder Betriebsrat das →*Arbeitsgericht* im →Beschlußverfahren (§ 2 a I, §§ 80 ff. ArbGG). Das gilt auch, soweit der Streit um die Zuständigkeit der Einigungsstelle geführt wird. – 4. Zum Schutz der Betriebsverfassungsorgane bei der Ausübung ihrer Tätigkeit gelten die *Straf- und Bußgeldvorschriften* der §§ 119–121 BetrVG.

V. Modell und Wirklichkeit: 1. Empirische Befunde über Sozialstruktur der B. und Ausschöpfungsgrad der gebotenen rechtlichen Handlungsmöglichkeiten durch den Betriebsrat ergeben folgende *Typologie der Partizipationsmuster* zwischen Betriebsrat und →Betriebsleitung: a) Der *ignorierte Betriebsrat* (9%): Vom Arbeitgeber als nicht existent betrachtet; i. d. R. in Kleinbetrieben mit 70 bis 100 Arbeitnehmern, vom Eigentümer selbst geleitet. b) Der *isolierte Betriebsrat* (25%): Durch Repressionen des Arbeitgebers in Isolation von der Belegschaft; i. d. R. größere Mittelbetriebe mit 600 bis 800 Arbeitnehmern; Eigentümer übt in ca. ⅔ der Fälle Unternehmensführung aus. c) Der *Betriebsrat als Organ der Geschäftsleitung* (31%): Frühzeitiger Einbezug des Betriebsratsvorsitzenden in den Entscheidungsprozeß; Umfunktionierung als Vermittlungs- und Durchsetzungsinstanz; betriebsgrößenunabhängiger Partizipationstypus. d) Der *respektierte zwiespältige Betriebsrat* (20%): Anerkennung der Legitimität der Arbeitnehmerinteressen durch Betriebsleitung und Respektierung des Betriebsrates als autonomes Organ, jedoch Nichtanerkennung des Betriebsrates als konfliktbewußten Interessenvertreter; gilt für managergeleitete Unternehmen mit i. d. R. mehr als 1000 Arbeitnehmern. e) Der *respektierte standfeste Betriebsrat* (13%): Strikte Orientierung an den Amtspflichten und der formellen und materiellen Einhaltung des Gesetzes; managergeleitete Firmen mit 800 bis 1000 Arbeitnehmern. f)

Der *Betriebsrat als kooperative Gegenmacht* (2%): Sehr hohe fachliche Kompetenz, die neben der sozialen Macht in den Verhandlungsprozeß mit dem Arbeitgeber einwirkt; managergeleitete Großunternehmen mit 2000 und mehr Arbeitnehmern. g) Der *klassenkämpferische Betriebsrat* (0%): In Einzelfällen jedoch empirisch belegt. – 2. *Auswertung:* Häufigkeitsverteilung zwischen den Partizipationstypen entspricht nicht den Wertvorstellungen der B. (§ 2 BetrVG). Kennzeichen für *Defizit* in der Wirksamkeit der B.: Dominanz (65%) der Typen a), b), c); nach Schätzungen ca. 3,5 Mio. Arbeitnehmer in Betrieben ohne Betriebsrat. Grund: Die Hälfte der Arbeitgeber steht dem sozialpolitischen Programm der B. skeptisch oder ablehnend gegenüber. Die Akzeptanz bei den Betriebsräten ist dagegen sehr hoch.

Betriebsverfassungsgesetz, →Betriebsverfassungsgesetz 1972, →Betriebsverfassungsgesetz 1952 (restliche geltende Bestimmungen).

Betriebsverfassungsgesetz 1952, Gesetz vom 11.10.1952 (BGBl I 681), zuletzt geändert durch Gesetz vom 14.12.1976 (BGBl I 3341); in Kraft gem. § 129 BetrVG: §§ 76–77a, 81, 85 und 87. – 1. *Geltungsbereich:* Nach §§ 76, 77 unterstehen Unternehmen in der Rechtsform einer AG, KGaA, GmbH, VVaG und Erwerbs- und Wirtschaftsgenossenschaft mit i.d.R. mehr als 500 Arbeitnehmern der Aufsichtsratsmitbestimmung; keine Anwendung auf →Tendenzbetriebe. Insgesamt werden den nach Schätzungen derzeit ca. 3000 Unternehmen durch das Gesetz erfaßt. – 2. *Inhalt:* Alle unter das Gesetz fallende Gesellschaften bilden einen Aufsichtsrat, der aus mindestens drei oder höchstens 21 Personen in Abhängigkeit von der Unternehmensgröße (gemessen am Grund- bzw. Stammkapital) besteht; auf die Anteilseigner entfallen ⅔, auf die Arbeitnehmer ⅓ der Mandate. Wahl der Arbeitnehmervertreter erfolgt durch die Gesamtbelegschaft des Unternehmens in Urwahl. Die →Mitbestimmung ist unterparitätisch; sie soll der Information der Arbeitnehmer über unternehmenspolitische Angelegenheiten dienen. – Das BetrVerfG 1952 sieht im Gegensatz zum →Montan-Mitbestimmungsgesetz und →Mitbestimmungsgesetz keinen →Arbeitsdirektor im Vorstand vor.

Betriebsverfassungsgesetz 1972 (BetrVG), Gesetz vom 15.1.1972 (BGBl I 13), zuletzt geändert am 26.4.1985 (BGBl I 710), Rechtsgrundlage der →Betriebsverfassung. – Vgl. auch →Betriebsverfassungsgesetz 1952.

betriebsverfassungsrechtliche Normen, normative Bestimmungen im →Tarifvertrag, durch die Angelegenheiten der →Betriebsverfassung geregelt werden (§ 1 TVG). Fraglich ist, ob durch das →Betriebsverfassungsgesetz 1972 die Regelungskompetenz der Tarifvertragsparteien nicht zumindest in Teilen einge-

schränkt worden ist. Besonders umstritten ist, ob die Beteiligungsrechte des →Betriebsrats tarifvertraglich erweitert werden können. – Rechtsnormen des Tarifvertrags über betriebsverfassungsrechtliche Fragen *gelten* für alle Betriebe, deren Arbeitgeber tarifgebunden (→Tarifgebundenheit) ist (§ 3 II TVG).

Betriebsvergleich. I. B e g r i f f / A u f g a b e : Unter B. versteht man das systematische, nach bestimmten Methoden durchgeführte Vergleichen betrieblicher Größen zur Beurteilung wirtschaftlicher Tatbestände. Der B. ist ein Hilfsmittel zur Planung, Kontrolle und Steuerung des Betriebsgeschehens. Gegenstand des B. können sowohl unterschiedliche lokale Bereiche als auch einzelne betriebliche Funktionen, in Sonderfällen bestimmte Investitionen oder Branchen sein.

II. A r t e n : 1. *Einbetrieblicher Vergleich (Selbstvergleich):* Das Vergleichsmaterial stammt aus einem Vergleichsbereich (Betrieb, Werk, Unternehmen, der Betriebsteil). Er kann durchgeführt werden als: a) *Zeitvergleich:* Vergleich von Zahlen gleichen Charakters verschiedener Perioden oder Stichtage aus ein und demselben Betrieb. – b) *Soll-Ist-Vergleich:* Verfeinerung des Zeitvergleichs; das zu vergleichende Zahlenmaterial besteht nicht nur aus Effektivgrößen verschiedener Perioden, sondern es werden geplante und geschätzte Ziffern, d.h. Sollziffern einerseits, und die effektiven Ziffern, d.h. die Istziffern andererseits, die sich beide auf das gleiche Objekt und den gleichen Zeitpunkt bzw. Zeitraum beziehen, verglichen.

2. *Zwischenbetrieblicher Vergleich:* Betriebliche Größen aus verschiedenen Bereichen (Betriebsabteilungen, Werke, Unternehmen) werden verglichen. Diese haben i.a. dieselben funktionalen Aufgaben, unter bestimmten Voraussetzungen können jedoch auch Unternehmen verschiedener Branchen verglichen werden. Die zwischenbetrieblichen Vergleiche umfassen alle Zahlengrößen oder verbalen Äußerungen aus unterschiedlichen Bereichen der gleichen Ebene; Größen eines bestehenden oder um solche eines gedachten, konstruierten „Betriebes". Das Zahlenmaterial braucht sich nicht nur auf eine Rechnungsperiode oder einen Zeitpunkt zu beziehen, sondern es kann sich auch auf Zahlen einer Zeitfolge oder mehrerer zeitlich untereinander liegender Zeitpunkte erstrecken.

3. *Zwischenbetriebliche Vergleiche nach der Art des Ausgangsmaterials:* a) *Vergleiche aufgrund von Größen der laufenden Rechnung:* (1) *Vergleich konkreter Betriebe* (Zahlenmaterial aus zwei oder mehreren Betrieben, Werken, Arbeitsplätzen, Unternehmen usw.) gleicher Leistungserstellung oder unterschiedlicher Leistungserstellung, z.B. Unternehmen verwandter Branchen. Inhalte: (a) Vergleiche

finanzwirtschaftlicher Art z. B. Bilanzvergleiche, Liquiditätsvergleiche, Vergleiche der Finanzstruktur im Hinblick auf die finanzielle Stabilität (Vermögensstrukturvergleiche, Kapitalstrukturvergleiche, Vergleiche der Investition und deren Deckung); (b) Vergleiche von *Aufwands- und Ertragsgrößen* wie Kostenarten-, Kostenstellen-, Kostenträgervergleiche, Ertrags-, Umsatz- und Erfolgsvergleiche (Erfolgsspaltungen); (c) Vergleiche *sonstiger wichtiger Größen* wie Produktivitätsvergleiche, Rentabilitätsvergleiche, Umschlagziffernvergleiche, Belegschaftsvergleiche, Wachstumsvergleiche (Vergleiche der Substanz der Kapazität, der Selbstfinanzierung). – (2) *Kennziffernvergleich:* Vergleich von Zahlen eines konkreten Betriebes mit zweigwirtschaftlichen Kennziffern (z. B. Zahlen eines Betriebes A mit dem Durchschnitt aus den Zahlen der Betriebe A–Z, die der geichen Branche angehören) oder Kennziffern einer Branche mit Kennziffern einer anderen Branche. – b) *Vergleiche mit Hilfe von geschätzten bzw. vorkalkulierten Größen* (insbes. Struktur- und Verfahrensvergleiche, „Modellrechnungen"). Bei der Durchführung von Struktur- und Verfahrensvergleichen reichen Größen der Vergangenheit im allgemeinen nicht aus. Es müssen zusätzlich geschätzt bzw. vorkalkulierte Größen eingesetzt werden. Bei einem solchen *fiktiven* Vergleich können Zahlen gedanklich konstruierter „Betriebe" untereinander mit geschätzten oder mit effektiven Zahlen konkreter Betriebe verglichen werden. Die Vergleichsobjekte können unterschiedlich sein. Im Mittelpunkt stehen: Vergleiche finanzwirtschaftlicher Art, Vergleiche zur Festlegung bzw. Änderung technischer und organisatorischer Maßnahmen, zur Festlegung bzw. Änderung des Produktionsprogramms, zur Feststellung der optimalen Betriebsgröße, zur Beurteilung des Standortes, Steuerbelastungsvergleiche, Investitionsvergleiche. Vergleichsrechnungen dieser Art, die nicht laufend, sondern nur ad hoc zur Fundierung wichtiger beriebspolitischer Entscheidungen durchgeführt werden, sind in vielen Fällen wichtiger als laufende Vergleichsrechnungen, die eine Vielzahl von Relationen bringen, ohne immer einen großen Aussagewert zu haben.

4. *Zwischenbetriebliche Vergleiche nach Qualität und Kontrollmöglichkeit des Vergleichsmaterials:* a) *Interne Betriebsvergleiche* liegen vor, wenn die untersuchende Stelle Einfluß hat auf die Art der Erfassung und Zusammenstellung des Zahlenmaterials, und wenn gleichzeitig auch eine Kontrolle des Zahlenmaterials ohne Einschränkung möglich ist. Typisch sind hier detaillierte Kostenstellen- und Kostenträgervergleiche. – b) Der *externe Betriebsvergleich* arbeitet entweder nur mit veröffentlichtem, also jedermann zugänglichem Material (Bilanz, G.- u. V.-Rechnung, Anhang, Lage-

bericht, Wochenbericht, Quartalsausweise, sonstige Berichte in der Presse, Jubiläumsschriften) oder mit Material, das die untersuchende Stelle durch Fragebogen (Enqueten) und Rückfragen erhält, wobei die Zahlen i.d.R. freiwillig gegeben werden, in jedem Falle aber der Vergleichsstelle die Kontrollmöglichkeit fehlt.

III. M a t e r i e l l e / f o r m e l l e V o r a u s s e t z u n g e n : Kosten und Erträge, Kapitalstruktur und Vermögensaufbau eines Betriebes werden durch eine Vielzahl von Faktoren beeinflußt, die zum Teil ihre Wirkung im Zeitablauf ändern oder aber von Betrieb zu Betrieb mit unterschiedlichem Gewicht auftreten. Die Vergleichbarkeit wird durch diese Faktoren gestört. Ob sie bei betriebsvergleichenden Arbeiten als Störungsfaktoren zu eliminieren sind oder nicht, hängt vom jeweiligen Vergleichszweck ab. Würde überhaupt keine Eliminierung dieser Faktoren vorgenommen, wäre ein aussagefähiges Ergebnis bei den meisten Vergleichen nicht möglich; würde man alle Unterschiede ausschalten, wäre ein Vergleich nicht sinnvoll.

1. *Materielle Voraussetzungen:* Was im Einzelfall als Störungsfaktor anzusehen ist, hängt vom jeweiligen Zweck des Vergleichs ab. Die Vergleichbarkeit bei zwischenbetrieblichen Vergleichen kann insbesondere behindert werden durch folgende Faktoren: unterschiedlicher Beschäftigungsgrad, unterschiedliche Menge einheitlicher Leistungen (Spezialisierung), unterschiedliche Preise der Verbrauchsund Absatzgüter, unterschiedliche Produktionstechnik, unterschiedliche Belegschaftsstruktur, unterschiedliches Produktionsprogramm, unterschiedliche Produktionstiefe und Betriebsgröße, unterschiedlicher Standort und unterschiedliche Unternehmungsform und Finanzstruktur.

2. *Formelle Voraussetzungen:* Um eine sinnvolle Vergleichstätigkeit zu ermöglichen, müssen das *Prinzip gleichartiger Erfassung* des Ausgangsmaterials (einheitliche Benennung und Abgrenzung der wichtigsten Begriffe, Normalisierung der formellen Gestaltung des Werteflusses) und das *Prinzip gleichartiger Bewertung* soweit möglich befolgt sein. Besondere Schwierigkeiten ergeben sich bei Vergleichen von Betrieben aus verschiedenen Staaten wegen der fehlenden Einheitlichkeit der begrifflichen und inhaltlichen Abgrenzung von Vergleichsgrößen und der unterschiedlichen Bewertungsvorschriften. Störungen durch unrealistische Wechselkurse können durch den Vergleich von Verhältniszahlen ausgeräumt werden.

IV. A u s s a g e w e r t / B e d e u t u n g : 1. Das Ergebnis des B. besteht in der *Vergleichsaussage,* und zwar in einer für den jeweiligen Vergleichszweck relevanten Aussage über die Vergleichsobjekte. Man darf die Vergleichsaussage weder leichtfertig verallgemeinern und Ergebnisse herauslesen wollen, die der Vergleich nicht bietet, noch darf man wegen des begrenzten Erkenntniswertes ihren Wert überhaupt leugnen.

2. Bei der Auswertung müssen die *speziellen Bedingungen des eigenen Betriebes* im Vergleich zu den anderen an der Erhebung beteiligten Betriebe berücksichtigt werden. Häufig reicht es nicht ausreichen, eine Vergleichsziffer isoliert zu betrachten, es wird vielmehr erst durch gleichzeitigen Vergleich mehrerer Größen möglich sein, bei der Auswertung zu einem Urteil zu gelangen. Die Auswertung von Vergleichsergebnissen kann für verschiedene Stellen und Institutionen vorgenommen werden, für die B. eine Bedeutung haben.

3. *Zu unterscheiden* ist die Auswertungsmöglichkeit: a) *Für einen Betrieb,* der zu den Vergleichsbetrieben gehört, und zwar sowohl für die laufende Betriebsführung als für einmalige größere betriebspolitische Entscheidungen (einbetriebliche Bedeutung der Ergebnisse); b) *für Dritte,* die mit den Betrieben in engerer Verbindung stehen: Eigen-, Fremdkapitalgeber, Lieferanten, Wirtschaftsverbände usw. (zwischenbetriebliche Bedeutung der Ergebnisse); c) *für Entscheidungen der staatl. Wirtschafts-, Sozial-, Kapitalmarkt- und Finanzpolitik* (überbetriebliche – gesamtwirtschaftliche – Bedeutung der Ergebnisse).

V. E i n f l u ß a u f d i e K o s t e n r e c h n u n g : Das Streben nach Vergleichbarkeit mit anderen Betrieben hat auch Einfluß auf die traditionelle →Vollkostenrechnung genommen. Der Ansatz von →kalkulatorischem Unternehmerlohn und kalkulatorischen Mieten wird u. a. damit begründet, die Kostenstruktur eines entsprechenden Eigentümer-Unternehmens mit der von Kapitalgesellschaften vergleichbar zu machen.

VI. D u r c h f ü h r u n g z w i s c h e n b e t r i e b l i c h e r V e r g l e i c h e : Jeder Betriebsvergleich bedarf einer sorgfältigen Vorbereitung. Vor der Aufstellung des Vergleichsplanes, der alle wichtigen Angaben zur Durchführung der Arbeiten enthalten sollte, sind die Zwecke der Vergleichsarbeit festzulegen. Aus dem Vergleichszweck ergibt sich die sachliche Umgrenzung des Vergleichsgebietes. Im Vergleichsplan ist festzulegen, welche Unterlagen vorhanden sein müssen, um die gewünschten Ergebnisse zu erhalten.

Betriebsvergleich im Handwerk, auf Besonderheiten des Handwerks abgestellter, methodisch in den Nachkriegsjahren durch das Institut für Handwerkswirtschaft (Forschungsinstitut im →Deutschen Handwerksinstitut) in Zusammenarbeit mit den deutschsprachigen Mitgliedern der →Rencontres de St. Gall entwickelter überbetrieblicher

→Betriebsvergleich. Die B. werden in vielen Handwerkszweigen regelmäßig oder in größeren Zeitabständen durchgeführt. Schwerpunkte: Kostenstruktur, Vermögens- und Kapitalstruktur, Kosten-Leistungs- und Finanzierungskennzahlen. Durchführung der B., überwiegend mit öffentlicher Förderung, durch Institute des Deutschen Handwerksinstituts, Landesgewerbeförderungsstellen und Fachverbände.

Betriebsverlagerung, →Betriebsänderung, →Gewerbebestandspflege, →Standortwahl.

Betriebsverlegung, →Betriebsänderung.

Betriebsverlust, →Betriebsergebnis.

Betriebsvermögen. I. S t e u e r b i l a n z r e c h t : 1. Der *Begriff* B. ist gesetzlich nicht definiert. Unter B. wird die Summe aller dem Unternehmer zuzurechnenden →Wirtschaftsgüter verstanden, die in einem tatsächlichen oder wirtschaftlichen Förderungszusammenhang zum Betrieb gestellt sind. Die B.-Eigenschaft ist für jedes einzelne Wirtschaftsgut gesondert zu prüfen; dabei kann es nur einheitlich zum B. oder Privatvermögen gerechnet werden; Ausnahme →Betriebsgrundstück (zur möglichen Aufteilung vgl. dort). – 2. B. *dient* bei den →Einkünften aus Lohn- und Forstwirtschaft, Gewerbebetrieb und selbständiger Arbeit als Grundlage für die Gewinnermittlung durch →Betriebsvermögensvergleich. – 3. Zu *unterscheiden:* a) *Notwendiges Betriebsvermögen:* Wirtschaftsgüter, die ihrer Art und Beschaffenheit nach objektiv erkennbar zum unmittelbaren Einsatz im Betrieb bestimmt sind, z. B. Fabrikgebäude, Maschinen, Lastkraftwagen. – b) →*Gewillkürtes Betriebsvermögen:* Wirtschaftsgüter, die weder notwendiges B. noch →notwendiges Privatvermögen sind, z. B. Grundstücke, Wertpapiere, Beteiligungen, wenn sie objektiv geeignet sind und bestimmt sind, den Betrieb zu fördern. Aufnahme in das B. nach subjektivem Ermessen des Steuerpflichtigen durch →Einlage. Die Unterscheidung entfällt bei Kapitalgesellschaften, die begrifflich kein Privatvermögen haben können, und bei Steuerpflichtigen, die den Gewinn nach § 4 III EStG, durch →Einnahmen- und Ausgabenrechnung, ermitteln; bei ihnen entscheiden die tatsächlichen Beziehungen des Wirtschaftsgutes zum Betrieb über Zugehörigkeit zum B. oder zum Privatvermögen. – 4. Besonderheit bei *Personengesellschaften:* a) Wirtschaftsgüter im Gesellschaftseigentum bzw. im Gesamthandseigentum sind stets notwendiges B.; Ausnahmen: Wirtschaftsgüter, die ihrer Art nach nicht zur unmittelbaren betrieblichen Nutzung bestimmt sind und deren Erwerb nicht betrieblich veranlaßt war, sowie Wirtschaftsgüter, die ausschließlich oder fast ausschließlich der privaten Lebensführung eines, mehrerer oder aller Gesellschafter dienen. Gewillkürtes B. im Bereich des Gesellschaftsvermögens ist nicht möglich. – b) Wirtschaftsgüter im Eigentum der Gesellschafter sind notwendiges Sonderbetriebsvermögen, wenn sie bestimmt sind, dem Betrieb der Personengesellschaft (→Sonderbetriebsvermögen I) oder der Beteiligung an der Personengesellschaft (→Sonderbetriebsvermögen II) zu dienen. Bildung gewillkürten Sonderbetriebsvermögens ist möglich.

II. Bewertungsgesetz: 1. *Begriff:* Das B. stellt eine der →Vermögensarten dar, die zum Gesamtvermögen i. S. des VStG gehören (§§ 18 Nr. 3, 114 I BewG, § 4 I VStG). – 2. *Umfang:* a) *Zum B. gehören* alle →Wirtschaftsgüter, die einem gewerblichen Betrieb als Hauptzweck dienen und dem Betriebsinhaber wirtschaftlich (u. U. unabhängig von der zivilrechtlichen Beurteilung, § 39 II AO) zuzuordnen sind. Bei Kapitalgesellschaften und Personengesellschaften sind die Wirtschaftsgüter auch ohne gewerbliche Nutzung deren B. zuzurechnen (§§ 95, 97 BewG). – b) *Nicht zum B. gehören* solche Wirtschaftsgüter, die (1) von der →Vermögensteuer befreit sind, (2) auch nicht zum →sonstigen Vermögen gehören (z. B. eigene Erfindungen), (3) einen Anspruch nach § 111 Nr. 5 BewG begründen und (4) der Geschäfts- oder Firmenwert, soweit er nicht entgeltlich erworben wurde (§ 101 BewG). – Vgl. auch →gewillkürtes Betiebsvermögen. – 3. *Erfassung* des einem gewerblichen Betrieb zuzurechnenden B. in einer →Vermögensaufstellung. – 4. *Bewertung:* a) Für einen gewerblichen Betrieb wird ein →Einheitswert ermittelt, der dessen B. beinhaltet. Abweichend von der im BewG allgemein vorgeschriebenen Gesamtbewertung für →wirtschaftliche Einheiten, gilt für das B. die *Einzelbewertung* der darin enthaltenen Wirtschaftsgüter; auch die →Betriebsschulden, die bereits bei der Ermittlung des Einheitswerts des gewerblichen Betriebs zum Abzug kommen, sind einzeln zu bewerten (§ 98 a BewG). – b) Für die Einzelbewertung kommt i. d. R. der →*Teilwert* zum Zuge (§ 109 I BewG). – *Ausnahmen:* (1) Einheitswert für →Betriebsgrundstücke (→Mineralgewinnungsrechte, Anteile an →Personengesellschaften (§ 109 II BewG); (2) →gemeiner Wert für Wertpapiere und Anteile an →Kapitalgesellschaften (§ 109 III BewG); (3) ertragsteuerlicher Gewinnermittlungswert für Kapitalforderungen, Geschäfts- oder Firmenwert, bestimmte →Rückstellungen (§ 109 IV BewG); (4) Nennwert oder auf-/abgezinster Wert für Kapitalschulden (§ 12 BewG). – 5. Bei der Ermittlung des →*Gesamtvermögens* für die →Vermögensteuer ist der Einheitswert für das B. nur mit dem DM 125 000 übersteigenden Anteil anzusetzen. Der übersteigende Anteil ist zusätzlich nur mit 75% zu berücksichtigen (§ 117 a I BewG).

III. Betriebswirtschaftslehre: Vgl. →Anlagevermögen, →Umlaufvermögen.

Betriebsvermögensvergleich, steuerrechtlicher Begriff für eine Art der Gewinnermittlung (→Einkünfteermittlung). Gewinn ist der Unterschiedsbetrag zwischen dem →Betriebsvermögen am Schluß des Wirtschaftsjahres und dem Betriebsvermögen am Schluß des vorangegangen Wirtschaftsjahres, vermehrt um den Wert der →Entnahmen und vermindert um den Wert der →Einlagen.

Betriebsversammlung, nicht öffentliche Versammlung der Belegschaft eines Betriebes unter Leitung des Vorsitzenden des Betriebsrats (§§ 42 ff. BetrVG). – 1. *Befugnis:* B. kann dem Betriebsrat Anträge unterbreiten und zu seinen Entschlüssen Stellung nehmen. Behandlung nur solcher Angelegenheiten zulässig, die die Belange des Betriebs oder seiner Arbeitnehmer berühren. Die B. dient auch zur Unterrichtung der Belegschaft. – 2. *Einberufung:* a) *Ordentliche Einberufung* der B. einmal im Vierteljahr vorgeschrieben, auf der Betriebsrat Tätigkeitsbericht zu erstatten hat. Arbeitgeber ist einzuladen und auf B. zu sprechen berechtigt. b) *Außerordentliche Einberufung* von B. im pflichtgemäßen Ermessen des Betriebsrats, der aber auf Wunsch des Arbeitgebers oder von mindestens einem Viertel der wahlberechtigten Arbeitnehmer einzuberufen und beantragte Beratungsgegenstände auf Tagesordnung setzen muß. – Ordentliche und außerordentliche B. auf Wunsch des Arbeitgebers finden i. d. R. *während der Arbeitszeit* statt, sonstige B. außerhalb der Arbeitszeit. Abweichungen im Einvernehmen mit dem Arbeitgeber zulässig. Kein Lohnausfall durch Teilnahme an B. – 3. *Teilnahmeberechtigung* für Beauftragte der im Betrieb vertretenen →Gewerkschaften; der Arbeitgeber kann Beauftragte des Arbeitgeberverbandes (→Berufsverbände) hinzuziehen. – Vgl. auch →Abteilungsversammlung.

Betriebsvorrichtungen. 1. *Begriff des Steuerrechts:* Alle Vorrichtungen einer Betriebsanlage, die in so enger Beziehung zu einem Gewerbebetrieb stehen, daß dieser unmittelbar mit ihnen betrieben wird (z. B. Fabrikschornsteine, Arbeitsbühnen zur Bedienung von Maschinen, Ziegelbrennöfen, Öltanks einer Raffinerie, Lastenaufzüge). – 2. *Zuordnung und Bewertung* nach BewG: a) B. werden, auch wenn sie →wesentliche Bestandteile des Grundstücks sind, nicht in das →Grundvermögen einbezogen (§ 68 II BewG), sondern gehören i. d. R. zu den Wirtschaftsgütern des →Betriebsvermögens. Das hat zur Folge, daß B. nicht zur Bemessungsgrundlage der →Grundsteuer gehört, wohl aber bei der Gewerbekapitalsteuer berücksichtigt werden (Ausnahme: B. im →land- und forstwirtschaftlichen Vermögen). – b) Die Bewertung erfolgt für das Betriebsvermögen mit dem →Teilwert (§ 109 I BewG).

Betriebswagnis, →Wagnisse.

Betriebswahlvorstand, Gremium zur Vorbereitung und Durchführung der Betriebswahl (→Betriebsrat); bestehend aus mindestens drei Mitgliedern. Der B. ist vom Betriebsrat spätestens acht Wochen vor Ablauf seiner Amtszeit zu bestellen; hilfsweise wird der B. vom →Arbeitsgericht (§§ 16 II, 18, 23 II BetrVG), in besonderen Fällen auch von einer →Betriebsversammlung (§ 17 BetrVG) bestellt. Vgl. im einzelnen die drei Wahlordnungen zum MitbestG. vom 23. 6. 1977 (BGBl I 861, 893, 934). – *Aufgaben:* Rechtzeitige Einleitung und Durchführung der Wahl sowie die Feststellung des Wahlergebnisses bei der Wahl der Aufsichtsratsmitglieder der Arbeitnehmer nach dem MitbestG.

Betriebswert, *Betriebspreis,* selten verwendeter Begriff für den einem Gut der innerbetrieblichen Kostenverrechnung (→innerbetriebliche Leistungsverrechnung) beigemessenen Wert z. B. bei der Verrechnung von Halbfabrikaten zwischen Abteilungen. – Vgl. auch →optimale Geltungszahl.

betriebswirtschaftliches Rechnungswesen, →Rechnungswesen II.

betriebswirtschaftliche Statistik. I. Begriff: Analyse und Interpretation von in- oder extern anfallendem Zahlenmaterial des Betriebs/der Unternehmung mittels statistischer Methoden und Verfahren zum Zwecke der Planung und Kontrolle unternehmerischer Dispositionen.

II. Teilbereiche: 1. *Statistik der Arbeitskräfte:* Erfassung und Zählung der beschäftigten Arbeitnehmer: a) nach Art der Tätigkeit, etwa tätige Inhaber, leitende Angestellte, gelernte, angelernte und ungelernte Arbeiter, Anlernlinge, Auszubildende und Praktikanten: ggf. unter besonderer Kennzeichnung der Spezialarbeiter; b) nach Alters- und Lohngruppen; c) nach Verteilung der Beschäftigten auf die betrieblichen Funktionsbereiche: (1) die in der Fertigung Beschäftigten: auf Werkstätten, Abteilungen, Arbeitsgruppen, einzelne →Kostenstellen; (2) die kaufmännischen Angestellten auf die Kostenstellen Verwaltung, Vertrieb, Einkauf u. ä.; d) nach Arbeitsausfällen durch Saisoneinflüsse, Betriebsunfälle, Berufskrankheiten unter Berücksichtigung der Altersgliederung und der Ergebnisse von Reihenuntersuchungen bzw. sonstiger Unterlagen über die Gesundheitsverhältnisse der Belegschaft. – 2. *Leistungsstatistik:* a) Errechnung des →*Beschäftigungsgrads* auf Grund der Arbeitsstundenkapazität (Produkt aus betriebsüblicher, durchgehend gleichbleibender Arbeitszeit und der nach Anlagen und Einrichtungen „normalen" Beschäftigtenzahl) sowie der effektiv geleisteten Stundenzahl, die zufolge periodischer Feiertage an Werktagen, Betriebsunterbrechungen, Krankheiten, Unfällen und anderen Ursachen stets gegenüber der kapazitiven Stundenzahl zurück-

bleibt; b) Ermittlung der *Arbeitsintensität* durch Vergleich der Arbeitsstundenkapazität (Arbeitsplätze gewichtet mit der wöchentlichen Schichtzeit) mit der Arbeitsstundenleistung (Zahlen aus der →Lohnbuchhaltung); c) Ermittlung der Pro-Kopf-Leistung, wobei die menschliche Arbeitsleistung mit der Arbeitsstundenleistung gleichgesetzt werden muß. Sie ist zu beziehen: (1) auf die Zahl der Beschäftigten und auf die Höhe der Lohnsumme, um die relative Leistung einer Abteilung oder des Gesamtbetriebs im Zeitvergleich oder im innerbetrieblichen Vergleich zu messen, oder (2) auf den Mengenausstoß, sog. Ausbringung, zu Standardkosten; d) Berechnung des →*Kapazitätsausnutzungsgrades:* (1) Die Leistung der Betriebsmittel kann dabei auf Grund der Erfahrung auf die „normalen" Leistungsstunden festgelegt werden, so daß sich ein Verhältnis zwischen technisch möglichen und effektiven Leistungsstunden als prozentualer Ausnutzungsgrad ergibt. Innerbetrieblicher Vergleich von Abteilung zu Abteilung im Zeitablauf oder durch →Betriebsvergleich. (2) Berechnung nach der kapazitiven Ausbringung, d. h. nach den Umsätzen in Mengen oder zu Verrechnungspreisen, so z. B. zur Leistungskontrolle beim Filialvergleich. – 3. *Lagerstatistik:* a) Einkaufsstatistik für Ermittlung der →Mindesteindeckung: Statistik über Lieferfristen, Umschlagsgeschwindigkeit, Bestellungen, Lieferterminverzögerungen, Fehlmengen; b) Statistik der Absatzwirtschaft: →Marktanalyse, Statistik des Auftragseingangs zur Bestimmung der →optimalen Losgröße, Kundenstatistik (Zahlungsfristen, regionale Verteilung der Abnehmer für die Werbung); c) Statistik der Vorrats- und Anlagenwirtschaft mittels (1) →Fortschreibung der Zu- und Abgänge von Anlagengegenständen; (2) Kontrolle der zeitlichen Verteilung von Reparaturen und der örtlichen Verteilung von Ausschuß durch Materialfehler; (3) Bestandsstatistik für Lehren und Werkzeuge; (4) Bezugsziffern für die durchschnittliche Lagerdauer bzw. Umschlagsgeschwindigkeit. – 4. *Statistik der Kostenstruktur und Kostenentwicklung* (u. a. für den Betriebsvergleich): a) Statistik der Kostenarten zur Kostenrechnung; b) Bezugsziffern zwischen Einzel- und Gemeinkosten sowie zwischen Einzelkosten untereinander bei unterschiedlichem Beschäftigungsgrad; c) diverse weitere Statistiken, wie z. B. Statistik des Anteils bestimmter Kostenarten an den Gesamtkosten einzelner Erzeugnisse, Zusammensetzung der Personalkosten, Ausschuß und Nacharbeit beim Anlauf von Losfertigungen zur Ermittlung kalkulatorischer Anlaufkosten. – 5. *Bilanzstatistik* im zwischenzeitlichen und zwischenbetrieblichen Vergleich, soweit nicht durch abweichende Bewertung unmöglich. – 6. *Statistik der Preise:* →Preisstatistik. – 7. *Statistische Qualitätskontrolle:* a) Anwendung von →Stichprobenverfahren auf die Gut-Schlechtprüfung oder auf die messende Prüfung zur Erfassung von Materialmängeln oder Fertigungsfehlern während des Produktionsprozesses, häufig mittels Kontrollkarten; b) Prüfung der Produktionsvorgänge auf Ausschußanteil und Qualitätsmerkmale mit Hilfe statistischer Entscheidungsverfahren nach sog. →Prüfplan und mit Hilfe →statistischer Testverfahren. Bereiche betrieblicher Statistik in anderer Gliederung vgl. Abbildung Sp. 789/790..

Betriebswirtschaftliche   Steuerlehre, *Steuerbetriebslehre,* das mit den Besteuerungsfragen beschäftigte Teilgebiet der →Betriebswirtschaftslehre.

I. Begründung: Die Tatsache der Besteuerung hat erhebliche Einflüsse auf die Liquidität, das Vermögen und die Organisation der Betriebe; betroffen sind ferner regelmäßig die Träger (Inhaber) und die Mitarbeiter der Unternehmungen. Die Steuerkomponente muß deshalb bei nahezu allen betriebswirtschaftlichen Struktur- und Prozeßentscheidungen berücksichtigt werden, weil andernfalls die Gefahr besteht, die wirtschaftliche Situation nicht optimal zu gestalten, und schwerwiegende – bis zur Existenzbedrohung reichende – Nachteile eintreten können. Die Eigenschaften des Steuerrechts (u. a. hohe Steuersätze, viele und interdependente Steuerarten, unbestimmte und unbeständige Regelungen, zahlreiche Optionsmöglichkeiten, Abhängigkeiten von Standort, Rechtsform und Inhabereigenschaften) machen es aber regelmäßig unmöglich, die steuerlichen Konsequenzen eines Vorhabens unmittelbar, einfach und rasch zu erkennen. Aus diesen Gegebenheiten hat sich die Notwendigkeit einer wissenschaftlichen Bearbeitung dieses Problemfeldes ergeben.

II. Wesen: Als B.St. wird der Teil der (allgemeinen und speziellen) Betriebswirtschaftslehre bezeichnet, der sich mit der mikroökonomischen Seite der Besteuerung beschäftigt. Wegen der großen Stoffülle und der besonderen Nähe zur Steuerjurisprudenz hat sich das Fach, obwohl es sich nicht als eigenständige Wissenschaft versteht, dennoch aus lehr- und forschungsökonomischen Gründen nach dem Ende des Ersten Weltkriegs als eine besondere Lehr- und Prüfungsdisziplin entwickelt. Als Begründer ist F. Findeisen anzusehen. F. Schmidt (Universität Frankfurt a. M.) und H. Großmann (Handelshochschule Leipzig) haben die B.St. erstmals in den akademischen Unterricht eingeführt. Die Disziplin wird heute an fast allen deutschsprachigen Universitäten durch eigene Lehrstühle gepflegt und ist auch an vielen Fachhochschulen etabliert. Vor allem Studierende, die eine steuerberatende Berufstätigkeit ausüben wollen, wählen die B.St. als Prüfungsfach.

III. Gebiete. Innerhalb der B.St. werden drei wissenschaftliche Teil-Arbeitsgebiete unterschieden: 1. Die analysierenden und beschreibenden Aufgaben werden von der *betriebswirtschaftlichen Steuerwirkungslehre* wahrgenommen. Es geht hier darum, die elementaren Steuerwirkungen (auf Liquidität, Vermögen und Organisation) den betriebswirtschaftlichen Plänen und Entscheidungen (Dispositionen) zuzuordnen, d. h., die dispositionbezogenen Steuerwirkungen zu analysieren und zu beschreiben. Dazu gehört die Entwicklung von Quantifizierungsverfahren, die den unmittelbaren Einbau der Steuerwirkungen in betriebswirtschaftliche Kalküle ermöglichen (→Teilsteuerrechnung); Untersuchungsgegenstände sind ferner die zuordnende Systematisierung der Steuerrechtsfolgen entsprechend der konstitutiven, prozessualen und terminlichen Einordnung des Sachverhalts einschließlich der Sachverhaltswertung; schließlich fällt einer betriebswirtschaftlichen Steuerwirkungslehre auch die Aufgabe zu, Programme für eine spezielle steuerliche Ungewißheitsanalyse zu entwickeln. – 2. Die *betriebswirtschaftliche Steuergestaltungslehre* (betriebswirtschaftliche Steuerplanungslehre) widmet sich der Aufgabe, die Entscheidungsträger des Betriebs bei der zieladäquaten Auswertung bzw. Gestaltung realisierter oder geplanter Sachverhalte zu beraten. Ihre Instrumente sind Steuerrechtsanalysen, Steuerwirkungsvergleiche und Steuerplanungsrechnungen. Sachlich geht es z. B. um Entscheidungshilfen bei der Aufstellung der Steuerbilanz, der Ausnutzung steuerlicher Optionsrechte, der Planung von Finanzierungsmaßnahmen, der Auswahl unter verschiedenen absatzpolitischen Instrumenten, der Organisation von Verbundunternehmungen, der Maßnahmen im Bereich des betrieblichen Sozialwesens. Die Entwicklung von Verhaltens- und Entscheidungsregeln zur Optimierung der betrieblichen Steuerbelastung als Teil des jeweiligen Gesamt-Optimierungsziels wird auch als →Betriebswirtschaftliche Steuerpolitik (→Steuerpolitik II) bezeichnet. – 3. Nach herrschender Auffassung hat die B.St. auch zum Zustand sowie zu geplanten oder durchgeführten Zustandsänderungen des betriebsbezogenen Steuerrechts kritisch Stellung zu nehmen. Dieser Aufgabe widmet sich die sogenannte *wertend-normative betriebswirtschaftliche Steuerlehre.* Sie gibt beispielsweise Anregungen zur zweckentsprechenden Gestaltung von Steuernormen, die ein bestimmtes wirtschaftliches Verhalten (z. B. eine Investition) erleichtern (z. B. Reinvestitionsvergünstigungen durch Gewinnübertragungen oder besondere Abschreibungserleichterungen) oder erschweren (z. B. Investitionssteuern) sollen.

Literatur: Federmann, R., Betriebswirtschaftliche Steuerlehre als angewandte Wissenschaftsdisziplin, Berlin 1974; Fischer, L./Warneke, P., Grundlagen der Internationalen Betriebs-

Übersicht: Betriebswirtschaftliche Statistik

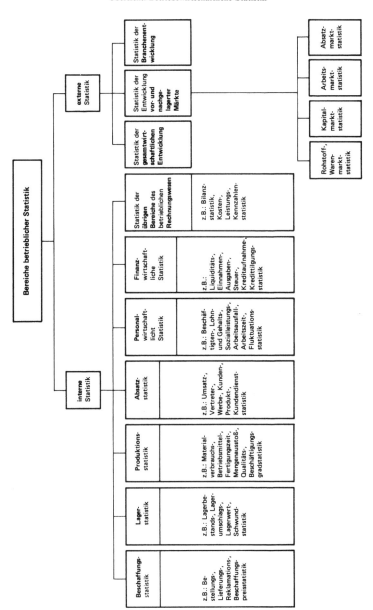

wirtschaftlichen Steuerlehre, 2. Aufl., Berlin 1978; Haberstock, L., Einführung in die Steuerlehre, 5. Aufl., Hamburg 1984; Rose, G., Betriebswirtschaftliche Steuerlehre, Eine Einführung für Fortgeschrittene, Wiesbaden 1986; Rose, G., Betrieb und Steuer, Grundlagen zur Betriebswirtschaftlichen Steuerlehre, Erstes Buch: Die Ertragsteuern, 9. Aufl., Wiesbaden 1986, Zweites Buch: Die Verkehrsteuern, 8. Aufl., Wiesbaden 1987, Drittes Buch: Die Substanzsteuern, 6. Aufl., Wiesbaden 1986, Viertes Buch: Grundzüge des Besteuerungsverfahrens, Wiesbaden 1981, Fünftes Buch: Grundzüge des Außensteuerrechts, Wiesbaden 1982; Schneider, D., Grundzüge der Unternehmensbesteuerung, 4. Aufl., Wiesbaden 1985; Schult, E., Die Steuern des Betriebs, Betriebswirtschaftliche Steuerlehre in drei Bänden, Freiburg i. Br. 1977/1984; Siegel, T., Steuerwirkungen und Steuerpolitik in der Unternehmung, Würzburg/Wien 1982; Wacker, W.H., Steuerplanung im nationalen und transnationalen Unternehmen, Berlin 1979; Wacker, W.H., (Hrsg.) Lexikon der deutschen und internationalen Besteuerung, 2. Aufl., München 1982; Wagner, F.W./Dirrigl, H., Die Steuerplanung der Unternehmung, Stuttgart/New York 1980; Wöhe, G., Betriebswirtschaftliche Steuerlehre, Bd. I, 5. Aufl., München 1978, Bd. I/2, 6. Aufl., München 1986, Bd. II/1, 4. Aufl., München 1982, Bd. II/2, 3. Aufl., München 1982.

Prof. Dr. Gerd Rose

Betriebswirtschaftliche **Steuerpolitik,** →Steuerpolitik II.

Betriebswirtschaftslehre (übliche Abk.: BWL).

I. Gegenstand, wissenschaftliches Anliegen und Einordnung in die Wissenschaftssystematik: 1. Die B. ist neben der Volkswirtschaftslehre die zweite Teildisziplin innerhalb der →Wirtschaftswissenschaften. Den Ausgangspunkt der Analyse wirtschaftlicher Tatbestände bildet regelmäßig die Knappheit der zur Bedürfnisbefriedigung verfügbaren Mittel. Während sich die Volkswirtschaftslehre primär mit den globalen wirtschaftlichen Vorgängen und Zusammenhängen in einem Staat (daher auch: Nationalökonomie) oder zwischen mehreren Staaten befaßt, analysiert die B. als Institutionenlehre Aspekte des Wirtschaftens a) in →Betrieben, →Unternehmungen (auch →öffentlichen Unternehmen) bzw. →Wirtschaftsorganisationen, wobei auch die Umweltbeziehungen dieser Institutionen, d. h. zu anderen Betrieben, zu Konsumenten usw. betrachtet werden; b) in Haushalten (bzw. Haushaltungen) als konsumorientierten Einheiten. Während Wirtschaften in Betrieben zum Zweck der Fremdbedarfsdeckung erfolgt, steht bei den wirtschaftlichen Aktivitäten von Haushalten die Eigenbedarfsdeckung im Mittelpunkt.

2. Als Wissenschaft, die sich mit in der Wirklichkeit existierenden Objekten beschäftigt, ist die B. zunächst als →Realwissenschaft zu charakterisieren. Da es sich bei den zu betrachtenden Institutionen um von Menschen geschaffene Sozialgebilde handelt, kann die B. darüber hinaus als spezielle Sozialwissenschaft gelten. Die B. ist schließlich drittens als angewandte Wissenschaft in dem Sinn zu klassifizieren, daß man zur →Erklärung betriebswirtschaftlich relevanter Phänomene auf →Theorien zurückgreift, die ggf. von und in anderen Wissenschaften (etwa von der

Psychologie oder von technischen Disziplinen) entwickelt wurden. Ihre relative Autonomie gewinnt die B. aus den Eigenheiten der (disziplinbegründenden) Institutionen (→Unternehmung, →Markt). Auf die früher häufig vorgenommene Abgrenzung des Fachs von Nachbarwissenschaften mit Hilfe irgendwelcher →Identitätsprinzipien wird heute kaum noch Wert gelegt. – Gelehrt wird die B. gegenwärtig von fast allen Universitäten und vielen Fachhochschulen der Bundesrep. D. Ferner sind zahlreiche →Wirtschaftsakademien (bzw. Wirtschafts- und Verwaltungsakademien) entstanden, um den Fortbildungsbedarf der in Wirtschaft und Verwaltung tätigen Menschen abzudecken.

II. Geschichte: 1. Frühe Ansätze: Die von dem italienischen Franziskanermönch →Pacioli 1494 vorgelegte erste systematische Darstellung der doppelten Buchführung wird im Schrifttum vielfach als erster Ansatz zur Entwicklung des Fachs gewertet. Als weitere frühe Meilensteine sind der „Parfait Négociant" des französischen Kaufmanns →Savary (1675), die verschiedenen handelskundlichen Bücher von Paul Jakob Marperger (um 1700), der von →Ludovici 1756 vorgelegte „Grundriß eines vollständigen Kaufmannsystems" und das „System des Handels" von Johann →Leuchs (1804) zu nennen. Mit dem Beginn der Industrialisierung bildete sich das industrielle Rechnungswesen (Kostenrechnung) heraus; wie in der Renaissance die doppelte Buchführung, wurde es zunächst als Geschäftsgeheimnis gehütet.

2. Gründung von Handelshochschulen: Um die Wende zum 20. Jahrhundert wurden in Deutschland die ersten Handelshochschulen gegründet und damit die Institutionalisierung des Fachs vollzogen: 1898 in Leipzig, St. Gallen, Aachen und Wien; 1901 Köln und Frankfurt am Main; 1906 in Berlin, 1907 in Mannheim. Die zunächst als Handelsbetriebslehre bezeichnete Disziplin befaßte sich anfangs mit Problemen der Buchhaltung, des kaufmännischen Rechnens und des Schriftverkehrs.

3. Herausbildung differenzierter Lehrmeinungen: Noch vor dem Ersten Weltkrieg sind Versuche zur Systembildung zu beobachten. Die ersten Konzeptionen waren ethisch-normativ ausgerichtet (→normative Betriebswirtschaftslehre); ihren Niederschlag fanden sie insbesondere in den Werken von →Hellauer, →Schär (1911), →Nicklisch (1912) und Rudolf Dietrich (1914). →Schmalenbachs Vorgehensweise wird üblicherweise als empirisch-realistisch bezeichnet; er löste auch den ersten →Methodenstreit der B. aus, gab dem Fach seinen heutigen Namen und ist Begründer der →Kölner Schule. Besonders zu erwähnen ist ferner →Rieger mit seinem an dem Gesichtspunkt der →Rentabilität orientierten Konzept

einer →Privatwirtschaftslehre. Nach Wiederaufnahme des Lehrbetriebs nach dem Zweiten Weltkrieg gewann bald der von →*Gutenberg* konzipierte →faktortheoretische Ansatz dominierenden Einfluß im Fach. Stimuliert wurde vor allem die Entwicklung der Produktions-, Kosten- und Investitionstheorie sowie der mathematischen Verfahrensforschung (→Operations Research). Erst Mitte bis Ende der 60er Jahre endete die „Alleinherrschaft" dieses ersten betriebswirtschaftlichen →Paradigmas.

4. *Gegenwärtige Situation:* Als Folge der wachsenden Erkenntnis, daß der faktortheoretische Ansatz auf viele zentrale Fragen der B. keine befriedigenden Antworten zu geben vermag (z. B. Personalwesen, Führung und Organisation, Marketing, Unternehmenspolitik), kam es zur Entwicklung verschiedener alternativer Ansätze, die man als Wissenschaftsprogramme bezeichnen kann. Das Fach befindet sich insofern in einer pluralistischen Phase, deren Ende vorerst nicht abzusehen ist (→Pluralismus). Zu nennen sind insbes. die →Entscheidungsorientierte Betriebswirtschaftslehre, die →Systemorientierte Betriebswirtschaftslehre, die →Arbeitsorientierte Einzelwirtschaftslehre und die →Verhaltenstheoretische Betriebswirtschaftslehre. – Neben diesen (mehr oder weniger) systematisch aufgebauten Konzepten sind für die gegenwärtige Situation gewisse *Strömungen* charakteristisch. Insbesondere ist eine *Renaissance des Normativismus* festzustellen. Ferner hat die *empirische Forschung* in der B. stark an Bedeutung gewonnen. Begleitend zu alledem kam es zumindest zeitweilig zu einer intensiven Diskussion über verschiedene methodologische Probleme (→Methodologie der Betriebswirtschaftslehre), wobei insbesondere der →Kritische Rationalismus und der →Konstruktivismus den Hintergrund bildeten. – Vgl. ergänzend →Geschichte der Betriebswirtschaftslehre.

III. Gliederung betriebswirtschaftlicher Forschungs- und Lehrgegenstände: 1. Die B. ist wegen der unterschiedlichen Problemstruktur in verschiedenen betriebswirtschaftlichen Bereichen gleichsam von Natur aus eine in sich *heterogene Disziplin.* Für die Gliederung der Forschungs- und Lehrgegenstände sind einerseits *funktionale,* andererseits *institutionale Gesichtspunkte* ausschlaggebend. Betriebliche Hauptfunktionen sind dabei insbes. die Bereiche Beschaffung, Produktion, Absatz und Finanzierung (einschl. Investition). Eine Gliederung nach institutionellen Aspekten liegt vor, wenn spezielle Probleme von Industriebetrieben, Banken, Versicherungen, Handelsbetrieben oder öffentlichen Betrieben behandelt werden. – Darüber hinaus gehören zu den betriebswirtschaftlichen Forschungs- und Lehrgegenständen *Fragen von übergeordneter Bedeutung.* Sie

spielen sowohl in funktionalen als auch in institutionellen Bereichen eine Rolle. Dabei ist insbes. an die Unternehmensführung einschließlich Personal, Organisation sowie Planung und Kontrolle (vor allem: Rechnungs- und Prüfungswesen) oder auch die Wirtschaftsinformatik zu denken. Wichtige Spezialprobleme des Fachs sind rechtlicher Natur (Rechtsformen) bzw. im Zuge der „Verrechtlichung der Wirtschaft" entstanden (Arbeitsrecht, Betriebsverfassungsrecht, Mitbestimmungsrecht, Steuerrecht).

2. Die vormals gängige Unterscheidung zwischen einer →*Allgemeinen Betriebswirtschaftslehre* und verschiedenen →*speziellen Betriebswirtschaftslehren* hat im Zuge der permanenten Ausweitung betriebswirtschaftlich relevanter Forschungs- und Lehrgegenstände an Verbindlichkeit verloren. Lehrbuchdarstellungen der Allgemeinen B. sind i. d. R. Sammlungen von Kurzdarstellungen betriebswirtschaftlicher Spezialprobleme. Ein Konsens, wo das Allgemeine endet und das Spezielle beginnt, ist vorerst nicht in Sicht.

IV. Wissenschaftsziele: 1. Wissenschaft läßt sich allgemein durch (mindestens) *zwei globale Zielsetzungen* charakterisieren: a) ein *kognitives Ziel* und die damit vorgenommene Betonung des Strebens nach Erkenntnis (→Erkenntnisinteresse). Innerhalb der →Realwissenschaften stehen dabei Probleme der Theoriebildung und der Erklärung im Mittelpunkt; b) ein *praktisches Ziel,* bei dem es um die Beherrschung bzw. Gestaltung der natürlichen und sozialen Realität geht (Gestaltungsinteresse; →Erkenntnisinteresse). Zwischen beiden Zielen sind enge Zusammenhänge in dem Sin anzunehmen, daß das Ziel der Gestaltung zweckmäßigerweise auf Erkenntnisse aufgebaut wird.

2. Das kognitive Ziel der B. betrifft *disziplinspezifische Erklärungsprobleme* (z. B. Leistungsbereitschaft in der Arbeitswelt, Kaufverhalten von Konsumenten usw.), zu deren Behandlung u.a. allgemeine Motivationstheorien erforderlich sind. Die Verfolgung dieses kognitiven Ziels führt zu *Erklärungsmodellen* (→Modell). – Das praktische Ziel besteht in der Bereitstellung von *Informationen zur Lösung von Gestaltungsproblemen* (z. B. geeignete Maßnahmen zur Reduktion von Absentismus und Fluktuation, zweckmäßiger Einsatz von Marketinginstrumenten usw.), wobei der Konstruktion von *Entscheidungsmodellen* Bedeutung zukommt. – Daneben ist ein *deskriptives Ziel* der B. zu berücksichtigen, das sich etwa im betrieblichen Rechnungswesen als Instrument der selektiven Abbildung betrieblicher Vorgänge niederschlägt und als spezielles *Beschreibungsmodell* gelten kann. Die dort gesammelten und problemspezifisch aufbereiteten Informationen werden insbes. zur Steuerung und Kontrolle

des Betriebsgeschehens benötigt. Innerhalb der verschiedenen Wissenschaftsprogramme der B. wird die Bedeutung der erwähnten Ziele unterschiedlich bewertet (→Methodologie der Betriebswirtschaftslehre).

Literatur: (ausgewählte Lehrbuchdarstellungen) Bea, F. X., Dichtl, E., Schweitzer, M. (Hrsg.), Allgemeine Betriebswirtschaftslehre, 3 Bde., 2./3. Aufl., Stuttgart-New York 1985; Gutenberg, E., Grundlagen der Betriebswirtschaftlehre, 3 Bde; Bd. 1: Die Produktion, 24. Aufl., Berlin-Heidelberg-New York 1983; Bd. 2: Der Absatz, 16. Aufl., Berlin-Heidelberg-New York 1979; Bd. 3: Die Finanzen, 8. Aufl., Berlin-Heidelberg-New York 1980; Heinen, E. (Hrsg.), Industriebetriebslehre, 8. Aufl., Wiesbaden 1985; Schierenbeck, H., Grundzüge der Betriebswirtschaftslehre, 7. Aufl., München-Wien 1983; Schneider, D., Allgemeine Betriebswirtschaftlehre, 2., neubearbeitete und erweiterte Auflage der „Geschichte betriebswirtschaftlicher Theorie", München-Wien 1985; Vahlens Kompendium der Betriebswirtschaftslehre, 2 Bde, München 1984; Wöhe, G., Einführung in die Allgemeine Betriebswirtschaftslehre, 15. Aufl., München 1984.

Prof. Dr. Günther Schanz

Betriebswirtschaftslehre öffentlicher Unternehmen und Verwaltungen, →öffentliche Betriebswirtschaftslehre.

Betriebswissenschaft, frühere Bezeichnung für wissenschaftliche Betriebsführung (→Taylorismus).

Betriebswohnung, →Werkwohnung.

Betriebszusammenschluß, →Betriebsänderung, →Fusion.

Betroffener, im Sinn des Wirtschaftsstrafrechts derjenige, gegen den sich ein →Bußgeldverfahren richtet. Der B. muß vor Festsetzung einer Geldbuße Gelegenheit zur Stellungnahme erhalten, ist aber nicht auskunftspflichtig (§ 44 OWiG).

Betrug, Vermögensschädigung in Bereicherungsabsicht, herbeigeführt durch *Täuschung:* a) durch Vorspiegelung falscher oder Entstellung wahrer Tatsachen (positiv) oder b) durch Verschweigen wahrer Tatsachen (negativ) bei Rechtspflicht zur Offenbarung der Wahrheit (§ 263 StGB). – *Strafe:* Freiheitsstrafe bis zu fünf Jahren, evtl. auch Geldstrafe, in besonders →schwerem Fall Freiheitsstrafe von ein bis zu zehn Jahren. →Versuch ist strafbar. – Vgl. auch →Kreditbetrug, →Scheckbetrug, →Subventionsbetrug, →Versicherungsbetrug, →Computerbetrug, →Kapitalanlagebetrug.

Beugestrafe, →Verwaltungszwang, Zwangsmittel zur Durchsetzung von →Verfügungen. Die Anwendung der B. liegt im freien Ermessen der →Behörde, ist jedoch ohne ausdrückliche gesetzliche Genehmigung nicht zulässig. – Vgl. auch →Erzwingungshaft.

Beurkundung, →öffentliche Beurkundung.

Beurkundungsgesetz, Gesetz vom 28.8.1969 (BGBl I 1513) mit späteren Änderungen, regelt das Beurkundungswesen. Grundsätzlich sollen nur noch die Notare für die →öffentliche Beurkundung zuständig sein. – *Inhalt:* Eingehende Regelung über Beurkundung von Willenserklärungen mit Prüfungs- und Belehrungspflichten des Notars, sonstige Beurkundungen, Zeugnisse, Beglaubigungen, Ordnungsvorschriften über die Behandlung der Urkunden, Erteilung von Ausfertigungen, Übersetzungen und Abschriften.

Beurlaubung, →Urlaub II.

Beurteilung des Arbeitnehmers. 1. *Rechte des Arbeitnehmers:* Der Arbeitnehmer kann verlangen, daß mit ihm die Beurteilung seiner Leistungen (→Mitarbeiterbeurteilung) sowie die Möglichkeiten seiner beruflichen Entwicklung im Betrieb erörtert werden; er kann ein Mitglied des →Betriebsrats hinzuziehen (§ 82 II BetrVG). Der Arbeitgeber hat seine Beurteilung zu begründen (vgl. auch →Personalakte). – **2.** *Allgemeine Grundsätze für die B.d.A.* durch den Arbeitgeber bedürfen der Zustimmung des Betriebsrats (§ 94 II BetrVG); vgl. →Beurteilungsgrundsätze.

Beurteilungs-/Bewertungskonflikt, →Konflikt.

Beurteilungsbogen, standardisiertes Formblatt zur →Mitarbeiterbeurteilung; über Inhalt und Form hat der →Betriebsrat mitzubestimmen. Jährlich ausgefüllter B. wird meist der →Personalakte beigefügt.

Beurteilungsgrundsätze, Begriff des Arbeitsrechts. Allgemeine Grundsätze, nach denen der Arbeitgeber bei der Beurteilung der Arbeitnehmer sowie neu einzustellender Bewerber in fachlicher oder persönlicher Hinsicht verfahren will. B. sind Grundlage für die Beurteilung der Arbeitnehmer im Einzelfall. – *Keine B.:* Führungsrichtlinien. – Die Aufstellung von B. (nicht die Beurteilung im Einzelfall, vgl. →Beurteilung des Arbeitnehmers) unterliegt dem Mitbestimmungsrecht des →Betriebsrats, soweit sie der Arbeitgeber einführt oder verwendet (§ 94 II BetrVG).

Beurteilungskosten, →Qualitätskosten 2.

BEV, Abk. für →Bundesvereinigung Deutscher Einkaufsverbände.

Beveridge, Sir William Henry, 1879–1963, englischer Sozialpolitiker. B. studierte in Oxford, war Mitglied der Toynbee Hall und von 1919 bis 1937 Direktor der London School of Economics, danach Master of University College, Oxford; er begründete zusammen mit Churchill die englischen Arbeitsämter. – *Bedeutung:* B. erstrebte den Ausgleich der Klassengegensätze durch Schaffung sozialer Sicherheit und →Vollbeschäftigung. Besonders bekannt wurde B. durch den sog. →Beveridge-Plan (1942) sowie durch seinen Bericht über die Vollbeschäftigung. – *Hauptwerke:* ,,Causes and Cures of Unemployment" 1931, ,,Social Insurance and Allied

Services" 1942, „The Pillars of Society" 1943, „Full Employment in a Free Society" 1944.

Beveridge-Plan, Plan zur Sozialreform, 1942 auf Anordnung der Regierung dem britischen Parlament vorgelegt; aufgestellt von Sir →Beveridge. – 1. *Inhalt:* Sicherung der Bevölkerung gegen finanzielle Notlagen, die durch Erwerbslosigkeit entstehen. Erhaltung des Existenzminimums bei Arbeitsausfall, Invalidität oder Vergrößerung der Familie. →Vollbeschäftigungspolitik; dazu Beseitigung der Ursachen der Arbeitslosigkeit. – 2. *Verwirklichung* mit einigen Abweichungen durch mehrere Gesetze der britischen Regierung (z. B. Disabled Persons Act 1944, National Insurance Act 1946, National Health Service Act 1946, Children Act 1948). Festlegung von Arbeitslosenunterstützung, Alters- und Invalidenrente, Kindergeld, kostenloser ärztlicher Behandlung und unentgeltlicher Abgabe der Medikamente.

Bevölkerung, die in einer →Volkszählung oder deren →Fortschreibung erfaßten Personen am Ort der alleinigen bzw. →Hauptwohnung. Dazu zählen auch die im Bundesgebiet gemeldeten Ausländer (einschl. Staatenlose). Nicht zur B. gehören die Angehörigen der ausländischen Stationierungsstreitkräfte sowie der ausländischen diplomatischen und konsularischen Vertretungen mit ihren Familienangehörigen. – *Begriffseinführung:* Mit der Einführung neuer Meldegesetze in fast allen Bundesländern wurde die Fortschreibung der B. im April 1983 auf den neuen Begriff der B. am Ort der alleinigen bzw. Hauptwohnung umgestellt. Der neue Begriff stimmt, insbes. wegen der anderen Zuordnung von Verheirateten, nicht dauernd von ihrer Familie getrennt lebenden Personen mit mehreren Wohnungen im Bundesgebiet, nicht mit dem der bisherigen Wohnbevölkerung überein. Seitdem wird generell nur noch die neue Bezeichnung „B." benutzt. – *Besonderheiten bei Volkszählungen:* a) Nicht erfaßt werden zufällig anwesende Personen; b) vorübergehend Abwesende werden mitgezählt (z. B. auswärtswohnende Erwerbstätige, Schüler, Studenten, Grundwehrdienstleistende); c) Personen, die in →Anstalten leben, werden dort gezählt, wenn sie keine weitere Wohnung haben bzw. keinem Haushalt angehören.

Bevölkerungsbewegung. 1. Begriff der →*Bevölkerungsstatistik* für Veränderungen der Bevölkerungszahl und -struktur durch Geburten, Sterbefälle, Eheschließungen und -lösungen (→natürliche Bevölkerungsbewegung) und →Wanderungen (räumliche B.); vgl. →Bevölkerungsbilanz. – 2. Vgl. auch →Pendelwanderung.

Bevölkerungsbilanz, Verfahren zur Fortschreibung der Bevölkerung von Vierteljahr zu Vierteljahr bzw. von Jahr zu Jahr aus dem Überschuß der Geborenen bzw. Gestorbenen

und der Zu- bzw. Fortzüge (→Bevölkerungsfortschreibung, →Bevölkerungsbewegung).

B. der Bundesrep. D. für 1986:

Bevölkerung am 1. 1. 1986	61 020,5
Lebendgeborene 1986	
./. Gestorbene 1986	− 75,9
./. Zuzüge 1986	
./. Fortzüge 1986	+195,9
Bevölkerung am 31. 12. 1986	61 140,5

Bevölkerungsdichte. 1. *(Arithmetische) B.:* Verhältnis der Bevölkerung eines Untersuchungsgebiets zur Fläche oder die Einwohnerzahl je Flächeneinheit (km² oder ha). I. d. R. wird von der gesamten Fläche ausgegangen; in besonderen Fällen sind unbewohnbare Gebiete außer Betracht zu lassen. – *B. in der Bundesrep. D.* (je km²):

1816	55	1938	171
1840	68	1950	204
1870	82	1960	223
1900	120	1970	244
1910	143	1980	248
1925	157	1986	245

Der reziproke Wert der B., die *Arealitätsziffer,* bezeichnet die Fläche, die dem Menschen im Durchschnitt zur Verfügung steht. – 2. *Physiologische B.:* Verhältnis der gesamten Bevölkerung zur landwirtschaftlichen Nutzfläche eines Untersuchungsgebiets. – *Anders:* →Agrardichte, →Arbeitsplatzdichte, →Wohndichte.

Bevölkerungsentwicklung, die Veränderung des Bevölkerungsstandes in einem Gebiet im Zeitablauf; für die Zukunft als Prognose ermittelt durch →Bevölkerungsvorausrechnung.

I. B. der Bundesrep. D.: Das Statistische Bundesamt geht für die im Bundesgebiet lebende deutsche Bevölkerung von 56,6 Mill. am 1.1.1985 von der folgenden weiteren Entwicklung aus (Statistisches Jahrbuch 1986, S. 67):

Jahr	männlich in 1 000	weiblich in 1 000	zusammen
1. 1. 1985	26 774	29 870	56 644
2000	26 425	28 441	54 866
2010	24 975	26 501	51 476
2020	22 976	24 365	47 341
2030	20 603	21 994	42 597

Dies gilt unter der *Annahmne,* daß 1. die Geburtenhäufigkeit konstant bleibt; 2. die Lebenserwartung weiter zunimmt; 3. weiterhin Deutsche aus der DDR und aus den Siedlungsgebieten der Deutschen im Ausland zuwandern; 4. die Zahl der Einbürgerungen von im Bundesgebiet lebenden Ausländern von z. Z. 14000 bis auf 25000 im Jahr zunehmen wird. Unter denselben Voraussetzungen ergibt sich folgende zukünftige *Altersgliederung* der Deutschen im Bundesgebiet:

Jahr	Alter in Jahren, 1 000 Personen			
	bis 4	5 – 9	10 – 14	15 – 19
1. 1. 1985	2 674	2 514	3 066	4 644
2000	2 384	2 784	2 786	2 707
2010	1 735	1 940	2 401	2 802
2020	1 714	1 726	1 754	1 961
2030	1 396	1 604	1 732	1 748
	20 - 24	25 – 29	60 u. dar.	20 – 59
1. 1. 1985	4 844	26 743	12 159	31 587
2000	2 545	27 547	14 113	30 092
2010	2 796	25 391	14 412	28 187
2020	2 413	22 993	14 781	25 406
2030	1 769	18 160	16 188	19 929

Das bedeutet von 1985 bis 2030 eine allmähliche Abnahme der noch nicht 20jährigen von 23% auf 15% und eine allmähliche Zunahme der über 59jährigen von 21% auf über 38%. Der Anteil der Personen im Erwerbsalter von 20 bis 59 Jahren nimmt von 56% auf 47% ab.

II. K o n s e q u e n z e n : Die Folgen einer derartigen Entwicklung sind weitreichend. Im folgenden werden die Auswirkungen auf das Bildungswesen, den Arbeitsmarkt, die Systeme der sozialen Sicherheit, die Infrastruktur und das Siedlungsmuster sowie auf den Bereich der Kultur und der gesellschaftlichen Machtstrukturen skizziert. – 1. *Bildungswesen:* a) Den bisherigen Schrumpfungsprozessen im Bereich der *Kindergärten* und *allgemeinbildenden Schulen* werden gegen die Jahrhundertwende weitere folgen. Am stärksten wird sich die Zahl der Schüler in der Sekundarstufe 2, d. h. v. a. in der Oberstufe der Gymnasien, vermindern, denn die Zahl der 15- bis 19jährigen, zu denen heute noch die starken Geburtsjahrgänge der bis 1970 Geborenen gehören, setzt sich sehr bald nur noch aus Personen schwacher Geburtsjahrgänge zusammen. Das wird – nach einer vorübergehenden Pause – die Schließung weiterer Kindergärten und Schulen und damit eine weitere Verschlechterung der Berufsaussichten von Lehramtsanwärtern zur Folge haben. – b) Die *Hochschulen* sind etwa ab dem Jahr 2000 tangiert. Danach könnte sich die Zahl der Studenten (ceteris paribus) allmählich auf die Hälfte vermindern. Damit stünde insbes. das Überleben der neu gegründeten kleineren Hochschulen auf dem Spiel. Die Aussichten der akademischen Nachwuchses, auf Professorenstellen übernommen zu werden, blieben schlecht. – 2. *Arbeitsmarkt.* a) *Lehrstellenmarkt:* Im Gegensatz zu der heutigen Übernachfrage nach Lehrstellen ist in den 90er Jahren – und danach verstärkt – mit einem Überangebot an Lehrstellen und Stellen für Berufsanfänger zu

rechnen, weil die Zahl der Personen um 20 Jahre wegen des Geburtenrückgangs nach 1965 stark abnimmt. – b) *Gesamtarbeitsmarkt:* Das gesamte *Arbeitskräfteangebot* wird sich jedoch – insbes. wenn man die im Bundesgebiet lebenden Ausländer mit berücksichtigt – erst nach der Jahrhundertwende bedeutend vermindern, und zwar bis zum Jahr 2030 um etwa ein Drittel. Zunächst ist daher weiterhin mit einer hohen, demographisch bedingten Arbeitslosigkeit zu rechnen, der allerdings ein Arbeitskräftemangel folgen könnte. – Die *Struktur der Arbeitskräfte* wird sich zugunsten der Älteren verändern. Manche schließen daraus auf eine Verminderung der Innovationsfähigkeit (→Innovation) und eine wachsende Besetzung der leitenden Stellen durch ältere Personen. Frauen werden sich in vermehrtem Umfang Berufen zuwenden müssen, die (anders als die Tätigkeit als Lehrer oder als Kindergärtnerin) nicht kindbezogen sind. Männer werden daher künftig auch in Berufen, die sie bisher beherrschten, der Konkurrenz der Frauen ausgesetzt sein. – 3. *Soziale Sicherheit:* Die Zunahme der Älteren, der nicht mehr Erwerbstätigen und die Abnahme der Arbeitskräfte wird gegen Ende des Jahrhunderts, und danach verstärkt, zu einer großen Belastung der gesetzlichen Krankenversicherung und noch mehr der Alterssicherungssysteme, insbes. der Arbeiter- und Angestelltenversicherung, führen. Es gilt als unbestritten, daß z. B. die Beiträge zur gesetzlichen Rentenversicherung auf über 35% steigen müßten, wenn bei unverändeter Finanzierung die Leistungen erhalten bleiben sollen. Die zu erwartende unabwendbare Entwicklung ist bereits an der Relation „über 60jährige im Verhältnis zu den 20- bis 59jährigen" abzulesen. Im Jahr 1985 kamen auf 100 30- bis 59jährige 38 über 60jährige, im Jahr 2000 werden es jedoch 47 und im Jahr 2030 sogar 82, also mehr als doppelt so viele wie heute sein. Da die Älteren höhere Gesundheitskosten als die Jüngeren verursachen, ist eine ähnliche, wenn auch nicht so drastische Entwicklung im Gesundheitssektor zu erwarten. Inwieweit bei wachsendem Wohlstand den Beitrags- und Steuerzahlern höhere Soziallestungen abverlangt werden können, ohne daß darunter der Leistungswille nachläßt, ist eine offene Frage. – 4. *Infrastruktureinrichtungen:* Schon die bisherige Entwicklung hat dazu geführt, daß kindbezogene Infrastruktureinrichtungen wie Kindergärten, Schulen und Sportanlagen aufgegeben werden mußten, weil es an Benutzern fehlte. Die Auswirkungen solcher Maßnahmen sind besonders folgenschwer im ländlichen Raum. In einer Stadt ist es kaum gravierend, wenn sich die Zahl der Gymnasien halbiert. Ländliche Gebiete müssen jedoch damit rechnen, bestimmte Einrichtungen ganz zu verlieren, wenn die erforderliche Bevölkerungsdichte nicht mehr erreicht wird. – 5. *Siedlungsmuster:* Ob der zu erwar tende Bevölkerungsrückgang mehr die verstädterten oder mehr die ländlichen Gebiete betreffen wird, ist umstritten. Vieles spricht dafür, daß die Verdichtungsräume (nicht deren Kernstädte) ihren Bevölkerungsstand eher erhalten werden als die ländlichen Gebiete. In diesem Fall wäre weiterhin mit erheblichen Landab-/Stadtzuwanderungen zu rechnen. Es gibt Meinungen, daß es hierdurch in den stadtfernen ländlichen Gebieten zu einer Bevölkerungsentleerung und zu einem Zusammenbrechen der vorhandenen Infrastruktur kommen könnte *(Bevölkerungsimplosion)*. Solche Erwartungen sind umstritten. – 6. *Kultur und Gesellschaft:* Es ist kaum denkbar, daß durch die Abnahme der deutschen Bevölkerung im Bundesgebiet ein Vakuum entsteht. Wahrscheinlicher ist eine verstärkte Einwanderung, v. a. nach der Jahrhundertwende. Zu den bereits vorhandenen, 4,5 Mill. Ausländern könnten dann weitere Millionen kommen. Dabei würde es sich voraussichtlich v. a. um Menschen aus entfernteren Kulturkreisen handeln. Trifft diese Prognose zu, wäre eine *multi-kulturelle Gesellschaft* mit allen damit zusammenhängenden Problemen zu erwarten. – Der zunehmende Anteil älterer Menschen an der Bevölkerung wird sicherlich auch die *geistige Entwicklung* und die *Einstellung zu progressiven Verhaltensweisen* beeinflussen. Ältere Menschen sind konservativer als jüngere. Es ist deshalb anzunehmen, daß sich die wachsende Zahl der Älteren auch in den politischen Machtstrukturen bemerkbar machen würde.

Prof. Dr. Karl Schwarz

Bevölkerungsexplosion, starke Vermehrung der Bevölkerung in einem Teil der Entwicklungsländer. Die B. wurde durch verbesserte hygienische Maßnahmen und gesundheitliche Versorgung ausgelöst, die zu einer Senkung der Sterblichkeit, insbes. der Kinder, und zur Erhöhung der →Lebenserwartung führten. Da gewerbliche und landwirtschaftliche Produktion (determiniertes Bevölkerungskapazität) in den betroffenen Ländern nur unzureichend ausgedehnt wurden, treten schwerwiegende ökonomische Ungleichgewichte auf. Maßnahmen der →Bevölkerungspolitik konnten diese Probleme bisher nur wenig lindern.

Bevölkerungsfortschreibung, Addition der Geburten und Zuzüge sowie Subtraktion der Sterbefälle und Fortzüge in/aus einem Gebiet zum/vom Anfangsbestand mit dem Ziel der laufenden Ermittlung des Bevölkerungsstands, ausgehend von den Ergebnissen einer →Volkszählung (Bestandsaufnahme). Ergebnis der B. ist die →Bevölkerungsbilanz. – *Fortschreibungskriterien:* a) für das *Bundesgebiet:* Geschlecht, Alter, Familienstand und Staatsangehörigkeit (Deutsche, Ausländer); b) für *Gemeinden:* (mindestens) Geschlecht. – Heute z. T. durch Auszählung von *Bevölke-*

rungsregistern ersetzt. – Vgl. auch →Bevölkerungsentwicklung.

Bevölkerungsgesetz, Versuch einer Vorausrechnung der Bevölkerungszahl zu einem späteren Zeitpunkt ohne Analyse ihrer derzeitigen Zusammensetzung: a) durch Extrapolation der bisherigen Entwicklung; b) nach den unter Anlehnung an →Malthus (Malthussches B.) von Verhulst (1838) formulierten mathematischen Formeln für die logistische Kurve, deren erster Abschnitt entsprechend der in geometrischer Progression wachsenden Bevölkerung steil, der zweite Abschnitt abnehmend ansteigt, wobei sich die Kurve asymptotisch einem Höchststand (Grenzwert k) nähert. Selbst bei einer von Kriegen und sonstigen Störungseinflüssen unberührten Bevölkerungsentwicklung ist haltbare Hypothese, da für die mathematische Bestimmungsgleichung der Grenzwert k nicht angegeben werden kann. – Vgl. auch →Bevölkerungspolitik III.

Bevölkerungsimplosion, →Bevölkerungsentwicklung II 5.

Bevölkerungskapazität, →Bevölkerungsexplosion.

Bevölkerungsmathematik, →Demometrie.

Bevölkerungsmittelpunkt. 1. *Bevölkerungsschwerpunkt:* Arithmetisches Mittel der Lage aller Punkte, die den Wohnort eines Menschen repräsentieren, im Raum. – 2. *Zentralpunkt der Bevölkerung:* Punkt, zu dem die Summe aller Entfernungen der Einwohner eines Gebiets ein Minimum bildet; von größerer praktischer Bedeutung als 1.

Bevölkerungsmodelle, theoretische Konstrukte der Bevölkerungsentwicklung, die die Einwirkungen von unterschiedlichen Annahmen über demographische Variablen (Geburtenhäufigkeit, Sterblichkeit u. a.) beschreiben. – Bekanntestes und wichtigstes B.: a) *Modell der stabilen Bevölkerung* (Lotka): Eine stabile Bevölkerung entsteht, wenn die klassenspezifische Geburtenhäufigkeit (→Fertilitätsmaße) und die altersspezifische Sterblichkeit (→Mortalitätsmaße) im Zeitablauf konstant bleiben; Folge ist eine (positive oder negative) konstante Zuwachsrate sowie eine konstante (stabile) Geschlechts- und Altersgliederung. – b) Beträgt die Zuwachsrate Null, liegt eine *stationäre Bevölkerung* vor.

Bevölkerungsökonomik, →Demometrie.

Bevölkerungsoptimum, Bevölkerungsstand, bei dem das Sozialprodukt ein Maximum erreicht. Das B. ist praktisch nicht feststellbar, weil sich die internen und externen Bedingungen für ein maximales Sozialprodukt ständig ändern. Ein „optimaler" Bevölkerungsstand ist nicht nur von der Bevölkerungszahl, sondern auch von der Bevölkerungsstruktur und den qualitativen Eigenschaften der Menschen in einem bestimmten Raum abhängig. – Vgl. auch →Bevölkerungspolitik.

Bevölkerungspolitik. I. B e g r i f f : Die Gesamtheit aller staatlichen Maßnahmen zur Beeinflussung der Bevölkerungszahl (Quantitätspolitik) oder der Bevölkerungsstruktur (Qualitätspolitik).

II. A r t e n : 1. *Quantitätspolitik:* a) *Ziel* kann sein die Vergrößerung, Verringerung oder Konstanthaltung der Bevölkerungszahl bzw. der bisherigen Wachstumsrate der Bevölkerung. Historisch wechselten die Zielsetzungen mit der jeweiligen herrschenden Bevölkerungstheorie (→Demographie I) bzw. den vorwissenschaftlichen Ansichten über die Vorteile bzw. Nachteile einer relativ großen oder relativ geringen Bevölkerungszahl (vgl. III.). – b) *Maßnahmen* zur positiven oder negativen Beeinflussung der Bevölkerungszahl bzw. -bewegung mit den Ansatzpunkten: (1) *Geburtenzahl (→Fertilität):* Positive Beeinflussung insbes. durch Erziehung zur Ehe und zum Kind, Familienlastenausgleich für Familien mit Kindern, z. B. durch →Kindergeld oder →Kinderfreibetrag im Steuerrecht, Gewährung von Ehestandsdarlehen, Anrechnung von Erziehungszeiten in der Altersversorgung, Förderung des familiengerechten Wohnbaus, Strafbestimmungen gegen Abtreibung, Verbot von Kontrazeptiva usw. Negative Beeinflussung z. B. durch Erschwerung der Frühehe, Aufklärung über empfängnisverhindernde Methoden, Straffreiheit bei Abtreibung, Sterilisation; diskutiert werden *ethische Aspekte* dieser Maßnahmen. – (2) *Sterblichkeit (→Mortalität):* Beeinflussung insbes. durch Säuglingsfürsorge zur Eindämmung der Säuglingssterblichkeit sowie durch staatliche Bekämpfung moderner Massenkrankheiten, wie Tbc, Krebs, ferner durch Bekämpfung der Geschlechtskrankheiten, des Alkoholismus usw.; z. T. gehören diese Maßnahmen wie auch die Bekämpfung der Massenkrankheiten zur Qualitätspolitik (vgl. II. 2). Erhöhung der Sterberaten als bevölkerungspolitische Zielsetzung scheidet grundsätzlich aus. – (3) *Erleichterung der Ein- bzw. Auswanderungsbedingungen:* Die Auswanderung und deren staatliche Förderung hat als Mittel zur Entlastung übervölkerter Gebiete große Bedeutung. Mögliche negative Folge ist allerdings Auswanderung der tüchtigeren und i. a. jüngeren Bevölkerungsteile und damit Verschlechterung des →Altersaufbaus der Restbevölkerung. – c) *B. als Aufgabengebiet der UN:* →UNFPA (United Nations Fund for Populations Activities). – 2. *Qualitätspolitik:* a) *Ziele* können sein: (1) Herbeiführung einer *günstigen Altersstruktur,* z. B. durch Förderung der Zuwanderung und Erschwerung der Abwanderung jüngerer Personen. – (2) *Förderung der Lebensbedingungen* bestimmter sozialer oder ethnischer Gruppen bis zur Verhinderung der Fortpflanzung von Risikogruppen. –

b) Die Qualitätspolitik begegnet starken *ethischen und moralischen Bedenken.*

III. G e s c h i c h t e : 1. Bewußte B. zum Teil schon im *Altertum,* etwa die staatliche Regelung des Heiratens und die Aussetzung schwacher, gebrechlicher oder verkrüppelter Kinder in Sparta sowie die politische und rechtliche Diskriminierung der Junggesellen in zahlreichen Kulturvölkern der Alten Welt. – 2. Zur *römischen Geschichte* sind ausgesprochen populationistische Züge überliefert, z. B. Heiratsgebote (unter Augustus). – 3. Im *ausgehenden Mittelalter* (v. Aquino, v. Lucca) entstand erneut eine populationistische Strömung, während in der *scholastischen Literatur* Bevölkerungsfragen nicht behandelt wurden. – 4. Zum vollen Durchbruch kam diese Ansicht im Zeitalter des →*Merkantilismus* (Becher, Justi, Wolff, Sonnenfels u. a.): Eine große und wachsende Bevölkerung wird als günstig für das Staatswesen erachtet, z. T. weil eine große Bevölkerung die Verteidigung eines Landes im Kriegsfall garantiere und weil die Zunahme der Bevölkerung eine generelle Belebung der wirtschaftlichen Aktivität verspreche. Daneben existierten immer Meinungen, die eine Beschränkung der Bevölkerungszahl bzw. ein langsameres Wachstum der Bevölkerung empfahlen (u. a. Morus, Raleigh, Bacon). – 5. Der eigentliche Gegenschlag gegen die populationistische B. erfolgte mit dem Durchbruch des wirtschaftlichen →*Liberalismus* und durch →*Malthus.* Nach dem von ihm aufgestellten Bevölkerungsgesetz wächst die Bevölkerung schneller (geometrische Progression) als die Nahrungsmittelproduktion (arithmetische Progression); irgendwann muß danach der Punkt erreicht werden, von dem an der Bevölkerungszuwachs die Tragfähigkeit des Landes übersteigt. Als Maßnahmen empfahl Malthus insbes. die Spätehe und die moralische Enthaltsamkeit. Die Wirkung der Malthusschen Theorie führte zu heftigen wissenschaftlichen Kontroversen, z. T. auch zur Beeinflussung der Gesetzgebung (Eheerlaubnis vom Nachweis eines ausreichenden Vermögens bzw. Einkommens abhängig u. ä.). Die Kritiker erwarteten entweder wie die Sozialisten von der Umgestaltung der Gesellschaft im sozialistischen Sinn (→Sozialismus) eine automatische Lösung des Bevölkerungsproblems oder wiesen auf die für das Ertragsgesetz wesentliche Bedingung der Annahme einer konstanten Technik hin. Bei →technischem Fortschritt sei die Zunahme der Nahrungsmittelproduktion und damit Ernährung der zusätzlichen Bevölkerung möglich. – 6. Das Interesse an der Malthusschen Theorie nahm gegen *Ende des 19. Jh.* immer mehr ab: Der technische Fortschritt führte zu einer enormen Steigerung der landwirtschaftlichen Produktivität; die Bevölkerung wuchs nicht in geometrischer Progression, und zum Ende des 19. Jh. setzte eine merkliche Verlangsamung des Bevölkerungswachstums (starke Auswanderung nach Übersee) ein. Malthus wird vornehmlich im Zusammenhang mit der →Bevölkerungsexplosion in Entwicklungsländern wieder diskutiert.

IV. G e g e n w ä r t i g e B . : Durch die unterschiedlichsten Ziele gekennzeichnet. In den meisten Entwicklungsländern bemüht man sich, die Bevölkerung zur →Familienplanung zu erziehen, um so die weitere Bevölkerungsentwicklung zu bremsen oder gar aufzuhalten. In den sozialistischen Ländern Europas wird eine Stärkung des Kinderwunsches durch familienpolitische Maßnahmen versucht. In Frankreich wird schon seit Jahrzehnten eine pronatalistische Politik verfolgt; zur Realisierung wurden zahlreiche familienpolitische Maßnahmen in Kraft gesetzt. In anderen Ländern, die ebenfalls um ihre Bevölkerungsentwicklung besorgt sind, scheut man sich davor, einzugestehen, daß zahlreiche politische Maßnahmen auch pronatalistische Zielsetzungen haben. Für die Wanderungspolitik waren schon immer und überall auch bevölkerungspolitische Ziele mit maßgebend.

Bevölkerungsprognose,　　→Bevölkerungsvorausrechnung 2 a).

Bevölkerungsprojektion,　　→Bevölkerungsvorausrechnung 2 b).

Bevölkerungspyramide, →Altersaufbau.

Bevölkerungsschub, Wachstum einer Bevölkerung, wenn eine Generation zwar nur so viele Kinder hat, wie zu ihrer Reproduktion erforderlich sind (→Nettoreproduktionsrate 1), es aber noch nachwachsende Geburtsjahrgänge aus der Zeit hoher Kinderzahlen gibt. Der Geburtenüberschuß in der Bundesrep. D. nach dem Ersten Weltkrieg bis in die neuere Zeit beruht weitgehend auf diesem für mehrere Generationen andauernden, aber sich allmählich abschwächenden Effekt, verstärkt durch eine rückläufige Kinder- und Jugendsterblichkeit (→Sterbetafel). In vielen Entwicklungsländern wird aufgrund dieses Effektes die Bevölkerung auch dann weiter wachsen, wenn die Paare im Durchschnitt nur noch zwei oder weniger Kinder haben werden. – *Umgekehrt* wirkt sich ein starker Geburtenabfall auch dann noch lange Zeit bremsend auf die weitere Bevölkerungsentwicklung aus, wenn die Geburtenhäufigkeit wieder zunimmt.

Bevölkerungsschutz, →Zivilschutz.

Bevölkerungsschwerpunkt,　　→Bevölkerungsmittelpunkt 1.

Bevölkerungsstatistik, amtliche Statistik zur Darstellung des Sozialkörpers für ein durch politische oder naturräumliche Grenzen abgestecktes Gebiet. – *Bundesrep. D.:* Grundlage der amtlichen B. sind die üblicherweise in ca. zehnjährigen Abständen stattfindenden

→Volkszählungen. Fortschreibung anhand von Stichprobenerhebungen (→Mikrozensus), natürlicher und räumlicher →Bevölkerungsbewegung. Zum Programm gehören ferner die Ausländerstatistik, analytische Berechnungen über Sterblichkeit, Heiratshäufigkeit und Geburtenhäufigkeit, Ehedauer usw. sowie →Bevölkerungsvorausrechnungen. – *Rechtsgrundlage:* Gesetz über die Statistik der Bevölkerungsbewegung und die Fortschreibung des Bevölkerungsstandes i. d. F. vom 14. 3. 1980 (BGBl I 308) geändert durch § 26 des Melderechtsrahmengesetzes (MRRG) vom 16. 8. 1980 (BGBl I 1429). – B. als Teil der *Bevölkerungswissenschaft:* Vgl. →Demographie II.

Bevölkerungstheorien, Theorien zur Erklärung und Voraussage des Zusammenwirkens demographischer Faktoren mit wirtschaftlichen, sozialen, psychologischen und anderen Faktoren. B. bilden eine wichtige Grundlage einer theoriegestützten →Bevölkerungspolitik. Vgl. im einzelnen →Demographie I.

Bevölkerungsvorausrechnung, *Bevölkerungsvorausschätzung.* 1. *Begriff:* Voraussage der Bevölkerungsentwicklung unter bestimmten Annahmen über →Fertilität, →Mortalität und räumliche Mobilität (→Wanderungen), i. a. unterschieden nach den beiden wichtigsten Strukturmerkmalen einer Bevölkerung, Geschlecht und Alter. – 2. *Arten:* a) *Bevölkerungsprognose:* Voraussage der weiteren Bevölkerungsentwicklung i. S. einer Prophezeiung. Für größere Gebiete sind Prognosen häufig über einen Zeitraum von 10 bis 15 Jahren recht erfolgreich (Außenwanderung unberücksichtigt). – b) *Bevölkerungsprojektion:* (1) *Theoriegeleitete Projektion:* Berechnung der Auswirkungen bestimmter Muster der Geburtenhäufigkeit, Sterblichkeit und Wanderungen auf Entwicklung und Struktur der Bevölkerung. Handelt es sich bei den Mustern der Geburtenhäufigkeit und Sterblichkeit um konstante altersspezifische Geburten- und Sterbeziffern (→Fertilitätsmaße, →Mortalitätsmaße), entsteht das Modell einer stabilen Bevölkerung (→Bevölkerungsmodelle). (2) *Status-quo-Projektion:* Voraussage, bei der die zuletzt beobachteten Muster der Geburtenhäufigkeit, Sterblichkeit und Wanderungen als im Zeitablauf unveränderlich angenommen werden. (3) *Zielprojektion:* Feststellung, welche Muster der Geburtenhäufigkeit, Sterblichkeit oder Wanderungen zur Erreichung einer bestimmten Einwohnerzahl erforderlich sind. – 3. *Häufigstes Verfahren der B.: Geburtsjahrgangsweise Fortschreibung* einer Bevölkerung, auch als *Komponentenmethode* oder *biologische Methode* bezeichnet. *Vorgehensweise:* Durch Multiplikation eines Ausgangsbestandes der Bevölkerung (Ergebnis einer →Volkszählung) nach Geschlecht und Alter mit altersspezifischen Sterbewahrscheinlichkeiten wird die Zahl der

Personen Jahr für Jahr um die erwarteten Sterbefälle vermindert. Zugleich rücken diese Personen Jahr für Jahr in ein höheres Alter auf. Die Zahl der Angehörigen der Jahr für Jahr neu hinzutretenden Geburtsjahrgänge ergibt sich als Summe der Produkte der Frauen in einem bestimmten Alter mit den Geburtenziffern für Frauen in diesem Alter, aufgeteilt in Jungen und Mädchengeburten und vermindert um die Sterbefälle im Geburtsjahr. Wanderungen werden üblicherweise durch altersspezifische Ziffern für Zu- und Fortzüge oder durch ein altersspezifisches Modell des Wanderungssaldos berücksichtigt. – 4. *Aufwand:* Der Rechenaufwand zur Durchführung von B. hat sich durch EDV sehr reduziert. Unverändert hoch ist jedoch insbes. der Aufwand zur Bereitstellung der Eingabedaten und zur Erarbeitung plausibler Annahmen über die Veränderungen der Geburtenhäufigkeit, Sterblichkeit und Wanderungen. – 5. *Ergebnis* der B. des Statistischen Bundesamts *für die Bundesrep. D.:* Vgl. →Bevölkerungsentwicklung I. B. profitiert davon, daß sich die Bevölkerung nur sehr langsam erneuert, die heute schon Lebenden noch für viele Jahre zur Bevölkerung gehören werden und keine großen Veränderungen der Sterblichkeit mehr zu erwarten sind.

Bevölkerungswissenschaft, →Demographie.

Bevollmächtigter. I. Bürgerliches Recht/Handelsrecht: Vgl. →Vollmacht, →Prokura, →Handlungsbevollmächtigter, →Stellvertretung.

II. Zivilprozeßordnung: Vgl. →Prozeßbevollmächtigter.

III. Steuerrecht: 1. *Erlaubnis:* Zur geschäftsmäßigen Hilfeleistung in Steuersachen sind →Steuerberater, →Steuerberatungsgesellschaften und →Steuerbevollmächtigte befugt; außerdem →Wirtschaftsprüfer, →Rechtsanwälte, →Notare. – 2. *Bestellung:* B. kann sich im Steuerveranlagungsverfahren zur Erfüllung seiner Pflichten derjenige bestellen, der durch Abwesenheit oder sonst verhindert ist, diese Pflichten zu erfüllen (§ 80 AO). Im Rechtsmittelverfahren kann sich dagegen jeder Rechtsmittelführer durch B. vertreten lassen und sich in der mündlichen Verhandlung eines Beistandes bedienen (§ 62 FGO).

IV. Verwaltungsrecht: Vertretung durch B. ist zulässig (§ 14 VwVfG).

bevorrechtigte Gläubiger, im Konkursverfahren solche →Konkursgläubiger, die mit Vorrang vor den anderen Konkursgläubigern befriedigt werden. Die Befriedigung geschieht in der Rangordnung des § 61 KO, bei gleichem Rang und nicht ausreichender Masse nach dem Verhältnis der Beträge. Bevorrechtigt sind: (1) Löhne, Gehälter, soziale Abgaben für das letzte Jahr vor Konkurseröffnung; (2)

Steuern und öffentliche Abgaben, die im letzten Jahr vor Konkurseröffnung fällig geworden sind; (3) Forderungen der Kirchen und öffentlichen Verbände aus dem letzten Jahr vor Konkurseröffnung; (4) desgleichen der Ärzte, Apotheker, Hebammen; (5) desgleichen der Kinder und Mündel.

Bewährung, →Strafaussetzung zur Bewährung, →Führungsaufsicht.

Bewährungsaufstieg, Einreihung der Angestellten des öffentlichen Dienstes in eine höhere Vergütungsgruppe, wenn diese in der bisherigen Vergütungsgruppe eine bestimmte Zeit (Bewährungsfrist) zurückgelegt haben. – Vgl. auch →Bundes-Angestellten-Tarifvertrag.

beweglicher Betriebsfunk, Funkverkehr zwischen einer ortsfesten und einer oder mehreren mobilen Betriebsfunkstellen oder zwischen mobilen Betriebsfunkstellen eines Unternehmens. Form des →beweglichen Landfunkdienstes.

beweglicher Flugfunk, Funkverkehr zwischen Bodenfunkstellen und Luftfunkstellen sowie zwischen Luftfunkstellen (→beweglicher Funk). Erforderlich ist ein Flugfunkzeugnis. – Die Einrichtung einer Bodenfunkstelle bedarf der Genehmigung durch die Luftfahrtbehörde des betreffenden Bundeslandes.

beweglicher Funk, *Mobilfunk,* Funkverkehr (→Funk der Deutschen Bundespost) zwischen beweglichen und ortsfesten Funkstellen oder zwischen beweglichen Funkstellen untereinander. Umfaßt a) →Seefunk, b) →beweglicher Flugfunk und c) →beweglicher Landfunk. – *Gegensatz:* →fester Funk.

beweglicher Landfunk, Funkverkehr zwischen Sprechfunkstellen in Fahrzeugen (Land- und Wasserfahrzeugen) und ortsfesten Sprechstellen des öffentlichen Fernsprechnetzes (→beweglicher Funk). Umfaßt: →Funktelefon, →europäischer Funkruf, Rheinfunk, →beweglicher Betriebsfunk, →CB-Funk.

bewegliche Sachen, Begriff des Bürgerlichen Rechts und des Handelsrechts, umfassend alle →Sachen, die nicht →Grundstücke oder →Bestandteile von Grundstücken sind.

bewegliches Anlagevermögen, Teil des →Sachanlagevermögens; erfaßt im →Bestandsverzeichnis. Zum b.A. gehören Maschinen einschl. großer Spezialreserveteile, Betriebs- und Geschäftsausstattung. Vgl. auch →Anlagevermögen. – Beleuchtungs- und Heizungsanlagen, Fahrstühle werden meist auf Unterkonten zu Gebäuden (unselbständige Gebäudeteile) gebucht. – *Bilanzsteuerlich* besteht für abnutzbare Wirtschaftsgüter des b.A. für bestimmte Personenkreise →Bewertungsfreiheit.

Bewegungsbilanz, →Rohbilanz, die die Bewegungen des Vermögens und Kapitals (Mehrung und Minderung), Einnahmen und Ausgaben, Aufwendungen und Erträge für eine Rechnungsperiode darstellt; vgl. →Hauptabschlußübersicht. – Vgl. auch →finanzwirtschaftliche Bewegungsbilanz, →Kapitalflußrechnung.

Bewegungsdatei, in der →betrieblichen Datenverarbeitung eine →Datei, die →Bewegungsdaten enthält.

Bewegungsdaten, in der →betrieblichen Datenverarbeitung →Daten, die Veränderungen von Zuständen beschreiben und dazu herangezogen werden, →Stammdaten zu aktualisieren. B. werden oft über einen gewissen Zeitraum gesammelt und dann verarbeitet (→Dateifortschreibung). – *Beispiel:* Daten über Änderungen von Kundenadressen, mit denen die Kundenstammdaten aktualisiert werden.

Bewegungsgesamtheit, →Bewegungsmasse.

Bewegungsgrundelement, vom Menschen ausgeführte Grundbewegungen und geistige Grundvorgänge, z. B. Hinlangen, Greifen, Bringen, Prüfen. – Vgl. auch →Therbligs, →Systeme vorbestimmter Zeiten.

Bewegungskomponenten, in der →Zeitreihenanalyse zusammenfassende Bezeichnung für die Bestandteile →Trend, →Konjunkturkomponente, Saison (→Saisonschwankungen) und zufällige Restgröße einer →Zeitreihe.

Bewegungsmasse, *Bewegungsgesamtheit, Ereignisgesamtheit, Ereignismasse,* in der Statistik Bezeichnung für eine →Gesamtheit, deren zeitliche Abgrenzung durch Festlegung eines *Zeitraumes* erfolgt. – *Beispiel:* Gesamtheit der Personen, die innerhalb eines Jahres in einer Region arbeitslos werden; nicht jedoch die Gesamtheit der Arbeitslosen dieser Region zu einem bestimmten Zeitpunkt (→Bestandsmasse).

Bewegungsrechnung, Rechnung, die Bewegungsgrößen erfaßt und ausweist. Eine wichtige B. ist z. B. die →Gewinn- und Verlustrechnung. – *Gegensatz:* →Bestandsrechnung.

Bewegungsstudie, Verfahren der Arbeitsstudie; von Gilbreth begründet. B. sind (meist kinematographische) Untersuchungen, um Bewegungsbahnen, -formen und -dauer der menschlichen Gliedmaßen beim Arbeitsvorgang zu ergründen. Aufgrund der B. können Grundsätze über den Zusammenhang von Schnelligkeit, Bewegungsform, Wirksamkeit der Arbeitsvollzugsweise und des Fertigungsfortschrittes aufgestellt werden.

Bewegungsvergleich, in der Konjunkturforschung statistische Beobachtung der wechselseitigen Entwicklungsverläufe voneinander abhängiger statistischer Reihen über ökonomische Wiederholungsvorgänge. Die *Erkenntnis,* ob eine Gleichbewegung, Folgebewegung oder Gegenbewegung von Reihen zueinander vorliegt, vermittelt detaillierte Aufschlüsse bezüglich der inneren Kräfte und Spannungen eines →Konjunkturzyklus und erleichtert damit die →Konjunkturprognose.

Beweis, Mittel, dem Richter durch →Beweismittel im →Beweisverfahren die Überzeugung von der Wahrheit oder Unwahrheit einer Tatsache oder Behauptung zu verschaffen; keine absolute Gewißheit erforderlich, sondern nur ein so hoher Grad von *Wahrscheinlichkeit,* daß bei einem vernünftigen und lebenserfahrenen Menschen jeder Zweifel schweigt. – *Geringere Anforderung,* soweit →Glaubhaftmachung zulässig.

Beweis des ersten Anscheins, *prima-facie-Beweis,* Folgerung einer bestimmten Schadensursache aus dem festgestellten Tatbestand, wenn der Geschehensablauf typisch ist und nach den Erfahrungen des täglichen Lebens dies rechtfertigt. Ohne daß eine vollständige Beweisführung nach den Regeln der ZPO gegeben ist, gilt der →Beweis als erbracht, falls der Gegner keine Tatsachen beweist, die einen anderen Geschehensablauf als möglich erscheinen lassen. – Erstmals angewandt im *Seerecht:* Wird ein stilliegendes Seeschiff von einem fahrenden gerammt, so trifft nach B. das fahrende Schiff die Schuld. Ebenso im *Straßenverkehr* bei Verletzung des Vorfahrtrechts usw.

Beweisgebühr, →Gerichtskosten I.

Beweiskraft der Bücher, Grundsatz u. a. im Zivilprozeß, nach dem ordnungsgemäß geführte →Geschäftsbücher als Urkunden (→Beweismittel) i. a. den →Beweis für die in ihnen beurkundeten Tatsachen erbringen (vgl. § 416 ZPO). Das Gericht kann auf Antrag oder von Amts wegen die Vorlage der Handelsbücher anordnen (§ 258 HGB). Ob und inwieweit Durchstreichung oder andere Mängel die Beweiskraft erschüttern, entscheidet das Gericht nach freier Überzeugung (§ 419 ZPO).

Beweislast, regelt die Frage, welche Partei, um zu obsiegen, den →Beweis für vom Gegner bestrittene Tatsachen führen muß, die für die Entscheidung erheblich sind. – Grundsätzlich muß jede Partei die Tatsachen beweisen, aus denen sie das Bestehen von Rechten (oder den Wegfall eines Rechtes des Gegners) herleitet. – Nach dem AGB-Gesetz sind Bestimmungen in *Allgemeinen Geschäftsbedingungen* unwirksam, durch die der Verwender die B. zum Nachteil des anderen Vertragsteils ändert, insbes. indem er diesem die B. für Umstände auferlegt, die im Verantwortungsbereich des Verwenders liegen, oder den anderen Vertragsteil bestimmte Tatsachen bestätigen läßt.

Beweismittel. I. B e g r i f f : Möglichkeiten, durch die dem Gericht gegenüber der →Beweis des Vorliegens oder Nichtvorliegens einer Tatsache geführt werden kann, angeführt in §§ 355 ff. ZPO. – B. werden grundsätzlich nur berücksichtigt, wenn sich eine →Partei darauf beruft (den Beweis antritt).

II. A r t e n : 1. *Augenschein:* Die Wahrnehmung des Richters von dem Zustand einer Person oder Sache. Die sich auf dieses B. berufende Partei muß das Augenscheinobjekt und die zu beweisende Tatsache angeben. – 2. *Zeugen:* Personen, die nicht Partei des Prozesses sind und über eigene Wahrnehmungen oder Tatsachen aussagen. Die Partei hat sie sowie die zu beweisenden Tatsachen genau zu bezeichnen. Der Zeuge ist auf Vorladung zum Erscheinen vor Gericht und vor der →Staatsanwaltschaft verpflichtet, andernfalls kann →Ordnungsgeld verhängt werden. Grundsätzlich hat er die Pflicht zur Aussage und ggf. Eidesleistung, sofern nicht eine der gesetzlichen Ausnahmen vorliegt, z. B. für Ehegatten, nahe Verwandte, oder bei widerstreitenden beruflichen Pflichten, sofern der Zeuge nicht von der Schweigepflicht entbunden wird, und bei Gefährdung eigener Interessen. – 3. *Sachverständige:* Personen, die das Gericht zu seiner Unterstützung bei der Entscheidung von Fragen, die es nicht aus eigener Sachkunde beurteilen kann, zuzieht. Sie werden vom Prozeßgericht ausgewählt, wobei den Parteien ein Vorschlagsrecht zusteht. – 4. *Urkunden:* Erforderlich zum Beweisantritt ist die Vorlage der Urkunde oder, falls sie der Gegner in Händen hat, der →Antrag, diesem die Vorlage der Urkunde aufzugeben. – 5. *Parteivernehmung:* Vernehmung einer oder beider Parteien des Rechtsstreits (bei juristischen Personen z. B. des Vorstands). Der Beweispflichtige kann beantragen, den Gegner als Partei zu vernehmen, sofern er den Beweis nicht mit anderen B. vollständig geführt hat oder weitere B. nicht angeben kann. Das Gericht kann u. U. auch die beweispflichtige Partei oder beide Parteien vernehmen. Keine Partei kann zur Aussage oder Eidesleistung gezwungen werden; Weigerung unterliegt aber der freien Würdigung des Gerichts.

Beweissicherung, gerichtliche Beweisaufnahme zur Sicherstellung eines voraussichtlich künftig erforderlichen →Beweises; auch vor Prozeßbeginn zulässig. Anordnung auf Antrag, wenn der Gegner zustimmt oder Gefahr besteht, daß das →Beweismittel verlorengeht, seine Benutzung erschwert wird oder der gegenwärtige Zustand einer Sache (z. B. Mangel der Kaufsache) festgestellt werden soll und der Antragsteller ein rechtliches Interesse an der Feststellung hat. – *Zuständig* ist das Prozeßgericht, vor Prozeßbeginn oder bei dringender Gefahr das Amtsgericht, in dessen Bezirk sich das Objekt oder die zu vernehmen-

den Personen befinden. Das Ergebnis können die Parteien im Prozeß verwenden (§§ 485–494 ZPO).

Beweisverfahren, durch das Gericht angeordnete Erhebung des →Beweises, i. d. R. durch Beweisbeschluß, wenn eine Partei ein →Beweismittel für die Richtigkeit einer bestrittenen Behauptung bezeichnet und sofern die bestrittene Tatsache für die Entscheidung wesentlich ist. Die Beweisaufnahme *erfolgt* i. a. durch das Prozeßgericht, jedoch können auswärts wohnende Zeugen durch das Gericht ihres Wohnsitzes vernommen werden. – Die *Würdigung* des Beweisergebnisses steht im freien Ermessen des Gerichts (Grundsatz der freien Beweiswürdigung, § 286 ZPO).

Bewerbung, 1. *Charakterisierung:* Der Bewerber wirbt in eigener Sache, d. h. für seine eigene Person, um eine Stellung, ein Amt oder eine sonstige Tätigkeit zu erlangen. Grund der B. kann im Reagieren auf ein →Stellenangebot im Wunsch eines Bewerbers liegen, bei einer bestimmten Unternehmung zu arbeiten. – *Formen:* Die B. kann mündlich oder, wie heute überwiegend, schriftlich erfolgen. Von der Beurteilung der schriftlichen B. hängt es in den meisten Fällen ab, ob der Bewerber zu einer persönlichen Vorstellung gebeten oder abgelehnt wird. Aus diesem Grund wird es heute i. d. R. von der Gestaltung des B.-Schreibens abhängen, ob der Bewerber sein Ziel erreicht. – 2. *Gestaltung:* a) *Allgemeine Grundsätze* für eine wirksame B. sind, daß man seine Kenntnisse und Fähigkeiten selbst richtig einschätzt; was an Leistungen angeboten wird, muß vorhanden sein, andererseits darf nichts verschwiegen werden, was an Wissen und Berufserfahrung wirklich nachweisbar ist. Der Lebenslauf hat im Rahmen der B. die Bedeutung eines Beweismittels, kann nicht für sich eine B. sein. – b) *Teile:* (1) *Anschreiben:* Dieses ist der eigentliche Werbebrief. Mit dem Anschreiben will der Bewerber die Aufmerksamkeit der umworbenen Firma auf sich lenken. Aus diesem Grund müssen im Anschreiben auch alle die Tatsachen vermerkt sein, die den Bewerber gerade für diese Stellung geeignet machen. (2) *Lebenslauf:* Er ist die übersichtliche Darstellung der bisherigen Tätigkeiten und Leistungen des Bewerbers in chronologischer oder problembezogener Folge. Da der Lebenslauf häufig handgeschrieben verlangt wird, ist er gleichzeitig ein Mittel zur graphologischen und damit psychologischen Beurteilung. (3) *Beweismittel:* Die dem Lebenslauf beigefügten Unterlagen (Zeugnisabschriften, Prüfungsergebnisse) sind die Beweismittel der im Lebenslauf gesondert aufgeführten Leistungen. – *Sonderform:* →Zielgruppen-Kurzbewerbung.

bewerteter Digraph, →Digraph G(V,E) mit einer reellwertigen Abbildung β ($\beta_{ij} = \beta(i,j)$) auf der Menge der Pfeile E. Schreibweise:

G(V,E,β). Die Bewertung der Pfeile wird im Sinne einer Kapazitäts- (→Flußgraph), Kosten- bzw. Längenbewertung interpretiert.

Bewertung, Verfahren mit dem Ziel, den Wert eines Gutes oder von Handlungsalternativen zu bestimmen. Die Höhe des Wertansatzes richtet sich nach dem Zweck der B.

I. B. in der Bilanz: Je nach den mit der Aufstellung einer →Bilanz verfolgten Zielen sind bei der B. der einzelnen Bilanzpositionen unterschiedliche Wertansätze zu wählen. So ist z. B. bei der Erstellung von sog. Sonderbilanzen, d. h. Bilanzen, die bei bestimmten Anlässen (z. B. →Gründung, →Umwandlung →Abwicklung, →Verschmelzung, →Überschuldung) aufgestellt werden, mit dem →Ertragswert oder dem →Tageswert (Auseinandersetzungsbilanz) oder auch mit dem Veräußerungswert (Konkursbilanz) zu bewerten.

1. *Allgemeine Bewertungsgrundsätze für die Jahresbilanz* (§§ 242 ff HGB): Sie sind bei anderen Bilanzarten unter Beachtung des jeweiligen Bilanzierungszwecks entsprechend anzuwenden. – Grundsätze im einzelnen: a) Die B. hat den Grundsätzen ordnungsmäßiger Buchführung zu entsprechen (§ 243 I). *Insbes. gelten:* (1) Grundsatz der →*Bilanzidentität* (§ 252 I Nr. 1); (2) Grundsatz der *Unternehmensfortführung*, d. h. es ist bei der B. von der Fortführung der Unternehmenstätigkeit auszugehen, wenn nicht tatsächliche oder rechtliche Gegebenheiten entgegenstehen (§ 252 I Nr. 2); (3) Prinzip der →*Einzelbewertung* (§ 252 I Nr. 3); (4) *Stichtagsprinzip*, d. h. die B. hat grundsätzlich auf den Abschlußstichtag zu beziehen; dabei sind wertbeeinflussende Tatbestände, die ihre Ursache vor oder am Abschlußstichtag haben, aber erst danach bekannt werden, zu berücksichtigen (§§ 242 I, 252 I Nr. 3, Nr. 4); (5) *Vorsichtsprinzip*, konkretisiert als →*Realisationsprinzip* und →*Imparitätsprinzip* (§ 252 I Nr. 4); (6) *Abgrenzungsprinzip*, d. h. Aufwands- und Ertragsbildung nach der wirtschaftlichen Verursachung und nicht nach dem Zahlungszeitpunkt (§ 252 I Nr. 5); (7) Grundsatz der →*Bewertungsstetigkeit* (§ 252 I Nr. 6). – Vgl. tabellarische Übersicht. – b) Von den Grundsätzen (1) bis (7) darf nur in begründeten Ausnahmefällen *abgewichen* werden.

2. *B. in der handelsrechtlichen Jahresbilanz:* Sowohl für die Güter des →Anlagevermögens als auch für die des →Umlaufvermögens stellen die →Anschaffungskosten oder →Herstellungskosten die Wertobergrenze dar (§ 253 I HGB); eingetretene Wertsteigerungen (etwa marktbedingt) bleiben außer Betracht (Anschaffungswertprinzip). – Bei den abnutzbaren *Anlagegegenständen* sind die →Abschreibungen das Bewertungsinstrumentarium. Im Rahmen der Bilanzpolitik der

Unternehmen werden die Anschaffungs- oder Herstellungskosten um „planmäßige" Abschreibungen verringert; das bedeutet, daß innerhalb der legalen Möglichkeiten zur Realisierung der bilanzpolitischen Zielsetzung nach einem „Plan" verfahren wird, d. h. ein entsprechender Wert innerhalb der Bewertungsspielräume ausgewählt wird. Außerplanmäßige Abschreibungen (→Sonderabschreibungen) können bei allen Gütern des Anlagevermögens vorgenommen werden, um die Gegenstände mit dem niedrigeren Wert anzusetzen, der ihnen am Abschlußstichtag beizulegen ist. Sie sind vorzunehmen bei einer voraussichtlich dauernden Wertminderung (§ 253 II HGB); außer in diesem Fall können Kapitalgesellschaften außerplanmäßige Abschreibungen nur bei den Vermögensgegenständen vornehmen, die Finanzanlagen sind (§ 279 I HGB). – Für Gegenstände des *Umlaufvermögens* gilt das (strenge) →Niederstwertprinzip, d. h. von den möglichen Wertansätzen, Anschaffungs- oder Herstellungskosten, aus dem Markt- oder Börsenpreis abgeleiteter Wert bzw. beizulegender

§ 252 Abs. 1 HGB

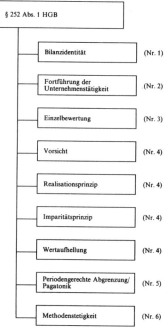

Bilanzidentität	(Nr. 1)
Fortführung der Unternehmenstätigkeit	(Nr. 2)
Einzelbewertung	(Nr. 3)
Vorsicht	(Nr. 4)
Realisationsprinzip	(Nr. 4)
Imparitätsprinzip	(Nr. 4)
Wertaufhellung	(Nr. 4)
Periodengerechte Abgrenzung/ Pagatonik	(Nr. 5)
Methodenstetigkeit	(Nr. 6)

Quelle: Baetge, J., Die neuen Ansatz- und Bewertungsvorschriften, in: Zeitschrift für betriebswirtschaftliche Forschung, Nr. 39 (1987), S. 213.

niedriger Stichtagswert ist der jeweils niedrigste zu wählen. Außerdem dürfen Abschreibungen vorgenommen werden, soweit diese nach vernünftiger kaufmännischer Beurteilung notwendig sind, um zu verhindern, daß in der nächsten Zukunft der Wertansatz dieser Vermögensgegenstände aufgrund von Wertminderungen geändert werden muß (§ 253 III HGB). – Gem. § 253 IV HGB dürfen für *alle Vermögensgegenstände* Abschreibungen im Rahmen vernünftiger kaufmännischer Beurteilung vorgenommen werden. Für Kapitalgesellschaften ist dies jedoch explizit ausgeschlossen (§ 279 I HGB), womit für diese gleichzeitig eine Wertuntergrenze fixiert ist. Schließlich sind nach § 254 HGB auch Abschreibungen möglich, um Vermögensgegenstände mit dem noch niedrigeren Wert anzusetzen, der auf einer nur steuerlich zulässigen Abschreibung beruht; bei Kapitalgesellschaften allerdings nur insoweit, als das Steuerrecht ihre Anerkennung bei der steuerrechtlichen Gewinnermittlung davon abhängig macht, daß sie sich aus der Handelsbilanz ergeben (§ 279 II HGB). Niedrigere Wertsätze aufgrund außerplanmäßiger Abschreibungen im Anlagevermögen, Abschreibungen gem. dem strengen Niederstwertprinzip oder zur Berücksichtigung künftiger Wertschwankungen im Umlaufvermögen, Abschreibungen im Rahmen vernünftiger kaufmännischer Beurteilung sowie steuerrechtlich zulässige Abschreibungen dürfen gem. § 253 V und § 254 S. 2 HGB beibehalten werden, auch wenn die Gründe dafür nicht mehr bestehen *(„Beibehaltungswahlrecht")*; für Kapitalgesellschaften ausgeschlossen, da § 280 I HGB ein grundsätzliches →Wertaufholungsgebot vorschreibt. Faktisch besteht die Zuschreibungspflicht für Kapitalgesellschaften im wesentlichen nur für das abnutzbare Anlagevermögen (§ 280 II HGB i. V. m. § 6 I Nr. 1 S. 4 EStG). Um die durch die Zuschreibung entstehenden Buchgewinne von der Ausschüttung auszunehmen und zur Berücksichtigung evtl. anfallender Ertragsteuern können gem. § 58 II a AktG und § 29 IV GmbHG Vorstand bzw. Geschäftsführung und der Aufsichtsrat (bzw. GmbH-Gesellschafter) den Eigenkapitalanteil von Wertaufholungen nach § 280 I HGB (vereinfachend wird man von 50% der Wertaufhebung ausgehen können) in die anderen →Gewinnrücklagen einstellen, ohne daß hierdurch die übrigen Gewinnverwendungskompetenzen beschnitten werden. Der Betrag dieser Rücklagenzuführung ist entweder gesondert in der Bilanz auszuweisen *(= Wertaufholungsrücklage)* oder im →Anhang anzugeben. – *Übersicht über Ansatz- und Bewertungsvorschriften des neuen HGB:* Vgl. Sp. 817–820.

3. *Steuerrechtliche Bewertung:* Zu unterscheiden ist zwischen der B. in der Ertragsteuerbilanz (§§ 4–7 EStG) und der Vermögensaufstellung nach dem Bewertungsgesetz. – a)

Die *ertragsteuerlichen Bewertungsvorschriften* weichen von den handelsrechtlichen z. T. ab: (1) Gegenstände des *Anlagevermögens,* die der *Abnutzung unterliegen,* sind nach § 6 EStG mit den Anschaffungs- oder Herstellungskosten vermindert um die →Absetzung für Abnutzung anzusetzen. Ein Herabgehen auf den niedrigeren →Teilwert oder einen Zwischenwert ist gestattet, nicht dagegen die Überschreitung des Wertansatzes in der vorhergehenden Bilanz (Wahrung der →Bilanzkontinuität). – (2) Wirtschaftsgüter des Anlagevermögens, die der *Abnutzung nicht unterliegen,* sowie Gegenstände des *Umlaufvermögens* sind mit dem Anschaffungs- oder Herstellungswert bzw. dem niedrigeren Teilwert anzusetzen (→Firmenwert). Der letzte Bilanzansatz für Güter, die am Schluß des letzten Wirtschaftsjahres zum →Betriebsvermögen gehörten, darf überschritten werden, die Wertobergrenze bilden jedoch die Anschaffungs- oder Herstellungskosten. – (3) *Forderungen* werden grundsätzlich einzeln und nach ihrer Einbringlichkeit bewertet. Anzusetzen ist i. a. der Nennbetrag einer Forderung (= Anschaffungskosten). Bei Forderungen besonderer Art, wie zweifelhafte Forderungen, Skonto, Inkassoprovisionen, Porto, Mahngebühren u. ä. ist nur Einzelabschreibung zulässig. Pauschale B. ist nur zulässig bei größeren Posten, die einheitlich einem abschätzbaren Risiko unterliegen (z. B. Warenanforderungen). Hier erfolgt meist eine indirekte Teilwertabschreibung durch Bildung eines →Delkredere in Höhe der erfahrungsgemäßen Ausfälle. Einzel- wie Sammelwertberichtigung unter Beachtung des Gleichmäßigkeitsgrundsatzes: Übergang vom Sammeldelkredere zum Einzeldelkredere nur bei besonderen Umständen. Fremdwährungsforderungen sind auf ihren effektiven Wert zu prüfen und mit ihrem Niederstwert nach dem am Bilanzstichtag notierten Kurs in DM anzusetzen. – (4) B. von *Wertpapieren* (des Umlaufvermögens) mit Anschaffungskosten oder niedrigerem Börsenkurs (bei nicht notierten Papieren mit niedrigerem Tageskurs). – (5) B. von *Waren* nicht über die Anschaffungskosten ohne Rücksicht auf den Wertansatz in der letzten Bilanz. Der Teilwert von Fertigwaren des Umlaufvermögens deckt sich grundsätzlich mit dem Wiederherstellungswert. – (6) B. von *Verbindlichkeiten* erfolgt in Umkehrung des Niederstwertprinzips (→Höchstwertprinzip). Es ist grundsätzlich der dem Schuldner zugeflossene Verfügungsbetrag (= Anschaffungspreis für die Verbindlichkeit) anzusetzen. Das gilt auch, wenn der Verfügungsbetrag unter dem zurückzuzahlenden Nennbetrag liegt, jedoch ist der Unterschiedsbetrag über die Laufzeit der Schuld (Darlehen; →Damnum) zu verteilen. Schulden in ausländischer Währung sind auch dann mit dem Verfügungsbetrag anzusetzen, wenn der Kurs der ausländischen Währung gesunken ist (Verbot des Ausweises

Tabelle 1: Ansatzvorschriften im HGB

	Vorschriften für alle Kaufleute	Zusätzliche Vorschriften für Kapitalgesellschaften
Ansatzpflichten	§ 246 I, II – Vollständigkeit, Verrechnungsverbot §§ 247 I, 248 – Bilanzinhalt: Vermögensgegenstände, Eigenkapital, Schulden, RAP, aber: keine Gründungsaufwendungen, keine originären immateriellen Vermögensgegenstände des AV § 249 I – Verbindlichkeitsrückstellungen, bestimmte Aufwandsrückstellungen § 250 I S. 1, II – bestimmte RAP (§ 251 – Haftungsverhältnisse *)	§ 274 I – Rückstellungen für Überhang passivischer latenter Steuern
Ansatzwahlrechte	§ 247 III – nur steuerlich zulässige Posten als Sonderposten mit Rücklagenanteil § 249 I, II – bestimmte Aufwandsrückstellungen § 250 I S. 2 – bestimmte steuerlich gebotene RAP § 250 III S. 1 – Disagio-Aktivierung § 255 IV S. 1 – derivativer Firmenwert	§ 273 – nur soweit aufgrund umgekehrter Maßgeblichkeit geboten (SoPo) § 273 i. V. m. § 281 – passiv. Ausweis von steuerlichen Bewertungsdifferenzen als SoPo § 269 – Aufwendungen für die Ingangsetzung und Erweiterung des Geschäftsbetriebes § 274 II – Überhang aktivischer latenter Steuern

* Diese Ansatzpflicht wurde in Klammern gesetzt, weil sie einen Ausweis unter dem Strich, d. h. unter der Bilanz verlangen.
Legende: RAP ≙ Rechnungsabgrenzungsposten; AV ≙ Anlagevermögen; SoPo ≙ Sonderposten mit Rücklageanteil.

Quelle: Baetge, J., Die neuen Ansatz- und Bewertungsvorschriften, in: Zeitschrift für betriebswirtschaftliche Forschung, 3/4 1987 (39. J.), S. 207.

Übersicht: Bewertung – Ansatz- und Bewertungsvorschriften des HGB

Tabelle 2: Bewertungsvorschriften im HGB

	Vorschriften für alle Kaufleute		Zusätzliche Vorschriften für Kapitalgesellschaften	
Bewertungswahlrechte	§ 252	– allgemeine Bewertungsgrundsätze		
	§ 253 I S. 1	– AK-/HK-Prinzip		
	§ 253 I S. 2	– Verbindlichkeiten: Rückzahlungsbetrag; Renten ohne Gegenleistung: Barwert, Rückstellungen: vernünftige kfm. Beurteilung		
	§ 253 II	– Im AV: Grundsatz planmäßiger Abschreibung; Abschreibung auf niedrigeren beizulegenden Wert bei voraussichtlich dauernder Wertminderung		
	§ 253 III S. 1 u. 2	– Im UV: Abschreibung auf den niedrigeren Börsen- oder Marktpreis bzw. beizulegenden Wert		
	§ 255 I	– Umfang der AK		
	§ 255 II S. 2	– Untergrenze der HK		
	§ 255 IV S. 2 o. 3	– alternative Abschreibungspflichten für derivativen Geschäftswert	§ 280 I	– Wertaufholungsgebot bei Wegfall wertmindernder Umstände, sofern nicht § 280 II gilt
	§ 250 III S. 2	– planmäßige Tilgung des Disagio	§ 282	– Tilgung der Ingangsetzungs- und Erweiterungsaufwendungen
Bewertungspflichten	§§ 253, 254	– Abschreibungswahlrechte		
	§ 253 II S. 3	– vorübergehende Wertminderung bei Vermögensgegenständen des AV	§ 279 I S. 2	– keine Abschreibungsmöglichkeit bei vorübergehender Wertminderung im AV, außer bei Finanzanlagen
	§ 253 III	– niedrigerer Wertansatz bei künftigen Wertschwankungen von VG des UV		
	§ 253 IV	– Abschreibungen im Rahmen vernünftiger kfm. Beurteilung (Willkürrücklagen)	§ 279 I S. 1	– Verbot von Willkürrücklagen
	§ 254	– Abschreibungen auf nur steuerrechtlich zulässige niedrigere Werte	§ 279 II	– Abschreibungsmöglichkeit nur soweit durch umgekehrte Maßgeblichkeit geboten
	§ 253 V	– Beibehaltung des niedrigeren Wertansatzes bei Wegfall der Abschreibungsursache	§ 280 II	– Beibehaltungsmöglichkeit nur soweit für steuerliches Beibehaltungsrecht erforderlich
	§ 255 II S. 3–6, III	– Obergrenze der HK		
	§ 255 IV S. 2 o. 3	– Wahl zwischen Tilung oder Abschreibung des derivativen Geschäftswertes		
	§ 256 i. V. m. § 240 III, IV	– Bewertungsvereinfachungen		

* Legende: AK ≙ Anschaffungskosten; HK ≙ Herstellungskosten; AV ≙ Anlagevermögen; UV ≙ Umlaufvermögen; VG ≙ Vermögensgegenstand.

Quelle: Baetge, J., Die neuen Ansatz- und Bewertungsvorschriften, in: Zeitschrift für betriebswirtschaftliche Forschung, 3/4 1987 (39. J.), S. 208.

von nicht realisierten Gewinnen). Ist hingegen der Kurs der ausländischen Währung gestiegen, kann der höhere Teilwert angesetzt werden; bei Gewinnermittlung nach § 5 EStG muß der höhere Teilwert angesetzt werden. – (7) *Entnahmen* sind mit dem Teilwert anzusetzen, ebenfalls →Einlagen (Teilwert am Zuführungstag). Höchstens mit den Anschaffungs- oder Herstellungskosten anzusetzen sind Einlagen, wenn das Wirtschaftsgut innerhalb der letzten drei Jahre angeschafft wurde oder es sich um eine wesentliche →Beteiligung an einer Kapitalgesellschaft handelt. – (8) *Bindung der Steuerbilanz an die Handelsbilanz:* Bestimmte Wertansätze (z. B. Sonderabschreibungen) sind in der Steuerbilanz nur zulässig, wenn sie auch in der Handelsbilanz vorgenommen wurden (→Maßgeblichkeitsprinzip der Handelsbilanz für die Steuerbilanz). – (9) Bei *Nichtvorhandensein von Büchern* oder Aufzeichnungen wird nach Richtsätzen geschätzt; vgl. →Schätzung II. – b) B. nach dem *Bewertungsgesetz:* (1) Allgemein: Vgl. →Bewertungsmaßstäbe, →Einheitswert; (2) für die im einzelnen zur Anwendung kommende B. (in der →Vermögensaufstellung): Vgl. →Betriebsvermögen, →Anlagevermögen II, →Umlaufvermögen IV 3; (3) für weitere Fragen der Substanzbewertung: Vgl. →Grundvermögen, →land- und forstwirtschaftliches Vermögen, →sonstiges Vermögen, →Einheitswert.

II. B. in ausgewählten Sonderbilanzen: Vgl. →Abwicklungsbilanz, →Fusionsbilanz, →Gründungsbilanz, →Konkursbilanz, →Überschuldungsbilanz.

III. B. in der Kostenrechnung: 1. Der einem betriebszweckbezogenen Güterge- oder -verbrauch zuzuordnende Kostenwert hängt grundsätzlich vom *Zweck der Verwendung der Kosteninformation* ab (→Auswertungsrechnung). Der Verbrauch von auf Lager liegendem Material für einen Zusatzauftrag z. B. zieht dann keine Kosten nach sich, wenn das Material bei Nichtverarbeitung verderben würde; ist dann mit →Wiederbeschaffungskosten zu bewerten, wenn das Lager nach der Lagerentnahme wieder auf den ursprünglichen Bestand aufgefüllt wird. – 2. Für die *laufende Kostenerfassung* erweist sich eine derartige Bewertungsvielfalt als unpraktikabel. Als Standardwert setzt man deshalb durchweg die →Anschaffungskosten bzw. →Herstellungskosten heran (wie in der →externen Rechnungslegung). Auswertungen für spezielle Rechnungszwecke erfordern dann Umbewertungen. – 3. *B. als Zurechnungsproblem:* I. a. wird gefordert, die B. (als Zuordnung eines Geldbetrags auf ein Gut) am jeweiligen Zweck auszurichten ist. Das gilt insbes. für den →wertmäßigen Kostenbegriff. Ein eindeutiger Zusammenhang zwischen Zweck und B. besteht jedoch nur selten. Eine Objektivierung des Rechnungswesens verlangt Preiseindeutigkeit. Sie kann erreicht werden,

wenn das →Identitätsprinzip auch auf die Zuordnung der →Beschaffungsentgelte bzw. -abgelt (→Ausgabenverbundenheit) primär auf die beschafften Gütereinheiten und sekundär auf die verbrauchten Güter und die entstehenden Leistungen angewendet wird.

IV. B. einer Unternehmung als Ganzes: Vgl. →Unternehmungsbewertung.

Bewertungsabschlag. 1. Für bestimmte →*Wirtschaftsgüter des* →*Umlaufvermögens ausländischer Herkunft,* deren Preis auf dem Weltmarkt wesentlichen Schwankungen unterliegt (Importwarenabschlag nach § 80 EStD). Danach können die in der Anlage 3 zur EStDV genannten Wirtschaftsgüter des Umlaufvermögens statt mit dem nach § 6 I Nr. 2 EStG (→Bewertung II 3) ergebenden Wert mit einem solchen angesetzt werden, der bis zu 20% (ab 1990 15%, ab 1991 10%) unter den Anschaffungskosten oder dem niedrigeren Börsen- oder Marktpreis des →Bilanzstichtages liegt. Voraussetzung: Gewinnermittlung nach § 5 I EStG und Ansatz in der →Handelsbilanz (§ 6 III 1 EStG). – 2. B. bei Bewertung nach normierten Verfahren im *Bewertungsrecht* (z. B. →Stuttgarter Verfahren, →Sachwertverfahren, →Ertragswertverfahren). – Vgl. auch →Abschlag III.

Bewertungsabschreibung, Ansatz eines Wirtschaftsgutes zu einem unter dem letzten Bilanzansatz liegenden Wert; bei abnutzbaren Anlagegütern Unterschreitung des um →Absetzung für Abnutzung verringerten letzten Bilanzansatzes. I. d. R. Herabgehen auf den niedrigeren beizulegenden Wert oder den Teilwert (→Teilwertabschreibung). B. im Gegensatz zur AfA bei allen Wirtschaftsgütern möglich.

Bewertungsbeirat, beim Bundesminister der Finanzen (BMF) zur Durchführung der →Hauptfeststellung der Einheitswerte land- und forstwirtschaftlichen Vermögens gebildetes Organ mit der Aufgabe, dem BMF Vorschläge zu machen zur Festsetzung der →Ertragswerte, der →Vergleichszahlen und →Vergleichswerte sowie der →Normalwerte und Ertragswerte der forstwirtschaftlichen Nutzungen. Aufgegliedert in je eine landwirtschaftliche, forstwirtschaftliche Abteilung, Weinbau- und Gartenbauabteilung (§ 63 ff. BewG).

Bewertungsdifferenzen, Bezeichnung des industriellen Rechnungswesens für die zwischen pagatorischer und kalkulatorischer Rechnung auftretenden Abweichungen von Aufwendungen und Erträgen, deren Umwandlung in Kosten und Leistungen nicht nur mengenmäßig und zeitlich, sondern oftmals auch wertmäßig →Abgrenzungen erfordert.

Bewertungsfreiheit, *Bewertungswahlrecht.* 1. *Begriff* des Einkommensteuerrechts für die Möglichkeit, zwischen mehreren zulässigen

Wertansätzen für Zwecke der steuerlichen Gewinnermittlung zu wählen. – 2. *B. sind insbes.:* a) Möglichkeit, die →Anschaffungskosten oder →Herstellungskosten bzw. den Wert der Einlage von →geringwertigen Wirtschaftsgütern im Jahr der Anschaffung, Herstellung oder Einlage des Wirtschaftsguts oder der Betriebseröffnung in voller Höhe als →Betriebsausgaben abzusetzen (§ 6 II EStG); b) Steuervergünstigungen in Form von Sonderabschreibungen i. e. S.: Vgl. →Sonderabschreibungen.

Bewertungsgesetz (BewG), neben der →Abgabenordnung das wichtigste Steuergrundgesetz, in dem alle steuerlichen Bewertungsfragen geregelt sind, und das nur insoweit nicht anzuwenden ist, als spezielle Steuergesetze (insbes. EStG) eigene Bewertungsvorschriften aufweisen.

I. Gesetzliche Grundlagen: *Bewertungsgesetz* (BewG 1965) i. d. F. vom 26. 9. 1974 (BGBl I 2369), zuletzt geändert am 19. 12. 1985 (BGBl I 2436). *Durchführungsverordnung* vom 2. 2. 1935 (BewDV), zuletzt geändert am 19. 1. 1977 (BGBl I 171). Bestimmungen zur Gewährleistung einer einheitlichen Rechtsanwendung; enthalten die *Vermögensteuer-Richtlinien* für die Vermögensteuer-Hauptveranlagung 1986 (VStR 1986) i. d. F. vom 22. 1. 1986 (BStBl I Sondernr. 2), die Zweifels- und Auslegungsfragen behandeln, die für die praktische Anwendung des Bewertungsrechtes und die Vermögensbesteuerung von allgemeiner Bedeutung sind, allerdings nur für die Finanzverwaltung bindenden Charakter haben.

II. Allgemeines: Das B. soll für das gesamte Steuerrecht (Bundes-, Landes- und Gemeindesteuern) *einheitliche Werte* festsetzen (z. B. für →Vermögensteuer, →Gewerbesteuer, →Grundsteuer, →Erbschaftsteuer, Schenkungsteuer, →Grunderwerbsteuer); Prinzip des →*Einheitswertes*. Bis zum Erlaß des B. bestand die Einheitlichkeit der Steuerwerte nicht; derselbe Gegenstand konnte für die Vermögensteuer mit einem Vielfachen oder einem Bruchteil des Wertes angesetzt werden, der für eine Gemeinde- oder Landessteuer galt.

III. Aufbau/Inhalt: Das B. besteht aus drei Teilen und 14 Anlagen: – 1. Der erste Teil enthält *allgemeine Bewertungsvorschriften* (§§ 1–16 BewG) und gilt für alle öffentlich-rechtlichen Abgaben, die durch Bundesrecht geregelt sind, soweit sie durch Bundes- oder Landesfinanzbehörden verwaltet werden; von untergeordneter Bedeutung, wenn sich aus anderen Steuergesetzen oder dem zweiten Teil des BewG eine andere Bewertung ergibt (§ 1 BewG). Beispiele für abweichende Bewertungsansätze: §§ 6, 7 EStG (spezielle Bewertungsvorschriften für die Bewertung in der →Steuerbilanz); § 10 IV UStG (Bewertung des

Eigenverbrauchs). – 2. Der zweite Teil des BewG enthält *besondere Bewertungsvorschriften* (§§ 17–121): a) Bewertung und Erfassung der zu bewertenden Einheiten mittels der *Einheitsbewertung,* die für das →land- und forstwirtschaftliche Vermögen, →Grundvermögen und →Betriebsvermögen durchgeführt wird (§§ 19–109); gilt für Vermögen-, Grund-, Gewerbe-, Erbschaft- und Grunderwerbsteuer, soweit in den betreffenden Steuergesetzen nichts Abweichendes bestimmt ist. – Die einheitliche Bewertung für verschiedene Steuerarten erfordert ein besonderes Ermittlungsverfahren *(Einheitswertverfahren),* durch das die Einheitswerte festgestellt werden. – b) Bewertung und Umfang des →sonstigen Vermögens, des →*Gesamtvermögens* und des →*Inlandsvermögens* für die Zwecke der Vermögensteuer (§§ 110–121). – 3. Der dritte Teil enthält *Übergangs- und Schlußbestimmungen:* a) zur Anwendung des BewG (§ 124 BewG), b) zum Ansatz der auf den 1. 1. 1964 festgestellten Einheitswerte des →Grundbesitzes (→Einheitswertzuschlag) (§ 121 a BewG) und c) besondere Vorschriften für Berlin (West) (§ 122 BewG). – 4. *Anlagen zum BewG:* a) Tabellen zur Umrechnung von Tierbeständen in Vieheinheiten; b) Vervielfältiger zur Ermittlung des Wertes von Grundstücken nach dem →Ertragswertverfahren, zur Berechnung von Kapitalwerten lebenslänglicher Nutzungen oder Leistungen und zur Berechnung von Pensionsverpflichtungen.

Bewertungsgrundsätze, →Bewertung I 1.

Bewertungskontinuität, Wertzusammenhang bei Wertansatz von Wirtschaftsgütern in aufeinanderfolgenden Bilanzen. Haupterfordernis der materiellen →Bilanzkontinuität. – Vgl. auch →Bewertungsstetigkeit.

Bewertungsmaßstäbe. 1. *Begriff und Bedeutung:* B. werden benötigt, um den unterschiedlichen Wertvorstellungen der Individuen ein gemeinsames Gefüge zu verleihen; dies erlangt unter dem Postulat der Gleichmäßigkeit der Besteuerung besondere Bedeutung. B. tragen einen *objektiven Charakter* und sind für alle →*Wirtschaftsgüter* (zu bewertenden Einheiten) gleicher Art (z. B. Grundstücke) ohne Berücksichtigung persönlicher Verhältnisse *einheitlich anzuwenden.* – Zur Konkretisierung und Schematisierung der B. stehen *Bewertungsmethoden* (z. B. →Sachwertverfahren bei der Bewertung eines Grundstücks) zur Verfügung. – 2. *Arten:* a) *Zentrale B.:* (1) →gemeiner Wert (§ 9 BewG); (2) →Teilwert (§ 10 BewG). – b) *Einfache Hilfswerte:* (1) →Nennwert (§ 12 I BewG), (2) →Kurswert (§ 11 I BewG), (3) Rückkaufswert (→Rückkauf von Versicherungen) und →Zweidrittelwert (§ 12 IV BewG). – c) *Finanzmathematische Hilfswerte:* (1) →Gegenwartswert (§ 12 III BewG), (2) →Kapitalwert (§§ 13–16 BewG), (3) Pensionsanwartschaftswert (§ 104 BewG). – d)

Schätzwerte: (1) Wert nicht notierter Anteile an Kapitalgesellschaften (§ 11 II BewG), (2) Schätzwert von Anteilspaketen (§ 11 III BewG). – e) *Sonderwerte:* (1) Steuerbilanzwert (§ 109 IV BewG), (2) Wert der Lastenausgleichsverpflichtungen.

Bewertungsmethode, →Bewertungsmaßstäbe 1.

Bewertungsstetigkeit, Anwendung gleicher Bewertungsgrundsätze und -methoden (z. B. Abschreibungsverfahren, aber auch Wertansatzwahlrechte; letzteres umstritten) in aufeinanderfolgenden Jahresabschlüssen. Mit Inkrafttreten des Bilanzrichtlinien-Gesetzes wurde der Grundsatz der B. erstmalig im Gesetz kodifiziert (§ 252 I Nr. 6 HGB). Obgleich als Sollvorschrift gefaßt, ist wegen § 252 II HGB davon auszugehen, daß von B. nur in begründeten Ausnahmefällen abgewichen werden darf. – Vgl. auch →Bewertung I 1, →Bewertungskontinuität.

Bewertungsstützpunkte, Begriff des BewG: Zur Sicherung einer gleichmäßigen Bewertung des →land- und forstwirtschaftlichen Vermögens werden in einzelnen typischen Betrieben mit gegendüblichen Ertragsbedingungen *(Vergleichs- bzw. Richtbetriebe)* vorweg die →Vergleichszahlen oder (für forstwirtschaftliche Nutzungen und für sonstige land- und forstwirtschaftliche Nutzungen unmittelbar) die →Vergleichswerte der Nutzungen und Nutzungsteile ermittelt *(Hauptbewertungsstützpunkte),* durch den →Bewertungsbeirat vorgeschlagen und durch Rechtsverordnung festgesetzt (§ 39 AO). – Ergänzung durch *Landes- und Ortsbewertungsstützpunkte* möglich, die aber keine rechtsverbindliche Kraft haben. – Als B. für weinbauliche Nutzungen dienen Weinbaulagen oder Teile von Weinbaulagen.

Bewertungstafel, Schema zur Durchführung der analytischen →Arbeitsbewertung. Eine solche B. wurde, aufbauend auf den Vorarbeiten des Ausschusses für Betriebswirtschaft im Verein Deutscher Eisenhüttenleute, von der Reichsgruppe Industrie entwickelt und unter dem Titel „Die Arbeitsbewertung in den Betrieben der Fachgemeinschaft Eisen- und Metallindustrie" 1941 in der sog. „Grauen Broschüre" veröffentlicht. Inzwischen hat REFA-Verband für Arbeitsstudien und Betriebsorganisation e. V., ausgehend vom →Genfer Schema, eine für alle in der Bundesrep. D. üblichen Arbeitsbewertungsverfahren geltende Anforderungstafel und Einstufungstafel als B. entwickelt. Anwendung zur Einstufung der Tätigkeiten und Ermittlung des Arbeitswertes. Vgl. Übersicht Sp. 827/828.

Bewertungsvereinfachungsverfahren. I. H a n d e l s b i l a n z: Grundsätzlich gilt das Prinzip der →Einzelbewertung (§ 252 I Nr. 3 HGB). Unter bestimmten Voraussetzungen

sind jedoch Vereinfachungen zugelassen: 1. Verfahren zur *vereinfachten Ermittlung* der →Anschaffungskosten bzw. →Herstellungskosten: Sachanlagevermögensgegenstände und Roh-, Hilfs- und Betriebsstoffe können u. U. mit einem →Festwert angesetzt werden (§ 240 III HGB); gleichartige Vermögensgegenstände des Vorratsvermögens und andere gleichartige oder annähernd gleichwertige bewegliche Vermögensgegenstände können gruppenweise (→Gruppenbewertung) und mit dem gewogenen Durchschnitt (→Durchschnittsbewertung) bewertet werden (§ 240 IV HGB); für gleichartige Gegenstände des →Vorratsvermögens kann unterstellt werden, daß die zuerst oder die zuletzt angeschafften oder hergestellten Vermögensgegenstände zuerst oder in einer sonstigen bestimmten Folge verbraucht oder veräußert worden sind (§ 256 HGB; sog. Verbrauchsfolgeverfahren; vgl. →Lifo, →Fifo, →Hifo). – 2. Daneben ist als *Aktivierungsvereinfachung* möglich, geringwertige Vermögensgegenstände (steuerlich bis zu 100 DM, Abschn. 40 EStR), die Anlagevermögen sein könnten, nicht zu aktivieren, sondern sofort als Aufwand zu behandeln. Sog. →geringwertige Wirtschaftsgüter des Anlagevermögens mit Anschaffungs- oder Herstellungskosten bis 800 DM müssen zwar aktiviert, dürfen jedoch im Zugangsjahr in voller Höhe abgeschrieben werden.

II. S t e u e r b i l a n z: Grundsätzlich die gleichen H. (Abschn. 30, 31, 36, 40 EStR), als Verbrauchsfolgeverfahren kommt jedoch nur das Fifo-Verfahren in Betracht, wenn glaubhaft gemacht wird, daß die Verbrauchsfolge i. d. R. tatsächlich eingehalten wird.

Bewilligung, →Eintragungsbewilligung.

Bewilligungsstatistik, Teil der →Baustatistik. Erfaßt die Maßnahmen im Sozialen Wohnungsbau im Rahmen des 1. und 2. Förderungsweges aufgrund der Meldungen der Bewilligungsstellen.

Bewirtschaftung. 1. *Staatliche Maßnahme:* Zuteilung von verbrauchseinschränkenden Teilmengen bestimmter Güter, insbes. in Mangelzeiten (Kriegswirtschaft) oder auch im Zusammenhang mit staatlicher Preispolitik, i. d. R. durchgeführt als „Rationierung" mit Hilfe vielfältiger Bezugsschein- oder Kontingentierungsverfahren. – 2. Im Rahmen von *Kartellen höherer Ordnung:* Vgl. →Kontingentierungskartell.

Bewirtschaftungsvorschriften, mit Androhung von Strafen oder Geldbußen für den Fall von Zuwiderhandlungen zum Schutz des im wesentlichen in §§ 3 ff. WStrG 1954 zusammengefaßte, z. T. preisrechtliche Vorschriften, insbes. Getreide-, Zucker-, Milch- und Fett-, Vieh- und Fleisch-, Güterkraftverkehrsgesetz.

Bewirtungskosten, →Geschäftsfreundebewirtung.

Übersicht: Bewertungstafel zur Arbeitsbewertung (ergänzte Form nach Euler-Stevens)

Erforderliche Anforderungsarten und deren Abstimmung zueinander

	I Erforderliche Fachkenntnisse	II Geschicklichkeit	III Körperliche Beanspruchung	IV Geistige Beanspruchung	V Verantwortung			VI Umgebungseinflüsse				
	Berufsausbildung Berufserfahrung	Handfertigkeit	Anforderungen an Muskeln und Sinne	Anforderungen an Denkfähigkeit und Aufmerksamkeit	f. d. Werkstück	f. d. Art.-güte	f. d. Gesundheit anderer	Temperatur	Öl, Fett, Staub, Schmutz, Wasser	Gase u. sonst. auf Schleimhaut wirkende	Unfallgefährdung	Lärm, Blendg., Erkältg., Erschütt.
0	Kurze Anweisung	Ohne Ansprüche an Geschicklichkeit	Leichte oder wenig ermüdende Arbeit bei geringer Dauer der Beanspruchung während der normalen Arbeitszeit	Ohne besondere Denkfertigkeit	gering	gering	gering	gering	gering	gering	gering	gering
1	Anweisung bis 3 Monate	geringe Geschicklichkeit	Entweder leichte oder wenig ermüdende Arbeit bei mittlerer Dauer der Beanspruchung oder mittelschwere oder ermüdende Arbeit bei mittlerer Dauer der Beanspruchung während der normalen Arbeitszeit	Einfache Denkfertigkeit	mittel	mittel	mittel	mittel	mittel	mittel	mittel	mittel
2	Anlernen bis 6 Monate	geringe Geschicklichkeit	Entweder leichte oder wenig ermüdende Arbeit bei hoher Dauer der Beanspruchung oder mittelschwere oder ermüdende Arbeit bei geringer Dauer der Beanspruchung während der normalen Arbeitszeit	Gesteigerte Denkfertigkeit	hoch	hoch	hoch	hoch	hoch	hoch	hoch	hoch
3	Anlernen mindestens 6 Monate und zusätzliche Berufserfahrung oder abgeschlossene Anlernausbildung ohne zusätzliche Erfahrung	hohe Geschicklichkeit	Entweder mittelschwere oder ermüdende Arbeit bei hoher Dauer der Beanspruchung oder schwere oder stark ermüdende Arbeit bei geringer Dauer der Beanspruchung während der normalen Arbeitszeit	Besondere Denkfertigkeit, Arbeit nach Zeichnungen mit Verständnis für technische und organisatorische Zusammenhänge	sehr hoch	sehr hoch	sehr hoch	*höchste Punktzahl 5¹)*				
4	Abgeschlossene Anlernausbildung und zusätzliche Berufserfahrung	höchste Geschicklichkeit	Schwere oder stark ermüdende Arbeit bei mittlerer Dauer der Beanspruchung während der normalen Arbeitszeit	Hohe Denkfertigkeit, Arb. schwier. Zeichnungen mit Verständnis f. schwierige techn. oder organisator. Zusammenhänge	—	ganz außergewöhnlich	—					
5	Abgeschlossene Facharb.-Ausbildung oder abgeschlossene Anlernausbildung mit besonderer Berufserfahrung		Schwere oder stark ermüdende Arbeit bei hoher Dauer der Beanspruchung während der normalen Arbeitszeit	Höchste Denkfertigk., Arbeit mit schwier. Zeichn. mit Verständnis f. schwierigste techn. oder organisator. Zusammenhänge	*höchste Punktzahl 5¹)*							
6	Abgeschlossene Facharb.-Ausbildung mit besonderer Berufserfahrung oder abgeschlossene Anlernausbildung mit höchstem fachlichem Können											
7	Abgeschlossene Facharb.-Ausbildung und höchstes fachliches Können											

¹) Vorstehende Höchstsätze der Punktzahlen sind festgelegt worden, um einen unverhältnismäßigen Einfluß einer Anforderungsart auf die Gesamtbewertung zu vermeiden. — Für außergewöhnliche betriebliche Verhältnisse, die sorgfältig zu prüfen sind, kann der Betrieb es zulassen, daß bei den Anforderungsarten III oder IV oder V oder VI die Punktzahlbegrenzung bei 7 liegt.

bewußte Auswahl, zusammenfassende Bezeichnung für nichtzufällige →Auswahlverfahren. Zur b. A. gehören insbes. das →Quotenauswahlverfahren und die Auswahl nach dem →Konzentrationsprinzip. Der Einsatz von Verfahren der →Inferenzstatistik ist bei b. A. nicht korrekt (→Repräsentativerhebung). – *Anwendung:* V. a. in der →Marktforschung.

bez., →bz.

Beziehungshandel, →direkter Vertrieb von Herstellern oder Großhändlern an bestimmte Letztverbraucher, denen sie sich besonders verpflichtet fühlen.

Beziehungslehre der Steuerformen, →steuerliche Beziehungslehre.

Beziehungszahl, in der Statistik Bezeichnung für eine →Verhältniszahl, bei der sich Zähler und Nenner im Verhältnis der Gleichordnung befinden und verschiedenartig sind. – *Beispiel:* Bevölkerungsdichte ist der Bevölkerungsumfang, dividiert durch die Fläche eines Landes.

Bezirksgüterfernverkehr, →Güterfernverkehr.

Bezirksvertreter, →Handelsvertreter, dem zur Ausübung seiner Tätigkeit ausdrücklich ein bestimmter *geographischer Bezirk* zugewiesen ist. Der B. hat für die Dauer seines Vertragsverhältnisses, i. a. auch ohne eigene Mitwirkung, Anspruch auf →Provision für alle Geschäfte mit Personen seines Bezirks oder Kundenkreises; vgl. →Kundenschutz (auf den Ort des Geschäftsabschlusses oder den Auslieferungsort kommt es dabei nicht an, §87 II HGB). – Innerhalb des geographischen Bezirkes kann der B. auch auf einen *fachlichen Bezirk* beschränkt sein oder auf Privat- und Behördenkundschaft. – Dem Begriff des B. *steht nicht entgegen,* daß ihm auch die Tätigkeit in anderen Bezirken gestattet ist; auch kann er ohne vertragliche Vereinbarung nicht verlangen, daß sein Geschäftsherr oder andere in seinem Bezirk nicht tätig werden. Jedoch steht ihm Provision auch aus den von anderen abgeschlossenen Geschäften zu (§87 II HGB). – Die gesetzlichen Vorschriften können durch *Vertrag* eingeengt oder erweitert werden. – Der gesetzliche Schutz gilt nicht für →*Versicherungsvertreter* (§92 III 2 HGB).

Bezirkszone, →Güterfernverkehr.

Bezogener, *Trassat,* beim →Wechsel oder →Scheck derjenige, an den der Zahlungsauftrag gerichtet ist (Adressat). – 1. *Wechselbezogener:* Anzugeben sind: Name, volle Anschrift, Geschäftszweig (bei →Warenwechseln). Aussteller kann sich auch selbst als Bezogenen einsetzen (→trassiert-eigener Wechsel), wenn z. B. Filialen einer Unternehmung aufeinander ziehen. Der Wechsel ist auch gültig, wenn der Name des B. falsch oder

fingiert ist. Durch sein →Akzept wird B. →Akzeptant. – 2. *Scheckbezogener:* B. ist ein Geld- oder Kreditinstitut (Deutsche Bundesbank, Landeszentralbanken, der Bankenaufsicht unterliegende Kreditinstitute, Postgiroämter); er steht über dem Schecktext; er braucht nur einzulösen, wenn Scheck innerhalb acht Tagen nach Ausstellung zur Zahlung vorgelegt wird und gedeckt ist.

bezogene Teile, Bestandteile, die aus mehreren Einzelteilen bzw. aus mehreren Stoffen aufgrund eigener oder (zumeist) fremder Zeichnungen, Entwürfe oder dgl. von anderen Herstellern gefertigt und zum Zweck der Verbindung mit eigenen Erzeugnissen erworben werden (→Fremdbezug). – In der *Materialbuchhaltung* werden für b. T. besondere Konten geführt. – *Anders:* →Werkstoffe.

bezugnehmende Werbung, Sammelbegriff des UWG, zu dem u. a. die →persönliche Werbung, die →anlehnende Werbung und die →vergleichende Werbung gehören.

Bezugsaktie, →junge Aktie, die insbes. bei einer bedingten Kapitalerhöhung ausgegeben wird (§§159ff. AktG). Inhaber von →Wandelschuldverschreibungen sowie Aktionäre einer fremden Gesellschaft, die fusioniert werden soll, haben das Recht, die Wandelschuldverschreibungen bzw. die Aktien der fusionierten AG gegen B. *umzutauschen.* B. dürfen nur in Erfüllung des im Beschluß über die bedingte Kapitalerhöhung festgesetzten Zweckes und nicht vor der vollen Leistung des Gegenwertes *ausgegeben* werden. Der Vorstand hat spätestens innerhalb eines Monats nach Ablauf des Geschäftsjahrs den Umfang der im vorhergehenden Jahr ausgegebenen B. zur Eintragung ins Handelsregister *anzumelden.* – Vgl. auch →Freiaktie.

Bezugsberechtigung. 1. *Begriff:* Begünstigung, Willenserklärung des Versicherungsnehmers dem Versicherer gegenüber darüber, wer die Versicherungsleistung aus einer →Lebensversicherung bei Fälligkeit erhalten soll. – 2. *Arten:* a) *Widerrufliche B.* (Normalfall): Versicherungsnehmer kann bis zum Versicherungsfall die Begünstigung jederzeit widerrufen. Stirbt der Begünstigte vor Eintritt des Versicherungsfalles, fällt die B. an den Versicherungsnehmer zurück. – b) *Unwiderrufliche B.:* Begünstigter erwirbt schon vor dem Versicherungsfall mit Einräumung der B. einen Anspruch. Er kann den Anspruch abtreten, beleihen oder einen anderen als Begünstigten einsetzen. Bei seinem Tod geht die B. auf seine Erben über. Änderungen durch den Versicherungsnehmer nur mit Einwilligung des Begünstigten.

Bezugsbindung. 1. *Begriff:* Form der →Vertriebsbindung, bei der z. B. ein Händler gebunden wird, seine Waren nur bei einem bestimmten Lieferanten zu beziehen. Dadurch können

Querlieferungs- oder Reimportverbote innerhalb von Vertriebsbindungs-Systemen überwacht werden. – B. können auch *negativ formuliert* werden, indem dem Gebundenen untersagt wird, bei bestimmten Lieferanten zu beziehen oder bestimmte Waren (z. B. Konkurrenzprodukte) zu führen (gleichzeitige →Absatzbindung). – 2. B. sind *wettbewerbsrechtlich* nach § 18 GWB zu beurteilen. Werden in →kooperativen Gruppen des Handels den Mitgliedern B. abverlangt, so führen diese grundsätzlich zu einer Prüfung der Kooperation nach § 1 GWB. – Vgl. auch →Ausschließlichkeitsbindung.

Bezugsgenossenschaft, →Einkaufsgenossenschaften, →landwirtschaftliche Waren- und Verwaltungsgenossenschaften.

Bezugsgröße. I. S o z i a l v e r s i c h e r u n g : Einheitliche B. (§ 18 SGB IV), eingeführt, um die bestehenden unterschiedlichen Regelungen in den einzelnen Versicherungszweigen zu beseitigen. Die B. ergibt sich aus dem durchschnittlichen Arbeitsentgelt aller Versicherten der Rentenversicherung der Arbeiter und der Angestellten ohne Auszubildende im vorvergangenen Kalenderjahr, aufgerundet auf den nächsthöheren, durch 48 teilbaren Betrag. Sie wird jährlich neu bekanntgegeben. Die B. beträgt für 1987 jährlich 36 120 DM und monatlich 3010 DM.

II. K o s t e n r e c h n u n g : Qualitativ, quantitativ, räumlich und/oder zeitlich abgegrenzte Größe, der bestimmte Kosten, Erlöse, Mengenverbräuche und andere Geld- und Mengengrößen gegenübergestellt oder zugeordnet werden. – 1. *Basis (Nenner) von Kenn- oder Beziehungszahlen* (z. B. Fracht je 100 kg Versandgewicht, Deckungsbeitrag in Prozent vom Umsatz, Gemeinkosten in Prozent der Einzelkosten); dienen auch zur Ermittlung von Verrechnungs- und Zuschlagssätzen sowie von Vorgaben in Form von Verbrauchsstandards oder Deckungssätzen (z. B. Mindest-Deckungsbeitrag je Engpaßmaschinenstunde). – 2. *Maßgröße der Kostenverursachung* in den Kostenstellen für die wichtigsten →Kostenbestimmungsfaktoren. B. müssen so festgelegt werden, daß sie den Einfluß der Kostenbestimmungsfaktoren auf die Kostenhöhe möglichst exakt abbilden. – *Beispiele:* Fertigungsminuten, Maschinenstunden, Durchsatzgewichte, Arbeitszeiten des Personals. – *Zweck:* B. dienen der Planung und Kontrolle der →Gemeinkosten, der →Kalkulation u. a. (vgl. auch →Bezugsgrößenkalkulation). – *B. in der Einzelkosten- und Deckungsbeitragsrechnung* wird auch als *Bezugsobjekt* bezeichnet. Vgl. im einzelnen →Bezugsgrößenhierarchie. – 3. *Maßstab für die Abbildung der erzeugten Leistungen, geschaffenen, bereitgehaltenen oder verfügbaren Potentiale.* – Vgl. auch →originäre Bezugsgröße.

Bezugsgrößenhierarchie, *Bezugsobjekthierarchie,* Grundbegriff der Einzelkostenrechnung. – 1. *Begriff:* B. ergeben sich aus dem Postulat, keine Gemeinkosten zu schlüsseln (→Gemeinkostenschlüsselung), sondern alle Kosten als →Einzelkosten zu erfassen. Allgemein kann man B. als hierarchische Ordnung nach einem bestimmten Kriterium gebildeter →Bezugsgrößen (Zurechnungsobjekte von Einzelkosten) definieren. – 2. *Arten:* Es lassen sich v. a. produktbezogene, vertriebsweg- und vertriebsgebietsbezogene, kundenbezogene, kostenstellenbezogene, lieferantenbezogene und zeitbezogene B. unterscheiden. – 3. *Vorgehensweise* (dargestellt am Beispiel einer produktbezogenen B.): Eine einfache produktbezogene B. enthält auf der niedrigsten Ebene die einzelnen Quanten (z. B. Stücke) der produzierten und abgesetzten Erzeugnisse, für die sich z. B. die Materialkosten als Einzelkosten erfassen lassen. Übergeordnet sind die Bezugsgrößen „Erzeugnisse als Ganzes". Hier werden Einzelkosten ausgewiesen, die zwar nicht jeder Produkteinheit gesondert, wohl aber einem Produkt als Ganzes exakt als Einzelkosten zugeordnet werden können (z. B. Kosten einer nur für dieses Produkt verwendeten Spezialmaschine). Die nächst höhere Stufe der beispielhaft betrachteten B. faßt mehrere Produkte zu Produktgruppen zusammen, um so etwa die Kosten des für eine Gruppe zuständigen Verkaufsleiters als Einzelkosten erfassen zu können. Weitere Hierarchiestufen sind dann Erzeugnisbereiche, Sparten und schließlich das Erzeugnisprogramm insgesamt. Letzteren lassen sich z. B. die Kosten des Vertriebsvorstands als Einzelkosten zuordnen. Für jede untergeordnete Bezugsgröße (z. B. für jedes Produkt, denn sie sind in Systemen traditioneller →Vollkostenrechnungen zugeschlüsselt werden) stellen sie Gemeinkosten dar. – Vgl. auch Abb. Sp. 833/834. – 4. *Bedeutung:* Der Aufbau paralleler B., d. h. die gleichzeitige Zuordnung von Kosten zu unterschiedlichen Bezugsgrößen, erweitert die Aussagefähigkeit bzw. die Auswertungsmöglichkeiten der Kostenrechnung erheblich, erhöht aber auch die Kosten der Kostenerfassung. Operational durchzuführen ist ein solches Vorgehen erst durch die Verwendung von →Datenbanken.

Bezugsgrößenkalkulation, →Kalkulation auf der Grundlage von →Bezugsgrößen, z. B. →Maschinenstundensatzrechnung (Bezugsgröße ist die Maschinenstunde). Die Kostenträgergemeinkosten (→Gemeinkosten) der einzelnen Kostenstellen werden durch die Bezugsgrößen dividiert. Die damit ermittelten Kalkulationssätze dienen zur Weiterverrechnung der Gemeinkosten auf die Kostenträger. – *Beispiel:* 10 vom Produkt A in Anspruch genommene Maschinenstunden belasten dieses bei einem Maschinenstundensatz von 500 DM mit 5000 DM Gemeinkosten. – In der *Plan- und Grenzkostenplanrechnung:* Vgl. →Plankostenrechnung.

Bezugsgrößenplanung, →Kostenplanung 1.

Übersicht: Bezugsgrößenhierarchie

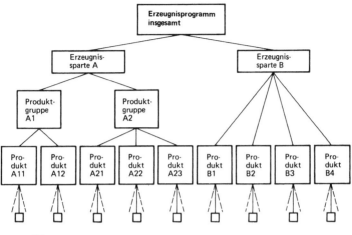

Einzelne Einheiten des jeweiligen Produkts

Bezugsgruppe, Mitgliedschaftsgruppe, Fremdgruppe oder Einzelperson, an der das Individuum sein Verhalten ausrichtet. Der vom einzelnen empfundene soziale Druck der B. führt nach den Vorstellungen der *Bezugstheorie* zu gruppenkonformen →Wahrnehmungen und Beurteilungen und normiert das →Konsumentenverhalten. – Vgl. auch →Gruppe.

Bezugskalkulation, →Warenkalkulation 2.

Bezugskosten, →Beschaffungskosten, →Anschaffungskosten.

Bezugskurs, der meist in Prozenten des Nennwertes festgesetzte Preis, zu dem ein →Bezugsrecht auf Aktien ausgeübt werden kann, insbes. bei der Emission neuer Aktien im Fall der Kapitalerhöhung. Auch bei Wandelschuldverschreibungen wird ein B. für den etwaigen Bezug von Aktien der Gesellschaft während der vorgesehenen Bezugsfrist festgesetzt. Der B. darf nicht unter pari liegen; er kann für die verschiedenen Termine der Bezugszeit nach oben oder unten gestaffelt sein.

Bezugsmethode, →Referenzperiodensystem.

Bezugsobjekt, →Bezugsgröße.

Bezugsobjekthierarchie, →Bezugsgrößenhierarchie.

Bezugsobligation, →Optionsanleihe.

Bezugsquellen-Kartei (-Buch), organisatorisches Hilfsmittel für die Einkaufsabteilung des Betriebes. Meist nach Gegenständen geordnetes Verzeichnis der Bezugsfirmen. Daneben häufig eine nach Firmen geordnete Kartei (Buch), ggf. ausgebaut zu einem Katalog-Verzeichnis, weil erst dadurch Sicherheit für ein möglichst schnelles Auffinden entweder des Gegenstandes oder der Herstellfirmen gewährleistet wird. – Neuerdings zunehmend als EDV-Dateien; Einsatz von Btx-Systemen.

Bezugsrecht. I. A k t i e n r e c h t. 1. *Begriff:* Das dem →Aktionär zustehende Recht, bei einer →Kapitalerhöhung einen seinem Anteil am bisherigen →Grundkapital entsprechenden Teil der neuen Aktien (→junge Aktien) zu beziehen (§ 186 AktG). Wird z. B. das Aktienkapital von drei auf vier Mill. DM erhöht, so kann den Aktionären auf drei alte eine junge Aktie angeboten werden; das Bezugsverhältnis beträgt 3 : 1. Auch auf →Wandelschuldverschreibungen, →Gewinnschuldverschreibungen und →Genußscheine haben die Aktionäre ein B. – Durch Beschluß der Hauptversammlung (→qualifizierte Mehrheit) kann das gesetzliche B. ausgeschlossen werden; auch zur Ausgabe von →Belegschaftsaktien. Als Ausschluß des B. ist es jedoch nicht anzusehen, wenn (wie i. d. R.) die neuen Aktien von einem Kreditinstitut oder einem anderen

mit der Verpflichtung übernommen werden sollen, sie den Aktionären zum Bezug anzubieten. – 2. *Ausübung:* a) Die *Aufforderung* zum Bezug der neuen Aktien ist in den →Gesellschaftsblättern unter Angabe des →Bezugskurses zu veröffentlichen. Die Frist zur Ausübung des B. beträgt mindestens zwei Wochen. – b) Das B. ist *verkäuflich*. Davon wird insbes. Gebrauch gemacht, wenn ein Aktionär nicht die zur Ausübung erforderliche Zahl alter Aktien besitzt. – 3. *Bewertung* des B. aufgrund der Möglichkeit, junge Aktien billiger als alte kaufen zu können, wenn z. B. auf drei alte Aktien (Kurs 140%) eine neue Aktie zum Bezugskurs von 120% angeboten wird. – 4. *Bewertung* des B. nach der Formel:

$$\frac{(A - N)b}{a + b},$$ wenn A = Kurs der alten Aktien;

N = Begebungskurs der neuen Aktie; a = Anzahl der alten Aktien; b = Anzahl der neuen Aktien.

II. L e b e n s v e r s i c h e r u n g: Vgl. →Bezugsberechtigung.

Bezugszeitpunkt, Bezeichnung des Stichtags, auf den kalkulatorische Berechnungen (z. B. Investitionsrechnung) bezogen werden, d. h. Ein- bzw. Auszahlungen ab- oder aufgezinst werden. Meist fallen →Kalkulationszeitpunkt und B. zusammen.

BfA, Abk. für →Bundesversicherungsanstalt für Angestellte.

BfAI, Abk. für →Bundesstelle für Außenhandelsinformation.

BFANL, Abk. für →Bundesforschungsanstalt für Naturschutz und Landschaftsökologie.

BfB, Abk. für →Bundesverband der Freien Berufe.

BfD, Abk. für →Bundesbeauftragter für den Datenschutz.

BfF, Abk. für →Bundesamt für Finanzen.

BfG, Abk. für →Bundesanstalt für Gewässerkunde.

BfgA, Abk. für Bundesanstalt für gesamtdeutsche Aufgaben (→Gesamtdeutsches Institut – Bundesanstalt für gesamtdeutsche Aufgaben).

BFH, Abk. für →Bundesfinanzhof.

BfLR, Abk. für →Bundesforschungsanstalt für Landeskunde und Raumordnung.

bfn, Abk. für →brutto für netto.

BFS, Abk. für →Bundesanstalt für Flugsicherung.

BfV, Abk. für →Bundesamt für Verfassungsschutz.

BFW, Abk. für →Büro Führungskräfte der Wirtschaft.

BG, Abk. für →Hauptverband der gewerblichen Berufsgenossenschaften e. V.

BGA. 1. Abk. für →Bundesgesundheitsamt. – 2. Abk. für →Bundesverband des Deutschen Groß- und Außenhandels.

BGB-Gesellschaft, →Gesellschaft des bürgerlichen Rechts.

BGH, Abk. für →Bundesgerichtshof.

BGHSt, Abk. für Entscheidungen des →Bundesgerichtshofes in Strafsachen; amtliche Sammlung.

BGHZ, Abk. für Entscheidungen des →Bundesgerichtshofes in Zivilsachen; amtliche Sammlung.

BGR, Abk. für →Bundesanstalt für Geowissenschaften und Rohstoffe.

Bhagwatis These, →Verelendungswachstum.

BHK, Abk. für →Bundeshauptkasse.

Bhutan, unabhängiges Königreich im östlichen Himalaya, grenzt im Norden und Nordosten an Tibet, im Westen, Süden und Südosten an Indien. – *Fläche:* 47 000 km². *Einwohner* (E): (1985, geschätzt) 1 420 000 (30,2 E/km²). *Hauptstadt:* Thimbu (21 000 E). – Die Vertretung der ausländischen Angelegenheiten erfolgt durch die Indische Union. – *Amtssprache:* Dzongkha.

W i r t s c h a f t : B. liegt am Kamm des Ost-Himalaya-Gebietes mit Gipfeln bis 7500 m. Das Kerngebiet ist durchschnittlich 2000 m hoch. Die Volkswirtschaft basiert auf *Land-und Forstwirtschaft.* B. gehört zu den am wenigsten entwickelten Ländern. 70% der Erwerbspersonen waren (1984) in der Landwirtschaft tätig, der Anteil am BIP betrug 56%. – *Bodenschätze:* Marmor, Kupfer, Steinkohle. – *BSP:* (1985, geschätzt) 190 Mill. US-$ (davon 25% Auslandshilfe); 114 US-$ je E. – Der *Außenhandel* ist schwach entwickelt und wird weitgehend über Indien abgewickelt.

V e r k e h r : Verbindungswege in der Kernzone, schwer gangbare Gebirgspfade. Der Verkehr nach Tibet vollzieht sich auf dem Talweg über Lakhangdzong zum Kulakangri-Paß. Nach Indien besteht eine Verbindung über Sikkim.

M i t g l i e d s c h a f t e n : UNO, UNCTAD u. a.; Colombo-Plan.

W ä h r u n g : 1 Ngultrum (NU) = 100 Chetrum, 1 Indische Rupie (iR) = 100 Paise (P).

BI, Abk. für →Hauptverband der Deutschen Bauindustrie e. V.

Bias. 1. *Inferenzstatistik:* Differenz zwischen dem →Erwartungswert einer →Schätzfunktion und dem zu schätzenden →Parameter.

Wünschenswert ist ein B. von O; in diesem Fall heißt die Schätzfunktion *erwartungstreu* (→Erwartungstreue) oder *unverzerrt.* – 2. In einem allgemeineren Sinn wird B. in der →*Meinungsforschung* und →*Marktforschung* synonym für Verfälschung von Umfrageergebnissen verwendet; etwa heißt deren ungewollte Beeinflussung durch den Interviewer *Interviewer-B.*

BIB, Abk. für →Bundesinstitut für Bevölkerungsforschung.

BIBB, Abk. für →Bundesinstitut für Berufsbildung.

bid bond, →Bietungsgarantie.

bidirektional, in der Textverarbeitung Zwei-Richtungsdruck zur Erhöhung der Schreibleistung eines →Druckers.

Biedenkopf-Gutachten, ,,Bericht der Sachverständigenkommission zur Auswertung der bisherigen Erfahrungen bei der Mitbestimmung" vom 21.1.1970, benannt nach dem Vorsitzenden der von der Bundesregierung eingesetzten und aus neun Professoren bestehenden Kommission, Prof. Biedenkopf. Das B.-G. bildete einen Markierungspunkt in der Diskussion um die Mitbestimmung und hat zu ihrer Versachlichung beigetragen. Erkenntnisse des B.-G. sind in das neu formulierte →Mitbestimmungsgesetz 1976 eingeflossen. – Vgl. auch →Mitbestimmung.

Biersteuer, →Verbrauchsteuer auf die Bierherstellung oder -einfuhr.

I. R e c h t s g r u n d l a g e n : Biersteuergesetz und -Durchführungsverordnung vom 14.3.1952 (BGBl I 149, 153) mit späteren Änderungen.

II. S t e u e r g e g e n s t a n d : a) *Bier* (nach der Verkehrsanschauung ein aus Malz, Hopfen oder zulässigen Hopfenerzeugnissen, Hefe und Wasser durch Vergärung hergestelltes Getränk; zu unterscheidende *Arten:* (1) nach dem Stammwürzegehalt (Gehalt an löslichen Stoffen, auf ungegorene Würze bezogen, unter Berücksichtigung der späteren Zusätze von Zucker oder Farbebier): Einfach-, Voll-, Schank- und Starkbier; (2) nach Art der Hefe: ober- und untergärige Biere. B.gesetz enthält *Reinheitsgebot* und Verkehrsvorschriften bezüglich der verwendeten Rohstoffe und des Stammwürzegehaltes. – b) *Bierähnliche Getränke.*

III. S t e u e r b e f r e i u n g e n : Für Haustrunk, d. h. von Brauereien an ihre Arbeiter oder Angestellten abgegebenes Bier, und Warenproben.

IV. S t e u e r b e r e c h n u n g : 1. Die *Höhe* der B. ist gestaffelt je Hektoliter Vollbier der im Betrieb erzeugten Biermenge, d. h. des steuerpflichtigen Bieres und des steuerfreien Haustrunk- und Ausfuhrbieres; abgesetzt wird Rückbier und das wie Rückbier zu behandelnde fremde Bier. – *Steuersätze:* Von den ersten 2000 hl 12 DM je hl, von den folgenden 8000 hl 12,30 DM, v.d. folg. 10000 hl 12,60 DM, v.d. folg. 10000 hl 12,90 DM, v.d. folg. 30000 hl 13,20 DM, v.d. folg. 30000 hl 13,80 DM, v.d. folg. 30000 hl 14,40 DM, von dem Rest 15 DM. – 2. *Ermäßigung* der Steuersätze für Schankbier um 25%, für Einfachbier um 50%; Erhöhung für Starkbier um 50%. – 3. *Steuerschuldner* ist, wer Bier für seine Rechnung herstellt oder herstellen läßt, auch für fremdes Bier, das in eine Brauerei eingebracht wird. Die B. entsteht im Zeitpunkt der Entfernung des Bieres aus der Brauerei oder des Verbrauchs innerhalb der Brauerei. – 4. *Verfahren:* Der Inhaber einer Brauerei hat der Zollstelle bis zum 7. eines Monats eine Steuererklärung über die im Vormonat entfernten und verbrauchten Biermengen abzugeben; spätestens 13 Tage danach ist die B. zu entrichten. Kein Zahlungsaufschub, selbst wenn vom Hauptzollamt noch kein Steuerbescheid festgesetzt wurde. – 5. *Unversteuert* bleibt u.a. die Bierausfuhr unter Steueraufsicht. – 6. *Steuererstattung* für Bier, das in eine Brauerei zurückgelangt im Wege der Anrechnung auf (zukünftig) fällige B. – 7. →*Steueraufsicht* für Brauereien und Ausschank von Bier in Verbindung mit einer Brauerei.

V. Finanzwissenschaftliche Beurteilung: 1. Als *Fabrikatsteuer* ist die B. mit einer verbrauchsfernen Erhebung verbunden und führt zu geringen Steuerwiderständen. – 2. Da sie zugleich *Mengensteuer* ist, wird ihr Aufkommen unter den →Landessteuern relativ geringer. Gleichwohl ist sie absolut gesehen unter den letzteren eine sehr ertragreiche Steuerart. – 3. Die *tarifliche Mengenstaffelung* wird heute unter mittelstandspolitischen Aspekten beurteilt und gilt als fragwürdig, einerseits im Hinblick auf den „objektiven" Charakter einer Verbrauchsteuer, andererseits mit Blick auf die Wettbewerbsbeeinflussung unter den Brauereien und auf die Effizienz der Zielerreichung. – Vgl. auch →Verbrauchsbesteuerung, →Verbrauchsteuern.

VI. Aufkommen. 1986: 1261 Mill. DM (1985: 1252 Mill. DM, 1980: 1262 Mill. DM, 1970: 1175 Mill. DM, 1960: 700 Mill. DM, 1950: 315 Mill. DM).

Bietungsgarantie, *bid bond, tender guarantee,* Form der →Bankgarantie, auch im Rahmen von Auslandsausschreibungen, für Kunden (Anbieter) dafür, daß alle Ausschreibungsbedingungen erfüllt und alle Leistungsinhalte (qualitativ und fristgemäß) erbracht werden können sowie für die Zahlung einer für Nichtannahme des Auftrags, für Nicht- oder Teilerfüllung oder im Mangelfall oder bei Verzug fälligen Verbotsstrafe; dient der Absicherung der ausschreibenden Stelle. – Die

Höhe der B. ist an den Angebotswert gekoppelt; in der Praxis i.d.R. 1% bis 10%. – *Vorstufe:* →Präqualifikation.

Bietungsgemeinschaft, Personengesamtheit, z.B. Gesellschaft oder Erbengemeinschaft, die im Zwangsversteigerungsverfahren Gebot abgibt. Aufschluß über das Gesellschaftsverhältnis usw. ist zu geben, damit durch den Zuschlag entsprechender Rechtserwerb eintritt.

Bietungsstunde, Begriff bei der Zwangsversteigerung von Grundstücken. Zwischen der ersten Aufforderung zur Abgabe von Geboten und dem Schluß der Versteigerung muß mindestens eine Stunde liegen (§73 I ZVG).

Big Bang, Bezeichnung für die am 27.10.1986 in Kraft getretene →Deregulierung des britischen Investment-Banking-Sektors.

big business. 1. *Begriff:* Amerikanische Bezeichnung für großbetriebliche Wirtschaftsform in Unternehmungszusammenschlüssen und Großunternehmungen. B.b. ist Gegenstand heftiger Auseinandersetzungen in Wirtschaft und Politik. – 2. *Kritik:* a) wegen zu starker wirtschaftlicher und politischer Machtkonzentration, b) wegen der gesamtwirtschaftlich unerwünschten Vernichtung selbständiger, mittelständischer Existenzen, c) wegen der unvermeidlichen Neigung zu Bürokratisierung und Unwirtschaftlichkeit, d) wegen der zwangsläufig erforderlichen stärkeren Beteiligung des Staates am Wirtschaftsleben zur Kontrolle der Machtstellung von b.b. und zur Unterstützung von notleidenden Großbetrieben bei drohendem Zusammenbruch.

Big Five →Big Four.

Bigfon, →ISDN.

Big Four, bis 1970 *Big Five,* die vier größten Londoner Clearing-Banken: Barclays, National Westminster, Midland, Lloyds. Sie vereinigen nahezu vier Fünftel der Sterling-Einlagen aller Depositenbanken und fast neun Zehntel aller Sterling-Ausleihungen auf sich. Die B.F. rangieren in der Liste der größten Banken der Welt sämtlich unter den ersten dreißig.

Big-M-Methode, →M-Methode.

Bilanz. I. Kennzeichnung: Im Grundsatz der Abschluß des Rechnungswesens einer Unternehmung für einen bestimmten Zeitpunkt (→Bilanzstichtag) in Form einer Gegenüberstellung von Vermögen und Kapital. Das →Vermögen (Aktiva) zeigt die konkrete Verwendung der eingesetzten finanziellen Mittel, das Kapital (Passiva) die Ansprüche der Gläubiger (Fremdkapital) und der Unternehmer (Eigenkapital) als Saldo zwischen Vermögen und Fremdkapital, also als Restanspruch an das Vermögen. Vermögen und Kapital stellen dieselbe Wertgesamtheit dar; kommt in der sog. Bilanzgleichung (Aktiva = Passiva) zum Ausdruck. I. d. R. ist nur eine rein rechnerische, also keine materielle Zuordnung zwischen einzelnen Vermögens- und Kapitalteilen möglich (→goldene Bilanzregel). Bei der Erstellung von B. sind in Abhängigkeit vom Bilanzzweck (Bilanzierungsanlaß) immer drei Aufgaben zu lösen: (1) inhaltliche Bestimmung von Vermögen und Kapital (Bilanzierung dem Grunde nach; Aktivierung, Passivierung); (2) Bewertung von Vermögen und Fremdkapital; (3) Gliederung (Ausweis) von Vermögen und Kapital (B. wird üblicherweise in der Form eines Kontos aufgestellt; Soll = Aktiva, Haben = Passiva).

II. **Bilanzarten**: Wesentliche Merkmale zur Unterscheidung von B.: 1. *Bilanzierungsanlässe:* a) *Regelbilanzen* (regelmäßig auftretend): z. B. handelsrechtliche *Jahresbilanz* (→Jahresabschluß), →*Steuerbilanz.* – b) *Sonderbilanzen* (unregelmäßig, meist nur einmalig auftretend): z. B. →Gründungsbilanz, →Umwandlungsbilanz, →Sanierungsbilanz, →Fusionsbilanz, →Auseinandersetzungsbilanz, →Abwicklungsbilanz, →Konkursbilanz, →Vergleichsstatus, →Überschuldungsbilanz, →Unterbilanz, Kreditstatus (→Status). – 2. *Bilanzierungszeitraum:* a) *Totalbilanzen* (Stichtag = Ende der Lebensdauer): aus der Gegenüberstellung mit der →Gründungsbilanz läßt sich grundsätzlich das Totalergebnis einer Unternehmung ermitteln. – b) *Partialbilanzen* (Stichtag = Zeitpunkt während der Lebensdauer): aus der Gegenüberstellung von aufeinanderfolgenden Partialbilanzen ergeben sich Periodenerfolge; Beispiel: Jahresbilanz (Stichtag = letzter Tag des →Geschäftsjahres) oder Zwischenbilanz, die täglich, wöchentlich (z. B. →Bankausweise der Deutschen Bundesbank), monatlich oder quartalsweise aufgestellt wird und i. d. R. der →kurzfristigen Erfolgsrechnung dient. – 3. *Zeitliche Bilanzdimension:* a) *Istbilanzen* (vergangener, gegenwärtiger Stichtag): B. sind aufgrund der Bilanzanlässe ganz überwiegend Istbilanzen. – b) *Planbilanzen* (zukünftiger Stichtag): z. B. Jahres- oder Zwischenbilanzen, wenn diese als Planungs- und Entscheidungsinstrument benutzt werden. – 4. *Umfang des bilanzierten Vermögens:* a) *Gesamtvermögensbilanzen:* unter Einschluß des →Firmenwertes (handelsrechtlich allerdings meist nicht als Vermögensbestandteil, sondern als →Bilanzierungshilfe aufgefaßt), z. B. bei Auseinandersetzungsbilanzen möglich. – b) *Teilvermögensbilanzen:* ohne Firmenwert, z. B. Fusionsbilanz. – 5. *Empfängerkreis:* a) *Interne B.:* für den Bilanzierenden z. B. als Planungs- oder Kontrollinstrument. – b) *Externe B.:* für Außenstehende (z. B. Finanzamt, Aktionäre, Gläubiger), z. B. als Informations- oder Rechenschaftsinstrument, ferner als Basis für Abrechnungen (z. B. →Gewinnausschüttung,   Einkommensbe-

steuerung). – 6. *Rechtsgrund:* a) *Gesetzlich vorgeschriebene B.:* z. B. handels- und steuerrechtliche Jahresbilanz, aktienrechtliche Sonderbilanzen (z. B. Abwicklungs- und Fusionsbilanz). – b) *Vertragliche B.:* z. B. Kreditstatus aufgrund eines Kreditvertrages. – c) *Freiwillig erstellte B.:* z. B. interne Planbilanzen. – 7. *Rechnungsgrundlagen:* a) *Inventurbilanz:* die zu erstellende B. baut auf einer körperlichen Bestandsaufnahme auf, z. B. grundsätzlich bei der handelsrechtlichen Jahresbilanz. – b) *Buchbilanz:* die B. wird aus dem Abschluß der Geschäftsbücher entwickelt, z. B. bei täglichen Zwischenbilanzen. – 8. *Zahl der erfaßten Unternehmen:* a) *Einzelbilanz:* z. B. handelsrechtliche Jahresbilanz. – b) *Sammelbilanz:* additive Zusammenfassung von Einzelbilanzen (→Betriebsvergleich). – c) *Konsolidierte B.:* Zusammenfassung der Einzelbilanzen grundsätzlich aller zu einem →Konzern gehörender Unternehmen zum →Konzernabschluß. – Die dargestellten Bilanzarten überschneiden sich vielfach.

III. **Geschichtlicher Überblick:** 1. Während Handelsbücher bereits im Altertum geführt wurden, hat sich eine *einfache moderne Buchführung* wahrscheinlich erst im 14./15. Jh. entwickelt. B. wurden aber auch zu dieser Zeit nur vereinzelt aufgestellt, und zwar zunächst nur, um die Salden vollgeschriebener Bücher auf die nächsten übertragen zu können, ohne daß eine Inventur stattfand. – 2. Mit der *doppelten Buchführung,* die Ende des 15. Jh. von Italien kommend, in Deutschland bekannt wurde, finden sich auch die ersten Abschlüsse, allerdings nicht in regelmäßiger Zeitfolge und ohne daß einheitliche Abschlußregeln bekannt waren. – 3. Die ersten *gesetzlichen Abschlußvorschriften* enthalten einige städtische Partikularrechte (Nürnberg, Frankfurt, Lüneburg im 16. Jh.) und die *ordonnance de commerce* (1673), die eine alle zwei Jahre zu errichtende Inventur vorschrieb, die alle Vermögensteile einschl. der Forderungen und Schulden enthalten sollte. In Deutschland wurde aber noch bis zu Anfang des 19. Jh. ein Abschluß lediglich aus den Geschäftsbüchern entwickelt. – 4. Das zu dieser Zeit geltende allgemeine Landrecht für die preußischen Staaten stellte das Unterlassen der jährlichen „Balanceziehung" unter Strafandrohung (fahrlässiger Bankrott). Erst mit der Entwicklung des Handelsrechts in der Mitte des 19. Jh. wurden *Vorschriften über die Inventur und B.* erlassen.

Bilanzanalyse. I. **Begriff/Zweck:** 1. *Begriff:* Das Zerlegen und Aufgliedern der Bilanz. Der darauf aufbauende Beurteilungsvorgang der Lage und Entwicklung einer Unternehmung wird z. T. als →Bilanzkritik ausgegrenzt, überwiegend jedoch einbezogen. *Gegenstand* der B. ist nicht nur die Bilanz, sondern der Jahresabschluß, bestehend aus →Bilanz, →Gewinn- und Verlustrechnung und →Anhang, bei Kapitalgesellschaften auch dem →Lagebericht. – 2. *Aufgaben:* Insbes. die Beurteilung der finanziellen und ertragsmäßigen Lage und Entwicklung in der Vergangenheit und für die Zukunft, da die →Liquidität und die Rentabilität bei auf Gewinnerzielung ausgerichteten Unternehmen Existenzvoraussetzungen sind (→Zahlungsunfähigkeit ist bei allen Unternehmensformen Konkursgrund, die durch Verluste entstehende →Überschuldung bei den Rechtsformen, bei denen die Haftung auf das eingelegte Kapital beschränkt ist). – 3. *Interessenten:* V. a. die bisherigen und potentiellen Eigen- und Fremdkapitalgeber, um Informationen über die Zweckmäßigkeit und Sicherheit ihrer Kapitalanlagen zu erlangen; die Arbeitnehmer wegen der Sicherheit ihrer Arbeitsplätze und den Möglichkeiten ihrer Einkommensentwicklung; der Staat zwecks Vorausschau über Steuereinnahmen und gesamtwirtschaftliche Entwicklungen.

II. A r t e n : 1. *Nach den Quellen* der zur Verfügung stehenden Daten: a) *Externe B.:* B. durch außenstehende Dritte; muß sich auf das veröffentlichte oder sonst zugängliche Material beschränken. Bei Unternehmen, die bewußt öffentliche Meinungspflege (→Public Relations) betreiben und deshalb ihre Jahresabschlüsse entsprechend gestalten und z. B. durch Presseinformationen ergänzen, bieten sich dem Bilanzkritiker gute Grundlagen, doch kann auch hier das Ausmaß der Legung bzw. Auflösung stiller Reserven (→stille Rücklagen) nur in sehr beschränktem Maße erkannt werden. Dasselbe gilt für stille Verluste, die nach den →Grundsätzen ordnungsmäßiger Buchführung wegen des →Imparitätsprinzips zwar weitgehend ausgeschlossen sein sollten, erfahrungsgemäß jedoch das größte Problem einer →Insolvenzprognose darstellen (→Bilanzpolitik). – b) *Interne B.:* B. durch damit beauftragte Unternehmensangehörige oder betriebsfremde Vertrauenspersonen (→Wirtschaftsprüfer); ihnen stehen prinzipiell alle Unterlagen zur Verfügung, die für die Beurteilung der Jahresabschlußdaten von Bedeutung sein könnten. Dadurch gewinnt die interne B. gegenüber der externen erheblich an Bedeutung für das rechtzeitige Erkennen positiver oder negativer Entwicklungen und damit für die Unternehmenssteuerung und -kontrolle. – 2. *Nach dem Objekt der* B.: a) *Formelle B.:* Bezieht sich auf die Gliederung der Bilanz und der Gewinn- und Verlustrechnung. – b) *Materielle B.:* Bezieht sich auf die Bilanzierung dem Grunde (→Aktivierungspflicht, →Aktivierungswahlrecht, →Passivierungspflicht, →Passivierungswahlrecht) und der Höhe (→Bewertung) nach sowie auf die Beurteilung der Zahlungsströme und ihrer Auswirkungen auf die Lage der Unternehmung. – 3. Nach dem *zeitlichen Umfang:* a) *Einperiodige B.:* Beschränkt sich auf einen Jahresabschluß.

– b) *Mehrperiodige B.:* Die Entwicklung im Zeitablauf steht im Vordergrund. Sie wird durch die Störungen der formellen und materiellen Vergleichbarkeit aufgrund der Änderungen durch das →Bilanzrichtlinien-Gesetz in den nächsten Jahren nur in eingeschränktem Maß möglich sein. – 4. Nach dem *sachlichen Umfang:* a) *Einbetriebliche B.* – b) *Zwischenbetriebliche B.:* Beurteilung der Lage und Entwicklung der Unternehmung mit Hilfe branchenspezifischer Vergleichsdaten (→Betriebsvergleich).

III. M e t h o d e n und A u s s a g e w e r t : 1. *Analyse der Finanzlage:* a) Aus den Bilanzdaten werden *Kennzahlen* entwickelt: (1) *Horizontale Kennzahlen* stellen eine Beziehung zwischen Vermögens- und Kapitalpositionen her (z. B. →Anlagendeckung durch langfristige Finanzierungsmittel, →Liquiditätsgrade); damit kann beurteilt werden, wie weit der Grundsatz der Fristenentsprechung (→goldene Bilanzregel) eingehalten wurde. (2) *Vertikale Kennzahlen* sollen Einblicke in die Vermögensstruktur (z. B. Anlagenintensität) und die Kapitalstruktur (z. B. →Verschuldungskoeffizient, Eigenkapitalquote) sowie ihre Entwicklung insbes. auch im Vergleich mit branchentypischen Relationen eröffnen. – *Beurteilung von Kennzahlen:* Feste Relationen als Normgrößen lassen sich nicht ableiten, da die Möglichkeiten der Finanzdisposition zu vielfältig und der Vermögensaufbau der Unternehmen selbst innerhalb einer Branche zu verschieden sind. Außerdem sind Kennzahlen überwiegend stark bewertungsabhängig (→stille Reserven), von den Zufälligkeiten des Bilanzstichtags geprägt oder gestaltet (→window dressing), so daß sie nur vergangenheitsorientierte Aussagen zulassen. Wichtige Veränderungen der Vermögens- und Kapitalstruktur können vertraglich bereits eingeleitet sein, ohne daß sie sich in den Bilanzen und damit den Kennzahlen schon niederschlagen. Die verbreitete Verwendung in der Praxis ist v. a. darin begründet, daß mit Hilfe der Kennzahlen schlaglichtartig wichtige Beziehungen verdichtet wiedergegeben werden und ihnen eine Signalfunktion zugesprochen wird: Krasse Abweichungen im Zeit- und zwischenbetrieblichen Vergleich gelten als Initiator für weitergehende Analysen. Neuere Versuche, durch Ordnung und Auswahl der Kennzahlensysteme unter Einsatz der EDV und mathematisch-statistische Verfahren deren Aussagewert zu steigern, können die Mängel des Ausgangsmaterials kaum überwinden. – b) Bei →*finanzwirtschaftlichen Bewegungsbilanzen* werden die Vermögens- und Kapitalveränderungen aus den Anfangs- und Schlußbilanzdaten einer Periode als Mittelverwendung und Mittelherkunft dargestellt. – *Beurteilung:* Die Einwendungen gegen Kennzahlen treffen auch hier zu. Darüber hinaus kann zu Fehlinterpretationen Anlaß geben, daß rein buchmäßige Bewertungsänderungen fälschlicherweise als Mittelfluß erscheinen. Die Gewinn- und Verlustrechnung ist als Gegenüberstellung von Aufwendungen und Erträgen nicht unmittelbar für die Liquiditätsanalyse, die mit Einnahmen und Ausgaben rechnet, geeignet. Es ist daher eine Trennung der einnahme- und ausgabewirksamen Erträge und Aufwendungen vorzunehmen. – c) Der *Cash-flow*, eine positive Differenz zwischen einnahmegleichen Erträgen und ausgabegleichen Aufwendungen, ist der Zahlungsmittelzufluß der Periode, den die Unternehmung erwirtschaftet hat und der ihr für Investitionen, Tilgungen und Entnahmen zur Verfügung stand. – *Beurteilung:* Der Cash-flow ist zwar im Prinzip eine bewertungsunabhängige und damit besonders geeignete Kennzahl, doch kann für externen Analysen nur in beschränktem Maße zu ermitteln. Durch das Bilanzrichtlinien-Gesetz sind die Analysemöglichkeiten eingeschränkt worden, da in den Gewinn- und Verlustrechnungen von Kapitalgesellschaften wichtige ausgabe- und einnahmeunwirksame Beträge (wie z. B. die Erträge aus der Auflösung von Rückstellungen) und für die Beurteilung bedeutsame einmalige, d. h. nicht wiederholbare Einnahmen (z. B. Erträge aus dem Abgang von Gegenständen des Anlagevermögens) nicht mehr gesondert auszuweisen sind. – d) Bei der *externen* →Kapitalflußrechnung wird eine Rekonstruktion der Zahlungsströme aus den Daten der Anfangs- und Schlußbilanz sowie der Gewinn- und Verlustrechnung vorgenommen, soweit dies die Aufgliederung des Jahresabschlusses zuläßt. – *Beurteilung:* Da sie grundsätzlich alle zur Verfügung stehenden Daten verwendet, ist dieses Instrument für eine Beurteilung der Finanzlage am ehesten geeignet. Jedoch gelten auch hier die für den Cash-flow genannten Einschränkungen. – Vgl. auch →Finanzanalyse.

2. *Analyse der Ertragslage:* a) Benutzt wird v. a. die *Gewinn- und Verlustrechnung,* sofern nicht bei der internen Unternehmensanalyse auf die Daten der Kostenrechnung (→Betriebsergebnis) zurückgegriffen werden kann. Zunächst muß versucht werden, das Unternehmensergebnis in seine Quellen aufzuspalten, insbes. alle einmaligen, nicht wiederholbaren, außerordentlichen und periodenfremden Aufwendungen und Erträge auszusondern, da für Beurteilung und Prognose der Ertragslage in erster Linie das betriebliche, ordentliche, periodeneigene Ergebnis von Bedeutung ist. Wie weit dies gelingen kann, ist abhängig von der Gliederung der Gewinn- und Verlustrechnung. Die nach dem Bilanzrichtlinien-Gesetz für Kapitalgesellschaften vorgesehene Gliederung läßt zwar eine Aufspaltung des Unternehmungsergebnisses in ein außerordentliches, ein Finanz- und betriebliches Ergebnis zu, doch enthält insbes. letzteres im betriebswirtschaftlichen Sinn betriebsfremde, außerordentliche und perio-

denfremde Elemente, von denen im Gegensatz zu früher nur wenige eliminiert werden können (z. B. Erträge aus →Zuschreibungen aufgrund des →Anlagegitters). Besonders das Ausmaß der Legung und Auflösung stiller Reserven, das nur in einigen Fällen durch Angabepflichten im Anhang erkennbar wird, erschwert eine Beurteilung der Ertragslage. Verbessert wurden die Möglichkeiten des Einblicks in die Abschreibungspolitik. – b) *Kennzahlen:* Neben der Untersuchung der Aufwands- und Ertragsstruktur zum Zweck der Analyse von Ursachen für Ertragsverschiebungen dienen als Maßstab im Zeit- und zwischenbetrieblichen Vergleich insbes. die Kennzahlen der →Rentabilität, indem das jeweilige Ergebnis zu den (ebenfalls bewertungsabhängigen) Größen Gesamt- und Eigenkapital oder als Umsatzrentabilität zu den Umsatzerlösen in Beziehung gesetzt wird.

Bilanzänderung, bei der →Bewertung in der →Steuerbilanz der Ersatz eines zulässigen Bilanzansatzes durch einen ebenfalls zulässigen Ansatz (Abschn. 15 II EStR). Nach Einreichung der Bilanz ist B. nur mit Zustimmung des Finanzamtes zulässig (§ 4 II 2 EStG). – *Anders:* →Bilanzberichtigung.

Bilanzaufbereitung, das Ordnen der einzelnen Bilanzpositionen zum Zweck der →Bilanzkritik („aufbereitete Bilanz"). Die Bilanzpositionen werden zur Verbesserung der Übersichtlichkeit z. T. stark zusammengezogen.

Bilanzauffassungen, →Bilanztheorien.

Bilanzberichtigung, in der →Steuerbilanz der Ersatz unrichtiger Bilanzansätze durch zulässige. Ein Bilanzansatz ist *unrichtig,* wenn er gegen zwingende einkommensteuer- oder handelsrechtliche Vorschriften oder gegen die einkommensteuerrechtlich zu beachtenden →Grundsätze ordnungsmäßiger Buchführung verstößt (Abschn. 15 I EStR). – B. *erfolgt* an der Fehlerquelle. Soweit dies nicht möglich, Berichtigung der Schlußbilanz des ersten Jahres, dessen Veranlagung noch geändert werden kann. Nach § 4 II 1 EStG darf die Bilanz auch nach ihrer Einreichung beim Finanzamt geändert werden, soweit sie den Grundsätzen ordnungsmäßiger Buchführung unter Befolgung der Vorschriften des EStG nicht entspricht. – *Anders:* →Bilanzänderung.

Bilanzbewertung, Bewertung von Wirtschaftsgütern eines gewerblichen Betriebs zwecks steuerlicher Gewinnermittlung (§ 6 EStG) bzw. von Vermögensgegenständen und Schulden bei der Erstellung der Handelsbilanz (§§ 252 ff., 279 ff. HGB). – Vgl. auch →Bewertung.

Bilanzbuch, Buch, in dem die Bilanzen aufgezeichnet werden. *Erforderlich* bei →Übertragungsbuchführung; *empfehlenswert* bei →Durchschreibbuchführung und EDV-

gestützter Buchführung zur Aufgliederung
und geordneten Aufbewahrung der Bilanzen
mit →Gewinn- und Verlustrechnungen.

Bilanzbündeltheorie, ehemals herrschende
Auffassung des Steuerrechts, die besagt, daß
die →Bilanz (Gesamtbilanz) einer Personengesellschaft als Bündel der Einzelbilanzen
(Sonderbilanzen) der Mitunternehmer angesehen wird. Gewinnermittlung findet für jeden
einzelnen Gesellschafter statt.

Bilanzdelikte. 1. *Begriff:* Bewußt unwahre
Angaben in der Bilanz zum Zweck der Täuschung, z. B. →Bilanzfälschung und →Bilanz-
verschleierung durch irreführende Kontenbe-
zeichnungen, durch Bewertungen, die den
Tatsachen zuwiderlaufen, durch Errichtung
fingierter Konten oder durch Luftbuchungen.
– 2. B. stehen unter *Strafe* nach § 331 HGB,
§ 400 AktG und anderen Vorschriften.

Bilanz der unentgeltlichen Übertragungen,
→Übertragungsbilanz.

Bilanz des unsichtbaren Handels, →Dienst-
leistungsbilanz.

Bilanzfälschung, →Bilanzdelikt, Verstoß
gegen das Prinzip der →Bilanzwahrheit. Falsche Darstellung der Vermögens-, Finanz-
und Ertragslage des bilanzierenden Unternehmens mit dem Ziel, günstigere Verhältnisse
vorzuspiegeln, als tatsächlich gegeben. Strafbar nach § 400 AktG und anderen Vorschriften.

Bilanzgenehmigung, →genehmigte Bilanz.

Bilanzgerade, *Budgetgerade,* Begriff der
→Haushaltstheorie. Der Haushalt kann sein
zu Konsumzwecken bestimmtes Einkommen
i.d.R. auf eine Vielzahl von Gütern aufteilen.
Wenn die Güterpreise fest vorgegeben sind
und der Haushalt durch sein Kaufverhalten
diese Preise nicht beeinflussen kann (Mengen-
anpasser), werden in dem von der ökonomischen Theorie häufig unterstellten Zwei-
Güter-Fall die maximal möglichen Güterkom-
binationen durch die B. angegeben. Die Steigerung der B. wird durch das Güterpreisver-
hältnis bestimmt. Bei Berücksichtigung mehrer Güter entstehen *Bilanzhyperebenen.*

Bilanzgewinn (-verlust), der in der →*Bilanz*
von →Kapitalgesellschaften ausgewiesene
Erfolg unter Berücksichtigung der Ergebnis-
verwendung. Wird die Bilanz von Kapitalgesellschaften unter Berücksichtigung der teilweisen Verwendung des Jahresergebnisses
aufgestellt, so tritt an die Stelle der Posten
,,→Jahresüberschuß/→Jahresfehlbetrag'' und
,,→Gewinnvortrag/→Verlustvortrag'' der
Posten B.; ein vorhandener Gewinn- oder
Verlustvortrag ist in den Posten ,,Bilanzge-
winn/Bilanzverlust'' einzubeziehen und in der
Bilanz oder im →Anhang gesondert anzugeben (§ 268 I HGB).

Bilanzgleichung, Grundlage der gesamten
Buchführung: Aktiva = Passiva, d.h. die
Summen der beiden Seiten der →Bilanz *müs-
sen immer* übereinstimmen.

Bilanzgliederung, →systematische Ordnung
der Bilanzposten.

I. Einzelunternehmungen/Perso-
nengesellschaften: Im HGB keine
detaillierten Gliederungsvorschriften. Nach
§ 247 I HGB sind unter Aktiva das Anlage-
und Umlaufvermögen, unter Passiva das
Eigenkapital, die Schulden und Rückstellungen sowie jeweils die Rechnungsabgrenzungsposten auszuweisen und hinreichend
aufzugliedern. Darum findet man i.d.R.
schon bei kleineren Unternehmen folgende
Unterteilung:

	Bilanz	
Aktiva		Passiva
Immobilien		Kapital
Mobilien		Rückstellungen
Waren		Hypotheken
Debitoren		Kreditoren
Effekten		Schuldwechsel
Besitzwechsel		Passive Rechnungs-
Bank		abgrenzungs-
Kasse		posten
Aktive Rechnungs-		
abgrenzungs-		
posten		

Für die Zukunft ist damit zu rechnen, daß
vermehrt auch von Einzelunternehmungen
und Personengesellschaften die für Kapitalgesellschaften vorgeschriebene B. zugrunde
gelegt wird.

II. Kapitalgesellschaften: Zwingend
und bei zahlreichen anderen Unternehmungen
gebräuchlich ist die Gliederung nach §§ 265,
266, 268 ff. HGB (vgl. auch →Größenklas-
sen):

§ 266. * Gliederung der Bilanz. (1) ¹Die Bilanz ist in Konto-
form aufzustellen. ²Dabei haben große und mittelgroße
Kapitalgesellschaften (§ 267 Abs. 3, 2) auf der Aktivseite die
in Absatz 2 und auf der Passivseite die in Absatz 3
bezeichneten Posten gesondert und in der vorgeschriebenen
Reihenfolge auszuweisen. ³Kleine Kapitalgesellschaften
(§ 267 Abs. 1) brauchen nur eine verkürzte Bilanz aufzustellen, in die nur die in den Absätzen 2 und 3 mit Buchstaben und
römischen Zahlen bezeichneten Posten gesondert und in der
vorgeschriebenen Reihenfolge aufgenommen werden.

(2) Aktivseite
A. Anlagevermögen:
    I. Immaterielle Vermögensgegenstände:
        1. Konzessionen, gewerbliche Schutzrechte und ähn-
           liche Rechte und Werte sowie Lizenzen an solchen
           Rechten und Werten;
        2. Geschäfts- oder Firmenwert;
        3. geleistete Anzahlungen;
    II. Sachanlagen:
        1. Grundstücke, grundstücksgleiche Rechte und Bau-
           ten einschließlich der Bauten auf fremden Grund-
           stücken;
        2. technische Anlagen und Maschinen;

3. andere Anlagen, Betriebs- und Geschäftsausstattung;
4. geleistete Anzahlungen und Anlagen im Bau;
III. Finanzanlagen:
1. Anteile an verbundene Unternehmen;
2. Ausleihungen an verbundenen Unternehmen;
3. Beteiligungen;
4. Ausleihungen an Unternehmen, mit denen ein
Beteiligungsverhältnis besteht;
5. Wertpapiere des Anlagevermögens;
6. sonstige Ausleihungen.

B. Umlaufvermögen:
I. Vorräte:
1. Roh-, Hilfs- und Betriebsstoffe;
2. unfertige Erzeugnisse, unfertige Leistungen;
3. fertige Erzeugnisse und Waren;
4. geleistete Anzahlungen;

II. Forderungen und sonstige Vermögensgegenstände:
1. Forderungen aus Lieferungen und Leistungen;
2. Forderungen gegen verbundene Unternehmen;
3. Forderungen gegen Unternehmen, mit denen ein
Beteiligungsverhältnis besteht;
4. sonstige Vermögensgegenstände;

III. Wertpapiere:
1. Anteile an verbundenen Unternehmen;
2. eigene Anteile;
3. sonstige Wertpapiere;

IV. Schecks, Kassenbestand, Bundesbank- und Postgiroguthaben, Guthaben bei Kreditinstituten.

C. Rechnungsabgrenzungsposten.

(3) Passivseite

A. Eigenkapital:
I. Gezeichnetes Kapital;
II. Kapitalrücklage;
III. Gewinnrücklagen:
1. gesetzliche Rücklage;
2. Rücklage für eigene Anteile;
3. satzungsmäßige Rücklagen;
4. andere Gewinnrücklagen;
IV. Gewinnvortrag/Verlustvortrag;
V. Jahresüberschuß/Jahresfehlbetrag.

B. Rückstellungen:
1. Rückstellungen für Pensionen und ähnliche Verpflichtungen;
2. Steuerrückstellungen;
3. sonstige Rückstellungen.

C. Verbindlichkeiten:
1. Anleihen, davon konvertibel;
2. Verbindlichkeiten gegenüber Kreditinstituten;
3. erhaltene Anzahlungen auf Bestellungen;
4. Verbindlichkeiten aus Lieferungen und Leistungen;
5. Verbindlichkeiten aus der Annahme gezogener Wechsel
und der Ausstellung eigener Wechsel;
6. Verbindlichkeiten gegenüber verbundenen Unternehmen;
7. Verbindlichkeiten gegenüber Unternehmen, mit denen
ein Beteiligungsverhältnis besteht;
8. sonstige Verbindlichkeiten,
davon aus Steuern,
davon im Rahmen der sozialen Sicherheit.

D. Rechnungsabgrenzungsposten.

III. Besondere B.-Vorschriften:
Bestanden gem. § 161 I AktG 1965 für Kreditinstitute, Sparkassen, Hypotheken- und
Schiffspfandbriefbanken, Versicherungsunternehmen, Wirtschaftsbetriebe der öffentlichen Hand (Eigenbetriebe), Genossenschaften, Verkehrsbetriebe. Inwieweit diese Vorschriften weiter angewendet werden sollen, ist
durch das →Bilanzrichtlinien-Gesetz nicht
geregelt; vgl. aber die Verordnungsermächti-
gung gem. § 330 HGB.

Bilanzhyperebene, →Bilanzgerade.

Bilanzidentität, formelle und materielle Übereinstimmung der Schlußbilanz des laufenden
Geschäftsjahres mit der Anfangsbilanz des
folgenden Geschäftsjahres (§ 252 I Nr. 1
HGB).

Bilanzierung. 1. Begriff für *Kontoausgleich.*
Ein Konto bilanziert, wenn es im Soll und
Haben die gleiche Summe aufweist; vgl. auch
→Saldo. Reine →*Bestandskonten* bilanzieren
beim Abschluß durch Abgabe ihres Saldos an
die Bilanz, reine →Erfolgskonten durch
Abgabe des Saldos an das Gewinn- und
Verlustkonto. – 2. Begriff für *Bilanzaufstel-
lung* und Bilanzbewertung, so z. B. „Grund-
sätze →ordnungsmäßiger Bilanzierung",
unter Beachtung der Vorschriften über die
→Bewertung.

Bilanzierungsgrundsätze, Grundsätze
→ordnungsmäßiger Bilanzierung, →Grund-
sätze ordnungsmäßiger Buchführung.

Bilanzierungshilfen, bestimmte Aufwendungen ohne Vermögensgegenstands-Charak-
ter, für die der Gesetzgeber ein Aktivierungswahlrecht zugelassen hat. B. im einzelnen:
→Aufwendungen für die Ingangsetzung und
Erweiterung des Geschäftsbetriebes; →Fir-
menwert (derivativer); →Abgrenzungsposten
für aktive latente Steuern; →Verschmelzungs-
mehrwert.

Bilanzierungsmethode. 1. *Charakterisierung:* Neben dem Markt-Preis-Mechanismus
(→privatwirtschaftliche Marktwirtschaft)
zweite mögliche Methode zur Messung der
gesamtwirtschaftlichen Güterknappheiten
und ihrer Bewertung nach Maßgabe der Zielfunktion der jeweiligen Planungsberechtigten
und damit zur möglichst effizienten Allokation der verfügbaren Güter. Sie ist Grundlage
der Planung und Koordination der Wirtschaftsprozesse u. a. in den →staatssozialisti-
schen Zentralplanwirtschaften. Die B. basiert
darauf, daß die Salden naturaler Planbilanzen
als Anzeiger der Knappheitsgrade und als
Auswahlkriterium für die Ziele der zentralen
Planungsinstanz dienen. Diese Ziele werden in
die zu ihrer Erfüllung notwendigen Güter
erster Ordnung umgerechnet (→Mengersche
Güterordnung). Diesem Bedarf *(Bedarfsbi-
lanzen)* werden der vorhandene Bestand und
die importierbaren Gütermengen gegenübergestellt. Ein eventueller Fehlbetrag muß in der
folgenden Planperiode produziert werden. Er
wird unter Zugrundelegung *zweigspezifischer
durchschnittlicher Produktionsfunktionen* in
Güter der nächsthöheren Ordnung umgerechnet *(Produktionsbilanzen),* für die wiederum
der zukünftige Bedarf mit dem vorhandenen
oder importierbaren Gütern verglichen wird.
Auftretende Fehlbeträge für die Güter der
unterschiedlichen Ordnungen werden so lange
in solche nächsthöherer Ordnung umgerech-

net und dieser Bedarf gesamtwirtschaftlich aggregiert, bis das ursprüngliche zentrale Zielbündel in solchen Gütern ausgedrückt ist, die sich nicht mehr durch inländische Produktion oder Importe vermehren lassen (Güter höchster Ordnung: Arbeit und Boden, aber auch Engpaßgüter im Bereich der Produktionsmittel). – Da nicht alle staatlichen Ziele mit den in der folgenden Planperiode verfügbaren Gütern gleichzeitig erreichbar sind, und Fehlbeträgen für einzelne Produkte zunächst Überschußbestände in anderen Bilanzen gegenüberstehen, werden nun so lange *Umstrukturierungen* des zentralen Zielbündels und der den Bilanzen zugrunde gelegten Produktionsverflechtungen vorgenommen, bis eine bestmögliche Anpassung der Ziele an die Produktionsmöglichkeiten und ein möglichst effizienter Mitteleinsatz erreicht sind. – 2. *Funktion:* Das so abgestimmte System interdependenter Güterbilanzen *determiniert* die quantitativen Produktionsplanaufgaben der Betriebe sowie die ihnen als Inputs zugeteilten Güterarten und -mengen und *koordiniert* hierdurch die betrieblichen Teilpläne. – 3. An dieser güterwirtschaftlich-quantitativ ausgerichteten B. ändert sich prinzipiell auch dann nichts, wenn die jeweiligen Güter mit staatlich vorgegebenen Preisen bewertet werden und *Preissummenbilanzen* die Grundlage von Zielselektion und allokativen Entscheidungen sind.

Bilanzierungsvorschriften, gesetzliche Bestimmungen über die Pflicht zur Aufstellung, die äußere Form einer →Bilanz, den Bilanzinhalt, die Bewertung einzelner Posten und die Bilanzgliederung; z. B. die B. für den →Jahresabschluß im 3. Buch des HGB, die B. für Liquidationsbilanzen in § 270 AktG.

Bilanzklarheit, Bilanzierungsgrundsatz (§ 243 II HGB), der sich in einem äußerlich einwandfreien Bilanzbild ausdrückt. Verschiedenartige Aktiva und Passiva dürfen nicht zusammengezogen und nicht kompensiert (§ 246 II HGB), ausweispflichtige Bilanzpositionen nicht weggelassen werden. Die B. fordert eindeutige Bezeichnung der Bilanzposten, eine übersichtlich geordnete und gegliederte Bilanz (§ 265 HGB), sonst →Bilanzverschleierung (→Bilanzdelikte). – Vgl. auch →Bilanzwahrheit, →Bilanzgliederung.

Bilanzkontinuität, Bilanzprinzip, das eine formell und materiell gleichmäßige Bilanzierung gewährleisten soll. – 1. *Ausprägungen:* a) *Formelle B.:* Gleiche Bilanzgliederung; gleiche Benennung und Reihenfolge einzelner Posten in verschiedenen Bilanzen und Gewinn- und Verlustrechnungen eines Betriebs; z. T. auch →Bilanzidentität (Schlußbilanz = Eröffnungsbilanz des folgenden Jahres). – b) *Materielle B.:* (1) *Handelsrechtlich:* Vgl. →Bewertungsstetigkeit. (2) *Steuerrechtlich:* Anwendung gleicher Bewertungsgrundsätze und Wahrung des Wertzusammenhangs durch

Wertfortführung; keine spätere Wertaufstockung für abschreibungsfähige Güter. – 2. *Durchbrochen* wird das Prinzip der materiellen B. durch →Bilanzberichtigungen aus rechtlichen, →Bilanzänderungen aus betrieblichen Gründen, Bilanzierung aufgrund von Steuerbegünstigungen u. ä. Dies muß bei →Bilanzvergleich berücksichtigt werden.

Bilanzkonto, im Industriekontenrahmen Konto der Klasse 8. Sammlung der Anfangs- und Schlußbestände. Die Eröffnungsbuchungen lauten: Aktivkonten an Bilanzkonto, Bilanzkonto an Passivkonten; umgekehrt beim →Abschluß.

Bilanzkosmetik, →window dressing.

Bilanzkritik. I. K e n n z e i c h n u n g: Analyse und Bewertung von →Bilanz, →Gewinn- und Verlustrechnung (GuV) sowie ggf. des →Anhangs und →Lageberichts durch die Unternehmung selbst oder durch außenstehende Dritte. Einzelne Positionen von Bilanz und GuV werden nach unterschiedlichen Gesichtspunkten zusammengefaßt, umgebildet und zueinander in Beziehung gesetzt, um Aussagen über die Vermögens- und Ertragslage, die Finanzkraft usw. ex post und zukunftsbezogene Erkenntnisse über die „wirtschaftliche Lage" der Unternehmung zu gewinnen. – *Potentielle Interessenten* einer B. können Anteilseigner und mögliche Anleger, Kreditgeber, Arbeitnehmer, die „Öffentlichkeit" usw., aber auch die Unternehmensleitung sein.

II. A r t e n: 1. a) *Interne B.* wird von der betreffenden Unternehmung selbst durchgeführt. Das betriebliche →Rechnungswesen (Finanzbuchhaltung, Kosten- und Leistungsrechnung, Statistik, Planungs- und Kontrollrechnung) steht zur Erläuterung und Ergänzung der Jahresrechnung zur Verfügung. I. d. R. Zugriff auf Steuerbilanz und Vermögensstatus. – b) *Externe B.* wird von außenstehenden Dritten durchgeführt, denen nur die veröffentlichten oder anderweitig zugänglich gewordenen Jahresabschlüsse sowie Lageberichte zur Verfügung stehen. – 2. a) *Formale B.* beschränkt sich lediglich auf die Überprüfung, ob Jahresabschluß und Lagebericht den gesetzlichen Rechnungslegungsvorschriften entsprechend erstellt worden sind. – b) *Materielle B.* bezieht sich dagegen auf den sachlichen Inhalt des auszuwertenden Jahresabschlusses.

III. A b l a u f: 1. *Aufbereitung des Zahlenmaterials:* Zur Vorbereitung und Erleichterung der späteren Bildung von Kennzahlen werden einzelne Posten des Jahresabschlusses zusammengefaßt, saldiert usw. Aufbereitung ist arbeits- und zeitintensiv. Hilfsmittel sind insbes. entsprechend gegliederte Tabellen und EDV. Ergebnis der Aufbereitung ist eine „*Strukturbilanz"* sowie eine aufbereitete GuV.

– 2. *Bildung von Kennzahlen:* Nach dem formalen Aufbau können Kennzahlen wie folgt eingeteilt werden: a) *Grundzahlen:* Werden entweder direkt aus der Strukturbilanz und der aufbereiteten GuV entnommen oder ergeben sich durch Addition und/oder Substraktion einzelner Positionen. – b) *Verhältniszahlen:* Ergeben sich aus der Division von Grundzahlen. Es handelt sich um →Gliederungszahlen, →Beziehungszahlen und →Indexzahlen. – c) →*Richtzahlen* zur Beurteilung der ermittelten Kennzahlen. – 3. *Durchführung von Vergleichen:* Durch das Ermitteln von Kennzahlen aus einem einzelnen Jahresabschluß ist keine Beurteilung möglich, da sinnvolle Sollgrößen fehlen, an denen die individuellen Kennzahlen für ein Unternehmen überprüft werden können. Es werden daher *Vergleichs- bzw. Bewertungsmaßstäbe* zur Einschätzung benötigt: a) *Zeit und Entwicklungsvergleich:* Es werden Kennzahlen verglichen, die sich auf unterschiedliche Zeitpunkte bzw. Zeitperioden beziehen. Voraussetzung ist die Vergleichbarkeit der Abschlüsse. – b) *Betriebs- und Branchenvergleich:* Die aus der Strukturbilanz und der aufbereiteten GuV gewonnenen Kennzahlen werden mit Kennzahlen branchengleicher Unternehmen bzw. den Branchendurchschnittswerten verglichen. Voraussetzung ist ebenfalls die prinzipielle Vergleichbarkeit der Zahlenmaterials (Branche, Größe, Rechtsform, usw.). – c) *Interner Soll-Ist-Vergleich:* Nur von Bedeutung für die B. bei kleinen und mittleren Unternehmen. Kennzahlenvorgabe- und -planwerte werden mit erreichten Zeitwerten verglichen.

IV. Z w e c k : Die mit der B. verknüpften Zielsetzungen bzw. Zwecke hängen von den individuellen Informationsbedürfnissen der jeweiligen Interessenten ab. Prinzipiell gibt es so viele Zwecke, die die B. erfüllen soll, wie Interessenten an einer B. vorhanden sind. Üblicherweise werden verallgemeinernd und beispielhaft die folgenden Zwecke (= Aufgabenstellung) für die B. genannt: Kritische Beurteilung der Liquiditätslage (→Liquidität), Ertragskraft (→Ertrag), Vermögens- und Verschuldungssituation (→Vermögen, →Kapitalstruktur), Wachstumschancen und →Investitionspolitik, →Kreditwürdigkeit, gesellschaftsbezogene Aktivitäten (→Sozialbilanz).

V. B e u r t e i l u n g : 1. Die strukturell bedingten *Grenzen* der B. zeigen sich dann, wenn die prinzipiell möglichen Erkenntnisse der B. bzw. die im Einzelfall gewonnenen Analyseergebnisse nicht mit den Informationsbedürfnissen der verschiedenen Adressaten bzw. Interessenten übereinstimmen. Diese Informationsbedürfnisse rühren aus den individuellen und situativ unterschiedlichen Entscheidungssituationen der Interessenten bzw. Adressaten der B. her. Gemeinsamkeiten in bezug auf die

unterschiedlichen Entscheidungssituationen bestehen lediglich insofern, als die für ein vernünftiges Entscheiden benötigten Informationen „zukunftsbezogen", „vollständig" und „wahr" sein sollten. – 2. Beurteilt man das Ausgangsmaterial der B. (d.h. den Jahresabschluß) anhand dieser Kriterien, lassen sich die folgenden strukturell bedingten und nicht zu beseitigenden *Mängel* einer jeden B. feststellen: a) *Mangelnde Zukunftsbezogenheit* des Ausgangsmaterials: Die Daten des in der B. verarbeiteten Jahresabschlusses beziehen sich auf das abgelaufene →Wirtschaftsjahr. Aussagen über die zukünftigen Entwicklungen, die sich aus ex post-Daten angeblich mittels einer B. ableiten lassen, beruhen allein auf der Hoffnung, daß die in der Vergangenheit erkennbaren Entwicklungen in die Zukunft extrapoliert werden könnten. Es wird die „Prognose" der zukünftigen Entwicklung nicht nur dadurch erschwert, daß z.B. der Jahresabschluß erst geraume Zeit nach dem Abschlußstichtag für eine externe B. zur Verfügung steht, sondern entscheidend auch dadurch, daß es aus rein logischen Gründen nicht möglich ist, aus ex post-Daten allein mittels irgendwelcher Kennzahlenbildungen, Rechenoperationen usw. eine Aussage über zukünftige Entwicklungen abzuleiten. – b) *Unvollständigkeit des Ausgangsmaterials* als Folge von Bilanzierungsvorschriften: Die „Unvollständigkeit" des Jahresabschlusses ist das Produkt der Vorschriften zur Bilanzierung dem Grunde nach. Im einzelnen sind dabei: →Aktivierungswahlrechte, Aktivierungsverbote (z.B. für originäre immaterielle Wirtschaftsgüter des Anlagevermögens), →Passivierungswahlrechte, Passivierungsverbote (z.B. für Verbindlichkeiten aus →schwebenden Geschäften, solange angenommen werden darf, daß sich Leistung und Gegenleistung ausgleichen). – c) *Fragwürdigkeit der Wertansätze:* Ergibt sich einerseits aus der für die (deutsche) Rechnungslegung grundlegenden Prinzip der →nominellen Kapitalerhaltung sowie andererseits als Folge der Ausübung von Bewertungswahlrechten (→Bewertung). Die Ausübung von Bewertungswahlrechten und damit Nutzung des bilanzpolitischen (Bewertungs)-Spielraums, ist insbes. beim Ansatz der →Herstellungskosten sowie der →Abschreibungen von Bedeutung. – 3. Zusammenfassend kann festgestellt werden, daß die *Aussagefähigkeit* der durch Umbildung von Bilanz- und GuV-Positionen gewonnenen Kennzahlen in gleicher Weise eingeschränkt ist wie die Aussagefähigkeit des Ausgangsmaterials. Der mit den aufgezeigten Mängeln behaftete Jahresabschluß kann diese Mängel nicht durch bestimmte Rechenoperationen verlieren.

Prof. Dr. Wolf F. Fischer-Winkelmann

Bilanzkurs, rechnerischer Wert einer Aktie. Der B. ergibt sich aus dem Verhältnis des bilanziell ausgewiesenen Eigenkapitals zum gezeichneten Kapital (= Grundkapital). – *Beispiel:* Gezeichnetes Kapital 1,0 Mill. DM; Eigenkapital (gezeichnetes Kapital sowie Kapital- und Gewinnrücklage) 1,5 Mill. DM; B.:

$$\frac{1,5 \times 100}{1,0} = 150\% \, .$$

Auf das nominelle Aktienkapital entfallen weitere 50% Eigenkapital. Ohne Kenntnis der stillen Reserven ist der Aussagewert des B. nur gering.

Bilanzlehre. I. Aufgabe: Die B. ist ein wichtiger Teilbereich der →Betriebswirtschaftslehre. Grundproblem der Bilanzlehre ist die zentrale Erfassung der finanziellen Konsequenzen des Unternehmensgeschehens. Ein Bedürfnis nach solchen „Bilanzen" ist nicht zweifelhaft: Entscheidungen in Unternehmen müssen auch orientiert sein an ihren finanziellen Konsequenzen. Wer solche Entscheidungen optimal treffen will, bedarf deshalb eines Instrumentes, um diese Konsequenzen erkennen zu können. Die Bedeutung von Bilanzen spiegelt sich besonders deutlich wider in dem in allen Kulturländern gegebenen gesetzlichen Bilanzierungszwang: Bilanzen sind unentbehrlich zum Schutz derjenigen, die von den finanziellen Konsequenzen betrieblicher Entscheidungen betroffen werden (z. B. die Gläubiger).

II. Statische Bilanzinterpretation: 1. *Die Bilanzauffassung des Reichsoberhandelsgerichtes:* Eine Bilanztheorie im Sinn eines geschlossenen Systems von Bilanzaufgaben und aufgabenadäquaten Bilanzinhalten (Bilanzierungsregeln) gibt es seit etwa hundert Jahren. 1873 erschien die berühmt gewordene Entscheidung des Reichsoberhandelsgerichts, in der für die Bilanz „objektive Verkehrswerte" gefordert wurden. Die Bilanz war nach dieser Auffassung eine Gegenüberstellung von Vermögen und Schulden zum Zweck der *Schuldendeckungskontrolle.* – **2.** *Die Bilanzauffassung von Herman Veit Simon:* Auch Simon interpretiert, wie alle Statiker, die Bilanz als Gegenüberstellung von Vermögen und Schulden; auch bei ihm ist Sinn der Bilanzziehung die *Schuldendeckungskontrolle.* Doch sieht Simon das Vermögen anders als das Reichsoberhandelsgericht. Er interpretiert das Vermögen zwar ebenfalls als „Schuldendeckungsmasse", doch unter der Voraussetzung des *fortbestehenden Unternehmens.* Die wichtigste Konsequenz hieraus war die teilweise Verdrängung des Einzelveräußerungspreises als Bilanzwert: Nach Simon ist nur noch das „*Veräußerungsvermögen*" (Umlaufvermögen) zum Einzelveräußerungspreis anzusetzen; das „*Gebrauchsvermögen*" (Anlagevermögen) dagegen müsse zu *Anschaffungspreisen* (abzüglich Abschreibungen)

bewertet werden. Denn die Bedeutung eines Gegenstands (sein „Wert") für den Kaufmann könne nur dann durch den Veräußerungspreis gemessen werden, wenn der Gegenstand auch zur Veräußerung bestimmt sei. Der „Wert" des Anlagevermögens spiegelt sich wider in den vom Kaufmann hierfür aufgewendeten Beträgen (Anschaffungskosten, ggf. abzüglich Abschreibungen).

III. Dynamische Bilanzinterpretation: 1. *Die Kritik am Vermögensbegriff:* →Schmalenbach wandte sich gegen Simons Lehre mit dem Argument, es werde eine unzutreffende *Vermögenskonzeption* gebraucht. Wolle man das Vermögen ermitteln, so müsse man die erwarteten Überschüsse diskontieren: Das Vermögen sei nur durch „*Gesamtbewertung*" zu bestimmen; Gesamtbewertung heiße, daß die verschiedenen „Vermögensteile" insgesamt („simultan") bewertet werden (indem man die Überschüsse diskontiert, die sich aus der kombinierten Verwendung aller Vermögensteile ergeben). *Bilanzielle Vermögensermittlung* bedeute dagegen „*Einzelbewertung*": Hier werde der Wert der einzelnen Vermögensteile isoliert bestimmt; infolgedessen blieben unberücksichtigt die „Kombinationseffekte", d. h. die Wirkungen aus dem kombinativen Einsatz der verschiedenen Vermögensteile. – **2.** *Schmalenbachs Theorie vom „vergleichbaren Erfolg":* Schmalenbach erklärte, es komme darauf an, den *Gewinn* statt des Vermögens zu ermitteln. Denn entscheidend für den Kaufmann sei, einen Indikator zu haben, der ihm Erfolg oder Mißerfolg seiner Tätigkeit anzeige. Schmalenbach sah jedoch die Schwierigkeiten einer zutreffenden Gewinnermittlung in einer Welt der Unsicherheit und des Irrtums. Deshalb meinte er, es komme gar nicht so sehr darauf an, den „absolut richtigen" Erfolg zu bestimmen. Es genüge, den Erfolg „*relativ richtig*" zu ermitteln. „Relativ richtig" sei der Erfolg, wenn er als „*vergleichbar*" gelten könne: Es spiele keine Rolle, wenn sich bestimmte Fehler in der Gewinnermittlung von Jahr zu Jahr in der gleichen Weise wiederholten, sofern hierdurch die „Veränderungsrichtung" unberührt bliebe. Der Gewinn müsse so ermittelt werden, daß ein „Auf" oder „Ab" des Betriebes rechtzeitig und zuverlässig erkennbar werde. Bei jedem Aufwandsansatz habe man daher zu fragen, was der im Hinblick auf die so verstandene „Vergleichbarkeit" zutreffende Periodenaufwand sei.

IV. Moderne B.: Die moderne B. versucht, der Komplexität finanzieller Informationsbedürfnisse Rechnung zu tragen. Sie interpretiert „Bilanzen" in einem etwas weiteren Sinn, nämlich als *zentrale finanzielle Lageberichte*" von Unternehmen. Auf diese Weise integriert sie die älteren Bilanzauffassungen; sie zeigt, daß diese älteren Ansätze wesentliche Teilinformationen über die finanzielle Situation geben. Die moderne Bilanztheorie bringt allerdings mehr als nur eine Kombination älterer Auffassungen. Sie ist nicht zufällig ein Kind der →entscheidungsorientierten Betriebswirtschaftslehre. Erst die moderne Bilanztheorie kennt die systematische Analyse der entscheidungsrelevanten Informationsbedürfnisse; sie ist frei von überkommenen Aufgabenaxiomatisierungen. Auf dieser Basis entwickelt sie *differenzierte, aufgabenadäquate Informationsinstrumente.* Sie berücksichtigt insbes. die Zukunftsorientierung der betrieblichen Entscheidungen; unter diesem Aspekt integriert sie auch die betriebliche *Finanzplanung.* – Vgl. auch →Bilanztheorien.

Literatur: Coenenberg, A. G. u.a., Jahresabschluß und Jahresabschlußanalyse, 9. Aufl., München 1987; Egner, H., Bilanzen, München 1974; Heinen, E., Handelsbilanzen, 12. Aufl., Wiesbaden 1986; Moxter, A., Bilanzlehre, 3. Aufl., Wiesbaden 1984/86; Schmalenbach, E., Dynamische Bilanz, 13. Aufl., Köln und Opladen 1962; Schmidt, F., Die organische Tageswertbilanz, Wiesbaden 1951 (unveränd. Nachdruck d. 3. Aufl.); Schweitzer, M., Struktur und Funktion der Bilanz, Berlin 1972; Simon, H. V., Die Bilanzen der Aktiengesellschaften und der Kommanditgesellschaften auf Aktien, 3. Aufl., Berlin 1899; Wöhe, G., Bilanzierung und Bilanzpolitik, 7. Aufl., München 1986.

                          Prof. Dr. Adolf Moxter

Bilanzplanung, →Planbilanz.

Bilanzpolitik, interessenausgerichtete Gestaltung der Bilanz, um beim internen und/oder externen Bilanzempfänger (Aktionär, Gläubiger, Bilanzkritiker) einen bestimmten Eindruck hervorzurufen. Mittel der Publizitätspolitik der Unternehmen. – 1. *Formelle B.:* Ziel ist die Beeinflussung der am Jahresabschluß interessierten Personengruppen durch die äußere Gestaltung der Bilanz. Je nach der wirtschaftlichen Lage der Unternehmung zwei unterschiedliche Auffassungen, um die internen und/oder externen Bilanzadressaten zu für den Betrieb günstigen Entscheidungen zu veranlassen: a) Außenstehenden möglichst wenig Einblick gewähren; b) möglichst aufschlußreiche Rechnungslegung mit über die Mindestvorschriften hinausgehenden Angaben aus Gründen der „public relations". Mittel hierzu sind z. B. die Gliederungspolitik (z. B. Beschränkung auf vom Gesetz zwingend vorgeschriebene Angaben), Brutto- oder Nettoausweis (vgl. z. B. →ausstehende Einlagen). – 2. *Materielle B.:* Ziel ist die Beeinflussung der ausgewiesenen Vermögens-, Finanz- und Ertragslage des Unternehmens, die sich z. B. zeigt in einer bestimmten Vermögens- oder Kapitalstruktur, in der Höhe des ausgewiesenen Gewinns, der Gewinnthesaurierung oder -ausschüttung, der Liquiditäts- und Rentabilitätsverbesserung auch durch Steuerersparnisse (Vermeidung von Steuerprogression) oder Steuerverschiebungen auf spätere Perioden (Zinsgewinn). Mittel der B. sind vorwiegend Sachverhaltungsgestaltung (»window dressing«), Bewertungs-, Abschreibungs- und Rücklagenpolitik. – Vgl. auch →Bilanz V 3, →Bewertung, →Abschreibung, →stille Rücklagen, →Rückstellungen.

Bilanzprüfer, →Abschlußprüfer.

Bilanzprüferrichtlinie, →Achte EG-Richtlinie.

Bilanzprüfung, →Jahresabschlußprüfung.

Bilanzreform. 1. Bestrebungen, durch Vereinheitlichung der handels- und steuerlichen Bilanzierungsvorschriften eine →*Einheitsbilanz* für Handels- und steuerliche Zwecke zu schaffen. – 2. Neuordnung der Bilanzierungsvorschriften durch →*Bilanzrichtlinien-Gesetz.*

Bilanzrevision, →Jahresabschlußprüfung.

Bilanzrichtlinien-Gesetz (BiRiLiG), Gesetz vom 19. 12. 1985 (BGBl I 2355), mit dem in der Bundesrep. D. die →Vierte EG-Richtlinie (Einzelabschluß-Richtlinie), die →Siebte EG-Richtlinie (Konzern-Richtlinie) und die →Achte EG-Richtlinie (Bilanzprüfer-Richtlinie) in innerstaatliches Recht umgesetzt wurden. Das BiRiLiG ist ein 13 Artikel umfassendes Änderungsgesetz, dessen wesentlicher Inhalt v. a. in das HGB eingegangen ist sowie 39 andere Gesetze (8 davon wesentlich) geändert hat. – *Erstmalige Anwendung* der Vorschriften über die Aufstellung und Offenlegung des Einzelabschlusses auf das nach dem 31. 12. 1986 und der Vorschriften über den Konzernabschluß auf das nach dem 31. 12. 1989 beginnende Geschäftsjahr. In beiden Fällen können die neuen Vorschriften, jedoch nur insgesamt, auch früher angewandt werden.

I. Bilanzrecht für alle Kaufleute: 1. Das BiRiLiG war *veranlaßt* duch die Vierte gesellschaftsrechtliche Richtlinie der Europäischen Gemeinschaften vom 25. 7. 1978 (zum Einzelabschluß von Kapitalgesellschaften) und durch die Siebente gesellschaftsrechtliche Richtlinie der Europäischen Gemeinschaften vom 13. 6. 1983 (zum Konzernabschluß von Kapitalgesellschaften). Die *Umsetzung* dieser Richtlinien *in deutsches Recht* geschah v. a. durch ein neu in das HGB eingefügtes Drittes Buch; doch hat das BiRiLiG insgesamt die Änderung von 39 Gesetzen erforderlich gemacht (darunter Änderung des Aktiengesetzes, GmbH-Gesetzes, Genossenschafts-Gesetzes, Publizitäts-Gesetzes, der Wirtschaftsprüferordnung, des Kreditwesen-Gesetzes und des Versicherungsaufsichts-Gesetzes). Obgleich auch das Einkommensteuer-Gesetz zu den durch das BiRiLiG geänderten Gesetzen gehört (Klarstellung des Grundsatzes der umgekehrten Maßgeblichkeit und steuerrechtliche Abschreibbarkeit des Geschäfts- oder Firmenwerts), ist das BiRiLiG doch im Grundsatz steuerneutral. – 2. An sich bestand aufgrund der EG-Richtlinien nur ein Zwang, das Bilanzrecht der *Kapitalgesellschaften* anzupassen. Der Gesetzgeber hat jedoch vernünftigerweise auch das Bilanzrecht der *Nichtkapitalgesellschaften* neu geregelt, damit in Zukunft Klarheit besteht, welche Vorschriften jeweils für Kapitalgesellschaften und für Nichtkapitalgesellschaften gelten. Die Eingriffe in das Bilanzrecht der Nichtkapitalgesellschaften sind jedoch weniger schwerwiegend; der Gesetzgeber hat zwar die entsprechenden Gesetzesformulierungen (früher die §§ 38 ff. HGB) erheblich verändert, insbes. ausgeweitet, aber er hat grundsätzlich nur von der Rechtsprechung seit langem gefestigte Grundsätze ordnungsmäßiger Buchführung und Bilanzierung kodifiziert. Hierzu gehören v. a. Ansatzvorschriften (insbes. Verbot der Aktivierung nicht entgeltlich erworbener immaterieller Anlagewerte, Begrenzung der Rechnungsabgrenzung auf die „bestimmte Zeit", Rückstellungskatalog) und Bewertungsvorschriften (hier insbes. eine Reihe von allgemeinen Prinzipien, von denen nunmehr durch das Gesetz geklärt ist, daß sie für alle Kaufleute gelten, namentlich das Realisationsprinzip, mithin auch das Verbot, die Anschaffungs- oder Herstellungskosten zu überschreiten). Erstmals hat der Gesetzgeber in dem für alle Kaufleute geltenden Bilanzrecht auch gewisse Unterbewertungsverbote, also Beschränkungen stiller Reserven, vorgesehen. Abschreibungen auf das Anlagevermögen und auf das Umlaufvermögen sowie Rückstellungsansätze, die nicht mehr „vernünftiger kaufmännischer Beurteilung" entsprechen, sind unzulässig. Auch wird durch eine freilich nur als Sollvorschrift gestaltete Bewertungsmethodenstetigkeit der bilanzpolitische Spielraum eingeengt. Neu ist eine Rückstellungspflicht für laufende Pensionen und für Anwartschaften auf Pensionen. Doch sind hiervon ausgenommen die Altzusagen (vor dem 1. 1. 1987 erteilte Pensionsversprechen) und deren spätere Erhöhung.

II. Bilanzrecht für Kapitalgesellschaften: 1. Für Kapitalgesellschaften (Aktiengesellschaften, Kommanditgesellschaften auf Aktien, GmbH, nicht jedoch GmbH und Co.) gilt zunächst das für alle Kaufleute maßgebliche Bilanzrecht, jedoch müssen Kapitalgesellschaften *ergänzende Vorschriften* beachten. Der Jahresabschluß wird bei Kapitalgesellschaften erweitert um einen Anhang; außerdem umfaßt die Rechnungslegung der Kapitalgesellschaft auch einen Lagebericht. Der (Bilanz, Gewinn- und Verlustrechnung und Anhang umfassende) Jahresabschluß der Kapitalgesellschaft muß als Einheit ein den tatsächlichen Verhältnissen entsprechendes Bild der Vermögens-, Finanz- und Ertragslage vermitteln (§ 264 II HGB). Zu diesem Zweck wurden die Bewertungswahlrechte von Kapitalgesellschaften eingeschränkt (die Möglichkeiten der stillen Bildung und stillen Auflösung von Reserven begrenzt) und detaillierte Vorschriften zur Gliederung von Bilanz und Gewinn- und Verlustrechnung sowie zum Inhalt des Anhangs erlassen; diese Vorschriften sind

allerdings nach Größenklassen abgestuft (kleine und mittelgroße Kapitalgesellschaften sind nur zu einer beschränkten Rechnungslegung verpflichtet, was für kleine und mittelgroße Aktiengesellschaften und Kommanditgesellschaften auf Aktien, deren Aktien nicht an der Börse notiert werden, gewisse Erleichterungen gegenüber dem geltenden Recht mit sich bringt). Um deutsche Kapitalgesellschaften nicht gegenüber ihrer ausländischen Konkurrenz zu benachteiligen, sieht das BiRiLiG nur jene Offenlegungspflichten vor, die von den EG-Richtlinien erzwungen werden. Dennoch ergibt sich insbes. für Unternehmen in der Rechtsform der GmbH eine erhebliche Ausweitung der Publizitätspflichten. – 2. Neu ist auch die jetzt für alle Kapitalgesellschaften geltende Verpflichtung zur Erstellung von *Konzernabschlüssen* und *Konzernlageberichten.* Konzernabschlüsse bestehen aus Konzernbilanz, Konzern-Gewinn- und Verlustrechnung und Konzernanhang, die auch hier eine Einheit bilden, d. h. (nur) als Einheit ein den tatsächlichen Verhältnissen entsprechendes Bild der Vermögens-, Finanz- und Ertragslage des Konzerns gewähren müssen (§ 297 II HGB). Die Aufstellungspflicht wird ausgelöst, wenn eine Kapitalgesellschaft mit Sitz im Inland (Mutterunternehmen) eine Beteiligung an einem Tochterunternehmen besitzt, mit dem sie durch einheitliche Leitung verbunden ist, ferner wenn einer Kapitalgesellschaft mit Sitz im Inland Mehrheitsrechte oder Beherrschungsrechte am Tochterunternehmen zustehen. Die Tochterunternehmen sind ohne Rücksicht auf ihren Sitz einzubeziehen (Weltabschlußprinzip). Der Konzernabschluß hat keine Zahlungsbemessungsfunktion, nur eine Informationsaufgabe.

Literatur: Beckscher Bilanzkommentar, München 1986; Biener, H. Die gesellschafts- und bilanzrechtlichen Gesetze nach Änderung durch das Bilanzrichtlinien-Gesetz, Köln 1986; Bonner Handbuch Rechnungslegung, Bonn 1986; Glade, A. Rechnungslegung und Prüfung nach dem Bilanzrichtlinien-Gesetz, Herne/Berlin (West) 1986; Heinen, E., Handelsbilanzen, 12. Aufl., Wiesbaden 1986; Kresse, W./Kotsch-Faßhauer, L./Lenz, N., Neues Bilanzieren, Prüfen und Buchen nach dem Bilanzrichtlinien-Gesetz, Stuttgart 1986; Küting, K./Weber, C. P., Handbuch der Rechnungslegung, Stuttgart 1986; Lütsch, Die Rechnungslegung nach dem neuen Bilanzrichtlinien-Gesetz, Freiburg/Bg. 1986; Moxter, A., Bilanzlehre, 2. Bd., Einführung in das neue Bilanzrecht, 3. Aufl., Wiesbaden 1986.

Prof. Dr. Adolf Moxter

Bilanzschema, Vorschrift (teils gesetzlich, teils nach freiwilliger Vereinbarung) für inhaltliche Abgrenzung und Gliederung einzelner Positionen in der →Bilanz. Für Kapitalgesellschaften ausführliches B. in § 266 HGB, aufgrund dessen die Aufstellung der Handelsbilanzen erfolgt (→Bilanzgliederung). Dieses B. hat Bedeutung auch für andere Gesellschaftsformen (zumindest für größere Unternehmungen) als Vorbild für eine ordnungsgemäße Bilanzierung. – Auch die →Kontenrahmen der einzelnen Wirtschaftszweige enthalten vielfach Musterbeispiele für

B. – *Spezielle B.* gelten für Banken, Sparkassen, Bausparkassen und Versicherungen. – *Im Ausland* sind z.T. ähnliche B. entwickelt worden, so z.B. in der Schweiz, Österreich, EG-Ländern (→Vierte EG-Richtlinie).

Bilanzstatistik. I. b e t r i e b s w i r t s c h a f t - l i c h e S t a t i s t i k : Statistische Analyse von →Bilanzen, bezogen auf a) eine einzelne Bilanz (Zustandsbild einer Unternehmung zu einem bestimmten Zeitpunkt), b) mehrere zeitlich folgende Bilanzen einer Unternehmung (Entwicklung) und c) mehrere zeitpunktgleiche Bilanzen verschiedener Unternehmungen (→Bilanzvergleich, →Betriebsvergleich). Bei der B. interessieren besonders die Vermögens- (Aktivseite) und Kapitalstrukturstatistik (Passivseite), ferner die Finanzierungsart, die Liquiditätsgrade usw.

II. A m t l i c h e S t a t i s t i k : 1. Jährliche Zusammenstellung der wichtigsten Bilanzposten der offenlegungspflichtigen *Kapitalgesellschaften* aufgrund der Veröffentlichungen im Bundesanzeiger oder der Geschäftsberichte, gegliedert nach Wirtschaftszweigen, ergänzt durch die Positionen der Erfolgsrechnungen und durch Berechnungen über die Entwicklung der Sachanlagen durch das Statistische Bundesamt. – 2. Jährliche Zusammenstellung der Posten der Jahresabschlüsse und der Konzernabschlüsse von *Personenhandelsgesellschaften, Einzelkaufleuten* usw. aufgrund des Gesetzes über die Rechnungslegung von bestimmten Unternehmen und Konzernen (Publizitätsgesetz) in Anlehnung an die Gliederung der Veröffentlichungen für Kapitalgesellschaften durch das Statistische Bundesamt. – 3. Jährliche Zusammenstellung der Posten der Jahresabschlüsse der *staatlichen und kommunalen Wirtschaftsunternehmen* ohne eigene Rechtspersönlichkeit in Anlehnung an die Gliederung der Veröffentlichungen für Kapitalgesellschaften durch das Statistische Bundesamt. – 4. Statistik über die zusammengefaßte Bilanz sämtlicher westdeutscher *Kreditinstitute;* vgl. →bankstatistische Gesamtrechnung. – 5. *Zwischenbilanzstatistik der Kreditinstitute,* monatlich aufgestellt durch die Bundesbank; vgl. →Bankenstatistik. – 6. Jahresstatistik der privaten *Bausparkassen,* aufgrund des Rechnungsabschlusses zusammengestellt durch das Bundesaufsichtsamt für Versicherungs- und Bausparwesen. – 7. Jahresabrechnung der *Deutschen Bundesbahn* aufgrund der eigenen betriebsstatistischen Aufzeichnungen.

Bilanzsteuerrecht, rechtliche Vorschriften zur Erstellung der →Steuerbilanz.

Bilanzstichtag, Tag, auf den bezogen eine →Bilanz aufgestellt wird; beim Jahresabschluß jeweils der letzte Tag eines Abrechnungszeitraums.

Bilanzstrukturmanagement, Management-Teilbereich des Bankcontrolling (→Control-

ling) mit dem Ziel der risikopolitischen Optimierung der Bilanzstruktur und der strategischen Planung des Gewinnbedarfs: Steuerung der Geschäftsstruktur eines Unternehmens bzw. einer Bank unter dem Aspekt der Bilanzstrukturrisiken und des strukturellen Gewinnbedarfs zur Aufrechterhaltung eines langfristig finanziellen Gleichgewichts; hierbei zentrale Bedeutung der Risikosteuerung, die durch Risikostrukturkennzahlen umgesetzt wird. Unterscheidung von →Erfolgsrisiken und →Liquiditätsrisiken.

Bilanzsumme, *Bilanzvolumen,* die Schlußsumme der linken (→Aktiva) und rechten (→Passiva) Seite der →Bilanz. Bei Buchungsfällen zwischen den Konten auf einer Bilanzseite bleibt die B. unverändert.

Bilanztabelle, →Hauptabschlußübersicht.

Bilanztaktik, Ausnutzung von Wahlrechten des Bilanzierenden beim →Jahresabschluß. Die B. umfaßt Maßnahmen der →Bilanzpolitik, d. h. Bilanzen in einer zulässigen Weise auf bestimmte Zwecke auszurichten, ohne die tatsächlichen Verhältnisse unrichtig wiederzugeben. Übertreibungen können zu →Bilanzdelikten führen.

Bilanztheorien, *Bilanzauffassungen,* von der Wissenschaft aus den verschiedenen Anschauungen über das Wesen und die Aufgaben der →Bilanz und der →Erfolgsrechnung entwickelte Lehrmeinungen. (Vgl. auch →Bilanzlehre.)

I. S t a t i s c h e B . : 1. Die statische Bilanz gilt als Mittel zur Darstellung des Vermögensstandes (Vermögensstatus) in einem gegebenen Zeitpunkt. Sie bezieht sich auf zweierlei: a) Auf die *Konstitution* der Unternehmung, also die grundsätzliche Kapital- und Vermögensbeschaffenheit. Die Vermögenswerte sollen das in ihnen investierte Kapital darstellen, werden also zum →Anschaffungswert angesetzt. Keine →Abschreibung, sondern passivische →Wertberichtigung; keine →stillen Rücklagen. b) Nach neuerer Auffassung auch auf die Situation der Unternehmung; das Ergebnis der wirtschaftlichen Tätigkeit einer abgelaufenen Geschäftsperiode wird nachgewiesen durch die →Buchführung, deren Aufgabe es ist, die Bilanzposten während der Rechnungsperiode zu kontrollieren. Die Zunahme des →Eigenkapitals im Vergleich zur Vorjahresbilanz entspricht dem Gewinn des Betriebsabschnittes (Vermögenszuwachs); Vermögensabnahme entspricht dem Verlust. – 2. *Hauptvertreter einer beschränkten statischen B.:* →Nicklisch, →Schär. Sie deuten die Bilanz als „Kapitalbestandsbilanz", die Gewinn- und Verlustrechnung (GuV) als „Bilanz der Periodenwerte"; die Positionen der GuV weisen also Bestandsmehrungen und -minderungen aus.

II. D y n a m i s c h e B.: 1. *Begründet und entwickelt* durch →*Schmalenbach* („Dynamische Bilanz", 1919, 13. Aufl., Köln und Opladen 1962). Da der Wert der Unternehmungen von ihrer Ertragskraft bestimmt wird, gilt es, den während der Lebensdauer des Unternehmens erzielten Totalerfolg (Gesamteinnahmen ⁄. -ausgaben ⁄. Kapitaleinlagen + -entnahmen) zu ermitteln, wobei die jährliche Bilanz nur den Periodenerfolg darstellt für noch nicht abgeschlossene Erfolgsvorgänge (Ausgaben, Einnahmen, Aufwendungen, Leistungen). Die Bilanz enthält demnach *nur transitorische oder antizipative Posten.* Schema: Jedes Aktivum wird danach erklärt als künftige Einnahme oder künftiger Aufwand (Vorleistungen) und jedes Passivum als künftige Ausgabe oder als künftige Leistung (Nachleistungen) Vermögens- und Schuldbestände gibt es in der dynamischen Bilanzinterpretation nicht, sondern nur schwebende Posten, die erst in späteren Perioden in den Erfolgsbildungsprozeß eingehen. – Die Bilanz *dient* der Ermittlung des wirtschaftlichen Erfolgs einer Periode, des Jahresgewinns, der sich aus der Differenz von Ertrag und Aufwand ergibt. Diese sind beide von der Bewertung der Bilanzaktiven und -passiven am Stichtag abhängig: grundsätzlich zu Anschaffungswerten. – 2. *Weiterentwicklung* der dynamischen Bilanz durch →*Walb* (Finanzwirtschaftliche Bilanz, 1943, 3. Aufl., Wiesbaden 1966): Unterscheidung von Konten der Zahlungsreihe (Buchung aller baren und unbaren Zahlungen) und Konten der Leistungsreihe (Buchung aller Sachgüter, Arbeits- und Dienstleistungen). Abschluß der Zahlungsreihe: Die Bilanz, die auf der Aktivseite die Summe aller Einnahmen und auf der Passivseite die Summe aller Ausgaben enthält. Abschluß der Leistungsreihe: Gewinn- und Verlustrechnung, die auf der Sollseite alle Leistungseingänge (Aufwand) und auf der Habenseite alle Leistungsausgänge (Erträge) enthält. Beide Abschlüsse ergeben erst durch Rückverrechnung in Höhe des periodengerechten Aufwands bzw. Ertrags den Periodengewinn.

III. O r g a n i s c h e B.: 1. *Entwickelt* von →*Schmidt, F.* („Organische Tageswertbilanz", 1929, unveränderter Nachdruck 1951).

Im Gegensatz zur statischen B. wird das Vermögen nicht zum Nominalwert, sondern zu dem des jeweiligen Stichtags, also zum *Wiederbeschaffungswert,* angesetzt. Auch die Abschreibungen erfolgen auf Basis des Tageswerts. Bei höherem Wiederbeschaffungswert sind die aufgrund des Anschaffungspreises vorgenommenen Abschreibungen nach dieser B. zu niedrig, um den Ersatz der abgeschriebenen Gegenstände bei Außerdienststellung zu gestatten und umgekehrt. – *Markt- und Geldwertschwankungen* werden getrennt durch Ausweis a) des Umsatzerfolgs, b) des Erfolgs durch Wertänderungen am ruhenden Vermögen. Damit ist vermieden, daß bei Erhöhung der Wiederbeschaffungspreise nicht realisierbare Gewinne ausgeschüttet würden.

Organische Bilanz

Aktiva	Passiva
Reproduktionswert der Sachgüter	Ausgangskapital Vermögenswertänderungen
Debitoren	
Liquide Mittel	Kreditoren

IV. E u d y n a m i s c h e B.: Entwickelt von →*Sommerfeld.* Gerichtet auf Erhaltung der im Betrieb investierten Betriebsenergie, d. h. nicht nur Erhaltung des Nominalkapitals und der güterlichen Substanz, sondern auch der Leistungsfähigkeit im Rahmen der volkswirtschaftlichen Entwicklung. Risiken sind in vollem Umfang zu berücksichtigen, Gewinne erst nach Eingang der Zahlung zu buchen, Halbfabrikate lediglich in Höhe der Materialkosten zu bewerten. Kaufkraftänderungen des Geldes werden durch Rücklagenkonten *(Substanzerhaltungskonto)* berücksichtigt, um unrealisierbare Gewinne außer Ansatz zu lassen und Substanz für erforderliche Betriebserweiterungen anzusammeln.

V. N o m i n a l e B.: Vertreten durch *W. Rieger* (Einführung in die Privatwirtschaftslehre, 1929). Die Bilanz gilt als reine Geldrechnung, d. h. als Zwischenabrechnung über ein noch nicht abgeschlossenes Betriebsleben. Als Gewinn gilt (wie im Handels- und Steuerrecht) die *nominelle Eigenkapitalvermehrung.* Eine richtige Ergebnisermittlung ist unmöglich, weil sie die Kenntnis aller künftigen Einnahmen und Ausgaben voraussetzt. – *Später*

Dynamische Bilanz

Verrechnungsfall	Bilanz	Gewinn- und Verlust-Konto
Aufwand jetzt – Ausgabe später	Passivum entsteht	Sollposten
Aufwand jetzt – Ausgabe früher	Aktivum verschwindet	Sollposten
Ausgabe jetzt – Aufwand später	Aktivum entsteht	–
Ausgabe jetzt – Aufwand früher	Passivum verschwindet	–
Leistung jetzt – Einnahme später	Aktivum entsteht	Habenposten
Leistung jetzt – Einnahme früher	Passivum verschwindet	Habenposten
Einnahme jetzt – Leistung später	Passivum entsteht	–
Einnahme jetzt – Leistung früher	Aktivum verschwindet	–
Aufwand jetzt – Leistung später	Aktivum entsteht	Sollposten
Aufwand jetzt – Leistung früher	Aktivum verschwindet	Sollposten
Leistung jetzt – Aufwand später	Aktivum entsteht	Habenposten
Leistung jetzt – Aufwand früher	Passivum entsteht	Habenposten

wurde der Versuch gemacht, das Prinzip der nominellen Kapitalerhaltung und der güterbezogenen Substanzerhaltung miteinander zu verknüpfen (*K. Hax,* Substanzerhaltung der Betriebe, 1957).

VI. Totale B.: Auch *dualistische* oder *„natürliche Theorie der Bilanz";* aufgestellt von →Le Coutre. Von der Weiterführung der Gedanken der statischen B. ausgehend, stellt die totale B. ein in sich geschlossenes System dar. Sie verlangt Aufstellung und Erklärung der Bilanz derart, daß ihrem natürlichen Inhalt und ihren praktischen Zwecksetzungen im Betrieb in jeder Beziehung Rechung getragen wird. Danach hat die Bilanz als Mittel der Betriebserkenntnis, -führung und -kontrolle vier *Aufgaben:* Wirtschaftsübersicht, Ergebnisfeststellung, Wirtschaftsüberwachung und Rechenschaftslegung. – Zu den *Bilanzen* im Sinne der totalen B. zählen: Bestände-, Umsatz-, Leistungs- (Aufwands- und Ertragsrechnung) und Erfolgsbilanzen. Ferner fordert sie u. a.: Bruttoprinzip für alle Bilanzposten; volle Anschaffungswerte; Bewertungen über Wertberichtigungen (indirekte Abschreibung); keine stillen Rücklagen; sachgemäße, klare und wahre Gliederung des Bilanzinhalts nach wirtschaftlicher Zweckbestimmung.

VII. Pagatorische Buchhaltungs- und B.: Entwickelt von *E. Kosiol* (Bilanzreform und Einheitsbilanz, 2. Aufl. 1949). Eine von den *Zahlungsvorgängen* ausgehende systematisch geschlossene Erklärung der Finanzbuchhaltung und der sie abschließenden Bilanz, die eine einheitliche Bewertungstheorie und eine Theorie der Rücklagen umschließt. – Vgl. auch →pagatorisch.

VIII. Zukunftsorientierte B.: Zunächst entwickelt von *K. Käfer* (Die Bilanz als Zukunftsrechnung, 1962). Er geht von der Bilanzauffassung Riegers aus (vgl. V) und sucht das spätere geldliche Ende der Güter und Leistungen auf den Bilanzstichtag zu antizipieren. Die Zukunftsbilanz will die zukünftigen Entwicklungen im betrieblichen Güter- und Geldbereich darlegen und damit der Unternehmungsentscheidung dienen. Das Vermögen ist die Summe der Erwartungen zukünftigen Güter- und Leistungszugangs. Das Kapital stellt die Gesamtheit der Erwartungen zukünftigen Güter- und Leistungsabganges dar. Die Zukunftsbilanz ist jedoch keine Planbilanz i. e. S., da sie die einzelnen Posten auf den Bilanzstichtag antizipiert, während die Planbilanz die Bilanz eines späteren Zeitpunktes darstellt. – Auch H. *Münstermann* (Unternehmungsrechnung, Wiesbaden 1969) hat eine zukunftsorientierte B. entwickelt; er geht aber von der dynamischen Bilanz Schmalenbachs aus, die er weiter ausbaut und fordert v. a. eine Neuorientierung des bilanziellen Gewinnbegriffs; von den erwarteten künftigen Leistungseingängen und Leistungsausgängen abzuleiten ist. Er ist das

Korrelat zum Begriff des „Erfolgskapitals", des Kapitalwertes der künftigen Einnahmeüberschüsse. Als „ökonomischer Gewinn" gilt der Betrag, über den der Betriebseigner beliebig verfügen kann, ohne daß das Erfolgskapital der Unternehmung gemindert wird. D. Schneider (ZfbF 1968, S. 1 ff.) hat vorgeschlagen, bei der Bemessung der Gewinnausschüttung den bilanziellen und den ökonomischen Gewinn miteinander zu verbinden: Als ausschüttungsfähig gilt der jeweils niedrigere. – Schließlich hat auch Wolfram Engels eine zukunftsorientierte B. aufgestellt (Betriebswirtschaftliche Bewertungslehre im Lichte der Entscheidungstheorie, Köln-Opladen 1962). Im Gegensatz zu Münstermann sieht er aber nicht die Gewinnermittlung als das Hauptziel der Bilanzrechnung an, sie sei nur Mittel zum Zweck der Bilanz. Nur wenn eine Zielfunktion höherer Ordnung festgelegt sei, könne man zu Aussagen über die „Richtigkeit" verschiedener Bilanzarten gelangen. Diese Zielfunktion sei die „lerntheoretische Prognose", die auch die übrigen Bilanzzwecke erfülle. Aus vergangenen Abläufen wird über den Vorgang des „Lernens" auf die Zukunft geschlossen. Die Transformation finanzwirtschaftlicher Überschüsse und Defizite in eine prognosegerechte Form ergibt Gewinne und Verluste, die Transformation der Finanzergebnisrechnung (als Ausgaben- und Einnahmenrechnung) ergibt die Bilanz.

IX. Synthetische B.: Entwickelt von *H. Albach* (ZfB 1965, S. 21 ff.). Er sieht in der Bilanz nur noch ein *Kontrollkalkül.* Zunächst hat die Unternehmung vor Beginn der Bilanzierungsperiode einen Optimalplan zu erstellen, eine Art →Planbilanz. Die Schlußbilanz ist dann eine periodische Kontrollrechnung, die über die in der Periode realisierten Teile des erwarteten Gesamtgewinnes abrechnet. Verläuft die Entwicklung planmäßig, so ist der ausgewiesene Gewinn realisiert. Er entspricht der Verzinsung des zu Beginn der Periode gebundenen Kapitals mit dem internen Zinsfuß. Eine Bilanz, die der Bedingung genügt, daß die Summe der Einzelwerte gleich dem Gesamtwert des Unternehmens lt. Optimalplan ist, ist die „synthetische Bilanz".

X. Funktionsanalytische B.: Entwickelt von *W. Stützel* (ZfB 1967, S. 314ff.). In seiner *„Meß-Theorie"* zeigt Stützel die Problematik der Bilanzbewertung bei den Beträgen, die keine pfenniggenauen Währungsbeträge sind, sondern deren Wert geschätzt werden muß. Die Bewertung dieser Beträge hängt sehr stark davon ab, welche Funktionen von dem Personenkreis, in dessen Interesse Bilanzen erstellt werden, der Bilanz zugewiesen werden. Die funktionsanalytische B. analysiert nun die verschiedenen Finanzfunktionen aus der Perspektive der Interessengruppen.

XI. Ergänzte Mehrzweck-B.: Entwickelt von *E. Heinen* (Handelsbilanzen, 12.

Auflage 1986). Auch er geht davon aus, daß die Bilanz gegenüber anderen Rechnungskalkülen eine *Vielzahl möglicher Rechnungszwecke* hat. Heinen hat zunächst die möglichen Bilanzzwecke zusammengestellt und dann die „ergänzte Mehrzweck-B." entwickelt. Sie versucht, ein Grundmodell der Bilanz als Entscheidungsmodell zu entwickeln, das zugleich mehreren Zwecken mit bestimmtem Anspruchsniveau dient. Der sukzessive Prozeß der Bilanzgestaltung beginnt mit einer hypothetischen Basisbilanz als Ausgangspunkt. Erfüllt sie den begrenzt formulierten Zweck nicht, wird in einer ergänzten Mehrzweckbilanz ein Rechnungskalkül entwickelt, der in der „Nähe" der Basisbilanz liegt. Die ergänzte Mehrzweckbilanz zeigt einen methodischen Weg bilanztheoretischer Forschung, der auch Anregungen und Forderungen einer praxisnahen Bilanzdiskussion berücksichtigt. Die erste Hypothese einer Basisbilanz gibt der handelsrechtliche Jahresabschluß, der eine Mehrzweckbilanz darstellt, da er grundsätzlich sowohl Bilanzzwecke aus der Sicht des Unternehmers als auch solche des Gesetzgebers berücksichtigt. Doch bleiben dem bilanzierenden Unternehmer noch Freiheitsgrade autonomer Bilanzgestaltung, und er kann jetzt die ergänzte Mehrzweckbilanz als „Bewegungsbilanz" entwickeln, die ein Rechnungskalkül ist, das exakte Kontrollsignale abgibt und so die Unternehmungsleitung zu gezielten Anpassungsentscheidungen anregt – gleichsam als Rückkopplung im kybernetischen System.

XII. Nicht mehr zu den B. im engeren Sinne gehören Vorschläge, die aus Ablehnung herkömmlicher Bilanzen (insbes. für externe Adressaten) für *finanzwirtschaftliche Zahlungsstromrechnungen* plädieren. Hierher gehören das von *A. Moxter* (ZfbF 1966, S. 28ff.) vorgestellte *finanzplanorientierte Tableau*, in dem die Ein- und Auszahlungen nach Empfängern oder Leistenden und nach Verwendungszwecken aufgeteilt sind, sowie die →*Kapitalflußrechnung (W. Busse von Colbe*, ZfB 1966, 1. Ergänzungsheft, S. 82ff.) als Bilanzersatz.

Bilanzumstellung, bei jeder Währungsänderung erforderliche Umstellung der Wertansätze. In der Bundesrep. D. letztmalig (RM-Schlußbilanz) zum 21.6.1948 (→DM-Eröffnungsbilanz), geregelt durch DM-Bilanzgesetz vom 21.8.1949 mit zahlreichen Durchführungsverordnungen.

Bilanzvergleich, Vergleich mehrerer →Bilanzen miteinander. Aussagefähig nur unter der Voraussetzung, daß in diesen Bilanzen gleiche Bewertungsgrundsätze (→Bewertung) verwendet wurden und eine annähernd gleiche Gliederung vorliegt. – *Formen:* 1. *Interner (Perioden-) B.:* Gegenüberstellung mehrerer Bilanzen aufeinanderfolgender Geschäftsjahre einer Unternehmung. Dieser B. wird

durchgeführt, um die sich von Periode zu Periode ergebenden Veränderungen zu erkennen und auf ihre Ursachen zu analysieren, z. B. Umsatzrückgang, Rentabilitätsverschiebungen, Aufwandssteigerungen, Änderungen in der Kapitalstruktur, Liquidität. Die Erkenntnisse, die sich aus dem B. ergeben, können die Dispositionen der Geschäftsleitung in der augenblicklichen und in zukünftigen Perioden bestimmen; Hilfsmittel z. B. →finanzwirtschaftliche Bewegungsbilanz, →Kapitalflußrechnung. – 2. *Externer B.:* Vergleich zweier oder mehrerer Bilanzen verschiedener Unternehmungen der gleichen Branche und ungefähr gleicher Größenordnung aus dem gleichen Zeitraum. Dieser B. ist weitaus schwieriger, da die veröffentlichten Bilanzen der Konkurrenzunternehmungen, entsprechend den gesetzlichen Bestimmungen, wesentlich weniger aussagefähig sind als interne Betriebsbilanzen. Jedoch lassen sich auch hier noch brauchbare Unterlagen ermitteln, mit deren Hilfe Erkenntnisse gewonnen werden können, z. B. Marktanteil der eigenen Unternehmung; Kapitalstruktur der einzelnen Unternehmungen; bei kleinen und mittelgroßen Kapitalgesellschaften (→Größenklassen) Rückschlüsse auf den Umsatz aus den ausgewiesenen Steuern; ein wichtiger Faktor sind Löhne und Gehälter (auch im Verhältnis zur Kapazität und Umsatz). – Ziel des externen B. ist es, die Stellung zu erkennen, die das eigene Unternehmen im Hinblick auf Umsatz, Aufwendungen, Rentabilität und technische Weiterentwicklung zwischen den konkurrierenden Betrieben einnimmt. – Vgl. auch →Bilanzanalyse, →Bilanzkritik.

Bilanzverlust, →Bilanzgewinn (-verlust).

Bilanzverschleierung, →Bilanzdelikt, Verstoß gegen das Prinzip der →Bilanzklarheit. Bilanzierung, die die wirtschaftlichen Tatsachen undeutlich oder unkenntlich macht, so daß ein ungenaues oder unrichtiges Bild der wirtschaftlichen Situation des Unternehmens gegeben wird, wenn dabei gegen die Grundsätze ordnungsmäßiger Buchführung und Bilanzierung (→Grundsätze ordnungsmäßiger Buchführung, →ordnungsmäßige Bilanzierung) verstoßen wird. – *Strafbar* nach § 331 HGB, § 400 AktG und anderen Vorschriften.

Bilanzvolumen, →Bilanzsumme.

Bilanzwahrheit, neben der →Bilanzklarheit grundlegendes Gestaltungsprinzip bei Aufstellung von →Bilanzen. B. verlangt v. a. Richtigkeit und Vollständigkeit der Bilanzansätze. B. ist in der →Steuerbilanz stärker beachtet als in der →Handelsbilanz, das das HGB in größerem Umfang →stille Rücklagen zuläßt, z. T. also →Bewertungsfreiheit einräumt. Prinzip der B. kollidiert mit dem handelsrechtlichen Grundsatz der Bilanzvorsicht.

Bilanzwert, der in der Bilanz unter Berücksichtigung der handels- bzw. steuerrechtlichen Bewertungsvorschriften ausgewiesene Wert einer Bilanzposition; *abhängig* von dem Bilanzierungszweck (Vermögensvergleich oder Ermittlung des Periodenerfolgs). B. ist nach verschiedenen Verfahren festzustellen beim →Anlagevermögen und beim →Umlaufvermögen. – *Anders:* →Einheitswert, →Verkehrswert, →Tageswert; vgl. auch →Bewertung.

Bilanzzusammenhang, →Bilanzkontinuität, →Bilanzidentität.

bilateraler Handel, →Bilateralismus.

bilateraler Vertrag, →Bilateralismus.

bilaterales Monopol, →Marktform, bei der sich ein Anbieter und ein Nachfrager gegenüberstehen. Einfachster Fall ist der isolierte Tausch, bei dem zwei – von der Außenwelt ökonomisch als abgeschlossen betrachtete – Wirtschaftssubjekte in ihrem Besitz befindliche Güter gegeneinander tauschen. Ein b. M. liegt auch vor, wenn eine Unternehmung als einzige ein zur Weiterverarbeitung bestimmtes Gut von einer anderen Unternehmung nachfragt, die als einzige dieses Gut erzeugt. Die Preis-Mengen-Kombinationen der Lösungen hängen von den Verhaltensweisen der Monopolisten ab, die durch die Machtverhältnisse bestimmt werden. Folgende Ergebnisse stecken den Grenzbereich möglicher Lösungen ab: Monopol-, Monopson-, Polypol- und Ausbeutungspositionen. Daneben ist eine Vielzahl anderer Lösungen denkbar, die mit dem relativ begrenzten Instrumentarium der herkömmlichen →Preistheorie jedoch nicht analysiert werden können. Eine Möglichkeit dazu bieten Bargaining-Theorien und die →Spieltheorie. – Als *reale Erscheinungsform* eines b.M. wird häufig der Arbeitsmarkt moderner Industriegesellschaften angesehen.

Bilateralismus, System zweiseitiger (bilateraler) →Handelsabkommen und →Zahlungsabkommen im internationalen Wirtschaftsverkehr. Nach dem Ende des Zweiten Weltkriegs Abbau des B., vorwiegend in den westlichen Welt (→GATT, →IMF). – *Gegensatz:* →Multilateralismus.

Bild, Blickfang in der Werbung und in den Medien. – *Urheberrecht:* Verbreitung und Zurschaustellung von B. nach urheberrechtlichen Grundsätzen (§§ 22 bis 24 KUG) 1. Nur *mit Einwilligung* des Abgebildeten, die als erteilt gilt, wenn eine Entlohnung für Abbildung gezahlt wird. Bis zu zehn Jahren nach dem Tod des Abgebildeten ist die Einwilligung der Angehörigen (Ehegatten und Kinder, ggf. auch der Eltern) erforderlich. – 2. *Ohne Einwilligung* dürfen u. a. verbreitet oder zur Schau gestellt werden: a) Bildnisse aus dem Bereich der Zeitgeschichte; b) B., auf denen die Personen nur als Beiwerk neben einer Landschaft oder Ortschaft erscheinen; c) B.

von Versammlungen, Aufzügen und ähnlichen Vorgängen, an denen die dargestellten Personen teilgenommen haben; d) Bildnisse, die nicht auf Bestellung angefertigt sind, sofern die Verbreitung oder Zurschaustellung einem höheren Interesse der Kunst dient. In allen diesen Fällen darf ein berechtigtes Interesse des Abgebildeten oder, falls dieser verstorben ist, seiner Angehörigen nicht verletzt werden (z. B. regelmäßig bei Verwendung zu Werbezwecken). – 3. Der *Besteller* eines B. darf es durch Lichtbild vervielfältigen oder vervielfältigen lassen; die Vervielfältigungsstücke dürfen unentgeltlich verbreitet werden (§ 60 UrhG).

Bildenttäuschungstest, *Cartoon-Test, Rosenzweigtest, picture frustration test,* von S. Rosenzweig entwickelte Form des Persönlichkeitstest. Der Auskunftsperson werden Abbildungen mit Strichzeichnungen vorgelegt (ursprünglich 24 Bilder), die enttäuschende Ereignisse darstellen. Die vom Befragten zu ergänzende Antwort der vom enttäuschenden Ereignis betroffenen Person soll Anhaltspunkte über die Persönlichkeit des Befragten liefern.

Bildfernsprecher, Kommunikationsgerät, bestehend aus Bildschirm, Kamera, Lautsprecher, Mikrofon und Fernsprecher. Ermöglicht neben der Sprachübertragung die Übertragung beweglicher und unbeweglicher Bilder. Datenübermittlung erfolgt über →Breitbandnetz.

Bild-Fernsprech-Konferenz, Seh-, Hör- und Sprechverbindung zwischen mehr als zwei Teilnehmern (→Bildfernsprecher). Z.Zt. nur betriebsintern möglich.

Bildkommunikation, Übertragung bildhafter Informationen mit Hilfe von →Fernkopierern oder →Datenverarbeitungsanlagen. – Vgl. auch →Kommunikation.

bildliche Herkunftsangaben, können als →Ausstattung oder Warenzeichen (→Marke) geschützt sein; sie dürfen nur für die in dem betreffenden Gebiet hergestellten Waren verwendet werden. – *Mißbrauch* ist →irreführende Angabe, unlauterer Wettbewerb. – Vgl. auch →Herkunftsbezeichnung.

Bildplatte, →optische Speicherplatte.

Bildschirm, *Monitor,* →Ausgabegerät, das dem →Benutzer →Daten für das Auge sichtbar macht. – *Arten:* a) *alphanumerischer B.:* B., der nur alphanumerische Zeichen (Buchstaben, Ziffern, Sonderzeichen) darstellen kann; b) →*Graphikbildschirme;* c) *monochromer B.:* B., der nur zwei Farben darstellen kann. – Vgl. auch →Kontaktbildschirm.

Bildschirmbefragungssystem, Methode der computergestützten Datenerhebung (→Erhebung), bei der die Fragen den Probanden über ein Bildschirmgerät eingespielt werden. Die Antworten müssen über eine Tastatur eingegeben werden. Damit wird der gesamte Interviewablauf vom Computer gesteuert. – *Beispiel:* interaktive On-line-Befragung mit Hilfe von →Bildschirmtext (Btx).

Bildschirmgerät, *Datensichtgerät, Sichtgerät,* →Datenendgerät mit →Bildschirm.

Bildschirmmaske, →Maske.

Bildschirmtext (Btx). I. Öffentlicher Btx-Betrieb: 1. 1984 eingeführter öffentlicher Fernmeldedienst der Deutschen Bundespost, der dem Teilnehmer folgende Möglichkeiten einräumt: a) *Abruf von elektronisch gespeicherten, textorientierten Informationen* (u. a. aktuelle Nachrichten, Wirtschaftsinformationen, Sportnachrichten, Angebote von Handels- und Dienstleistungsunternehmen, die als „Informationsanbieter" auftreten); b) *Nutzung der Dienste von Wirtschaftsunternehmen,* die als Anbieter auftreten (Datenverarbeitungsleistungen, speziell →home banking, Platzreservierungen, Kaufaufträge usw.); c) *persönliche Kommunikation* mit anderen Teilnehmern durch Übermitteln von Mitteilungen: Mitteilungsdienst über einen „Briefkasten" (→Elektronische Post) in der Btx-Zentrale, die die Teilnehmer darüber informiert, ob jeweils Mitteilungen für sie vorliegen. – *Abgewickelt* wird das öffentliche Btx über →Computersysteme und Leitungswege (Datex-P-Netz, Telefonnetz; →Datex-P 2) der Deutschen Bundespost. Die aktiv als Anbieter auftretenden Wirtschaftsunternehmen (z. B. Banken, Handelshäuser, Reiseveranstalter) können als externe Informations- und Dienste-Anbieter ihre eigenen Datenverarbeitungsanlagen mit dem Btx-System der Post verbinden. – 2. *Ausstattung für die Teilnahme:* Ein Teilnehmer des öffentlichen Btx benötigt zur Wiedergabe der im CEPT-Standard (→CEPT) dargestellten Informationen neben einem Farbfernseher einen Btx →Decoder (einschl. einer kleinen →Tastatur) und für ihren Empfang über das Telefonnetz ein →Modem. – 3. *Teilnehmernummer* ist die Telefonnummer, dazu persönliches Kennwort. – Besonderer Schutz durch persönliche →Identifikationsnummer und →Transaktionsnummer. – 4. *Gebühren:* Anschluß- sowie monatliche Grundgebühren; Abrufgebühren tragen die Anbieter, die im Btx-Verzeichnis eingetragen sind.

II. Inhouse-Btx: Interne Btx-Systeme, die als autonome Systeme von Unternehmen u. a. Institutionen unabhängig von Btx der Post nur für die eigenen Bedürfnissse mit eigenem Computersystem und mit eigenem internen Übertragungsnetz (z. B. über eine →Nebenstellenanlage) betrieben werden. Inhouse-Btx bietet u. a. folgende Möglichkeiten: Datenerfassung am Ursprungsort, Auskunftsanforderung von jedem Btx-Platz aus, Mitteilung

an jeden Btx-Platz, Schulung. Für Inhouse-Btx steht spezielle →Software zur Verfügung. Der Anschluß eines Inhouse-Systems an das öffentliche Btx ist möglich.

Bildschirm-Textsystem, Einzel- oder Mehrplatzsystem mit Bildschirm-, Eingabe-, Speicher- und Schreibeinheiten zur Textbearbeitung und -verarbeitung (→Textsystem).

Bildschirmtextverzeichnis, amtliches Verzeichnis aller Btx-Anbieter in alphabetischer Reihenfolge mit Schlagwortverzeichnis.

Bildtelegramm, telegraphische Übermittlung von Bildern, Dokumenten, Urkunden, Plänen, Aufzeichnungen usw. zwischen Orten und Ländern, in denen sich Bildtelegrafenstellen befinden. – *Sonderbildstellen* bei besonderen Veranstaltungen. – *Gebühr* je nach der Bildfläche.

Bildträger, →Mikrofilm.

Bildungsplanung, Zusammenarbeit des Bundes und der Länder bei der B. nach Art. 91 b GG. Ausgeübt in der 1970 errichteten Bund-Länder-Kommission für B., die sich aus Mitgliedern der Länder und sieben Vertretern der Bundesregierung zusammensetzt. – *Hauptaufgaben:* Vorlage eines langfristigen Rahmenplans für die Entwicklung des Bildungswesens, Erarbeitung mittelfristiger Stufenpläne für die Verwirklichung der bildungspolitischen Ziele, z. B. berufliche Bildung, Ausbildung außerhalb der Hochschule, Weiterbildung, außerschulische Jugendbildung.

Bildungspolitik. 1. *Begriff:* Gesamtheit aller finanziellen, personellen und inhaltlichen Entscheidungen, die das gesetzliche Rahmenwerk sowie die institutionelle und organisatorische Struktur des Bildungswesens betreffen. – 2. *Begründung:* Bereitstellung des Gutes Bildung bzw. Sicherung eines bestimmten Bildungsniveaus ist eins dem Grundgesetz ableitbares gesellschaftliches Ziel. Es besteht ein faktisches Monopol des Staates als Bildungsanbieter; begründet dadurch, daß Bildung als öffentliches Gut bezeichnet wird, sowie mit der These, nur der Staat kann über die Verfassung geforderte Einheitlichkeit der Lebensverhältnisse gewährleisten. – 3. *Ökonomischer Aspekt:* a) *Allokationspolitisch* (→Allokationspolitik): Der Output in der „Bildungsproduktion" ist durch den effizienten Einsatz knapper Ressourcen zu produzieren. b) B. besitzt auch *verteilungspolitische* Relevanz (→Verteilungspolitik). c) *Sozialpolitisch* relevant angesichts dessen, daß die persönliche Qualifikation nach wie vor als wichtigste Erwerbsquelle gilt, muß eine gezielte Förderung der Bildung von →Humankapital als Teil einer umfassenden Vermögenspolitik angesehen werden. – Vgl. hierzu insbes. die →Ausbildungsförderung und die Regelungen im →Arbeitsförderungsgesetz.

bildungstheoretisches Modell, →didaktische Modelle 1.

Bildungsurlaub. 1. *Begriff:* Urlaub, der einem Arbeitnehmer zu Bildungszwecken für eine bestimmte Dauer während der Arbeitszeit (z. T. bei Zahlung angemessener finanzieller Leistungen) gewährt wird. B. soll der Berufsbildung auf allen Stufen, der allgemeinen und politischen Bildung und der gewerkschaftlichen Bildung dienen. – Vgl. auch →Urlaub. – 2. *Gesetzliche Grundlagen:* Von der Konferenz der Internationalen Arbeitsorganisation in Genf am 24. 6. 1974 geschlossenes Übereinkommen, durch Gesetz vom 7. 9. 1976 (BGBl II 1526) zugestimmt. Einzelheiten in Landesgesetzen geregelt: West-Berlin (16. 7. 1970; GVBl Berlin 1140), Bremen (18. 12. 1974, BremGBl 348), Hamburg (21. 1. 1974, GVBl I 6), Hessen (16. 10. 1984, GVBl I 261), Niedersachsen (7. 1. 1985, GVBl 1), Nordrhein-Westfalen (6. 11. 1984, GVBl NRW 678); daneben bestehen landesgesetzliche Regelungen über Urlaubsansprüche zu Zwecken der *Jugendpflege und -wohlfahrt.* – 3. Die in den hessischen und nordrhein-westfälischen B.gesetzen dem Arbeitgeber auferlegte *Pflicht zur Vergütungsfortzahlung* während des B. ist Gegenstand mehrerer beim Bundesverfassungsgericht anhängiger Verfassungsbeschwerden und Richtervorlagen (Art. 100 I GG).

Bildungsveranstaltung, →Schulungs- und Bildungsveranstaltung.

Bildzeichen, →Marke.

bill brokers, die zwölf Wechselmakler (→discount houses) des Londoner Geldmarktes, die Wechsel, insbes. →treasury bills, kaufen und verkaufen. Sie sind zusammengeschlossen in der London Discount Market Association. Die Banken bedienen sich ihrer Vermittlung seit 1934 auch beim Erwerb neu ausgeschriebener treasury bills.

billige Flaggen. 1. Staaten, unter deren Flagge *Schiffe* (ausländischer Reeder bzw. Reedereien) fahren, die in diesen Staaten aus steuerlichen bzw. finanziellen Gründen (Steuervorteile, Ausweichen vor kostenintensiven Sozial- und Sicherheitsvorschriften) registriert sind. Ursprünglich galten als B.-F.-Staaten Panama, Honduras und Liberia (PANHOLIB); später wurden Schiffe auch in andere Länder (i. d. R. Entwicklungsländer, z. B. Zypern) ausgeflaggt. – 2. Der Begriff wird heute auch auf *andere Verkehrsmittel* angewandt (Diskussion der LKW-Ausflaggung im EG-Bereich).

billiges Geld, *Politik des billigen Geldes,* geldpolitisches Konzept für eine expansive →Konjunkturpolitik. – 1. *Vorgang:* Z. B. durch Senkung des →Diskontsatzes und Erhöhung des →Geldvolumens über Offenmarktkäufe (→Offenmarktpolitik) oder durch andere Maßnahmen, die den Banken liquide Mittel zuführen und die Zinssätze nach unten bewegen, soll die Bereitschaft des Bankenpublikums zur Kreditaufnahme und die Bereitschaft des Bankensektors zur Kreditgewährung erhöht werden. Durch die Verausgabung der Kredite soll eine allgemeine Belebung der wirtschaftlichen Tätigkeit ausgelöst werden. – 2. *Beurteilung:* Die Wirksamkeit der Politik des b. G. ist umstritten, da deren Maßnahmen nicht direkt einkommenswirksam sind und nur mit einer gewissen zeitlichen Verzögerung (→lag) über Verhaltensänderungen der Wirtschaftssubjekte zum Tragen kommen. Die Politik des b. G. sollte daher nur zusammen mit anderen expansiv wirkenden wirtschaftspolitischen Maßnahmen eingesetzt werden. Unwirksam ist eine Politik des b. G. bei unendlich zinselastischer Geldnachfrage (→Liquiditätsfalle).

Billigkeitserlaß, →Steuererlaß.

billigst, bedeutet in →Börsenaufträgen, daß der Kaufauftrag ohne Limit, d. h. zu jedem Kurs ausgeführt werden soll. – Vgl. auch →bestens, →Notierungen an der Börse.

Billigtarif, →Ferngespräche.

Billion, in der Bundesrep. D. und den meisten europäischen Ländern: 1 B. = 10^{12}; in den USA: 1 B. = 10^9.

Binärcode, →Code, bei dem die zu verschlüsselnden Zeichen *binär dargestellt* (→binäre Darstellung) werden. – Vgl. auch →ASCII, →EBCDIC.

binäre Darstellung, *Binärdarstellung,* Form der →digitalen Darstellung, bei der der benutzte Zeichenvorrat nur zwei Zeichen umfaßt, meist als 0 und 1 dargestellt. – Vgl. auch →Binärcode.

binäre Optimierung, *Boolesche Optimierung, 0-1-Optimierung,* Teilgebiet der →mathematischen Optimierung, das sich mit Optimierungsaufgaben befaßt, bei denen mindestens eine der Variablen eine →Binärvariable ist. Vgl. im einzelnen →binäres Optimierungsproblem.

binäres Optimierungsproblem, *binäres Programmierungsproblem, Boolesches Optimierungs-* bzw. *Programmierungsproblem, 0-1-Optimierungsproblem.* 1. *Begriff:* →Mathematisches Optimierungsproblem (genauer →ganzzahliges Optimierungsproblem), bei dem mindestens eine der Variablen nur die (ganzzahligen) Werte 0 oder 1 annehmen darf, d. h. die betreffende Variable eine →Binärvariable. – 2. *Arten:* a) *Vollständiges b. O.:* Sämtliche →Strukturvariablen sind Binärvariablen; *gemischt-b. O.:* Nur einige, aber nicht alle Strukturvariablen sind Binärvariablen. – b) *Linear-b. O.:* Optimierungsproblem, in dem – mit Ausnahme der 0-1-Restriktionen – nur →lineare Restriktionen und eine →lineare

Zielfunktion vorkommen; *nichtlinear-b. O.:* Mindestens eine →nichtlineare Restriktion und/oder eine →nichtlineare Zielfunktion treten auf. – c) *B. O. mit spezieller Struktur:* →Rucksackproblem, →Fixkostenproblem, →lineares Zuordnungsproblem und →quadratisches Zuordnungsproblem. – 3. *Lösungsmethoden:* a) →*Schnittebenenverfahren* führen bei Praxisproblemen nur selten zu einem befriedigenden Rechenzeitverhalten. – b) Bei den in kommerziellen Softwarepaketen implementierten Algorithmen handelt es sich meist um →*Branch-and-Bound-Verfahren,* kombiniert mit einer Reihe weiterer Techniken, die vor der eigentlichen Optimierungsphase eingesetzt werden, um die Konsistenz des Problems zu prüfen und um es ggf. zu vereinfachen. Jüngere Entwicklungen zeigen, daß v. a. vollständig b. O. realer Größenordnungen in angemessener Rechenzeit bewältigt werden können. – 5. *Ökonomische Anwendungen:* Die mathematische Formulierung einer ganzen Reihe ökonomischer Entscheidungsprobleme führt auf b. O., v. a. wenn „Ja-Nein"- bzw. „Entweder-Oder"-Entscheidungen zu modellieren sind, z. B. bei Problemen der betrieblichen und innerbetrieblichen Standortplanung, der Auftrags- bzw. Maschinenreihenfolgeplanung und der Personaleinsatzplanung. Darüber hinaus lassen sich Situationen, bei denen entscheidungsrelevante Fixkosten zu berücksichtigen sind, mit Hilfe von Binärvariablen erfassen. Ferner dienen Binärvariable der Linearisierung ursprünglich nichtlinearer Zielfunktionen.

binäres Programmierungsproblem, →binäres Optimierungsproblem.

binäre Suche. 1. *Begriff:* Bekannter →*Algorithmus* für das →*Suchen.* – 2. *Voraussetzung:* Der zu durchsuchende Datenbestand ist nach dem →*Suchbegriff* geordnet, d. h. aufsteigend (oder absteigend) sortiert. – 3. *Prinzip:* Fortgesetzte Intervallhalbierung; der Datenbestand wird zunächst in der *Mitte* überprüft. Wenn die mittlere Komponente nicht zufällig die gesuchte ist, muß bei aufsteigender Sortierung die gesuchte Komponente entweder im „linken" Teil liegen (nämlich dann, wenn der Suchbegriff kleiner als der →Ordnungsbegriff der mittleren Komponente ist) oder im „rechten" Teil (im umgekehrten Fall). Auf das entsprechende Teilintervall wird die gleiche Vorgehensweise analog angewendet u.s.w. – 4. *Umsetzung:* Für die b. S. existiert eine elegante Lösung mittels →rekursiver Programmierung.

Binärvariable. *Boolesche Variable, 0-1-Variable,* im Zusammenhang mit Restriktions- bzw. Optimierungssystemen eine Variable, die nur den Wert 1 oder 0 annehmen darf; dient in mathematischen Planungsmodellen v. a. zur Abbildung von „Entweder-Oder"- bzw. von „Ja-Nein"-Situationen (→binäres Optimierungsproblem).

binary digit, →Bit.

Binärzeichen, →Bit.

Binder, *Linker,* →Dienstprogramm einer Datenverarbeitungsanlage, das häufig mit dem →Lader zu einem →Programm integriert ist. Der B. hat im wesentlichen die Aufgabe, in verschiedenen Übersetzungsläufen (→Übersetzer) entstandene Maschinenprogramme (→Programm) und vom →Betriebssystem vorgegebene →Systemprogramme (z. B. für die interne Abwicklung der Ein-/Ausgabevorgänge) zu einem ablauffähigen (Gesamt-) Maschinenprogramm „zuszammenzubinden".

Bindungsdauer, Zeitraum, über den ein Unternehmen aufgrund irreversibel getroffener vertraglicher Vereinbarungen oder gesetzlicher Bestimmungen fest an bestimmte →Ausgaben, (→Auszahlungen, →Kosten) gebunden ist oder für den es Anspruch auf bestimmte →Einnahmen, →Erlöse, →Einzahlungen oder Lieferungen und Dienstleistungen (Überlassung von Nutzungspotentialen) hat. Verlängert sich die vertragliche Bindung, wenn nicht fristgerecht gekündigt wird, automatisch um einen bestimmten Zeitraum, wird dieser Zeitraum als B. bezeichnet; Einnahmen und Ausgaben sowie Zahlungen, Kosten und Erlöse lassen sich in diesen Fällen nur der gesamten Dauer der Bindung oder den Bindungsintervallls eindeutig zurechnen. – In bezug auf *Unterperioden* oder durch das Bindungsintervall „angeschnittene" Perioden oder der einzelnen Nutzungen handelt es sich um →Periodengemeinausgaben (-kosten, -erlöse usw.). – Zur *näheren zeitlichen Kennzeichnung* sind Beginn und Ende der B. oder -intervalle bzw. die Kalenderperioden mit denen diese identisch sind sowie die Dispositionszeitpunkte (einschließlich Kündigung oder Optionsausübung) und die Zahlungstermine anzugeben.

Binnengewässer, Flüsse, Kanäle, Seen, Haffe u. a. – *Zollrechtliche* Überwachung des ein- und ausgehenden Schiffsverkehrs neben den zollgesetzlichen Vorschriften die über →Gestellung durch die Bestimmungen der Seehafen-Zollordnung über die Meldung bei dem Ansageposten und durch die Anweisungen der für die einzelnen B. geltenden Zollordnungen (Binnenschiffahrt-Zollordnung).

Binnengroßhandel, Zweig des →Großhandels, der seine Umsätze überwiegend im Inland erzielt. – 1. *Funktionaler B.:* Die Gesamtheit aller Warenverkäufe im Inland durch hier ansässige Unternehmen mit Ausnahme des →Einzelhandels. – 2. *Institutionaler B.:* Alle Großhandelsbetriebe die funktionalen B. als Hauptgeschäftszweck betreiben. – *Gegensatz:* →Außengroßhandel.

Binnenhandel, Teil der Güterdistribution, der innerhalb der nationalen Grenzen eines

Staates vollzogen wird. Träger des B. sind →Binnengroßhandel und →Einzelhandel. – *Gegensatz:* →Außenhandel. – Vgl. auch →Binnenhandelspolitik.

Binnenhandelspolitik. 1. *Begriff:* Maßnahmen staatlicher Organe (Gesetzgeber und Verwaltung des Bundes, der Länder und der Kommunen sowie Urteile der Gerichte) zur Reglementierung der Handelstätigkeit und zur Erhaltung einer ausgewogenen →Handelsstruktur im Rahmen vielfältiger, im Zeitablauf wechselnder Zielsetzungen. – 2. *Konkurrierende Gesichtspunkte:* (1) B. ist *abzustimmen* mit der *Gesundheitspolitik*, z. B. durch das Lebensmittelrecht (→Mindesthaltbarkeitsdatum) oder das Arzneimittelrecht. (2) Eng damit verbunden sind *sicherheitspolitische* Reglementierungen bei der →Produkthaftung und Sicherheitsvorschriften für elektronische Geräte oder Kinderspielzeug. Von übergeordnetem, sicherheitspolitischem Interesse ist die ausreichende Versorgung in Krisenfällen: hierzu evtl. Vorschriften über Mindestlagermengen. (3) Konflikte mit der *Kulturpolitik* können sich bei der Erhaltung von historisch wertvoller Bausubstanz, z. B. bei der Fassadengestaltung oder Gestaltung von Fußgängerzonen ergeben. (4) Die meisten der den Handel betreffenden Vorschriften sind aus Gründen des →*Verbraucherschutzes* erlassen worden, z. B. die Regelungen über die →Saisonschlußverkäufe oder die Urteile über Verbrauchertäuschung nach §§1 oder 3 UWG. (5) Zur Abstimmung mit der *Bildungspolitik* Ausbildungsordnungen, z. B. zum Einzelhandelskaufmann. (6) Die *Sozialpolitik* wird bei Tarifabschlüssen für die Beschäftigten im Handel, bei der Debatte um das →Ladenschlußgesetz und die Zulässigkeit verschiedener Formen der Teilzeitarbeit berührt. (7) Aufgrund der derzeitigen Struktur im Handel sind *mittelstandspolitische Überlegungen* von überragender Bedeutung. Dies äußert sich in der Diskussion um →Unterversorgung mancher Gebiete, bei der Reglementierung des Marktzugangs gemäß der Bauplanung, insbes. des §11 Abs. 3 BauNVO, bei der Wettbewerbspolitik (allgemeines →Diskriminierungsverbot, Eindämmung des →Verkaufs unter Einstandspreisen usw.), bei der Förderung durch →Kreditgarantiegemeinschaften und der Steuerpolitik. (8) Beziehungen bestehen zur kommunalen *Raumordnungs- und Verkehrspolitik.* (9) Vielfältige gemeinsame Interessen mit der *Außenhandelspolitik* (Zölle auf Waren aus Billigproduktionsländern). (10) Berührungspunkte zur *Agrarpolitik* (Weihnachtsbutter).

Binnenklassenvarianz, →interne Varianz.

Binnenkonnossement, Form des →Konnossements; im Flußfrachtgeschäft angewandt. Eine Verpflichtungsurkunde des Frachtführers, die für seine Rechtsbeziehungen zum Empfänger entscheidend ist (§§72, 26 BinnSchG in Verbindung mit §§445ff. HGB).

Binnenmarkt, →Wirtschaftsgebiet.

Binnenschiffahrt. I. B e g r i f f: Gewerbliche Beförderung von Personen und Gütern mit Schiffen auf Binnengewässern (Flüssen, Seen und Kanälen). – Zu *unterteilen* nach Gewässern (z. B. Rheinschiffahrt, Donauschiffahrt) und nach Betriebsformen (Partikulier- und Reedereischiffahrt).

II. G e s c h i c h t e: 1. *Anfänge:* Die B. gehört mit zu den ältesten Formen des Verkehrs. Bereits die Hochkulturen des Altertums nutzten die schiffbaren Flüsse (Euphrat, Tigris, Nil) zum Transport von Gütern und Personen. Ebenso sind von Ägyptern und Chinesen sehr frühe Kanalbauten bekannt (z. B. der um 496 v. Chr. begonnene Kaiserkanal). In Europa erlangte die B. auf Rhein, Mosel, Rhône und Loire ihre erste Blüte durch die Römer, die auch erste Kanäle bauten. Mit ihrem Rückzug stagnierte zunächst die weitere Entwicklung der B. in Mitteleuropa trotz der Versuchs Karls des Großen, 793 eine Wasserverbindung zwischen Main und Donau herzustellen. – 2. *14./15. Jh.:* Mit dem Aufstieg der Hanse und der Ausweitung des Handels zwischen den Städten erlebte die B. begünstigt durch die schlechten Transportverhältnisse auf den Landwegen im Mittelalter einen großen Aufschwung. Die Weiterentwicklung der Schleusentechnik (Ende des 15. Jh. Erfindung der Kammerschleuse) ermöglichte die Überwindung natürlicher und künstlicher Hindernisse (Mühlenwehre) und damit die Schaffung neuer Verkehrsverbindungen (v. a. in den Niederlanden rege Kanalbautätigkeit; in Deutschland 1398 Fertigstellung des Stecknitzkanals). Ebenfalls in jener Zeit begannen die Städte damit, verstärkt öffentliche Hafenanlagen mit Krähnen, Liegeplätzen, Speichern und Lagern zu errichten. Dem entgegenstand eine zunehmende Behinderung der B. durch vielfältige Stapel- und Niederlagerechte der Städte sowie Schiffahrtsabgaben (Zollstationen). Daneben erfuhr die B. durch die sich ab dem 14. Jh. entwickelnde ständische Marktorganisation (Schifferzünfte) eine straffe monopolartige Regulierung. Durch die geringe Größenordnung der Schiffe, zu denen Fortbewegung v. a. Segel und Schlepptau dienten, hatte der kombinierte Binnen-See-Verkehr noch erhebliche Bedeutung. Neben dem Nord-Süd-Handel auf dem Rhein und seinen Nebenflüssen, stieg in zunehmenden Maße die B. auf der Donau. – 3. *17./18. Jh.:* Ihre führende Position beim Gütertransport konnte die B. auch während des Merkantilismus behaupten, zumal das Aufkommen der Territorialstaaten zu einem allmählichen Abbau der Verkehrsbeschränkungen und der Binnenzölle führte. Auf dem Rhein entwikkelte sich die B. zu einem Massengutverkehr mit vorwiegend regionaler Bedeutung. Transportmittel waren v. a. die sog. Holländerflöße (Eigengewicht bis zu 3000 t). Unter dem Einfluß des Merkantilismus begann zugleich die große Zeit der Kanalbauten (1686–1786 Ausbau des deutschen Kanalnetzes von 399 auf 1113 km). Auf der Donau wurde zudem 1696 die erste planmäßige Linienschiffahrtsverbindung aufgenommen (Regensburg/Wien). – 4. *19. Jh.:* Die Entwicklung der B. im 19. Jh. wurde insbes. durch die Anwendung neuer Antriebssysteme geprägt (ab 1816 Bau erster Dampfschiffe; 1827 Eröffnung der Preußisch-Rheinischen Dampfschiffahrtsgesellschaft). Zwischen 1830 und 1840 fanden die Dampfschlepper, die eine größere Zahl von Kähnen ziehen konnten (Schleppzug), verstärkt Eingang in die B. Parallel erfolgte ein weiterer Abbau der mittelalterlichen Stapelrechte und Verfrachtungsmonopole und begann sich ganz allmählich das Prinzip der Schiffahrtsfreiheit durchzusetzen (Schiffahrtsakten). Technische Neuerungen und die Beseitigung administrativer Hemmnisse konnten allerdings nicht verhindern, daß die B. mit dem Aufkommen der Eisenbahn einen einschneidenden Rückgang hinnehmen mußte. Erst die Ende des 19. Jh. einsetzende 2. Kanalbauphase, die ein leistungsfähiges Kanalsystem hervorbrachte, der Ausbau der Binnenhäfen, die Vergrößerung der Leistungsfähigkeit der Binnenschiffe, die Konzentration auf die Beförderung von Massengütern und der Aufbau neuer Organisationsstrukturen erlaubten der B. um die Jahrhundertwende, wieder in einen gewissen Wettbewerb mit der Eisenbahn zu treten und erneut zu expandieren. – 5. *20. Jh.:* Als Folge des 1. Weltkrieges wurden die wichtigsten deutschen Binnenwasserstraßen internationalisiert. Auch in der B. führte die Weltwirtschaftskrise zu einem Frachtenverfall und einer erheblichen Verringerung der Verkehrsleistungen. Zu Beginn der 30er Jahre wurden daher erste Schutzmaßnahmen zugunsten der Kleinschiffer ergriffen (Bildung von Schifferbetriebsverbänden, Einsetzung von Frachtenausschüssen). – Nach dem 2. Weltkrieg, als der Schleppbetrieb zunehmend durch selbstfahrende Motorschiffe und Schubverbände ersetzt wurde, konnte die B. ihre Position beim Massenguttransport zunächst halten. Weitere Flußkanalisierungen (Mosel/Neckar) und der Aus- und Neubau von Kanälen brachten der B. zudem ein leistungsfähiges Wasserstraßennetz. Als nach der Kohle infolge des Ausbaus des Rohrleitungssystems der B. auch noch der Mineralöltransport zunehmend verlorenging, geriet die B. ab Mitte der 60er Jahre in eine tiefgreifende Krise. Die Folgen des rückläufigen Transportaufkommens und der enormen Überkapazitäten waren ein Frachtenverfall auf den freien Märkten, Umgehungen der Festfrachten und eine wachsende Zahl von

Betriebszusammenbrüchen. Zur Vermeidung weiter negativer Folgen aufgrund des Überhangs an Schiffsraum wurde Ende der 60er Jahre ein Abwrackfonds gebildet und daraus Prämien für das Abwracken unwirtschaftlicher Schiffe gezahlt. Ungeachtet dieser Maßnahme ist die wirtschaftliche Lage der B. noch immer problematisch.

III. Unternehmens-, Betriebs- und Kostenstruktur: 1. *Unternehmensstruktur:* Für die B. in der Bundesrep. D. charakteristisch ist das Nebeneinander von Reedereien (Unternehmen mit eigener Landorganisation zur Akquisition und Disposition von Frachten; Durchführung des gewerbsmäßigen Transports mit eigenem oder fremdem Schiffsraum), einer Vielzahl von Partikulieren (selbständige Schiffseigner mit höchstens drei Schiffen und ohne eigene Frachtzuführungsorganisation an Land) sowie von Industrie- und Handelsunternehmen, die sog. Werkverkehr betreiben. Mitte 1986 waren in der deutschen B. insgesamt 1835 Unternehmen tätig; davon 1639 in der Güterschiffahrt (1576 gewerbl. Unternehmen, 63 Werkverkehr) und 196 in der Personenschiffahrt. Von den 3103 Schiffseinheiten mit 3,28 Mill. t Tragfähigkeit (1. 1. 1987) waren 1372 mit 1,16 Mill. t Partikulierschiffe (35,6% der Gesamttragfähigkeit), 1394 mit 1,9 Mill. t Reedereischiffe (58,3% der Tragfähigkeit) und 337 mit 0,2 Mill. t Werkschiffe. Die Zahl der in der B. Beschäftigten belief sich Mitte 1986 auf 10 707 Personen; unter den 9190 Personen des fahrenden Personals waren 1970 Schiffseigner und mithelfende Familienangehörige. Von den 1582 Unternehmen der gewerblichen B. hatten (Mitte 1985) 935 eine Ladekapazität von weniger als 1000 t, 521 eine von 1000–2000 t, 120 eine von 2000–50 000 t und 6 Unternehmen eine von mehr als 50 000 t. Diese sechs Unternehmen verfügten über 691 008 t oder 23,5% der Gesamttragfähigkeit und erzielten 26,3% des Gesamtumsatzes; außerdem entfielen auf sie 17,9% der Beschäftigten. Dagegen waren die 935 Kleinunternehmen (bis 1000 t Ladekapazität; 59,1% sämtlicher Unternehmen) nur mit 10% am Umsatz beteiligt. – 2. *Eingesetzte Schiffsarten und ihre Tragfähigkeit:* In der B. eingesetzt werden heute in Westeuropa im wesentlichen Motorschiffe, Schubverbände und gekuppelte Fahrzeuge (Koppelverbände). Motorschiffe haben eine Tragfähigkeit von 300–4000 t und eine Antriebsleistung von bis zu 26 000 PS; geeignet v. a. zum Transport von festen Massengütern, zunehmend aber auch zur Beförderung von Containern, Stückgütern und Anlageteilen. Bei den Schubverbänden werden zumeist vier (auf manchen Wasserwegen auch sechs) kastenförmige unbesetzte Schubleichter neben- und hintereinander gekoppelt und durch ein starr verbundenes Schubboot geschoben (Tragfähigkeit der typisierten

Schubleichter variiert zwischen 1600 und 2700 t; Maschinenleistung der Schubboote reicht bis zu 6000 PS). Koppelverbände bestehen aus einem zum Schieben ausgerüsteten Motorschiff und bis zu drei Schubleichtern. Daneben inzwischen auch in der deutschen B. zunehmender Einsatz von Spezialschiffen (Containertransport, Lash-Leichter, Schiffe für den RoRo-Verkehr). – Ende 1985 betrug die mittlere Tragfähigkeit der deutschen Binnenschiffe 1043 t. Schub-Gütermotorschiffe können durchschnittlich 1622 t Güter transportieren, herkömmliche Gütermotorschiffe 897 t; für Tankschiffe lauten die entsprechenden Werte 1693 bzw. 1254 t. Bei den auf dem Rhein eingesetzten Schiffen ohne eigenen Antrieb betrug die durchschnittliche Transportkapazität 2160 t. – Am 1.1.1987 setzte sich die deutsche Binnenflotte aus 3225 Güterschiffen mit 3,35 Mill. t Tragfähigkeit sowie 107 Schubbooten und 276 Schleppern zusammen. Darin enthalten ist die Binnentankerflotte mit 604 Tankschiffen (522 Motortankschiffe, 40 Tankkähne, 42 Tankschubleichter) und einer Tragfähigkeit von 618 389 t. Von den Güterschiffen waren 2616 Motorschiffe (2,55 Mill. t), 401 Schubleichter (0,63 Mill. t), 119 Schleppkähne (0,08 Mill. t) und 122 Trägerschiffsleichter (Lash) mit 0,09 Mill. t Tragfähigkeit. – Daneben gehörten zur deutschen Binnenflotte 591 Fahrgastschiffe mit einer Fahrgastkapazität von 168 624 Personen und einer Antriebsleistung von 114 006 PS (16 Schiffe mit einer Fahrgastkapazität von über 1000 Personen). – 3. *Beförderungs- und Transportleistung:* Auf den Binnenwasserstraßen der Bundesrep. D. wurden 1986 insgesamt 229,5 Güter befördert (darunter 108,5 Mill. t von deutschen Schiffen) und eine Transportleistung von 52,2 Mrd. tkm erbracht (25 Mrd. tkm durch deutsche Schiffe). Haupttransportgüter waren Kies, Sand, Steine und Baustoffe (26,8%), Mineralöle und Gase (19,9%), Erze und Schrott (17,2%) sowie Kohle (10,4%). Die mittlere Transportweite belief sich 1986 auf 227 km. – 6. *Einnahmen, Kosten, Überkapazitäten und Anlagevermögen:* Das Brutto-Anlagevermögen in der deutschen B. betrug 8143 Mill. DM (1985; in Preisen von 1980) (0,9% des Verkehrsbereichs insgesamt). Die Frachterlöse der B. erreichten zusammen 1294,8 Mill. DM (1985, ohne Unterfrachtführer), darunter 169,2 Mill. DM aus der Personenschiffahrt. Je tkm ergaben sich Frachteinnahmen von 3,9 Pfg. Trotz der in der Bundesrep. D. seit 1969 laufenden Abwrackaktion (vom 1.1.1969– 31.12.1986 Abwrackung von 5043 Güterschiffen mit 2,47 Mill. t Tragfähigkeit) bestand 1986 eine Überkapazität der Rheinflotten der Uferstaaten in der Trockengüterschiffahrt von ca. 1,2 Mill. t (16,3%) und in der Tankschiffahrt von ca. 57 000 t (3,5%). Die Nettoleistung je Beschäftigten variiert bei den Güterschiffahrtsreederein je nach Größenklasse zwischen 49 700 und 122 900 DM, bei

Güterverkehr auf den Binnenwasserstraßen des Bundesgebietes

	1960	1970	1986
Verkehrsaufkommen (in 1 000 t)			
Gesamtverkehr	171 362	240 001	229 494
dar. Binnenverkehr	90 300	102 400	65 100
dar. Durchgangsverkehr	6 943	12 285	14 092
dar. auf Schiffen der Bundesrep. D	103 500	137 500	108 500
dar. Rheinverkehr in v.H.[1]	77,4	79,6	83,8
Verkehrsleistung (in Mill. tkm)			
Gesamtverkehr	40 390	48 813	52 185
dar. Durchgangsverkehr	4 444	6 929	6 859
dar. Rheinverkehr in v.H.[1]	67,8	67,6	71,2

[1] auf dem Rhein von Rheinfelden bis zur niederländischen Grenze.
Quelle: VBW (Hrsg.): Binnenschiffahrt in Zahlen, 1987.

den Partikulieren zwischen 14 000 und 126 700 DM (1983). Bei den größten Reedereien betragen die Personalkosten 19,7%, die Kosten für Fremdleistungen 47,3% und für den Schiffs- und Fahrzeugpark 11,4% der Gesamtleistung.

IV. Nationale und internationale Organisation: 1. *Nationale Ebene:* Oberste staatliche Verwaltungsinstanz ist der Bundesminister für Verkehr, Abt. Binnenschiffahrt und Wasserstraßen. Nachgeordnete Behörden sind die Wasser- und Schiffahrtsdirektionen (jeweils für den Bereich eines Stromgebietes) sowie die Waserstraßenämter. – Das Gewerbe hat folgende nationale Organisationen geschaffen: (1) Bundesverband der deutschen Binnenschiffahrt e. V. (BdB), (2) Bundesverband der Selbständigen e. V. (BDS), Abt. Binnenschiffahrt, (3) Reedereiverbände (jeweils für den Bereich eines Stromgebietes; z. B. Verband deutscher Rheinreeder e. V., Duisburg), (4) Schifferbetriebsverbände (SBV) als Zusammenschlüsse der Partikuliere, (5) Zentralausschuß der deutschen Binnenschiffahrt, (6) gewerbliche Selbstverwaltung in Form von Transportzentralen zur Lenkung des Verkehrs und der → Frachtausschüsse zur Festsetzung der Frachten, (7) „Vereine zur Wahrung der Schiffahrtsinteressen" (jeweils für den Bereich eines Stromgebietes), (8) Partikulier- und Transport-Genossenschaften. – 2. *Internationale Ebene:* Die B. hat sich in der Internationalen Binnenschiffahrts-Union (Union internationale de la navigation fluviale, U. I. N. F.) organisiert. Die internationalen Belange speziell der Rheinschiffahrt vertreten u. a. die Internationale Vereinigung des Rheinschiffsregister (Association Internationale du Registre des Bateaux du Rhin, IVR), die Arbeitsgemeinschaft der Rheinschiffahrt e. V. und die Zentralkommission für die Rheinschiffahrt (ZKR, Commission centrale pour la navigation du Rhine).

V. Gegenwarts- und Zukunftsprobleme: Da die B. traditionell für den Transport von Massengütern geeignet ist, wirkt sich die Krise in der Kohle- und Stahlindustrie auch auf die B. aus. Das Transportaufkommen in diesen Güterklassen geht zurück. Aber auch die verstärkte Substitution von Erdölprodukten, insbes. von Heizöl, führt zum Verlust von Transportaufkommen in der B., die zur Zeit noch nach neuen Produkten sucht, die die entstandene Nachfragelücke schließen. Die B. setzt daher verstärkt auf den Roll on/Roll off-Verkehr und Barge-Carrier-Verkehr, Containerverkehr.

Binnenschiffahrtsachen, bürgerliche Rechtsstreitigkeiten aus der Benutzung von →Binnengewässern, soweit sie u. a. Schadensersatzansprüche aus Schiffahrtsunfällen und unerlaubten Handlungen zum Gegenstand haben, und Strafsachen aus Taten, die auf oder an Binnengewässern unter Verletzung von schiffahrtspolizeilichen Vorschriften begangen sind, sowie Bußgeldsachen wegen Zuwiderhandlungen gegen schiffahrtspolizeiliche Vorschriften. – *Zuständig:* →Schiffahrtsgerichte (Gesetz über das gerichtliche Verfahren in B. vom 27. 9. 1952 – BGBl I 641 – mit späteren Änderungen).

Binnenschiffahrtsstraßenordnung (BinSchStrO), vom 1. 5. 1985 (BGBl I 733), enthält die Rechtsvorschriften über das Verhalten der Teilnehmer am Binnenschiffahrtsverkehr auf bestimmten Bundeswasserstraßen und in den an ihnen liegenden Häfen. Bei Zuwiderhandlungen Strafe oder Geldbuße.

Binnenschiffsrecht, neben dem allgemeinen →Schiffahrtsrecht und dem Gesetz über die Aufgaben des Bundes auf dem Gebiet der Binnenschiffahrt (Binnenschiffahrtsaufgabengesetz) i. d. Neufassung vom 4. 8. 1986 (BGBl I 1270) u. a. besondere Rechtsgrundsätze im Gesetz über das gewerbliche Binnenschiffahrt (BSchVG – Binnenschiffsverkehrsgesetz) i. d. F. vom 8. 1. 1969 (BGBl I 65) mit späteren Änderungen, Ausführungsgesetz zu Art. 89 GG (Regelung der Aufgaben staatlicher Binnenschiffahrtsverwaltung). – 1. *Inhalt:* Bestimmungen über die Verteilung des Fracht- und Schleppgutes, Regelung der Schifferbetriebsverbände und Frachtenausschüsse, des Frachtenausgleichs innerhalb der Binnenschiffahrt und zwischen Schiffahrttreibenden und Frachtschuldnern; der Zuständigkeit: a) des Bundesministers für Verkehr für den Ausgleich widerstreitender Vekehrsinteressen innerhalb der Binnenschiffahrt und im Verhältnis zu anderen Verkehrsträgern; b) der Länder bei den aufgrund des vorgenannten Gesetzes zu treffenden Maßnahmen. – 2. *Sachlicher Geltungsbereich:* a) Erfaßt wird der gewerbliche Binnenschiffahrtsverkehr (wer gewerbsmäßig Güter mit Schiffen auf den Wasserstraßen des Bundes befördert). Der gewerbliche Verkehr auf anderen Wasserstraßen (und Häfen) ist ausgeschlossen, es sei denn bei durchgehender Beförderung. b) Nicht

anzuwenden auf Werksverkehr und auf grenzüberschreitenden Verkehr. c) Anzuwenden auch auf Seeschiffe, die Güter auf Binnenwasserstraßen befördern, außer bei Überschreitung der Grenzen der Seefahrt im durchgehenden Verkehr; auf ausländische Schiffahrtstreibende, die Güter innerhalb des Bundesgebiets befördern, wenn nicht völkerrechtliche Vereinbarungen etwas anderes bestimmen. – 3. *Wirtschaftliche Bedeutung:* Ordnungswerk für die Binnenschiffahrt, in dem das wirtschaftliche Übergewicht der →Reedereien zur Vermeidung der bei der vorliegenden Marktstruktur latent bestehenden Gefahr ruinöser Konkurrenz, durch obligatorischen Zusammenschluß der Partikuliere der einzelnen Stromgebiete in Schifferbetriebsverbände ausgeglichen werden soll, sofern diese nicht bereits Mitglieder reedereimäßig arbeitender Genossenschaften sind (neue Rechtsgrundlage für Frachtbildung und Frachtenausschüsse). – Koordinierung der Verkehrsmittel durch Einwirkung des Bundesministers für Verkehr (analog dem Wortlaut der entspr. Paragraphen des Allg. Eisenbahngesetzes vom 29. 3. 1951 und des Güterkraftverkehrsgesetzes vom 22. 12. 1969).

Binnenschiffsregister, ähnlich dem →Grundbuch als öffentliche Register von den Amtsgerichten am Heimatort der Binnenschiffe geführte →Schiffsregister. *Eintragungsfähig* sind Binnenschiffe mit einer Tragfähigkeit von 10 t und mehr oder einer 50 PS übersteigenden Triebkraft. *Obligatorisch* für Schiffe ab 20 t Tragfähigkeit oder 100 PS und Schlepper, Stoßboote sowie Tanker.

Binnentransportversicherung, →Versicherung von Waren und Transportmitteln (nicht: zulassungspflichtige Kraftfahrzeuge) bei Binnentransporten. – Vgl. auch →Transportversicherung, →Kaskoversicherung, →Kargoversicherung.

Binnenumschlagtarif, Ausnahmetarif der Deutschen Bundesbahn zur Förderung des →gebrochenen Verkehrs. B. verbilligt den Zulauf von Gütern mit der Bahn zu einer Wasserstraße zwecks Weiterbeförderung mit einem Binnenschiff und den Ablauf von der Wasserstraße zur Bahn (zum Empfänger) und ermöglicht in Verbindung mit billiger Binnenschiffsfracht bestimmte Verkehre; dadurch auch zusätzlicher Verkehr für die Eisenbahn.

Binnenwanderung, Verlegung des Wohnsitzes einzelner Personen oder Haushalte einer Bevölkerung innerhalb eines (politisch oder geographisch abgegrenzten) Gebietes. Zu beachten ist die Unterscheidung der B. von zeitlich begrenzter Verlegung des Wohnsitzes bei Saisonwanderung und von Errichtung eines zweiten Wohnsitzes bei vorübergehender am fremden Ort ausgeübter Berufstätigkeit sowie von →Pendelwanderung. Geschichtlich bedeutsam in Form der Landflucht. – *Gegen-*

satz: →Außenwanderung. – Vgl. auch →Wanderungsstatistik.

Binnenwert, →Geldwert 1.

Binnenzoll. 1. Von Städten und Kleinstaaten bis ins 19. Jh. bei Übergang von Waren über innerdeutsche Grenzen erhobener →Finanzzoll; hemmte den natürlichen Güteraustausch. Beseitigt durch den Deutschen Zollverein 1834. – 2. Zoll, der während der Übergangsphase bei der Errichtung einer →Zollunion oder →Freihandelszone auf Erzeugnisse der Partnerländer erhoben wird.

Binomialkoeffizient, mathematischer Ausdruck. Sind n und k nichtnegative Zahlen, so werden B. („n über k") durch

$$\binom{n}{k} = \frac{n!}{k!\,(n-k)!} \quad \text{für } k \le n$$

$$(n! = n \cdot (n-1) \cdot \ldots \cdot 3 \cdot 2 \cdot 1; \ 0! = 1)$$

und $\binom{n}{k} = 0$ für k > n definiert. B. gehen z. B. in die →Binomialverteilung und in die →hypergeometrische Verteilung ein.

Binomialverteilung, spezielle diskrete theoretische Verteilung in der Statistik mit der →Wahrscheinlichkeitsfunktion

$$b(x\,|\,n\,;p) = \begin{cases} \binom{n}{x} p^x (1-p)^{n-x} & \text{für } x = 0, 1, \ldots, n \\ 0 \text{ sonst.} \end{cases}$$

$\binom{n}{x}$ ist ein →Binomialkoeffizient.

Die B. erfaßt folgenden Sachverhalt: In einer Grundgesamtheit befinden sich zwei Sorten von Elementen (z. B. schlechte und gute Produkte) mit den →Anteilswerten p und (1 − p). Es werden zufällig n Elemente *mit Zurücklegen* (→Urnenmodell) nach jeder einzelnen Ziehung entnommen. Dann gibt b(x | n; p) die Wahrscheinlichkeit dafür an, daß genau x Elemente der Sorte mit dem Anteilwert p (z. B. schlechte Produkte) in die Ziehung gelangen. Die B. hat die →Parameter n und p. Der →Erwartungswert einer binomialverteilten →Zufallsvariablen ist n · p, ihre →Varianz n · (1 − p). Für große n kann die B. u. a. durch die →Normalverteilung approximiert werden (→Approximation).

BinSchStrO, Abk. für →Binnenschifffahrtsstraßenordnung.

Biokybernetik, Teilgebiet der Biologie, das v. a. systematisch-dynamische Modelle des Funktionierens und Lernens von biologischen Systemen zum Gegenstand der Forschung hat. Die Übertragung der biokybernetischen Methode auf sozialwissenschaftliche oder ökonomische Tatbestände führt zu veränderten Modellen der Erklärung dieser ökonomi-

schen Vorgänge durch die Annahme einer positiven oder negativen Rückkoppelung der Wirkung auf die Ursache. Anwendungsgebiete innerhalb der Ökonomie sind insbes. Managementprozesse (→EKS), Nachrichtentechnik, Kommunikationstheorie, →Betriebsinformatik, →Umweltpolitik.

Biologische Bundesanstalt für Land- und Forstwirtschaft (BBA), →Bundesoberbehörde im Geschäftsbereich des Bundesministers für Ernährung, Landwirtschaft und Forsten (BML); Sitz in Berlin und Braunschweig. – *Aufgaben:* Unterrichtung, Beratung und Forschung auf dem Gebiet des Pflanzenschutzes, Prüfung und Zulassung von Pflanzenbehandlungsmitteln u. a.

biologische Methode, →Bevölkerungsvorausrechnung 3.

biologische Produktion, Elementartyp der Produktion (→Produktionstypen), der sich aus dem Merkmal der naturgegebenen Prozeßbedingung ergibt. – *Beispiele:* Hefezüchtung zur biologischen Eiweißsynthese bei Herstellung von Eiweißkraftfutter; Gärungsprozesse bei der Bierherstellung. – Vgl. auch →chemische Produktion, →physikalische Produktion, →kernphysikalische Produktion.

biomedical computer programm, →BMDP.

Biorhythmus, zeitlich gegliederte Zustandsschwankungen von Lebensvorgängen, die mit einer gewissen Regelmäßigkeit ablaufen. Biologische Rhythmen sind bemerkenswerte Äußerungen des Lebens wie regelmäßig wiederkehrende Hochgefühle, positive oder negative Stimmungen, körperliches Wohloder Unwohlsein; ihre Beachtung muß daher als wirksame Orientierung für die Daseinsgestaltung und Optimierung der menschlichen Lebensbedingungen angesehen werden.

Birma, *Burma,* amtlich seit 1949 *Birmanische Union,* früher Teil von Britisch-Indien, sozialistische Republik. B. liegt in Hinterindien am Indischen Ozean und grenzt im NW an Indien und Bangladesch, im NO an die VR China und im SO an Thailand und Laos. – *Fläche:* 676 552 km². – *Einwohner* (E): (1985, geschätzt) 37,2 Mill. (55 E/km². – *Hauptstadt:* Rangun (Agglomeration 2,5 Mill. E); weitere Großstädte: Mandalay (532 900 E), Moulmein (219 000 E), Bassein (140 000 E). – B. ist in sieben Staaten der nationalen Minderheiten (Chin, Kachin, Karen, Kayah, Mon, Rhakhine, Shan) und sieben Provinzen *untergliedert.* – *Amtssprache:* Burmesisch.

W i r t s c h a f t : B. ist zum großen Teil (ca. ⅔ der Gesamtfläche) von tropischen Wäldern (Edelhölzer, v. a. Teakholz, ca. 80% der Weltvorräte) bedeckt. Bestimmend für die *landwirtschaftliche Produktion* ist der kleinbäuerliche Familienbetrieb. 62,5% aller Bauernfamilien besitzen weniger als 2 ha Land (= 26%

der landwirtschaftlichen Nutzfläche). Anbau von Reis, Sesam, Erdnüssen und Baumwolle. Zucht von Rindern und Büffeln. – *Bodenschätze:* Edelmetalle, Antimon, Zinn, Zink, Blei, Wolfram, Kobalt, Eisenerze und Erdöl. – *Industrie:* Wichtige Teile verstaatlicht, kleinere private Betriebe unter staatlicher Kontrolle; wichtigster Zweig: reisverarbeitende Industrie, gefolgt von Erdölförderung und -verarbeitung, Bergbau und holzverarbeitender Industrie. – *BSP:* (1985, geschätzt) 7080 Mill. US-$ (190 US-$ je E). – *Öffentliche Auslandsverschuldung:* (1984) 34,9% des BSP. – *Inflationsrate:* durchschnittlich 6,0%. – *Export:* (1985) 315 Mill. US-$, v.a. Reis und Reisprodukte, Kautschuk, Teakholz, Erze, Erdöl. – *Import:* (1985) 283 Mill. US-$, v.a. Investitionsgüter, Textilien, industrielle Fertigwaren. – *Handelspartner:* Japan, EG, VR China, Indonesien.

Verkehr: Ca. 3900 km *Eisenbahnlinien,* davon 450 km doppelgleisig. – *Birma-Straße* nach der chinesischen Provinz Jünnan, *Ledo-Straße* nach der Indischen Provinz Assam. – Reger *Binnenschiffverkehr* auf dem Irawadi und Saluen. – Eigene nationale *Fluggesellschaft* BURMA AIRWAYS CORP. (BAC); zentraler *Flughafen* ist Mingaladon bei Rangun. – *Haupthäfen:* Rangun, Moulmein.

Mitgliedschaften: UNO, UNCTAD u.a.: Colombo-Plan.

Währung: 1 Kyat (K) = 100 Pyas (P).

Bit, *Binärzeichen, binary digit,* kleinste *Informationseinheit* zur Darstellung (insbes. zur Speicherung, vgl. →Datenorganisation) von →*Daten* in einem →*Binärcode.* Kann entweder den Wert „binäre Null" oder „binäre Eins" haben. – *Anders:* →Byte.

Bit-mapped-Bildschirm, *Rastergraphikbildschirm,* →Graphikbildschirm, bei dem das darzustellende Bild in einem festen Zeitzyklus (i.a. 50 bis 60 Hz) neu aufgebaut wird. Die dafür notwendigen Informationen werden in einem *Bildwiederholspeicher* gehalten, in dem für jeden Bildpunkt mindestens ein →Bit erforderlich ist.

bivariate Analysemethoden, Methoden der statistischen Datenanalyse, die genau zwei Variable zum Gegenstand der Analyse haben. In der →Marktforschung häufig verwendete Verfahren sind →Kreuztabellierung, →Korrelationsanalyse und einfache →Regressionsanalyse. – Vgl. auch →multivariate Analysemethoden.

BIZ, Bank für internationalen Zahlungsausgleich, *Bank for International Settlement (BIS),* 1930 gegründetes zwischenstaatliches Institut; Sitz in Basel. Rechtsform: AG, genehmigtes Kapital: 1500 Mill. Goldfranken; Bilanzvolumen (30.6.1984) ca. 22,4 Mrd. Goldfranken (ca. 43,5 Mrd. US-$); Aktionäre: Alle europäischen Notenbanken (außer denen

Albaniens, der DDR und UdSSR) sowie die Notenbanken Australiens, Kanadas, Japans, der Rep. Südafrika und der USA. – *Aufgaben:* Förderung der Zusammenarbeit der Notenbanken, Erleichterung internationaler Finanzoperationen, Übernahme von Treuhandschaften oder Bevollmächtigungen bei internationalen Finanzabkommen. Im Rahmen dieser letzten Aufgabe führte die BIZ als Agentin der OEEC die Verrechnung der Forderungen und Verpflichtungen und den Ausgleich der Salden in Gold oder Dollar innerhalb der EZU durch. Heute fungiert sie u.a. als Agentin der Hohen Behörde der EGKS, deren Funktion die EG-Kommission übernommen hat, bei deren Kreditinhabe, sowie als Agentin für den Europäischen Fonds für währungspolitische Zusammenarbeit der EG, der seine Arbeit 1973 aufgenommen hat und im Rahmen des Ausbaus des EWS langfristig in einen Europäischen Währungsfonds umgebildet werden soll. Alle Aktivitäten der BIZ werden in enger Zusammenarbeit mit dem Internationalen Währungsfonds (→IMF) abgewickelt. – *Geschäftsführung* liegt beim *Verwaltungsrat,* der aus acht europäischen Notenbankgouverneuren sowie fünf weiteren Mitgliedern besteht. Er bestellt den Präsidenten und ernennt den Generaldirektor. Weitere wichtige Organe sind ein ständiger *Euro-Währungsausschuß,* in dem die Währungspolitik des →Zehner-Klubs abgestimmt wird, und ein *Ausschuß für Bankstatuten und Überwachungsverfahren.* – *Veröffentlichung:* Annual Reports (deutsch, englisch, französisch und italienisch).

BKA, Abk. für →Bundeskriminalamt.

BKartA, Abk. für →Bundeskartellamt.

BKG, Abk. für →Bankenfachverband Konsumenten- und gewerbliche Spezialkredite e.V.

BKn, Abk. für →Bundesknappschaft.

BKU, Abk. für →Bund Katholischer Unternehmer e.V.

blackboard model, *Wandtafelmodell,* in der →künstlichen Intelligenz eine bestimmte →Systemarchitektur für →Expertensysteme. Verschiedene Wissensquellen kommunizieren miteinander über eine zentrale →Datenbank (Wandtafel); dadurch wird die gleichzeitige, voneinander unabhängige Verarbeitung der Wandtafelinformationen nach verschiedenen Gesichtspunkten ermöglicht. – Entwickelt und eingesetzt wurde das b.m. bei dem Expertensystem Hearsay III (→Hearsay II/III); die Knowledge-Engineering-Sprache Hearsay III stellt das b.m. als grundlegende Architektur für zu entwickelnde Expertensysteme zur Verfügung.

Black-Box-Test, →Testen 3.

Blankett, Wertpapiervordruck, dem noch wesentliche Erfordernisse, die zur Rechtsgültigkeit des Papiers notwendig sind, fehlen. *Beispiele:* (1) *Aktien-Blankett,* das (ohne Kontroll-Unterschrift und ohne Nummer) als Muster dem Antrag auf Zulassung zum Börsenhandel beigeführt wird; (2) *Blankettwechsel* (→ Blanko-Wechsel).

Blanko-Akzept, → Wechsel, der vor Eintrag aller wesentlichen Bestandteile akzeptiert wird. In der Praxis häufig, wenn z. B. der genaue Wechselbetrag noch nicht feststeht. B. sind insofern riskant als der → Akzeptant auch für abredewidrig ausgefüllte Wechsel haftet, es sei denn, daß der Erwerber → bösgläubig erworben hat oder beim Erwerb → grobe Fahrlässigkeit vorlag. – *Ähnlich:* → Blanko-Wechsel, → Blanko-Indossament.

Blanko-Giro, → Blanko-Indossament.

Blanko-Indossament, *Blanko-Giro,* → Indossament, das nur aus der Unterschrift des → Indossanten besteht (Art. 13 II WG); ein solcher → Wechsel kann wie ein → Inhaberpapier übertragen werden (Blankoübergabe). Er wird aber nicht zum Inhaberpapier, denn jeder Erwerber des Wechsels kann seinen Namen oder den Namen dessen, an den er den Wechsel weitergibt, eintragen (Art. 14 WG). Er kann aber auch ohne Ausfüllung seine Wechselansprüche geltend machen. Das B. ist in der Praxis häufig. – *Ähnlich:* → Blanko-Wechsel, → Blanko-Akzept.

Blanko-Kredit, → Personalkredit.

Blankopapiere, → Wertpapiere, auf denen der Name des Berechtigten oder andere wesentliche Einzelheiten noch nicht eingetragen sind, z. B. → Blanko-Wechsel.

Blanko-Scheck, → Scheck, bei dem wesentliche Erfordernisse (z. B. Betrag) noch nicht ausgefüllt sind. Wird ein B. später abredewidrig ausgefüllt, so kann das dem Inhaber nicht entgegengehalten werden, es sei denn, daß er den Scheck nicht gutgläubig erworben hat oder ihm beim Erwerb grobe Fahrlässigkeit zur Last fällt.

Blankourkunden, mit der Unterschrift des Ausstellers versehene Urkunden; werden erst durch Einfügen des Textes zur → Willenserklärung. Bei *abredewidriger Ausfüllung* ist der Unterzeichnende an den später eingefügten Text gebunden. Er kann sich aber vielfach durch → Anfechtung befreien, wobei er u. U. dem Geschäftsgegner den → Vertrauensschaden ersetzen muß.

Blankoverkauf, → Leerverkauf.

Blanko-Wechsel. 1. *Im engeren Sinn:* Nur teilweise ausgefüllte Wechselurkunde, die mit der Ermächtigung, die Ausfüllung oder Vervollständigung vorzunehmen, begeben oder weitergegeben wird. Die Ermächtigung ist regelmäßig unwiderruflich. Das Ausfüllungsrecht ist mit der Urkunde übertragbar. Am

häufigsten ist → *Blanko-Akzept.* – Wird der Wechsel *abredewidrig ausgefüllt,* so kann dies dem gutgläubigen Inhaber nicht entgegengesetzt werden (Art. 10 WG). – 2. *Im weiteren Sinn:* Zu den B.-W. gehören auch die mit der Ermächtigung zur Vervollständigung begebenen formgültigen Wechsel; z. B. kann der Nehmer eines Wechsels, der kein Fälligkeitsdatum enthält und als → Sichtwechsel gilt (Art. 2 II WG), ermächtigt werden, eine Fälligkeitsangabe einzusetzen. – Vgl. auch → Blanko-Indossament.

Blasenpolitik, *bubble policy, Glockenpolitik.* 1. *Begriff:* Konzept der Luftreinhaltepolitik für Produktionsbetriebe, das → Umweltauflagen durch Effizienzgesichtspunkte (Anreize zu weitgehender Schadstoffverminderung) ergänzt. – 2. *Ansatz:* Mehrere regional konzentrierte Emissionsquellen (auch Betriebe) bilden nach Genehmigung entsprechender Anträge durch die Umweltbehörde eine „Blase" (bzw. „Glocke"); innerhalb dieser darf die Gesamtemission die Summe aller vorher genehmigten Einzelemissionen bzw. die vorgegebenen Emissionsgrenzwerte bei Anwendung vorgeschriebener Umwelttechniken nicht überschreiten bzw. die Immission darf nicht erhöht werden. Innerhalb der Blase dürfen Umweltentlastungen mit -belastungen verrechnet werden oder sie können gutgeschrieben und transferiert werden (Banking; als weitergehendes Konzept vgl. → Umweltzertifikat). – 3. *Anwendung:* B. ist nach dem deutschen Umweltrecht nicht zulässig; für jede einzelne Anlage gelten Emissions- bzw. Immissionsgrenzen (→ TA Luft). In den USA ist B. seit 1979 mit den Möglichkeiten der Übererfüllung (offset), d. h. neue Emissionsquellen in Gebieten, in denen der Umweltstandard nicht erreicht ist, müssen mehr als der Zuwachs an Verschmutzung beseitigen, sowie der Befreiung bei unbedeutenden Emissionsquellen und der Gutschrift genehmigt. – 4. *Vorteile:* a) Umweltentlastende Maßnahmen können an den kostengünstigen Punkten ansetzen, sind somit effizient. b) Umweltauflagen werden durch ökonomische Anreize ergänzt. c) B. ist praktikabel und läßt sich in bestehende Umweltpolitik integrieren. d) Regionale Aspekte werden berücksichtigt. – 5. *Nachteile:* a) Regionale Diffusionsaspekte werden nicht berücksichtigt. b) Trotz der Möglichkeiten zur Gutschrift oder Übererfüllung können Marktzugangsbeschränkungen entstehen. c) Die ökonomische Effizienz wird durch die Wahl der Blase determiniert, d. h. sie ist nicht in jedem Fall gegeben.

BLB, Abk. für → Bundesverband der landwirtschaftlichen Berufsgenossenschaften e. V.

BLHV, Abk. für → Bundesorganisation der Lohnsteuerhilfevereine Deutschlands.

Blickaufzeichnung, → Blickregistrierung.

Blickfang, *eye catcher,* werbliches Gestaltungsmittel, das →Aufmerksamkeit auf einen Gegenstand lenkt. Aktivierendes Element (→Aktivierung), d.h. Voraussetzung für Werbewirkung. – Wesentliche *Gestaltungselemente* sind Größe, Form, Farbe, Dynamik, Bild, insbes. Bildmotive, die zu einer Orientierungsreaktion im Sinne der Aufmerksamkeitszuwendung führen. – In der *Journalistik* und bei Anzeigen wird als B. die →Headline verwendet.

Blickregistrierung, *Blickaufzeichnung,* Verfahren der →Aktivierungsforschung zur Messung des →Blickverhaltens bzw. der visuellen →Informationsaufnahme durch Registrierung der Augenbewegung. – *Verfahrensweise:* Die Augenbewegung (Saccaden = Sprünge des Auges, „Wanderzeiten", Fixationen = Verweilpunkte) wird aufgezeichnet. Nur während Fixationen (Dauer: ca. 300 ms) erfolgt Informationsaufnahme. Technisch realisiert mittels Spezialbrille und Videoaufzeichnung oder durch Beobachtung der Probanden mit versteckter Kamera. – *Anwendung:* Messung der Aufmerksamkeitswirkung von →Anzeigen und →Fernseh-Spots sowie der Informationsaufnahme einzelner Bild- bzw. Textelemente.

Blickverhalten, visuelle →Informationsaufnahme, d.h. Bewegung der Augen beim Betrachten von Vorlagen. Das B. ist z.T. gewohnheitsmäßig bedingt, kann aber auch durch bewußte Gestaltung einer Vorlage (z.B. Anzeige) gesteuert werden. B. erfolgt meistens reizgesteuert und wenig bewußt, kann aber auch bewußt kontrolliert werden. – Das B. erlaubt *Rückschlüsse* auf die voraussichtliche →Werbewirkung (vgl. auch →Werbeerfolgsprognose): Wird ein Element überhaupt betrachtet, wie lange, wie oft, frühzeitig oder erst später usw.? – *Messung* des B.: Vgl. →Blickregistrierung.

Blindensendungen, kostenloser Versand von Informationen für Blinde durch die Post: Schriftstücke in Blindenschrift; für Blinde bestimmte Tonaufzeichnungen (Schallplatten und Tonbänder), wenn sie von einer amtlich anerkannten Blindenanstalt oder in deren Auftrag versandt werden oder an eine solche gerichtet sind: Papiere für die Aufnahme von Blindenschrift, die von einer amtlich anerkannten Blindenanstalt an Blinde versandt werden.

Blindenumsatz, umsatzsteuerliche Behandlung: 1. Soweit Blinden-Beschäftigungswerkstätten, Blindenanstalten, Blindenvereine und ähnliche *Einrichtungen der Blindenfürsorge* Sachen liefern, die sie von ihnen betreuten Blinden hergestellt haben (Blindenwaren), sind diese Umsätze sowie die Lieferung von Zusatzwaren und die sonstigen durch die Blinden getätigten Leistungen umsatzsteuerfrei; dgl. die Umsätze des Bundes der Kriegs-

blinden Deutschland e.V. – 2. Für die Umsatzsteuerfreiheit des *Betriebs eines Blinden* ist Voraussetzung, daß nicht mehr als zwei Arbeitnehmer beschäftgit werden. – Die Ehefrau, minderjährige Abkömmlinge und Eltern des Blinden sowie Auszubildende gelten in diesem Sinne nicht als Arbeitnehmer. Ein →Verzicht auf die Steuerbefreiung ist möglich (§9 UStG); damit kann das Recht auf den →Vorsteuerabzug erreicht werden.

Blindtest, Form des →Produkttests, bei der die Herstellerbezeichnung bzw. der Produktname neutralisiert wird.

Blitzschlagschäden, Schäden an versicherten Sachen. B. werden insbes. durch die →Feuerversicherung gedeckt, und zwar auch dann, wenn kein Brand im Sinn der Bedingungen vorliegt („kalter Blitzschlag"). Versichert sind also z.B. auch Seng- und Luftdruckschäden. Ausgeschlossen in der Feuerversicherung vom Versicherungsschutz sind Schäden, die infolge Blitzschlag an elektrischen Einrichtungen durch Induktion, Influenz und dgl. entstehen (*Blitzschädenklausel*), da hierfür andere Versicherungsmöglichkeiten bestehen.

BLK. 1. Abk. für →Bundesverband der Landwirtschaftlichen Krankenkassen. – 2. Abk. für →Bund-Länderkommission für Bildungsplanung und Forschungsförderung.

Blockdiagramm, frühere Bezeichnung für →Programmablaufplan oder →Datenflußplan.

Blockfloating, →Währungsschlange.

Blockkostenrechnung, auf Rummel zurückgehendes, schon in den 30er Jahren entwickeltes Teilkostenrechnungssystem (→Teilkostenrechnung), das die →fixen Kosten en bloc in das Betriebsergebnis übernimmt, also nicht weiter z.B. nach verursachenden →Kostenstellen aufteilt. – Vgl. auch →direct costing.

Blockmultiplexkanal, →Multiplexkanal b).

Blockplanung, Verfahren zur systematischen Aktualisierung und Konkretisierung der Pläne durch Fortschreibung. Basis ist meist eine Unterteilung des langfristigen Plans in Jahresabschnitte (d.h. Planperiode t gleich ein Jahr), von denen die ersten Abschnitte (Anzahl der Abschnitte bilden einen „Block") detailliert geplant werden. Nach Ablauf des „Blocks" wird der Gesamtplan überarbeitet, wobei der nächste „Block" detailliert geplant wird. Die Revision der Periodenpläne erfolgt also nach *mehreren* Perioden (*anders:* →rollende Planung). – Gibt es keine zeitliche Überlappung von Plänen gleicher und unterschiedlicher →Fristigkeit, so spricht man vom *Prinzip der Reihung,* andernfalls vom *Prinzip der Staffelung.*

Blockunterricht, Zusammenfassung der Unterrichtstage der →Berufsschule zu größeren zeitlichen Einheiten (Blöcken) mit einer

Dauer von zwei bis sechs Wochen. Besondere Bedeutung kommt dem B. bei Bezirksfachklassen (Einberufsklassen mit erweitertem Einzugsbereich) zu.

blue chips, amerikanischer Börsenausdruck für Spitzenpapiere und Favoriten unter den Börsenwerten.

Blutalkoholgehalt. 1. *Begriff:* Der prozentuale Anteil reinen Alkohols im Blut. – 2. Die *gesetzliche Grenze* für den B., den der Verkehrsteilnehmer nicht überschreiten darf, liegt in der Bundesrep. D. bei 0,8 Promille (§ 24a StVG). Nach deutscher Rechtsprechung sind Kraftfahrer bei einem B. von 1,3 Promille *absolut fahruntüchtig.* – 3. Die Entnahme der →*Alkoholblutprobe* hat jeder, der einer Straftat verdächtig ist, zu dulden. – 4. Die Wirkung des genossenen Alkohols auf den B. hängt von der körperlichen Konstitution (z. B. Körpergewicht) und weiteren biologischen Vorgängen ab, so daß für die einzelnen Getränke nur *Anhaltswerte* angegeben werden können. Ebenso ist zu berücksichtigen, daß in einer Stunde etwa 0,15 Promille durch Resorption abgebaut werden. Bei einem Körpergewicht von 60 kg beträgt der B. bei folgenden Getränken etwa:

Lagerbier	0,3 l	0,21–0,28‰
Exportbier	0,3 l	0,25–0,33‰
Doppelbock	0,3 l	0,31–0,43‰
Apfelwein	0,25 l	0,24–0,29‰
Weißwein	0,2 l	0,20–0,28‰
Sekt	0,2 l	0,26–0,34‰
Likör	2 cl	0,1 –0,13‰
Korn	2 cl	0,1 –0,14‰
Weinbrand	2 cl	0,12–0,17‰

Vgl. auch →Alkoholgenuß, →Trunkenheit im Verkehr, →Trunkenheit am Arbeitsplatz, →Vollrausch.

BLZ, Abk. für Bankleitzahl (→Bankennumerierung).

BMDP, biomedical computer program, Statistik-Programmpaket zur elektronischen Datenverarbeitung.

BMonV, Abk. für →Bundesmonopolverwaltung für Branntwein.

BND, Abk. für →Bundesnachrichtendienst.

Board of Directors, →Board-System, →Organisationsverfassung.

Board-System, spezifische →Organisationsverfassung der Unternehmensführung. Das B.-S. vereinigt Geschäftsführung und Kontrolle in einem Gremium (*Vereinigungsmodell*). – *Gegensatz:* →Aufsichtsratssystem. – 1. *Rechtlich* vertritt der *Board of Directors* in der US-amerikanischen Corporation (→Aktiengesellschaft) das Unternehmen nach außen; ihm obliegt: a) Wahl und Abberufung der Officers (→Leitende Angestellte), i. d. R. = President, Vice-President, Secretary, Treasu-

rer und Controller; b) Verwaltung des Vermögens der Corporation im Interesse der Aktionäre; c) Formulierung der langfristigen Unternehmenspolitik und Kontrolle der Zielerreichung; d) Entscheidung über die Gewinnverwendung (Ausschüttung, Thesaurierung; e) Berichterstattung an die Aktionäre. – 2. In der *Praxis* besteht der Board aus Inside-Directors (hauptberufliche Manager) und ehrenamtlichen Outside-Directors; Geschäftsführung und Machtobliegen faktisch dem Inside-Director (→Managerherrschaft). – 3. Trends zur *Trennung von Geschäftsführung und Kontrolle* kommen zum Ausdruck in Begriffen wie Audit-Committee, Monitoring Model, Non-Executive-Directors oder Two-Tier Board. – 4. *Gründe* für die Entwicklung: Ungelöste Kontrollprobleme des Vereinigungsmodells (keine institutionalisierte Fremdkontrolle); Professionalisierung des Managements; interessenpluralistische Öffnung des Boards (→Mitbestimmung); zunehmende →personelle Verflechtungen. Daher rechspolitische Forderungen zur binnenorganisatorischen Aufspaltung in ,,management-board" und ,,supervisory-board" (5. EG-Richtlinie, American Law Institute), dem Kontrolle und Mitwirkung bei wichtigen unternehmenspolitischen Entscheidungen obliegt. Insofern Annäherung an das Aufsichtsratssystem.

Boden. 1. *Begriff:* Produktionsfaktor neben →Arbeit und →Kapital. Als →Produktionsfaktor dient der B. a) der land- und forstwirtschaftlichen Produktion (i. d. R. unter Einsatz bodengebundenen Kapitals), b) dem Bergbau, d. h. dem Abbau von Rohstoffen, und c) als Standortfaktor – 2. *Charakteristische Merkmale:* a) Der B. ist i. a. *nicht vermehrbar,* wenn auch Neugewinnung von B. durch Trockenlegung sowie Schaffung von landwirtschftlich nutzbaren Flächen durch Bodenverbesserungen (→Meliorationen) möglich sind. – b) Die landwirtschaftliche nutzbare B.substnaz ist durch die Verwitterung von Gestein und Humusierung von organischem Material entstanden. Sie unterliegt der Erosion durch Luft sowie Wasser und ist nur *längerfristig regenerierbar.* – c) Die Beschränktheit der B.ressourcen ist eine der Voraussetzungen für die Gültigkeit des (klassischen) Ertragsgesetzes in der Landwirtschaft (→Bodenertragsgesetz). – 3. *Dogmengeschichtliche Wertung in der national-ökonomischen Literatur:* Die Physiokraten schrieben dem B. allein die Fähigkeit zu, zur volkswirtschaftlichen Wertschöpfung beizutragen. Die Klassiker sahen die Bedeutung des B. als eines Produktionsfaktors neben Arbeit und Kapital. Mit der Begrenztheit des B. stellten sie auch für die bodengebundenen Erzeugnisse Wachstumsschranken fest. Bei günstigen Investitionsbedingungen betrachtete jedoch selbst Malthus die absoluten Produktionsschranken als sehr weit entfernt. In den 1970er Jahren entstand unter dem Eindruck des ersten Preissprungs des Rohstoffs Erdöl die neomalthusianische Bewegung (z. B. der „Club of Rome"), die erneut die naturbedingten Wachstumsgrenzen betont und sich für einen nachhaltigen →Umweltschutz einsetzt. – Vgl. auch →Bodenpolitik.

Bodenbonitierung, *Bodenschätzung,* Einteilung des Bodens in Bonitätsklassen, zum großen Teil durchgeführt aufgrund des Gesetzes über die Schätzung des Kulturbodens (Bodenschätzungsgesetz – BodSchätzG) vom 16.10.1934 (BGBl I 1050) – Festlegung der Bodengüte ist wichtige Grundlage für die Ermittlung des →Einheitswertes landwirtschaftlicher Betriebe sowie für die Wirtschaftspolitik und zu Kreditzwecken.

Bodenertragsgesetz, *Gesetz vom abnehmenden Grenzertrag,* Erfahrungsregel, nach der der Grenzertrag der eingesetzten Produktionsfaktoren Arbeit und Kapital (Saatgut, Düngemittel, Maschinen) auf einem gegebenen Stück Boden mit steigendem Einsatz der Faktoren von einer bestimmten Grenze an abnimmt. Grenzertrag ist der Mehrertrag, der durch zusätzlichen Einsatz einer Einheit eines Produktionsfaktors erzielt wird, z. B. durch Einsatz von zusätzlichen Arbeitstagen bei Bestellung eines Feldes. Vgl. das vorstehende Beispiel nach der Annahme: Ertrag der Roggenernte auf 1 ha Boden. – Vgl. auch →Ertragsgesetz.

Arbeitstage (Menge des variablen Einsatzfaktors)	Gesamtertrag in dz	Grenzertrag (Ertragszuwachs) pro zusätzl. Arbeitstag in dz
1	2	3
2	5	4
3	9	5
4	14	6
5	20	5
6	25	4
7	29	3
8	32	2
9	34	1
10	35	

Bodenkreditinstitute, →Realkreditinstitute, die →Hypothekarkredite gewähren und sich die Mittel dazu durch Ausgabe von →Pfandbriefen beschaffen.

Bodennutzungserhebung, rechtlich geregelt durch Gesetz i. d. F. vom 21.8.1978 (BGBl I 1509). – *Bestandteile:* 1. *Flächenerhebung:* Erhebung der Bodenflächen nach Nutzungsarten; seit 1985 auch nach bauplanungsrechtlich zulässiger Nutzung. Erfolgt seit 1979 vierjährlich. – 2. *Bodennutzungshaupterhebung:* Erfaßt werden von Januar bis Mai a) jährlich allgemein zur Feststellung der betrieblichen Einheiten die Betriebsfläche, die landwirtschaftlich genutzte Fläche, die Waldfläche und der Rechtsgrund des Besitzes und b) alle vier Jahre allgemein (erste 1979) und in den

übrigen Jahren repräsentativ bei höchstens 110 000 Auskunftspflichtigen die Nutzung der Bodenflächen nach Hauptnutzungs- und Kulturarten sowie nach Pflanzenarten und Pflanzengruppen. – 3. *Gemüseanbauerhebung:* Erhebung über den Anbau von Gemüse, Erdbeeren und Zierpflanzen. Im Mai werden erfaßt a) alle drei Jahre allgemein (erste 1978) und in den übrigen Jahren repräsentativ bei höchstens 12 000 Auskunftspflichtigen der Anbau von Gemüse und Erdbeeren und b) in den Jahren mit allgemeiner Erhebung zusätzlich der Anbau von Gemüse und Erdbeeren zur Erfüllung vertraglicher Bindungen bei der Erzeugung und beim Absatz und der Anbau von Zierpflanzen. – 4. *Baumschulerhebung:* Erhebung über die Pflanzenbestände in den Baumschulen. Erfaßt werden jährlich allgemein von Juli bis August die Baumschulfläche sowie die Bestände an Obst- und Ziergehölzen sowie an Forstpflanzen nach Art, Zahl und Anzuchtmerkmalen. – 5. *Obstanbauerhebung:* Erfaßt werden die Baumobstflächen für Kern- und Steinobst. Erhebung alle fünf Jahre, abwechselnd allgemein (erste 1982) und repräsentativ bei höchstens 15 000 Auskunftspflichtigen, von Januar bis Juni. – B. ist *erforderlich* für die Flächenaufteilung im Rahmen der →Landesplanung und bei weiterer Untergliederung als Ersatz einer →Anbauflächenerhebung.

Bodennutzungssystem, Kombination von Kultur- und Anbauarten in landwirtschaftlichen Betrieben, den Produktionsvorgang beeinflußt durch: a) besondere Anforderungen an den Einsatz menschlicher Arbeitskraft oder sachlicher Betriebsmittel (wie Zugmaschinen, Erntegeräte, Düngemittel) und b) die Art und Qualität der (überwiegend pflanzlichen oder tierischen) Erzeugnisse und damit die Ertragsmöglichkeiten. – *Feststellung:* Das B. ist durch typisierende Auswertung von Merkmalen der landwirtschaftlichen Betriebszählungen für die Gesamtheit der Betriebe, wie auch für die wichtigsten Betriebsgrößenklassen festzustellen, indem Schwellenwerte für das typische Verhältnis zwischen den Nutzungsformen ermittelt werden. – Für die *Landwirtschaft der Bundesrep.D.* werden folgende B. unterschieden, je nach dem Anteil der →landwirtschaftlich genutzten Fläche für den Anbau von Sonderkulturen (Obst, Baumschulen, Rebland, Hopfen, Tabak, Heil- und Gewürzpflanzen), Hackfruchtbau (Zuckerrüben, Kartoffeln, Futterklee, Gartengewächse in feldmäßigem Anbau), Getreideanbau (einschl. Körnermais) und Futterbau (Feldfutterpflanzen sowie Wiesen und Weiden).

Bodenpolitik, derjenige Teil der →Agrarpolitik, der alle Maßnahmen der Öffentlichen Hand umschließt, die den Boden als die Grundlage der landwirtschaftlichen Produktion betreffen. Dabei kann man unterscheiden zwischen Eigentumspolitik und Landeskultur-politik.

I. Eigentumspolitik: 1. *Eigentumsver-hältnisse:* a) Bereits die *Klassiker* beschäftigten sich intensiv mit der Frage des privaten Eigentums am landwirtschaftlich genutzten Boden. Sie strebten eine *Agrarverfassung* an, die es den Bauern ermöglichen sollte, in den Genuß der Früchte ihrer Arbeit zu gelangen. Dadurch sollten Produktions- und Investitionsanreize ausgelöst werden, um die Nahrungsmittelversorgung zu verbessern. *A. Smith* kritisierte die feudale Agrarverfassung und forderte vor allem sehr langfristige Pachtverträge. *Th. Malthus* befürwortete die Entfeudalisierung der Landwirtschaft und Schaffung bäuerlichen Eigentums am Boden. *St. J. Mill* äußerte sich zwar sehr kritisch zur Institution des privaten Eigentums an der Natur, befürwortete jedoch wegen der damit verbundenen Leistungsanreize die Schaffung einer bäuerlichen Eigentumsverfassung. (Dies entspricht der Auffassung der neueren →Property-Rights-Theorie, die v.a. bei größeren und langfristig gebundenen Sachinvestitionen eine starke Spezifizierung privater Eigentumsrechte fordert.) – b) Die *Agrarmarxisten* und *-sozialisten* (v.a. *K. Marx, H. Georg, A. Damaschke* und *H. Hetzka*) traten dagegen für die Abschaffung des privaten Bodeneigentums ein. Wie die Erfahrung mit dem agrarmarxistischen System der UdSSR zeigt, kann die Sozialisierung von Boden und Landwirtschaft zu chronischen Produktionsengpässen führen. Nach überwiegender Auffassung soll der Staat nur zur Erfüllung seiner Aufgaben Boden erwerben.– 2. *Regelung des landwirtschaftlichen Erbrechts:* Die beiden Grundformen, →Anerbenrecht und →Realteilung, lassen sich in Deutschland bis in die germanische Zeit zurückverfolgen (nachgewiesen von *M. Sering* für die Anerbensitte, von *L. Brentano* für die Realteilung). Jeder Versuch einer systematischen Regelung der Erbsitten in einem bestimmten geographischen Gebiet umschließt daher die Gefahr des Gegensatzes zu dem historisch Gewordenen und weitgehend durch Klima, Bodenbeschaffenheit usw. Bedingten. Ein fühlbares Beispiel sind die Bestimmungen des Code Napoléon zur Einführung der Realteilung in Gebieten mit jahrhundertealter Anerbensitte. Unorganisch und ahistorisch gestaltet war auch das Reichserbhofgesetz von 1933; es basierte zudem auf dem historischen Irrtum, das Anerbenrecht sei die germanische Erbsitte gewesen. Nach 1945 ist in der Bundesrep. D. weitgehend die Regelung aus der Zeit vor 1933 wiedereingeführt worden. – 3. *Regelung der Grundbesitzverteilung:* Allgemein wünschen die Bodenreformer (z.B. Oppenheimer) die Zerschlagung des Großgrundbesitzes und die Schaffung von Bauernstellen, oft verbunden mit dem Bestreben, auch die politische Macht der Großgrundbesitzer auszuschalten.

II. Landeskulturpolitik: 1. *Aufgaben:* a) Bodengewinnung (Trockenlegung von Mooren, Kultivierung von Ödland, Bodengewinnung durch Eindeichung usw.); b) Bodenerhaltung (Düngung, vorbeugende Maßnahmen gegen Bodenerosion wie Waldbau); c) Bodenverbesserung (insbes. durch Regelung der Bewässerung); d) Flurbereinigung (Verringerung der zu einem landwirtschaftlichen Betrieb gehörenden Parzellen durch Zusammenlegung und Umlegung). – 2. *Bedeutung:* Eine unwirtschaftliche Parzellierung ist oft Folge der →Realteilung. Eine gründliche Flurbereinigung, evtl. verbunden mit Aussiedlung von Gehöften aus dem Dorfgebiet, kann die wichtigsten Nachteile der Parzellierung (lange Anfahrtswege zu den Grundstücken, Randstreifenverluste usw.) weitgehend beseitigen.

Bodenreform. 1. *Umgestaltung der privaten Eigentumsverhältnisse* mit dem Ziel a) der Auflösung bzw. Verringerung des Großgrundbesitzes und der Schaffung von (kleineren) Familienwirtschaften oder Kollektivwirtschaften (kommunistische Vorstellung) oder b) unwirtschaftlich arbeitende Kleinstwirtschaften in rentable Betriebsgrößen umzuwandeln. – 2. *Allgemein ohne Umgestaltung der privaten Eigentumsverhältnisse,* wie Pachtschutzmaßnahmen, Flurbereinigung, Grundsteuerreformen.

Bodenrente. 1. *Begriff:* Das auf dem Besitz von Grund und Boden beruhende Einkommen (→Besitzeinkommen). – 2. *Erklärungen:* a) Von Anderson, →Ricardo und v. →Thünen wurde die Existenz der B. mit Hilfe des Differentialrenten-Prinzips (→Differentialrente) erklärt. b) Nach der modernen Theorie, v.a. →Oppenheimer, kann die B. sehr wohl absolute Rente sein, d.h. sie wird preisbestimmend; auch der Grenzbetrieb (-produzent) bezieht eine B. (als Besitzrente). – 3. *Arten:* a) Bonitätsrente (auf unterschiedlicher Fruchtbarkeit des Bodens beruhend), b) Intensitätsrente (auf unterschiedlicher Intensität der Bebauung beruhend), c) Lagerente (auf unterschiedlicher Marktferne beruhend). *Außerdem:* landwirtschaftliche B., städtische B., Bergwerksrente usw. – Vgl. auch →Grundrente, →Lagerente.

Bodensatztheorie, auf *A. Wagner* zurückgehende Liquiditätstheorie, die auf der Erkenntnis aufbaut, daß sich ökonomisch betrachtet aus de jure kurzfristigen Einlagen bei Banken ein langfristiger „Bodensatz" bildet, der ertragbringend (nicht fristenkongruent, wie es die →goldene Bankregel fordert) angelegt werden kann.

Bodenschätze, nach dem Bundesberggesetz alle mineralischen Rohstoffe in festem oder flüssigem Zustand und Gase, die in natürlichen Ablagerungen oder Ansammlungen (Lagerstätten) in oder auf der Erde, auf dem

Meeresgrund oder im Meerwasser vorkommen. *Grundeigene B.* stehen im Eigentum des Grundeigentümers, auf *bergfreie B.* erstreckt sich das Eigentum am Grundstück nicht.

Bodenschätzung, →Bodenbonitierung.

Bodenschutz, eine fachübergreifende Aufgabe der staatlichen →Agrarpolitik auf den Gebieten Immissionsschutz, Abfallbeseitigung, Düngung und Pflanzenschutz, Gewässerschutz, Naturschutz, Raumplanung und gesundheitlicher Verbraucherschutz. Grundlage ist das am 6. 2. 1985 von der Bundesregierung verabschiedete *Bodenschutzkonzept,* das die Gefährdungen der unterschiedlichen Funktionen des Bodens analysieren, Ziele zum Schutz des Bodens für seine unterschiedlichen Funktionen und Nutzungen erarbeiten und Handlungsansätze für die dauerhafte Sicherung der Bodenfunktionen und damit eines wirksamen B. aufzeigen soll.

Bodenverbesserung, →Meliation.

Bodenwert. 1. *Bewertungsgesetz:* B. ist (neben →Gebäudewert, Wert der →Außenanlagen) ein Element des nach dem →Sachwertverfahren für bebaute Grundstücke (→Betriebsgrundstücke) ermittelten Einheitswerts. Vgl. auch →Ausgangswert. Die Bewertung erfolgt wie für unbebaute Grundstücke mit dem →gemeinen Wert (§ 84 BeWG). – Erlangt auch Bedeutung hinsichtlich des Mindestwerts, mit dem bebaute Grundstücke anzusetzen sind (§ 77 BeWG). – 2. *Bodenschätzungsgesetz:* Vgl. →Bodenbonitierung.

Bodenwertzuwachssteuer, eine spezielle Form der allokationspolitisch einsetzbaren →Wertzuwachssteuer, die die Wertsteigerung von Grundstücken erfaßt. – In Deutschland wurde die B. von (ca.) 1900 bis 1944 erhoben, betrug 10–30% des Veräußerungserlöses, floß zuletzt ausschließlich den Gemeinden zu. Die B. wird *derzeit* als echte Wertzuwachssteuer in der Bundesrep. D. *nicht* erhoben; in die heutige →Grunderwerbsteuer ist die B. nur insofern eingegangen, als neben dem 3%igen Steuersatz für die Länder ein Gemeindezuschlag von 4% erhoben wird. Die Grunderwerbsteuer wird jedoch aus fiskalischen Gründen erhoben und belastet als Rechtsverkehrsteuer die Umsätze mit Grundstücken. Nachdem der geplante →Planungswertausgleich sich nicht einführen ließ und sich die von 1960 bis 1962 erhobene *Baulandsteuer* als Fehlschlag erwies, sind im Steuersystem der Bundesrep. D. allenfalls Anklänge an eine →Wertzuwachsbesteuerung festzustellen.

Bodin, Jean, 1530–96, französicher humanistischer Jurist, Sozialphilosoph und Merkantilist. Begründete die Lehre von der Staatssouveränität. Die Souveränität beruht nicht auf Gott, sondern auf den Bedürfnissen der Menschen. B. befürwortete trotzdem für das damalige Frankreich die Monarchie als beste Staatsform. Berühmt ist B.s Lehre, nach der die Preissteigerungen des 16. Jh. auf die Edelmetallzufuhren aus Amerika zurückzuführen seien. Klare Erkenntnis des quantitätstheoretischen Zusammenhangs. – *Hauptwerk:* „Six livres de la République" 1576.

Bodmerei, eigentümliches Darlehnsgeschäft des früheren Seerechts: In bestimmten Notfällen durfte der Schiffer für den Reeder ein Darlehen aufnehmen, für das nur Schiff, Fracht und Ladung haftete. Über das Darlehen mußte der Schiffer den *B-Brief* (Seewechsel), auf Verlangen auch an Order (gekorenes Orderpapier) ausstellen. Durch Kabel und Funk verlor die B. an Bedeutung und wurde durch das Seerechtsänderungsgesetz vom 21. 6. 1972 (BGBl I 966) abgeschafft.

body copy, →Fließtext.

Bogen, im Bankwesen übliche Bezeichnung für Zinsscheinbogen und Dividendenscheinbogen (Gewinnanteilscheine), die dem Wertpapier zur Erhebung der →Zinsen bzw. →Dividenden beigegeben sind, im Gegensatz zum →Mantel, der eigentlichen Wertpapierurkunde.

Böhm-Bawerk, Eugen von, 1851–1914, bedeutender österreichischer Nationalökonom, Finanzminister von 1889–1904. Mit Menger und v. Wieser Hauptvertreter der →Österreichischen Grenznutzenschule. Im ersten Band seines Hauptwerks „Kapital und Kapitalzins" gibt B.-B. eine gründliche und scharfsinnige Dogmengeschichte der Zinstheorie, glänzend v. a. in seiner Widerlegung der →Produktivitätstheorien. Im zweiten Band („Positive Theorie des Kapitals") entwickelt er die →Agiotheorie und die →Subsistenzmittelfondstheorie. Ausgedehnte wissenschaftliche Kontroverse mit *J. B. Clark,* die sich in den 20er Jahren fortsetzte zwischen *F. A. Hayek* und *F. H. Knight* (vgl. auch →Grenznutzenschule). Mitbegründer der Zeitschrift für Volkswirtschaft, Sozialpolitik und Verwaltung. – *Hauptwerk:* „Kapital und Kapitalzins" 1884–89.

Bohranteil, wertmäßiger Anteil an einer →Bohrgesellschaft, die nach Mineralien schürft und 100 oder 1000 auf den Namen lautende Anteile vergibt. Anteilseigner sind meist verpflichtet, →Zubußen für die Fortführung der Bohrungen zu leisten, ohne daß sie sich (wie beim →Kux) durch →Abandon davon befreien können. Da die Gesellschaft naturgemäß erst, wenn sie fündig wird, Gewinne erzielen kann, ist der Erwerb von B. weitgehend spekulativ.

Bohrgesellschaft, eine seltene Erscheinungsform von Erwerbsunternehmen in der Rechtsform einer →Gesellschaft des bürgerlichen Rechts. Mit Namensanteilen (→Bohranteilen) geführter Betrieb zur Gewinnung von Erdöl

u. ä. Anteilseigner sind meist verpflichtet, →Zubuße zu leisten.

BOKraft, Abk. für Betriebsordnung für den Kraftverkehr (→Verordnung über den Betrieb von Kraftfahrtunternehmen im Personenverkehr).

Bolivien, südamerikanische Republik, umgeben von Brasilien im N und NO, Paraguay im SO, Argentinien im S, Chile und Peru im W. – *Fläche:* 1,1 Mill. km². – *Einwohner* (E): (1986, geschätzt) 6,5 Mill. (6 E/km²); jährliches Bevölkerungswachstum; 2,6% – *Hauptstadt:* Sucre (110 000 E), La Paz (Regierungssitz; Agglomeration 1,8 Mill. E); weitere Großstädte: Santa Cruz (377 000 E), Cochabamba (282 000 E). – B. besteht aus neun Departements, die sich in Provincias *unterteilen.* – *Amtssprache:* Spanisch.

W i r t s c h a f t : Rückständige *Landwirtschaft:* 70% der Betriebe kleiner als 1 ha mit geringen Erträgen. Anteil am BIP: (1984) 15% – *Bergbau:* Die Wirtschaft des Landes basiert auf dem Reichtum an Bodenschätzen im Altiplano. Zinn- (je La Paz und Potosi, fast 20% der Welterzeugung), Kupfer-, Blei-, Zinkerze, Antimon, Wolfram und Edelmetalle. Ergiebige Erdöllager bei Villa Montes, nahe der Grenze zu Paraguay (1932–35 Ölkrieg gegen Paraguay). Raffinerie in Cochabamba und Sucre. – *Industrie:* Die verarbeitende Industrie ist schwach entwickelt (Anteil am BIP 1984: 30%). – *BSP:* (1985, geschätzt) 3010 Mill. US-$ (470 US-$ je E). – *Öffentliche Auslandsverschuldung:* (1985) 3300 Mill. US-$. – *Inflationsrate:* durchschnittlich 54,5% – *Export:* (1985) 673 Mill. US-$, v. a. Bergbauprodukte (hauptsächlich Zinn), Kupfer und Silber. – *Import:* (1985) 675 Mill. US-$, v. a. Investitionsgüter für den Bergbau, Lebensmittel. – *Handelspartner:* Argentinien, USA, Brasilien, Japan, Bundesrep. D., Großbritannien.

V e r k e h r : Etwa 3000 km *Eisenbahnlinien* verbinden B. mit den pazifischen Häfen Antofagasta, Arica und Iquique in Chile sowie mit Salta in Argentinien. – 10 000 km *Straßen* nur in der Trockenzeit befahrbar, Hauptstraßen von La Paz nach Peru und Argentinien fast ganzjährig befahrbar. – Nahezu 20 000 km *Flußstrecken* am Rio Grande, Mamoré, u. a. mit Verbindung nach dem Rio Madeira und Amazonas. – Mittelpunkt des sehr gut ausgebauten *Flugnetzes* ist La Paz; eigene *Luftverkehrsgesellschaft:* Lloyd Aéro Boliviano. – Der maritime Außenhandel wird hauptsächlich über Arica und Iquique (Chile) und Matarani (Peru) abgewickelt.

M i t g l i e d s c h a f t e n : UNO, ALADI, SELA, UNCTAD u. a.; Andenpakt, Andenparlament, ,,Amazonasvertrag", Inernationaler Zinnrat.

W ä h r u n g : 1 Boliviano (Bo) = 100 Centavos (c.).

Bolschewismus, politisch-ideologische Lehren des →Marxismus-Leninismus in der Sowjetunion. Die Bezeichnung B. geht auf ein Abstimmungsergebnis innerhalb der ehemaligen Sozialdemokratischen Arbeiterpartei Rußlands (SDAPR) auf ihrem 2. Parteitag 1903 in London zurück. Da Rußland damals noch ein relativ rückständiges Agrarland mit ausgeprägt feudalen Strukturen war, fehlten dort entsprechend der Marxschen Entwicklungslehre (→Historischer Materialismus) die Voraussetzungen zur Errichtung einer kommunistischen Ordnung. Abgestimmt wurde darüber, ob dementsprechend zunächst eine *bürgerliche Revolution* den →Kapitalismus bringen müsse, der dann die notwendigen Bedingungen für den →Kommunismus schaffe (Auffassung der unterlegenen *Menschewiki,* russ. = Minderheitler), oder ob dennoch eine unmittelbare *kommunistisch-proletarische Revolution* anzustreben sei (Auffassung der von Lenin angeführten Gruppe der *Bolschewiki,* russ. = Mehrheitler). Diese Auseinandersetzungen führten zur Spaltung der Partei. Während die Menschewiki zu einer parlamentarisch orientierten sozialdemokratischen Partei entwickelten, wurden die Bolschewiki von Lenin zu einer Kaderpartei von Berufsrevolutionäre geformt, der dann 1971 durch einen bewaffneten Aufstand in der damaligen Hauptstadt Petrograd (heute: Leningrad) die Machtergreifung gelang.

bona fide, →gutgläubiger Erwerb.

Bona-fide-Klausel, fester Bestandteil des →Commercial Letter of Credit (CLC); besagt, daß die den CLC ausstellende Bank sich dem Trattenaussteller, jedem Indossamenten und jedem gutgläubigen Erwerber gegenüber verpflichtet, die aufgrund des CLC ausgestellte und von akkreditivgerechten Dokumenten begleitete Tratte bei Vorlage durch die Bezogenen einlösen zu lassen.

bond, →Anleihe.

bond warrant, →Optionsanleihe.

Boni, →Bonus.

Bonifikation, *Vergütung, Preisnachlaß.* 1. Im *Großhandel* und *Versicherungsgeschäft* in Form von Treu-Rabatten für Agenten. – 2. Im *Bankgeschäft* als *Bankier-B.* (Vermittlerprovision) zwischen Mitgliedern eines Emissions-→Konsortiums u. a. Kreditinstituten in Form einer Teilung der →Schalterprovision sowie beim Pfandbriefabsatz zwischen privaten Hypothekenbanken oder öffentlich-rechtlichen Pfandbrief-Instituten und den plazierenden Bankhäusern im Rahmen besonderer *B.sabkommen,* in denen auch eine Sperrfrist für den Weiterverkauf und ein Kursschutz vereinbart werden. Fließt innerhalb der Sperrfrist das bonifizierte Stück an den Aussteller zurück, so ist die B. oder ein Teil davon zurückzuvergüten.

Bonität. I. B,. e i n e s S c h u l d n e r s : I. w. S.
Fähigkeit eines institutionellen oder individuellen Schuldners, in der Zukunft seinen
Schuldendienstverpflichtungen nachzukom-
men; i. e. S. relative Ertragskraft des Schuldners in der Zukunft, die Quantifizierung des
Grades der zukünftigen Schuldendienstfä-
higkeit eines Schuldners. Letztere ist Ergebnis einer Kreditwürdigkeitsbeurteilung,
(→Kreditwürdigkeitsprüfung, →Bonitätsprü-
fung), im wesentlichen ausgehend von der zu
erwartenden Ertragsentwicklung, die von der
individuellen Leistungsfähigkeit und von der
diese Leistungsfähigkeit beeinflussenden
Gesamtentwicklung (z. B. Branchenkonjunk-
tur und Entwicklung auf dem Arbeitsmarkt)
determiniert wird. – Schuldner mit einer zwei-
felsfreien (zweifelhaften) B. werden i. d. R.
ungesicherte Kredite (Blankokredite) gewährt
(nicht gewährt). Zwischen diesen beiden
Extremen sind die meisten Kreditengagements
einzustufen, die entsprechend dem sich aus
den unsicheren Ertragserwartungen ergebenden Risikogehalt durch Sicherheiten (z. B.
Bürgschaften, Grundschulden) u. a. Risiko-
äquivalente (z. B. Risikoprämien und -versi-
cherungen) abgesichert werden. – Vgl. auch
→Rating. – *Auskünfte über die B.* eines
Geschäftspartners erteilen neben den Banken
auch Auskunfteien (z. B. Schutzgemeinschaft
für allgemeine Kreditsicherung – SCHUFA).

II. B. d e s B o d e n s : Vgl. →Bodenbonitie-
rung.

Bonitätsprüfung, Prüfung der →Bonität
eines Kontrahenten vor Vertragsabschluß. –
1. B. seitens *Banken:* Vgl. →Kreditwürdig-
keitsprüfung. – 2. Bei *maschineller Auftrags-
bearbeitung* vorgenommene Prüfung, ob das
dem jeweiligen Kunden eingeräumte
→Kreditlimit durch die Auftragserfüllung
nicht überschritten wird.

Bonitierung, →Bodenbonitierung.

Bonus. 1. Im *Geschäftsverkehr allgemein:*
Vergütungen, die den Abnehmern als Treue-
prämie, nachträglich (z. B. halbjährlich oder
am Jahresende) vom Lieferanten gewährt
werden. Die B. können als a) Gutschrift, b)
Auszahlung oder c) zusätzliche Warenlieferung gegeben werden. Höhe der handels- und
branchenüblichen oder vertraglich vereinbarten B. meist prozentual gestaffelt nach dem
mit der Lieferunternehmung erreichten
Umsatz (daher auch *Umsatzbonus, Mengen-*
oder *Treuerabatt* genannt). – *Anders:*
→Skonto. – *Verbuchung* auf besonderen Konten (beim Einzelhandel in Kontenklasse 3,
beim Großhandel in Kontenklasse 4), die mit
dem Gewinn- und Verlustkonto abschließen,
wenn die Salden nicht dem den Ein- oder
Verkaufskonten verrechnet werden. – 2. Bei
der *Aktiengesellschaft:* Eine neben der →Divi-
dende zur Ausschüttung gelangende einmalige
Vergütung, die den →Aktionären in beson-

ders günstigen Geschäftsjahren oder bei Erzielung eines außergewöhnlichen Gewinns
gewährt , sonst aber entsprechend der Dividende behandelt wird.

Bonusaktie, →Gratisaktie.

Booklet, gedruckte Werbebroschüre.

Boolesche Algebra. 1. *Begriff:* Nach dem
englischen Mathematiker George Boole
(1815–64) benannte →Menge mit auf ihr
erklärten Operationen, für die gewisse Gesetze
gelten. Diese Gesetze sind teilweise den Gesetzen der Zahlenalgebra ähnlich, aber nicht
identisch. – *Definition:* Eine Menge
$M = \{a, b, c, \dots\}$ heißt B. A., wenn gilt:

(1) Kommutativgesetze:
$a \cup b = b \cup a$, $a \cap b = b \cap a$;

(2) Assoziativgesetze:
$a \cup (b \cup c) = (a \cup b) \cup c$,
$a \cap (b \cap c) = (a \cap b) \cap c$;

(3) Distributivgesetze:
$a \cup (b \cap c) = (a \cup b) \cap (a \cup c)$,
$a \cap (b \cup c) = (a \cap b) \cup (a \cap c)$;

(4) Existenz zweier Elemente n und e in M,
für die $a \cup n = a$, $a \cap e = a$ gilt;

(5) Existenz eines „komplementären" Ele-
ments ā zu jedem Element a; es gilt
$a \cup \bar{a} = e$ und $a \cap \bar{a} = n$.

a, b, c, ... stellen die Elemente der Menge, ∪
und ∩ die Operationen zwischen den Elementen dar; n und e nennt man die „neutralen
Elemente". – 2. *Beispiele:* a) In der *Mengen-
lehre:* Eine beliebige Menge G und alle →Teil-
mengen dieser Menge bilden eine B. A. bezüglich der Operationen →Vereinigung (∪) und
→Schnittmenge (∩); das komplementäre Element zu einer Menge M ist G ∫ M, das neutrale
Element e ist G bzw. n ist die leere Menge {}.
b) In der →*Aussagenlogik:* B. A., wenn man
∪ = „oder" (∨), „und" (∧) sowie
− = „nicht" (¬). c) In der *Praxis:* Eine
Schaltalgebra ist eine B. A.; es gibt ODER-
und UND-Schaltungen. – Durch die Rechen-
methoden der B. A. lassen sich komplizierte
Schaltungen, logische Aussagen, das Pro-
grammieren in der EDV u. a. m. u. U. stark
vereinfachen.

Boolesche Optimierung, →binäre Optimierung.

Boolesches Optimierungsproblem, →binä-
res Optimierungsproblem.

Boolesches Programmierungsproblem,
→binäres Optimierungsproblem.

Boolesche Variable, →Binärvariable.

Boom. 1. Ein unvermittelter starker
Geschäftsaufschwung, Hochkonjunktur, Bör-
senhausse. – 2. In der Konjunkturtheorie die
sich an die Expansion anschließende Phase,

unterhalb des oberen Wendepunktes (vgl.
auch →Konjunkturphasen).

Booten, Vorgang des Ladens des
→Betriebssystems eines Mikrorechners
(→Rechnergruppen) von einem →externen
Speicher (Diskette oder Festplatte). Gesteuert
wird dieser Prozess durch den *Bootstrap-
loader,* ein →Systemprogramm, das in dem
→Festwertspeicher des Rechners gespeichert
ist.

Bootstrap-loader, →Booten.

Bophuthatswana, →Südafrika.

Bordero, Verzeichnis der Sendungen in Sammelladungen (→Sammelladungsverkehr) mit
Informationen zur Behandlung der Sendungen bis zur Auslieferung an die Empfänger.

Bordkonnossement, Sonderform des →Kon-
nossements. Während das Empfangskonnos-
sement vom Reeder ausgestellt wird, ist B. die
Bescheinigung des Kapitäns über den Empfang der Ware an Bord, die die Verschiffung
der Ware garantiert.

Bordvertretung, Betriebsvertretung auf Schiffen; geregelt in §§ 114, 115 BetrVG
(→Betriebsrat).

Börse. I. Begriff: 1. *Allgemein:* Marktveranstaltung, die hinsichtlich des Ortes, der Zeit,
der Marktteilnehmer und des Ablaufs genau
geregelt ist. Wichtige *Merkmale* einer B.: a)
Fungibilität (gegenseitige Vertretbarkeit) der
Handelsobjekte wie Waren, Devisen oder
Effekten; b) *örtliche Konzentration von Angebot und Nachfrage.* Letztgenanntes Merkmal
verliert jedoch insofern an Bedeutung als
durch den Einsatz moderner Kommunika-
tionstechnologien die örtliche Dezentralisa-
tion bestimmter Börsensegmente (z. B. ungeregelter Freiverkehr) zunehmend voranschrei-
tet. – 2. In der *Bundesrep. D.:* Eine staatlich
genehmigte Marktveranstaltung, auf der sich
regelmäßig zu bestimmten Zeiten an bestimmten Örtlichkeiten Kaufleute treffen, um vertretbare Effekten, Waren oder Devisen, die
nicht im Börsenraum körperlich vorhanden
sind, zu standardisierten Börsen- und Vertragsbedingungen zu handeln.

II. Geschichte: Die Fungibilität als Charakteristikum einer B. geht bereits auf das 12.
Jh. zurück und war lokalisiert auf die oberita-
lienischen Städte Venedig, Genua und Flo-
renz. Durch die Ausweitung des internationalen Handels und der Dominanz der Seewege
verlagerte sich das kontinentale Handelsgeschäft an die niederländische Küste. Als erstes
wichtigstes Zentrum entwickelte sich dort die
Stadt Brügge, wo täglich die Geld- und
Wechselhändler ihre Geschäfte auf dem Platz
„ter Beurse" vor dem Haus der Patrizierfami-
lie van der Beurse abwickelten. Es ist daher zu
vermuten, daß sich der Begriff „ter Beurse"
verselbständigte und sich daraus der Begriff

„Börse" entwickelt hat. – Im späten 15. und
frühen 16. Jh. lösten die Städte Antwerpen
und Amsterdam Brügge als zentrale Handels-
und Börsenplatz ab. Erste Handelobjekte auf
den mittelalterlichen B. waren Sorten, Wechsel, verbriefte Forderungen, Schuldurkunden
(z. B. Hof- und Königsbriefe), sowie nach
Güteklassen typisierte Massengüter wie
Gewürze (z. B. Amsterdamer Pfefferbörse),
Getreide und die verschiedensten Rohstoffe. –
Diese Waren-, Devisen- und Wertpapier-B.
gewannen als Folge der Industrialisierung und
der Gründung von Aktienbanken in der Mitte
des 18. Jh. erst an Bedeutung. Gleichzeitig
nahmen auch die Warentermingeschäfte
(→Termingeschäfte) einen großen Umfang
an. Besonders diese Form des Warengeschäf-
tes führte zu Begleiterscheinungen wie Speku-
lationen, Veruntreuungen, und die Gründung
von Schein- bzw. Betrugsfirmen, was den
Gesetzgeber im Deutschen Reich bereits zur
gesetzlichen Regelung des Börsengeschäftes
durch die Verabschiedung des Börsengesetzes
1896 veranlaßte.

III. Arten (nach den jeweiligen Handelsob-
jekten zu unterscheiden):

1. *Waren-B.:* a) *Produkten-B.:* Märkte mit
beschränkter Fungibilität der Handelsobjekte
(Waren). Sie haben nur eine eng begrenzte
regionale Bedeutung, indem sie für die Versorgung der Region mit Waren wie Getreide,
Futtermittel, Torf sorgen. Wesentliches Merkmal dieser Börsenart ist das Effektivgeschäft,
d. h. es werden Handelsabschlüsse über real
vorhandene Waren auch tatsächlich erfüllt,
wobei die Ware jedoch nicht unbedingt am
Börsenort bzw. Börsenlokal körperlich vorhanden sein muß. Für Produkten-B. sind
regelmäßig keine Börsenordnungen vorgeschrieben, sondern der Handel erfolgt nach
individuellen Vertragsbedingungen. Auf den
kleinen Produkten-B. erfolgt der Austausch
der Ware bei Geschäftsabschluß durch den
einfachen Tausch der Schlußscheine, die auch
die vereinbarten Vertragsbedingungen enthalten. Dagegen werden auf den größeren Produkten-B. durch die Einschaltung von Lager-
häusern, das die Eigentum an der Ware durch
einen indossierbaren Lagerschein verbriefen,
das Eigentum an der Ware durch die Weitergabe dieser Lagerscheine (Einigung, Übergabe
und →Indossament) übertragen, ohne daß die
Ware selbst bewegt werden muß. Diese Fungibilität ist insbes. bei großen Lagerbeständen
von Bedeutung, da ansonsten durch den
Transport der Ware von Lagerplatz zu Lagerplatz enorme Kosten entstehen würden. – b)
Warentermin-B.: Märkte mit voller Fungibilität der Handelsobjekte (Waren), charakterisiert durch eine besondere Art der Geschäfts-
abwicklung. Bei Termingeschäften werden
über mengen- und qualitätsmäßig standardi-
sierte Einheiten (Kontrakte) von i. d. R.
Naturprodukten, wie Getreide, Rohstoffe,

Verträge abgeschlossen, die nicht sofort, sondern zu einem bestimmten, späteren Termin erfüllt werden müssen. Im Gegensatz zu den Produkten-B. kann sich der Vertragspartner durch ein zum gleichen Termin abgeschlossenes Gegengeschäft (d. h. der ursprüngliche Kontrakt wird per Termin wieder verkauft) der effektiven Erfüllung des Vertrages entziehen. Warentermin-B. haben ihre Bedeutung zur Abwicklung von Arbitragegeschäften (→Arbitrage) oder zur Abwicklung von Hedgegeschäften (→Hedging). – *Börsenplätze für Warentermingeschäfte in der Bundesrep. D.:* Hamburger Zuckerbörse, Hamburger Kaffeebörse, Bremer Baumwollbörse; heute nur noch die Hamburger Kaffebörse. Bedeutende *internationale Warentermin-B.* sind Comex (New York) und LME (London).

2. *Dienstleistungs-B.:* Hierzu gehören die verschiedenen *Versicherungs-B.* der Schiffahrt und des Luftverkehrs sowie die Transport-B.. In der Bundesrep. D. existiert die Hamburger Versicherungs-B., auf der das gesamte Transportversicherungsgeschäft (See- und Flußkaskogeschäft) national und neben Rotterdam und London auch international abgewickelt wird. Handelsobjekte der Dienstleistungs-B. sind die sehr individuellen und daher wenig standardisierbaren Versicherungsverträge, die zudem in ihrem Risiko teilweise so hoch sind (z. B. beim großen Seeversicherungsgeschäft), daß sie auf mehrere Vertragspartner aufgeteilt werden müssen.

3. *Devisen-B.:* Handelsobjekte sind →Devisen, also auf fremde Währung lautende und an einem ausländischen Platz zahlbar gestellte Forderungen (z. B. Fremdwährungsguthaben bei Auslandsbanken, im Ausland in Fremdwährung zahlbare Wechsel und Schecks). →Sorten (ausländische Banknoten und Münzen) sind keine Devisen, können aber in solche umgewandelt werden. *Börsenplätze in der Bundesrep. D.:* Frankfurt a. M., Hamburg, Düsseldorf, München und Berlin. Frankfurt a. M. ist die Leitbörse, an der durch die Mitwirkung der anderen Börsenplätze im Dauertelefonverkehr der amtliche Devisenmittelkurs für 18 Währungen ermittelt wird. Darüber hinaus ergibt sich die Leitfunktion der Frankfurter Devisenbörse auch aus der an ihr tätigen Deutschen Bundesbank zur Erfüllung der Interventionspolitik. Die DM-Notierung wird wegen der Leitfunktion der Frankfurter Devisenbörse in der Fachsprache allgemein auch als „Auszahlung Frankfurt" bezeichnet. Segmente des Devisenhandels sind einmal der Kassamarkt, an dem die Geschäfte mit Wertstellung zwei Tage nach Abschluß (Erfüllung) getätigt werden, und der Terminmarkt, an dem die Geschäfte mit Wertstellung per Termin (Outright-Geschäfte) getätigt werden.

4. *Effekten-B. (Wertpapier-B.):* Handelsobjekte auf diesen B. sind Wertpapiere des Kapitalmarktes (Aktien, Rentenwerte). – a) *Rechtsgrundlage:* Rechtsgrundlage jeder B. ist das →*Börsengesetz* vom 22. 6. 1896 i. d. F. vom 28. 4. 1975. Durch dieses werden für alle deutschen B. gültige Bestimmungen über Aufbau der B., Ablauf des Börsengeschehens, Staatsaufsicht, Träger, Selbstverwaltungsorgane kodifiziert. Darüber hinaus hat jede B. eine durch den Börsenvorstand zu erlassende und von der jeweiligen Landesregierung zu genehmigende →*Börsenordnung.* Seit dem 1. 5. 1987 gibt es zudem ein eigenes →*Börsenzulassungsgesetz.* – b) *Rechtsform:* Die B. selbst hat die Rechtsform einer öffentlich-rechtlichen, körperschaftsähnlichen Einrichtung eigener Art nach Maßgabe des Börsengesetzes. Die Träger der B. sind entweder rechtsfähige Vereine *(Vereinsbörsen)* oder die Industrie- und Handelskammer als eine Körperschaft des öffentlichen Rechts *(Kammerbörsen).* – *Börsenplätze in der Bundesrep. D.:* München, Stuttgart, Frankfurt a. M., Düsseldorf, Hamburg, Hannover, Berlin, Bremen. – c) *Börsenorganisation:* Organe der B. Börsengesetz: (1) →Börsenvorstand, (2) →Kursmaklerkammer, (3) Zulassungsstelle (→Börsenbehörde), (4) →Börsenehrenausschuß und (5) →Börsenschiedsgericht – Als *Börsenbesucher* mit Befugnis zur Teilnahme am Börsenhandel können auf Antrag zugelassen werden: Alle ins Handelsregister eingetragenen Einzelkaufleute, persönlich haftende Gesellschafter einer OHG, KG, KGaA und die gesetzlichen Vertreter einer juristischen Person sowie deren Vertreter (Prokuristen, Handlungsbevollmächtigte); *kraft ihres Amtes* sind zugelassen amtliche →Kursmakler und →freie Makler. Der amtliche Kursmakler wird durch die Landesregierung nach Erfüllung bestimmter Voraussetzungen (Qualifikation, Tätigkeit als stellvertretender Kursmakler, Prüfung) unter Anhörung des Börsenvorstandes bestellt und ermittelt die amtlichen Kurse. Dagegen sind die freien Makler nicht vereidigt (keine Amtspersonen) und wirken nicht an der amtlichen Kursfeststellung mit. Sie können Geschäfte auf eigene Rechnung abwickeln und sind wie amtliche Kursmakler Kaufleute i. S. des HGB. Auch Börsenbesucher ohne Handlungsbefugnis (z. B. Presse, Boten) können zugelassen werden. – d) *Teilmärkte:* (1) *Amtlicher Handel:* Bundes- und Länderanleihen sind kraft Gesetz an allen B. zugelassen. Alle anderen Wertpapiere bedürfen der Zulassung zum amtlichen Handel durch die Zulassungsstelle der jeweiligen B. Der Antrag ist von einem an der B. bereits vertretenen Kreditinstitut zu stellen, das dem Antrag einen Emissionsprospekt beizufügen hat, aus dem die wirtschaftliche Lage sowie die wirtschaftliche Entwicklungsperspektiven des emittierenden Unternehmens ersichtlich werden. Zum Schutz der Aktionäre vor falschen Prospektangaben haftet für eventuelle Schäden neben dem Emittenten auch das antragstellende Kreditinstitut

(Prospekthaftung). Für diese amtlich notierten Papiere wird an jedem Börsentag ein Einheitskurs (Kurs zu dem der größte Umsatz möglich ist) vom Kursmakler festgestellt und veröffentlicht. Aktien mit größerem Umsatzvolumen sind sowohl in dieser Einheitsnotierung als auch in der fortlaufenden Notierung enthalten, d. h. während der Börsenzeit kommt es zu konkreten Umsätzen in diesen Werten von mindestens 50 Stück oder einem Vielfachen davon (= Zwischennotierung), verbleibende Restbestände (weniger als 50 Stück) gehen dann in die amtliche Einheitsnotierung. Alle Geschäfte sind innerhalb von zwei Börsentagen nach Abschluß zu erfüllen. – (2) *Geregelter Freiverkehr:* Nicht zum amtlichen Handel zugelassene Papiere werden in diesem Marktsegment gehandelt. Der geregelte Freiverkehr ist eine privatrechtliche Institution und unterliegt dem Privatrecht. Wie bei der Zulassung zum amtlichen Handel müssen die Papiere ebenfalls auf Antrag vor dem Freiverkehrsausschuß zum Freiverkehr zugelassen werden. Der Antrag muß mit Ausnahme der Berliner B. ebenfalls ein Kreditinstitut unter Beifügung eines Exposés über die wirtschaftliche und finanzielle Situation des Emittenten gestellt werden. Die Anforderungen an das Exposé sind weitaus geringer als die an den Emissionsprospekt. Für die Papiere im geregelten Freiverkehr gibt es keine Kursnotiz wie im amtlichen Handel, sondern lediglich einen Mittelpreis (Mittel aus Geld- und Briefpreis). Bedeutend ist dieses Segment für den Handel von Rentenwerten (z. B. wurden 1984 im geregelten Freiverkehr in Frankfurt a. M. 873 festverzinsliche Wertpapiere und nur 33 Aktien notiert). Ebenso werden Aktien von kleineren Gesellschaften, junge Aktien nach einer Kapitalerhöhung sowie Werte ausländischer Unternehmungen im geregelten Freiverkehr gehandelt. Eine andere Bedeutung hat dieses Segment für die Abwicklung des →Optionshandels. – (3) *Ungeregelter Freiverkehr (Telefonverkehr):* Es werden Papiere außerhalb der B. meist unter Banken telefonisch gehandelt. – (4) *Geregelter Markt:* Dieses aufgrund des Börsenzulassungsgesetzes vom 1.5.1987 seit 1.5.1987 konstituierte Marktsegment soll nach einer Übergangsfrist von einem Jahr (bis Mitte 1988) den geregelten Freiverkehr ablösen. Die Aufsicht über den geregelten Markt hat der B.nvorstand. Ziel dieses Marktes ist es, kleinen und mittleren Unternehmen die börsenmäßige Finanzierung zu ermöglichen. Kriterium für die Zulassung zu diesem Markt ist ein Mindestnennbetrag für die Einführung von 500000 DM (10000 Aktien zu 50 DM). Weiterhin ist der Unternehmensbericht in seinen Ausführungen kürzer als die für den Prospekt, wobei jedoch ebenso für den Mitantragsteller eine Prospekthaftung besteht. Den Zulassungsantrag kann auch unter bestimmten Voraussetzungen eine Nicht-Bank stellen. Die Zulassung ist befristet bis zum 30.4.1988 gebührenfrei. Im geregelten Markt findet keine amtliche Notierung statt, wenngleich die nicht-amtliche Preisfeststellung einer gesetzlichen Regelung unterliegt. – e) *Neuerungen/Tendenzen im B.ngeschäft:* Als wichtigste Neuerung ist das *Börsenzulassungsgesetz* zu nennen. Mit diesem Gesetz wurden die drei das Börsenrecht betreffenden EG-Richtlinien von 1970, 1980 und 1982 in nationales Recht transformiert. Das Gesetz bezieht sich ausschließlich auf den amtlichen Handel, gibt aber zugleich die Rechtsgrundlage für den geregelten Markt (§§ 71–78). Wesentliche Änderungen zum bisherigen Recht ergeben sich aus der Regelung der Prospektveröffentlichung (Zwang zur Zeitungspublizität des Zulassungsprospekts), der Börsenzulassungs-Verordnung (die Verabschiedung einer rechtswirksamen Verordnung durch die Bundesregierung steht, 1987, noch aus), der Zwischenbericht-Erstattung (Verpflichtung der Emittenten zugelassener Papiere zur jährlichen Zwischenbericht-Erstattung über die allgemeine Entwicklung ihrer Gesellschaft sowie die Veröffentlichung aller zu einer erheblichen Kursveränderung führenden Tatsachen), und der Einführung des geregelten Marktes. – Obwohl derzeit in einigen Ansätzen eine gewisse Internationalisierung des Börsenwesens zu erkennen ist, ist jedoch mit einer Beendigung des Willensbildungsprozesses hinsichtlich einer brauchbaren Lösung in diesem Jahrzehnt nicht mehr zu rechnen.

Dipl.-Hdl. Hanspeter Gondring

Börsenabteilung, Unterabteilung der Effektenabteilung in Kreditinstituten. Ausführung von →Effektengeschäften, die an der Börse oder direkt erledigt werden, durch →Börsenvertreter.

Börsenaufsicht, →Börsenbehörden.

Börsenaufträge, Aufträge des Bankkunden zum Kauf oder Verkauf von Effekten, schriftlich (die Regel), mündlich, telefonisch oder fernschriftlich zu erteilen. Schriftliche B. ohne Angabe eines Erledigungstermins gelten bis Ultimo, telefonische und telegrafische nur für den Eingangstag bzw. den folgenden Börsentag. Ausführung unverzüglich, im Hinblick auf § 400 II HGB, am nächsten Tag Abrechnung.

Börsenbehörden, mit Aufsichts- und Rechtsbefugnissen zur Überwachung und Regelung des Börsenwesens ausgestattete behördliche Organe. – 1. *Rechtsgrundlage:* Börsengesetz (BörsG) v. 1896 m. Nov. v. 27.5.1908 und 5.3.1934 u. a. – 2. *Träger der Aufsichtsgewalt* ist der zuständige Landesbehörde. Sie genehmigt die Errichtung von Börsen und kann Börsen aufheben; sie kann die unmittelbare Aufsicht den Handelsorganen (z. B. →Industrie- und Handelskammer) übertragen. – *Aufgaben:* Aufsicht über die auf den Börsenverkehr bezüglichen Einrichtungen der Kündigungsbüros, →Liquidationskassen, Liquidationsvereine und ähnlicher Anstalten. Bestellung eines Börsenkommissars als Organ der Regierung. Genehmigung der →Börsenordnungen. Erlaß von Bestimmungen über die Zusammensetzung des Börsenehrenausschusses und Ernennung von Vorsitzer und Mitgliedern der →Kursmaklerkammer (§§ 9, 30 BörsG). Bestellung und Entlassung von →Kursmaklern, Überwachung und Organisation ihrer Vertretung (§ 30 BörsG).

Börsenbericht, der von Tageszeitungen veröffentlichte Tagesbericht über Verlauf und allgemeine Tendenz der Börse, zur Kommentierung der →Kurszettel. – Vgl. auch →Notierungen an der Börse.

Börsenbesucher, die zum Börsenbesuch zugelassenen Personengruppen (§ 7 BörsG). – 1. Aufgrund eines *Antrags* können zum Börsenbesuch zugelassen werden: Alle ins Handelsregister eingetragenen Einzelkaufleute, persönlich haftende Gesellschafter einer OHG, KG, KGaA und die gesetzlichen Vertreter einer juristischen Person sowie deren Vertreter (Prokuristen, Handlungsbevollmächtigte). – 2. *Kraft ihres Amtes* sind zugelassen: Amtliche →Kursmakler sowie →freie Makler. Es können zudem B. ohne Handlungsbefugnis (z. B. Presse, Boten) zugelassen werden. Vgl. im einzelnen →Börse III 4.

Börsenehrenausschuß. 1. *Einrichtung* an jeder deutschen Börse, von der →Börsenbesucher, die im Zusammenhang mit ihrer Tätigkeit an der Börse sich eine mit der Ehre oder dem Anspruch auf kaufmännisches Vertrauen nicht zu vereinbarende Handlung zuschulden kommen lassen, zur Verantwortung gezogen werden. – 2. *Rechtsgrundlage:* § 9 BörsG. Der B. wird aufgrund einer Rechtsverordnung der Landesregierung eingerichtet, in dem auch Zusammensetzung, Verfahren einschl. Beweisaufnahme und Kosten sowie Mitwirkung der zuständigen obersten Landesbehörde geregelt werden. – 3. *Befugnis:* Verweis, Ordnungsgeld bis 2000 DM und Ausschließung von der Börse bis zu zehn Sitzungstagen. Gegen die Entscheidung →Verwaltungsrechtsweg.

Börseneinführung, →Zulassung zum Börsenhandel.

Börsenenquete, Untersuchung der deutschen Börsenverhältnisse durch eine 1892 ernannte Enquete-Kommission. Den Anlaß gaben Mißstände im Börsenterminhandel. Der Schlußbericht bildete die Unterlage für die Ausarbeitung des Börsengesetzes von 1896.

börsengängige Wertpapiere, die amtlich notierten →Wertpapiere. I. w. S. auch die im geregelten →Freiverkehr gehandelten Wertpapiere.

Börsengeschäfte. 1. *Begriff:* Die an einer Börse, meist mit bestimmten Mindestmengen bzw. Mindestbeträgen teils für eigene Rechnung (→Eigenhandel), zum überragenden Teil aber für Rechnung anderer (→Kommissionsgeschäft) getätigten Abschlüsse, i. d. R. durch Vermittlung der →Kursmakler. Über jedes, zunächst mündlich abgeschlossene, Geschäft wird eine →Schlußnote ausgestellt. Preis entweder durch die Kontrahenten vereinbart oder durch Kursmakler ermittelt. – 2. *Arten* (nach dem Zeitpunkt der Erfüllung): a) *Promptgeschäfte,* bei denen die Erfüllung am gleichen oder an einem der nächsten Tage vorzunehmen ist: (1) im Warenhandel als →Effektivgeschäft oder →Lokogeschäft; (2) im Effektenhandel als →Kassageschäft. b) →*Termingeschäfte,* bei denen die Erfüllung zu einem späteren Zeitpunkt erfolgen kann: (1) zu feststehendem Termin oder (2) zu einem von den Kontrahenten zu vereinbarenden Termin: Medio-, Ultimo- und Lieferungsgeschäft. Prolongation der Abwicklung ist möglich. – Beim Vorbehalt des Wahlrechts zu liefern oder gegen Leistung einer Prämie vom Geschäft zurückzutreten: *Prämiengeschäft* in der Form des Stellagegeschäfts (→Prämiengeschäft III 3) oder des →Nochgeschäfts.

Börsengesetz (BörsG) vom 22. 6. 1896, mit späteren Änderungen, *regelt* die Organisation der deutschen →Börsen. Die Voraussetzungen für das Gesetz wurden geschaffen durch die →Börsenenquete. – 1. Das BörsG umfaßt *sechs Abschnitte:* (1) Allgemeine Bestimmungen über die Börsen und deren Organe, (2) Feststellung des Börsenpreises und Maklerwesens, (3) Zulassung von Wertpapieren zum Börsenhandel mit amtlicher Notierung, (4) Börsenterminhandel, (5) Zulassung von Wertpapieren zum Börsenhandel mit nich-amtlicher Notierung, (6) Straf- und Schlußbestimmungen. – 2. *Straf- und Ordnungswidrigkeitsbestimmungen:* a) Sonderfall des →Betrugs (§ 88); b) widerrechtliche Verbreitung von Kurszetteln und der verbotenen Termingeschäfte in Getreide (§§ 90–92); c) gewohnheitsmäßige (→Gewohnheitsmäßigkeit), unter →Ausbeutung der Unerfahrenheit oder des Leichtsinns in Gewinnabsicht erfolgende Verleitung anderer zu Börsenspekulationsgeschäften, die nicht zu ihrem Gewerbebetrieb gehören (§ 94); d) Sonderfall der →Untreue des Kommissionärs u. a. bei Schädigung des Vermögens des Kommittenten durch unrichtigen Rat oder Auskunft wider besseres Wissen (§ 95).

Börsenindex, →Kursindex.

Börsenkommissar, der aufgrund § 2 BörsG von der Landesregierung zur Überwachung einer Börse ernannte Staatskommissar. – *Befugnisse:* Überwachung des Börsenbetriebes bezüglich Einhaltung der gesetzlichen Vorschriften. Er kann den Börsenversammlungen und den Beratungen der Börsenorgane sowie der →Kursfeststellung beiwohnen. Er hat dabei auf Mißstände hinzuweisen und der Regierung Bericht zu erstatten. Besondere Befugnisse im Rahmen des →Börsenehrenausschusses.

Börsenkrach, starker Kursverfall an den Börsen, der häufig einer Wirtschaftskrise vorausgeht; am bekanntesten der Zusammenbruch der New Yorker Börse (1929), der als Auslöser für die nachfolgende Weltwirtschaftskrise gilt. – Vgl. auch →Schwarzer Freitag.

Börsenkurs, →Kurs, →Notierungen an der Börse.

Börsenmakler, →Kursmakler, →freier Makler.

Börsennotierung, →Kurs, →Notierungen an der Börse.

Börsenordnung, für jede Börse durch den →Börsenvorstand mit Genehmigung der zuständigen obersten Landesbehörde zu erlassende Bestimmungen. Die B. soll sicherstellen, daß die Börse die ihr obliegenden Aufgaben erfüllen kann und dabei den Interessen des Publikums und des Handels gerecht wird. Regelungen über: a) Geschäftszweig der Börse, b) Organisation der Börse (Börsenorganisation), c) Veröffentlichung der Preise und Kurse. Bei der Wertpapierbörse zusätzlich Regelungen über: a) Zusammensetzung und Wahl der Mitglieder der →Zulassungsstelle, b) Berechtigung der →Börsenvorstandes, die Umsätze zu veröffentlichen, c) Bedeutung der Kurszusätze und -hinweise (§ 4 BörsG).

Börsenplätze, Orte, an denen Börsengeschäfte durchgeführt werden. Zu unterscheiden sind B. für Wertpapier-, Devisen-, Waren-, Frachten- und Versicherungsbörsen: 1. *Wertpapier-B.:* a) *National:* Frankfurt a. M. (größte deutsche Wertpapierbörse), Berlin (West), Düsseldorf, Hamburg, Hannover, München, Stuttgart. – b) *International:* New York Stock Exchange (Wall Street, größte Aktienbörse der Welt), Tokyo Stock Exchange, London (größte Börse der Welt für festverzinsliche Wertpapiere), Frankfurt a. M., Zürich, Toronto, Paris, Amsterdam. – 2. *Devisen-B.:* a) *National:* Berlin (West), Düsseldorf, Frankfurt a. M., Hamburg, München. – b) *International:* Chicago International Money Market, New York, Frankfurt a. M., London, Zürich, Tokyo. – 3. *Waren-B.:* a) *National:* Hamburger Getreidebörse, Kölner Produkten- und Warenbörse, Würzburger Produktenbörse, Hamburger Kaffeebörse (Warenterminbörse) – b) *International:* Chicago Board of Trade (CBT), Chicago Mercantile Exchange (CME), New York Commodity Exchange (Comex), London Metal Exchange (LME). – 4. *Frachten-B.* (national): Hamburg (Seeschiffahrt), Duisburg (Binnenschiffahrt), Frankfurt a. M. (Informationseinrichtung des

Straßentransportverkehrs). – 5. *Versicherungs-B.:* Hamburg, London, Rotterdam (jeweils vorwiegend Versicherung von Überseetransporten). – Vgl. auch →Börse.

Börsenpreis. 1. Der *amtlich festgestellte Preis* einer an einer Börse zum Handel zugelassenen Ware oder eines Wertpapieres, auch als →*Kurs* bezeichnet. – 2. *Rechtsgrundlage bei Wertpapieren:* Verordnung über die Feststellung des Börsenpreises von Wertpapieren vom 17. 4. 1967 (BGBl I 479). – 3. *Angabe des B.:* a) in *Prozenten* des Nennbetrages (Prozentkurs), in DM je *Stück* (Stückkurs); wird amtlich festgestellt. Sind von einem Aussteller Wertpapiere einer Gattung mit verschiedenen Nennbeträgen zum Handel zugelassen, so wird nur der Preis für die Stücke mit dem niedrigsten Nennbetrag amtlich festgestellt. – 4. *Ausnahmen* sind nur zulässig, wenn dadurch eine übersichtlichere Preisfeststellung erreicht wird und die Börsenvorstände Einvernehmen erzielen. – 5. Bei der *Bilanzierung* von Effekten, Devisen und sonstigem Umlaufvermögen, für das ein B. notiert wird, muß entsprechend dem →Niederstwertprinzip zum B. bewertet werden, wenn er niedriger als der →Anschaffungswert ist. Maßgebend ist der B. am Lagerort der Vermögenswerte. Etwaige Veräußerungskosten dürfen nicht zum B. zugeschlagen werden. Von mehreren Kursnotierungen (Geld- und Briefkurs) gilt der niedrigste. Devisen werden vielfach zum Mittelkurs zwischen Geld- und Briefkurs bilanziert.

Börsenreform, Umgestaltung der →Börsenorganisation und des →Börsengesetzes. Eine Kommission beim Bundesminister der Finanzen erarbeitete einen Lösungsvorschlag zur Anpassung der Börse an die wirtschafts- und gesellschaftspolitischen Anforderungen. *Ausgeführt* sind: regelmäßige Zwischenberichterstattung der börsennotierenden Gesellschaften, Erweiterung der veröffentlichten Börsenumsätze, Wiedereinführung der Börsentermingeschäfte. Durch die Novelle vom 28. 4. 1975 (BGBl I 1013) weitere Verbesserungen in der Börsenorganisation, grundgesetzkonforme Regelung der Zulassung von Personen zum Börsenhandel, Neuregelung der Kompetenz für die Festsetzung der Kursmaklergebühren und Anpassung der Strafvorschriften des Börsengesetzes an heutige Rechtsauffassungen. Seitens der Börsensachverständigenkommission wurden hinsichtlich des Insider-Problems Richtlinien (→Insider-Regeln) aufgestellt.

Börsenschiedsgericht, eine meist aus Mitgliedern des →Börsenvorstands gebildete schiedsrichterliche Kommission zur Schlichtung von Streitigkeiten geschäftlicher Art. B. sind →Schiedsgerichte im Sinne von § 1025 ZPO; sie unterliegen daher nur bezüglich des Geschäftsganges, nicht bezüglich ihrer richterlichen Entscheidung der Aufsicht der zuständigen Landesbehörde.

Börsenspekulationsgeschäft. 1. *Begriff:* An- oder Verkäufe mit aufgeschobener Lieferzeit und Optionen auf diese Geschäfte, wobei die Ausrichtung besteht, aus dem Unterschied zwischen dem für die Lieferzeit festgelegten Preis und dem zur Lieferzeit vorhandenen Börsen- oder Marktpreis einen Gewinn zu erzielen. – 2. *Strafbar* macht sich derjenige, der gewerbsmäßig andere unter Ausnutzung ihrer Unerfahrenheit in B. zu solchen Geschäften oder zur unmittelbaren oder mittelbaren Beteiligung daran verleitet. – *Strafe:* Freiheitsstrafe bis zu drei Jahren oder Geldstrafe.

Börsentermingeschäfte, →Termingeschäfte.

Börsenumsatzsteuer, eine →Kapitalverkehrsteuer, besteuert insbes. die dem Ersterwerb folgenden Umsätze von Gesellschaftsrechten an Kapitalgesellschaften.

I. R e c h t s g r u n d l a g e n : §§ 17–25 KVStG, §§ 20–38 KVStDV.

II. S t e u e r b a r e V o r g ä n g e : →Anschaffungsgeschäfte über →Wertpapiere, wenn die Geschäfte im Inland oder unter Beteiligung wenigstens eines Inländers im Ausland abgeschlossen werden (§ 17 I KVStG). Zu Besteuerungszwecken unterscheidet § 20 KVStG folgende *Geschäftsarten:* a) →Händlergeschäfte, bei denen alle Vertragspartner →Händler sind; b) →Kundengeschäfte, bei denen nur ein Vertragsteil inländischer Händler ist; c) →Privatgeschäfte, d. h. alle übrigen Anschaffungsgeschäfte.

III. S t e u e r b e f r e i u n g e n (§ 22 KVStG): a) Händlergeschäfte, soweit es sich nicht um Geschäfte über Anteile an einer GmbH handelt; b) Zuteilung von Wertpapieren an Ersterwerber; c) Zahlung öffentlicher Abgaben mittels →Schuldverschreibungen von Bund, Ländern, Gemeinden, Zweckverbänden; d) Anschaffungsgeschäfte über →Schatzanweisungen des Bundes oder eines Landes, wenn die Schatzanweisung spätestens innerhalb von vier Jahren nach Anschaffung fällig ist.

IV. S t e u e r b e r e c h n u n g : 1. *Bemessungsgrundlage* ist der vereinbarte Preis; wenn dieser fehlt, der Markt- oder Börsenpreis oder der Wert des Wertpapieres (§ 23 KVStG). – 2. *Steuersatz:* Bei bestimmten Papieren (z. B. Schuldverschreibungen des Bundes) 1 v. T.; für →Anteilscheine der →Kapitalanlagegesellschaften 2 v. T.; für alle übrigen Papiere 2,5 v. T. Ermäßigung auf die Hälfte bei →Auslandsgeschäften, an denen nur ein Inländer beteiligt ist (§ 24 I, II KVStG). – 2. *Steuerschuldner:* Bei Kundengeschäften die Händler; bei Privat- und Händlergeschäften die Vertragsteile als →Gesamtschuldner (§ 25 KVStG). Zum *Entstehungszeitpunkt* vgl.

→Steuerschuld. – 3. *Verfahren der Steuerentrichtung:* a) →Abrechnungsverfahren; b) Verwendung von B.-Marken; c) besondere Festsetzungsverfügungen (Einzelheiten: §§ 21–37 KStDV). – Vgl. auch →Anzeigepflicht.

V. F i n a n z w i s s e n s c h a f t l i c h e B e u r t e i l u n g : Die B. gilt als eine die Finanzierung (Kapitalanlage) sowie den Faktoreinsatz und die Faktormobilität (Kapital) künstlich und ungleichmäßig verteuernde Steuer. Hinsichtlich einer allokativ neutralen →Unternehmensbesteuerung wird daher ihre Abschaffung befürwortet. Zugleich ergäbe sich dadurch eine Vereinfachung des →Steuersystems. Die Rechtfertigung der B. als Ersatzoder Ergänzungsteuer zur →Einkommensteuer wird heute nicht mehr akzeptiert; der B. wird lediglich aus fiskalischer Sicht ein bescheidener Beitrag zum Steueraufkommen des Bundes zugestanden.

VI. A u f k o m m e n . 1986: 748 Mill. DM (1985: 562 Mill. DM, 1980: 136 Mill. DM, 1975: 124 Mill. DM).

Börsenusancen, die für die Durchführung der →Börsengeschäfte bestehenden →Handelsbräuche, die meist gewohnheitsmäßig entstanden, aber fast durchweg durch Anordnungen und Vorschriften fixiert sind.

Börsenvertreter, Personen, die zur Teilnahme am Börsenhandel im Namen und für Rechnung eines Dienstherrn zugelassen sind, i. d. R. Angestellte der Banken oder, an der Warenbörse, der Warenhandelsfirmen. B. dürfen im eigenen Namen oder auf eigene Rechnung keine →Börsengeschäfte tätigen.

Börsenvorstand, für jede deutsche Börse zu bildendes Börsenorgan, in dessen Händen die Leitung der Börse liegt. – Die *Mitglieder* werden ausgewählt aus der Mitte der zum Börsenbesuch mit dem Recht zur Teilnahme am Handel zugelassenen Geschäftsinhaber, Geschäftsleiter oder denjenigen, die nach Gesetz, Satzung oder Vertrag zur Durchführung der Geschäfte berufen sind. Die übrigen →Börsenbesucher, die an der Börse unselbständig Geschäfte abschließen, haben das Recht, mindestens einen Vertreter in den B. zu wählen. Bei Wertpapierbörsen kann der B. je ein Mitglied aus den Kreisen der Aussteller von zum Börsenhandel zugelassenen Wertpapieren, der Anleger und der Kapitalsammelstellen hinzuwählen (§ 3 BörsG). – *Aufgaben:* Wahl von Vorsitzer und Stellvertreter aus der Mitte des B. Überwachung des Börsenverkehrs, Handhabung der Disziplinargewalt, i. d. R. Kursfeststellung, Entscheidung von Streitfällen, Zulassung zum Börsenbesuch.

Börsenzulassungs-Gesetz, Gesetz zur Einführung eines neuen Marktabschnitts an den Wertpapierbörsen und zur Durchführung der Richtlinien des Rates der Europäischen Gemeinschaften vom 5. 3. 1979, vom

17.3.1980 und vom 15.2.1982 zur Koordinierung börsenrechtlicher Vorschriften vom 16.12.1986 (BGBl I 2478). Schafft die Voraussetzungen für die Einführung des →geregelten Marktes mit erleichterten Zugangsbedingungen für kleine und mittlere Unternehmen.

Börsenzulassung von Wertpapieren, →Zulassung von Wertpapieren zum Börsenhandel.

BOSeeA, Abk. für →Bundesoberseeamt.

bösgläubiger Erwerb, nach §§ 932 ff. BGB Erwerb, bei dem der Erwerber weiß oder nur infolge →grober Fahrlässigkeit nicht weiß, daß der Veräußerer nicht Eigentümer der Sache ist. – *Gegensatz:* →gutgläubiger Erwerb.

Bote. 1. *I. w. S.:* Person, die gegen Entgelt oder unentgeltlich Nachrichten, oder Waren in kleineren Mengendosierungen im Auftrage überbringt. – Im *Werkverkehr* nur einzusetzen, wo technische Fördermittel und Mittel der Nachrichtentechnik nicht ausreichen. – 2. *I. e. S.* *(Bürgerliches Gesetzbuch):* Person, die eine fertig formulierte Erklärung eines anderen überbringt oder entgegennimmt. Übermittlungsfehler können den anderen zur →Anfechtung berechtigen (§ 120 BGB).

Botschaft, →Auslandsvertretung.

Botschafter, höchste Rangstufe eines mit besonderen Vorrechten ausgestatteten, zur Wahrung der Gesamtinteressen seines Heimatstaates entsandten völkerrechtlichen Vertreters eines Landes. – Vgl. auch →Konsul und →ständige Vertretung.

Botswana, frz.: *Betschuanaland,* Republik im südlichen Afrika, umgeben von den Staaten Angola und Sambia in N, Simbabwe in O, Rep. Südafrika im SO und S, Namibia im W. – *Fläche:* 600 372 km². – *Einwohner* (E): (1986, geschätzt) 1,13 Mill. (1,9 E/km²); jährliche Zuwachsrate der Bevölkerung: 4,3%. – *Hauptstadt:* Caborone (79 000 E); weitere wichtige Städte: Francistown (31 000 E), Selebe Pikwe (30 000 E). – Seit 1966 *unabhängige Republik.* B. ist *administrativ* in zehn Distrikte gegliedert. – *Amtssprachen:* Seswana, Englisch.

Wirtschaft: B. nimmt den größten Teil der abflußlosen Kalahari ein. Hauptwirtschaftszweig in dieser trockenen Region ist die Viehzucht. B. gehört zu den am wenigsten entwickelten Ländern der Erde. – *Bodenschätze:* Gold, Diamanten und Asbest. – *BSP:* (1985, geschätzt) 970 Mill. US-$ (840 US-$ je E). – *Export:* (1985) 132 Mill. US-$, v. a. Fleisch, Vieh, Gold, Diamanten. – *Import:* (1985) 137 Mill. US-$, v. a. Nahrungsmittel, Kraft- und Schmierstoffe. – *Handelspartner:* Rep. Südafrika, USA, EG.

Verkehr: Das *Eisenbahnnetz* umfaßt 714 km (640 km Verbindung Rep. Südafrika – Simbabwe und zwei Zubringerstrecken aus den Bergbaugebieten). – Nationale *Fluggesellschaft* Air Botswana unterhält ein dichtes Inlandflugnetz.

Mitgliedschaften: UNO, AKP, CCC, OAU, SAEMU, UNCTAD u. a.; Commonwealth; Zollunion mit Rep. Südafrika.

Währung: 1 Pula (P) = 100 Thebe (t).

Bottom-up-Entwurf, Entwurfsreihenfolge bei der →Systemanalyse und dem →Software Engineering nach dem →Bottom-up-Prinzip.

Bottom-up-Prinzip, Prinzip zur Vorgehensweise bei der Problemlösung. – 1. *Grundidee:* Zunächst werden abgegrenzte, detaillierte Teilprobleme gelöst, mit deren Hilfe dann größere, darüberliegende Probleme usw. Die einzelnen Teillösungen werden von ,,unten" nach ,,oben" zusammengesetzt, bis das Gesamtproblem gelöst ist. – 2. *Anwendung:* a) Beim Entwurf von →Softwaresystemen, indem mit dem Entwurf elementarer Operationen und Funktionen zur Verwaltung der benötigten →Daten begonnen wird, diese dann auf einer höheren →Abstraktionsebene für komplexere Probleme bzw. →abstrakte Datenstrukturen benutzt werden usw.; häufig in Kombination mit dem →Top-down-Prinzip angewendet. b) Als Vorgehensweise beim *Integrationstest* (→Testen II 2). c) Als Vorgehensweise bei der *Unternehmensplanung:* Vgl. →Unternehmensplanung VII 3 b).

bound, Schranke für eine Variable in mathematischen Restriktions- bzw. Optimierungssystemen. – *Arten:* a) *upper bound:* Die betreffende Variable darf keinen Wert annehmen, der größer ist als diese Schranke; b) *lower bound:* Die Variable darf keinen Wert annehmen, der kleiner als diese Schranke ist.

Bourdon-Test, →Eignungsuntersuchung.

Bourgeoisie, Bezeichnung des →Marxismus für die Unternehmer, d. h. die Eigentümer der Produktionsmittel (→Klassentheorie).

Boutique, →Betriebsform des Handels; Ladengeschäft, das auf geringer Verkaufsfläche in innerstädtischen Haupt- oder Nebenlagen mittels meist aufwendig gestalteter Ladenatmosphäre ein begrenztes, auf die jeweilige Zielgruppe ausgerichtetes Sortiment anbietet. Wegen der vorwiegend modischen Ausrichtung häufiger Wechsel im Sortiment und vielfach hohes Preisniveau. – B. auch in →Warenhäusern gemäß dem Prinzip →shop in the shop.

Bowleysches Dyopol, oligopolistisches Mengenmodell, in dem beide Anbieter die Unabhängigkeitsposition (→Stackelbergsches Dyopol) beziehen. Dieses Modell stellt keine

Gleichgewichtslösung dar. Es kommt zum Machtkampf und zu ruinöser Konkurrenz.

Box-Cox-Transformation, Transformation, die von einem Parameter, der aus den Daten geschätzt werden kann, abhängt. B.-C.-T. dienen u. a. zur Spezifikation und Auswahl der →Funktionsform ökonometrischer Gleichungen. Sie enthalten als Spezialfälle das lineare und das logarithmisch-lineare →Regressionsmodell.

Box-Jenkins-Verfahren, von G. E. P. Box und G. M. Jenkins entwickeltes parametrisches Verfahren zur statistischen →Zeitreihenanalyse und -prognose. Man unterscheidet AR-, MA-, ARMA- und ARIMA-Modelle, wobei die Abkürzungen für „autoregressive integrated moving average" stehen. In der Literatur diskutierte Vergleiche für mikro- und makroökonomische Variablen stellen die Leistungsfähigkeit und relative Treffsicherheit des B.-J.-V. insbes. bei Kurzfristprognosen heraus.

Boykott. I. Wettbewerbsrecht: Aufforderung eines Unternehmens (Unternehmensverbandes) an andere Unternehmen, ihre Geschäftsbeziehungen zu bestimmten Dritten abzubrechen. – *Zivilrechtlich* liegt grundsätzlich →unlauterer Wettbewerb bzw. ein rechtswidriger Eingriff (→Rechtswidrigkeit) in den Gewerbebetrieb vor. – B. kann auch *kartellrechtlich* verboten sein (→Kartellgesetz VI). – Vgl. auch →Embargo.

II. Arbeitsrecht: 1. *Begriff:* Maßnahme des →Arbeitskampfes; Aufforderung durch Arbeitgeber oder mehrere Arbeitnehmer oder deren Verbände (Boykottierer) an Dritte (Boykottanten), Vertragsabschlüsse mit einer Partei des Arbeitslebens (Boykottierter) zu meiden, damit die Boykottierer einen bestimmten Kampfzweck erreichen. – *Beispiel:* Eine Gewerkschaft fordert ihre Mitglieder auf, mit einem bestimmten Arbeitgeber keine Arbeitsverträge abzuschließen. – 2. *Rechtmäßigkeit* eines B.: Es gelten dieselben Grundsätze wie für die Rechtmäßigkeit eines →Streiks oder einer →Aussperrung. – 3. *Rechtsfolge:* Ist ein B. rechtswidrig, kann der Boykottierte gegen schuldhaft handelnde Boykottierer Schadenersatzansprüche geltend machen.

BPatG, Abk. für →Bundespatentgericht.

BpB, Abk. für →Bundeszentrale für politische Bildung.

bpi, Abk. für →Bpi.

Bpi, je nach Definition Abk. für *Bytes per inch* oder *Bits per inch* (dann i. d. R. *bpi*); Maß für die Aufzeichnungsdichte bei einem →Magnetband.

bps, →Bps.

Bps, je nach Definition Abk. für *Bytes per second* oder *Bits per second* (dann i. d. R. *bps*); Maß für die Geschwindigkeit der Übertragung binär dargestellter (→binäre Darstellung) →Daten.

BPS, Abk. für →Bundesprüfstelle für jugendgefährdende Schriften.

Brachland, unbebautes Flurstück. In der ursprünglichen Dreifelderwirtschaft blieb ein Drittel der Ackerfläche „brach"; nach dem 18./19. Jh. wurde B. zunehmend in den Fruchtwechsel einbezogen. Heute gilt als B. landwirtschaftlicher Boden, dessen Bewirtschaftung vorübergehend oder ganz aufgegeben wurde. Liegt die Ursache beim landwirtschaftlichen Ertrag (z. B. geringe Produktionskraft und hoher Bearbeitungsaufwand in benachteiligten Gebieten), wird von *Grenzertragsbrache* gesprochen; bei außerlandwirtschaftlichen Gründen (z. B. Verdrängung der Landwirtschaft durch zunehmende Besiedlung) von *Sozialbrache*. – *Verwendung:* B. kann der natürlichen Vegetationsfolge überlassen, aufgeforstet oder landschaftspflegerisch „genutzt" werden. Die Einbeziehung in die →Flurbereinigung (→Agrarpolitik IV 2) kann die Nutzung dieser Flächen in Einklang mit gesellschaftlichen Zielvorstellungen bringen.

Brachzeit, *Stillstandzeit,* nach REFA Teil der Betriebsmittel-Grundzeit (→Belegungszeit), erfaßt das planmäßige erholungsbedingte und ablaufbedingte Unterbrechen der Nutzung eines Betriebsmittels.

Brain-Drain. 1. *Begriff:* Emigration von Arbeitskräften, die dem Abwanderungsland Kenntnisse und Fertigkeiten, d. h. in den Menschen inkorporiertes Humankapital entzieht. Insbes. in Ländern der Dritten Welt wird der B.-D. als entwicklungsbeeinträchtigender Faktor angesehen (→Konter-Effekte). – 2. *Ursachen* sind exogene Faktoren (z. B. bessere Arbeitsbedingungen und Entlohnung in den Industrieländern) und endogene Faktoren (z. B. den Opportunitätskosten nicht entsprechende Entlohnung, politische Instabilität, Diskriminierung und Unterdrückung bis hin zur Verfolgung Intellektueller). – 3. *Wirkungen* für das Abwanderungsland: a) Mögliche *negative Wirkungen* u. a.: (1) Rückgang der Produktivität der verbliebenen Arbeitskräfte und sonstigen Produktionsfaktoren aufgrund gestärkter komplementärer Beziehungen; (2) Entfallen externer Erträge, die von den Emigranten erzeugt und mit der Entlohnung nicht abgegolten wurden; (3) Entfallen eventueller bisher von den Emigranten geleisteter Transferzahlungen zugunsten von Inländern; (4) nicht abgegoltene, vom Abwanderungsland getragene Ausbildungskosten, deren Erträge dem Zuwanderungsland zufallen. – b) Mögliche *positive Wirkungen* u. a.: (1) Teilhabe des Heimatlandes an von dem Abgewanderten im Ausland erzielten Forschungsergebnissen (Tropenmedizin, Agrarforschung u. a.); (2) bei temporärer Abwanderung unentgeltlicher Zustrom von Humankapital bei der Rückkehr ins Heimatland durch zusätzliche Qualifikation im Ausland; (3) im Falle der „Produktion" von Akademikerüberschüssen (wie in einigen →Entwicklungsländern) Entlastung des Arbeitsmarktes, politische Stabilisierung und unter Umständen auch Entlastung des Staatshaushalts (z. B. wenn durch die Abwanderung überschüssige Arbeitskräfte aus dem öffentlichen Sektor abgezogen werden).

Brainstorming, Problemlösungsverfahren, in dessen Verlauf die Mitglieder einer Ideensuchgruppe möglichst viele Lösungsvorschläge unterbreiten sollen. Während der Sitzung ist jegliche Kritik verboten, um die freie Äußerung von möglichst vielen Lösungsideen nicht zu behindern („Ideenwirbel"). B. gehört zu den →Kreativitätstechniken.

Branch-and-Bound-Verfahren. 1. *Begriff:* Verfahren des Operations Research, bei dem ein zu lösendes kombinatorisches Optimierungsproblem (endliche Anzahl unabhängiger Variablen mit diskretem Wertevorrat) keiner effektiven analytischen Behandlung zugänglich ist oder Enumerationsverfahren (→Enumeration, →begrenzte Enumeration) wegen des Rechenaufwandes ausscheiden. Läßt sich das Problem durch n diskrete Variablen, die jeweils k mögliche Werte annehmen können formulieren, dann liegt die Interpretation als qualitatives Entscheidungsproblem nahe (→Entscheidungsbaum). – 2. *Vorgehensweise:* Das Lösungsverfahren verwendet das Prinzip der Aufteilung und Begrenzung des Lösungsraumes, um eine vollständige Enumeration zu vermeiden. – *Schritte:* a) *Branch (Verzweigung):* Einer der Variablen wird ein bestimmter zulässiger Wert zugeordnet, wodurch ein neues Unterproblem entsteht, dessen Umfang um eine Variable geringer ist. Bei k möglichen Werten für die ausgewählte Variable entstehen so k „einfachere" Unterprobleme. Es bleibt festzustellen, welches der Unterprobleme die optimale Lösung enthält. – b) *Bound (Schranke):* Nach der Fixierung einer Variablen wird ermittelt, wie die Lösung falls der restlichen Variablen günstigenfalls ausfallen kann (Bound). Hat man für alle möglichen Werte einer ausgewählten Variablen die Bounds ermittelt, so wählt man die Alternative mit dem günstigsten Bound, um zur nächsten Verzweigung weiterzugehen. – Wird nach mehrmaligem Branching und Bounding eine zulässige Lösung erreicht, so können alle Fälle mit ungünstigeren Bounds gestrichen werden. Das Optimum ist erreicht, wenn keine günstigere zulässige Lösung mehr zu erwarten ist. – Die *Güte eines B.-a.-B.-V.* hängt wesentlich von der Auswahl der Bounds ab. Diese Auswahl kann nur →heuristisch erfolgen; es

ist deshalb nicht möglich, über die Konvergenz des Algorithmus Aussagen zu machen. – 3. *Anwendung:* Prinzipiell ist das Verfahren auf alle diskreten Probleme anwendbar; insbes. auf →Zuordnungsproblem und →Travelling-Salesman Problem.

Branchenanalyse, →Wettbewerbsstrategie III 1.

Branchenattraktivität, *Marktattraktivität,* eine in der →Portfolio-Analyse verwendete Dimension (Marktattraktivität-Wettbewerbsvorteil-Portfolio). – *Kriterien der B.:* Marktwachstum, Marktgröße, Marktqualität, Versorgungslage bezüglich Ressourcen, sonstige Umweltsituation.

Branchenbeobachtung, laufende Auszeichnung und Auswertung der (rhythmischen) Bewegungen einzelner Wirtschaftszweige; wichtige Ergänzung der allgemeinen Konjunkturbeobachtung, da so ein moaikartiges, aufschlußreiches Bild der Gesamtkonjunktur entsteht. Die unmittelbare Bedeutung beruht in der Nutzanwendung für privatwirtschaftlichen →Konjunkturdienst. Erfaßt werden v. a. folgende Branchen: Landwirtschaft, Kohlenbergbau, Eisenschaffung, Maschinenbau, Textil, Leder und Schuhe, Keramik, Glas, Baumarkt, Holzwirtschaft, Papier, Eisenbahngüter- und Postverkehr. Beobachtet werden: Auftragseingang, Rohstoffeindeckung, Kohlenaufnahme, Maschineninstallierung, Produktionsleistung, Beschäftigtenzahl, Preisund Lohnentwicklung, Warenabsatz (Umsatz).

Branchenkennziffer, irrtümlich „Kennziffer" genannte statistische Meßzahl, mit der Angebotskraft und Leistungsfähigkeit eines Wirtschaftszweiges oder der zu einem Marktverband zusammengeschlossenen Unternehmungen dargestellt wird, so daß der →Marktanteil einzelner Werke anhand der →Betriebsstatistik daran gemessen werden kann. Voraussetzung jeglichen →Betriebsvergleichs.

Branchen-Lebenszyklus, →Lebenszyklus I 2 b).

Branchensoftware, →Softwareprodukte in der →betrieblichen Datenverarbeitung, die auf den Einsatz in speziellen Branchen ausgerichtet sind. – *Gegensatz:* →kommerzielle Software.

Branchenspanne, eine im Durchschnitt innerhalb der Betriebe eines Wirtschaftszweiges erzielte →Handelsspanne. Unterlagen über B. beruhen i. d. R. auf statistischen Erhebungen nach der repräsentativen (→Repräsentativerhebungen) oder typischen Methode; für viele Branchen sind nur Schätzungen möglich.

Branchenstatistik, primär- oder sekundärstatistische (→Primärstatistik, →Sekundärstatistik) Erfassung der Wirtschaftsvorgänge für ganze Wirtschaftszweige (Branchen), die dem zwischenbetrieblichen Vergleich (→Betriebsvergleich), insbes. auch in der →Marktbeobachtung, dienen kann. – 1. *Amtliche Statistik:* Insbes. Statistik im →Produzierenden Gewerbe in Regional- und Wirtschaftsgliederung. Für die Marktbeobachtung aufschlußreich v. a. Angaben über Inlands- und Auslandsumsatz und über Produktion der wichtigsten Güter. – 2. *Verbandsstatistik:* Erfassung des Gesamtangebots und (bei entsprechender Offenlegung durch die Mitglieder) des Gesamt-Auftragsbestands sowie der gesamten Nachfrage in den Wirtschaftszweigen für →Absatzmarktforschung, Konkurrenzerkundung und in Verbindung mit der betrieblichen →Marktbeobachtung auch für die Kontrolle des eigenen →Marktanteils.

Branchen-Wettbewerbsvorteils-Matrix, →Wettbewerbsvorteils-Matrix.

Brand-Barometer, *Markenbarometer,* Aufzeichnung der Aussagen über die Bevorzugung bzw. Ablehnung beim Kauf bestimmter Marken im Zeitvergleich als Ergebnis von Befragungen repräsentativer Bevölkerungsquerschnitte.

branded goods, Fachausdruck in der Marktforschung für →Markenartikel; gebräuchlich im Zusammenhang mit dem →Markenbewußtsein.

Brand-Image, Fachausdruck in der Marktforschung für das bei den Konsumenten bestehende psychologische Markenbild eines Produkts. Bei seiner Erforschung stehen v. a. Meinungen und Gefühle, die unbewußt mit dem Produkt verbunden werden, im Vordergrund.

Brandschäden, Schäden, die durch Brand, Blitz und Explosion entstanden sind. – *Versicherungstechnische Behandlung:* Vgl. →Feuerversicherung. – *Buchung im Schadenfall bei versicherten Unternehmen:* Liegt die Ersatzleistung des Versicherers über dem Buchwert, dann stellen die erkennbar werdenden →stillen Rücklagen keinen steuerpflichtigen Ertrag dar, soweit für die vernichtete Sache Ersatz beschafft wird. Die stillen Reserven sind auf die Ersatzgegenstände in der Weise zu übertragen, daß diese nur mit dem Anschaffungs- oder Herstellungspreis abzüglich der übertragenen stillen Reserven aktiviert werden. – *Beispiel:* Buchwert der vernichteten Sach zum Zeitpunkt des Brandes: 30 000 DM; Entschädigungsleistung der Versicherung (= Zeitwert): 50 000 DM; die Ersatzanschaffung kostet 60 000 DM; Buchungen: Forderungen 50 000 DM an Anlagekonto (alt) 30 000 DM and Rücklagenkonto 20 000 DM; Geldkonto an Forderungen 50 000 DM; Anlagekonto (neu) an Geldkonto 60 000 DM; Rücklagekonto an Anlagekonto (neu) 20 000 DM. Die Ersatzanschaffung steht danach mit 40 000

DM zu Buch. – Vgl. auch →Ersatzbeschaffungsrücklage.

Brandt-Kommission, nach ihrem Vorsitzenden Willy Brandt benannte ,,Unabhängige Kommission für internationale Entwicklungsfragen", 1977 auf Vorschlag des damaligen Weltbankpräsidenten McNamara ins Leben gerufen. Sieben Mitglieder aus Industrie- und zehn Mitglieder aus Entwicklungsländern. – *Ziel:* Zentrale Themen der Nord-Süd-Beziehungen aufzuarbeiten und Vorschläge zur beschleunigten Entwicklung der Dritten Welt zu machen. – *Ergebnisse:* Erster Bericht (1980) mit einer Vielzahl von Anregungen zur Reform und Umgestaltung der internationalen Wirtschaftsbeziehungen. Zweiter Bericht (1983) vorrangig über die Problematik der →Auslandsverschuldung der Entwicklungsländer.

Branntwein, alkoholisches Getränk (ca. 30–60% Alkohol), gewonnen aus gegorenen Flüssigkeiten durch Destillation (Brennen). Ausgangsstoffe sind z. B. vergorene Trauben (Kognak): vergorene Obstsäfte (z. B. Kirschwasser) Zuckerrohrmelasse (Rum); Gersten-, Weizen-, Roggenmalz (Korn, Whisky). – *B.besteuerung in der Bundesrep. D.* setzt sich zusammen aus →Branntweinmonopol und →Branntweinsteuer.

Branntweinaufschlag, gemäß den Vorschriften des →Branntweinmonopols zu entrichten durch den Hersteller an die Zollbehörde für den nicht an die →Bundesmonopolverwaltung abzuliefernden Branntwein. – *Höhe* wird jährlich durch VO festgesetzt. – *Entrichtung* binnen einer Woche nach Bekanntgabe des Betrags; Stundung gegen Sicherheitsleistung.

Branntweinmonopol. I. Begriff: Staatliches Monopol auf Übernahme, teilweise Herstellung, Einfuhr, Reinigung und Verwertung von Branntwein sowie den Handel mit unverarbeitetem Branntwein. In der Bundesrep. D. einziges →Finanzmonopol. B. und →Branntweinsteuer kennzeichnen die Branntweinbesteuerung in der Bundesrep. D. – *Gesetzlich geregelt* im Branntweinmonopolgesetz vom 8. 4. 1922 (RGBl I 405) mit späteren Änderungen und dazu erlassenen Ausführungsbestimmungen: Brennereiordnung (BO), Branntweinverwertungsordnung (VwO), Branntweinersatzsteuerordnung (ErsStO), Essigsäureordnung (EO), Branntweinzählordnung (ZO) sowie Gesetz über Errichtung der Bundesmonopolverwaltung für Branntwein vom 8. .8. 1951 (BGBl I 491).

II. Ziele: Im Gegensatz zur Branntweinsteuer verfolgt das B. nicht fiskalische sondern agrar- und mittelstandspolitische Ziele. Damit ist das deutsche B. kein eigentliches Finanzmonopol, sondern eher ein Marktordnungsmonopol. Durch entsprechend hoch angesetzte Ankaufspreise (Übernahmepreise) für den ablieferungspflichtigen Branntwein erreicht die Monopolverwaltung eine Subventionierung der Ablieferer (→Ablieferungszwang für Branntwein). – Beim Verkauf des Branntweins belastet die Monopolverwaltung den Käufer im Verkaufspreis mit der (nach den Verwendungsarten unterschiedlich hohen) *Branntweinsteuer*, die sie an die Bundeskasse abführt. Für nicht ablieferungspflichtigen Branntwein zahlt der private Brenner den →*Branntweinaufschlag* selbst an die Bundeskasse. Eingeführter Branntwein unterliegt dem →*Monopolausgleich*.

III. Zusammensetzung: Ein B. besteht aus fünf Teilmonopolen. – 1. *Übernahmemonopol:* Ablieferungszwang für Branntwein, der im Inland in Eigenbrennereien hergestellt wird, ausgenomen: a) Kornbranntwein, soweit der nicht in Verschlußbrennereien außerhalb des Jahreskornbrennrechts hergestellt wird, b) Branntwein aus Obst i. S. § 27 d. Ges. und c) der in Abfindungsbrennereien hergestellte Branntwein. Übernahme erfolgt nach bestimmten Vorschriften durch Beamte der Verwaltung. – 2. *Herstellungsmonopol:* Beschränkt auf Verarbeitung solcher Stoffe (Zellstoff, Ablaugen der Zellstoffgewinnung, Kalziumkarbid, Holz), für die vor dem 1. 10. 1914 keine gewerbliche Gewinnung von Branntwein bestand (Monopolbrennereien). – 3. *Einfuhrmonopol:* Erstreckt sich auf Branntwein, ausgenommen Rum, Arrak, Kognak und Liköre, Einfuhr durch Dritte ist grundsätzlich verboten. Bei Einfuhr von Branntwein und weingeisthaltigen Erzeugnissen wird neben dem Zoll eine Einfuhrsteuer auf Branntwein und weingeisthaltige Erzeugnisse (→Monopolausgleich) erhoben, deren Höhe der inländischen Steuerbelastung des Branntweins entspricht und danach gestaffelt ist, zu welchem Preis die eingeführten Erzeugnisse im Inland aus Branntwein hätten hergestellt werden können. Durch das Einfuhrmonopol kann die Monopolverwaltung ausländischen Branntwein zur Deckung des Bedarfs im Monopolgebiet heranziehen bzw. unerwünschte Einfuhr verhindern. – 4. *Reinigungsmonopol* mit folgenden Ausnahmen: Reinigung a) des der Deutschen Kornbranntwein-Verwertungsstelle überlassenen Kornbranntweins sowie des selbsterzeugten ablieferungsfreien Branntweins der Brennereien, jedoch nicht zur Herstellung von neutralem Sprit; b) des in Verschlußbrennereien selbstgewonnenen, unter Ablieferungszwang stehenden Branntweins unter Verschluß. – 5. *Handelsmonopol:* Bestimmt die Bezugsbedingungen für den der Monopolvertwaltung nicht vorbehaltenen Teil der Verwertung von Branntwein, also a) wenn er von der Monopolverwaltung geliefert oder mit ihrer Erlaubnis eingeführt wird. Hierzu gehören insbes. bzgl. der Einhaltung von Preisvorschriften sowie b) Entrichtung der vollen Steuer, des Branntweinaufschlages durch Her-

steller, des regelmäßigen Monopolausgleichs durch Importeure. – Vgl. auch →Branntweinsteuer.

Branntweinsteuer, im Rahmen des →Branntweinmonopols durch die →Bundesmonopolverwaltung festgesetzte Verbrauchsteuer, neben den Monopolverkaufspreisen derzeit festgelegt mit nachstehenden *Steuersätzen* je hl Weingeist (in DM): (1) für Branntwein zu Trinkzwecken 2550; (2) für unvergällten Branntwein, der, Ärzten, Krankenhäusern, Apotheken usw. für pharmazeutisch-medizinische Zwecke zugeteilt wird, 1200; (3) für Branntwein zur Herstellung von Heilmitteln, die vorwiegend zum äußerlichen Gebrauch dienen, 600; (4) für Branntwein zur Herstellung von Körperpflegemitteln 600.

Brasilien, Bundesrepublik, mit fast der Hälfte der Fläche Südamerikas größter Staat des Kontinents, fünftgrößter Staat der Erde. – *Fläche:* 8,511 Mill. km². – *Einwohner* (E): (1986, geschätzt) 138,5 Mill. (16,3 E/km²). – Ca. 70 % der E leben in städtischen Gebieten; jährlicher Bevölkerungszuwachs: 2,3 %. – *Hauptstadt:* Brasilia (1,2 Mill. E), Rio de Janeiro (bis 1980 Hauptstadt, 5,1 Mill. E); weitere Großstädte: Sao Paulo (8,5 Mill. E) Bello Horizonte (1,8 Mill. E), Sao Salvador (1,5 Mill. E), Fortaleza (1,3 Mill E), Recife (1,2 Mill. E).

Verwaltungsgliederung: B. besteht aus 23 Estados (Staaten), drei Bundesterritorien und dem Bundesdistrikt. Sie sind in 3956 Municipios unterteilt. – *Amtssprache:* Portugiesisch.

Wirtschaft: Die *Landwirtschaft* hat in den letzten Jahren innerhalb der Gesamtwirtschaft an Bedeutung verloren: Anteil am BIP ging von (1949) 25 % auf (1984) 16 % zurück, im gleichen Zeitraum reduzierte sich der Anteil der in der Landwirtschaft Beschäftigten von 60 % auf 30 %. B. verfügt über ein großes landwirtschaftliches Produktionspotential, daß nur zu einem geringen Teil genutzt wird; Haupterzeuger von Kaffee (1984: 1,35 Mill. t; Anbaugebiete: Sao Paulo, Minas Gerais und Espirito Santo), Kakao (1984: 346000 t; Küstenzone von Bahia), Zucker (1984: 8,2 Mill. t). Fruchtbare Agrargebiete v. a. im S und O mit Anbau von Mais (1984: 21,2 Mill. t) Weizen (1984: 1,8 Mill. t), Reis (1984: 9 Mill. t), Maniok (1984: 21,3 Mill. t), Erdnüssen, Sojabohnen, Baumwolle, Sisal, Tabak, Zitrusfrüchten, Bananen, Ananas, Wein u. a. – Gewinnung von Wildkautschuk im Amazonastiefland (Belém de Para, Fordlandia) ist rückläufig. – Den größten Teil der landwirtschaftlichen Nutzfläche bilden Weiden (überwiegend Naturweiden). Ca. ¼ trägt die Viehwirtschaft (v. a. Rinder, Schweine, Schafe, Pferde) zum gesamten wirtschaftlichen Produktionswert bei. In den aus Buschland, Grasund Steppenflächen bestehenden Gebieten der Mittelwestregion („Cerados") befanden sich

(1983) 36% des Rinder- und 24% des Schweinebestandes. – Der *Anteil der Wälder* an der Gesamtfläche beträgt 60%. Der vorherrschende tropische Regenwald liegt zu mehr als ⅔ in den nordwestlichen Landesteilen (Amazonasgebiet). Außer der Nutzung einer Reihe von Edelhölzern (Mahagoni) bestehen hier erst Ansätze einer holzwirtschaftlichen Verarbeitung. Der größte Teil der Holzgewinnung für den Export stammt wegen der günstigeren Erschließung der Bestände aus den bereits weitgehend zerstörten Wäldern der südlichen Bundesstaaten (Parana, Santa Catarina). – *Bergbau und Industrie:* Bedeutende Bodenschätze im Bergland und v. a. im Bergbaustaat Minas Gerais; Abbau von Mangan (1983: 2,6 Mill. t; Corumba, Ouro, Preto), Kupfer (6,1 Mill. t; Importe 1983 eingestellt, da Eigenbedarf gedeckt), Nickel, Uran (im NO), Bauxit (Sao Paulo, Pocas de Caldos, Campos), Diamanten (120000 Karat; Diamantina), Gold (13 t), Silber (23 t) u. a. Reiche Vorkommen an Bodenschätzen im Amazonasgebiet (noch unerschlossen); Erdöl (29 Mill. t; Bahia) und Steinkohle (6,7 Mill. t; im S); im Mittelpunkt der Energiepolitik steht die Loslösung von der Außenabhängigkeit. Bei Erdöl (45% Import, bei einer Verringerung des Anteils von Erdöl am Gesamtenergieverbrauch); weitere Entlastungen durch Mehrförderung und Verbrauchsreduzierung. Große Eisenerzlager (Abbau 1983: 114 Mill. t), bes. bei Itabira, worauf eine moderne Eisen- und Stahlindustrie in den Staaten Minas Gerais, Rio de Janeiro und Sao Paulo basiert; für über 70% des Eisenerzabbaus der Jahre 1986–88 sind bereits Lieferverträge abgeschlossen worden (Weltbank mit Finanzierungshilfe von 305 Mill. US-\$ beteiligt). Wirtschaftlicher Schwerpunkt Brasilien und der vorgenannten Industriedreieck ist Staat und Stadt Sao Paulo (Santos, Sao André, Campinas u. a.); Aufbau einer eigenen breiten Industriebasis: Verhüttung, Metallverarbeitung, Maschinen-, Fahrzeug- und Schiffbau, Chemie, Nahrungsmittel, Konsumgüter. Die Regierungsprogramme forcieren v. a. die Industrialisierung von Sao Paulo aus in Richtung Goias nach Manaus und ins innere Bahia. – Bedeutende Wasserkraftreserven (Elektrizitätserzeugung in Wasserkraftwerken 1983: 151,5 Mrd. kWh). – Rasches *Wirtschaftswachstum* führt aufgrund des engen Binnenmarktes zu Exportoffensiven. Durch ein Lizenzsystem wird von staatlicher Seite lenkender Einfluß auf den Außenhandel genommen (ein Gesetz verbietet die Einfuhr von Produkten, die im Land ein gleiches Gebrauchseigenschaften und gleicher Qualität hergestellt werden können). – *BSP:* (1984, geschätzt) 222010 Mill. US-\$ (1640 US-\$ je E). – *Öffentliche Auslandsverschuldung:* (1984) 33,6% des BSP. – *Inflationsrate:* durchschnittlich 71,4% – *Export:* (1985) 25639 Mill. US-\$, v. a. Kaffee, Kakao, Baumwolle, Tabak, Kau

tschuk, Edelhölzer, Eisen-, Mangan- u. a. Erze, Industrie- und Konsumgüter. – *Import:* (1985) 13168 Mill. US-\$, v. a. Investitionsbedarf, Kohle, Erdöl, chemische Produkte. – *Handelspartner:* USA, Japan, EG, Argentinien, Saudi-Arabien.

V e r k e h r : Der S und SO sowie Teile des NO sind bisher am besten erschlossen. Der weitaus größte Teil des Transports wird über die Straße abgewickelt; es wird versucht, unter dem Druck der steigenden Treibstoffpreise den Verkehr auf Binnen- und Seeschiffahrt zu verlagern; *Eisenbahnen* als Verkehrsträger von untergeordneter Rolle. Meist nur Stichbahnen bis 500 km von der Atlantikküste entfernt; wechselnde Spurbreiten, veraltete Anlagen, geringe Schnelligkeit und Sicherheit lassen nur geringe Effektivität zu; 50% der Bahnstrecken befinden sich in den Bundesstaaten Minas Gerais, Sao Paulo und Rio Grande de Sul. Gesamtlänge 29207 km. – Von größer Bedeutung sind asphaltierte *Fernstraßen*, die von Rio de Janeiro und Sao Paulo ausgehen, bzw. Brasilia mit den einzelnen Landesteilen verbinden. Ausgedehntes Omnibusnetz; Länge des Straßennetzes 1,41 Mill. km, davon 7% mit fester Decke; Tankstellennetz für alkoholgetriebene Kfz. – *Binnenschiffahrt* trotz 52000 km schiffbarer Binnenwasserstraßen nur wenig entwickelt. – Die umschlagstärksten *Häfen* sind Sao Paulo (27,2 Mill. t), Santos (25,2 Mill. t), Rio de Janeiro (17,6 Mill. t). – Wichtigste *Luftverkehrsgesellschaft:* VARIG; größter internationaler Flughafen: Rio de Janeiro.

M i t g l i e d s c h a f t e n : UNO, ALADI, CCC, SELA, UNCTAD u. a.; „Amazonasvertrag".

W ä h r u n g : 1 Cruzeiro (Cr\$) = 100 Centavos.

Brauereien, Zweig des →Nahrungs- und Genußmittelgewerbes. Anteil der Beschäftigten an den Beschäftigten des Ernährungsgewerbes 1985: 13,3%.

Brauereien

Jahr	Beschäftigte in 1000	Lohnund Gehaltssumme	darunter Gehälter	Umsatz gesamt	darunter Auslandsumsatz	Nettoproduktionsindex 1980 = 100
		in Mill. DM				
1977	75	2267	905	11504	400	100,5
1978	71	2294	929	11277	296	97,1
1979	69	2343	959	11704	319	98,5
1980	67	2419	991	12154	335	100,0
1981	65	2524	1044	12747	433	100,3
1982	63	2563	1067	13381	515	102,0
1983	61	2570	1087	13677	588	102,0
1984	60	2568	1098	13489	661	99,4
1985	58	2568	1111	13680	755	99,3
1986	56	2620	1140	14040	790	100,0

Braunschweigische Wissenschaftliche Gesellschaft, Körperschaft des öffentlichen Rechts; Sitz in Braunschweig. – *Aufgaben:* Förderung des Zusammenwirkens von Naturwissenschaften, technischen Wissenschaften und Geisteswissenschaften durch eigene Forschung und Forschungsaufträge.

Breadth-first-Suche, *Breitensuche,* Suchstrategie (→Suchen) beim Durchlaufen einer Hierarchie von Objekten oder →Regeln, bei der alle Objekte bzw. Regeln einer Hierarchiestufe untersucht werden, bevor irgendein Objekt bzw. irgendeine Regel einer tieferen Stufe überprüft wird. In der →künstlichen Intelligenz ist die B.-f.-S. eine mögliche Strategie für eine →Inferenzmaschine. – *Gegensatz:* →Depth-first-Suche.

Break-even-Analyse. I. K o s t e n r e c h - n u n g : 1. *Begriff:* Ermittlung desjenigen Gesamtsatzes eines Betriebs, dessen Unterschreiten zu Verlusten, dessen Überschreiten zu Gewinnen führt (Deckungsumsatz). Im *Break-even-Punkt* (Deckungs-, Gewinnpunkt, Gewinn-, Kostenschwelle, „Toter Punkt") ist die Summe aus →fixen Kosten und →variablen Kosten gleich dem Gesamterlös (→Erlöse). – 2. *Ermittlung:* Angenommen werden gleichbleibende fixe Kosten, zur Veränderung des Umsatzes proportional verlaufende variable Kosten, konstante Preise. – a) *Einproduktfall:*

$$x_{kr} = \frac{K_F}{p - k_p}$$

oder

$$U_{kr} = \frac{K_F}{1 - \dfrac{k_p}{p}}$$

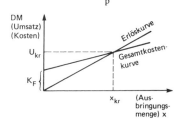

DM (Umsatz) (Kosten) U_{kr} K_F Erlöskurve Gesamtkostenkurve x_{kr} (Ausbringungsmenge) x

b) *Mehrproduktfall:* In Mehrproduktunternehmen gibt es eine Vielzahl von Absatzmengenkombinationen, die alle zum Gewinnpunkt führen. Daher ist die Ermittlung eines Deckungsumsatzes nur unter der Voraussetzung konstanter mengenmäßiger Zusammensetzung des Umsatzes möglich. Bei j = l, ... n Produktarten:

$$U_{kr} = \frac{K_F}{1 - \dfrac{\sum\limits_{j=1}^{n} k_{pj} x_j}{\sum\limits_{j=1}^{n} p_j x_j}}$$

p = Preis
x = umgesetzte Menge
k_p = prop. Selbstkosten pro Stück
K_F = fixe Kosten
x_{kr} = Gewinnpunkt mengenmäßig
U_{kr} = Gewinnpunkt umsatzmäßig

3. *Bedeutung/Anwendung:* Instrument der produkt-, bereichs- oder gesamtunternehmensbezogenen →Gewinnplanung und -kontrolle. Die B.-e.-A. dient als Entscheidungshilfe für →Unternehmungsplanung und →strategisches Management.

II. I n v e s t i t i o n s r e c h n u n g : Untersuchung des Verlaufs zweier Entscheidungsgrößen eines →Investitionsobjekts im Zeitablauf oder innerhalb eines bestimmten Zeitraums. Gesucht wird der Schnittpunkt der beiden Verläufe (Break-even-Punkt). – Vgl. auch →Amortisationsrechnung.

Break-even-Punkt. 1. *Allgemein:* Punkt, an dem eine Erfolgsgröße eine Einsatzgröße erstmalig im Zeitablauf überschreitet. – 2. *Kostenrechnung:* Beschäftigungsgrad, bei dem der Umsatz einer Periode gerade sämtliche →fixen Kosten der Periode und die angefallenen →Kosten deckt. Gewinn entsteht erst bei Überschreiten der Nutzschwelle. Wird auch als *Deckungspunkt, Gewinnpunkt, Gewinnschwelle, Kostenschwelle* und *„Toter Punkt"* bezeichnet. – Ermittlung mit B.-e.-P.: Vgl. →Break-even-Analyse I. – 3. *Investitionsrechnung:* B.-e.-P. eines →Investitionsobjekts liegt vor, wenn die →Einzahlungen erstmals die →Auszahlungen überschreiten. – Vgl. auch →Amortisationsdauer.

Brechtsches Gesetz, die von Arnold Brecht 1932 behauptete „progressive Parallelität zwischen Ausgaben und Bevölkerungsmassierung", die darauf zurückgehe, daß „fast alle öffentlichen Aufwendungen in den großen Städten erheblich teurer sind als draußen". Auf den B.G. basiert die →Hauptansatzstaffel, die zur Berechnung der →Schlüsselzuweisungen im kommunalen Finanzausgleich und Länderfinanzausgleich verwendet wird (→Finanzausgleich) herangezogen wird.

Breitband, Begriff der Informatik. Als →Datenübertragung in B. bezeichnet man die gleichzeitige und unabhängige Übertragung mehrerer Nachrichten über ein Medium. Dessen Frequenzspektrum wird in mehrere parallele Kanäle aufgeteilt und in jedem dieser Kanäle die eigentlich zu übertragende Information einer auf dem Medium realisierten Trägerfrequenz in der Weise aufgeprägt („moduliert"), daß die anderen Kanäle nicht davon beeinflußt werden.

Breitbandnetz, Fernmeldenetz (→Datennetz) der Deutschen Bundespost. B. ermöglichen die kabelgebundene Versorgung mit Fernseh- und Hörfunkprogrammen.

Breitensuche, →Breadth-first-Suche.

Bremer Börse. 1. *Allgemein:* Neben der Wertpapierbörse gibt es die Getreidebörse, Baumwollbörse, Tabakbörse und Versicherungsbörse. Träger der einzelnen Börsen sind die in Bremen bestehenden wirtschaftlichen Vereinigungen der Kaufleute der betreffenden Handels- und Gewerbezweige. – 2. Die *Bremer Wertpapierbörse* ist die zuständige Börse für das Land Bremen und Nordwestdeutschland. Aus dieser überkommenen, traditionell gewachsenen und uneingeschränkt praktizierten Zuweisung des nordwestdeutschen Wirtschaftsgebietes folgen die Bedeutung und Aufgabenstellung dieses Kapitalmarktes. Diese sind neben anderen die Betreuung der börsennotierten nordwestdeutschen Unternehmen und die Konzentrierung des Bundesumsatzes in diesen Werten auf Bremen, die Gewinnung neuer Emittenten aus Nordwestdeutschland für die Börse, die Ausführung der Wertpapieraufträge aus Nordwestdeutschland in den deutschen Standardwerten in Bremen und die amtliche Zulassung und Einführung deutscher Standardwerte, die bereits an anderen deutschen Börsen notiert werden. An der Bremer Wertpapierbörse wird der überwiegende Teil der bedeutenden deutschen Standardwerte ebenso amtlich notiert wie die nordwestdeutschen Unternehmen. Bei den festverzinslichen Werten werden sämtliche Anleihen der Bundesrep. D. und ihrer Sondervermögen notiert. Das trifft ferner zu auf die Emissionen der regionalen Emittenten. Ferner werden die wesentlichen deutschen Industrieanleihen in Bremen notiert. – *Träger der Bremer Wertpapierbörse* ist der Verein der Mitglieder der Wertpapierbörse in Bremen. – *Börsenaufsicht:* Die unmittelbare Aufsicht über die Börse hat der Senator für Wirtschaft und Außenhandel. – *Organisation:* Die Mitglieder des Börsenvorstands werden auf drei Jahre durch Mitgliedsbanken gewählt. Dieser besteht aus mindestens elf Mitgliedern, von denen neun dem Kreis der zugelassenen Kreditinstitute zugehören. Die Kursmakler und die Börsenbesucher, die an der Börse unselbständig Geschäfte abschließen, stellen je ein Mitglied. Die Handelskammer Bremen hat das Recht, ein Mitglied ihres Plenums zu entsenden. Über die Zulassung zum Börsenbesuch entscheidet der Börsenvorstand auf schriftlichen Antrag. Die Zulassung von Wertpapieren erfolgt durch einen besonderen Ausschuß, der aus 24 Mitgliedern besteht. Für Streitfälle, die sich im Wertpapiergeschäft ergeben, besteht ein Börsenschiedsgericht, dessen Mitglieder im Einzelfall benannt werden. Neben anderen Gremien besteht noch ein Gutachterausschuß zur Entscheidung über die Lieferbarkeit von Wertpapieren.

Bremer Gesellschaft für Wirtschaftsforschung e. V., Sitz in Bremen. – *Aufgabe:*

Wirtschaftsforschung auf nationaler und internationaler Ebene.

Bremsweg, Anhalteweg, den ein Kraftfahrzeug nach Erkennen eines Hindernisses bis zum Stillstand benötigt, bestehend aus →Reaktionszeit, Bremsenansprechzeit und Bremsverzögerungszeit.

brennbare Flüssigkeiten, VO über die Errichtung und den Betrieb von Anlagen zur Lagerung, Abfüllung und Beförderung b. F. zu Lande i. d. F. vom 27. 2. 1980 (BGBl I 229) unterwirft die Lagerung b. F. von bestimmten Mengen an, je nach Entzündlichkeit, einer *Anzeige- oder Erlaubnispflicht.* In der Genehmigung nach §16 GewO liegt zugleich die Genehmigung aller Anlagen für b. F. Für bestimmte Anlagen ist Prüfung durch Sachverständige vorgeschrieben, je nach Anlage in Abständen von zwei bis fünf Jahren. Ein *technischer Ausschuß* berät die Bundesregierung in technischen Fragen.

Brentano, Ludwig Joseph, genannt Lujo, 1844–1931, Nationalökonom und Sozialpolitiker. Bruder des Philosophen Franz B. B. gehörte mit →*Schmoller* und →*Wagner* zu den führenden Sozialpolitikern der damaligen Zeit. Teilnahme an der Gründung des →Vereins für Socialpolitik 1872. B. trat für die Gewerkschaften ein und förderte tatkräftig ihre wissenschaftliche Untersuchung. Aufgrund des von ihm mit aufgestellten *Brassey-Brentanoschen Gesetzes,* wonach die Leistungsfähigkeit des Arbeiters bei höheren Löhnen und kürzerer Arbeitszeit steigt, trat B. für Lohnerhöhungen und Arbeitszeitverkürzungen ein. In einer zunehmend protektionistischen Welt vertrat B. mit Überzeugung und Scharfsinn die Freihandelslehre. Beachtenswert sind auch seine Arbeiten über das landwirtschaftliche Erbrecht. – *Hauptwerke:* „Die Arbeitergilden der Gegenwart" 1871/72; „Die deutschen Getreidezölle" 1910; „Eine Geschichte der wirtschaftlichen Entwicklung Englands" 1927/29.

Bretton-Woods-Abkommen, am 23. 7. 1944 in Bretton Woods (New Hampshire, USA) von 44 Ländern geschlossene Verträge über die Errichtung des Weltwährungsfonds (Internationaler Währungsfonds, →IMF) und der Weltbank (International Bank for Reconstruction and Development, →IBRD), 1946 in Kraft getreten. Die UdSSR hat die Verträge unterzeichnet, aber nicht ratifiziert; die Bundesrep. D. trat ihnen am 14. 8. 1952 bei. – *Ziele:* Umfassende Neuordnung der →Weltwirtschaft nach dem aus der Weltwirtschaftskrise und dem Zweiten Weltkrieg folgenden handelspolitischen Chaos durch Ordnung und Stabilisierung des internationalen Zahlungsverkehrs und Aufbau eines neuen Weltwährungssystems zusammen mit der →Havanna-Charta und in enger Zusammenarbeit mit den Sonderorganisationen der UN. – *Hauptele-*

mente dieses Weltwährungssystems: →feste Wechselkurse, autonome Wirtschaftspolitik der Mitgliedsländer sowie das Bestreben um Verwirklichung der vollen →Konvertibilität. – *Entwicklung:* Bis etwa 1973 (Übergang zu →flexiblen Wechselkursen durch wichtige Welthandelsländer) konnten die internationalen monetären Beziehungen nach dem B.-W.-A. abgewickelt werden. Danach weitgehende Modifizierung dieses Abkommens in Novellierungen (amendments). Die Aufgabe wesentlicher Elemente des B.-W.-A., v.a. des Systems fester Wechselkurse, wird zurückgeführt auf die damalige Schwäche des Dollars als Leitwährung, die Aufkündigung der Bereitschaft der USA, den Dollar jederzeit in Gold umzutauschen, sowie fundamentale Zahlungsbilanzungleichgewichte wichtiger Handelsnationen.

brevi manu traditio →Übereignung kurzer Hand.

Bridge, Anpassungsschaltung, die die Kopplung zweier gleichartiger →lokaler Netze und damit die Kommunikation eines Teilnehmers des einen →Netzes mit Teilnehmern des anderen ermöglicht.

Bridge-Programm, →Programm für die Überbrückung zwischen inkompatiblen (→Kompatibilität) →Softwareprodukten; in der betrieblichen Datenverarbeitung werden häufig viele verschiedene →Softwaresysteme für einzelne Funktionsbereiche eingesetzt (z.B. ein →PPS-System, →computergestützte Finanzbuchhaltung, →Personalinformationssystem). – Mangels eines integrierten Gesamtkonzepts können →Daten, die von einem Softwaresystem verwaltet werden, von einem anderen System, das sie ebenfalls benötigt, meist nicht unmittelbar benutzt werden. Ein B.-P. dient dazu, Daten eines Systems in eine Form umzusetzen, daß sie von einem anderen System verarbeitet werden können.

Brief. 1. *Postwesen:* Vgl. →Briefsendungen. – 2. *Börsenwesen:* Vgl. →Briefkurs, →Notierungen an der Börse.

Briefdrucksachen, →Drucksachen.

Brieffalt- und -schließmaschinen, Geräte zum Falten von Briefen, Drucksachen, Beilagen usw. und Verpacken in Umschläge, die im Stapel angelegt und automatisch geöffnet und zugeführt werden, u.U. auch Verschließen der Briefhülle.

Briefgeheimnis, I. Allgemein: Schutz der Unverletzlichkeit von Briefsendung, verfassungsgemäß gewährleistet durch Art. 10 GG. Beschränkungen sind nur aufgrund eines Gesetzes zulässig. – *Zweck:* Dient eine Beschränkung dem Schutz der freiheitlich demokratischen Grundordnung oder dem Bestand oder der Sicherung des Bundes oder eines Landes, so soll von Mitteilung an

Betroffenen abgesehen werden, soweit hierdurch der Zweck der Beschränkung gefährdet würde und an Stelle des Rechtsweges Nachprüfung durch von Volksvertretung bestellte Organe treten (Gesetz zur Beschränkung des Brief-, Post- und Fernmeldegeheimnisses vom 13.8.1968 (BGBl I 949) mit späteren Änderungen. – *Strafrechtlicher Schutz* für verschlossene Briefe oder andere verschlossene Urkunden gegen vorsätzliche und unbefugte Eröffnung (§ 5 Postgesetz (→Postgeheimnis); Verletzung des B. wird dienststrafrechtlich und strafrechtlich erfolgt. – *Strafe:* Freiheitsstrafe bis zu einem Jahr oder Geldstrafe (§ 202 StGB), für Bedienstete der Post Freiheitsstrafe bis zu fünf Jahren oder Geldstrafe (§ 354 StBG).

II. Beschäftsbriefe: Das B. gilt nicht als verletzt, wenn sie von anderen Personen als der Geschäftsleitung geöffnet werden, sofern diese dazu ermächtigt sind. Als Geschäftsbriefe sind auch solche Briefe zu bezeichnen, die an einen Angestellten einer Unternehmung gesandt werden. *Beispiele:* ,,Firma X, zu Händen von Herrn/Frau Z", ,,Firma X, c/o Herrn/Frau Z", oder Herrn/Frau Z, im Hause Firma X"; daneben irrtümlich bei Sendungen an einen Mitarbeiter auch i.Fa. (In Firma) verwendet. Bei der Fassung Herrn/Frau Z, Firma X, Taunusstr. 1, Wiesbaden" ist es zweifelhaft, ob ein Geschäftsbrief vorliegt. Als Privatanschrift hat zu gelten: ,,Herrn/Frau Z, Taunusstr. 1, Wiesbaden". Derartige Briefe dürfen von der Geschäftsleitung nicht geöffnet werden. In Zweifelsfällen wird die Geschäftsleitung solche Briefe öffnen können, wenn anzunehmen ist, daß es sich um einen wichtigen geschäftlichen Inhalt handelt. – Nach § 202 StGB relativ niedriger Strafrahmen; der Gesetzgeber hat bei der Interessenabwägung zwischen dem Betriebsinhaber und dem Briefadressaten der Vermeidung eines ernsten geschäftlichen Schadens, offenbar sogar mit Vorrang vor der Wahrung des B., eine erhebliche Bedeutung beigemessen. Geschäftsbriefe, welche die Anschrift eines Angestellten der Firma tragen, sollten im Falle dessen Abwesenheit (Urlaub, Krankheit) mit entsprechendem Begleitschreiben zurückgeschickt werden, um evtl. durch Nichtöffnung des Briefes entstehende Schadenersatzansprüche abzuwenden.

Briefgrundschuld, →Grundschuld.

Briefhypothek, →Hypothek.

Briefing, wesentliches Instrument der Zusammenarbeit zwischen Werbeagentur und Kundenfirma. – *Arten:* a) *Kundenbriefing:* In der Planungsphase eines Neugeschäfts einer →Werbekampagne erhält die Agentur alle Informationen über Markt, Konkurrenz, Kundenfirma, Produkt usw., d.h. eine Zusammenfassung der sachlichen Aufgabenstellung mit (1) Problemstellung, (2) Situationsdarstellung, (3) Zielsetzung, (4) Strategie, (5) Zeit- und Kostenplan und (6) Kontrolle. – b) *(Internes) Agenturbriefing:* Aufgabenstellung für die Mitarbeiter der Agentur aufgrund des Kundenbriefings.

Briefkästen, von der Post angebrachte und zu bestimmten Zeiten zu entleerende Kästen zur Einlieferung von →Briefsendungen. – *Mietbriefkästen* auf Antrag in Gasthöfen, Sanatorien usw. gegen eine Pauschgebühr für Hergabe, Unterhaltung und Leerung der Kästen. – *Luftpostbriefkästen:* Vgl. →Luft-postsendungen.

Briefkastengesellschaften, →Basisgesell-schaften II 4 a).

Briefkopf, auf dem Briefbogen aufgedruckte Angabe von Firmenname, Geschäftszweig und Anschrift des Absenders sowie u. U. des →Lagos. – *Zwingend vorgeschriebene Angaben:* Vgl. → Geschäftsbriefe.

Briefkurs, →Kurs, zu dem ein Wertpapier oder eine Ware angeboten wird (Angebot = Brief). – *Gegensatz:* →Geldkurs. – Vgl. auch →Notierungen an der Börse.

Briefmarken, umgangssprachliche Bezeichnung für →Postwertzeichen.

Briefpostbuch, Sammlung von Bestimmungen für den Auslandspostdienst: a) Gebühren-vorschriften und allgemeine Versendungsbe-dingungen für gewöhnliche und eingeschrie-bene Briefsendungen (→Einschreiben) für Wertbriefe und Wertkästchen (→Wertsen-dungen); b) besondere Vorschriften, getrennt nach Ländern; c) Einfuhr- und Zollvorschrif-ten für Waren und Briefsendungen sowie Angaben über Einfuhrbeschränkungen und Beförderungsverbote. – Vgl. auch →Geld-postbuch.

Briefschließmaschinen, →Brieffalt- und -schließmaschinen.

Briefschulden, →öffentliche Kredit-aufnahme 2 a) (1).

Briefsendungen, Sammelbegriff der Postordnung für Briefe, Postkarten, Drucksa-chen, Briefdrucksachen, Massendrucksachen, →Büchersendungen, →Blindensendungen, →Warensendungen, →Wurfsendungen, Päckchen; im Auslandsdienst Drucksachen zu ermäßigter Gebühr. B. müssen in Format, Maßen und Gewicht so beschaffen sein, daß sie sich zur Beförderung mit der Briefpost eignen. – Briefe, Postkarten, Briefdrucksachen und Blindensendungen gelten als „eilige Brief-post", und werden schneller befördert. – Vgl. auch →unanbringliche Sendungen 1.

Brieftext-Anordnung, in der kaufmänni-schen Korrespondenz durch Normung der Papierformate und mit Rücksicht auf das Normalgewicht (20 g einschl. Briefhülle) weit-

gehend vereinheitlicht. Durch Verwendung genormter Vordrucke ist die Schreibarbeit zu erleichtern und zu beschleunigen, etwa durch Festlegung eines Rahmens für die Anschrift des Empfängers mittels Einwinkelung (neun Zeilen) und eine Bezugszeichenreihe mit den Leitwörtern „Ihr Zeichen", – „Ihre Nachricht vom", – „Unsere Nachricht vom" – „Unsere Zeichen" – „Ort und Datum", unter die jeweils die Angaben einzusetzen sind. Einheit-liche Randeinstellung (Grad 10 = 20 mm vom Briefrand), Einrückungen (kurzzeilig 30°, langzeilig 15°) und Grußformel (45° bei Zei-lenschluß auf 75°).

Briefträgerproblem, →Chinese-postman-Problem.

Briefvernichtungsmaschine, →Aktenver-nichter.

Briefwechsel, →Korrespondenz.

Bringschuld, am →Wohnsitz des Gläubigers zu erfüllende Schuld, bei der der Wohnsitz des Gläubigers →Erfüllungsort ist. – B. beruhen meist auf Vereinbarung oder →Verkehrssitte. – *Gegensatz:* →Holschuld, →Schickschuld (kraft Gesetz die meisten Verpflichtungen).

Bringsystem, organisatorisches Prinzip der →Materialbereitstellung im Industriebetrieb, bei dem das zu verarbeitende Material an den Werkplatz geliefert wird. Erforderlich: Beson-dere Steuerungsmaßnahmen seitens der →Arbeitsvorbereitung; →Produktionssteue-rung; Einrichtung eines Anlieferungssystems. B. ist wesentliches Element eines materialfluß-orientierten Fertigungssystems. – *Gegensatz:* →Holsystem.

British Commonwealth of Nations, →Com-monwealth II.

British thermal unit (Btu), Energieeinheit in Großbritannien. 1 Btu = 1055,056 →Joule.

Broker, englische Bezeichnung für →Kursma-kler die allein berechtigt sind, Börsenaufträge der Banken und des Publikums anzunehmen und auszuführen. Der B. stellt die Verbindung her zwischen Publikum und →Jobber oder Dealer (der zweiten Kategorie der Londoner Börsenmitglieder), die ihrerseits nur für eigene Rechnung Geschäfte abschließen dürfen. – Für seine Tätigkeit erhält der B. eine Makler-gebühr *(Brokerage)*.

Brook's law, →Brooksches Gesetz.

Brookssches Gesetz, *Brooks' law,* im →Soft-ware Engineering gern zitiertes „Gesetz", das F. P. Brooks jr. hinsichtlich des →Projektma-nagements formuliert hat. Es besagt, daß Softwareentwicklungsprojekte, die bereits in Terminverzug geraten sind, durch zusätzli-chen Personaleinsatz nicht beschleunigt, son-dern eher noch stärker verzögert werden.

Broschüre, Druckschrift geringen Umfangs. Postversand im Inland als →Büchersendung im Ausland als Drucksache zu ermäßigter Gebühr (→Drucksachen). Nur zulässig, wenn keine reine Werbeschrift.

BRT, Abk. für →Bruttoregistertonne.

Bruchschaden, Schadensereignis bei der →Transportversicherung. – 1. *Gewöhnlicher Bruch:* Folge des Transportvorgangs, z. B. B. durch Erschütterungen o. ä. Ergibt sich meist aus der Beschaffenheit der transportierten Güter und kann bei bestimmten Gütern (z. B. Umzugsgut, Glas, Porzellan) gegen Prämienzulage mitversichert werden (Bruchklauseln), wobei der Versicherungsnehmer vielfach über eine Franchise am Schaden beteiligt wird (subjektives →Risiko). Ein Nachweis, welches Ereignis den Bruch verursacht hat, wird im Schadensfall nicht verlangt, sondern lediglich, daß der Bruch während der Dauer der Versicherung entstanden ist. – 2. *Außergewöhnlicher Bruch:* Folge einer typischen Transportgefahr (Brand, Blitzschlag, Explosion, Transportmittelunfall, sonstige Ereignisse höherer Gewalt). Die außergewöhnliche Bruchgefahr ist bei allen Gütern ohne weiteres in die Transportversicherung eingeschlossen.

Bruchteileigentum, →Miteigentum.

Bruchteilgemeinschaft, →Gemeinschaft.

Bruchteilversicherung, Versicherungsform besonders bei der →Einbruchdiebstahlversicherung und →Leitungswasserversicherung größerer Warenlager, bei der ein Bruchteil des Gesamtwertes versichert wird. Der Bruchteil – meist zwischen 5% und 25% – bildet die Höchstgrenze der Ersatzleistung, bis zu der der Versicherer jeden Schaden voll ersetzt, vorausgesetzt, daß im Schadensfall der Gesamtwert der versicherten Sachen nicht höher ist als die Summe, von der der Bruchteil berechnet ist. Andernfalls Berechnung wie →Unterversicherung.

Brückenbeispiele, Bezeichnung bei REFA für Vergleichsbeispiele, die Voraussetzung für die Anwendung des Rangreihenverfahrens (→Arbeitsbewertung II 1a) sind. B. sind aus verschiedenen Wirtschaftszweigen ausgewählt.

Brunei, Sultanat im Nordwesten von Borneo. – *Fläche:* 5765 km². – *Einwohner* (E): (1985, geschätzt) 222 000 (38,5 E/km²). 65% der E sind Malayen, 21% Chinesen und 14% Ureinwohner (Iban und Dusun). – *Hauptstadt:* Bandar Seri Begawan (50 000 E); weitere wichtige Städte: Tutgong (43 000 E), Seria (ca. 20 000 E), Kuala Belait (ca. 5000 E). – B. ist in vier Distrikte *gegliedert:* Brunei, Belait, Tutgong und Temburong. – *Amtssprache:* Bahasa Belayu. *Verkehrssprache:* Englisch.

W i r t s c h a f t : Grundlage der Wirtschaft und von weltwirtschaftlicher Bedeutung ist die Erdöl- und Erdgasförderung. Dieser Zweig beschäftigt ca. 15% der erwerbstätigen Personen. Für die weitere Entwicklung und Industrialisierung besteht ein Mangel an einheimischen Facharbeitern. Die Landwirtschaft ist unbedeutend, ihr Anteil am BIP beträgt unter 1%. – *BSP:* (1985, geschätzt) 3940 Mill. US-$ (17 580 US-$ je E; weltweit eins der höchsten BSP je E). – *Export:* (1983) 3386 Mill US-$; 99% der Deviseneinnahmen durch Export von Erdöl und Erdgas. – *Import:* (1983) 728 Mill. US-$, v. a. Nahrungsmittel (80% aller Lebensmittel müssen importiert werden). – *Handelspartner:* Japan, USA, Singapur, Großbritannien, Malaysia. – Die *Devisenreserven* betrugen (1983) ca. 14 Mrd. US-$.

V e r k e h r : Keine öffentliche *Eisenbahn, Schiffsverbindung* nach Singapur; *Poyal Brunei Airlines* fliegt von der Hauptstadt Singapur Malaysia und einige andere benachbarte Staaten an.

M i t g l i e d s c h a f t e n : UNO, ASEAN, OIC, UNCTAD; Commonwealth.

W ä h r u n g : 1 Brunei-Dollar (BR$) = 100 Cents.

brutto, im kaufmännischen Sprachgebrauch a) vor Abzug der Steuern, Abschreibungen usw. (z. B. Bruttopreis, Bruttogewinn, Bruttosozialprodukt) oder b) mit Verpackung (z. B. Bruttogewicht). – *Gegensatz:* →netto.

Bruttoarbeitsentgelt, →Arbeitsentgelt vor Abzug von Steuern, Sozialversicherungsbeiträgen usw. Das B. dient als Grundlage der Berechnung der Steuern und der Sozialversicherungsbeiträge. Ggf. Lohnsteuerfreibeträge sind für die Berechnung der Sozialversicherungsbeiträge hinzuzurechnen. – *Berechnung:* Vgl. →Bruttolohnermittlung. – *Gegensatz:* →Bruttoarbeitsentgelt.

Bruttoaufschlag, →Handelsaufschlag.

Bruttobedarf, in der Produktionsplanung und -steuerung der noch nicht um Lagerbestände, erwarteten Ausschuß u. a. Faktoren bereinigte →Primärbedarf oder →Sekundärbedarf. – Vgl. auch →Bruttobedarfsermittlung.

Bruttobedarfsermittlung, erster Teil der programmgebundenen →Bedarfsmengenplanung. Mit Hilfe von →Stücklisten und Rezepturen (Materialbedarf pro Erzeugnis) wird aus dem →Produktionsprogramm der zur Realisierung des Programms insgesamt notwendige Bedarf pro Materialart (Bruttobedarf; vgl. ergänzend →Nettobedarfsermittlung) für die Planungsperiode errechnet. Dafür stehen verschiedene Verfahren der →Stücklistenauflösung zur Verfügung.

Bruttobetrieb, wirtschaftlich, technisch und sozial abgrenzbare Verwaltungseinheit, deren sämtliche Einnahmen und Ausgaben im Trägerhaushalt erscheinen; vgl. auch →öffentliche Unternehmen II 1. – *Gegensatz:* →Nettobetrieb.

Bruttobilanz, *Umsatzbilanz, Summenbilanz,* Zusammenstellung der Kontenumsätze eines Geschäftsjahres oder kürzeren Rechnungsabschnitts zur Vorbereitung des →Abschlusses. – Vgl. auch →Hauptabschlußübersicht, →Bilanz.

Brutto-Bodenproduktion, die aus pflanzlicher und tierischer Nahrungsmittelproduktion resultierende Bodenleistung ohne Rücksicht auf die Art ihrer Verwertung. Einbezogen sind alle landwirtschaftlich genutzten Flächen mit ihren ermittelten oder geschätzten Erträgen. Als gemeinsamer Nenner, der die Zusammenfassung zu Gesamtzahlen ermöglicht, wird die →Getreideeinheit benutzt.

Bruttodividende, Dividende, die im Gegensatz zur →Bardividende den körperschaftsteuerlichen Anrechnungsanspruch einschließt. Die B. ist somit 56,25% höher als die Bardividende.

Bruttoeinkaufspreis, der vom Lieferanten dem Einzelhändler in Rechnung gestellte Verkaufspreis. – *Gegensatz:* →Nettoeinkaufspreis.

Bruttoerfolg, *Bruttoergebnis, Bruttogewinn, Rohgewinn.* 1. Allgemeiner Sammelbegriff für perioden- oder objektbezogene *Überschüsse,* bei denen von der (oft nur vorläufigen) positiven Erfolgskomponente (Erlös, Ertrag, Leistung) nur bestimmte Teile der negativen Erfolgskomponente abgezogen werden. Tritt in mannigfaltigen Formen und unter vielfältigen Bezeichnungen auf, je nach dem, wie die gegenüberzustellenden Rechengrößen sowie der sachlich-zeitliche Bezugsrahmen abgegrenzt werden. – 2. I. e. S. oft auf die →*Handelsspanne* (Warenbrutto- oder Rohgewinn) sowie die Differenz zwischen Erlös bzw. Preis und (spezifizierten) →Teilkosten bzw. Differenzkosten beschränkt; ältere Bezeichnung für →Deckungsbeitrag. – 3. Die *im Rahmen der Gewinn- und Verlustrechnung ermittelten Zwischenergebnisse* sind B., z. B. beim Umsatzkostenverfahren nach §275 III HGB die Positionen 3 „Bruttoergebnis vom Umsatz" und 13 „Ergebnis der gewöhnlichen Geschäftstätigkeit". – 4. Auch →*Zinsspanne,* →*Wertschöpfung* und *Nettoproduktionswert* (→Nettoproduktion) können als B. interpretiert werden.

Bruttoerfolgsrechnung, Sammelbegriff für Systeme und Verfahren zur Ermittlung und Analyse von →Bruttoerfolgen (u. a. →Bruttogewinnanalyse, →Deckungsbeitragsrechnung).

Bruttoergebnis, →Bruttoerfolg.

Bruttoergebnisrechnung, kostenträgerbezogene Gegenüberstellung von den direkt zurechenbaren →Einzelkosten bzw. →variablen Kosten und den →Nettoerlösen. Die damit ermittelten →Deckungsbeiträge müssen in ihrer Gesamtsumme ausreichen, die den einzelnen Produkten nicht direkt zurechenbaren →Gemeinkosten bzw. →fixen Kosten zu decken. Kennzeichnend für Teilkostenrechnungssysteme (→Teilkostenrechnung). – *Gegensatz:* →Nettoergebnisrechnung.

Bruttoerlös, Basiserlös (→Erlös), zuzüglich eventuell anfallender Zuschläge, z. B. für Mindermengen. – *Gegensatz:* →Nettoerlös.

Brutto-Etatisierung, unsaldierter Ausweis aller Einnahmen und Ausgaben von Verwaltungseinheiten im Trägerhaushalt (→Bruttobetrieb, →Regiebetrieb). – *Gegensatz:* →Netto-Etatisierung.

Brutto für netto (bfn), →Handelsklausel in Kaufverträgen, nach der der Kaufpreis entgegen §380 HGB ohne Abzug der →Tara (Verpackungsgewicht) vom Bruttogewicht der Ware zu berechnen ist, d. h. der Preis versteht sich für das Gewicht der Ware einschl. Verpackung.

Bruttogewinn. 1. *Kostenrechnung:* Synonym für →Warenrohgewinn (Warenbruttogewinn), →Bruttoerfolg oder →Deckungsbeitrag (vgl. auch →Bruttogewinnanalyse). – 2. *Handelsrecht:* Vgl. →Rohergebnis.

Bruttogewinnanalyse. 1. *Begriff:* Analyse des auf die produzierende Einheit bezogenen Bruttogewinns (→Deckungsbeitrag). a) Verfahren der →kurzfristigen Erfolgsrechnung auf Grenzkostenbasis; b) →Auswertungsrechnung der →Einzelkostenrechnung (vgl. insbes. →Einzelkostenrechnung, →Deckungsbeitragsrechnung). – 2. *Durchführung:* Beim Vorliegen mehrerer Engpässe dient B. als Auswahlkriterium für das Produktionsprogramm (→engpaßbezogener Deckungsbeitrag; liegt kein Kapazitätsengpaß vor, so muß das Produkt mit dem größten Bruttogewinn gefördert werden. Bei Vollbeschäftigung sind die auf die Laufzeit (genauer auf die Dauer der Nutzung des maßgeblichen Engpasses) bezogenen Bruttogewinne Kriterien für die absatzpolitische Förderungswürdigkeit (→speed factor). Hierzu ist es erforderlich, daß gewinnmaximale Fertigungsprogramm simultan zu bestimmen, die B. ist z. B. mit Hilfe der →linearen Programmierung durchzuführen.

Bruttoinlandsprodukt (BIP), →Sozialprodukt.

Bruttoinvestition, Summe aus Bruttoanlageinvestition und Vorratsveränderung. Dabei besteht die Bruttoanlageinvestition aus Käufen von Investitionsgütern und selbsterstellten Anlagen. – *Gegensatz:* →Nettoinvestition. – Vgl. auch →Investition.

Bruttokreditaufnahme, Schuldenaufnahme am Kreditmarkt (ohne Abzug der Schuldentil-

gung) – *Gegensatz:* →Nettokreditaufnahme. –
Vgl. auch →öffentliche Kreditaufnahme.

Bruttoleistung, →Bruttoproduktion.

Bruttolohn, →Bruttoarbeitsentgelt.

Bruttolohnermittlung, Berechnung des
Arbeitsentgelts einer Periode je nach dem
vereinbarten Leistungs- oder Zeitlohn in
Form des →Bruttoarbeitsentgelts (in dem
Steuer- und Versicherungsabzüge enthalten).
Als Unterlage zur Lohnberechnung dient ein
besonderer Zettel für jeden Beschäftigten, auf
dem Leistung oder Zeit (evtl. auch beide
Faktoren) vom Meister vermerkt werden
(→Akkordzettel). Aus rechnungstechnischen
Gründen kann es nötig sein, für verschiedenartige Arbeiten und für Arbeiten, die verschiedenen Aufträgen zufallen, den Lohn auf
gesonderten Akkordzetteln zu ermitteln; das
Bruttoarbeitsentgelt ergibt sich dann je Arbeiter aus mehreren →Lohnzetteln. Beim Zeitlohn entwickelt sich die Höhe des Bruttoar-
beitsentgelts aus den tariflichen oder einzel-
vertraglichen Bestimmungen.

Bruttolohn- und -Gehaltssumme, die in der
Statistik im →Produzierenden Gewerbe
erfaßte Kontrollgröße für die Beurteilung der
Marktleistung und des Beschäftigungsstandes
einzelner Industriegruppen. Die B. umfaßt die
Summe von Löhnen und Gehältern zuzüglich
aller Zuschläge und Zulagen, die mit der
Arbeitsleistung in unmittelbarem Zusammenhang stehen. Einbegriffen sind Deputate,
Werkwohnungen, Urlaubsgeld, Gratifikationen, Gewinnbeteiligungen u. a.; nicht in den B.
enthalten sind Arbeitgeberbeiträge zur Sozialversicherung und freiwilliger Sozialaufwand
sowie Vergütungen, die als Spesenersatz anzusehen sind.

Bruttopreisliste, Liste mit empfohlenen
Richtpreisen (→Preisempfehlung), die für die
Händler eine Kalkulationshilfe darstellt und
gegebenenfalls durch eine betriebsindividuelle
Kalkulation (nach unten) korrigiert wird.

Bruttoprinzip, →Haushaltsgrundsätze II 1.

Bruttoproduktion, *Bruttoleistung.* 1. *I. w. S.:*
Gesamtwert der von einer Wirtschaftseinheit
für andere Wirtschaftseinheiten in einer
Periode produzierten Güter (Waren und
Dienstleistungen). – 2. *I. e. S.:* Begriff der
Produktionsstatistik (auch *Bruttoproduktionswert*): a) Bei *Produktionsunternehmen:* Wert
der Verkäufe von Waren und Dienstleistungen
aus eigener Produktion sowie vom Handelsware an andere Wirtschaftseinheiten, vermehrt um den Wert der Bestandsveränderungen an halbfertigen und fertigen Erzeugnissen
aus eigener Produktion und um den Wert der
selbsterstellten Anlagen. – b) Bei *Kreditinstituten:* Wert der Einnahmen aus Gebühren u. ä.,
vermehrt um den Saldo zwischen Ertragszin-
sen und Kreditprovisionen und anderen Ver-

mögenseinkommen der Kreditinstitute einerseits und ihren Aufwandszinsen andererseits. –
c) Bei *Versicherungsunternehmen:* Saldo aus
Beitragseinnahmen und Erträgen aus Vermögensanlagen einerseits und den in derselben
Periode fälligen Leistungen andererseits. – d)
Beim *Staat* und den *privaten Organisationen
ohne Erwerbszweck:* Summe der Aufwandspo-
sten Einkommen aus unselbständiger Arbeit,
geleistete Produktionssteuern, Abschreibungen und Vorleistungen (→Staatsverbrauch).

Bruttoproduktionsindex, →Produktionsin-
dex 2.

Bruttoproduktionsrate, →Fertilitätsmaße 4.

Bruttoproduktionswert, →Bruttoproduktion
2.

Bruttorechnung. 1. *I. w. S.:* In der Erfolgsrechnung werden die einzelnen Aufwendungen und Erträge unsaldiert ausgewiesen (Bruttoprinzip). Seit Inkrafttreten des →Bilanz-
richtlinien-Gesetzes ist das Saldierungsverbot
ausdrücklich im Handelsrecht (§ 246 II HGB)
kodifiziert. – 2. *I. e. S.:* Wareneinkaufskonto
und Warenverkaufskotno werden nicht miteinander verrechnet, sondern über das
Gewinn- und Verlustkonto abgeschlossen:
Der Saldo des Wareneinkaufskontos
(→Wareneinsatz) geht direkt in die Erfolgsrechnung. Die Gegenüberstellung des Waren-
verkaufs und des Wareneinsatzes erfolgt im
→Verlust- und Gewinnkonto. Der Vorteil des
Bruttoabschlusses besteht darin, daß er aufzeigt, wie der Rohgewinn zustandekommt.

Bruttoregistertonne (BRT), Maßeinheit des
Volumens aller Ladungs-, Passagier-, Perso-
nal-, Maschinen- und sonstigen Räumen eines
Schiffes. 1 BRT = 100 Kubik-Fuß = 2,83 m³.
Die für Passagiere und Ladung nutzbaren
Räume werden in *Nettoregistertonnen (NRT)*
angegeben.

Bruttosozialprodukt (BSP), →Sozialprodukt.

Bruttoumsatzsteuer, →Umsatzsteuer, die in
einem bestimmten Prozentsatz vom gesamten
Entgelt, d. h. vom kumulierten Umsatzwert
(eigener Umsatz + Umsatz der Vorstufen),
geschuldet wird. – *Gegensatz:* →Nettoumsatz-
steuer. – Vgl. auch →Umsatzbesteuerung.

Bruttoverdienst, das in der →Lohnstatistik
erfaßte Arbeitsentgelt, das – bezogen auf die
Anzahl geleisteter Wochenarbeitsstunden
bzw. bezahlter Wochenstunden – in der amtlichen Statistik als Maßgröße für die Einkommensentwicklung von Industriearbeitern und
Angestellten gilt. Als B. gelten Lohn und
Gehalt, wie sie tariflich oder frei vereinbart
dem Arbeitnehmer im Berichtszeitraum
berechnet werden, einschl. tariflicher und
außertariflicher Leistungs-, Sozial- und sonstiger Zulagen. Nicht zum B. gehören jene
Beträge, die gezahlt werden, ohne daß sie der
Arbeitstätigkeit der Erhebungszeit zuzuschrei-

ben wären, wie z. B. Nachzahlungen, Trennungsentschädigung, 13. Monatsgehalt, Gewinnbeteiligung u. a. – Im B. der →*Jahresverdiensterhebung* sind die einmaligen und unregelmäßigen Zahlungen enthalten.

Bruttoverdienstspanne.   →Handelsaufschlag.

Bruttoverkaufspreis, der dem Konsumenten in Rechnung gestellte Verkaufspreis. B. gemindert um den Gegenwert von Rabattmarken und sonstige Preisnachlässe oder der um betriebsindividuelle Abschläge korrigierte empfohlene Preis (→Preisempfehlung) ergibt den *Nettoverkaufspreis.*

Bruttovermögen, →Vermögen IV.

Bruttozins, Gesamterlös für die zeitweilige Überlassung von Kapital. Der B. enthält neben Kreditzins (→Nettozins) sämtliche vom Kreditnehmer zu tragenden Nebenkosten, so Risikoprämie und Verwaltungskosten (Kreditprovision u. a.).

BS, Abk. für →Betriebssystem.

BSA, Abk. für →Bundessortenamt.

BSchVG, Abk. für Gesetz über den gewerblichen Binnenschiffsverkehr (→Binnenschiffsrecht).

BSG, Abk. für →Bundessozialgericht.

BSL, Abk. für →Bundesverband Spedition und Lagerei e. V.

BSprA, Abk. für →Bundessprachenamt.

BSV, Abk. für →Bundesschuldenverwaltung.

BS 2000 *Betriebssystem 2000,* seit 1969 von Siemens für Großrechner (→Rechnergruppen) angebotenes →Betriebssystem, das seitdem ständig weiterentwickelt wurde. Seit Anfang der 80er Jahre deckt es den gesamten Bereich der Siemens-Großrechner ab, seit 1985 auch auf einem →Mikrorechner im vollen Funktionsumfang verfügbar. – *Besonderheiten:* v. a. auf die Funktionen und Eigenschaften des →Dialogbetriebs ausgelegt; bedient bis zu 240 Benutzer gleichzeitig, wobei jedem Benutzer ein eigener virtueller →Adreßraum (vgl. auch →virtueller Speicher) von 6 bis 8 Megabyte zur Verfügung gestellt werden kann. – Durch *neuere Entwicklungen* wächst das Leistungsspektrum von BS 2000 über das von VM (→virtuelle Maschine 3) hinaus und in die Dimension von →MVS hinein.

Btx, Abk. für →Bildschirmtext.

BuBaW-Verfahren, *Bestellung unter Bezugnahme auf Werbemittel,* Methode der →Werbeerfolgskontrolle, bei der die Zahl der eingegangenen Bestellungen unter Verwendung eines gestreuten Bestellscheins als Maß für den Werbeerfolg dient. – *Ähnlich:* →Anfragenkontrolltest, →Coupon-Test.

bubble policy, →Blasenpolitik.

Buchauszug. 1. *Allgemein:* Geordneter Auszug aus den →Geschäftsbüchern eines Kaufmanns. – 2. *B. an den Handelsvertreter:* Dem →*Handelsvertreter* ist auf Verlangen bei der Abrechnung ein B. zu erteilen, der alle für den Provisionsanspruch wesentlichen Umstände (auch nicht buchungspflichtige) enthält (§ 87 c HGB).

Buchbestände, die aus den Eintragungen in die Hauptbuchkonten sich ergebenden aktiven oder passiven Bestände. Die durch →Inventur aufgenommenen Bestände werden als Ist-Bestände bezeichnet. Differenzen zwischen Buch- und Ist-Beständen sind möglich durch Buchungsfehler, Diebstahl, natürliche Mengen- und Wertabnahmen innerhalb der Lagerzeit (Eintrocknen, Verderben, Verdunsten, Veralten usw). Der Ist-Bestand ist für die →Bilanz maßgebend, eine Differenz zum B. wirkt sich als Aufwand in der →Gewinn- und Verlustrechnung aus. – Vgl. auch →laufende Inventur.

Buchbestandspreis, →Durchschnittspreis von Rohstoffen und Materialien, der sich aus den Mengen und Einstandswerten des Anfangsbestandes und der Zugänge unter Berücksichtigung der Abgänge zum Einstandspreis ergibt und sich bei Preisänderungen infolgedessen bei jedem Zugang ändert.

Bucheffekten, →Wertrecht-Anleihe.

Bücher, Begriff des kaufmännischen Sprachgebrauchs für →Geschäftsbücher.

Bücher, Karl, 1847–1930, deutscher Sozialökonom und Wirtschaftshistoriker an der Universität Leipzig. B. wurde besonders bekannt durch seine →Stufentheorie und das →Gesetz der Massenproduktion. – *Hauptwerke:* „Die gewerblichen Betriebsformen in ihrer historischen Entwicklung" 1892, „Die Entstehung der Volkswirtschaft" Bd. I. 1893, Bd. II 1912, „Arbeit und Rhythmus" 1896, „Das Gesetz der Massenproduktion" 1910.

Büchersendung, Form der →Briefsendung. Als B. können gedruckte Bücher, Broschüren, Notenblätter, Landkarten mit besonderen Merkmalen verbilligt durch die Post im *Inlandsdienst* versandt werden (Vermerk in der Aufschrift „Büchersendung", offene Umhüllung oder Streifband). →Nachnahmesendung, →Einschreiben nicht zugelassen. Im *Auslandsdienst* „Drucksache zu ermäßigter Gebühr" (imprimé à taxe reduite); →Drucksachen.

Bücherzettel, gebührengünstige, postalische Versendungsart. Bestellung von Büchern, Broschüren, Notenblättern und Landkarten von oder an Buchhandlungen in der Form von Postkarten oder mit Umschlag. Nur Angaben nach amtlichem Muster zugelassen. Vermerk in der Aufschrift „Büchersendung" oder „Bücherzettel".

Buchforderungen, die in den Geschäftsbüchern vermerkten Forderungen, in erster Linie gegenüber Warenabnehmern: „Forderungen aus Lieferungen und Leistungen", →Debitoren. Verrechnung mit →Kreditoren unzulässig. – Bei der Bilanzierung sind *uneinbringliche Forderungen* abzuschreiben, →*zweifelhafte Forderungen* mit ihrem wahrscheinlichen Wert einzusetzen. (→Delkredere). Gehen abgeschriebene Forderungen nachträglich ein, sind sie über sonstige betriebliche Erträge zu verbuchen. – *Gegensatz:* →Buchschulden.

Buchführung, *Buchhaltung.*

I. Geschichte: Im 14. Jh. tauchten erstmals Handelsbücher auf, die jedoch lediglich Kreditgeschäfte enthielten. Erst nach und nach erfaßte man alle Geschäfte, zunächst nur getrennt nach Ein- und Verkäufen; später wurden Leistungen und Gegenleistungen gegenübergestellt und schließlich Personenkonten gebildet. Ein weiterer Fortschritt war die Erfindung der doppelten Buchhaltung, die allgemein dem Franziskanermönch Pacioli (1494) zugeschrieben wird. In dem Bestreben, die B. immer mehr zu vervollkommnen, wurde diese älteste italienische Form der doppelten B. weiterentwickelt über die deutsche, die französische bis zu der heute noch in Kleinbetrieben gebräuchlichen Methode der amerikanischen B. Die wirtschaftliche Entwicklung machte es erforderlich, daß von staatlicher Seite B.- und Bilanzierungs-Bestimmungen ergingen und daß der Buchhaltungsaufbau der gesamten Wirtschaft schließlich 1937 durch die „Richtlinien zur Organisation der B." planvoll gestaltet und vereinheitlicht wurde. Das Streben nach Vereinheitlichung fand Ausdruck im →Kontenrahmen und →Kontenplan. Der für jeden Wirtschaftszweig gesondert ausgearbeitete Kontenrahmen bezeichnet alle Konten der B. ihrem Inhalt nach und grenzt sie voneinander ab. Der Kontenplan ist eine Übersicht über alle der B. eines einzelnen Betriebs geführten Konten; er trägt den besonderen Verhältnissen jedes Betriebes Rechnung, sollte aber dem entsprechenden Kontenrahmen angepaßt sein.

II. Begriff/Aufgaben: 1. *Begriff:* Unter B. versteht man die planmäßige und lückenlose Aufzeichnung aller Geschäftsvorfälle, die im Unternehmen mit Werten zusammenhängen, und zwar in zeitlichem Ablauf mit Inhalts- und zahlenmäßiger Wertangabe. Die B. sammelt, ordnet und gruppiert dieses Zahlenwerk und entwickelt daraus in regelmäßigen Zeitabständen (monatlich, jährlich) einen Abschluß, den →Jahresabschluß. Die kaufmännische B. ist die Grundlage und neben →Kostenrechnung (→Kalkulation), →betriebswirtschaftlicher Statistik (Vergleichsrechnung) und Planung (Vorschaurechnung) das Hauptglied des →Rechnungswesens der kaufmännischen Unternehmung. –

2. *Aufgaben:* a) *Hauptaufgabe* der B. ist die Ermittlung des Erfolges durch Erfassung von Aufwendungen und Erträgen in der Gewinn- und Verlustrechnung und die Darstellung von Vermögenslage und -änderungen durch die Bilanz auf der Grundlage einer Inventur. – b) Daneben hat die B. noch zahlreiche *Sonderaufgaben:* Sie ermöglicht die Beobachtung der Umsatzgröße und der Umsatzschnelligkeit, durchleuchtet die Kapital- und Schuldenverhältnisse, gewährt Einblick in Zahlungsbereitschaft und Risikogestaltung und liefert das Zahlenmaterial für Zwecke der Selbstkostenrechnung, Statistik und Planung. Sie ist ein Hilfsmittel für die Gläubiger und die Unterlage für die Besteuerung. – 3. *Gliederung:* Die B. gliedert sich in zwei Teilbereiche: a) *Geschäfts-* oder →*Finanzbuchhaltung (pagatorische B.):* Die offizielle Gesamtabrechnung der Unternehmung. Sie erfaßt den äußeren Kreis. Ihre Zahlen liefern den periodischen Abschluß (Bilanz sowie Gewinn- und Verlustrechnung), der sich kontinuierlich in den Vorträgen auf das nächste Jahr fortsetzt. Alle Nachweise über Kapitalbewegung, Geldverkehr, Vermögen und Schulden sind in ihr enthalten. Sie hat Aufgaben zu erfüllen, die jeder Buchhaltung allgemein gestellt sind, ist in ihrer Ausgestaltung zeimlich unabhängig vom Wirtschaftszweig und der Leistungsart des Betriebes. – b) →*Betriebsbuchhaltung (kalkulatorische B.):* Bildet zusammen mit der Kalkulation das Gebiet der Kostenrechnung, deren Hauptaufgabe die Erfassung, Verteilung und Zurechnung von Kosten und Leistungen ist.

III. Buchführungspflicht: Sie ergibt sich für die Geschäftsbuchführung aus §§ 238 ff. HGB (handelsrechtlich) und §§ 140 ff. AO (steuerrechtlich) sowie diverse Sondervorschriften. Eine Betriebsbuchführung ist nicht erforderlich. Bei der B. sind handels- und steuerrechtlich die →*Grundsätze ordnungsmäßiger Buchführung* einzuhalten. Sie gelten als gewahrt, wenn die Eintragungen insbes. nach Form und Inhalt fortlaufend, vollständig und richtig bewirkt werden, so daß sich ein sachverständiger Dritter innerhalb angemessener Zeit einen Überblick über die Entstehung und Abwicklung der Geschäftsvorfälle und über die Lage des Unternehmens verschaffen kann (§ 238 I HGB). Vgl. auch →handelsrechtliche Buchführungsvorschriften. Bücher und Aufzeichnungen, die diesen Voraussetzungen entsprechen, haben die *Vermutung ordnungsmäßiger Führung,* für sie und sind der Besteuerung zugrunde zu legen (§ 158 AO). Ist die B. materiell *nicht ordnungsgemäß,* so hat das Finanzamt das Recht zur →Schätzung des Betriebsergebnisses (§ 162 AO). – Vgl. ergänzend auch →Buchführungspflicht.

IV. Ort der B. und der Aufbewahrung der Bücher: Handelsrechtlich nicht vorgeschrieben (steuerliche Ausnahme vgl. § 50 I 3 EStG). Bei →Fernbuchführung wird die B. nicht im Unternehmen selbst, sondern durch betriebsfremde Dritte außerhalb des Unternehmens (z. B. Buchstelle, Steuerberater) vorgenommen; vom Buchführungspflichtigen sind lediglich fortlaufende Grundaufzeichnungen (z. B. Kassenbuch) vorzunehmen. Die Fernbuchführungsstellen ihrerseits bedienen sich z. T. berufsständischer oder privater Datenverarbeitungszentralen (→Datev). – Vgl. ergänzend auch →Aufbewahrungspflicht.

V. S y s t e m e d e r B.: 1. *Einfache B.:* Diese B. bucht nur Zu- und Abgänge in chronologischer Reihenfolge. Sie verwendet das Kassenbuch für Bargeschäfte, das Tagebuch für unbare Geschäftsvorfälle, das Wareneingangsbuch für Lieferantenrechnungen, das Geschäftsfreundebuch (Kontokorrentbuch) für Veränderungen der Forderungen u. Schulden, das Inventar- und Bilanzbuch für die jährliche Bestandsaufnahme. Die einfache B. ermittelt den Erfolg durch Gegenüberstellung des Vermögens am Anfang und Schluß einer Rechnungsperiode, gibt aber keinen Aufschluß darüber, wie es über Aufwendungen und Erträge zu diesem Erfolg kommt.

2. *Doppelte B.:* Die doppelte B. ermittelt den Erfolg auf doppelte Weise: durch die Bilanz und durch die Erfolgsrechnung. Dadurch ist stets die Kontrolle für die Richtigkeit des ausgewiesenen Ergebnisses gegeben. – a) Die doppelte B. geht davon aus, daß jeder Vorgang, der eine Veränderung eines in der Bilanz enthaltenen Postens zur Folge hat, notwendig auch einen zweiten Posten ändern muß, da sonst die Bilanzgleichung gestört würde. Jeder buchungsfähige Geschäftsvorfall hat also *zwei wertgleiche Buchungen* zur Folge, eine Soll- und eine Habenbuchung. Während sich bei den Aktivkonten die Vermögenszunahmen auf der Sollseite und die Vermögensabnahmen auf der Habenseite auswirken, zeigen sich bei den Schuldkonten und dem Eigenkapitalkonto (Passivseite) die Zunahmen im Haben und die Abnahmen im Soll.

Aktivkonten	Passivkonten
Soll + | Haben –	Soll – | Haben +

b) *Bücher:* Die doppelte B. verwendet das Inventar- und Bilanzbuch, das die alljährlichen Vermögensaufstellungen und Bilanzen aufnimmt, das Grundbuch (Journal), in dem die Geschäftsvorfälle in chronologischer Reihenfolge, also so, wie sie anfallen, gebucht werden, und das Hauptbuch, das alle Buchungen, sachlich und systematisch geordnet, auf den einzelnen Konten zusammenfaßt. Außerhalb dieses Systems werden noch Nebenbücher geführt: das Kontokorrentbuch (Geschäftsfreundebuch), das Forderungen und Verbindlichkeiten erfaßt, das Lager- oder

Warenbuch für die Zu- und Abgänge der Waren, das Besitz- und das Schuldwechselbuch, das Anlagenbuch, Porto-, Nachnahmen- und Lohnbuch u. a. Sie verzeichnen alle Vorfälle im einzelnen und können zur Kontrolle mit dem Hauptbuch abgestimmt werden. Der Begriff „Bücher" ist unabhängig von der äußeren Form zu sehen. Statt gebundener Bücher sind auch die →Loseblattbuchführung, die →Offene-Posten-Buchführung oder die EDV-Datenträger geeignet, die Funktionen der Eintragungen ordnungsgemäß zu gewährleisten (§ 239 IV HGB). – c) Die doppelte B. kennt zwei *Kontenreihen:* Bestandskonten, die die in der Bilanz ausgewiesenen Vermögens- und Kapitalwerte übernehmen, weitere Zu- und Abgänge verrechnen und am Schluß der Rechnungsperiode ihren Endbestand wieder an die Bilanz abgeben, und die Erfolgskonten, die Aufwendungen (im Soll) und Erträge (im Haben) aufnehmen. Die Salden der Erfolgskonten werden zum Abschluß auf dem Gewinn- und Verlustkonto gesammelt. Überwiegen die Erträge, so muß der Gewinnsaldo zum Ausgleich im Soll, überwiegen die Aufwendungen, so muß der Verlustsaldo im Haben des Gewinn- und Verlustkontos erscheinen. Dieses wird bei Einzel- und Personenunternehmungen i. d. R. über Kapitalkonto abgeschlossen. Bei Kapitalgesellschaften wird sein Saldo als Jahresüberschuß/Jahresbetrag gesondert auf der Passivseite der Bilanz als Teil des Eigenkapitals ausgewiesen. – Vgl. auch →Bilanz und →Gewinn- und Verlustrechnung. – d) Der *Ablauf* der B.-Arbeit gliedert sich in folgende Phasen: (1) Erstellen von Eröffnungsinventar und -bilanz; (2) Aufstellen eines Kontenplans; (3) Vorbereiten der Bücher und Konten; (4) Buchen des laufend anfallenden Buchungsstoffes; (5) Probebilanzen und kurzfristige Erfolgsrechnungen zur Kontrolle der B.; (6) Aufnehmen der Bestände (Inventur); (7) Abschließen der Bücher und Konten; (8) Erstellen der Gewinn- und Verlustrechnung (Erfolgsrechnung); (9) Erstellung von Schlußinventar und -bilanz; letztere enthält die Werte für Eröffnungsinventar und -bilanz.

3. *Kameralistische B.,* auch *Behörden- oder Verwaltungsbuchführung* genannt: Das älteste System der B. Ihre Aufgabe besteht darin, den durch den Voranschlag oder Etat angeordneten oder geplanten Einnahmen und Ausgaben die tatsächlichen Einnahmen und Ausgaben gegenüberzustellen. Das Ergebnis daraus sind Etatüberschüsse oder Fehlbeträge. Als *Bücher* werden meist verwendet: a) das Kassenbuch mit Spalten zur Übertragung auf die einzelnen Etattitel; b) das Hauptbuch, auch Manual genannt, in dem in systematischer Ordnung die Ist- und Soll-Posten der jeweiligen Etattitel gegenübergestellt sind; c) das Bestands- oder Inventurbuch zur Darstellung der Vermögensteile und Schulden; d) etwaige Sachtagebü-

cher zur Kontrolle einzelner Bestände nach Art der Hilfsbücher der kaufmännischen Buchführung.

VI. F o r m e n / V e r f a h r e n : 1. Die *Übertragungs-B.*: Der in den Belegen gegebene Buchungsstoff wird zunächst im Grundbuch festgehalten und dann von hier auf die Hauptbuchkonten übertragen. – *Formen:* a) Die älteste Form ist die →*„italienische Buchführung"*, die für alle Vorgänge nur *ein* Grundbuch kannte, von dem aus täglich *direkt* in das Hauptbuch übertragen wurde. Erweiterung: Aufspaltung des Grundbuchs in Kassenbuch für bare und Tagebuch für unbare Geschäftsvorfälle. – b) Die →*„deutsche Buchführung"* entlastet das Hauptbuch, indem sie zwischen Grundbücher und Hauptbuch ein Sammelbuch einschiebt, das die Grundbuchungen sammelt und geordnet zum Hauptbuch weiterleitet. Erweiterungen neben Kassenbuch und Tagebuch als weitere Grundbücher das Einkaufs- und das Verkaufsbuch. – c) Die →*„französische Buchführung"* nimmt eine weitere Aufteilung der Grundbücher vor: zu den Grundbüchern der deutschen Form z. B. noch das Postgiro-, Bank-, Wechsel-, Effektenbuch. – d) Die →*„amerikanische Buchführung"*, erstmals von Degrange (1804) angewandt, kennt keine Trennung von Grund- und Hauptbuch. Sie ist eine Verbindung der chronologischen (Grundbuch) und der sachlichen (Hauptbuch) Gruppierung des Buchungsstoffes in einem Arbeitsgang (einstufige Form). Dies wird durch Verwendung eines Tabellenjournals (Journal, Hauptbuch) ermöglicht, in welchem die Spalten des Grundbuches (Datum, Text, Betrag) und die Einzelkonten des Hauptbuches mit Soll- und Habenspalten nebeneinander angeordnet sind. – e) Eine Übertragungs-B. ist auch die →Belegbuchhaltung. Die gesammelten Belege dienen als Grundbuchersatz. Von ihnen wird der Buchungsstoff sofort auf die Hauptbuchkonten übertragen.

2. *Durchschreibe-B.*: Die Durchschreibe-B. vereinfacht die Buchungsarbeit: In einem Arbeitsgang werden Grund- und Hauptbuch beschriftet. Entweder erfolgt die Urschrift in das Grundbuch mit gleichzeitiger Durchschrift auf d. darunterliegende Hauptbuchkonto oder umgekehrt. Beschriftung manuell oder maschinell.

3. *Lochkartenbuchführung:* Diese B. ist ein automatisiertes Buchführungsverfahren, bei dem der Inhalt der zu buchenden Belege mit einer Lochmaschine auf Lochkarten (→Lochkartenverfahren) übertragen wird. Die Lochkarten werden mit Hilfe von Sortiermaschinen nach zeitlichen oder sachlichen Gesichtspunkten zusammengestellt und durch Tabelliermaschinen, den eigentlichen Buchungsmaschinen, ausgewertet, in Zahlen und Text übersetzt, addiert, saldiert und in beliebigen Kontenblättern, Listen und Formularen ausge-

druckt, so daß zugleich mit den erforderlichen Buchführungsunterlagen zahlreiche für die kaufmännische Verwaltung in Einkauf, Produktion und Verkauf erforderlichen Daten bereitgestellt werden.

4. *Elektronische B.*: Diese B. bewältigt die bei den halbautomatisierten Lochkartenanlagen nacheinandergeschalteten Arbeitsvorgänge gewissermaßen gleichzeitig und in erheblich kürzerer Zeit auf elektronischen Datenverarbeitungsanlagen (EDV), die aus Eingabe-, Speicher-, Rechen- und Ausgabeeinheiten bestehen. – a) Kernstück der elektronischen B. ist ein *Buchführungsprogramm* (→Software; häufig ergänzt durch Zusatzprogramme, wie Fakturierung, Materialwirtschaft zum Zwecke gleichzeitiger Datenauswertung, →integrierte Datenverarbeitung), das die erforderliche Datenverarbeitung automatisch vollzieht, d. h. aus dem eingegebenen Buchungsstoff werden programmimmanent Buchungen abgeleitet. – b) Zwar gilt auch für EDV-B. das →Belegprinzip, doch genügt für maschinenintern erzeugte Buchungen der Nachweis der Ordnungsmäßigkeit durch die *Programmdokumentation*. – c) Während bei konventioneller EDV-B. die Buchungen im Anschluß an die Verarbeitung vollständig und dauerhaft lesbar gemacht werden, wird bei der sog. →Speicherbuchführung nur noch *Ausdruckbereitschaft* verlangt, d. h. der auf den Datenträgern gespeicherte Buchungsstoff braucht erst bei Bedarf ausgedruckt zu werden. – d) *Bedeutung:* Die EDV-B. hat in den letzten Jahren durch die technische Weiterentwicklung der EDV-Datenverarbeitungsanlagen (→Rechnergruppen) bei zunehmend günstigeren Preis-Leistungs-Verhältnis auch im Bereich der B.-programme zunehmende Verbreitung gefunden. Besonders auch für Mittel- und Kleinbetriebe eröffnen sich Möglichkeiten, die Daten der B. preiswert und schnell für andere betriebswirtschaftliche Zwecke auszuwerten und zu nutzen, die mit herkömmlichen Methoden nicht wirtschaftlich zu realisieren waren.

Buchführungspflicht. I. H a n d e l s r e c h t : 1. *Zweck der B.*: Systematische Dokumentation der Entstehung und Abwicklung der →Geschäftsvorfälle eines Kaufmanns, um ihm und ggf. Dritten (vgl. →Publizität) einen Überblick über die Lage des Unternehmens zu vermitteln (→Bilanz). – 2. *Buchführungspflichtig:* Jeder →Kaufmann, für den die Grenzen des § 4 HGB (→Minderkaufmann) überschreitet (so dann Kaufmannseigenschaft vgl. auch §§ 1–6 HGB). – 3. *Beginn der B.*: Grundsätzlich mit der Aufnahme des Handelsgewerbes; für den →Sollkaufmann und den →Formkaufmann i. d. R. also schon vor Eintragung ins →Handelsregister, im Gegensatz zum →Kannkaufmann, bei diesem erst mit Registereintragung. – 4. *Ende der B.*: Grundsätzlich mit dem Erlöschen der Kaufmannseigenschaft; beim →Mußkaufmann also mit der Einstellung des Handelsgewerbes, beim Soll- und Kannkaufmann mit der Löschung im Handelsregister, bei →Personengesellschaften und Formkaufleuten dagegen bis zur endgültigen →Abwicklung, also ggf. nach Löschung im Handelsregister.

II. Steuerrecht: 1. *Einkommen-, Körperschaft- und Vermögensteuer:* B. für Zwecke der Besteuerung nach Einkommen, Ertrag und Vermögen erheblich erweitert. a) Grundsätzlich gilt, daß derjenige, der bereits nach anderen Gesetzen als den Steuergesetzen Bücher und Aufzeichnungen zu führen hat (insbes. nach §238 HGB), diese Verpflichtung auch im Interesse der Besteuerung zu erfüllen hat (*abgeleitete* oder *derivative B.*; §140 AO). – b) *Originäre B.* Und Verpflichtung, regelmäßige Beschlüsse aufgrund jährlicher Bestandsaufnahmen zu erstellen, besteht darüber hinaus nach §141 AO für alle Unternehmer und Unternehmen, die nach der letzten Veranlagung gehabt haben: (1) einen Gesamtumsatz (einschließlich des steuerfreien Umsatzes) von mehr als 500000 DM; (2) ein Betriebsvermögen von mehr als 125000 DM; (3) selbstbewirtschaftete land- und forstwirtschaftliche Flächen mit Wirtschaftswert über 40000 DM; (4) einen Gewinn aus Gewerbebetrieb von mehr als 36000 DM; (5) Gewinn aus Land- und Forstwirtschaft von mehr als 36000 DM. Als Mindestaufzeichnungspflicht ergibt sich für alle gewerblichen Unternehmer die Führung des →Wareneingangsbuches (§143 AO) und des →Warenausgangsbuches (§144 AO).– 2. *Umsatzsteuer:* Vgl. →Aufzeichnungspflicht 2.

III. Verstöße/Strafen: 1. Wer in *Konkurs* gerät und gegen die B. verstoßen hat, kann wegen Bankrotts und wegen Verletzung der B. (→Konkursdelikte) mit Freiheitsstrafe oder Geldstrafe bestraft werden (§283 StGB). – 2. Wer die nach *Steuergesetzen* angeordnete B. nicht beachtet, kann nach §§369–412 AO bestraft werden.

Buchführungsrichtlinien, *Buchhaltungsrichtlinien,* Vorschriften über die Buchführung im Erlaß des Reichswirtschaftsministers vom 11.11.1937 (MinBlfWirtsch 1937 S. 239), der nach Auffassung des BMWi (Schreiben v. 13.1.1970) nicht mehr bindend ist. Die B. gelten jedoch allgemein als richtungweisend für die Anforderungen an eine ordnungsgemäße Buchführung. – Vgl. →Grundsätze ordnungsgemäßer Buchführung.

Buchgewinn. 1. Der Gewinn, der sich beim →Abschluß der Geschäftsbücher in →Bilanz und →Gewinn- und Verlustrechnung ergibt. – 2. B. häufig verwendet im Sinne von Gewinn, der durch *Bewertungsmaßnahmen* (statt durch Kombination von Einkauf und Verkauf) entstanden ist, z.B. durch →Erträge aus →Zuschreibungen bei Aktiva, aus der Auflö-

sung von →Rückstellungen. – 3. B. als Ergebnis eines rechentechnischen Vorgangs entsteht auch bei Kaptialgesellschaften durch *Herabsetzung des Nominalkapitals,* bei der AG z.B. Einzug, →Denomination oder Zusammenlegung von Aktien im Rahmen der Sanierung (→Sanierungsgewinn).

Buchgrundschuld, →Grundschuld.

Buchhalterknie, →Buchhalternase.

Buchhalternase, *Buchhalterknie,* die Sperrlinie zur Unbrauchbarmachung von leeren Zwischenräumen in den der Buchführung dienenden Büchern und Kontoblättern gemäß §239 III HGB.

Buchhaltung. 1. Vielfach identisch mit →*Buchführung* (vgl. im einzelnen dort) verwendeter Begriff. – 2. Ein Teil der Betriebsorganisation, die *Abteilung,* in der die wichtigsten Grundlagen für das betriebliche Rechnungswesen, nämlich Buchführung und Bilanz bearbeitet werden. – 3. *Sonderform:* →Ökologische Buchhaltung.

Buchhaltungsorganisation, für jeden Betrieb nach individuellen Bedürfnissen zweckmäßig gestaltete Einrichtung der Buchhaltung unter Beachtung des Prinzips der Wirtschaftlichkeit. Wegen notwendiger und zuverlässiger Kontrollmöglichkeit überwiegend Verwendung des Systems der doppelten Buchführung. Hinsichtlich des Buchhaltungsverfahren vgl. →Buchführung VI.

Buchhaltungsrichtlinien, →Buchführungsrichtlinien.

Buchhaltungstheorien, die verschiedenen Auffassungen in der Betriebwirtschaftslehre über den Charakter der Konten im System der doppelten Buchführung, daher auch „*Kontentheorien*" genannt. Die B. verfolgen den Zweck, die doppelte Buchhaltung als logisch geschlossenes, zwangsläufig sich selbst kontrollierendes Verrechnungssystem zu erklären und zu begründen und darüber hinaus praktische Buchungsregeln herauszuarbeiten.

I. Personifikationstheorie: Sie knüpft an die rein formale Durchführung der Buchungsvorgänge an. Als älteste Theorie nimmt sie ihren Ausgangspunkt von den ersten buchmäßigen Aufzeichnungen zu Beginn des Kreditverkehrs. Der Geschäftsfreund wird für das, was er gibt, erkannt (er hat gut), für das, was er empfängt, belastet (er schuldet, soll zahlen). Hier haben die Ausdrücke „Geben" und „Empfangen" sowie „Soll" und „Haben" ihren Wortsinn. Der gleiche Erklärungsversuch wird bei der Bewegung anderer Vermögensteile angewandt. Man personifiziert die einzelnen Konten in der Art, daß man sich hinter jedem Konto eine Person denkt, der die Verwaltung eines Vermögens- oder Kapitalteils anvertraut ist. Das Kassakonto wird vom Kassierer, das Warenkonto vom Lagerhalter verwaltet usw. So entsprechen die Konten einer Reihe von Unterabteilungen des Geschäfts, die miteinander durch Geben und Empfangen in Beziehung treten. Diese auf Fiktionen beruhende formale Erklärung bietet gute methodische Stützen beim Lehren der Buchhaltung. Bei den „reinen Erfolgskonten" versagt sie aber.

II. Materialistische Theorien: Sie knüpfen an die zugrunde liegenden wirtschaftlichen Vorgänge der Zu- und Abnahme des Vermögens an. Je nachdem, ob alle Konten als homogene Glieder eines einheitlichen Organismus aufgefaßt werden oder ob das Kontensystem in mehrere Kontengruppen mit wesentlich verschiedenen Funktionen gegliedert wird, unterscheidet man Einkontentheorien, Zweikontentheorien und Dreikontentheorien.

1. *Einkontentheorie (Geschäftstheorie):* Die Konten der Passiva sind von rechnungsmäßig gleicher Qualität. Das Eigenkapital der Unternehmer wird als eine Schuld des Unternehmens an den Eigentümer angesehen, so daß alle Passivkonten Schulden verzeichnen: Schulden an Fremde und an die Wirtschaft der Unternehmer. Daraus folgt: Kapital und Kapitalzuwachs sind wie Schulden und Schuldenzuwachs als „ungünstige" Posten in die Habenspalte einzutragen, Verlust und Kapitalminderung gehören als für das Unternehmen „günstige" Posten in die Sollspalte, weil die Schuld an den Unternehmer abnimmt. Auch die Konten der Aktiva verzeichnen links als Zugänge günstige, rechts als Abgänge ungünstige Posten. So entsteht eine einzige Kontenreihe mit einer Einheitlichkeit des Soll- und Habenbegriffs. Die Hauptbuchungsregel lautet: Abgang vom Passivbestand = Soll, Abgang vom Aktivbestand = Haben, Zugang zum Aktivbestand = Soll, Zugang zum Passivbestand = Haben.

	Aktiva		Passiva	
Soll	Haben	Soll	Haben
+	–	–	+

2. *Zweikontentheorie:* Der Rechnung über die Vermögensbestandteile wird eine Rechnung über das Reinvermögen gegenübergestellt, die das Kapitalkonto und seine Unterkonten (Gewinn- und Verlustkonto, Zinsenkonto, Mietekonto usw.) umfaßt. – a) *Vermögensbestandskonten:* Sie enthalten in der Sollspalte den Nachweis der Vermehrung (Belastung für Zunahme), in der Habenspalte den Nachweis der Verminderung des Vermögens (Erkennung für Abnahme). Schulden sind negative Vermögensbestandteile, für die also der gleiche Regel zutrifft: Schuldabnahme = Vermögensvermehrung im Soll, Schuldzunahme = Vermögensverminderung im Haben. – b) *Reinvermögenskonten:* Sie enthalten die Sollspalte

den Nachweis der Vermehrungen (Erkennung für Zunahme). So erleidet also die Bedeutung der Worte Soll und Haben in den Konten des Reinvermögens eine Umkehrung.

Positive u. negative Vermögenskonten		Reinvermögenskonten	
Soll	Haben	Soll	Haben
+	–	–	+

c) *Gemischte Konten (Bestandserfolgskonten):* Neben den Konten des Vermögens (Vermögenstauschkonten) und den Konten des Reinvermögens (Vermögensänderungskonten) gibt es je nach dem Charakter des Geschäftes eine größere oder geringere Anzahl von Konten, welche Vermögenstausch- und Vermögensänderungsvorgänge gleichzeitig darstellen. – Die Grundlage der Zweikontentheorie bildet eine Trennung der Konten der Leistungsreihe. So ergibt sich eine einfache Struktur der Geschäftsvorfälle. Den ausgehenden Leistungen stehen eingehende sofortige oder zukünftige Zahlungen, den eingehenden Leistungen sofortige oder künftige ausgehende Zahlungen gegenüber. – Jene Fälle, die nur Zahlungen betreffen, also die Leistungsreihe nicht berühren, z. B. Darlehen, stellen doppelseitige erfolgsunwirksame Buchungsfälle dar, die nur innerhalb der *Zahlungsreihe* als durchlaufende Posten erscheinen und daher die Erfolgsrechnung nicht beeinflussen. – Zu den Konten der *Leistungsreihe* rechnen nicht nur die Konten der materiellen und immateriellen Güter, sondern auch die Konten, welche Dienstleistungen, Arbeit, Kapitalnutzung und sonstige Aufwände und Erträge verbuchen. Der Gewinn ergibt sich aus den beiden Reihen, und zwar aus jeder ursprünglich und selbständig: in der Leistungsreihe aus der Zusammenfassung der Salden der Leistungsreihe in dem Sammelkonto derselben, der Gewinn- und Verlustrechnung, in der Zahlungsreihe durch Übertragung der Salden der Zahlungsmittelkonten auf das Sammelkonto der Ein- und Ausgabeberechnung, die Bilanz.

3. *Dreikontentheorie:* Sie unterscheidet die Kontenreihe der *Vermögensteile* (Bestandszunahmen links, -abnahmen rechts), die Kontenreihe der *Schulden* (Bestandsabnahmen links, -zunahmen rechts) und die Kontenreihen des *Eigenkapitals* (Bestandsabnahmen links, -zunahmen rechts).

Vermögenskonten		Schuldkonten		Kapitalkonten	
Soll	Haben	Soll	Haben	Soll	Haben
+	–	–	+	–	+

Die möglichen Geschäftsvorgänge sind reine Tauschvorgänge oder Umsatzerfolgsvorgänge. Die Erfolgskonten haben keine Selbständigkeit; sie sind Hilfs- und Unterkonten des Kapitalkontos, das selbst ein Bestandskonto darstellt.

Buchhypothek, →Hypothek, bei der die Bildung eines →Hypothekenbriefes ausgeschlossen ist, die nur ins →Grundbuch eingetragen wird, z. B. die →Sicherungshypothek. Ausschluß erfolgt vertraglich durch Einigung und Eintragung im Grundbuch.

Buchinventur, →Inventur.

Buchkredit, durch Einräumung einer Kreditlinie oder der Gewährung eines bestimmten Kreditbetrags (→Darlehen) entstehender Kredit, der eine Forderung der Bank begründet, die von ihr und vom Kunden nur „in den Büchern" erfaßt wird. – *Gegensatz:* →Bankkredit gegen Erhalt eines Wertpapiers, in dem eine bereits bestehende Forderung oder ein Anteilsrecht verbrieft ist.

buchmäßiger Nachweis, →Buchnachweis.

buchmäßiges Vermögen, Summe der Wertansätze für die Vermögensgegenstände eines Unternehmens zum →Buchwert.

Buchnachweis. 1. Neben dem →Ausfuhrnachweis Voraussetzung für die Gewährung der *Umsatzsteuerfreiheit* von →Ausfuhrlieferungen und →Lohnveredelungen. Die Bücher sind im Bundesgebiet oder Berlin (West) zu führen. I. d. R. sind aufzuzeichnen: die Menge mit handelsüblicher Bezeichnung des Liefergenstandes und der Umfang der Lohnveredelung, Tag der Lieferung oder Lohnveredelung, Name und Anschrift des Abnehmers oder Auftraggebers, das vereinbarte oder vereinnahmte →Entgelt sowie die Ausfuhr (§ 13 UStDV). – 2. Neben dem →Belegnachweis Voraussetzung für die Gewährung von *Kürzungsbeträgen* nach dem Gesetz zur →Förderung der Wirtschaft von Berlin (West). Der B. muß zahlreiche Einzelangaben enthalten (§ 10 BerlinFG).

Buchprüfer, →vereidigter Buchprüfer.

Buchprüfungsgesellschaft, gesetzlich geschützte Bezeichnung für die nach den Vorschriften der →Wirtschaftsprüferordnung als B. anerkannte Prüfungsgesellschaft (§ 133 WPO). Eine B. hat die Bezeichnung „B." zu führen. Auf B. finden die Vorschriften der WPO über die der Anerkennung und die berufliche Niederlassung von →Wirtschaftsprüfungsgesellschaften, die Abschnitte über Wirtschaftsprüfungsgesellschaften und das Berufsregister und des Teils über die Rechte und Pflichten der Wirtschaftsprüfer entsprechende Anwendung. B. dürfen nach Einführung der Prüfungspflicht für bestimmte GmbHs →Jahresabschlußprüfungen als →Abschlußprüfer in beschränktem Umfang vornehmen.

Buchsachverständige, zusammenfassender Begriff für freiberuflich tätige →Wirtschaftsprüfer, →vereidigte Buchprüfer, →Steuerberater und →Steuerbevollmächtigte. Voraussetzung für die Berufsausübung sind Prüfungen und Zulassung.

Buchschulden. 1. *B. einer Unternehmung:* In den Geschäftsbüchern auf Kreditoren-, Gläubiger-, Lieferer- oder Kontokorrentkonten eingetragene Schulden gegenüber den Geschäftsgläubigern. – *Gegensatz:* →Buchforderungen. – 2. *B. der öffentlichen Hand:* Vgl. →öffentliche Kreditaufnahme 2 a) (2).

Buchstabenverfahren, spezielles Ersatzverfahren zur Gewinnung einer Zufallsstichprobe (→Auswahlverfahren) aus einer Personengesamtheit. In die Stichprobe gelangen alle Personen, deren Familienname mit einem oder mehreren bestimmten Buchstaben beginnt. Nachteile: Stichprobenumfang und →Auswahlsatz können nicht von vornherein genau angegeben werden. Stehen die Untersuchungsgegenstände in einer Beziehung mit dem Familiennamen in der Personengesamtheit, kann das B. nicht eingesetzt werden.

Buchstellen, *Fernbuchstellen,* selbständige Institutionen, die →Fernbuchführung betreiben, v. a. für die Angehörigen der freien Berufe sowie insbes. für Landwirtschaft und Handwerk. – 1. *Arten:* a) *B. der Landwirtschaft:* Außerbetriebliche, selbständige Stellen, die nach der Methode der Fernbuchführung die Buchführung landwirtschaftlicher Betriebe übernehmen. Nach § 44 1 StBerG können Steuerberater und Steuerbevollmächtigte, die besondere Sachkunde in Steuersachen für land- und forstwirtschaftliche Betriebe nachweisen, zur Führung der Bezeichnung „Landwirtschaftliche Buchstelle" berechtigt werden. Einzelheiten sind im StBerG und DVStB geregelt. Die B. sind zusammengeschlossen im Hauptverband für landwirtschaftliche Buchführung und Beratung e. V. – b) *B. des Handwerks:* Organisationseigene und sog. Vertragsbuchstellen als Gewerbeförderungsmaßnahme, die die Betriebe des Handwerks auf dem Gebiet der Verwaltung einschl. der Buchführung entlasten sollen. Daneben gibt es auch B., die von selbständigen, auf das Handwerk spezialisierten Steuerberatern betrieben werden. – 2. *Aufgabenteilung:* a) Da eine vollkommene Ausgliederung der *Buchführungsarbeit* auf eine außenstehende Stelle mit den Grundsätzen einer kaufmännischen Betriebsführung unvereinbar ist, müssen vom Buchführungspflichtigen (auch aus steuerlichen Gründen) mindestens folgende Tätigkeiten ausgeführt werden: Grundaufzeichnungen für die Kasse, im Wareneingangsbuch u. sonstiger Art, z. B. die fortlaufenden umsatzsteuerlichen Entgeltaufzeichnungen; periodische (meist monatliche) Übermittlung der Grundaufzeichnungen mit Belegen an die B.. Endgültige Buchung auf Konten, Jahresabschluß und weitere Auswertung der Buchhaltung sowie Erledigung der Steuerangelegenheiten erfolgt im Büro der B. – b) *Weitere Aufgaben:* Schaffung betrieblicher Unterlagen; Ermittlung der Kostenstruktur; Beschaffung und

Auswertung einwandfreier Kalkulationsunterlagen; Mitwirkung bei der Ermittlung der steuerlichen Gewinnrichtsätze; Aufstellen von Rentabilitäts- und Liquiditätsberechnungen als Grundlage für Kreditanträge; Auswertung der buchmäßigen Ergebnisse über die zu bildenden →Kreditgarantiegemeinschaften; Ausarbeitung und Einführung möglichst einheitlicher Unterlagen für die Organisation der Buchführung; Einrichtung eines steuerlichen und organisatorischen Beratungsdienstes. – 3. Die in den B. erarbeiteten Unterlagen und Ergebnisse sollen neben der einzelbetrieblichen Förderung, z. B. bei den B. des Handwerks, im Dienst der *Gewerbeförderung* für das gesamte Handwerk gestellt werden (→Betriebsvergleich).

buchtechnische Kostenauflösung, →Kostenauflösung IV 2.

Buch- und Betriebsprüfung, früher übliche Bezeichnung für die turnusmäßige →Außenprüfung des Finanzamts.

Buchung, Eintragung eines Geschäftsvorfalls aufgrund eines Belegs in eines der Bücher einer →Buchführung.

Buchungsautomat, symbol- und/oder textschreibende →Buchungsmaschine zur Rationalisierung der Buchführung. Das zu buchende Text- und Zahlenmaterial wird in den B. mittels besonderer Symboltasten (auch Schreibmaschinentastatur) und einer Zehner- oder Volltastatur hineingegeben. Die Aufrechnung mit dem alten Saldo, zwecks Berechnung des neuen Saldos, der von der Maschine automatisch ermittelt und bei einigen Systemen automatisch niedergeschrieben wird, erfolgt in Querwerken (Zählwerken). Durch Steuerstangen beeinflußte gleichzeitige Längsspeicherung der Zahlen (Soll und Haben) und automatische Umsatzfortschreibung ist möglich. Auslösung der automatischen Rechen- und Druckvorgänge durch motorische Funktionstaste.

Buchungsbeleg, →Beleg.

Buchungsfehler, irrtümliche Buchungen, entstehen durch falsche Zahlen, Vertauschen von Zahlen, fehlerhafte Übertragungen, Verwendung nicht zutreffender Konten. B. sind sofort nach ihrer Entdeckung durch →Stornobuchung zu berichtigen.

Buchungsformel, →Buchungssatz.

Buchungsgebühr, Gebühr, die von den Kreditinstituten im Rahmen der Kontoführung in Rechnung gestellt wird. Neben einer fixen Grundgebühr wird für jede auf dem Konto vorgenommene Buchung ein gewisser Betrag, (teilweise differenziert nach dem der Buchung zugrunde liegenden Zahlungsvorgang) dem Kontoinhaber belastet. Manche Banken gewähren bestimmte Freiposten pro Monat, Quartal oder Jahr, die frei von B. sind.

Darüber hinaus Differenzierung nach Buchungstypen wie Daueraufträgen, Überweisungen, Lastschriften usw.. Teilweise gar keine B. bei Banken sowie bei Bausparkassen aus Marketinggründen.

Buchungsmaschinen, für die besonderen Aufgaben der Buchhaltung eingerichtete →Büromaschinen (DIN 9763). – 1. *Einteilung:* a) *B. mit Textschreibung:* Kombination von Additions- und Schreibmaschine; b) *B. ohne Textschreibung:* Weiterentwicklung von Additionsmaschinen (Saldiermaschinen) mit Schüttel- oder Springwagen; fehlende Textstatur wird durch Symboltasten für die wichtigsten Buchungsvorgänge ersetzt. – 2. *Buchungsprinzipien:* a) *Durchschreibeverfahren mit Summen- und Saldenfortschreibung:* Für jede Buchung wird die erforderliche Eintragung auf der Magnetkontenkarte und Journal mit einer Durchschrift gleichzeitig erstellt. Das Journal bleibt während der Buchungsarbeit in der Maschine und wird nach jeder gebuchten Position um eine Zeile weitertransportiert. Die Magnetkontenkarten werden bei jeder Buchung in eine Vorsteckeinrichtung eingezogen und automatisch in die richtige Druckposition gebracht. Über die automatische Leseeinrichtung wird der alte Saldo der Magnetkontokarte in den Speicher übernommen. – b) *Registriermaschinen:* Ein Papierstreifen übernimmt die Aufgabe des Journals. Die über das Tastatur eingegebenen Beträge werden außerdem gleichzeitig auf mehrere andere Belege, Karten usw. gedruckt. – 3. *Zusätze:* Größere B. können mit →Magnetbandkassetten, →Magnetspeichern und →Textsystemen ausgestattet werden. – Vgl. auch →Buchungsautomat.

Buchungssatz, *Buchungsformel, Kontenanruf,* Aussage darüber, wie ein Geschäfts(vor)fall zu buchen ist. Das Konto wird zuerst genannt und mit dem Konto, das die Buchung im Haben (Gutschrift) erhält durch „an" verbunden. – *Beispiele:* (1) *Einfacher B.:* „Kasse-(konto) an Waren(konto)" oder „Per Kasse-(konto) an Waren(konto)" (veraltet). – (2) *Zusammengesetzter B.,* bei dem durch einen Geschäfts(vor)fall mehr als zwei Konten berührt werden: Verbindlichkeiten 2000 DM an Bank 1600 DM, an Postgiro 400 DM.

Buchwert, Vermögens- und Schuldteile in der Bilanz einer kaufmännischen Unternehmung, bewertet nach den →Anschaffungskosten bzw. →Herstellungskosten, korrigiert um →Abschreibungen und →Zuschreibungen entsprechend den handels- und steuerrechtlichen Bewertungsvorschriften (deshalb auch als „*Restwert*" bezeichnet). Der B. kann mit dem Zeitwert übereinstimmen, wenn die Korrekturen (z. B. Abschreibungen) dem tatsächlichen Wertverschleiß entsprechen. Sind die Abschreibungen überhöht, ist B. niedriger als der Zeitwert, umgekehrt ist B. höher. – Bei

Veräußerungen zu einem vom B. abweichenden Preis entsteht ein Gewinn oder Verlust, der als Ergebnis aus dem Umsatz unter Umsatzerlösen und Materialaufwand oder als sonstige betriebliche Erträge oder als sonstige betriebliche Aufwendungen oder (außerhalb der gewöhnlichen Geschäftstätigkeit) als außerordentliches Ergebnis gebucht wird.

Buchwertabschreibung, →Abschreibung III 1 a) (1) (b) 2).

Budget. I. Finanzwissenschaft: 1. *Begriff:* Andere Bezeichnung für den →Haushaltsplan, den Finanzplan eines Zeitabschnitts, den Voranschlag von öffentlichen Einnahmen und Ausgaben für ein Haushaltsjahr (vgl. auch →Etat). – 2. Das B. ist *Instrument* der →Finanzpolitik (vgl. dort IV 3). – 3. Vgl. auch →optimales Budget.

II. Betriebswirtschaftslehre: 1. *Allgemein:* meist kurzfristiger →Plan, der die Allokation von Ressourcen steuert, z. B. Personal- oder Investitions-B. Häufig umfaßt das B. auch Angaben über die Herkunft der Ressourcen (meist finanziell verstanden), z. B. Gewinn- und Umsatz-B. – a) *I. e. S.* umfaßt B. nur *quantifizierbare Angaben (Vollzugsziffern-B.).* – b) *I. w. S.* beinhaltet B. auch einen Katalog von in der nächsten Periode zu ergreifenden *Maßnahmen (Aktions-B.).* – Vgl. auch →Budgetierung, →Budgetierungsmodell. – 2. *Innerbetriebliches Rechnungswesen:* a) *Finanzplan:* Aufstellung sämtlicher für einen bestimmten Zeitraum zu erzielender →Einzahlungen und erforderlicher →Auszahlungen zur Ermittlung und Vorgabe des Kapital- und Geldbedarfs (→Finanzplan). Die von den einzelnen mittelbewirtschaftenden Stellen einzubehaltenden Sollzahlen des B. müssen laufend mit den Istzahlen (laut Buchhaltung) verglichen und abgestimmt werden; ggf. sind kurzfristige Finanzierungsmaßnahmen (→Finanzierung) erforderlich, um die →Liquidität und →Zahlungsbereitschaft des Unternehmens zu erhalten. – b) *Kostenbudget:* Neben Zahlungsgrößen werden auch →Kosten und →Erlöse budgetiert (→Kostenbudget).

Budgetgerade, →Bilanzgerade.

Budgetierung. 1. *Begriff:* Prozeß der Budgeterstellung (→Budget). – 2. *Arten:* a) *Bereichsbezogene B.:* Es wird i. d. R. von den einzusetzenden Ressourcen *(input-orientierte B.)* ausgegangen, häufig an den Erfahrungswerten aus der Vergangenheit orientiert. – b) *Programmbezogene B.:* Es wird i. d. R. an den zu erreichenden Zielen angesetzt *(output-orientierter B.);* das Maßnahmenbündel zu deren Erreichung wird geplant. Die benötigten Ressourcen werden hier erst abgeleitet. Letztgenannte Vorgehensweise liegt v. a. dem →zerobase budgeting zugrunde. – 3. *Bedeutung:* Werden bereichsbezogene Teilbudgets gebil-

det und zu einem Gesamtbudget integriert, nimmt die B. eine Koordinationsfunktion wahr. – 4. *Sonderform:* →Marketing-Budgetierung.

Budgetierungsmodell, →Planungsmodell, das den Charakter eines →Simulationsmodells besitzt. Es wird nicht versucht, ein Gesamtoptimum zu ermitteln; vielmehr sollen B. die Beziehungen zwischen verschiedenen Teilbudgets durch Gleichungssysteme abbilden und „Was wäre, wenn.." – sowie „Was müßte geschehen, daß .."-Fragen zulassen, mit deren Hilfe sich die Konsequenzen einzelner Parametervariationen ermitteln lassen.

Budgetinzidenz, Form der →Inzidenz. Die B. gibt die Einkommensverteilungsänderungen an, die entstehen, wenn einer gleichhohen Einnahmeänderung eine gleich hohe Ausgabenänderung gegenübersteht. Die Einkommensverschiebungern werden für verschiedene Gruppen der Gesellschaft (nach dem Einkommen, nach soziologischen Merkmalen), auch für Produktionsfaktoren, Regionen, Wirtschaftssektoren und Generationen untersucht. – Vgl. auch →Steuerinzidenz.

Budgetkonzepte, Begriff der Finanzwissenschaft; Konzepte, die dazu dienen, einen Maßstab für eine zyklusunabhängige Haushaltspolitik aufzuzeigen, zumindest die →konjunkturellen Impulse unterschiedlicher →Budgets systematisch erfassen. – *Einzelkonzepte:* →Finanzierungssaldo, →high employment budget surplus, →konjunkturneutraler Haushalt, →konjunkturgerechter Haushalt u. a.

Budgetkosten. 1. Synonym für →Sollkosten. – 2. Synonym für →Vorgabekosten.

Budgetkostenrechnung, Kostenrechnungssystem, das für die einzelnen kostenverursachenden Stellen des Unternehmens (insbes. →Kostenstellen) die für die Planungsperiode erwarteten Kosten (→Sollkosten, →Vorgabekosten) ausweist.

Budgetkreislauf, →Haushaltskreislauf.

Budgetmaximierung, →ökonomische Theorie der Bürokratie.

Budgetmenge, Begriff der Haushaltstheorie; bezeichnet die Menge aller Güterbündel (→Konsumplan), die sich ein →Konsument bei gegebenem Einkommen leisten kann.

Budgetpolitik, →Finanzpolitik IV 3.

Budgetprinzipien, →Haushaltsgrundsätze.

Budgettechnik, Planungstechnik, auf dem →Budget aufbauend. – Vgl. auch →Budgetierung.

Budgettheorie, →Finanztheorie.

Bufferstock, Marktausgleichslager für Rohstoffe und Agrarprodukte, das dazu dient, den

Preis zu stabilisieren, indem die Angebots- und Nachfragemengen von dem B.-Träger durch Käufe oder Verkäufe entsprechend dem Stabilisierungsziel beeinflußt werden. Die Errichtung von B. wird von Entwicklungsländern im Rahmen der Verhandlungen um eine →Neue Weltwirtschaftsordnung gefordert, die Finanzierung sollten v. a. die Industrieländer übernehmen, die diesem Vorschlag (nicht nur wegen der hohen Kosten) weitgehend ablehnend gegenüberstehen. Die bisherigen Erfahrungen mit realisierten B.-Systemen sind nicht ermutigend; darüber hinaus wird argumentiert, daß diese Systeme u. a. strukturkonservierend wirken, Fehlallokationen verursachen oder gar die Exporterlösschwankungen verstärken können – B.-Systeme unterscheiden sich vom *STABEX-System* (→Lomé-Abkommen) grundlegend dadurch, daß letzteres auf Stabilisierung der Exporterlöse und nicht der -preise abzielt.

built-in flexibility, Begriff der Finanzwissenschaft im Bereich der →fiscal policy; automatisch mit dem Konjunkturverlauf variierende Positionen auf der Einnahmen- oder Ausgabeseite des →Budgets. Wichtig für die Stabilisierungsfunktion der →Finanzpolitik, wenn die B.-i. F. als →built-in stabilisator genutzt werden kann. – Vgl. auch →Formelflexibilität.

built-in stabilisator, *automatische Stabilisierung,* Begriff der Finanzwissenschaft im Bereich der →fiscal policy. Automatisch mit dem Konjunkturverlauf variierende Positionen auf der Einnahmen- oder Ausgabeseite des →Budgets (→built-in flexibility) können unter bestimmten Voraussetzungen stabilisierend genutzt werden. „Automatisch" deshalb, weil die antizyklische Wirkung ohne Beteiligung von Parlament und Regierung eintritt, die bei einer diskretionären Steuerung der antizyklischen Finanzpolitik stets notwendig ist. →time lags werden somit vermieden. – *Beispiele:* (1) *Steuersystem:* Bei progressiver Ausgestaltung der Einkommensteuer steigen (sinken) bei steigendem (sinkendem) Einkommen im Fall eines konjunturellen Aufschwungs (Abschwungs) die Steuereinnahmen stärker als das Volkseinkommen und bremsen dadurch die konjunkturelle Bewegungstendenz, sofern die Ausgaben konstant bleiben oder nicht in gleichem Maße verändert werden. (2) *Arbeitslosenversicherung:* Deren Ausgaben entwickeln sich entgegen der konjunkturellen Bewegungstendenz.

Bulgarien, sozialistische Volksrepublik auf der östlichen Hälfte der Balkanhalbinsel am Schwarzen Meer. – *Fläche:* 110 912 km². – *Einwohner* (E): (1985) 8,95 Mill. (80,7 E/km²). – *Hauptstadt:* Sofia (1,2 Mill. E); weitere Großstädte: Varna (Agglomeration 467 000 E), Plovdiv (Agglomeration 761 600 E). – B. ist in 28 Verwaltungsbezirke (Okrazi) *untergliedert,* weitere Unterteilung in 291 Sied-

lungssysteme mit 5400 Gemeinden. – *Amtssprache:* Bulgarisch.

W i r t s c h a f t : *Landwirtschaft:* Knapp 56% der Gesamtfläche des Agrarstaats sind landwirtschaftliche Nutzflächen (61 720 km²). Anteil der Erwerbstätigen in der Landwirtschaft nimmt stetig ab. Haupterzeugnisse: Silomais und Grünfutter, Weizen, Körnermais, Obst und Nüsse, Luzerne. Steigerung des Viehbestandes (Geflügel, Schafe, Schweine, Rinder). – *Bergbau und Industrie:* Planziel ist eine *Industriestaat,* daher stärkere Industrialisierung (Spezialisierung auf enge Produktionsbereiche) und Erschließung der Bodenschätze. *Bodenschätze:* Lignit („Marica-Istok"), Braun-, Steinkohle, Eisenerze, Mangan. Einen bedeutenden wirtschaftlichen Faktor stellt der Maschinenbau dar, und hier v. a. die Landmaschinenindustrie, der Schiffsbau und in jüngster Zeit auch die Automobilindustrie. Hohe Wachstumsraten bei elektronischer und chemischer Industrie. – *BSP:* (1983, geschätzt) 40 000 Mill. US-\$ (4500 US-\$ je E). – *Öffentliche Auslandsverschuldung:* (1983) 2,4 Mrd. US-\$. – *Inflationsrate:* (1982) 0,3%. – *Export:* (1985) 13 348 Mill. US-\$, v. a. Maschinen und Ausrüstungen, Bergbauprodukte, Erdölprodukte und Metalle, Tabak, Obst, Gemüse, Wein. – *Import:* (1985) 13 656 Mill. US-\$, v. a. Fahrzeuge, Gas und elektrische Energie, Eisen, Stahl. – *Handelspartner:* UdSSR u. a. RGW-Länder (75%), Bundesrep. D., Italien, Frankreich, Österreich, Japan.

V e r k e h r : 6430 km *Eisenbahnnetz,* davon 2053 km elektrifiziert; internationale Züge: Istanbul-Expreß, Direkt-Orient-Expreß, Tauern-Orient-Expreß, Polonia-Expreß, Pannonia-Expreß, Verbindungen mit Belgrad, Budapest, Moskau, Prag und Warschau; rückläufige Personenbeförderungszahlen. *Straßennetz:* 33 042 km; vier Autobahnen: Sofia-Varna, Sofia-Burgas, Barna-Burgas, Tschirpen-Chaskovo; 1000 km lange verbindende Ringautobahn im Bau. *Binnenschiffahrt* auf der Donau. *Seeschiffahrt:* Schwarzes Meer *(Häfen:* Varna, Burgas). 11 *Flughäfen,* davon vier internationale: Sofia, Plovdiv, Varna, Burgas. *Fluggesellschaft* „Balkan".

M i t g l i e d s c h a f t e n : UNO, BIZ, CCC, ECE, RGW, UNCTAD u. a.; Warschauer Vertrag.

W ä h r u n g : 1 Lew (lw) = 100 Stotinki (St).

Bull & Bear-Anleihe, Anleihe, deren Rückzahlungsbetrag an die Entwicklung des FAZ-Aktienindex (→Aktienindex) gekoppelt ist; von der Deutschen Bank entwickelte Finanzinnovation. Bestehend aus: (1) Bull-Tranche und (2) Bear-Tranche (→Tranche).

Bullionismus, auf permanente Handelsbilanzüberschüsse und damit Edelmetallzuflüsse ausgerichtete Wirtschaftspolitik des englischen →Merkantilismus (vgl. im einzelnen dort II 2).

Bumerangeffekt, →Zins-Kredit-Mechanismus.

Bummelstreik, Streik durch Verringerung oder Verlangsamung der Arbeitsleistung. Arbeitgeber darf Gegenleistung (Arbeitsentgelt) entsprechend verringern; es bestehen i. d. R. aber erhebliche Beweisschwierigkeiten. – Vgl. auch →Arbeitskampf.

Bund, Kurzfassung des Begriffs →Bundesstaat, wie er in der Bundesrep. D. verwirklicht ist.

Bund der Deutschen Landjugend (BDL), Sitz in Bonn. – *Aufgaben:* Berufsständische Interessenvertretung der Mitglieder sowie deren bildungspolitische, infrastrukturelle, soziale und kulturelle Interessenvertretung.

Bund der Sparer e. V., Sitz in Nürnberg. – *Aufgaben:* Wahrung und Förderung der Interessen der Sparer in der Bundesrep. D.; Einsetzen für die Erhaltung des Realwerts längerfristiger Spareinlagen; Kontaktaufnahme mit Banken, Verbänden und den verantwortlichen Stellen aus der Politik.

Bund der Steuerzahler e. V., 1949 gegründete unpolitische, überparteiliche Vereinigung; Sitz in Wiesbaden. – *Organisation:* Im Präsidium des B. d. St. sind neun Landesverbände zusammengefaßt. Präsidium und Landesverbände sind eingetragene Vereine, durch die Finanzbehörden als gemeinnützig anerkannt. – *Ziele:* Wiederherstellung und Sicherung eines Vertrauensverhältnisses zwischen Staat und Steuerzahlern, Durchführung einer organischen Finanz- und Steuerverfassung der Bundesrep. D. Zusammenarbeit mit den Fachleuten des Finanz- und Steuerwesens in den Parlamenten und Behörden. Unterrichtung der Öffentlichkeit durch Veranstaltung von Steuerforen, Herausgabe von Presseinformationen, Rundfunksendungen. – *Publikationen:* Zeitschrift „Der Steuerzahler" (monatlich), daneben Denkschriften, Einzeldarstellungen, eine Schriftenreihe. – Am 11. 7. 1965 wurde ein eigenes wissenschaftliches Institut gegründet, das →*Karl-Bräuer-Institut.*

Bund Deutscher Lohnsteuerzahlerverbände e. V. (BDLV), Sitz in Fürth. – *Aufgaben:* Berufsaufsicht über alle ihm angeschlossenen Lohnsteuerzahlerverbände; Vertretung der angeschlossenen Vereine bei den Finanzbehörden, der Finanzgerichtsbarkeit und dem Gesetzgeber; Schulung der Mitarbeiter der angeschlossenen Organisationen im Lohnsteuerberatungswesen.

Bund Deutscher Verwaltungsrichter (BDVR), Sitz in Mannheim. – *Aufgaben:* Förderung der Verwaltungsrechtspflege und der beruflichen Belange der Verwaltungsrichter.

Bund Deutscher Werbeberater (BDW), jetzt: →Deutscher Kommunikationsverband.

Bündelbedingung, Begriff der Netzplantechnik, für eine spezielle Anordnungsbeziehung zwischen einem →Vorgang und seinen Vorgängern, bei der der betreffende Vorgang bereits beginnen kann, wenn nur eine gewisse Anzahl seiner Vorgänger beendet ist. – Vgl. auch →Netzplantechnik III 2, →MPM.

Bündeltheorie, →Bilanzbündeltheorie.

Bundesakademie für öffentliche Verwaltung, Sitz in Bonn/Bad-Godesberg. Träger zentraler Fortbildungsmaßnahmen der Bundesregierung mit der Aufgabe, Angehörige der öffentlichen Verwaltung in enger Zusammenarbeit mit Verwaltung, Wirtschaft und Wissenschaft in einem mehrstufigen Fortbildungssystem praxisnah fortzubilden. Die B. ist organisatorischer Teil des Bundesministeriums des Innern.

Bundesamt, →Bundesoberbehörde.

Bundesamt für den Zivildienst, →Bundesoberbehörde im Geschäftsbereich des Bundesministers für Jugend, Familie, Frauen und Gesundheit (BMJFFG); Sitz in Köln. Errichtet am 1. 10. 1973 durch das Dritte Gesetz zur Änderung des Gesetzes über den Zivilen Ersatzdienst vom 25. 7. 1973 (BGBl I 699). – *Aufgaben:* Anerkennung und Betreuung von Beschäftigungsstellen für den Zivildienst; Durchführung der Anerkennungsverfahren ungedienter Kriegsdienstverweigerer; Durchführung des Zivildienstes der anerkannten Kriegsdienstverweigerer.

Bundesamt für die Anerkennung ausländischer Flüchtlinge (BAFl), →Bundesoberbehörde im Geschäftsbereich des Bundesministers des Innern (BMI); Sitz in Zirndorf. – *Hauptaufgabe:* Entscheidung über Asylanträge nach Maßgabe des Gesetzes über das Asylverfahren (Asylverfahrensgesetz – AsylVfG) vom 16. 7. 1982.

Bundesamt für Ernährung und Forstwirtschaft (BEF), →Bundesoberbehörde im Geschäftsbereich des Bundesministers für Ernährung, Landwirtschaft und Forsten (BML); Sitz in Frankfurt. – *Aufgaben:* Genehmigungsstelle bei Einfuhr, Ausfuhr und Transit von Erzeugnissen der Ernährungs- und Landwirtschaft sowie bei der Ausfuhr von Rohholz; Marktordnungsstelle für die in der EG bestehenden gemeinsamen Marktorganisationen u. a. für Eier, Milch und Geflügel, Obst und Gemüse (einschl. Verarbeitungserzeugnisse), lebende Pflanzen und Waren des Blumenhandels, Saatgut, Flachs und Hanf, Hopfen, Wein und Fischereierzeugnisse; Durchführung für die EG-Marktorganisationen vorgesehenen Qualitäts- und Warenprüfungen; Erteilung von Fangerlaubnissen; Bestätigung zum Nachweis der Einfuhr- und Vertriebsfähigkeit von Saatgut und forstwirtschaftlichem Vermehrungsgut; Mitwirkung bei der Planung auf dem Gebiet der Ernährungssicherstellung; Erhebung von Beiträgen nach dem Gesetz über die Errichtung eines zentralen Fonds zur Absatzförderung der deutschen Land-, Forst- und Ernährungswirtschaft (Absatzfondsgesetz) sowie nach dem Gesetz über den Verkehr mit Fischen und Fischwaren; Vollzugsbehörde für die Erteilung von Ein- und Ausfuhrgenehmigungen sowie wissenschaftliche Behörde nach dem Bundesnaturschutzgesetz über das Übereinkommen über den internationalen Handel mit gefährdeten Arten freilebender Tiere und Pflanzen (Washingtoner Artenschutzübereinkommen) und für den Handel mit besonders geschützten Tieren und Pflanzen nach der Bundesartenschutzverordnung; vom BML in Auftrag gegebene Aufgaben.

Bundesamt für Finanzen (BfF), →Bundesoberbehörde im Geschäftsbereich des Bundesministeriums der Finanzen; Sitz in Bonn. – *Hauptaufgaben:* Mitwirkung an Außenprüfung der Landesfinanzbehörden, die Entlastung von deutschen Abzugsteuern aufgrund von Doppelbesteuerungsabkommen, die Entlastung bei deutschen Besitz- oder Verkehrsteuern gegenüber internationalen und supranationalen Organisationen, ausländischen Missionen und deren Mitgliedern, alle Fragen über steuerliche Auslandsbeziehungen.

Bundesamt für gewerbliche Wirtschaft, jetzt: →Bundesamt für Wirtschaft.

Bundesamt für Schiffsvermessung (BAS), →Bundesoberbehörde im Geschäftsbereich des Bundesministers für Verkehr (BMV); Sitz in Hamburg. Errichtet am 1.7.1965 gem. § 5 Gesetz über die Aufgaben des Bundes auf dem Gebiet der Seeschiffahrt. – *Aufgaben:* Vermessung von Seeschiffen nach nationalen und internationalen Vorschriften und Ausfertigung internationaler oder nationaler Schiffsmeßbriefe; Beratung von Schiffahrts- und Schiffbauunternehmen über die Schiffsvermessung; Vermessung Schiffs-Laderäume und -Tanks auf Antrag und Ausstellung entsprechender Meßbriefe; Vermessung von Fahrgastschiffen auf höchstzulässige Personenzahl sowie die für die Auswertung und Überwachung der Stabilitätsuntersuchungen von Fahrgastschiffen und Fähren in der Binnenschiffahrt; fachtechnische Aufsicht über die Schiffseichämter; Ausstellung von Flaggenausweisen (Rechtslagebescheinigungen) für Wassersportfahrzeuge, welche nicht in ein Schiffsregister eingetragen sind oder eingetragen werden.

Bundesamt für Verfassungsschutz (BfV), →Bundesoberbehörde im Geschäftsbereich des Bundesministers des Innern (BMI); Sitz in Köln. – *Rechtsgrundlage der Tätigkeit:* Gesetz über die Zusammenarbeit des Bundes und der Länder in den Angelegenheiten des Verfassungsschutzes i. d. F. vom 7.8.1972 (BGBl I

1382). – *Aufgabe:* Sammlung und Auswertung von Informationen über verfassungsfeindliche Bestrebungen sowie über sicherheitsgefährdende und geheimdienstliche Tätigkeiten gegen die Bundesrep. D.; Überprüfung von Personen, die Zugang zu geheimhaltungsbedürftigen Informationen bei Behörden oder bei bestimmten Wirtschaftsunternehmen bekommen (sollen) (personeller Geheimschutz) sowie bei der Entwicklung und Planung technischer Sicherheitsvorkehrungen (materieller Geheimschutz). – *Befugnisse:* Das BfV darf zur Erfüllung seiner Aufgaben nachrichtendienstliche Mittel anwenden; polizeiliche Befugnisse stehen ihm nicht zu. – Die Bundesregierung unterliegt hinsichtlich der Tätigkeit des BfV der *Kontrolle* durch die Parlamentarische Kontrollkommission.

Bundesamt für Wehrtechnik und Beschaffung, →Bundesoberbehörde im Geschäftsbereich des Bundesministers für Verteidigung (BMVg); Sitz in Koblenz. Errichtet durch Erlaß des Bundesverteidigungsministers vom 25.9.1958. – *Aufgabe:* Durchführung der technischen Entwicklungsvorhaben, der Fertigungsvorbereitung und der zentralen Beschaffung des für die Bundeswehr benötigten Materials.

Bundesamt für Wirtschaft (BAW), →Bundesoberbehörde im Geschäftsbereich des Bundesministeriums für Wirtschaft (BMWi); Sitz in Eschborn/a. Ts. Errichtet (als *Bundesamt für gewerbliche Wirtschaft*) durch Gesetz über die Abwicklung der Bundesstelle für den Warenverkehr der gewerblichen Wirtschaft und die Errichtung eines Bundesamtes für gewerbliche Wirtschaft vom 9.10.1954 (BGBl I 281). – *Aufgabenbereiche:* Außenwirtschaftsverkehr, Innerdeutscher Handel, Wirtschaftsförderung, Energieversorgung, Umweltschutz; Aufgabenbereiche sind durch Verordnung zur Regelung von Zuständigkeiten im Außenwirtschaftsverkehr (Waren der gewerblichen Wirtschaft; §§ 5–17, 21, 28 III Nr. 1 AWG) in Abgrenzung zur →Bundesanstalt für landwirtschaftliche Marktordnung und zum →Bundesamt für Ernährung und Forstwirtschaft festgelegt. – 1. *Außenwirtschaft:* a) *Wareneinfuhr:* (1) Einfuhr liberalisierter Waren: Auswertung von Meldungen, Beobachtung der Einfuhr sensibler Waren, Versorgung des BMWi mit Informationen für die Handelspolitik; (2) Einfuhr aus Staatshandelsländern (ohne DDR): Durchführung von Preisprüfungsverfahren auf Antrag oder von Amts wegen; (3) Einfuhr nicht liberalisierter Waren des gewerblichen Sektors: Erteilung von Einfuhrgenehmigungen, Überwachung der wert- und mengenmäßig beschränkten Einfuhr, Vereinfachung der Antragstellung z. B. durch →Einfuhrausschreibungen und durch formularmäßige Beantragung von Einfuhrgenehmigungen über Datenfernübertragung, Vorbereitung der

Entscheidung des →Interministeriellen Einfuhrausschusses (IEA); (4) Ausstellung von →Zollkontingentscheinen für Warenimport im Rahmen von: Zollpräferenzen der EG für Entwicklungsländer, passiver Lohnveredelung, und nach Gesetz für das Zollkontingent für feste Brennstoffe; (5) Vollzugsaufgaben nach dem Gesetz zum Washingtoner Artenschutzübereinkommen; (6) Überwachung des Einfuhrverbots für bestimmte Walfischerzeugnisse. – b) *Warenausfuhr:* (1) Genehmigungs- und Überwachungsbehörde für Ausfuhr, Durchfuhr und Transithandel Ost-West von →Embargowaren; (2) Erteilung von →Negativbescheinigungen an Exporteure; (3) Genehmigungs- und Überwachungsaufgaben bei Ausfuhren, die einem →Selbstbeschränkungsabkommen unterliegen; (4) Überprüfung der Verträge deutscher Exporteure mit ausländischen Abnehmern, die eine Exportpreisstufung zum Inhalt haben; (5) Überwachung des Umgangs mit Kriegswaffen gemäß Kriegswaffenkontrollgesetz (KWKG); (6) Aufgaben bezüglich Filmbereich. – c) *Sonderaufgabenbereiche:* (1) Messen: Beschränkte Einfuhrgenehmigungen; (2) gem. Atomgesetz und Strahlenverordnung Genehmigungsbehörde für Außenhandel mit Kernbrennstoffen und sonstigen radioaktiven Stoffen. – 2. *Innerdeutscher Handel:* Überwachung der Einhaltung vereinbarter Kontingente und Embargovorschriften (die DDR ist nicht auf →Länderliste C); Entgegennahme von Meldungen über alle abgeschlossenen Verträge im allgemein genehmigten Bereich, u.a. zwecks Erstellung von Unterlagen für die Verhandlungen des BMWi mit der DDR; Durchführung von Preisprüfungsverfahren bei DDR-Bezügen. – 3. *Wirtschaftsförderung:* a) *Regionalförderung:* Durchführung des Investitionszulagengesetzes (→Investitionszulage). – b) *Mittelstandsförderung:* Durchführung verschiedener Mittelstandsprogramme; Zahlung von Zuschüssen zu Beratungen und Informationsveranstaltungen für kleine und mittlere Unternehmen. – c) *Institutionelle Förderung* des →Rationalisierungs-Kuratoriums der Deutschen Wirtschaft e.V. (RKW) und der →Arbeitsgemeinschaft für wirtschaftliche Verwaltung e.V. (AWV). – d) *Filmförderung:* Bescheinigung der Nationalität eines Films (Voraussetzung für den Erhalt von Filmförderungsmitteln durch die →Filmförderungsanstalt); Organisation des Wettbewerbs des deutschen Wirtschaftsfilmpreises. – 4. *Energieversorgung:* a) *Kohleverstromung:* Verwaltung des Ausgleichsfonds zur Sicherung des Steinkohleeinsatzes (Sondervermögen), in den die Elektrizitätswirtschaft eine vom Endverbraucher erhobene Ausgleichsabgabe (Kohlepfennig) zahlt. – b) *Bergbauförderung:* Zahlung von Absatz- und Anpassungshilfen, Zuschüssen für Investitionen und Sicherungsvorkehrungen u.a.; Erstattung der Kosten für die nationale Steinkohlenreserve – c) *Genehmi-*

gung von Heizöl- und Erdgaskraftwerken. – d) *Energiekrisenvorsorge:* Unterrichtung der Internationalen Energieagentur (IEA) über Versorgungs- und Vorratslage; im Krisenfall Durchführung der internationalen und nationalen Ölumverteilung in Kooperation mit dem Mineralölwirtschaft gem. internationalem Energieprogramm und Energiesicherungsgesetz. – e) *Förderung des Energiesparens:* Ausstellung der für den Erhalt einer Investitionszulage gem. §4a Investitionszulagengesetz erforderlichen Bescheinigung; Zuschüsse für Beratung und Information kleiner und mittlerer Unternehmen über Energieeinsparung. – 5. *Umweltschutz:* Durchführung des Altölgesetzes und Verwaltung des Rückstellungsfonds „Altölbeseitigung" (durch eine Ausgleichsabgabe auf mineralölversteuerte Schmieröle aufgebracht); Erteilung von Ausnahmegenehmigungen gem. Bundesimmissionsschutzgesetz und Benzinbleigesetz; Ermittlung der deutschen Beiträge zum internationalen Fonds gegen die Verschmutzung der Meere.

Bundesamt für Zivilschutz (BZS), →Bundesoberbehörde im Bereich des Bundesministers des Innern (BMI), Sitz in Bonn. Errichtet durch Gesetz vom 5.12.1958 (BGBl I 893). – *Aufgaben:* Ausbildung leitender Zivilschutzkräfte des Bundes und der Länder; Sammlung und Auswertung von Veröffentlichungen des In- und Auslandes auf dem Gebiet des Zivilschutzes; Leistung technischer Dienste im Zivilschutz; Prüfung von für den Zivilschutz bestimmten Geräten und Mitteln sowie Mitwirkung bei der Zulassung dieser Gegenstände und bei der Normung; Warnung der Bevölkerung vor den Gefahren, die ihr in einem Verteidigungsfall drohen; Gesundheitswesen im Zivilschutz; Vorsorgemaßnahmen nach dem Wassersicherstellungsgesetz; Schutz von Kulturgut; baulicher Zivilschutz. – Eingegliedert ist die Leitung der →Bundesanstalt Technisches Hilfswerk.

Bundes-Angestellten-Tarifvertrag　　(BAT), →Tarifvertrag vom 23.2.1961 mit späteren Änderungen und Ergänzungen; regelt umfassend die Rechtsverhältnisse der →Angestellten der Bundesrep. D. (mit Ausnahme der Deutschen Bundesbahn und der Deutschen Bundespost), der Länder und der Stadtgemeinde Bremen und der Mitglieder der Arbeitgeberverbände, die der Vereinigung der kommunalen Arbeitgebverergände angehören. – *Ausgenommen* sind einige Gruppen von Angestellten (→AT-Angestellter); Sonderregelungen z.B. für Angestellte in Krankenhäusern, auf Schiffen, Versorgungsbetrieben, Flughafenbetrieben. – Der BAT ersetzt die Tarifordnung für Angestellte des öffentlichen Dienstes (TOA). – *Bestandteile:* 1. *Grundvergütung:* Verschieden je nach Lebensalter; vgl. Übersicht Sp. 969/970. – 2. *Ortszuschlag (Wohngeldzuschuß):* Entsprechend →Besoldung der Beamten (vgl. dort). In den Vergütungsgrup-

Übersicht: Bundes-Angestellten-Tarifvertrag (BAT)

Tabelle der Grundvergütungen für die unter die Anlage 1 a zum BAT fallenden Angestellten der Vergütungsgruppen I bis X nach Vollendung des 21. bzw. 23. Lebensjahres (§ 27 Abschnitt A BAT) Gültig ab 1.1.1987

Ver-gütungs-gruppe	21.	23.	25.	27.	29.	31.	33.	35. Lebensjahr	37.	39.	41.	43.	45.	47.	49.
I	–	3981,44	4197,26	4413,14	4629,00	4844,86	5060,75	5276,58	5492,46	5708,32	5924,19	6140,07	6355,92	6571,76	–
I a	–	3669,81	3837,58	4005,29	4173,03	4340,75	4508,53	4676,30	4843,99	5011,74	5179,47	5347,25	5514,96	5675,79	–
I b	–	3262,52	3423,77	3585,03	3746,28	3907,53	4068,80	4230,05	4391,32	4552,58	4713,81	4875,07	5036,33	5197,21	–
II a	–	2891,87	3039,98	3188,13	3336,22	3484,36	3632,48	3780,58	3928,71	4076,83	4224,97	4373,09	4521,12	–	–
II b	–	2696,39	2831,40	2966,40	3101,44	3236,46	3371,49	3506,51	3641,53	3776,57	3911,59	4046,61	4105,62	–	–
III	2570,12	2696,39	2822,64	2948,90	3075,18	3201,44	3327,71	3453,96	3580,21	3706,49	3832,79	3959,06	4079,17	–	–
IV a	2329,79	2445,33	2560,87	2676,38	2791,91	2907,45	3022,99	3138,53	3254,07	3369,61	3485,15	3600,69	3714,63	–	–
IV b	2130,21	2221,88	2313,51	2405,17	2496,79	2588,45	2680,09	2771,75	2863,40	2955,03	3046,70	3138,33	3150,53	–	–
V a	1883,60	1956,21	2028,79	2107,24	2187,78	2268,37	2348,96	2429,53	2510,13	2590,70	2671,29	2751,86	2826,72	–	–
V b	1883,60	1956,21	2028,79	2107,24	2187,78	2268,37	2348,96	2429,53	2510,13	2590,70	2671,29	2751,86	2757,45	–	–
V c	1780,53	1845,97	1911,48	1980,20	2048,92	2120,54	2196,77	2273,08	2349,31	2425,57	2500,85	–	–	–	–
VI a	1686,12	1736,70	1787,24	1837,83	1888,37	1940,44	1993,54	2046,63	2100,66	2159,60	2218,53	2277,47	2336,39	2395,33	2445,88
VI b	1686,12	1736,70	1787,24	1837,83	1888,37	1940,44	1993,54	2046,63	2100,66	2159,60	2218,53	2264,63	–	–	–
VII	1562,08	1603,13	1644,22	1685,26	1726,36	1767,41	1808,48	1849,56	1890,62	1932,80	1975,95	2007,07	–	–	–
VIII	1445,05	1482,60	1520,19	1557,72	1595,30	1632,86	1670,44	1707,99	1745,57	1773,48	–	–	–	–	–
IX a	1397,78	1435,15	1472,48	1509,83	1547,16	1584,50	1621,83	1659,18	1696,42	–	–	–	–	–	–
IX b	1345,39	1379,48	1413,55	1447,62	1481,70	1515,78	1549,86	1583,92	1612,74	–	–	–	–	–	–
X	1249,29	1283,38	1317,45	1351,51	1385,62	1419,68	1453,76	1487,86	1521,89	–	–	–	–	–	–

pen X–Vc nach der Tarifklasse II, in den
Vergütungsgruppen Vb–III nach Tarifklasse
Ic, IIb–Ia nach der Tarifklasse Ib. – 3.
Sonderzuwendung: Entsprechend der →Besol-
dung der Beamten (vgl. dort). – 4. *Urlaubsgeld:* Für Vollbeschäftigte der Vergütungsgruppen X–Vc 450 DM und der Vergütungsgruppen Vb–I 300 DM, für Auszubildende
300 DM und für Teilzeitbeschäftigte anteilig;
wird im Juli ausbezahlt. – Die Höhe der
Vergütung ergibt sich aus den besonderen
Vergütungstarifverträgen. – 5. *Eingruppie-
rung:* Die Angestellten werden nach den Tätig-
keitsmerkmalen der Vergütungsordnung in
einem bestimmte Vergütungsgruppe eingrup-
piert (§ 22 und Anlage 1a und 1b BAT);
unterliegt der Mitbestimmung des →Personal-
rats (vgl. § 75 I Nr. 2 BPersVG). Vgl. auch
→Bewährungsaufstieg.

Bundesanleihen, festverzinsliche Wertpapiere und festverzinsliche Schuldbuchforderungen mit Wertpapiercharakter, die vom
Bund ausgegeben werden. D. dienen der
Beschaffung langfristiger Mittel zur Finanzierung von Investitionen oder zur Konsolidierung kurz- und mittelfristiger Kredite. – Vgl.
auch →Anleihen, →Bundesanleihekonsor-
tium.

Bundesanleihekonsortium, für die Unterbringung von Bundes-, Bundesbahn- und
Bundespostanleihen zuständiges →Konsor-
tium, in dem direkt oder indirekt (über Zen-
tralinstitute des Sparkassen- und Genossen-
schaftsbereichs) alle bedeutenden deutschen
Banken mit unterschiedlichen Konsortialquo-
ten vertreten sind. Konsortialführer ist die
→Deutsche Bundesbank, die selbst keine
Konsortialquote übernimmt. Der „Engere
Ausschuß" des B., dem alle Konsortialbanken
mit einer Quote von mindestens 0,9% angehören, faßt bei einem Anleihevorhaben die für
die Anleihebedingungen erforderlichen Beschlüsse und wird bei Verhandlungen mit den
Emittenten beteiligt.

Bundesanstalt, →Bundesoberbehörde.

Bundesanstalt für Arbeit (BA), Sitz in Nürnberg. Körperschaft des öffentlichen Rechts
mit Selbstverwaltung unter der Rechtsaufsicht
des Bundesministers für Arbeit und Sozialordnung. – 1. *Rechtsgrundlage:* Gesetz v.
10.3.1952 (BGBl I 738) mit späteren Änderungen. – 2. *Aufgaben:* insbes. Durchführung
von →Arbeitslosenversicherung, →Arbeits-
losengeld, →Arbeitslosenhilfe, →Arbeitsver-
mittlung, →Berufsberatung, →Förderung der
beruflichen Bildung (auch →institutionelle
Förderung der beruflichen Bildung, →Ausbil-
dung, →berufliche Fortbildung, →berufliche
Umschulung, Gewährung von →Schlechtwet-
tergeld, →Wintergeld, Leistungen zur →pro-
duktiven Winterbauförderung, →Kurzarbei-
tergeld, →Konkursausfallgeld, berufsfördernde Leistungen zur →Rehabilitation mit

→Übergangsgeld, →Kindergeld. – Vgl. auch
→Kurzarbeit. Nach § 4 AFG besitzen die BA
sowie die nachgeordneten Ämter ein Allein-
recht auf Arbeitsvermittlung. In der Fassung
der 7. Änderungsnovelle vom 20.12.1985
AFG hat die B. f. Ä. neben ihren traditionellen
Aufgaben v. a. auch Aufgaben i. S. einer *vor-
ausschauenden aktiven Beschäftigungs- und
Berufsförderungspolitik* zur Verhinderung von
Arbeitslosigkeit zu betreiben. Sie hat ihre
Maßnahmen zur vorbeugenden Beseitigung
von Schwierigkeiten auf dem Arbeitsmarkt,
zur Unterstützung der beruflichen Anpassung
der Arbeitnehmer und zur Schaffung und
Strukturierung von Arbeitsplätzen im Rahmen der Sozial- und Wirtschaftspolitik der
Bundesregierung zu orientieren. Ziel ist die
Erhaltung oder Erreichung eines hohen
Beschäftigungsstandes, eine Verbesserung der
Beschäftigungsstruktur und eine Unterstützung des ständigen Wachstums der Wirtschaft. – 3. *Untergliederung:* Neun Landesarbeitsämter und 146 Arbeitsämter (denen auch
die Unterbringung der Schwerbehinderten
(→Schwerbehindertenrecht) sowie die Erteilung von Genehmigungen für die Beschäftigung von ausländischen Arbeitnehmern und
bei Arbeitnehmerüberlassung obliegt) sowie
besondere Dienststellen für zentrale und über-
bezirkliche Aufgaben. – 4. *Organe:* Vorstand
und Verwaltungsrat der BA sowie Verwal-
tungsausschüsse der Landesarbeitsämter und
Arbeitsämter. Den Organen gehören Vertreter
der Arbeitgeber, der Arbeitnehmer und der
öffentlichen Hand an.

**Bundesanstalt für Arbeitsschutz und
Unfallforschung (BAU),** →Bundesoberbe-
hörde im Geschäftsbereich des Bundesministers für Arbeit und Sozialordnung (BMA),
Sitz in Dortmund. Errichtet durch Erlaß vom
15.12.1971. – *Aufgabe:* Förderung und Koordinierung der Unfallforschung, des Arbeits-
und Unfallschutzes in Heim und Freizeit.

**Bundesanstalt für den Güterfernverkehr
(BAG),** →Bundesoberbehörde im Geschäftsbereich des Bundesministers für Verkehr; Sitz
in Köln. – *Aufgaben:* Gewährleistung der
Ordnung im Güterfernverkehr durch Beratung des Bundesministers für Verkehr in
verkehrs- und tarifpolitischen Fragen; Mitwirkung bei Tarifmaßnahmen von besonderer
Bedeutung; Überwachung der Beförderung
von Gütern im Fernverkehr bezüglich Einhaltung von Tarif- und Beförderungsbedingungen, Abführung der Beförderungssteuer,
Unterbindung nichtgenehmigten Güterfernverkehrs, ordnungsgemäßer Ausfüllung und
Mitführung der vorgeschriebenen Beförde-
rungs- und Begleitpapiere sowie Arbeitszeiten;
Erstellung einer Bundesstatistik über die Leistungen im gewerblichen Güter- und Möbel-
fernverkehr sowie den entsprechenden
Bestand an Fahrzeugen einschl. der meldepflichtigen Fahrzeuge im Werkfernverkehr. –

Finanzierung: Die BAG erhält keine Bundesmittel, sondern finanziert sich im wesentlichen über Umlagen und Meldebeiträge des zu überwachenden Gewerbes. Überschüsse sollen nicht erwirtschaftet werden.

Bundesanstalt für Fleischforschung (BAFF), →Bundesoberbehörde im Geschäftsbereich des Bundesministers für Ernährung, Landwirtschaft und Forsten (BML); Sitz in Kulmbach. Errichtet am 1.4.1938. – *Aufgaben:* Forschung und Entwicklung sowie Beratung von Bundesministerien, anderen Behörden und Verbrauchern zu Versorgungsfragen hinsichtlich Fleisch und Fleischerzeugnissen; Förderung der Erzeugnisqualität.

Bundesanstalt für Flugsicherung (BFS), →Bundesoberbehörde im Geschäftsbereich des Bundesministers für Verkehr (BMV); Sitz in Frankfurt a. M. (Zentralstelle). Errichtet durch das Gesetz über die Bundesanstalt für Flugsicherung von 23.03.1953 (BGBl I 70). – *Aufgaben:* Flugverkehrskontroll-, -informations-, -alarm-, -fernmelde- und -navigationsdienst; Planung und Erprobung von flugsicherungstechnischen Verfahren und Einrichtungen; Errichtung und Unterhaltung von Flugsicherungsanlagen; Beschaffung, Einbau, Wartung und Pflege von Flugsicherungsgeräten und -anlagen; Abnahme und Überwachung der technischen Anlagen und Geräte des Flugsicherungsdienst; Personalausbildung für den Flugsicherungsdienst; Informationen für Luftfahrer; Herstellung und Herausgabe der Flugsicherungskarten; Mitwirkung bei Flugunfalluntersuchungen.

Bundesanstalt für Geowissenschaften und Rohstoffe (BGR), →Bundesoberbehörde im Geschäftsbereich des Bundesministers für Wirtschaft (BMWi); Sitz in Hannover. Errichtet durch Erlaß vom 26.11.1958 mit Wirkung vom 1.12.1958. – *Aufgaben:* Beratung der Bundesministerien; Durchführung von geowissenschaftlichen und rohstoffwirtschaftlichen Maßnahmen der Bundesregierung; Forschungs- und Entwicklungsarbeiten im In- und Ausland einschl. Antarktis und Meeresforschung; internationale geowissenschaftliche Kooperation.

Bundesanstalt für gesamtdeutsche Aufgaben, →Gesamtdeutsches Institut – Bundesanstalt für gesamtdeutsche Aufgaben.

Bundesanstalt für Gewässerkunde (BfG), →Bundesoberbehörde im Geschäftsbereich des Bundesministers für Verkehr (BMV); Sitz in Koblenz; gegründet 1948/49. Gewässerkundliche Dienststelle der Wasser- und Schiffahrtsverwaltung des Bundes. – *Aufgaben:* Beratung der Behörden der Wasser- und Schiffahrtsverwaltung im Rahmen der Unterhaltung, des Ausbaus und des Neubaus der Bundeswasserstraßen; Durchführung der Hauptdevelements an den Bundeswasserstra-

ßen und an der Küste; fachliche Zentralstelle des Bundes auf dem Gebiet der Radioaktivität der Oberflächengewässer im Binnenland; Forschung auf den Gebieten der Gewässerkunde, der Verkehrswasserwirtschaft und des Gewässerschutzes.

Bundesanstalt für landwirtschaftliche Marktordnung (BALM), →Bundesoberbehörde im Geschäftsbereich des Bundesministers für Ernährung, Landwirtschaft und Forsten, (BML); Sitz in Frankfurt a. M. Errichtet durch das Gesetz über die Neuorganisation der Marktordnungsstellen vom 23.06.1976 (BGBl I 1608, 2902). – *Aufgaben:* Durchführung von Maßnahmen der europäischen Agrarpolitik in der Bundesrep. D., zuständig für die Marktorganisationen Getreide, Reise, Hülsenfrüchte, Trockenfutter, Zucker und Rohtabak, Rind-, Schweine- und Schafffleisch, Milch und Milcherzeugnisse sowie Fette und Weinalkohol; Lagerung von Vorräten an Nahrungs- und Futtermitteln für Notfälle.

Bundesanstalt für Materialforschung und -prüfung (BAM), →Bundesoberbehörde im Geschäftsbereich des Bundesministers für Wirtschaft (BMWi); Sitz in Berlin. Errichtet durch Erlaß vom 1.9.1964 – *Aufgaben:* Förderung der Entwicklung der deutschen Wirtschaft u. a. durch Werkstoff- und Materialforschung sowie Weiterentwicklung der Materialprüfung und der chemischen Sicherheitstechnik. Hoheitliche Tätigkeiten insbes. im Rahmen des Sprengstoffgesetzes, des Waffengesetzes sowie der gesetzlichen Regelungen zum Transport und der Lagerung gefährlicher Güter.

Bundesanstalt für Straßenwesen (BASt), →Bundesoberbehörde im Geschäftsbereich des Bundesministers für Verkehr (BMV); Sitz in Bergisch-Gladbach. Errichtet durch Erlaß vom 8.7.1951. – *Aufgaben:* Untersuchung der Beziehungen zwischen Straße, Fahrzeug, Mensch und Umwelt; Weiterentwicklung wirtschaftlicher und verkehrssicherer Straßenkonstruktionen; Erhöhung der Leistungsfähigkeit der Straßen; Verminderung der straßenbedingten Belastungen (Lärm, Abgase, ökologische Wirkungen); zentrale Stelle für Unfallforschung; Rechenzentrum des Bundesverkehrsministeriums; rechnergestützte Dokumentation und Information über Verkehrsinfrastruktur und -forschung.

Bundesanteil, Anteil des Bundes am Gesamtaufkommen der →Gemeinschaftssteuern.

Bundesanzeiger, amtliches Verkündungsblatt: a) für Bekanntmachungen des Bundesministers, Einfuhrausschreibungen u. ä.; b) für Neueintragungen im →Handelsregister, →Konkurseröffnungen und →Vergleichsanträge, →Bilanzen und Einladungen zur →Hauptversammlung von Aktiengesellschaften sowie nach dem →Kartellgesetz usw.

Bundesarbeitsgemeinschaft für Arbeitssicherheit (BASI), *Deutsche Gesellschaft für Arbeitsschutz;* Sitz in Düsseldorf. Arbeitsgemeinschaft der auf dem Gebiet des Arbeitsschutzes und der Arbeitsmedizin tätigen Organisationen und Behörden; seit 1961 tätig. – *Aufgaben:* Förderung des öffentlichen Interesses; Anregung von Unfallschutzmaßnahmen für Neulinge im Betrieb; Maßnahmen zur Erhöhung der Sicherung auf dem Arbeitsweg; Sicherheitserziehung im Kindesalter; Einbeziehung von Arbeitssicherheit in Lehre und Forschung; Unfallverhütungsmaßnahmen in Schule, Heim und Freizeit; Förderung des Erfahrungsaustausches.

Bundesarbeitsgemeinschaft für Mittel- und Großbetriebe des Einzelhandels e.V., Sitz in Köln. – *Aufgaben:* Förderung der allgemeinen wirtschaftlichen, gewerblichen und staatsbürgerlichen Gesamtinteressen der Mitglieder sowie des Arbeitsfriedens; Sorge für den solidarischen Zusammenhalt der Mitglieder.

Bundesarbeitsgemeinschaft wirtschaftswissenschaftlicher Vereinigungen (BAWV), →Arbeitsgemeinschaft wirtschaftswissenschaftlicher Vereinigungen auf Bundesebene; Sitz in Bonn. – *Aufgabe:* Erarbeitung und Vertretung von Stellungnahmen, Memoranden und Eingaben in die gemeinsamen Interessen der Mitglieder betreffenden Fragen. – *Mitgliedsverbände:* Bundesverband Deutscher Volks- und Betriebswirte e.V., Verband Deutscher Betriebswirte e.V. und Forschungsinstitut der Deutschen Volks- und Betriebswirte.

Bundesarbeitsgericht (BAG), oberster Gerichtshof des Bundes im Bereich der →Arbeitsgerichtsbarkeit; Sitz in Kassel (§ 40 I ArbGG). Die Geschäfte der Verwaltung und der Dienstaufsicht führt der Bundesminister für Arbeit und Sozialordnung im Einvernehmen mit dem Bundesminister der Justiz. – *Besetzung:* Jeder Senat wird mit einem Vorsitzenden, zwei berufsrichterlichen Beisitzern (→Richter I) und je einem ehrenamtlichen Richter (→Richter II) aus den Kreisen der Arbeitnehmer und der Arbeitgeber tätig. – *Zuständigkeit:* Das BAG entscheidet über →Revisionen gegen Urteile der →Landesarbeitsgerichte (§ 72 ArbGG), die Rechtsbeschwerden gegen Beschlüsse der Landesarbeitsgerichte (§ 92 ArbGG), →Beschlußverfahren) und über Nichtzulassungsbeschwerden (§§ 72a), 92a ArbGG).

Bundesarchiv, →Bundesbehörde im Geschäftsbereich des Bundesministers des Innern (BMI); Sitz in Koblenz. Zentralarchiv der Bundesrep. D. mit Außenstellen in Koblenz (Filmarchiv), Freiburg (Militärarchiv) und Aachen (Zentralnachweisstelle). – *Aufgabe:* Sammlung, Ordnung und wissenschaftliche Auswertung von Akten.

Bundesaufsicht, gesetzlich geregelte, jeweils auf ausdrücklicher rechtlicher Kompetenz beruhende Berechtigung zur Kontrolle von →Behörden, →Anstalten oder auch gesamtwirtschaftlich bedeutungsvollen Erwerbsunternehmungen durch Bundesbehörden.

Bundesaufsichtsamt für das Kreditwesen (BAKred), →Bundesoberbehörde im Geschäftsbereich des Bundesministers der Finanzen (BMF); Sitz in Berlin (West). Zentrales Organ der Bankenaufsicht in der Bundesrep. D. (§ 5 KWG). Errichtet durch das Gesetz über das Kreditwesen (KWG) vom 10.7.1961 (BGBl I 881), Neufassung vom 11.7.1985 (BGBl I 1472). – *Aufgabe:* Aufsicht über die Kreditinstitute nach den Vorschriften des KWG. – *Finanzierung:* Die Kosten des B. werden nach dem Verhältnis der Bilanzsummen auf die beaufsichtigten Kreditinstitute umgelegt (VO vom 14.3.1963, BGBl I 159, mit späteren Änderungen).

Bundesaufsichtsamt für das Versicherungs- und Bausparwesen, →Bundesaufsichtsamt für Versicherungswesen.

Bundesaufsichtsamt für das Versicherungswesen (BAV), →Bundesoberbehörde im Geschäftsbereich des Bundesministers der Finanzen (BMF); Sitz in Berlin (West). – *Aufgabe:* Beaufsichtigung der privaten Versicherungsunternehmen nach dem →Versicherungsaufsichtsgesetz im Interesse der Versicherten und zur Erhaltung eines gesunden Versicherungswesens. – Vom 1.4.1952 bis 31.12.1972 als *Bundesaufsichtsamt für das Versicherungs- und Bausparwesen,* zum 1.1.1973 Übergang der Aufsicht über die Bausparkassen an das →Bundesaufsichtsamt für das Kreditwesen.

Bundesauftragsverwaltung, mit bestimmten Bundesaufgaben betraute Landesbehörden (→Auftragsverwaltung).

Bundesausbildungsförderungsgesetz (BAföG), →Ausbildungsförderung.

Bundesausführungsbehörde für Unfallversicherung (BAfU), →Bundesoberbehörde im Geschäftsbereich des Bundesministers für Arbeit und Sozialordnung (BMA); Sitz in Wilhelmshaven. – *Aufgaben:* Durchführung der gesetzlichen Unfallversicherung in den Unternehmen des Bundes, in Unternehmen in selbständiger Rechtsform, an denen der Bund allein oder zusammen mit Land oder Gemeinden beteiligt und für die der Bund als Träger der Unfallversicherung bestimmt worden ist, beim Technischen Hilfswerk, Bereitschaften und verwandten Tätigkeitsgebieten des Deutschen Roten Kreuzes; Durchführung der gesetzlichen Unfallversicherung der Leistungsempfänger, der Bediensteten der Bundesanstalt für Arbeit und für diese Bundesanstalt ehrenamtlich Tätigen; Unfallverhütung und Erste Hilfe einschl. der Schulung von Sicherheitsbeauftragten und sonstigen in der Unfallverhütung tätigen Personen sowie Schulung der Fachkräfte für Arbeitssicherheit und Mitwirkung bei der Festsetzung der Einsatzzeiten der Fachkräfte für Arbeitssicherung und der Betriebsärzte; Feststellung und Gewährung von Leistungen gem. Fremdrentengesetz vom 25.2.1960 für Versicherungsfälle, für deren Entschädigung keine gewerbliche Berufsgenossenschaft oder See-Berufsgenossenschaften zuständig ist, gem. Fremdrenten- und Auslandsrenten-Neuregelungsgesetz vom 25.2.1960 soweit bis zum 8.5.1945 die alte Unfallversicherung der Nationalsozialistischen Deutschen Arbeiterpartei zuständig war sowie gem. Entwicklungshelfer-Gesetz vom 18.6.1969 für Entwicklungshelfer; unfallversicherungsrechtliche Betreuung der zivilen Bediensteten bei den Stationierungsstreitkräften und bei den im Bundesgebiet gelegenen NATO-Hauptquartieren sowie der bei den deutschen Auslandsvertretungen und bei den Bundeswehrdienststellen und bei den Zweigstellen des Goethe-Instituts im Ausland beschäftigten Ortskräfte.

Bundesausgleichsamt (BAA), →Bundesoberbehörde im Geschäftsbereich des Bundesministers des Innern (BMI); Sitz in Bad Homburg v.d. Höhe. – *Aufgaben:* Durchführung des →Lastenausgleichs, einschl. Sachaufsicht über die Ausgleichsverwaltung (Landesausgleichsämter, Ausgleichsämter); Verwaltung des →Ausgleichsfonds (§319 LAG).

Bundesbahn, →Deutsche Bundesbahn.

Bundesbahndirektionen, →Deutsche Bundesbahn III.

Bundesbahn-Sozialamt (BSA), →Deutsche Bundesbahn III.

Bundesbahn-Versicherungsanstalt, Sonderanstalt für die Durchführung der Rentenversicherung der Arbeiter der Deutschen Bundesbahn als Nachfolgerin der früheren *Reichsbahn-Versicherungsanstalt* (§1360 RVO), Sitz in Frankfurt a.M. Für die Rentenversicherung der Bundesbahn-Angestellten ist die →Bundesversicherungsanstalt für Angestellte zuständig.

Bundesbahn-Versuchsanstalten, →Deutsche Bundesbahn III.

Bundesbahn-Zentralamt (BZA), →Deutsche Bundesbahn III.

Bundesbank, →Deutsche Bundesbank.

Bundesbank-Gewinn, als Bilanzgewinn (Reingewinn) in der Gewinn- und Verlustrechnung der →Deutschen Bundesbank ausgewiesener Jahresüberschuß. Gemäß §27 BBankG sind vom Reingewinn in angegebener Reihenfolge (1) 20% mind. jedoch 20 Mill. DM einer gesetzlichen Rücklage zuzuführen, bis diese 5% des →Notenumlaufs beträgt, (2) bis zu 10% des verbleibenden Reingewinns einer

sonstigen Rücklage zuzuführen, bis dieser den Betrag des Grundkapitals erreicht hat, (3) 30 Mill. DM dem Fond zum Ankauf von →Ausgleichsforderungen zuzuführen, (4) der Restbetrag ist dem Bund zuzuführen. Der B.-G. betrug 1985 (1975) 12,92 Mrd. DM (9,54 Mrd. DM), zugeführt wurden dem Bund 12,65 Mrd. DM (0,40 Mrd. DM). – Aufgrund des Dollarsturzes und der geringeren Bewertung der Währungsreserven wird für 1987 nur ein relativ geringer B.-G. erwartet und keine Gewinnabführung an den Bund.

Bundesbankpolitik, →monetäre Theorie und Politik VII.

Bundesbaudirektion (BBD), Bundesbehörde im Geschäftsbereich des Bundesministers für Raumordnung, Bauwesen und Städtebau (BMBau); Sitz in Berlin. – *Aufgaben:* Erledigung der Bauangelegenheiten der Verfassungsorgane des Bundes und der obersten Bundesbehörden; Bauangelegenheiten der Bundesrep. D. im Ausland.

Bundesbaugesetz, jetzt: →Baugesetzbuch.

Bundesbeauftragter für den Datenschutz (BfD), gem. §17 Bundesdatenschutzgesetz auf Vorschlag der Bundesregierung vom Bundespräsidenten auf fünf Jahre ernannt. – *Aufgaben:* Kontrolle der Einhaltung von Vorschriften über den Datenschutz in der Bundesverwaltung; jährliche Vorlage eines Tätigkeitsberichts beim Deutschen Bundestag.

Bundesbeauftragter für den Zivildienst, gem. §2 Zivildienstgesetz vom Bundesminister für Jugend, Familie, Frauen und Gesundheit (BMJFFG) auf Vorschlag der Bundesregierung zu ernennen. Der B.f.d.Z. führt die dem BMJFFG auf dem Gebiet des Zivildienstes obliegenden Aufgaben durch, soweit dieser nichts anderes bestimmt.

Bundesberggesetz (BBergG), Gesetz vom 13.8.1980 (BGBl I 310), bundeseinheitliche Regelung des Aufsuchens, Gewinnens und Aufbereitens von Bodenschätzen. – 1. *Zweck:* a) Förderung und Ordnung von Aufsuchen, Gewinnen und Aufbereiten von Bodenschätzen unter Berücksichtigung ihrer Standortgebundenheit und des Lagerstättenschutzes zur Sicherung der Rohstoffversorgung; b) Gewährleistung der Sicherheit der Betriebe und der Beschäftigten des Bergbaus; c) Vorsorge gegen Gefahren, die sich aus bergbaulicher Tätigkeit für Leben, Gesundheit und Sachgüter Dritter ergeben, Ausgleich unvermeidbarer Schäden. – 2. *Bergbauberechtigung:* Das Aufsuchen bergfreier Bodenschätze bedarf der Erlaubnis, das Gewinnen bergfreier Bodenschätze der Bewilligung oder der Verleihung des →Bergwerkeigentums. Inhaber einer Erlaubnis hat eine →Feldesabgabe, der Inhaber einer Bewilligung oder eines Bergwerkeigentums eine →bergrechtliche Förderabgabe zu entrichten. – 3. Der Bergbau unterliegt der *Bergaufsicht* durch die zuständige Behörde. Er darf nur auf Grund von Plänen (Betriebsplänen) entrichtet, geführt und eingestellt werden. – 4. *Berechtsamsbuch* über Erlaubnisse, Bewilligungen, Bergwerkeigentum und alte aufrechterhaltene Bergbauberechtigungen, *Berechtsamskarte* über die von diesen Rechten betroffenen Felder. Bei berechtigtem Interesse Einsicht. – 5. Ist für Errichtung oder Führung eines Bergbaubetriebes die Benutzung eines Grundstückes notwendig, so kann *Grundabtretung* gegen Entschädigung durchgeführt werden. Auch *Baubeschränkungen* sind vorgesehen. – 6. Wird durch einen Bergbaubetrieb ein Mensch getötet oder der Körper oder die Gesundheit eines Menschen verletzt oder eine Sache beschädigt (Bergschaden), so ist grundsätzlich Schadenersatz zu leisten. *Bergschadensvermutung* zugunsten des Geschädigten in bestimmten Fällen. Zur Sicherung von Schadensersatzansprüchen kann der Bundesminister für Wirtschaft eine *Bergschadensausfallkasse* errichten, wenn eine vergleichbare privatrechtliche Lösung durch die Bergbauwirtschaft nicht eingerichtet wird. – 7. Für Rechtsstreitigkeiten über Entschädigung *ordentlicher Rechtsweg*, zuständig Landgericht; im übrigen sind die Verwaltungsgerichte zuständig. – 8. Bei dem Erlaß von BergVO hat der →*Sachverständigenausschuß* Bergbau mitzuwirken. – 9.

Verstöße werden als Ordnungswidrigkeit mit Geldbußen bis zu 50 000 DM und als Straftat mit Freiheitsstrafe bis zu zehn Jahren oder mit Geldstrafe geahndet. – Vgl. auch →Tiefseebergbau.

Bundesbeteiligung. 1. *Begriff:* Beteiligung des Bundes, des →ERP-Sondervermögens, des →Ausgleichsfonds, der →Deutschen Bundesbahn und der →Deutschen Bundespost an Unternehmen in privater Rechtsform (→öffentlichen Unternehmen). – Die B. werden jährlich durch den Bundesminister der Finanzen in einem Beteiligungsbericht dargestellt (→Privatisierung des industriellen Bundesvermögens). – 2. *Schwerpunkte der B.:* bei Industrieunternehmen (Salzgitter AG, Vereinigte Industrie-Unternehmungen AG, Saarbergwerke AG, VEBA AG, Volkswagen AG, Industrieverwaltungsgesellschaft mbH), im Verkehrswesen (Deutsche Lufthansa AG, verschiedene Flughafen- und Hafengesellschaften), in der Wohnungswirtschaft, in der Entwicklungshilfe, in der Kreditwirtschaft (→öffentliche Kreditinstitute) sowie in der Forschung. – 3. *Umfang:* Vgl. untenstehende Tabelle. – 4. Die B. werden jährlich durch den Bundesminister der Finanzen in einem *Beteiligungsbericht* dargestellt (→Privatisierung des industriellen Bundesvermögens).

Bundesbetrieb nach § 26 BHO, rechtlich unselbständiger, organisatorisch ausgegliederter

Bundesbeteiligungen (1985)

Ressort/Sondervermögen	Anzahl der Beteiligungen	davon mit Bundesanteil über 50 vH	Nennkapital am 31.12.1985	Anteil des Bundes am	
				Nennkapital	buchm. Eigenvermögen*)
			TDM	TDM	TDM
Finanzen	15	8	7 245 389	3 094 327	6 719 383
Verkehr (ohne 3 i. L.-Gesellschaften)	14	4	2 513 944	1 265 288	1 696 455
Raumordnung, Bauwesen und Städtebau	13	2	374 127	91 924	92 286
Ernährung, Landwirtschaft und Forsten (ohne 3 ruhende Gesellschaften)	5	2	283 570	259 857	583 200
Wirtschaftliche Zusammenarbeit	5	4	1 040 415	1 040 136	661 939
Forschung und Technologie (ohne 1 ruhende Gesellschaft)	14	10	2 852	2 308	2 398
Verteidigung	1	1	2 500	2 500	5 214
Inneres	4	1	502	424	398
Justiz	2	2	550	400	3 774
Wirtschaft	1	1	50	50	50
Bildung und Wissenschaft	1	–	66	22	22
Arbeit und Sozialordnung	1	1	120	120	365
Presse- und Informationsamt	3	1	800	600	640
Ressorts	79	37	11 464 885	5 758 046	9 706 124
ERP	4	2	1 250 000	297 200	1 138 266
Ausgleichsfonds	2	1	268 910	30 000	183 786
Deutsche Bundespost	27	6	1 438 480	194 895	237 327
Deutsche Bundesbahn (ohne 1 i. L.-Gesellschaft) . . .	68	31	2 641 377	651 229	720 612
davon Mehrfachbeteiligungen	101 / 11	40	5 598 767 / 3 665 495	1 173 324	2 279 991
Sondervermögen	90	40	1 933 272	1 173 324	2 279 991
Summe Ressorts und Sondervermögen	169	77	13 398 157	6 931 370	12 046 115
Ruhende und in Liquidation befindliche Unternehmen	8	7			

*) Nennkapital zuzüglich offener Rücklagen und nicht ausgeschütteten Gewinns, ggf. abzüglich eines Bilanzverlustes und ausstehender Einlagen auf das Nennkapital

ter Teil der Bundesverwaltung. Im Haushaltsplan sind nur die Zuführungen und Ablieferungen zu veranschlagen (→Nettobetrieb). Vgl. auch →Bundesunternehmen, →öffentliche Unternehmen. – *Beispiel:* →Bundesdruckerei. – *Pflichten:* Ein →Wirtschaftsplan ist aufzustellen, kaufmännisches Rechnungswesen ist anzuwenden, ein →Jahresabschluß ist aufzustellen und eine →Kosten- und Leistungsrechnung durchzuführen. Es gelten die →Haushaltsgrundsätze. – Auf *Landesebene* entspricht dem B. der →Landesbetrieb nach § 26 BHO.

Bundesbürgschaft, Bürgschaftsübernahme (→Bürgschaft), auch Garantieübernahme (→Bundesgarantie), des Bundes für Darlehen, die für Zwecke von besonderer wirtschaftlicher oder sozialpolitischer Bedeutung von Banken oder sonstigen Kapitalsammelstellen gegeben werden und die sonst nicht ordnungsgemäß gesichert werden können.

Bundesdisziplinargericht (BDizG), zuständiges Gericht für Verfahren nach der Bundesdisziplinarordnung (→Disziplinarverfahren); Sitz in Frankfurt a. M.

Bundesdisziplinarordnung, →Disziplinarverfahren.

Bundesdruckerei (BDr), →Bundesbetrieb nach § 26 BHO; →Hilfsbetrieb der Verwaltung zur Herstellung sicherheitsempfindlicher staatlicher Druckwerke wie Banknoten, Postwertzeichen, Pässe, Personalausweise, Wertpapiere, Kraftfahrzeugbriefe und zum Druck von Haushaltsplänen, amtlichen Drucksachen, Bundesgesetzblatt, Fernsprechbüchern usw. Sitz in Berlin. Zweigbetriebe in Neu-Isenburg (Druck von Banknoten) und Bonn (amtliche Drucksachen). B. untersteht dem Bundesminister für das Post- und Fernmeldewesen.

bundeseigene Unternehmen, Beteiligung der Bundesrep. D. an wirtschaftlichen Unternehmen des öffentlichen und privaten Rechts. – 1. *Industrielles Bundesvermögen:* Die Gesellschaften sind zumeist in Konzernen zusammengefaßt, und zwar insbes. in der Salzgitter AG (Grundkapital 425 Mill. DM), VEBA AG – 1965 teilprivatisiert – (Grundkapital rd. 1404 Mill. DM, Bundesbeteiligung 43,7%), Vereinigte Industrie-Unternehmungen AG (Grundkapital 467 Mill. DM) und Saarbergwerke AG (Grundkapital 415 Mill. DM, Beteiligung des Bundes 74% und die Saarlandes 26%). An der im Jahre 1961 teilprivatisierten Volkswagenwerk AG (Grundkapital 1200 Mill. DM) sind heute Bund und Land Niedersachsen mit je 20% beteiligt, die restlichen 60% Aktien sind breit gestreut. – 2. *Beteiligung des Bundes an verkehrswirtschaftlichen Unternehmen:* Erstreckt sich besonders auf mehrere Flughafen-, Wasserbau- und Wasserbaufinanzierungsgesellschaften sowie

an der – ebenfalls im Jahre 1965 teilprivatisierten – Deutschen Lufthansa AG (Grundkapital 600 Mill. DM, Bundesbeteiligung 74,3%). – 3. Von Bedeutung sind ferner die *Beteiligungen des Bundes an wohnungswirtschaftlichen Unternehmen sowie an Gesellschaften aus den Bereichen der Bundesminister für Ernährung, Landwirtschaft und Forsten, für wirtschaftliche Zusammenarbeit und für Forschung und Technologie.* Hier sind die Deutsche Gesellschaft für wirtschaftliche Zusammenarbeit (Entwicklungsgesellschaft) mbH, die Kernforschungsanlage Jülich GmbH und die Kernforschungszentren Karlsruhe GmbH zu nennen. – Meist werden die Gesellschaften in privatrechtlicher Form betrieben. Zu den Unternehmen des öffentlichen Rechts gehören die Deutsche Siedlungs- und Landesrentenbank, Deutsche Genossenschaftsbank, Deutsche Pfandbriefanstalt sowie die Kreditanstalt für Wiederaufbau. – Vgl. auch →Privatisierung, →öffentliche Unternehmen.

Bundesentschädigungsgesetz, →Wiedergutmachung.

Bundesertragsabgaben, Oberbegriff für →Finanzmonopole und →Bundessteuer.

Bundeserziehungsgeldgesetz (BErzGG), Kurzbezeichnung für das Gesetz über die Gewährung von Erziehungsgeld und Erziehungsurlaub vom 6. 12. 1985 (BGBl I 2154). Das B. löst das Gesetz über die Einführung eines Mutterschaftsurlaubs vom 25. 6. 1979 (BGBl I 797) ab und enthält darüber hinausgehende Regelungen. Der 1. Abschnitt über die Gewährung von Erziehungsgeld gilt nach Art II § 1 Nr. 20 SGB 1 als besonderer Teil des →Sozialgesetzbuches. Rechtsgrundlage bezüglich →Erziehungsgeld und →Erziehungsurlaub.

Bundesfachverband, →Zentralfachverband.

Bundesfernstraßen, →öffentliche Straßen, die ein zusammenhängendes Verkehrsnetz bilden und dem weiträumigen Verkehr dienen; gegliedert in Bundesautobahnen und Bundesstraßen mit Ortsdurchfahrten. – Zu den B. gehören: (1) *Straßenkörper:* Straßengrund, Unterbau, Straßendecke, Brücken, Dämme, Gräben, Böschungen, Mittel- und Sicherheitsstreifen; (2) *der Luftraum* über dem Straßenkörper; (3) *Zubehör:* Verkehrszeichen und Bepflanzung; (4) *Nebenanlagen:* Straßenmeistereien, Gerätehöfe, Lagerplätze; (5) *Nebenbetriebe* (an den Autobahnen): Tankstellen, Rast- und Werkstätten, deren Bau dem Bund vorbehalten ist und die zu verpachten sind. – *Träger der Baulast* für offene Straßen ist der Bund, der diese auf die Länder delegiert hat; für Ortsdurchfahrten haben die Gemeinden mit mehr als 80 000 Einwohnern (Stichtag: Beginn des dritten Haushaltsjahres nach dem Jahr, in dem eine →Volkszählung stattfand) die →Straßenbaulast. – *Hochbauten* dürfen längs der B. bei Autobahnen bis zu 40 m, bei

Bundesstraßen bis 20 m Abstand nicht errichtet werden. – *Straßenaufsicht* wird von Ländern im Auftrage des Bundes ausgeübt. – *Rechtliche Regelung* im Bundesfernstraßengesetz (FStrG) in der Fassung vom 1.10.1974 (BGBl I 2413) mit späteren Änderungen.

Bundesfinanzakademie, eine Einrichtung des Bundes zur Durchführung der ergänzenden Studien zur Fortbildung der Beamten des höheren Dienstes in der Steuerverwaltung der Länder, Sitz in Siegburg. – *Gesetzliche Grundlage:* § 7 Steuerbeamten-Ausbildungsgesetz i.d.F. vom 13.3.1985 – BGBl I 554.

Bundesfinanzbehörden, →Finanzverwaltung 2a).

Bundesfinanzhof (BFH), oberster Gerichtshof des Bundes für die →Finanzgerichtsbarkeit mit Sitz in München (§ 2 FGO) bestehend aus dem Präsidenten, den Vorsitzenden Richtern und weiteren Richtern. – 1. *Organisation/Entscheidungsbefugnisse:* Er entscheidet durch *Senate* in der Besetzung von fünf Richtern, bei Beschlüssen außerhalb der mündlichen Verhandlung mit drei Richtern. Neben den einzelnen Senaten besteht ein *Großer Senat,* der sich aus dem Präsidenten und sechs Richtern der einzelnen Senate zusammensetzt. Er entscheidet, wenn a) in einer Rechtsfrage ein Senat von der Entscheidung eines anderen Senats oder des Großen Senats abweichen will oder b) der die betreffende Rechtssache bearbeitende Senat wegen ihrer grundsätzlichen Bedeutung die Entscheidung des Großen Senats herbeiführen möchte, weil nach seiner Auffassung die Fortbildung des Rechts oder die Sicherung einer einheitlichen Rechtsprechung es fordern (§ 11 FGO). – 2. *Sachliche Zuständigkeit:* Der B. entscheidet im ersten und letzten Rechtszug über a) Klagen wegen erstinstanzlicher →Verwaltungsakte des Bundesfinanzministers auf dem Gebiete der →Eingangsabgaben, b) Klagen wegen →verbindlicher Zolltarifauskünfte, c) Rechtsstreitigkeiten auf Grund des →Zerlegungsgesetzes, soweit die zugrunde liegenden Feststellungen durch die obersten Finanzbehörden der Länder getroffen sind (§ 37 FGO). – 3. Der B. entscheidet als Rechtsmittelinstanz über a) die →Revision gegen Urteile der →Finanzgerichte und gegen Entscheidungen, die Urteilen der Finanzgerichte gleichstehen, b) die →Beschwerden gegen andere Entscheidungen des Finanzgerichts oder des Vorsitzenden des Senats (§ 36 FGO). – 4. *Bedeutung:* BFH-Entscheidungen haben besondere Bedeutung für die Rechtsauslegung und durch Anwendung auf parallel liegende Fälle, daher Veröffentlichung der wichtigsten Entscheidungen im →Bundessteuerblatt, Teil II. Die Finanzbehörden halten jedoch auch nicht veröffentlichte Entscheidungen dem Steuerpflichtigen entgegen. Die Entscheidungen des früheren Reichsfinanzhofs (RFH) werden bis

zur Gegenwart rechtsauslegend angewandt, soweit sie nicht durch neuere BFH-Rechtsprechung überholt sind. – 5. *Bis zum 31.12.1987* gelten für Verfahren im ersten Rechtszug vor dem B. die Sondervorschriften des Gesetzes zur Entlastung des Bundesfinanzhofs, vom 8.7.1975 (BGBl I 1861) i.d.F. vom 4.7.1985 (BGFBl I 1274). Sie sehen für Verfahren vor dem BFH u.a. einen Vertreterzwang vor.

Bundesforschungsanstalt für Forst- und Holzwirtschaft, Bundesbehörde im Geschäftsbereich des Bundesministers für Ernährung, Landwirtschaft und Forsten (BML); Sitz in Hamburg. – *Aufgabe:* Erarbeitung wissenschaftlicher Grundlagen als Entscheidungshilfen für die Bundesregierung im Bereich der Forst- und Landwirtschaft; Beratung der Wirtschaft und Ausbildung von Fachkräften.

Bundesforschungsanstalt für Landeskunde und Raumordnung (BfLR), Bundesbehörde im Geschäftsbereich des Bundesministers für Raumordnung, Bauwesen und Städtebau; Sitz in Bonn. Errichtet am 26.5.1959, geändert am 7.9.1967 und 6.4.1973 als Nachfolgeinstitution des Instituts für Raumordnung und des Instituts für Landeskunde. – *Aufgabe:* Erarbeitung von wissenschaftlichen und informativen Grundlagen zur Lösung der Aufgaben der Bundesregierung im Bereich von Raumordnung und Städtebau.

Bundesforschungsanstalt für Landwirtschaft (FAL), Bundesbehörde im Geschäftsbereich des Bundesministers für Ernährung, Landwirtschaft und Forsten (BML), Sitz in Braunschweig. Errichtet durch Beschluß vom 1.3.1949. – *Aufgaben:* Forschung sowie Beratung der Bundesregierung auf dem Gebiet der Landbau- und verwandter Wissenschaften, insbes. in den Bereichen Boden, Pflanze, Tier, Technik und Ökonomie.

Bundesforschungsanstalt für Naturschutz und Landschaftsökologie (BFANL), Bundesbehörde im Geschäftsbereich des Bundesministers für Umwelt, Naturschutz und Reaktorsicherheit (BMU); Sitz in Bonn. Errichtet am 1.8.1962. – *Aufgabe:* Forschung auf den Gebieten Vegetationskunde, Naturschutz, Tierökologie, Landschaftspflege, -ökologie, -planung und Erholungsvorsorge.

Bundesgarantie, die von der Regierung eines Bundesstaats zu Lasten des Staates übernommene besondere Verpflichtung, für die Erfüllung von Verträgen einzustehen (→Garantie): a) *nach außen:* Durch Übernahme einer Ausfallbürgschaft auf eine bundesstaatliche Anstalt mit entsprechendem Vermögen; b) *nach innen:* Durch Übertragung von Kursrisikos oder sonstiger Wagnisse auf eine entsprechende Anstalt, um einzelnen Staatsbürgern den Abschluß und die Einhaltung von zwischenstaatlichen Verträgen zu ermöglichen.

Bundesgebiet, das in der Präambel (Einleitung) zum Grundgesetz bezeichnete Territorium der Bundesrep. D., bestehend aus den Ländern: Baden-Württemberg, Bayern, Bremen, Hamburg, Hessen, Niedersachsen, Nordrhein-Westfalen, Rheinland-Pfalz, Schleswig-Holstein und Saarland. Das Land Baden-Württemberg ist im Jahre 1951 durch Vereinigung der drei südwestdeutschen Länder Baden, Württemberg-Baden und Württemberg-Hohenzollern entstanden; das Saarland seit 1.1.1957 hinzugetreten. – Berlin gehört aufgrund von Vorbehalten der ehemaligen Besatzungsmächte rechtlich nicht zum B. Praktisch ist seine Rechtsstellung jedoch weitgehend derjenigen der Länder im B. angenähert (→Berlin) – Vgl. auch →Neugliederung des Bundesgebietes.

Bundesgerichte. 1. →*Bundesverfassungsgericht* in Karlsruhe. – 2. *Oberste Gerichtshöfe des Bundes:* →Bundesgerichtshof in Karlsruhe, Bundesverwaltungsgericht in Berlin, →Bundesfinanzhof in München, →Bundesarbeitsgericht und →Bundessozialgericht in Kassel. – 3. *Bundesgerichte* können nach Art. 96 GG errichtet werden: a) für Angelegenheiten des gewerblichen Rechtsschutzes (→Bundespatentgericht); b) als Wehrstrafgerichte. Oberster Gerichtshof für diese Gerichte ist der Bundesgerichtshof. – 4. Zur *Wahrung der Einheitlichkeit* der Rechtsprechung ist gem. Art 95 GG ein Gemeinsamer Senat der obersten Gerichtshöfe gebildet worden.

Bundesgerichtshof (BGH), letztinstanzlicher oberster Gerichtshof für Zivil- und Strafsachen; Sitz in Karlsruhe. Der B. entscheidet durch die mit jeweils fünf Mitgliedern (Vorsitzenden Richtern und Richtern) besetzten Zivil- und Strafsenate. Die Richter werden durch den Bundesminister der Justiz gemeinsam mit einem Richterwahlausschuß berufen und vom Bundespräsidenten ernannt. – 1. *Sachliche Zuständigkeit:* a) in *Zivilsachen* über das Rechtsmittel der →*Revision* gegen →Urteile der →Oberlandesgerichte, und (selten) der →*Sprungrevision* gegen Urteile der Landgerichte; dabei müssen die Parteien durch bei dem B. zugelassene →*Rechtsanwälte* vertreten sein; b) in *Strafsachen* u. a. als Rechtsmittelgericht über Revision gegen Urteile der Schwurgerichte und der großen Strafkammern der Landgerichte; die →Staatsanwaltschaft wird durch den Generalbundesanwalt und Bundesanwälte vertreten; c) in *Streitigkeiten des gewerblichen Rechtsschutzes* über die Rechtsmittel der Beschwerde und der Berufung gegen Entscheidungen des →Bundespatentgerichts; d) in der *Berufsgerichtsbarkeit* der →Steuerberater und →Steuerbevollmächtigten im dritten Rechtszug nach dem Steuer-

beratungsgesetz sowie im berufsgerichtlichen Verfahren gegen →Wirtschaftsprüfer und →vereidigte Buchprüfer im dritten Rechtszug nach der Wirtschaftsprüferordnung. – 2. *Veröffentlichung von BGH-Entscheidungen:* Bedeutsame Entscheidungen des BGH in Zivil- und Strafsachen werden in amtlicher Sammlung (BGHZ und BGHSt) veröffentlicht und sind von großem Einfluß auf Auslegung und Fortentwicklung des Rechts.

Bundesgeschäftsstelle der Landesbausparkassen, Sitz in Bonn. – *Aufgaben:* Förderung des öffentlichen Bausparwesens; Vertretung der Landesbausparkassen und öffentlichen Bausparkassen.

Bundesgesetz, ein von der Bundesrep. D. im Rahmen der →Gesetzgebungskompetenz als →Bundesrecht erlassenes →Gesetz. – *Anders:* →Landesgesetz.

Bundesgesetzblatt (BGBl), amtliches Organ zur Verkündung der →Bundesgesetze und gewisser Verordnungen. – *Teile: Teil I:* Gesetze und Rechtsverordnungen und alle sonstigen nach dem Gesetz vom 30.1.1950 (BGBl 23) über die Verkündung von Rechtsverordnungen zur Bekanntgabe vorgesehenen Veröffentlichungen. Rechtsverordnungen können auch im →Bundesanzeiger veröffentlicht werden. – *Teil II:* Alle zwischenstaatlichen Abkommen und dgl. sowie vertragliche Abkommen zwischen dem Bund und den Ländern; Veröffentlichungen über den Bundeshaushalt und die Ortsklassen, das Eisenbahnwesen, die See- und Binnenschiffahrt und die Wasserstraßen des Bundes; innere Angelegenheiten des Bundestags und des Bundesrats. – *Teil III:* Vgl. →Bundesrecht 5.

Bundesgesundheitsamt (BGA), →Bundesoberbehörde im Geschäftsbereich des Bundesministers für Jugend, Familie, Frauen und Gesundheit (BMJFFG); Sitz in Berlin. Zentrale Forschungseinrichtung der Bundesrep. D. auf dem Gebiet der öffentlichen Gesundheitspflege. – *Aufgaben:* Forschung auf den Gebieten der Arzneimittelsicherheit, des gesundheitlichen Verbraucherschutzes, der Umwelt- und Strahlenhygiene sowie der Prävention und Intervention im human- und veterinärmedizinischen Bereich; Durchführung des Arzneimittel- und Betäubungsmittelrechts, des Seuchenrechts, des Lebensmittelrechts und des allgemeinen gesundheitlichen Ordnungsrechts; wissenschaftliche Beratung der Bundesregierung, anderer staatlicher Entscheidungsträger, der EG, FAO/WHO usw. – *Institute:* Robert Koch-Institut für Wasser-, Boden- und Lufthygiene; Max von Pettenkofer-Institut; Institut für Sozialmedizin und Epidemiologie; Institut für Strahlenhygiene; Institut für Veterinärmedizin (Robert von Ostertag-Institut); Institut für Arzneimittel

Bundesgesundheitsrat beim Bundesministerium für Jugend, Familie, Frauen und Gesundheit, eingesetzt durch Beschluß der Bundesregierung vom 15. 3. 1963. – *Aufgabe:* Beratung der Bundesregierung in Fragen des Gesundheitswesens, v. a. zur Vorbereitung der Gesetzgebung.

Bundesgrenzschutz, Bundesbehörde im Geschäftsbereich des Bundesministers des Innern (BMI). Gegliedert in Unter- und Mittelbehörden. – *Rechtsgrundlage:* Gesetz über den Bundesgrenzschutz (Bundesgrenzschutzgesetz – BGSG) vom 18. 8. 1972 (BGBl I 1834) mit Bundesgrenzschutz-Laufbahn-VO vom 2. 7. 1976 (BGBl I 1723). – *Aufgaben:* a) grenzpolitischer Schutz des →Bundesgebietes, wie polizeiliche Überwachung der Grenzen, polizeiliche Kontrolle des grenzüberschreitenden Verkehrs und im Grenzgebiet bis zu einer Tiefe von 30 km die Beseitigung von Störungen und die Abwehr von Gefahren, die die Sicherheit der Grenzen beeinträchtigten; b) polizeilicher Einsatz im Notstands- und Verteidigungsfall zur Abwehr einer drohenden Gefahr für den Bestand oder die freiheitliche demokratische Grundordnung des Bundes oder eines Landes; c) durch verschiedene Gesetze besonders übertragene Tätigkeiten, z. B. Paßnachschau, Überwachung der Ein- und Ausfuhr von Waffen, Munition und Sprengstoff.

Bundeshauptkasse (BHK), Bundesbehörde im Geschäftsbereich des Bundesministers der Finanzen (BMF); Sitz in Bonn. Die BHK ist Staatshauptkasse, bei der alle Staatseinnahmen zusammenfließen.

Bundeshaushalt, planmäßige Veranschlagung von Einnahmen (einschl. der Kreditaufnahme) und Ausgaben der Bundesrep. D. für jeweils ein Rechnungsjahr (1. 1. – 31. 12.).

I. Rahmengesetzliche Grundlage (Art. 109–115 GG): 1. Wechselseitige Unabhängigkeit der Haushalte von Bund und Ländern. Bund und Länder haben aber dem gesamtwirtschaftlichen Gleichgewicht Rechnung zu tragen. Es können gemeinsam geltende Grundsätze für eine konjunkturgerechte Haushaltswirtschaft aufgestellt werden (Art. 109). – 2. Der Haushaltsplan ist vor Beginn des ersten Rechnungsjahres durch Gesetz festzustellen, Ausgleich von Einnahmen und Ausgaben (Art. 110). – 3. Ausmaß der Ermächtigung zur Ausgabenleistung bei nicht rechtzeitig verabschiedetem B. (Art. 111). – 4. Bedingungen der Haushaltsüberschreitung bei überplanmäßigen und außerplanmäßigen Ausgaben (Art. 112). – 5. Sperrklausel bei über Regierungsvorschlag hinausgehenden Ausgabebeschlüssen von →Bundesrat und →Bundestag (Art. 113). – 6. Jährliche →Rechnungslegung des Bundesministers der Finanzen gegenüber Bundestag und Bundes-

rat und deren Überprüfung durch den →Bundesrechnungshof (Art. 114). – 7. Einschränkungen hinsichtlich Kreditaufnahme und Übernahme von Sicherheitsleistungen durch den Bund (Art. 115).

II. Regelung des Bundeshaushaltsrechts: Haushaltsgrundsätzegesetz vom 19. 8. 1969 (BGBl I 1273) und der Bundeshaushaltsordnung (BHO) vom 19. 8. 1969 (BGBl I 1284) mit späteren Änderungen. Die BHO legt in neun Abschnitten die Allgemeinen Vorschriften, die Aufstellung, die Ausführung des Haushaltsplanes, die Zahlungen, Buchführung und Rechnungslegung, die Rechnungsprüfung sowie die Grundsätze für bundesunmittelbare juristische Personen des öffentlichen Rechts und Sondervermögen und die Entlastung fest. – Vgl. auch →öffentlicher Haushalt, →Haushaltsplan.

III. Planaufstellungsverfahren (§§ 11 ff. BHO): 1. Der *Entwurf* des Haushaltsgesetzes ist mit dem Entwurf des Haushaltsplanes vor Beginn des Haushaltsjahres dem Bundesrat zuzuleiten und beim Bundestag einzubringen, i. d. R. spätestens in der ersten Sitzungswoche nach dem 1. September. Dieser Termin bedingt Haushaltsarbeiten der unteren Instanzen bereits zu Beginn des vorausgehenden Rechnungsjahres. Die Anforderungen von Haushaltsmitteln werden zunächst bei den Mittelbehörden, ggf. bei den Oberbehörden und schließlich beim zuständigen Fachministerium aufeinander abgestimmt. Beim Bundesfinanzministerium werden die Vorschläge eingereicht. Dort werden die Abschlußzahlen den geschätzten Bundeseinnahmen gegenübergestellt. Verhandlungen zwischen Finanzministerium und jedem Fachressort im Falle der Überforderung. Aufstellung des Entwurfs durch den Bundesminister der Finanzen und Zuleitung an die Bundesregierung, die darüber beschließt; bei Antrag der zuständigen Bundesminister beschließt das Kabinett auch über nicht aufgenommene Einzelpositionen. – 2. *Festgestellter Entwurf* geht als *Gesetzesvorlage* dem Bundesrat zu; dessen Finanzausschuß arbeitet ihn innerhalb von drei Wochen durch. Bundesratsplenum leitet seine Stellungnahme der Bundesregierung zu; soweit diese etwaigen Änderungswünschen des Bundesrats beipflichtet, ändert sie den Haushaltsplan ab und legt ihn mit eigener Stellungnahme und der des Bundesrats dem Bundestag vor. – 3. *Entscheidung des Bundestags in drei Lesungen:* a) *1. Lesung* schließt – nach Haushaltsrede des Bundesfinanzministers und grundsätzlichen Ausführungen der Fraktionen zur Finanzpolitik des Bundes – mit Überweisung des B.-Plans an den Haushaltsausschuß. Dieser prüft erneut sämtliche Positionen, erstattet am Ende seiner meist mehrmonatigen Arbeit dem Plenum mündlichen Bericht und unterbreitet seine Änderungsvor-

Entwicklung des Bundeshaushalts
(in Mrd. DM)

Rechnungs-jahr [1])	ordentl. Haushalt	außerordentl. Haushalt [2])
1950	12,5	3,8
1953	22,9	2,0
1959	35,6	4,2
1960	40,5	1,5
1961	45,1	3,0
1962	51,6	1,8
1963	54,6	2,2
1964	58,1	2,3
1965	61,9	2,0
1966	68,4	0,5
1967	68,9	8,1
1968	72,4	8,2
1969	79,5	3,8
1970	90,9	
1971	100,1	
1972	109,0	
1973	120,2	
1974	136,4	
1975	161,4	
1976	164,0	
1977	171,3	
1978	188,7	
1979	203,8	
1980	214,4	
1981	231,1	
1982	246,3	
1983	253,2	
1984	257,1	
1985	259,3	
1986	263,4	
1987	268,5	

[1]) Ab 1962 Kalenderjahre; 1961 nur 9 Monate
[2]) Nur bis 1969

schläge. – b) Die 2. *Lesung* bringt ausführliche Erörterungen der Einzelpläne im Plenum; hierbei schalten sich die einzelnen Ressortminister mit Klarstellungen und Begründungen ein. – c) Mit der von der Geschäftsordnung des Bundestages vorgesehenen 3. *Lesung* passiert der B.-Plan den Bundestag. – 4. Daraufhin geht der B.-Plan nochmals zum Bundesrat. Dieser kann zustimmen oder den →Vermittlungsausschuß anrufen; dann geht die Vorlage über die Bundesregierung an den →Bundespräsidenten; nach Unterzeichnung durch den Bundespräsidenten. – 5. *Verkündung des B.* im →Bundesgesetzblatt.

IV. U m f a n g : 1. *Entwicklung:* Vgl. nebenstehende Tabelle. – 2. *Zusammensetzung:* Vgl. untenstehende Tabelle. – 3. *Verpflichtungen:* Vgl. Tabelle Sp. 991/992.

Bundeshaushaltsordnung (BHO), →Haushaltsreform, →Bundeshaushalt, →Haushaltsgrundsätze.

Bundes-Immissionsschutzgesetz (BImSchG), Gesetz zum Schutz vor schädlichen Umwelteinwirkungen durch Luftverunreinigungen, Geräusche, Erschütterungen und ähnliche Vorgänge vom 15.3.1974 (BGBl I 721) mit späteren Änderungen. – Vgl. im einzelnen →Immissionsschutz.

Bundesinnungsverband, →Zentralfachverband.

Zusammensetzung des Bundeshaushalts 1987
(in 1 000 DM)

Einzel-plan	Bezeichnung	Einnahmen 1987	Ausgaben 1987
1	2	6	10
01	Bundespräsident und Bundespräsidialamt	44	20 597
02	Deutscher Bundestag	1 789	539 669
03	Bundesrat	12	12 548
04	Bundeskanzler und Bundeskanzleramt	2 208	522 292
05	Auswärtiges Amt	51 181	2 550 050
06	Bundesminister des Innern	34 472	3 795 718
07	Bundesminister der Justiz	234 246	423 251
08	Bundesminister der Finanzen	982 411	3 541 035
09	Bundesminister für Wirtschaft	365 715	5 831 973
10	Bundesminister für Ernährung, Landwirtschaft und Forsten . .	259 862	7 907 006
11	Bundesminister für Arbeit und Sozialordnung	384 282	58 994 769
12	Bundesminister für Verkehr	903 609	25 683 668
13	Bundesminister für das Post- und Fernmeldewesen	4 903 200	41 335
14	Bundesminister der Verteidigung	704 574	50 852 404
15	Bundesminister für Jugend, Familie, Frauen und Gesundheit . .	83 250	18 990 096
16	Bundesminister für Umwelt, Naturschutz und Reaktorsicherheit	1 580	463 274
19	Bundesverfassungsgericht	305	14 434
20	Bundesrechnungshof	21	44 740
23	Bundesminister für wirtschaftliche Zusammenarbeit	1 389 562	6 940 350
25	Bundesminister für Raumordnung, Bauwesen und Städtebau . .	929 504	6 192 753
27	Bundesminister für innerdeutsche Beziehungen	1 581	809 740
30	Bundesminister für Forschung und Technologie	89 174	7 535 581
31	Bundesminister für Bildung und Wissenschaft	223 575	3 957 631
32	Bundesschuld	24 186 606	34 160 685
33	Versorgung	95 000	9 472 541
35	Verteidigungslasten im Zusammenhang mit dem Aufenthalt ausländischer Streitkräfte	204 760	1 807 828
36	Zivile Verteidigung	14 292	879 661
60	Allgemeine Finanzverwaltung	232 498 185	16 559 371
	Summe Haushalt 1987	268 545 000	268 545 000

Verpflichtungsermächtigungen im Bundeshaushaltsplan

Epl.	Bezeichnung	Verpflichtungsermächtigung 1987 1 000 DM	Von dem Gesamtbetrag (Sp. 3) dürfen fällig werden				
			1988 1 000 DM	1989 1 000 DM	1990 1 000 DM	Folgejahre 1 000 DM	Für künftige Haushaltsjahre 1 000 DM
1	2	3	4	5	6	7	8
01	Bundespräsidialamt	1 322	1 322	–	–	–	–
02	Deutscher Bundestag	27 564	24 146	3 418	–	–	–
03	Bundesrat	–	–	–	–	–	–
04	Bundeskanzleramt	18 319	14 362	2 500	1 437	–	–
05	Auswärtiges Amt	461 110	270 448	108 370	36 877	14 890	30 525
06	Bundesminister des Innern	489 118	218 092	108 778	14 155	8 443	139 650
07	Bundesminister der Justiz	53 198	20 226	18 446	12 526	2 000	–
08	Bundesminister der Finanzen	255 520	235 520	15 000	–	–	5 000
09	Bundesminister für Wirtschaft	1 508 034	399 155	235 380	60 435	21 550	791 500
10	Bundesminister für Ernährung, Landwirtschaft und Forsten	1 134 920	580 830	232 390	145 700	176 000	–
11	Bundesminister für Arbeit und Sozialordnung	261 110	222 010	33 900	5 200	–	–
12	Bundesminister für Verkehr	3 536 601	2 286 675	929 374	294 352	26 200	–
13	Bundesminister für das Post- und Fernmeldewesen	6 000	6 000	–	–	–	–
14	Bundesminister der Verteidigung	19 143 770	6 292 315	5 043 075	3 819 061	3 989 319	–
15	Bundesminister für Jugend, Familie, Frauen und Gesundheit	320 035	200 035	91 300	28 400	–	300
16	Bundesminister für Umwelt, Naturschutz und Reaktorsicherheit	255 160	127 430	84 550	40 680	–	2 500
19	Bundesverfassungsgericht	–	–	–	–	–	–
20	Bundesrechnungshof	–	–	–	–	–	–
23	Bundesminister für wirtschaftliche Zusammenarbeit	5 752 160	391 230	265 280	189 150	89 000	4 817 500
25	Bundesminister für Raumordnung, Bauwesen und Städtebau	1 647 150	619 910	491 698	253 632	281 910	–
27	Bundesminister für innerdeutsche Beziehungen	170 550	121 768	29 858	6 208	1 216	11 500
30	Bundesminister für Forschung und Technologie	4 169 759	1 390 772	1 243 577	935 810	597 100	2 500
31	Bundesminister für Bildung und Wissenschaft	643 055	334 676	196 726	101 576	10 077	–
35	Verteidigungslasten im Zusammenhang mit dem Aufenthalt ausländischer Streitkräfte	35 450	29 450	6 000	–	–	–
36	Zivile Verteidigung	367 131	223 577	92 551	12 001	2	39 000
60	Allgemeine Finanzverwaltung	216 000	204 000	–	–	–	12 000
	Summe	40 473 036	14 213 983	9 232 171	5 957 200	5 217 707	5 851 975

Bundesinstitut für Berufsbildung (BIBB), Bundesbehörde im Geschäftsbereich des Bundesministers für Bildung und Wissenschaft; Sitz in Berlin und Bonn. – *Aufgaben:* Berufsbildungsforschung, Berufsbildungsplanung, Erstellung des →Berufsbildungsberichts, Führung und Veröffentlichung des Verzeichnisses der anerkannten Ausbildungsberufe u. a. m.

Bundesinstitut für Bevölkerungsforschung (BIB), Bundesbehörde im Geschäftsbereich des Bundesministers des Innern; Sitz in Wiesbaden. Errichtet durch Erlaß vom 27. 2. 1973. Geführt in Verwaltungsgemeinschaft mit dem →Statistischen Bundesamt. – *Aufgaben:* Forschung über Bevölkerungs- und damit zusammenhängende Familienfragen, Sammlung und Veröffentlichung entsprechender wissenschaftlicher Erkenntnisse, Beratung und Unterrichtung der Bundesregierung.

Bundeskanzler, Chef der →Bundesregierung, *gewählt* vom →Bundestag auf Vorschlag des →Bundespräsidenten. – Der B. bestimmt die *Richtlinien der Politik* der von ihm gebildeten Bundesregierung. – Im Unterschied zur Weimarer Reichsverfassung ist die *Rechtsstellung* des B. erheblich stärker als die des ehemaligen Reichskanzlers. – Der B. kann nur durch ein positives Mißtrauensvotum vom Bundestag *abgesetzt* werden, d. h. nur dann, wenn der Bundestag einen neuen B. zu wählen imstande ist.

Bundeskartellamt (BKartA), →Bundesoberbehörde im Geschäftsbereich des Bundesministers für Wirtschaft (BMWi); Sitz in Berlin (West). Kartellbehörde des Bundes nach dem Kartellgesetz (§§ 48–50 KartG); ausschließlich für bestimmte Kartellsachen (z. B. Fusionskontrolle) zuständig. Der BMWi kann dem B. allgemeine Weisungen erteilen (zu veröffentlichen im Bundesanzeiger). – *Veröffentlichung:* Alle zwei Jahre Bericht über die Tätigkeit des B. sowie über Lage und Entwicklung auf seinem Aufgabengebiet.

Bundesknappschaft (BKn), Träger der →Knappschaftsversicherung; Sitz in Bochum; öffentlich-rechtliche Körperschaft mit Selbstverwaltung.

Bundeskriminalamt (BKA), →Bundesoberbehörde im Geschäftsbereich des Bundesministers des Innern (BMI); Sitz in Wiesbaden. Zentralstelle der Verbrechensbekämpfung. Errichtet durch Gesetz vom 8. 3. 1951 (BGBl I 165) i. d. F. vom 29. 6. 1973 (BGBl I 704), geändert durch Gesetze vom 2. 3. 1974 (BGBl I 469) und vom 9. 12. 1974 (BGBl I 3393). – *Aufgaben:* Bekämpfung des Straftäters, soweit er sich international oder über das Gebiet eines Bundeslandes hinaus betätigt oder voraussichtlich betätigen wird, bzw. eine zuständige Landesbehörde darum ersucht, der Bundesminister es anordnet oder der Generalbundesanwalt es darum ersucht; Sammlung und Auswertung aller Nachrichten und Unterlagen für die polizeiliche Verbrechensbekämpfung im Rahmen ihrer Tätigkeit als Nationales Zentralbüro der Internationalen Kriminalpolizeilichen Organisation (Interpol).

Bundesleistungsgesetz, Gesetz i. d. F. vom 27. 9. 1961 (BGBl I 1769) mit späteren Änderungen; regelt in Anlehnung an das frühere Reichsleistungsgesetz die Inanspruchnahme von Leistungen für Zwecke insbes. der Bundeswehr und der alliierten Streitkräfte.

Bundesministerien, →oberste Bundesbehörden.

Bundesmonopolverwaltung für Branntwein (BMonV), →Bundesoberbehörde im Geschäftsbereich des Bundesministers der Finanzen (BMF); Sitz in Offenbach (Main). Errichtet durch Gesetz vom 8. 8. 1951 (BGBl I 491). – *Aufgabe:* Verwaltung des →Branntweinmonopols nach Maßgabe des Gesetzes über das Brannweinmonopol vom 8. 4. 1922.

Bundesnachrichtendienst (BND), →Bundesoberbehörde, dem Staatssekretär beim Bundeskanzler und dem Beauftragten für die Nachrichtendienste unterstellt; Sitz in Pullach. – *Aufgabe:* Nachrichtendienstliche Auslandsaufklärung. – Mehrere *gesetzliche Regelungen,* v.a. Gesetz über die parlamentarische Kontrolle nachrichtendienstlicher Tätigkeit des Bundes vom 11. 4. 1978 (BGBl I 949) sowie die jährlichen Haushaltsgesetze.

Bundesnotarkammer, Körperschaft des öffentlichen Rechts, Sitz in Köln. – *Aufgaben:* Berufsständische Vertretung der Notare auf Bundesebene sowie deren Repräsentation in der Bundesrep. D.; Erstellung von Gutachten; Aufstellung von Ausbildungsrichtlinien.

Bundesoberbehörde, selbständige →obere Bundesbehörde. B. können als Verwaltungsbehörden des Bundes nach Art. 87 III GG für Angelegenheiten, für die dem Bund die Gesetzgebung zusteht, durch Gesetz errichtet werden. Ist eine B. errichtet, so führt sie (ggf. mit eigenen Mittel- und Unterbehörden) die einschlägigen Bundesgesetze aus (in Abweichung von Art 83 GG, wonach die Ausführung der Bundesgesetze grundsätzlich Sache der Länder ist). – Werden häufig unter Zusatz des Fachgebietes als *Bundesamt* oder *Bundesanstalt* bezeichnet.

Bundesoberseeamt (BOSeeA), →Bundesoberbehörde im Geschäftsbereich des Bundesministers für Verkehr (BMV); Sitz in Hamburg. – *Rechtsgrundlage der Tätigkeit:* Gesetz über die Untersuchung von Seeunfällen (Seeunfalluntersuchungsgesetz – SeeUG) vom 6. 12. 1985 (BGBl I 2146) mit späteren Änderungen, Verordnung zur Durchführung des Seeunfalluntersuchungsgesetzes (DVSeeUG) vom 5. 6. 1986 (BGBl I 860) und Geschäftsordnung des Seeämter und des Bundesoberseeamtes (BOSeeA) vom 4. 6. 1986 (VkBl 1986 377). – *Aufgabe:* Widerspruchsausschuß in der Untersuchung von Seeunfällen.

Bundesobligation, *öffentliche Anleihe,* →Anleihe des Bundes; wird an der Börse gehandelt.

Bundesorganisation der Lohnsteuerhilfevereine Deutschland (BLHV), Sitz in Hannover. – *Aufgaben:* Interessenvertretung und -wahrnehmung der Lohnsteuerhilfevereine; Überwachung des gesetzeskonformen Verhaltens der Mitglieder; Aus- und Fortbildung der Mitarbeiter der Mitglieder.

Bundespatentamt, →Patentamt 1.

Bundespatentgericht (BPatG), →Bundesgericht am Sitz des Patentamtes; 1961 errichtet, geregelt im Patentgesetz i. d. F. vom 16. 12. 1980 (BGBl I 1981). – 1. *Zuständigkeit:* a) Angelegenheiten des →Patentrechts (§ 10 PatG): Beschwerden gegen Beschlüsse des Patentamtes, Klagen auf Nichtigkeitserklärung oder Zurücknahme von →Patenten, Erteilung von →Zwangslizenzen; entsprechend b) in Angelegenheiten des →Gebrauchsmusterrechts (§ 10 GebrMG), c) in Angelegenheiten des →Warenzeichenrechts (§ 13 WZG). – *Nicht zuständig* für Patentstreitsachen (z. B. Patentverletzung); für diese sind die ordentlichen Gerichte zuständig. – 2. *Zusammensetzung:* Das B. besteht aus dem Präsidenten, Vorsitzenden Richtern und weiteren

Richtern; sie müssen die Befähigung zum Richteramt besitzen (rechtskundige Mitglieder) oder in einem Zweig der Technik sachverständig sein (technische Mitglieder). – Die *Beschwerde- und Nichtigkeitssenate* sind unterschiedlich besetzt (§§ 66, 67 PatG). – 3. *Verfahren:* in §§ 73–99 PatG geregelt; GVG und ZPO Bundespatentgericht gelten subsidiär. – 4. *Rechtsmittelgericht:* →Bundesgerichtshof (§§ 100–122 PatG).

Bundespost →Deutsche Bundespost.

Bundespräsident, Staatsoberhaupt der Bundesrep. D. von der →Bundesversammlung für fünf Jahre gewählt. – *Aufgaben:* (1) Völkerrechtliche Vertretung der Bundesrep. D.; (2) Vertragsschluß mit ausländischen Staaten; (3) Beglaubigung und Empfang der Gesandten (Art. 59 GG); (4) Ausfertigung der vom →Bundeskanzler unterzeichneten und dem zuständigen Bundesminister gegengezeichneten Gesetze (Art. 82 GG); hierbei hat der B. zu prüfen, ob die Gesetze von den gesetzgebenden Körperschaften in formeller Hinsicht richtig behandelt worden sind und ob ihr materieller Inhalt mit dem Grundgesetz vereinbar ist; (5) Ernennung und Entlassung der Bundesrichter und Bundesbeamten sowie Ausübung des Begnadigungsrechts für den Bund (vgl. Anordnung über die Ausübung des Begnadigungsrechts des Bundes vom 10.12.1952 mit der Änderung vom 3.11.1970); (6) Ernennung der Bundesminister (Art. 64 GG); (7) Auflösung des →Bundestages nach Art. 68 GG; (8) Erklärung des →Gesetzgebungsnotstands nach Art. 81 GG; kein →Notverordnungsrecht.

Bundespräsidialamt, →oberste Bundesbehörde, geleitet vom Chef des B., der den →Bundespräsidenten berät und ihn über Fragen der allgemeinen Politik sowie über die Arbeit der →Bundesregierung und der gesetzgebenden Körperschaft unterrichtet. Er nimmt an den Sitzungen des Bundeskabinetts teil.

Bundespressekonferenz, ein von Bonner Korrespondenten geschaffener eingetragener Verein. Auf den dreimal wöchentlich stattfindenden B. erscheint der Regierungssprecher als Gast der Journalisten und stellt sich deren Fragen.

Bundesprüfstelle für jugendgefährdende Schriften (BPS), →Bundesoberbehörde im Geschäftsbereich des Bundesministers für Jugend, Familie, Frauen und Gesundheit (BMJFFG); Sitz in Bonn. Errichtet durch Gesetz über die Verbreitung jugendgefährdender Schriften (GjS) vom 9.6.1953 (BGBl I 377), Neufassung vom 12.7.1985 (BGBl I 1502) und Durchführungs-VO vom 4.3.1954 (BGBl I 31). – *Aufgaben:* Führung der Liste der jugendgefährdenden Schriften (Schriften, Schallaufnahmen, Abbildungen und andere

Darstellungen), die gem. § 3–5 GjS Vertriebs-, Werbe- und Weitergabebeschränkungen unterliegen. Entscheidung erfolgt auf Antrag der obersten Bundesbehörde der Länder, der Landesjugendämter, der Jugendämter sowie des Bundesministers für Jugend, Familie, Frauen und Gesundheit (BMJFFG) mit Zweidrittelmehrheit.

Bundesrat, Verfassungsorgan des Bundes, durch das die Länder gemäß Art. 50 GG bei der Gesetzgebung und Verwaltung des Bundes mitwirken.

I. Zusammensetzung: 1. Der B. besteht aus *Mitgliedern* der Regierungen oder Länder, die sie bestellen und abberufen und an deren Weisungen sie gebunden sind. – 2. Jedes Land hat mindestens drei *Stimmen,* Länder mit mehr als 2 Mill. Einwohnern haben vier, solche mit mehr als 6 Mill. Einwohnern fünf Stimmen. Zur Zeit verteilen sich die Stimmen der Länder wie folgt: Baden-Württemberg, Bayern, Niedersachsen und Nordrhein-Westfalen je fünf, Hessen, Rheinland-Pfalz und Schleswig-Holstein je vier und Saarland, Bremen und Hamburg je drei Stimmen. – 3. Der *Präsident* des B. wird auf ein Jahr gewählt. Im Falle der Verhinderung des →Bundespräsidenten oder bei vorzeitiger Erledigung seines Amtes stehen dem Präsidenten des B. die Befugnisse des Bundespräsidenten zu (Art. 57 GG). – 4. Die *Mitglieder der* →*Bundesregierung* haben das Recht und auf Verlangen die Pflicht, an den Verhandlungen des B. und seiner Ausschüsse teilzunehmen (Art. 53 GG).

II. Wichtige Befugnisse: 1. Stellungnahme zu den Gesetzesvorlagen der Bundesregierung in der ersten Lesung (Art. 76 II GG). – 2. Bei der zweiten Lesung und gegenüber →Initiativgesetzen des →Bundestags, die sich aus Art. 77 GG ergebenden Rechte. Bestimmte Gruppen von Gesetzen bedürfen der Zustimmung des B. – 3. Das Recht zur Einbringung von sog. *Initiativgesetzen,* deren Entwürfe dem Bundestag durch die Bundesregierung zuzuleiten sind, die dabei ihre Auffassung darzulegen hat. – 4. Notwendige Zustimmung zu den meisten *Rechtsverordnungen* (Art. 80 II GG). – 5. Mitwirkung bei der *Verwaltung* dadurch, daß der B. z.B. den allgemeinen →Verwaltungsvorschriften zur Durchführung von Bundesgesetzen durch die Behörden der Länder zustimmen muß oder daß er Vertreter in Verwaltungsgremien verschiedenster Art (z.B. Verwaltungsrat der Bundesbahn) entsendet. – Die Arbeitsweise und das Verfahren sind geregelt in der *Geschäftsordnung* in der Fassung vom 1.7.1966 (BGBl I 437).

Bundesrechnungshof, Sitz in Frankfurt a.M. Nach dem Gesetz vom 11.7.1985 (BGBl I 1445) eine der →Bundesregierung gegenüber unabhängige, nur dem Gesetz unterworfene →Bundesoberbehörde zur Kontrolle und

Rechtslegung über die gesamte Finanzgebarung und Haushaltsführung des Bundes einschließlich seiner Sondervermögen und Betriebe (→Bundeshaushalt). Die Aufgaben des B. sind festgelegt in der Bundeshaushaltsordnung (BHO), die am 1.1.1970 in Kraft trat und die Reichshaushaltsordnung (RHO) von 1922 ablöste. – 1. *Grundidee:* Kontrollinstanz gegenüber Regierung; daher soll B. Kollegium von Fachleuten ohne politische und persönliche Bindung zu Legislative und Exekutive umfassen. Über Prüfungszuständigkeit und -umfang: §§ 89, 90, 92 u. 112 BHO. – *2. Kompetenz:* Die Mitglieder (Präsident, Vizepräsident, Leiter der Prüfungsabteilungen und Prüfungsgebietsleiter) haben richterliche Unabhängigkeit. – 3. *Aufgaben:* Nach Art. 114 GG Prüfung der Rechnungen über sämtliche Einnahmen und Ausgaben sowie über das Vermögen und die Schulden des Bundes; Überwachung der Haushalts- und Wirtschaftsführung der Bundesorgane und Bundesverwaltungen, der Bundesbahn, der gesetzlichen Sozialversicherungsträger sofern diese Zuschüsse vom Bund erhalten, und der Arbeitslosenversicherung. Ferner kann der B. auf Grund von Prüfungserfahrungen den Bundestag, Bundesrat, die Bundesregierung und einzelne Bundesminister beraten (§ 88 II BHO).

Bundesrecht. 1. *Umfang:* a) Die seit der Errichtung der Bundesrep. D. von den gesetzgebenden Körperschaften des Bundes im Rahmen ihrer →Gesetzgebungskompetenz erlassenen Rechtsvorschriften (Gesetze und Rechtsverordnungen); b) dasjenige ältere Recht, das nach Art. 123ff. GG fortgilt, soweit es dem →Grundgesetz nicht widerspricht. B. ist nach Art. 124 GG geworden: das sich auf Angelegenheiten aus dem Gebiet der →ausschließlichen Gesetzgebungskompetenz des Bundes (vgl. Art. 73 und Art. 105 I GG) beziehende frühere Recht sowie nach Art. 125 GG dasjenige, das sich auf das Gebiet der →konkurrierenden Gesetzgebungskompetenz des Bundes bezieht (vgl. Art. 74, 75 und 105 II GG), vorausgesetzt, daß die Rechtsvorschrift entweder bisher innerhalb einer oder mehrerer Besatzungszonen als einheitliches Recht galt oder daß durch sie nach dem 8.5.1945 früheres Reichsrecht geändert worden ist. – 2. *Meinungsverschiedenheiten* darüber, ob eine bestimmte Rechtsvorschrift als Bundesrecht oder als Landesrecht fortgilt, entscheidet das →Bundesverfassungsgericht (vgl. Art. 126 GG). – 3. Das im Rahmen der Gesetzgebungskompetenz des Bundes erlassene B. hebt *entgegenstehendes →Landesrecht* auf (Art. 31 GG). – 4. *Veröffentlichung:* im →Bundesgesetzblatt und im →Bundesanzeiger. – 5. *Sammlung des B.:* Vom Bundesminister der Justiz wird in Zusammenarbeit mit den Ländern eine Sammlung des geltenden B. durchgeführt und, im BGBl Teil III nach Sachgebie-

ten geordnet, veröffentlicht (gem. Gesetz vom 10.7.1958 BGBl I 437). Durch Gesetz vom 28.12.1968 (BGBl I 145) ist die Rechtsbereinigung für die bis 31.12.1963 verkündeten Rechtsvorschriften durchgeführt. Rechtsvorschriften, die nicht im BGBl I Teil III enthalten sind, haben ihre Wirkung verloren.

Bundesrechtsanwaltskammer, Körperschaft des öffentlichen Rechts, errichtet durch die Bundesrechtsanwaltsordnung vom 1.8.1959 (BGBl I 565); Sitz in Bonn. – *Aufgaben:* Vertretung der Gesamtheit der Anwaltschaft; Äußerung ihrer Auffassung gegenüber Gerichten, Behörden und an der Gesetzgebung beteiligten Körperschaften des Bundes; Aufstellen berufsrechtlicher Regeln und Richtlinien.

Bundesrechtsanwaltsordnung, →Rechtsanwalt.

Bundesregierung, Regierung der Bundesrep. D., bestehend aus dem →Bundeskanzler, der vom Bundestag gewählt wird, den Bundesministern und den →Parlamentarischen Staatssekretären, die auf Vorschlag des Bundeskanzlers vom Bundespräsidenten ernannt und entlassen werden. Der Bundeskanzler bestimmt nach Art. 65 GG die Richtlinien der Politik, innerhalb derer jeder Bundesminister seinen Geschäftsbereich selbständig unter eigener Verantwortung leitet. – Die B. kann u. a. Gesetzesvorlagen im →Bundestag einbringen (Art. 76 I GG).

Bundesrepublik Deutschland, Staat in Mitteleuropa. – *Fläche:* 248 198 km^2 und Berlin-West 248 678 km^2). – Einwohner (E): (1986) 61,14 Mill. (246 E/km^2; mit Berlin-West). – *Hauptstadt:* Bonn (293 000 E); weitere wichtige Städte: Hamburg (1,6 Mill. E), München (1,3 Mill. E), Köln (965 000 E), Essen (623 000 E), Frankfurt a. M. (613 000 E), Dortmund (577 000 E), Düsseldorf (565 000 E), Stuttgart (555 000 E), Bremen (526 000 E), Hannover (536 000 E). – *Verwaltungsgliederung:* Zehn Bundesländer; weitere Unterteilung: 26 Regierungsbezirke, Landkreise, Gemeinden.

Verwaltungsgliederung der Bundesrep. D.

Bundesland	Fläche in km^2	Einwohner in Mill.
Schleswig-Holstein	15 709	2,615
Hamburg	748	1,584
Niedersachsen	47 418	7,203
Bremen	404	662
Nordrhein-Westfalen	34 069	16,682
Hessen	21 113	5,532
Rheinland-Pfalz	19 867	3,619
Baden-Württemberg	35 752	9,264
Bayern	70 546	10,970
Saarland	2 572	1,047
Berlin (West)	480	1,857

Erwerbstätige nach Wirtschaftsbereichen

Wirtschaftsbereich; Stellung im Beruf	1960		1970		1980		1985	
	insges.	dar. Frauen	insges.	dar. Frauen	insges.	dar. Frauen	insges.	dar. Frauen
	in 1000							
Land- und Forstwirtschaft	3 581	1 987	2 262	1 189	1 437	703	1 388	664
Selbständige	1 127	225	767	137	513	66	503	62
Mithelf. Familienangeh.	1 963	1 589	1 200	973	680	579	633	539
Abhängige	491	173	295	79	244	58	252	63
Produzierendes Gewerbe	12 506	3 094	13 024	3 272	11 622	2 831	10 458	2 547
Selbständige	759	97	653	64	563	55	544	54
Mithelf. Familienangeh.	216	182	145	133	87	77	69	65
Abhängige	11 531	2 515	12 226	3 075	10 972	2 699	9 845	2 428
Handel, Verkehr u. Nachrichtenübermittlung	4 585	1 908	4 655	1 972	4 869	2 108	4 675	2 009
Selbständige	860	256	664	180	625	170	645	171
Mithelf. Familienangeh.	284	244	207	192	95	82	78	68
Abhängige	3 441	1 408	3 784	1 600	4 149	1 856	3 952	1 770
Öffentl. Dienst, Dienstleistungen	5 575	2 758	6 727	3 149	8 400	4 187	9 021	4 541
Selbständige	581	171	606	184	659	204	739	225
Mithelf. Familienangeh.	200	178	180	164	97	88	83	77
Abhängige	4 794	2 409	5 941	2 801	7 644	3 895	8 199	4 239
Insgesamt	26 247	9 747	26 668	9 582	26 328	9 829	25 542	9 761

Berlin (West) ist nach dem Berliner Viermächteabkommen kein konstitutiver Teil der B. D.

Bevölkerung: Ca. 86% der Bevölkerung leben in Städten; jährliches *Bevölkerungswachstum:* 0,1%. 4,5 Mill. (= 7,4% der E) sind *Ausländer.* Unter den Ausländern dominierten (1985) nach der Staatsangehörigkeit (in Tausend): Türken (1401,9), Jugoslawen (591,0), Italiener (531,3), Griechen (280,6), Österreicher (172,5), Spanier (152,8). Auf die Großstädte entfielen (1985) 51% aller Ausländer, die höchsten Quoten wiesen aus: Frankfurt (25%) und Offenbach (21%), Stuttgart (18%), München (17%); zum Vergleich: Berlin (West) (14%). – *Bevölkerungsentwicklung* (zur zukünftigen vgl. dort): 46,992 Mill. E (1947), 50,809 Mill. E (1950), 52,382 Mill. E (1955), 56,185 Mill. E (1961), 58,619 Mill. E (1965), 60,651 Mill. E (1970), 61,531 Mill. E (1976), 61,439 Mill. E (1980).

Staats- und Regierungsform: Am 24. 5. 1949 konstituierte sich mit Inkrafttreten des Grundgesetzes die B. D. Die gesamtstaatliche Ordnung wird durch das Grundgesetz festgelegt. Daneben existieren die eigenen Verfassungen der Bundesländer, die den Grundsätzen des republikanischen und sozialen Rechtsstaats entsprechen müssen. Nach Art. 20 Abs. 1 GG ist die B. D. ein demokratischer, sozialer und föderativer *Bundesstaat.* Staatsform ist die parlamentarische Demokratie. *Staatsoberhaupt* ist der Bundespräsident. Er wird von der Bundesversammlung auf fünf Jahre gewählt, und vertritt den Bund völkerrechtlich. Die gesetzgeberische Gewalt haben Bundestag und Bundesrat inne, Bundespräsident und Bundesregierung bilden die Exekutive. Besonderes Gewicht kommt der Legislativen Gewalt zu. Dies kommt v. a. in der Institution des Bundesverfassungsgerichts, das zur Überprüfung politischer Entscheidun-

gen und Parteien angerufen werden kann, zum Ausdruck. – *Amtssprache:* Deutsch.

Wirtschaft, Gesamtwirtschaftliche Lage: Für 1986 betrug das BSP 1949,0 Mrd. DM (im jeweiligen Preis) bzw. 1618,4 DM (im Preis von 1980). Vgl. im einzelnen →Sozialprodukt. Die *Zahl der Erwerbspersonen* liegt bei 27,835 Mill. (1985). Von diesen Personen waren 2,304 Mill. arbeitslos, so daß die Zahl der Erwerbstätigen 25,531 Mill. beträgt. – *Erwerbstätige nach Wirtschaftsbereichen:* Vgl. obenstehende Tabelle. – *Arbeitslose:* Die Arbeitslosenquote betrug 1986 9,0%. – Das *Einkommen aus beruflicher Tätigkeit* betrug (1985) brutto 3773 DM für einen Vier-Personen-Arbeitnehmerhaushalt. Das monatliche Bruttohaushaltseinkommen beläuft sich auf 4499 DM, das Nettohaushaltseinkommen auf 3386 DM.

Land- und Forstwirtschaft: 83% der Fläche werden land- und forstwirtschaftlich genutzt, davon 30% als Wald. Genutzt werden als Dauergrünland 38,5%, als Ackerland 59,7%, als Anbauland für Roggen 3,3%, für Weizen 13%, für Hafer 6%, und für Gerste 16,7%. 6 von 100 Beschäftigten finden in diesen Wirtschaftsbereichen ihre Existenz, sie leisten einen Beitrag von 3% zum Sozialprodukt. Der ländliche Raum hat spätestens in der Nachkriegszeit seine Festschreibung als einseitig landwirtschaftlich ausgerichteter Raum eingebüßt. Zwar ist er nach wie vor Standort der landwirtschaftlichen Primärproduktion und der Viehaltung, dennoch ist die Agrarproduktion nicht zwingend an den ländlichen Raum gebunden. Sehr intensive Formen der Landbewirtschaftung befinden sich gerade in den industrialisierten Ballungsgebieten und am Großstadtrand. Dies reicht aus, die Versorgung mit Grundnahrungsmittel an die Selbstversorgung heranzuführen. Da der

Bedarf an Grundnahrungsmitteln in den nächsten Jahren kaum steigen wird, ist in Zukunft Ausweitung und Produktivitätswachstum nur im Bereich Spezialisierung und Veredelung zu finden. – *Arbeitskräfte:* Die Zahl der anderweitig erwerbstätigen landwirtschaftlichen Betriebsinhaber ging infolge der schlechten Arbeitsmarktlage zurück. 25% der Familienarbeitskräfte sind noch in einem anderen Beruf beschäftigt. Auch die Anzahl der familienfremden Lohnarbeitskräfte ging zurück, so daß nur noch 40000 von 764123 Betrieben (über 1 ha landwirtschaftlicher Nutzfläche, LF) über vollbeschäftigte Arbeitnehmer verfügen. – *Betriebsgröße:* Die jährliche Abnahme der landwirtschaftlichen Betriebe verlangsamte sich. (1960: 1,38 Mill. Betriebe, 1980: 797 500, 1983: 764123, 1985: 720835). Die LF pro Betrieb hat von (1972) 2,7 auf (1985) 16,6 Hektar zugenommen. Die Betriebsgrößen variieren regional sehr stark: Sie betrugen 1985 in Schleswig-Holstein durchschnittlich 35,5 ha, in Niedersachsen 24,15 ha, in Nordrhein-Westfalen 17,59 ha, dagegen in Baden-Württemberg 12,1 ha, in Rheinland-Pfalz 13,0 ha, in Hessen 13,8 ha, in Bayern 13,99 ha. Einerseits verfügen 0,6% Betriebe mit mehr als 100 ha LF über 6% der gesamten LF, andererseits gibt es noch 40000 Betriebe unter 1 ha LF. – *Betriebsform und Gewinne:* Die Vollerwerbsbetriebe bestreiten den größten Teil der Produktion; sie verfügen über 77,5% der LF, 81,7% der Milchkühe, 80,4% des gesamten Verkaufserlöses. Die *Verkaufserlöse* betrugen 1985: 57,507 Mrd. DM, davon Milch 25,8%, Schweine 18,9%, Rinder und Kälber 17,8%, Getreide 11%, Wein 4,1%, Zuckerrüben 3,9%. Die B.D. gehörte 1985 zu den größten Nahrungsmittelimporteuren, stand aber auch bei den Agrarexporten an 4. Stelle im Welthandel. – *Hauptimportgüter:* Ölsaaten, Futtergetreide, Kaffe, Obst und Gemüse, Südfrüchte und Fleisch. *Hauptexportgüter:* Milch, Fleisch, Zucker, Wein.

F i s c h e r e i : Die Fangergebnisse sind rückläufig. Die B.D. verfügt über 30 für die Hochseefischerei geeignete Fahrzeuge, sowie über 1000 Motorkutter und Küstenfischereifahrzeuge (1983).

F o r s t w i r t s c h a f t : Die Waldfläche beträgt rd. 7 Mill. ha. Mit 32% bzw. 18% entfällt auf die Länder Bayern und Baden-Württemberg zusammen die Hälfte des Waldbestandes. Der Holzeinschlag liegt bei ca. 30 Mill. Festmeter jährlich.

I n d u s t r i e : Die Industrie ist der bedeutendste Wirtschaftszweig. 46% der Erwerbstätigen sind in der Industrie beschäftigt und tragen ca. 46% zum Bruttoinlandsprodukt bei. Die B.D. ist der *viertgrößte Industriestaat* der Erde. Seit Beginn der 80er Jahre ist die Industrie von einer tendenziellen Verminderung des Wachstumsprozesses der Produktion gekenn

zeichnet. Davon betroffen sind v. a. traditionelle Industriezweige (Montan-, Textilindustrie, Schiffbau) und damit auch die traditionellen Industriegebiete (Rhein-Ruhr, Rhein-Main, Rhein-Neckar, Saarland, Bremen, Hamburg), da jeder zweite Industriebeschäftigte seinen Arbeitsplatz in den Ballungsgebieten hat. 60% aller Industrieumsätze werden hier erwirtschaftet. – *Beiträge der Wirtschaftsbereiche zum Bruttoinlandsprodukt (v. H.):*

Wirtschaftsbereich	1960	1970	1980	1986
Land- und Forstwirtschaft	5,8	3,2	2,1	1,7
Produzierendes Gewerbe	53,1	49,4	42,7	41,7
Handel und Verkehr	18,5	15,3	15,3	14,4
Dienstleistungen	13,6	16,9	22,7	26,7
Staat, Private Haushalte usw.	8,8	10,7	13,5	13,2

Gemessen an der Zahl der Beschäftigten (vgl. im einzelnen oben) stehen die Nahrungsmittelindustrie, der Maschinenbau, die Elektroindustrie, der Straßenfahrzeugbau und die chemische Industrie an der Spitze. *Gemessen am Umsatz* nimmt der Straßenfahrzeugbau vor der Nahrungsgüterindustrie und der chemischen Industrie den ersten Platz ein. – Bundesweit ist ein *Süd-Nord-Gefälle* der Arbeitsplätze und damit verbunden eine Nord-Süd-Wanderung aufgetreten. Insbes. Wachstumsindustrien und High Tech verlagerten sich in den süddeutschen Raum. – *Ballungsräume* und strukturbestimmende Industrien: *Rhein-Ruhr* (Kohle, Stahl, Bergbau, Chemie, Fahrzeugbau, Nahrungs- und Genußmittel); *Hamburg* (Elektrotechnik, Schiffs- und Maschinenbau, Chemie, Mineralölverarbeitung, Fahrzeugbau); *Rhein-Neckar* (Fahrzeugbau, Elektrotechnik, Maschinenbau, Textil, Feinmechanik, Chemie, Druckerei, Uhren, Schienenfahrzeugbau); *München* (Stahl-, Maschinen-, Fahrzeugbau, Elektrotechnik, Holz-, Papier-, Druckgewerbe, Bekleidung, Chemie); *Rhein-Main* (Chemie, Elektroindustrie, Maschinenbau, Straßenfahrzeugbau, Druckerei, Optik, Büromaschinen); *Hannover* (Stahl-, Maschinen-, Fahrzeugbau, Elektrotechnik, Optik, Nahrungsmittel, Chemie, Mineralölverarbeitung, Druck); *Nürnberg* (Elektrotechnik, Maschinenbau, Ernährung, Chemie, Büromaschinen, Spielwaren, Bekleidung, Kraftwerksbau). – Die *größten Industrieunternehmen* (nach ihrem Umsatz) waren 1984: Vgl. Tabelle Sp. 1004.

F r e m d e n v e r k e h r : Die Zahl der Gästeankünfte in Beherbergungsbetrieben betrug (1984) 57,180 Mill. Die Bettenauslastung lag bei 38%. Auf die Bundesländer entfielen: Bayern, 28,7%, Baden-Württemberg 15,9%, Nordrhein-Westfalen 13,5% Hessen (v. a. Frankfurt) 11,2% und Niedersachsen 10.8%.

A u ß e n h a n d e l : *Export:* (1986) 243,303 Mill. US-$, v. a. Straßenfahrzeuge, Maschinenbauerzeugnisse, chemische Erzeugnisse, elektrotechnische Erzeugnisse, Eisen und Stahl, Nahrungs- und Genußmittel, Textilien,

Kunststoffe. – *Import:* (1986) 190,852 Mill.
US-\$, v. a. Erdöl und Erdgas, chemische
Erzeugnisse, Erzeugnisse der Land- und
Forstwirtschaft, Fischerei, elektrotechnische
Erzeugnisse, Mineralölerzeugnisse, Nah-
rungsmittel, Straßenfahrzeuge, Maschinen,
Textilien. – *Handelspartner:* EG-Länder,
USA, Japan, OPEC-Länder, UdSSR, VR
China, Bulgarien, Polen. – Die B.D. nahm
1986 (zum ersten Mal) den *ersten Rang im
Welthandel* vor den USA und Japan ein (1985:
zweiter Rang nach den USA und vor Japan).
Vgl. im einzelnen →Ausfuhr, →Einfuhr.

Verkehr: 25,218 Mill. zugelassene *PKW*
und *Kombi:* Länge des Straßennetzes etwa
488 000 km, davon ca. 315 000 km Gemeinde-
straßen und 73 250 km Straßen des überörtli-
chen Verkehrs, darunter Bundesautobahnen
8080 km. Die wichtigste Autobahn ist die
Nord-Süd-Verbindung. Bei Straßenverkehrs-
unfällen gab es 11 700 Verkehrstote und
489 000 Verletzte. – *Eisenbahn:* Deutsche Bundesbahn und elf nichtbundeseigene Eisenbahnen betreiben Schienenverkehr. Die Deutsche
Bundesbahn transportierte (1984) im Güterverkehr 330 Mill. t, davon u. a. (in Mill. t) feste
Brennstoffe (87,1), Eisen, Stahl, NE-Metalle
(52,6), Erze (42,0), Steine, Erden (25,8), Erdöl
und Erdölprodukte, Gase (25,3), chemische
Erzeugnisse (19,8), landwirtschaftliche Produkte (13,3), Düngemittel (11,7). Es wurden
1,105 Mrd. Personen befördert. Im Gegensatz
zu den Betriebseinschränkungen im ländlichen
Raum werden bedeutende Summen in den
Neubau von Fernverkehrsstrecken und in die
Verbesserung des Schienennahverkehrs investiert. Insbes. der S-Bahn-Ausbau in den
Verdichtungsräumen wurde weitergeführt.
1985: 150 Jahre Deutsche Eisenbahnen. –
Luftverkehr: Zahl der beförderten Passagiere:
(1985) über 50 Mill. (Ein- und Aussteiger),
davon ca. 70% im Auslandsverkehr. Die
Frachtbeförderung betrug 741 000 t (Ein- und
Ausladung, ohne Umladeverkehr), davon ca.
80% im Auslandsverkehr.

Flughafen	Fluggäste (1985, Ein- und Aussteiger)	Luftfracht in t (1985, Ein- und Ausladung, mit Umladeverkehr)
Frankfurt a.M.	20 225 086	772 689
Düsseldorf	8 226 862	50 742
München	8 049 454	40 720
Hamburg	4 854 477	34 522
Berlin (West)	4 552 994	10 928
Stuttgart	3 041 774	14 228
Köln/Bonn	2 041 732	81 635
Hannover	2 040 324	10 147
Nürnberg	928 064	6 445
Bremen	748 953	3 868
Saarbrücken	166 171	103

Neugeplanter und im Bau befindlicher Flughafen München im Erdinger Moos soll 1991
München Riem ersetzen. Bundeseigene Fluggesellschaft: Deutsche Lufthansa. – *Schiff-
fahrt:* Länge der befahrbaren Binnenwasser-

Unternehmen	Umsatz in Mrd. DM	Beschäftigte in 1 000
VEBA	49,624	76,8
Siemens	45,819	319,0
VW (Audi)	45,671	238,4
BASF	45,523	126,2
Daimler-Benz	43,505	199,9
BAYER	43,032	174,8
Hoechst	41,457	177,9
Thyssen	32,430	131,0
RWE	26,759	70,4
Deutsche Shell	22,771	4,1
Ruhrkohle	22,415	135,9
ESSO	21,250	4,0
Deutsche BP	21,077	7,0
Bosch	18,378	134,6
Krupp	18,239	66,3
BMW	16,484	51,9

straßen: 4429 km, davon 1440 km Kanäle. Bei
der Güterbeförderung anhaltende Tendenz
zur Verminderung der Schiffszahl bei gleichzeitiger Vergrößerung der durchschnittlichen
Ladekapazität. Transportleistung: (1984):
236,478 Mill. t. Befördert werden v. a. Steine,
Baustoffe, Erden, Erze, Schrott, Mineralöl
und Mineralölprodukte, Steinkohle. Bedeutendste Binnenwasserstraßen: Rhein, Mittel-
landkanal, Dortmund-Ems-Kanal, Mosel,
Main, Neckar, Wesel-Datteln-Kanal, Rhein-
Herne-Kanal, Weser, Donau. Die bedeutendsten Binnenhäfen sind: Duisburg, Köln,
Karlsruhe, Hamburg, Mannheim, Berlin,
Ludwigshafen, Frankfurt, Dortmund, Bremen. Der Bau des Rhein-Main-Donaukanals
soll bis 1992 beendet sein. Der Seegüterum-
schlag in den Häfen betrug (1985) 135,365
Mill. t. Der Güterumschlag in den wichtigsten
Seehäfen betrug 1985 (in Mill. t): Hamburg
(57,201), Bremer Häfen (27,867), Wilhelmshaven (17,071; davon über 95% Erdöl), Lübeck
(10,062), Brunsbüttel (5,406), Brake (4,352),
Emden (3,560).

Mitgliedschaften: UNO, BIZ, CCC,
ECE, EG, ESA, EWS, IDB, IPU, NATO,
OECD, UNCTAD, WEU u. a.; Europarat.

Währung: 1 Deutsche Mark (DM) = 100
Pfennige (Pf).

Bundesschatzbrief, Wertpapier, das der
Finanzierung des öffentl. Haushalts und der
Eigentums- und Vermögensbildung dient. B.
können schon ein Jahr nach Erwerb innerhalb
eines monatlichen Höchstbetrages von 10 000
DM zum Nennwert zurückgegeben werden.
Die Zinsen steigen von Jahr zu Jahr. – *Arten:*
Typ A mit einer Laufzeit von sechs Jahren und
jährlicher Zinszahlung, *Typ B* mit einer
Laufzeit von sieben Jahren und Zinssamm-
lung. Beide Typen können sparprämienbegün-
stigt angelegt werden. Im Mai 1986 rd. 27,6
Mill. DM B. im Umlauf.

Bundes-Schufa, Kurzbezeichnung für Vereinigung der deutschen Schutzgemeinschaften
für allgemeine Kreditsicherung e. V. (→Schutz-
gemeinschaften für allgemeine Kreditsiche-
rung-Schufa).

Bundesschuldenverwaltung (BSV), →Bundesoberbehörde im Geschäftsbereich des Bundesministers der Finanzen (BMF); Sitz in Bad Homburg v. d. Höhe. 1948 entwickelte sich die Schuldenverwaltung des Vereinigten Wirtschaftsgebiets aus der 1924 gegründeten Reichsschuldenverwaltung, die nach Gründung der Bundesrep. D. durch Verordnung vom 13.12.1949 in die B. überführt wurde. – *Aufgaben:* Beurkundung und Verwaltung der Schulden und Gewährleistungen des Bundes und seiner Sondervermögen; Führung des Bundesschuldbuches; sonstige Aufgaben (z. B. Vertrieb der Sammlermünzen der Bundesrep. D.).

Bundessondervermögen, →Sondervermögen des Bundes.

Bundessortenamt (BSA), →Bundesoberbehörde im Geschäftsbereich des Bundesministers für Ernährung, Landwirtschaft und Forsten (BML); Sitz in Hannover. Errichtet durch das Gesetz über Sortenschutz und Saatgut von Kulturpflanzen (Saatgutgesetz) vom 27.6.1953 (BGBl I 450). – *Rechtsgrundlagen der Tätigkeit des B.:* Sortenschutzgesetz (SortG) vom 11.12.1985 (BGBl I 2170), Saatgutverkehrsgesetz (SaatG) vom 20.8.1985 (BGBl I 1633), Gesetz zu der in Genf am 23.10.1978 unterzeichneten Fassung des internationalen Übereinkommens zum Schutz von Pflanzenzüchtung vom 28.8.1984 (BGBl II 809) sowie zahlreiche Verordnungen. – *Aufgaben:* Entscheidung über die Erteilung des Sortenschutzes (patentähnliches gewerbliches Schutzrecht) nach Sortenschutzgesetz und durch Sortenausschüsse über die Sortenzulassung (öffentlich-rechtliche Voraussetzung für den Vertrieb von Saat- und Pflanzgut) nach dem Saatgutverkehrsgesetz; nationale Durchführungsbehörde für eine Anzahl internationaler Regelungen auf dem Gebiet der Pflanzensorten.

Bundessozialgericht (BSG), oberster Gerichtshof für die →Sozialgerichtsbarkeit; Sitz in Kassel. – 1. *Aufgaben:* Als dritte Instanz entscheidet das BSG über die Revision gegen Urteile der →Landessozialgerichte oder in Ausnahmefällen über die zugelassenen (Sprung-)Revisionen gegen Urteile der Sozialgerichte in allen Streitigkeiten, für die die Zuständigkeit der →Sozialgerichte begründet ist (§ 51 SGG). Revision muß auch vom Landessozialgericht grundsätzlich zugelassen werden. Bei nicht zugelassener Beschwerde kann Nichtzulassungsbeschwerde eingelegt werden. Gibt BSG der Nichtzulassungsbeschwerde statt, beginnt mit der Zustellung der Entscheidung die Revisionsfrist. – 2. *Besetzung der Senate:* Ein Vorsitzender Richter, zwei weitere Berufsrichter und zwei ehrenamtliche Richter. *Großer Senat:* Präsident des BSG, sechs Berufsrichter und vier ehrenamtliche Richter. – 3. Anders als vor Sozial- und

Landessozialgericht besteht vor dem BSG *Vertretungszwang* durch Rechtsanwälte oder Mitglieder und Angestellte von Gewerkschaften, selbständigen Vereinen und Arbeitnehmern mit sozial- oder berufsständischen Vereinigungen und Landwirtschaft und von Vereinigungen der Kriegsopfer, sofern sie kraft Satzung und Vollmacht zur Prozeßvertretung befugt sind. Zugelassen ist jeder bei einem deutschen Gericht zugelassene Rechtsanwalt.

Bundessozialhilfegesetz (BSHG), →Sozialhilfe.

Bundessprachenamt (BSprA), →Bundesbehörde im Geschäftsbereich des Bundesministers für Verteidigung (BMVg); Sitz in Hürth.

Bundesstaat, Zusammenfassung von mehreren Ländern als Gliedstaaten zu einem einheitlichen Staatsgebilde, das als Bund bezeichnet wird (z. B. Bundesrep. D., USA, Schweiz, Österreich). – Die bundesstaatliche Gliederung der *Bundesrep. D.* ist in Art. 20 I GG verankert (vgl. auch →Föderalismus). Im Unterschied zu einem →Staatenbund liegt die Souveränität im B. nicht bei den Gliedstaaten, sondern bei dem über ihnen stehenden Gesamtstaat.

Bundesstelle für Außenhandelsinformation (BfAI), →Bundesbehörde im Geschäftsbereich des Bundesministers für Wirtschaft (BMWi); Sitz in Köln. – *Aufgaben:* Förderung des Außenhandels durch Zurverfügungstellung geeigneter Informationen über außenwirtschaftlich relevante Fakten, Entwicklungen und Tendenzen für deutsche offizielle Stellen und für interessierte Gebietsansässige und -fremde; Verbindungsstelle bezüglich diverser internationaler Organisationen; Zusammenarbeit mit in- und ausländischen Institutionen zur Förderung des Handels und Dienstleistungsverkehrs. – *Veröffentlichungen:* Nachrichten für den Außenhandel (NfA); Marktinformation; Ostinformation; Rechtsinformation; Zoll- und Handelsinformation (ZHI); kommerzielle Information; ausländisches Lebensmittelrecht; Dokumentationsreihe; Broschüren.

Bundessteuerberaterkammer, Körperschaft des öffentlichen Rechts, Sitz in Bonn. – *Aufgaben:* Wahrung und Förderung der Belange der Steuerberater, insbes. Vertretung gegenüber Bundesorganen und gutachtliche Stellungnahmen gegenüber Bundesgerichten; Erstellung von Richtlinien zur Berufsausübung des Steuerberaters; Vertretung gegenüber Behörden; Förderung der beruflichen Fortbildung in den steuerberatenden Berufen.

Bundessteuerblatt (BStBl), herausgegeben vom Bundesminister der Finanzen; erscheint nach Bedarf in zwangloser Folge. – In *zwei Teile* gegliedert: *Teil I* enthält die Veröffentlichungen des Bundesministers der Finanzen und der obersten Finanzbehörden der Länder; *Teil II* ausgewählte Entscheidungen des Bundesfinanzhofs.

Bundessteuern, finanzwissenschaftlicher Begriff hinsichtlich der →Ertragshoheit. – 1. *B. i. e. S.:* →Steuern, deren Aufkommen allein dem Bund zufließt. Nach Art. 106 I GG stehen dem Bund zu: →Zölle, →Verbrauchsteuern, die nicht den Ländern (z. B. →Biersteuer), Bund und Ländern (z. B. →Umsatzsteuer) oder den Gemeinden zustehen: →Zuckersteuer, →Salzsteuer, →Branntweinsteuer, →Schaumweinsteuer, →Tabaksteuer, →Kaffeesteuer, →Teesteuer, →Leuchtmittelsteuer, →Mineralölsteuer; weiterhin →Kapitalverkehrsteuern, →Versicherungsteuer, →Wechselsteuer sowie Abgaben im Rahmen der EG. Vgl. auch →Gemeindesteuern, →Landsteuern. – 2. *B. i. w. S.:* Die Gesamtheit der dem Bund zustehenden Steuereinnahmen, die aus dem B. i. e. S. und dem Bundesanteil an den →Gemeinschaftssteuern besteht. – Vgl. auch →Steuerverbund, →Finanzausgleich.

Bundesstraßen, →Bundesfernstraßen

Bundestag, politische Vertretung des ganzen Volkes, die aus allgemeiner, unmittelbarer, freier, gleicher und geheimer Wahl hervorgeht. – *Aufgabe:* Die Gesetzgebung nach Maßgabe der im Grundgesetz festgelegten →Gesetzgebungskompetenz. Durch die Wahl des →Bundeskanzlers und durch die Möglichkeit des Mißtrauensvotums gegen ihn hat der B. bestimmenden Einfluß auf die gesamte politische Entwicklung. – Die Arbeitsweise des B. und der →Bundestagsausschüsse ist in der *Geschäftsordnung* vom 2. 7. 1980 (BGBl I 1237) mit späteren Änderungen näher geregelt. – Vgl. auch →Bundestagsausschüsse, →Abgeordnete.

Bundestagsausschüsse, als Organe des Parlaments nach Maßgabe des Grundgesetzes und der Geschäftsordnung bestellt. – *Aufgaben:* Vorbereitung der Plenarsitzungen des Parlaments, v. a. durch Beratung von Gesetzesentwürfen zwischen der 1. und 2. Lesung. *Besondere Aufgaben* haben die B. für Untersuchungsausschüsse und die B. für auswärtige Angelegenheiten und für Verteidigung (Art. 44, 45a und c GG). Die Ausschüsse werden nach der Stärke der →Fraktionen besetzt. Einzelheiten in §§ 54 ff. der Geschäftsordnung geregelt.

Bundestarifordnung Elektrizität, Grundlage der Tarifstruktur und Preishöhe für die Stromversorgung; 1974 in Kraft getreten, 1980 novelliert. Nach der B. müssen die Elektrizitätsversorgungsunternehmen vier Pflichttarife anbieten: zwei Grundpreistarife, Kleinverbrauchstarif, Schwachlasttarif. Ver-

brauchsfördernde Elemente in den Stromtarifen werden versucht abzubauen. – Vgl. auch →Energiewirtschaftsgesetz.

Bundestarifordnung Gas, Grundlage der Tarifstruktur für die Gasversorgung. B. verlangt, daß die Gasversorgungsunternehmen als allgemeine Tarife mindestens einen Kleinverbrauchs- und einen Grundpreistarif bilden und öffentlich bekanntgeben. Keine preisrechtliche Bindung der Tarife; die Preise unterliegen jedoch der Mißbrauchsaufsicht der Kartellbehörden. – Vgl. auch →Energiewirtschaftsgesetz.

Bundesunternehmen, wenig spezifizierter Sammelbegriff für alle öffentlich-rechtlichen und privat-rechtlichen Unternehmen (→öffentliche Unternehmen) des Bundes: (1) →Bundesbeteiligung mit mehr als 50% Nominalkapital, (2) →Sondervermögen des Bundes (Deutsche Bundesbahn, Deutsche Bundespost, ERP-Sondervermögen, Ausgleichsfonds, Deutsche Siedlungs- und Landesrentenbank) und (3) →Bundesbetriebe nach § 26 BHO.

Bundesurlaubsgesetz (BUrlG), Gesetz vom 8. 1. 1963 (BGBl I 2) mit späteren Änderungen. Rechtsgrundlage des →Urlaubs für Arbeitnehmer.

Bundesverband der Betriebskrankenkassen (BdB), Körperschaft des öffentlichen Rechts, Sitz in Essen. – *Aufgaben:* Wahrnehmung der Interessen der betrieblichen Krankenversicherung, insbes. in Zusammenarbeit mit den Bundesorganisationen der Sozialversicherung, der Arbeitnehmer und -geber; Beratung der Mitglieder durch Herausgabe von Zeitschriften; Unterstützung der zuständigen Behörden in Fragen der Gesetzgebung und Verwaltung sowie Betreuung der Betriebskrankenkassen in Angelegenheiten auf Bundesebene.

Bundesverband der Bilanzbuchhalter e. V. (BVBB), Sitz in Bonn. – *Aufgaben:* Vertretung der wirtschaftlichen und berufspolitischen Interessen seiner Mitglieder; Förderung berufsspezifischer Aus- und Fortbildung; Eintreten für den gesetzlichen Schutz der Berufsbezeichnung „Bilanzbuchhalter"; Publikation einer eigenen Verbandszeitschrift.

Bundesverband der deutschen Binnenschiffahrt e. V., Sitz in Duisburg-Ruhrort. – *Aufgaben:* Vertretung der gemeinsamen Interessen der Mitglieder; Betreuung und Beratung der Mitglieder; Vertretung gegenüber Behörden, Organisationen und politischen Institutionen.

Bundesverband der Deutschen Gas- und Wasserwirtschaft e. V. (BGW), Sitz in Bonn. – *Aufgaben:* Mitwirkung an einer wirtschaftlichen und zuverlässigen Versorgung der Allgemeinheit mit Gas und Wasser; Förderung der

Interessen der Mitglieder in wirtschaftlichen, rechtlichen, technisch-wirtschaftlichen und organisatorischen Fragen.

Bundesverband der Deutschen Industrie (BDI), Sitz in Köln. – *Aufgaben:* Förderung aller gemeinsamen Belange der in ihm zusammengeschlossenen Industriezweige; Zusammenarbeit mit den anderen Spitzenorganisationen des Unternehmertums.

Bundesverband der Deutschen Volksbanken und Raiffeisenbanken e.V. (BVR), Sitz in Bonn. – *Aufgaben:* Interessenvertretung der ca. 3530 Kreditgenossenschaften sowie ihrer Verbundinstitute; Beratung der Mitglieder auf rechtlichem, steuerlichem sowie volks- und betriebswirtschaftlichem Gebiet; Öffentlichkeitsarbeit; Errichtung von Verwaltungseinrichtungen zur Sicherung und Förderung von Kreditgenossenschaften.

Bundesverband der Energie-Abnehmer e.V., Sitz in Hannover. – *Aufgaben:* Vertretung der energiewirtschaftlichen Interessen der Mitglieder; Beratung in Fragen der Energiekosteneinsparung bei Bezug und Einsatz von Energie; Teilnahme an Gesetz- und Verordnungsgebungsverfahren; Durchführung allgemeiner Energiepreisvergleiche.

Bundesverband der Freien Berufe (BFB), Dachverband von über 90 Spitzenvereinigungen und Landesorganisationen, Sitz in Bonn. – *Aufgaben:* Interessenvertretung der freiberuflich Schaffenden; in bezug auf Steuern, Sozialpolitik, Berufsbildung, Umwelt Zusammenfassung der Freien Berufe, Sicherung ihrer sozialen Grundlagen, Stärkung des Einflusses der frei und selbstverantwortlich schaffenden Persönlichkeit auf das öffentliche Leben; Pflege der Beziehungen der freien Berufe untereinander.

Bundesverband der Geschäftsstellenleiter der Assekuranz e.V. (VGA), Sitz in Köln. – *Aufgabe:* Interessenvertretung und -wahrnehmung des leitenden Versicherungsaußendienstes der Versicherungswirtschaft.

Bundesverband der Innungskrankenkassen (BdI), Körperschaft des öffentlichen Rechts, Sitz in Bergisch Gladbach. – *Aufgaben:* Vertretung der 155 Innungskrankenkassen und zehn Landesverbände auf Bundesebene; Krankenversicherung der Arbeitnehmer und Arbeitgeber des Wirtschaftszweiges Handwerk.

Bundesverband der Katholischen Arbeitnehmer-Bewegung Deutschlands (KAB), freie Vereinigung katholischer Arbeitnehmer; Sitz in Köln. – *Aufgaben:* Beleben christlicher Lebenshaltung in der Arbeitnehmerschaft; Bildungsarbeit und Lebenshilfe in der Arbeitnehmerschaft; Anregung gemeinsamer Aktionen und gegenseitiger Hilfe aus christlicher Verantwortung; Mitwirkung an der gegenwärtigen und zukünftigen Entwicklung der Gesellschaft; Interessenvertretung der Arbeitnehmerschaft in Kirche und Gesellschaft.

Bundesverband der landwirtschaftlichen Berufsgenossenschaften e.V. (BLB), Sitz in Kassel-Wilhelmshöhe. – *Aufgaben:* Förderung der Interessen der Mitglieder (Erlaß von Unfallverhütungsvorschriften, soziale Sicherung bei Unfall, usw.); Durchführung von Aus- und Fortbildungsmaßnahmen; Abschließen von Tarifverträgen; Unterstützung der Mitglieder bei der Datenverarbeitung und Öffentlichkeitsarbeit; Unterhalten einer Prüfungs- und Beratungsstelle.

Bundesverband der Landwirtschaftlichen Krankenkassen (BLK), Sitz in Kassel-Wilhelmshöhe. – *Aufgaben:* Unterstützung der landwirtschaftlichen Krankenkassen; Vertretung bei Vertragsabschluß und Verhandlungen mit anderen Versicherungsträgern; Verteilung der Zuschüsse des Bundes.

Bundesverband der Lohnsteuerhilfevereine e.V. (BDL), Sitz in Bonn. – *Aufgaben:* Berufsaufsicht über die angeschlossenen Lohnsteuerhilfevereine sowie deren Vertretung gegenüber Gesetzgeber, Behörden und anderen berufsständischen Organisationen; Betätigung auf steuerpolitischem Sektor.

Bundesverband der Ortskrankenkassen, →AOK-Bundesverband.

Bundesverband der Selbständigen e.V., *Deutscher Gewerbeverband,* Sitz in Bonn. – *Aufgabe:* Betreuung mittelständischer Unternehmen auf kommunaler Ebene; Interessenvertretung über ihm angehörende Abgeordnete aus allen Parteien in den Parlamenten und gegenüber den Regierungen; praxisorientierte Publikationen.

Bundesverband der Sozialversicherten e.V., Sitz in Hannover. – *Aufgaben:* Wahrung der gemeinsamen Interessen der Sozialversicherten unter Ausschluß von Erwerbsinteressen; Förderung und Unterstützung der Mitglieder in allen Fragen der Sozialversicherung.

Bundesverband der Steuerberater e.V., Sitz in Bonn. – *Aufgaben:* Wahrung und Förderung der Interessen der Steuerberater; Zusammenarbeit mit in- und ausländischen Berufsorganisationen; Vertretung der Mitgliedsverbände.

Bundesverband der Unfallversicherungsträger der öffentlichen Hand (BAGUV), Sitz in München. – *Aufgabe:* Interessenvertretung der Mitglieder.

Bundesverband der vereidigten Buchprüfer e.V. (BvB), Fachorganisation und berufsständische Vertretung der →vereidigten Buchprüfer und →Buchprüfungsgesellschaften, Sitz in Düsseldorf; 1986 wieder gegründet. – 1. *Mitgliedschaft:* Der BvB ist ein privatrechtlicher Verein auf der Grundlage freiwilliger Mitgliedschaft, dem ein großer Teil der vereidigten Buchprüfer und Buchprüfungsgesellschaften im Bundesgebiet und in West-Berlin als unmittelbare ordentliche Mitglieder angehören. Außerdem werden als ordentliche Mitglieder diejenigen Steuerberater und Rechtsanwälte aufgenommen, die sich auf das Examen zum vereidigten Buchprüfer vorbereiten. – 2. *Aufgaben:* Der BvB vertritt die beruflichen und fachlichen Interessen der vereidigten Buchprüfer und Buchprüfungsgesellschaften und hat für die fachliche Förderung seiner Mitglieder und des beruflichen Nachwuchses zu sorgen. Zudem tritt er für einheitliche Grundsätze der unabhängigen, eigenverantwortlichen und fachgerechten Berufsausübung sowie deren Einhaltung durch die Mitglieder ein. – 3. *Zusammenarbeit mit anderen Organisationen*, v.a. mit dem →Institut der Wirtschaftsprüfer in Deutschland e.V.

Bundesverband der Wirtschaftsberater e.V., Sitz in Singen. Zusammenschluß der freiberuflich tätigen Wirtschaftsberater. – *Aufgaben:* Vertretung der Berufsinteressen der Mitglieder; Herbeiführung eines Wirtschaftsberatergesetzes; Entwicklung und Überwachung einer fachgerechten Berufsausübung; Förderung der Ausbildung der Berufsangehörigen.

Bundesverband des Deutschen Groß- und Außenhandels (BGA), Spitzenverband für Groß- und Außenhandel; Sitz in Bonn. – *Aufgabe:* Interessenvertretung der Mitglieder.

Bundesverband des Deutschen Güterfernverkehrs e.V. (BDF), Dachorganisation von 15 Landesverbänden, Sitz in Frankfurt a.M. – *Aufgaben:* Interessenvertretung der gewerblichen Güterfernverkehrunternehmen.

Bundesverband des Deutschen Güternahverkehrs e.V. (BDN), Sitz in Frankfurt a.M. – *Aufgaben:* Wahrnehmung der Gesamtinteressen des Güternahverkehrsgewerbes; Information von Regierung, Parlament und Behörden über Probleme und Bedeutung des gewerblichen Güternahverkehrs; Interessenvertretung im Bereich von Wirtschafts- und Verkehrspolitik; Weiterentwicklung der Tarife durch Bildung markt- und kostengerechter Entgelte; Betreuung im Bereich der kaufmännischen Aus- und Weiterbildung.

Bundesverband des Deutschen Personenverkehrsgewerbes e.V. (BDP), Zusammenschluß der Bundesvereinigung Kraftomnibusgewerbe und Touristik sowie der Bundesvereinigung Taxi- und Mietwagengewerbe mit ihren jeweiligen Mitgliedsverbänden; Sitz Frankfurt a.M. Zusammenschluß der Unternehmen des privaten Omnibusverkehrs und des Taxen- und Mietwagengewerbes, die Stadtverkehrs-, Regional- und Überlandverkehrslinien betreiben. Zudem gehören dem Verband Touristikunternehmen, z.B.

Reisebüros an. – *Aufgaben:* Beratung und Vertretung der Mitgliedsunternehmen.

Bundesverband des Deutschen Versandhandels e.V., Sitz in Frankfurt a.M. – *Aufgaben:* Förderung und Schutz der allgemeinen, ideellen und wirtschaftlichen Interessen der Versandhandelsunternehmen.

Bundesverband deutscher Banken e.V. (BdB), Spitzenverband der in privater Rechtsform geführten Kreditinstitute; Sitz in Köln. Neu gegründet 1951. Der BdB setzt die Tradition des 1901 in Berlin gegründeten Centralverbands des deutschen Bank- und Bankiergewerbes fort. Er ist Dachorganisation für dreizehn Mitgliedsverbände, davon elf Landesverbände, deren Tätigkeitsbereich sich auf die einzelnen Bundesländer einschl. Berlin (West) erstreckt, wobei der Verband der privaten Hypothekenbanken in Bonn und die Arbeitsgemeinschaft privater Schiffsbanken in Bremen. – *Organe des BdB* sind Mitgliederversammlung, Hauptausschuß, Vorstand und Geschäftsführung; außerdem Arbeitsausschüsse und Kommissionen. Am 1.6.1966 wurde zum Schutz der Einleger beim Bundesverband ein Einlagensicherungsfonds gegründet; am 4.12.1969 Gründung des Prüfungsverbandes deutscher Banken. – *Aufgaben:* Wahrung der Interessen der deutschen Banken, insbes. Unterrichtung der Mitgliedsverbände und der angeschlossenen Institute; Beratung und Unterstützung der Behörden; Öffentlichkeitsarbeit; Pflege der Beziehungen zu ausländischen Verbänden des Bankgewerbes.

Bundesverband Deutscher Eisenbahnen, Kraftverkehre und Seilbahnen (BDE), früher: *Verband deutscher nichtbundeseigener Eisenbahnen*, Sitz in Köln. Am 10.5.1950 wiedergegründeter Fachverband der →nichtbundeseigenen Eisenbahnen (des öffentlichen und nichtöffentlichen Verkehrs), der regionalen Kraftverkehrsbetriebe (Omnibus- und Güterkraftverkehrsbetriebe), der Berg- und Seilbahnen. – *Aufgaben:* Förderung der Mitglieder in verkehrswirtschaftlichen, betriebswirtschaftlichen, rechtlichen, technischen und betrieblichen Fragen; Interessenvertretung gegenüber Parlamenten, Behörden, der Deutschen Bundesbahn und anderen Organisationen und Stellen. – *Organisation:* Eingeteilt in zwei Fachbereiche (Personenverkehr und Güterverkehr) sowie zwei Fachgruppen (Eisenbahnen, öffentliche Häfen sowie Seilbahnen und Schleppdlifte); es bestehen zwölf Fachausschüsse (davon zwei gemeinsam mit dem →Verband öffentlicher Verkehrsbetriebe), sieben Landesgruppen und die Arbeitsgemeinschaft der Leiter Deutscher Eisenbahnen.

Bundesverband Deutscher Investment-Gesellschaften e.V. (BVI), Sitz in Frankfurt. – *Aufgaben:* Förderung des Investment-

Gedanken und Wahrung der Interessen der Mitglieder; Vertretung der Rechte und Interessen der Mitglieder; Beratung und Unterstützung von Behörden; Aufklärung der Öffentlichkeit über das Investment-Wesen; Pflege der nationalen und internationalen Zusammenarbeit.

Bundesverband Deutscher Patentanwälte e. V., Sitz in Stuttgart. – *Aufgaben:* Wahrung, Pflege und Förderung der Interessen des Berufsstandes der Patentanwälte sowie Mitwirkung bei Gesetzesvorhaben.

Bundesverband Deutscher Soziologen e. V. (BDS), Sitz in Bielefeld. – *Aufgabe:* Entwicklung der wissenschaftlichen Soziologie in Theorie und Praxis; Interessenvertretung seiner Mitglieder.

Bundesverband Deutscher Unternehmensberater e. V. (BDU), Sitz in Bonn. – *Aufgaben:* Erstrebung der öffentlichen Anerkennung als Berufsvertretung und einer gesetzlich geschützten Berufsbezeichnung; Förderung der Interessen der Mitglieder und Beratung.

Bundesverband Deutscher Versicherungskaufleute, Sitz in Bonn. – *Aufgabe:* Interessenvertretung und -wahrnehmung selbständiger Versicherungskaufleute und Bausparkaufleute.

Bundesverband Deutscher Volks- und Betriebswirte e. V. (BDVB), Sitz in Bonn. – *Aufgaben:* Interessenvertretung und -wahrnehmung; Öffentlichkeitsarbeit.

Bundesverbände des Deutschen Güterkraftverkehrs (BDG), Dachverband des Güterkraftverkehrsgewerbes; Sitz in Frankfurt a. M. Im BDG sind der Bundesverband des Deutschen Güterfernverkehrs e. V. (BDF), der Bundesverband des Deutschen Güternahverkehrs e. V. (BDN) und die Arbeitsgemeinschaft Möbeltransport Bundesverband e. V. (AMö) zusammengeschlossen.

Bundesverband Evangelischer Arbeitnehmer in der Bundesrepublik Deutschland e. V., Vereinigung evangelischer Arbeitnehmer; Sitz in Berlin (West). – *Aufgaben:* Förderung der Zusammenarbeit evangelischer Arbeitnehmer; Bildungsarbeit; Zusammenarbeit mit anderen Arbeitnehmerorganisationen sowie den politischen Parteien.

Bundesverband Freier Wohnungsunternehmen e. V. (BFW), Spitzenverband für alle privaten Hausbau- und Wohnungsunternehmen; Sitz in Bonn. – *Aufgaben:* Vertretung der Interessen der Freien Wohnungsunternehmen gegenüber Parlamenten, Regierung und Behörden; Öffentlichkeitsarbeit; Beratung und Information über wohnungswirtschaftliche und -politische Themen.

Bundesverband für den Selbstschutz (BVS), bundesunmittelbare Körperschaft des öffentlichen Rechts im Geschäftsbereich des Bundesministers des Innern (BMI); Bundeshauptstelle in Köln. – *Rechtsgrundlage der Tätigkeit:* Gesetz über die Erweiterung des Katastrophenschutzes (KatSG) vom 9. 7. 1968 (BGBl I 776). – *Aufgaben:* Aufbau und Förderung des Selbstschutzes durch Öffentlichkeitsarbeit und Ausbildung; Unterstützung von Betrieben und Behörden bei Aufbau und Ausbildung des betrieblichen und behördlichen Selbstschutzes.

Bundesverband Glasindustrie und Mineralfaserindustrie e. V., Sitz in Düsseldorf. – *Aufgabe:* Wahrnehmung und Förderung der gemeinsamen und sozialrechtlichen Interessen der Mitglieder.

Bundesverband mittelständische Wirtschaft – Interessengemeinschaft mittelständischer Verbände e. V., Sitz in Bonn. – *Aufgaben:* Vertretung der Interessen der selbständigen und mittelständischen Unternehmer, die den Mitgliedsverbänden des Bundesverbandes mittelständische Wirtschaft oder direkt dem Verband angeschlossen sind; Förderung der wirtschaftlichen Belange der Mitglieder durch Beratung sowie der Zusammenarbeit der Verbände untereinander.

Bundesverband öffentlich bestellter und vereidigter Sachverständiger e. V., Sitz in Bonn. – *Aufgaben:* Vertretung der berufsständischen Interessen der Sachverständigen im In- und Ausland; Regelungen im Bereich des Sachverständigenwesens.

Bundesverband Spedition und Lagerei e. V. (BSL), Sitz in Bonn. – *Aufgaben:* Förderung der Zusammenarbeit seiner Mitgliedsverbände; Vertretung der gemeinsamen Belange des Speditions- und Lagereigewerbes gegenüber nationalen und internationalen Institutionen.

Bundesverband Steine und Erden e. V., Sitz in Frankfurt. – *Aufgaben:* Vertretung und Koordinierung der zentralen Anliegen der Mitgliedsverbände. Dabei werden die Schwerpunkte der Verbandsarbeit unter Berücksichtigung der jeweiligen politischen und wirtschaftlichen Situation gewichtet.

Bundesverband unabhängiger Betriebs- und REFA-Berater e. V. (BUR), Sitz in Stuttgart. – *Aufgaben:* Interessenvertretung und -wahrnehmung der Mitglieder; Erfahrungsaustausch; Weiterbildung.

Bundesvereinigung der Deutschen Arbeitgeberverbände e. V. (BDA), Sitz in Köln. – *Aufgaben:* Wahrnehmung der gemeinschaftlichen sozialpolitischen Belange: Tarifpolitik, Arbeitsrechtspolitik, Betriebliche Personalpolitik, Mitbestimmungspolitik, Beschäftigungspolitik, Soziale Sicherungspolitik, Bildungspolitik, Internationale Sozialpolitik.

Bundesvereinigung der Deutschen Ernährungsindustrie e.V. (BVE), Sitz in Bonn. – *Aufgaben:* Förderung aller gemeinsamen Interessen der Ernährungsindustrie, insbes. in der Wirtschafts-, Wettbewerbs-, Agrar-, Umwelt-, und Verbraucherpolitik; Information der Öffentlichkeit über Anliegen und Zielsetzungen der Branche; Erörterungen von Fragen auf nationaler und internationaler Ebene.

Bundesvereinigung der Fachverbände, Zusammenschluß der 52 im Bundesgebiet bestehenden →Zentralfachverbände als Koordinierungsstelle aller fachlichen Fragen des Handwerks und damit oberstes Willensorgan der fachlichen Organisation. – Vgl. auch →Handwerksorganisation.

Bundesvereinigung der Firmen im Gas- und Wasserfach e.V., Sitz in Köln. – *Aufgaben:* Sammlung und Verwertung der technischen Erkenntnisse der Wissenschaft; Mitwirkung bei der technischen Verbesserung der Gas- und Wasserwirtschaft; Anregung und Förderung von technisch-wissenschaftlichen Arbeiten im Gas- und Wasserfach; Zusammenarbeit mit fachverwandten Organisationen sowie Mitwirkung bei der Aufstellung von Normen und Regeln.

Bundesvereinigung Deutscher Einkaufsverbände e.V. (BEV), Sitz in Köln. – *Aufgaben:* Wirtschafts- und wettbewerbspolitische Interessenwahrnehmung von Einkaufsverbänden.

Bundesvereinigung Deutscher Heimstätten e.V., Zusammenschluß der staatsbeteiligten Heimstätten und Landesentwicklungsgesellschaften, Sitz in Bonn. – *Aufgaben:* Vertretung der Interessen der nach dem Wohnungsgemeinnützigkeitsgesetz gemeinnützigen Unternehmen sowie deren Förderung bei der Erfüllung ihrer Aufgaben; Betreuung öffentlicher und privater Auftraggeber als staatliche Treuhandstellen.

Bundesverfassungsgericht (BVerfG), höchstes →Bundesgericht („Hüter der Verfassung"); Sitz in Karlsruhe.

I. Rechtsgrundlage: Art. 92–94 GG, Gesetz über das B. in der Fassung vom 12.12.1985 (BGBl I 2229) und Geschäftsordnung des B. vom 15.12.1986 (BGBl I 2529).

II. Aufgaben: Zuständigkeit ist in Art. 93 GG und § 13 BVerfGG enumerativ festgelegt, v.a.: a) Entscheidung in erster und letzter Instanz über *Verfassungsstreitigkeiten* zwischen →Bund und Ländern, zwischen verschiedenen Bundesorganen sowie zwischen verschiedenen Ländern über deren gegenseitigen Rechte und Pflichten. – b) Ausschließliche *Entscheidung mit Gesetzeskraft* bei Streit über die Vereinbarkeit von →Bundesrecht oder von Landesgesetzen mit dem GG oder über die Vereinbarkeit von Landesgesetzen mit

sonstigem Bundesrecht (→Normenkontrolle). – c) In allen *anderen* vom Gesetz vorgesehenen *Fällen*, u.a. über →Verfassungsbeschwerden, Richteranklagen, Verfassungswidrigkeit von →Parteien (Art. 21 GG) und über die Verwirkung von →Grundrechten (Art. 18 GG).

III. Besetzung: Das B. besteht aus dem Präsidenten, seinem Stellvertreter und Bundesrichtern, die je zur Hälfte vom →Bundestag und →Bundesrat gewählt werden. Es entscheidet durch zwei Senate mit je acht Richtern, Beschlußfähigkeit besteht bei Anwesenheit von sechs Richtern. Die Zuständigkeit der Senate ist im Gesetz festgelegt, ausnahmsweise entscheidet das Plenum, (vgl. Beschluß des Plenums vom 6.10.1982, BGBl I 1735).

IV. Verfahren: Weitgehend im Gesetz geregelt, ergänzend sind teilweise die Zivilprozeßordnung oder die Strafprozeßordnung für anwendbar erklärt. In der mündlichen Verhandlung vor dem B. müssen sich die Beteiligten (mit Ausnahme der →Behörden) durch einen →Rechtsanwalt oder Hochschullehrer des Rechts vertreten lassen (→Anwaltszwang). Das B. kann vor der Entscheidung →*einstweilige Anordnungen* erlassen. Das Verfahren ist i.a. *kostenfrei*, bei unbegründeten oder mißbräuchlichen Anträgen können den Beteiligten Kosten auferlegt werden. Das B. kann bestimmen, wer seine Entscheidungen vollstreckt. Zuwiderhandlungen gegen Entscheidungen des B. sind teilweise strafbar. Entscheidungen über Fortgelten der Verfassungsmäßigkeit von Rechtsnormen haben *Gesetzeskraft*.

Bundesverkehrswegeplan. 1. *Begriff:* Eine auf Bundesebene realisierte Gesamtverkehrswegeplanung mit zunehmend vereinheitlichtem verkehrszweigübergreifendem Bewertungsverfahren für Verkehrsinfrastrukturprojekte und koordiniertem Investitionsprogramm. – 2. *Ziele:* Ziel war es, die Infrastrukturvorhaben der einzelnen Verkehrszweige (Schiene, Straße, Wasserstraße, Luftverkehr und Rohrleitungen) in einer schrittweisen Entwicklung von der Koordination zur Integration zu führen. Schwerpunkte waren die Sicherstellung einer Verknüpfung von Verkehrs- und Regionalplanung, die Gewährleistung eines wirtschaftlichen Mitteleinsatzes sowie die Einbeziehung in die mittelfristige Finanzplanung. – 3. *Entwicklung:* Anfang der 70er Jahre Beginn der im „Verkehrspolitischen Programm 1968–1972" angekündigten Arbeiten zu einem B. – Im Oktober 1973 Vorlage des B. *1. Stufe* (BT-Drucks.7/1045); Unterscheidung zwischen einer Langfristplanung sowie mehrjährigen Bauprogrammen und einer jährlichen Haushaltsplanung; längerfristige Aussagen erstreckten sich auf den Zeitraum 1976–1985. Nach den bei der Erstellung vorliegenden Einzelplanungen wären (nach dem Preisstand von 1972) für diesen Zeitraum finanzielle Mittel in Höhe von 208 Mrd. DM erforderlich gewesen; tatsächlich realisiert wurden 116,1 Mrd. DM (1976–84 Ist, 1985 Soll), wovon 45,9% auf Bundesfernstraßen und 24% auf das DB-Schienennetz entfielen. Aufgrund damals noch nicht bewältigter methodischer und datenmäßiger Probleme enthielt der B. 1. Stufe noch keine verkehrszweigübergreifende Bewertung aller Maßnahmen. – *Fortschreibung* des aus dem B. 1. Stufe abgeleiteten Investitionsprogramms infolge der *Energieverknappung 1973/74,* der dadurch geänderten wirtschaftlichen Rahmenbedingungen sowie der damit verbundenen Wirkungen auf die nationalen und internationalen Verkehrsmärkte durch das →Koordinierte Investitionsprogramm. – *Neuorientierung* des weiteren Ausbaus des Bundesverkehrswegenetzes durch den B. 1980 unter Berücksichtigung veränderter Zielsetzungen und auf der Grundlage verbesserter Bedarfsprognosen und verfeinerter Bewertungsverfahren. Verkehrsinvestitionen sollten im Einklang mit der gesamtwirtschaftlichen Entwicklung und den Wertvorstellungen der Bürger erfolgen, Arbeitsplätze sichern und schaffen, energiepolitische Entwicklungen berücksichtigen (u. a. forcierter Ausbau des Schienennetzes für den Fernverkehr, Förderung des kombinierten Verkehrs und des schienengebundenen Nahverkehrs), die Umwelt schützen, die Verkehrssicherheit heben und die kommunalen Verkehrsverhältnisse verbessern. Unterscheidung zwischen in den Jahren 1981–1990 vordringlich anzustrebenden Maßnahmen (Stufe I) und weiteren Vorhaben für die Zeit nach 1990 (Stufe II). Entscheidungsbasis bildeten die Prognosen der voraussichtlichen Verkehrsentwicklung sowie →Kosten-Nutzen-Analysen. Bewertung der Investitionsvorhaben mit Hilfe einer Gegenüberstellung der projektbedingten Vor- und Nachteile. Orientierungsmaßstab sollte die Erzielung eines möglichst hohen gesamtwirtschaftlichen Nutzens sowie die Verbesserung der Lebensqualität sein. Einräumung einer gewissen Priorität zugunsten des Ausbaus des Schienennetzes. B. 1980 sah für den Zeitraum 1981–1990 ein Gesamtinvestitionsvolumen von 149,6 Mrd. DM vor; davon sollten 29,1% dem Schienennetz der Deutschen Bundesbahn, 42,4% dem Bundesfernstraßen, 5,7% dem Bundeswasserstraßen und 19,2% dem öffentlichen Personennahverkehr und kommunalen Straßenbau zugute kommen. – *Derzeitiger B.:* Z.Zt. maßgeblich ist der B. 1985 vom September 1985, der eine Fortschreibung und Präzisierung des Investitionsprogramms für den Zeitraum 1986–1995 enthält. Vorgesehen ist ein Investitionsvolumen von 126,1 Mrd. DM mit folgender Investitionsstruktur: 27,8% für das Schienennetz der Deutschen Bundesbahn, 39,7% für Bundesfernstraßen, 6,4% für Bundeswasserstraßen, 22% für den öffentlichen Personennahverkehr und kommunalen Straßenbau sowie 4,1% für die übrigen Bereiche. Aktuelle Ziele der Verkehrsinvestitionspolitik sind die verkehrssichere Erhaltung der Substanz der Verkehrs-

wege, die zügige Fertigstellung laufender Projekte, die Erfüllung veränderter qualitativer Ansprüche, die regionale Erschließung und Anbindung sowie der bedarfsgerechte Ausbau der Verkehrsnetze. Letzteres steht nicht mehr allein im Vordergrund; größeres Gewicht soll *zukünftig regionalpolitischen Überlegungen,* der *Schutzwürdigkeit von Natur, Umwelt und Landschaft* sowie *städtebaulichen Belangen* eingeräumt werden. Bei der für die Entscheidungen relevanten Verkehrsprognose Übergang von der bisherigen Punktprognose zu einer Alternativprognose entlang zweier Entwicklungspfade (vgl. Tabellen, Sp. 1019/1020). Unterwerfung der Neu- und Ausbauprojekte einer einheitlichen Beurteilung nach gesamtwirtschaftlichen, regionalpolitischen, ökologischen und sonstigen Kriterien. Infolge *begrenzter Finanzierungsspielräume* Anlegung strengster Wirtschaftlichkeitsmaßstäbe; entsprechend den Werten des Kosten/Nutzen-Verhältnisses Differenzierung der Vorhaben nach „Vordringlichem Bedarf" und „Planungen". Aufnahme von Projekten in die Kategorie des „Vordringlichen Bedarfs" nur bei einer uneingeschränkt positiven ökonomischen Bewertung und einer angemessenen Abwendbarkeit eventueller ökologischer Nachteile; bei Maßnahmen im Bereich der Deutschen Bundesbahn zudem bei Erfordernis des Nachweises der betriebswirtschaftlichen Rentabilität. – Vgl. auch →europäische Verkehrspolitik, →staatliche Verkehrspolitik, →Verkehrsinfrastruktur.

Bundesvermögensverwaltung, die zur Verwaltung des Bundesvermögens bei der Oberfinanzdirektion gem. § 8 des Gesetzes über die Finanzverwaltung i. d. F. des Finanzanpassungsgesetzes vom 30. 8. 1971 (BGBl I 1426) bestehenden Bundesvermögensabteilungen. Ihnen unterstehen als örtliche Behörden Bundesvermögensämter und Bundesforstämter.

Bundesversammlung, besteht aus den Mitgliedern des →Bundestags und der gleichen Anzahl von durch die Volksvertretungen der Länder nach den Grundsätzen der →Verhältniswahl gewählten Mitgliedern (Art. 54 GG). – *Einzige Aufgabe:* Wahl des →Bundespräsidenten.

Bundesversicherungsamt (BVA), →Bundesoberbehörde im Geschäftsbereich des Bundesministers für Arbeit und Sozialordnung (BMA); Sitz in Berlin. Errichtet durch Gesetz über die Errichtung des Bundesversicherungsamts, die Aufsicht über die Sozialversicherungsträger und die Regelung von Verwaltungszuständigkeiten in der Sozialversicherung und der betrieblichen Altersfürsorge (Bundesversicherungsamtsgesetz – BVAG) vom 9. 5. 1956 (BGBl I 415). – *Aufgaben:* Rechtsaufsicht über bundesunmittelbare Sozialversicherungsträger (u. a. Bundesversicherungsanstalt für Angestellte, Ersatzkassen, Bundesknappschaft, gewerbliche Berufsge-

**Prognose des Personenverkehrs (Mrd Pkm) im Rahmen
des Bundesverkehrswegeplanes 1985**

1	1970	1980	1984	1990 obere | untere Alternative		2000 obere | untere Alternative	
	2	3	4	5	6	7	8
Öffentlicher Straßenpersonen- verkehr	58,4	74,1	70,6	85,5	79,3	91,3	86,2
Linienverkehr	45,1	50,8	44,3	52,1	51,0	52,3	51,6
Gelegenheitsverkehr	13,3	23,3	26,3	33,4	28,3	39,0	34,6
Eisenbahnverkehr	38,1	38,9	37,6	40,5	39,4	41,6	40,1
Schienennahverkehr	15,6	14,7	15,4	14,5	14,6	14,0	14,3
Schienenfernverkehr	22,4	24,0	21,9	25,6	24,4	27,1	25,2
Schiffsverkehr	0,1	0,2	0,3	0,4	0,4	0,5	0,5
Luftverkehr	6,6	11,0	11,8	15,4	13,0	19,1	16,1
Linienverkehr	5,1	7,9	8,5	11,3	9,6	14,2	12,0
Gelegenheitsverkehr	1,5	3,1	3,2	4,1	3,4	4,9	4,1
Taxi- und Miet- wagenverkehr	1,7	2,2	2,0	2,5	2,2	2,7	2,4
Individualverkehr	350,6	470,3	484,1	502,7	474,1	506,3	477,7
insgesamt	**455,4**	**596,5**	**606,1**	**646,5**	**608,0**	**661,0**	**622,4**

Quelle: 1970–1984: Verkehr in Zahlen (DIW); Prognose: PROGNOS AG 1983.

**Prognose des Güterverkehrs (Mrd tkm) im Rahmen
des Bundesverkehrswegeplanes 1985**

1	1970	1980	1984	1990 obere | untere Alternative		2000 obere | untere Alternative	
	2	3	4	5	6	7	8
Eisenbahngüter- verkehr	73,8	67,0	61,6	70,6	65,3	75,1	65,8
Frachtpflichtiger Verkehr	71,5	64,9	60,0	68,8	63,7	73,4	64,3
Wagenladungs- verkehr	69,9	63,6	59,0	67,9	62,8	72,6	63,6
Stückgutverkehr	1,6	1,3	1,0	0,9	0,8	0,8	0,7
Dienstgutverkehr	2,3	2,1	1,6	1,8	1,6	1,7	1,5
Straßengüter- verkehr	78,0	124,4	129,4	154,1	142,4	175,5	150,9
Straßengüter- nahverkehr	36,1	44,4	41,3	51,4	47,8	55,4	48,1
Straßengüterfern- verkehr	41,9	80,0	88,1	102,7	94,6	120,1	102,8
Binnenschiffahrt	48,8	51,4	52,0	51,6	47,5	54,4	47,3
Insgesamt	**200,6**	**242,8**	**243,0**	**276,2**	**255,3**	**304,9**	**264,0**

Quelle: 1970–1984: Verkehr in Zahlen (DIW); Prognose: PROGNOS AG 1983.

nossenschaften); Verwaltungsaufgaben im Rahmen der Finanzierung der Rentenversicherung (Liquiditätsausgleich zwischen der Bundesversicherungsanstalt für Angestellte und der Arbeiterrentenversicherung, monatliche Festsetzung der Postvorschüsse seitens der Arbeiterrentenversicherungsträger u. a.); Bewirtschaftung der Bundeszuschüsse zur Sozialversicherung; Ermittlung und Festsetzung des Prozentsatzes für den Belastungsausgleich in der Rentner-Krankenversicherung; Zahlung von →Mutterschaftsgeld an nicht gesetzlich krankenversicherte Arbeitnehmerinnen; Aus- und Fortbildung von Mitarbeitern bundesunmittelbarer Sozialversicherungsträger.

Bundesversicherungsanstalt für Angestellte (BfA), Sitz in Berlin (West). Versicherungsträger, dem die Durchführung der →Angestelltenversicherung im Bundesgebiet und in Berlin (West) obliegt; Körperschaft des öffentlichen Rechts mit Selbstverwaltung. – *Organe:* Vorstand und Vertreterversammlung, denen paritätisch Vertreter der Arbeitgeber und der Versicherten angehören. – *Rechtsgrundlage:* Gesetz v. 7. 8. 1953 (BGBl I 857). – *Aufsicht:* Seit 1. 1. 1957 durch das →Bundesversicherungsamt.

Bundesversorgungsgesetz (BVG), Gesetz zur einheitlichen Regelung des Versorgungsrechts der Opfer des Krieges für die Bundes-

rep. D. – 1. *Rechtsgrundlagen:* BVG vom
20.12.1950, neu bekannt gemacht am
22.1.1982 (BGBl I 21), zuletzt geändert durch
Gesetz v. 26.2.1986 (BGBl I 324). Die Organisation der Versorgungsverwaltung ist im
Organisationsgesetz v. 12.3.1951 (BGBl I 169)
mit späteren Änderungen, das Verwaltungsverfahren im Gesetz über das Verwaltungsverfahren der Kriegsopferversorgung v. 6.5.1976
(BGBl I 1169) mit späteren Änderungen, v.a.
durch das Inkrafttreten des →Sozialgesetzbu-
ches, geregelt. Zu einzelnen Vorschriften des
BVG zahlreiche Durchführungsverordnungen. – 2. Die *Versorgung* nach dem *BVG*
umfaßt: Heilbehandlung, Versehrtenleibes-
übungen und Krankenbehandlung (§§ 10 bis
24a), Leistungen der Kriegsopferfürsorge
(§§ 25 bis 27h), →Beschädigtenrente (§§ 29 bis
34) und Pflegezulage (§ 35), →Bestattungsgeld
(§ 36) und →Sterbegeld (§ 37), Hinterbliebenenrente (§§ 38 bis 52), Bestattungsgeld beim
Tod von Hinterbliebenen (§ 53). – 3. Zuständig
für *Streitigkeiten* nach dem BVG ist nach § 51
SGG die →Sozialgerichtsbarkeit mit Ausnahme der Kriegsopferfürsorge (§§ 25 bis 27),
für die die allgemeinen Verwaltungsgerichte
zuständig sind.

Bundesvertriebenengesetz, Gesetz über die
Angelegenheiten der Vertriebenen und
Flüchtlinge (BVFG) i.d.F. vom 3.9.1971
(BGBl I 1565) mit späteren Änderungen, enthält Bestimmungen über die Abgrenzung der
verschiedenen begünstigten Personengruppen,
die zuständigen Behörden und die Einglede-
rung der Vertriebenen und Sowjetzonen-
flüchtlinge.

Bundesverwaltungsamt, →Bundesoberbe-
hörde im Geschäftsbereich des Bundesministers des Innern; Sitz in Köln. Errichtet durch
Gesetz vom 28.12.1958 (BGBl I 829). – *Aufgabe:* V. a. Auswanderungswesen, Bundesaus-
gleichsstelle nach Gesetz zu Art. 131 GG,
Versorgung früherer Bediensteter jüdischer
Gemeinden, Ausführung der Gesetze über die
→Staatsangehörigkeit, Führung des Auslän-
derzentralregisters, Regelung der Kriegsgrä-
berkosten. Darlehenseinzug nach dem Bundesausbildungsförderungsgesetz, Unterstützung der Stiftung „Hilfswerk für behinderte
Kinder" und Ausbildungsstätte für den mittleren und gehobenen nichttechnischen Dienst.
Daneben können dem B. andere Verwaltungsaufgaben des Bundes übertragen werden.

Bundesverwaltungsgericht (BVerwG), oberster Gerichtshof des Bundes für die →Ver-
waltungsgerichtsbarkeit; Sitz in Berlin. Errichtet
1952. – 1. *Besetzung:* Es besteht aus dem
Präsidenten, den Vorsitzenden Richtern und
weiteren Bundesrichtern und entscheidet
durch Senate, die mit fünf Richtern besetzt
sind. – 2. *Zuständig* zur Entscheidung über: a)
→*Revision* gegen Urteile eines →Oberverwal-

tungsgerichts (→Verwaltungsgerichtshofs),
wenn schwere prozessuale Verstöße vorliegen
oder die Revision zugelassen worden ist. – b)
→*Sprungrevision* gegen Urteile der →Verwal-
tungsgerichte. – c) →Beschwerde gegen
Beschlüsse der Oberverwaltungsgerichte über
die Pflicht zur Aktenvorlage (§ 99 VwGO),
Zulässigkeit einer Berufung oder Nichtzulassung der Revision. – d) *Im ersten und letzten
Rechtszug* über (1) öffentlich-rechtliche Streitigkeiten nichtverfassungsrechtlicher Art zwischen Bund und Ländern und zwischen verschiedenen Ländern, (2) Antrag der →Bun-
desregierung auf Feststellung, daß eine Vereinigung nach Art. 9 II GG verboten ist, (3)
Klagen gegen den Bund bei Zuständigkeit
diplomatischer oder konsularischer Auslandsvertretungen oder aus dem Geschäftsbereich
des Bundesnachrichtendienstes. – 3. Vor dem
B. besteht →Anwaltszwang: Vertretung durch
→Rechtsanwälte oder Rechtslehrer einer
deutschen Hochschule notwendig.

Bundeswahlleiter, gem. Bundeswahlgesetz
i.d.F. vom 1.9.1975 (BGBl I 2325) mit
späteren Änderungen vom Bundesminister
des Innern zu ernennen; Sitz in Wiesbaden. –
Aufgabe: Wahlüberwachung.

Bundeswaldgesetz, Gesetz zur Erhaltung
des Waldes und zur Förderung der Forstwirtschaft vom 2.5.1975 (BGBl I 1037) mit späteren Änderungen. – *Zweck:* Den Wald wegen
seines wirtschaftlichen Nutzens und seiner
Bedeutung für die Umwelt erhalten, erforder-
lichenfalls mehren und seine ordnungsgemäße
Bewirtschaftung nachhaltig sichern, die Forstwirtschaft fördern und einen Ausgleich zwischen dem Interesse der Allgemeinheit und
den Belangen der Waldbesitzer herbeiführen.

Bundeswasserstraßen, →Wasserstraßen.

Bundeswehrverwaltungsamt (BWVA),
→Bundesoberbehörde im Geschäftsbereich
des Ministers für Verteidigung (BMVg); Sitz
in Bonn. – *Aufgaben:* Deckung des materiellen
Bedarfs der Streitkräfte; Aufgaben des Perso-
nalwesens.

**Bundeszentrale für gesundheitliche Auf-
klärung (BzgA),** Bundesbehörde im Ge-
schäftsbereich des Bundesministers für
Jugend, Familie, Frauen und Gesundheit
(BMJFFG); Sitz in Köln. – *Aufgaben:* Infor-
mation und Motivation der Bevölkerung zu
gesundheitsgerechtem Verhalten und zur
Krankheitsverhütung (derzeitige Schwer-
punkte: AIDS-Aufklärung und Förderung des
Nichtrauchens); Aus- und Fortbildung auf dem
Gebiet der Gesundheitserziehung; Koordinie-
rung der gesundheitlichen Aufklärung im
Bundesgebiet sowie Zusammenarbeit mit dem
Ausland.

**Bundeszentrale für politische Bildung
(BpB),** Bundesbehörde im Geschäftsbereich
des Bundesministers des Innern (BMI); Sitz in

Bonn. – *Aufgaben:* Maßnahmen der politischen Bildung zur Förderung des Verständnisses für politische Sachverhalte und der Bereitschaft zur politischen Mitarbeit; Festigung des demokratischen Bewußtseins.

Bundes-Zentralgenossenschaft Straßenverkehr eG., →Straßenverkehrsgenossenschaft.

Bundeszentralregister, ein in Berlin vom →Generalbundesanwalt geführtes zentrales Register. – 1. *Rechtsgrundlage:* Bundeszentralregistergesetz i. d. F. vom 21.9.1984 (BGBl I 1229). – 2. *Bedeutung:* Zentrale Erfassung insbes. der durch ein →Gericht der Bundesrepublik ausgesprochenen Verurteilungen wegen einer →Straftat (nicht →Ordnungswidrigkeit) und ggf. Auskunfterteilung. – 3. *Eintragung* aller →Strafen. – 4. *Auskünfte* werden nur bestimmten Behörden, insbes. Justiz- und Polizeibehörden erteilt; der Betroffene kann über Eintragungen bezüglich seiner eigenen Person ein →Führungszeugnis verlangen. – 5. *Erfaßt* werden: alle strafgerichtlichen Verurteilungen; Entmündigungen, Vermerke über Schuldunfähigkeit, gerichtliche Unterbringung in einer psychiatrischen Krankenanstalt; Entscheidungen von Verwaltungsbehörden und Gerichten gegenüber →Ausländern; Entscheidungen, durch die wegen Unzuverlässigkeit oder Ungeeignetheit u. a. ein Antrag auf Zulassung zu einem Beruf abgelehnt oder eine erteilte →Erlaubnis zurückgenommen, die Ausübung eines Berufes untersagt, die Befugnis zur Einstellung oder Ausbildung von Auszubildenden entzogen wird (→Gewerbezentralregister). Bei dem B. geführt wird auch das →Erziehungsregister. – 6. *Tilgung* erfolgt nach Ablauf der Tilgungsfrist von 5, 10 oder 15 Jahren je nach Art und Höhe der Strafe; bei Eintragung mehrer Verurteilungen jedoch nur, wenn die Tilgungsfrist für alle abgelaufen ist; danach darf sich der Verurteilte gegenüber jedermann als unbestraft bezeichnen.

Bundeszuschuß, zur Finanzierung der gesetzlichen →Rentenversicherung aus allgemeinen Steuermitteln gezahlter Zuschuß des Bundes. Neben den Beiträgen der Arbeitgeber und Arbeitnehmer wichtigste Einnahmequelle der Rentenversicherung. Rechtfertigung findet der B. v. a. durch die Übertragung von allgemeinen sozialen Aufgaben auf die Rentenversicherung, denen keine Beitragseinnahmen gegenüberstehen (z. B. Anrechnung von Ausbildungszeiten, Ersatzzeiten).

Bundeszwang, notwendige Maßnahmen der →Bundesregierung mit Zustimmung des →Bundesrats, wenn ein Land die ihm obliegenden Bundespflichten nicht erfüllt, z. B. durch Weisungen gegenüber den Ländern und ihren Behörden (Art. 37 GG).

Bund für Lebensmittelrecht und Lebensmittelkunde e. V. (BLL), Sitz in Bonn. –

Aufgaben: Förderung der Vereinheitlichung und Fortbildung des Lebensmittelrechts und der Lebensmittelkunde.

Bund Katholischer Unternehmer e. V. (BKU), Zusammenschluß katholischer Unternehmer; Sitz in Köln. – *Aufgaben:* Mitarbeit an der Verwirklichung und Weiterentwicklung einer christlichen Gesellschaftsordnung im wirtschaftlichem Bereich; Zusammenarbeit mit anderen katholischen Vereinigungen sowie Vereinigungen im Ausland und anderer Glaubensbekenntnisse. – Zusammenarbeit mit dem →Arbeitskreis Evangelischer Unternehmer in der Bundesrepublik Deutschland (AEU) in der →*Arbeitsgemeinschaft Christlicher Unternehmer e. V. (ACU).*

Bund-Länder-Kommission für Bildungsplanung und Forschungsförderung (BLK), Sitz in Bonn. 1970 durch ein Verwaltungsabkommen zwischen Bund und Ländern gegründet. Die BLK ist das ständige Gesprächsforum für alle Bund und Länder gemeinsam berührenden Fragen des Bildungswesens und der Forschungsförderung. – *Hauptfragestellungen:* Entwicklung der beruflichen Bildung; Auswirkungen neuer Medien und Technologien; Begabtenförderung; Bildungsangebote für ausländische Kinder und Jugendliche; Grundsatzfragen der gemeinsamen Forschungsförderung.

BUR, Abk. für →Bundesverband unabhängiger Betriebs- und REFA-Berater e. V.

Bürge, →Bürgschaft.

Bürger, →Staatsbürger.

bürgerliche Ehrenrechte, ältere Bezeichnung für alle Rechte und Befugnisse, die dem einzelnen in seiner Eigenschaft als Staatsbürger zustehen, z. B. das aktive und passive Wahlrecht, das Recht zur Bekleidung öffentlicher Ämter, zum Führen von Titeln und zum Tragen von Ehrenzeichen. – Die *Aberkennung* der b. E. ist durch das 1. Strafrechtsreformgesetz vom 25.6.1969 (BGBl I 645) beseitigt. Lediglich Amtsfähigkeit, Wählbarkeit und Stimmrecht können aberkannt werden (§§45 ff. StGB).

bürgerliche Rechtsstreitigkeiten, →Rechtsweg.

Bürgerliches Gesetzbuch (BGB), vom 18.8.1896 mit späteren Änderungen, in Kraft seit dem 1.1.1900. Das BGB ist die wichtigste Grundlage des →bürgerlichen Rechts. – *Inhalt:* Allgemeine Vorschriften, die für das gesamte Privatrecht gelten (z. B. Regeln über Rechts- und Geschäftsfähigkeit, Rechtsgeschäfte, Fristen und Verjährung), Recht der Schuldverhältnisse (Schuldrecht) mit allgemeinen Regeln über den Inhalt der Schuldverhältnisse, insbes. die Schuldverhältnisse aus Verträgen (z. B. über Annahme- und Schuldnerverzug, gegenseitige Verträge, Rücktritt, Erfüllung, Hinterlegung, Aufrechnung und

Förderungsabtretung) und Vorschriften für einzelne Schuldverhältnisse (z. B. Kaufvertrag, Miete, Pacht, Darlehen, Dienst- und Werkvertrag, Auftrag, Gesellschaft, Bürgschaft, ungerechtfertigte Berreicherung und unerlaubte Handlung) sowie das Sachenrecht und das Familien- und Erbrecht. – Daneben gelten ergänzende *Sondergesetze:* Vgl. →bürgerliches Recht.

bürgerliches Recht. I. B. R. im w e i t e r e n S i n n e : Recht, das die Rechtsbeziehungen der Privatpersonen (einschl. der →juristischen Personen) untereinander regelt. Zum b. R. in diesem Sinne gehört auch das →Handelsrecht und das Recht des →gewerblichen Rechtsschutzes. – *Gegensatz:* →öffentliches Recht. II. B. R. i m e n g e r e n S i n n e : Im →Bürgerlichen Gesetzbuch und dessen Nebengesetzen geregeltes Recht. – 1. Die *wichtigsten Nebengesetze* sind: Gesetz betreffend die →Abzahlungsgeschäfte, das Gesetz über die →Verschollenheit, die →Todeserklärung und die Feststellung der Todeszeit, das →Straßenverkehrsrecht, das →Haftpflichtgesetz, das →AGB-Gesetz, das Gesetz über Rechte an eingetragenen Schiffen und Schiffsbauwerken, die Verordnung über das →Erbbaurecht, das Gesetz über →Wohnungseigentum und das →Dauerwohnrecht und das →Einführungsgesetz zum BGB. – 2. Die Regeln des b. R. i. e. S. gelten, soweit das Handelsrecht nichts anderes bestimmt, auch für *Kaufleute.* Zum Verständnis des Handelsrechts ist Kenntnis des bürgerlichen Rechts nötig, da das Handelsgesetzbuch (HGB) nicht mehr eine abgeschlossene Regelung des für die Kaufleute und den kaufmännischen Gewerbebetrieb geltenden Rechts enthält, sondern nur eine Reihe ergänzender und abändernder Sondernormen. So sind z. B. die Vorschriften des HGB über Handelsgeschäfte nur im Zusammenhang mit den Vorschriften des BGB über Rechtsgeschäfte und Verträge zu verstehen, die Vorschriften über den Handelskauf nur bei Berücksichtigung der Bestimmungen des BGB über den →Kaufvertrag. III. B u n d e s - und L a n d e s r e c h t : Das b. R. gehört zur Gesetzgebungskompetenz des *Bundes* (Art. 74 Nr. 1 GG). Landesgesetze sind nur insoweit zulässig, als der Bund von seinem Gesetzgebungsrecht keinen Gebrauch gemacht hat. – Die Materien, deren Regelung dem *Landes*gesetzgeber überlassen ist, sind im Einführungsgesetz zum BGB aufgezählt. Von wirtschaftlicher Bedeutung sind insbes. die Landesgesetze über das Wasserrecht, Bergrecht, Recht der Bahneinheiten, Sparkassenwesen, Enteignung von Grundeigentum und Veräußerung und Teilung von Grundstücken; dabei gelten auch vor 1900 erlassene Gesetze solange fort, als sie nicht durch neuere Landesgesetze ersetzt worden sind.
IV. B. R. und ö f f e n t l i c h e s R e c h t : Früher scharf getrennte Gebiete. Zufolge des

immer stärker werdenden staatlichen Einflusses auf das Privat- und Wirtschaftsleben ist das b. R. heute in erheblichem Maße von öffentlich-rechtlichen Elementen durchsetzt. Es sind gemischte Rechtsverhältnisse entstanden, die z. T. nach bürgerlichem, z. T. nach öffentlichem Recht zu beurteilen sind.
V. B. R. u n d S t e u e r r e c h t : I a. ist davon auszugehen, daß das Steuerrecht eine selbständige Rechtsmaterie und vom b. R. unabhängig ist. Das b. R. hat im Steuerrecht nur Bedeutung, soweit sich das Steuerrecht ausdrücklich auf das b. R. bezieht, z. B. bei den Fragen der Geschäftsfähigkeit, der Vollmacht. Ferner können Begriffe des b. R. im Steuerrecht verwendet werden, soweit das Steuerrecht diese Begriffe eindeutig übernommen hat, wie z. B. bei der Grunderwerb-, der Kapitalverkehr- oder der Erbschaftsteuer.

bürgerlich-rechtliche Gesellschaft, →Gesellschaft des bürgerlichen Rechts.

Bürgerrechte, →Grundrechte.

Bürgerschaft, Bezeichnung der Volksvertretung in den Hansestädten Hamburg und Bremen.

Bürgschaft. I. C h a r a k t e r i s i e r u n g : →Vertrag, durch den sich der Bürge gegenüber dem Gläubiger eines Dritten (des sog. Hauptschuldners) verpflichtet, für die Erfüllung einer (auch künftigen oder bedingten) Verbindlichkeit des Hauptschuldners einzustehen (§ 765 BGB). – 1. Die *Erklärung* des Bürgen bedarf wegen ihrer Gefährlichkeit der →Schriftform gem. § 766 BGB (Ausnahme: a) B. des →Vollkaufmanns, wenn die Bürgschaftsübernahme für ihn ein →Handelsgeschäft ist. § 350 HGB; b) eine Erklärung, die wegen des Eigeninteresses des Erklärenden als →Schuldmitübernahme zu deuten ist). – 2. *Annahme* durch den Gläubiger ist formlos, auch stillschweigend möglich. – 3. Die *Verpflichtung* des Bürgen richtet sich nach dem jeweiligen Stand der Hauptverbindlichkeit, der Bürge haftet auch, wenn die Hauptverbindlichkeit durch →Verschulden oder →Verzug des Hauptschuldners geändert wird; ebenso i. d. R. für die Kosten der Kündigung und Rechtsverfolgung gegen den Hauptschuldner (z. B. Prozeßkosten), nicht aber i. d. R. für eine nach Bürgschaftsübernahme durch →Rechtsgeschäft zwischen Gläubiger und Hauptschuldner vorgenommene Erweiterung der Schuld (§ 767 BGB). Der Bürge kann alle Einreden des Hauptschuldners, auch wenn dieser auf sie verzichtet hat, geltend machen (§ 768 BGB) und Leistung verweigern, solange der Hauptschuldner das Rechtsgeschäft (z. B. den Kaufvertrag) durch →Anfechtung zu Fall bringen oder der Gläubiger sich durch →Aufrechnung befriedigen kann (§ 770 BGB). – 4. Der Bürge hat, sofern er keine →selbstschuldnerische B. übernommen hat, i.d.R. die →Einrede der Vorausklage (§§ 771 ff. BGB). – 5. *Befriedigt* der Bürge den Gläubiger, geht dessen Forderung gegen den Hauptschuldner nebst etwaigen Sicherungsrechten (z.B. Pfandrecht) kraft Gesetzes (also ohne besondere →Forderungsabtretung) auf ihn über (§ 774 BGB); aus diesem Grunde wird der Bürge auch befreit, soweit der Gläubiger Sicherungsrechte aufgibt, aus denen er Ersatz hätte erlangen können (§ 776 BGB).

II. Besonderheiten: 1. Verbürgen sich *mehrere* für die gleiche Forderung, haften sie als →Gesamtschuldner, auch wenn sie die B. nicht gemeinschaftlich übernehmen (§ 769 BGB). – 2. *Besondere Arten:* a) →Ausfallbürgschaft, bei der der Bürge nur für den nachgewiesenen Ausfall des Gläubigers in der →Zwangsvollstreckung haftet; b) Rückbürgschaft, die B. gegenüber dem Bürgen für die Realisierung der nach Inanspruchnahme des Bürgen auf ihn übergehenden Forderung gegen den Hauptschuldner; c) →Nachbürgschaft, die B. gegenüber dem Gläubiger für die Erfüllung der Verpflichtung des Bürgen; d) →Wechselbürgschaft, die wertpapierrechtliche B.

Bürgschaftskredit. 1. *Begriff:* Bürgschaftsübernahme z.B. einer Bank für ihren Kunden. B. ist also nicht Kredit im eigentlichen Sinne, sondern eine →Kreditleihe, d.h. die Bank stellt dem Kunden sozusagen ihren Kredit zur Verfügung, sie übernimmt eine Eventualverpflichtung. – 2. Zu den B. *gehören:* Die meist in Form der Wechselbürgschaft gegebenen →Aval-Kredite i.e.S.; Übernahme von Prozeßbürgschaften, von Bürgschaften für gestundete Kaufgelder usw.; Stellung von Garantien im Außenhandelsgeschäft. – 3. *Bilanzierung:* B. werden auf der Passivseite „unter dem Strich" als „Verbindlichkeiten aus Bürgschaften, Wechsel- und Scheckbürgschaften sowie aus Gewährleistungsverträgen" (§ 268 VII HGB) aufgeführt. – 4. Beim B. werden keine Zinsen, sondern nur eine *Bürgschaftsprovision* gezahlt. – 5. Als B. wird mitunter auch ein durch Bürgschaft gesicherter →Bankkredit bezeichnet.

Bürgschaftsversicherung, →Kautionsversicherung. – Vgl. auch →Bürgschaft, →Garantie, →Avalkredit.

Burkina Faso, bis 1984 *Obervolta,* westafrikanischer Binnenstaat. – *Fläche:* 274 200 km², – *Einwohner* (E): (1986) 7,9 Mill. (28,9 E/km², meist Mossie, außerdem Fulbe, Lobi, Samo, Bobo, Senufo, Gurundsi, Bissa, Gurma und ca. 5000 Ausländer). – *Hauptstadt:* Wagadugu (300 000 E), außer Bobo-Dioulasso (150 000 E), Koudougou (60 000 E) noch drei weitere städtische Zentren.

Staats- und Regierungsform: Bis zur Unabhängigkeit 1960 französische Kolonie;

seit 1960 präsidiale Republik, seit 1980 unter Militärherrschaft; Verfassung von 1977 wurde 1980 außer Kraft gesetzt; Verbot politischer Parteien seit 1980. – *Verwaltungsgliederung:* 25 Bezirke, Unterbezirke. – *Amtssprache:* Französisch.

Wirtschaft: Eines der wirtschaftlichen *Hauptprobleme* dieses Entwicklungslandes ist die ausreichende Wasserversorgung. Das *BSP* wurde (1985) auf 1080 Mill. US-$ geschätzt (140 US-$ je E). – *Öffentliche Auslandsverschuldung:* (1984) 42,6% des BSP. – *Inflationsrate:* durchschnittlich 10,6%. – *Landwirtschaft:* In dem überwiegenden Steppen- und Savannenland (Sahel) wird extensiver Hackbau mit Hirse, Mais, Bohnen, Yams, Maniok und Süßkartoffeln betrieben. Nur im südwestlichen Landesteil und in einigen Flußtälern ist der Anbau von Reis oder anderer Intensivkulturen möglich. Landwirtschaftliche Exportgüter sind Baumwolle, Sesam, Erdnüsse, Tabak und Lebendvieh. – Förderung des *Fischereiwesens.* – Wegen mangelnder Infrastruktur und hoher Investitionskosten konnten Vorkommen von Manganerz, Kalkstein und Phosphaten bisher nicht genutzt werden. *Abgebaut* wird derzeit nur Gold. – Erste Ansätze einer eigenen *Industrie* (u.a. Unternehmen der Nahrungs-, Genußmittel- und Getränkeindustrie, der chemischen Industrie, der Textilbranche). Hoher Standard des Handwerks. – *Export:* (1984) 57 Mill. US-$, v.a. Baumwolle, Vieh und Vieherzeugnisse. – *Import:* (1984) 288 Mill. US-$, v.a. Maschinen und Fahrzeuge, bearbeitete Waren, Nahrungsmittel. – *Handelspartner:* Frankreich, Elfenbeinküste, Bundesrep. D., Italien, Ghana, Mali.

Verkehr: 16474 km Straßen, davon 1055 km befestigt (1980). – Eisenbahn von Wagadugu und Bobo-Dioulasso nach Abidschan/ Elfenbeinküste, von Wagadugu nach Tin Hrassan zu den Manganerzlagerstätten geplant. – Internationale *Flughäfen* in Wagadugu und Bobo-Dioulasso, für den regionalen Flugverkehr etwa 50 Flugplätze bzw. -pisten. Das Binnennetz wird von der *nationalen Fluggesellschaft* „Air Burkina" bedient. Beteiligung an der *multinationalen Luftfahrtgesellschaft* „Air Afrique":

Mitgliedschaften: UNO, AKP, CCC, CEAO, OAU, OCAM, UNCTAD u.a.

Währung: 1. CFA-Franc = 100 Centimes (c).

Burma, →Birma.

Büroarbeit, Tätigkeiten im Bürobereich, die größtenteils durch Handhabung von Informationen (Erzeugung, Bearbeitung, Übermittlung u.a.) gekennzeichnet sind. B. besteht vorwiegend (etwa zu zwei Dritteln) aus Kommunikationsvorgängen. – In der →Bürokommunikation werden Typen der B. z.B. nach einzelfallorientierter, sachfallorientierter und routinefallorientierter B. unterschieden. – Vgl. auch →Büro der Zukunft.

Büroautomation, →Bürokommunikation II 4.

Bürobedarf, →Bürokosten.

Bürocomputer, →Bürosystem.

Büro der Zukunft, *Büro 2000, papierloses Büro, Office of the Future,* Schlagwörter, die die Forderung nach möglichst weitgehender Integration und Computerunterstützung (→Computer) aller Bürotätigkeiten (→Büroarbeit) beinhalten. Angestrebt wird die integrierte Verarbeitung und elektronische Übertragung von formatierten Daten, Texten, Sprache und Bildern. – Dazu sollen *multifunktionale* →Terminals eingesetzt werden, die über eine einheitliche →Benutzerschnittstelle alle Kommunikations- und Verarbeitungsfunktionen anbieten. – Erste Schritte in diese Richtung stellen →ISDN und Inhouse-Bürokommunikationssysteme (→Inhouse-Netz) dar.

Bürodiktiergerät, →Diktiergerät a).

Büro Führungskräfte der Wirtschaft (BFW), der →Bundesanstalt für Arbeit angeschlossene Behörde mit spezieller Aufgabenstellung; Sitz in Frankfurt a.M. – *Aufgabe:* Vermittlung von Führungskräften. – *Ziel* ist es, den Besonderheiten bei der Vermittlung von Führungskräften Rechnung zu tragen. – Vgl. auch →Personalberatung, →Managementberatung.

Bürokommunikation. I. Begriff: 1. *B. i.e.S.:* Kommunikationsvorgänge (→Kommunikation) im Bürobereich. – 2. *B. i.w.S.:* Ende der 70er Jahre entstandenes Forschungsgebiet, das sich mit der effizienteren Gestaltung der →Büroarbeit durch Einsatz neuer Informations- und Kommunikationstechniken beschäftigt. Im folgenden wird die B. i.w.S. zugrunde gelegt. – 3. *Kommunikation:* Der technische Fortschritt, die Verfügbarkeit neuer Kommunikationsmedien sowie Forschungsergebnisse über Bürorationalisierung rückten den Kommunikationsaspekt in den Vordergrund des Interesses. – a) In verschiedenen Untersuchungen wurde deutlich, daß der überwiegende Teil der Büroarbeit (etwa zwei Drittel) mit Kommunikation verbunden ist; Büroarbeit umfaßt von Natur aus hauptsächlich den Austausch und die Bearbeitung von Informationen. – b) Das Nutzungspotential der neuen Kommunikationsmedien kann nur dann in die Praxis umgesetzt werden, wenn *Arbeitsorganisation* und *informationstechnische Infrastruktur* richtig gestaltet werden, d.h. wenn Aufgabentyp und Ausstattungskonzept in der Büroorganisation aufeinander abgestimmt sind. Die Neugestaltung

der Kommunikationsorganisation, d.h. die Festlegung der inner- und außerbetrieblichen Kommunikationsstrukturen, und die technische Unterstützung der Kommunikationsvorgänge bedingen sich gegenseitig; beide zusammen müssen den Ausgangspunkt für die Neustrukturierung der Büroorganisation bilden. – 4. *Büroautomation, (office automation):* Die ursprünglich für das Forschungsgebiet verwendete Bezeichnung „Büroautomation", die sich in erster Linie auf die Informationsbearbeitung und Informationsverwaltung bezieht, tritt deshalb gegenüber dem Kommunikationsaspekt mehr und mehr in den Hintergrund, zumal die Bearbeitung und Verwaltung von Informationen und der Informationsaustausch auf technischer Ebene integriert werden können; d.h. man versucht, alle Bürotätigkeiten durch ein umfassendes (Bürokommunikations-)System elektronisch zu unterstützen.

II. Bedeutung: 1. Bis vor wenigen Jahren wurde der Bürobereich *bei Maßnahmen zur Produktivitätssteigerung und zur Verbesserung der Effizienz kaum berücksichtigt.* – 2. Mit der Technisierung, Automatisierung und rationelleren Organisation der materiellen Leistungsprozesse eines Betriebs wuchsen die Anforderungen an planerische, dispositive und administrative Tätigkeiten. Die Beschäftigungsentwicklung im Bürobereich weist deshalb ein *weit überdurchschnittliches Wachstum* auf; inzwischen sind mehr Personen mit Büroarbeiten als mit Produktionstätigkeiten i.e.S. beschäftigt. – 3. Nicht zuletzt aufgrund ungünstigerer Konjunkturlagen wuchs die Erkenntnis, daß für den Fortbestand eines Unternehmens *Produktivitätsfortschritte im Büro,* insbes. durch Verbesserung des Informationsflusses und der Informationsqualität, und eine Verringerung des Beschäftigungswachstums lebenswichtig werden können.

III. Problemkreise der B.: 1. *Kommunikationsorganisation/-technik* und *Büroorganisation:* Die Abstimmung der Kommunikationsorganisation, -technik und Büroorganisation für einen konkreten Betrieb ist das zentrale Problem der B. – *Voraussetzungen* zur Lösung dieser komplexen Aufgaben u.a.: a) Bestimmung des Nutzungspotentials für die einzelnen Kommunikationsmedien; b) Bestimmung der Anforderungen, die bestimmte Büroaufgaben an die Kommunikation stellen; c) Klärung der Interdependenzen zwischen Kommunikationsorganisation/-technik und Kommunikations-/Büroorganisation; d) Entwicklung von Kommunikationsmodellen zur Darstellung einer Kommunikationsorganisation; e) Entwicklung von Methoden zur Analyse der Aufgaben in einem Büro; f) Entwicklung von Methoden zur Bestimmung der Schwachstellen einer Kommunikationsorganisation. – 2. *Wirtschaftlichkeit der Kommunikation:* Untersuchung, worin ,,Wirtschaftlichkeit" bei der Kommunikation zum Ausdruck kommt, wie Wirtschaftlichkeitsrechnungen (speziell Kosten-/Nutzenanalysen) durchgeführt und wie ihre Ergebnisse bewertet werden können. – 3. *Benutzerseite:* Untersuchung, a) welche Faktoren die →Akzeptanz der →Benutzer beeinflussen, b) wie die Einführungsproblematik gelöst werden kann, c) welche Anforderungen an die Hardware- und →Software-Ergonomie zu stellen sind, d) ob (und, wenn ja, welche) Vorkenntnisse, Bildungsvoraussetzungen usw. zur effizienten Nutzung der Kommunikationsmedien wünschenswert bzw. erforderlich sind und e) wie die soziale Situation durch den Einsatz von B.-Systemen verändert wird. – 4. *Datenschutz und -sicherheit:* In diesem Bereich werden die spezielle Problematik des →Datenschutzes und der →Datensicherheit beim Einsatz von B.-Systemen sowie die juristischen, technischen und organisatorischen Lösungsmöglichkeiten untersucht.

IV. Kommunikationsmedien: 1. Wichtige Dienste (vgl. auch →Kommunikationsdienst) zur Unterstützung der B. sind u. a.: →Bildschirmtext, →Elektronische Post, →Telefax, Telex (→Fernschreiber) →Teletex, →Telekonferenzsysteme. – 2. →Netze und Netztechnologien für B.-Systeme: →DATEX-L, →DATEX-P, →ISDN, →lokales Netz.

Bürokosten, Aufwendungen für Bürobedarf. Wegen der normalerweise geringen Höhe der Lagerhaltung von Bürobedarf erfaßt man i. d. R. die Zugänge an B. unmittelbar als Kosten unter der Kostenart B. (so auch im →Gemeinschaftskontenrahmen industrieller Verbände (GKR). B. werden entweder exakt für die für ihren Anfall verantwortlichen →Kostenstellen ausgewiesen oder gehen aus Vereinfachungsgründen undifferenziert in die →Verwaltungskosten ein. – *Kosten für Büromaschinen und -geräte:* Vgl. →Büromaschinen und -geräte.

Bürokrat, →Beamter oder →Angestellter, der einem Unterordnungsprinzip, eindeutig geregelten Entscheidungsbefugnissen sowie einer Reihe von verhaltensreglementierenden Vorschriften unterliegt. Als abgeleiteter Begriff der →Bürokratie wird damit die infolge der zahlreichen Regeln sich ergebende Inflexibilität der B. i. S. einer negativen Wortbedeutung insinuiert.

Bürokratie, legal-rationale Organisationsform, kennzeichnend für jede moderne Verwaltung, im öffentlich-staatlichen Bereich sowie in Unternehmen, Betrieben, Verbänden, Parteien, Kirchen, Militärorganisationen usw. – 1. *Wesentliche Merkmale:* Geordnetes System von Regeln auf der Basis einer Satzung; hierarchisch gegliederte unpersönliche Ordnung nach Positionen; Abgrenzung von Komponenten und Zuordnung von Funktionen,

Verantwortlichkeiten und Befugnissen; Auslese der Funktionsträger nach formalen Qualifikationen; schriftliche Erfassung und Dokumentation aller Vorgänge; Konzentration von und Herrschaft durch Wissen. – 2. Als *Vorteil* wird i. a. die *technische Überlegenheit* gegenüber anderen Organisations- und Herrschaftsformen in komplexen, hocharbeitsteiligen und differenzierten Gesellschaften hervorgehoben, v. a. Objektivität, Stetigkeit, Berechenbarkeit, Planbarkeit und Zuverlässigkeit der B. – 3. *Probleme:* a) Da Zwecke und Ziele der B. aus individuell-subjektiver Perspektive oft *schwer überschaubar und verständlich* sind, resultiert ein Unbehagen gegenüber der B. – b) Eine *Anpassung der internen Struktur* an Zielveränderungen in einer sich permanent wandelnden sozialen Umwelt fallen der B. schwer. Ihre Leistungsfähigkeit sinkt. Zur Erhaltung ihrer Effizienz ist sie von Reformulierungen ihrer gesetzten Ordnung abhängig; diese Anpassungen sind i. d. R. jedoch konfliktgeladen und daher problematisch. – 4. *Lösungsmöglichkeiten* bestehen darin, B. so flexibel zu gestalten, daß sie für permanente Innovationen offen bleiben. – Vgl. auch →Bürokrat, →Bürokratismus.

bürokratischer Führungsstil, →Führungsstil 3.

Bürokratismus Übersteigerung der →Bürokratie, die zum Selbstzweck wird und ihre interne Organisation gegenüber den eigentlichen Zielen und Zwecken in den Vordergrund stellt.

Büromaschinen, ADV-Geräte und -Einrichtungen, Herstellung von, Teil des →Investitionsgüter produzierenden Gewerbes, umfaßt u. a. Herstellung von Schreibmaschinen, und -automaten, Rechenmaschinen, Registrierkassen, Vervielfältigungsmaschinen, Lichtpaus-, Adressier-, Geldzählmaschinen, Geräte und Einrichtungen für automatische Datenverarbeitung. Sehr exportintensiv. Exportquote 1986: 54,9%.

Büromaschinen, ADV-Geräte und -Einrichtungen

Jahr	Beschäftigte in 1000	Lohn- und Gehaltssumme	darunter Gehälter	Umsatz gesamt	darunter Auslandsumsatz	Nettoproduktionsindex 1980 = 100
		in Mill. DM				
1970	80	1 242	657	4461	1931	–
1971	86	1 537	887	4873	2005	–
1972	79	1 580	982	5 548	2445	–
1973	79	1 803	1 126	5630	2735	–
1974	76	1 995	1 260	5 778	2934	–
1975	67	1 949	1 279	4 705	2372	–
1976	62	1 945	1 278	5009	2641	54,9
1977	60	2017	1 308	6 536	3093	73,0
1978	65	2 351	1 584	6 563	3124	80,3
1979	67	2 636	1 826	6 743	3232	90,1
1980	70	2 920	2062	7 261	3 549	100
1981	72	3 263	2 368	9086	4901	112,3
1982	69	3 383	2 523	9 560	5313	115,8
1983	71	3 578	2 726	11 468	6225	133,9
1984	77	3 968	3038	15 317	8959	172,2
1985	83	4 390	3 338	18 163	10 760	214,1
1986	87	4 860	3 735	17 679	9 705	221,6

Büromaschinen und -geräte. I. Begriff/ Arten: 1. *Begriff:* Maschinen, Geräte, Zusatzeinrichtungen und Werkzeuge, die zur Ausführung der in der →Bürotechnik gestellten Aufgaben dienen. – 2. *Arten:* (1) →Schreibmaschinen, →Schreibautomaten, (2) →Rechenmaschinen, (3) →Buchungsmaschinen, (4) →Diktiergeräte, (5) →Adressiergeräte, (6) →Kopiergeräte, (7) →Postbearbeitungsmaschinen, (8) →Sprechanlagen usw.

II. Kostenrechnung: Kosten für die Wartung (denen bei B. eine ständig steigende Bedeutung zukommt), für Reparaturen und →Abschreibungen bzw. Zahlungen für →Leasing der B. werden üblicherweise den →Kostenstellen belastet, die die B. nutzen. Ihre Weiterverrechnung erfolgt in der Vollkostenrechnung in den Gemeinkosten der entsprechenden Kostenstellen, insbes. Verwaltungsgemeinkosten (→Verwaltungskosten 1), aber auch →Materialgemeinkosten, →Fertigungsgemeinkosten und →Vertriebsgemeinkosten.

III. Bilanzierung: Mit Ausnahme von →geringwertigen Wirtschaftsgütern sind B. zu aktivieren; ihre Abnutzung ist durch →Abschreibung zu erfassen.

Bürosystem, *Bürocomputer,* System der elektronischen Datenverarbeitung; meist baukastenartig aus aufeinander abgestimmten Hardwarekomponenten (→Hardware) zusammengesetzt. Unterstützt Funktionen und Arbeitsgänge im Büro (→Büroarbeit), z. B. Tabellenkalkulation (→Tabellenkalkulationssystem), Formularbearbeitung, →elektronische Post, →Textverarbeitung.

Büro 2000, →Büro der Zukunft.

Burundi, *Urundi,* sozialistische Republik in Zentralafrika, im N begrenzt von Rwanda, im O und S von Tansania, im W von Zaire. – *Fläche:* 27 834 km². – *Einwohner (E):* (1986, geschätzt) 4,86 Mill. (174,6 E/km²); jährliches Bevölkerungswachstum: 2,3%. – *Hauptstadt:* Bujumbura (175 000 E). – B. *gliedert* sich in 15 Provinzen mit 18 Arrondissements. – *Amtssprachen:* Kirundi, Französisch.

Wirtschaft: Schwach entwickeltes Agrarland, zählt zu den wenigsten entwickelten Ländern. 90% der Erwerbstätigen in der *Landwirtschaft* beschäftigt, die für den Eigenbedarf produziert. Wichtigste Erzeugnisse: Kaffee, Bananen, Maniok, Baumwolle. – *Industrie* in den Anfängen. Vorkommen an Nickel, Wolfram und Gold kaum erschlossen. – *BSP:* (1985, geschätzt) 1110 Mill. US-$ (240 US-$ je E). – *Öffentliche Auslandsverschuldung:* (1984) 35,8% des BSP. – *Inflationsrate:* durchschnittlich 12,2%. – *Export:* (1985) 110 Mill. US-$, v. a. Kaffee (80% der Deviseneinnahmen). – *Import:* (1985) 186 Mill. US-$, v. a. Maschinen, Nahrungsmittel, Werkzeuge. –

Handelspartner: Belgien, USA, Japan, Bundesrep. D.

Verkehr: Infolge meeresferner Binnenlage noch wenig erschlossen. Für den Export ist B. auf die *Häfen* Matadi (Zaire) und Daressalam (Tansania) angewiesen. – Keine *Eisenbahn.* – Internationaler *Flughafen* in Bujumbura.

Mitgliedschaften: UNO, AKP, CCC, OAU, UNCTAD u. a.

Währung: 1 Burundi-Franc (F. Bu.) = 100 Centimes.

Bus, *Datenbus,* Verbindungssystem zur Übertragung von Informationen zwischen digitalen (→digitale Darstellung) Schaltwerken, das von allen angeschlossenen Einheiten genutzt werden kann. – *Gliederung:* a) nach der *Art der übertragenen Informationen:* (1) Daten-B. (→Daten), (2) Adreß-B. (→Adresse), (3) Steuer-B.; b) nach der *Art der verbundenen Einheiten* (→Prozessor): (1) interner B. und (2) externer B. – Vgl. auch Bus-Netzwerk (→Netzwerktopologie 2 c).

bushel, angelsächsische Volumeneinheit. – 1. In Großbritannien: 1 bushel = 36,3687 l. – 2. in den USA: 1 U.S. bushel = 35,23907 l.

business environment risk index, →BERI-Index.

Business-Graphik, *Managementgraphik,* bildliche Darstellung betriebswirtschaftlichen Zahlenmaterials durch eine →Präsentationsgraphik.

Bus-Netzwerk, →Netzwerktopologie 2 c).

Buße, →Geldbuße.

Bußgeldbescheid, rechtsgestaltender Akt der Verwaltungsbehörde im →Bußgeldverfahren. – 1. *Inhalt:* Angaben zur Person, Bezeichnung der Tat, der gesetzlichen Merkmale der →Ordnungswidrigkeit, die angewendeten Bußgeldvorschriften, die Beweismittel, Geldbuße und die →Nebenfolgen (→Einziehung) sowie Rechtsmittelbelehrung und Zahlungsaufforderung (§ 66 OWiG). – 2. *Anfechtung* durch Betroffenen binnen zwei Wochen seit →Zustellung durch schriflichen oder zur Niederschrift bei der Verwaltungsbehörde erklärten →Einspruch. Auf Einspruch werden die Akten über die →Staatsanwaltschaft dem →Amtsgericht vorgelegt, das aufgrund von Hauptverhandlung entscheidet. Im Einverständnis des Betroffenen und der Staatsanwaltschaft Entscheidung durch Beschluß ohne Hauptverhandlung möglich. Gegen Entscheidung des Amtsgerichts unter Einschränkungen →Rechtsbeschwerde (§§ 79 ff. OWiG). – 3. *Vollstreckung* der Bußgeldentscheidung im Betreibungsverfahren. Anordnung von Erzwingungshaft ist möglich (§ 96 OWiG).

Bußgeldkatalog, vom Bundesminister für Verkehr erlassene Rechtsverordnung über

Regelsätze für Geldbußen wegen einer Ordnungswidrigkeit nach §§ 24, 24a StVG sowie über die Anordnung des →Fahrverbots nach § 25 StVG. Der B. bestimmt, in welchen Fällen, unter welchen Voraussetzungen und welcher Höhe die Geldbuße festgesetzt und für welche Dauer das Fahrverbot angeordnet werden soll (§ 26a StVG).

Bußgeldverfahren, Verfahren zur Verhängung von →Geldbußen zur Ahndung von →Ordnungswidrigkeiten gem. §§ 35ff. OWiG. – 1. *Zuständig* ist die Verwaltungsbehörde, jedoch ist Übernahme durch die →Staatsanwaltschaft möglich. – 2. *Vorverfahren* betreibt die Polizei. Dem Betroffenen ist Gelegenheit zur Äußerung zu geben. Bei geringfügigen Verstößen kann eine →Verwarnung mit Verwarnungsgeld von 6 DM bis 75 DM ausgesprochen werden. – 3. Nach *Abschluß* der Ermittlungen erfolgt →Einstellung oder Erlaß des →Bußgeldbescheides.

Butterfahrt, →Verkaufsrundfahrt.

buttom-up approach, hierarchisches Planungsprinzip, bei dem die einzelnen Organisationseinheiten für ihre Verantwortungsbereiche Detailpläne aufstellen, die im Rahmen der Konzernplanung koordiniert werden müssen.

BU-Versicherung, Abk. für →Betriebsunterbrechungsversicherung.

Buygrid-Modell, Modell von Robinson, Faris, Wind (1967). Kombination von →Kaufphasen und →Kaufklassen als Rahmenkonzept für eine differenziertere Betrachtung des →organisationalen Kaufverhaltens.

Buying-Center *Einkaufsgremium, decision making unit (DMU),* theoretisches Konstrukt bedeutend für die Erklärung des →organisationalen Kaufverhaltens. Alle am Beschaffungsprozeß beteiligten Personen bilden das B.-C.; die Zusammensetzung variiert mit →Kaufklassen und →Kaufphasen. – *Analysekriterien* des B.-C.: (1) nach *Rolle* (Verwender, Einkäufer, Beeinflusser, Entscheider und →Gatekeeper); (2) nach *Tätigkeitsfeldern* (oberste Unternehmensleitung, technisches Personal, Entwicklungs- und Instandhaltungsbereich, Einkauf, Finanzwesen, Verkauf, andere Unternehmungsangehörige, Außenstehende); (3) nach der *Art der Kompetenz* der am Kaufprozeß Beteiligten (Personen mit Machtkompetenz (Machtpromotoren), Personen mit Fachkompetenz (Fachpromotoren)).

Buy-response-Funktion, →Preisresponsemessung.

BVA. 1. Abk. für →Bundesversicherungsamt. – 2. Abk. für →Bundesverwaltungsamt.

BVB. 1. *Begriff:* „Besondere Vertragsbedingungen" für Rechtsgeschäfte im Bereich der →elektronischen Datenverarbeitung, die von der öffentlichen Hand abgeschlossen werden;

veröffentlicht im Bundesanzeiger. – 2. *Arten:* a) seit 1973/74 für *Hardware:* Kauf, Miete, Wartung von →Computern u. a. EDV-Geräten; b) seit 1985/86 für *Software:* Erstellen, Überlassung, Pflege (→Softwarewartung) von →Programmen. – 3. *Nutzen:* Dem Vertragspartner werden umfangreiche Pflichten auferlegt, die häufig als Kosten über den Preis auf den öffentlichen Auftraggeber rücküberwälzt werden; von den →Endbenutzern oft als administratives Hindernis empfunden.

BVE, Abk. für →Bundesvereinigung der Deutschen Ernährungsindustrie e. V.

BVerfG, Abk. für →Bundesverfassungsgericht.

BVerwG, Abk. für →Bundesverwaltungsgericht.

BVI, Abk. für →Bundesverband Deutscher Investment-Gesellschaften e. V.

BVR, Abk. für →Bundesverband der Deutschen Volksbanken und Raiffeisenbanken e. V.

BVS, Abk. für →Bundesverband für den Selbstschutz.

BVW, Abk. für →Bundesverband der Wirtschaftsberater.

BWB, Abk. für →Bundesamt für Wehrtechnik und Beschaffung.

BWL, übliche Abk. für →Betriebswirtschaftslehre.

BWVA, Abk. für →Bundeswehrverwaltungsamt.

Byte, Folge von acht Datenbits (→Bit) und eventuell einem zusätzlichen →parity bit. Rein binär kann damit eines von 256 (2^8) Zeichen dargestellt werden (→Binärcode). Bildet häufig die kleinste direkte adressierbare Informationseinheit eines Computers (→Adresse).

Bytemaschine, elektronische Datenverarbeitungsanlage mit →Arbeitsspeicher in Bytestruktur (→Byte) oder auch Wortstruktur (→Wort). – Vgl. auch →Wortmaschine.

Bytemultiplexkanal, →Multiplexkanal a).

bz. *bez., b.,* Abk. für bezahlt; bedeutet in *Kurszetteln,* daß zu dem betreffenden Kurs Angebot und Nachfrage ausgeglichen waren; alle Aufträge wurden ausgeführt. – bz. B. (Abk. für *bezahlt* und *Brief*) bedeutet, daß zu dem genannten Kurs das Angebot die Nachfrage überwog; umgekehrt bei bz. G. (Abk. für *bezahlt* und *Geld*). – Vgl. auch →Notierungen an der Börse.

bz.B. →bz.

bz.G. →bz.

BzgA, Abk. für →Bundeszentrale für gesundheitliche Aufklärung.

BZS, Abk. für →Bundesamt für Zivilschutz.